שיעורי

כיצד הרגל

-חלק א׳-

רשימות משיעורי מרן הגרח״ש ליבוביץ זצוקללה״ה

בישיבת קמניץ

בתוספת מדברים שנתלבנו עמו

-חלק ב-

חבורות מהגאון ר׳ שמחה מיימון שליט״א (חורף תשס״ו)

-חלק ג-

קונט׳ פרי חיים (מהכותב)

CN00692569

אינו מוגה

©

כל הזכויות שמורות

אין לשכפל, להעתיק, לצלם, להקליד, לתרגם, לאחסן במאגרי מידע, לסדר או לקלוט בכל דרך ובכל אמצעי אלקטרוני, אופטי, מכני או אחר- חלק או כל שהוא מהחומר שבקונטרס זה ללא רשות מפורשת בכתב מהמו"ל, ושארית ישראל לא יעשו עולה.

הכתובת:

ח.א עזרת תורה 4

ירושלם תובב"א

(02) 537-2703

בלייקווד: 917-881-2122

רשימות משיעורי מרן הגרח"ש זצ"ל

שמעתתא דאש

חבורות מהגר"ש מיימון שליט"א [חסר רוב החבורות מדף כ ע"א]

פרי חיים

סימן א׳

בדין חצי נזק צרורות (ברכ״ש סי׳ יט)[1]

א. הערה על התוס׳ שהק׳ אמאי פשיטא לי׳ לרבא דצרורות פטורה ברה״ר

ב. הערה על מש״כ הרשב״א דבעי׳ הלמ״מ דתולדה דרגל הוא

ג. בדברי הר״מ בדין צרורות ע״י בעיטה

ד. במקור הר״מ דצרורות ע״י שינוי הוי ספק אם פטורה ברה״ר

ה. בביאור שקו״ט דגמ׳ אם בצרורות כחו כגופו דמי או לא ופי׳ מחודש בהגמ׳ מהגר״ח

ו. במה שהביא הגרב״ד מהגר״ח דהר״מ סובר דצרורות שע״י שינוי הוי תולדה דרגל ופטורה ברה״ר

ז. לפי הצד דצרורות בשינוי פטורה ברה״ר כרגל האם סגי ג״כ בשמירה פחותה כרגל

ח. ביאור עפי״ד הגר״ח הנ״ל ברש״י לקמן מד: דליכא כופר בצרורות

ט. קו׳ הנחל״ד משור ואדם שדחפו לבור דאיכא חיוב כופר אף דרבא הס׳ לומר בתר תבר מנא אזלינא

א. הערה על התוס׳ שהק׳ אמאי פשיטא לי׳ לרבא דצרורות פטורה ברה״ר

דף ג: גמ׳ כי קאמר רב פפא [תולדותיהן לאו כיו״ב] אתולדה דרגל כו׳ בחצי נזק צרורות דהלכתא גמירי לה ואמאי קרי לה תולדה דרגל לשלם מן העלייה והא מבעיא בעי רבא דבעי רבא חצי נזק צרורות מגופו משלם או מן העלייה משלם לרבא מבעיא ליה לרב פפא פשיטא ליה לרבא דמבעיא ליה אמאי קרי לה תולדה דרגל לפוטרה ברה״ר ע״כ. ועי׳ בתוס׳ וז״ל, לפוטרו ברה״ר וא״ת אמאי פשיטא ליה טפי מלשלם מן העלייה וי״ל כיון דמן הדין היה משלם נזק שלם ואתי הלכתא דלא משלם אלא חצי נזק אם כן אתי הלכתא להקל ולא להחמיר עכ״ל.

ולא זכיתי להבין קו׳ התוס׳ דאיזה סברא יש לחייב צרורות ברה״ר, דעד כאן לא מבעיא לן לרבא אלא לענין לשלם מגופו דכיון דהתורה נתנה לו דיני תמות וחייב בח״נ ה״ה דמשלם מגופו וכמו שאיתא לקמן בדף יח. בעי רבא חצי נזק צרורות מגופו משלם או מעלייה משלם מגופו משלם דלא אשכחן חצי נזק דמשלם מעלייה או״ד מעלייה משלם דלא אשכחן כאורחיה דמשלם מגופיה ע״כ, אך מאיזה טעם נימא דיתחייב ברה״ר ואיך יתכן דאם שור הזיק בגופו פטור ברה״ר ואם הזיק בצרורות דגרע טפי יתחייב ברה״ר, וגם התוס׳ לא תירצו כן מכח הסברא אלא כתבו דההלמ״מ בא רק להקל ולא להחמיר. ודוחק לומר דמסתפקא להו להגמ׳ דאולי אין הזיקו מצוי כ״כ ויש בו גדר של שינוי, אלא דכן הוא גדר התורה לדונו כמשונה וכוונתו להזיק[2].

ואמנם קושיא זו לא קשה רק על התוס׳ דבאמת קשה על הגמ׳ לקמן בדף יט. דלפי רוב הראשונים הגמ׳ מספקא ליה בזה אם צרורות משלמת מגופו או מן העלייה, והכי איתא שם ״בעא מיניה ר׳ ירמיה מר׳ זירא היתה מהלכת ברה״ר (ובעטה) והתיזה והזיקה מהו לקרן מדמינן ליה וחייבת או״ד תולדה דרגל הוא ופטורה אמר ליה מסתברא תולדה דרגל הוא ע״כ״, ולפי רוב הראשונים לא איירינן שם בבעטה אלא באורחיה [ראה

---

[1] חבורה ג׳ תשנ״ח עם הוספות מתשס״ד ומשיעור יומי

[2] א״ה ויש להוסיף דעי׳ בתוס׳ המיוחס לתלמיד ר״ת ור״א שהק׳ קו׳ התוס׳ וכתב ״י״מ דהא נמי הילכתא גמירי לה דפטור ברה״ר אבל שילום מן העלייה לחודיה מספקא ליה״, וצ״ב למ״ל הלכתא לזה.

להלן], וצ"ב מאי קמבעיא לן הא פשיטא דפטור ברה"ר וכמשנ"ת. ואולי י"ל על דרך הגרי"ז דפטור דרה"ר הוא מדיני הלכותיהן, וי"ל דלא נאמרו ההלכותיהן לענין צרורות, אולם צ"ע דמהיכ"ת לומר כן והא כיון דהוא רגל ורק דנאמר בו פטור על חצי נזק א"כ מאיזה טעם לא יהא בכלל ההלכותיהן[3].

והנה לקמן בדף נה: איתא דבשן ורגל התורה מיעטה בשמירתה וסגי בשמירה פחותה דכתיב 'ושלח' עד דעביד כעין 'ושלח', אכן בשור תם לדעת הרבה תנאים בעינן שמירה מעולה, ויל"ע מהו הדין בצרורות האם סגי בשמירה פחותה, ופשטות משמעות הדברים הוא דגם בצרורות סגי בשמירה פחותה דלא מצינו דמבעי"ל לגמ' בזה, וצ"ב אמאי פשיטא לן דלענין פטור דשמירה פחותה הוי כרגל ולא כקרן ומאי שנא פטור ברה"ר דמבעי"ל[4]. [ונראה דהגמ' הו"מ למימר דנפ"מ מזה דהוי תולדה דרגל הוא לענין דנא' בו תנאי זה ד'ושלח'. דקשה טובא לומר דלפי האמת חייב בצרורות אפי' בלי פשיעה ד'ושלח', דא"כ יוצאת דעל רגל גמור אינו חייב אלא א"כ יש בו פשיעה ד'ושלח' ועל צרורות חייב גם בלי פשיעה ד'ושלח', והוא מילתא דתימה. (אחר השיעור)]

ב. הערה על מש"כ הרשב"א דבעי' הלמ"מ דצרורות תולדה דרגל הוא

והנה עי' בהרשב"א בסוגיין וז"ל, הא דאמרי' אמאי קרי לה תולדה דרגל תולדה דקרן הוא, לאו למימרא דרב פפא בלחוד הוא דקרי לה תולדה דרגל ועליה בלחוד הוא דקא מקשה, אלא כו"ע הלכתא גמירי לה דתולדה דרגל הוא כו' עכ"ל, ומבואר מדבריו דבכלל ההלמ"מ דצרורות נאמר דצרורות הן תולדה דרגל[5].

והקשה הגרי"מ דמ"ט בעינן הלמ"מ לומר דהוי תולדה דרגל והא כיון דאורחיה הוא ודאי הוי תולדה דרגל.

והנה הראשונים הקשו על זה[6] דאמרי' דהוי תולדה דרגל, והא לקמן בדף יט. מבעי"ל אם יש שינוי בצרורות וחייב רק רביע נזק, הרי להדיא דבכה"ג הוי תולדה דקרן, ותירצו דאה"נ בכה"ג הוי תולדה דקרן וכוונת הגמ' הוא דבאורחיה הוי תולדה דרגל עכ"ד, וצ"ב דלענין זה אמאי בעי' הלמ"מ דתולדה דרגל הוא דאיזה מזיק אחר הו"א שהוא בכלל, דנצרך הלמ"מ שהוא בכלל תולדה דרגל[7], [ואולי צ"ל דהו"א דהוי מזיק מחודש בפנ"ע, ועי' בתוס'].

(ואגב אורחא ילה"ע דהראשונים קבעו השאלה מכח זה דמסתפקינן לקמן אם יש שינוי לצרורות כו' ולכאו' אפי' אם נימא דאין שינוי לצרורות היינו רק שאינו חייב רביע נזק, דרביע נזק לא משכח"ל, אבל מ"מ בכה"ג בפשטות הוי תולדה דקרן.)

---

[3] א"ה כשהעמיד בתחילה מו"ר הקו' על התוס' העיר הג"ר משה ברומברג שליט"א למו"ר דאולי י"ל דנקטו התוס' דעד כמה שנימא שבצרורות משלם מגופו ה"ה שי"ל דחייבת ברה"ר, **ונהנה מו"ר מדבריו** (ואמר עס איז א שטיקילע פשט) והוסיף הסבר די"ל דחיוב מגופו הוא חיובא דשור, וכמש"ב הגרב"ד, ואולי י"ל דבחיובא דשור לא נאמר פטור דרה"ר עכ"ד.

אמנם כל זה הוא בדברי התוס' אבל בענין הקו' על הגמ' קשה לומר כן, דא"כ נצטרך לומר דר' ירמי' נקט דח"נ צרורות משלם מגופו או שעכ"פ מסתפק בזה, ובעיא זו הוא בגדר את"ל והוא דוחק.

[4] א"ה הבנתי ממו"ר דלמשנ"ת עפי"ד הגרי"ז א"ש דשאני פטור זה דרה"ר דהוי מדיני הלכותיהן ואכמ"ל.

[5] א"ה מו"ר הוסיף בהבלעה דאיתא בדף טו: דחצי נזק צרורות הלכתא גמירא לה דממונא הוא, וביארו הראשונים (א"ה הרא"ש בסי' ב' ראה להלן) דאין הכוונה דההלמ"מ גילה לן דממונא הוא, דמסברא ידעי' דממונא הוא, אלא כוונת הגמ' הוא דאף דממונא הוא מ"מ הלכתא גמירי לה דאינו חייב אלא חצי נזק, וצ"ב מ"ט בעינן הלכתא דהוא תולדה דרגל עכ"ד מו"ר.

ודע דהרשב"א בסוגיין הביא מהתוס' דאי"צ הלכתא דהוא ממונא וכתב דמלשון הגמ' לא משמע כן אלא דבעי' הלכתא דהוי ממון אך כתב דיש לדחות הגמ' שם "ואפשר דה"ק דהלכתא גמירי לה דאין משלם אלא ח"נ וההוא על כרחין ממונא הוא דהא מועדת היא מתחלתה לכך, כנ"ל".

[6] א"ה לא ידוע לי למי כוון מו"ר.

[7] א"ה יל"ע אם מבואר מראשונים הנ"ל שיש הלמ"מ שהוא רגל דרק מדברי הרשב"א מבואר כן.

ג. הערה על המבואר בר"מ דצרורות ע"י בעיטה מהני תפיסה רק על רביע נזק

והנה עיין בהר"מ בפ"ב מנזק"מ הל' ה' וז"ל, היתה מהלכת ברה"ר ובעטה והתיזה צרורות והזיקו ברה"ר פטור, ואם תפש הניזק רביע נזק אין מוציאין מידו, שהדבר ספק הוא שמא שינוי הוא ואינו תולדת רגל שהרי בעטה ע"כ, ומבואר דס"ל דצרורות כי אורחיה ודאי פטור ברה"ר, וצרורות ע"י בעיטה הוי ספק אם פטור ברה"ר והדין הוא דהמע"ה אלא דמהני תפיסה וכשיטתו בכ"מ דמהני תפיסה לאחר שנולד הספק ואפי' בקנס.

ושם בהל' ו' כתב הר"מ וז"ל, בעטה בארץ ברשות הניזק והתיזה צרורות מחמת הבעיטה והזיקו שם חייב לשלם רביע נזק שזה שינוי הוא בהתזת הצרורות, ואם תפש הניזק חצי נזק אין מוציאין מידו, ואפילו היתה מהלכת במקום שאי אפשר לה שלא תתיז ובעטה והתיזה משלם רביע נזק, ואם תפש הניזק חצי נזק אין מוציאין מידו ע"כ, והוא משום דבגמ' לקמן דף יט. מבעי"ל אם יש שינוי לצרורות לרביע נזק או אין שינוי צרורות לרביע נזק, וכיון דהוי ספק הדין הוא דהמע"ה אלא דאם תפס מהני ועל דרך הנ"ל דמהני תפיסה לאחר שנולד הספק ואפי' בקנס.

ודברי הר"מ בהל' ה' צ"ב דמ"ט לא מהני תפיסה אלא על רביע נזק ולא על חצי נזק, והא כיון דהוי ספק אם חייב ברה"ר וגם יש צד דאין שינוי לצרורות א"כ תהני תפיסה לחצי נזק כמו בהל' ו'. וי"א ליישב קו' זו דכיון דאיכא ס"ס, ספק שמא צרורות בשינוי ג"כ פטורה ברה"ר, ואפי' אם חייבת אולי אינה חייבת אלא רביע נזק, ומשו"ה לא מהני תפיסה על יותר מרביע הנזק, ועי' באבן האזל שם שהסתפק לפרש הר"מ על דרך זה אלא דלא ניח"ל לומר כן, דכבר נחלקו הפוסקים אם מוציאין ממון ע"י ס"ס, ולדעת הרבה פוסקים אין מוציאין ממון בס"ס, וא"כ י"ל דנהי דלמ"ד מוציאין ממון ע"י ס"ס לא מהני תפיסה, דאפי' אם תפס חציו אפשר להוציא ממנו רביע ע"י ס"ס, אבל להפוסקים דלא מוציאין ממון בס"ס שפיר מהני תפיסה, וקשה לשעבד הר"מ להפוסקים דס"ל דמוציאין ממון בס"ס ע"ש[8].

ויש מקום לפקפק על דבריו דהנה בפשטות הנידון אם מוציאין ממון ע"י ס"ס הוא משום דס"ס מטעם רוב הוא ואין הולכין בממון אחר הרוב, וי"ל דהא דאין הולכין בממון אחר הרוב היינו רק להוציא ממוחזק דלא אלים רוב להוציא ממוחזק, אבל היכא דהרוב מסייע למוחזק יתכן לומר דכבר נפסק שהממון הוא שלו ובכה"ג לא מהני תפיסה, וא"כ י"ל דגם בנ"ד שהי' להמוחזק ס"ס שמסייע לו כבר נפסק שהוא שלו ואם בא הניזק ותפס ממנו מוציאין מידו אף דאין מוציאין ע"י ס"ס, דשאני הכא דכבר נפסק שהוא שלו, וצ"ע בזה.

ד. במקור הר"מ דצרורות ע"י שינוי הוי ספק אם פטורה ברה"ר, וישוב לפי"ז על הערה הנ"ל

והנה על דברי הר"מ בהל' ה' השיג הראב"ד וז"ל, היתה מהלכת בר"ה ובעטה וכו' שהדבר ספק שמא שינוי הוא. א"א זו טעות היא כי בודאי הביעוט שינוי הוא דאי לא שינוי בצרורות לרביע נזק היכי משכחת לה [והיינו דמלשון הר"מ משמע דהספק הוא בזה גופא אם הוי שינוי או לא, והק' על זה מדברי הר"מ בהל' ו' דמבו' דודאי שינוי הוא, ועי' באבן האזל שר"ל דלא איירי באותו ציור, אך אין זה פשטות הדברים.] ובעיא דר' ירמיה

---

[8] וז"ל, והנה לכאורה אם היינו אומרים דלדידן מספקא לן בשני האבעיות היינו אם יש דין שינוי בצרורות לרביע נזק אפי' בשינוי גמור, ואם בעיטה בקרקע הוי שינוי, א"כ יקשה לן דברי הרמב"ם דלפי"ז אם בעטה ברה"ר והתיזה צרורות יש לנו מקום להסתפק דילמא בעיטה הוי שינוי לצרורות לרביע נזק וא"כ יש ספק לחייב גם ח"נ, והרמב"ם פסק דאם תפס רביע נזק אין מוציאין מידו ומוכח דעל חצי אין כאן ספק כלל, ואף די"ל דעל ח"נ יש כאן ס"ס דדינא הדא אי לא הוי שינוי והוי רגל ופטור ברה"ר ואפי' אי הוי שינוי דילמא יש שינוי לצרורות לרביע נזק, אבל אין הדבר פשוט דבס"ס לא יועיל תפיסה, ועיין תוס' כתובות דף ט: ד"ה אי למיתב שהוכיחו דמוציאין ממון ע"י ס"ס ועין בפנ"י שם שתמה ע"ז ועי' בס' בית יצחק להגאון בעל בנין עולם בסי' ע"ג בזה, ועכ"פ אין ההלכה ברורה לקבוע בה מסמרים ולבאר בזה שיטת הרמב"ם, עכ"ל.

מר' זירא לא בביעוט הוא אלא בצרורות כי אורחייהו וקא מיבעיא ליה אם הוא חייב בר"ה הואיל וחצי נזק הוא כקרן או פטור דכי אורחיה הוא כרגל ופשט ליה כהלכתא דפטור ולדידיה נמי דגריס ביעטה הא פשט ליה דתולדה דרגל הוא, עכ"ל, ומבואר דנקט הראב"ד דמקור הר"מ לומר דשמא איכא פטור ברה"ר בבעטה, הוא מהסוגיא בדף יט. המובא לעיל דאיתא שם "בעא מיניה ר' ירמיה מר' זירא היתה מהלכת ברה"ר (ובעטה) והתיזה והזיקה, מהו לקרן מדמינן ליה וחייבת, או"ד תולדה דרגל הוא ופטורה א"ל מסתברא, תולדה דרגל הוא ע"כ", והר"מ גרס "ובעטה"[9], הרי שהגמ' הסתפקה לומר דבכה"ג פטור ברה"ר, אלא שהעיר הראב"ד על פירוש זה דאם נפרש דהגמ' מבעיא לן בהיכ"ת זו הרי מבו' להדיא דמסקנת הגמ' הוא דבכה"ג פטור ברה"ר, ואולי י"ל דהר"מ לא גרס הפשיטות, וצ"ע. והראב"ד עצמו העלה דלא גרסינן בגמ' שם 'ובעטה' ומבעיא לן בצרורות כאורחיה ומסקינן דפטור ברה"ר וכסוגיין אבל צרורות ע"י שינוי חייבין ברה"ר כשאר קרן דעלמא.

ועי' במ"מ שם שכתב דלעולם גם הר"מ פי' בעיא דרבי ירמי' בצרורות כאורחיה, ולענין זה פשט לי' ר' זירא דפטור ברה"ר, ומקור הר"מ דצרורות ע"י שינוי ברה"ר הוי ספק, הוא מכח בעיא דרב אשי אם יש שינוי לצרורות, דס"ל דספק הגמ' הוא בזה גופא אם כל סוגי צרורות הוו תולדה דרגל ואפי' ע"י שינוי או דרק צרורות כאורחיה הוי רגל אבל צרורות דלאו אורחיה הוי קרן, וכיון דקרן תם משלם חצי ממה שהי' חייב אילו היה מועד א"כ בצרורות חייב רביע נזק עכ"ד.

ולפי"ד המ"מ יוצא דלפי הך צד דאין שינוי בצרורות גם צרורות ע"י שינוי הוו תולדה דרגל ופטורין ברה"ר, ומעתה מובן היטב בפשיטות שיטת הר"מ דלא מהני תפיסה אלא על רביע הנזק, דהא בבעטה ברה"ר כל הנידון לחייבו הוא רק רביע נזק, דלפי הצד דאין שינוי לצרורות וכל צרורות הוו תולדה דרגל א"כ פטור לגמרי ברה"ר, וא"ש.

אולם כל זה הוא לפי המ"מ אכן לפי הראב"ד הק"ל דהספק אם צרורות ע"י שינוי פטור ברה"ר והספק אם יש שינוי לצרורות אינם תלויים זב"ז (ראה להלן מה שהבאנו מהנחל"ד בביאור הספק אם יש שינוי לצרורות, וע"ע בחי' ר' ראובן סי' א), וא"כ מ"ט לא מהני תפיסה בחצי נזק, וצ"ל על דרך שכתבנו למעלה דהוי ס"ס.

קו' האיך אפשר לפטור צרורות ע"י בעיטה ברה"ר והא הוי תולדה דקרן

והנה מבואר מדברי הראב"ד שהיה נחית לפרש בהר"מ דהגמ' מבעיא לן בצרורות ע"י בעיטה אם פטור ברה"ר וצ"ב איך הו"א לפטרו ברה"ר והא כיון דמשונה היא א"כ הוי תולדה דקרן וחייב ברה"ר, וכמו"כ ילה"ע על דברי המ"מ שפירש דלפי האמת מבעיא לן אם צרורות בשינוי הוי רגל, דמאיזה סיבה נימא דהוי רגל.

ה. בביאור מה הי' דין בצרורות בלי ההלמ"מ (מהגר"ח)

ועיין בברכ"ש (סי' יט) שהביא מהגר"ח בזה, ובהקדם מה דאיתא לקמן בדף יז: דהגמ' פריך על שיטת הרבנן דסברי דבצרורות משלם רק חצי נזק, דממנ"פ אם כחו כגופו דמי כוליה נזק בעי לשלם ואם כחו לאו כגופו דמי חצי נזק נמי לא לשלם, ואמר רבא לעולם כגופו דמי וחצי נזק צרורות הלכתא גמירי לה ע"כ, ובפשטות כוונת הגמ' הוא דלעולם כחו כגופו דמי אלא שמ"מ נתנה התורה פטור על חצי נזק, וכ"כ הנחל"ד בדף יז: [א"ה וכן מבו' להדיא בתוס' דף ג: שכתבו "דמן הדין היה משלם נזק שלם ואתי הלכתא דלא

---

[9] א"ה וכן הוא ברש"י בפנינו, וכן הוא באו"ז (אות קט) וז"ל, בעא מיניה ר' ירמיה בר אבא היתה מהלכת ובעטה והתיזה והזיקה מהו לקרן מדמינן לה הואיל וביעטה וחייבת ברשות הרבים חצי נזק או"ד כל צרורות תולדה דרגל הוא ופטורה ברשות הרבים אמר ליה מסתברא תולדה דרגל הוא, עכ"ל.

משלם אלא חצי נזק כו' להקל"]. וכן מבואר בחי' ר' ראובן בהוספה לסימן ב' שר"ל דדין חצי נזק צרורות יש לו דין אחר מדין חצי נזק דשור תם, דלענין ח"נ דשור תם כתב הברכ"ש (סי' ב) דהפטור על ח"נ הוא פטור בעיקר המזיק, דליכא איסור מזיק על חציו, אכן בדין ח"נ צרורות ליכא פטור בגוף המזיק אלא בתשלומין, וודאי קעבר אאיסור מזיק על כל ההיזק אלא שנפטר מלשלם חציו.

אמנם הברכ"ש (יט–ב) הביא מהגר"ח שכתב לפרש דברי הגמ' לשיטת הר"מ (המובא בסמוך) באופ"א, דלעולם לולי ההלמ"מ דחייב, ח"נ צרורות הי' פטור לגמרי, דהנה דין נזק"מ הוי דין מחודש שהתורה הטילה עליו אחריות על שמירת ממונו מקרא ד"ולא ישמרנו", וי"ל שהתורה קבעה ג' אבות בשור, קרן שן ורגל, ולא מספיק בזה לחודיה שההיזק בא מגוף השור לחייבו אלא בעי' שיהא חפצא דשן וחפצא דרגל וחפצא דקרן וכל דלא הוי חפצא דקרן או שן או רגל אינו חייב עלה[10], וי"ל דלולי ההלמ"מ הו"א דלא הוי חפצא דשור ופטור לגמרי, קמ"ל ההלמ"מ דחייב חצי נזק. ואף דלסומכוס דל"ל ההלמ"מ הוי שור ממש וחייב עלה נז"ש מסברא, מ"מ לרבנן כן הוא דלולי קרא הי' פטור לגמרי וגלתה לן ההלמ"מ דחייב, ונמצא דנחלקו רבנן וסומכוס בתרתי, **א.** אם נאמרה הלמ"מ בענין צרורות, **ב.** מה הי' הדין לולי ההלמ"מ[11].

[והגר"ח[12] הביא ראי' ליסוד הנ"ל דבעינן גוף השור ולא מספיק זה שההיזק בא מהשור, "דהרי חזינן דגם בהזיקה בשליף שעלי' נמי הויא רק תולדה דרגל, ומבואר דשור דאזיק לא בגופו ממש מה דהוי שור הוא רק לימוד מן שור", וכל זה הוא בשליף שעליה, אבל בכחו י"ל דאף דודאי נחשב שההיזק בא מהשור ולא חסר בדין "בידים", מ"מ חסר בכל צורת רגל והוי כדבר נפרד, ולכן א"א למילפה משור אלא הוא מזיק מחודש. וצב"ק ראית הגר"ח משליף והא גם בהזיקה בגופה ממש הוי רק תולדה דרגל, ונראה דדיוקו הוא דמאחר ששנה בברייתא דהזיקה בגופה הוי תולדה דרגל אמאי הוצרך לפרש דגם בשליף שעליה חייב משום תולדה והא הוי בכלל תולדה ד"הזיקה בגופה", וכי איכא שאלה של חציצה, ומבואר בע"כ דבעינן גוף השור וכמשנ"ת[13].]

ע"פ יסוד הגר"ח שבנזק"מ בעינן חפצא דשן וכו' תי' הגרב"ד למה רק בנזק"מ הסתפק הגמ' אם כחו כגופו

וכתב הברכ"ש ליישב עפי"ד הגר"ח הנ"ל קושיא חזקה ששאל לו גאון אחד, דאיך מסתפקי' בזה (בגמ' דף יז:) אם כחו כגופו דמי או לא והרי מפורש בקרא לענין רציחה דכחו כגופו דכתיב "ונשל הברזל מן העץ" וכמו כן לגבי אדם דאזיק ע"י כחו הוי תולדה וחייב משום דכחו כגופו דמי וכמש"כ הרי"ף והר"מ והטושו"ע

[10] א"ה בחו"ש מהגרב"ב עמ' קפ"ו הוסיף "וכמו דפרכינן לעיל (דף ג.) שכן לא מכליא קרנא, וכי מה דלא מכליא קרנא אינו מזיק, אלא כיון דאיכא פירכא דאין לילף משם על מזיק זה דאפשר דבמזיק זה הקילה תורה ולא חייבה התורה אף שודאי מזיק הוא וה"נ בהך דכחו כגופו דאף דכחו מקרי מזיק בידים מ"מ הקילה תורה ולא נכלל בשם מזיק דשור", ולא שמעתי זה ממו"ר.

[11] א"ה עי' במהר"צ חיות שהביא קו' החוו"י שהקשה מסוגיין על הר"מ בהקדמה לפיה"מ שכתב דלא שייך פלוגתא אם הי' הלמ"מ או לא, ותי' המהר"צ חיות "הלמ"מ היתה שגם צרורות מכלל הניזקין אולם אם משלם בצרורות נזק שלם או חצי נזק בזה נפלה פלוגתא בין חכמים לסומכוס", ומבואר מדבריו דגם לסומכוס הי' הלמ"מ, ובע"כ דלולי הלמ"מ הי' פטור לגמרי וכדברי הגר"ח. ויתכן דלפי המהר"צ חיות גם למסקנא לסומכוס הוא מזיק מחודש ורק דנתחדש בו דין דנזק שלם, וצ"ע בזה.

[12] ואולי הוא ראית הגרב"ד.

[13] א"ה עיין בחו"ש מרן רב"ב ח"א עמ' קפ"א (נכתב ע"י הגאון ר' אלי' חזן זצ"ל) וז"ל בד"ה וסברת הקצה"ח בא"ד, אי לאו דחידשה התורה דשליף שעליה מחויב, הו"א דגם בשליף שעליה פטור דלא הוי גופו דשור ממש, אלא דחידשה התורה בשליף שעליה משלם נזק שלם, ובצרורות חידשה התורה דאם אין גוף המזיק נוגע בדבר הניזק משלם חצי נזק, עכ"ל, וצ"ע למה בענין חידוש התורה בשליף שעליה הא הוי כשאר תולדות דילפינן ממה הצד מהאב, וקשה לומר דמכח ההלמ"מ דצרורות יש למילף דין זה. והנה מו"ר הוסיף וכי אדם דאזיק ע"י בגדו הוי רק תולדה ולא אב עכ"ד, וק"ק דשליף הוא משוי ולא סתם בגד ואה"נ בודאי יתכן דגם אליבא דאמת אם הי' לשור בגד על רגלו ודרסה בה דהוי אב ולא תולדה, וצ"ע.

[עי' מש"כ בזה בדף ב' בסימן א], וכן לענין שחיטה מבו' בחולין דף לא. דאף דבעי' כח גברא מ"מ כחו כגופו דמי ואם הפיל הסכין ושחטה כשרה, ומאי שנא צרורות דמבעיא לן.

ותירץ הגרב"ד עפ"י הנ"ל דכל ספיקת הגמ' אם אמרינן כחו כגופו דמי או לא הוא רק בנזקי ממונו, דהנה לחיוב רציחה מספיק עם זה דדייני' דהרציחה באה ממנו, וודאי לענין זה אמרינן דכחו כגופו דמי ולאו גרמא הוא וחייב, אכן בנזק"מ מכיון דמצינו שהתורה קבעה ג' אבות בשור, קרן שן ורגל, לא מספיק בזה לחודיה שההיזק בא מהשור אלא בעי' חפצא דשן וחפצא דרגל וחפצא דקרן, ומשו"ה מסתפקי' אם כחו דרגל הוא חפצא דרגל או דלא הוי חפצא דרגל ורק דנחשב שההיזק בא מהשור, דאילו אינו חפצא דשור לא הי' שייך לחייבו אף דאין עלה תורת גרמא[14].

וביאר הגרב"ד עוד דזה היה פשוט להגמ' דלולי ההלמ"מ צרורות הי' פטור לגמרי מטעם הנ"ל, וספק הגמ' הוא בגדר הדין הנלמד מהלמ"מ דחייב גם על כחו, דאם גילתה לן תורה דהוי ממש כגופו א"כ לישלם נזק שלם, ואם לא גילתה לן התורה כן ולעולם לא הוי חפצא דקרן שן ורגל א"כ מ"ט חייב אפילו חצי, ועל זה מסקי' דלעולם לאו כגופו דמי והוי מזיק מחודש אלא דמ"מ חידשה לן תורה דחייב חצי נזק, ומה דאמרינן בגמ' "הדר אמר רבא **לעולם כגופו דמי** וחצי נזק צרורות הלכתא גמירי לה", הכוונה הוא דזה גופא הוא הפשט של ההלכה, לדונו כאילו הוא גופו, ולא דההלכתא גילתה לן דבאמת הוי גופו, דלעולם הוי מזיק מחודש אלא דההלכתא נותנת הדין דכחו כגופו דמי לענין לחייבו[15].

כמה דברים שנתיישבו עפ"י יסוד הנ"ל

ועפ"י הנ"ל הסביר הגר"ח דברי הר"מ הנ"ל דיתכן דגם צרורות ע"י שינוי הוי תולדה דרגל, דכיון דביארנו דצרורות הוי מזיק מחודש, ולא דההלמ"מ גילתה לן דכחו הוי ממש כגופו א"כ י"ל גם צרורות ע"י שינוי

---

[14] א"ה מלשון מו"ר היה משמע קצת דבעי' שיהא חפצא דרגל וחפצא דשן וחפצא דקרן, דהדגיש דספק הגמ' הוא אם כח דרגל הוי חפצא דרגל וכח דשן הוי חפצא דשן. אך הגרב"ד הדגיש רק "חפצא דשור", ובאמת כבר הבאנו בכ"מ דברי הגרא"ז בנזק"מ פ"א ה"ב שדייק מהר"מ דאחר דילפי' דחייב על קרן שן ורגל, עיקר השם מזיק הוא שור, וכל החילוקים הם רק פרטי דינים, וכן דייק מו"ר מדברי הברכ"ש סי' א שנקט דילפי' פטור דנגח ואח"כ הפקיר בשו"ר מקרן.

אמנם יתכן דאין בזה סתירה, דבחבורה לדף ד. בסוגיא דעבד ואמה הזכיר מו"ר דברי התוס' בדף כב: שכתב דג' אבות נאמרו בשור, ומה"ט א"א לחייב על אש דשור, ובמהר"ם שם מבואר דנאמר בו דין דג' אבות נאמרו בשור ולא יותר, והסביר מו"ר שם דעיקר הך דרשה הוא דבעי' גוף השור ממש. אלא דבאמת מזה שמו"ר רצה לפרש עפי"ז ההו"א דתולדותייהן לאו כיו"ב היה משמע דנקט דבאמת בעינן שיהא אותו שם וצורת המזיק ממש.

שוב זכיתי לשמוע שיעור זה עוד הפעם ממו"ר ואמר בנוסח זה "בממון המזיק ג' אבות נאמרו כו' ותוס' בדף כב: כתבו ג' אבות נאמרו בשור ולא יותר כו' וכאן השאלה בכחו כגופו בממון המזיק הוא אם זה נקרא שם רגל, והיינו האם יש בזה הצורה של רגל כו' ולא שאנו דנין אם זה מעשה של שור, דודאי כחו כגופו נחשב מעשה של שור, והשאלה הוא כיון שבממון המזיק התורה הגדירה המזיק של שור, יש לדון אם זהו בכלל", ומתחילת דבריו וגם מהמשך השיעור שהסביר עפי"ז ההו"א דתולדותיהן לאו כיו"ב היה משמע דבעי' חפצא דקרן רגל ושן, ואולי עכ"פ לפי ההו"א היה כן, דהעיקר שהוכיח משם הוא דאיכא איזה הגדרות לחיוב התורה, וצ"ע.

[15] א"ה הלשון ד"**לעולם** כגופו דמי" מורה דר"ל לעולם נימא כצד הראשון של הבעיא, ואם נפרש דכוונת הגמ' דלעולם כחו כגופו דמי ר"ל דההלכה נותנת דין כחו כגופו לחייבו, א"כ מסתברא דגם מאי דאמרי' מעיקרא מאי קסברי, "אי כחו כגופו דמי" הכוונה הוא ג"כ על דרך הנ"ל ולא "אי מסברא כחו כגופו דמי".

ועי' בחו"ש מרן רב"ב ח"א עמ' קפ"א (נכתב ע"י הגר"א חזן זצ"ל) שבי' בספק הגמ' "ועל זה חקר רבא מפני מה חידשה התורה דאינו מחויב אלא ח"נ, אי משום דאין זה גוף המזיק של רגל אלא מזיק חדש, או"ד דהוי שפיר גוף המזיק של רגל משום דכל דאתי מכחו זה גוף ממש, רק דהלכתא גמירי לה דגוף הבא ע"י כח אף דזהו גוף ממש, אפ"ה אינו משלם אלא ח"נ, ואי לאו דחידשה התורה חיוב חיוב של ממון הלא היה פטור לגמרי, ועל ממון כזה חידשה התורה דמשלם רק ח"נ", וקשה לעמוד על כוונתו. ולפו"ר משמע דר"ל דזה גופא חידש לן ההלמ"מ דכחו הוי ממש כגופו אלא דאפ"ה פטור מח"נ, אך צ"ב לפי"ז המשך דבריו שם, וצ"ע.

הוי תולדה דרגל ופטור ברה"ר עכ"ד, והיינו דכיון דמזיק מחודש זה דצרורות נאמר בצרורות דרגל והא דחייב גם בצרורות דשינוי בע"כ נלמד מההלמ"מ הנא' בתולדה דרגל משו"ה יתכן דגם הם פטורים ברה"ר [וראה להלן לתוספת ביאור].

ואמר הגרי"מ דלפי"ז יש ליישב מש"כ הרשב"א דבכלל ההלמ"מ הי' זה גופא דצרורות הוא תולדה דרגל, ותמהנו דלמ"ל הלמ"מ לזה והא כיון דאורחיה הוא ודאי הוא בכלל תולדה דרגל, ולמשנ"ת מובן היטב דבאמת מן הסברא לא הי' חייב כלל על צרורות אף דכחו כגופו דמי, דסו"ס לא הוי חפצא דרגל וכמו שביאר הגר"ח, וא"כ בעי' הלמ"מ שאף דלא הוי חפצא דרגל מ"מ כללה התורה מזיק דצרורות בכלל מזיק דרגל (א"ה צ"ע דברשב"א מבואר להדיא דמסברא הי' חייב נז"ש והלכתא בא להקל עליו[16]).

ועפי"ז יש ליישב ג"כ קושית הרא"ש בסוגיין על גירסת מקצת הראשונים, דהנה מסקינן דכולהו תולדותיהן כיוצא בהן לבר מתולדה דרגל ומאי ניהו חצי נזק צרורות דהלכתא גמירי לה, והרא"ש גרס "דהלכתא גמירי לה דממונא הוא ולא משלם אלא חצי נזק" וכן הוא בפנינו בדף טו:, וכתב הרא"ש וז"ל, הא דקאמר הלכתא גמירי לה דממונא הוא להא לא בעי הלכתא דממילא ממונא הוא כיון דתולדה דרגל הוי ועיקר הלכה לחצי נזק גמירי אלא ה"ק דאע"ג דתולדה דרגל הוי וממונא הוי הלכה גמירי לה דלא משלם אלא חצי נזק עכ"ל, והנה אי נימא כפשטות הדברים דלולי ההלמ"מ הי' חייב נזק שלם דכחו כגופו דמי וההלמ"מ רק הקיל עליו ופטרו מחצי נזק א"כ ודאי ל"צ הלכתא דממונא הוא, אכן לפי"ד הגר"ח דמסברא הי' פטור לגמרי והתורה חידשה מזיק מחודש דכחו ולא חייבו אלא חצי נזק, א"כ שפיר י"ל דבעינן הלכתא דממונא הוא דלולי הלכתא הו"א דכיון דהתורה חייבה למזיק מחודש זה לשלם רק חצי נזק בע"כ דהוי קנס ולא ממון, דכמו דהיכא דחייב לשלם יותר ממה שהזיק הוי קנס גם כשמשלם פחות ממה שהזיק הוי קנס, ולכן בעינן הלכתא דהוי ממון ולא קנס וגם שהוא תולדה דרגל[17], ובאמת מלשון רש"י בסוגיין בפשטות משמע דבעי' הלכתא דממונא הוא[18].

וראיתי בחי' רא"ל (סי' סו) שפי' פלוגתת הרא"ש ורש"י הנ"ל על דרך הנ"ל, דנחלקו אם חיוב חצי נזק דצרורות הוא חיוב חדש או לא, אלא דהוא ביאר הענין באופ"א, דודאי לולי ההלכתא הו"א דכחו כגופו דמי והוי רגל גמור לכל מילי, אך יש לחקור בגדר ההלכתא האם אמרי' דכל ההלכתא בא לפטרו על חצי נזק, והחצי נזק שמשלם הוא מחיובי רגל ממש אלא דבההלכה נאמר פטור על כחו על חצי נזק וכמו שאר פטורים שנאמרו בנזק"מ וכמו פטורא דרה"ר ופטורא דכלים, או"ד נאמר דעתה אחרי ההלכה אינו פטור כמו שאר פטורים אלא דההלכתא אפקינהו לגמרי מכל חיובי רגל ונתנה להם חיוב חדש של חצי נזק, ע"ש[19].

---

[16] וז"ל, דרב פפא סבר כיון דגמירי דתולדה דרגל היא דאלו מדינא הוה ליה לשלם נזק שלם כרגל דאורחיה בהכי אלא דפטר ליה רחמנא מח"נ א"כ מן העליה משלם כרגל, ורבא מספקא ליה כיון דאקיל ביה רחמנא שלא לחייבו אלא ח"נ אף אנו נאמר שלא חייב בו אלא כח"נ דעלמא דפירש בו שהוא מגופו כו', עכ"ל.

[17] א"ה עי' בנחל"ד דף יז: שכתב בדברי הרא"ש שם וז"ל, דהך הלכתא לא אתי לאחמורי על המזיק רק להקל עליו וכמש"כ הרא"ש בפירקין לעיל מיניה בסימן הנ"ל (כוונתו הוא לדברי הרא"ש הנ"ל) כו' עכ"ל, וזה מתאים מאד עם מש"כ, דבאמת הרא"ש נחלק על הר"מ בענין זה.
אלא דקשה לי דברי הרשב"א בסוגיין שנקט דפשטות הגמ' שם משמע דבעי' הלכתא דממונא הוא, ולא נתקשה לי' בזה, וצ"ע דהרשב"א שם כתב להדיא דהלכתא בא להקל עליו ומסברא הי' חייב נזק שלם ודלא כהנ"ל.

[18] א"ה דליכא לדחוק בדבריו כפי מש"כ הרא"ש לדחוק בדברי הגמ', ע"ש היטב, וזה מתאים מאד עם מה שביאר מו"ר להלן ברש"י בדף מד: על דרך הגר"ח.

[19] א"ה עי' ברש"י דף יח: שהביא מי"מ דצרורות בשן חייבין נזק שלם (כן נקטו האחרונים בכוונתו), ורש"י חולק עליו והעלה דאף דודאי ליכא מושג של חצי נזק צרורות דשן אך כל היכא דהוי ח"נ דצרורות הרי הוא רגל, ע"ש. והנה לפי י"מ הנ"ל בע"כ צ"ל דההלמ"מ בא לפטרו מח"נ,

ו. שני מהלכים לפרש הצד דצרורות בשינוי פטורה ברה"ר מה

והנה הנוסח שהגרב"ד הביא מהגר"ח הוא ד"הר"מ סובר דצרורות שע"י שינוי הוי תולדה דרגל ופטורה ברה"ר", ולפו"ר משמע דפטור בודאי ברה"ר אך באמת מדברי הר"מ מבואר דהוי רק ספק, ומקורו הוא או כמש"כ הראב"ד מבעיא דר' זירא או כפי' המ"מ מבעיא דיש שינוי לצרורות, וסתם הגר"ח ולא פירש ספק הנ"ל וגם לא הסביר עיקר הענין דשינוי הוי תולדה דרגל.

והנה לפי"ד הראב"ד דמקור הר"מ הוא דפירש דספק דר' זירא הוא לענין זה גופא אם צרורות ע"י שינוי פטורין ברה"ר יל"פ צד הגמ' דפטור ברה"ר בתרי אנפי, **א.** יש לפרש דהנה גוף ההלמ"מ דמזיק מחודש זה דצרורות נאמרה במזיק דרגל, [ואף דהוי מזיק מחודש מ"מ לענין פטורים כללה התורה בכלל מזיק דרגל (אחר השיעור)], וי"ל דילפי' צרורות דקרן במה הצד מצרורות דרגל דגם בצרורות בשינוי נאמר מזיק מחודש זה דצרורות, אך כיון דגוף ההלכה דמזיק מחודש זה נאמר ברגל א"כ י"ל דכל צרורות ואפי' בשינוי הן בכלל ההלכותיהן דרגל[20]. **ב.** או י"ל באופ"א דכיון דגוף ההלכה נאמרה בצרורות דרגל, וילפי' צרורות דשינוי מרגל א"כ אף די"ל דבעינן למילפה במה הצד דרגל וקרן, מ"מ כיון דבעי' למילפה גם מצרורות דרגל, א"כ יש לו גם הקולות דרגל ולכן פטור ברה"ר. (א"ה צ"ע לפי"ז מש"כ הגרב"ד מהגר"ח דצרורות ע"י שינוי "הוי תולדה דרגל".)

ונפ"מ בין שני מהלכים הנ"ל הוא לפי הצד דצרורות דשינוי הוי רגל לענין פטור רה"ר האם ברשות הניזק משלם מן העלייה, דלפי צד הא' לגבי כל הלכותיהן הוי כרגל בין לקולא ובין לחומרא, אכן לפי צד השני י"ל דרק לענין הקולות ילפי' קרן מרגל, דכיון דא"א לחייבו בלי ילפותא מרגל יש לו קולות דרגל, אך כיון דבעי' למילפה גם מקרן א"כ יש לו הקולות דקרן ג"כ ואינו חייב אלא מגופו, וצ"ע[21]. [וכל זה הוא לפי הצד בגמ' דפטור ברה"ר, ולפי הצד דחייב ברה"ר י"ל דילפי' דצרורות דקרן יש לו כל דיני קרן.]

ז. לפי הצד דצרורות בשינוי פטורה ברה"ר כרגל האם סגי ג"כ בשמירה פחותה כרגל

והנה יש לדון לפי מש"כ לעיל דבצרורות דעלמא סגי בשמירה פחותה כרגל דבעי' דומיא ד"ושלח", מהו הדין בצרורות ע"י שינוי, ולכאורה אם נימא דלא הוי תולדה דרגל ורק דכיון דילפי' מזיק מחודש זה מתולדה דרגל א"א להיות יותר חמור, יש מקום לדון דדין זה דבעינן דומיא ד"ושלח" אינו דין פטור שנאמר ברגל שנימא דגם צרורות בשינוי א"א להיות יותר חמור מזה, אלא מה דבעי' דומיא ד"ושלח" הוא משום דהחפצא דרגל הוא 'ושלח', וא"כ כל זה הוא בחפצא דרגל ולא בצרורות ע"י שינוי דאינו רגל[22].

ולכן בשן דלא נאמרה ההלכתא חייב נז"ש, ולא משמע כ"כ דרש"י חולק על זה אלא דס"ל דכל צרורות הם בכלל ההלכתא. ולפי"ד הגר"ח קשה טובא דאם צרורות דשן אינם בכלל ההלכתא הו"ל לפטריה לגמרי. אכן לפי"ד הגרא"ל א"ש די"ל דכיון דלענין שן לא נא' הלכתא דצרורות לכן צרורות דשן הוי שן גמור. [אלא דגם לפי"ד הגרא"ל נכלל בו חידוש, דהיה מקום לומר דאם נימא דהוא מזיק חדש דההלמ"מ הפקיעו מתורת רגל, גדר זה הוא דנאמרה בהלכתא דבעי' גוף שור לנזק"מ [וכמו שהוא לפי הגר"ח אפי' בלי ההלמ"מ], ובפשטות לענין זה אין לחלק בין שן לרגל.

[20] בחבורה שנת תשס"ד אמר בנוסח זה, כיון דהך דין דכחו הוי ג"כ שור נאמר ברגל וצריכים למילף כל האבות מרגל לענין זה, משו"ה יש להו הפטורים דרגל, ונמצא דיתכן מזיק של קרן שיש לו הפטורים של רגל.

[21] ובתשע"ג לא הרחיב בנידון זה, ואחר השיעור אמר בפשיטות דודאי יש לו הקולות דקרן דלא יתכן דשינוי בגופו יהא לו פטורים אלו, וע"י כחו לא יהא לו אותו פטורים, וכן אמר בחבורה בתשס"ד.

[22] וכעי"ז יש לדון בהא דאיתא לקמן בדף נח. דא"ר יוחנן דהא דתנן נפלה לגינה באונס ואכלה משלמת מה שנהנית ולא מה שהזיקה דאפי' אם הלכה מערוגה לערוגה ואפי' כל היום כולו עד שתצא ותחזור לדעת דבעי' דומיא דושלח, וכמש"כ הרא"ש שם סוף סי' ז' בביאור הך דין, ויל"ע אם בצרורות ע"י שינוי יש הלכה זו.

[ואמנם אם נימא דמשלם מגופו יש להסתפק עוד לפי הגירסא בפנינו בהר"מ (פ"ד מנזק"מ ה"ד) דאפילו שמירה מעולה אינו מועיל בשור תם דמשלם מגופו, ועיין בכס"מ שהר"מ השיב לחכמי לוניל ששלחו קו' הנ"ל להר"מ והר"מ כתב דבאמת ט"ס הוא ואיירי בשמירה פחותה ע"ש בדבריו[23]. אכן השטמ"ק כתב בשם הרמ"ה דין הנ"ל, דאפי' היכא דשמר שמירה מעולה גובין מגופו[24]. וודאי דדין זה נוהג אפי' כשהשור נמצא אצל הבעלים, ולא רק כשנמצא אצל השומר, וצ"ב טובא דאיך שייך לחייבו מאחר שהוא אונס גמור.

וביאר הגר"ח בזה דבדין "מגופו" לא שייך פטורי שמירה, דפטורי שמירה לא שייכים אלא במה שמייחסים להבעלים, אך במה שגובין מהשור עצמו לא שייך שום פטורים. ויל"ע לדידיה מה יהא הדין בצרורות ע"י שינוי האם מהני שמירה מעולה כיון דא"א לחייבו אלא ע"י לימוד מרגל א"כ יתכן דא"א להיות יותר חמור מרגל, לפי הצד דפטור ברה"ר משום דצרורות ע"י שינוי א"א להיות יותר חמור מצרורות שלא ע"י שינוי כיון דכל החיוב ילפי' מצרורות שלא ע"י שינוי, וצ"ע.]

עוד שני מהלכים למה צרורות ע"י שינוי יהי' פטור ברה"ר (לד' המ"מ)

ולפי המ"מ דהר"מ פירש כן בספק הגמ' דיש שינוי בצרורות י"ל דספק הגמ' הוא האם אמרי' דמכח ההלמ"מ אמרי' דגם בקרן נאמר הלמ"מ דצרורות, דבכלל ההלכתא הוא דצרורות ע"י שינוי הן בכלל מזיק דקרן, וא"כ כיון דבקרן הדין הוא דתם הוי רק חצי מזיק וכיון דנחשב רק כהזיק חציו א"כ משלם חצי מחציו דהיינו רביע, או"ד דגם צרורות ע"י שינוי הוי בכלל מזיק דרגל ולכן אין בו ההלכה דתמות כלל. ולפי הנ"ל דספק הגמ' אם אין שינוי לצרורות הוא דאולי גם צרורות ע"י שינוי הוי רגל ואין לו דין תמות א"כ בע"כ צ"ל דלפי צד זה הוי רגל לכל הלכותיהן ודיניהם[25].

[ועי' בנחל"ד דף יז: שפי' להיפך, דלפי צד הגמ' דאין שינוי לצרורות הבי' הוא דלא נאמר ההלמ"מ דצרורות כלל לענין צרורות דקרן, ולכן חייב בחצי נזק כמו כל קרן דעלמא, ואף דלענין שן מבואר דהם בכלל הלמ"מ דצרורות ולכן בצרורות דשן משלם רק ח"נ, י"ל "דשאני שן דדמיא לרגל להלכותיהן ומחד קרא נפקא תרווייהו, משא"כ גבי קרן ליכא להך הלכתא דצרורות".]

ח. ביאור עפי"ד הגר"ח הנ"ל ברש"י לקמן מד: דליכא כופר בצרורות

והנה נראה דלפי"ד הגר"ח הנ"ל דגם למסקנא כחו לאו כגופו ממש דמי אלא דהוא מזיק מחודש דצרורות, יל"פ היטב דברי רש"י בדף מד:, דהנה בגמ' שם בע"א מובא שיטת שמואל דשור שהיה נתחכך בכותל להנאתו ונפל הכותל על האדם חייב בכופר ופריך הגמ' ואכתי צרורות נינהו אמר רב מרי בריה דרב כהנא דקאזיל מיניה מיניה ע"כ. וצ"ב קו' הגמ', דמאי איכפ"ל דהוי צרורות והא כיון דהוי אורחיה שפיר י"ל

---

23 א"ה, אכן המ"מ כתב לפרש דברי הר"מ כפשוטו וכתב דמה שכתב דאפי' שמרוה שמירה מעולה דחייב היא בנזק קרן בלבד, ר"ל בדברים שהיא תמה להם שבהן הבעלים חייבים אפילו בשמירה מעולה כמו שיתבאר בפ"ז כו' ע"ש, ועי' בטור שהביא הגי' שלפנינו בהר"מ ותמה עליו, ועי' בב"י שהביא דברי המ"מ ליישבו, ובאמת בשו"ע סי' שפ"ו העתיק לשון הר"מ כהנוסח שלפנינו, והגר"א תיקן הגירסא שיתאים עם חזרת הר"מ, והסמ"ע הגי' גם דברי המ"מ באופן שיעלו דבריו כהנוסח שבתשובה.

24 א"ה, כמדומני שכוונת מו"ר לדברי הר"מ מסרקסטה מובא בשטמ"ק דף מ. וז"ל, בא"ד אבל תם אע"פ ששמרו שמירה מעולה משתלם ח"נ מגופו כו' עכ"ל , ועי"ע בדף מד: שהביא דברי הר"מ הנ"ל וכתב וז"ל, ואי במועדים קא מיירי, קשה אמאי בעלים חייבין כדכתיבנא לעיל אליבא דרבי יהודה ובתם הוא דאיכא למימר הכי כו' עכ"ל, ועע"ש בדף מד: שהביא מהמאירי "ואף גדולי המחברים כתבו בשומרים ששמרו שמירה מעולה ויצאו והזיקו שהשומרים פטורים והבעלים חייבים", עכ"ל.

25 א"ה בחבורה בתשנ"ח אמר מו"ר דהגר"ח סתם ולא פירש איך פירש הר"מ דברי הגמ', וגם לא היה ידוע להגרי"מ איך הגר"ח פי' הגמ' לפי הר"מ. אכן בתשע"ד ביאר דהגר"ח נקט בדעת הר"מ דכיון שההלכה נאמרה ברגל ולומדים שאר מזיקים מרגל, א"כ א"א להיות יותר חמור מרגל, ולכן פטור ברה"ר, ונקט כדרכו של הראב"ד. ולא זכיתי לעמוד על זה דהברכ"ש הביא מהגר"ח דצרורות שע"י שינוי הוי תולדה דרגל, והרי לפי צד זה אינם תולדה דרגל אלא דקרן ורק דכיון דבעי' למילפה מצורורת דרגל א"א להיות יותר חמירי מינה.

דאיכא כופר למאן דמחייב כופר בשו"ר. וע"ש ברש"י (ד"ה ואכתי) שכתב דהא דמבואר בגמ' שם דליכא כופר בצרורות הוא משום ד"אין כופר כתוב אלא בנגיחה דהוי גופו ממש", ומשמע דר"ל דמה"ט פטור לגמרי מכופר ולא רק מחצי כופר. ועי' בנחל"ד בדף יז: שנתקשה בדברי רש"י דכיון דכחו כגופו דמי מ"ט אין זה בכלל נגיחה, וכתב וז"ל, דברווחא נוכל לפרש הך סוגיא דלא כפירש"י רק דהכי קפריך ואכתי צרורות נינהו וא"כ אינו חייב רק בחצי כופר, וקיי"ל דכופר שלם אמר רחמנא ולא חצי כופר כדאמרינן בדף מ., עכ"ל.

והנה עי' בתוס' לקמן בדף מ. שהק' על הא דדרשי' שם דשור של שני שותפין שהרג אין השותפין חייבין לשלם כופר דכופר שלם אמר רחמנא ולא חצי כופר דהא כופר דהא שיטת ריה"ג הוא דתם משלם חצי כופר, וכעי"ז ילה"ע על מ"ד דתם אינו חייב חצי כופר משום דילפי' מקרא דבעל השור נקי, נקי מחצי כופר, דתיפו"ל מדרשה זו דכופר שלם אמר רחמנא ולא חצי כופר, ותירצו התוס' דבתם חצי כופר הוא כופר שלם דידיה עכ"ד. וצ"ב דא"כ איך כתב הנחל"ד דממעטינן צרורות מכופר מקרא דכופר שלם ולא חצי כופר והא זהו כופר שלם דידיה כמו בתמות, וצ"ל דדוקא בתם נחשב חצי כופר ככופר שלם משא"כ בצרורות, ועי' בחי' ר' ראובן בהוספה לסימן ב' שהסביר עפי"ד הברכ"ש (סי' ב) דתם הוי חצי מזיק, דכל הדין ולא ישמרנו הוא רק על חציו, וע"כ החצי היינו כופר שלם דידי' דאי"צ יותר מכפרה זה, אבל בצרורות הוא מזיק גמור אלא דיש בו פטור ואין הפטור אלא בהתשלומין וע"כ הו"ל חצי כופר.

ובאמת י"מ דקו' הגמ' הוא דכיון דבצרורות אינו חייב אלא חצי נזק הוא בכלל המיעוט דממעטינן שור תם מכופר מקרא דובעל השור נקי, ודרשי' נקי מחצי כופר, [והאו"ש (פ"ב מנזק"מ הל' ו) פי' בהר"מ דקו' הגמ' שם הוא דכיון דהוי צרורות אינו חייב אלא חצי כופר ומלשון הברייתא משמע דחייב בכופר שלם].

ועי' בחי' ר' ראובן (סי' א' בהגהה) שכתב דבעינן שני הדרשות, הן הדרשה דבעל השור נקי והן הדרשה דכופר שלם אמר רחמנא ולא חצי כופר, וע"ש שהסביר דבעית הגמ' אם יש העדאה לצרורות או לא, הוא אם ההלמ"מ שבצרורות היתה שיהי' על הצרורות דין תמות דקרן וכיון דדין תמות הוא, מועילה העדאה לשויי נז"ש, או"ד מועד הוא ככל דיני רגל אלא שההלמ"מ היתה שאע"פ שיש עליו כל דיני מועד כרגל מ"מ לא ישלם בצרורות אלא חצי התשלומין וא"כ לא שייך בזה העדאה. וביאר בדברי רש"י הנ"ל די"ל דממנ"פ אין כופר בצרורות דאי ההלמ"מ היתה שהצרורות דין תמות עליהם א"כ כמו דתם פטור מחצי כופר מקרא דנקי גם צרורות פטור, ואם הצרורות דין מועד עליהם אלא שההלמ"מ היתה שישלם חצי התשלומין א"כ הו"ל חצי כופר ופטור מטעם זה, דדוקא בתם כתבו התוס' בדף מ. דזהו כופר שלם שלו וכמש"ב.

אמנם באמת איכא מקום לחלוק על דבריהם די"ל דהמיעוט דבעל השור נקי קאי דוקא בשור תם, והמיעוט דכופר שלם ולא חצי כופר הוא רק בשני שותפים דעיקר החיוב הוא כופר שלם ורק דבפועל אינו בעלים אלא על חצי, אבל בצרורות דכל הדין תשלומין הוא רק על חצי נזק י"ל דאפי' אם הוי רק פטור בתשלומין מ"מ סו"ס זהו כופר שלם שלו, וכנראה דהכי ס"ל לרש"י ומשו"ה פירש קו' הגמ' באופ"א דהוא משום דצרורות אינו בכלל כי יגח דמשמע נגיחת גופו ממש.[26]

אלא דדברי רש"י צ"ב דלא מצינו בגמ' דרשה מיוחדת לזה דליכא כופר בכחו, עוד ילה"ע דאם "כי יגח" משמע דוקא גופו ולא כחו א"כ גם לסומכוס יפטור מכופר מכח הך דרשה, ולא מצינו קולות אליבא דסומכוס בכחו, ואמנם מלשון הגמ' דפריך "ואכתי צרורות נינהו" משמע דאין הקושיא משום זה לחוד דלאו

---

[26] א"ה ויש עוד ראשונים שכתבו על דרך רש"י, וז"ל השטמ"ק בשם הרא"ה צרורות נינהו. ובצרורות ליכא כופר דלא חייב רחמנא כופר אלא בגופו אבל בכחו לא, עכ"ל. וז"ל הפסקי רי"ד ואכתי צרורות נינהו. פי' ואין מיתה וכופר כתובין אלא בקרן ולא בצרורות דקרן אלא בגופיה דקרן, עכ"ל. וגם עלייהו קשה כהנ"ל.

גופיה הוא אלא כחו, אלא הקושיא הוא משום ההלמ"מ והדין המיוחד בצרורות דמשלמת חצי נזק [א"ה דהא באמת לא איירי' שם בצרורות אלא בנתחכך בכותל והפיל הכותל, ונקט צרורות בלשון מושאל כיון דמצינו הגמ' בכ"מ ההלמ"מ לענין צרורות]. וע"ע באו"ש (פ"ב מנזק"מ ה"ו בד"ה הנה בבבלי) שנתקשה טובא בדברי רש"י[27], ופירש שם בדעת הר"מ דקושית הגמ' הוא דאכתי צרורות נינהו ולכן דינו לשלם חצי כופר ולא כופר שלם, ומזה דאמר שמואל בסתמא דחייב כופר משמע דר"ל כופר שלם, ותירץ האו"ש עפי"ז מה שהשמיט הר"מ תירוץ הגמ' שם דאיירי דקאזיל מיני' ומיני', דהגמ' תי' כן לפרש שחייב כופר שלם, אך הר"מ סתם בזה דדינו כבכל מקום, דע"י כחו חיובו הוא חצי כופר ועל ידי גופו חיובו הוא כופר שלם, ע"ש.

אמנם לפי"ד הגר"ח הנ"ל מובן היטב דברי רש"י דלולי הלמ"מ דצרורות לא היה חייב כלל גם על נזקין דאינו גוף שור, וההלמ"מ לא גילה לן דנחשב גוף שור אלא דיש מזיק מחודש דצרורות, וי"ל דלא נתחדש לן הלכה זו אלא לענין נזקין ולא לענין כופר שהוא פרשה אחרת עם דינים אחרים, וי"ל דאין כוונת רש"י לדרשה מחודשת לענין כופר, אלא כוונתו הוא דגוף הדין דנזק"מ נאמר בגוף שור ולא בכחו, דג' אבות נאמרו בשור ולא יותר דבעינן גוף השור ממש ולא סגי בזה שההיזק נתייחס להשור אלא בעינן שיהא צורה של קרן או של רגל או של שן, אלא דלענין ניזקין נאמר הלמ"מ דאיכא מזיק מחודש של כחו, אבל לענין כופר דהוי פרשה אחרת לא נאמר ההלמ"מ, וא"כ כלפיו חסר עיקר המזיק דנזק"מ. וכל זה הוא לרבנן שחלקו בין כחו לגופו אכן לסומכוס דכחו הוי כגופו והוא בכלל עיקר המזיק דנזק"מ א"כ ודאי חייב כופר ג"כ, ואף אם נימא דהוי תולדה דלא עדיף משליף שעליה, מאי איכפ"ל בזה, הא גם תולדה חייב בכופר. [ונראה פשוט דאף דליכא חיוב כופר מ"מ ודאי השור נסקל, דכמיתת הבעלים כך מיתת השור, ואדם בכה"ג חייב סקילה, ולא קשה שיהא היכ"ת שהשור בסקילה ואין הבעלים משלמין כופר דהא כיו"ב מצינו בשור תם דלדעת כמה תנאים ליכא חיוב כופר ואפ"ה השור נסקל]

ט. קו' הנחל"ד משור ואדם שדחפו לבור דאיכא חיוב כופר אף דרבא הס' לומר בתר תבר מנא אזלינא

ואמנם יש מהאחרונים שפירשו ברש"י דהוא דרשה מיוחדת מקרא דכי יגח דליכא כופר אלא בגופו ולא בכחו, ודלא כמשנ"ת, דעיין בנחל"ד שהקשה אהא דבעי רבא דרסה על הכלי ולא שברתו ונתגלגל למקום אחר ונשבר מהו בתר מעיקרא אזלינן וגופיה הוא או דלמא בתר תבר מנא אזלינן וצרורות נינהו, דהא לקמן בפרק הפרה (דף נג:) אמר רבא שור ואדם שדחפו לבור כו' לענין כופר ושלשים של עבד שור חייב וכו', והא התם דהשור דחפו לבור ומת בתוך הבור הוי דומיא דנתגלגל למקום אחר ונשבר, וא"כ אי נימא דבתר בסוף אזלינן הוי צרורות, ובצרורות הא קיי"ל דלא משלם כופר כדאמרינן להדיא בפרק שור שנגח ד' וה' (דף מד:) ואכתי צרורות נינהו, ופירש"י ואין כופר כתוב אלא בנגיחה דהוי גופו ממש עכ"ל, וא"כ מדפשיטא ליה לרבא התם דמשלם כופר ש"מ דס"ל דבתר מעיקרא אזלינן, והכא בסוגיין מסקינן דלרבא קמיבעי ליה וא"כ קשיא דרבא אדרבא עכ"ד, ולכאורה קושיא זו הוא בין אם נפרש סוגיא שם על דרך

---

[27] וז"ל, ודעת רש"י צ"ב, דא"כ בנזקי שור לאדם, דכתיב או בן או בת יגח נגיחה לנזיקין פטור על צרורות, וכלפי לייא, ועוד אם בכי יגח לא נכלל צרורות ניחזי, אם בכי יגוף ג"כ לא נכלל צרורות, איך אמר רבא בריש כיצד (שם י"ז ע"ב) דכחו כגופו דמי, וכי אתיא ההלכה לגרע אתא, לפוטרו מנזק שלם, הלא בנגיפה לא נכלל צרורות, רק גופו ממש, ואם בנגיפה ג"כ צרורות בכלל, צ"ב הא דפריך בריש מכילתין (ב' ע"ב) מ"ש גבי בהמה דכתיב כי יגוף ומ"ש גבי אדם כתיב כי יגח, הלא שנא ושנא, דכאן לא נכלל כחו וכאן נכלל כחו, ואדרבא איכא למיפרך על הברייתא דאמרה (שם) פתח בנגיפה וסיים בנגיחה לומר לך זו היא נגיפה זו היא נגיחה, הלא כאן בתם כתיב נגיפה לומר לך שעל צרורות ג"כ משלם חצי נזק [ובפרט אם אין שינוי ומגופו משלם, לשיטת רש"י שבארתי לעיל] ובמועד כתיב יגח, דאינו נכלל בזה צרורות, דמשלם רק ח"נ, דאין העדאה לצרורות, וצ"ע כעת, עכ"ל.

רש"י הנ"ל, ובין אם נפרש על דרך הנחל"ד דפריך מכח זה דכופר ולא חצי כופר, ורק לפי"ד האו"ש דאיכא חצי כופר בצרורות יש לדחוק דמאי דאמרי' "לענין כופר שור חייב", דר"ל בתם חצי כופר ובמועד כופר שלם. [א' העיר למו"ר על ד' הנחל"ד דאולי בכופר לא אמרינן בתר מעיקרא אזלי' רק בנזקין, והשיב מו"ר דרש"י והרמב"ן נחלקו לקמן בדף כז. אם לחיוב רציחה אמרי' בתר מעיקרא אזלי' [עי' לקמן סימן ג'], ולדעת הרמב"ן דאמרי' בנפשות בתר מעיקרא אזלי' ודאי גם בכופר אמרי' כן, ולדעת רש"י דלא אמרי' כן בנפשות יש מקום לדון בכופר[28]. (תשע"ג)]

ותירצו האחרונים[29] עפי"ד רש"י הנ"ל דהטעם דליכא כופר בצרורות הוא משום דאין כופר כתוב אלא בנגיחה דהוי גופו ממש, ואין כוונתו להלמ"מ דצרורות אלא דאיכא דרשה מיוחדת בכופר דליכא חיוב אלא היכא דנעשה המעשה בגופו, וי"ל אפי' אם בתר מנא אזלינא ולענין ניזקין נחשב כצרורות אכתי הוי כגופו לענין חיוב כופר, דהדחיפה נעשה בגופו וזה מספיק שיהא בכלל כי יגח.

אמנם מלשון הגמ' לא משמע כן כלל דפריך "ואכתי צרורות נינהו" ומשמע דפריך מכח הדין צרורות, דליכא חיוב כופר היכא דהוא מוגדר כנזק דצרורות, ולכן נראה לפרש בכוונת רש"י על דרך שנתבאר ועפי"ד הגר"ח הנ"ל, אלא דא"כ הק"ל קושית הנחל"ד.

ולכן קושיא זו צריכים לתרץ כמו שתי' הנחל"ד וז"ל, שוב ראיתי כיון דקיי"ל דבור שחייבה עליו תורה להבלו וודאי דחייב לכו"ע, ורק בחבטה הוא דפליגי רב ושמואל לקמן בפרק הפרה, אבל להבלו ודאי דחייב לכו"ע דהתורה העידה על בור ואפילו מלא ספוגין של צמר, וכיון שכן שפיר איכא למימר דקאזיל מיניה מיניה דהיינו שדחפו עד פי הבור ומיד מת בהבלו שלמעלה, דהא ודאי דליכא למימר דאף דקיי"ל להבלו מ"מ לא אהני ליה רק ההבל שבקרקעית הבור בטפח העשירי, דהא לכך בעינן שיהיה הבור עמוק עשרה דווקא ש"מ דההבל שבטפח התחתון הוא דאהני ביה למיתה אבל לא ההבל שבטפח העליון, דזה ודאי אינו, דלהדיא אמרינן לקמן בפרק הפרה (נג, א) רבה אמר הב"ע במתהפך דנפל אאפיה ואתהפך ונפל אגביה דהבלא דאהני ביה אהני, הרי להדיא דגם ההבל שבפי הבור בטפח העליון ג"כ אהני ביה למיתה, ולכך שפיר י"ל דקאזיל מיניה ומיניה עד שדחפו לפי הבור ודו"ק, עכ"ל, והוא חידוש גדול דההבל עפ"י הבור מספיק להרגו.

---

[28] א"ה בסימן ז' הבאנו מהגרי"ז דלכו"ע לא אמרי' בנפשות הדין המוזכר לקמן בדף י: "דבלאו איהו מיתבר", והגרב"ד אמר דנחלקו הרמב"ן והבעה"מ אם בכופר אמרי' הך דין, דהבעה"מ ס"ל דכופר כנפשות הוא, והרמב"ן ס"ל דיש לה גדרי מזיק, ואולי גם זה תלוי בהנ"ל.

[29] א"ה לא ידוע לי למי כוון מו"ר, וראיתי בשיעורי הג"ר דוד פוברסקי שכתב כן ליישב וז"ל, ונראה בזה דדין כופר הוי מחמת רציחת שורו ובזה אין חילוק אי בתר מעיקרא אזלינן או בתר בסוף אזלינן דאף אי מת רק אחר שנתגלגל למק"א ויש לו דין צרורות מ"מ הא הוי זה רציחת שורו שהרי מת ע"י דחיפתו. והא דאיתא לקמן (מד:) דבצרורות ליכא חיוב כופר היינו משום דהתם מיירי שלא דחפו כלל בגופו אלא הפיל את הכותל עליו דבזה אמרינן דכיון שמת רק ע"י כוחו ולא עשה מעשה בגופו ליכא כופר. אבל עכ"פ היכא שדחפו בגופו דהוי מעשה רציחה אינו תלוי כלל בהנידון אי בתר מעיקרא אזלינן או בתר בסוף אזלינן, דאף אי בתר בסוף אזלינן כיון דסו"ס עשה המעשה בגופו הוי זה רציחת שורו וחייב כופר, ולכן שפיר אע"פ דהתם פשיטא ליה לרבא דחייב כופר, הכא לענין נזיקין מיבעיא ליה, עכ"ל.

סימן ב׳

בבי׳ דברי הרמב״ן והראב״ד בסוגיא דבתר מעיקרא אזלינן, (ובברכ״ש יא–א)[30]

א. שיטת רש״י והרא״ש בביאור מימרא דרבה דהזורק כלי מראש הגג ובא אחר ושברו

דף יז: גמ׳ תפשוט ליה מדרבה דאמר רבה זרק כלי מראש הגג ובא אחר ושברו במקל פטור דאמרינן ליה מנא תבירא תבר לרבה פשיטא ליה לרבא מבעיא ליה ע״כ. ופירש״י וז״ל, פטור המשברו וחייב הזורק אלמא בתר מעיקרא אזלינן והואיל וסופו לישבר לכשינוח כמי ששברו הוא דמי עכ״ל, והנה מבואר דס״ל לרש״י דכוונת הגמ׳ הוא לדייק דרבה ס״ל בתר מעיקרא אזלינן, והראיה הוא מזה דס״ל דהראשון חייב והשני פטור. וילה״ע על מש״כ דהראשון חייב דמנ״ל הא מילתא והא לא אמר רבה אלא דהשני חייב, וביותר קשה דבסו״פ כיצד הרגל (דף כו:) מובא דין דרבה לענין לפטור השני ולא לענין לחייב הראשון, וע״ש ברש״י שפירש דאיירי בזרקן בעל הכלי, ועיין ברא״ש שם שפירש דהוקשה לו דמלשון דרבה לא משמע דהראשון חייב, ומשו״ה פירש דאיירי בזרק בעל הכלי, ולכאורה זה סותר פירושו בסוגיין שכתב דהראשון חייב.

וי״ל בפשיטות[31] דודאי מזה דלא אמר רבה בפירוש דהזורק חייב מוכרחים לומר דאיירי בזרק בעל הכלי, ומש״כ בסוגיין דהזורק חייב היינו משום דמ״מ מכח מימרא דרבה מבואר דבעלמא הזורק חייב, דס״ל לרש״י דהפטור של השני תלוי בזה דהראשון חייב, דאילו הראשון לא היה חייב, השני הי׳ חייב. ולכן אף דרבה עצמו לא איירי באופן דהראשון חייב מ״מ מכח דבריו מוכרחים לומר דהראשון חייב. ומה שרש״י הדגיש את זה בסוגיין הוא משום דמכח זה הוא עיקר הוכחת הגמ׳ דבדרסה על הכלי הוי גופו ולא צרורות, דכמו

[30] שיעור כללי תשנ"ב עם הוספות ממהדו"א

[31] א"ה וכ"כ הגרש"ש סי' לא.

דבזרק כלי, הראשון חייב על המעשה היזק שעשה לפני השבירה[32] ("ער טראגט חיוב גלייך ביי די מעשה איידער די שבירה"), גם הכא חייב על מעשה דבהמתו לפני השבירה וזה נעשה ע"י גופה. [וקצת צ"ב מ"ט נקט רבה היכ"ת זו דזרקו בעל הכלי, ולא נקט היכ"ת דזרקו אחר ושהראשון חייב והשני פטור.]

ועיין ברא"ש שם שהסכים לעיקר פירוש רש"י בסוגיין דפטור השני תלוי בחיוב הראשון, אלא דבמה שרש"י פירש בדף כו: דאיירי בזרקו בעל הכלי תמה עליו וז"ל, ולא נהירא דמילתא דפשיטא היא דפטור המשבר דאבידה מדעת היא. ועוד היכי פשיט (לעיל דף יז:) מהכא דבתר מעיקרא אזלינן אפילו אי אזלינן בתר בסוף פטור, דאבידה מדעת היא, והוי כאילו הפקירוהו בעלים. הלכך בזרקו אחר מיירי וכיון דמפרש רבה טעמא משום דמנא תבירא תבר ממילא ידענא דהזורק חייב כיון דבודאי היה עומד לישבר, עכ"ל[33].

ב. פירוש המלחמות בדברי הגמ', ודיוק מהרי"ף דרבה ס"ל בתר לבסוף אזלינן

והנה דעת רוב הראשונים הוא על דרך רש"י והרא"ש, דכוונת הגמ' הוא להוכיח מרבה דבתר מעיקרא אזלינן, אכן עי' בהרמב"ן במלחמות (סוף פירקין) שהעלה דכוונת הגמ' הוא להוכיח מרבה דבתר בסוף אזלינן, דמזה דלא אמר רבה דהראשון חייב מבואר דס"ל דפטור, ובע"כ דה"ט משום דס"ל דבתר בסוף אזלינן דלמ"ד בתר מעיקרא אזלינן הראשון חייב, אלא דאף דאזלינן בתר בסוף אפ"ה השני ג"כ פטור משום דאין לכלי דמים[34], דכיון דעומדת לישבר כבר אין לו שומא ושיווי [ראה להלן בזה], והראשון אינו חייב על זה שעשאו לאין לו דמים דאין על זה חיוב מזיק, והשני ג"כ פטור כיון דהזיק כלי שאין לו דמים. ונמצא דהרמב"ן הסכים לרש"י דלמ"ד בתר מעיקרא אזלינן הראשון חייב, אלא דנחלק על רש"י בענין זה, דלרש"י פטורו דשני מיוסד על זה דהראשון חייב ונחשב כמו שהוא שבר הכלי, ולמ"ד בתר בסוף אזלינן דהראשון פטור הדין הוא דהשני חייב, והרמב"ן ס"ל דאין שני הדברים תלויים זב"ז, וגם למ"ד בתר בסוף אזלינן השני פטור לפי שאין לו דמים, וראה להלן בביאור פלוגתתם.

ודייק הרמב"ן כשיטתו מהרי"ף, דהנה הגמ' בדף יח. פריך על מ"ד בתר בסוף אזלינן, מהא דתניא תרנגולין שהיו מחטטין בחבל דלי ונפסק החבל ונשבר הדלי משלמין נזק שלם, הרי דנחשב כנזקי גופו ולא כצרורות ובע"כ משום דבתר מעיקרא אזלינן, ודחה רב ביבי בר אביי דאיירי דקאזיל מיניה מיניה, ע"ש, והנה הרי"ף הביא מימרא דרב ביבי בר אביי דברייתא איירי דקאזיל מיני' ומיני', ותמה הבעה"מ דכיון שהרי"ף הביא מימרא דרבה דהזורק כלי כו' אלמא דפסק בתר מעיקרא אזלינן וא"כ אמאי הוצרך לפרש ברייתא באופן דקאזיל מיני' ומיני'. ודייק הרמב"ן מכאן דשיטת רבה הוא דבתר בסוף אזלינן וא"ש היטב דברי הרי"ף. [ועי' בחי' הרשב"א ובר"א"ש סי' א' שפירשו דברי הרי"ף באופ"א ולעולם דינו דרבה דזורק כלי מראש הגג הוא משום דבתר מעיקרא אזלינן.]

---

[32] א"ה וכ"כ השטמ"ק בשם רבי' ישעיה וז"ל, ובא אחר ושברו במקל פטור. אלמא בתר מעיקרא אזלינן דאי בתר תבר מנא אזלינן דנהי דמקרי צרורות דראשון לחייב ליה חצי נזק הכא הוה לן לפטור הראשון לגמרי הואיל ושברו זה בידים דאף גבי צרורות אם התיזה בהמה צרורות ובא אחר ושבר הכלי במקל קודם שיגיעו הצרורות אל הכלי פטור בעל הבהמה. ה"ר ישעיה ז"ל, עכ"ל.

[33] ועי' בנתה"מ (רסא-א) מש"כ ליישב דברי רש"י מקושית הרא"ש ואכמ"ל.

[34] וז"ל, ויש דרך אחרת בפי' זו השמועה בעצמה והוא שנפרש ונאמר דרבה בתר בסוף אזיל והא דקאמרי' בגמ' ותפשוט ליה מדרבה הכי פירושא תפשוט דבתר בסוף אזלינן מדאמר רבה ובא אחר ושברו במקל פטור ולא אמר הראשון חייב דאי ס"ד בתר מעיקרא אזיל הל"ל הראשון חייב ואשמועינן רבותא ולא לימא דשני פטור דשני אפי' אזלת בתר בסוף פטור כיון שסופו להשבר ואין לו דמים עכשיו אלא ודאי מדאיצטריכא ליה פטורא דשני ש"מ דראשון נמי פטור דבתר בסוף אזלינן וזו קשה לדברי רבינו שלמה ומקצת המפרשים ז"ל שאמרו דמדרבה שמעינן דבתר מעיקרא אזלינן דהא אפי' אזלת בתר בסוף פטור שאין לו דמים לזה ומה ישלם, עכ"ל.

ג. ביאור שיטת הראב"ד בסוגיין

והנה הרשב"א הביא מהראב"ד שיטה שלישית בזה, דלעולם כוונת הגמ' הוא על דרך רש"י דמוכח מרבה דס"ל בתר מעיקרא אזלינן, וההוכחה הוא מזה דהשני פטור, דלמ"ד בתר תבר מנא אזלי' השני חייב כשיטת רש"י דלא כהרמב"ן, אלא דנחלק על רש"י בענין זה דרש"י ס"ל דלמ"ד בתר מעיקרא אזלינן הראשון חייב, והראב"ד ס"ל דגם לדידיה הזורק פטור, וביאר הראב"ד דה"ט "שהראשון פטור שאע"פ שאמדוהו לישבר שמא לא הי' נשבר והו"ל כאמדוהו למיתה וחיה שהוא פטור, ושני נמי פטור כיון שאמדוהו למיתה אמרינן מנא תבירא תבר", והוסיף הרשב"א "ולפי פירושו כי פשטינן לעיל גבי בעיא דרבא מדרבה דבתר מעיקרא אזלינן לאו למימרא דבהא דרבה ראשון חייב, אלא דמינה שמעינן דאע"ג דנתגלגל ונשבר לא אזלינן בתר תבר מנא אלא בתר מעיקרא וכיון דנשבר לבסוף מתוך גלגול דריסתו חייב בנזק שלם".

[ויל"ע בכוונת הראב"ד שדימה זה להיכ"ת שאמדוהו למיתה וחיה שהוא פטור, דאיפה מצא הראב"ד דין זה, ונראה דכוונתו הוא לדמות זה לדיני נפשות, דבגמ' בדף כו: מובא פלוגתת ריב"ב ורבנן דתניא הכוהו עשרה בני אדם בעשרה מקלות בין בב"א בין בזא"ז כולן פטורין, ריב"ב אומר בזא"ז האחרון חייב, מפני שקירב מיתתו ע"כ. ופירש"י עפ"י סוגיא דסנהדרין דף עח. דטעמם דרבנן הוא שכן התורה אומרת (ויקרא כד–יז) ואיש כי יכה "כל נפש" אדם מות יומת, המלים "כל נפש אדם" מלמדת אותנו שאין חיוב מיתה עד שיכה "את כל נפשו של אדם" אולם קירוב מיתתו של מי שכבר פצוע פצעי מוות אינו נחשב להכאת כל נפשו אלא להכאת חלק ממנה בלבד, לכן פטור גם המכה העשירי. ועי' בתוס' בסנהדרין (דף עח. בד"ה גוסס) שהקשו דאותו שעשאו גוסס אמאי פטור הא רוב גוססין למיתה ואמרינן בריש בן סורר (לעיל דף סט:) דהולכין בדיני נפשות אחר הרוב והמכה חבירו ואמדוהו למיתה ומת מי לא מיחייב והא נמי אמוד למיתה הוא, ותירץ וז"ל, י"ל דכיון שהקילה עליו תורה שחובשין אותו, ואע"פ שאמדוהו למיתה אין הורגין כל זמן שהוא חי וזימנין נמי דאומדין למיתה וחי אע"ג דרובא מייתי הלכך כיון שבא אחר והרגו פטור, עכ"ל, והיינו דכיון דאפי' אמדוהו למיתה אין הורגין אותו אלא חובשין אותו אלמא דאף שהמוכה הוא גוסס מ"מ עדיין נחשב שיש לו דין נפש[35]. (ויל"ע בניזקין בכה"ג, וכגון שהכה בהמה הכאה שיש בו כדי להמית האם מחייבינן ליה מיד או גם בזה ממתינין לראות אם ימות.)

ונראה דכוונת הראב"ד הוא לדמות דין דזרק כלי מראש הגג לדין הנ"ל, דס"ל דא"א לחייב הראשון כמו שרואים דאפי' אמדוהו למיתה ורוב גוססין למיתה הן והולכין בדיני נפשות אחר הרוב מ"מ אין ממיתין אותו[36]. (א"ה לא הבנתי למ"ל לפרש כן והרי הראב"ד איירי באופן דאמדוהו למיתה ולבסוף חי, ותוס' איירי באופן שלבסוף מת ע"י אחר, או דעכ"פ עדיין לא נתרפא, ואעפ"כ אין הורגין אותו, אבל באופן דאמדוהו וחי הוא פשוט דאין ממיתין אותו, דאפי' לפי מה שהסתפקו התוס' לומר דממיתין אותו מיד, מ"מ ודאי אם מאיזה סיבה לא המיתו אותו וחי אין ממיתין אותו, דכל מה דדינו הי' למות הוא משום דאזלי' בתר רוב, אבל בנ"ד כבר נתגלה לן דהוא מהמיעוט ולא מהרוב. ואמנם

[35] א"ה האחרונים דנו בכוונת תירוץ התוס', דהדב"א (ח"ב סי' ה') נקט דכוונתו הוא דמדין חבישה ש"מ דלא אזלינן בתר רוב בענין זה, וכן משמע להדיא מהתוס' הרא"ש שם ומהרשב"א בב"ק דף כז., וכתבו כמה אחרונים דלפי"ז אם עשה חבירו טריפה, למ"ד דטריפה אין לו רפואה הדין הוא דחייב מיתה מיד, ותמהו על זה מהא דאיתא לקמן דאין כופר משתלמת לאחר מיתה, וע"ש בשטמ"ק בשם הרוקח ובחי' רע"א שפירשו דמיוסד על זה דאין הבעלים חייב מיתה עד שימות הנרצח, ומסתימת רש"י בגיטין דף מג. משמע דהוא משום זה לחוד דכתיב 'והמית' דמשמע מיתה ממש, ולפי שני הפירושים מבו' להדיא דגם באדם אין הורגין אותו עד שימות הנרצח, דגם באדם כתיב מכה איש ומת, עי' בפרי חיים סנהדרין שם. ובהמשך השיעור אמר מו"ר להדיא בפשיטות לענין עשאו חבירו דטריפה דאין הורגין אותו מיד עד שימות הנרצח, אלא שאמר בשם הגרב"ד דאפי' אם נהרג ע"י אחר ג"כ חייב דאנן ידעי' דהי' מת מכח הרוצח עכ"ד, וכן הוא להדיא ביד רמ"ה (סנהדרין דף עח:) ובתשו' הריב"ש (סי' רנא), אמנם יש חולקים וסוברים דאין הורגין אותו אפי' אם נהרג ע"י אחר, וגם י"א דחייב מיתה מיד.

אמנם מו"ר נקט בכוונת התוס' דאליבא דאמת עיקר הדין הוא דאין ממיתין הרוצח עד שימות הנרצח, ועי' בסנהדרי קטנה שם שהעלה כן בכוונת התוס'.

[36] א"ה הבנתי ממו"ר דלפי הראב"ד נפשט שאלה הנ"ל דגם בניזקין אמרינן הך דין.

כשזכיתי לשמוע השיעור עוד הפעם ממו"ר לא הוסיף את זה אלא אמר בפשיטות דכונת הראב"ד הוא לדמותו להכה הכאה שיש בו כדי להמית ואמדוהו למיתה ולבסוף חי, ואולי מו"ר חזר מנקודה זו.)]

והנה יש שהבינו בכוונת הראב"ד שכתב "שהראשון פטור שאע"פ שאמדוהו לישבר **שמא** לא הי' נשבר", דר"ל דפטורו הוא מדין ספק, אמנם הגרב"ד לא נקט כן (א"ה וכן מוכרחים לומר למש"כ הגרב"ד מהריב"ש דכל הדין בתר מעיקרא הוא רק כשודאי ישבר, ראה במילואים), וכמדומה שאמר בשם הגרי"ז בביאור דברי הראב"ד דר"ל דאף דבתר מעיקרא אזלינן מ"מ איכא תנאי, "א פונקט אזע", דבעינן שיסתיים השבירה בפועל ("עס זאל זיך אויסלאזין די שבירה"), והיינו שישבר לבסוף מכח המעשה דמעיקרא ולכן היכא דבא אחר ושברו אף דאזלי' בתר מעיקרא ומיד כשזורק הכלי הי' לו דין שבור ומחמת זה השני פטור, מ"מ סו"ס לא נשבר מכח מעשיו של הראשון ולכן א"א לחייבו דחסר בהתנאי, אלא דאפ"ה פטור השני דלענין זה ("אויף אזוי ווייט") כבר יש לכלי דין שבור. אכן אם לא בא אחר ושברו אלא נשבר מכח מעשה הראשונה, חיובו הוא מכח מעשה הזריקה דמעיקרא, ובזה הוא חלוק ממ"ד בתר בסוף אזלי', דלמ"ד בתר בסוף אזלינן "המחייב" הוא אח"כ בזמן השבירה אפי' אם נסתיים השבירה לבסוף. ולמ"ד בתר מעיקרא אזלינן כיון דחיובו הוא על המעשה זריקה דמעיקרא ולא על מה שנעשה אח"כ, לכן אם הוזל אח"כ חייב כשיווי דמעיקרא, וכן בהמה שדרס על הכלי ונתגלגל ונשבר נחשב כגופו ולא כצרורות, ואמנם מזה דהוי גופו ולא כוחו מבואר בעליל דחיובו הוא על המעשה דמעיקרא[37].

[והגרב"ד בשיעוריו הרחיב בדברי הראב"ד ודימה דבריו לאופן דגזל א' ובא אחר ואכלו דקיי"ל רצה מזה גובה רצה מזה גובה, ואם בשעה שאכלו השני עבר הראשון בחיוב מיתה, ודאי ליכא לדון כלל שיהא בו פטור דקלב"מ (אף אם נימא דבעלמא בכה"ג שייך פטור) דאף דעכשיו שאכלו השני אין הראשון יכול להחזיר החפץ וחייב לשלם ממון, מ"מ חיובו אינו מחמת עכשיו אלא מחמת המעשה דמעיקרא, דעצם הגזילה מחייבו לשלם ורק שכל זמן שהוא בעין יכול לפטור עצמו ע"י השבת הבעין, וגם הכא הוא כן, דאף אם בעת השבירה לא יהא אפשר לחייבו כגון דיהא קלב"מ אפ"ה יהא חייב, דאם נשבר הכלי מחמתו חייב מחמת חיוב הקודם, (ויש לי קושי בהמשל ואכמ"ל).][38]

---

[37] ולפי"ז יוצא דדין הכלי הוא כעין הדין חובשין אותו דמצינו בנפשות, דבאמדוהו למיתה ממתינין לראות אם ימות מכח המכה הראשונה, אף הכא נמי צריכים להמתין שיסתיים השבירה ולפני כן א"א לחייבו.

[38] א"ה עי' בשבת דף ה. בעי ר' יוחנן זרק חפץ ונעקר הוא ממקומו וקיבלו מהו כו' שני כחות באדם אחד כאדם אחד דמי וחייב או"ד כשני בני אדם דמי ופטור תיקו. ופירש"י, כשני בני אדם דמיא ופטור דהוו להו שנים שעשאוה דכיון שלא הניח החפץ לילך עד מקום הילוכו ולנוח אלא רץ אחריו ועכבו הוי לי' עקירה קמייתא בלא הנחה כו', עכ"ל.

והגר"א קטלר (משנת ר"א שבת) דייק מסוגיא דשם דאין הפטור דשנים שעשאוהו משום שלא עבד כל המעשה בעצמו, אלא העקירה לחוד או ההנחה לחוד, הכא דעבד שניהם, ואמאי א"א לחייבו, ובע"כ צ"ל, דהגדר בגילוי דקרא הוא, דלא מצטרפים שני החצאים יחד, ואף באדם א' יתכן דא"א לצרף שני המעשים יחד, וא"כ ליכא מלאכה, וזה גופא הוא ספיקת הגמ' האם באדם א' אפשר לצרף שני מעשים.

ובשעת השיעור בתש"מ **שאל א' למו"ר** דמאי קשיא להו להגרש"ה והגר"ר דאולי אף דאם בא אחר ושברו פטור דאין מצטרפים שני המעשים אבל באדם א' מצטרפים שני המעשים כדמוכח בגמ' שבת הנ"ל חילוק זו (עכ"פ לפי צד א'), והשיב מו"ר דלכאורה מסוגיא דב"ק דף כו: המובא בפנים בפסוקי מפסקי גירי מבואר דגם באדם א' אין מצטרפים שני מעשים לענין חיוב ניזקין, אך יי"ל על דרך הגרי"מ דדוקא שם דכל מעשה בפנ"ע הי' מעשה פטור משו"ה א"א לצרפם משא"כ בנ"ד דמעשה הזריקה הוי "מחייב" גמור אלא דעי' תנאי שיסתיים ההיזק. [א"ה לא הבנתי הדמיון לשם דהתם אין צריכים לעשותה מעשה א' ממש אלא מלאכה אחת, שיהא העקירה וההנחה משתייכי אהדדי, אכן הכא בפשטות כל מעשה לחודיה לא הוי אפי' חצי מחייב, ראה בסמוך. ועל זה גופא תי' הגרש"ה דבזריקה כבר התחיל ההיזק ורק דלא גמרו ולכן אפשר לצרף שני הדברים לחיובו, ולא קשה מהך צד בשבת דאין מצטרפים שני כוחות באדם א' דהתם בעי' לצרפם לעשותה לחפצא דמלאכה אחת משא"כ הכא בניזקין דאי"צ את זה.]

והגרב"ד ליכטשטיין שליט"א הוסיף להקשות דלכאורה מוכרח כחילוק זה של הגרי"מ מהכהו הכאה שיש בו כדי להמית דחובשין אותו ואם בא אחר והרגו לפי רבנן שניהם פטורים ואם הוא עצמו הכהו חייב, ולכאו' טעם הדבר דלא אמרינן התם ג"כ דאיך אפשר לחייבו והא על הכאה

ד. דין מי שזרק כלי מראש הגג וקדם הוא עצמו ושברו במקל

והוסיף הגרי"מ דלפי ביאור הנ"ל בהראב"ד יש ליישב קושיא גדולה על דבריו, דהנה הקשו הג"ר שלמה היימן (סי' ד) והג"ר ראובן זצ"ל (סי' יד) דלפי הרמב"ן דס"ל דלמ"ד בתר תבר מנא אזלינן שניהם פטורים, דזה שזרקו פטור דבתר תבר מנא אזלינן, וזה ששברו פטור דלית ליה דמים, א"כ גם בלא בא אחר ושברו אלא הוא עצמו שברו במקל קודם שנפל על הארץ ג"כ ליפטר דעל הזריקה אין לחייבו ועל השבירה ג"כ אין לחייבו דכבר אין לו דמים ואילו בא אחר ושברו הי' פטור[39].

ולכאורה כמו"כ יש להקשות על הראב"ד הנ"ל דס"ל דגם למ"ד בתר מעיקרא אזלי' שניהם פטורים, דלפי"ז גם אם הזורק עצמו שבר הכלי במקל לפני שהגיע לארץ א"א לחייבו, דהרי א"א לחייבו לא על מעשה הראשון ולא על מעשה השני. [ואני זוכר דהג"ר אלי' לאפיאן זצוק"ל הי' נוכח בשעה שהקשה הגרי"מ שאלה הנ"ל על הראב"ד ואמר ר' אלי' דנראה דעל הראב"ד לק"מ דהא הוא כתב דטעם הפטור הוא משום דשמא הי' ניצל, ונמצא דפטורו הוא רק מספק וא"כ היכא דהוא עצמו שברו ממנ"פ מחייבינן ליה דאם הי' עומד לישבר חייב על הזריקה ואם לא הי' עומד לישבר א"כ חייב על מעשיו השני. והשיב לו הגרי"מ דהגרב"ד נקט דאי"ז כוונת הראב"ד, דגם להראב"ד פטורו הוא מדין ודאי וא"כ שפיר קשה קושיא הנ"ל.]

ואמר הגרי"מ דלפי"ד הגרי"ז א"ש דכיון דכבר יש לן סיבה גמור לחייבו, דהיינו המעשה זריקה דמעיקרא, ורק דאיכא תנאי בעלמא, א"כ י"ל דבכה"ג שהוא עצמו שברו שפיר יש לחייבו, דאף דנראה דליכ"ל דהוי ממש כמו שנתקיים התנאי (והוי כמו שהזיק האט אויסגעלאזין) דסו"ס לא נשבר מכח מעשיו הראשון, אך כיון דמעשה הזריקה הוי סיבה לחייבו ורק דאם בא אחר ושברו הוי הפקעה[40], י"ל דודאי מה שהוא עצמו שברו א"א להפקיע חיובו. ולא דמי כלל להא דאיתא לקמן דף כו: ואמר רבה זרק כלי מראש הגג והיו תחתיו כרים או כסתות בא אחר וסלקן או קדם וסלקן פטור מ"ט בעידנא דשדייה פסוקי מפסקי גיריה ע"כ, דהתם כל מעשה מצד עצמו אין לו סיבה מספיק לחייבו, משא"כ הכא דמעשה הראשון הוי מחייב גמור ורק דמעשה השני יכול להפקיעו, עכ"ד.

[אמנם תירוץ זה לא מספיק אלא ליישב דברי הראב"ד, אבל מה שהקשו הגרש"ה והג"ר ראובן זצ"ל על הרמב"ן אכתי קשה, דלדבריו אמאי מחייבינן הזורק בכה"ג והא על הזריקה חסר בגוף המחייב דבתר לבסוף אזלי', ועל השבירה דאח"כ א"א לחייבו דאין לו דמים. ולכאורה צ"ל על דרך מש"כ הגר"ש היימן, ראה להלן שהבאנו דבריו, דלפי הרמב"ן גם למ"ד בתר לבסוף אזלי' מ"מ נחשב שהתחיל כבר לשבור ומה"ט

ראשונה א"א לחייבו וגם על הכאה אחרונה א"א לחייבו ובע"כ הוא על דרך הגרי"מ, והשיב לו מו"ר דהתם הוא דין פשוט דכבר במעשה הא' הכהו הכאה שיש בו כדי להמית ורק דלא נגמר מיתתו לגמרי על ידו לגמרי, ואם אח"כ גמר הוא עצמו מיתתו ודאי חייב. משא"כ הכא דבמעשה השניה לא נכלל בו שום תורת מחייב כלל דהרי כבר אין לחפץ דמים, וחיובו הוא מכח הזריקה וכיון דיש להזריקה תנאי שיסתיים השבירה על ידו ולא נתקיים התנאי, דלא נשתבר ע"י המעשה זריקה הי' מקום לפטרו, ועל זה אמר הגרי"מ דאינו כן, אלא נראה פשוט דגם בכה"ג ודאי חייב וכמש"ב בפנים.

[39] א"ה ודייק הג"ר ראובן זצ"ל דבכה"ג חייב מלשונו של רבה בדף כו: דגבי כרים וכסתות אמר ואפי' קדם הוא וסלקן פטור, וגבי זרק כלי ובא אחר ושבר במקל לא אמר דאפי' קדם הוא ושברו. וכן לכאורה מוכח בדף יח. גבי נפסק החבל ונשבר הדלי דמשני בגמ' דקאזיל מיני' ומיני' והשתא תיקשי להרמב"ן דאפי' אי בתר תבר מנא אזלינן מ"מ לאו בר דמים הוא א"כ אמאי משלם התרנגול נזק שלם הרי כששברו לאו בר דמים ואדרבה אפי' חצי נזק נמי לא לשלם אע"כ דבמה שבתחילה תחיל ההיזק ואח"כ גמרו הוא עצמו חייב על זה, אמנם ראיה זו מדף יח. יש לדחות דבפירש"י משמע דמיירי כשאין שם נפילה וגלגול מעצמו כלל אלא ע"י דחיפה, ועי' בהגה"ה שם מהג"ר ראובן זצ"ל.

וע"ש שתירץ דגם לפי הרמב"ן אין הביאור דאף דאי"ז מעשה היזק כלל אפ"ה לאו בר דמים הוא, אלא הביאור הוא דהראשון עשה התחלת מעשה מזיק אלא שכיון שלא שברו אין כאן גמר במעשה המזיק ומשו"ה הוא דפטור, ולכן היכא שהוא עשה גם ההתחלה וגם הגמר הרי הוא חייב.

[40] "די ערשטע מעשה טראגט א חיוב, נאר די צוויטע מעשה איז מפקיע".

הוא דאין לו דמים, ואם הוא עצמו שברו נחשב שגמר השבירה שהתחיל בהזריקה ומצרפינן שני הזריקות ביחד לחייבו, ודימה זה לרציחה דאם הוא עצמו הכהו הכאה שיש בו כדי להמית ואח"כ הרגו דלא אמרי' דא"א לחייבו אותו לא להכאה הראשו' ולא להכאה השניה אלא מצטרפינן שני ההכאות ביחד לחייבו. (תשע"ג)]

תמצית השיטות בביאור שיטת רבה ובדין בתר מעיקרא אזלינן

ויוצא מדברינו ג' שיטות במימרא דרבה דזרק כלי מראש הגג:

א. רש"י והרא"ש פי' דרבה ס"ל דהראשון חייב והשני פטור דבתר מעיקרא אזלינן, ולמ"ד בתר תבר מנא אזלינן הראשון פטור והשני חייב, דס"ל דפטור השני תלוי בחיוב הראשון.

ב. הרמב"ן פי' דרבה ס"ל בתר תבר מנא אזלינן ושניהם פטורים, דאף השני פטור הואיל ואין לו דמים. ולמ"ד בתר מעיקרא אזלי' הראשון חייב והשני פטור.

ג. הראב"ד ס"ל דאף דרבה ס"ל דבתר מעיקרא אזלי' מ"מ שניהם פטורים, השני משום דמנא תבירא תבר ולא נתחדש עכשיו הנזק דכבר יש להכלי הדין נזק, והראשון משום דאיכא תנאי דבעי' שישבר מכח מעשיו. ולמ"ד בתר תבר מנא אזלי' השני חייב.

ונחלקו הרמב"ן והראב"ד מן הקצה אל הקצה, דהרמב"ן שם נקט להדיא דלמ"ד בתר מעיקרא אזלינן בזרק תינוק מראש הגג ובא אחר וקבלו בסייף הראשון חייב מיתה דבתר מעיקרא, והראב"ד הנ"ל נקט דאפי' בממונות לא מחייבינן ליה אלא א"כ נשבר מכח מעשיו. ומדברי רש"י והרא"ש ודעימם דס"ל דרבה ס"ל בתר מעיקרא אזלי' ומחייבינן ליה לראשון ממון, ואפ"ה ס"ל דזורק תינוק מראש הגג ובא אחר וקבלו בסייף דאין מחייבינן לראשון מיתה, בע"כ צריכים לחלק בין מיתה לממון, דלענין ממון אפשר לחייבו אכן לענין מיתה א"א לחייבו, והרמב"ן עצמו הזכיר חילוק כזה ודחאו, ועיין בסימן ג' מש"כ בזה.

ונמצא ג' שיטות בביאור השיטה דבתר מעיקרא אזלינן, לדעת הרמב"ן בין בממון ובין בנפשות אפשר לחייב הראשון ולדעת רש"י והרא"ש בממון חייב ובנפשות פטור, ולדעת הראב"ד אפי' ממון א"א לחייבו.

ה. ביסוד פלוגתת רש"י והרמב"ן אם למ"ד בתר מנא אזלינא פטרינן השני משום שאין לו דמים

והנה הרמב"ן העיר על רש"י וז"ל, וזו קשה לדברי רבינו שלמה ומקצת המפרשים ז"ל שאמרו דמדרבה שמעינן דבתר מעיקרא אזלינן דהא אפי' אזלת בתר בסוף פטור שאין לו דמים לזה ומה ישלם עכ"ל. וצ"ב איך ליישב רש"י והראב"ד מקושית הרמב"ן הנ"ל, דאיך מחייבינן השני למ"ד בתר תבר מנא אזלינא והא אין לו דמים דהא אין לו שומא, ובפרט באופן דאינו יכול להצילו דודאי שום אדם לא ישלם כסף להכלי, ואפי' לנתה"מ (רסא-א) שכתב דסוגיין איירי באופן דאפשר להצילו, מ"מ מסתברא דבנ"א לא ישלמו כסף לכלי זה כיון שיש ספק אם ינצל או לא.

והברכ"ש (אות א) הביא מהמשכנת יעקב (סי' סו[41]) שביאר בזה דבכדי להפקיע שומת הכלי שיחול בו דין דאין לו דמים לא מספיק זה דבמציאות אנשים לא ישלמו בעבורו, דרק היכא דיש איזה השתנות וחסרון בהחפץ, כגון היכא דנאסר בהנאה, נחשב שהכלי אין לו דמים, אכן היכא דליכא שום השתנות בהחפץ ורק דבמציאות אין לו קונים מחמת איזה סיבה, וכגון היכא ששור רודף אחר הכלי, כיון דליכא שום חלות בכלי ורק דמשום פחד לא ישלמו אנשים ממון, אין לכלי דין דאין לו דמים בכדי שיאבד השומא, ובכה"ג לא נאמר הכלל (המובא בערכין דף כד.) דאין להקדש אלא מקומו ושעתו בלבד, אלא הוי כשאר כלים בעלמא, והא

[41] עי' במילואים שהעתקנו דבריו.

דכלי אין לו דמים הוא רק באופן דאבד חשיבותו, וזהו רק כשחל איזה השתנות וחלות בכלי ולא היכא שלא חל שום השתנות בכלי ורק שאנשים מפחדים לשלם כסף משום שיודעים העתידות[42].

וכתב הברכ"ש שם דגם הרמב"ן בע"כ ס"ל מסברא הנ"ל, דבכדי שיחול דין בכלי דאין לו דמים צריך שיחול בו איזה השתנות וחלות, דאל"כ בזרק חץ לכלי ובא אחר ושבר הכלי בידים הו"ל למיפטר השני דבפועל לא ישלמו אנשים לקנות הכלי והרי לדעת התוס' בכה"ג גם מ"ד בתר מעיקרא אזלי' מודה דאם בא אחר ושברו חייב, דבזרק חץ לא אמרינן בתר מעיקרא אזלינן[43]. ולכן ביאר הגרב"ד דמה דס"ל להרמב"ן דגם למ"ד בתר תבר מנא אזלינן כבר אין לו דמים, היינו משום דסבר דגם למ"ד בתר תבר מנא אזלינן נהי דלא חל בכלי שהוא שבור אבל מ"מ נחשב כבר שנעשה מעשה שבירה בכלי ("און די כלי האט אין דעם א סיבה אז עס שטייט אויף צו ברעכין ווערין"), וזה מספיק בכדי שיאבד חשיבותו ודינו[44]. ורש"י חולק על הרמב"ן בענין זה גופא וס"ל דאם נימא בתר תבר מנא אזלינא, זה מסלקת מעשה הראשון לגמרי, ולא נחשב כלל עדיין שנעשה בו מעשה שבירה בכלי, דהוי ממש כזריקת חץ וכבהמה שרודפת אחר הכלי דלא נפגע הכלי כלל וכלל, ולכן לא חל בו דין דאין לו דמים, ומודה רש"י דלמ"ד בתר מעיקרא אזלינן יש לפטור השני משום שאין לו דמים, אלא דלדידיה אי"צ לזה דאפשר לפוטרו משום שהכלי הוי כשבור, עכ"ד.

ז. בדברי הרמב"ן בזרק תינוק מראש הגג דלמ"ד בתר לבסוף אזלי' הוי רק מקצת נפש

וכמדומה לי דהרמב"ן ורש"י לשיטתייהו אזלי בענין זה, דהנה איתא לקמן דף כו: אמר רבה זרק תינוק מראש הגג ובא אחר וקבלו בסייף פלוגתא דריב"ב ורבנן, דתניא הכוהו עשרה בני אדם בעשרה מקלות בין בב"א בין בזא"ז כולן פטורין ריב"ב אומר בזא"ז האחרון חייב מפני שקירב מיתתו עכ"ד, וכתב הרמב"ן שם דרבה בע"כ ס"ל דבתר תבר מנא אזלינא דאילו בתר מעיקרא אזלינא הוי כבר כמת, [ראה להלן שהבאנו דבריו], ומבואר מזה דס"ל דגם למ"ד בתר תבר מנא אזלינא, נחשב שכבר נעשה מעשה בו ויש לו דין טריפה וגוסס בידי אדם, ומה"ט ס"ל ג"כ דיש לו דין אין לו דמים. אכן רש"י שם ס"ל דלרבה בתר מעיקרא אזלינא, ואי בתר בסוף אזלינא אין לו דין גוסס בידי אדם, והוא לכאורה משום דס"ל דלהך מ"ד לא נחשב

---

[42] א"ה וכלשון הזה ממש כתב הגרש"ש (סי' לא) "אבל אם נאמר בתר תבר מנא לא שייך למיפטר משום דאינו שוה דמים כיון דהשבירה שלאח"כ היא מחודשת שעדיין לא הי' זה בכלי, נמצא מה דאין נותנים דמים הוא רק מפני פחד העתידות וכל שהעדר שיווי הדמים אינו אלא מפני פחד העתידות לא ינוכה זה מן המזיק עכשיו".

[43] א"ה עי' בחי' ר' שלמה (סי' ד') שהק' כן בתורת קושיא, דצ"ע לדעת הרמב"ן דאם השני פטור מחמת דהכלי אין לה דמים א"כ גם בזורק חץ נימא הכי דאם בא אחר ושברו יהא השני פטור דהכלי כבר אין לה דמים, ולא משמע שהרמב"ן יחלוק על דברי התוס' דבזורק חץ ובא אחר ושברו חייב עכ"ל, וע"ש שתירץ על דרך הגרב"ד. אמנם הג"ר ראובן בסי' יד הסתפק בזה, אם הרמב"ן מודה לעיקר דברי המשכנ"י ורק דס"ל דגם למ"ד בתר בסוף אזלי' נחשב שנעשה בו מעשה, או דחולק על עיקר יסודו, וכתב דנפ"מ מזה הוא בזורק חץ, וע"ש שפלפל בזה.

ובברכ"ש אינו מוזכר זה אלא כתב בסתמא "ונראה דגם הרמב"ן סובר דדין אין לו דמים הוא דוקא ע"י מעשה, אלא דהוא סובר דאע"ג דבתר לבסוף אזלי' ישנה מעשה לכה"פ לענין שחשוב אין לו דמים וכשבורה דמיא, ואע"פ שאינה שבורה ממש דבתר בסוף אזלי' מ"מ מהני לכה"פ לענין לפטור השני משום טענת שאין לו דמים ושומא כמה היתה יפה, דאינה בת שומא, עכ"ל.

ודע **דבהג' רע"א על הש"ך חו"מ שפ"ו-כז** (מובא בחי' רע"א השלם בסוגיין) כתב דלפי הרמב"ן אין לו דמים אפי' בזרק חץ, וז"ל ומ"מ דעתו שם (הרמב"ן במלחמות) דהזורק והמשבר שניהם פטורים. ולדידיה נראה **דגם בזרק אבן וקדם אחר ושברו דג"כ פטורים שניהם**, דמ"מ השני לא אפסדיה מידי, דבלא"ה היה נשבר עכ"ל.

[44] וז"ל, הוא סובר דאע"ג דבתר לבסוף אזלי' ישנה מעשה לכה"פ לענין שחשוב אין לו דמים וכשבורה דמיא, ואע"פ שאינה שבורה ממש דבתר בסוף אזלי' מ"מ מהני לכה"פ לענין לפטור השני משום טענה שאין לו דמים ושומא כמה היתה יפה, דאינה בת שומא עכ"ל.

שנעשה בו מעשה הריגה כלל כל עוד דלא נהרג, וא"כ לא חל לדידיה ג"כ הדין דאין לו דמים[45]. [ואמנם הברכ"ש (סוף אות א') תמה טובא על דברי הרמב"ן הנ"ל שכתב דרבה סבר בתר לבסוף אזלי' דא"כ אמאי פטור השני בזרק תינוק מראש הגג אליבא דחכמים דריב"ב ואפי לריב"ב כל חיובו הוא רק משום דקירב את מיתתו תיפו"ל דלמ"ד דבתר בסוף אזלי' האחרון חייב דהראשון לא הוי אפי' גרמא, דלמ"ד בתר בסוף אזלי' בטל לגמרי דין מעשה של הראשון ואינה מעשה כלל, ולא דמי אפי' להכהו י' בני אדם, דשם הא לכה"פ איכא מעשה בידים משא"כ הראשון אינו אפי' גרמא בעלמא עכ"ד, ולכאורה מוכרחים לומר על דרך הנ"ל, דלפי הרמב"ן גם לדידיה נחשב שנעשה בו מעשה רציחה ומועיל זה לענין שאין לו אפי' מקצת נפש[46].]

ועי' בחי' ר' שלמה (סי' ד') שג"כ תלה שני דברי הרמב"ן הנ"ל אהדדי, מה דס"ל דאין לו דמים ומה דס"ל דמקרי גוסס בידי אדם, וכתב כעין דברי הגרב"ד ובאופ"א קצת, דס"ל להרמב"ן דגם למ"ד בתר בסוף אזלינן כבר התחיל ההיזק בהכלי ונקרא דנעשה קצת היזק בהכלי ומשו"ה כבר אין לו דמים, ומ"מ אין לחייב הראשון כיון דעדיין לא נגמר ההיזק וכמו בקטלא, וגם השני פטור כיון דכבר התחיל ההיזק בהכלי ואין לה דמים. והוכיח כן מכח דברי הרמב"ן הנ"ל בקטלא, דאם נימא דעדיין לא התחיל ההיזק מ"ט לא הוי "כל נפש"[47]. ותירץ עפי"ז מה שהבאנו לעיל בשמו להקשות דלפי הרמב"ן דשניהם פטורים א"כ גם אם הזורק עצמו שברו במקל לפני שהגיע לארץ יפטור, דעל הזריקה אין לחייבו דלאו מידי קעביד, ועל השבירה אין לחייבו דלאו בר דמים הוא, ולמשנ"ת י"ל כיון דכל עיקר הפטור דהשני דאין לו דמים היינו משום דלא עשה כל ההיזק וא"כ היכא דהוא בעצמו שבר הרי עשה כל ההיזק דמתחלה עשה מקצת היזק ואח"כ גמר המקצת האחר וכמו במיתה שאם הכהו בשתי הכאות שבכל אחת יש בה כדי להמית שחייב.

ז. בקושית הגרא"ז על רש"י

והנה ראיתי באבן האזל (פ"ב מנזק"מ הל' יד אות ב) שהעיר על רש"י, דאף אם לא חל בכלי דין דאין לו דמים מ"מ קשה איך אפשר לחייב את השני והא מצי למימר להבעלים 'מאי אפסדתיך' דהא לא הפסידו כלום שודאי הי' נשבר. ותירץ שם עפי"ד הגמ' בב"מ דף ק"ו דרועה שהי' רועה והניח עדרו ובא לעיר ובא ארי וטרף זאב ודרס אין אומרין אילו היה שם היה מציל אלא אומדין אותו אם יכול להציל חייב ואם לאו פטור, ואמאי לימא לו אילו הוית התם הוית מקיים בי גם את הארי ואת הדוב הכה עבדך, ומשני משום דא"ל אי הוית חזית לאתרחושי לך ניסא הוי איתרחיש לך ניסא כר' חנינא בן דוסא דמתיין עיזי דובי בקרנייהו, ודברי הגמ' נפלאים דהיכי סבר לחייב את השומר משום דילמא הי' מתרחיש לו נס, וע"כ אנו צריכין לומר דכיון דהשומר פשע בשמירת הבהמה שהניח עדרו ובא לעיר ומתחייב בפשיעתו בהיזק הבהמה,

---

[45] א"ה וילה"ע דבהכהו י' בנ"א בזאח"ז למ"ד דלא אמרי' בתר מעיקרא אזלי' אמאי הוי כטריפה משום דאתעבידא בי' מעשה, והא בשלמא למ"ד בתר מעיקרא אזלי' י"ל דנחשב כהשתנות בגוף החפץ אך למ"ד בתר לבסוף אזלי' מ"ט נחשב כבר כמקצת נפש, וצ"ל דשאני התם דעביד בי' מעשה בגוף הנרצח, וא"ש טפי כפי מש"כ בחי' רש"ר (יז-ג) דהא הוי פשיטא להגמרא שאם נתנו מכה בכלי שמחמתה ישבר הכלי כעבור זמן, ודאי דהכלי כבר חשוב מנא תבירא, וכל הנידון הוא בזרק כלי דעדיין לא קבל הכלי גוף ההכאה. וכמדומני שכעי"ז שמעתי ממו"ר.

[46] א"ה וצ"ב מה שהגרב"ד לא היה ניח"ל בזה והא כתב בקטע הקודם לעיל בדעת הרמב"ן דאין לו דמים משום שישנה מעשה לכה"פ לענין שחשוב אין לו ודמים וכשבורה דמיא, וכנראה דס"ל להגרב"ד דהוי מעשה בעלמא וסגי לענין אין לו דמים כיון דנתפס כבר בכלי שנעשה בו מעשה שבירה, אבל עכ"פ הוי עדיין נפש שלם ולא דמי להכה בו ממש הכאה שיש בו כדי להמית, ואמנם קו' הגרב"ד מובן היטב למש"כ הרמב"ן בסו"ד דהראשון הוי גרמא בעלמא, עי' בסימן ג' שהבאנו דבריו. ואמנם בירושלמי מבואר להדיא כהשגת הגרב"ד על הרמב"ן, וכמו שהעיר בחי' רש"ר סי' יז אות ה'.

[47] וכתב בזה "ונראה מוכרח מזה לדעת הרמב"ן דאף אם נימא בתר תבר מנא אזלינן ועדיין לא נחשב לגברא קטילא מ"מ כיון דאיתעבידא בי' מעשה שע"י זה ימות כבר יש הכאה דמקצת נפש ומשו"ה השני פטור לרבנן משום דגם לדידי' הוי רק מקצת נפש, ולריב"ב חייב מפני שקירב מיתתו והרי מפורש כן בגמ'".

אפי' באונס חייב דקיי"ל תחלתו בפשיעה וסופו באונס חייב, ורק דצריך להך חיובא תנאי שיהי' אפשר שמחמת הפשיעה בא האונס, ע"ז אנו אומרין דאדרבה השומר צריך לברר שא"א הדבר שהי' מציל וכיון שיש מציאות שהי' מציל אפי' בדרך נס כבר נתחייב מדין פשיעה.

ומעתה י"ל כן גם בסוגיין דאין השובר יכול לפטור עצמו בטענה דמאי אפסדתיך דהא חזינן הכא דאפי' בשביל פשיעה אנו אומרים דילמא הי' מתרחיש נס רק דמשני דאם הי' מתרחיש נס הי' אפשר גם בלא הרועה, ואם כן גם הכא ודאי נוכל לומר כיון דבתר בסוף אזלינן ועכשיו דיינינן הכלי לשלם, ורק שנפטור אותו בשביל שגם בלא שבירתו הי' נשבר ע"ז שפיר נוכל לחייבו דדילמא לא הי' נשבר והוא מציאות יותר מצוי מנס דאת הארי ואת הדוב הכה עבדך, והוא עכשיו שבר בידים ועדיף מפשיעה עכ"ד.

ודבריו צ"ב דאיפה מצינו סוג פטור כזה ד"מאי אפסדתיך' והא כיון דהכלי שוה דמים ושברו, שפיר הוי מזיק וחייב, ורק היכא דאין לכלי דמים, דהוי חלות והלכה שחל בכלי דנאבד שיוויו בכה"ג י"ל דהשוברו חייב. ואינו משמע מלשונו דכוונתו הוא להדין דמצינו לעיל בדף י. דהיכא דבלאו איהו הוי מיתבר הוא פטור, ראה בסימן ו', וגם אם כוון להקשות מכח הך סוגיא צ"ב תירוצו. ואמנם כבר ביאר הגרב"ד (יא–ד) דהכא לא שייך הך דין דבלאו איהו קמתבר, כיון דבלסוף לא הוזק ע"י מעשיו של הראשון ונתבטלה מעשיו, ("עס האט ניט אויסגעלאזט די מעשה")[48]. והנה הנתה"מ (רס"א) והגרי"ז (סוף הל' גזו"א) הקשו על דברי רש"י דאיך אפשר לחייב השני והא אבודה ממנו ומכל אדם ומותר לזכות בכלי לעצמו (עי' בברכ"ש אות א), אך מבואר מדברי הגרא"ז דלא כוון להקשות מכח זה, וצ"ע. [ואולי י"ל דמוכח מושג זה בסוגיא דב"ק דף צד. בהכחשה דהדר וצ"ע בסוגיא שם.]

מילואים

א. אם דין בתר מעיקרא אזלי' הוא רק כשודאי ישבר

א"ה עי' בפנים שהבאנו מש"כ הראב"ד דאפי' למ"ד בתר מעיקרא אזלי' א"א לחייב הזורק "שמא לא הי' נשבר", והגרב"ד דחה בכוונתו דאין ר"ל דאולי לא הי' נשבר אלא דאיכא תנאי דבעי' שיסתיים השבירה. ונראה דלפי דעת הרבה שיטות מוכרחים אנו לדחוק כן, דעי' בברכ"ש (יא–ד) שהביא מהריב"ש (תק"ו) שפי' בדברי הר"מ שכתב בזורק כלי מראש הגג שסופו להשבר מיד, "בודאי לא אמר מיד אלא שאם לא היה סופו להשבר מיד הנה לא היתה שבירתו ודאית שהיה אפשר תוך הזמן ההוא להצילו ובענין זה הדבר ברור שהוא חייב לשלם כלי שלם כיון דאין שבירתו ודאית", וכתב הברכ"ש "הרי דיסוד דין דבתר מעיקרא הוא ע"י שסופו להשבר שבירה ודאית, ואם אינו ודאי שישבר לא אמרי' דבתר מעיקרא אזלי", ולפי"ז בע"כ צל"פ בדברי הראב"ד על דרך הנ"ל.

וע"ע בלבוש מרדכי (סוס"י יח) שכתב ליישב קו' הקצה"ח (שצ–א) שהק' שלהרא"ש דס"ל דגם גבי חץ אמרי' בתר מעיקרא אזלי' א"כ איך אמרי' לר"ל במסכסכת כל הבירה מחויב הא תיכף מכי אדליק במקצת ה"ל כשרוף כל הבירה כו', ותי' "דדוקא דבר שעומד בודאי להשבר אז אמרי' בתר מעיקרא אזלי' כו' אבל בהדליק הבירה עדיין אינו אבוד דהרי ב"א יוכלו לבא ולכבות, דכן הוא הדרך כשרואים דליקה באים ומכבים, וכל מילתא דלא הוי ודאי אבוד, שדרכו שינצל בכה"ג לאו מנא תבירא הוא. וכן נקט הגרא"ז (פ"ב מנזק"מ הי"ד אות ה) דדינו דרבה בע"כ איירי דלא הי' יכול להצילו.

---

[48] וז"ל ואין להקשות דגם גבי דין זורק כלי מראש הגג אמאי בעי' דוקא לדין סופו להשבר בודאי, ולמה לא יפטר ע"י דבלא"ה מיפטר, זה אינו דהא הכא השני הוא עשה כל ההיזק דלא נסתיימה מעשה הראשון, ול"ד לה' שישבו על כסא אחד דלא הוסיף השני במעשיו, ובודאי גבי ה' שישבו על ספסל אחד ובא אחר ושברו במקל דחייב השני דשפיר יש בו הוספת מעשה דאדרבא כל מעשה ההיזק על ידי השני הוא, עכ"ל.

אולם מדברי הנתה"מ (רס"א-א) מבואר לא כן, דפירש בסוגיין להדיא דאיירי כשאחרים יכולים להצילו וכתב עפי"ז ליישב שיטת רש"י שפירשו באופן דזרקו בעל הכלי והק' הרא"ש דאבידה מדעת היא ואיך אפשר לחייב השני, ותי' הנתה"מ דהיתר דאבידה מדעת הוא מדין יאוש, והכא מיירי במקום שיש מצילין, ולא מייאש נפשיה משום דאיכא ג"כ בל תשחית ומצוה על אחרים להצילו עכ"ד, וכעי"ז כתוב בחי' הגר"ח על הש"ס ליישב מ"ט אין השני פטור אפי' בזרקו אחר משום דאבודה ממנו ומכל אדם, ותי' הגר"ח דאיירי ביכול להצילו ע"י הדחק. ולפי דבריהם שפיר יל"פ דברי הראב"ד כפשוטן. [ועי' בחי' הגרש"ש סי' לא שכתב דגם הרא"ש שהק' על רש"י דליהוי אבידה מדעת ס"ל ג"כ הכי, אלא שסובר דאף דאפשר להציל מ"מ כיון (שבעל הכלי) זורק מדעת במקום שקרוב להשבר ודאי דעתו להפקיר עכ"ד.

ועי' בברכ"ש סוס"י יא שנקט בדעת הרמב"ן דצ"ל דרק היכא דודאי ישבר אמרי' בתר מעיקרא אזלי', דשיטת הרמב"ן הוא דגם בנפשות אמרי' בתר מעיקרא אזלי' והזורק תינוק מראש הגג ובא אחר וקבלו בסייף הראשון חייב, ורבה דאמר פטור הוא משום דס"ל בתר לבסוף אזלי', וקשה על זה מהכהו עשרה בנ"א דזאח"ז דמ"ט לא מחייבינן ליה לראשון משום דבתר מעיקרא אזלי', ותי' "שאין כאן מיתה ודאית".

ב. בדברי המשכנ"י

בפנים הבאנו דברי המשכנ"י ביישוב רש"י מקושית הרמב"ן דגם למ"ד בתר בסוף אזלינן הו"ל למיפטר השני משום שאין לו דמים, וז"ל המשכנ"י, לק"מ דלא שייך למפטר משום שסופו לשבר אלא כשכבר התחיל בו מעשה השבירה בידי אדם שייך למיקרי' מנא תבירא וכסו' דפ"ק אי לאו איהו הוי מתבר בתרי שעתי כו' דאי לאו טעמא דהוינן יתבינן פורתא וקיימינן הוי פטור האחרון לפי שסופו לשבר בב' שעות ע"י הראשונים וכבר התחילו לעשות בו מעשה אבל אי לא אתעביד בי' מעשה כלל אף שסופו לשבר כ"ז שלא נשבר כשלם גמור הוא, ומפורש בסנהדרין בפלוגתא דריב"ב ורבנן בהכוהו י' בני אדם זא"ז דלרבנן כולן פטורין וריב"ב מחייב האחרון שקירב מיתתו ואמרינן דלא פליגי בהורג גוסס בידי שמים דודאי חייב ולא פליגי רק בגוסס בידי אדם אי דמי לטריפה לפי דאתעביד בי' מעשה. ובסו"פ כיצד א' רבה זרק תינוק כו' ובא א' ויקבלו בסייף פלוגתא דריב"ב ורבנן כו' וע"כ דהא נמי דמי להך דהכהו דאתעביד בי' מעשה דאי חשיב כגוסס בי"ש רק משום דסופו למות הא בהא ל"פ רבנן אדריב"ב ומחייבו, אלא ודאי משום זריקה לחוד חשבינן לי' מעשה בידי אדם ומוכח דבתר מעיקרא אזלינן וכטעמיה דרבה בהא דזרק כלי ובא זה ולימד על זה וגם בכלי אי לאו טעמא דבתר מעיקרא אזלינן לא הו"ל למפטרי' משום שסופו לישבר מאליו כל שלא נעשה בו מעשה וכמו דמחייבי רבנן בגוסס בי"ש עכ"ל.

ודבריו צ"ב דהרמב"ן הקשה מכח זה דאין לו שיווי בשוק, וא"כ מה דימה זה לסוגיא דבלאו איהו מתבר דהתם אין הפטור משום שאין לו דמים אלא הוא גדר אחר, וכמו שהסביר בברכ"ש סי' יא, וגם צ"ב מה שדימה זה להך דריב"ב ורבנן דאיירי בנפשות דתלוי שם בנפש ומקצת נפש ולא בדין אין לו דמים. וכנראה שזה פשיטא ליה להמשכנ"י דעד כמה שהוא כלי שלם ולא נחשב הכלי כלל כשבור א"א לדונו כאין לו דמים, אלא שהי' דן לומר דאולי משום זה לחוד שסופו לישבר אמרי' כשבור דמי, ואף דא"א לחייב הזורק דלא נחשב שהוא עשה מעשה שבירה אך סו"ס כיון דהכלי עומד לישבר כשבור דמי. וזהו דדימה לסוגיא דבלאו איהו מתבר דס"ל דיסוד הפטור שם הוא משום דעומד לישבר כשבור דמי כיון דנעשה ע"י מעשה. וזהו דדימה לסוגיא דסנהדרין הנ"ל, דאילו הוי אמרי' עומד לישבר כשבור הוי אמרינן ג"כ עומד למות כמת ולא הי' חלוק גוסס בידי אדם מגוסס בידי שמים, ובע"כ בכדי לדון שחסר בו ב'כל נפש' בעינן מעשה, דדוקא ע"י מעשה שבירה אפשר לדון עומד למות כמת ושאין בו אלא מקצת נפש.

סימן ג'

עיונים בדברי הרמב"ן בסוגיא דבתר מעיקרא אזלינן[49]

א. בביאור דברי הרמב"ן במלחמות

בסימן הקודם הבאנו שיטת הרמב"ן דהגמ' הוכיח ממימרא דרבה דהזורק כלי מראש הגג ובא אחר ושברו פטור, דס"ל דבתר לבסוף אזלינן, דאי בתר מעיקרא אזלינן הו"ל לחייב הראשון, והא דפטור השני אף דבתר לבסוף אזלינן הוא משום דאין לו דמים. ועיין בהרמב"ן (במלחמות) שכתב להוכיח שיטתו דרבה ס"ל בתר מעיקרא אזלינא, [ודלא כדעת רש"י ורוב הראשונים דרבה ס"ל בתר מעיקרא אזלינא], מכח הסוגיא דסוף פירקין דהכי איתא התם, אמר רבה זרק תינוק מראש הגג ובא אחר וקבלו בסייף פלוגתא דריב"ב ורבנן דתניא הכוהו עשרה בני אדם בעשרה מקלות בין בב"א בין בזא"ז כולן פטורין ריב"ב אומר בזא"ז האחרון חייב מפני שקירב מיתתו בא שור וקבלו בקרניו פלוגתא דר' ישמעאל בנו של יוחנן בן ברוקא ורבנן דתניא ונתן פדיון נפשו דמי ניזק ר"י בנו של ר' יוחנן בן ברוקא אומר דמי מזיק, ע"כ.

והעיר הרמב"ן דמבואר בגמ' דהזורק תינוק פטור לדברי הכל "והשני בין בשור בין באדם חיובו מפני שקרב את מיתתו ואי בתר מעיקרא ראשון ליחייב לדברי כולם והשני יהא פטור ועוד אמר רבה לענין כופר פלוגתא דר"י בנו של ר' יוחנן ורבנן ואי אמרת דבתר מעיקרא אזלינן האי נמי כמת דמי והיאך משלם כופר אפי' לר' ישמעאל דאמר דמי מזיק הרי גברא קטילא לגמרי קטל ולא השור בסקילה ולא בעלים משלמין כופר, ואע"פ שקרב מיתתו דכתיב והמית פרט לזה שכבר מת, **דהא לענין צרורות** בתר מעיקרא אזלת לגמרי וכשבור חשוב ליה והלכך הזורק הרגו לזה והשני בין שור בין אדם יפטר לדברי הכל, **וא"ת אפי' אזלינן בתר מעיקרא לאו כמת חשבינן ליה א"כ בכלי השני למה פטור על כרחך מפני שאין לו דמים** הואיל וסופו להשבר אע"פ שלא נשבר, ומפני טעם זה אפי' תיזיל בתר בסוף נמי שני פטור שהרי אין לו דמים וכדאמרי' דלרבנן דאמרי דמי ניזק פטור שאין לזה דמים אע"פ שהוא כחי דהא תלמוד לר' ישמעאל חייב וכיון שכן היכי שמעינן מדרבה דבתר מעיקרא אזלינן דלמא לעולם לאו כשבור חשבינן ליה דבתר בסוף

[49] משיעורי כללי בכמה מחזורים.

אזלינן ואפ"כ השני פטור שאין לכלי זה דמים אע"פ שעדיין לא נשבר כמש"כ ואע"ג דאיכא למימר שלא פטרוהו לדברי האומר דמי ניזק אלא משום דבתר מעיקרא אזלינן לענין ממונא ומיהו קטלא שאני אין הדעת מודה בזה אלא כמו שכתבנו ואם דעת רבינו ז"ל כפי' הזה יפה פסק דבתר בסוף אזלינן ומש"ה פטור הזורק דאפי' גרמא ליכא שהרי לא שברו ולפיכך כתב דקא אזיל מיניה מיניה".

ושמעתי מהגרי"מ דהגרב"ד העמיק והרחיב בדברי הרמב"ן הנ"ל, ("ער האט זייער געלערנט די פאר שורות פון רמב"ן"), ונביא דבריו בעזה"י אחת לאחת:

ב. ב' דינים בדין בתר מעיקרא אזלי'

א. בא"ד ואי אמרת דבתר מעיקרא אזלינן האי נמי כמת דמי כו' דהא לענין צרורות בתר מעיקרא אזלת לגמרי וכשבור חשוב ליה כו', צ"ב מה ראה הרמב"ן מהך דצרורות דהוצרך להקשות קושיתו מכח זה, ולא הקשה בפשיטות מעצם הדין דאם בתר מעיקרא אזלינא גברא קטילא הוא.

וכמדומה לי שהגרב"ד אמר בזה[50], דהנה בברכ"ש (יז–ב) הביא מהאחיעזר (א–יט–ו) בביאור דברי הנמו"י בסוגיא דאמ"ח (דף י. מדפי הרי"ף) דיש שני דינים בבתר מעיקרא אזלינא, **א.** דין בתר מעיקרא שנותן דין שבירה בהכלי, דעי"ז דבתר מעיקרא אזלינא הוי כבר ככלי שבור. **ב.** דין בתר מעיקרא שנותן להגברא חיובים, דחשבינן כמו שהמעשה היזק כבר נגמר לגמרי ("עס איז שוין אפגעטאן")[51], וביאר שם דבזרק חץ לא נחשב הכלי כשבור מיד אך מ"מ אמרינן בתר מעיקרא אזלינן לענין המעשה עצמו. וביאר עפי"ז דברי הרא"ש (סי' ב) שהקשה דבהתיז בהמה צרורות ברה"ר והזיקו ברה"י דנחשב כהיזק ברה"ר למ"ד בתר מעיקרא אזלינן, ואף דהתיז צרורות הוי כזריקת חץ וי"ל דאם נדון ביחס לכלי אין לו דין שבור, מ"מ אם נדון ביחס להמעשה מזיק, נחשב מיד שכבר נעשה המעשה היזק[52].

והנה בדין בתר מעיקרא זו שלא דייני' דבר הניזק כמו שהוא כבר הוזק, א"א לחייבו בדיני נפשות יותר מאילו הכהו בהכאה שיש בו כדי להמית ואכתי לא מת, דבכה"ג לא נחשב כגברא קטילא ממש וא"א לחייבו מיתה אלא חובשין אותו בבית האסורין כדאיתא בסנהדרין דף עח:. וי"ל דהרמב"ן הי' דן לומר דאולי כל הדין דבתר מעיקרא אזלינן הוא רק כלפי המעשה, ולא לדון שהכלי הוא שבור, וא"כ בנפשות א"א לחייבו וגם א"א לדונו כגברא קטילא, אלא היה חל בו דין חבישה להמתין אם ימות מחמת ההכאה והזריקה, ואם בא אחר וקבלו בסייף הראשון פטור והשני תלוי בפלוגתת ריב"ב ורבנן, דאף דבממונות י"ל דהשני פטור משום שיש לו כבר אומד של מיתה ושבירה ואין לו שיווי ודמים, אבל מ"מ בנפשות הי' אפשר לחייבו.

וכתב הרמב"ן להוכיח דזה אינו, אלא דע"י דין בתר מעיקרא אזלינן נחשב הכלי מיד כשבור, ואדם שנזרק מראש הגג הוי כמת, דאל"כ לא הי' מועיל דין דבתר מעיקרא אזלינן לסלק הדין צרורות, דסו"ס לא הוזק הכלי ע"י גופו אלא ע"י כוחו, דהכלי לא נשבר עד אח"כ, ("און אויב מען דארף צושטעלין די שפעטיר'דיגע שבירה הוי רק כחו ולא גופו") והוא דומה למש"כ הקצה"ח (שצ–א) ליישב הוכחת התוס' דלא אמרינן בתר מעיקרא אזלינן בזרק חץ, מהא דצרורות משלם חצי נזק, וכתב הקצה"ח דלעולם י"ל דאמרינן בתר מעיקרא

---

[50] ואיני ברור בזה.

[51] וז"ל הברכ"ש (יז-ב), וביאור תי' הנמו"י נראה כפי' כו' אחיעזר, ונבאר דבריו, דיש ב' דינים בדין בתר מעיקרא אזלי' וכ"כ בספר נחל"ד, דין אחד, דע"י דבתר מעיקרא אזלי' הוי כשבור ופטור האחרון וחייב הראשון, והב', ידעי' מזה דאפי' בזורק חץ נמי נהי דלא אמרי' בתר מעיקרא כ"כ לענין לפטור השני ולחייב הראשון אפי' בא אחר ושברה במקל, בכ"ז לענין דינים בהיזק כגון שנעשה המעשה לבסוף אלא דהתיזה ברה"ר והזיקה ברה"י, או להיפך, אמרי' בזה דבתר מעיקרא אזלי', דנהי דלא אמרי' כ"כ בתר מעיקרא לענין דהוי כשבור מ"מ אמרי' לענין זה בתר מעיקרא דחשיב מזיק בתחילה על הזריקה וחשוב שכבר נעשה הבידים בגברא כו', עכ"ל.

[52] א"ה כן הי' מו"ר רגיל לומר בביאור דין זה, אכן מפשטות לשון האחיעזר והברכ"ש משמע דעד כמה שנשבר לבסוף יתכן דגם מעיקרא נידון ככלי שבור, אלא דאם לבסוף לא נשבר לא דייני' לי' למפרע ככלי שבור, וצ"ע.

אזלינן גם בזרק חץ ומ"מ נחשב כצרורות דסו"ס לא הוזק הכלי אלא ע"י כחו ולא בגופו, דצורת ההיזק הי' צורת היזק דכחו ולא דגופו, ובצורת היזק כזה נאמר פטור דצרורות[53].

והוכיח הרמב"ן מזה דמועיל דין דבתר מעיקרא שיהא נחשב כהיזק דגופו ולא כחו דבע"כ כבר מיד יש לכלי דין ככלי שבור, וס"ל דגם בנפשות חייב מיתה בכה"ג, דאין לחלק בין מיתה לנפשות, וכמדומני שביאור זה בהרמב"ן שמעתי מהגרי"מ בשם הגרב"ד. ודע דצריכים להוסיף על זה, דהברכ"ש שם הביא מהאחיעזר שכתב להדיא דהך דין בתר מעיקרא דאמרי' בזריקת חץ הוא דוקא באופן שלבסוף הוזק, ובזה יש חילוק בין דין בתר מעיקרא בזרק כלי דדייני' הכלי כשבור, לדין בתר מעיקרא בזריקת חץ, דדין בתר מעיקרא דאמרי' ביחס להגברא וחיוביו הוא דוקא אם לבסוף נסתיים ההיזק, והנה אף דהרמב"ן הי' דן לומר דזהו כל הדין דבתר מעיקרא, אפ"ה נקט דלא בעי' שיסתיים ההיזק, דהרי רצה לפרש עיקר מימרא דרבה עפי"ז. [א"ה והביאור הוא פשוט דעיקר חילוק האחיעזר אינו בין שני הדיני בתר מעיקרא, אלא דהיכא דנעשה מעשה בכלי אפשר לדון ביה דין בתר מעיקרא אפי' אם לא נסתיים ההיזק משא"כ היכא דרק זרק חץ א"א לדון בו דין בתר מעיקרא אלא א"כ נסתיים ההיזק, ולכן לפי הו"א הרמב"ן דגם בזרק כלי כל הדין בתר מעיקרא הוא על דרך השני, אי"צ שיסתיים ההיזק.]

ג. נראה דגם הרמב"ן דן לומר כהראב"ד דגם למ"ד בתר מעיקרא אזלי' היינו דוקא כשנתסיים השבירה

ב. בא"ד וא"ת אפי' אזלינן בתר מעיקרא לאו כמת חשבינן ליה א"כ בכלי השני למה פטור על כרחך מפני שאין לו דמים הואיל וסופו להשבר אע"פ שלא נשבר, ומפני טעם זה אפי' תיזיל בתר בסוף נמי שני פטור שהרי אין לו דמים כו' עכ"ל, שמעתי מהגרי"מ שהגרב"ד ביאר בזה דכוונתו הוא לאפוקי משיטת הראב"ד (מובא בסימן ב') שסבר דאפי' אם בתר מעיקרא אזלינן אפ"ה א"א לחייב הראשון דהוי כאמדוהו למיתה וחי, ועל זה השיג הרמב"ן דאם אין לכלי דין שבור והראשון אינו חייב א"כ הו"ל לחייב השני, דכל הא דפטרינן השני הוא רק משום דהראשון מתחייב על הזיקו, וכי תימא דאף דהדין דבתר מעיקרא אזלינא לא אלים לחייב הראשון מ"מ הך דין פועל שיהא להכלי אומד של שבירה והוי כאין לו דמים ולכן השני פטור, דאפשר לחלק בין שני הדברים, שלא נחשב הכלי כשבור ואפ"ה אין לו דמים, א"כ גם למ"ד בתר בסוף אזלינן נימא כן.

וכבר ביארנו בדעת הראב"ד דס"ל דלעולם למ"ד בתר מעיקרא אזלינן הוי ככלי שבור ורק דאיכא תנאי דהיינו דוקא היכא דלבסוף נשבר ע"י הך מעשה שבירה. והרמב"ן שהקשה כן י"ל דהוא משום דס"ל דלפי הך שיטה לא נחשב שהכלי הוא שבור מיד אלא דהוי רק כהתחלת השבירה [וכמש"כ בחי' ר' שלמה בדברי הראב"ד] ואפי' היכא דלבסוף נשבר ע"י מעשיו, לא נגמר השבירה עד אח"כ ומשו"ה הקשה שפיר דהו"ל לחייב השני, ובע"כ צ"ל דעכ"פ כבר נכלל בו אומד של שבירה, והוי כמו הכה בהמה הכאה שיש בו כדי להמית דכבר איבד דמיו אפי' בלי דין טריפה, ועל זה הקשה דא"כ גם למ"ד בתר תבר מנא אפשר לומר כן, דכיון דלענין נפשות כבר יש לו דין גוסס בידי אדם, גם בממונות י"ל דכבר יש לו דין דאין לו ממון, עכ"ד[54].

[53] וז"ל הקצה"ח, ומ"ש תוס' דא"כ לא משכחת צרורות, נראה לענ"ד דאכתי אינו אלא כחו, ואע"ג דכמאן דנשבר דמי כיון דאינו אלא ע"י כחו הלכה דח"נ משלם, וכמו בתרנגולים שהזיקו ברוח שבכנפיהם (ב"ק יז:) כיון דאינו אלא ע"י כחו ח"נ משלם, עכ"ל.

[54] כן אמר מו"ר במהדו"א וכן משמע בחו"ש (א-קפה), ובמהדורא אחרת הי' משמע ממו"ר דגם הרמב"ן הבין בדעת הראב"ד דהוא תנאי בעלמא, אך ס"ל דכיון דסו"ס בעינן תנאי זה שיסתיים השבירה שפיר יש לדונו כצורה של כחו, ואיני ברור בזה.

ד. יישוב על הוכחת הרמב"ן דאפשר לפטור השני משום דין לו דמים מהא דפטור למ"ד כופר דמי ניזק

ג. בא"ד ומפני טעם זה אפי' תיזיל בתר בסוף נמי שני פטור שהרי אין לו דמים וכדאמרי' דלרבנן דאמרי דמי ניזק פטור שאין לזה דמים אע"פ שהוא כחי דהא תלמוד לר' ישמעאל חייב וכיון שכן היכי שמעינן מדרבה דבתר מעיקרא אזלינן דלמא לעולם לאו כשבור חשבינן ליה דבתר בסוף אזלינן ואעפ"כ השני פטור שאין לכלי זה דמים אע"פ שעדיין לא נשבר ע"כ, מבואר שדייק כדבריו ד"אין לו דמים" מהא דבא שור וקבל בקרניו פטור למ"ד כופר דמי ניזק הוא. ואמר הגרב"ד דאינו קשה מכאן על שיטת רש"י, דרש"י פירש הסוגיא כמ"ד בתר מעיקרא אלזינן, ולדידיה ודאי לא הוי בר דמים, דביארנו בסימן הקודם דמה דס"ל לרש"י דלמ"ד בתר לבסוף אזלינן השני חייב ולא ס"ל הך סברא דאין לו דמים הוא משום דנקט דלמ"ד בתר לבסוף אזלינן עדיין לא נעשה מעשה מזיק בכלי והוי כשור שרודף אחר הכלי, אכן למ"ד בתר מעיקרא אזלי' ודאי לאו בר דמים הוא, ולכן לא שייך לחייבו כופר למ"ד כופר הוא דמי ניזק, אלא דבהך מילתא פליג על הרמב"ן, דהרמב"ן ס"ל דלמ"ד בתר מעיקרא אזלי' כבר חייב מיתה, ורש"י חולק עליו בזה וס"ל דרק לענין חיוב ניזקין אמרי' כן ולא לענין חיוב מיתה דרציחה, [וראה להלן].

ודע דהר"ח יש לו שיטה אחרת בזה, דפי' בסוגיין דלמ"ד כופר דמי ניזק חייב בכופר, וקשה עליו דמ"ט לא נפטריה משום דאין לו דמים, דאם ס"ל כרש"י דשיטת רבה הוא דבתר מעיקרא אזלי' א"כ ודאי אין לו דמים, ואם ס"ל כהרמב"ן דרבה ס"ל בתר לבסוף אזלי', א"כ מוכרח מעיקר מימרא דרבה דאף דבתר לבסוף אזלי' אין לו דמים. וצ"ל דס"ל דחיוב כופר הוי תשלום כפרה ולא השלמת ההיזק ומה דמשלמין דמי ניזק הוא שומא בעלמא, ולכן אף דבדיני מזיק א"א לחייבו משום שאין לו דמים אפ"ה אפשר לחייבו כופר, ובסימן ט' הארכנו בזה.

ה. אם יש לחלק בין נפשות למיתה בדין בתר מעיקרא אזלי'

ד. בא"ד ואע"ג דאיכא למימר שלא פטרוהו לדברי האומר דמי ניזק אלא משום דבתר מעיקרא אזלינן לענין ממונא ומיהו קטלא שאני אין הדעת מודה בזה אלא כמו שכתבנו ע"כ. מבואר שהרמב"ן דן לדחות הוכחתו דבתר תבר מנא אזלינן מדין דזרק תינוק מראש הגג, דאולי יש לחלק בין נפשות לממון, דרק לענין ממון מועיל הדין דבתר מעיקרא אזלינן לחייבו ולא בנפשות, ועל זה העלה שאינו נראה לחלק כן. אמנם אף שהרמב"ן העלה דאין לחלק בין נפשות לממונות אבל בשיטת רש"י והרא"ש מוכרחים לחלק על דרך זה דהא ס"ל בדעת רבה דס"ל בתר מעיקרא אזלינן, וא"כ ליישב קו' הרמב"ן צריכים לחלק על דרך הנ"ל, וכ"כ הברכ"ש (אות א) "דרש"י סובר דלענין קטלא ל"ש הך דין דבתר מעיקרא אזלי'". [אמנם בדעת הראב"ד (מובא בסימן ב) אין אנו מוכרחים לחלק בין מיתה לניזקין, דאף דס"ל דרבה ס"ל דאזלי' בתר מעיקרא מ"מ א"א לחייבו מיתה בכה"ג כיון דלבסוף לא מת מכח מעשיו, וס"ל להראב"ד דכל דלא נשתברה מכח מעשיו א"א לחייבו מדין בתר מעיקרא אזלינן.]

וביאר הגרב"ד בשיעוריו בגדר חילוק זה, דאף דע"י דין דבתר מעיקרא אזלי' דיינינן כמו שהוא כלי שבור, היינו רק לענין דנאבד כבר חשיבותו ולכן אפשר לחייבו משום דין מזיק, אבל לגבי נפשות זה לא מספיק לחייבו דחיוב רציחה אינו תלוי אם יש להנרצח חשיבות או לא אלא תלוי במציאות ולא בדינים, אם במציאות הוא חי אם לאו, וסו"ס הרי במציאות הוא חי ואינו אפילו טריפה, ולכן א"א לחייב הזורק מיתה, ולריב"ב אפשר לחייב מי שמקבלו בסכין מיתה, וגם אפשר לחייב בעל השור כופר למ"ד כופר דמי מזיק, אכן למ"ד כופר דמי ניזק הוא א"א לחייבו דודאי חל הפקעה על הדמים ע"י דין דבתר מעיקרא אזלינן וכמש"ב. והוסיף הגרב"ד דהגע עצמך דהיכא דע"י דין בתר מעיקרא אזלינא כבר נחשב כלי כשבור וכי יעלה על הדעת שכלי זה אינו כשר לנט"י? ודאי שלא, דודאי כשר הוא לנט"י דסו"ס עדיין הוא כלי ורק

דכיון דנאבד חשיבותו כבר אפשר לחייבו מדין מזיק[55], וי"ל דלענין נפשות זה לא מספיק. [ונראה פשוט דאף דמבו' בסנהדרין דף עח. דלרבנן כל היכא דאיתעבידא בי' מעשה הכאה שיש בו כדי להמית כבר נחשב כטריפה וההורגו פטור משום דהוי רק מקצת נפש, וזהו גם למ"ד בתר לבסוף אזלי'[56], מ"מ בזרק חץ, אף אם נימא כמוש"כ הקצה"ח (שצ-א) בדעת הרא"ש והנמו"י דגם בזרק חץ אמרי' בתר מעיקרא אזלי' כל זה הוא לענין דיני מזיק, די"ל דכבר ליכא חשיבות לכלי לענין הלכות מזיק, אבל ודאי לא נחשב כאתעבידא בי' מעשה. (תשע"ב ש"י)]

הא דלא אמרינן בתר מעיקרא לענין אבילות על שריפת בית אלוקינו

והוסיף עוד הגרב"ד דא' שאל לו על הא דאיתא בתענית דף כט. בענין תענית דתשעה באב, בשבעה (לחודש אב) נכנסו נכרים להיכל ואכלו וקלקלו בו שביעי שמיני ותשיעי סמוך לחשיכה הציתו בו את האור והיה דולק והולך כל היום כולו כו' והיינו דאמר רבי יוחנן אלמלי הייתי באותו הדור לא קבעתיו אלא בעשירי מפני שרובו של היכל בו נשרף ורבנן אתחלתא דפורענותא עדיפא ע"כ, וקשה דאם נימא דגם בזריקת חץ אמרינן בתר מעיקרא אזלינן א"כ נמצא דכבר ביום ט' הביהמ"ק היה כשרוף וא"כ ודאי מעיקר הדין מן הראוי לקבוע התענית ביום ט'. והשיב לו הגרב"ד דתענית דת"ב הוא ענין אבילות, וודאי אפי' למ"ד בתר מעיקרא אזלינן אם זרק א' חץ והרג אדם אין האנינות והאבילות מתחלת עד שמת ממש [וי"ל להטעים הדברים בנוסח זה, לדיני אבילות לא מספיק דאס וואס ער איז ניט קיין לעבידיגע, פאר חיובי אבילות דארף ער שטארבין, און ער איז פארט ניט געשטארבין], וכן נראה לענין נפשות דלא שייך לחייבו ע"י דין בתר מעיקרא.

וכנראה שהרמב"ן נקט דחיוב מיתה דרציחה הוא כעין חיוב מזיק, ולענין חיובים הרי כבר יש לדון אותו כטריפה, אבל ודאי לענין אבילות הרמב"ן מודה דעד שימות ממש ליכא אבילות עכ"ד. [א"ה עי' בחי' ר' ראובן כתובות סי' יז אות ב' בסוגריים, "ואפילו להמלחמות בסופ"ב דב"ק דס"ל דגם ברציחה שייך סברת בתר מעיקרא אזלינן היינו משום דס"ל דרציחה שהיא נטילת נפש הוא כמו מזיק שמפסידו ממון ומשו"ה גם בתינוק הנופל מן הגג שייך לומר דגברא קטילא הוא אבל מלאכת שבת יודה הרמב"ן דל"ש בזה בתר מעיקרא אזלינן, עכ"ל. אמנם בכתבי ברכ"ש עמ"ס שבת סי' כב מבואר באופ"א, ע"ש שהק' על מש"כ הקצה"ח (שצ-א) בביאור הנמו"י איך מותר להדליק נר בער"ש למ"ד אשו משום חציו דהוא משום דבתר מעיקרא אזלי', והעיר שם בזה"ל, צ"ע במה דיש דין דבתר מעיקרא לענין נזקין מה מהני שלא תהי' מלאכת שבת כו' ונראה דצ"ל דאזיל בשי' הרמב"ן דלאו דוקא לענין ממונא אמרי' דינא דבתר מעיקרא אזלי' אלא אפי' לענין קטלא נמי אמרי' כן דהוי כמת מכבר ע"י שסופו להשבר כשבור דמי, וה"נ לענין זה דחשוב דכבר הובער הנר קודם שבת.]

תמיהא על השטמ"ק שכתב דע"י דין בתר מעיקרא אזלי' יש לפסול גט שנזרק לדליקה

והנה באמת מצינו דבר פלא בשטמ"ק בשם מהר"י כץ שנקט דאם נימא בתר מעיקרא אזלי' ועומדת לשרוף, גט בכה"ג נפסל, וז"ל, בעי רבא דרסה על הכלי כו' הקשה ריב"ק בר מאיר ז"ל אמאי לא פשיטא ליה מהאי אמרינן בפרק הזורק לא שנו אלא שקדם גט לדליקה אבל קדמה דליקה לגט לא מאי טעמא מעיקרא

---

[55] א"ה בחו"ש מהגרב"ב (א-קפד).

[56] דלפי הרמב"ן הכי קיי"ל, וגם לרש"י ודעימיה עכ"פ רבא הסתפק בזה אף דרבנן ס"ל שם דהאחרון פטור מה"ט.

א"ה והנה לפי הרמב"ן דגם למ"ד בתר לבסוף אזלי' דייני' שיש כאן מעשה בכלי לענין זה שאין לו דמים, מובן היטב דנחשב שאיתעבידא בי' מעשה, אבל לפי רש"י דלא נחשב כנעשה בו מעשה לענין להפקיע ממנו תורת דמים צ"ב מ"ט נחשב דאתעבידא בי' מעשה, ובפשטות צריכים לחלק בין היכא דעשה מעשה הכאה בגופו וכבר מונח בו כח מיתה מצד עצמו. אמנם לפי הרמב"ן צ"ל על דרך הא' דהרי פי' דגם בזרק תינוק מראש הגג נחשב כאתעבידא בי' מעשה למ"ד בתר לבסוף אזלי', אף דהתם לא הי' הכאה בגוף האדם.

לשריפה קאזיל אלמא בתר מעיקרא אזלינן כו' עכ"ל, ומבואר דנקט דמטעם בתר מעיקרא יש לפסול גט[57], ודבר זה תמוה דלכאורה כל הדין בתר מעיקרא לא שייך אלא בדיני מזיק וכמש"ב, וצע"ג[58].

ועיין בברכ"ש (יא–ב) שהקשה דלפי הרמב"ן שלא חילק בין נפשות לנזקין א"כ בההיא דהכהו י' בנ"א בזאח"ז מ"ט פטרינן האחרון משום דבלאו איהו איתבר, דדעת רש"י לעיל דף י. והטושו"ע (תיח–ב) דכל היכא דבלאו איהו איתבר השני פטור, והארכנו בזה בסימן ו' ע"ש. [א"ה ע"ע בברכ"ש (אות ד) שנתקשה דלפי הרמב"ן מ"ט לא אמרי' בתר מעיקרא אזלי' בהכהו י' בנ"א ותי' שאין כאן מיתה ודאית וכתב הריב"ש (סי' תקז) דלא אזלי' בתר מעירא אלא כשסופו להשבר שבירה ודאית, ועי' בזה במילואים לסימן ב'.]

ז. הערת הגרב"ד על הרמב"ן מ"ט למ"ד בתר לבסוף אזלי' הזורק תינוק כו' נחשב רק מקצת נפש

ה. בא"ד ואם דעת רבינו ז"ל כפי' הזה יפה פסק דבתר בסוף אזלינן ומש"ה פטור הזורק דאפי' גרמא ליכא שהרי לא שברו ולפיכך כתב דקא אזיל מיניה מיניה" (והיינו דדייק מזה דהביא הרי"ף מימרא דרב ביבי דקאזיל מיניה מיני' דס"ל להלכה בתר תבר מנא אזלינן, וקשה על זה ממה שהביא הרי"ף מימרא דרבה, אך לפי דבריו דגם רבה ס"ל בתר תבר מנא אזלינן א"ש, ועי' בחי' הרשב"א ובהרא"ש סי' א' שהעלו דהרי"ף ס"ל בתר מעיקרא אזלינן ואפ"ה בעינן לאוקמיה למסקנא דקאזיל מיני' מיני' ע"ש).

והגרב"ד (סוף אות א) תמה טובא במש"כ דלמ"ד בתר תבר מנא אזלינא הראשון לא הוי אפי' גרמא (ער האט גאר ניט געטשעפיט די כלי) דא"כ איך כתב הרמב"ן דגם להך מ"ד נחשב כבר כגוסס בידי אדם ולרבנן א"א לחייב השני מיתה דלא נחשב כ'כל נפש', [וגם לריב"ב אי לאו דחייב לזה דקירב מיתתו לא הי' חייב] והא אם לענין ניזקין למ"ד בתר תבר מנא אזלינא בטל ונתסלק לגמרי דין מעשה של הראשון ואינה מעשה כלל, דנחשב כמו שלא נסתיימה המעשה הראשון וחסר בכל התורת 'בידים' לדידיה א"כ השני הוי רוצח גמור והראשון לא כלום עבד, ואיך מדמינן זה להכהו י' בני אדם דשם הא לכה"פ איכא מעשה בידים, ולא חסר בהתורת 'בידים' כלל, משא"כ בזרק תינוק דהראשון לא הוי אפי' גרמא בעלמא. [א"ה וגם קשה דבניזקין גופא מ"ט נחשב הכלי כאין לו דמים] עכ"ד.

ונראה דעיקר הקושי על הרמב"ן הוא מכח לשון זה "דאפי' גרמא ליכא", אבל עיקר דבריו מובנים עפ"י משנ"ת בשיטתו דס"ל דאפי' למ"ד בתר לבסוף אזלינן כבר נחשב שנעשה מעשה שבירה בהכלי ורק דהכלי לא הוי שבור, ומה"ט ס"ל להרמב"ן דכבר יש לו דין דאין לו דמים, [עי' בסימן ב' מש"כ בזה], ולכן בזרק תינוק מראש הגג ס"ל להרמב"ן דכיון שנחשב כמו שכבר איתעביד ביה מעשה הוא בכלל מה דאיתא בסנהדרין דף עח. דבגוסס בידי אדם הואיל ואיתעביד ביה מעשה הוי כעין טריפה לענין זה. וכל זה הוא בעשה מעשה בגוף התינוק וכגון שזרקו מראש הגג אבל אילו זרק חץ ודאי לא הי' חסר בדין "כל נפש" למ"ד בתר תבר מנא אזלינן, דמה שעומד למות למחר לא הוי סיבה לדונו כגוסס בידי אדם. ולכאורה אם נימא דגם בזרק חץ אמרי' בתר מעיקרא אזלינן, וכמו שנקט הקצה"ח בדעת הרא"ש והנמו"י א"כ לכאורה לפי"ד הרמב"ן הנ"ל אם א' זרק חץ ובא אחר והרגו, הראשון חייב מיתה, דהנרצח חשוב מיד כמת, והוא חידוש גדול אך לכאורה כן יוצא לפי דבריו. אלא דמ"מ צ"ב סו"ד הרמב"ן הנ"ל שכתב דהראשון לא הוי אפי' גרמא, דלמשנ"ת דנחשב כמו שנעשה בו מעשה שבירה וכבר אין לו דמים, לכאורה הוי עכ"פ גרמא, וצ"ע.

---

[57] א"ה ולכאורה מבו' מהשטמ"ק דאמרי' בתר מעיקרא אזלי' אף בזריקת חץ, וכמש"כ הקצה"ח (שצ-א) בדעת כמה ראשונים.

[58] א"ה עי' בחי' הגרש"ש סי' לא שג"כ הניח דברי השטמ"ק בצ"ע, וביאר שם דטעם דקדמה דליקה לגט לא חל הגירושין אינו משום דין דבתר מעיקרא אזלינן, אלא משום דאויר חצר קונה רק אם עומד החפץ לנוח ברשות הבעלים ומשתמר הוא, אבל בכה"ג חשוב כאינו משתמר, ואף אם דבמתנה מיבעי לי' להש"ס ב"מ באויר שאין סופו לנוח, זה רק במתנה דמהני באינו משומר משום שמשומר לדעת הנותן, אבל בכה"ג שאינו משומר לשום אדם, שעומד להשרף, לא מהני גם במתנה, ומכש"כ בגט דבעינן דוקא משתמר עכ"ד.

תמצית דברינו בביאור הנידונים של הרמב"ן

ויוצא מכל הנ"ל דהי' להרמב"ן ג' פקפוקים על מש"כ דלמ"ד בתר מעיקרא אלזי' חייב הזורק מיתה:

א. אולי כל הדין בתר מעיקרא אזלי' הוא רק ביחס להמעשה וחיובי הגברא, אבל א"א לדון שהחפץ הוא כשבור, ולכן לא חל עליו חיוב מיתה, ודחה זה מהא דלמ"ד בתר מעיקרא אזלי' צורת ההיזק הוי גופו ולא כוחו ולא נחשב כצרורות.

ב. אולי י"ל כהראב"ד דאפי' ממון א"א לחייב הזורק אלא אם נסתיים ההיזק, ודחה דא"כ לא הו"ל למיפטר השני, ואם נחלק דאף דאינו שבור לגמרי אפ"ה אין לו דמים א"כ גם למ"ד בתר לבסוף אזלי' נימא הכי.

ג. אולי יש לחלק בין נפשות לממון, [כמו דס"ל רש"י והרא"ש אליבא דאמת], ודחה חילוק זה.

ז. הערה על מה שהרמב"ן נקט דלמ"ד בתר מעיקרא אזלי' הזורק חייב מיתה ולא הי' לו דין חבישה, ואם בטריפה איכא דין חבישה

ו. והנה מבואר מדברי הרמב"ן, דלמ"ד בתר מעיקרא אזלינן חייב הזורק מיתה, ולכאורה צ"ב דאיך אפשר לומר דהזורק חייב מיתה משום דבתר מעיקרא אזלינן, הרי אפי' אם הכה בו הכאה שיש בו כדי להמית אין ממיתין אותו אלא חובשין אותו, ואם לבסוף נהרג ע"י אחר פטור, [ולענין השני נחלקו ריב"ב ורבנן], וא"כ אפי' אם נימא דבתר מעיקרא אזלי' מ"ט ליכא דין חבישה. ואמר הגרב"ד דנראה דס"ל להרמב"ן דזרק תינוק מראש הגג דומה הוא לטריפה, דהנה כבר הבאנו מהתוס' (סנהדרין דף עח.) שכתבו דטעמייהו דרבנן דפטרי הראשון בהכהו י' בנ"א הוא משום דכיון דאיכא דין חבישה א"כ אכתי נחשב שיש לו נפש ואם השני הרגו שניהם פטורים דכ"א מהם לקח רק מקצת נפש וא"א לחייבו על מקצת נפש והוי כשנים שעשאוהו[59].

והנה התוס' איירי בהכה בו הכאה שיש בו כדי להמית ולא עשאו טריפה, דבכה"ג לא רק דאין ממיתין אותו לפני שמת בפועל אלא אפי' אם בא אחר והרגו פטור. והסתפק הגרב"ד באופן דא' עשאו לחבירו טריפה ובא אחר והרגו האם הראשון חייב בכה"ג מיתה, ואת"ל דהראשון חייב מיתה האם אפשר להמיתו גם בעוד הנהרג חי.

ובענין שאלה השניה אמר הגרב"ד דבעודו חי ודאי א"א לחייבו מיתה אלא חובשין אותו, ודייק כן מסוגיא ערוכה בגיטין דף מג. שרב אדא בר אהבה נקט דשור שעשה א' טריפה חייב לשלם לו כופר מיד אפי' בעודו חי, ורבא חלק עליו דכופר הוא ואמר ר"ל כופר אין משתלם אלא לאחר מיתה ע"כ, ופירש"י דבכופר כתיב "והמית איש או אשה", ומשמע שאין משתלם אלא אם כן מת הניגח ולא אם רק נעשה טריפה[60], ולכאורה כמו שאינו חייב כופר כל זמן דלא מת הנהרג ה"ה שאין ממיתין אותו[61].

---

[59] א"ה כן נקט מו"ר בביאור דברי התוס' שם וכמסקנת הסנהדרי קטנה [והשרידי אש ח"ב פרק ד'], וכן מבואר בחו"ש הגרב"ב (ח"א עמוד קפ"ג) "והא דהראשון פטור הוא ג"כ דין ברציחה, דגבי רציחה אף אם עשה מעשה רציחה ע"י אומד למיתה בעינן שימות מחמתו, ואם לא מת מחמתו פטור", והיינו כהבנת מו"ר.

אמנם דע דהמנ"ח (לד-ה) והדב"א (ח"א סי' ה) פירשו בכוונת התוס' דהטעם דפטור ממיתה הוא משום דלא ברירא לן דהי' מת מכה הכאת הראשון דאיכא מיעוט דחי, וגלי לן קרא דלענין זה אין הולכין אחר הרוב. ואמנם כן משמע להדיא בתוס' הרא"ש שם.

[60] א"ה מפשטות הגמ' שם משמע להדיא דרק כופר אינו חייב כשעשאו טריפה ועדיין לא מת אבל מ"מ חייב ל' של עבד, אמנם עי' בזה בשו"ת אבנ"מ סי' ח.

[61] א"ה עי' בשטמ"ק ב"ק מב: שהביא מהרוקח דהמקור שאין משלמין כופר אלא אחר מיתה הוא משום דאין סוקלין השור עד שימות דכמיתת בעלים כך מיתת השור, ומי שעשה חבירו טריפה אין הורגין אותו עד שימות, וכ"כ המהר"ם שיף בכוונת רש"י בב"ק שם, וכן כ' הגרע"א בביאור הסוגיא שם.

אך אכתי יש להסתפק בספק הראשון, והיינו בבא אחר והרגו אם יש לחייב הראשון, דהנה השני ודאי אין לחייבו דקיי"ל ההורג טריפה פטור, אבל לענין הראשון יש להסתפק האם דומה להכה בו הכאה שיש בו כדי להמית דאם בא והרגו הראשון פטור או דגרוע מינה ואפשר לחייב הראשון מיתה, [א"ה לכאורה הנידון הוא משום דדעת רוב פוסקים הוא דטריפה אין לו רפואה וא"כ לא דמי להכה הכאה שיש בו כדי להמית דיש מיעוט עכ"פ שיחיה, והתוס' הרי כתבו דהא דהראשון פטור הוא דדלמא הי' חי, עי' בתוס' הרא"ש שם]. ואף דא"א להרגו מיד מקרא ד'והמית', י"ל דהך דין הוי תנאי בעלמא דבעודו חי א"א לחייבו כופר או להמית אותו, אך אם לבסוף מת, ואפי' אם הכהו אחר ומת, מחייבינן ליה מיתה לאותו שעשאו טריפה, ומסקנת הגרב"ד היה דהראשון חייב מיתה[62]. [אמנם ראיתי שהגרש"ש (ב"ק סי' לא) לא נקט כן, אלא ס"ל דהעושה חבירו טריפה ובא אחר והרגו שניהם פטורים, ועי' בדבר אברהם ח"ב סי' ה' שדן בזה] וביאר עפי"ז דברי הרמב"ן הנ"ל די"ל דלמ"ד בתר מעיקרא אזלינן הוי כטריפה ולכן אף דבא אחר וקבלו בסייף הראשון חייב.

ושמעתי מהגרי"מ דבשעה שאמר הגרב"ד השיעור בדברי הרמב"ן שאל לו הגר"מ ברנשטיין זצ"ל, דאמאי באמת ליכא דין חבישה לפי הרמב"ן, והא אף דהוי כמו שכבר נפל על הקרקע, ונפילה על הקרקע הוי הכאה שיש בו כדי להמית, אפ"ה כל עוד שיהא חי לא היינו הורגין הזורק אלא הוי חובשין אותו, ואם לבסוף נהרג ע"י אחר פטור לכו"ע, וא"כ אפי' אם נימא דבתר מעיקרא אזלי' והוי כמו שכבר נפל על הקרקע, אפ"ה כל עוד שיהא חי לא היינו הורגין הזורק אלא הוי חובשין אותו, וכיון דלבסוף נהרג ע"י אחר איך מחייבינן להזורק מיתה. והשיב הג"ר משה תשובה על אתר די"ל דאיירי באופן שהי' מת לאלתר ולא הי' חי אפי' רגע, וכגון בנזרק ממקום גבוה, ולכן אם אמרי' בתר מעיקרא אזלי' הוי כמו שמת מיד וליכא דין חבישה[63], ונהנה הגרב"ד מתשובתו.

ואמנם לכאורה אי"צ לומר שלא הי' חי לרגע דמספיק לומר דאיירי באופן שודאי הי' נעשה לטריפה, ולכן לפי מה שנקט הגרב"ד דאם עשה חבירו טריפה ובא אחר והרגו הראשון חייב, גם למ"ד בתר מעיקרא אזלינן חייב מה"ט.

ודע דנראה דאפי' למשנ"ת י"ל דכל עוד שהוא עדיין חי אין ממיתין לו, אך אין זה מכח ההלכה ד"חבישה" דפירשו התוס' (סנהדרין עח.) דמדין זה מבואר דאין ממיתין לו עד שמת, ומשום דדיינינן ליה כמו שאכתי נשאר לו מקצת נפש, אלא הוא תנאי בעלמא דאין ממיתין לו עד שימות, אולם כל היכא דלבסוף מת ואפילו ע"י הכאת אדם אחר, מחייבינן ליה לראשון דנחשב מיד שלא נשאר לו אפי' מקצת נפש. [א"ה בשיעור א' הסתפק מו"ר דאולי אפשר להמית אותו לאלתר דאולי כל הדין חובשין הוא רק באופן דאינו ודאי שימות אבל במקום שודאי ימות אין חובשין אותו, ואם אכלו ארי, י"ל דאי"צ שיסתיים המיתה בפועל עכ"ד. ולכאורה קשה

---

[62] א"ה בנידון זה יש אריכות בהאחרונים ודנו מכח סוגיא דגיטין שם, עי' במנ"ח שם, אולם ביד רמ"ה סנהדרין דף עח: והריב"ש סי' רנ"א ושל"ח שנקטו בפשטות דהראשון חייב מיתה בכה"ג, וכמסקנת הגרב"ד. ולעומת זאת בהלכות קטנות ח"ב מבואר להדיא דגם בעודו חי אפשר לחייבו, ע"ש שהסתפק במי שמאבד עצמו לדעת ועשה עצמו טריפה אם ב"ד אפשר להרגו. ואכן ראיתי בכלי חמדה פ' נח סי' ג' שלא הביא דברי ההלכות קטנות אלא דייק מעצמו מהר"מ דאפשר לחייבו אפי' בעודו חיים, דכתב הר"מ דהמאבד עצמו מדעת חייב מיתה בידי שמים ולא בידי אדם, וצ"ב דמאי קמ"ל דאינו חייב מיתה בידי אדם והא הוא מת, וגם איך שייך חיוב מיתה בידי שמים, ובע"כ דאיירי בעשה עצמו טריפה, ע"ש, וכבר דייק הגאון מקוטנא בישועת ישראל סי' לג מדברי המרדכי פ' זה ברור שכתב דטריפה יכול להעיד על הרוצח דבע"כ אפשר לחייבו מיתה בעודו חיים. ולעומת זאת יש שיטות הסוברים דאם בא אחר והרגו א"א לחייבו הראשון מיתה, וכן יוצא בפשטות ממסקנת הרשב"א בב"ק דף כז. ע"ש. ועי' מש"כ בזה בפרי חיים עמ"ס סנהדרין שם.

[63] א"ה אפילו לדעת הסוברים דהעושה חבירו טריפה ובא אחר והרגו שניהם פטורים, י"ל דהכא אפשר לחייבו, די"ל דרק בטריפה דעדיין יש לו איזה חיות לכן לא נחשב 'כל הנפש', אכן הכא דלא הי' חי אפי' לרגע א"כ אם נימא בתר מעיקרא אזלי' הוי כמת ממש לענין חיוב נפשות. אמנם לפי דברי הגרש"ש שם נראה דבאמת א"א לחייבו, אלא שהגרש"ש כתב כן ליישב דעת החולקים על הרמב"ן, ויתכן דלפי הרמב"ן זה אינו, עי' במילואים שהבאנו דבריו.

על זה מסוגיא דגיטין הנ"ל בעשאו לטריפה דאין כופר משתלם עד אחר מיתה, אלא דלפי השיטות דמשכח"ל לטריפה רפואה לא קשה, אך לכאורה זה צריך להיות תלוי באיזה סוג טריפה הוא, וצ"ע.]

ודע עוד דס"ל לרמב"ן דכל זה דאיכא למידן בו משום בתר מעיקרא הוא רק בזרקו מראש הגג דכבר מונח בו כח המיתה, אכן בהכה בו הכאה שיש בו כדי להמית דצריך החולי להתפתח לא אפשר לדון בו מצד בתר מעיקרא אזלי', אלא דאם מת מאליו חייב והוי כעין הא דאיתא לקמן דף לד. בנגחו ואח"כ כחש דחייב משום דא"ל קרנא דתורך קבירא ביה. (א"ה וכ"כ בחי' ר' שמואל סי' יז[64] בדעת הרמב"ן, אך העיר דבירושלמי מבואר דבהכהו י' בנ"א נחשב כגברא קטילא אלא דאפ"ה ליכא חיוב מיתה דלא כרמב"ן.)

מילואים

בחילוק בין מיתה לניזקין לדין בתר מעיקרא

בפנים הבאנו מה שנקט הרמב"ן דאין לחלק בין מיתה לניזקין לענין בתר מעיקרא, והגרב"ד אמר לפרש בדעת רש"י והרא"ש דשפיר חולקים הם, וכעי"ז ממש ראיתי בחי' ר' שמואל סי' יז אות ד' ע"ש שהוכיח מהירושלמי שלא כדברי הרמב"ן מהא דאיתא בירושלמי פ"ד ה"ו, הכהו הראשון הכיית מיתה ובא השני ובילבלו, [והיינו שקירב מיתתו], אין תימר יש נזקים בכולו [פי', דבשור שהרג אדם יש תשלומי ניזקין] הראשון נותן נזקו והשני נותן כופרו, אין תימר אין נזקין בכולו הראשון פטור והשני נותן כופרו, [כן היא גירסת מהר"א פולדא, ומוקי לה כמ"ד כופר דמי מזיק, דאי כמ"ד דמי ניזק כיון דמשלם דמים מיפטר מכופר, ודלא כהגירסא שלפנינו שם, וע"ע שם במפרשים שפירשו דהירושלמי אזיל אליבא דריב"ב דס"ל בקירב את מיתתו דחייב], ומבואר מהירושלמי דאע"ג דלענין חיוב כופר דיינינן שהשני עשה את המיתה ולהכי השני הוא שחייב בכופרו, מ"מ לענין נזקין אם יש דין ניזקין בהריגה חשיב שהראשון הוא ההורג. והביאור בזה צ"ל דהוא משום דלענין ניזקין כל שכבר עשה את מעשה ההכאה בדבר הניזק חשיב הכלי כמנא תבירא ומתחייב ע"ז בתשלומי ניזקין, משא"כ לענין רציחה כל עוד שהוא חי אינו נדון כגברא קטילא.

ועי' בחי' הגרש"ש (סי' לא) שביאר החילוק בין מיתה לניזקין באופ"א, ומאחר שמו"ר רמז לדבריו במש"כ בענין טריפה, אעתיק דבריו במילואם וז"ל, ולע"ד במה דאמרינן דמה שסופו להשבר חשוב כשבור כבר אין הכוונה שכבר נשבר לגמרי, דזה רחוק מן הדעת לאמר דמה שסופו להשבר אחר שעה כבר נשבר בשעה מוקדמת, אלא דחשוב כמו שניטל מעכשיו חיותו מזמן שלאחר שעה, היינו דאין בזה חיות רק זמן זה עד שעת שבירה. ועיקר החידוש בכלל זה דבתר מעיקרא שלא נחשוב השבירה שלאח"כ כענין מחודש אלא כבר הי', אבל אי אפשר לאמר שחשבינן דגם זמן השבירה הי' מעיקרא, ולפ"ז באדם שנזרק מן הגג אף שכבר ניטל חיותו משעת הזריקה אבל עדיין יש בו חיות עד שעת המיתה, רק שמעכשיו ניטל חיותו משעת מיתתו ומשו"ה הראשון פטור לכו"ע דבעינן שיכה כל נפש שלא ישאר ממעשי' באדם הנהרג שום חיות,

---

[64] וז"ל, והנה מדברי הרמב"ן מתבאר דאימת חשבינן ליה כגברא קטילא, דוקא בההיא דזורק תינוק שכבר נתן את הכח שמחמתו יחבט בקרקע וימות, משא"כ בהכהו הכאה שיש בה כדי להמית אכתי לא חשיב כגברא קטילא אף אם בתר מעיקרא אזלינן, דאל"כ יקשה בהא דפליגי ריב"ב ורבנן בהכוהו עשרה בנ"א בזה אחר זה כו' והביאור בזה נראה דדוקא בזורק שכח זה שנתן בו יהרגנו מיד כשיחבט בקרקע חשיב כבר מהשתא גברא קטילא, משא"כ בהכהו הכאה שיש בה כדי להמית הרי המיתה שלבסוף היא ע"י התפתחות שבאה אח"כ מכח המכה, וכעין הא דאמרינן דקרנא דתורא קבירא ביה, ונהי דחשיבא רציחה בידים, אבל לא שייך לומר בזה דניזיל בתר מעיקרא להחשיבו כבר מעכשיו לגברא קטילא, עכ"ל.

וע"ש שכתב להוכיח שלא כהרמב"ן מירושלמי פ"ד ה"ו דמבואר שם דבהכהו הכאה שיש בה כדי להמית חשיב כגברא קטילא לכו"ע, ואי"צ בזה להא דבתר מעיקרא אזלינן. אלא דאפ"ה אין לחייבו מיתה דלא מהני דין בתר מעיקרא לענין זה, והעלה הגרש"ר דהיכא דכבר נעשה בכלי מעשה שבירה לכו"ע הוי מנא תבירא, ואי"ז תלוי באיבעיא אם בתר מעיקרא אזלינן.

וגם בעושהו טריפה ג"כ פטור לכו"ע אף דהשני ג"כ פטור, והמקבלו בסייף תלוי בפלוגתא דר"י ורבנן דלר"י ב"ב חייב משום שקירב את מיתתו היינו אף דחשבינן כאילו כבר ניטל חיותו מזמן המיתה אבל עדיין יש בו חיות משעת זריקה עד שעת נפילתו לארץ וגמר מיתתו והוא קירב מיתתו, ול"ד לטריפה דבשעה שחי ג"כ אינו חי כדרך כל אדם דאינו שלם באבריו ולרבנן מדמינן לטריפה, ולפ"ז לא דמי אדם לכלי בענין זה דבכלי כיון דחשוב כשבור ואין בו שלימות רק לזמן כל דהוא עד נפילתו לארץ ובזמן זה אינו שוה דמים כלל, וכן בזרק תינוק מראש הגג ובא שור וקבלו בקרני' דלמאן דסובר כופר דמי ניזק פטור דאינו שוה זמן חיות זה דמים, אבל למ"ד דמי מזיק חייב כופר גם על חיות זמן זה, דבע"כ אזיל הש"ס בזה כר"י דחייב השור מיתה משום שקירב את מיתתו משו"ה חייב גם כופר, אבל אם נאמר בתר תבר מנא לא שייך למיפטר משום דאינו שוה דמים כיון דהשבירה שלאח"כ היא מחודשת שעדיין לא הי' זה בכלי, נמצא מה דאין נותנים דמים הוא רק מפני פחד העתידות וכל שהעדר שיווי הדמים אינו אלא מפני פחד העתידות לא ינוכה זה מן המזיק עכשיו, עכ"ל.

סימן ד'

בדין בתר מעיקרא אזלינן באש, ובזרק כלי לתוך האש[65]

א. למ"ד דגם בזרק חץ אמרינן בתר מעיקרא אזלינן אם אמרינן הכי גם באש

ב. נידון אם למ"ד אשו משום ממונו אמרי' בתר מעיקרא אזלי'

ג. דברי הגרי"ז דיתכן דגם למ"ד אמ"ח לא אמרינן בתר מעיקרא אזלינן, ותלוי בגדר דין דאמ"ח

ד. בדין זרק כלי לתוך האש לשיטת התוס'

ה. יתכן לחלק בין הדין בתר מעיקרא דבעי' לסלק פטור דצרורות לדין ב"מ לדונו ככלי שבור

א. למ"ד דגם בזרק חץ אמרינן בתר מעיקרא אזלינן אם אמרינן הכי גם באש

דף יז: גמ' בעי רבא דרסה על כלי ולא שברתו ונתגלגל למקום אחר ונשבר מהו בתר מעיקרא אזלינא וגופיה הוא או"ד בתר תבר מנא אזלינא וצרורות נינהו, ע"כ. וכתבו התוס' (בד"ה זרק כלי) וז"ל, נראה דאם זרק אבן או חץ על הכלי ובא אחר וקדם ושברו דפשיטא דחייב ולא שייך כאן מנא תבירא תבר דאי אזלינן נמי הכא בתר מעיקרא לא משכחת בצרורות ח"נ וסברא פשוטה היא לחלק בין זורק אבן לזורק כלי עצמו עכ"ל, והיינו דכל ספק הגמ' לומר דאזלינן בתר מעיקרא הוא רק באופן שכבר מונח מעשה שבירה בהכלי, דבכה"ג יתכן לדון הכלי לגבי הלכות מזיק ככלי שבור. ובאופן דבא אחר ושברו לשיטת רש"י ודעימיה הראשון חייב כיון דעשה כל המעשה היזק בכלי, והשני פטור דמנא תבירא תבר.

ויש לדון אם גם במדליק אש אמרינן בתר מעיקרא אזלי', ונחשב כמו שהחפץ הוא כבר נשרף אפילו לפני שהגיע האש להחפץ, והנה לדעת התוס' דס"ל דגם בזרק חץ לא אמרינן בתר מעיקרא אזלי' א"כ ודאי לא אמרי' בכה"ג בתר מעיקרא אזלינן, דאש לא עדיף מחץ ממש, אכן יש חולקים על התוס', דעיין בקצה"ח (שצ–א) שהעלה דהרא"ש והנמו"י חולקים על התוס' וס"ל דגם בזרק חץ אמרי' בתר מעיקרא אזלינן, ולפי דבריהם יל"ע מהו הדין באש, האם אמרינן גבה הדין דבתר מעיקרא אזלי'. ועי' בקצה"ח שם שנקט דדבר זה תלוי אם אשו משום חציו או אשו משום ממונו, דאם אמ"ח א"כ כמו דבזרק חץ ממש אמרינן בתר מעיקרא כמו"כ אמרינן הכי באש, אכן למ"ד אשו משום ממונו לא שייך לומר בתר מעיקרא אזלינן, ואמנם לפי ביאור הקצה"ח בדברי הטושו"ע בסי' תי"ח סעי' י' בסוגיא דמרבה בחבילה (דף י.) הכי מוכח, דכתבו "עשה אחד האש, ובא אחר והוסיף, אם יש במה שעשה הראשון כדי שתגיע למקום שהלכה, הראשון חייב", וצ"ב מאיזה טעם נפטר השני לגמרי מאחר שגם הוא עשה אש, ומשמעות הדברים הוא דאיירי אפי' באופן שהאש שהדליק השני הי' ביכולתו להגיע למקום שהלכה אפ"ה פטור, וכתב הקצה"ח דבע"כ ה"ט משום דס"ל דאפי' בזרק חץ אמרי' בתר מעיקרא אזלינן, ובאש שחייב משום חציו אמרי' ג"כ בתר מעיקרא אזלינן, ועי' בסימן ו' שהארכנו בדברי הקצה"ח בזה.

ב. נידון אם למ"ד אשו משום ממונו אמרי' בתר מעיקרא אזלי'

וע"ש בדברי הקצה"ח דמבואר מדבריו להדיא דכל זה הוא למ"ד אשו משום חציו אבל למ"ד אשו משום ממונו לא אמרינן בתר מעיקרא אזלינן, והג"ר משה מרדכי זצ"ל (לבוש מרדכי ב"ק סי' יח) תמה עליו במה שחילק בין דין אשו משום חציו לדין אשו משום ממונו, דלדין בתר מעיקרא אזלינן לא בעינן מעשה חיוב,

---

65 שיעור כללי תשנ"ח ועוד מחזורים.

ולמ"ד דגם בזרק חץ אמרי' בתר מעיקרא אזלינן גדר הדבר הוא דכלי העומד לישבר הוי כמו שהוא כבר שבור, וא"כ גם למ"ד אמ"מ נימא דסו"ס הכלי עומד לישבר והוי כמו שהוא שבור כבר, והניח דברי הקצה"ח בצ"ע, ועי"ע באבהע"ז ובאמר"מ שג"כ נתקשו טובא בדברי הקצה"ח הנ"ל[66].

ועיין בברכ"ש (יא–ד) שכתב דדברי הקצה"ח הם פשוטים מאד, דודאי הא דאמרי' בזרק חץ בתר מעיקרא אזלי' היינו רק משום שעשה כבר מעשה היזק, אכן היכא דשור רודף אחר כלי, אף דהכלי ודאי עומד לישבר מ"מ כל עוד דליכא מעשה שבירה א"א לדון הכלי כמו שהוא שבור, ולמ"ד אשו משום ממונו הוי כמו ששורו רודף אחר הכלי דעדיין ליכא מעשה שבירה. ואף דלא בעי' מעשה ע"י אדם דאפי' מעשה שנעשה מאליו ג"כ מספיק שנימא בתר מעיקרא אזלינן להנך שיטות וכמש"כ השלט"ג (דף ז: מדפי הרי"ף) להדיא דגם בנפל כלי מראש הגג אמרי' בתר מעיקרא אזלי', שאני אש דבעינן רוח לגרור האש לכן למ"ד אשו משום ממונו עדיין אין עליו שום תורת מעשה מזיק אלא הוא כמו בהמה שרודף אחר הכלי דאף דעומד לשברו מ"מ ודאי לא אמרי' ביה בתר מעיקרא אזלי', הכא נמי דייני' לי' כרוח שרודף אחר הכלי, אבל אי אמ"ח הוי חץ ממש וכבר נעשה כאן מעשה מזיק[67].

ג. דברי הגרי"ז דיתכן דגם למ"ד אמ"ח לא אמרינן בתר מעיקרא אזלינן, ותלוי בגדר דין דאמ"ח

ודע דלענין מש"כ הקצה"ח בפשיטות דלמ"ד אמ"ח ודאי אמרינן בתר מעיקרא אזלי' כמו בזרק חץ, שמעתי מהגרי"מ שהגרב"ד אמר מהגרי"ז דיש לפקפק על זה די"ל דדבר זה תלוי בספיקת הגר"ח (פי"א משכנים ובברכ"ש בכ"מ (עי' בכתבי ברכ"ש עמ"ס שבת סי' כא וכב) בגדר הדין תורה דאשו משום חציו, דהנה לולי קרא דחייב על אש לא הוי מחייבינן ליה משום חציו, דלא הוי דיינינן להו כחץ, ויל"ע בגדר גילוי הקרא דחייב על מזיק דאש, האם הוי גילוי מילתא בעלמא דאף דמסברא לא הוי ידעי' דאש הוי כחץ, גלי לן קרא דאש נידון כחץ ממש ("עס איז א פשוט'ע חץ", דגילתה לן התורה "דהרוח שטעלט'זיך צו") דמה דהולך ע"י כח אחר הוי כחו ממש וממילא הוא בכלל הפרשה דמכה בהמה ישלמנה או"ד לעולם לא הוי חץ ממש אלא דהוא חיוב התורה בדין אדם המזיק, דהתורה חייבו באש כאילו היה זורק חץ, דהתורה הטיל עליו חיוב על מעשה הראשונה של ההדלקה כאילו זרק חץ[68].

---

[66] וז"ל הלבושי מרדכי, והם תמוהים מאד מש"כ לחלק בין אמ"ח למ"ד אמ"מ דהרי הא דאמרינן דאם זרק כלי מראש הגג ובא אחר ושברו במקל דפטור השני אין הטעם משום דהראשון מחויב אם אזלינן בתר מעיקרא שהרי אף בזרק בעל הכלי בעצמו דאין עליו חיובים ג"כ אמרינן דפטור אם אזלינן בתר מעיקרא כו' ובודאי דאף אם זרק חש"ו ג"כ יהי' פטור המשבר אף דהחש"ו הם לאו בני חיובא, דהפירוש הוא בדברי הגמ' אם אזלינן בתר מעיקרא א"כ יהי' הפירוש דמה שעשה שיאבד הכלי הוי כאבוד, נמצא דהאחר שבא ושבר במקל שבר מנא תבירא, א"כ מה לי אם עשה את הכלי למנא תבירא בר חיוב או בר פטור, עכ"פ הוא בא ושבר מנא תבירא, רק מאן דס"ל דבתר תבר מנא אזלינן סובר דמה שעומד הכלי להשבר לא נקרא עדיין מנא תבירא, אבל אם נסבור בתר מעיקרא אזלי' היינו דכיון שעומד הכלי להשבר כשבור הוא מאי נפ"מ לגבי השני אם הראשון מחויב או פטור עכ"פ הוא שבר מנא תבירא, ה"נ גבי אש מאי נפ"מ בין אם נסבור אמ"ח או משום ממונו כו' סוף דבר דברי הקצה"ח שגבו ממני, עכ"ל.

[67] א"ה בחו"ש מהגרב"ב (א,קפז) כתוב "ואשו משום ממונו אין חשוב מעשה, והוי רק רודף אחר הכלי. ולפי"ז בנפל כלי מראש הגג בלא מעשה זריקה ע"י אדם, אין בי' דין דבתר מעיקרא, דכיון דבלא מעשה נעשה ואין בי' כלל הדין דבתר מעיקרא לחשבו כבר כשבור, ובשל"ג נסתפק בזה". וגם ממו"ר שמעתי שהשלט"ג דן בזה ולא מצאתי כעת.

[68] א"ה ז"ל האבן האזל (פי"ד מנזק"מ ה"י בד"ה ובזה), דיסוד החיוב הוא ממונו ורק דהתורה חייבתו כאילו הזיקה בחציו, עכ"ל. וכעי"ז כתב באבי עזרי (פי"ד מנזק"מ הט"ו) "אי"ז חציו ממש אלא שע"י פשיעתו בההיזק חייבתו התורה כאילו הוא חציו", וע"ש באבהא"ז שדקדק כן מדברי הר"מ שם וז"ל, אש שעברה והזיקה את האדם וחבלה בו הרי המבעיר חייב בנזקיו ובשבתו כו' כאילו הזיקו בידו שאע"פ שאשו ממונו הוא, הרי הוא כמו שהזיקה בחציו כו' עכ"ל, הרי להדיא דעיקר הדין הוא ממונו, ומשו"ה הוקשה לי' דאמאי חייב עלה בד' דברים, ועל זה כתב דאע"פ שהוא ממונו אמנם חייבו הכתוב כאילו הזיקו בידו.

והסביר הגר"ח דאם נימא דהוי חץ פשוט א"כ נחשב כל רגע ורגע כמו שהוא עושה וחוזר ועושה דכחו כגופו דמי והוי כחץ ממש, אכן אם נימא דהוי חיוב התורה א"כ ודאי גדר הדין הוא דהתורה חייבו על מעשה ההדלקה כאילו זרק חץ, אבל כיון דלאו חץ ממש הוא א"כ לא נתחדש חיוב כל רגע אלא דחיובו הוא בעבור מעשה הראשונה. ומדברי הגר"ח שם יוצא דהוא מח' הראשונים, דדעת הר"מ הוא דהוי חץ ממש ולכן הרוצח ע"י אש חייב מיתה, דכיון דגלתה לן קרא דהוי חץ ממש אמרינן כן גם לענין נפשות, "היינו משום דבאמת הדבר כן דאשו הויא חציו ממש והולכת מכחו, ועל כן שפיר חייב גם בנפשות כיון דהויא כחו ממש, והא דאצטריך למילפה מקרא, הוא משום דכח אחר מעורב בה, והוי אמרינן דפטור, ובזה הוא דגלי לן קרא דגם היכא דכח אחר מעורב בו ג"כ חייב והוי ליה כחו ממש, וזהו הגזירת הכתוב דאשו משום חציו", וכ"כ לפרש בדעת התוס' בסנהדרין דף עז. שכתבו דלשחיטה ג"כ כשרה בדין כחו כגופו דנחש ככח גברא, ע"ש. ולפי דבריו צ"ל דלדעת חי' הר"ן בסנהדרין דף עז. שחולק על הר"מ וס"ל דאינו חייב מיתה ברציחה ע"י דין אמ"ח, צ"ל דהוי רק דין של חץ (".. וואס די תורה מאכט פאר א חץ"), דהתורה הטילה עליו חיובים כאילו עשה מעשה, ולא מצינו חידוש זה אלא לענין ניזקין ולא לענין נפשות.

[ואמנם יש להעיר על דברי הגר"ח דלפי מש"כ הגר"א (תיח–לג) בדעת הר"מ דלפי האמת אף דקיי"ל אמ"ח אפ"ה שייך בו פטור טמון באש, מוכרחים לומר דלא הוי חץ ממש אלא הוא חיוב של חץ ואכמ"ל[69].]

ומעתה אמר הגרי"ז די"ל דלפי הראשונים שסוברים דאינו חץ ממש אלא שיש לו דין חץ י"ל דלא שייך בזה דין בתר מעיקרא אזלינן, דדין בתר מעיקרא לא שייך אלא בעשיית מעשה והרי אין כאן מעשה אלא חיוב התורה שהטילה עליו כאילו עשה מעשה[70]. [ואינו ידוע לי לענין מה אמר הגרי"ז סברא הנ"ל ומסתברא שאמר כן בכדי ליישב קושית הקצה"ח שם, ע"ש.]

ויוצא מדברינו ג' שיטות בדין בתר מעיקרא באש למ"ד בתר מעיקרא בזריקת חץ, **א.** לדעת הקצה"ח תלוי אם אמ"ח או אמ"מ, **ב.** לדעת כמה אחרונים אפי' למ"ד אמ"מ אמרינן בתר מעיקרא אזלי', **ג.** הגרי"ז ר"ל דגם למ"ד אמ"ח יתכן דלא אמרי' בתר מעיקרא אזלינן.

והנה לפו"ר נראה מדברי הנמו"י (דף י. מדפי הרי"ף) דגם באש שייך דין דבתר מעיקרא אזלינן וכמש"כ הקצה"ח בדבריו. ולכאורה בכדי ליישב דברי הגרי"ז צ"ל בדברי הנמו"י דאין כוונתו לדין בתר מעיקרא דסוגיין, דמחמתו אפשר לדון הכלי ככלי שבור, אלא כמש"כ האחיעזר בביאור דבריו, דאיכא שני גדרים בדין בתר מעיקרא אזלינן, א'– דין בתר מעיקרא אזלי' כלפי הכלי, דאפשר כבר לדון הכלי ככלי שבור, ב'– לגבי הגברא דהיינו לגבי המעשה היזק, שנחשב שכבר נעשה המעשה היזק, ויש לדון כן אפי' אם נימא דכלפי הכלי לא דייני' אותו ככלי שבור, וא"כ לא קשה על הגרי"ז מידי, דכוונת הגרי"ז הוא דבאש א"א לדון הכלי ככלי שבור כיון דלא הוי כחץ ממש אלא דנתחדש דין בחיוב אדם המזיק דחייב כמו אילו הי' זרק חץ, אך לעולם כלפי חיוב אש יש לדון דכבר נעשה מעשה מזיק[71].

---

69 א"ה עי' באבי עזרי (פי"ד מנזק"מ הט"ו) שעמד על זה. עוד העיר שם ממה דס"ל להר"מ דהיכא דהדליק בתוך של חבירו דליכא עיקר הפטור טמון דמ"מ פטור על דברים שאין דרכם להניחם שם, אך אדם המזיק בגופו או בחציו ממש אינו כן, וע"כ שאי"ז חציו ממש אלא מכח פשיעתו מחייבינן לי' כאילו הזיקו בחציו עכ"ד, ועי' בפרי חיים ע"פ כיצד הרגל בסוגיא דאשו משום חציו.

70 בשנת תשמ"ו סיים מו"ר דהוא חידוש גדול לומר כן, דגם למ"ד אמ"ח ליכא דין בתר מעיקרא עכ"ד. ואולי ר"ל דאפי' אם הוי דין חץ מ"מ כיון דהתורה דנה כחץ, ובחץ אמרינן בתר מעיקרא, א"כ גם לענין חיוב זה הול"ל בתר מעיקרא.

71 א"ה לכאורה דבר זה תלוי בגדר דין השני דבתר מעיקרא, דהנה מבואר בנחל"ד ואחיעזר דגם הך דין תלוי בפלוגתא אם אמרי' בתר מעיקרא אזלי' אם לא, דרק למ"ד בתר מעיקרא אזלי' והיכא דנעשה מעשה בכלי אמרי' דהוי ככלי שבור, לדידיה י"ל דהיכא דלא עשה מעשה בכלי, עכ"פ כלפי המעשה עצמו אמרינן בתר מעיקרא. ואם נימא כן א"כ לכאורה ליכא לחלק הכי, וכנראה דכוונת מו"ר הי' לפי מה שהוא צדד לומר בכוונת

אולם אי"צ לזה דהגרב"ד נקט דבדברי הנמו"י מוכרחים לומר דלמ"ד אשו משום חציו, אש הוי חץ ממש ולכן אם בחץ אמרי' בתר מעיקרא אזלי' גם באש אמרי' כן, וההכרח לפרש כן הוא דהנמו"י נקט דגם לגבי חיוב מבעיר בשבת שייך דין דבתר מעיקרא, ואילו נימא דלא הוי חץ ממש אלא חיוב התורה בדין אדם המזיק א"כ כל זה שייך לגבי דיני ניזקין ולא לגבי שבת[72].

ד. בדין זרק כלי לתוך האש לשיטת התוס'

והנה עד כאן הסתפקנו בחיוב אש אליבא דהראשונים דס"ל דגם בזרק חץ אמרי' בתר מעיקרא אזלינן. ולדעת התוס' דלא אמרי' בתר מעיקרא אזלינן אלא בעשה מעשה בכלי עצמו יל"ע באופן שזרק כלי לתוך האש דחייב בכה"ג משום מזיק דאש, דגם המקרב דבר אצל אש חייב, האם בכה"ג אמרי' בתר מעיקרא אזלי' משום שי"ל שכבר עשה מעשה בכלי. והגרב"ד אמר בשם הגר"ח דבכה"ג לא נחשב שעשה מעשה בכלי, דרק בזרק כלי מראש הגג דכבר נכלל בכלי הכח שעתיד לשברו בכה"ג יש לדון כבר דהוי ככלי שבור, אכן בזרק לתוך האש דההיזק נעשה ע"י האש א"כ כל זמן שלא הגיע להאש א"א לדון כמו שעשה כבר המעשה היזק בהכלי עצמו, וליכא נפ"מ בזה בין מקרב דבר אצל האש למקרב האש אצל הדבר.

וכמדומה לי שהגר"ח אמר יסוד הנ"ל בכדי ליישב מה שיש להעיר בהא דנחלקו לקמן (דף נג.) **רבי נתן ורבנן בשור שדחף את חבירו לבור, דרבנן סברי בעל השור חייב בעל הבור פטור, ור"נ סבר דשותפים הם בהזיקו, ולכאורה צ"ב דמ"ט לא מחייבינן ליה לבעל השור משום דבתר מעיקרא אזלי', דמיד שדחף השור השני להבור הוי כמו שהשור השני הוזק כבר ואפי' לפני שנפל להבור. ואף שרש"י הזכיר סברא זו דבתר מעיקרא בשיטת רבנן, היינו רק כדי לפרש לן מ"ט נחשב הוא עיקר המזיק, דאל"כ האיך הוכיחו בגמ' שם דרבנן פליגי על הדין דכי ליכא לאשתלומי מהאי משתלם מהאי והא אי טעמא דבעל הבור פטור הוא משום דבתר מעיקרא אזלינן, אפי' אם רבנן הוי ס"ל הדין דכי ליכא כו', אפ"ה הי' בעל הבור פטור כיון דאינו מזיק כלל, וצ"ב מ"ט באמת לא אמרינן בתר מעיקרא אזלינן ונימא דמיד שדחפו הוי כמו שהוזק השור כבר וא"כ א"א לחייב בעל הבור כלל דכבר הוזק לפני שנפל לתוך הבור.**

ותירץ הגר"ח (מובא בברכ"ש ג-א) **דאף אם היזק הבור הוא משום החבטה היינו משום שנפל וירד לתוך הבור, וכל זה הוא כשהגיע לחלל הבור דאז נתחדש המעשה היזק, אבל לפני כן הוי ממש כמקרב הדבר אצל האש דלא אמרינן גבה בתר מעיקרא אזלינן וכמש"ב. ואין להקשות דעכ"פ כשהגיע לאויר וחלל הבור כבר אפשר לחייבו משום בתר מעיקרא אזלינן, דזה לק"מ דההיא שעתא אפשר לחייב בעל הבור ג"כ משום דין בתר מעיקרא, דהנה גדר חיוב התורה דתקלה דבור דתחילת עשייתו לנזק הוא דדיינינן כאילו הבור עצמו עשה הדחיפה, וא"כ גם כלפי חיובא דבור י"ל בתר מעיקרא אזלינן**[73].

אולם יש לי מקום עיון על דברי הגר"ח דאם נימא דשור שדחף חבירו לבור הוי כמקרב הדבר אצל האש, א"כ שור שדחף חבירו לבור הוי כצרורות, ובגמ' מבואר דדיינינן ליה כגופו ולא כצרורות, ואמנם עיין

הנמו"י דהך דין דבתר מעיקרא אינו תלוי כלל בפלוגתא אם בתר מעיקרא אזלי' או לא, דאל"כ וכי למ"ד בתר בסוף אזלי' אסור להדליק נירות ע"ש, וגם וכי לדידי' בזריקת חץ איכא פטור אונס ראה בסימן ה' מש"כ בזה.

[72] א"ה בברכ"ש סי' יז אות ד' כתב רק דאפשר לפרש בדברי הנמו"י דהוי חץ ממש, אך לא כתב דמוכרח לפרש כן. אך באות א' כתב שם לפרש הטעם דהנמו"י לא ניח"ל לומר דלא מהני אמ"ח לחייבו במלאכת שבת עפי"ד הגר"ח הנ"ל דהוי חץ ממש ואפי' לענין חיוב מיתה אמרי' דין אשו משום חציו ע"ש.

[73] ז"ל הברכ"ש (ג-א) ומפרש הפנ"י דביאור דברי רש"י הוא לא דהוי כמו דינא דבתר מעיקרא בזרק כלי מראש הגג משום דמנא תבירא תבר, דודאי ל"ש הכא דין זה כמו שאמר מו"ר דכיון דהשור לא עשה רק קירוב לבור ונמצא דהוא מזיק עם הבור ואין במעשה השור מצד עצמו שבירה, אלא דכונת רש"י הוא דהוי סברא בענין שותפות, דהוא עיקר המזיק דהוא זרקן, עכ"ל.

בנחל"ד בדף יז: שהקשה כן על מ"ד בתר בסוף אזלינן אמאי לא הוי צרורות בכה"ג, ולמשנ"ת גם למ"ד בתר מעיקרא אזלינן קשה דליהוי כצרורות[74].

ה. יתכן לחלק בין הדין בתר מעיקרא דבעי' לסלק פטור דצרורות לדין ב"מ לדונו ככלי שבור

ואולי יש לחלק בין הדין בתר מעיקרא אזלינן דבעינן בכדי שיהא נידון כהיזק גופו ולא ככחו, לדין בתר מעיקרא אזלנין דבעי' בכדי לדון שהחפץ הוא כבר נשבר ומחמת זה פטרינן השני, דכלפי הדין צרורות שפיר נידון כגוף שור, אך מ"מ עדיין לא נחשב הכלי ככלי שבור.

וכבר כתב הגרא"ז (פ"ב מנזק"מ הי"ד אות ה) עיקר החילוק, דיתכן שיהא דין בתר מעיקרא דמהני רק לענין שנדון כגופו ולא ככוחו לגבי צרורות אך מ"מ אם בא אחר ושברו חייב דא"א לדונו ככלי שבור, והוא באופן דאפשר להצילו, דהיכא דלבסוף נשבר מכח מעשה הא' שפיר נחשב כהיזק גופו, אבל אם בא ושברו אחר הראשון פטור והשני חייב ע"ש, הרי שאפשר לחלק שני הדברים, שלא יהא נחשב הכלי כשבור ואעפ"כ הוי כהיזק גופו ולא כחו[75].

ואמנם גם בענין עצם דברי הגר"ח במקרב דבר אצל האש ילה"ק כעין קושיא הנ"ל, דאטו שור שזרק כלי לתוך האש אינו חייב אלא חצי נזק משום צרורות, כיון דהוי רק מקרב הדבר אצל האש, וצ"ע. [א"ה איני ברור אם כוונת מו"ר היה דלפי מש"כ לחלק בין שני הדינים א"ש, דגם שם י"ל דאף דעדיין לא הוי ככלי שבור אפ"ה לא הוי צרורות, או דנקט מו"ר דבמקרב הדבר אצל האש ודאי אין לחלק בהכי.]

---

[74] וז"ל, וקשה לי דהא לקמן בפרק הפרה (נג:) אמר רבא שור ואדם שדחפו לבור כו' לענין כופר ושלשים של עבד שור חייב וכו', והא התם דהשור דחפו לבור ומת בתוך הבור הוי דומיא דנתגלגל למקום אחר ונשבר, וא"כ אי נימא דבתר בסוף אזלינן הוי צרורות, ובצרורות הא קיי"ל דלא משלם כופר כדאמרינן להדיא בפרק שור שנגח ד' וה' (מד:) ואכתי צרורות נינהו, ופירש"י ואין כופר כתוב אלא בנגיחה דהוי גופו ממש עכ"ל, וא"כ מדפשיטא ליה לרבא התם דמשלם כופר ש"מ דס"ל דבתר מעיקרא אזלינן, והכא בסוגיין מסקינן דלרבא קמיבעי ליה וא"כ קשיא דרבא אדרבא עכ"ל, וע"ש שר"ל בתחילה דגבי קרן ליכא להך הלכתא דצרורות והתם בשור ואדם שדחפו לבור מיירי בקרן דהא דחיפה הוי תולדה דקרן שכוונתו להזיק, ולכך ליתא התם להך דינא דצרורות, ולכך שפיר הוי פשיטא ליה לרבא התם דחייב בכופר אף דהכא קמבעי ליה, אך סתר הנחה זו, ולכן כתב ליישב באופ"א, ודבריו מובאים להלן.

[75] א"ה ע"ש שדן לומר דאולי ליכא חילוק בעצם, דגם התם עד כמה שלא ניצל ואיגל"מ דכח השבירה מעיקרא שברו שפיר י"ל בתר מעיקרא גם לענין שהי' כלי שבור מעיקרא, אך כתב דלפי השיטות דאמרי' בתר מעיקרא אפי' בזרק חץ, מוכרחים לומר חילוק הנ"ל.

סימן ה'

אם אזלי' בתר מעיקרא בזרק חץ ובד' הנמו"י בסוגיא דאמ"ח (ברכ"ש יז–ב,ג)[76]

א. בפלוגתת הראשונים בביאור שיטת רבה ואיך קיי"ל אליבא דהלכה

ב. בשיטת הר"מ כמאן פסקינן, ובקושית הגרא"ז על הראב"ד

ג. בדברי הנמו"י בסוגיא דאשו משום חציו

ד. אם הנמו"י כוון בתירוצו לדין דבתר מעיקרא אזלינן

ה. יישוב עפ"י הנ"ל על קושית הגרא"ז

ו. בדברי הרא"ש בסי' ב' בהתיז ברה"ר והזיק ברה"י

ז. תירוץ הקה"י על קושית הנמו"י

<u>מילואים</u>

א. בשיטת הר"מ אם ס"ל בתר מעיקרא

ב. בדברי האחיעזר

ג. בענין יסוד דברי הבית מאיר והחת"ס בגדר איסור דמלאכת שבת

א. בפלוגתת הראשונים בביאור שיטת רבה ואיך קיי"ל אליבא דהלכה

דף יז: גמ' בעי רבא דרסה על כלי ולא שברתו ונתגלגל למקום אחר ונשבר מהו בתר מעיקרא אזלינא וגופיה הוא או"ד בתר תבר מנא אזלינא וצרורות נינהו תפשוט ליה מדרבה דאמר רבה זרק כלי מראש הגג ובא אחר ושברו במקל פטור דאמרינן ליה מנא תבירא תבר לרבה פשיטא ליה לרבא מבעיא ליה ע"כ, והנה שיטת רש"י והבעה"מ והרא"ש ורוב הראשונים הוא דכוונת הגמ' ליפשוט מרבה דבתר מעיקרא אזלינן, ולכן בכה"ג דזרק כלי של אחר מראש הגג הזורק חייב, והרמב"ן (במלחמות סוף פירקין) יש לו שיטה מחודשת דכוונת הגמ' לפשוט דס"ל לרבה דבתר תבר מנא אזלינן, דלא קאמר אלא בא אחר ושברו דפטור המשבר, אבל הזורק לא קאמר דחייב, אלא ודאי דרבה סבר דזורק ודאי פטור דאזלינן בתר תבר מנא ולא בתר מעיקרא.

ועיין בהרי"ף שפסק כרבה והבינו הבעה"מ והרא"ש עפ"י שיטתם בביאור הסוגיא דכוונתו לפסוק דבתר מעיקרא אזלינן, והבעה"מ פקפק על דבריו מדחזינן לרבא דהוא בתרא דאיבעיא ליה[77], והרא"ש הצדיק דברי הרי"ף דכיון דלרבה פשיטא ליה, ודאי דרבה מוציא מידי ספק דרבא, וכ"כ הנמו"י בשם הרמ"ה ע"ש, והרמב"ן הבין בהרי"ף דכוונתו לפסוק בתר תבר מנא אזלינן ועפ"י שיטתו, ועי' בטושו"ע (שפו–ד) שפסקו בפשיטות דבזורק כלי מראש הגג ובא אחר ושברו הזורק חייב והמשברו פטור דאזלינן בתר מעיקרא.

ב. בשיטת הר"מ כמאן פסקינן, ובקושית הגרא"ז על הראב"ד

וז"ל הר"מ (פ"ז מחו"מ הי"ב), הזורק כלי מראש הגג לארץ ולא היה תחתיו כלים וקדם אחר ושברו במקל כשהוא באויר קודם שיגיע לארץ, הרי זה האחר פטור שלא שבר אלא כלי שסופו להשבר מיד בודאי ונמצא

---

[76] חבורה תשנ"ה

[77] א"ה והנמו"י הביא מהריטב"א בשם רבו דלהלכה הוי ספק והמע"ה.

כשובר כלי שבור עכ"ל, הרי שהעתק מימרא דרבה כצורתה וסתם ולא פירש איך ס"ל לענין חיוב הזורק[78], והראב"ד בפ"ב מנזק"מ הל' י"א נקט בדעת הר"מ דס"ל כרבא דמספקא ליה אם בתר מעיקרא אזלינן אם לא.

ועי' באבהע"ז (פי"ב מנזק"מ הכ"ב) שהעיר על זה מדברי הר"מ שם דלכאורה מבואר דס"ל בתר מעיקרא אזלינא, דז"ל הר"מ, מי שהיה חופר בור ברשות הרבים ונפל עליו שור והרגו, בעל השור פטור, ואם מת השור, נוטל בעל השור דמי שורו מיורשי בעל הבור עכ"ל, והוא ברייתא בב"ב דף קעה:, וע"ש שפריך מזה על רב ושמואל דס"ל דמלוה על פה אינו גובה מן היורשין דשעבודא לאו דאורייתא דא"כ איך גובין דמי שורו מיורשי בעל הבור, ומתרצי' דאיירי שעשאו טרפה ויתבי הדיינים ליד הבור וחייבוהו ואח"כ מת. וכתב המ"מ דמה שהר"מ לא פירש דאיירי בהיכ"ת זו הוא משום דהגמ' לא אוקמיה בהכי אלא למ"ד מלוה ע"פ אינו גובה מיורשין ואין הלכה כן.

ועיין באבהע"ז שם וז"ל, ויש לעיין בזה דבשלמא אם מת השור מהבלו דאמרינן בדף נ"ג דהבלו מהני בתחילת הנפילה ולכן שפיר דחייבין יורשי בעל הבור, אבל אם מת מחבטו וכגון שלא היה בבור הבל, שהיה רחבו יתר על עומקו, וא"כ מת השור אחר שנהרג בעל הבור אמאי חייבין היורשין, ובהגמ' אין להקשות דאפשר לאוקמי בבור שיש בו הבל דבל"ז הקשו שם לרב ושמואל ורב סובר להבלו ולא לחבטו ואפי' לשמואל הא בל"ז אוקמו שם הברייתא באוקימתות, אבל הרמב"ם דפסק להבלו וכ"ש לחבטו וכתב כאן סתם בור דמשמע בכל בור וא"כ יקשה בבור שאין בו הבל אמאי חייבין היורשין (דאף אם מלוה ע"פ גובה מן היורשין היינו כשחל שעבוד הגוף עליו בחייו אבל הכא לא חל על בעל הבור חיוב כשהי' חי, דלא מת השור עד אחר מיתת בעל הבור) עכ"ל, וכתב שם דבאמת דין זה תלוי בדין זרק כלי מראש הגג אי בתר מעיקרא אזלינן ואמרינן דהוי מנא תבירא או בתר בסוף, ויהיה מכאן סמך דשיטת הרמב"ם לפסוק כרבה דבתר מעיקרא אזלינן ולכן מיד שנפל לבור חל החיוב, דכבר נכלל בהשור כח השבירה, וזהו דלא כמש"כ הראב"ד דהר"מ מסתפק בזה, ולפי הראב"ד קשה דברי הר"מ הנ"ל, עכ"ד.

ג. בדברי הנמו"י בסוגיא דאשו משום חציו

ונראה ליישב קושית האבהע"ז על הראב"ד בפשיטות והוא פלא אצלי שהגרא"ז לא עמד בזה, ובהקדם דברי הנמו"י הידועים בסוגיא דאשו משום חציו וז"ל הנ"י, (בדף י. מדפי הרי"ף) אשו משום חציו כאילו בידו הבעירו כדאמרן ואי קשיא לך א"כ היכי שרינן עם חשיכה להדליק את הנרות והדלקתה הולכת ונגמרת בשבת כו' ולפי"ז הרי הוא כאילו הבעירה הוא בעצמו בשבת (דהוי כמו שכל הזמן הוא מדליק וחוזר ומדליק), וכל שכן הוא, דאילו הכא לא נתכוון להבעיר גדיש של חבירו כלל, והכא עיקר כוונתו היא שתדלק ותלך בשבת כו' ומעשים בכל יום וכדאמרן. כי נעיין במילתא שפיר לא קשיא לן, שהרי חיובו משום חציו כזורק החץ, שבשעה שיצא החץ מתחת ידו באותה שעה נעשה הכל (דכל מה שנעשה אח"כ הוי כמו שנעשה כבר מעיקרא) ולא חשבינן לי' מעשה דמכאן ולהבא עכ"ל, והביא הנמו"י שני הוכחות ליסוד הנ"ל:

א. "דאי חשבינן לי' (כעושה וחוזר ועושה כל רגע ורגע) הוה לן למפטרי' דאנוס הוא שאין בידו להחזירה". **ב.** "וה"נ אילו מת קודם שהספיק להדליק הגדיש ודאי משתלם ניזק מאחריות נכסים דידי', דהא קרי כאן כי תצא אש שלם ישלם, ואמאי מחייב הרי מת ומת לאו בר חיובא הוא, אלא לאו ש"מ דלאו כמאן דאדליק

---

[78] ומזה דהביא אוקימתא דרב ביבי דקאזיל מיני' מיני' ליכא למידק מידי, דהרי"ף ג"כ הביא אוקימתא דרב ביבי ונחלקו הראשונים בביאור שיטתו, עי' בסימן ב'.

א"ה עיין בברכ"ש (יא-ב) וז"ל, ואמר (הגרי"ז) בשם מו"ר קדוש ישראל ע"ד הר"מ בפ"ז מהל' חו"מ הל' י"ב לפי גירסת השו"ע בהר"מ דהחיב הראשון דסופו להשבר כשבור דמי והשני פטור כו', עכ"ל.

השתא בידים חשבינן לי' אלא כמאן דאדליק מעיקרא משעת פשיעה חשבינן לי'. וכן הדין לענין שבת, דכי אתחיל מערב שבת אתחיל, וכמאן דאגמרי' בידים בההוא עידנא דלית בי' איסור חשיב".

[והנה בענין ראיה הא' של הנמו"י דבזרק חץ לא נחשב שעושה וחוזר ועושה כל רגע ורגע אלא דמעיקרא נעשה כבר הכל, דאל"ה הו"ל למפטריה דאנוס הוא שאין בידו להחזירה, כבר תמהו האחרונים דכיון שהכניס עצמו לאונס אין לו פטור אונס, וכעין מש"כ הבעה"מ בשבת (דף יט) דהטעם דאין מפליגין בספינה פחות מג' ימים קודם לשבת הוא משום שהישראל עצמו יצטרך לחלל שבת משום סכנה, ואף שבשעת מעשה יהא פיקו"נ מ"מ אסור כיון שהכניס עצמו לאונס[79].]

ד. אם הנמו"י כוון בתירוצו לדין דבתר מעיקרא אזלינן

והנה עיין בקצה"ח (ש"צ–א) ובתרה"כ (שצ"ב–ב) שהבינו דכוונת הנמו"י בתירוצו הוא לדינו דרבה דאזלי' בתר מעיקרא, ומשו"ה כתבו להוכיח מזה דהנמוק"י ס"ל דגם בזריקת חץ אזלי' בתר מעיקרא ודלא כמש"כ התוס' בדף יז:, דאף דבהדלקת נירות ער"ש דומה לזרק כלי, דעצם המלאכה הוא המעשה הדלקה, אבל ממש"כ דגם בזרק חץ ממש כבר נשתעבדו נכסיו וגם ליכא פטור אונס, מוכח כן. והנה מוכח מדברי האחרונים הנ"ל חידוש גדול דלפו"ר נראה דדין דבתר מעיקרא אזלינן הוי דין מסויים בממונות, דמיד נחשב שכבר הכשיר ההיזק, אכן א"א לדון לענין שבת וכיו"ב דנחשב ממש כמו שכבר נעשה הכל.

אולם מעולם לא זכיתי לעמוד על דבריהם וקשה לי דבריהם עד למאד[80], דלפי דבריהם א"כ למ"ד בתר תבר מנא אזלינן הק"ל איך מדליקין נירות ערב שבת, ואף אם אפשר לדחות מכח איזה סברא ולומר דלהך מ"ד מעולם לא היה קשה להנמו"י עיקר קושיתו, מ"מ לפי דבריהם צ"ב דלמ"ד בתר תבר מנא אזלינן איך מחייבינן זורק חץ והא הוי אונס, ויתכן דהגרב"ד עמד על זה במקו"א[81].

ולולי דבריהם היה נראה דאין כוונת הנמו"י למ"ד בתר מעיקרא אזלינן, דהנידון בגמ' אם אזלי' בתר מעיקרא או לא הוא לענין אם אפשר כבר לדון שהכלי הוא שבור, וכוונת הנמו"י הוא דאף דיש לדון אם נחשב הכלי מיד ככלי שבור או לא אבל ודאי עד כמה שהמעשה נסתיימה לבסוף אז דיינינן מצד הגברא שמעשיו נגמר מיד משעה ראשונה ונתחייב עלה, ואמנם המעיין בדברי הנמו"י יראה שלא הזכיר כלל הך דבתר מעיקרא אזלינן[82]. [א"ה עוד העיר התרה"כ (שצב–ב) דהנמו"י (ז. מדפי הרי"ף) הביא בשם הרא"ש[83] דבזריקת חץ לא אמרי' בתר מעיקרא אזלי', ולא הביא חולק עליו.]

וכן היה מבאר הגרב"ד (יז–ב) בדברי הנמו"י דאיכא שני שאלות נפרדות שלא שייכי זל"ז, **א.** דין בתר מעיקרא אזלינן דדיינינן שדין הכלי הוא שהוא שבור כבר, ובזה הסתפק רבא. **ב.** דין בתר מעיקרא בהתייחסות למעשה האדם, לדון שמצדו נעשה כבר הכל, ("עס איז שוין אלעס אפגעטאן"), והביא שם שכ"כ

---

[79] א"ה עי' בקה"י בסוגיין ושם בשבת (סי' כב) שהאריך בזה.

[80] וכמו שאני מתחיל עכשיו ללמוד דאיני מבין הא' ב' בזה.

[81] א"ה בכתבי הברכ"ש עמ"ס שבת בסימן כב בגליון מובא מכת"י שעמד על זה, "ועוד ומה יעשה למ"ד בתר תבר מנא הא ישאר קושיתו".

[82] א"ה עי' בחי' הגרש"ש (סי' כג) שג"כ כתב דמוכרחים לומר דאין כוונת הנמו"י לדין בתר מעיקרא אך הסביר הענין בע"א קצת וז"ל, ובעיקר דברי הקצו"ה שדימה דין זה דבתר מעיקרא לדברי הנמ"י (דזורק חץ ומת) נ"ל דע"כ הנמ"י לא משום ענין דבתר מעיקרא הוציא דינו, דהרי בדין דבתר מעיקרא מספקא לי' לרבא ולא איפשט לי' והנמ"י כתב דבזורק חץ הוא ענין מוכרח דחשבינן בתר מעיקרא, וע"כ נ"ל דאין כוונת הנמ"י דחשבינן כאילו כבר נעשה אלא דסבה המחייבתו כבר היתה מעיקרא, היינו דאין חושבין כאילו נעשה כח בעולם לעשות אח"כ ומחייבינן על עשיית הכח ההוא כמו למ"ד אשו משום ממונו וכשור שנגח, אלא דסבה המחייבתו היתה מעיקרא ומשו"ה אף למ"ד בתר תבר מנא ג"כ סבה המחייבת הוא מעיקרא, וכדפירשנו לעיל בריש מסכתין עכ"ל.

[83] א"ה ולא נמצא זה ברא"ש בפנינו ויש מגיהים תוס' במקום הרא"ש, ולפי הגי' בפנינו קשה טובא מדברי הרא"ש עצמו המובא להלן דבפשטות משמע דחולק על התוס' וכמו שהוכיח הקצה"ח מדבריו.

האחיעזר (א–יט–ו) והנחל"ד, דעי' בנחל"ד שכתב דאף שכתבו התוס' דבזריקת חץ לא אמרינן בתר מעיקרא אזלי' היינו רק לענין שלא חל על הכלי גופיה הדין דבתר מעיקרא, ואין לו דין כלי שבור, ומשו"ה שפיר הוי צרורות ואינו חייב עלה חצי נזק כיון דלא הוזק הכלי עד שנשבר בפועל ואז הצרורות היו כחו ולא גופו, אך גם לפי התוס' היכא דזורק חץ חל דין בתר מעיקרא על גוף המעשה עצמה, דדיינינן שכבר נגמר המעשה לגמרי והוא כבר עשה הכל.

אמנם הנחל"ד כתב להדיא דגם דין זה, דבזרק חץ חל דין בתר מעיקרא בהמעשה גופה ונחשב שכבר עשה הכל, היינו רק למ"ד בתר מעיקרא אזלינא, אבל למ"ד בתר תבר מנא אזלינא א"א לדון בהמעשה שכבר נגמר הכל מיד. ואיכא נפ"מ גדול בין שני הדינים, דאף דאמרינן דבזורק חץ נחשב שמיד נגמר המעשה שבירה, מ"מ א"א לחייבו אלא אם לבסוף הי' שבירה, דהיכא דלבסוף 'לאזט'זיך אויס זיין שבירה, טראגט ער שוין חיובים משום המעשה דמעיקרא', אכן היכא דלבסוף לא הי' שבירה א"א לחייבו, משא"כ היכא דחל דין בתר מעיקרא בהכלי, אפי' אם לבסוף בא אחר ושברו ס"ל לרש"י הרמב"ן והרא"ש דהראשון חייב.

[א"ה עי' במילואים מש"כ מהאחיעזר בזה, וגם מהברכ"ש משמע דתלוי בדין בתר מעיקרא וכן הבין הג"ר ראובן זצ"ל (כתובות סי' יז) בדבריו. וממו"ר הי' משמע דאין הבדל בין הבנת הנחל"ד בהנמו"י להבנה דידיה אלא דהוא נקט דלכו"ע הוא כן ולא רק מ"ד בתר מעיקרא אזלי', אמנם בחי' ר' ראובן מבואר דהוא גדר אחרת, ראה בהגה"ה[84].]

והנה הנחל"ד כתב עיקר דבריו לבאר דברי הרא"ש בסימן ב' [ראה להלן], אך י"ל על פי דבריו לפרש דברי הנמו"י, דלעולם לא נחלק הנמו"י עם התוס', וגם התוס' מודים שחל דין בתר מעיקרא על המעשה גופיה. אמנם אם נפרש הנמו"י עפי"ד הנחל"ד הק"ל מה שהקשינו למעלה דאטו למ"ד בתר תבר מנא אזלינא אסור להדליק נירות ערב שבת, וגם אטו לדידיה הזורק חץ יש לו פטור אונס, ולכאורה מוכרחים לומר דדברי הנמו"י אינם תלויים כלל בנידון אם בתר מעיקרא אזלינן בעלמא, דגם מ"ד בתר תבר מנא אזלינא בעלמא, מודה דכלפי המעשה שפיר יש לדון ביה דין דבתר מעיקרא אזלינא ולא נחלקו אלא לענין אם אפשר לדון שהכלי הוא כלי שבור, ובאמת כבר הערנו דהנמו"י לא רמז כלל לדין דבתר מעיקרא אזלינא, וצ"ע[85].

אלא דלפי הנ"ל דא"א לדון שהכלי הוא נשבר עד שיגיע החץ לידו, צ"ב מש"כ הנמו"י דכבר נשתעבדו נכסיו, דכיון דאכתי לא הוזק הכלי עדיין אינו חייב לו שום ממון, וביארו האחרו' דאע"ג דאכתי ליכא היזק מ"מ כיון דכבר איכא המעשה המחייב שייך בזה שעבוד נכסים. והעירו האחרונים (א"ה אמר"מ סוס"י לח והקה"י ועוד) לדברי הריטב"א (מובא בקצה"ח סימן ש"מ) בכתובות דף לד: אהא דשומר משעת משיכה מחייב, דהכוונה הוא דחייל אז השעבוד נכסים אבל חיוב בפועל לא חייל עד לאחר זמן, וחזינן כנ"ל דאיכא

---

[84] א"ה עי' בחי' ר' ראובן (כתובות סי' יז) שג"כ העלה דהנמו"י לא כוון לדין בתר מעיקרא ואינו תלוי בזה כלל אלא ביאור דבריו הוא על דרך מו"ר, ראה בהגה"ה להלן, אך כתב דאיכא חילוק גדול בין ביאורו לביאור הנחל"ד והאחיעזר, דלפי דבריהם הוי ממש גדר דבתר מעיקרא אלא דס"ל דבזריקת חץ לא אמרי' בתר מעיקרא לחייב הראשון ולפטור השני היכא דבא אחר ושברו, אך היכא דהוזק החפץ לבסוף מהני הדין בתר מעיקרא לענין דין המזיק וקריאת שם מקום הנזק אם הוא נזק ברה"ר או ברה"י, שאם לבסוף נשברה על ידו חייב עליו מעיקרא ומקרי מזיק בתחילה על הזריקה. והג"ר ראובן פי' דהנמו"י כוון לדבר אחר, דאפי' למ"ד בתר מנא אזלי' קאמר דמ"מ מעשה הגברא שעל זה הוא מתחייב חשבינן ליה משעה שיצא החץ מתחת ידו ומאז הוא דנשתעבדו נכסיו, ע"ש מה שהאריך בזה ומש"כ בעזה"י בפרי חיים ע"פ כיצד הרגל.

[85] א"ה מו"ר כוון בהשגה זו לדברי דודו הג"ר ראובן זצ"ל (כתובות סי' יז) וז"ל, הנמו"י שתירץ בזה להא דמותר להדליק נר בשבת על כרחך לאו משום סברת רבה דבתר מעיקרא קאתי עלה דא"כ איך יתרץ להא דמדליקין נר בערב שבת לרבא דמספקא ליה דילמא בתר תבר מנא אזלי', ועוד דהנמו"י הוכיח זאת מסברא דאי חשבינן ליה מעשה דמכאן ולהבא הוה לן למיפטריה דאנוס הוא וא"כ תקשי מסברא הנ"ל לרבא אמאי מספקא ליה הרי א"א לומר דבתר תבר מנא אלזינן דאז אנוס הוא אלא ע"כ צ"ל דהנמו"י אפילו אי בתר תבר מנא אזלינן קאמר דמ"מ מעשה הגברא שעל זה הוא מתחייב חשבינן ליה משעה שיצא החץ מתחת ידו ומאז הוא דנשתעבדו נכסיו עכ"ל, אמנם איכא חילוק יסודי בין דברי ר' ראובן לדברי מו"ר, ראה בהגה"ה בסמוך.

שעבוד נכסים אפילו לפני שחל חיוב בפועל. ועי' בחי' הגרש"ש (סי' א') שהאריך בזה ונקט דלא חל שום זכות להניזק בהנכסים עד לאחר מיתה כשנעשה ההיזק, אך מכיון דכבר נמצא עכשיו גוף הסיבה המחייבו למחר, י"ל דהנכסים הם ערבים כבר מעכשיו לאותו מעשה היזק לענין החיוב שיחול לאחר זמן[86], ושוב חל שעבוד וזכות בהנכסים להניזק אחר מיתתו הגם דבאותה שעה הם של היורשים, וגם שייך ענין שעבוד הגוף בגוף המת ע"ש.

ה. יישוב עפ"י הנ"ל על קושית הגרא"ז

ולפי משנ"ת לא קשה מה שהק' הגרא"ז על הראב"ד שהסתפק לומר בדעת הר"מ דפסק כמ"ד בתר תבר מנא אזלינן, דא"כ בנפל שור לבור והרג בעל בעל הבור, אם נימא בתר תבר מנא אזלינא א"כ לא חל החיוב על בעל הבור אלא אחר מיתת השור, והרי כבר מת בעל הבור וא"א לחייבו, ולמשנ"ת י"ל דאף דלא אמרינן בתר מעיקרא לענין לדון שהשור כבר מת, אבל מ"מ שייך דין דבתר מעיקרא על המעשה בור, דנחשב שהבור כבר עשה המעשה היזק לגמרי, וא"כ היכא דלבסוף הוזק נתחייב על המעשה הראשונה, ושפיר יש לחייבו, כמש"כ הנמו"י בזרק חץ ומת דכבר נשתעבדו נכסיו, דמש"כ הנמו"י דכבר נגמר מעשיו משעה ראשונה אינה סברא מסויימת לענין מעשה אדם אלא גם בבור הוא כן, וכן הוא בנזקי שור וכגון בשור שהתיז צרורות ומת לפני שהוזק הכלי, לפי"ד הנמו"י חייב בעל השור דכבר נגמר לגמרי מעשה מזיק דשור וכבר נשתעבדו נכסיו.

אך כל זה הוא באופן שכבר נפל השור לבור אבל ע"י חפירת בור גרידא לא חל שעבוד נכסים דעדיין לא התחיל עצם המעשה היזק, ורק דחל עליו חובת שמירה על הבור משום שעשה התקלה, וכן הוא למ"ד אשו משום ממונו דמשמע בנמו"י דלדידי' לא אמרינן דכבר נשתעבדו נכסיו מתחילה דלא אמרינן אליבא דידיה בתר מעיקרא אזלינא, אלא היכא דהדליק אש הוי כשור שרודף אחר הכלי דלא התחיל ההיזק ולא אמרינן בתר מעיקרא אזלינא, דרק היכא שיש מעשה היזק יש לומר כן ולא היכא דיש מעשה שמחייבו בשמירה ואכתי לא התחיל המעשה היזק. וכ"כ הקצה"ח וההתרה"כ להדיא בדעת הנמו"י דלמ"ד אמ"מ אם הדליק אש ומת לפני שנשרף החפץ דפטור.

[והאמר"מ (בהגה"ה סוס"י לא) נתקשה טובא בזה דמאי שנא מ"ד אמ"ח והוי חציו של המדליק דאמרינן בתר מעיקרא אזלינן ממ"ד אשו משום ממונו, דלענין שיהי' כשרוף איזה נפ"מ יש בין מ"ד משום חציו למ"ד משום ממונו עכ"ד[87], ועומק קושיתו מובן עפ"י מש"כ בברכ"ש (אות ד' ד"ה והנה) דגם היכא דנפלה הכלי מאליו מן הגג אמרי' בתר מעיקרא אזלי' "כיון שכבר נעשה מעשה בהכלי, ומה לי ע"י הרוח או ע"י האדם", וא"כ ה"נ באש נהי דלמ"ד אמ"מ לא הוי כח דידיה אבל מ"מ הוי כח הרוח ומ"ט לא שייך לומר בתר מעיקרא אזלינן. ועיין בברכ"ש שם שג"כ הרגיש בזה וכתב "ולא דמי לאשו משום ממונו דלא שייך בתר מעיקרא אזלי' דשם הא אין זה רק כשור רץ אחרי הכלי ואין כאן מעשה שבירה כלל", וכנראה דר"ל דרק היכא דיש מעשה אפשר לדון שהמעשה כבר נגמר מיד[88], וכן בבור דהתורה דן הבור כאילו הבור עשה החבטה, ועי' בסימן ד' שהארכנו בזה.]

---

[86] דעל זה גופא יש ערבות, דהנכסים הם ערבים עד כמה שהוא אחראי על מה שהמעשה יעשה לאחר זמן.

[87] וז"ל, ומש"כ הקצות לחלק בזה בין למ"ד דאשו משום חציו למ"ד משום ממונו דלמ"ד משום ממונו לא חשבינן כאילו נשרף הכל בתחילה אינו מובן לענ"ד דלענין זה שיהי' כשרוף אין נפ"מ בין למ"ד משום חציו למ"ד משום ממונו, עכ"ל.

[88] א"ה ז"ל הברכ"ש שם "הרי מוכח מזה דיסוד דין דבתר מעיקרא אזלי' הוא לא ע"י דין דמעשה בידים, אלא ע"י דסופו להשבר בודאי, ודין מעשה דעי"ז אמרי' דבתר מעיקרא אזלי' הוא רק היכ"ת שעי"ז הרי סופו להשבר בודאי עכ"ל, צ"ע כוונתו דלענין אם נחשב סופו להשבר בודאי ליכא חילוק בין מ"ד אמ"ח למ"ד אמ"מ, אך כוונתו הוא דכל עוד דלא עשה מעשה בגוף הכלי ודאי א"א לדון עם זה דסופו להשבר בודאי אלא כידיעה עתידות בעלמא ואי"ז פוגע גוף הכלי, ומש"כ דהוא לא ע"י דין דמעשה בידים, כוונתו לומר דאפי' הפילה רוח מהגג אמרי' בתר מעיקרא

ז. בדברי הרא"ש בסי' ב' בהתיז ברה"ר והזיק ברה"י

והנה לקמן בדף יט. מסקינן דאם התיז שור צרורות ברה"ר והזיק כלי ברה"י דחייב, ועיין ברא"ש סי' ב שהקשה דכיון דקיי"ל בתר מעיקרא אזלי' מ"ט אין לשור פטור דרגל ברה"ר וז"ל, ואע"ג דגבי דרסה על הכלי ונתגלגל למקום אחר ונשבר אסיקנא לעיל כרבא דבתר מעיקרא אזלינן, הכא לא אזלינן בתר מעיקרא אלא אחר המקום שנעשה בו הנזק דגלי קרא ברגל ובער בשדה אחר והביעור היה בחצר הניזק, עכ"ל.

ועיין בקצה"ח (שם) וביש"ש שהעירו דהתזת צרורות הוי זריקת חץ והרי כתבו התוס' דבזרק חץ לא אמרינן בתר מעיקרא אזלינן, והוכיחו מזה דהרא"ש חולק על התוס' וס"ל דגם בזרק חץ אמרינן בתר מעיקרא אזלינן. ולכאורה בדברי הרא"ש ליכא לדחות דרק לענין המעשה שבירה אמרינן בתר מעיקרא ("איז שוין אפגעטאן די מעשה היזק") ולא לענין הכלי, דומה למה שפירשנו בדעת הנמו"י, דהרי ביארנו דהך דין אינו תלוי בנידון הגמ' אם בתר מעיקרא אזלינן או לא אלא לכו"ע הוא כן, וא"כ אמאי הוצרך הרא"ש להקשות מהא דמסקינן דבתר מעיקרא אזלינא, ולכאורה מבואר מדברי הרא"ש דס"ל דגם בזרק חץ אמרינן בתר מעיקרא ומיד יש להכלי דין כלי שבור. אמנם הא מיהא דאין מדבריו סתירה עם משנ"ת, די"ל גם לדבריו דאפי' מ"ד בתר תבר מנא אזלינן מ"מ המעשה מזיק כבר נגמר מיד, ומה שהוצרך להקשות קושיתו מכח דין דבתר מעיקרא אזלינא הוא משום דס"ל דאם לא הי' חל ההיזק בהפירות מיד בהתזת הצרורות אלא בשעה שנתקלקלו בפועל, א"כ שפיר הי' מובן שליכא פטור דרגל ברה"ר, ומשו"ה הוצרך הרא"ש להקשות מכח דין בתר מעיקרא אזלינן דדיינינן שהכלי הוא שבור מיד, ולכן שפיר הקשה דמיד כשהתיז הצרורות ברה"ר כבר הוזק הכלי ומ"ט ליכא פטור דרגל ברה"ר.

אולם עיין בנחל"ד שרצה לדחות דגם הרא"ש ס"ל כתוס' הנ"ל, וכל דבריו דאמרינן בתר מעיקרא הוא רק ביחס להמעשה, והא דהביא מימרא דרבא הוא משום דס"ל דגם דין בתר מעיקרא בהמעשה דזריקת חץ הוא רק אליבא דמ"ד בתר מעיקרא אזלינן, דכמו דלדידיה בזרק הכלי נחשב שכל מה שעומד להיות בסוף כבר אירע ונגמר עכשיו, וכבר נחשב שהכלי הוא שבור, כמו"כ בעשה מעשה מזיק אפשר כבר לדון שהמעשה מזיק נגמר לגמרי, אך היכא דלא עשה מעשה בכלי אלא בזריקת חץ אכתי א"א לדון דין בתר מעיקרא בהכלי גופיה אלא בהמעשה. דעי' בדבריו שכתב דלא נראה כלל לומר דנחלק הרא"ש על התוס' "דבאמת סברת התוס' היא סברא אלימתא וברורה כו' ואפ"ה שפיר קא קשיא ליה להרא"ש, דנהי דלענין שיהא נחשב הכלי כמנא תבירא שפיר איכא לפלוגי בין זורק אבן לזורק הכלי גופיה וכמש"כ התוס', מ"מ כיון דקיי"ל דבתר מעיקרא אזלינן בזורק הכלי גופיה א"כ ה"ה לענין הך דינא דקיי"ל דצרורות ברה"ר פטור וברה"י חייבים, לענין הך דינא גופיה אית לן למיזל בצרורות בתר מעיקרא ולמפטריה בהתיזה ברה"ר משום דאית לן למחשב כאילו כבר נעשה ההיזק כולו ברה"ר, דכיון דהתחלתו היה ברה"ר ומיד שהתיזה סופו לפעול פעולתו מעצמו, לכך אית לן למיזל בזה בתר מעיקרא לענין קריאת מקום הנזק היכן נעשה ברה"ר או ברה"י, דבשלמא אם אנו דנין על גוף הכלי אי חשיב כמנא תבירא אי לא, בזה שייך שפיר לפלוגי בין זורק אבן דלא נעשה מעשה בגוף הכלי ולכך הוא חשיב כשלם וחייב המשברו אף דסופו היה להשבר ע"י האבן, מ"מ כל כמה דלא הגיעו האבן הוא בשלימותו כיון שעדיין לא נעשה בו שום מעשה בגופו, משא"כ בזורק הכלי גופיה כיון שנעשה המעשה בגוף הכלי תו חשיב כמנא תבירא, אבל כאשר באנו לדון על גוף נזק הצרורות היכן נעשה ברה"ר או ברה"י בזה שוה דין הצרורות לדין הזורק את הכלי, <u>וכשם דבזורק הכלי אזלינן בתר מעיקרא וחשבינן ליה כמנא תבירא, כמו כן בהך נזקא דצרורות שהתיזה ברה"ר אית לן</u>

אף דלא הי' מעשה בידים, אלא סו"ס נעשה מעשה בהכלי, וכן בזרק חץ או למ"ד אמ"ח נחשב שעשה כבר מעשה שבירה להכלי, ולכן למ"ד בתר מעיקרא אזלי' אפי' בזרק חץ, גם בכה"ג אמרי' בתר מעיקרא אזלינן.

למיזל בתר מעיקרא ולמחשביה כאילו נעשה ברה"ר, כיון שכבר נעשה המעשה בגוף הצרורות שכבר הותזו, וא"כ דמיין בזה כאילו נעשה מעשה בגוף הכלי, וזה ברור ונכון מאוד בסברא ודו"ק (א"ה עי' ברכ"ש סי' יז שהביא שכעי"ז כתב האחיעזר, ראה במילואים).

אמנם כבר הוכחנו בדברי הנמו"י דגם מ"ד בתר מנא אזלינן מודה דאמרי' בתר מעיקרא לענין המעשה גופיה, ומה"ט מותר להדליק נירות בשבת, [דאיכא שני גדרים, א. וואס די היזק איז שוין אפגעטאן, ב. וואס די מעשה היזק איז שוין אפגעטאן], ואם ננקוט כן א"כ מזה שהביא הרא"ש מימרא דרבא מוכרחים אנו לומר דחולק על התוס' וס"ל דגם בזורק חץ אפשר לדון דין בתר מעיקרא על הכלי[89]. והנחל"ד לא היה נחית לזה משום דהוא ס"ל דגדר הדין דבתר מעיקרא אזלינן בהמעשה הוא משום שכל העומד לעשות כעשוי דמי ולכן ה"ה כל העומד לישבר כשבור דמי ושני הדברים תלויים זב"ז.

והנה לפי הנחל"ד דקושית הרא"ש הוא דכיון דנחשב שכבר נגמר המעשה מיד א"כ הוי רגל ברה"ר יל"פ דעל זה תירץ הרא"ש דכיון דלא נגמר ההיזק בפירות עד שהגיע הצרורות לרה"י שפיר נחשב כרגל ברה"ר, אכן לפי"ד הקצה"ח דמיד נגמר ההיזק צ"ב תירוץ הרא"ש. ועיין באמר"מ (בהגה"ה ב' לסימן לא) שהביא דברי הקצה"ח שהבין בכוונת הרא"ש הנ"ל דהכלי הוא שבור מיד, והקשה עליו קושיא הנ"ל וז"ל, ותמהני דאיך אפ"ל דהרא"ש ס"ל דגם בזורק חץ אזלינן בתר מעיקרא (והיינו כפשטות הרא"ש דאמרי' ממש הדין דבתר מעיקרא, ולא שייך לדברי הנמו"י) דאם כן מה תירץ הרא"ש דלהכי חייב ברה"ר והזיקה ברה"י משום דגלי קרא וביער בשדה אחר והביעור הי' בחצר הניזק (דדיינין איפה היו הפירות מונחים) הרי כיון דהתיזה ברה"ר ואילו הי' איש אחר מזיק בידים הכלי המונח ברשות הניזק טרם שהגיע הצרור להזיק הי' המשבר פטור ומשום דכבר הוי מנא תבירא ואיך אפשר לחייבו במה שהצרור הזיק ברשות הניזק ולחשבו כצרורות בחצר הניזק הרי אז כבר הי' כמנא תבירא ואיך אפשר לחייבו על היזק הצרורות יותר מאילו הזיק בידים אתמהא עכ"ל, וע"ש מש"כ לפרש בדברי הרא"ש מכח קושיא זו, דגם הרא"ש ס"ל כהתוס' דבזורק חץ לא אמרינן דהוי כמנא תבירא, אבל בכ"ז ניחא קושית הרא"ש, ע"ש בכל דבריו.

ונראה בזה בפשיטות עפ"י מש"כ הברכ"ש (יז–ג) בביאור כוונת הרא"ש, דיסוד תירוצו הוא דפטור דשן ורגל ברה"ר אינו תלוי במקומו של המעשה מזיק אלא במקומו של דבר הניזק[90], ר"ל דאינו תלוי אם המעשה היזק הי' ברה"ר אלא אם דבר הניזק הי' רה"ר, וכיון דהפירות היו ברה"י, אף שמיד שהתיזה ברה"ר הוזקו הפירות וחשוב מזיק ברה"ר, אפ"ה חייב כיון שהיו עומדין ברה"י, וא"כ לעולם י"ל בכוונת הרא"ש דגם בזרק חץ כבר חל דין בכלי שהוא כלי שבור. והגרב"ד נקט עוד דכל קושית הרא"ש מעיקרא מיוסד על זה, דכיון דחל ההיזק מיד, נקט הרא"ש בקושיתו דלא הוי בכלל ובער בשדה אחר, דאילו כל הדין בתר מעיקרא הוא רק ביחס להמעשה גופיה אבל ההיזק לא הוי עד שיגיע הצרורות לרה"ר, ליכא הו"א שזה לא יהא בכלל ובער בשדה אחר, ומכל קושית הרא"ש מוכרח דס"ל דאמרינן בתר מעיקרא בזרק חץ אף ביחס להכלי שיהא נחשב כשבור. ושקו"ט הרא"ש הי' בזה, דבקושיתו נקט דהכל תלוי במקום שהבהמה עשתה שהכלי הוא שבור, וכיון דבתר מעיקרא אזלינן ומיד כשהתיזה הוי הכלי שבור א"כ הו"ל להיות בכלל פטור דשן ורגל ברה"ר, ועל זה תי' דתלוי במקום שמונח דבר הניזק ולא במקום שהבהמה עשתה שיהא הוזק[91].

---

[89] א"ה ראי' זו הוא כפי הבנת מו"ר שהבין דגם אם נפרש דדברי הנמו"י אינם תלויים בפלוגתא אם אזלי' בתר מעיקרא אפ"ה הוא אותו גדר דין, אכן לפי מש"כ ר' ראובן (כתובות סי' יז) לחלק ביניהם, ודבריו מובא בהגה"ה לעיל, לא קשה על זה, די"ל דנקט הרא"ש דדוקא מכח דין דבתר מעיקרא יש להקשות קושיא זו, ודו"ק, ואמנם הברכ"ש (סי' יז) נקט בדברי הרא"ש על דרך הנחל"ד.

[90] א"ה וז"ל הנחל"ד, וע"ז תי' הרא"ש דילפינן מקרא דבע' בשדה אחר דלגבי צרורות אזלינן בתר גמר הדבר בשעה שהי' ההיזק בפועל עכ"ל.

[91] א"ה עי' בנחל"ד שהק' על זה מדברי הרא"ש בפ"ק (סי' א) שאם היה עץ ארוך מונח מקצתו ברה"י ומקצתו ברה"ר ודרסה עליו בהמה ברה"ר ושברה הכלים שתחתיו ברה"י הוא פטור, ואמאי לא נימא ג"כ כיון שהביעור היה ברה"י יתחייב, כמו בהתיזה ברה"ר והזיקה ברה"י דאזלינן

ולפי משנ"ת יוצא דבר חדש דשיטת הרא"ש הוא דלמ"ד בתר מעיקרא אזלינן גם בזורק חץ נחשב מיד שהכלי הוא שבור. והנה עי' במלחמות ה' בסוף פירקין שכתב דלמ"ד בתר מעיקרא אזלינן הזורק תינוק מראש הגג כבר נתחייב מיתה, ואף אם בא אחר ויהרגו נתחייב הראשון. ואם נצרף שיטת הרא"ש עם שיטת הרמב"ן יצא לדינא דאם זרק חץ לאדם ובא אחר והרגו יתחייב הראשון אף שלא נגמר המעשה רציחה.

ז. תירוץ הקה"י על קושית הנמו"י

והנה בעיקר קושית הנמו"י האיך מותר להדליק נירות בערב שבת, עי' בקה"י (סי' כא) שכתב ליישב עפי"ד הבית מאיר (אה"ע ה–ד) ותשו' חת"ס (או"ח סי' פד וחו"מ סי' קפה) דבשבת אינו חייב אלא במלאכה בגופו, דעיקר קפידת התורה הוא על שביתתו ומנוחת גופו כמש"כ למען ינוח, ולא על המלאכה שלא תיעשה, ועי' בבית מאיר שהביא קו' השו"ת פנ"י (יו"ד סי' ג'), דלדעת רש"י באיזהו נשך דף עא:, דאמרי' יש שליחות לנכרי לחומרא [וכ"ה דעת הרבה ראשונים, עי' בר"מ פ"ה ממו"ל ה"ד], א"כ למה לן לדינא דאמירה לעכו"ם שבות, תיפו"ל דיש שליחות לעכו"ם לחומרא, והניח בצ"ע. ותי' הבית מאיר דבאיסורא דמלאכת שבת דהוא משום ביטול שביתת הגברא, ל"ש בי' שליחות, דהאיסור אינו אלא על עשיית המלאכה בגופו ובאבריו, ומה דמדין שליחות מתיחס מעשה המלאכה לישראל, בכך לא סגי לאסור, דהלא המלאכה לא נעשית ע"י גופו ואבריו, דהמשלח סו"ס שובת ממלאכתו[92]. והחת"ס הצדיק תירוץ זה דבמלאכת שבת לא שייך דין שליחות כלל ומטעם הנ"ל. וכתב הקה"י דלפי"ז מיושב קו' הנמו"י בפשיטות דלא אכפת לן שנעשית מלאכה בשבת מדינא דאשו משום חיציו, דמ"מ גופו של האדם נח בשבת ולא עשה מלאכה, עכ"ד. והנה לכאורה מקו' הנמו"י מבואר שלא כדבריהם, אלא דכל היכא דנעשה על ידו מלאכה קעבר על האיסור דלא תעשה כל מלאכה.

[א"ה עי' בברכ"ש (יז–א) שכתב להדיא דדברי הנמו"י מתאימים עם דברי האחרונים שכתבו "גבי מלאכת שבת דבעי' שתהא נעשה המלאכה בגופו, דמלבד מהדין דבעי' גבי מלאכת שבת שתהא מעשה בידים בגברא גבי רוב מלאכות, בעי' נמי כחו בחפצא היינו שתהא נעשה המלאכה בגופו, והראי' דרבותינו מהאחרונים מסתפקים אם מהני שליחות גבי שבת אליבא דשמאי הזקן, ומבו' דבעי' כחו בחפצא היינו שתהא נעשה המלאכה בגופו כו' וכתב שם בדברי הנמו"י דס"ל דע"י אמ"ח נחשב שהוא כחו בחפצא, ע"ש. ומבואר מדבריו דמקרא דלמען ינוח לא ילפי' אלא דהוא מצוה שבגופו, ומה"ט לא מהני שליחות, אבל כיון דגם אמ"ח נחשב שהוא כחו בחפצא דהוי כחץ ממש, כמש"כ בחי' רח"ה בדעת הר"מ, משו"ה שפיר הקשה הנמו"י

בתר מקום הביעור, וכתב הנחל"ד דקו' זו קשה על פירוש דידיה. ותי' וז"ל, ונ"ל דשאני עץ ארוך, דכיון שהעץ מונח מקצתו ברה"ר דדרסי ביה רגלי בהמה דרך הילוכן לכך לא הוי ליה להניח כלום שם תחת העץ אף במקצתו שברה"י, משום דדמי כאילו הניחן ברה"ר עצמן, כיון דע"י הדריסה ברה"ר שהוא דבר ההווה ומצוי ורגיל ישברו הכלים שתחתיו ברה"ר, משא"כ בהתיזה צרורות מרה"ר לרה"י אף דהוי אורחיה מ"מ אינו דבר הרגיל ומצוי כל כך, משום דגם אי תתיז צרורות אינו בהכרח שיפגעו בכלים אלו דווקא, דדלמא יפלו מן הצד או במקום אחר מן החצר, ולכך לא הוי כמניח כולו ברה"ר ולא פשע מידי בהנחת כליו, משא"כ בעץ ארוך דאיהו הוא דפשע במה שהניח כליו שם והוי כמניחו ברה"ר עצמו, וזה פשוט כנלע"ד, עכ"ל.

[92] וז"ל, והנה לפ"ר רציתי לומר דבאיסור שבת לא שייך כלל בא"י צד שליחות לדבר עבירה דדוקא בעבירה שהמעשה מצד עצמו מתועב להמקום ב"ה דומיא דסירס או חסימה ואפילו עשתה א"י כדאיתא תוספת פרק כל הבשר דלולא שמוכח מדאסר לגבוה מכלל דלהדיוט שרי הי' שייך לאסור אף סירס שלא"י מכל שתעבתי, שפיר שייך שליח לדבר עבירה דהעבירה מ"מ נעשתה אבל שבת דאיסור מלאכה אך למען ינוח ישראל וכל אשר לו. והמלאכה מצד עצמותה י"ל דאינה כלל עבירה. וראי' דמן התורה מותר להעמיד קדירה אצל האש קודם שבת ויתבשל בשבת. וכן אדרבא מצינן א"י ששבת חייב מיתה נמצא א"י העושה בשליחות ישראל ל"ש כלל יש שליח לד"ע דהא העבירה לא נעשתה דהא הישראל נח. וכיוצא בזה מצינן לגבי שליחות לדבר מצוה דלא בכל ענין הוא ומצות שעל גופו דומי' דהנחת תפילין ודאי בלתי אפשר לקיים ע"י ש' ועי' בר"ן ריש פסחים עכ"ל.

קושיתו, וליכא סתירה בין קו' הנמו"י ליסוד האחרונים הנ"ל, ודלא כהקה"י. שו"ר בכתבי ברכ"ש עמ"ס שבת סוס"י כב בגליון שם מכתי"ק שתירץ כדברי הנמו"י[93], וכנראה שבברכ"ש חזר בו, וע"ע במילואים.]

מילואים

א. בשיטת הר"מ אם ס"ל בתר מעיקרא

בפנים הבאנו נידון אם הר"מ פסק כמ"ד בתר מעיקרא אזלי' או בתר בסוף אזלי' או דמספקא ליה, ועיין בברכ"ש סי' י"א אות ב' שהביא מהגר"ח לפרש דברי הר"מ בפ"ז מחו"מ הל' י"ב "לפי גירסת השו"ע בהר"מ דחייב הראשון דסופו להשבר כשבור דמי והשני פטור", ונוסח זה צב"ק דמנ"ל דהשו"ע גרס אחרת בהר"מ מהגירסא בפנינו, ושכוונת השו"ע הוא להעתק דברי הר"מ בזה. ועכ"פ לפי ביאור הגר"ח בהר"מ שם מבו' כהפי' דס"ל בתר מעיקרא אזלי', ועי' מש"כ בעיקר דברי הגר"ח בסימן ו'.

ב. בדברי האחיעזר

מו"ר הי' רגיל לומר בשיעוריו דהאחיעזר ג"כ היסוד המובא בפנים שיש שני גדרים בבתר מעיקרא, **א.** דין מצד הגברא, דנחשב שהמעשה נגמר לגמרי. **ב.** דין מצד הכלי, שנחשב שהכלי הוא כבר שבור, ובזרק חץ יש דין הא' ולא דין הב'. והנה מו"ר נקט דדין הא' הוא לכו"ע, אפי' למ"ד בתר בסוף אזלינן ודלא כדברי הנחל"ד, והי' משמע ממו"ר שנקט דהאחיעזר ג"כ ס"ל דגדר הא' אינו תלוי בספיקת רבה.

ואעתיק דברי האחיעזר בזה (א–יט–ו) בא"ד, תמה בס' תרומת הכרי סי' שצ"ב על הנמוק"י שכתב דאשו משום חציו הוא כזורק את החץ שבשעה שיצא מתחת ידו אז באותה שעה נעשה הכל מהא דכתובות ל"א דלמ"ל להטעם דעקירה צורך הנחה תיפו"ל דעבור חיוב שבת וממון בא על תחלת הזריקה כו' והנה תמיהות התרה"כ על ד' הנמוק"י י"ל בפשיטות דאע"פ דס"ל דאשו משום חציו וכמו שנעשה הכל מעיקרא ובתר מעיקרא אזלינן, והיינו לכשנעשה בפועל בסוף חייב עליו מעיקרא [ואין סתירה מד' הנמוק"י לדהתוס' בב"ק י"ז שכתבו דאם זרק חץ ובא אחר ושברו דפשיטא דחייב ול"ש כאן מנא תבירא תבר דאי אזלינן נמי הכא בתר מעיקרא לא משכחת בצרורות חצי נזק דדוקא בדהתוס' דבא אחר ושברו שלא נעשה בפועל לבסוף לא אזלינן בתר מעיקרא אבל לכשנעשה לבסוף אזלינן בתר מעיקרא והקצוה"ח בסי' ש"צ חושב דפליגי הנמוק"י והתוס' ולפמש"כ לא פליגי, ומיושב ג"כ מה שתמה הקצוה"ח מד' הרא"ש בפ' כיצד הרגל גבי התיזה ברה"ר והזיקה ברה"י כו' ולמש"כ היכא שהוא בא בפועל לידי סוף אזלינן בתר מעיקרא אף בזורק חץ וא"כ בדין התיזה ברה"ר והזיקה ברה"י בדין שתהי' בתר מעיקרא כיון שהגיע לידי סוף, ומש"כ התוס' דאי אזלינן נמי הכא בתר מעיקרא לא משכח"ל בצרורות חצי נזק אע"ג דבצרורות נעשה בפועל וראוי ליזל בתר מעיקרא כמו באשו משום חציו לד' הנימוקי נראה דכיון דבחץ לא אזלינן בתר מעיקרא היכא ששברו אחר ולא אמרינן מנא תבירא תבר היכא שלא נגמר החיוב על ידו א"כ מיתלי תלי' חיובו בגמר הדבר על זה יש הלכה מדין צרורות, והוכחת התוס' דאי נימא גם בחץ דאזלינן בתר מעיקרא כמו בזרק כלי א"כ דמי לדרסה על הכלי ונתגלגלה למקום אחר דאי אזלינן בתר מעיקרא חייב נזק שלם וצרורות היכי משכח"ל, אבל כיון דבחץ לא אזלינן בתר מעיקרא היכא שלא יצא בפועל ומיתלי תלוי עד גמר הדבר להכי יש על זה דין צרורות ולא דמי לדרסה על הכלי כו' דהתם הוי מנא תבירא מיד וכאלו נעשה בפועל לגמרי להכי בנידון

---

[93] וז"ל ובעיקר קו' הנמו"י לולי דמסתפינא י"ל באופן זה, דגבי חיוב רציחה לא בעי חיוב זה גוף שיהי' ידיו המה ההורגים רק דהחיוב הוא על מה שעשה מעשה, והראי' דלשמא הזקן הא מהני שליח לחיוב המשלה ולא דמי לצא בעול את הערוה, משא"כ שבת דמי לצא בעול את הערוה דהתורה הקפידה על ידיו ולא שייך בזה שליחות, ולכן אף דכה עשאה התורה כמעשה ידיו אבל מ"מ הכה העושה בשבת אינה מעשה שבת דהא אין כאן גוף הידים כו' עכ"ל.

הנימוק"י באשו משום חציו שנגמר הדבר ויצא אל הפועל החיוב על תחלת עשייתו ודמי כאלו נעשה כל המעשה מיד וכן במש"כ הרא"ש בהתיזה ברה"ר והזיקה ברה"י כיון דנגמר הדבר אף שיש על זה דין צרורות מ"מ לגבי דין זה אזלינן בתר מעיקרא וע"ז תי' הרא"ש דילפינן מקרא דבע' בשדה אחר דלגבי צרורות אזלינן בתר גמר הדבר בשעה שהי' ההיזק בפועל כו' עכ"ל.

והנה הי' משמע לי מלשונו, דהיכא דיצא בפועל שוב אמרינן בתר מעיקרא לגמרי גם לגבי הכלי, וכל החילוק בין קושית התוס' לתירוצם הוא בזה אם בעי' שיצא ההיזק בפועל בכדי לומר בתר מעיקרא אזלי' או לא, וגם יתכן דכל זה הוא דוקא למ"ד בתר מעיקרא אזלינן וכדברי הנמו"י, אך יתכן לומר לפי"ד האחיעזר דהיכא דיצא ההיזק בפועל לכו"ע אמרינן בתר מעיקרא מתחילה, ולא משמע כן וצ"ע. והברכ"ש (יז–ב) השווה דברי האחיעזר לדברי הנחל"ד, ולא הבנתי דלכאו' הם שני דברים, דלפי הנחל"ד לעולם לא דייני' הכלי כשבור עד שנשבר, ולפי האחיעזר אם נשבר לבסוף דייני' לי' כשבור מעיקרא.

ונראה דנקט הגרב"ד בכוונת האחיעזר דאילו הוי אמרי' דין בתר מעיקרא בהכלי שהוא כשבור א"כ לא היינו צריכים שתגמור השבירה לבסוף, כמו דבזרק הכלי עצמו דאי"צ שתגמור השבירה לבסוף, אלא דכל הדין בתר מעיקרא בזריקת החץ הוא כלפי המעשה עצמה, ולכן י"ל דאם לבסוף לא נשבר א"א לחייבו על המעשה מעיקרא דסו"ס לא הי' היזק, ורק אם לבסוף הוזק הכלי אז אפשר לחייבו על המעשה מעיקרא, ונמצא דלעולם דברי האחיעזר הם כהנחל"ד. [אך בפשטות משמע שם דתלוי בנידון אם אמרי' בתר מעיקרא אזלינן, וכמו שנקט הנחל"ד להדיא.]

שו"ר בחו"ש מהגרב"ב עמוד קפ"ו שכתב בהבנת הדברים "והביאור בדין דבתר מעיקרא הוא שצריך להחיוב השבירה בפועל והוא עושה החיוב ורק כשנעשה ההיזק בפועל נעשה למפרע בעד הזריקה ובצירוף השבירה, ונמצא דלחיוב צריך לשניהם להזריקה ולשבירה בפועל", ואולי משמע דר"ל דהחיוב שנגמר לבסוף שוב חל למפרע בשעת הזריקה, באופן דלא הוי גילוי למפרע אלא דכן הוא המידה בכמה דברים, דאחר שנגמר החיוב שוב חל למפרע, וכעין מש"כ הברכ"ש בב"מ בבי' תוס' ר"פ המפקיד בגדר קנין מעכשיו דר"י, דאחר שנגמר הקנין לאחר ל' יום שוב נגמר הקנין למפרע. אך מדברי הברכ"ש לא משמע דכוון לזה, דא"כ אין דברי האחיעזר והנחל"ד שווים דהנחל"ד כתב להדיא דבזרק חץ לא אמרי' דהכלי הוי שבור ע"י דין בתר מעיקרא, ולמשנ"ת היכא דלבסוף נגמרה השבירה שפיר אמרי' למפרע בתר מעיקרא גם לענין עצם הכלי. [ואולי השווה הגרב"ד דבריהם רק לענין זה דבזריקת חץ עיקר הדין בתר מעיקרא הוא על המעשה, ואולם היכא דלבסוף נסתיימה השבירה איכא חילוק בין הנחל"ד והאחיעזר, וצ"ע.]

ג. בענין יסוד דברי הבית מאיר והחת"ס בגדר איסור דמלאכת שבת

א"ה בפנים הבאנו מש"כ הבית מאיר לתרץ קושית הפנ"י מ"ט בעינן תקנ"ח לאסור אמירה לנכרי ולא אסרינן ליה משום דשלוחו של אדם כמותו, לדעת רש"י דאמרינן יש שליחות לנכרי לחומרא, ותי' דאיסורי שבת הוי כאיסור שבגופו, דיסוד האיסור הוא משום שביטל שביתת גברא, ולכן לא שייך עלה שליחות. והנה הבית מאיר סתר את דבריו מכח רש"י בפ' מי שהחשיך בדף קנ. שהזכיר דין שליחות לענין מלאכת שבת, ומשו"ה כתב ליישב קושית הפנ"י באופ"א, דמה דבעי' דין דאמירה לנכרי שבות, הוא משום דחמור טפי, ונפק"מ, דגם במקום הפסד לא מתירין לי' משום הך דאין אדם מעמיד עצמו על ממונו, ע"ש.[94]

---

[94] וז"ל הבית מאיר, אבל שוב עיינתי ברש"י ר"פ מי שהחשיך, פי' באמת קושיא הגמ' מ"ט שרו לי' למיהב לא"י והרי הוא שלוחו לישאנו בשבת, הרי שבהדיא פי' מצד שליחות. וכנראה מדעתו, מדלא פי' פשוט מצד אמירה שבות כבמס' שבת ק"נ, וכן פי' הר"ן פ' השוכר את הפועלים, ש"מ דסובר כהרא"ש פ' הנ"ל, דל"ש אמירה שבות אלא בשבת, ומוכרח לפרש מצד שליחות, ולחומרא יש שליחות לא"י, ויראה לע"ד, שעכ"ז אין ראי' כמ"ד יש שליח לד"ע אף בלאו בעל חיוב, כי י"ל, דכמו דאף דאין שליחות לא"י, מ"מ לחומרא יש, ה"נ אף דאין שליח לד"ע, מ"מ לחומרא יש, כי דוחק דרש"י מפרש סתם הסוגיא אך למ"ד אחד, וכן מוכח לשיטת הרא"ש דאמירה ל"ש קודם שבת, א"כ מפני מה אסרו להשכיר ריש

והחת"ס בכ"מ [א"ה בחידושיו לשבת דף קנ. ובתשו' חת"ס או"ח סי' פ"ד (וחו"מ סי' קפ"ה[95]) ובח"ו ליקוטים סי' כ"ד] כתב, דהגם שהבית מאיר סתר סברתו מכח דברי רש"י הנ"ל, אמנם אין דבריו נראים, וז"ל בח"ו, ולפע"ד לא כיון יפה, דוודאי באמירה דשבת לא שייך דין שליחות כלל, כמ"ש הבית מאיר בעצמו, דבשבת עיקר קפידא שינוח הישראל ולא שייך שלוחו כמותו כלל, ולא נצרכה אלא לענין שארי אסורים, אבל לענין שבת לא שייך שלוחו כמותו. ומ"ש רש"י דנעשה כשלוחו, אין הכוונה שנעשה שלוחו כמותו לענין הדין, אלא משום דאמירה לנכרי לא יצדק אלא באומר לו כן בשבת, אבל בנותנו לו סמוך לחשיכה, או אפי' אח"כ ואין אומר ואין דברים, הו"א דלא ליתסר משום אמירה, שהרי אין כאן אמירה של חול בשבת כלל, לכן כתב דנעשה כשלוחו, והרי אנו רואי' שלצורך ישראל וטובתו נושא הכיס, ואסור מדרבנן ככל גוי העושה מלאכה בשביל ישראל, אבל לא לומר שיהי' שלוחו כמותו ממש, ועי' ר"ן ספ"ק דע"ז גבי מרחצו לנכרי, עכ"ל.

אמנם עי' בחי' ר"י מלוניל ובשיטה לר"ן, שכתבו כדברי רש"י, והוסיפו, ששלוחו של אדם כמותו, וכ"כ הנמו"י בשבת דף יז: להדיא, וז"ל, נותן כיסו, ולא יטלטלנו פחות פחות מד' אמות. "ואע"ג דשלוחו של אדם כמותו", גזירה שמא יביאנו הוא עצמו, מפני שיהי' בהול על ממונו, עכ"ל, הרי להדיא שהוא דין שליחות ממש, וכהבנת הבית מאיר. ודברי הנמו"י עולים יפים לשיטתו כפי מה שהוכחנו בפנים דלא ס"ל כיסוד הנ"ל.

ודע דגם מדברי הנתה"מ מבואר דלא כהיסוד הנ"ל, דעי' בדבריו בסי' שמ"ח שהביא מהריטב"א דלענין שליחות לדבר עבירה יש שליחות לנכרי, והק' דא"כ למ"ל תקנת חכמים לאסור אמירה לעכו"ם, תיפו"ל דאסורה מה"ת משום יש שליחות לעכו"ם בשלד"ע, וע"ש שתי' דבמעשה עבירה עיקר קפידת התורה הוא על מעשה הנעשה ע"י גוף של ישראל, ועבירה שנעשית ע"י גוי לא חשיבא מעשה עבירה כלל, ולכן נהי דנתייחס להישראל מעשה של מלאכה בשבת אין בזה איסור דאורייתא כי הוא מלאכה של עכו"ם דאינה מעשה עבירה[96] עכ"ד. ולדברי הבית מאיר והח"ס מיושב קושיתו בפשיטות כמובן, שכיון שגופו של הישראל נח בשבת לא אכפת לן שנעשית מלאכה ע"י שליחות. ולאחר זמן רב יצא לאור **ברכ"ש עמ"ס שבת** וראיתי שם בסי' יח שהגרב"ד כבר עמד על דברי הנתה"מ הנ"ל וכתב להוכיח מדבריו דס"ל "דמלאכה בשבת ודאי דלא הוי מלאכה מצד מה שגופו נצטרף להמעשה, רק המעשה בפנ"ע הוי מעשה איסור" וע"ש שהוכיח כן גם מדברי התוס' בב"מ דף צ., ולכאורה כוונתו הוא לאפוקי מדברי הבית מאיר והחת"ס הנ"ל, וע"ש שביאר בתירוצו דרק לענין מלאכת שבת שאינו מעשה איסור בעצם אלא דתלוי בהיום, בזה אמרינן דלנכרי שאינו מצווה אינה מעשה איסור, אבל לענין שאר דברים שפיר שייך לחייב ישראל ע"י שליחות נכרי ע"ש [וראיתי

אין מעמידן מרחץ, מהיכא תיתי לחשוד הישראל שיאמר בשבת, א"ו דמ"מ אסור מצד שליחות, וכן מבואר שם ברש"י ותוס' עיקר הטעם מצד שליחות כו'.

[95] וז"ל, ויפה כתב בית מאיר דלענין שבת לק"מ קושיא זו. דלא שייך שליחות במאי דתלי' בגוף איברי אדם, כשם שא"א לומר שיניח ראובן תפילין על ראשו עבור שמעון, ה"נ התורה אמרה למען ינוח וישבות איברי ישראל, לא שייך באיברי גוי שלוחו כמותו, ואמת נכון הדבר כו', עכ"ל.

[96] והוא כעין מש"כ בתשו' ח"ס על הסוגיא דאשלד"ע, דהציור המוזכר בקידושין מג. "צא בעול את הערוה" איירי בערוה להשליח, דאילו בערוה להמשלח ולא להשליח לא הוי זה שליחות לדבר עבירה. וזהו דלא כמש"כ בנו"ב אהע"ז סוס"י ע"ה דאם כהן טמא עושה כהן טהור שליח לאכול תרומה ונימא דיש שליח לדבר עבירה על אכילה בטומאה עובר המשלח על איסור אכילה בטומאה. ודע דאין להק' דדברי הח"ס שלא תי' כהנתה"מ סותרים לדבריו גבי צא בעול את הערוה דנקט שם כהנתיבות, די"ל דס"ל דבמלאכת שבת שהוא מעשה איסור בעלמא, אם אך נתייחסה לו המלאכה הי' זה נחשב לחילול שבת, שהרי ע"י השליחות נמצא שהישראל עשה מלאכה בשבת. אכן בערוה, אין גדר האיסור שיהי' לו מעשה ביאה עם ערוה פלונית, אלא האיסור הוא מעשה ביאת ערוה, דהוא סוג ביאה דאין לה אישות וכיו"ב, וזה ודאי לא שייך ע"י שליח, כי אצל השליח זו ביאה של אישות.

שהג"ר עוזיאל שליט"א בן מו"ר זיע"א [בהגהה שם] כבר הרגיש בזה שהגרב"ד בא לאפוקי מהבית מאיר והחת"ס, ועי' במשנת ר' חיים שלמה עמ"ס שבת סימן כז מש"כ בדברי הנתה"מ הנ"ל. אלא דעיקר דברי הברכ"ש תמוהים הם ודבריו תמוהים הם דהנתה"מ כתב שם להדיא גם לענין שאר עבירות ע"ש. ודע דכעיקר חילוק הנ"ל בין מלאכת שבת לשאר עבירות משום דיום קגרם, מוזכר באתוו"ד רס"י י' אלא שהוא לא העלה כן, דהוכיח מזה דאיתא בברכות דף נג: דנר שהודלק ע"י עכו"ם בשבת אין מברכין עליו במוצ"ש משום שנעשית בו עבירה, דגם לענין מלאכת שבת נחשב מלאכת נכרי כמעשה עבירה ורק דאין מצווין עליו [א"ה ועי' במהר"ם חלאווה פסחים דף נג: שהגדיר דאין מברכין עליו מפני דהוי מצהב"ע].

והנה לכאורה יש מקום לפקפק על ראיית הקה"י מהנמו"י הנ"ל, דאולי י"ל, דהגם דודאי יסוד האיסור דמלאכת שבת הוא משום שמפריע לשביתת גופו, אבל יתכן דזה רק מגלה לן דעצם האיסור תלוי' בזה שנעשה בגופו ממש ולא ע"י שליח, דמגלה לן דהוי כמצוה שבגופו, ולפי"ז י"ל, דאף אם אשו משום חיציו, שפיר נחשב כמעשה בגופו ממש, וא"כ נהי דבפועל אינו מפקיע שביתתו ומנוחתו, אבל מ"מ נכלל בגוף האיסור. וכשהצעתי זה להגרש"מ אמר לי דפשטות הדברים הוא, דלפי יסוד הנ"ל הכל תלוי בזה דבפועל הוא הפריע שביתת גופו, ולא רק במה שנחשב כעבירה שבגופו.

סימן ו'

ביסוד החילוק בין הפטור דבלאו איהו מיתבר לדין בתר מעיקרא אזלינן (ברכ"ש יא-ד)[97]

א. בפלוגתת הראשונים במרבה בחבילה היכא דבלאו איהו אזלא

ב. בקושית הקצה"ח דאם לא אמרי' בתר מעיקרא בזריקת חץ איך שייך לפטרי' במרבה בחבילה

ג. דקדוק מדברי הקצה"ח דכל קושיתו הי' רק למ"ד אשו משום חציו, וביאור בדבריו

ד. בחילוק בין הפטור דבתר מעיקרא אזלי' לפטור דבלאו איהו מיתבר וכמה נפ"מ

ה. ביאור בדברי הקצה"ח שקבע קושיתו למ"ד אמ"ח ולא למ"ד אמ"מ

ו. בביאור ספיקת הקצה"ח בקושיתו שהסתפק אם רק השני יתחייב או ששניהם יתחייבו

ז. יישוב על הטושו"ע מקושית הקצה"ח מ"ט מרבינן מרבה בחבילה למאי דקיי"ל אמ"ח

ח. דברי הגר"ח שנקט ג"כ דבכדי לחייב מזיק בעי' שיכשיר את ההיזק, ובדברי הר"מ פ"ז מחו"מ הל' יב

ט. יישוב עפ"י הנ"ל על קושית התוס' על רש"י מכורה בור י' ואח"כ כרה בור כ'

__ענף ב__

י. יתכן דגם היכא דפטור משום בלאו איהו מיתבר הוי מזיק, ורק דשייך בו פטור שותפות

יא. דיוק מרש"י דבשותפין שהזיקו אף אם יש לשניהם תורת מזיק מ"מ מי שהוא עיקר המזיק פוטר השני

יב. למשנ"ת באופן דיש פטור דבלאו איהו מיתבר שייך דין דכי ליכא לאשתלומי כו' ובי' ביש"ש דף י.

יג. עפ"י הנ"ל דהוי פטור שותפות יש ליישב הר"מ בה' חובל ומזיק בהך דמרבה בחבילה

__מילואים__

א. בכוונת הברכ"ש בשם הגר"ח בבי' הר"מ בפ"ז הל' יב בזורק כלי מראש הגג (שייך לענף א)

ב. בדברי הגרי"מ שר"ל דהוי פטור שותפות, וביתר בי' דברי הברכ"ש ביסוד הפטור דבלאו איהו איתבר

א. בפלוגתת הראשונים במרבה בחבילה היכא דבלאו איהו אזלא

משנה דף ט: תנן הכשרתי במקצת נזקו חבתי בתשלומי נזקו כהכשר כל נזקו, ובגמ' שם בדף י. איתא ת"ר הכשרתי מקצת נזקו חבתי בתשלומי נזקו כהכשר כל נזקו כיצד החופר בור ט' ובא אחר והשלימו לעשרה האחרון חייב מתקיף לה רב ששת [ותו ליכא] והא איכא מרבה בחבילה (ופירש"י שריבה חבילות זמורות בהדלקה של חבירו וקירבה ע"י החבילות לגדיש אחרים שהיה בדין שיהא הוא חייב ולא הראשון.) ה"ד אי דבלאו איהו לא אזלא פשיטא אלא דבלאו איהו אזלא מאי קא עביד. מתקיף לה רב פפא והא איכא הא דתניא ה' שישבו על ספסל אחד ולא שברוהו ובא אחד וישב עליו ושברו האחרון חייב כו' ה"ד אילימא דבלאו איהו לא איתבר פשיטא אלא דבלאו איהו נמי איתבר מאי קעביד ע"כ, ועי' בתוס' וז"ל, מאי קעביד (כנראה דקאי על הך דמרבה בחבילה) בכולה שמעתין צ"ל מאי קעביד טפי מאחריני וישלם כל אחד חלקו ואין לומר דליפטר דתניא פרק הפרה (לקמן נא.) אחד החוקק בור לי' ובא אחר והשלימו לעשרים ובא אחר והשלימו לשלשים כולם חייבין אע"ג דבלאו איהו הוה מתה מיהו בזה צריך לדקדק וכי בשביל שהשליך איש עץ בתוך אש גדולה יתחייב הא לא דמי אלא לאחד שחופר בור י' ובא אחר והשלימו לי"א, עכ"ל, ועי' בהרשב"א שתירץ קושית התוס' בסו"ד וז"ל, י"ל דלא אמרו אלא במרבה חבילות שיש בהם כדי לילך

[97] שיעור כללי תשמ"ו, תשנ"ב, תשנ"ח עם הוספות מעוד מהדו'

ולהזיק דומיא דההיא דהשלימו לעשרים אבל אם אין בו כח כדי לילך ולהזיק פטור דהו"ל כחופר בור עשרה ובא אחר והשלימו לאחד עשר ובא אחר והשלימו לשנים עשר שהראשון חייב והאחרים פטורין, עכ"ל[98].

והנה בטושו"ע (תיח-ה) פסקו "עשה אחד האש ובא אחר והוסיף אם יש במה שעשה הראשון כדי שתגיע למקום שהלכה הראשון חייב ואם לאו הראשון פטור והאחרון חייב", ומבואר שפירשו דמשום טעם דמאי קעביד האחרון הוא פטור לגמרי, ומסתימת הטושו"ע משמע דאפי' באופן שהרבה בחבילה כ"כ עד שיש בהם לחודיה כדי לילך ולהזיק, אפ"ה פטור[99], ועי' בביאור הגר"א (שצו-ז) שכתב דהמקור הוא מהרא"ש שפירש בקו' הגמ' לעיל שם במסר שורו לה' בני אדם כו' דפריך שם ג"כ מאי קעביד דר"ל דפטור לגמרי, וה"ה בשאר ציורים של הגמ' דפריך מאי קעביד ר"ל דפטור לגמרי. ולכאורה לפי"ד הגר"א כמו"כ יש לדייק מרש"י שם שפירש ג"כ על הך דמסר שורו לה' בני אדם כו' דאי בלאו איהו מינטר מאי קעביד דר"ל מאי קעביד ופטור לגמרי, ובמרבה בחבילה סתם ולא פירש כוונת הגמ' דמאי קעביד, דכנראה פירש ג"כ הכא דר"ל מאי קעביד ופטור לגמרי. [ודע דהפנ"י לא נקט הכי, דר"ל דרק בענין מסר שורו לה' בני אדם ס"ל לרש"י כן ולא בהך דמרבה בחבילה, ובדף י. הארכנו בדבריו.]

וצ"ב לדעת הטושו"ע והרא"ש ורש"י דס"ל דמשום בלאו איהו אזיל כו' ובלאו איהו מתבר כו' פטור השני לגמרי, דאמאי פטור לגמרי ולא הוי שותף בהיזק.

ב. בקו' הקצה"ח דאם לא אמרי' בתר מעיקרא בזריקת חץ איך שייך לפטרי' במרבה בחבילה

והנה עיין בקצה"ח (שצ-א) שהקשה על דברי הטושו"ע הנ"ל שפסקו דמשום טעם דמאי קעביד פטור לגמרי במרבה בחבילה, וז"ל, ואי נימא דזורק חץ ובא השני ושברו השני חייב א"כ באש דהוי נמי משום חציו אמאי אינו חייב השני או עכ"פ יתחייבו שניהם כיון דלא אזלינן בתר מעיקרא בזורק חץ כו' ואין לומר דהא דאמרינן בזורק חץ ובא אחר ושברו השני חייב היינו דוקא אם בא ושברו בידים אבל אם השני ג"כ זרק חץ הראשון חייב ולא השני, דמאי שנא כיון דלא אזלת בתר מעיקרא בחץ כו' ומשמע מזה דגבי חץ נמי הו"ל כאילו אתעבד מעשה עכ"ל, ומבואר שהבין דיסוד הפטור דבלאו איהו אזיל הוא משום דבתר מעיקרא אזלינן, וכבר נחשב כשרוף כבר מחמת זריקת החץ, ומשו"ה כתב להוכיח מזה דס"ל דגם בזריקת חץ אמרינן בתר מעיקרא אזלינן, וזהו יסוד הפטור דמרבה בחבילה דדיינינן מיד הגדיש כמו שהוא כבר שרוף ולכן א"א לחייב השני.

אך קשה על זה מהוכחת התוס' דלא אמרי' בתר מעיקרא אזלי' בזורק חץ דאם אמרינן כן אפי' בזריקת חץ א"כ איך משכח"ל פטור צרורות, ור"ל דהנה בגמ' מבואר שני נפ"מ בדין זה דבתר מעיקרא אזלי', **א.** בזרק כלי מראש הגג ובא אחר ושברו השני פטור והראשון חייב, **ב.** בדרסה על הכלי הוי היזק גופו ולא היזק כחו וליכא פטור דצרורות, דחיובו הוא על המעשה מעיקרא דנעשה בגופו, אבל למ"ד בתר לבסוף אזלי'

---

[98] א"ה לכאורה היה מקום לומר דמה שהתוס' לא נחתו לזה הוא משום דעי' בתוס' ר"פ שהביא מר"פ שתי' על דרך הרשב"א, והוסיף דצ"ל דאיירי שגם הוא הביא אור משל עצמו עכ"ד, וכנראה דס"ל דאל"כ אין הוא נעשה בעל האש, דבלא"ה אש זה עומד להזיק ואינו אחראי עלה, ומסתימת דברי הרשב"א משמע שלא נחית לזה, ועכ"פ יתכן דתוס' ס"ל כר"פ, אלא דס"ל דדוחק לאוקים דאיירי בכה"ג דמשמע דרק הרבה בחבילה ולא הוסיף אור, אך מלשון התוס' לא משמע כן, ואולי ס"ל דמסתימת הגמ' שלא חילק בין אם הוסיף הרבה או הוסיף מעט משמע דבכל גווני איירי. אמנם יש לי מקום עיון בדברי בי' הגר"א (שפא-ה) שהבין דמסקנת התוס' הוא דיש פטור דבלאו איהו איתבר משום דלא מסתברא לחייבו על הוספת עץ לאש גדול, וכתב שם דלפי"ז גם בה' שישבו על ספסל א' שייך הך פטור, ותלאם אהדדי, ולכאורה מבואר על דרך הא', וס"ל דכל עוד דלא הביא אור משלו הוי כהוסיף עץ באש גדול, וצ"ע.

[99] א"ה עי' באבן האזל פ"ב מנזק"מ הל' יד אות ה' שכתב דהטור איירי דוקא באופן דהאש של השני לא הי' יכול לילך בלי האש של הראשון, דודאי אינו חולק על הרשב"א והתוס'.

דהחיוב הוא על מה שנעשה אח"כ הוי היזק כחו ויש לו פטור דצרורות. וכתבו התוס' דאם בחץ אמרי' בתר מעיקרא אזלי' א"כ איך משכח"ל פטור צרורות והא מיד שנגע גוף הבהמה לצרורות כבר נחשב הכלי כשבור וחייב עלה וא"כ הוי זה היזק דגופו ולא דצרורות, דבגופו שבר הכלי. וכתב הקצה"ח דמוכרחים לומר דהטור חולק על התוס' הנ"ל, ולעולם גם בחץ איכא דין דבתר מעיקרא אזלי' ואפ"ה הוי כחו ולא גופו, דאף דהמעשה נעשה בגופו אבל עיקר צורת ההיזק הוא בכחו ולא בגופו, ועל זה גופה נאמר פטור דצרורות, ואכמ"ל.

ג. דקדוק מדברי הקצה"ח דכל קושיתו הי' רק למ"ד אשו משום חציו, וביאור בדבריו

והגרב"ד כתב ליישב דיוק זה מהטור דלעולם י"ל דהטור אינו חולק על התוס' ובחץ ליכא דין דבתר מעיקרא אזלי', ובהקדם דקדוק גדול בדברי הקצה"ח, דהנה הקצה"ח קבע קושיתו משום זה דאשו חייב משום חציו, ומשמע דלמ"ד אשו משום ממונו לא קשה דהיה מובן דהראשון חייב ולא השני, וצ"ב טובא דאדרבה למ"ד אשו משום ממונא קשה טפי דהא מדברי הקצה"ח שם מבואר דס"ל דרק למ"ד אמ"ח שייך לומר באש בתר מעיקרא אזלינן אבל למ"ד אשו משום ממונו ליכ"ל בתר מעיקרא אזלינן, ובסימן ד' הארכנו בביאור דבריו, וא"כ אדרבה למ"ד אשו משום חציו יש מקום לחייב הראשון לחודיה אבל למ"ד אמ"מ מהו הטעם לפטור השני.

ד. בחילוק בין הפטור דבתר מעיקרא אזלי' לפטור דבלאו איהו מיתבר וכמה נפ"מ

וביאר הגרב"ד בזה דבאמת שני פטורים חלוקים הם, **א.** פטור דבתר מעיקרא אזלי' דמחמת זה אם בא אחר ושברו פטור, **ב.** פטור דבלאו איהו מיתבר דמשום זה אם בא השני וסייע בההיזק פטור, וחלוקים הם בדיניהם וביסודם, דפטור דבתר מעיקרא אזלינן אמרינן אפי' בכה"ג שלא נסתיימה השבירה וכגון בבא אחר ושברו, שנשבר בפועל מחמת השני ולא מחמת הראשון, אכן פטור דבלאו איהו מיתבר לא שייך אלא באופן דנסתיימה ונגמרה שבירה הראשון, ורק שהשני צירף לההיזק.

ופטורים חלוקים הם ביסוד דינם, דפטור דבתר מעיקרא אזלי' הוא דכבר יש להכלי דין שבור, ובזה כתבו התוס' דהוא דוקא בזרק הכלי דכבר מונח בהכלי כח השבירה[100]. אמנם דין דבלאו איהו מיתבר לא הוי משום דנחשב כשבור, דהרי משכח"ל הך דין אפי' באופן דליכא לדון הכלי כשבור וכגון בה' שישבו על ספסל א' דלא ישבר אלא אם ימשיכו לישב שם [וכגון שאין בידם לקום מאיזה טעם]. ונמצא דבאופן דנא' פטור דבתר מעיקרא וכגון בבא אחר ושברו לא שייך פטור דבלאו איהו מתבר, דהא לא נסתיימה השבירה מחמת מעשיו של הראשון, ובאופן דבלאו איהו מיתבר וכגון בה' שישבו על ספסל א' לא שייך פטור דבתר מעיקרא דעדיין לא מונח לגמרי בחפץ כח שבירה ורק דאם ימשיכו ישיבתם עומד הוא להשבר. ואדרבה מהך דה' שישבו על ספסל א' דפסק הרמ"א בסי' שפ"א סעי' ה' דהיכא דהי' נשבר בלא האחרון פטרינן ליה משום בלאו איהו מיתבר, [עי' בבי' הגר"א שם], מוכרחים לומר דיש פטור דבלאו איהו מתבר שהוא פטור בפנ"ע ואינו משום בתר מעיקרא אזלי', דהתם ליכ"ל בתר מעיקרא אזלי', דאף דיש לו כבר הדין בידים של 'מזיק' אבל אכתי אין לו דין שבור דעדיין אינו מונח כח השבירה, אלא דכיון דלא היה להם שהות לעמוד, שייך פטור דבלאו איהו מתבר כיון דכבר יש כאן מעשה מזיק.

---

[100] א"ה בחו"ש מהגרב"ד עמ' קפ כתוב בזה"ל, דהדין דאזלי' בתר מעיקרא פי' הגר"ח דאמרי' כיון דנעשה כבר בהכלי מעשה השבירה הרי עומד הכלי להשבר וסופו להשבר כשבור דמי והרי הוא כאילו כבר שברה ממש עכ"ל, ובשיעור כללי ח' תשנ"ח אמר מו"ר "כיון שכבר עשה מעשה בכלי, עס איז א מין אזוי ווי כל העומד לישבר כשבור דמי, והכלי נחשב כשבורה ולכן הראשון חייב והשני פטור, דמנא תבירא תבר".
ועי' בחי' ר"ש (יז-ג) שר"ל דהא הוי פשיטא להגמרא שאם נתנו מכה בכלי שמחמתה ישבר הכלי כעבור זמן, ודאי דהכלי כבר חשוב מנא תבירא, כיון שכבר נעשה בכלי מעשה המשבר, וכאן הנדון הוא אם בזרק כלי מיקרי דכבר נעשה בכלי מעשה המשבר, ע"ש.

וגדר הפטור דבלאו איהו מתבר הוא דאם יש לאחד כבר תורת מזיק בחפץ דעומד לישבר מחמתו, אע"פ שאין לכלי דין שבור אפ"ה אין השני יכול להשיג ולקבל תורת מזיק על החפץ, ואינו דין חלות בהחפץ לדונו כמו שהוא כבר הוזק, אלא הוא דין בהמעשה מזיק, ואף שלא חל בחפץ דין שבור אפ"ה שייך פטור זה[101]. והראי' לזה הוא מהא דמצינו הך דין דבלאו איהו מיתבר לענין בור, דזהו יסוד הפטור דאם א' כרה בור י' ושני עשאו בור י"א דפטור, דאף דההיזק נעשה בשותפותו מ"מ פטור כיון דבלאו איהו מיתבר, ושם הרי כל זמן שלא נפל דבר הניזק לבור ליכא לדון בו שהחפץ כבר הוזק, ובע"כ דהוא סברא בעלמא דלא נעשה עי"ז בעל הבור, וכן בהיזק לא נעשה בעל ההיזק.

והביא בשם הגרי"ז לפרש טפי דיסוד בלאו איהו מתבר הוא פטור מסויים בדין מזיקין, דבדין ניזקין מצינו דבכדי לחייבו בעי' לדון שהוא הכשיר ההיזק ("ער האט צוגעגרייט די היזק") בכדי להיות בעל המזיק, וכלשון המשנה "הכשרתי את נזקו, ולכן אמרינן דהיכא דההיזק הוכשר כבר ע"י אחר, אף שהוא עשה מעשה היזק גמור מ"מ לא נעשה לבעל המזיק, ודין זה אינו מסויים באדם המזיק אלא בכל המזיקים, וכגון להיות בעל האש למ"ד אמ"מ, אם כבר יש אש אין האחר יכול להיות בעל האש דאף שהוסיף באש עד כדי כך שהי' הולך ושורף מחמתו אפ"ה לא נחשב הוא לבעל אש כיון דההיזק הי' כבר מוכשר לפני כן, דכמו דא"א להיות בעל המזיק באדם ההיזק כמו"כ א"א להיות בעל האש באש, וזהו גדר הדין דמצינו בבור דאם כרה אחד בור י' ובא אחר ועשאו לבור י"א דאין השני חייב דאין כאן מעשה כרייה, והוא משום דבעי' שיכשיר ההיזק כלומר שיהא תוספת היזק, ובבור י' והשלימו לכ' שאני דהוי ככריית בור אחר, ולכן ודאי נחשב כתוספת בהיזק. [ועי' בהמשך שהגרי"ז הביא מהגר"ח שג"כ נקט יסוד הנ"ל, דבניזקין לא מספיק מה שהזיק אלא צריך ג"כ שיכשיר את ההיזק.]

אך כל זה הוא רק באופן דמעשה היזק של הראשון נסתיימה לבסוף, דנשרף גם מחמת הראשון, אבל באופן דבא אחר ושברו א"א לדון כן, דבכה"ג ודאי השני הוא בעל ההיזק ולא הראשון, ועי' להלן שהגרי"ז אמר עפי"ז דדוקא בניזקין איכא הך פטור ולא בנפשות, דבנפשות ליכא דינים של הכשר נזק אלא הכל תלוי במעשיו, ונאריך בזה להלן בעזה"י.

וכתב הברכ"ש דאיכא עוד נפ"מ בין הנך שני דינים, דהנה בדין דאזלי' בתר מעיקרא כתב השלט"ג דהוא אפי' היכא דנפל הכלי מאליו, אכן דין דבלאו איהו מיתבר לא אמרי' אלא היכא דנעשה בו מעשה היזק אבל באופן שבלאו איהו איתבר ע"י רוח או ברד וכיו"ב ליכא פטור זה. ואולם יתכן דבעי' שיהא נעשה ע"י בר חיובא שיש עליו חיוב מזיק[102], דבכה"ג אמרי' דכיון דיש כבר לא' דין ואחריות ד'מזיק' על החפץ, אף שעדיין לא נתחייב בפועל מ"מ לא שייך שיהא להשני דין מזיק, ראה בהמשך ביתר ביאור.

[ויוצא מתוכ"ד הגרב"ד ג' נפ"מ בין הנך שני דינים, **א.** היכא דלא נסתיימה ההיזק, **ב.** בנעשית מאליו, **ג.** אפי' לדעת הרמב"ן דנאמר פטור דבתר מעיקרא בנפשות מ"מ לא נאמר פטור דבלאו איהו מיתבר. (א"ה עו"כ הברכ"ש שם נפ"מ רביעית לפי דעת הריב"ש דלא אמרי' בתר מעיקרא אזלי' אלא בודאי היזקא, דמ"מ דין דבלאו איהו מיתבר אמרי' אפי' בכה"ג עד כמה שנסתיימה ההיזק[103]).]

---

[101] "אין א כלי קען מען ניט ווערין נאך א מאל א דין מזיק, סיי בב"א ווערין זיי גלייך ביידע שותפין אין מזיק".

[102] בתשס"ח הי' דן בזה, ובתשע"ג נקט בפשיטות דגם בכה"ג דלאו בר חיובא ליכא פטור דבלאו איהו מיתבר, והדגיש כן אחר השיעור.

[103] א"ה מו"ר הזכיר רק ג' נפ"מ, ובכל המהדורות ששמעתי לא הזכיר הנפ"מ הא' של הברכ"ש אם בעי' שיהא ברי היזקא, ואולי משום שהגר"ח [מובא בקיצור שם, ובאריכות בגר"ח על הש"ס] והנתה"מ (סי' רסא-א) לא נקטו כן.

ה. ביאור בדברי הקצה"ח שקבע קושיתו למ"ד אמ"ח ולא למ"ד אמ"מ

ועפ"י הנ"ל הסביר הגרב"ד דברי הקצה"ח היטב דלמ"ד אשו משום ממונו עיקר חיובו הוא משום המעשה הבערה דמעיקרא, דמחמת זה נעשה בעל האש ואחראי על האש דהכשיר ההיזק, ומעתה י"ל דזה פשיטא להקצה"ח דלמ"ד אשו משום ממונו שפיר יש לומר דפטור זה דבלאו איהו מתבר במרבה בחבילה הוא דין אחר, דכיון דחיובו הוא בשביל המעשה הדלקה דמעיקרא דמחמת זה נעשה בעל האש, א"כ הכל תלוי בשעת המעשה הדלקה וי"ל דכיון דהראשון כבר נעשה בעל האש ע"י מעשה הדלקה דידיה ("ווייל ער האט צוגעגרייט די הבערה") לכן אין השני נעשה לבעל האש, דאין כאן שום הוספת היזק.

אמנם ס"ל להקצה"ח דכל זה הוא למ"ד אשו משום ממונו דכל הנידון הוא להיות בעל אש ('אין דעם ווערין די בעל האש'), וכיון שיש כבר בעל האש גמור, והשני לא הוסיף כלום בההיזק א"כ לא נחשב שהוסיף כלום בהאש ולא נעשה כלל בעל האש. אמנם למ"ד אשו משום חציו דנחשב כמזיק בידים דהוי כזורק חץ לא שייך פטור זה. [והנה הי' מקום לפרש דהוא משום דס"ל דהא דבעי' הוספת היזק היינו רק בנזקי ממונו אבל באדם המזיק ליכא דין דבעי' הוספת היזק וכל דנחשב כמזיק בידים חייב, אכן ליכ"ל כן דבגמ' מבואר דשייך פטור זה גם בה' שישבו על ספסל א' אף דהתם הוי אדם המזיק.]

וביאר הגרב"ד דה"ט דס"ל להקצה"ח דלא שייך פטור דבלאו איהו איתבר באש למ"ד אשו משום חציו, משום דלדידיה נחשב כעושה וחוזר ועושה כל רגע ורגע ("ער האלט דאס אין איין טאן"), וכמו שביאר בחי' רח"ה (הל' שכנים) בדעת הר"מ דאשו משום חציו הוי כחץ ממש ובחץ ממש הוי כעושה וחוזר ועושה, ולכן ס"ל להקצה"ח דלא שייך פטור זה, דאין חיובו משום מעשה הבערה לחוד אלא דחיובו הוא משום דכל רגע ורגע הוא עושה וחוזר ועושה, וא"כ י"ל דאם הדליק השני גם הוא צריך להיות שותף בהאש, דרגע זו הרי שניהם שווים הם בעשייתם, דשניהם עושים וחוזרים ועושים ואין אנו דנים שהראשון הוא מוקדם והשני הוי מאוחר אלא שניהם בב"א מזיקים, ולא דמי לה' שישבו על ספסל א' דדייני' כבר דבמעשה ישיבה זו נכלל בו הכשר ההיזק, אף דלא שייך לומר בו בתר מעיקרא אזלי' דעדיין לא מונח בו כח השבירה דצריך להמשיך ישיבתו בכדי לשברו. והעלה הקצה"ח מכח זה דלמ"ד אמ"ח צריכים לפרש גדר הפטור דבלאו איהו איתבר דהוא משום דבתר מעיקרא אזלינן[104].

ו. בביאור ספיקת הקצה"ח בקושיתו שהסתפק אם רק השני יתחייב או ששניהם יתחייבו

[והנה ז"ל הקצה"ח, ואי נימא דזורק חץ ובא השני ושברו השני חייב א"כ באש דהוי נמי משום חציו אמאי אינו חייב השני או עכ"פ יתחייבו שניהם כיון דלא אזלינן בתר מעיקרא בזורק חץ עכ"ל, ויל"ע בביאור ספיקתו דמאיזה סיבה נתחייב השני ולא הראשון והרי בלאו איהו הוי אזיל ועדיין האש קיים, וצ"ל דכיון דע"י הדלקת השני האש ממהרת לשרוף ויש בו הוספה מצד השני, יתכן דרק השני נתחייב דבכה"ג הראשון נסתלק מההיזק[105], והוא חידוש גדול דלפו"ר הי' נראה בפשיטות דשניהם חייבין. וביותר תימה דעיין

[104] עי' באבן האזל פ"ב מנזק"מ הל' יד אות ה' שכתב ליישב עפ"י מש"כ דהטור איירי דוקא באופן שאש השני לא הי' יכול להזיק בלי אש הראשון, וכדעת התוס' והרשב"א דרק בכה"ג פטור, וא"כ "כיון דמי שהוסיף האש לא היה יכול האש שלו לילך ולהזיק ורק שהלכה בצירוף האש הגדול א"כ גם מתורת מזיק אינו חייב דהוי רק מסייע והוי כמו שאחד יזרוק אבן גדול והשני יזרוק אבן קטן דמצטרף עם האבן הגדול וההכאה יותר חזקה מ"מ כיון דבאבן שלו לא הי' גורם מיתה והאבן הגדול היה גורם בעצמו מיתה ודאי דהשני פטור, והוי רק מסייע שאין בו ממש", ויש לדון טובא בענין מזיקין אם שייך הך מושג דמסייע שאין בו ממש דזה יכול וזה אינו יכול, וצ"ע. (שיעור כללי ה תשנ"ח) ובתשס"ח אמר דליכא מושג כזה בניזקין, אלא כיון דההיזק בפועל נעשה ע"י שניהם, שניהם חייבין.

[105] א"ה בשיעור כללי תשנ"ח אמר מו"ר "אף שעדיין יש להראשון תורת מזיק", וכנ' דר"ל דהוי כשני שותפים דעיקר השותף חייב וכמו שהבאנו להלן מהגרי"מ בביאור הדין דבלאו איהו מתבר. אך בתשמ"ו הנוסח הי' רק דדייני' ליה כהסתלקות של הראשון כיון דהשני הוסיף בההיזק.

בברכ"ש שלא הזכיר אלא צד הא' דהשני לבדו יתחייב, דאם לא אמרינן בתר מעיקרא אזלי' הכא נמי "אדרבא נתבטל מעשה הראשון והוי המזיק רק השני", וצ"ע.]

ז. יישוב על הטושו"ע מקושית הקצה"ח מ"ט מרבינן מרבה בחבילה למאי דקיי"ל אמ"ח

וכתב הברכ"ש ליישב דברי הטושו"ע, דאף דקיי"ל אשו משום חציו מ"מ יש לפרש דפטור זה דבלאו איהו מתבר אינו משום דין דבתר מעיקרא אלא הוא פטור חדש ועל דרך הנ"ל, דכיון שכבר עשה מעשה כריי' או אש ולא הוסיף השני א"א לחייב השני דלא נעשה בעל ההיזק, דודאי באופן דא' זרק חץ ובא שני ושבר החפץ במקל דלא נסתיימה מעשה הראשון, לא שייך פטור דבלאו איהו איתבר והשני חייב ולא הראשון, אכן היכא דנסתיימה ההיזק של הראשון שפיר יש פטור דבלאו איהו איתבר, דנחשב שהכשר ההיזק נעשה על ידי הראשון ולא על ידי השני, וכיון שיש להראשון דין מזיק אין השני יכול להיות נחשב כמזיק.

אמנם אכתי קשה דביארנו דלמ"ד אשו משום חציו הוי כחץ ממש, וא"כ לכאורה הוי ממש כעושה וחוזר ועושה ואיך שייך פטור זה דבלאו איהו איתבר דאמאי נחשב המדליק הראשון למזיק ה'ראשון', והא הוא עושה וחוזר ועושה כל הזמן, ולא נגמר מעשיו בהדלקה הראשונה, וכשהגיע האש נמצא דשניהם מזיקין ביחד [ולמש"כ הברכ"ש בכוונת הקצה"ח יתכן לדון שהשני לחוד הוא המזיק], ולא דמי למסר שורו לה' בני אדם דהיכא דבלאו איהו מינטר יש לדון שבתחילה פשעו בהו הד' שומרים אחרים ורק אח"כ נחשב הוא לפושע וכמש"ב במקו"א, וכן בכורה בור י' ובא אחר והוסיף טפח יתכן דש לדון מצד בלאו איהו הוזק, אכן הכא באש דאמ"ח והוי עושה וחוזר ועושה למה דייני' להראשון ל"ראשון" דעשייתו לא הי' נגמר בתחילה אלא הוא עושה וחוזר ועושה כל הזמן. וי"ל דכבר ביארנו בסימן ה'מהנחל"ד והאחיעזר בביאור דברי הנמו"י בסוגיא דאשו משום חציו ובד' הרא"ש בהתיז ברה"ר והזיק ברה"י דאף לתוס' דס"ל דלא אמרי' בתר מעיקרא אזלי' בזרק חץ היינו רק לענין שלא לדון שהכלי הוא שבור, אבל שפיר אמרי' בתר מעיקרא לענין המעשה והיינו כלפי חיוב הגברא, דשפיר דייני' שנגמר המעשה לגמרי מעיקרא, דבדין בתר מעיקרא אזלי' נאמר שני דינים, **א.** דין בתר מעיקרא אזלי' ביחס להכלי, דדיינינן שהכלי הוא שבור ("ווייל ער האט שוין ארייגעלייגט א כח שבירה די דעם כלי"), **ב.** בזרק חץ לא דייני' דין בתר מעיקרא על הכלי אלא כלפי מעשה הגברא, דביחס למעשה דהגברא שפיר אמרינן דבתר מעיקרא אזלי' דכל מה שמייחסים להגברא כבר נחשב מעיקרא שעשה הכל אף שאין להכלי עדיין דין שבור, ("אוויפל מען איז מייחס צום גברא האט ער שוין אפגעטאן די גאנצע מעשה פון חץ ... ער טראגט שוין חיוב אויף די פריער'דיגע מעשה... ער איז חייב פאר פריער").

והוסיף הברכ"ש דאף שכתב הגר"ח דבחץ נחשב כעושה וחוזר ועושה, י"ל דכל התורת עושה וחוזר ועושה איז שוין אפגעטאן פריער דאס וואס עס שפעטער ברעכטזאך האב איך שוין אלעס אפגעטאן פריער, [הוי כמו שעשה הכל מעיקרא], ולכן כתב הנמו"י דאם זרק חץ ומת כבר נשתעבדו נכסיו מקודם, והוא גדר אחר. [והנחל"ד כתב להדיא דשני הגדרים תלויים זב"ז, ואמנם אם נפרש כן בכוונת הרא"ש מוכרחים לומר כן דהרי הרא"ש הביא מימרא דרבה, אך באמת יש מקום לחלק בינייהו, עי' בסימן ה'.]

ומעתה י"ל דאף דהחץ הוי כעושה וחוזר ועושה אבל כיון דבתר מעיקרא אזלי' א"כ שוב נחשב כמו שכל העשיי' דידי' של אח"כ נכלל בהמעשה הדלקה, וא"כ אחר שהראשון כבר הדליק האש ונכלל בו מעשה היזק גמור וכבר נעשה בעל ההיזק א"כ שוב א"א לדון השני כמזיק בהתורת הדלקה, דדיינינן ה"בלאו איהו איתבר" בהמעשה הדלקה גופיה, דהמעשה מזיק באש הוי בשעת ההדלקה וכמש"ב, וא"כ הוי ממש כחמשה שישבו על ספסל אחד דהיכא דהראשון כבר יש לו תורת מזיק, אין לשני תורת מזיק, והוא הדין בחץ

ובתשע"ג אמר בשיעור, וביתר אריכות אחר השיעור דהוי כשינוי באש וכמעשה חדש. "עס שטעלט'זיך אפ די פריער'דיגע מעשה שהוא עשה, ע"י הוספת השני".

ממש, אם א' זרק חץ ולפני שהגיע החץ לדבר הניזק זרק שני חץ והגיעו לבסוף שני החיצים בב"א, אין השני חייב ומטעם הנ"ל דכל התורת מעשה אדם מזיק כשהזיק בכחו הוא במעשה הראשונה, וכיון שכבר יש מעשה מזיק על החפץ נמצא דהשני בזריקת החץ אינו מכשיר ההיזק כלל ולכן א"א לחייבו[106]. ולפי"ז אין דברי הטור מיוסדים על הדין דבתר מעיקרא אזלי' אלא הוא דין אחר, ואין בדבריו שום סתירה עם דברי התוס' בדף יז:. [והגרב"ד סיים "וצ"ע", וכנראה שלא ברירא ליה זה כ"כ.][107]

ח. דברי הגר"ח שנקט ג"כ דבכדי לחייב מזיק בעי' שיכשיר את ההיזק, ובדברי הר"מ פ"ז מחו"מ הל' יב

והביא הברכ"ש שהגרי"ז אמר בשם הגר"ח עיקר יסוד הנ"ל, דלחיוב מזיקין לא מספיק בזה שהזיק אלא שצריך להכשיר ההיזק, דהנה כתב הר"מ בפ"ז מחו"מ הל' יב בזה"ל, הזורק כלי מראש הגג לארץ ולא היה תחתיו כלים וקדם אחר ושברו במקל כשהוא באויר קודם שיגיע לארץ, הרי זה האחר פטור שלא שבר אלא כלי שסופו להשבר מיד בודאי ונמצא כשובר כלי שבור ואין זה כגורם, עכ"ל, ודברי הר"מ צ"ע דמה ענין גורם להכא, דמשמע דהנידון לחייב השני הוא מדין גורם דהיינו גרמי, והרי לולי זה דמנא תבירא תבר הי' חייב מדין מזיק גמור, ואילו אמרי' דהוי מנא תבירא מאי ס"ד לחייבו מדינא דגרמי דהוצרך הר"מ לאשמועינן דאינו חייב מדינא דגרמי, והלא פטורא הוא מחמת כלי שבור.

וביאר הגר"ח בזה עפ"י ההנחה דס"ל להר"מ דאזלינן בתר מעיקרא והראשון חייב [וכבר דנו המפרשים בשיטת הר"מ בזה, עי' בסימן ה'] וז"ל הברכ"ש, ואמר בשם מו"ר כו' לפי גירסת השו"ע בהר"מ דחייב הראשון דסופו להשבר כשבור דמי והשני פטור[108] כו' דמיירי באופן דהשני עשה הוספת היזק דמשום זה הי' לו להיות מחויב משום דאין דינא דגרמי ולהכי כתב הר"מ דדין דבתר מעיקרא דהוי כשבור מפקיע דליכא לחייבו משום גרמי נמי, עכ"ל, וכוונתו הוא דאיירי ביכול להצילו ע"י הדחק[109] ולכן יש בזה תוספת היזק והי' מקום לחייב השבור, ועל זה חידש הר"מ דהפטור דבתר מעיקרא אזלי' אלים טובא ופוטר השני אף שיש בזה הוספת היזק.

---

[106] א"ה בתשנ"ח הזכיר כאן מו"ר דאולי אם בא השני ושברו בידים הוא אחרת, אך עכ"פ היכא דהזיק ע"י כח, ויש לן כבר הכח של הראשון, אין לשני תורת מזיק עכ"ד. והנה היכא דהשני קדם ושבר בידים ומעשה הראשון לא הסתיים פשיטא דלא שייך דין זה, דכבר ביארנו דליכא פטור דבלאו איהו מתבר אלא היכא דנסתיים ההיזק. ואולי כוונת מו"ר הי' דאפי' אם הוא שבר החפץ בידים בשעה שהגיע החץ לחפץ דמסתברא דלא דייני' שהשני לא הכשיר ההיזק, וצ"ע. אמנם במהדו"א נקט להדיא דאפי' אם שברו בידים הוא כן, דגם באדם המזיק גמור אמרי' הך כלל וכדמוכח מחמשה שישבו על ספסל אחד.

[107] א"ה עי' באבהא"ז (פ"ב מנזק"מ הי"ד אות ה') שכתב ליישב קו' הקצה"ח באופ"א וז"ל, לפי"מ שנתבאר בהלכה י"ז דדין אשו משום חציו אינו כמו חץ ממש ועיקר דין אש הוא משום ממונו והיינו עושה המזיק שמתחייב עליו מגדר ממונו, אלא שחייבה התורה עליו כמו שהזיק בחציו, וא"כ מקודם צריכין אנו לחקור מי הוא הבעלים של האש ואח"כ נחייב אותו בדין חציו, ואף דמצינו דהיכי דכלו לו חציו חייב משום ממונו והיינו דהיכי דכלו לו חציו דא"א שיתחייב בגדר זורק חץ מ"מ נשאר חיוב ממונו, אבל מ"מ נוכל לומר שפיר דהיכי דא"א לחייבו משום ממונו והיינו דיש בעלים אחר שהוא קודם על המזיק א"א לחייבו גם משום חציו ולכן כיון דהראשון עשה אש שיכולה להגיע למקום הנזק ולכן אין שם השני על המזיק כי הראשון גמר כל המזיק וכמו שכתבו בתוספות בדף י' ע"ב בד"ה מאי קאי עביד, וז"ל, מיהו בזה צריך לדקדק וכי בשביל שהשליך עץ בתוך אש גדולה יתחייב הא לא דמי אלא לאחד שחופר בור י' ובא אחר והשלימו לי"א כו' עכ"ל.

[108] א"ה כן פסק השו"ע מעצמו, ומשמע דהברכ"ש נקט דכן היה גירסת השו"ע בהר"מ.

[109] א"ה וכ"כ בחי' הגר"ח על הש"ס ליישב קושיא זו, דשם לעיל הקשה על גוף מימרא דרבה דמאי קמ"ל דהשני פטור והא אבודה ממנו ומכל אדם, וביותר קשה על רש"י ודעימיה דס"ל דהראשון חייב, ותי' הגר"ח "והנראה דמיירי ביכול להציל הכלי, ולכן אינה אבודה ממנו ומכל אדם, דלא חל עליה הדין דאבודה כיון דיכול להצילה, ואעפ"כ שפיר חשיב מנא תבירא כיון שכבר נעשה בה מעשה שבירה דאם לא יציל הכלי הוא ישבר, וע"כ שפיר מיקרי מנא תבירא", וכתב דעפי"ז מתבאר דברי הר"מ הנ"ל, "דמיירי הכא דיכול להציל הכלי והו"א דליתחייב משום גורם שגורם שלא יוכלו יותר להציל הכלי, ואף דעל עצם השבירה הוא פטור משום מנא תבירא, אבל יתחייב משום גורם, וע"ז כתב הרמב"ם דאין זה גורם, [כיון שאינו גורם היזק אלא רק מניעת הצלה]", והברכ"ש הביא מהגר"ח דהטעם דליכא לחייבו משום דין גרמי הוא משום דבתר מעיקרא אזלי' והוי הכלי כשבור.

[ודע דמש"כ דאיירי ביכול להצילו ע"י הדחק, כ"כ בנתה"מ (רסא-א) ליישב קושית הרא"ש על רש"י שפירש דההיא דזורק כלי מראש הגג איירי בזרקו בעל הכלי, והקשה הרא"ש דא"כ תיפו"ל דהשני פטור משום דהוי אבידה מדעת, ותירץ הנתה"מ "ולא אמרינן דאבידה מדעת הוי הפקר, מיירי במקום שיש מצילין, ולא מייאש נפשיה משום דאיכא ג"כ בל תשחית ומצוה על אחרים להצילו" (א"ה וכתב הגרש"ש (סי' לא) די"ל דגם להרא"ש איירי ביכול להצילו אלא דסובר דאף דאפשר להציל מ"מ כיון שזורק מדעת במקום שקרוב להשבר ודאי דעתו להפקיר.), ויש מתרצים עפי"ז משה"ק האחרונים דאפילו אם זרקו אחר תיפו"ל דהשני פטור דהוי אבודה ממנו ומכל אדם, וי"ל דאיירי ביכול להצילו ע"י הדחק. (א"ה כ"כ בגר"ח על הש"ס, ראה בהגה"ה לעיל).]

ולכאורה הי' נל"פ בכוונת הר"מ לפי"ד הגר"ח דנתקשה לי' דמ"ט בעי' לפטריה משום דין דבתר מעיקרא תיפו"ל משום טעם דבלאו איהו איתבר ולכן אפי' אם בתר לבסוף אזלי' הו"ל למיפטרי', לכן פירש דאיירי ביכול להצילו ע"י הדחק דא"א לפטרי' משום בלאו איהו איתבר. אמנם א"א לפרש כן דהא כבר ביארנו דליכא פטור דבלאו איהו איתבר אלא היכא דנגמרה מעשה הראשון, אכן בבא אחר ושברו דלא נגמרה מעשה הראשונה ליכא לפטריה משום בלאו איהו איתבר. ובע"כ דהוקשה לי' להר"מ דאף דבתר מעיקרא אזלי' מ"מ מ"ט לא מחייבינן לי' לשני, דהא איכא הוספת היזק, ועל זה תירץ דע"י בתר מעיקרא הוי שבור לגמרי ולכן א"א לחייב השני כלל. ומזה שהדגיש הר"מ ענין זה דאיירי שהוסיף בההיזק, אלמא דליכא לחייב אפי' אדם המזיק אלא א"כ יש בזה תוספת היזק.

ונראה דמש"כ הגרב"ד בשם הגר"ח דדברי הר"מ א"ש למ"ד בתר מעיקרא אזלי' היינו משום דפירש דמטעם אחר לא הוי גרמי, לא משום דהוי רק מניעת הצלה אלא לפי דהדין דבתר מעיקרא משווי להכלי כשבור ומהני להפקיע גם האי דינא דגרמי והוספת היזק. [ואולי יש לומר עוד דכיון דבתר מעיקרא אזלי' ודייני' הכלי כשבור, שוב דייני' שאין בזה שום תוספת היזק, וצ"ע. ועכ"פ מבואר מדברי הגר"ח שני יסודות, **א.** דבעי' להכשיר ההיזק, דהיינו שיהא תוספת היזק, והיכא דצירף עצמו להזיקו של אחר ולא הוסיף בההיזק כלום, הראשון הוא מזיק ולא השני. **ב.** דפטור דבתר מעיקרא אזלי' פוטרו אפי' במקום דיש הוספת היזק (אחר השיעור).]

ט. יישוב עפ"י הנ"ל על קושית התוס' על רש"י מכורה בור י' ואח"כ כרה בור כ'

ועפ"י משנ"ת דגדר הפטור דבלאו איהו איתבר הוא דחסר בהכשר ההיזק, נראה ליישב קושית התוס' על רש"י בסוגיין, דכבר הבאנו שיטת רש"י דקושית הגמ' דמאי קעביד הוא דהשני פטור לגמרי, ועי' בתד"ה מאי קעביד בכולה שמעתין צ"ל מאי קעביד טפי מאחריני וישלם כל אחד חלקו ואין לומר דליפטר דתניא פרק הפרה (לקמן נא.) אחד החוקק בור לי' ובא אחר והשלימו לעשרים ובא אחר והשלימו לשלשים כולם חייבין אע"ג דבלאו איהו הוה מתה כו' עכ"ל, וע"ע בחי' הרשב"א ועוד ראשונים שהקשו מזה על פירש"י בע"א במסר שורו לה' בני אדם שפי' דמאי קעביד ר"ל דליפטריה לגמרי, וצ"ב דמאי שנא מאחד החוקק בור לי' ובא אחר והשלימו לעשרים כו'.

והנראה בזה בעזה"י עפ"י מש"כ בברכ"ש (יז, ה-ז) לחלק בין כריית בור להבערת אש, דהנה רגילין לפרש דענין מעשה הבערה דאש הוא סיבה והיכ"ת בעלמא שיהא "בעל האש" ושוב חייב עלה מדין בעל האש, באופן דמעשה הבערת האש דומה לזכיית השור. אכן הגרב"ד הוכיח שאינו כן מתוס' בדף כב:, דע"ש שכתב דלריש לקיש דס"ל אשו משום ממונו היכא דבשעת המעשה הבערה הי' חייב מיתה מטעם אחר, פטור על האש מדין קלב"מ. והנה נראה פשוט דאילו הי' חייב מיתה בשעת זכיית השור דלא הי' שייך לפטרי' מנזקי השור מדין קלב"מ, אפי' למש"כ הגרע"א להוכיח דגם בתנאי החיוב אמרי' קלב"מ וכאילו עשאו אחר, דהרי קנין השור אינו תנאי בעיקר החיוב תשלומין אלא הוא היכ"ת בעלמא שהיא השור שלו, ושוב חייב עלה מחמת זה דהוא ממונו, ולפי"ז צ"ב דברי התוס' דמה שייך דין קלב"מ לר"ל על המעשה הבערה. ודקדק

הגרב"ד מזה דמעשה מבעיר דאש אינה היכ"ת בעלמא שיהא "בעל האש" וכקניית שור, אלא הוא תנאי בעיקר חיוב התשלומין, דבכדי לחייבו בעי' מעשה מבעיר. ומה שהמעשה מבעיר הוא תנאי בחיוב תשלומין הוא משום דעצם המעשה הבערה הוא איזה עשיי' בגוף ההיזק, דהכין והזמין גוף ההיזק, והא דחייב באחריות הוא משום שהוא גרם ההיזק ע"י אש דידי'. [והיינו דהגם דודאי הוא ענין אחריות דממון אמנם יסוד החיוב אחריות על האש אינו מחמת מה שהאש עושה אלא מה שהוא עושה ע"י האש, דהוה כאילו הוא עושה ההיזק ע"י הדלקתו בתחילה. ובלשון הגרב"ד, "לר"ל הוה א ממון/דיגע חץ"[110].]

וע"ש בברכ"ש שכתב לדון בעיקר הדין דכריית בור אם דומה למעשה הבערה דאש או דדומה לקניית שור, ונפ"מ לדין קלב"מ. וכתב שם (יז-ז) לדקדק דחפירת בור אינה חלק מגוף המחייב אלא דעד כמה שהוא עשה תקלה הוא מחוייב בכיסוי ומה שלא כסהו הוא המחייבו בההיזק, אכן עצם הכריי' אכינו מחייבו בההיזק אלא דעושה דמה שלא כסה תקלה דידי' מחייבו. ודקדק כן מסו' בדף נא. דמקשי' שם בור של שני שותפין היכי משכחת לה, אי דשוו שליח תרוייהו ואמרי' לי' זיל כרי לן ואזל כרה להו, אשלד"ע. ועי' ברש"י בדף נג. סוד"ה נפל "*דאשלד"ע דאסור לקלקל רה"ר*", והק' הגרב"ד דלמ"ל לכתוב משום האיסור תקלה ברה"ר, דעל ההיזק עצמו שייך דין אשלד"ע וכמו דאי' בקידושין דף מג. דהשולח אש ביד אחר שייך בי' הדין דאשלד"ע, והו"ל לרש"י לכתוב זה גופא דאם שלח שליח לחפור בור הוא כמו ששלח שליח להזיק, ובע"כ דאינה אפי' תנאי בגוף החיוב, דכריית הבור לא הוה כעשיי' בגוף ההיזק בפרשה דולא ישמרנו[111], אלא הוא רק תנאי והסיבה שגרם לו שיתחייב אח"כ על זה שלא עשה הכיסוי והוא כמו קניית שור, משא"כ באש וכמש"כ. והיינו דבבור הוא הכשיר מזיק ובאש הוא הכשיר היזק ("בבור ער האט אנגעשטעלט א מזיק ובאש ער האט אנגעשטעלט א היזק"). ולפי"ז כתב הגרב"ד דודאי לא שייך דין קלב"מ על חפירת בור. [והגרי"מ הי' אומר שהגר"ח מטעלז נקט דשייך דין קלב"מ על חפירת הבור, וכ"ה בחי' הגר"ח מטעלז.]

ומעתה י"ל ליישב רש"י מקושית התוס', דדוקא באש שייך פטור דבלאו איהו מיתבר כיון דכבר התחיל ההכשר של ההיזק, אכן בכריית בור דהוי רק כקניית שור ולא הכשיר ההיזק כלל, ולא חל עליו עדיין דין מזיק כלל לא שייך הפטור דבלאו איהו מיתבר, דהרי ע"י הכריי' לא עשה שום דבר בההיזק ואין עליו עדיין דין מזיק, ולכן היכא דחבירו כרה בור י' והוא כרה בור כ' שפיר נעשה שותפו בחיוב, דכריית הבור אינו עושה שום הכשר בההיזק והוא רק סיבה שנעשה הוא לבעל הבור וכמשנ"ת.

---

110 א"ה איני זוכר אם נוסח הביאור בגדר הדין דמעשה מבעיר הכתוב בקטע זה הי' נוסח מו"ר או נוסח שלי כפי הבנתי מדברי מו"ר.

עיין בברכת יעקב סי' צ' להג"ר זלמן נטע זצ"ל אחיו של מו"ר שכתב כעי"ז "משא"כ באש נראה דע"י המעשה מבעיר אית לי' שייכות בעצם ההיזק, וכמו למ"ד דאמ"ח הרי ע"י המעשה מבעיר אית לי' שייכות בעצם ההיזק, כמו"כ גם למ"ד אמ"מ אית לי' שייכות בעצם ההיזק" וע"ש שהאריך בזה, ובמקו"א הארכתי ואכמ"ל.

111 א"ה שמעתי ממו"ר דא"א לאוסרה מדין גרמא בעלמא, די"ל עפי"ד הרמב"ן שכתב דבבור לא שייך דין גרמי מכיון שהניזק הלך אל המזיק, ויתכן דמה"ט לא שייך דין גרמא ג"כ.

והנה עי' במל"מ פ"ב מרוצח שכתב לדקדק מסו' בדף נא. דאפי' על איסור דרבנן אמרי' אשלד"ע דהרי כל האיסור הוא איסור דרבנן של קלקול רה"ר. ועי' בקו"ש ב"ב אות ע"ו שכתב להוכיח דליכא איסור דאו' בגרמא וע"ש שתמה עליו. אכן באמת דברי המל"מ מבוארים להדיא ברש"י הנ"ל, ורק דהקו' הוא על רש"י גופי' דאמאי לא פי' משום האיסור מזיק, ואכמ"ל.

[ודע דבענין עיקר דברי רש"י עי' במנ"ח (נג-ו) שכתב דבע"כ דברי רש"י הם לאו בדוקא, דודאי איכא איסור מה"ת לעשות תקלה, והעיר לדברי הר"מ דאיכא ל"ת ועשה לעשות תקלה דשייך להמית. אך גם לפי דבריו האיסור הוא עשיית התקלה ולא עשיית ההיזק [ע"ע ביד רמ"ה ב"ב כו. שכ' דודאי איכא איסור לעשות דבר שיכול לגרום היזק לחבירו, או משום לאו דלפני עור כו' או משום ואהבת לרעך כמוך]. וע"ע בנו"ב אהע"ז סוס"י ע"ח שהביא דברי המל"מ הנ"ל וחלק עליו דודאי איכא איסור דאו' לכרות בור ברה"ר וכ' שם "ובע"כ צ"ל דאסור מדאו' לכרות בור ואי"ז ענין לקלקול רה"ר בעלמא רק דומה למזיק חבירו בידים דתקלה זו שעושה הוי כמזיק בידים שהתורה חייבתה עליו ולזה כיון רש"י שם".]

אולם תוס' ושא"ר נחלקו על כל הפטור דבלאו איהו איתבר, ובכל דברי הברכ"ש מבואר דלרש"י ודעימיה שייך פטור דבלאו איהו איתבר בבור וזהו דלא כמשנ"ת, וכנראה דשייך לדון דין דבלאו איהו מיתבר לענין גוף הכריי'. ועי' מש"כ בסימן ח' ליישב שיטת רש"י מקושית התוס' מבור י' ובור כ'.

ענף ב'

י. יתכן דגם היכא דפטור משום בלאו איהו מיתבר הוי מזיק, ורק דשייך בו פטור שותפות

והנה בפשטות לפי ביאור הנ"ל בדין דבלאו איהו מיתבר, לא נעשה השני בעל ההיזק כלל כיון דלא הכשיר ההיזק, אמנם הגרי"מ אמר די"ל דבלאו איהו מתבר הוי רק פטור בדיני שותפות (א שותפות'דיגע פטור), וכמשי"ת.

יא. דיוק מרש"י דבשותפין שהזיקו אף אם יש לשניהם תורת מזיק מ"מ מי שהוא עיקר המזיק פוטר השני

הנה תנן לקמן בדף מו. "וכן פרה שנגחה את השור ואין ידוע אם עד שלא נגחה ילדה (ואין לה שותף בהיזק) או משנגחה ילדה (ויש לה שותף בהיזק) משתלם חצי נזק מן הפרה ורביע נזק מן הוולד", ואמרינן בגמ' (בע"ב) דאי פרה דחד וולד דחד מצי אמר לי' ממנ"פ חצי נזק הב לי, ובשטמ"ק פירש בלשון השני דהדין הוא דיכול לתבוע ממנו מספק כל החצי נזק, ע"ש. וביאר הגרב"ד בזה דאף למ"ד בדף נג. דכששני שותפים הזיקו אמרי' האי פלגא הזיקא עביד והאי פלגא הזיקא עביד אין הביאור דכל אחד הזיק רק חצי, דודאי כל א' הזיק כולו ורק דאיכא פטור בדיני שותפות, דאף שיש לכ"א מהשותפים סיבה גמורה לחייבו מ"מ שותף א' פוטר את חבירו. ומעתה י"ל דכיון דיש לבעל הפרה סיבה גמורה להתחייב ורק דאיכא נידון אם יש לו שותף שפוטרו מחציו, אמרי' אסממ"ו ותביא ראי' שיש לך שותף ותפטור. (וז"ל הברכ"ש, דמה דבשותפות אינו מוטלת התשלומין אלא על כל אחד לפי חלקו, הוא חלות דין חדש, דודאי יש לכל אחד שם מזיק על החפץ, אלא דחלות דין השותפות פוטרתו דאינו משלם אלא לפי חלקו, ואפי' ללישנא דהאי פלגא הזיקא קא עביד והאי פלגא הזיקא עביד הוא דוקא לענין אם יש שותפות בודאי אז נעשה פשיעתו רק בחצי הנזק, אבל לענין אם יש ספק בעיקר הדבר אם יש לו שותף, בזה אליבי' דכו"ע שם מזיק עליו דהא שם מזיק שלו הוא ודאי ודין השותפות הוא ספק.)

ומבואר מזה דלפעמים אף שיש לשותף א' סיבה להתחייב אפ"ה שותף השני פוטרו, והנה מושג זה מצינו שם רק לענין שכ"א נפטר מחצי נזק, אמנם בדברי רש"י בדף נג. מבואר דשייך מושג זה גם לפטור שותף א' לגמרי, והיינו דהיכא ששותפים הזיקו ביחד וא' הוא עיקר המזיק, השותף שהוא עיקר המזיק חייב נזק שלם והשותף השני פטור לגמרי, אף שיש לו שותף בההיזק מ"מ אפשר לחייבו נזק שלם, עי' ברש"י שם שפירש בטעמא דרבנן דשור שדחף את חבירו לבור בעל השור חייב ובעל הבור פטור הוא משום דבתר מעיקרא אזלי', ועי' בתוס' (דף יג. בד"ה אי) שהקשו דאם זהו הטעם איך הוכיחו בגמ' התם דרבנן פליגי על הדין דכי ליכא לאשיתלומי מהאי משתלם מהאי מזה דלא מחייבינן לבעל הבור לשלם החצי נזק שבעל השור תם אינו חייב, והא טעם דבעל הבור פטור הוא משום דבתר מעיקרא אזלי'. עו"ק דאיך הוי זה סיבה לפטור בעל הבור והרי כל הא דדיינינ' שהשור הוא מת כבר הוא משום מזיק דבור, א"כ נחייב בעל הבור משום זה גופא דאמרי' דמחמתו השור כבר הוזק מתחילה עי"ז דבתר מעיקרא אזלינן. ובע"כ צ"ל דכוונת רש"י הוא רק סברא בדיני שותפות, דכיון דהשור עשה הדחיפה הרי הוא עיקר המזיק ולכן מחייבינן ליה נזק שלם וזה פוטר שותף השני, כמו בשותפים בעלמא שהזיקו אף למ"ד דכל א' עביד כוליה הזיקא מ"מ חייב רק חצי נזק משום דהדין שותפות פוטרו מלשלם, וכיון שגם בעל הבור הוא מזיק ורק דנפטר ע"י חיוב דבעל השור משו"ה שפיר שייך גביה הדין דכי ליכא לאשתלומי מהאי משתלם מהאי.

ואולם כבר ביארנו בסימן ד' בשם הגר"ח דלא שייך התם כלל לחייב בעל השור משום בתר מעיקרא אזלי' דרבה דזרק כלי מראש הגג, דמה שהוזק לבסוף אינו משום כח שבירה שהי' מונח בו אלא משום הבל הבור או חבטת הבור ולא משום כח השור ואכמ"ל.

ועיקר ביאור הנ"ל בדברי רש"י כ"כ הפנ"י שם וז"ל, בפרש"י בד"ה את קטלתיה בתוך שלך מצאתי וכו' אבל רבנן בתר מעיקרא אזלי וסברי דבעל השור כוליה הזיקא עביד כו' עכ"ל. כבר כתבתי [דף יג.] דמ"ש רש"י כאן דבעל השור כוליה הזיקא עביד אין הכוונה דבעל הבור לא עבד כלום דא"כ לא יתיישב הסוגיא דהתם כמו שהקשו התוס' שם כו' אלא על כרחך דלפרש"י בעל הבור נמי כוליה הזיקא עביד ואפ"ה פטור משום דאזלינן בתר מעיקרא שהשור עיקר בנזקין ויכול בעל הבור לדחותו אצלו והא דבתם מפסיד הניזק מחצה ולא יהיב בעל בור כלום מוכח מכאן דרבנן סברי כל היכא דליכא לאישתלומי מהאי לא משתלם מהאי וא"כ אומר בעל הבור **כיון שעיקר הנזק חל על בעל השור שהוא התחיל בנזקין** אלא שהוא פטור מצד הדין דרחמנא חס עליה אני מה איכפת לי כו' עכ"ל.

וביאר הגרי"מ די"ל דכל הפטור דבלאו איהו מיתבר, דפטרינן השני משום שלא הכשיר ההיזק, היינו רק פטור בדיני שותפות, דמשום זה נחשב הראשון עיקר המזיק ונפטר השני מדיני שותפות.

יב. למשנ"ת באופן דיש פטור דבלאו איהו מיתבר שייך דין דכי ליכא לאשתלומי כו' ובי' ביש"ש דף י.

ואמר הגרי"מ דנפ"מ טובא בין אם הוא פטור בעיקר הדין מזיק או רק פטור שותפות, והוא אם שייך בו דין דכי ליכא לאשתלומי מהאי משתלם מהאי, דהנה מבואר בכ"מ דהיכא דהוי מזיק ורק שיש לו פטור שותפות אמרי' כי ליכא לאשתלומי מהאי, וכמו בהך דשור שדחף חבירו לבור, אכן אי הוי פטור בעיקר התורת מזיק לא שייך דין דכי ליכא לאשתלומי מהאי[112].

ועפי"ז ביאר הגרי"מ דברי היש"ש בסוגיא לעיל דף י., דהנה מתוס' משמע דכל היכא דאמרי' בגמ' "בלאו איהו מתבר מאי קעביד" בחדא מחתא מחתינהו ואו דהכוונה בכולם הוא דכולם משלמין בשוה או דהכוונה בכולם הוא דהראשון חייב והשני פטור, והנה עי' ביש"ש (סי' כז) שכתב בדעת הרא"ש דסבר דמסר שורו לה' בנ"א ופשע בו א' מהן והיזק היכא דבלאו איהו קמינטר פטור לגמרי, "מ"מ אם האחרים עניים והחמישי שפשע עשיר הוא אף שהוא פטור כשאחרים לא נסתלקו משמירתם מ"מ יכול בעל השור לאשתעוי דינא עם העשיר שפשע והוא ליזיל וישתעי דינא עמהם", וצ"ב טובא דאם נפטר משום דבלאו איהו קמינטר ולא נחשב כפשיעה א"כ אפי' אם האחרים הם עניים איך אפשר לחייבו.

וביאר הגרי"מ בזה דעיין בסוגיא (דף י.) דבלאו איהו איתבר שהבאנו דברי הגרב"ד שביאר בדברי השטמ"ק שם דיסוד הך פטור דבלאו איהו קמנטר הוא כעין הפטור דבלאו איהו איתבר, דאף דגם הוא לא שמר השור, אך כיון דבשעה שהוא הלך עדיין הי' השור שמור אצל שומרים האחרים, היכא דהם פשעו בו אח"כ, שוב נחשב כמו שגם הוא פשע בו, אך הם נחשבו כמזיקים הראשונים והוא כהאחרון, ואכמ"ל בזה. והנה משמעות הראשונים הוא, וכ"ה בבי' הגר"א, דכל הנך דסוגיא שם דאפשר לומר בלאו איהו מיתבר תלויים אהדדי, [ודברי הר"מ והשו"ע בזה צ"ע], וא"כ לפי הנ"ל דגם יסוד הפטור דבלאו איהו קמנטר הוא כעין פטור זה, א"כ לפי דעת הרא"ש ודעימיה הוא מן הראוי לפטרו לגמרי.

והנה לפי פשטות הדברים דלפי הגרי"ז הפטור דבלאו איהו מתבר הוא פטור בעיקר התורת מזיק א"כ גם הכא לכאורה חל בו פטור בעיקר תורת מזיק וקשה טובא דברי היש"ש דכתב דאם הם עניים אפשר לגבות ממנו חלקו, אמנם למשנ"ת דהוי רק פטור שותפות א"ש היטב דלעולם גם הוא הוי מזיק ורק דהראשון הוא

---

[112] א"ה נידון זה שייך רק למ"ד דאמרי' כי ליכא כו' גם באין לו מה לשלם, דלדעת הסוברים דלא אמרי' הך כלל רק היכא דפטור מעיקר הדין, בלא"ה לא שייך פטור דבלאו איהו מיתבר, דהוי כלאו בר חיובא דאין לו חיוב מזיק וא"א לפטרי'.

עיקר המזיק, וא"כ י"ל דכה"ג שייך בו דין דכי ליכא לאשתלומי מהאי משתלם מהאי, וי"ל דזהו כוונת היש"ש, דהיכא דהם עניים שייך דין דכי ליכא לאשתלומי מהאי משתלם מהאי.

אלא דבאמת קשה לפרש כן בכוונת היש"ש, חדא דמשמע קצת דמש"כ הוא סברא מסויים במסר שורו לה' בני אדם, וצ"ע בזה, ושנית דכבר נחלקו הראשונים אם אמרי' דין דכי ליכא לאשתלומי כשחייב לשלם ורק שאין לו דמים, דשיטת הרמ"ה (הובא בטור סו"ס ת"י) הוא דגם היכא דלא נפטר מדינא כל היכא דא"א לאשתלומי מיניה כגון דהוא עני ג"כ הדין דגובין מהשני הכל, אכן דעת התוס' דף מו: ד"ה גלית אדעתך הוא דרק היכא דהשותף השני פטור מדינא אז איכא הדין דכי ליכא, ולפי"ד התוס' לא שייך לפרש דברי היש"ש על דרך הנ"ל דהוא דין הכללי דכי ליכא לאשתלומי מהאי כו'. [א"ה ואמנם עי' ביש"ש פ"ה סי' מ' וסימן מ"א שכתב להדיא כתוס', וכן מבואר מדבריו שם בסי' נ ע"ש.] ושלישית דאם כוונתו הוא לדין דכי ליכא כו' א"כ הו"ל לחייבו לשלם לכל השור, ומהיש"ש משמע קצת שאינו חייב לשלם אלא כפי החלק דידיה, וכגון אם היו ה' בנ"א אינו חייב לשלם אלא חומש, ובע"כ דהוא מטעם אחר.

יג. עפ"י הנ"ל דהוי פטור שותפות יש ליישב הר"מ בה' חובל ומזיק בהך דמרבה בחבילה[113]

ועפ"י הנ"ל, דפטור דבלאו איהו מיתבר הוי פטור שותפות ושייך ביה דין דכי ליכא לאשתלומי כו', תירץ הגרי"מ דברי הר"מ בפ"ו מחובל ומזיק הל' יד, ע"ש שפירש הך דמרבה בחבילות (בדף י.) מאופ"א מרש"י ותוס', וז"ל, חמשה שהניחו חמשה חבילות על הבהמה ולא מתה ובא זה האחרון והניח חבילתו עליה ומתה, אם היתה מהלכת באותן החבילות ומשהוסיף זה חבילתו עמדה ולא הלכה האחרון חייב, ואם מתחלה לא היתה מהלכת האחרון פטור, ואם אין ידוע כולן משלמין בשוה, עכ"ל, ועי' בקצה"ח (שפג-א) שהקשה וז"ל, ואיכא למידק בהא דכתב הרמב"ם ואם אין ידוע משלמין בשוה, ואמאי הא כל חד וחד מצי אמר אני לא הזקתי אלא האחרון וכן האחרון שמא הוזק בראשון והיכי מוציאין ממונא בספיקא, עכ"ל, ולמשנ"ת דהוי פטור שותפות והיכא דליכא לאשתלומי מהאי משתלם מהאי, א"ש דברי הר"מ בפשיטות, דלא יתכן לומר המע"ה כלפי כל א' מהם, דעד כמה שנפטר א' מדין המע"ה נתחייב השני לשלם, וא"כ כ"א חייב ממנ"פ וחולקין בשוה דדייני' כאילו לא הי' להם פטור שותפים.

אמנם אכתי קשה דהתינח דיש לחייב האחרון דכל הצד לפוטרו הוא משום דשמא בלאו איהו מיתבר אבל איך אפשר לחייב הראשונים והא הצד שהם פטורים אינו משום בלאו איהו מיתבר אלא משום דהאחרון הוא המזיק, וי"ל דגם מה דהיכא דע"י הראשונים לא הי' ההיזק ורק ע"י האחרון נעשה הנזק הדין דהאחרון חייב והם פטורים, הוא ג"כ מהאי טעמא דהא ההיזק נעשה ע"י כל החבילות ביחד, דאף דלולי שהניח האחרון חבילה דידיה לא הי' הוזק, אבל סו"ס ההיזק נעשה ע"י כולם ביחד, והא דפטרינן הראשונים ומחייבינן רק האחרון הוא משום דכיון דבלא מעשיו לא היה הנזק ורק ע"י מעשיו נעשה הנזק, א"כ חשיב שהאחרון הכשיר כל הנזק והוא עיקר המזיק, ומה שנפטרו הם הוא ג"כ פטור מדיני שותפות, כיון דרק הוא חשיב מכשיר הנזק.

אמנם כל זה לא יתכן אלא לשיטת הרמ"ה הנ"ל דגם כשליכא פטור מעיקר הדין מ"מ אמרינן כי ליכא לאשתלומי מהאי משתלם מהאי אבל לשיטת התוס' דלא אמרי' הך כלל אלא היכא דנפטר מדינא, א"כ לא שייך בנ"ד חיוב דכי ליכא כו' והק"ל.

וי"ל בפשיטות דכיון דהוי רק פטור בדיני שותפות א"כ נמצא דיש לכ"א מהם תורת מזיק וסיבה ודאית לחייבו אלא דכיון דחבירו הוא עיקר המזיק הוא פוטרו, וא"כ מספק שפיר יש לחייבו דאסממ"ו, ולכן אמרי'

[113] אות זה הוא מחבורה תשס"ח ומשיעור יומי תשע"ג.

יחלוקו, והוא דומה ממש לדברי השטמ"ק הנ"ל דהיכא דהוא נידון אם יש לו שותף בההיזק חייב מספק דאסממ"ו, ודברי הר"מ א"ש היטב.

ונראה עוד דעיקר תירוץ הנ"ל בהר"מ שייך אפי' אם לא נימא כדברי הגרי"מ הנ"ל דהוי פטור מדיני שותפות, דאף בלי דברי הגרי"מ מוכרחים לומר דיש להשני תורת מזיק ומה שנפטר משום שלא הכשיר ההיזק אינו משום שחסר בכל סיבת המחייב אלא הוא דין פטור, דהא כתב הברכ"ש דפטור זה ליכא אלא באופן שאדם כבר הכשיר את ההיזק ולא כשהוכשר ההיזק ממילא, ומבואר מזה דאין הביאור דהיכא דלא הכשיר ההיזק חסר בכל המחייב אלא הוא ענין פטור, ולכן בעי' שמעשיו של הראשון יפטרו. וצדדנו לעיל דנראה לפי"ד הברכ"ש דגם היכא דהראשון הי' לאו בר חיובא ליכא פטור דבלאו איהו איתבר, דרק היכא דהראשון הוא בר חיובא ואחראי לההיזק פוטר את השני, הרי בעליל דיש להשני דין מזיק אלא הוא דין פטור. ואף דיש לפרש דגדר הפטור אינו כפטור שותפים דשייך ביה דין דכי ליכא לאשתלומי כו' אלא הוא פטור בעצם, אבל עכ"פ הוא דין פטור, ומעתה י"ל דכיון דיש לו תורת מזיק ודאית וספק פטור, חייב לשלם מדין אסממ"ו, וכיון שיש לכל אחד מהם דין מספק חולקים בשוה, וא"ש. ודומה למה שפסק הר"מ (פ"ב משאלה ה"ח) בשומר היכא דאיכא ספק שמא היה שמירה בבעלים, דהדין דמספק השומר חייב, עי' במ"מ שם, והטעם בזה דכיון דודאי איכא מחייב ורק איכא ספק שמא איכא פטור הוא צריך להביא ראי', דאסממ"ו.

ועפ"י משנ"ת בביאור דברי הר"מ מיושב ג"כ קושית הקצה"ח שם מספק מוסר שפטור מלשלם מספק, ולמשנ"ת י"ל דרק הכא שיש לו ודאי סיבת החיוב אמרינן מספק יחלוקו, אכן במוסר דחיובו הוא מדין גרמי, עד כמה שהוא לא גרם ההיזק דמחמת המסור הראשון כבר הי' נפסד, הוי ספק אם איכא סיבת החיוב כלל ולכן אמרי' המע"ה.

אמנם יש מקום לדון על ביאור הנ"ל בהר"מ, דהנה ז"ל הר"מ שם בהל' טו, וכן חמשה שישבו על הכסא ולא נשבר ובא האחרון וישב עליו ונשבר אף על פי שהיה ראוי להשבר בהן קודם שישב הואיל וקירב את שבירתו האחרון חייב, שהרי אומרים לו אילו לא נסמכת עלינו היינו עומדים קודם שישבר, ואם ישבו כאחת ונשבר כולן חייבין, וכן כל כיוצא בזה, עכ"ל, וילה"ע מ"ט לא קבע הר"מ תנאי זה גם בהל' י"ד דמה דפטרינן ליה כשמתחילה לא היתה מהלכת הוא דוקא באופן דבשעה שלא היו יכולים להסיר חבילתם. ועי' בחזו"א (ג–יא) שעמד על זה וכתב דצל"פ דגם שם איירי באופן דמיד שהניח החבילה עלה מתה שלא היה ביד הראשונים להסיר ולהציל, ולכן האחרון חייב, עכ"ד, אולם מסתימת הר"מ דכתב כן רק לגבי ספסל ולא לגבי מרבה בחבילה לא משמע כן, וצ"ע דמ"ט לגבי מרבה בחבילות אין הדין כן.

ואולי י"ל בזה דנראה דאפי' היכא דהיו יכולים להסיר חבילתם א"א לחייבם מדין אדם המזיק, דהא בשעה שהניחו חבילתם על הבהמה לא הי' ראוי למות וחסר בהמעשה מזיק, וכל מה שיש לדון לחייבם הוא מדין בור, ודומה למה דאיתא לקמן (דף מח:) דנפל לבור והבאיש מריחו דחייב מדין בור, וא"כ י"ל דלכך באופן דבא האחרון והניח עוד חבילות ומתה לא שייך לחייב את הראשונים להסיר החבילות, כיון דהאחרון שהניח הוי אדם בכוונה, וכבר כתבו התוס' לעיל (דף ו. ד"ה לאתויי) דאדם בכוונה שדחף לבור בעל הבור פטור, וה"ה גם הכא יהיו פטורים כיון דרק ע"י מה שהניח האחרון בכוונה נעשה הנזק. ולכך לא כתב הר"מ לגבי מרבה בחבילה דאם יכולים להסיר החבילות חייבים, דרק בספסל דחייבים מדין אדם המזיק בזה אם הראשונים יכולים לעמוד חייבים, אבל במרבה בחבילה דחיובם מדין בור יהיו פטורים.

ואם כנים דברינו דדיינינן הראשונים כדין בור והאחרון כדין אדם המזיק א"כ מה שהראשונים נפטרים אינו מדין פטור שותפות אלא מעיקר הדין, וא"כ מספק הו"ל למיפטריה דאמרי' המע"ה, והק"ל, ועי' בקצה"ח שם ובדף י. הארכנו בדבריו.

מילואים

א. בכוונת הברכ"ש בשם הגר"ח בבי' הר"מ (ז-יב) בזורק כלי מראש הגג (שייך לענף א)

א"ה בפנים הבאנו מש"כ הברכ"ש בשם הגר"ח לפרש דברי הר"מ בפ"ז הל' יב דבזורק כלי מראש הגג א"א לחייב השני משום "גורם", ובי' הגר"ח דמיירי באופן דהשני עשה הוספת היזק. ובי' מו"ר דכוונתו הוא דאיירי באופן שיכול להצילו ע"י הדחק. (א"ה וכ"ה בחי' הגר"ח על הש"ס)

וצ"ב איך אפשר לפרש כן בכוונת הברכ"ש דהא בהמשך הביא מהריב"ש (סי' תק"ו) שפי' בדברי הר"מ שכתב בזורק כלי מראש הגג שסופו להשבר מיד, "בודאי לא אמר מיד, אלא שאם לא היה סופו להשבר מיד הנה לא היתה שבירתו ודאית שהיה אפשר תוך הזמן ההוא להצילו ובענין זה הדבר ברור שהוא חייב לשלם כלי שלם כיון דאין שבירתו ודאית", וכתב הברכ"ש "הרי דיסוד דין דבתר מעיקרא הוא ע"י שסופו להשבר שבירה ודאית, ואם אינו ודאי שישבר לא אמרי' דבתר מעיקרא אזלי'", ולא העיר דזה לא מתאים עם דברי הגר"ח הנ"ל, וא"כ הי' נראה דכוונת הגר"ח הוא להוספה אחרת בההיזק. ובעיקר מה שנקט הגר"ח בחי' עהש"ס דגם ביכול להציל שייך דין דבתר מעיקרא אזלינן, כן נקט גם נתה"מ (רסא-א).

ב. בד' הגרי"מ שר"ל דהוי פטור שותפות, וביתר בי' ד' הברכ"ש ביסוד הפטור דבלא"ה איתבר

א"ה בפנים כתבנו דגם לפי מה שביאר הגרי"ז בגדר הדין דבלאו איהו איתבר, אפ"ה ודאי יש לו סיבת החיוב, והדין בלאו איהו איתבר הוי דין פטור, ולכן מספק אפשר לחייבו מדין אסממ"ו. ואמר מו"ר שמוכרחים לפרש כן בדברי הגרב"ד דאינו פטור בעיקר המזיק אלא פטור שותפות, דהא נראה מכח דברי הברכ"ש דכל הך דין דבלאו איהו מיתבר הוא רק היכא דהראשון הי' בר חיובא ולא היכא דאינו בר חיובא. והנה אילו הוי מפרשי' דהוי פטור בעיקר המזיק יסוד הדבר הי' דחסר בכל התורת מזיק דלא אפסדיה כלום כיון דההפסד הי' אפילו בלעדיו, וא"כ מאי נפ"מ אם הראשון הי' בר חיובא עכ"ד.

ובע"כ צ"ל דגדר הדבר הוא אחרת, דאם יש לא' תורת מזיק והוא אחראי על ההיזק, אין השני נעשה מזיק ואחראי על ההיזק, ולכן פטור זה הוא דוקא באופן שהראשון חייב בתשלומין. ומה עוד דהברכ"ש עצמו הביא דברי היש"ש הנ"ל בתוכ"ד דאם שאר השומרים הם עניים דגובים ממנו, אף שביאר שם דיסוד הפטור הוא משום דבלאו איהו הוי מיתבר, ובע"כ דגם הגרב"ד כוון לזה.

וכעי"ז שמעתי פעם ממו"ר איך שהסביר לא' בביאור דברי הברכ"ש סוף אות ד' בד"ה אבל כו' וז"ל, אבל בדין בלא"ה מיתבר אם נעשה ממילא בלא מעשה כריי' אומד היזק בהכלי על שבירה, נראה דהשני חייב בכל ההיזק, דעיקר הפטור של בלא"ה מיתבר הוא ע"י שכבר נעשה מעשה כריי' או אש ולא הוסיף השני אבל הכא הא כל המעשה של השני הוא. (א"ה ולכאורה ר"ל דבור י' שנכרה מאליו ובא אחר והוסיף טפח דאפשר לחייבו דלא שייך פטור דבלא"ה מיתבר) וראי' לזה מדחייבין להשני למ"ד בתר בסוף אזלי' ואף דעומד להשבר בלא"ה וכמו שכתב למעלה דהכא זה ששברו במקל הוסיף ועשה כל המעשה, מפני שלא נסתיימה מעשה הראשון, הרי חזינן דבלא מעשה הראשון אינו פוטר מה שעומד להשבר עכ"ל, וכוונתו להוכיח דגדר דין דבלאו איהו מיתבר אינו משום דהי' נפסד אפי' בלעדיו ולכן אין לחייבו, דא"כ אמאי בעי' שנסתיימה המעשה וכגון בזורק כלי מראש הגג ובא אחר ושברו, והא סו"ס הי' נשבר בלעדיו ולא הפסידו כלום, ובע"כ דגדר הך דין הוא אחרת, דמה שהראשון אחראי זהו שופטרו ולכן היכא דאינו אחראי ולא נסתיימה מעשיו וא"א לחייבו עלה, לכן חייב השני.

עוד שמעתי ממו"ר להסביר מש"כ הברכ"ש שם בהמשך עוד להוכיח יסוד הנ"ל וז"ל, עוד נראה להוכיח מדין דחופר בור ט' ובא אחר והשלימו לי' דחייב השני לענין מיתה לכו"ע ולא הראשון משום דנסתלק הראשון, ואף דסו"ס הא ראוי להיות נזקין גם קודם שכרה השני אלא ע"י שנסתלק מעשה הראשון א"כ שפיר הוסיף השני במעשיו דהוא עיקר הכורה, ומוכח דדין דבלא"ה מיתבר הוא ע"י דין מעשה כריי' עכ"ל,

וכוונתו להוכיח ג"כ על דרך הנ"ל דרק כשיש מזיק בר חיובא, נפטר השני משום דלא שייך שיחול עליו דין חיוב מזיק על החפץ כשכבר יש לא' דין מזיק, והוכיח כן מהא דהשני חייב בכה"ג לגמרי אף דבלא"ה הי' הוזק, אלא כיון דמגזה"כ נסתלק מעשה הראשון ולא מטילין על הראשון שום אחריות, שוב ממילא אפשר לחייב השני ("דילפי' מגזה"כ אז דעם שני נעמט איבער די מעשה") ע"כ שמעתי.

ע"ע בדברי הברכ"ש ריש אות ג' "לענין הכשרתי במקצת נזקו אי חב בתשלומי נזקו כהכשר כל נזקו דלענין בור איכא גזה"כ לחייב את השני שהוסיף שיעור מיתה בהבור, ובאידך מזיקין תלי הגמ' אי יש הוספת מעשה היזק בהשני או דבלא"ה מיתבר כו'", יל"פ דכוונתו הוא לשיטת רבנן דסברי דבחפר בו בור ט' ובא אחר והשלימו לעשרה דס"ל לרבנן דגם לענין נזקין האחרון חייב ולא הראשון אף דבלאו הכי הי' הוזק אלא דכיון דילפי' מקרא דע"י שחפר בור מיתה הוא מבטל מעשה הראשון והוא הוא האחראי עלה ולא הראשון.

ועפ"י משנ"ת מובן ג"כ מש"כ הברכ"ש בהמשך שם אות ג' שכתב "וביאור הך דינא דדין שותפות בנזקין דפליגי בזה ר"נ וחכמים הוא באופן שכל אחד עשה הכשר נזקין בפנ"ע כמו בשור שדחף את חבור לבור, ואולם בסוגיין הכא הוי השקו"ט באופן ששניהם עשו הכשר נזקין אחד, שאם אחד הקדים לעשות מזיק או היזק ואח"כ בא השני ג"כ והוסיף אם על השני דין מזיק או לא, וכגון ששניהם כרו בור או עשו אש עכ"ל, וגם חילוק זה מובן עפ"י הנ"ל, דאילו הי' כלל בהלכות מזיק דעד כמה שהי' אירע ההפסד בלעדו אינו אחראי על ההפסד א"כ מאי איכפ"ל אם הוי שני סוגי הכשר או סוג הכשר אחת, ובע"כ כמשנ"ת דליכא כלל כזה אלא דהיכא דא' הוא אחראי כבר על ההיזק אין השני נחשב כמזיק להיות אחראי עלה, ובזה י"ל דהוא דוקא להיות אחראי לאותו סוג ההיזק שמצטרף למעשה מזיק הראשון.

[והנה הבאנו דברי הגרי"מ דהוי פטור שותפות, וזכיתי לשמוע שיעור זה בכמה מהדורות ממו"ר והי' משמע ממו"ר דכוונת הגרי"מ הי' לפרש כן בדברי הברכ"ש גופי', וכן אמר להדיא בחבורה תשס"ח (והבאנו דבריו בפנים) ופעם א' אמר דהגרי"מ אמר כן כדי לפרש מה שהגרב"ד דייק כדברי הגרי"ז מהא דמצינו מושג דהאי פלגא הזיקא עביד כו' לענין נזקין ולא לענין נפשות, ובי' הגרי"מ בזה דגם האי דפלגא הזיקא עביד הוא ענין פטור שותפות וכמש"כ בפנים מהגרב"ד. אולם בשנת תשע"ג אמר מו"ר להדיא דאם נימא דהוא פטור שותפות י"ל דאי"צ להגדיר דיסוד הפטור הוא בדיני מזיק משום דלא הכשיר ההיזק, אלא אפי' בלי זה, דאפי' אם ליכא דין דצריך להכשיר ההיזק סו"ס חבירו הוא עיקר המזיק, וצ"ע.]

סימן ז'

בדין בלאו איהו מיתבר בנפשות (ברכ"ש יא–ב)[114]

ענף א'

א. קושית הגרב"ד דבהכהו י' בנ"א בזאח"ז מ"ט לא שייך הדין דבלאו איהו מיתבר

ב. בתירוץ הגרב"ד על קושיא זו לריב"ב

ג. לפי הרבנן י"ל דהשני מיפטר מתרי טעמי א' דבלאו איהו מיתבר ב' ממיעוטא דכל נפש, וכמה נפ"מ

ד. יסוד הגרי"ז דלא שייך פטור דבלאו איהו איתבר בנפשות

ה. דיוק דחלוקים הם דיני נפשות מדיני נזקין מדמצינו נידון אם פלגא נזקא עביד דוקא בנזקין

ו. פלוגתת הבעה"מ והרמב"ן אם כופר דומה לנפשות לענין זה או לנזקין

ז. קושיא על הגרי"ז מסוגיא דדף י: דמשמע דגם בנפשות בעינן להכשיר הרציחה

ח. תי' הגרב"ד על קושיא הנ"ל

ט. נפ"מ אם אמרי' בלאו איהו מיתבר בנפשות במרבה בחבילה לענין רציחה

י. עוד תירוץ על קושית הגרב"ד דנימא בלאו איהו איתבר בהכהו עשרה בנ"א

<u>ענף ב'</u>

יא. פלוגתת הבעה"מ והרמב"ן בסוגיא דכי ליכא לאשתלומי מהאי

<u>מילואים</u>

א. אם חיוב נפשות הוא כחיוב מזיק או כחיוב מחמת העבירה

ב. בזרק תינוק מראש הגג ואפשר להצילו ובא אחר והרגו

א. קושית הגרב"ד דבהכהו י' בנ"א בזאח"ז מ"ט לא שייך הדין דבלאו איהו מיתבר

הבאנו בסימן ו' שיטת רש"י והטושו"ע דבמרבה בחבילה או בה' שישבו על ספסל א', כל היכא דבלאו איהו אזיל או בלאו איהו מיתבר, השני פטור. ולכאורה לפי"ז אילו עשרה בנ"א הכו בהמה בהכאה שיש בו כדי להמית, והכהו זה אחר זה, הראשון חייב והאחרים פטורים, דבלאו איהו הוי מת. והקשה הגרב"ד (יא–ב) דא"כ גם בהכהו י' בנ"א בעשרה מקלות מ"ט לא שייך הפטור דבלאו איהו איתבר, והוסיף הגרב"ד דלכאורה יש מקום לחלק בין דיני נזקין לדיני נפשות, דאולי רק בניזקין שייך פטור זה ולא בנפשות, אמנם לפי מה שנקט הרמב"ן [עי' בסימן ג'], דגם בנפשות איכא פטור דבתר מעיקרא אזלי', ולכן זרק תינוק מראש הגג וקבלו אחר בסייף או קבלו שור בקרניו, הזורק חייב מיתה והשני פטור, א"כ כמו דשייך פטור דבתר מעיקרא אזלי' נימא דה"ה דשייך פטור דבלאו איהו מיתבר בנפשות וא"כ קשה הך דין דהכהו עשרה בנ"א, דכיון דאיירי בהכהו כולם הכאות שיש בהם כדי להמית, וכמש"כ התוס' לעיל דף י: מסוגיא דבסנהדרין דף עח., א"כ מ"ט לא שייך בו דין דבלאו איהו קמתבר, דהך פטור שייך גם באדם המזיק כמבואר מהך דה' שישבו על ספסל א', וכן מוכח מהך דמרבה בחבילה לדעת הראשונים דאיירי באש דחייב בו משום חציו. וז"ל הברכ"ש (אות ב), והנה בהא דהכהו י' בני אדם בזה אחר זה דפליגי ריב"ב וחכמים אם חייב השני ע"י שקירב את מיתתו או דלא הוי רציחה משום דגוסס בידי אדם דמי לטריפה, ילה"ע מ"ש דלגבי נזקין בה' שישבו על ספסל א' דאיתא בגמ' דף י: דאם הוא באופן דבלא"ה מתבר פטור השני לשי' רש"י דאין על

---

[114] שיעור כללי תשמ"ו, תשנ"ב, תשנ"ה עם הוספות מעוד מהדו'

השני שם מזיק כלל, ולכאורה אמאי לא אמרי' גבי נפשות הך סברא דבלא"ה מתבר פטור כמו לגבי נזקין עכ"ל.

ואיני ברור בדבריו, דלפו"ר נראה דכוונתו הוא להקשות דנחייב הראשון מה"ט, אך לכאורה לענין זה י"ל בפשיטות עפ"י מש"כ התוס' בסנהדרין דף עח. [מובא בסימן ג'] דמהדין "חבישה" (דילפי' מקרא דהמכה את חבירו הכאה שיש בו כדי להמית אין ממיתין אותו לאלתר אף דרוב גוססין למיתה אלא חובשין אותו) ילפי' דא"א לחייב הראשון מיתה אם גמר שני מיתתו, דכל עוד דלא מת עדיין דייני' שיש לו מקצת נפש והוי כעין שנים שעשו[115], וא"כ מהך דין ילפי' דא"א להמית הראשון, וא"כ אין להקשות דנחייבי'.

וצל"פ דכוונת הברכ"ש להקשות דעכ"פ יפטר השני משום טעם דבלאו איהו איתבר, דכמו דלענין נזקין אין לשני דין מזיק כמו"כ בנפשות לא יהא עליו דין רוצח, ואף דלא אמרי' הך כלל דבלאו איהו איתבר אלא היכא דנגמרה מעשה שבירה של הראשון ("וואו עס האט אויסגעלאזט יענעמס שבירה"), וכמש"כ הברכ"ש שם (אות ד), מ"מ הכא הרי שפיר יש לדון שנגמר הכאת הראשון, דמיתתו אח"כ היה ג"כ משום הכאה הראשונה, וא"כ צ"ב למ"ל לרבנן לפטור האחרון משום מיעוט דכל נפש תיפו"ל דפטור משום טעם דבלאו איהו איתבר, וביותר קשה על שיטת ריב"ב דס"ל דהאחרון חייב, דאיך אפשר לחייבו והא שייך כאן הסברא דבלאו איהו איתבר.

ב. בתירוץ הגרב"ד על קושיא זו לריב"ב

והגרב"ד תירץ על קושיא זו די"ל "דלריב"ב ילפי' זאת מגזה"כ דחייב משום קירוב מיתה ואפי' דבלא"ה מיתבר", ור"ל דלריב"ב דילפי' מקרא דכל נפש דבהכהו י' בנ"א האחרון חייב, ילפי' מזה גופא דליכא פטור דבלאו איהו מתבר בכה"ג, דנחשב כרוצח בשביל זה גופא שקירב מיתתו, ואדרבה הראשון פטור והשני חייב, ועי' בסמוך מה שהבאנו מהמהרש"א בטעם דהראשון פטור.

[ועיין היטב בסוגיא דסנהדרין דף עח. ולפו"ר יש בו ב' פירושים בפלוגתת ריב"ב ורבנן, ולפי' הב' פלוגתתם הוא מסברא, אם גוסס בידי אדם נידון כטריפה אם לא, ולפי פירוש זה דדינו דריב"ב נלמד מסברא הק"ל, דמסברא איך אפשר לחייבו והא בלאו איהו מתבר, אמנם דברי הגרב"ד י"ל כפי פירוש התוס' שם דלא נחלקו שני הלשונות וגם לשון זה מיוסד על דרשות דקרא ע"ש, ועי' ביד רמ"ה שם שהביא שני פירושים בזה, והעלה דהעיקר פי' הוא על דרך התוס' והסביר שם טפי "רבנן מדמי ליה לטריפה ואמטול הכי מסתבר להו למדרש נפש כולה נפש וריב"ב מדמי ליה לגוסס בידי שמים ואמטול הכי מסתבר ליה למדרש נפש כל דהו".]

ג. לפי הרבנן י"ל דהשני מיפטר מתרי טעמי א' דבלאו איהו מיתבר ב' ממיעוטא דכל נפש, וכמה נפ"מ

אך אכתי קשה שיטת רבנן דלמ"ל טעם דכל נפש ולא פטרוהו משום טעם זה דבלאו איהו איתבר, ועי' בברכ"ש שהרגיש בזה וכתב וז"ל, ולחכמים דלא ילפי' מקרא דכל דהו נפש לחייבו ממילא פטור משני הטעמים, הא', משום דבעי' כל נפש דהוא פטור בחפצא דנפש[116], והב', משום דבלא"ה מתבר [דין א' הוא

[115] א"ה מו"ר הזכיר כמה פעמים דהוי כשנים שעשו, ואמנם בפטור דהכהו י' בנ"א בב"א דן מו"ר בהמשך הסימן אם הוי פטור דשנים שעשו או גזה"כ דבעי' כל נפש ותלה זה בפלו' הרשב"א והר"מ אם חייבין במקל א'. ואולי כוונת מו"ר הכא לא הי' בדוקא ועיקר כוונתו הוא דילפי' דנחשב רק כמקצת נפש, וכמו שזה נטל מקצת נפש וזה נטל מקצת נפש, דעי' במהרש"א שפי' דהתוס' בקושיתם נקטו דהוי כהרגל כל נפש, ועל זה י"ל דתי' דמדין חבישה ילפי' דנחשב רק כהרג מקצת נפש.

והנה הרבה אחרונים פירשו בכוונת תי' התוס' שם באופ"א, דגלי לן דין חבישה דחיישי' למיעוטא ואין הורגין אותו עד שנתברר שמת מחמת הכאתו, עי' במנ"ח לד-ה ובדבר אברהם ח"ב סי' ה' וברשב"א ב"ק דף כז. ובתוס' הרא"ש סנהדרין שם. וכנראה שמו"ר הבין בדברי התוס' על דרך הסנהדרי קטנה שם, וכן העלה השרידי אש בח"ב.

[116] דאם הנפש כבר יש בו הכאה שיש בו כדי להמית, יש דין של שנים שעשו ולא שייך לחייב כ"א מהם מיתה.

דחסר בחפצא דרציחה דבעי' כל נפש, ודין הב' הוא פטור בהלכות מזיק (מצד דעם מזיק/דיגע דין)]". וצ"ל לפי"ז דהא דנקט הגמ' בסנהדרין דטעמייהו דרבנן דפטרי האחרון הוא משום 'כל נפש' ולא אמרי' בפשיטות דה"ט משום דבלאו איהו איתבר הוא רק לאפוקי מדרשת ריב"ב שדרש מהך קרא דאפי' כל דהו נפש חייב כיון דקירב את מיתתו.

ואמנם איכא כמה נפ"מ מפטור זה ד"כל נפש":

א. הרבה ראשונים פירשו דלפי רבנן הטעם דהראשון פטור הוא ג"כ משום מיעוטא דכל נפש[117], ואצל הראשון לא שייך טעם דבלאו איהו איתבר.

ולכאורה ילה"ק על ראשונים הנ"ל דאיך אפשר לפרש דמה"ט הוא דפטרי רבנן דא"כ לריב"ב דל"ל דרשה זו אמאי לא מחייב הראשון מיתה, וי"ל בזה דהנה עי' בתוס' שם שקשיא להו לרבנן כיון דרוב גוססין למיתה והולכין בדיני נפשות אחר הרוב מ"ט אין מחייבין הראשון מיתה, ועי' במהרש"א שהסביר בדבריהם דנקטו התוס' מסברא דאצל הראשון הוי כל נפש, ומשו"ה קשיא להו דמ"ט אין הראשון חייב לרבנן, ותי' התוס' דבדין חובשין כו' מבואר דלא דייני' לי' ככל נפש, ובי' שם המהרש"א דלריב"ב ה"ט דהראשון פטור משום ד"גלי קרא כל דהו נפש והאחרון חייב אף על גב דרוב גוססין למיתה", והגרב"ד הי' מבאר בדבריו דר"ל דמזה שהתורה קבעה שהשני הוא רוצח, מוכרחים לומר דהראשון אינו חייב, דלא יתכן שיהא על שניהם דין רוצח, דלא שייך שני רציחות על אדם אחד בזאח"ז, ורק בב"א הי' מקום לחייב שניהם לולי קרא דא' ולא שנים.

ב. עוד נפ"מ יש בזורק תינוק מראש הגג ובא אחר וקבלו בסייף דאמרי' בגמ' דלרבנן השני פטור משום דכיון דאיתעבידא ביה מעשה לא מקרי 'כל נפש', והנה בכה"ג א"א לפטור האחרון משום 'בלאו איהו איתבר' כיון דלא נגמר מעשה הראשון, דהרי מת מכח האחרון ולא מכח הראשון, וא"א לפטריה אלא מכח מיעוטא דכל נפש.

ד. יסוד הגרי"ז דלא שייך פטור דבלאו איהו איתבר בנפשות

וכשהציע הגרב"ד קושיא זו להגרי"ז דאמאי א"א לפטור האחרון משום טעם דבלאו איהו איתבר, השיב לו דנראה לו דלא שייך כל הפטור דבלאו איהו מתבר לענין רציחה, דיסוד הפטור דבלאו איהו מתבר הוא משום דבניזקין א"א לחייבו אלא אם הכשיר ההיזק והוסיף ביה איזה תוספת היזק, והיכא דבלאו איהו מתבר א"א לדונו כמזיק, דלא הכשיר ההיזק כיון דבלאו איהו מיתבר ולכן לא נחשב כמעשה מזיק. וי"ל דכל זה הוא בנזקין, אבל בנפשות אינו תלוי ב"הכשר ההיזק" אלא אם יש כאן חפצא דנפש, וכל היכא דנשאר לו מקצת נפש אפשר לחייב ההורגו, וא"א לפוטרו אלא אם הוא גברא קטילא. וביאור הדברים הוא דחיוב מיתה דרציחה הוא לעבירת רציחה[118], וכחיוב מיתה בשבת דהוא לעבירה דחילול שבת, ודיני עבירה אינו תלוי אם הכשיר הנזק או לא, אלא אם הוא חפצא דנפש והרג נפש או לא, וא"כ אף שיש כאן כבר א'

---

[117] א"ה בתוס' ר"פ בדף י: כתב כן להדיא, דמה דשניהם פטורים לרבנן בהכוהו זאח"ז, הוא משום הדרשא דכל נפש, וכ"כ הר"מ בפ"ד מרוצח הל' ו' וז"ל, הכוהו י' בני אדם בעשר מקלות ומת, בין שהכוהו בזא"ז, בין שהכוהו כאחת, כולן פטורין ממיתת בית דין, שנא' כל נפש אדם, עד שיהיה אחד שהרג כל הנפש, וה"ה לדחפוהו שנים או שכבשוהו שנים לתוך המים, או שהיו רבים יושבים ויצא חץ מביניהן והרג, כולן פטורין, עכ"ל. ועי' בכס"מ שהבין דכוונתו הוא לדרשת חכמים דכל הנפש ולא מקצת הנפש. וצ"ל בדבריהם דלפי ריב"ב הטעם דהראשון פטור הוא מטעם המהרש"א המובא בפנים, ואמנם כן נ' לדייק מדברי ר"פ שם שנתק' מ"ט דריב"ב דהכהו שניהם בב"א פטורין, ולא הוי קשיא לי' מ"ט דריב"ב דפטר את הראשון, ולפי המהרש"א א"ש דבזאח"ז כיון דהאחרון חייב מיתה ליכא לחייב הראשון.

[118] א"ה יל"ע פי מה שדייקו האחרונים מתוס' במכות דף ו. דהנרצח הוא בע"ד לענין חיוב מיתה דהרוצח, א"כ מבואר דחיוב מיתה דרוצח אינה כשאר דיני עבירה אלא הוא בעבור שנטל נשמתו והוא בע"ד עלה. ואולי דברי הגרי"ז נאמרו כשי' המרדכי בפ' זה בורר שחולק על התוס' במכות, וצ"ע, ועי' במילואים.

שיש לו דין רוצח וכבר יש בהגברא מעשה רציחה, כל עוד דהחפצא הוא נפש, הרוצחו חייב דקעבר על עבירת רציחה, ("דרק בחיוב ניזקין צריכים לדון ווער האט אויפגעטאן דעם נזק, אבער ברציחה איז ניט דינים פון ווער האט דאס אויפגעטאן, אלא כל דרצה נפשו הוי רוצח וחייב ... און צו מזיק'דיגע הלכות רציחה איז ניט קיין מחותן")[119].

ומה שדימה הרמב"ן נפשות לניזקין היינו רק לענין פטור דבתר מעיקרא אזלי' דפטור דבתר מעיקרא הוי דין בהחפצא דנחשב כשבור, ולכן בנפשות ג"כ שייך זה, דאם הנפש נחשב כבר מת יש לפטרו, אבל פטור דבלאו איהו מיתבר לא שייך בנפשות, דהך פטור לא הוי דין בהחפצא שחל בו דין דא"א להיות מזיק בחפץ, אלא הוי דינים בהגברא, דהיינו בהתורת 'מכשיר' של ההיזק אם יש לדון שהגברא הכשיר ההיזק או לא בכדי לדונו כ'מזיק', וזה לא שייך בנפשות, ומה דמצינו דלרבנן השני פטור כשהראשון הכהו בו הכאה שיש בו כדי להמית הוא מכח גזה"כ דבעי' כל נפש, ולריב"ב ילפינן מקרא דאפי' אחר הכאה שיש בו כדי להמית עדיין נחשב שיש לו נפש לחייבו עלה.

והנה כתב הרמב"ן דהזורק כלי מראש הגג ובא אחר ושברו פטור אף למ"ד בתר לבסוף אזלי' משום דלאו בר דמים הוא, והנה זה פשוט דפטור זה לא שייך בנפשות, והא דפטור בנפשות בכה"ג לרבנן הוא משום דכיון דאיתעבידא בי' מעשה הוי כטריפה, [עי' בסנהדרין דף עח.], ולכן נחשב שאין לו אלא מקצת נפש וילפי' מגזה"כ דכל נפש דפטור, ופטור זה הוי רק במיתה ולא בניזקין, דבניזקין לולי הא דאין לו דמים הי' חייב אף אם אין לו אלא מקצת נפש.

וננמצא דדיני נזקין ודיני נפשות חלוקים הם לגמרי, דבנזקין שייך פטור דבלאו איהו מיתבר וגם פטור דלאו בר דמים, ובנפשות לא שייך הנך דינים אלא דשייך בו פטור דכל נפש. [וגם לריב"ב י"ל דיש בו פטור זה בהכהו י' בנ"א בב"א, ורק בזא"ז ילפי' מגזה"כ דחייב היכא דקירב מיתתו.]

ה. דיוק דחלוקים הם דיני נפשות מדיני נזקין מדמצינו נידון אם פלגא נזקא עביד דוקא בנזקין

והגרב"ד דייק כדברי הגרי"ז הנ"ל, דרק בנזקין איכא דין דצריך להכשיר הנזק ולא בנפשות דלקמן בדף נג. נחלקו ר' נתן ורבנן בשור שדחף את חבירו לבור אם אמרי' האי כולו הזיקא עבד והאי כולו הזיקא עבד או האי פלגא הזיקא עבד והאי פלגא הזיקא עבד, וצ"ב דהנה בגמ' בדף כז. איתא די' בני אדם שהכהו בי' מקלות בב"א כולם פטורים, ופירש"י בסנהדרין דף עח. דממעטינן לי' מקרא דאחד ולא שנים, וכ"כ הרבה ראשונים[120], ומבואר דבלי קרא דא' ולא שנים הוי מחייבינן שניהם מיתה, וצ"ב דמאי שנא מנזיקן דאמרי' דהאי פלגא נזקא עביד והאי פלגא נזקא עביד וא"א לחייבו נזק שלם, ובי' הגרב"ד על דרך הנ"ל, דרק בנזקין דא"א לחייבו אלא אם הכשיר הנזק, ובעי' שיהא לו תורת מזיק, י"ל דהיכא שיש לו שותף א"א לדונו שהכשיר כל ההיזק אלא חציו ולכן א"א לחייבו אלא חצי, אכן בנפשות דליכא דין דצריך להכשיר מיתתו אלא כל שעבר עבירת רציחה חייב מיתה, וכיון שהכהו הכאה שיש בו כדי להמית כשהי'

---

[119] ז"ל, חו"ש מרן הגרב"ב ח"א (עמוד קפ"ב נכתב ע"י הג"ר אלי' חזן זצ"ל) דאם א' יש לו דין מזיק על החפץ א"א שיהא על חפץ זה עוד מזיק אחר, אע"ג דלענין עצם החפץ אפשר דלא הוי דין כשבור, רק לענין זה הדין דא"א שיהא על החפץ עוד מזיק מאחר שכבר יש שם מזיק על החפץ, לאפוקי גבי רציחה דשם תלוי אם הרג נפש או לא, דשפיר הי' יכול להיות עוד הפעם רוצח אע"פ שהראשון כבר עשה מעשה רציחה, אי לאו דלרבנן מדמי לי' לטריפה וממעטיה לי' מכי יכה נפש הוי שפיר האחרון חייב גבי הכוהו י' בני אדם כו', עכ"ל.

א"ה ודבר זה מובן היטב לפי מש"כ להוכיח דכוונת הגרב"ד הוא דין באחריות ניזקין, דאין לו חיוב אחריות ניזקין באופן דיש לא' כבר חיוב מזיק, ומה"ט אמר מו"ר דנקט הגרב"ד דאם הראשון לאו בר חיובא הוא שפיר שייך לחייב השני. וודאי ענין זה דאחריות לא שייך אלא לגבי חיוב תשלומין ולא לעבירת רציחה, וכיון שעבר עבירת רציחה חייב מיתה.

[120] א"ה ורש"י בדף י: כתב דאינו ידוע מי הרגו, ועי' בדבר אברהם ח"ב סי' כ' מש"כ בזה.

לו נפש, הוי עבירת רציחה וחייב מיתה, ואם שניהם הכהו בב"א שניהם עוברים עבירת רציחה, ולא נפטר מעונש עבירה דידיה במה שחבירו ג"כ עבר עבירת רציחה לולי מיעוט דא' ולא שנים.

ו. פלוגתת הבעה"מ והרמב"ן אם כופר דומה לנפשות לענין זה או לנזקין

ועפי"ז ביאר הגרב"ד[121] היטב פלוגתת הרמב"ן והבעה"מ לקמן בדף נג. (דף כג: בדפי הרי"ף) דהנה הבעה"מ נקט דלפי המסקנא טעמיה דר' נתן בשור ואדם שדחפו לבור כו' הוא דאמרינן האי פלגא היזקא עביד והאי פלגא הזיקא עביד ולא אמרינן כי ליכא לאשתלומי מהאי בעלמא, כי אם בשור שדחף חבירו לבור דמחייבינן לבעל הבור משום דמצי אמר לי' אנא תוראי בבירך אשכחתיה. והקשה הרמב"ן על זה מהא דשור שדחף אדם לבור דחייב בעל השור כופר, וצ"ב אי פלגא הזיקא עביד לא הוי בכלל "והמית", ע"ש.

ולכאורה למשנ"ת קושיתו צ"ב דביארנו דכל הדין דהאי פלגא היזקא קעביד לא שייך אלא בניזקין דתלוי בדיני הכשר ולא בנפשות, וכיון דכופרה כפרה כנפשות דמי, וא"כ שפיר הוי בכלל והמית, וביאר הגרב"ד דשאני כופר אף אם כופרה כפרה מ"מ יש לו גדרי מזיק ובעי' הכשר, ולכן הקשה הרמב"ן שפיר[122]. וליישב הבעה"מ י"ל דבזה גופא נחלקו, דס"ל דלמ"ד כופרה כפרה הוי כנפשות דלא תלוי בדיני הכשר ולא שייך בו כל הנידון דהאי פלגא הזיקא קעביד ושפיר הוי בכלל והמית, ומיושב כמין חומר קושית הרמב"ן.[123]

ונפ"מ מפלוגתתם הוא אם בכופר איכא פטור דבלאו איהו איתבר, דלדעת הבעה"מ לא שייך הך פטור, ולדעת הרמב"ן שפיר שייך הך פטור.

ז. קושיא על הגרי"ז מסוגיא דדף י: דמשמע דגם בנפשות בעינן להכשיר הרציחה

והעיר הגרב"ד על עיקר דברי הגרי"ז מהגמ' בדף י:, דפריך על אהא דאוקמינן מתני' דההכשרתי במקצת נזקו, חבתי בתשלומי נזקו כהכשר כל נזקו דקאי על א' שחפר בור ט' ובא אחר והשלימו לעשרה, "ותו ליכא והא איכא הא דתניא הכוהו עשרה בני אדם בעשר מקלות בין בב"א בין בזא"ז ומת כולן פטורין ריב"ב אומר בזא"ז האחרון חייב מפני שקירב את מיתתו ע"כ, וצ"ב איך אפשר לפרש דברי המשנה דההכשרתי מקצת נזקו כו' באופן של נפשות דאיזה חידוש דין נכלל בזה דההכשרתי מקצת נזקו כו' הרי כיון דגלה לן קרא דאינו נחשב כטריפה, א"כ פשיטא דחייב דהרי עבר עבירת רציחה, ואין חיובו משום שנחשב שהכשיר כל ההיזק דבנפשות ליכא דין להכשיר כל ההיזק אלא דחייב על עבירת הרציחה אף דלא הרג אלא מקצת נפש, וכיון שעבר עבירת רציחה פשיטא דחייב מיתה ולא חסר מידי, ולא שייך דין זה למתני' דההכשרתי מקצת נזקו.

אכן אם הוי אמרי' כמו שרצה הגרב"ד לתרץ דלעולם איכא פטור דבלאו איהו מתבר, ולרבנן האחרון פטור מתרי טעמי, **א.** דהוי רק מקצת נפש, **ב.** דבלאו איהו מתבר, ולריב"ב ילפי' מגזה"כ דחייב אף דשייך פטור דבלאו איהו מתבר, א"כ א"ש היטב קושית הגמ', דבאמת מסברא הי' צריך להיות פטור בכה"ג דאף דחייב גם על מקצת נפש אבל הכא שאני דבלאו איהו מתבר ובהל' מעשה בידים אינו עושה כלום, אלא דברציחה ילפי' מגזה"כ ד'כל נפש' ואפי' מקצת נפש, דאף דלא הכשיר ההיזק חייב כמו שהכשיר כל ההיזק, ודין זה ילפי' מגזה"כ מיוחד ד"כל נפש" דכיון דקירב מיתתו חייב כמו אילו רצח נפש גמור, ואשמועינן מתני' חידוש גדול דחייב בכה"ג. אמנם אם נימא כהגרי"ז דלא שייך כלל כל המושג דבלאו איהו איתבר בנפשות

---

[121] בתשמ"ו אמר זה מהגרב"ד, ובתשנ"ח אמר זה מהגרי"מ.

[122] א"ה עי' בברכ"ש סי' ל' שהעלה דנחלקו הר"מ והרמב"ן בגדר תשלומי כופר, דלפי הר"מ יש לכופר כל גדרי חיוב נזקין, ובעי' ב"ד ועדים, ולהרמב"ן הוי כמו קרבן דליכא בזה דין תובעין כלל, אלא הוא דין של עצמו להביא כופר ע"ש. ונראה דאין בזה שום סתירה למש"כ, דשם איירי בגדר החפצא דתשלומי כופר והכא הנידון הוא בגדר המחייב, אם יש לה גדרי נזק או לא.

[123] א"ה מו"ר האריך בדברי הרמב"ן ובעה"מ, ובענף ב' הבאתיו בשלימות.

צ"ב טובא דברי הגמ' דמה שייך מקצת וכולו והא הכל תלוי אם הוא רוצח או לא, ולכאורה יש להוכיח מזה דבכדי לחייבו לא מספיק ברציחה לחודיה, אלא צריך שיכשיר הרציחה כמו בניזקין.

ח. תי' הגרב"ד על קושיא הנ"ל

והנה במהדורות הקודמות הי' הגרב"ד מתרץ דלפי הגרי"ז יל"פ דזה גופא הוא תירוץ הגמ' ד"בקטלא לא קמיירי", דר"ל זה גופא דנפשות יש לה גדרים אחרים ואינו שייך כלל לכל ענין זה דהכשר ניזקין, דאינו תלוי אם הכשיר ההריגה אלא אם יש בו חפצא דנפש וכמש"ב.

אמנם בברכ"ש (אות ב' בד"ה ומה) תירץ באופ"א וז"ל, ומה דפריך בגמ' הוא איכא דין דהכשרתי במקצת נזקו לגבי נפשות, ולכאורה הא כתבנו דדין דבלא"ה מיתבר ל"ש לגבי נפשות דהא החיוב הוא על הרציחה והרי יש לו דין רוצח אליבי' דריב"ב, וא"כ אין צריך בזה לדין דהכשרתי מקצת נזקו, ונראה דהרי יש עוד גזה"כ דאם הכוהו בב"א כולן פטורין והכא הרי יש לו דין נפש ובע"כ דמה דפטורין הוא דין גזה"כ, ולדעת הר"מ בפ"ד מהל' רוצח הל' ו ועיין באו"ש דסובר דלא כהרשב"א ופטר אפי' בהכוהו במקל אחד, הרי דהוא גזה"כ דבעי' שיעשה כל המעשה וא"כ הא קשה דגם בזא"ז האחרון אמאי חייב והא בקירוב המיתה הרי סייע גם הראשון וא"כ לפטור מדין שהכהו בב"א, ובע"כ דצריכין אנו גם בנפשות לזה הדין דבזא"ז האחרון ע"י שהכשיר מקצת נזקו חייב כהכשר כל נזקו, וזהו דפריך והא איכא הכהו עשרה בנ"א בזא"ז ובא האחרון וקירב את מיתתו עכ"ל.

וכוונתו הוא דאף דריב"ב אמר דהאחרון חייב מפני שקירב מיתתו אף דהוי רק מקצת נפש, אין הביאור דס"ל דחייב בכל גווני בהרג מקצת נפש, אלא הוא דין מסויים במי שקירב מיתתו דחייב כאילו הרג כל הנפש אבל בעלמא איכא מיעוט על מקצת נפש. ודייק כן דהא אמרי' בגמ' (לעיל י:) דמודה ריב"ב דבהכהו י' בנ"א בב"א כולם פטורים, והנה י"א דיסוד הפטור הוא דהוי כשנים שעשו שכ"א עשה רק מעשה רציחה על חצי הנפש, אולם הרשב"א (בדף נג:) ר"ל דשנים שאחזו מקל א' והרגוהו חייבין, אכן הר"מ בפ"ד מחובל ומזיק הל' ו כתב וז"ל, הכוהו עשרה בני אדם בעשר מקלות ומת בין שהכוהו בזה אחר זה בין שהכוהו כאחת כולן פטורין ממיתת בית דין, שנ' כל נפש אדם, עד שיהיה אחד שהרג כל הנפש והוא הדין לדחפוהו שנים כו' עכ"ל, ודייק האו"ש ממש"כ "וה"ה לדחפוהו שנים" שחולק על הרשב"א הנ"ל, [א"ה וכן מבו' מתוס' ב"ק נג: בשור ואדם שדחפוהו לבור], וס"ל דאפי' במקל אחת פטורין דבעי' שיהרוג כל הנפש, והנה בגמ' איתא דגם ריב"ב ס"ל מהך דין ומוכרחים לומר דגם לריב"ב בעי' שיכה כל הנפש[124], ומה דחייב האחרון הוא גזה"כ מסויים דהיכא דקירב מיתתו חייב כאילו הוא הרג כל הנפש. וזהו כוונת קושית הגמ' דאמאי לא מפרשי' דהא דתנן הכשרתי מקצת נזקו חייב עליו כהכשיר כל הנזק דקאי על רציחה ואליבא דריב"ב, דגם לדידיה צריך להכות כל הנפש, אלא שגילה לן קרא דהאחרון חייב גם בכל דהו נפש דכיון דקירב מיתתו הוי כהכה כל הנפש, דאף דודאי דמיתתו נגרם גם ע"י הכאת הראשון ("עס ליגט אין די קירוב מיתתו די קלאפ פון די ערשטע"), מ"מ אמרי' דהוי כהכשיר כל ההיזק. אלא דמ"מ איכא חילוק בין הך דהכשרתי כל נזקו כו' בקו' הגמ' ברציחה לקו' הגמ' בה' שישבו על ספסל א', דהתם הא דבעי' שיהא כהכשיר כל נזקו הוא דבלא"ה איכא פטור דבלא"ה איתבר [ועל זה פרכי' דבאמת איכא הך פטור וא"א לחייבו] אכן ברציחה ליכא פטור דבלא"ה איתבר, דהך פטור הוי רק במזיקין, והא דבעי' שיהא נחשב כהכשיר כל נזקו הוא בכדי לסלק הפטור המיוחד הנא' בנפשות דצריך שיכה כל נפש.

---

124 דהי' מקום לפרש דהוא פטור דשנים שעשו, וכשאר עבירות דאיכא פטור דשנים שעשו, אמנם לפי האו"ש ליכא לפרש כן דא"כ הי' חייב גם במקל אחד, ובע"כ דהוא דין דצריך להרוג כל הנפש.(תשע"ג), ובתשנ"ב הדגיש מו"ר דילפי' מקרא דצריך להרגו לגמרי ולהיות הרוצח היחידי, אלא דחידש לן קרא דבקירב מיתתו חייב כאילו הוא רצחו בעצמו לגמרי.

ט. נפ"מ אם אמרי' בלאו איהו מיתבר בנפשות במרבה בחבילה לענין רציחה

והנה כבר הבאנו נידון אם בנפשות אמרי' בלאו איהו קמתבר, דהגרב"ד בתחילה ר"ל דגם בנפשות שייך הך פטור, והגרי"ז נחלק עליו. ונראה לכאורה דיש נפ"מ בזה להלכה דהנה כבר הבאנו דברי הטושו"ע דגם באש שייך פטור דבלאו איהו מתבר אף דקיי"ל אשו משום חציו. ויל"ע לדעת הר"מ (עי' חי' רח"ה פי"א משכנים) ותוס' בסנהדרין דף עז. שנקטו דגם באשו משום חציו חייב מיתה מהו הדין לענין נפשות בכה"ג דמרבה בחבילה, ואי נימא דבנפשות ליכא פטור דבלאו איהו מתבר לכאורה אפשר לחייב שניהם מיתה, אכן אם בנפשות שייך ג"כ הך פטור א"כ רק הראשון חייב מיתה. אך במש"כ דלפי הגרי"ז שניהם חייבין מיתה יש לדון בזה, דהנה נחלקו הראשונים בשנים שאחזו מקל א' והכהו ביחד והרגו, דדעת התוס' נג: בסוגיא דשור ואדם שדחפו לבור נקט דפטור, דגם בזה שייך מיעוטא דא' ולא שנים והרשב"א שם ס"ל דחייב, ולפי הרשב"א שפיר יש מקום לחייב שניהם.

י. עוד תירוץ על קושית הגרב"ד דנימא בלאו איהו איתבר בהכהו עשרה בנ"א

והנה בסימן ו' ענף ב' הבאנו דברי הגרי"מ שאמר דיל"פ גדר הפטור דבלאו איהו מתבר דהוי מדיני פטורי שותפים, ("א שותפות'דיגע פטור") דלעולם אף היכא דבלאו איהו מתבר יש לו דין מזיק, אך הוי זה פטור בדיני שותפות, דזהו דין בשותפות דהיכא דא' מהשותפין הוא עיקר המזיק הדין הוא דאותו שותף חייב הכל והשני פטור, ולפי"ז יתכן ליישב קושית הגרב"ד בסוגיין מ"ט לא אמרי' בהכהו עשרה בנ"א כו' דבתר מעיקרא אזלי', די"ל דבנפשות לא שייך פטורי שותפות, דרק בנזקין מצינו פטורי שותפות, ששותף א' פוטר השני אף שיש לו סיבה המחייב, אכן בחיוב רציחה דהוא לעבירת רציחה לא שייך פטורי שותפות כמו דלא שייך פטורי שותפות בכהת"כ בעבירות, דכל דעבר עבירה נענש, ורק באופן דשנים שעשו באופנים מסויימים חסר בגוף העבירה ולכן פטור. והוא על דרך הגרי"ז לחלק בין נפשות לממון אך החילוק הוא מטעם אחר.

ענף ב'

יא. פלוגתת הבעה"מ והרמב"ן בסוגיא דכי ליכא לאשתלומי מהאי

כבר הבאנו לעיל בקיצור דברי הגרב"ד בפלוגתת הבעה"מ והרמב"ן בסוגיא דכי ליכא לאשתלומי כו' ונביא כאן דבריו במילואם, הנה איתא בדף נג. תניא שור שדחף את חבירו לבור בעל השור חייב בעל הבור פטור רבי נתן אומר בעל השור משלם מחצה ובעל הבור משלם מחצה והתניא רבי נתן אומר בעל הבור משלם ג' חלקים ובעל השור רביע לא קשיא הא בתם הא במועד ובתם מאי קסבר אי קסבר האי כוליה הזיקא עבד והאי כוליה הזיקא עבד האי משלם פלגא והאי משלם פלגא ואי קסבר האי פלגא הזיקא עבד והאי פלגא הזיקא עבד בעל הבור משלם פלגא ובעל השור רביע ואידך ריבעא מפסיד אמר רבא כו' איבעית אימא לעולם קסבר האי פלגא הזיקא עבד והאי פלגא הזיקא עבד ודקא קשיא לך בעל הבור משלם פלגא ובעל השור משלם רביע ואידך ריבעא נפסיד משום דאמר ליה בעל השור לבעל הבור אנא תוראי בבירך אשכחיתיה את קטלתיה מאי דאית לי לאשתלומי מהיאך משתלמנא מאי דלית לי לאשתלומי מהיאך משתלמנא ממך.

ועיין בבעה"מ שם שכתב דלמאי דמסקינן לרבי נתן האי פלגא נזקא עביד והאי פלגא נזקא עביד ליכ"ל בשותפים שהזיקו כי ליכא לאשתלומי מהאי משתלם מהאי דהא לא עביד אלא פלגא נזקא, ושאני בעל הבור דחייב ג' חלקים משום דאמר לי' אנא תוראי בבירך אשכחתיה.

והרמב"ן נחלק עליו דודאי גם למסקנא אית לר' נתן הך דין בכל שותפים שהזיקו דכי ליכא לאשתלומי מהאי כו', וכן מבואר מהא דאמר רבינא שם דשור ושור פסולי המוקדשים שנגחו אמרינן כי ליכא לאשתלומי

מהאי כו' אף דלא שייך שם טעם דאנא תורך בביראי אשכחתיה, ומאי דאמרי' בגמ' דה"ט דבעל הבור משלם ג' חלקים משום דאנא תורך בביראי אשכחתיה הוא לאו דוקא [וביאר שם בזה"ל, דודאי אע"ג דליכא למימר הכי משתלם מיניה כיון דליכא לאשתלומי מהיאך אלא ה"ק לעולם פלגא היזקא עבד וכיון דאיכא לאישתלומי מהיאך לא משתלם מהאי אלא רביע דהוא פלגא נזקיה דידיה אבל היכא דליכא לאישתלומי מהאי אף על גב דפלגא היזקא עבד משתלם נזקו משלם ממי שאפשר להשתלם ממנו משום דא"ל את קא גרמת לי, עכ"ל, והוסיף שם בסו"ד דמאי דאמרי' בדף יג. דשור שלמים שהזיק אין גובין מבשרן נגד האימורין אפי' לר' נתן דהתם ליכ"ל אנא תוראי בבירך אשכחתיה, כוונת הגמ' הוא משום דאמר ליה בשר בלא אימורין לא כולי' נזק ולא פלגא נזק קא עביד ואפילו בפלגא נזקא אימורין מסייעו ודיו שמשתלם מבשר ולא שישתלם מבשר כנגד אימורין שאין הבשר בלא אימורין מזיק].

וכתב הרמב"ן לדייק כן עוד, דבכל גווני אמרינן כי ליכא לאשתלומי מהאי כו' מכמה סוגיות, **א.** "דאמרי' בדף נג: שור ואדם שדחפו לבור לענין ארבעה דברים אדם חייב, ובכל ד' דברים קאמר כו' דכיון דליכא לאישתלומי משור ובור משתלם מאדם משלם וקמ"ל כר' נתן". **ב.** "ואמרי' נמי לענין כופר ושלשים של עבד, שור חייב ובודאי כופר שלם קאמר דאי חצי כופר הא כופר שלם אמר רחמנא ולא חצי כופר כדאמרי' בפ' ד' וה' (דף מ.) ואפי' כשתמצא לומר התם אפי' חצי כופר משום דכיון דמשלם האי חצי כופר והאי חצי כופר כופר שלם הוא אבל חצי כופר ממש ודאי לא, ועוד שאינו משלם כופר אלא בשהמית אבל בפלגא היזקא ודאי לא אלא ש"מ שאף הדוחף חייב בכל לר' נתן ע"כ.

ונראה להרחיב הדיבור בענין ראי' הב' הנ"ל, הנה איתא לקמן דף מ. משבח ליה רבא לר"נ בדרב אחא בר יעקב דאדם גדול הוא א"ל לכשיבא לידך הביאהו לידי כי אתא לגביה בעא מיניה (רב אחא בר יעקב מרב נחמן) שור של שני שותפין כיצד משלמין כופר משלם האי כופר והאי כופר כופר אחד אמר רחמנא ולא שני כופרין האי חצי כופר והאי חצי כופר כופר שלם אמר רחמנא ולא חצי כופר כו'. וכוונת הרמב"ן להקשות דלפי הבעה"מ דכיון דהאי פלגא נזקא עביד לא אמרי' כי ליכא לאשתלומי מהאי כו' ואינו חייב אלא חצי נזק, אפי' באופן ששותפו פטור א"כ בכה"ג דשור ואדם שדחפו לבור הא דאיתא דשור חייב כופר היינו רק חצי כופר, והא כופר שלם אמר רחמנא ולא חצי כופר, ואפי' למאי שהסתפק הגמ' לומר שם דחייב כ"א חצי כופר היינו משום דכיון דשניהם ביחד משלמין כופר שלם א"כ יש לדונו ככופר שלם.

[אגב אורחא שמעתי ביאור נחמד בשם הגרב"ד בדברי הרמב"ן, דלכאורה ילה"ק על דבריו דשם בגמ' לא הי' ספק לפטור השותפים לגמרי אלא כל הספק הוא אם לחייב כ"א כופר שלם או חצי כופר, דאם נחייב כ"א חצי כופר, כופר שלם אמר רחמנא ולא חצי כופר וא"א לחייבו חצי, ואם נימא נחייב כ"א כופר שלם, דכיון דצריך כפרה וליכא חצי כופר א"כ בע"כ ישלם כופר שלם, כופר א' אמר רחמנא ולא שני כופר, וא"כ בנ"ד כיון דכופר שלם אמר רחמנא ולא חצי כופר, מה"ט גופיה נחייבו בכופר שלם דהרי מבו' בגמ' שם דהיכא דמן הראוי לחייבו חצי כופר, כיון דכופר שלם אמר רחמנא ולא חצי כופר מחייבינן לי' כופר שלם. וביאר הגרב"ד דכל הצד לחייב כ"א כופר שלם הוא משום דכיון דכל הנגיחה הוא נגיחה חיובית ובהכרח חל עליו חיוב כופר, א"כ י"ל דכיון דכופר שלם אמר רחמנא ולא חצי כופר והרי שניהם צריכים כפרה א"כ נחייב שניהם כופר שלם, אכן הכא דהאי פלגא נזקא עביד וליכא חיוב כופר באדם ובור א"כ י"ל דמכח הך טעם דכופר שלם אמר רחמנא ולא חצי כופר לא חל חובת כופר כל עיקר.]

שוב הקשה הרמב"ן דאפי' אם לא הי' מיעוט דכופר שלם ולא חצי כופר והי' שייך לחייבו חצי כופר, מ"מ היכא דפלגא נזקא קעביד איך שייך לחייבו כופר כל עיקר, והרי כתיב בתורה "והמית" ואם רק פלגא נזקא קעביד חסר ב"והמית". וילה"ע על דבריו, דהרי ביארנו דכל הדין דהאי פלגא הזיקא קעביד הוא רק דינים בניזקין דבעי' להכשיר ההיזק, דבזה י"ל דהאי הכשיר רק חצי מההיזק, אכן בנפשות הא מבואר דבלי

קרא דאחד ולא שנים, שנים שהרגו אחד היו שניהם חייבין מיתה, וא"כ בכופר דבמקום מיתה קאי למ"ד כופרה כפרה איך שייך לדון בו מצד האי פלגא נזקא קעביד והאי פלגא נזקא קעביד.

וי"ל בזה דס"ל להרמב"ן דאף למ"ד כופרה כפרה מ"מ כבר ביאר הברכ"ש (סי' מ"א) דיש בו גדרי מזיק ("די תורה מאכט דאס פאר א מזיק, עס איז א מזיק'דיגע הלכה") ולכן יש בו ג"כ דיני הכשר ניזקין, ולכן שפיר הקשה הרמב"ן דאם האי פלגא נזקא קעביד כו' חסר ב"והמית", דבמקום דבעינן "הכשר" ושניהם עושים, כ"א נחשב שהשני לא עשה לגמרי ואינו בכלל "והמית" ("ווייל ער איז ניט קיין גאנצע נוגח"). וכל זה הוא בכופר אבל בחיוב רציחה ממש לא הי' שואל הרמב"ן מידי, וכגון באדם שזרק חבירו לבור אפי' אם הי' שייך לדון בו בהלכות נזיקין דהאי פלגא הזיקא קעביד מ"מ ודאי הי' חייב מיתה מטעם שביארנו. [וגם לא שייך בי' פטור דא' ולא שנים כיון דהוי מעשה שלם.]

וליישב הבעה"מ מהשגת הרמב"ן אמר הגרב"ד די"ל דס"ל דלמ"ד כופרה כפרה הוי כופר כנפשות דלא שייך בו נידון דכולו הזיקא קעביד או פלגא הזיקא קעביד ומטעם שביארנו דליכא דין שצריך להכשיר הנזק, וודאי הוי בכלל "והמית".

[והנה עיין בתוס' (דף נג: ד"ה לענין) שהקשו בהא דאי' דשור ואדם שדחפו לבור מחייבינן בעל השור כופר, דאיך מחייבינן ליה לבעל השור והא כיון שהוא ואדם דחפו דהוי כמו (לעיל י:) הכוהו עשרה בני אדם בעשר מקלות דבבת אחת דברי הכל פטור (דהוי כשנים שעשו) וכיון דלא מיחייב מיתה לא מיחייב כופר כו' דאי אין השור בסקילה אין הבעלים משלמין כופר כו' ונראה דלא איירי כשדחפוהו שניהם בבת אחת אלא כל אחד בפני עצמו עכ"ל. (וצב"ק מ"ט לא שייך מיעוטא דא' ולא שנים לפטור בעל השור משום שבעל הבור הוא שותפו בההיזק וא"כ הוי בכלל המיעוט דא' ולא שנים וכמיתת בעלים כך מיתת השור, וצ"ל דשאני התם דנחשב שעשה מעשה שלם, ואכמ"ל.) והרשב"א תירץ על קושית התוס' דגם שנים שהכו אחד במקל אחד שניהם חייבין מיתה, דלא נא' על זה המיעוט דא' ולא שנים, דרק כשיש שני כוחות שונות נא' הך פטור ע"ש. ומשמעות הרמב"ן הוא דקשיא ליה דגם בהיכ"ת דשור שדחף אדם לבור איך נחייב בעל השור כופר, דאף דהוי מעשה רציחה גמורה מצד השור בלי סיוע דאדם מ"מ כיון דיש לו שותפות דבור והאי פלגא הזיקא קעביד והאי פלגא הזיקא קעביד א"כ הוי חצי כופר.]

מילואים

א. אם חיוב נפשות הוא כחיוב מזיק או כחיוב מחמת העבירה

א"ה בפנים הבאנו מה שכתב הברכ"ש (סי' י"א) בשם הגרי"ז דפטור דבלאו איהו מיתבר לא שייך אלא בנזקין ולא ברציחה, דלחיוב ניזקין בעי' שיכשיר ההיזק משא"כ ברציחה דאינו תלוי אלא אם יש לו חפצא דנפש. והסביר מו"ר דחיוב נפשות הוא משום עבירת רציחה, והכל תלוי אם עשה העבירה ע"י שהרג נפשו או אינו עבירה.

ויש לי מקום עיון על זה דהנה בגמ' מכות דף ו. פריך דכיון דאם נמצא א' מהעדים קו"פ עדותן בטילה א"כ "אלא מעתה הרוג יציל כו' אלא מעתה נרבע יציל", ופירשו התוס' שם וז"ל, אלא מעתה הרוג יציל. פירוש שהוא בעל דין אי נמי מפני שהוא שונא ושונא פסול לעדות כו' נרבע יציל מפני שהוא שונא של רובעו בעל אונסו עכ"ל, וצ"ע דלמה בהרוג יציל כתבו התוס' שם שני טעמים, חדא שהוא בעל דין א"נ מפני שהוא שונא, ובנרבע יציל כתבו רק מפני שהוא שונא, ולא שהוא בעל דין.

ונודע לפרש בזה, וכמדומני שבצעירותי שמעתי כן בשם הגאב"ד דפונוביז, וכ"כ בשיעורי רש"ר שם במכות, דמוכרח מזה דחיוב מיתה ברוצח וחיוב מיתה ברובע חלוקים הם ביסוד דינם, דברובע החיוב הוא על מעשה העבירה של רובע כמו בשאר עבירות שיש בהן חיוב מיתה, ולכן הנרבע לא הוי בעל דין על חיוב מיתה

של הרובע והוא רק היכ"ת בעלמא. אבל רציחה הוא מדיני ניזקין והוי הנהרג תובע על רציחתו, דיש לו זכות שלא להיות נרצח ושלא להיות ניזק, ואין החיוב על מעשה העבירה שיש ברציחה, אלא עיקר החיוב הוא דכתיב נפש בנפש, והנרצח הוא בעל דין ותובע להענישו בעונש מיתה כיון דהוי חיוב אליו[125]. ומה"ט כתב בתשו' הרא"ש (נז–ב) דקרובי הנרצח נמי פסולים להעיד דהו"ל קרובי הבע"ד. וכ"כ בביאור הגר"א (סי' ל"ג סקל"ב) דלפי' התוס' הנ"ל ה"ה דקרובי הנרצח פסולין לעדות.

והנה שיטת המרדכי בפ' זה ברור (סי' תרצ"ה) הוא דהנרצח עצמו וקרוביו כשרין לעדות (ופי' לההיא דהרוג יציל מטעמא אחרינא)[126], וכ"פ הרמ"א בחו"מ סי' ל"ג, ונראה דלא פליגי אעיקר היסוד דהוי חיוב אל הנרצח, אלא דס"ל דכיון דאין שום תועלת להנרצח בחיוב מיתה של הרוצח ואינו מקבל כלום בזה להכי לא חשיב בע"ד לענין פסול עדות, וכן אין קרוביו נפסלין להעיד בזה כיון שאין יוצא נפק"מ מעדותם לקרובם, אבל מ"מ לכו"ע הוי בע"ד על עיקר החיוב[127].

ומעתה יש מקום עיון על דברי הגרי"ז, ואולי ס"ל להגרי"ז דהרמ"א שפסק כהמרדכי ה"ט משום דס"ל דהנרצח אינו בע"ד דהחיוב מיתה הוא משום עבירת רציחה ואינו דומה לדיני מזיקין.

ב. בזרק תינוק מראש הגג ואפשר להצילו ובא אחר והרגו

עי' בסימן ו' שהבאנו ביאור הגר"ח בדברי הר"מ בפ"ד מחו"מ הל' יב בזרק כלי מראש הגג כו' דאיירי באופן דאפשר להצילו ע"י הדחק, ואפ"ה הראשון חייב משום דבתר מעיקרא אזלי'. ואחר השיעור בתשע"ג הסתפק מו"ר לפי הרמב"ן דגם בנפשות אמרי' בתר מעיקרא אזלי' האם בכה"ג יתחייב הראשון מיתה בכה"ג, או"ד כיון דהי' אפשר להצילו לא יתכן לחייבו מיתה בבא אחר והרגו, וצ"ע. (א"ה בברכ"ש אות ד' נקט בדעת הרמב"ן כהריב"ש דלא אמרי' בתר מעיקרא אלא באופן דסופו לישבר שבירה ודאית, והוכיח כן מזה דלא אמרי' בתר מעיקרא אזלי' בהכהו י' בנ"א זא"ז ובע"כ משום שאין כאן מיתה ודאית, וע"ש שהיכא דאפשר להצילו לא נחשב כודאית.)

---

125 ועיקר חילוק הנ"ל בין נרבע לנרצח כתב גם שו"ת בית אפרים חו"מ סי' יב, ע"ש.

126 וז"ל המרדכי (סנהדרין פ' זה בורר רמז תרפ"ה), גרסינן פרק קמא [דף י.] והאלפסי מייתי לה הכא בשמעתין אמר רבא פלוני בא על אשתי הוא ואחר מצטרף עמו להורגו אבל לא להורגה מכאן דקדק רבי דקרובי הנרצח יכולין להעיד על הרוצח ואפי' עצמו כל זמן שהוא חי ואינו טריפה יכול להעיד כדמשמע מפלוני רבעני לאונסי ולשם ראיות הרבה כתב רבי בכתב ידו וסברא הוא דנאמנין להעיד כיון דכבר מת אחיו. ומאי נפקא מינה ליורשים, בתוספות רבינו משה. וקשה ממס' מכות פ"ק [דף ו.] דפריך הרוג יציל פי' דהוא קרוב ופסול להעיד ופוסל לשאר העדים שראו עמו ומשני כשהורגו מאחוריו משמע דהנרצח אינו יכול להעיד ומצאתי בתוספות רבינו משה במסכת מכות שפירש ריב"א הרוג יציל לאו משום קורבה אלא משום שהוא טריפה פסול להעיד ולשם הביא ראיה לפירוש זה.

127 וז"ל האו"ז בסנהדרין סימן ו', [דף י' ע"א] אמר רבא פלו' בעל אשתו הוא ואחר מצטרפין להורגו אבל לא להורגה. מיכן אומר רבי' יב"א זצ"ל שקרובי הנרצח נאמנין להעיד על הרוצח ולא נוגעין בעדות הן. דמה שנהרג הרוצח אין מועיל כלום לא לנרצח ולא לקרוביו דהא הכא דקאמר פלו' בא על אשתו הרי הפסיד לו אשתו ואסרה עליו דנהי דאין נאמנין להורגה. לאוסרה על עצמה נאמן דשוויה על עצמו חתיכ' דאיסורא ואפי' הכי נאמן להורגו. ואפי' הנרצח עצמו אם יכול לדבר עדיין פסול להעיד דעדות שאי אתה יכול להזימה הוא. כדאמרינן לקמן הוא עצמו היה נאמן לומר פלוני הרגני דמה לי הרגני מה לי רבעני לאונסי, עכ"ל, ומבואר על דרך הנ"ל. אלא דיתכן דס"ל דאינו בע"ד כלל ורק דבא לומר דאינו נחשב נוגע בדבר.

סימן ח'

במסר שורו לה' בני אדם ופשע בו א' מהם באופן דבלאו איהו מינטר

(ברכ"ש יא–ג)[128]

א. פלוגתת רש"י ותוס' בקו' הגמ' דמאי קעביד ובקושית הגר"א על פסקיו של הר"מ והשו"ע
ב. ביאור שיטת רש"י והרא"ש דמסר שורו לה' בני אדם והלך א' מהם דפטור
ג. יישוב בד' הר"מ דבמרבה בחבילה פטור לגמרי ובמסר שורו לה' בנ"א כולם חייבין, וביישוב רש"י מקושית התוס' מבור י' ובור כ'

א. פלוגתת רש"י ותוס' בקו' הגמ' דמאי קעביד ובקושית הגר"א על פסקיו של הר"מ והשו"ע

משנה דף ט: תנן הכשרתי במקצת נזקו חבתי בתשלומי נזקו כהכשר כל נזקו, ובגמ' שם בדף י. איתא ת"ר הכשרתי מקצת נזקו חבתי בתשלומי נזקו כהכשר כל נזקו כיצד החופר בור תשעה ובא אחר והשלימו לעשרה האחרון חייב כו', מתקיף לה רבי זירא ותו ליכא והא איכא מסר שורו לחמשה בנ"א ופשע בו אחד מהן והזיק חייב ה"ד אילימא דבלאו איהו לא הוה מינטר פשיטא דאיהו קעביד אלא דבלאו איהו נמי מינטר *מאי קעביד* כו' מתקיף לה רב ששת [ותו ליכא] והא איכא מרבה בחבילה (ופירש"י שריבה חבילות זמורות בהדלקה של חבירו וקירבה ע"י החבילות לגדיש אחרים שהיה בדין שיהא הוא חייב ולא הראשון) ה"ד אי דבלאו איהו לא אזלא פשיטא אלא דבלאו איהו אזלא מאי קא עביד, מתקיף לה רב פפא והא איכא הא דתניא ה' שישבו על ספסל אחד ולא שברוהו ובא אחד וישב עליו ושברו האחרון חייב כו' ה"ד אילימא דבלאו איהו לא איתבר פשיטא אלא דבלאו איהו נמי איתבר מאי קעביד ע"כ.

ועי' בתוס' וז"ל, מאי קעביד (כנראה דקאי על הך דמרבה בחבילה) בכולה שמעתין צ"ל מאי קעביד טפי מאחריני וישלם כל אחד חלקו כו' עכ"ל, והנה משמעות התוס' שם הוא דקאי על הך דמרבה בחבילה אך ממש"כ "בכולה שמעתין כו'" משמע דכוונתו לפרש קושית הגמ' דמאי קעביד בכל הסוגיא על דרך זה, וכן פי' הגר"א (שצו–טו) להדיא בכוונת התוס'. וכן מבואר בהרשב"א שכתב כדברי התוס' והוכחתו מבור י' ובור כ' אההיא דמסר שורו לה' בני אדם[129]. אולם עי' ברש"י שפי' להדיא בההיא דמסר שורו לה' בני אדם כו' מאי קעביד. ואינו חייב כלום עכ"ל, ומהא דסתם ולא פירש קושית הגמ' דמאי קעביד אההיא דמרבה בחבילה וה' שישבו על ספסל א' בפשטות מורה דקושיות הגמ' גם בהנך היה דלפטרי' לגמרי.

ועי' בביאור הגר"א (שצו–טו) שהעיר מכח זה על הר"מ דפסק להדיא (פ"ד מנזק"מ ה"ז) בההיא דמסר שורו לה' בני אדם דהיכא דבלאו איהו מינטר כולם חייבין לשלם, ומבואר שפי' קו' הגמ' דמאי קעביד על דרך התוס', ואילו בהך דמרבה בחבילה (פ"ו מחו"מ הל' יד) פסק דהיכא דבלאו איהו מיתבר פטור לגמרי, אלא שפירש גוף האוקימתא אחרת מרש"י ותוס' וכפי גירסתו בגמ' שם. וכיו"ב העיר על השו"ע (שצו–ז) שפסק בההיא דמסר שורו לה' בני אדם דהיכא דבלאו איהו מינטר כולם חייבין בשוה, ובמרבה בחבילה פסק בין בציור דרש"י ותוס' (תיח–ה) ובין בציור דהר"מ (שפג–ד) דהיכא דבלאו איהו איתבר פטור לגמרי, וצ"ב מאי שנא, וכעי"ז ילה"ע על השטמ"ק בשם הר"ש שג"כ חילק על דרך הנ"ל וז"ל, אבל ר"ש כתב והא איכא מרבה בחבילות וכו' מאי קא עביד. הכי פירושו ליפטר כיון דבלאו הכי הוה אזיל אבל לעיל גבי מסר שורו

[128] שיעור כללי תשנ"ב ותשנ"ח עם הוספות ממהדו"א

[129] א"ה וכ"כ בתוס' ר"פ ותוס' המיוחס לתלמיד ר"ת ור"א.

הוי פירושו מאי קא עביד טפי מאחריני, עכ"ל, וצ"ע. [ואמנם הפנ"י נקט להיפך מדברי השו"ע, ע"ש שר"ל דרש"י ותוס' לא נחלקו כלל, אלא כל דברי רש"י שם קאי אההיא דמסר שורו לה' בני אדם, ותוס' קאי על מרבה בחבילה וז"ל הפנ"י, ברש"י מאי קעביד ואינו חייב כלום. דעל כרחך נראה שדוקא גבי מסר שורו שייך לפרש כן כיון דבלאו איהו מינטר נמצא שלא פשע כלל זה שהלך לו אלא אותן שהיו שם פשעו בשמירתן לכך יפטר הראשון לגמרי, אבל גבי מרבה בחבילה לא שייך לפרש מאי קעביד שיפטר לגמרי אלא כמ"ש תוספות דכל אחד ישלם חלקו וכן התוס' נראה דמודו גבי מסר שורו שפטור לגמרי אלא ממרבה בחבילה ואילך כתבו שכל אחד ישלם חלקו כן נראה מצד הסברא וצ"ע, עכ"ל, ואמנם כבר הבאנו דברי הגר"א שלא נקט כן בדברי התוס', וגם הרשב"א כתב להדיא במסר שורו לה' בני אדם דכולם חייבין.]

ב. ביאור שיטת רש"י והרא"ש דמסר שורו לה' בני אדם והלך א' מהם דפטור

ועיין בברכ"ש (יא-ג) שכתב בזה ליישב תמיהת הגר"א, דהנה באמת דברי רש"י שכתב דבההיא דמסר שורו לה' בני אדם ופשע בו א' מהם, דהיכא דבלאו איהו מינטר פטור לגמרי, צ"ב טובא דכיון דלא שמרו ולא נסתלק משמירתו איך אפשר לפטרו. ועי' ברא"ש (סי' ט') שג"כ פירש הגמ' על דרך רש"י והסביר שם בטעם הפטור וז"ל, והא איכא מסר שורו לחמשה בני אדם ופשע בו אחד מהן והזיק חייב היכי דמי אי לימא דבלאו איהו לא מינטר פשיטא אלא דבלאו איהו נמי מינטר מאי קעביד כלומר ופטור לגמרי וכגון שאחרים לא סלקו עצמם משמירת השור כשפשע האחד ולא רצו לשמור יותר וכיון שנשארו בשמירת השור ויכולין לשומרו בלא האחד הן חייבין והוא פטור שהרי מסר לכולן שורו לכל מי שיכול לשומרו ונתרצו לשומרו אפילו בלא חברם אבל אם אמרו לו אם אינך רוצה לשמור גם אנו מסלקים עצמינו משמירתו כולן חייבין עכ"ל.

ומבו' בדבריו דבעי' שני תנאים לפוטרו, וכן מבו' ביש"ש בארוכה: **א.** דאיירי דלית להבעלים קפידא שכולם ישמרו אותה כל הזמן אלא שעיקר רצונו הוא שהשור יהא שמור, ומשמעות הדברים הוא דאילו הי' לו קפידא שישמרנו יחד היו כולם חייבים, דהי' כמו מוסר לה' שומרים בפנ"ע דאין אף א' מהם יכולים לפטור עצמם. **ב.** דאיירי שכשהלך לא אמרו לו דאם אינך רוצה לשמור גם אנו מסלקים עצמינו, והיינו דלא הי' קפידא מצדם. ואין כוונתו דהם קבלו על עצמם חלק שמירתו כענין דשומר שמסר לשומר, דלזה היינו צריכים קבלת שמירה מפורשת מצדם, ולא משמע מדבריו דאיירי' שקבלו על עצמם בפירוש לשומרה במקומו אלא כל היכא דלא מיחו בו פטור, וכבר דייק כן הגרא"ז (פ"ד מנזק"מ ה"ז) מדברי הרא"ש וז"ל, מד' הרא"ש מוכח דדוקא כשאמרו לו אם אינך שומר אתה וכו', אבל אם בסתמא הלך בלא שמירה ואח"כ פשעו גם הם אף שלא מסר להם שיקבלו השמירה מ"מ כיון שבשעה שהלך הוא נשארו הם, א"כ הוא לא הניח את השור בלא שמירה ולכן הם שהניחו השור בלא שמירה חייבין, עכ"ל.

ויסוד דברי הרא"ש הוא דכיון דלא הקפיד שיהיו כולם שומרים אותה ביחד, והוי כמו שקבעם לשמרם ביחד ("א צוזאמענ'דיגע שמירה"), א"כ השומר היה רשאי להלוך ולהניחה ברשות השומרים האחרים לשמרו, אך אכתי צ"ב דסו"ס איך נפטר דהא לא שמרה, ואף די"ל דלא נחשב כפשיעה ולכן באופן שהאחרים שמרוה אלא שנאנסה אין לדון מצד תחילתו בפשיעה וסופו באונס אך היכא דהם פשעו בו ולא שמרוה איך נפטר. והי' מקום לפרש בדבריו דר"ל דבכה"ג נחשב כתנאי בגוף הקבלת שמירה, דהעיקר הוא שיהי' שמור, וכל או"א יכול לסלק עצמו מהשמירה, באופן שיהי' שמור. ונמצא לפי"ז דבאותה שעה שאמר הוא לשאר השומרים שהוא הולך לדרכו, סילק עצמו מהשמירה ונתבטל תורת שומר מיני' ומשו"ה נפטר [אך מסתברא דכישחזור, חוזרת החיוב שמירה], אלא שאם שאר השומרים אמרו לו שאם אתה הולך גם אנו הולכים, אינו

יכול להסתלק עצמו. [וכביאור הזה משמע קצת בחת"ס[130], שדימה זה להך דגיטין דף לג: באמר לה' בנ"א כולכם כתבו גט זה לאשתי, דאין לו קפידא שכולם יכתבו הגט אלא שמביניהם יהא כתוב.]

והנה אם הוי מפרשינן כן בדברי רש"י והרא"ש א"כ מאי דפטור בכה"ג אינו דומה להפטור דמרבה בחבילה וה' שישבו על ספסל א', וזהו דלא כדברי הגר"א שנקט דכולם תלויים אהדדי, ובפשטות משמע דהתלייה לא הוי רק משום דבגמ' קאמר אותו נוסח 'דמאי קעביד' אלא דבאמת תלויים אהדדי. עוד יש להוכיח מדברי היש"ש (מובא בברכ"ש) שלא פירש כן בכוונת הרא"ש, שכתב וז"ל, מ"מ אם האחרים עניים והחמישי שפשע עשיר הוא אף שהוא פטור כשאחרים לא נסתלקו משמירתם מ"מ יכול בעל השור לאשתעוי דינא עם העשיר שפשע והוא ליזל וישתעי דינא עמהם כי מאחר שקבל כל אחד שמירתו עליו א"כ לא נסתלקה שמירתו כנגד הבעל עד שיחזור לו לביתו ובעינן אפי' דעת בעלים לר' עקיבא כדאיתא בהגוזל בתרא, עכ"ל, ובשיעורים בדף י. הבאנו ביאור הגרב"ד בזה במהדו"ק, אך לענינינו נביא דבריו במהדו"ב בספרו ברכ"ש.

והגרב"ד הביא מהגר"ח לפרש בזה [ובאמת הגרב"ד אמר כן ג"כ מעצמו לפני ששמע כן מהגר"ח], די"ל דהוא כעין אותו פטור דבלאו הכי איתבר דמצינו במרבה בחבילה ובה' שישבו על ספסל א', ואמנם הרשב"א (א"ה ותוס' ר"ת ומיוחס לר"ת) העירו על פירש"י מהך דבור י' ובור כ', דהוכיחו התוס' מזה בענין מרבה בחבילה דליכא פטור דבלאו איהו מיתבר, והוא רק סברא שלא יתחייב יותר מהאחרים, ומבואר להדיא דהבין דלפי רש"י יסוד הפטור הוא משום אותו פטור דבלאו איהו איתבר, אלא דצ"ב דהיכי שייך זה הכא. וביארו הגרב"ד והגר"ח בזה דכיון דהי' כשמירה בשותפות, דלא הי' קפידא מצד הבעלים שכולם ישמרנו, א"כ הי' השומר רשאי לילך משם, וכבר כתבתו דאילו הי' אירע בו אונס לא הי' אפשר לחייבו משום תבו"ב, אלא דכיון דשאר השומרים לא שמרוה א"כ מיד שפשעו בו האחריני נתחייב גם הוא, דאף שהי' יכול לילך משם אך כיון דהוא לא שמרו א"כ כשהם פשעו והלכו, נתחייב גם הוא מדין פשיעה דהרי הוא אחראי על פשיעותם, אך כיון דהפשיעה הוא מכחם, ורק אחר שהם פשעו בו נחשב כמו שהוא פשע בו, א"כ לעולם נחשב שפשיעותם קודמת לפשיעתו, והנה גדר חיוב שומרים הוא כדיני מזיקין ("די תורה מאכט דאס פאר א מזיק"), וכמו דמצינו לעיל בדף ד: דמנה התנא אותם בכלל כ"ד אבות נזיקין, א"כ הרי הם נידונים כמזיקים הראשונים והוא כמזיק האחרון, והוי ממש דומה להך דמרבה בחבילה, ושפיר שייך ביה פטור דבלאו איהו איתבר, דנאמר בו דין דהיכא דא' יש לו תורת מזיק על החפץ אין השני מקבל תורת מזיק על החפץ בלי הוספת היזק, והוא אותו פטור ממש דמצינו במרבה בחבילה דלא נחשב שהוא הוסיף בההיזק כלום, וכהשליך איש אש בתוך אש גדולה ("וואס מיין פשיעה טוט שוין ניט אויף"), ומובן היטב מש"כ הגר"א לתלות כל הנך דסוגיין אהדדי, דחדא נידון הוא, ודברי הר"מ והשו"ע שחילק בינייהו צ"ב וכמשנ"ת.

[ואף די"ל דהך דמסר שורו לה' בני אדם איירי לענין שמירת ניזקין, וכ"כ הר"מ להדיא, מ"מ גם שמירת ניזקין דומה לשמירת גופו לענין זה, דגם גדר חיוב בשמירת נזיקין הוא דהתורה דנו כאילו הוא הזיק.]

ג. יישוב בד' הר"מ דבמרבה בחבילה פטור לגמרי ובמסר שורו לה' בנ"א כולם חייבין, וביישוב רש"י מקושית התוס' מבור י' ובור כ'

וליישב דברי השו"ע והר"מ כתב הגרב"ד דהנה כבר העירו התוס' והראשונים על רש"י דס"ל דאיכא פטור דבלאו איהו איתבר מהא דתניא פרק הפרה (לקמן נא.) אחד החוקק בור לי' ובא אחר והשלימו לעשרים ובא אחר והשלימו לשלשים כולם חייבין אע"ג דבלאו איהו הוה מתה ע"כ, וצריכים לחלק דבמרבה בחבילה

---

130 א"ה אינו ידוע לי מקומו.

דרק הוסיף על אש דידיה לא נחשב כהוספת היזק וא"א לחייבו והוי כבור י' ובור י"א, ואפי' באופן שהוסיף להאש כ"כ עד שהי' יכול לילך מעצמו מכח אש השני אפ"ה לעולם נחשב כבור י' ובור י"א וכזרק עץ בתוך אש גדולה, אכן היכא דא' חפר בור י' ובא אחר והשלימו לכ' י"ל דאף דבור הא' כבר הי' לו כח היזק אבל כיון דהשני כרה בור שלם בפנ"ע חייב, ורק בבור י' ובור י"א דהשני צריך להיות שותף בבורו השני פטור, וכ"ה בכל תוספת אש בעולם דלעולם נחשב כהוסיף טפח על בור י', [דלא נחשב כהוספה כיון דלחיוב בעי' שיבעיר את הבעירה, ודייני' על מעשה הדלקה הראשונה, ומאחר שכבר יש מעשה מבעיר המחייבת משו"ה לא נעשה לבעל האש (אחר השיעור)[131]].

וי"ל דנחלקו רש"י והר"מ בגדר הך דמסר שורו לה' בני אדם, למה מדמינן לי', לבור י' ובור י"א או לבור י' ובור כ', דס"ל להר"מ דכיון דכ"א הוא שומר בפנ"ע ויש לו סיבת חיוב בפנ"ע א"כ פשיעתו של זה, שהתורה דנה כמזיק, א"א לעקור ולבטל פשיעתו של זה שלא נוכל לדון בו תורת מזיק [ונחשב כהוספת היזק], ורש"י ס"ל דדומה הוא לבור י' ובור י"א וכיון דכבר איכא פשיעה בהחפץ לפני שפשע בו הראשון, ופשיעתו לא הוסיף בו שום הוספת היזק, משו"ה פטור. ועפ"י הנ"ל מיושב היטב פסקי השו"ע והר"מ דאף דס"ל עיקר הפטור דבלאו איהו איתבר, מ"מ במסר שורו לה' בני אדם לא שייך הך פטור ומטעם הנ"ל דדומה לבור י' ובור כ'.

ועפי"ז כתב הברכ"ש לפרש דברי היש"ש הנ"ל דהיכא דהחמישי הוא עשיר והשאר הם עניים דיכול הניזק לתבוע ממנו והוא יפרע מהשאר, דכיון דגם הוא פשע בו, אף דבינו לבין שאר השומרים נחשב הם כעיקרי המזיק ומטעם הנ"ל, אבל הניזק עצמו שפיר יכול לתבוע ממנו דסו"ס פשע הוא[132]. ואין לומר דאיך יכול לגבות משאר השומרים נימא דנחשב שכל שומר פשע על חמישית מהחפץ ואינו חייב אלא עלה, דהא בחפץ ליכא חלקים בכדי לדון הפשיעה כפשיעה על חלק מהחפץ, וכיון ששומר זו הי' מותר לילך משם דייני' שפשיעותם הוא כפשיעה על כל החפץ, אלא דמיד שפשעו בו חוזר חיובו וחל בו תורת פשיעה.

ובעיקר דברי רש"י והרא"ש אמר הגרב"ד במהדו"ק ביאור אחרת בדבריו, ובעזה"י בדף י' נביא דבריו.

---

[131] ואמנם בבור דייני' על הכריי', משא"כ באש דדייני' על השם מזיק דמבעיר, ובזה אמרי' דמאחר שיש כבר מעשה מבעיר, אין השני נעשה לבעל האש. [א"ה ראה מש"כ בסימן ו' בביאור חילוק יסודי בין מעשה מבעיר למעשה כריית הבור, ולכאורה כוונת מו"ר הי' על דרך הנ"ל].

[132] א"ה כמדומני שאחר השיעור אמר מו"ר דמ"מ הוא רק מכח הדין דכי ליכא לאשתלומי מהאי כו' ואיני ברור בזה. ובמקו"א הערנו דפלוגתת הראשונים הוא אם אמרי' כי ליכא לאשתלומי כו' בכה"ג שאין לו פטור מדינא ורק דאין לו ממון והיש"ש עצמו ס"ל דלא אמרי' כי ליכא כו', ואמנם מלשון הברכ"ש משמע דהוא בלי דין דכי ליכא לאשתלומי כו'.

סימן ט'

עיונים בדף כז. בזרק תינוק מראש הגג ובא שור וקבלו בקרניו, ובד' הר"ח שם[133]

א. בביאור השמטת הר"מ בדין דזרק תינוק מראש הגג וקבלו שור בקרניו

ב. י"ל דאף למ"ד דחייב בכופר כשאין השור בסקילה היינו רק היכא דליכא חסרון בגוף הרציחה

ג. פירוש חדש מהר"ח בסוגיא דף כז. ובבי' פלוגתת כופר דמי מזיק או דמי ניזק

ביאור התורת מיכאל בדברי הר"ח

א. בביאור השמטת הר"מ בדין דזרק תינוק מראש הגג וקבלו שור בקרניו

דף כו: גמ' אמר רבה זרק תינוק מראש הגג כו' בא שור וקבלו בקרניו פלוגתא דר' ישמעאל בנו של יוחנן בן ברוקא ורבנן דתניא ונתן פדיון נפשו דמי ניזק ר' ישמעאל בנו של ר' יוחנן בן ברוקא אומר דמי מזיק ופירש"י וז"ל, פלוגתא דר"י ורבנן לענין כופר לר' ישמעאל דאמר כופר במזיק שיימינן משלם כופר אבל לרבנן דשיימינן בניזק האי לא הוה ליה דמים ופטור ע"כ. וילה"ע על דברי הר"מ שהשמיט דין זה, ולמאי דפסק הר"מ (פי"א מנזק"מ ה"א) כרבנן שמשלם דמי ניזק הו"ל להביא דין זה ולפסוק דפטור.

ואשר נראה בזה דעי' בשטמ"ק שהביא מר"ש דדברי הגמ' קאי אליבא דרבי יהודה בן בתירא דאמר אחרון חייב, דאלו אליבא דרבנן גם ליכא פלוגתא דהא שור אינו נסקל דכמיתת בעלים כך מיתת השור, וכיון דבעלים לא הי' חייב השור אינו חייב סקילה עכ"ד, ולפי"ז י"ל דכיון דאנן קיי"ל כרבנן א"כ אין השור בסקילה ולא שייך כל הנידון אם חייב כופר או לא, דתיפו"ל דפטור משום שאין השור בסקילה ולכן מובן בפשיטות מה שהשמיט הר"מ הדין דאין בזה חידוש. אמנם אכתי קשה דהנה צ"ב מש"כ השטמ"ק דהוא תלוי בפלו' ריב"ב ורבנן, דלריב"ב השור בסקילה ולרבנן אין השור בסקילה, וקשה דהכא לא דייני' לענין סקילת השור אלא לענין חיוב כופר. ובפשטות י"ל דכוונתו הוא דרבה דהוא בעל המימרא בסוגיין דאמר זרק תינוק מראש הגג כו' ס"ל לקמן דף מג. דכל זמן שהשור בסקילה בעלים משלמין כופר אין השור בסקילה אין בעלים משלמין כופר ולכן שור שהמית בן חורין שלא בכוונה פטור מכופר , ולפי"ז מובן דברי השטמ"ק דלשיטת רבנן דס"ל דבבא שור וקבלו בקרניו אין השור בסקילה, א"כ פשיטא שליכא חיוב כופר דכל שאין השור בסקילה אין בעלים משלמין כופר.

אלא דא"כ הק"ל השמטת הר"מ, דשיטת הר"מ (פ"י מנזק"מ הל' יג) הוא דלהלכה קיי"ל כר' יוחנן דשור שהרג שלא בכוונה חייב כופר דאף דאין השור בסקילה הבעלים משלמין כופר, וא"כ לפי"ז דין זה דזרק שור מראש הגג וקבל שור בקרניו תלוי בפלוגתא אם כופר דמי ניזק או דמי מזיק וה"ל להר"מ להביאו.

ב. י"ל דאף למ"ד דחייב בכופר כשאין השור בסקילה היינו רק היכא דליכא חסרון בגוף הרציחה

והנראה בזה דאף דקיי"ל דאפי' היכא דאין השור בסקילה מ"מ הבעלים משלמין כופר, היינו רק היכא דהי' רציחה גמורה ורק דאין השור בסקילה משום דיש לו פטור, וכגון בהרגו בלא כוונה, אכן בנ"ד דהטעם דאין השור בסקילה הוא משום דחסר בגוף הרציחה כיון דהוי גוסס בידי אדם ולא הוי "כל נפש", חסר בעצם הרציחה, א"כ מה"ט גופיה ליכא חיוב כופר דחיוב כופר הוא לרציחת שורו. ומעתה א"ש היטב דלמאי

[133] שיעור יומי

דקיי"ל כרבנן דריב"ב דליכא חיוב מיתה בכה"ג דלא נחשב כרציחה א"כ לכו"ע ליכא חיוב כופר ואין בזה שום חידוש דין ולא קשה מה שהר"מ השמיטו.

והעירוני דעיקר הדבר כבר כתוב במנ"ח (מ' נ"א) וז"ל, ונראה פשוט דכלל זה אינו בכל הנהרגין דאם אין השור חייב סקילה הבעלים משלמין כופר א"כ לפ"ז בהורג טרפה יהיו הבעלים חייבים בכופר. ז"א אך העיקר הוא אם הוא רציח' דכתיב גם בעליו יומת ודרשינן דיש עליו חיוב בד"ש והיינו בהורג עכ"פ איש שחייבים עליו הריגה אבל טרפה דכמת הוא חשוב או נפל שאינו ב"ק פשוט דזה ל"ה רציחה כלל ל"ש כופר דל"ש גם בעליו יומת דאפי' אם הרג טרפה בידים לא מצינו חיוב עליו אפי' בד"ש א"כ פשוט שהוא פטור מכופר אך בשאר דברים שהוא רציחה דהנהרג הוא נרצח רק גזה"כ דהאדם או השור פטור כגון שלא בכוונה או שני שוורים וכדומה חייב בכופר **אבל טרפה או גוסס שהחסרון בנרצח** אינו חייב כופר וז"פ. והנה להלכה שאע"פ שאין השור בסקילה כגון שלא בכוונה חייבים הבעלים בכופר א"כ בדינים שנזכרו בפ"ז כגון שור טרפה שהרג אדם או שור של אדם טרפה כיון דאין חסרון בנרצח רק גזה"כ בודאי הבעלים חייבים בכופר. והא דנקט הר"מ ד"ז גבי שלב"כ משום דבש"ס מבואר זה גבי פלוגתא דרבה ור"י נקט הר"מ כמו לשון הש"ס אבל באמת בכל הדינים שאין חסרון בנרצח כגון שני שוורים שהרגו בב"א או שור טרפה או של אדם טרפה אף שבכל אלו השור פטור מסקילה מ"מ הבעלים חייבים בכופר וז"פ, עכ"ל.

והנה עי' בתוס' בדף מ. בד"ה שור כו' שכתב דהיכא דשני שוורין בב"א הרגו אדם אין השור בסקילה, דכמיתת בעלים כך מיתת השור ולכו"ע בהכותו י' בנ"א בב"א פטור הבעלים ממיתה, וכתב שם דאם חייב כופר בכה"ג תלוי בפלוגתא אם אמרי' הכלל דהיכא דאין השור בסקילה אין הבעלים משלמין כופר, ע"ש, ומבואר דלמאי דקיי"ל דהבעלים משלמין כופר אפי' כשאין השור בסקילה ה"ה דבכה"ג איכא חיוב כופר. ולכאורה זה סותר מש"כ דלכאורה גם שם חסר בהרציחה ואפ"ה איכא חיוב כופר למ"ד דהיכא דאין השור בסקילה הבעלים משלמין כופר. אמנם נראה דאין בזה שום סתירה, דגם התם הוי ענין פטור ולא דחסר בגוף הרציחה, והראיה משיטת הרשב"א (דף נג:) דס"ל דהיכא דשנים הרגו בב"א במקל אחת חייב מיתה, וא"כ מסתברא דאף דממעטינן שנים שהכהו בשני מקלות בב"א מ"מ אינו דין דשנים שעשו אלא פטור מגזה"כ. ואמנם מדברי המנ"ח עצמו מבואר חילוק זה, שחילק בין גוסס לשני שוורים שהרגו, ע"ש.

ג. פירוש חדש מהר"ח בסוגיא דף כז. ובבי' פלוגתת כופר דמי מזיק או דמי ניזק

אמנם מדברי ר"ח מבואר שלא כסברא הנ"ל, דעי' ברשב"א שהביא דבריו שפירש להיפך ממש מרש"י וז"ל, לרבנן דאמרי דמי ניזק חייב בעל השור בכופר שהרי שורו הרג לר' ישמעאל דאמר דמי מזיק פי' המזיק הוא היה חייב מיתה מפני שלא שמר שורו כאילו הוא הרג ורחמנא חס עליה לשלם כופר לפי שלא עשה מעשה בידים והכא אפילו הוא בעצמו בכי האי גוונא לא היה מתחייב דהא רבנן דפליגי עליה דר' יהודה בן בתירא פטרי ליה וכ"ש על שורו ע"כ, והיינו דסוגיא אתיא כרבנן ולא כריב"ב, ולכן למ"ד כופר דמי מזיק פטור דלדידיה גדר חיוב כופר הוא פדיון נפש, דדיינ' כמו שהבעלים עצמו הרגו וחייב מיתה ואפשר לפדות עצמו בדמיו, וכיון דלרבנן הבעלים עצמם שהרגו פטור ממיתה ה"ה שליכא חיוב כופר, משא"כ למ"ד כופר דמי ניזק, אף שהבעלים הי' פטור מ"מ חייב כופר, עכ"ד. ומבואר מדבריו דסברא הנ"ל לפטרי' מכופר משום זה גופי' דחסר ברציחה, ס"ל להר"ח דתלוי בפלו' אם כופר דמי מזיק או דמי ניזק ובעיא דגמ' אתיא כרבנן, ולפי"ז הק"ל השמטת הר"מ שהשמיט דין זה. וצ"ל דהר"מ חולק על דבריו ופי' הגמ' על דרך רש"י ועל דרך שנתבאר. [א"ה ואמנם גם מהר"ש בשטמ"ק מבואר דהטעם דפטור מכופר לפי פירש"י הוא רק משום שאין השור בסקילה אין הבעלים משלמין כופר, ולולי זה איכא חיוב כופר, ודלא כמשנ"ת.]

ונמצא פלוגתא להלכה בין הר"מ להר"ח למאי דקיי"ל כופר דמי ניזק האם איכא חיוב כופר בגוסס, דלפי הר"מ פטור דחסר בהרציחה ולפי הר"ח חייב. ויל"ע בדעת הר"ח אם גם הורג טריפה יהא בו חיוב כופר, ואולי טריפה גרע טפי דכמת הוא חשוב ולכו"ע ליכא עליו חיוב כופר[134], אלא דקשה על זה דבסנהדרין דף עח. מדמינן גוסס בידי אדם לטריפה, וא"כ גם גוסס איך נחייביה, אך באמת אין כוונת הגמ' לומר דגוסס הוי ממש כטריפה, אלא ר"ל דגם גוסס פטור כמו דטריפה פטור ואמנם מצינו חילוקים ביניהם, ואמכ"ל[135]. אמנם דע דהמנ"ח השווה אהדדי לענין הלכה זו, ובפשטות משמע מדבריו דתלויים זב"ז לענין חיוב כופר, וצ"ע.

ועל גוף דברי הר"ח יש כמה עיונים:

א. מה דס"ל דלמ"ד כופר דמי ניזק איכא חיוב כופר, דרש"י פי' דלדידי' ליכא חיוב כופר דאין לו דמים, וכבר ביארנו בסימן ב' דאף דס"ל לרש"י דלמ"ד בתר לבסוף אזלי' בזרק כלי מראש הגג נחשב כבר דמים, היינו משום דלא נשתנה גוף הכלי, אבל סוגיא אתיא כרבה דס"ל בתר מעיקרא אזלי' ולדידיה שפיר נחשב כאינו בר דמים.

והנראה בזה דס"ל להר"ח דאף למ"ד כופר דמי ניזק אין הביאור דהוי כתשלומי ניזקין דבא להשלמת ההיזק, דכיון דכופרה כפרה א"כ הוי תשלומי כפרה והדין דדמי ניזק הוא שומא בעלמא, ולענין זה לא נחשב כלאו בר דמים ושפיר שייך בי' שומא. ואמנם יש להוכיח כן גם משיטת הראב"ד דס"ל דלמ"ד כופר דמי ניזק החיוב תשלומים הוא כשיעור ערכין ולא כשיעור דמים, ומבו' דהוי שומא בעלמא, וי"ל דאף אם הר"ח חולק עליו בזה מ"מ י"ל דס"ל דהוי שומא בעלמא ולא דין דמים. אך ודאי מודה הר"ח דלשיטת רבה דכשאין השור בסקילה איכא חיוב דמים ולא חיוב כופר, בזרק תינוק ודאי ליכא חיוב דמים, דהא אין לו דמים. ומעתה אולי י"ל דהר"מ לשיטתו לא הי' מצי לפרש הגמ' על דרך הר"ח דכבר הוכיח הגרב"ד (ל-ד) דאף דפסק הר"מ כופרה כפרה אפ"ה יש לתשלומין גדרי מזיק, וצריך ב"ד ושני עדים, דע"י תשלומי היזק יש לו כפרה, וא"כ לדבריו ודאי למ"ד כופר דמי ניזק הוא ליכא חיוב כלל, וכוונת הגמ' הוא דלמ"ד כופר דמי מזיק הוא חייב[136].

ב. דברי הר"ח צע"ג דמרא דשמעתתא הוא רבה והוא ס"ל דכל זמן שאין השור בסקילה אין הבעלים משלמין כופר, וא"כ איך אפשר לאוקים הגמ' כרבנן והא לרבנן אין השור בסקילה, וכיון דאין השור בסקילה א"כ אין הבעלים משלמין כופר לכו"ע, וצע"ג.

מילואים

ביאור התורת מיכאל בדברי הר"ח

א"ה עי' בספר תורת מיכאל סי' לא (להגאון האמיתי ר' **מיכאל אליעזר הכהן פארשלגר** זצ"ל, תלמיד מובהק של האבנ"ז) שג"כ עמד על דברי הר"ח הנ"ל, ולענין קושיא הא' כתב כדברי מו"ר, ע"ש שנתקשה על הר"ח

---

134 א"ה אחר השיעור א' אמר למו"ר בשם הגרב"ד פוברסקי שליט"א לפרש בדברי הר"ח דגם פטור גוסס וטריפה אינו משום דכמת הוא חשוב אלא דחסר במעשה רציחה, וכל זה הוא לגבי חיוב מיתה דרציחה ולא לגבי כופר.

135 א"ה שיטת הרמ"ה שם והריב"ש (סי' רנ"א) דמי שעשה חבירו טריפה ואח"כ הרגו אדם אחר, הראשון חייב מיתה, אכן בגוסס בידי אדם שניהם פטורים, וכן נקט הגרב"ד ומבואר בעליל דהוי דמיון בעלמא.

136 א"ה אין לומר דס"ל להר"ח כהרמב"ן דרבה ס"ל בתר לבסוף אזלי' ולכן ס"ל דיש לו דמים, דלפי הרמב"ן מוכרחים לומר דלמ"ד בתר לבסוף אזלי' ג"כ אין לו דמים, דמה"ט בא אחר ושברו פטור.

איני ברור אם מו"ר נקט זה לסברא ברורה דלפי הר"מ הנ"ל דאיכא חיוב ב"ד ועדים אין לומר דהוי שומא בעלמא, דהי' לי משמעות מאחר השיעור דיתכן לומר דגם להר"מ כל הנך דינים הם בהשומא והתשלומין.

בקו' הנ"ל וכתב "יש לתרץ דהא קיי"ל כופרא כפרה א"כ אף למ"ד דמי ניזק אין הכופר משום דאפחתי' מדמיו שחיסרו ממון, וכמו למ"ד דמי מזיק בודאי דאין הוא משום חיסור דמיו אלא דהוא כפרה, והשומא היא לדמי מזיק, כן למ"ד בדניזק שיימינן הוא משום כפרה לא משום חיסור דמים, אלא השומא היא בדמי ניזק, ולהכי כיון שאין הטעם מצד חיסור דמיו דנימא כיון דלאו בר דמים הוא בשעה שקבלו בקרניו דיהי' פטור, אלא כיון דהוא משום כפרה, דמי ששורו הרג, עליו לשלם דמי ניזק, הלכך אע"ג דלאו בר דמים הוא שייך תשלומים דכך הוא הדין דשורו שהרג עליו לשלם מה שהמיתה פיחתתו מדמיו, דמה שלאחר זריקה לאו בר דמים הוא נמי מחמת המיתה שסופו למות, ולהכי מי שהמיתו מה שפיחתתו המיתה יש לו לשלם דמיו, וזה למ"ד דמי ניזק שהוא הטעם דמי ששורו הרג עליו לשלם מה שפיחתתו המיתה, אבל למ"ד דמי מזיק והוא מטעם שהוא כופר נפשו דחיוב מיתה שעליו על שלא שמר שורו כראוי והמית כאילו הוא הרג כו' עכ"ל.

ובענין קושיא הב' כתב ליישב וז"ל, הא דאמרי' היכא דאין השור בסקילה אין הבעלים משלמים כופר, אין הפירוש דזה גופא מה דפטור ממיתה פוטרו מכופר, אלא אותו הטעם דפוטרו ממיתה פוטרו מכופר, ולכן דוקא היכי דהשור פטור ממיתה משום דהמית שלא בכוונה, אמרי' דשלא בכוונה כמו דפטור ממיתה ה"נ פטור מכופר, דכיון דהוי שלא בכוונה לא מחייב כופר על מעשה שורו, וכן בהודה מעצמו, כמו דלא נהרג בהודאת עצמו כן לא מחייב בכופר בהודאת עצמו, אבל היכי דהשור המיתו בכוונה דקבלו בקרניו אע"ג דהוא רק קירב מיתתו וממיתה פטור לרבנן משום דעל קירוב מיתה אינו חייב, זהו רק לגבי מיתה דבעי' שיכה כל נפש וכל שחשוב כמת, על קירוב מיתה לא מחייב כו' אבל לענין כופר למ"ד דמי ניזק דנין רק ע"י מי ניזוק אותו התינוק, וכיון דהוא ניזוק על ידי קרני השור הוא משלם, ומצד השור גופי' אין שום גרעון דהא סו"ס הוא המיתו ולא מת מחמת הזריקה, ואף דבלא"ה הי' מת אח"כ ומפני זה נחשב כמת, אבל המיתה ממש הא לא שלטה בי' אז והשור עביד כולי' מיתה ובכונה, לכן אף דלענין מיתה פטור, אבל לגבי תשלומי כופר דזה לא הוי אלא תשלומי היזק ואזלי' בתר האי דאיתזק עלי ידו בהדיא, דלמ"ד דמי ניזק אין הדין מצד חיוב מיתה דמזיק אילו הי' האדם הורגו אלא כל דאיכא ניזק איכא חיוב דכופר, דרק היכי דהוי גרעון בהיזיקא דשור כגון שלא בכוונה כו' אבל כאן דליכא גרעון מצד השור דהא הרגו בכוונה כו' כיון דגם בלא זה הי' מת הוא פטור, וזה רק לענין מיתה, אבל לענין כופר דנין מי שהזיקו בפועל זה חייב בכופר, וזה דהי' סופו למות אין זה ענין לפטור מכופר כיון דהסוף הי' דלא מת מזה וזה שהרגו משלם כופר עכ"ל.

וכמדומה שאחר השיעור הסתפק מו"ר לומר כעי"ז דהזכיר מו"ר דברי הגר"ח דשלא בכוונה חסר בכל התורת רציחה ולא רק בהמזידות ובי' עפי"ז דברי הר"מ דליכא בי' פטור דקלב"מ. ויתכן דכוונתו הי' לחלק על דרך הנ"ל, דרק בכה"ג שייך דין דרבה, וצ"ע לע"ע.

ע"כ בס"ד רשימות משיעורי מרן הגרח"ש זצ"ל

סימן י

בגדר חיוב נהנה, בדברי הברכ"ש ב"ק יד–ב[137]

א. בדברי הברכ"ש (יד-ב) בשם הגר"ח שנהנה הוי מלוה הכתובה בתורה

ב. הוכחת הגרב"ד לד' הגר"ח מסו' דב"ק דף קא.

ג. בגדר חיוב יורד ומשתרשי

ד. הכרח מהסו' דחולין להגר"ח שנהנה הוי מלוה הכתובה וכו', ונפק"מ בין נהנה ויורד לענין קטן

ה. ביורש ומשתרשי ליכא פטור דקלב"מ ויישוב עפי"ז מה שיש להקשות על הגמ' פ' אלו נערות

ו. הקצה"ח נקט דגם על חיוב הלואה יש פטור דקלב"מ

ז. בחילוק בין מקח להלואה ואם יש קלב"מ במקח ובשכירות, וקושיא על הברכ"ש מב"מ דף צא.

ח. בי' הגרב"ד דחיוב נהנה נלמד מפרשה דגזילה

ט. בדברי הקצה"ח דליכא דין מיטב על חיוב נהנה

י. ביאור עפי"ז בהרשב"א ר"פ הגוזל ומאכיל

יא. גדר האיסור רבית

יב. ביאור דברי הברכ"ש במה שהביא מהמל"מ להוכיח גדר איסור רבית

יג. מה שהביא הברכ"ש מהגרע"א בחי' ליו"ד

יד. בענין מש"כ האו"ש דחייב מה שנהנה בהקדש

טו. בי' בהר"מ שפסק דהיכא שהניקף לא זכה בכותל חייב דמי נהנה

<u>**מילואים**</u>

א. ראיה להגרי"ז דליכא פטור אונס בגזילה מתוס' קידושין דף נה.

ב. בי' שי' הגר"ח דלא שייך פסיקה בהלואה שישלם לו מטבעות מסיומים שאינו דומה למקח והטעם שחל חוב רבית

ג. דברי המאירי דליכא פטור קלב"מ על חיוב נהנה

ד. השוואה למש"כ הברכ"ש בשם המל"מ ומש"כ המל"מ בפנים

ה. בביאור כוונת הברכ"ש במה שהביא מהמל"מ

ו. למסקנת הברכ"ש אם נהנה הוי תביעה דממוני גבך

ז. בבי' השו"ט בין הגרב"ד והגר"ח

ח. ביאור מו"ר אמאי צריכים לדין נהנה לחייב הדר בחצר חבירו שלא מדעתו

ט. בגדר הא דחייב לשלם כדי שלא יהא גזלן (מה ששמעתי ממו"ר)

א. בדברי הברכ"ש (יד–ב) בשם הגר"ח שנהנה הוי מלוה הכתובה בתורה

דף כ. הדר בחצר חבירו שלא מדעתו צריך להעלות לו שכר או אין צריך כו' ע"כ, מבואר בסוגיין דהנהנה מחבירו חייב לשלם לו אף שלא פסק עמו לשלם, ונחלקו בגמ' באופן דלא חסר אם אפשר לחייבו על ההנאה.

[137] חלק משיעור כללי פ' אלו נערות דף ל: [תשס"ב ותש"ן ועוד] עם הרבה הוספות משיעורי יומי וממה ששמעתי ממו"ר.

והנה איתא בפרק אלו נערות (דף ל:) דלמ"ד דאף בחייבי מיתה ביד"ש אמרי' קלב"מ זר שאכל תרומה פטור מלשלם דקלב"מ, ועי"ש בכל הסוגיא וברש"י ותוס' שם שפירשו דהסו' שם איירי בענין חיוב נהנה[138], ומבו' מזה דעל חיוב נהנה שייך פטור דקלב"מ, וכתב הברכ"ש (ב"ק יד-ב) וז"ל, שאלתי מכבר את פי מו"ר זיע"א דלכאו' הא תביעת מה שההנהו הוא כתביעת חוב מלוה, דתובעו ממוני גבך הוא, דהביאור דין מה שההנהו אינו דין מזיק שתובעו תשלומי החפץ, אלא שתובע תביעת החפץ עצמו שיש עליו ע"י שהוא נהנה מהחפץ ונתרבה אצלו דמים [פי' דתשמישי החפץ ג"כ שוה דמים] ותובעו דממוני גבך הוא, וא"כ איך שייך שיפטור ע"י קלב"מ כו' והשיב לי דתביעת מה שההנהו הוי ג"כ מלוה הכתובה בתורה עכ"ל. (וע"ע בברכ"ש ב"ב סי' ז בזה.)

ותוכן דבריו הוא שהנה קיי"ל דגזלן שגזל חפץ ועדיין הוא בעין לא אמרי' דנפטר מלהחזירו משום דקלב"מ, דאינו חיוב ועונש אלא דממונו הוא אצלו וחייב להחזירו לו[139], ונקט הגרב"ד בפשיטות דה"ה במלוה לא שייך פטור דקלב"מ[140], דגם חיוב הלואה אינו דומה לעונש אלא חייב מסברא דחייב להשיב לו מה שלוה ממנו והוי תביעה דממוני גבך ולא שייך על זה פטור דקלב"מ. וכ"כ התוס' בכתובות סוף דף נו. להדיא דחיוב הלואה הוי מסברא וז"ל, מיהו מלוה לא חשבינן כתובה בתורה דאפילו למאן דאמר (קידושין דף יג:) מלוה הכתובה בתורה ככתובה בשטר דמי היינו דוקא כגון נזקין וערכין ופדיון הבן דמסברא לא הוה מחייבינן להו אם לא שחייבתו תורה בפירוש אבל מלוה כ"ע מודו דלא טרפא ממשעבדי דאינה באה מכח התורה דסברא הוא שיש לו לשלם מה שלוה ממנו, עכ"ל. ונקט הגרב"ד בקושיתו דגם חיוב נהנה הוא דומה לחיוב הלואה, דהוי תביעה דממוני גבך שהרויח כסף ("ער פארשפארט געלט") בזה שנהנה משל חבירו ולא הוצרך לשלם כסף בעד האוכל, והוי כמו שנכנס ממון חבירו ברשותו ויש לו תביעה עליו להחזירו לו דממוני גבך הוא.

ואין לומר דתביעת מה שנהנה הוא כתביעת מזיק, דהא בכתובות דף ל: בהסוגיא דתחב לו חבירו בבית הבליעה מבואר ברש"י ותוס' דאפי' אם נהנה באונס גמור חייב לשלם[141] והרי שיטת התוס' בב"ק דף כז: ובכ"מ הוא דעל אונס גמור ליכא חיוב מזיק. ועוד יש להוכיח דנהנה אינו חיוב מזיק דבדף יט: אמרי' דבהמה שאכלה מרה"ר אע"פ שפטור על חיוב מזיק וליכא כל הדין דולא ישמרנה אפ"ה חייב הבעלים לשלם מה שנהנה, הרי דאינו חיוב מזיק אלא חיוב דממוני גבך.

והשיב לו הגר"ח דזה אינו, דחיוב נהנה אינו חיוב מסברא אלא חיוב התורה הוא, דכל הדין הלואה שהוא חיוב מסברא הוא רק היכא דמסר לו המלוה מעותיו מדעתו להשתמש בהם, וקבל הלוה המעות ברשותו

---

[138] לפי הריצב"א בתוס' שם הגמ' איירי בענין חיוב גזילה, אך גם לדבריו מבו' דשייך פטור קלב"מ על חיוב נהנה, דאל"ה אף דפטור משום גזילה מ"מ הו"ל לחייבו משום נהנה, ועוד דהגרע"א כתב דאף להריצב"א תירץ רב פפא שם דאיירי במשקין איירי לענין חיוב נהנה ולא לענין חיוב גזילה, וא"כ עכ"פ לפי תירצו של ר"פ מוכח דאמרי' קלב"מ בחיוב נהנה.

[139] מה דמצינו בסנהדרין דף עב. דרב ס"ל דגם על חיוב השבה בעין אמרי' קלב"מ היינו משום דס"ל דמן הראוי הי' לקנות החפץ משום הקניני גניבה והדין והשיב הוי ענין חיוב, עי' בשיעו"כ פ' אלו נערות, א"ה הבאתיו בסוגיין בסימן יג. (מתוך השיעור)

[140] נוסח זה אמר מו"ר בשיעור יומי י"ט תשס"ב, וכן הוא משמעות הברכ"ש בב"ק. אולם בב"ב סי' ז' כתב הברכ"ש בקושיתו וז"ל ... הא תביעת מה שנהנה אינו דין נזקין ודין תשלומין אלא דין תביעת נהנה, פי' דהא תביעת מה שהוא נהנה מהחפץ הוא תביעת ממונו אצלו וכמו תביעת חוב מלוה, וא"כ איך פוטר דין קלב"מ תביעה זו הרי תלוי אם גם הלואה נפטרת ע"י קלב"מ דצ"ע ובירור בזה בדברי הפוסקים עכ"ל, ובכת"י מהגרב"ד המובא בהגה"ה לסימן י"ט במשנת רח"ש עמ"ס שבת כתוב שם בתירוץ הגר"ח "והבנתי מדבריו דבמלוה ע"פ אם יצויר דהוי קלב"מ בשעת הלואה בזה יש לספק אם שייך קלב"מ משום דהוא בעצמו עשה עליו חיוב זה ואין ב"ד מענישין אותו, אבל במלוה הכתובה בתורה התם ודאי שייך פטור של קלב"מ", אבל מלשון קושיתו שם משמע שבקושיתו נקט דליכא פטור דקלב"מ במלוה.

[141] דפריך שם הגמ' אי דלא מצי לאהדורי' אמאי חייב, ופי' רש"י אמאי חייב מיתה, ומבו' דניח"ל דחייב ממון, ותוס' לא חלק עליו בזה, ועי' מש"כ בזה בסוגיין בסימן יב.

וזכה בהם בדין, וכיון דממון חבירו נכנס אצלו בזכות לכן חייב להחזירו לו, וכן הוא במקח דכיון שקבל החפץ ממנו בזכות לכן חייב לשלם לו להזכות, אבל היכא שנהנה מממונו שלא ברשות, ולא קיבל זכות מחבירו על ההנאה ואין הבעין של הכסף קיים, א"א לחייבו מדין הלואה אלא מלוה הכתובה בתורה היא[142].

ואף דמצינו חיוב על השתמשות גרידא שאינה מלוה הכתובה בתורה וכגון חיוב שכירות, שאני התם שקבל זכותים בהחפץ ולכן מחוייב לשלם לו בעבור התשמיש, אבל נהנה שהוא בלי זכותים צ"ל שהוא חיוב התורה, דהיכא דלקח התשמישין בלי שום זכויות חיובו אינו מדין ממוני גבך כהלואה אלא הוא מלוה הכתובה בתורה, ולכן דומה הוא לרשעה ועונש דשייך דין קלב"מ, דכל מלוה הכתובה בתורה שהוא חיוב התורה ולא מחמת הסברא הוי חיוב מחמת המעשה, וכמו בגזילה ומזיק, וחיובים כאלו הם כעין עונש שהתורה חייבו להמעשה ("עונש'דיגע חיובים"). והנה עי' לעיל בתוס' דף ב. שדנו לענין תשלומי ניזקין אם עונשים ממון מן הדין, והנה זה פשוט דאילו יצוייר נידון אם חייב בחוב הלואה או בחוב שכירות והוי ילפי' מק"ו דחייב, לא הי' בו חסרון דאין עונשים מן הדין, דאין אלו דיני עונשים וחיובים וכמשנ"ת. [וראה להלן ביתר ביאור גדר חיוב התורה דנהנה.]

ב. הוכחת הגרב"ד לד' הגר"ח מסו' דב"ק דף קא.

וכמדומה לי שהגרב"ד דייק זה ג"כ מהתוס' והרא"ש בב"ק דף קא., דע"ש בגמ' שדן בקוף שלקח סמנין מא' וצבעו ע"ג צמר של השני האם יש לבעל הצבע תביעה על בעל צמר, מי אמרי' יש שבח סמנין ע"ג צמר דאמר לי' הב לי סמנאי דגבך נינהו או"ד אין שבח סמנין ע"ג צמר וא"ל לית לך גבאי כלום. ועי' בתוס' (ד"ה או) שהק' דתיפו"ל דבעל הצמר חייב לבעל הצבע משום שנהנה מממונו דצמרו מעולה בדמים יותר וא"כ ישלם מה שנהנה, כמו שמצינו באכלה מצידי רחבה דפ"ב (דף יט:) וירדה לגינה דהכונס (דף נה:) ותחב לו חבירו משקין של אחרים בבית הבליעה בפ' אלו נערות (דף ל:) דמשלם מה שנהנה. ותירצו בתי' הא' "ויש לחלק דהנאה דהכא אין באה ע"י מעשיו ולא ע"י מעשה בהמתו ובתחב לו חבירו אע"פ שאין זה ע"י מעשיו מ"מ נהנה גופו", וכ"כ הרא"ש, ומבואר דחיוב מה שנהנה הוא דוקא בנהנה גופו או במעשה בהמתו. ובי' הגרב"ד דכוונת התוס' הוא דליכא חיוב נהנה על הנאה דממילא, דכל החיוב נהנה הוא רק כשיש לקיחה, וזהו או ע"י מעשה בהמתו או ע"י הנאת גופו, דכל שגופו נהנה נחשב כלקיחת הנאה [ולכן אף שבבהמתו בעינן מעשה בהאדם עצמו ל"צ מעשה][143]. וכל זה הוא משום דחיוב נהנה הוא חיוב התורה, אבל אילו הי' תביעה מסברא דממוני גבך, דכיון שנהנה והרויח ממון דייני' השיעור ממון שהרויח ונהנה כאילו נכנס אצלו כהלואה וחייב להחזירם ד"ממוני גבך", א"כ לא הי' שום תנאי דלקיחה.

ג. בגדר חיוב יורד ומשתרשי

אמנם אף דבחיוב נהנה איכא פטור דקלב"מ כיון דאינו חיוב מסברא אלא הוא מלוה הכתובה בתורה, מ"מ מצינו עוד חיובי ממון שהם דומים לחיוב נהנה ואפ"ה אינם מלוה הכתובה בתורה אלא הוי תביעה מסברא משום דממוני גבך, ובהם שפיר י"ל דלא שייך פטור דלקב"מ.

דהנה איתא בב"מ קא. דהיורד לתוך שדה חבירו שלא ברשות ונטעה אם אינה עשויה ליטע, שמין לו וידו על התחתונה, [פירוש שאם השבח יתר על ההוצאה נותן לו ההוצאה, ואם הוצאה יתירה על השבח אינו נותן לו בהוצאתו אלא שיעור השבח], וכתב הש"ך (שצא-ב) דביורד חייב אפי' היכא דליכא הנאת גופו או מעשה

---

[142] א"ה הגרש"ר (בחי' יח-ה) העתיק דברי הברכ"ש ד"הרי ההנאה לא נהייתה שלו ולא שייך תביעה דממוני גבך, אלא חיובו על מה שנהנה משל חבירו", אך ממו"ר בהמשך משמע דבאמת נחשב שנכנס הממון אצלו אך כיון דלא זכה בהו אלא נכנס לרשותו לכן כל החיוב להוציאם מרשותו ולהחזירם לו הוא רק מפרשה דגזילה, דתביעה דממוני גבך מסברא הוא רק כשזכה בהמעות ולכן יכול לתבוע ממנו בחזרה אותם מעות שהיו שלו וזכה בהו כיון דלא נתנם לו במתנה, אבל אם לא זכה בהו אף שנכנס לרשותו אין לו תביעה עליו לולי פרשה דגזילה.

[143] עי' מש"כ בזה בסימן יא בביאור הדבר.

בהמתו. וביאור הדבר הוא דהחיוב דיורד הוי כתביעה דממוני גבך, דכיון דהבעלים נותן לו את ההנאה אע"פ שאינו מקנה לו את החפץ אבל הרי את השימוש וההנאה קיבל ברשות הבעלים, וא"כ הרי השימוש וההנאה נעשה של האדם שנהנה והוי כאילו קנה ממנו את ההנאה, ובזה אי"צ שיהיה מעשיו או מעשה בהמתו, דחיובו הוא משום דאיכא עליה תביעה דממוני גבך, דהוי כמו שנכנס ממונו אצלו בזכויות. [וע"ש בש"ך שכתב דמדברי התוס' בב"ק מוכח דאם תחב אחר אוכלין לתוך פיה של בהמתו פטור לשלם מה שנהנית וכ"כ המהרש"ל פ' הגוזל סי' כ"ח דהתוחב אוכלין לתוך פיו של בהמתו אינו משלם כלום מה"ט, וכתב הש"ך "ומ"מ נ"ל דמיירי שתחב אוכלין של אחרים ופטור מן בעל האוכלין אבל אם תחב אוכלין שלו חייב לשלם לו, דלא גרע מיורד שלא ברשות, וטעמא ביורד שלא ברשות כיון שמתכוין להשביח חייב לשלם לו יציאותיו", וכוונתו הוא דכיון דבעל האוכל נתן האוכל מדעת לפיו של הבהמה ע"מ להשביחו א"כ לא שייך זה לפרשה דגזילה אלא הוי כיורד, דנתן לו האוכל בזכויות והוי כמקח וממכר[144], דיש לן אומדנא דבעל הפרה ניח"ל בזה.]

והנה מצינו עוד דין דמשתרשי בחולין דף קל: דאיתא שם דהמזיק מתנת כהונה או שאכלם פטור מלשלם דהוי ממון שאין לו תובעין, [וכתב הר"ן דאין הכוונה דיכול לדחות כל כהן שבא לתבוע ממנו אלא דגם חיוב לצי"ש אין לו, דכיון דאין הבעלים מבוררים אינו ממון להתחייב עליו], ואיתא שם בדף קלא. דאם אנסו בית המלך גרנו בחובו חייב לעשר ממקום אחר, [ר"ל אם לקחו אנשי בית המלך גרנו משום חוב שהי' חייב, חייב לעשר ממקום אחר ולתת לכהן], ואף דהמתנת כהונה שהם לקחו אין להם תובעין, מ"מ כיון שהרויח מעות מהמתנ"כ, דאי לאו שלקחו בית המלך המתנ"כ היו לוקחין מתבואה דידיה, משו"ה נחשב כמו שהמתנ"כ עדיין הוא בעין וחייב ליתנם לכהן. ועי' בתוס' שם שהקשו דמתנות כהונה כשאכלם נמי משתרשי ליה שכיון שאכלם לא אכל דבר אחר ואמאי פטור ותי' דלא דמי לאנסו בית המלך גרנו דתחתיהן לא לקח משלו אבל באכלו אפשר דלא משתרשי ליה שהיה מתענה, ועי' בקצה"ח (רמ"ו-ב) שביאר כוונת התוס' דחיוב נהנה וחיוב משתרשי הם ב' חיובים, דחיוב נהנה הוא גם באופן שלא משתרשי לי' אלא יכול לומר הייתי מתענה, משא"כ חיוב משתרשי לי' הוא רק באופן שבהכרח הי' נלקח ממנו הממון, וי"ל דאף דבעלמא איכא חיוב גם בנהנה שאינו משתרשתי מ"מ במתנ"כ פטור משום דהוי ממון שאין לו תובעין, אכן היכא דמשתרשי חייב אף במתנ"כ. והסבירו האחרונים דמשתרשי הוי חיוב מסברא דיש לו תביעה דממוני גבך והוי כמו שיש לו שותפות בנכסיו, דממונו חשיב כמו תחליף של החפץ שנטל המלך[145], ולכן חייב אף במתנ"כ, וכ"כ האו"ש (פ"ג מנזק"מ ה"ב) בביאור סוגיא דשם וז"ל, דכיון דהוא היה חייב ליפרע, ונפרע את חובו בהממון ששייך לכהן וללוי, ונשארו מעותיו בידו, הוי כמו דאיתנייהו בעינייהו, דהתמורה של המתנות כהונה נשאר תחת ידו הוי כמו דגוף המתנות נשאר תחת ידו, ובאיתנייהו בעינייהו מוציאין מידו בעל כרחו, יעו"ש עכ"ל, וע"ע בשע"י (ג-כה) שהרחיב בגדר חיוב משתרשי.

ולכאורה נראה דבמשתרשי ליכא התנאי של הנאת גופו ומעשה בהמתו דהרי הוא תביעה פשוטי של ממוני גבך, וכן כתבו להדיא האו"ש והשע"י שם, וא"ש. [א"ה פעם שאל א' למו"ר בהך דלקמן דף נז: בהמה שנפלה לתוך הגינה ונחבטה על גבי פירות וירקות דמשלם מה שנהנית, וכן נפסק שו"ע (שצד-א), וקשה דמ"ט לא חסר שם במעשה בהמתו, והשיב לו דהתם הוי משתרשי שהוא יותר מנהנה ובזה אי"צ מעשה בהמתו.]

---

[144] א"ה בשנת תש"ע ותשע"ד הזכיר מו"ר דהוי כמקח וממכר, והנה במקח וממכר בפשטות שייך קלב"מ כפשטות סוגיא דב"ק דף ע:, אך י"ל דרק הכא הוי כמקח וממכר דהרי ליכא שבח, אכן ביורד בעלמא י"ל דהוי תביעה דממוני גבך כעין חיוב הלואה. ובשנת תשמ"א (בסוגיא דמקיף וניקף) אמר מו"ר לענין כל יורד דהוי כחיוב מקח וממכר דמשלם לו על זה שקבל ממונו ויש לו תביעה דממוני גבך כהלואה אף שלא היה תנאי ופסיקה כו' ולא שייך ביה פטור דקלב"מ עכ"ד.

[145] א"ה דע דלפי פירש"י שם בחולין ולפי פירושם של רוב הראשונים ליכא שום סמך מסוגיא דשם לחילוק זה בין משתרשי לנהנה.

ד. הכרח מהסו' דחולין להגר"ח שנהנה הוי מלוה הכתובה וכו', ונפק"מ בין נהנה ויורד לענין קטן

ולכאורה דבר זה, דחיוב נהנה אינו חיוב כהלואה אלא הוא מלוה הכתובה בתורה, מוכח מיני' ובי' מסוגיא שם דמזיק מתנת כהונה, דמבואר שם דליכא חיוב נהנה מפני דהוי ממון שאין לו תובעין ואפ"ה חייב במשתרשי משום דנחשב כמו דהוא בעין כיון דהוי תביעה דממוני גבך, הרי להדיא דחיוב נהנה אינו נחשב כמו שממונו הוא בעין אצלו כהלואה ומשתרשי.

ונראה שיש נפ"מ בין הנך דינים לענין קטן, דהנה קטן שגזל אינו חייב להחזיר אלא הבעין אבל אם אינו בעין כיון שהתורה לא הטילה עליו חיובים פטור, ומסתברא לדברי הגר"ח דחיוב נהנה הוא מלוה הכתובה בתורה, קטן שנהנה ודאי פטור, דלא הטילה התורה עליו שום חיובים. אכן לענין יורד ומשתרשי שפיר י"ל דגם קטן חייב לשלם כישגדיל, וכן הוא בהלואה דקטן שלוה חייב לשלם כשהגדיל[146].

ה. ביורש ומשתרשי ליכא פטור דקלב"מ ויישוב עפי"ז מה שיש להקשות על הגמ' פ' אלו נערות

ויש עוד נפ"מ לענין קלב"מ דלהנ"ל יוצא דביורד ומשתרשי ליכא פטור דקלב"מ. והג"ר שמואל רוזובסקי זצ"ל (חי' יח-ה) תירץ עפי"ז מה שיש להעיר בסוגיא דכתובות דף ל:, דאיתא שם דלרבא אמרי' קלב"מ בזר שאכל תרומה, ופריך דהיכי משכחת לה והא בעידנא דאגביה קנייה ומתחייב בנפשו לא הוי עד דאכיל ליה, ובתחב לו חבירו לתוך פיו נמי סוף סוף כיון דלעסיה קנייה מתחייב בנפשו לא הוי עד דבלעה, יעו"ש. ולכאורה קשה דמשכחת לה היכא דאמר לו בוא ואכול עימי, דבזה כתב הקצוה"ח (רמ"ו-א) דאין חיובו מדין מזיק כיון דהוי מזיק ברשות וחיובו רק מדין נהנה, וא"כ הרי חיוב הממון נמי לא הוי עד דבלעה. ותי' הג"ר שמואל לפי הנ"ל, דהיכא דאמר לו בא ואכול עימי כיון שהוא נותן לו את ההנאה הוי כיורד ואית ליה עליה תביעה דממוני גבך, דהא זכה בהשתמשות, ותו לא הוי מלוה הכתובה בתורה ולא שייך בה דינא דקלב"מ. [אלא דאכתי קשה על סוגיא דשם קו' הגרע"א והבית יעקב דמשכח"ל בהיה להם תרומה שסברו שהוא של אביהם דאין להו חיוב גזילה עלייהו אלא חיוב נהנה, כדאיתא בכתובות דף לד: הניח הם אביהם פרה שאולה וכסברו שהוא של אביהם וטבחוהו ואכלו חייבין לשלם דמי בשר בזול.[147]]

ויש עוד נפ"מ ביניייהו לענין ז"נ וזל"ח, עי' בסימן יג שהבאנו מהגרש"ש שפי' בתוס' בסוגיין שכתב דהיכא דגל"ד דניח"ל לשלם חייב אפי' בז"נ וזל"ח דהוא משום דבכה"ג הוי משתרשי.

ו. הקצה"ח נקט דגם על חיוב הלואה יש פטור דקלב"מ

והנה מדברי הברכ"ש בב"ק[148] מבואר להדיא שנקט בפשיטות דבחיוב מלוה ליכא פטור דקלב"מ, וכן היה נראה מסברא דכיון דהוי תביעה דממוני גבך לא שייך פטור דקלב"מ דאינו דומה לחיוב עונש דאינו חיוב בעבור איזה מעשה אלא לזה שממונו אצלו והראי' דגם קטן שלוה חייב לשלם כשיגדיל הרי שאין הביאור דהמעשה מחייבו דזה לא שייך בקטן. אולם הקצה"ח (לח-א) נקט בפשיטות דגם בהלואה שייך פטור דקלב"מ וחילק בין זה לבין גניבה בעין, דהנה קיי"ל דשטר שיש בו ריבית גובה את הקרן ואינו גובה את הרבית, והקשה הקצה"ח דאי נימא דחייבי מלקות שוגגין פטורין מלשלם א"כ היכי גובה הקרן, דהא הלוה ג"כ עובר משום לא תשימון ולא תשיך לאחיך, ולדעת הרמב"ן לוקין על לאוין אלו, וא"כ הלוה הוא מחייבי מלקות שוגגין ולמה ישלם הקרן כיון דחייבי מלקות שוגגין פטורין מתשלומין, והוסיף שם "ואפילו נימא

---

[146] א"ה דין זה כתב הר"מ בפכ"ו ממו"ל הל' י', אולם יש הרבה ראשונים שנחלקו בזה, עי' ברא"ש כתובות (יג-ז) ועוד, והשו"ע (רלה-טו) הביא פלוגתא גדולה בזה, וע"ש בנו"כ.

[147] וע"ע בהפלאה דף ל: שנקט דעל חיוב מקח וממכר שייך פטור דקלב"מ וכפשטות הסוגיא בב"ק דף ע:, והקשה דא"כ למה לי' לאוקמי כלל בגזל הו"ל לאוקמי במכירה, בישראל שאמר לכהן מכור לי תרומה והתנה עמו בפירוש שלא יקנה עד שעת הבליעה, ובזה הוי עדיף טפי דלא הוי צריך לומר כלל שתחב לו אלא שמכרו לו והתנה שלא יקנה עד שעת הבליעה, ע"ש מש"כ בזה.

[148] אכן בב"ב סי' ז' הביא נידון בזה.

בגנב הבא במחתרת היכא דגזילה בעינא לא קנאו וכדאמרינן בסנהדרין דף עב. דלית הלכתא כרב ע"ש, היינו דוקא בגזילה בעיניה מחויב להחזיר ולא קנאו בדמים, אבל מלוה דלהוצאה ניתנה ואינו אלא חוב תשלומין ואמאי חייב לשלם כיון דחייב מלקות. וקושיא זו קשה אפילו לדידן דקי"ל דחייבי מלקות שוגגין חייב לשלם, אכתי תיקשי לריש לקיש היאך מפרש לברייתא דגובה את הקרן", הרי הוא מפורש בהקצה"ח שגם על מלוה שייך דין קלב"מ. [והגרב"ד אמר דחיוב הלואה אינו תשלום בשביל המעות שלקח אלא הוא משלם לו המעות שלקח.[149]]

ז. בחילוק בין מקח להלואה ואם יש קלב"מ במקח ובשכירות, וקושיא על הברכ"ש מב"מ דף צא.

והנה חיוב תשלומי מקח הוא חלוק מחיוב הלואה, דבהלואה המלוה נתן לו המעות רק להשתמש בהם [ולחד מ"ד בקידושין כל זמן שלא השתמש בהם יכול המלוה לחזור מההלואה], ותובע אותם אח"כ בחזרה וכמש"ב, אכן במקח הוא מכר לו החפץ לחלוטין ורק שפסק עמו לשלם דמים, והחיוב תשלומין הוי כמו התחייבות חדשה, דכן הי' תנאי המקח, אכן הלואה אינה התחייבות חדשה אלא הוא תובע ממנו להשיב לו המעות שמסר לו. ומצינו שחלוקים הם לענין השמטת חוב בשביעית, דשביעית משמטת רק חיוב הלואה ולא חיוב מקח, וגם דרק על הלואה איכא ריבית, דאם הלוה לו זוז א' א"א לחייבו ב' בזוזים, אכן במקח יכול למכור לו חפץ שוה זוז לב' זוזים ואין בזה משום ריבית (ורק שיש לדון מצד דיני אונאה).

אולם אף דאיכא חילוק יסודי בין חיוב מקח לחיוב מלוה בפשטות לפי"ד הברכ"ש ליכא פטור דקלב"מ על חיוב מקח, דמפשטות דבריו משמע דהכל תלוי אם הוא מלוה הכתובה בתורה או לא, וסו"ס חיוב מקח לאו מלוה הכתובה בתורה היא ואינו דומה לעונש וחיוב אלא הוא התחייבות שחייב עצמו שחל מסברא.

וכבר העירו על זה מהסוגיא דב"מ דף צא. דאיתא שם ת"ר החוסם את הפרה ודש בה לוקה (משום דלאו דלא תחסום שור בדישו) ומשלם ארבעה קבין לפרה ושלשה קבין לחמור ומק' הגמ' והא אינו לוקה ומת ואינו לוקה ומשלם כו' ע"כ, והנה החיוב תשלומין אינו בשביל הלאו דלא תחסום, דאיסור זה הוא איסור בעלמא ('א היילע איסור'דיגע דין') ואין בו שום חיוב ממון, דהרי איסור זה קאי אפילו על בהמה דידיה אף דשם ודאי לא שייך שום חיוב ממון, ומה דחייב לשלם ממון הוא משום דכיון שאסרה התורה לחסום ממילא המשכיר פרתו לחבירו יודעים שניהם שיצטרך לאפשר לה לאכול, ועל דעת זה הוא משכיר לו את הפרה שיאכילנה בשעת הדישה, ואכילתה נכנסת לכלל הסכם השכירות ביניהם, ואם מנע ממנה לאכול הרי עליו לשלם מכח ההתחייבות ותנאי השכירות, וכן מבואר ממה שרב פפא תי' שם דהטעם דליכא חיוב קלב"מ הוא משום דמשעת משיכה איחייב לה במזונותיה ומילקא לא לקי עד שעת חסימה, הרי להדיא דהחיוב מזונות חל כבר משעת משיכה והיינו משום דהוי משום הסכם השכירות[150]. וצ"ב דחיוב שכירות הוא מלוה שאינה כתובה בתורה ואינו דומה לחיוב עונש אלא הוא חיוב שחייב בעצמו ואיך שייך פטור דקלב"מ.

---

[149] א"ה נראה דהקצה"ח לשיטתו אזיל דבסי' ס"ו ס"ק כ' כתב דבכל מלוה בשטר חוץ מהחיוב לשלם מחמת עצם ההלואה, חייב ג"כ לשלם משום התחייבות שחל ע"י השטר, דלא גרע ממי שכתב לחבירו חייב אני לך מנה בשטר דאפי' אם לא הי' חייב לו, חייב עכשיו לשלם, וחל שעבוד על שעבוד ואינו חייב לשלם פעמיים דהחיוב שהתחייב עצמו ע"י השטר הוא אותו חיוב שנתחייב מחמת ההלואה עכ"ד, ולכאורה אי נימא דגדר חיוב הלואה הוא תביעה בעלמא דממוני גבך וכמו שהכסף עדיין קיים אצלו בתור ממון שאינו בעין א"כ ודאי החיוב שחל ע"י חייב אני לך מנה בשטר אינו חיוב לאותה מנה אלא למנה אחרת.

[150] א"ה עי' בקה"י שם שהסתפק לומר דרק רב פפא ס"ל כן אבל לשאר האמוראים הגדר הוא אחרת, דהיות והתורה חייבה להניחה לאכול, ממילא כשהוא משכירה לאחר מסתבר שנתנה התורה גם לבעליה את הזכות שהשוכר חייב להאכילה, והוא תובע את כל מה שמגיע לפרתו, וכיון שאסור לחוסמה, מסתבר שהוא גם תובע וזוכה בזה. ואם נפרש כן א"כ ל"ק מסוגיא דשם, דלפי"ז נמצא דהגמ' נקט דהוי מלוה הכתובה בתורה. אכן עי' במאירי שם שפי' דמה שלא תירצו שאר אמוראים כרב פפא הוא משום דרצו ליישב אפי' באופן שבאין כא' וכגון שבשעה ששכר ממנו הי' כבר חסומה בדישה ע"ש.

ובאמת המאירי הביא מחכמי הצרפתים שפירשו דזהו גופא מה שתי' רבא שם דאתנן אסרה תורה אפי' בא על אמו, ורש"י פי' דר"ל דאפי' היכא שיש לו פטור קלב"מ מ"מ חייב לשלם לצי"ש וזהו הכוונה דמשלם ד' קבין לפרה כו' דמשלם לצי"ש, והביא המאירי שחכמי הצרפתים פירשו דר"ל "אף בדיני אדם ודעתם שלא נאמר אין אדם מת ומשלם או לוקה ומשלם אלא בתשלומי נזקים אבל תשלומין הבאים דרך פסק ותנאי כגון אתנן ושכירות פרה שחסימתה אסורה ואיסור חסימתה בכלל השכירות הרי זה מת ומשלם ולוקה ומשלם וכבר ביארנוה בב"ק פרק מרובה", ועי' בב"ק דף ע: שהאריך בזה טפי וז"ל, לא אמרו אין אדם מת ומשלם אלא בדבר הבא דרך נזקים אבל בדבר שקבלו עליו דרך תנאי ומשא ומתן כגון אתנן וכגון חוסם פרה שקבל עליו שלא לחסום ואף אם לא קבל עליו מ"מ הרי הוא כמי שקבל הואיל ומן התורה הוא וכן מכר בשבת בלקיטת תאנה מכירה היא ומשתלם בבית דין, עכ"ל, הרי להדיא חילוק הנ"ל.

אלא דאף דהמאירי הביא כן מחכמי הצרפתים אבל רוב ראשונים לא פירשו כן, וכן הוא משמעות הגמ' כפי הגירסא בפנינו, וא"כ דברי הגרב"ד צ"ב מהגמ', ואף שיש לחלק בין מקח להלואה דחיוב הלואה הוא חיוב דממוני גבך משא"כ במקח שהוא התחייבות חדשה וכנ"ל, אבל כבר הערנו שמדברי הברכ"ש משמע דעיקר החילוק תלוי בזה שהוא מלוה הכתובה בתורה, והיינו דחיוב התורה דומה לעונש משא"כ חיוב שהוא מסברא, ואולי כל דברי הגרב"ד הם לפי"ד המאירי הנ"ל, והוא דוחק. ואולי צריכים באמת לדחוק בדברי הגרב"ד דמחמת זה לחוד דלא הוי מלוה הכתובה בתורה אינה סיבה מספקת שלא לימא קלב"מ ולכן במקח וממכר כיון דהוי התחייבות חדשה שפיר יתכן שיהא בו דין קלב"מ, ועיקר כוונתו הוא דחיוב נהנה שהוא חיוב דממוני גבך אי לא דהוי מלוה הכתובה בתורה לא הי' שייך פטור דקלב"מ, ושלא כמשמעות דבריו[151], וצ"ע.

[ודע דפירוש הנ"ל של החכמי צרפתים מובא גם בהרשב"א בב"מ שם וז"ל, וי"מ דבדינא נמי מחייבי' ליה לשלומי וטעמא משום דאיהו אתני אנפשיה למיתן לה ואמרינן ליה זיל הב לה מאי דאתנית, והראב"ד הקשה לפי' זה דאם איתא היא גופה מנ"ל לרבא דאמרינן ליה זיל הב לה, ואי מסברא דנפשיה למה ליה לאותובי מאתנן כו' עכ"ל.]

ח. בי' הגרב"ד דחיוב נהנה נלמד מפרשה דגזילה

הנה הברכ"ש הביא שהגר"ח השיב לו "דתביעת מה שההנהו הוי ג"כ מלוה הכתובה בתורה", ולא הסביר לו הגר"ח איפה כתיב חיוב נהנה בתורה. והנה הגרש"ש (שע"י ג-כה בד"ה ולפי"ז) כתב דמקור לחיוב נהנה הוא מפרשה דמעילה וז"ל, דקים להו לחז"ל דכל נהנה מממון חבירו דחייב לשלם מסברא, או יותר נראה דילפי' זה מקרא דאשר חטא מן הקודש ישלם, היינו אף דמזיק הקדש פטור דלפי"ז כל אוכל הקדש משלם רק בעד הנאתו כו', עכ"ל[152]. וכן משמע מהאבן האזל בפ"א ממעילה ה"ג דהר"מ פסק שם במועל במזיד דלוקה ומשלם וכבר תמהו עליו דמ"ט לא אמרינן קלב"מ, ותי' הגרא"ז די"ל דכיון דחיוב מעילה הוא חיוב נהנה א"כ י"ל דבנהנה לא שייך דין דקלב"מ דאינו כחיובי עונשים וכיו"ב.

---

[151] א"ה עי' בכת"י מהגרב"ד המובא במשנת רח"ש עמ"ס שבת סי' י"ט בהג"ה ומבו' שם להדיא דאפי' לפי תי' הגר"ח יתכן דבהלואה איכא פטור דקלב"מ, דהיכא דהוי מלוה הכתובה בתורה ודאי שייך פטור דקלב"מ והיכא דלא הוי מלוה הכתובה בתורה יש לדון בו. אך מהמשך דבריו שם משמע דבירורד פשיטא לי' דלא שייך פטור דקלב"מ, וכנראה דכיון דהשבח הוא בעין הוי ממש כמו שיש לו מעות בעין אצלו ולא שייך בו פטור דקלב"מ, ע"ש, והבאתי דבריו במילואים.

[152] א"ה נראה דגם לד' הגרש"ש אין הכרח לומר דיסוד חיוב מעילה הוא חיוב תשלומי נהנה, די"ל דודאי עיקר הדין הוא דין מעילה במה שחלל את הקודש, ורק דכיון דהאופן לחלל הקדש הוא ע"י הוצאת ממון או לקיחת ממון, אילו לא הי' דין ממון דנהנה לא הי' שייך שיהא בה דין מעילה. והצעתי זה להגרש"מ והסכים לי.

אמנם הברכ"ש לא ניח"ל בזה דהוא פירש שם באות א' דחיוב מעילה הוא חיוב גזילת תשמישין ולא חיוב נהנה, והוכיח כן דאינו חיוב נהנה דהנה דעת כמה ראשונים בב"ק דף כ: דבגברא דלא עביד למיגר וחצר דקיימא לאגרא, דהוי זה לא נהנה וזה לא חסר, פטור מלשלם מה שנהנה, והנה לגבי הקדש הרי זה פשוט דחייב לשלם בכה"ג, וכמבואר מהא דשתה בכוס של הקדש מעל, והרי לא איירי דוקא באופן דהוא נהנה דאין לו עוד כוס אחר, ובע"כ דחלוק החיוב נהנה של הקדש מדין הנהנה של הדיוט, דבהקדש אין החיוב משום ממוני גבך אלא החיוב הוא על גזילת ההנאה, ואין זה שייך כלל לדין נהנה של הדיוט, והארכתי בזה בסוגיין בסימן יד.

וגם לא הי' ניח"ל להגרב"ד לפרש דנלמד מפרשה דמזיק כמו שהסברנו למעלה דהרי חייב לשלם דמי מה שנהנה על שן ברה"ר אף דליכא פרשה דולא ישמרנה, וגם שחייב בנהנה אפי' באונס גמור. ולכן הוכרח לפרש כוונת הגר"ח באופ"א, וכתב הגרב"ד שם וז"ל, והסברתי לעצמי דבריו הק' ע"פ דברי המל"מ [הובא בחי' רע"א למס' ב"מ בפ' איזה"נ] דכתב בנשתמש האחד בממון של חברו שלא מדעתו באופן שלא נעשה גזלן, כגון בשוגג, צריך לשלם לו שכר שימוש ולא הוי רבית דצריך לשלם לו בכדי שלא יהי' שולח יד בפקדון כו' עכ"ל, וכוונת הגרב"ד מבוארת דחיוב זה דנהנה לא נלמד מפרשת מזיק אלא מפרשת גזילה, ואדרבה לענין מזיק הרי קיי"ל דשן ורגל פטורין ברה"ר ובע"כ שכל החיוב לשלם הוא רק מדין נהנה.

ומש"כ דחיוב זה נלמד מפרשת גזילה אין הכוונה דהוי ככל גזילה דעלמא דעבר על איסור גזילה וחייב בתשלומי גזילה, דזה ודאי לא יתכן והרי באכל בהמתו מתוך הרחבה ודאי לא עבר על איסור גזילה, אלא הכוונה הוא דחיוב זה נלמד מהפרשה של גזילה, דאם לא ישלם הוי גזלן "דילפינן מפרשה דגזילה אז דו טארסט ניט טשעפין מיינע געלט (דאסור לך לפגוע בממון חבירו) ואם משתמש בממון אחרים חייב לשלם, ולענין נהנה אם יהנה ולא ישלם מה שנהנה נמצא "אז דו טשעפיסט מיינע געלט", דהרי הרויח כסף (ער האט פארשפארט געלט) דהי' צריך לשלם כסף לשימוש זה, וא"כ בכדי שלא יהא נחשב כמו שהוא פוגע בממון חבירו צריך הוא לשלם[153], והוא ג"כ נלמד מפרשה של גזילה, דלולי חיוב התורה דגזילה לא הי' חייב לשלם. [א"ה וזהו כוונת הברכ"ש במש"כ שם (אות ב' סוד"ה בתוס' שם) "תביעת מה שההנהו כו' לא משום דנתאכל ברשותי' דידי' ומדין שכירות הוא דמשלם, אלא אדרבא משום דנתאכל מרשותא דמרא ע"כ הוי כשולח יד בפקדון כ"ז שלא ישלם דמי השימוש, והוי כמלוה הכתובה בתורה כו' וע"כ שפיר כי קלב"מ פטרי' מתשלומי תשמיש החפץ" ר"ל דכיון דהוי שלא ברשות א"כ לא זכה בהממון ולא נחשב שנכנס הממון לרשותו וא"א לחייבו לשלם מסברא משום "דממוני גבך", אלא דאכל ממון של חבירו ואם לא ישלם הוי כפגע בממון חבירו ומשו"ה חייב לשלם (עי' בהגהה לתוספת ביאור)[154].]

וכיון דחיוב זה נלמד מפרשת גזילה ואינה חיוב דממוני גבך משו"ה מצינו תנאים לחיוב נהנה, כמש"כ לעיל מתוס' (דף קא. ד"ה או"ד) דליכא חיוב נהנה אלא באופן שהיה הנאת גופו או מעשה לקיחת בהמתו, דבעינן איזה לקיחה בכדי לחייבו, דבלא"ה לא חל החיוב מלוה הכתובה בתורה, דמהיכ"ת לחייבו לזה שממון חבירו נכנס אצלו, עס שטעלט'זיך נישט צו צו איהם, אכן היכא דהי' לקיחה אם לא ישלם הוי גזלן

---

153 פעם אמר מו"ר בלשון זה "אם לא ישלם נמצא דהוא גוזל הממוני גבך של חבירו".

154 א"ה כמדומה לי שאין זה סתירה עם דברי החו"ש רב"ב שהעיר לי מו"ר [וכעת נדפס כדברים אלו מכת"י מהגרב"ד מובא במשנת רח"ש עמ"ס שבת סי' י"ט], דחיוב נהנה לא הוי תשלומין בעד החפץ אלא הוא החפץ עצמו. די"ל דעיקר החילוק הוא דהיכא דזכה בה א"כ חייב לשלם לזה שזכה בממון חבירו, אכן היכא דלקחו שלא ברשות, נהי דנכנס ממונו של חבירו אצלו אבל הוא לא זכה בה ומשו"ה מסברא אינו חייב לשלם, אלא דבכדי שלא לפגוע בממון חבירו חייב לשלם דאל"ה הוי כגזלן. אך מדברי הגרב"ד המובא בספר הזכרון נצר מטעי משמע דכיון דלא זכה בהנאה א"כ א"א לחייבו אלא משום מה שנהנה משל חבירו, ומשמע שם להדיא דאינו תביעה דממוני גבך, אך שם משמע דהוא כעין חיוב מזיק דמשלם להחסרון, במה שחסר חברי' מממונו כשנהנה ממנו, וצ"ע. ועי' במילואים שהארכנו עוד בזה.

ווייל ער טשעפיט יענעמס ממון. ומה שחייב גם בנהנה באונס וכמבואר מסוגיין בתחב לו חבירו בבית הבליעה, היינו משום דכיון דסו"ס הרויח כסף ממנו, דממון שלו נכנס אצלו שלא ברשות, אם לא ישלם הוי כגזלן דפגע בממון חבירו, ועי' בברכ"ש באות ג'.

ונמצא דגם חיוב זה דומה לחיוב דממוני גבך אך מסברא אין לו תביעה עליו כיון שממונו לא נכנס לו בזכויות, דרק היכא דנכנס לו בזכויות יש לו תביעה עליו בזה שזכה בממון שלו, אבל בנהנה שלא זכה בממון שלו אין לו תביעה עליו מסברא אלא מכח הפרשה דגזילה[155].

ט. בדברי הקצה"ח דליכא דין מיטב על חיוב נהנה

והוסיף הגרב"ד דאין להק' על דברי הגר"ח ממה שכתב הקצה"ח (שצא–ב) דאכלה מתוך הרחבה דמשלם מה שנהנית לא משלם ממיטב עכ"ד, וכן מבואר מדברי תשו' הרשב"א (ד–יג), ולכאו' הי' משמע מזה דחיוב נהנה הוי תביעה דממוני גבך, דהרווחת כסף ממני, ולכן הוי חוב בעלמא ולא חיוב מזיק ואין בו תשלומי מיטב, דהרי אילו חיוב נהנה נלמד מפרשה דגזילה הו"ל לחייבם במיטב, שזה אינו קשה דאע"פ דהחיוב נהנה נלמד מפרשה דגזילה מ"מ ליכא חיוב תשלומין מיטב בנהנה, דרק על "האב של גזילה" איכא דין מיטב, ולא בחיוב נהנה שאינה האב של גזילה רק כענף של גזילה ("א צווייגל פון גזילה") דצריך לשלם משום דאם לא ישלם יהא גזלן דנמצא שפגע בממון חבירו וגוזל את ההנאה, והרי חייב אפי' באופן שלא עבר על שום איסור גזילה וכגון באכלה בהמתו מתוך הרחבה דחייב לשלם אף דליכא מעשה גזילה וגם הוא הי' אונס גמור, ואפ"כ י"ל דחיוב מיטב הוא דוקא כשיש "שם מזיק" ו"שם גזלן" והיינו היכא שיש מעשה גזילה, אכן הכא אף שהחוב נלמד מפרשה דגזילה מ"מ ליכא "מעשה גזילה", ובאמת עד כמה שמשלם נמצא שלא הי' גזלן כלל, וא"כ ליכא חיוב מיטב[156].

י. ביאור עפי"ז בהרשב"א ר"פ הגוזל ומאכיל

וכמדומני שהגרב"ד הסביר עפי"ז דברי הרשב"א בב"ק (דף קיא:) דאי' שם אמר רב חסדא גזל ולא נתייאשו הבעלים ובא אחר ואכלו רצה מזה גובה רצה מזה גובה, והני מילי לפני יאוש אבל לאחר יאוש אינו יכול לגבות מהשני [אפי' היכא שהשני לא זכה בו ואילו הי' בעין הי' חייב להחזירו], ופירשו התוס' דה"ט משום דכיון דאייאש מיני' כבר איקליש ממונו, ואין הממון בת תביעה שיכול לתבוע עליו חיוב גזילה או חיוב מזיק, דהוי כאבוד ממנו. והק' הרשב"א דמ"מ אמאי אינו מחוייב לשלם דמי בשר בזול דהרי נהנה מממונו, ואף דפטור מלשלם משום חיוב מזיק וחיוב גזילה מ"מ מן הראוי לחייבי' משום נהנה ותי' "דכאן שכבר נתייאשו הבעלים קנוי' ואינה קנוי'".

והנה לכאו' קושית הרשב"א צ"ב דאמאי ס"ד להרשב"א לחייבי' משום נהנה יותר ממזיק וגזילה, ובי' הגרב"ד כהנ"ל דחיוב נהנה חלוק מחיוב מזיק, דחיוב מזיק וחיוב גזילה כשאינו בעין הוא דין תשלומין עבור הדבר

---

[155] א"ה והוא דומה לתביעת גזילה כשגזל חפץ ואינו בעין דתביעתו לכאורה אינו תביעה לשלם על החפץ אלא שתובע עצם החפץ.

[156] שמעתי ממו"ר דמלשון הקצה"ח משמע קצת דחיוב נהנה הוא תביעה דממוני גבך, דהנה פסק השו"ע שם סעיף ח' "אכלה ברה"ר משלם כל מה שנהנית, דהיינו כל מה שאכלה אינו משלם אותו אלא כאלו היתה תבן" ע"כ, וכתב הקצה"ח "ונראה דאע"ג דאבות נזיקין משלמין ממיטב (ב"ק ה.), אבל בזה אינו משלם אלא מזיבורית, דהא בע"ח דינו בזיבורית אע"ג דנהנה הלוה ממעותיו וחכמים הוא דתקנו בבינונית משום נעילת דלת (גיטין נ.), והכא שלא מדעת בעלים הוא דנהנה ואינו משלם אלא בזיבורית", ומשמע כהנ"ל.

[א"ה וכן משמע מלשון תשו' הרשב"א (ד-יג) וז"ל, שאלת מה ששנינו בפ' כיצד הרגל (יט:) אכלה מתוך הרחבה משלמת מה שנהנית מה היא משלמת מן העליה או מן הבינונית כחוב דעלמא כו'. תשו' נ"ל הדבר ברור שאינו משלם מן העליה דלא אשכחן אפילו ח"נ דמשלם מן העליה וכדאמר רבא בריש פ' כיצד הרגל בבעיא דח"נ צרורות דאיבעיא ליה אם מן העליה משלם או מגופו משלם וכ"ש הכא דאפי' ח"נ אינו משלם אלא מה שנהנית ומ"מ לאו מגופה בלחוד הוא דמשלם דאין זה בכלל נזיקין דברחבה אינו נחשב כמזיק אלא *ממונו של זה שהוו הפירות שלו בידו של בעל הפרה שכבר נהנית* עכ"ל.]

שהזיקו או שגזלו ואין החיוב לשלם עצם הדבר ולכן איתא בהגמ' דעל ממון קלוש כזה לא נתן התורה דין מזיק, אכן בנהנה החיוב הוא לשלם החפץ עצמו מה שנהנה מעצם הממון וכמו שנקט הגרב"ד בקו' דלכאורה לא שייך קלב"מ בנהנה, וא"כ הוי כמו שהחפץ הוא בעין אצלו ושפיר שייך לתבוע ממנו. ועל זה תי' הרשב"א דקנוי' ואינה קנוי' ("די געלט איז א ביסל ארויס פון זיין רשות"), ר"ל דיאוש מפקיע גם החיוב נהנה כיון דנלמד מהפרשה של גזילה והוא מלוה הכתובה בתורה וכמו שתי' הגר"ח והוא ג"כ ענין תביעה. ומזה ג"כ הוכיח הגרב"ד דהוי מלוה הכתובה בתורה ודין תביעה ולא הוי דין ממוני גבך מסברא, וכיון דהוי חיוב התורה י"ל דכיון דהוי קנוי' ואינה קנוי' (די געלט איז א ביסל ארויס פון זיין רשות) משו"ה א"א לתבוע נהנה[157].

ודע דלפי ביאור הגרב"ד בהרשב"א יוצא דלו יצוייר דהי' דין משתרשי על ממון זה ודאי הי' מחוייב דהוי כמו שהממון הוא עדיין בעין, דרק חיובי תורה לא שייך על ממון זה[158], וכן ודאי שייך על ממון זה דין יורד כיון דהוא כעין דין מקח וממכר שנתן לו הממון בזכויות ונתחייב לשלם לו, וכ"ש אם פסק עמו על האכילה דחייב לשלם.

יא. גדר האיסור רבית

ועיין בברכ"ש דהסביר דברי הגר"ח דחיוב נהנה נלמד מפרשה דגזילה ע"פ דברי המל"מ בענין רבית, ונקדים כמה יסודות בדיני רבית להרחבת הדברים, הנה איתא בב"מ דף סב. בענין רבית קצוצה אמר רב ספרא כל שאילו בדיניהם מוציאים מלוה למלוה בדינינו מחזירין ממלוה ללוה כל שאילו בדיניהם אין מוציאין מלוה למלוה בדינינו אין מחזירין ממלוה ללוה ע"כ, ודברי הגמ' צ"ב דאמאי תולין דיני ישראל דהשבת רבית בדיני עכו"ם, ובי' הגר"ח דכוונת הגמ' הוא להגדיר לן מהו רבית קצוצה, דהגמ' ר"ל דרב"ק הוא דוקא היכא דלולי איסור תורה דרבית הי' הקציצה מחייבו לשלם, אבל היכא דאפי' לולי חיוב התורה הקציצה לא הי' מחייבו לשלם אין זה רב"ק שאסרה תורה אלא רבית מאוחרת היא ואינה אסורה אלא מדרבנן, דאפי' לולי האיסור רבית לא הי' הלוה מחוייב לשלם לו אלא אם הי' רוצה הי' נותנו לו במתנה, ואילו לא הי' אפשר לחייב עצמו לאגר נטר לא הי' משכח"ל רבית קצוצה, ועל זה אמרי' בגמ' סימן לדבר דכל קציצה דמחייבינן להו בדיני עכו"ם משום שאין בהם איסור רבית, בדיני ישראל הוי רב"ק, ובאמת אם הלוה נכרי ברבית או לוה מנכרי ברבית חל הקציצה וחייבין לשלם.

והנה בפשטות אף דלולי איסור רב"ק הי' חל חיוב תשלומין אבל אחר שהתורה אסרה תו לא חל גוף החוב, אולם דעת הריטב"א בקידושין דף ו: הוא דאפי' אחר שאסרה התורה לקיחת רבית מ"מ חל עצם החוב ואם גבה ממנו הרבית זכה בהו אלא שהתורה חייבו להחזירו לו מקרא דוחי בהם, ואם מת, יורשיו אינם מחוייבים להשיבו דלדידי' אזהרי' רחמנא ולא ליורשיו, ועי' מש"כ בכל זה בשיעורים על מס' קידושין שם.

וצ"ב אמאי באמת חייב לשלם הרבית לולי האיסור תורה, דמה מחייבו לשלם, ועי' בברכ"ש (קידושין סי' ד') שהביא בשם רבותינו האחרונים (וכוונתו הוא להספר מעייני החכמה להגרא"ל צינץ עמ"ס ב"מ) דהוא משום חיוב שכירות, דשימוש בכסף שוה כסף כיון שיכול להרויח ממנו. ועי' בקו"ש (סוף ב"ב) שהביא סברא זה מהרשב"א בתשו' המיוחסות להרמב"ן (סי' רכ"ג), דע"ש בתשו' הרשב"א שכתב דשייך בו כל גדרי שכירות וכגון הדין

[157] שמעתי ממו"ר דגם בהקו' ידע הרשב"א שהוא מלוה הכתובה בתורה ורק דמ"מ אמר הגרב"ד [בשיעורי הגרב"ב] דחלוק תשלומי נהנה מתשלומי מזיק דתשלומי נהנה הוא בעבור גוף החפץ עצמו, ומזיק הוא תשלומין להחפץ ע"ש עכ"ד. וכעת נתקשיתי בזה דבפשטות כמו דנהנה י"ל דהמלוה הכתובה בתורה הוא תביעה על עצם החפץ, כמו"כ בגזלן הוא כן דכיון דממונו נכנס אליו שלא ברשות יש לו תביעה עליו להחזירו לו, וכן אמר מו"ר להדיא בשיעור שנת תש"ן דגזלן הוי תביעה של ממוני גבך, שנכנס ממונו אצלו שלא ברשות, ואעפ"כ פטור כשאיקליש ממונו.

[158] דרק תביעות אינו יכול לתבוע כיון דאיקליש ממונו.

דישנה לשכירות מתחילה ועד סוף, ("איך נוץ די הלואה, לייען געלט קאסט געלט"[159]), **דעצם אחיזת החוב, אף** דאינו בעין, הוה כעין שכירות מטלטלין, דהיכא דשכר בהמת חבירו חוץ מזה שחייב להחזיר הבהמה חייב ג"כ לשלם לו דמי השתמשות, כמו"כ לשכירות החוב חייב לשלם דמי השתמשות, והוא חידוש דאף דמלוה להוצאה ניתנה והמעות הוא שלו אפ"ה שייך דין שכירות מתחילה ועד סוף על החוב.

והברכ"ש שם הביא מהגר"ח[160] דאי"צ לזה, אלא דאפשר לעשות תנאי ופסיקה על גוף ההלואה לחייבו לשלם לו שני סלעים בעד סלע[161], דכמו דיכול לעשות פסיקה בקנינים לחייבו לחפץ זה כך וכך מעות אפי' אם אינו שוה כל כך, כמו"כ בהלואה יכול לעשות פסיקה שהחיוב הלואה יהא על כו"כ מעות וזה נכלל בגוף ההלואה ("דאס גייט אריין אין די גוף ההלואה"). ולא חשוב כחיוב חדש בדוגמא דחייב אני לך מנה בשטר, אלא דזה נעשה גוף ההלואה. [ועי' במילואים דשאר פסיקות לא שייכי בהלואה, ורק פסיקה זו לקבוע שיעור דמי החוב שייך אפי' בהלואה.]

ודע דכבר דנו האחרונים בגדר איסור התורה דרבית אם התורה החשיבה כגזילה, או דהוא דין איסור בעלמא, ויש שדייקו דהוי כחיוב גזילה מהגמ' בב"מ דף סא. דאמרי' דאפשר ללמוד איסור גזילה מאיסור רבית[162], והגרב"ד אמר מהגר"ח לדייק דהוא דין איסור מזה דהשו"ע הביא הל' רבית ביו"ד (ומזה שהר"מ קבעו בהל' מו"ל אין לדייק מזה מידי דכל הפרטי דינים השייכים למו"ל הביא שם). ולכאו' מדברי הריטב"א הנ"ל דחל חוב מבואר ג"כ דהוא דין איסור ולא איסור גזילה, ואכמ"ל. עוד דנו האחרונים בגדר החיוב השבת רבית אם הוא חוב ממון או דין מצוה ויתכן נפ"מ אם הלוה יכול למחול, ואכמ"ל.

יב. ביאור דברי הברכ"ש במה שהביא מהמל"מ להוכיח גדר איסור רבית

וכתב הברכ"ש "והסברתי לעצמי דבריו הק' ע"פ דברי המל"מ [הובא בחי' רע"א פ' איזה"נ[163]] דכתב בנשתמש הא' בממון של חברו שלא מדעתו כגון בשוגג כו'" וכוונתו הוא דהנה חיוב תשלום רבית הוא דמי השתמשות המעות, דהשתמשות במעות שוה כסף, וכתב המל"מ דכל האיסור רבית הוא רק בהלואה מדעת, דהיכא דהלוהו לו מעות מדעת א"א לחייבו לשלם דמי שימוש המעות, אכן היכא דלא הלוה לו מעות מדעת אלא דנהנה מהם שלא מדעת, באופן דאין בו תורת גזילה כגון דהי' בשוגג, בכה"ג אפשר לחייבו לשלם דמי שימוש המעות מדין נהנה.

והנה מש"כ שנשתמש בממון חבירו שלא מדעתו באופן שלא נעשה גזלן "כגון בשוגג", צ"ב דידוע מה שנקט הגרי"ז דגם גזלן בשוגג הוי גזלן, ואפי' באונס הוי גזלן, דבגנב וגזלן כיון שחיובו על שהכניס ממון חבירו לרשותו מה לי אם היה באונס או ברצון דהא עכ"פ הכניס הממון לרשותו[164], ולכאורה צ"ל דכוונת הברכ"ש הוא כגון הך דכתובות דף לד: דהניח להם אביהם פרה שאולה והם סברו דהפרה של אביהם היא וטבחוה ואכלוה משלמין דמי בשר בזול, ומבואר דבכה"ג אין להם דין גזלן, [ובטעם דליכא חיוב מזיק בכה"ג כתבו התוס' בב"ק דף כז: דהוי אונס גמור, ומה שליכא חיוב גזילה מבואר בתוס' קידושין דף נה. דהוא משום דכיון דסברו שהוא שלהם ליכא הוצאה וחסר בגוף הגזילה, ועי' מה שהבאנו במילואים בביאור דברי התוס' שם].

---

[159] הוא משתמש בההלואה, וללות כסף עולה כסף, כשלוקחין הלוואה מבנק צריכים לשלם.

[160] והוא חידוש, דפשטות הדברים הוא כמו שהבין המעייני החכמה.

[161] ולשון הגר"ח הי' "אבער ער רעט אפ פעיר רובל פאר דריי רובל דאס איז זיין פרעון"

[162] א"ה עי' בברכ"ש ב"מ סי' מ"ח, וצ"ע.

[163] א"ה כוונתו הוא לחי' רע"א דף עב: בד"ה הב"י ביו"ד.

[164] א"ה קטע זה הוא משיעור יומי, ואולם בשיעור כללי תשס"ב לא הזכיר זה אלא נקט דיתכן דנקט דגזלן בשוגג אינו חייב. ואולם כבר נחלקו בזה האחרונים, דהקצה"ח סי' כ"ה נקט בפשיטות דאינו גזלן, והיש"ש ב"ק פ"י סוס"י מ"ז נקט דהוי גזלן.

והמל"מ ס"ל דכה"ג שהניח להם אביהם מעות פקדון וכסברו דשל אביהם היא והשתמשו במעות ועשו מהם עיסקא ועשו רווחים, אינו מספיק להחזיר עצם הדמים להבעלים, אלא חייבים הם לשלם גם שכר שימוש [וכמו מי שלוה מבנק דמחייבין לו לשלם שכר שימוש על המעות, ("לייען געלט קאסט געלט")], ואף דכל גזלן בעלמא שגזל מעות והשתמש בהם אינו חייב להחזיר אלא גוף המעות ולא שכר שימוש היינו משום הקניני גזילה שיש לו בהם, דכל הגזלנים משלמין כשעת הגזילה ואינם חייבים לשלם לשום תשמישין, אכן בנ"ד דאין להם קניני גזילה מחייבינן להו לשלם שכר שימוש כדי שלא יהי' כשולח יד בפקדון, דשימוש כסף שוה כסף ובני אדם משלמין מעות בכדי ללוות כסף להשתמש בהן, ואם לא ישלם שיווי זה הוי כשולח יד בפקדון עכ"ד.

ודברי המל"מ צ"ב דמ"ט אין בזה משום ריבית דמאי שנא מכל הלואה בעלמא דאסור להחזיר המעות ביחד עם שכר שימוש דשכר שימוש מעות הוא רבית גמור, א"כ גם בנ"ד איך מחייבינן להו להחזיר המעות וגם דמי השימוש ומ"ט אין בזה משום איסור רבית. ומוכרחים לומר דחיוב זה לשלם מה שנהנה הוא מכח פרשה דגזילה, דבכדי שלא יהא כגזלן על מעות חבירו בזה שהשתמש בהם ונהנה מהם חייב לשלם מעות, ונמצא דאינו דומה לחיוב רבית בעלמא, דחיוב רבית בעלמא הוא היכא דההלואה הי' מדעת, וחיובו על הרבית [לולי האיסור רב"ק] הוא מדין שכירות או מדין פסיקה [ראה להלן], וזהו היכא דנתן לו ההלואה בזכות, אכן בנ"ד בכסברו שהוא של אביהם לא הי' שום פסיקת שכירות ולא פסיקה בההלואה, אלא דחייב לשלם דמי נהנה שלא יהא גזלן, דאם לא ישלם נמצא דגוזל ממון חבירו, דשימוש במעות עולה כסף שהרי יכול להרויח בהם, וחיוב זה אינו חפצא דרבית דהתורה אסרה. [א"ה ואף דאסור לשלם גם רבית מאוחרת, י"ל היינו רק היכא דלא נתחייב לשלם מעיקר הדין, אבל הכא דחייב לשלם מעיקר הדין שלא יהא גזלן אולי לא אסרו חכמים את זה.]

ומדברי המל"מ רואים ההבחנה בין חיוב הלואה לחיוב נהנה, דאם לוה מעות ברשות שם התורה אסרה לו לשלם ריבית, דאסור לשלם להלואה דמי שימוש, אכן היכא דהוא לקח שלא ברשות יש לחייבו דמי נהנה, [וכל זה הוא כשאינו גזלן דאילו הוי גזלן על המעות אין לחייבו דכל הגזלנים משלמין כשעת הגזילה].

(עי' במילואים בענין ראית הגרב"ד מהמל"מ)

יג. מה שהביא הברכ"ש מהגרע"א בחי' ליו"ד

והוסיף הברכ"ש **"וע"כ פסק רע"א בחי' ליו"ד סי' ק"ס, באומר הלויני ואלוך דהוי רבית קצוצה, מחויב הלוה השני לשלם שכר שימוש להמלוה שלו, דהא נשתמש בגזילה ורבית קצוצה יוצאה בדיינין"**, והנה כוונתו הוא למש"כ בהג' רע"א סי' ק"ס סעי' ט', דכתב שם הרמ"א "ואם אחד מלוה מעות לחבירו על זמן מה כדי שיחזור וילוהו פעם אחרת כזמן הראשון, י"א שאסור ולא דמי לעושה עמו מלאכה וחוזר ועושה עמו, דגבי הלוואה שכר הלוואה הוא נוטל ע"כ, וכתב על זה הגרע"א שכר הלואה הוא נוטל. ואם עשה כן וחזר והלוה לו ואמר שעושה כן לתשלום הרבית שקצץ לו לחזור ולהלות י"ל דהוי כמו כל רבית קצוצה וצריך ליתן לו כפי השומא כמה שוה זה להיות מעות בידו כך וכך זמן וצריך לשלם זה מהריוח שהרויח במעותיו של זה דהתורה לא אסרה רק במלוה מדעתו אבל זה אין דעתו כלל להלות לו רק בדרך תשלומי רבית ואין שם הלואה עלה והוי כשולח יד במעות שבידו דמותר לקבל הרבית כמ"ש במשנה למלך וצל"ע לדינא, עכ"ל[165],

---

[165] א"ה יש לי מקום עיון בסידור דברי הברכ"ש שהביא דברי המל"מ מובא בחי' רע"א פ' איזהו נשך ושוב כתב דמטעם הך מל"מ פסק רע"א בחי' ליו"ד כו', וצ"ב דהמל"מ מובא גם בחי' רע"א ליו"ד, ומש"כ הגרע"א בהג' ליו"ד כתב גם באותו קטע בפ' איזהו נשך שהביא דברי המל"מ, וז"ל שם בדף עב: הב"י ביו"ד (סימן ק"ס) כתב על שם המרדכי באומר הלוני מנה ואני אלוה לך הוי ר"ק ול"ד לנכש עמי ואנכש עמך. ועלה בדעתי אם זה חוזר לזה ואמר שעושה כן לתשלום הרבית שקצץ שילוהו לחדש הוי כמו כל רבית קצוצה דצריך ליתן הריוח שהרויח לו וליכא רבית והוי כמו שליחות יד דמותר לקבל הרבית וכמו שהעלה במ"ל והתורה אסרה רק במי שמלוה מדעתו אסור לקבל נשך, ואם התנה ליתן

והיינו דהיכא דהתנה עמו בשעת ההלואה הלוני ואלוך וקיים הלוה התנאי ולאחר זמן הלוהו לו הוי רבית קצוצה, והנה זה ברור שהמלוה [שהוא כעת הלוה] חייב להחזיר לו גוף ההלואה דהרי רק הלוהו לו המעות ולא נתנם לו במתנה, וכתב הגרע"א דחוץ מזה חייב להשיב לו השכר שימוש, כמה הוא עולה ללוות כסף מבנק, דזהו הרבית קצוצה שקצץ עמו, דבשכר הלואה ראשונה נתן לו הלוה להשתמש עם מעותיו, ושימוש זה עולה כסף, וכיון דחייב להחזיר רב"ק לכן חייב להחזיר חוץ מגוף ההלואה גם השכר שימוש. ואף דלכאורה הוי זה ממש רבית[166] אפ"ה כתב הגרע"א דמותר כיון דלא החזיר הרבית בשביל תנאי ההלואה [שהלואה השני' לא הי' בתנאי שישלם להלואה], אלא דמשלם לו משום דדמי השימוש הוי רבית על הלואה ראשונה ולכן מחזיר לו המעות משום דהך דמים הוי רב"ק (וי"א דהתורה דנה כגזילה). ומבואר מזה ההבחנה בין היכא דקבל המעות בזכותים להיכא דקבל בלי זכותים, דאם קבל המעות בזכותים וקצץ עמו לשלם דמי שימוש, זה הוי האיסור רבית האמורה בתורה, אבל באופן דקבל הכסף בלי זכותים, חייב לשלם הדמי שימוש בכדי שלא יהא כשולח יד בפקדון[167], דאם לא ישלם הוי גזלן על כל השימוש. [ואיני ברור בכוונת הגרב"ד אם דברי הגרע"א שייכים למל"מ הנ"ל או הוא דבר בפנ"ע[168]. (ועי' במילואים)]

יד. בענין מש"כ האו"ש דחייב מה שנהנה בהקדש

הנה עיין באו"ש (פ"א הל' ב) שר"ל דאף דשן ורגל פטורין בהקדש מ"מ חייב לשלם מה שנהנה, ויש מקום לדון בזה עפ"י משנ"ת, דבשלמא אם הוי אמרינן דהוי חיוב בעלמא דממוני גבך כעין הלואה, שפיר י"ל דחייב בהקדש אבל למשנ"ת דחיובו נלמד מפרשה דגזילה א"כ לכאורה דבר זה תלוי בפלוגתת הראשונים אם איכא חיוב קרן בגזילת הקדש, דבשלמא לדעת הר"מ בפ"ב מגניבה הל' א' שנקט דאיכא חיוב קרן, שפיר י"ל דאיכא חיוב נהנה, אבל לדעת החולקים עליו וס"ל דהקדש איתמעט לגמרי מחיובי גזילה, אפי' מחיובי קרן, לפי"ז יש מקום לומר דליכא חיוב נהנה בהקדש, ואולי יש לחלק בין החיוב גזילה בעלמא לחיוב נהנה, וצ"ע. [א"ה ואמנם מפשטות לשון האו"ש משמע דחיוב נהנה הוי חוב בעלמא וכחיוב דממוני גבך ולא דנלמד מפרשה דגזילה.]

טו. בי' בהר"מ שפסק דהיכא שהניקף לא זכה בכותל חייב דמי נהנה

ר"מ פ"ג משכנים ה"ג "מי שהיה לו חורבה בין חורבות חבירו ועמד חבירו וגדר רוח ראשונה ושנייה ושלישית עד שנמצאת חורבה זו משלש רוחותיה גדורה, אין מחייבין אותו ליתן לו ההוצאה כלום שהרי לא הועיל לו והרי חורבתו פתוחה לר"ה כשהיתה, לפיכך אם גדר לו רוח רביעית עד שנמצאת חורבתו מוקפת גדר מגלגלין עליו את הכל ונותן חציו ההוצאה שהוציא זה בארבע רוחות עד ארבע אמות ובלבד שיהיה מקום הכותל של שניהם עכ"ל, והסביר המ"מ דמה שהצריך שיהא מקום הכותל של שניהם הוא משום דס"ל להר"מ שאין מחייבין אותו בחצי ההוצאה אלא מפני שזוכה בחצי הכותל לפי שנבנה במקומו, אבל אם בנה

רבית התנאי בטל ומעשה קיים, ואסור לקבל, אבל זה אין דעתו כלל להלוות ואמר שזה עושה לרבית ואינו כלל בהלואה צריך ליתן לו מה שהרויח כמו שלח יד, ואומדין מה ששוה מעות בהלואה לב' חדשים כדקתני במתני' דמכות דמעידים אנו באיש פלוני כנלענ"ד עכ"ל, וצ"ע.

166 א"ה יש לדון בקושיתו דבפשטות א"א לדונו כרבית קצוצה אלא כרבית מאוחרת, והרי כיון שחייב להחזירו בדין י"ל דלא אסרו לשלם לו. ומשמעות לשונו הי' דהוא רבית גמור וצ"ע בזה, ואולי כיון דבשעת ההלואה כבר הוקבע דיהא חייב להשיב לו הרבית מכח חיוב דהשבת רבית, משום זה גופא מן הראוי שיהא נחשב כרב"ק, והוא חידוש.

167 א"ה צ"ע דהגרע"א כתב דהטעם דאינו רבית הוא משום דכל האיסור רבית הוא רק על הלואה שנתן לו מדעת והכא הלואה זו לא הי' לשם מצות הלואה אלא לשם פרעון רבית, ולא כתב דהטעם דאינו רבית הוא משום דאינו מחזיר הדמי שימוש משום קציצה. ומה דבאמת הגרע"א הוצ' לזה ולא כתב בפשיטות דלא הי' קציצה, עי' באגר"מ ח"ג סוף הס' בהערות לסי' קס אות ט' מש"כ בזה.

168 א"ה צל"ע דהא הגרע"א דייק עיקר דבריו מהמל"מ הנ"ל שכתב דדוקא בהלואה איכא חיוב ריבית ע"ש, והברכ"ש הביא דברי הגרע"א שיסד דבריו על המל"מ הנ"ל, ולא עמדתי על כוונת מו"ר בזה.

שלא במקום שניהם אף שרצה להקנותו לו מ"מ כל עוד דלא עשה קנין בכסף ושטר אינו חייב לשלם כיון דעדיין לא זכה בכותל. [ומה שזוכה בכותל כשהוא במקום שניהם הוא משום דהוי כיורד לתוך שדה חבירו בשדה העשוי' ליטע ונטעה שלא ברשות דכיון שנטע בתוך שדה חברו ואמרינן דניחא ליה כבר קנה הנטיעות כיון שהם בשדה שלו[169].]

והמשיך הר"מ בה"ד "אבל אם היה הכותל של זה שבנה ובחלקו בנה יראה לי שאין מגלגלין עליו אלא דבר מועט כמו שיראו הדיינין שהרי אינו יכול להשתמש בכתלים", וראיתי בספר א' שפירש דכוונת הר"מ ד"דבר מועט" הוא לאגר נטירה בלבד, דכיון דלא זכה בכותל וא"א להשתמש בו אין לו כי הנאת שמירה בלבד. אך אכתי צ"ב דאיך מחייבינן לי' לשלם דמי אגר נטירה והא כיון דלא זכה הוא בכותל יכול הבעלים לסתור הכותל כל זמן שירצו וא"כ אינם יכולים לסמוך על שמירה זו.

וראיתי בחי' הגרש"ש (סי' ו') שפי' דאף אם בנה על חלקו קנה חבירו לענין זה שאינו יכול בעל הגדר ליטול את גדרו עוד, ואף שעדיין לא שילם שום דמים מ"מ ע"י השתמשות זו דשמירה הוא זכה בו קנין השתמשות בכותל, והוי זכות כזה דומה לדין חזקת תשמישין דמצינו בב"ב דף ו. דקבל זכות תשמישין, ואופן הזכי' הוא ע"י ההשתמשות גופא דכבר הוכיח הקצה"ח (קנג-ג) דאע"ג דאכילת פירות אינו קונה, היינו דלא מהני שיקנה בזה גוף הקרקע, אבל אם נתרצו הבעלים להקנות לזה לאיזו תשמיש ועשה השימוש ההוא מדעת בעלים קנאו לתשמיש זה שלא יוכל לחזור בו, וה"נ זכה הוא בזכות להשתמש בכותל לשמירה ע"י עצם ההשתמשות וממילא חייב לשלם לו[170], וכיון דלא זכה בגוף הכותל עצמה משו"ה משלם רק מה שנהנה ולא יותר, והוא השיווי דאגר נטר כמה שוה להיות משתמר מבני רה"ר. (והבליע מו"ר דהגרב"ד אמר קצת בדרך אחר[171].)

וראיתי מי שהעיר על דברי הר"מ הנ"ל דכבר הבאנו דברי התוס' בב"ק דף קא. דליכא חיוב נהנה אלא ע"י לקיחה, ולזה בעי' או מעשה בהמה או הנאת גופו, ולפי"ז קשה דבנ"ד איך מחייבינן לי' דמי מה שנהנה והא אין כאן לא הנאת גופו ולא מעשה בהמתו[172].

ועפ"י משנ"ת א"ש דכל הא דבעי' לקיחה היינו דוקא היכא דלא זכה בההנאה וחיובו לשלם הוא כדי שלא יהא גזלן, בזה אינו חייב אלא ע"י לקיחה, אבל היכא דקבל ההנאה בזכויות וכגון ביורד, בכה"ג חייב אפי' היכא דליכא מעשה בהמתו או הנאת גופו דאינו מלוה הכתובה בתורה, וביארנו כן בדברי הש"ך (שצא-ב) שכתב דהיכא דבעל הפירות האכיל בהמת חבירו פירותיו חייב בעל הבהמה לשלם לו מדין יורד, וביארנו

---

169 א"ה עי' במ"מ בפ"י מהל' גזילה שכתב בדעת הר"מ דבעשויה ליטע אינו יכול לומר טול עציך ואבניך, והכס"מ חלק עליו, וכתב האבן האזל (פ"ג משכנים ה"ד) דמדברי הר"מ הנ"ל מוכח להדיא כדברי המ"מ, דאם יוכל לומר טול מה מהני שהוא על מקום שניהם.

170 וע"ש שבי' דהוי קנין מצד המקנה וז"ל, ולפ"ז י"ל דמיד שבונה הגדר במקום שהוא משמש לשניהם ביחד הרי עשה מעשה שמוכיח לקנין כהתחלת התשמיש, והוה קנין מצד המקנה לענין זה שיקנה הניקף זכות בכותל שיהי' כן לעולם לתשמיש זה לגדור את שדות הניקף. וקנין זה אף דלא מהני שיזכה בגוף העצים קנין גמור, אם לא שיהי' על חלק שניהם דאז חצרו קונה לו, אבל לתשמיש זה אין צריך קנין חצר רק התחלת התשמיש, והכא מיד כשבנה הוה התחלת התשמיש דמשמש לתועלת שניהם ביחד, ושוב אינו יכול לחזור בו עכ"ל.

171 א"ה אולי כוונתו הוא דעי' בסימן יג שהבאנו מהגרב"ד בביאור סברת התוס' דהיכא דגלי אדעתי' דניח"ל לשלם חייב אפי' בז"נ וזל"ח דהוא משום דכיון דנתן לו ההנאה בדין היכא דגל"ד הוי כמו שזכה בה וחייב לשלם כיורד ע"ש, וי"ל דאין לו זכות בגוף הכותל אלא דסו"ס נחשב שזכה בההנאה בדין כיון שהבעלים מהנהו דומה למה שביארנו בסימן יא בדברי הש"ך (שצא-ב). ולפי"ז באמת יכול המקיף לסתור את הכותל אם ירצה, וכ"כ האבן האזל שם להדיא דיכול המקיף לסתור את הכותל, ולא קשה דא"כ איך הנהו, דודאי אינו עומד לסתור את הכותל שהוציא עליו הוצאות מרובות, וא"כ שפיר יש להנקיף הנאה דאגר נטר.

172 א"ה דין זה של התוס' אינו דין המוסכם דתוס' עצמם כתב תירוץ אחר, והש"ך שצא-ב העלה דהוי ספיקא דדינא שתלוי בשני תירוצי התוס', וא"כ א"א להקשות זה בתורת קושיא על הר"מ, אלא דעכ"פ יש להעיר דהו"ל להש"ך לדייק מהר"מ דלא ס"ל כתוס', ומדלא דייקו כן משמע דאין הכרח מזה, וצ"ע.

דכיון דזכה בההנאה ב'דין', שלא נטל ההנאה מעצמו אלא בעל הפירות נתן לו ההנאה, ואמדינן אנן דניח"ל לבעל הבהמה לזכות בו, אין חיובו מפרשה דגזילה אלא מדין מקח וממכר. וי"ל דגם בסוגיין הוא כן דכיון דנתן לו זכות השתמשות בכותל לשמירה וכמשנ"ת א"כ אי"צ לפרשה דגזילה לחייבו אלא אפשר לחייבו בעד הזכויות שקבל ולכן אי"צ לקיחה וחייב על ההנאה אפי' בלי הנאת גופו או מעשה בהמתו.

מילואים

א. ראיה להגרי"ז דליכא פטור אונס בגזילה מתוס' קידושין דף נה.

בפנים הבאנו בשם הגרי"ז דגזלן חייב אפי' באונס, ושמעתי לדייק כדבריו[173], מתוס' בקידושין דף נה. (ד"ה אין) שביארו שם דחיובא דמעילה איכא דוקא היכא שהיה יודע שאינו שלו ונתכוין להוציא מרשות לרשות אלא שסבור היה שהוא של חולין, אבל אם הגביה החפץ מחמת שהיה סבור שהוא שלו אי"ז מעשה מעילה, דבמעשה מעילה בעינן שיתכוין למעשה הוצאה, והשגגה היא רק בזה שאינו יודע שהוא של הקדש, אבל כשסבור שהוא שלו הרי אין כאן כונה לעשות מעשה של הוצאה מרשות בעלים והכנסה לרשותו ואי"ז מעשה מעילה, והביאו התוס' ראיה לזה מההיא דפרק אלו נערות (דף לד:) דקאמר התם הניח להם אביהם פרה שאולה כסבורים הם דשל אביהם היא וטבחוה ואכלוה משלמין דמי בשר בזול, אבל כסבורים שהיא דפקדון וטבחוה ואכלוה משלמין דמי בשר שלם, אלמא דיש חילוק בין סבור שהוא שלו לסבור שהוא של אחרים, עכ"ד. ולכאורה דבריהם מופלאים, דהתם הרי הנדון הוא לחייבם מדין מזיק, והא דמיפטרי הוא משום דהוי אונס גמור וכמש"כ התוס' (ב"ק דף כז:) להוכיח מזה דאדם המזיק פטור באונס גמור, וא"כ איך הביאו מזה ראיה להדין דכסבור שהיא שלו שתוס' מחדש שלא הוי מעשה גזילה, והא טעמא דמיפטר באלו נערות הוא משום דהוי אונס וכנ"ל.

ומוכרח מדבריהם דס"ל דבגזילה ליכא פטור דאונס, ולהכי הוקשה להתוס' דאה"נ מצד מזיק מיפטרי משום אונס מ"מ הא איכא לחייבינהו משום גזילה דהא נטלוה ואכלוה וכשנטלו הפרה ע"מ לאוכלה הוי מעשה גזילה ובגזילה ליכא פטור דאונס ואפילו באונס גמור מיחייב, ומזה הוכיחו התוס' דמשום שהיו סבורים שהיא של אביהם לא הוי מעשה גזילה כלל[174]. ומש"כ תוס' בב"ק שהוי אונס גמור הוא לבאר למה לא יתחייבו מדין מזיק וע"ז כתבו משום דהוה אונס גמור, ובקיד' התוס' מוכיחים שאינו מעשה גזילה. וא"כ הרי יש מכאן ראיה ברורה שאין עליה תשובה שדעת התוס' דבגזילה ליכא לפטור אונס וכדנקט הגרי"ז.

ב. בי' שי' הגר"ח דלא שייך פסיקה בהלואה שישלם לו מטבעות מסיומים שאינו דומה למקח והטעם שחל חוב רבית

בפנים הבאנו מש"כ בברכ"ש בשם הגר"ח בגדר חוב רבית דהוא מדין פסיקה. והנה בענין פסיקה בהלוואה תנן בב"מ דף מה. הזהב קונה את הכסף ואין הכסף קונה את הזהב, ופירשו בגמרא דהאי קונה דקתני ר"ל מתחייב, וה"ק במשיכת הזהב דהוי פירא מתחייב לתת הכסף כמו שהתנה עמו (ובי' הגרב"ד דהכוונה של "קונה את הכסף" הוא דנעשה תנאי בהפסיקה, והמקח מקיים את כל התנאים ולכן חל ע"י המקח תנאי זה), אבל במשיכת הכסף דהוי טיבעא אינו מתחייב לתת לו מה שהתנה עמו. ואיתא שם דהא דתניא כיון שמשך את הזהב "נקנה כסף בכל מקום שהוא", הכוונה של "בכל מקום שהוא" ר"ל דחייב כמו שהוא התנה עמו, דאי אמר

---

[173] ואיני יודע אם הי' דיוקו של הגרי"ז עצמו או שא' אמר להגרי"ז דיוק זה (א"ה עי' בחי' רש"ר סנהדרין סי' ז' ובכ"מ שדייק כן).

[174] א"ה הגרש"ר העיר דאמאי לא נימא דהאכילה עצמה תיחשב למעשה גזילה והכנסה לרשותו, וצ"ב.

ליה מארנקי חדשה יהבינא לך לא מצי יהיב ליה מארנקי ישנה אע"ג דעדיפי מינייהו, מאי טעמא דאמר ליה לישנן קא בעינא להו[175] ע"כ. ומבואר דלענין מקח, וכגון במכר לו את הזהב שהוא פירא, יכול להתנות עמו לשלם מטבעות מסויימים, ויל"ע האם חל התנאה כזה בהלואה, דאם התנה עמו לשלם דוקא ממטבעות חדשים וכיו"ב האם חייב לשלם לו דוקא ממטבעות חדשים. ועי' במחנ"א (הל' מלוה ולוה סי' כ"ו) שהביא מי"א שגם בהלואה שייך להתנות כן ויצטרך לשלם לו דוקא מטבעות חדשים כמו שהתנה עמו, אך המחנ"א עצמו העלה שא"א להתנות כן, והברכ"ש (ב"מ סוס"י מ"א[176]) הביא שכן נקט הגר"ח.

והסביר הגרב"ד סברת המחנ"א והגר"ח, דמקח והלואה חלוקים הם ביסוד דינם, דבמקח התביעה שיש להמוכר על הלוקח אינה תביעה דממוני גבך, דהרי מכר לו החפץ והרי הוא של הלוקח ואינו חייב להחזירו לו, אלא חיובו הוא התחייבות חדשה ("א נייע התחייבות") שחל עי"ז שפסקו תנאים בהמקח, וההתחייבות חל ע"י גוף המקח, דגוף המקח מקיים כל תנאי המקח כגון חיוב אחריות וכיו"ב, וע"ד משל אם פסק עם המוכר שישלם לו בעד החפץ כו"כ, גוף קנין על החפץ מקיים את הפסיקה וגומר על ידו קיומים חדשים כחיוב אחריות. (א"ה וז"ל, הגרע"א בכו"ח ב"מ דף מח: על תד"ה והא כו', נלע"ד דבכל קנין משיכה אין המשיכה עושה קנין להתחייבות המושך אלא דהמשיכה עושה קנין שיזכה בדבר המושך וממילא נתחייב בתשלומיו, עכ"ל, ועי' בזה בחי' הגרש"ש ב"ק סי' לג וחי' הגרנ"ט סי' קס ד"ה והנראה לענ"ד.)

אולם הלואה אינו התחייבות חדשה ואינה עיסקה אלא הוא תביעה דממוני גבך דכיון דלא נתן לו המעות במתנה אלא בהלואה לכן חייב להחזירם לו, ולא חל פסיקה וקנין חדש לגבי התחייבות, לכן א"א להתחייב עצמו לשלם דוקא מטבעות חדשות וכיו"ב, דרק מה שהלואהו לו חייב להחזיר ולא שייך לעשות בו פסיקות.

וחידש על זה הגר"ח דאף דפסיקה זו דמטבעות חדשים לא שייך לעשות בהלואה אבל מ"מ בחיוב רבית שייך פסיקה, דאיכא שני סוגי פסיקות **א.** פסיקה ליתן לו סלעים חדשים, דאין זה חוב ממון דהרי ליכא שום חילוק בשווי בין סלעים חדשים לסלעים ישנים, אלא הוא תנאי צדדי ("זייטעקע תנאי ממון")[177]. **ב.** פסיקה כמה חייב לשלם לו דאינו תנאי צדדי אלא קביעות שיעור עצם חוב ההלואה. וביאר הגר"ח דרק תנאים צדדיים אינו שייך במלוה אבל תנאי כמה הוא חייב לשלם לו, ר"ל כמה היא גודל ההלואה, זה שייך גם במלוה, והוי זה סוג פסיקה ("וויפל די הלואה איז און ווי גרויס די הלואה איז ...ווערט די הלואה גרעסער... אזוי האב איך געליגען די געלט"), ובלשונו הזהב של הגר"ח "איך רעד אפ איין רובל פאר צווי רובל ווערט די הלואה צווי רובל" (כשאני פוסק ב' רובל עבור רובל א', נעשה ההלואה ב' רובל), דהנה החיוב להחזיר הלואה הוא משום קרא דהן שלך צדק, והיכא דפסק ליתן יותר, משום הן שלך צדק זהו מה שמחוייב ליתן[178], ונעשית גוף ההלואה שתים[179]. והטעם דשייך לעשות פסיקה זו הוא משום דאף דאמרינן דהלואה הוא תביעה דממוני גבך מ"מ סו"ס הוא ממון חדש, דמלוה להוצאה ניתנה, אך כל זה הוא לענין עיקר החיוב תשלומין ולא לענין תנאים צדדיים. ואולי י"ל דהוי כעין דין דלדידי שוה לי, דיכול הוא לקבוע דלדידי שוה לי רובל זה כשתים, וצ"ע בזה.

---

175 פי' צריך אני להניח את הכסף זמן מרובה, וחדשים נוחים לי, שאם אקח ישנים הרי הם ישחירו יותר מדי.

176 א"ה ע"ש שכתב לסייע להרי"ף והר"מ מכח סברא זו, וכנראה שנקט שם דתוס' לא ס"ל כן. וע"ע בנחל יצחק (עד-ג) שחולק על המחנ"א וס"ל דגם בהלואה אפשר לחייב עצמו.

177 א"ה עי' בנמו"י שם שהביא מהר"ח שאע"פ שהישנים שוין יותר חייב ליתן לו חדשים כמו שפסק ודכוותיה במטלטלין שמי שמשך חפץ מחברו והתנה ליתן לו כור חטים חדשים חייב ליתן לו כמו שפסק.

178 בשנת תשע"א מו"ר אמר אחר השיעור די"ל דהוא מדין "אחשבי".

179 הנוסח שכתבתי הוא כפי השיעור שאמר מו"ר עמ"ס קידושין בשיעור דהמקדש במלוה, ובשיעור עמ"ס ב"ק אמר בקיצור דהגר"ח אמר דאף דסתם פסיקות לא שייך בהלואה, מ"מ נקט הגר"ח וויפל (כמה) פרעון לשלם שייך להתנות עלה דכזה נעשה גוף ההלואה,

ג. דברי המאירי דליכא פטור קלב"מ על חיוב נהנה

עיין במאירי פסחים דף כט. שדקדק מהירושלמי דבמעילה לוקה ומשלם, והק' והא אין לוקה ומשלם, וכתב בתי' השני דעכ"פ מחוייב לשלם דמי מה שנהנה עכ"ד, ור"ל דעל דמי מה שנהנה ליכא פטור דקלב"מ, וכמו שנקט הגרב"ד בקושיתו. ולכאו' דבריו צ"ע מסו' דכתובות דף ל: דזר שאכל תרומה שהוכיח הגרב"ד משם דאיכא פטור קלב"מ על חיוב נהנה, והארכנו בזה בשיעורים על פ' אלו נערות די"ל דחלוק דין כדי רשעתו מאם לא יהי' אסון ודברי המאירי הם רק בחיוב דכדי רשעתו אבל לא בהדין דאם לא יהי' אסון ע"ש. ועי' בסימן יג.

ד. השוואה למש"כ הברכ"ש בשם המל"מ ומש"כ המל"מ בפנים

א"ה הבאנו דברי הברכ"ש שכתב "והסברתי לעצמי דבריו הק' ע"פ דברי המל"מ [הובא בחי' רע"א למס' ב"מ בפ' איזה"נ] דכתב בנשתמש האחד בממון של חברו שלא מדעתו באופן שלא נעשה גזלן, כגון בשוגג, צריך לשלם לו שכר שימוש ולא הוי רבית דצריך לשלם לו בכדי שלא יהי' שולח יד בפקדון כו'", ומו"ר הסביר בפנים דמש"כ דאיירי באופן שלא נעשה גזלן הוא משום דאם נעשה גזלן תיפו"ל דפטור מלשלם משום דכל הגזלנים משלמין כשעת הגזילה.

ולא זכיתי להבין דברי הברכ"ש בזה, דהנה דברי המל"מ נמצאים פ"ז ממו"ל הל' י"א בסו"ד בד"ה כתב הרשב"א[180], וע"ש דלא איירי בגזלן בשוגג אלא בשולח יד בפקדון במזיד, וכתב שם דליכא בזה חיוב ריבית דאין כאן אגר נטר מאחר שבתורת פקדון באו לידו, ולהדיא הביא שם ממהריב"ל בכה"ג "ואע"ג דבאו לידו בתורת פקדון ונעשה עליהם כגזלן ואמר בפני עדים לעצמי אני מרויח אפ"ה אם רצה ליתן לו כל מה שהרויח או מקצתו נותן". וראיתי בחקרי לב (יו"ד ג-י"ט) שכתב להדיא דאף דבלא"ה פטור מלשלם דגזלן הוא וכל הגלזנים משלמין כשעת הגזילה מ"מ כוונת המל"מ הוא דאם ירצה לשלם לו מותר לשלם לו ואין בזה משום איסור רבית.

וע"ע באגר"מ שם שבאמת תמה על הגרע"א שכתב למילף הך דהלוני והלוך מדברי המל"מ הנ"ל, דכיון דהוא גזלן גמור וכל הגזלנים משלמין כשעת הגזילה א"כ אינו חייב לשלם כלום ופשיטא דמותר, וביאר שם דהמעיין במל"מ היטב יראה דמבואר מדבריו דלא רק בנשתמש בהפקדון באופן שאסור דנעשה גזלן מדין שליחות יד וגם גזלן ממש דהרי הוציאן ואינן בעין, אלא אפילו באופן שמותר להשתמש בהן כגון בהפקיד מעות מותרין אצל שלחני וחנוני דמותר להשתמש בהן אפ"ה ליכא איסור רבית דהא לאו בתורת מלוה ולא בתורת מקח נתן לו דנימא שכר מעותיו עומד ונוטל כי בפקדון נתנם לו, דהמל"מ פי' עפי"ד דברי המרדכי בפ' המפקיד והמרדכי איירי בכה"ג. וכתב האגר"מ די"ל דראית הגרע"א הוא מציור זה, דהרי הוא נעשה בכל דיני לוה ומ"מ ליכא איסור ריבית, דהוא משום דאף דאיכא נתינת רשות מהמפקיד בעל המעות אין זה עכ"פ מעשה הלואה מבעל המעות דהא לאו בתורת מלוה ולאו בתורת מקח נתן לו אלא לפקדון, כדכתב המרדכי ונעשה לוה בנטילת עצמו שזה לא נאסר וזהו אולי כוונת רעק"א ולא נפרש לשון והוי כשולח יד במעות שבידו שכתב דהוא כלשון שליחות יד שבכ"מ בגמ' שהוא באיסור והוא גזלן אלא לעשה בעצמו מה שהוציא מעות פקדון שבידו אבל היה באופן המותר במעות מותרין לשלחני ולחנוני. וע"ש באגר"מ שפלפל בכל דברי הגרע"א הנ"ל.

---

[180] וכן ראיתי באגר"מ יו"ד ח"ג בסוה"ס בהערות ליו"ד סי' ק"ס הערה ט' דהמל"מ המצויין ברע"א הוא המל"מ הנ"ל.

ה. בביאור כוונת הברכ"ש במה שהביא מהמל"מ

א"ה והנה לכאו' יל"ע במה שאמר מו"ר בבי' דברי הברכ"ש דבא לומר ההבחנה בין חיוב מלוה לחיוב נהנה, דהנה עיקר הנידון הי' אם חיוב נהנה דומה להלואה או לא, והרי בדברי המל"מ החילוק הוא בין חיוב רבית על הלואה לחיוב נהנה דלא נחשב כרבית, ולא בין גוף חובת הלואה לגוף חובת נהנה, וצ"ע.
ואולי י"ל בזה דהנה מו"ר ביאר בפנים דגדר חיוב רב"ק הוא באופן דלולי האיסור רבית הי' חייב לשלם הרבית, נמצא דחפצא דרבית הוא היכא דפסק עמו על דמי השימוש, ונמצא דהוי כמו שזכה הלוה בהדמי שימוש בדין ותמורת זה הוא חייב לשלם כסף. וי"ל דכל החפצא דרבית הוא רק בכה"ג היכא דמשלם לדמי שימוש שזכה בדין, משא"כ בהך דהמל"מ דלא זכה בדין בדמי שימוש בהמעות שסבור שהוא של אביהן, אלא שבאנו לחייבו לשלם כדי שלא יהא גזלן בזה ליכא איסור רבית.
וכן הוא בהיכ"ת דהגרע"א דהלויני ואלוף, דכיון דקצץ לו הלויני ואלוף נמצא דעצם הזכות דמי שימוש שנתן לו אסור באיסור רבית, וכיון שכן י"ל דהוי כמו שלא זכה בדין בהדמי שימוש, [וזה א"ש טפי אם לא אמרי' כהריטב"א בקידושין ו: הנ"ל] ומה שמשלם לו דמי שימוש אינו כמו שמשלם לו על מה שפסק עמו. [אלא דהגרע"א התיר זה משום דגוף ההלואה השני' לא נידון כהלואה כיון שנתנו בתורת תשלומי רבית, וי"ל.]

ו. למסקנת הברכ"ש אם נהנה הוי תביעה דממוני גבך

א"ה כמה פעמים הזכיר מו"ר דגדר חיוב נהנה הוי תביעה דממוני גבך, וכנראה דגם אחר שהשיב לו הגר"ח דהוי מלוה הכתובה בתורה מ"מ גדר חיוב התורה הוא תביעת ממוני גבך ורק מסברא לא הי' חייב, ופעם ביטא דהוי "חיוב גזילה על הממוני גבך". ולכאורה כוונת מו"ר הוא דעיקר תי' הגר"ח הוא דבנהנה א"א לתבוע לו משום סברא בעלמא דממוני גבך, דאף דהשתמש במעות חבירו ועי"ז הרויח כסף ונמצא ד"ממוני גבך" מ"מ אי"ז סיבה המספקת מסברא לחייבו כיון שלא קבל על ממון זה זכותים, אלא דעד כמה שלא יחול חיוב תשלומין על ממון זה יהא כגוזל את הממוני גבך, ומשו"ה חל חיוב תשלומין, וכעת גדר החיוב הוא תביעה דממוני גבך דהממון נחשב ממון של החפץ עצמו [אכן במעילה ביאר הגרב"ד דאין הגזילה על הממוני גבך אלא החיוב גזילה הוא בעבור עצם גזילת התשמיש, עי' מש"כ בזה בסימן יד.
וכן הבנתי ממו"ר כשדברתי אתו והעיר לי בזה לדברי חו"ש רב"ב (ח"א עמ' ע"ו), וע"ש דאיתא במס' ע"ז דעכו"ם שנסך יינו יכול ליטול ממנו דמי יינו משום דמקלה קליי', היינו דאין נוטל עצם היין אלא עבור ההיזק, והחיוב מזיק של העכו"ם הוא חיוב על זה שהזיק יין שלא הי' יין נסך, דלקח יין טוב והזיקו, ולכן לא נחשב כדמי יין נסך. אבל לו יצויר בנהנה כעין זה היכא שלא הי' לו דין מזיק על היין אלא יהי' על העכו"ם חיוב של נהנה במה שנסכו לעכו"ם, התם י"ל דיהי' אסור ליטול המעות משום דאין נוטל הממון עבור שהזיקו אלא דנוטל עצם היין, היינו הממון עבור עצם היין וא"כ נוטל דמי יין נסך. הרי יש לנו ציור להבין דחיוב של מזיק הוא עבור שהזיקו החפץ אבל חיוב נהנה הוא תשלומין לא בעד שהזיקו החפץ אלא תשלומין עצם החפץ ולא בעד שתובע ממון שחסרו, עכ"ד. וכעת יצלמ"ח משנת רח"ש עמ"ס שבת, ובסי' י"ט בהגה"ה הובא כהנ"ל מכתי"ק של הגרב"ד.
ולעיל מזה שם בכתי"ק מוסבר טפי וז"ל, ויש דין נהנה בסוגיין דתחב לו חבירו, ובדין נהנה זה הגם דהוי חיוב לשלם עצם הדבר עכ"ז הוא ג"כ מדיני גזילה הוא דהרי נקט שלא ברשות הוי לה דין גזילה על הנאה, עכ"ל. [והביא שם מכת"י במקו"א "דהכא כיון שבלא רשות הבעלים נטלו הוי תביעת גזלן, ואף דלא הוי גזלן לענין איסור ואחריות וכדומה, אבל לענין תביעתו ותשלומין בודאי הוי תביעת גזלן".] אך קשה לי טובא בדבריו שם דכתב שם לעיל להדיא דיש לו דין מזיק על ההנאה ומשו"ה שייך פטור דקלב"מ,

ודייק דהוי מזיק מזה שכתבו התוס' דבעי' הנאת גופו או מעשה בהמתו, **וצ"ע בסו"ד שם שחילק בין נהנה למזיק, דמאחר שכתב הגרב"ד דהוי מזיק מ"ט כתב שם דנחשב כדמי החפץ עצמו.**

וכמדומה לי בעזה"י שכוונת הגרב"ד הוא, דהנה עי' בספר הזכרון נצר מטעי שהובא שם שיעור מהגרב"ד בענין זה בענין מקיף וניקף, וכתוב שם בתוכ"ד "כיון דגלי דעתא דהנאה הוא לו, חייב משום דחבירו נתן לו זכותים בדבר והוא קיבל אותם, וחייב לשלם בעד הזכותים. אבל ז"נ וזל"ח אפי' אי אמרינן דחייב הוא אינו בעד הזכותים, דהרי הוא לקח בעל כרחו של נותן, **וחיובו הוא רק כעין מזיק כדי שלא יהי' גזלן ולא ישאר אצלו ממון חבירו**, ואי אמרי' דפטור לא מהני כאן הגילוי דעת. וכן אכלה מתוך הרחבה ותחב לו חבירו ממון של חבירו החיוב הוא לשלם בעד החסרון ושפיר שייך קלב"מ על זה, ובחיוב כזה אי' בתוס' בב"ק בב"ק (דף קא. ד"ה או דילמא) דבעינן נהנה גופו או שבא על ידי מעשה בהמתו ופסק להלכה בנתיבות (א"ה כוונתו הוא לדברי הנתה"מ קה-ו שהביא דברי הש"ך שצא-ב הנ"ל) דאם תחב חבירו ממון של חבירו לבהמתו דפטור דאין כאן מעשה בהמתו וחיוב זה אינו בעד זכותים שהיו לו רק דהוי חיוב בעד חסרון חברו ולהכי חיובו הוא מלוה הכתובה בתורה. אבל יורד לתוך שדה חברו, [אינו כן] דהתם כיון דנתן לו זכותים של הדבר וישנם אצלו, חייב לשלם בעד זכות הדבר, ואינו משום דלא להוי גזלן. והש"ך הקשה ביורד לתוך שדה חברו דהא אין כאן הנאת גופו ומעשה בהמתו, ותירץ משום דעביד בידים, וזה לפי מה שביארנו. וביתר ביאור נבאר **דאם נתן לו מדעתו** הרי נתן לו הדבר שיהיה לו, **ותביעתו אינה בעד החיסרון** שיש לו רק בעד הדבר בעצמו, דאינו נהנה מדבר של נותן רק מדבר שלו וכמו דהקנה לו דבר דתובע לו דמי המקח. אבל כשלקח בלא דעת חברו אז **החיוב הוא רק משום חסרון חברו** ומחמת הנאתו נחסר לו הדבר, ההדבר של נותן וההנאה של נותן **ולא שייך תביעה בעד עצם ההנאה רק מתורת חסרון**".

והנה כעין לשונות אלו איתא בברכ"ש "תביעת מה שההנהו כו' לא משום דנתאכל ברשותי' דידי' ומדין שכירות הוא דמשלם, אלא אדרבא משום דנתאכל מרשותא דמרא ע"כ הוי כשולח יד בפקדון כ"ז שלא ישלם דמי השימוש כו'". וכעי"ז כתב בב"ב (ז-א) "ותי' מו"ר כו' פירוש דהא ל"ל זכותי ממון ולאו ברשותי' דידי' נתאכלו, אלא דמחויב הוא לשלם בכדי שלא יהי' גזלן על אותה ההנאה, ולא הוה כמלוה דהוא לאו מלוה הכתובה בתורה אלא סברא שיש לו לשלם מה שלוה ממנו כו'", ומשמע דכוונתו הוא דכל היכא דהוי ברשות אין סיבת המחייב מה שחסרו, דהרי חסרו מדעתו, אלא סיבת החיוב הוא מה שזכה ממנו התשמיש הוא המעות, משא"כ בנהנה שלא ברשות סיבת החיוב הוא דפגע ממון חבירו, ר"ל מה שחסרו, אלא דמ"מ חלוק הוא ממזיק, דבמזיק לא נכנס הך חסרון לתוך רשותו ולכן הוא חיוב תשלומין בעלמא, משא"כ בנהנה וגזלן דהוא אכל אותו חסרון א"כ נמצא דהחסרון הוא אצלו ותובע הממון שחסרו שעכשיו נמצא אצלו [וא"א לתבוע משום הדין מזיק בעלמא דאיירי' אפי' באונס גמור דאינו חייב עליו משום מזיק, או בדר בחצר חבירו שלא הזיק גוף החפץ], וא"כ אף דהוי תביעת החפץ עצמו ולא תשלומין להחפץ אבל יסוד החיוב הוא משום החסרון[181].

ולכאורה זהו ג"כ כוונת הגרב"ד בכת"י הנ"ל, דבתחילה כתב דחיובו הוא חיוב מזיק, ובהמשך שם חילק בין נהנה למזיק. ונראה דכוונתו הוא על דרך הנ"ל דמש"כ דהוי חיוב מזיק ר"ל דסיבת המחייב הוא מה שהחסירו ופגע בממונו [אין כוונתי ל"חסר' דז"נ וזה חסר, אלא דהחסירו גוף ההנאה שלקח], אלא דבמזיק הוא רק חיסר החפץ אבל בנהנה הוא אכל אותו חסרון, והוי כמו שהוא אוחז אצלו אותו ממון של הבעלים שיש להם תביעה עליו, ויסוד וסיבת התביעה הוא משום שהחסירו [שהרי אינו בעין], אך גוף התביעה הוא תביעת החפץ עצמו, דהוא אכל הך "חסרון" והוי כמו שהוא אוחז אותו חסרון אצלו [ולולי פרשה זו דגזילה

---

[181] אפילו היכא דאין החסרון בגוף החפץ אלא בהתשמיש והפרי שהוא לקח וכהך דדר בחצר חבירו שלא מדעתו.

שיש לו תביעה על זה שהחסירו החפץ לא הי' יכול לתבוע ממנו ממון זה כיון דאינו בעין ולא זכה הוא בו]. וילה"ע דבכת"י שם לא מוזכר כלל דחיובו נלמד מפרשה דגזילה אלא הזכיר דהוא חיוב מדין מזיק, וכנראה שהוא ממהדו"ק.

ז. בבי' השו"ט בין הגרב"ד והגר"ח

בכת"י של הגרב"ד המובא במשנת רבי חיים שלמה עמ"ס שבת בהג"ה לסימן י"ט כתוב שם בבי' שקו"ט דידיה עם הגר"ח, דהקשה להגר"ח "איך שייך הפטור דקלב"מ בחיוב נהנה, דדין קלב"מ לא שייך אלא בדין מזיק שחיוב תשלומין הוא עבור דבר שהזיקו אז קלב"מ פוטר מחיוב תשלומין, אבל בנהנה דהוי החיוב לשלם עצם הדבר שנטל ממנו דדין ממוני גבך הוא, ושלא יהי' צריך לשלם עצם החפץ ע"ז לא שייך פטור דלקב"מ, ותי' דעכ"פ הוי מלוה הכתובה בתורה עכ"ל, והבין הגרב"ד מלשון זה של "דעל כל פנים", דר"ל דכל היכא דהוי מלוה הכתובה בתורה פשיטא דשייך פטור דקלב"מ, אך לולי זה דהוי מלוה הכתובה בתורה, אילו הי' נחשב כהלואה יש מקום לדון אם שייך בזה קלב"מ, דבמלוה גופא כיון דאינו בעין יש להסתפק אם יש פטור דקלב"מ. אך כתב שם דבוורד מדעת כו' פשיטא דלא שייך קלב"מ דהוי ממש כמו שיש לו ממון בעין אצלו בהשבת.

ח. ביאור מו"ר אמאי צריכים לדין נהנה לחייב הדר בחצר חבירו שלא מדעתו

א"ה איתא בב"ק דף כ: הדר בחצר חבירו שלא מדעתו צריך להעלות לו שכר או א"צ ה"ד וכו' ל"צ בחצר דלא קיימא לאגרא וגברא דעביד למיגר מאי מצי א"ל מאי חסרתיך או"ד מצי אמר הא איתהנית ע"כ. והנה יל"ע הרי עצם דירתו בבית ראוי לחייב עליה ממון, שהרי כל השתמשות בנכסי חבירו יש בה דין ממון, ופוסקין עליה ממון בכל שכירות, והיה אפשר לקדש בה אשה אלמלא משום מקדש במלוה, ולכאורה אין בין תשמישין לפרי בעין ולא כלום, וא"כ בלא דין נהנה יש לחייבו כמו שאפשר לחייב האוכל פירותיו של חבירו שלא מדעתו מטעם מזיק או גזלן[182], ואפי' בלי דין נהנה, ואפילו בגברא דלא עביד למיגר וחצר דלא קיימא לאגרא, דהא בכל השתמשות אין חילוק בין עביד למיגר ללא עביד למיגר ובין קיימא לאגרא ללא קיימא, דכל השתמשות דין ממון עליה בכל גווני, ואפשר לפסוק עלה, וא"כ מאיזה טעם דנים הכא בהרווחתו והנאתו של המשתמש.

ואין לומר דמה דיש לתשמישין דין ממון הוא רק באופן שיש לו זכות ושעבוד בגוף הדבר, וכגון בציור הרגיל של שכירות בתים, שיש לו קנין שכירות, אבל סתם תשמישין בעלמא אין להו דין ממון, דודאי אין זה נכון, דאפשר לפסוק דמי שכירות על תשמישין גם באופן שאינו נותן לו שום זכות בהבית, וכגון שפסק עמו לשלם לכל דקה ודקה שקל, ושהוא יכול להתחרט מתי שירצה. והרי אמרי' בגמ' דאפשר לקחת ממון לרקוד לפני, ואפשר לקדש אשה בזה, והתם ודאי לא קבלה שום קנין פועל בו לעשות פעולה זו.

ושמעתי מהגרש"מ דלכאורה צ"ל ליישב קושיא הנ"ל דכל השתמשות אינן ממש כממון בעין, וכל מה שיש לתשמישין דין ממון הוא רק בצירוף מה שהיא נקחת וניתנת בתורת ממון, ולהכי כל שעושה בה פסיקה לחייבו בתשלומי שכירות כנגדה או לקדש בה אשה עי"ז גופא יש בה תורת ממון, וע"כ בנ"ד שהוא דר בה שלא מדעתו, ואין כאן לקיחת ההשתמשות בתורת ממון, לא שייך לחייב הדר משום דין ממון שבהשתמשות, ורק משום נהנה אתינן לחייבו[183].

---

[182] לפעמים מדין מזיק ולפעמים מדין גזלן, והכל תלוי באופן הלקיחה.

[183] ובזה היה אפשר לפרש מש"כ התוס' בע"ב ד"ה טעמא, בהא דבעמד ניקף וגדר מגלגלין עליו את הכל אף למ"ד ז"נ וזל"ח פטור, משום דכיון דעמד וגדר את הרביעית גלי דעתיה דניחא ליה בהוצאה עי"ש, ובפשוטו הרי זה רק אומדנא שהוא גברא דעביד להוציא הוצאות על זה, וזה ק"ק דמהיכ"ת לבנות מזה אומדנא כוללת על אדם זה, ובפשוטו בכל הוצאה והוצאה ישקול בפלס אם כדאי הוא לו אם לו, אכן למש"נ י"ל דהך גלי אדעתיה מועיל לחייבו משום ההשתמשות עצמה, דכל מה דבכל ז"נ וזל"ח לא מחייבינן ליה משום גוף ההשתמשות כנטילת ממון בעין הוא רק

וכששאלתי זה למו"ר אמר לי דקושיא מעיקרא ליתא די"ל דגוף התשמישין עצמן אין להם תורת ממון, ומה דשוכר משלם שכירות אפילו בגוונא דאין לו שעבוד וזכות בהחפץ, אין זה על גוף התשמישין עצמם, אלא משום דהחפץ הוא ברשותו בשביל התשמישין. דאף באופן דהשוכר אין לו שום דין בעלות ושעבוד על החפץ, מ"מ החפץ הועמד ברשותו שיהי' לו את זה בעבור תשמישיו, ועל זה הוא דמשלם. וכן בפועל, אף בלי שיהא לו שום קנין פועל בו, מ"מ הפועל מעמיד עצמו ברשות המשכיר שיהא לו אותו תשמיש ממנו. אבל סתם משום שלקח עצם התשמישין עצמם א"א לדון שהוא לקח דבר שאפשר לחייבו עליו. ונמצא דכשעושה פסיקה הוא מקבל דבר אחר, שהוא אצלו לקבל דבר זה, ועל זה הוא דמשלם, אך בנהנה שלא מדעתו הוא מקבל התשמישין גרידא וזהו הסוגיא דנהנה.

ולכן מה דצריכים להגיע לדין של נהנה או אכלת חסרונו בכדי לחייבו הוא פשוט, דהא איירי' בדר בחצר חבירו שלא מדעתו, ובכה"ג הבית לא הועמד ברשותו על התשמישין, דהרי זה יתכן רק בדעת הבעלים, שהבעלים מעמיד הבית ברשותו להשתמש בו, ונמצא דלא לקח אלא עצם השתמישין עצמם, ועצם התשמישין אין להו דין ממון וכנ"ל. והא דיכול ליקח דמי שכירות הוא על מה שיש לו התשמישין מהבית שהועמד ברשותו לזה, אבל סתם משום שלקח עצם התשמישין עצמם שלא מדעת הבעלים, אין זה נחשב שלקח ממון מהבעלים שיהי' אפשר לחייבו עליו.

ולאחר זמן רב נתקשה לי על זה מכמה ראשונים ואחרונים בנדרים דף לז. שנקטו לענין מודר הנאה דבדבר שנותנים שכר עלה, היכא דעשה בשבילו בחנם מה דאסור אינו משום גוף הפעולה דשוה כסף אלא משום הנאת הפרוטה שהרויח, ולכאורה קשה מזה על הנ"ל, דהרי המדיר עשה התשמישין מדעת המודר וא"כ מ"ט א"א לדונו שנתן לו תורת ממון גמור, ואמאי צריכים לדין נהנה בכדי לחייבו, דהנה בפשטות כשנותן לו בחנם הוי כמו שנותן לו אותו דבר ממש שנותן לו כשמחייב לו לשלם, אלא דבפעם זו אינו מחייבו לשלם, ור"ל דהוא מוסר עצמו להיות אליו לקבל ממנו התשמיש וזהו ממון גמור, והי' משמע מזה כביאורו של הגרש"מ הנ"ל. ושאלתי זה להגרש"מ ונתקשה טובא בו [דאחר שאמרתי לו דברי מו"ר חזר מדבריו], ואמר דאולי הראשונים הבינו דכשנותן לו הפעולה בחנם הוי כמו שהוא נהנה ממנו שלא מדעתו, ומעולם לא העמד עצמו ברשותו לקבל התשמיש, אלא נחשב שהמודר מקבל התשמיש גרידא, וא"א לדונו אלא מצד הרווחתו והנאתו, בזה שהרויח שלא הוצרך לשלם, והי' חידוש גדול אצלו, ועי' מש"כ בזה בפרי חיים שם.

ט. בגדר הא דחייב לשלם כדי שלא יהא גזלן (מה ששמעתי ממו"ר)

הנה הגרב"ד הביא מהמל"מ דיסוד חיוב נהנה הוא דחייב לשלם כדי שלא יהא כשולח יד בפקדון. ובשנת תשס"ב דברתי עם מו"ר בזה באריכות ואעתיק לשונו "הכוונה הוא דלא עבר על הגזילה ולא נחשב כבר כאילו הוא כבר הזיק ושבר חפץ ורק אויב איך צאל ניט נוץ איך יענעמס געלט, טשעפע איך יענעמס געלט, דער גזילה איז פאר דעם ניט צאלין ניט פאר דעם מזיק זיין, איך בין א גזלן אויף די ממוני גבך אויך די נהנה'דיגע דין [ורק דאיכא תנאים בהחיוב דבעי' שיהא לקיחה].

ואם הוא ישלם אין הכוונה דהוא מתקן כלום, אלא דמשלם כדי שלא יהא שולח יד בפקדון, עס ליגט ביי מיר פרעמדע געלט ואם לא אשלם טשעפע איך יענעמס געלט וכל רגע ורגע הוא פוגע בהכסף דאינה נחשב כאילו נטלו ושברו, ואין הכוונה דהוי כמו דאיכא תביעה דממוני גבך של בעין וגם דליכא חיוב מצד הממוני גבך אלא דזה לחוד וואס איך האב געשפעיט די געלט גרם דכל רגע אם לא אשלם נחשב ווי

משום דליכא פסיקת ממון על ההשתמשות הזאת, אבל הכא דגלי דעתיה דניחא ליה בהוצאה הרי החשיב את ההשתמשות לממון גמור, ושפיר מחייבינן ליה בכה"ג משום ההשתמשות עצמה בלא דין נהנה. [א"ה אמנם לכאורה יש לחלק בין דירה שהיא השתמשות גמורה ובין ניקף שאין בה שום השתמשות בגדר ורק שהוא נהנה ממנה]

געטשעפיט יענעמס געלט. והוה כחוב פון גזילה ורק דקלב"מ שייך לפוטרו שלא יהא חייב. והיכא דבהמתי לקחה ממון חבירו ודאי אינה מעשה גזילה, ורק דכיון דהי' לקיחה אם לא ישלם הייסט דאס געטשעפיט מיינע ממון, [והוא אפי' בלי הדין דלא ישמרנו] דנחשב זה כהשתמשות עם ממון חבירו אפי' ע"י מעשה בהמתו. ומכיון דכתבנו דנראה דהוא חיוב כל רגע א"כ גם בקטן שהגדיל אולי יחייב.

ואמרתי למו"ר מה ששמעתי מהגרש"מ בביאור הדבר דיסוד הדין הוא משום דיש לי זכות ודין שממוני לא תהא גזול ואם לא תשלם נמצא דהי' גזילה על ממוני בשעה שנהנית ממנה, ולא כל רגע. ואמר לי דהלקיחה הוא רק הסיבה, אבל אין הבי' דהוא מעשה המחייבו אלא וואס יענעמס געלט ליגט ביי מיר און איך נוץ די ממוני גבך. [אלא דמ"מ הי' מקום לומר דכיון דסו"ס החיוב ממון נלמד מפרשה דגזילה שיהא עלה דין מיטב כגזילה, ראה בפנים.]

סימן יא

בקו' התוס' דתחב לו חבירו לתוך בית הבליעה הוי כז"נ וזל"ח[184]

א. תי' התוס' בסוגיין ובכתובות אמאי תחב לו חבירו כו' לא נחשב כז"נ וזל"ח

ב. הטעם דאם חיסר מקצת מגלגלין עליו הכל ובהטעם דז"נ וזל"ח פטור

ג. כמה דיוקים דהחיוב בז"נ וז"ח הוא משום ההנאה ולא משום החסרון

ד. ביאור ע"פ הנ"ל בסברת התוס' ד'נהנה מתוך החסרון שהי' מתחילה'

ה. בקו' מהרש"א על תוס' בכתו' דמהיכ"ת דסגי בחסרון פחות משו"פ וביאור שי' התוס'

ו. הטעם דתוס' בסו' לא ניח"ל לתי' התוס' בכתו', ובהא דתוס' לא דנו לפוטרו משום זה דלאו בר דמים

ז. הערה על מש"כ התוס' בכתובות דאיירי בשוה פחות מפרוטה

<u>בביאור מח' תוס' בסוגיין ותוס' בכתובות</u>

ח. הטעם דרש"י לא רצה ללמוד הגמ' שם שכיון שא"א לאהדורה הוי אבודה ממנו ואינו חייב ממון

ט. ביסוד המח' תוס' בסוגיין ותוס' בכתובות ושי' רש"י שם

י. כמה הערות על יסוד הנ"ל שביכול להוציא ע"י הדחק אינו נחשב שהכל נכלל בהמעשה

יא. ביסוד החילוק בין תוחב לפיו של חבירו ובהמת חבירו

יב. בפלוגתת רש"י ותוס' בכתובות בלא מצי לאהדורי' אם פטור משום אבוד

יג. הוכחת הגרב"ד מההפלאה שאין כוונת התוס' שמהפקירא קא זכי לה

מילואים: בביאור קו' הגרב"ד שהאיך אפשר לחייבו משום נהנה אם החפץ אין לו שווית

א. תי' התוס' בסוגיין ובכתובות אמאי תחב לו חבירו כו' לא נחשב כז"נ וזל"ח

דף כ: תוד"ה הא איתהנית וז"ל, וא"ת ההוא דתחב לו חבירו בבית הבליעה דריש אלו נערות (דף ל:) אמאי חייב האוכל זה נהנה וזה לא חסר הוא שאם היה מחזיר היתה נמאסת ואין שוה כלום, וי"ל דלא דמי הואיל ונהנה מחמת החסרון שהיה מתחילה, מידי דהוי אהא דתנן מתוך הרחבה משלם מה שנהנית דאלעיסה לא מחייב דהוי שן ברה"ר אלא אהנאת מעיו מחייב אע"פ שאם מחזירו אין שוה כלום עכ"ל. וצ"ב דאיך שייך לחייב האוכל משום החסרון שהי' בתחילה דהא הוא לא החסירו אלא התוחב החסירו.

והנה עיין בתוס' בכתובות שם שתי' קושיא זו באופ"א וז"ל, כגון דמעיקרא לא הוי בה כי אם שוה פרוטה או מעט יותר ועתה שנתקלקלה קצת אינה שוה פרוטה, ואפילו אי זה נהנה וזה לא חסר פטור מ"מ כיון דשוין כל שהוא אז מיחייב בכל כדאמרינן התם (ב"ק דף כ:) משום דא"ל את גרמת לי היקפא יתירתא מיחייב בכל הנאה או משום שחרוריתא דאשיתא מיחייב לכ"ע בכל, עכ"ל.

ב. הטעם דאם חיסר מקצת מגלגלין עליו הכל ובהטעם דז"נ וזל"ח פטור

וצ"ב דין זה המבו' בסוגיין דאם חסר במקצת מגלגלין עליו את הכל, דכיון דלא מחייבינן לי' להנאה גרידא אלא אם הי' חסרון ולא חסר אלא מקצת א"כ מ"ט מגלגלין עליו את הכל, ובי' הגרב"ד בזה דאפי' למ"ד ז"נ וזל"ח פטור ולא מחייבי' לי' אלא א"כ חסר, אין הבי' דחיובו הוא משום החסרון ומדין מזיק, דגם להך

[184] מתוך שיעורים בכתובות דף ל: (שיעור כללי תש"נ נ"ו וס"ב, ושיעור יומי תשס"ב) עם כמה הוספות ששמעתי ממו"ר.

מ"ד חיובו הוא משום ההנאה, שיש לו תביעה עליו דממוני גבך כיון שהרוחת וחסכת כסף ע"י ממוני[185], אלא דאיכא תנאי דבעי' שיהא איזה חסרון, וכיון שחסר במקצת כבר אפשר לחייבו על כל ההנאה.

וביאור "תנאי" זה יל"פ בתרי אנפי, א. הפנ"י בסוגיין פי' דטעם מ"ד ז"נ וזל"ח פטור הוא משום דכופין על מדת סדום, וכדבריו איתא להדיא בתוס' בב"ב דף יב:[186] (א"ה וכ"כ הרמב"ן במלחמות באיזהו נשך דף לה: בדפי הרי"ף), ולפי"ז י"ל דכל היכא דאיכא איזה חסרון שוב לא הוי מדת סדום לחייבו. אך באמת פירוש זה קשה מאד דהגמ' פריך דגם בהקדש יהא שייך פטור דז"נ וזל"ח ובהקדש ודאי לא שייך כל הך דין דכופין על מדת סדום, וכבר העיר הגר"ח בזה ואכמ"ל.

ב. האחרונים ביארו דודאי ליכא דין שההנאה עצמה צריך החסרון, דודאי הוי הנאה גמורה בלי החסרון, וכל מה דבעי' חסרון הוא להתביעה, דאין ההנאה בת תביעה כל זמן דלא חסר לי', דהיכא דלא חסר לא נחשב שנהנה מהבעלים אלא מהחפץ שלהם כיון שמה שנהנה לא פגע בהם כלל ("ער טשעפיט ניט די בעלים"), וחיוב נהנה הוא דוקא כשנחשב שההנאה בא מהבעלים [דהיכא דלא פגע בבעלים ולא נהנה ממנו הוי ההנאה כהפקר לגבי דיני תביעות וכמו שהבעלים אינם מקפידים עליו], ולכן כל היכא דחסר אפי' אם חסר רק מעט, אפ"ה כיון שפגע בבעלים שפיר נחשב שההנאה הוא מהבעלים, וא"כ אפשר לגלגל עליו את הכל, דהך חסרון בא מההנאה ונמצא דההנאה פגע בו והוי כנהנה מהבעלים.

ג. כמה דיוקים דהחיוב בז"נ וז"ח הוא משום ההנאה ולא משום החסרון

ודייק כן הגרב"ד דעיקר המחייב הוא משום הנהנה ולא משום החסרון מדברי הקצה"ח (שס"ג–ג) שכתב דליכא לחייבו כלל על ההיזק דשחרוריתא דאשייתא דהוי גרמא בעלמא, וז"ל, ונראה דשחרוריתא דאשייתא לא מיחייב מדין מזיק כיון דאם ישכור פועל ללבנו הדרא ללבנוניתא, והו"ל כמו זורק מטבע לים היכא דאפשר לאהדורי ע"י בר אמוראי דאע"ג דצריך הוצאה אינו אלא גרמא ופטור (עיין ב"ק צח. ובתוד"ה עכורין), אלא היכא דנהנה מתחייב על הנאתו כיון דגרם לזה חסרון, וכמו באומר את גרמת לי הקיפא יתירא (שם כ:) דודאי אין בזה משום דין מזיק אלא אם נהנה חייב לשלם מה שנהנה כיון שזה מיהא חסר על ידו, אבל היכא דלא נהנה אינו חייב בעד שחרוריתא דאין בזה משום מזיק וכמ"ש עכ"ל, הרי שא"א לחייבו כלל על החסרון אלא על ההנאה, ומה דבעי' חסרון בע"כ הוא תנאי בעלמא. [א"ה ז"ל הברכ"ש (ב–ב) והרי הא דבעי' חסר לא בעינן דוקא באופן חיוב אלא דאפי' באופן דחייב בד"ש ג"כ הוי חסר, והראי' משחרירותא דאשייתא דחשיב חסר ואע"פ שאין זה אלא גרמא, וכבר שמעתי מפי הגאון האמתי ר' צבי דוב גליקזאן נ"י, דלענין לחייב מדין נהנה לא בעי' שיהי' לו דין מזיק אלא חסרון, עכ"ל.]

עוד דייק הגרב"ד כן דהחיוב אינו מדין מזיק מהגמ' לקמן דף צז., דאיתא שם התוקף עבדו של חבירו ועשה בו מלאכה פטור, והק' הגמ' דלחייבי' משום מזיק דשבת באדם הו"ל דין נזק, ותי' דאיירי' שלא הי' בשעת מלאכה וא"כ רבו לא חסר וליכא לחייבו משום מזיק, תו הק' הגמ' דלחייבי' משום נהנה, ותי' דכיון דלא חסר א"כ ז"נ וזל"ח פטור, ותו הק' הגמ' דלמסקנת הגמ' (בדף כא.) הא דפטור בז"נ וזל"ח הוא משום "דביתא מיתבא יתיב ניחא ליה" או משום "ושאיה יוכת שער" הא בלא"ה מחייבינן לי' וא"כ מ"ט פטור על הנהנה וכי ניחא ליה דנכחוש עבדיה ותי' הגמ' דה"נ ניחא ליה דלא ליסתרי (ר"ל שנוח לו לאדם שלא ילמד עבדו דרכי הבטלה), הרי מבו' דהדין חסר הוא רק תנאי ולא דחיובו הוא מדין מזיק, דאפי' אחר שהגמ' יסד דא"א לחייבו משום מזיק אפ"ה הק' דלחייבי' משום נהנה.

---

[185] אלא שחיוב זה לא הוי מסברא אלא חיוב התורה הוא דאם לא יתחייב לשלם יהא גזלן, עי' ברכ"ש יד-ב ומש"כ בזה באריכות בסימן י'.

[186] א"ה במהדורא אחרת אמר מו"ר דכדבריו בפשטות משמע בתוס' ב"ב דף יב:, ואמנם בברכ"ש ב"ב סי' יא אות ד' פי' כוונת התוס' באופ"א, דבודאי עיקר הפטור דז"נ וזל"ח הוא משום דאין לה דין ממון, ורק דלולי זה דכופין על מדת סדום הי' שפיר נחשב כחסר, ע"ש היטב בדבריו.

ד. ביאור ע"פ הנ"ל בסברת התוס' ד'נהנה מתוך החסרון שהי' מתחילה'

וזהו ג"כ עומק כוונת התוס' בסוגיין שכתב בהך דתחב לו חבירו בבית הבליעה דכיון שנהנה מתוך החסרון שהי' בתחילה חייב, דשאלנו דהחסרון בתחילה נעשה ע"י התוחב ולא ע"י הנהנה וא"כ איך אפשר לחייבו בשביל החסרון, ולמשנ"ת א"ש דעיקר החיוב הוא על ההנאה וכל הא דבעי' "חסר" הוא רק תנאי בהחיוב שיהא נחשב שההנאה בא ממנו, ולזה מספיק מה שההנאה בא מתוך החסרון של התוחב, דכיון דסו"ס ההנאה בא מתוך החסרון שהי' בתחילה שפיר נחשב שההנאה בא ממנו, (וגם מובן סברת התוס' עפי"ד הפנ"י הנ"ל, דבכה"ג שנהנה מתוך החסרון שהי' בתחילה לאו מדת סדום הוא, דאף שהוא לא חיסרו מ"מ הנאתו בא מהחסרון ואינו מדת סדום לחייבו.)

ונמצא דאיכא כמה נפ"מ מזה דכל הדין חסר הוא תנאי בעלמא, אחת דלא בעי' שיהא על החסרון חיוב מזיק, שנית דיתכן דאם חיסרו מעט מגלגלין עליו את הכל, ושלישית דיתכן לחייבו משום נהנה מתוך החסרון שהי' בתחילה אפי' באופן שהוא לא עשה החסרון[187].

ה. בקו' מהרש"א על תוס' בכתו' דמהיכ"ת דסגי בחסרון פחות משו"פ וביאור שי' התוס'

והנה עי' במהרש"א שהעיר על ראיות התוס' בכתובות מסוגיא דב"ק דאפי' חסר במקצת מגלגלין עליו את הכל וז"ל, יש לגמגם בראיה זו התם חסר מיניה מיהת פרוטה ולכך צריך לשלם לו כל ההנאה משא"כ הכא שהרי לא חסר ממנו פרוטה כלל ודו"ק עכ"ל, ובפשטות מה שהתוס' בסוגיין לא ניח"ל לתרץ כדברי התוס' בכתובות הוא מטעם הנ"ל, דס"ל דכיון דהוי פחות משו"פ לא אמרי' הך כלל.

אלא דבאמת לפי משנ"ת מובן היטב מה שנקט התוס' בכתובות בפשיטות דגם בחיסר לו פחות משו"פ מגלגלין עליו את הכל, דכיון דהחיוב אינו בעד החסרון אלא בעד ההנאה והא דבעי' חסר הוא תנאי בעלמא דבלי זה לא נחשב שנהנה ממנו א"כ גם פחות משו"פ מספיק, דגם על פחות משו"פ הוי בעלים ורק דאין לו תביעה עלה, וכיון דלא בעי' לתבוע הפחות משו"פ אלא שהוא תנאי בעלמא שיהא נחשב שנהנה ממנו י"ל דגם פחות משו"פ מספיק. וגם יש לבאר תי' התוס' לפי שי' הפנ"י די"ל דגם בפחות משו"פ סגי ששוב לא שייך דין דכופין על מדת סדום. ואדרבה דברי התוס' בסוגיין דלא ניח"ל לתרץ כתוס' בכתובות צ"ב דמאי איכפ"ל אם הוא פחות מפרוטה כיון דדין חסרון הוא תנאי בעלמא. [והנה י"א דכל פחות משו"פ אדם מוחל ואינו מפקיד עליו, וכמשמעות הסוגיא בע"ז, ולפי"ז שפיר י"ל דהוי כלא חסר, אבל עיקר דבר זה צ"ב דלהדיא פסק הר"מ ר' הל' גזילה דאיכא איסור לגזול לפחות מפרוטה וכתב המ"מ דנאסר באיסור חצי שיעור, הרי דנקט דאינו מוחל, ואכמ"ל.]

ו. הטעם דתוס' בסו' לא ניח"ל לתי' התוס' בכתו', ובהא דתוס' לא דנו לפוטרו משום זה דלאו בר דמים

ועיין בברכ"ש (יד-ג) שעמד על זה, מ"ט לא הי' ניח"ל לתוס' בסוגיין לפרש על דרך התוס' בכתובות, וכתב וז"ל, נראה דהתוס' הכא לא ס"ל חידוש זה דע"י דשוה פחות משו"פ כל החפץ חשיב חסר, דאף דהתוס' ס"ל דע"י ההנאה נתחייב לשלם הכל, כדקיי"ל בב"ב ריש פ' המוכר פירות דאם בא לנפות מנפה את כולן, מ"מ אם כל החפץ אינו רק באופן שא"א לחייבו משום חסרון ע"י דהוי פחות משו"פ בזה לא נעשה דין חסר לשלם פרוטה מדין הנאה, ולא דמי למה דנתחייב ע"י ההיזק מועט דשחרירותא דאשייתא על כל ההנאה, דשם הא עיקר החפץ בר דמים הוא, אבל הכא דעיקר החפץ לאו בר דמים הוא אין זה חשוב חסר

---

[187] והנה עיין בנהל"ד דף כא. שהביא מהטור שכתב בסי' שס"ג דעד כאן לא נאמר זה נהנה וזה לא חסר פטור אלא היכא שלא מיחו בו הבעלים בפירוש שלא ידור בו, אבל היכא דהבעלים מיחו בו בפירוש הרי הוא מחויב לשלם עכ"ד, והנה ודאי אפי' היכא דמיחו בו בפירוש עדיין לא הוי הצר דעביד למיגר וא"כ צ"ב מ"ט חייב, ובשלמא אי נימא דטעם הפטור הוא משום כופין על מדת סדום י"ל דבכה"ג לאו מדת סדום היא אבל למשנ"ת צ"ב, וצ"ל דכיון שמיחו בו מקודם הוי סברא דהוי בת תביעה. (שיעור יומי יח פ' השותפין תשס"ו)

לשלם מדין נהנה, והוי זה נהנה וזה לא חסר, ולהכי הוכרחו לפרש דהחסרון שהי' מתחלה ג"כ חשוב חסרון דלא יכול לומר מאי חסרתיך, עכ"ל.

וכוונת הברכ"ש הוא, דהנה הגרב"ד הי' נתקשה טובא בזה שתוס' הקשו דלפטרי' משום ז"נ וזל"ח [ובכתובות פי' בשקו"ט הגמ' שם דאילו תחבו למקום דא"א להדורי' יש לפטרי' משום דהוי אבודה ממנו ומכל אדם], דצ"ב דלכאורה איך אפשר לחייבו בכלל מדין נהנה דהא החפץ אינו בת דמים וא"כ הוי כמו שאין כאן חפץ בכדי לחייבו לשלם, ודימה הגרב"ד את זה לדברי הרמב"ן בסוף פירקין בזרק כלי מראש הגג ובא אחר ושברו דכתב הרמב"ן דכל הנידון בגמ' הוא אם אפשר לחייב הראשון אבל השני ודאי פטור הואיל ולאו בת דמים היא דעומד הוא לישבר, ואפי' הראשונים שנחלקו על הרמב"ן היינו משום דס"ל דאם אמרי' בתר לבסוף אזלי' א"כ לא נחשב שנעשה כבר מעשה שבירה בכלי אבל הכא דכבר נעשה המעשה בהאוכל ודאי לאו בת דמים הוא ואיך אפשר לדון לחייבו, ואפי' למש"כ התוס' דשוה עכ"פ פחות מפרוטה, מ"מ כיון דכל החפץ לא שוה אלא פחות מפרוטה איך אפשר לדון לחייבו לשלם יותר מזה, דכל מה די"ל דמגלגלין עליו את הכל היינו כשיש חפץ, וכגון בהך דדר בחצר חבירו שלא מדעתו בחצר דלא קיימא לאגרא, דגוף התשמישין והשכירות שוה ממון ורק דלא החסירו ממון כיון דהבעלים לא הי' עומד להשכירו, אבל כשהחפץ לאו בת דמים היא, לא רק שאינו מחסר הבעלים אלא דליכא חפץ כלל וא"כ איך אפשר לחייבו[188].

ותי' הגרב"ד דלענין הנידון של לאו בת דמים לא הי' קשה להתוס' כלל, דנהי דאילו הי' פולטו לא הי' שוה כלום מ"מ עד כמה שהוא גומר האכילה וההנאה, הנאתו הוא הנאת ממון גמור, שהשתמשות שלו הי' מחפץ טוב שהוא בר דמים, דכלפי גוף ההנאה ודאי דייני' שההנאה הי' מהאוכל שהי' בר דמים שתחב חבירו בתוך פיו, ונהי דאחר שתחבו לתוך פיו החפץ כבר אינו בת דמים ואם הי' פולטו לא הי' הבעלים יכולים לתבוע מידי, אבל אם בלעו הוי כמו שהוא הציל בזה את החפץ וגרם שלא תהי' "אין בו דמים" דלענין זה וודאי שטעלט'זיך צו דההנאה הוא הנאה מדמים וכאילו נהנה מהחפץ של אתמול ולכן שייך לחייבו על זה, וכמדומה לי שהגרב"ד דימה זה להיכ"ת שזרק כלי מראש הגג דכבר אינו בת דמים להרמב"ן, אילו יבא אחר ויצילו הוי כמו שהצילו וגרם שיהא בת דמים ("ער האט ניט צו געלאזט אז עס זאל ווערן א לאו בר דמים").

אלא דאעפ"כ הקשו התוס' שפיר דנהי דההנאה הוי הנאה גמורה מ"מ תיחשב כז"נ וזה לא חסר דסו"ס עיקר החיוב הוא על שעת ההנאה, ובשעת ההנאה לא חסרו כלום, ומה שדיינינן דהוי כמו שהציל הוא את דמי החפץ אינו סיבה לדונו כחסר ע"י הבליעה ד'חסר' תלוי בהמצב עכשיו, והרי אילו הי' פולטו ג"כ לא הי' לו כלום, ונמצא דלא החסירו כלום ולא פגע בו ('ער טשעפיט איהם ניט') בזה שבלעו, [והיינו דבכדי לחייבו בעי' שני דברים, א. הנאת שו"פ מהחפץ, ב. בעי' צו טשעפין הבעלים, ויש לחלק ביניהם ולדונו כהנאת שו"פ מחפץ ואעפ"כ לא פגע בהבעלים].

ועפי"ז בי' הגרב"ד למה התוס' בב"ק לא הי' ניח"ל לתרץ על דרך תוס' בכתובות דהי' בו חסרון פחות משו"פ ומשו"ה מגלגלין עליו את הכל, דלעולם י"ל דס"ל לתוס' דבעלמא אפי' אם החסרון הוא פחות משו"פ מגלגלין עליו את הכל ומשום דהא דבעי' 'חסר' הוא תנאי בעלמא ושפיר נתקיים תנאי זה גם בפחות משו"פ, ולכן אילו דר בחצר חבירו והי' שחרוריתא דאשייתא פחות משו"פ מגלגלין עליו את הכל, אכן כל זה הוא התם דהחפץ הוא בר דמים גמורים וכגון בשחרוריתא דאשייתא דהדירה והשתמשות הבית שוה

[188] א"ה עיין במילואים בביאור קושיא זו..

ממון[189] ורק דהגברא לא עביד למיגר, ומשו"ה אפי' אם החסרון הוא פחות משו"פ מחוייב, דע"י שיש בזה איזה חסרון כבר אפשר לייחס דכל ההנאה בא מהבעלים, אכן הכא דגוף החפץ לאו בר דמים הוא דהוא שוה פחות משו"פ, משו"ה ס"ל לתוס' דא"א לדון דע"י חסרון בחפץ זה יהא נחשב כנהנה ממנו כל דמי ההנאה, דנהי דגוף ההנאה נחשב כהנאה גמורה היינו משום דביחס להההנאה דייני' שנהנה מחפץ טוב, אבל כיון דסו"ס בשעת ההנאה החפץ אינו בת דמים א"כ א"א לדון שנהנה מהבעלים כשיווי זה דהא ליכא חפץ, וממילא אין לזה תורת חסר לשלם מדין נהנה. ולכן תי' התוס' הקושיא דאפשר לדון שנהנה מתוך החסרון שהי' בתחילה, דיש לייחס כל ההנאה להחסרון שהי' בתחילה ולכן שפיר יש לדון דכל שיווי ההנאה בא מהבעלים, אבל לא מספיק מה שחסר עכשיו, דלענין מה שחסר עכשיו פעלט דאס אין חפץ.

ז. הערה על מש"כ התוס' בכתובות דאיירי בשוה פחות מפרוטה

[והנה מעודי נתקשיתי על עיקר דברי התוס' בכתובות, דמ"ט הוצרך לתרץ דאיירי בשוה פחות מפרוטה, ולא נקטו בפשיטות דאיירי באופן דמתחילה היתה שוה הרבה ונתקלקלה בפיו ועתה אינה שוה כל כך, דמצד הא דלא אהדרה א"א לחייבו אלא כמו שהיא שוה עכשיו, ומדין נהנה שייך לחייבו על כל ההנאה משום החסרון מקצת לולי זה דיש לו פטור דקלב"מ, ואף דאם שוה פרוטה י"ל דלא שייך לפטרי' מפרוטה ע"י דין קלב"מ כיון דכבר נגמר חיוב גזילה עלה לפני גמר הבליעה, מ"מ ע"י פטור דקלב"מ פטור מלשלם דמי נהנה. ושמעתי בשם הגר"ח שמואלוויץ זצ"ל תירוץ מחודד[190] דאם נימא דמהני תפיסה בקלב"מ (עי' רש"י ב"מ דף צא.), א"כ י"ל דליכא נפ"מ בזה דנפטור משום קלב"מ, דכיון דחייב לשלם לו פרוטה משום גזילה א"כ כשבא לשלם לו הפרוטה יכול הניזק לתפוס הפרוטה בשביל החיוב נהנה דחייב לו לצי"ש, דהנה הר"ן (כתובות דף מב: מדה"ר) כתב דמסוגיא דסטראי נלמד דביד המלוה להחליט לאיזה חוב הוא נוטל הממון, ואין הלוה רשאי לומר לו לאיזה חוב הוא משלם [ור"ל דלוה שחייב למלוה בשביל ב' חיובים ובא לשלם בשביל חוב א', יכול המלוה לתפוס הממון לאיזה חוב שירצה], וכיון שכן ביד הניזק לתפוס הפרוטה בשביל הנהנה וישאר החוב פרוטה דגזילה, וכשיבא לשלם עוד הפעם פרוטה יחזור הניזק ויתפוס הפרוטה בשביל החיוב נהנה עד שיגמור לשלם לההנאה, ומשו"ה כתבו דאיירי דהחסרון הי' פחות משו"פ דעל זה אין לו חיוב גזילה כלל ואינו חייב להביא לו שום דמים לשלם כיון דקלב"מ. [ודע ד הקצה"ח (כח-א) הביא מהיש"ש דהיכא דעבדינן החומרא לא מהני תפיסה, ואולי י"ל דגם לפי"ז שייך תי' הנ"ל דיתכן דחיוב כרת ומיתה ביד"ש לא נחשב כעבדינן החומרא ולכן שפיר מהני תפיסה. עוד יש לדון לפי מש"כ הנתה"מ (כח-ב) דאף דמהני תפיסה מ"מ אסור לכתחילה לתפוס, וא"כ שפיר יש נפ"מ גם היכא דחסרי' פרוטה דהרי אסור לכתחילה לתפוס, ויש לדון בזה[191].]

יסוד המח' תוס' בסוגיין ותוס' בכתובות

והנה יוצא דתוס' בסוגיין נחלקו עם תוס' בכתובות בתרתי, א. תוס' בכתובות ס"ל דאפשר לחייבו משום זה שהחסירו עכשיו פחות משו"פ אבל תוס' בסוגיין ס"ל דא"א לחייבו, ב. תוס' בסוגיין ס"ל דיש לדון בו

---

[189] א"ה בדברי הברכ"ש נראה שכוונתו דהבית שוה ממון, אמנם אמר לי מו"ר דכמדומה לו ששמע מהגרי"מ וכן הוא מבין מעצמו דכוונת הברכ"ש הוא דההשתמשות שוה כסף, דהשחרוריתא דאשייתא בא מכח ההשתמשות והשימוש הוא שווית של כסף ונחשב שיש חפץ בר דמים, והסביר מו"ר דלולי זה דההשתמשות גופה שוה דמים י"ל דמצד זה לחוד דהבית שוה כסף, וואלט דאס ניט צו געשטעלט, דבעי' לדון שיש לו תביעה על התשמישין ולא על עצם הבית.

[190] א"ה עי' בשערי חיים עמ"ס כתובות (פ-ד) שיצלמ"ח, וע"ש בסי' פ"ה שתירץ הקו' באופ"א.

[191] א"ה כמדומני שספיקת מו"ר הי' דז"ל הנתה"מ "ולפענ"ד אפ"ל דנהי דאם תפס אין הב"ד מוציאין מידו מ"מ אסור לו לתפוס, דהא הטעם דתפיסה מהני כתב הש"ך (כה-ב) דהוא משום דעביד איניש דין לנפשיה וכיון דהב"ד אסורין לעשות דין להוציא מידו כ"כ הוא בעצמו אסור לעשות דין", ואולי י"ל דהיכא דבלא"ה הוא משלם לו כסף זה אלא שהנידון הוא בשביל איזה חוב ליכא איסור.

כחסר מצד החסרון שהי' בתחילה אבל תוס' בכתובות ס"ל דא"א להחשיבו כחסר מפאת חסרון שהי' מתחילה, וצ"ב יסוד פלוגתתם.

וביאר הגרב"ד בזה דהנה בהגמ' בכתובות שם מובא שיטת רבא דס"ל דלמ"ד דגם בחייבי כריתות אמרי' קלב"מ ה"ה דבחייבי מיתה ביד"ש ג"כ יש בו פטור דקלב"מ ונפ"מ לענין זר שאכל תרומה דפטור מלשלם דקלב"מ, ופריך הגמ' דחיוב מיתה דאכילת תרומה וחיוב ממון על התרומה אינו בעידנא, דכיון דאגביה קנייה וחייב משום גזילה אבל מתחייב בנפשו לא הוי עד דאכיל ליה, ומתרצי' כגון שתחב לו לתוך בית הבליעה ופריך הגמ' היכי דמי אי דמצי לאהדורה ניהדר אי לא מצי לאהדורה אמאי חייב לא צריכא דמצי לאהדורה ע"י הדחק ע"כ. ופירש"י דקושית הגמ' הוא דאי לא מצי לאהדורה אמאי חייב מיתה והא אנוס הוא, ופי' הגרע"א כוונת רש"י בשני אופנים, א. עפי"ד המהרש"א בפסחים שכתב בדעת רש"י שם דבחייבי כריתות לא אמרי' קלב"מ אלא במזיד ולא בשוגגין וא"כ ה"ה בחייבי מיתה ביד"ש לרבא דלא אמרי' קלב"מ אלא במזיד, ב. אפי' אם לא נימא כמהרש"א הנ"ל אלא דגם בחיי"כ אמרי' דחייבי מיתות שוגגין פטורין מ"מ י"ל דבאונס לא אמרי' קלב"מ דליכא מעשה עבירה כלל. וע"ע בשטמ"ק שם שכתב טעם אחר אמאי לא שייך חייבי מיתה שוגגין באונס, ולא משום דחסר בהתורת מעשה עבירה.

ח. הטעם דרש"י לא רצה ללמוד הגמ' שם שכיון שא"א לאהדורה הוי אבודה ממנו ואינו חייב ממון

והנה תוס' שם נחלקו על רש"י בבי' קושית הגמ' ופירשו דקושית הגמ' לא הוי דאם לא מצי לאהדורה מ"ט חייב מיתה אלא דמ"ט חייב ממון דכיון דלא מצי לאהודרה א"כ הוי כאבודה ממנו ומכל לאדם, ואיך אפשר לחייבו ממון, וצ"ב מ"ט לא ניח"ל לרש"י לפרש הכי. ושמעתי מהגרי"מ בשם הגרב"ד[192] לפרש בזה דהנה איתא בכתובות דף לד: הניח להם אביהם פרה שאולה כסבורים הם דשל אביהם היא טבחוה ואכלוה משלמין דמי בשר בזול, ומבואר דבכה"ג אין להם דין גזלן וחיובן הוא מדין נהנה בלבד, ובטעם דליכא חיוב מזיק כתבו התוס' בב"ק דף כז: דהוי אונס גמור והוכיח מזה שיטתייהו דבאונס גמור לא אמרי' אדם מועד לעולם, ומה שליכא חיוב גזילה מבואר בתוס' בקידושין דף נה. דהוא משום דכיון דסברו שהוא שלהם א"כ ליכא הוצאה וחסר בגוף הגזילה. וילה"ק דאיך אפשר לחייבם משום נהנה והרי בשעה שנהנו ממנה הנאת מעיו דהיינו בגמר הבליעה כבר א"א לאהדוריה ואבודה ממנו ומכל אדם. וי"ל בפשיטות דאין החיוב דוקא על רגע ההנאה, אלא כל הלקיחה הוא בכלל החיוב הנאה, אלא דודאי אם לבסוף לא נהנה אינו חייב כמובן, ובכסברו שהוא של אביהן "די גאנצע אכילה שטעלט'זיך צו", דכן הוא דרך אכילה, דכל הלקיחה כולה הוא התשמיש של ההנאה, ולא הוי כאכילת מאכלות אסורות דהכל תלוי ברגע של האכילה, אלא כל הלקיחה כולל השחיטה וכל דבר הוא חלק מלקיחת ההנאה והכל הוא מעשה חיוב, וזה ברור.

והנה כבר הבאנו מה שהק' התוס' בסוגיין דבתחב חבירו בבית הבליעה איך אפשר לחייבו והא ז"נ וזל"ח ותי' "הואיל ונהנה מחמת החסרון שהיה מתחילה מידי דהוי אהא דתנן מתוך הרחבה משלם מה שנהנית דאלעיסה לא מחייב דהוי שן ברה"ר אלא אהנאת מעיו מחייב אע"פ שאם מחזירו אין שוה כלום". ושמעתי מהגרי"מ שהגרב"ד דקדק בדבריהם דאמאי לא הביאו ראי' מכסבורים של אביהן הי' וטבחוה ואכלוה דמחייבינן להו לשלם דמי מה שנהנה אע"ג דבשעה שנהנין ממנה דהיינו בהנאת מעיו הוי ז"נ וזל"ח. ובי' הגרב"ד דבכסבורין שהיא של אביהן לא צריכים להא דנהנין מתוך החסרון שהי' מתחילה בכדי לחייבם, דבכה"ג שהם עשו עצם הלקיחה כל הלקיחה שטעלט זיך צו להחיוב נהנה והוי כמו שבשעת ההנאה איכא חסרון, וכל קושית התוס' הי' רק מסו' דידן דהוא עצמו לא עשה הלקיחה אלא אחר תחבו לתוך פיו ובזה שפיר קשיא להו דנימא בזה דהוי כז"נ וזל"ח, וכן הקשו התוס' מאכלה מתוך הרחבה בבהמה דליכא בזה

192 א"ה בשיעורי הגרב"ב הובא תי' זה בע"א קצת.

איסור מזיק כלל וכמו שדייקו הברכ"ש סי' ב' מדברי התוס', ומשו"ה הוקשה להו להתוס' דבכה"ג לא נחשב כחסרון, והוצרכו לומר דנהנה מתוך החסרון שהי' בתחילה.

ועפ"י הנ"ל בי' הגרב"ד מה דרש"י ס"ל דאין לפטור האוכל תרומה משום זה דאבודה ממנו ומכל אדם, ובהקדם דברי התוס' בב"ק (דף קא.), דמבעיא לן בגמ' שם בקוף שלקח סמנין מא' וצבעו ע"ג צמר של חבירו האם יש שבח סמנין ע"ג צמר דאמר לי' הב לי סמנאי דגבך נינהו או"ד אין שבח סמנין ע"ג צמר וא"ל לית לך גבאי כלום. ועי' בתוס' (ד"ה או) שהק' דאפי' אם אין שבח סמנים כו' מ"מ אמאי פטור והרי נהנה שצמרו מעולה בדמים יותר וישלם מה שנהנה כמו אכלה מצידי רחבה דפ"ב (דף יט:) ובפ' אלו נערות (כתובות דף ל: ושם) אמר תחב לו חבירו משקין של אחרים בבית הבליעה דמשלם מה שנהנה, ותי' "ויש לחלק דהנאה דהכא אין באה ע"י מעשיו ולא ע"י מעשה בהמתו ובתחב לו חבירו אע"פ שאין זה ע"י מעשיו מכל מקום נהנה גופו", ובי' הגרב"ד דכוונת התוס' הוא דלחיוב נהנה בעי' לקיחה, ולזה בעי' הנאה שבאה ע"י מעשה בהמתו או בנהנה גופו, אבל בהנאה דממילא כגון הך דקוף שצבע צמרו ליכא לחייבו.

וצ"ב דכיון דבעי' לקיחה בכדי לחייבו א"כ מ"ט חייב להנאת גופו, ובדעת רש"י י"ל דס"ל דגם היכא דנהנה גופו נחשב כלקיחה, ווייל ער שטעלט זיך צו ללקיחת התוחב, דאפשר לדון מה שחבירו לקח האוכל והניחו לתוך פיו כלקיחת הנאה בכדי לחייבו עליו דהכל נחשב כהשתמשות שלו, דעד כמה שנהנה גופו "שטעלט זיך צו יענעמס נעמין אויכט" ונמצא דכבר התחיל החיוב מאז [אלעס וואס יענער האט געמאכט מיר פאר די נהנה גופו איז אזוי ווי איך וואלט דאס גענומען'], דגם בזה אין החיוב דוקא לרגע של ההנאה, אלא כל הלקיחה הוא בכלל החיוב הנאה, דכיון דנהנה גופו, מחייבינן ליה גם על לקיחת השני וכל הלקיחה הוא לקיחה המחייבת, וא"כ לא שייך לפטורי' משום זה דבשעת ההנאה בפועל כבר הי' אבודה ממנו ומכל אדם, דהרי מחייבינן לי' על כל הלקיחה, והיינו שמחייבינן לי' על זה שלקח חבירו חפץ טוב שלא הי' אבוד ותחבו בתוך בית הבליעה ונהנה גופו מינה, וא"כ שפיר יש כאן לקיחה של ההנאה.

ולפי"ז מובן היטב מה שרש"י ס"ל דליכא לפוטרו מחיוב נהנה משום דהוי כנהנה מדבר האבוד, דהרי הלקיחה שמחוייב בעבורה כבר התחיל עם מעשה של חבירו ומעשה זה נעשה באוכל שלא הי' אבוד, ואדרבה עצם חיובו הוא גם על הלקיחה שעשאו ל"אבוד", דחיובו הוא על כל הלקיחה כולו, ונהי דאם לא נהנה לבסוף א"א לחייבו אמנם כה"ג שנהנה התחיל לקיחתו מקודם. והוי זה ממש כהך דכסבורין שהן של אביהן כו' דא"א לפטרם משום דנהנו מדבר האבוד משום דמחייבינן להו על כל המעשה כולו, דכל המעשה הוא חלק מהלקיחה כיון שהוא דרך אכילה.

ט. ביסוד המח' תוס' בסוגיין ותוס' בכתובות ושי' רש"י שם

ותוס' נחלקו על רש"י בזה וס"ל דשפיר יש לפטרו משום דהוא אבודה ממנו ומכל אדם, דאפי' אם י"ל דמודו דהטעם דחייב על הנאת גופו הוא משום דלענין זה אפשר לדון עם לקיחת התוחב, כל זה הוא לענין דלא נחשב כהנאה דממילא אבל לא מהני לענין זה.

והנה לפי רש"י הנ"ל מובן היטב מש"כ התוס' בב"ק דליכא לפטרי' משום ז"נ וזל"ח כיון שנהנה מתוך החסרון שהי' בתחילה, דהרי ביארנו דהא דלא נחשב כנהנה מדבר האבוד מהבעלים הוא משום דחיובו הוא על כל הלקיחה, וכיון שכן שפיר יש לדונו כז"נ וז"ח משום זה שנהנה מתוך החסרון שהי' בתחילה, שהרי מחייבינן לי' על כל הלקיחה.

וי"ל דתוס' בכתובות דלא ניח"ל לתרץ כתוס' בב"ק הנ"ל לשיטתייהו אזלי דס"ל דאפשר לפטרי' משום דהוא אבודה ממנו ומכל אדם. וי"ל דתוס' בב"ק באמת לא ס"ל דאפשר לפטריה משום זה דהוי אבודה ממנו ומכל אדם, ודלא כתוס' בכתובות.

אלא דבאמת ילה"ע דאם נימא דס"ל לתוס' בב"ק כרש"י דחיובו הוא על כל הלקיחה א"כ אין התחלה לקושית התוס', דאם נימא דכל הלקיחה שטעלט'זיך צו ומה"ט אפשר לחייבו על הנאת גופו ולא הוי אבוד, א"כ פשיטא דלא נחשב כלא חסר, אלא הוי ז"נ וז"ח, ולמ"ל לומר דנהנה מתוך החסרון שהי' בתחילה והרי לא רק דנהנה מתוך החסרון שהי' בתחילה אלא דגוף החיוב הוא בעבור כל הלקיחה. ופעם נקט הגרב"ד דזה גופא הוא כוונת תי' התוס', ורש"י בכתובות ותוס' בב"ק הוא חדא מילתא. אמנם לפעמים לא הי' הגרב"ד ניח"ל לפרש כן. ושמעתי מהגרי"מ דפעם אמר הגרב"ד דגם לרש"י צריכים סברת התוס', דנהי דהכל נכלל בהלקיחת הנאה אמנם לגבי "חסר" הי' יכול לומר לו מאי חסרתיך[193], ועל זה כתב דגם זה א"א לומר לו דסו"ס נהנה מתוך החסרון שהי' בתחילה.

עוד שמעתי מהגרי"מ דפעם אחר אמר הגרב"ד דיש לחלק דרש"י איירי באופן דלא מצי לאהדורי' וא"כ הוה הכל מעשה א' וי"ל דכל המעשה שטעלט'זיך צו להלקיחה, דהכל הוא גוף ההשתמשות, דכל המעשה הביא לו ההשתמשות, אכן היכא דמצי לאהדורה ע"י הדחק והי' יכול לפולטו ורק דהוא בלעו, אז כבר נפסק מעשה הקדום והוא עשה מעשה אחרת בזה שבלעו ולא פלט והוי כאילו בא אדם אחר ואכלה, ולכן שפיר הקשו התוס' דליהוי ז"נ וזל"ח דהלקיחה התחיל מעכשיו[194], [ורק דליכא להק' מדין אבוד דהרי אינה אבוד דמצי לאהדורי' ע"י הדחק].

י. כמה הערות על יסוד הנ"ל שביכול להוציא ע"י הדחק אינו נחשב שהכל נכלל בהמעשה

אמנם באמת תי' זה הוא חידוש דהנה כבר הבאנו מה שהקשו הגרב"ד על דברי התוס' וכי כל הנידון הוא מדין אבוד ומשום ז"נ וזל"ח והרי החפץ אינה בת דמים ולא שייך לחייבו על חפץ כזה מדין נהנה. ותי' הגרב"ד דזה הי' פשוט לתוס' דכלפי עצם ההנאה דייני' שההנאה הי' מחפץ טוב בר דמים [כמו שהי' לפני שתחבו בתוך פיו], דהוא נהנה מאותו חפץ הטוב, וכל קושית התוס' הי' מצד הדין דלא חסר, דסו"ס אילו הי' פולט את החפץ לא הי' בר דמים וא"כ לא החסירו בזה שבלעו.

ולפי"ז בע"כ צריכים לדון עם כל הלקיחה, דרק עי"ז אפשר לדון שלקיחת ההנאה הי' מהחפץ הטוב כמו שהי' לפני שתחבו לתוך פיו ("דארף דאס צו שטעלין צו פרייער אז עס הייסט א לקיחה פון פריער"), וא"כ קשה דאיך אפשר לומר בדברי התוס' דכיון דמצי לאהדורי נידון כמעשה אחרת וכמו שהלקיחה מתחלת מעכשיו, דאם נידון שהלקיחה מתחלת מעכשיו הרי א"א לחייבו דאין לו דמים.[195]

עוד ילה"ע בדברי התוס' בב"ק (דף קא.) שהוכיח דנהנה גופו אי"צ לקיחה והרי שיי"ל דזה גופא הוא הלקיחה במה שבלעו ולא פלטו[196]. ובאמת שקושיא זו תלוי בביאור תי' הגמ' דמצי לאהדורי' ע"י הדחק, דהתו"י הביא מר"ת שפירש דר"ל שכיון דתחב במקום דלא מצי לאהדורי' אלא ע"י הדחק א"כ כבר נהנה גרונו

---

193 א"ה מו"ר הי' נתקשה בזה בביאור הדברים, והצעתי לו דלכאו' לפי מש"כ בסימן יב ענף ב' בשם הברכ"ש (ב-ב) דבאכלה מתוך הרחבה מכיון דליכא איסור מזיק בעי' להך דין דנהנה מתוך החסרון שהי' בתחילה, א"כ י"ל דבתחב חבירו לתוך בית הבליעה אפי' אם הלקיחה שטעלט'זיך צו מ"מ לענין ה"חסרון" שטעלט דאס ניט צו דלא עדיף מבהמה דנחשב כלקיחת בהמה ואפ"ה לענין חסרון ליכא התנאי חסרון, וכמדומני שהסכים לי.

194 א"ה שאלתי למו"ר דתוס' בב"ק דף קא. שכתב דבהנאת גופו בלי מעשיו חייב איירי בכה"ג, והרי בי' הגרב"ד בכוונת התוס' דהוא משום דכל המעשה לקיחה שטעלט זיך צו, הרי דגם בכה"ג עס שטעלט זיך צו. ואמר לי דצ"ל עס שטעלט ניט צו רק לענין אראפ נעמין די תורת אבוד.

195 א"ה לא זכיתי להבין מ"ט העמיד מו"ר קושיא זו על ביאור זה של הגרב"ד ב תוס' בב"ק, והרי קושיא זו ילה"ק על תוס' בכתובות, דביארנו דחולקים על רש"י וס"ל אז ער שטעלט ניט צו להלקיחה אפי' בלא מצי לאהדורי'. ובע"כ צ"ל בדברי התוס' דהגם דודאי נידון שעיקר ההנאה הוא מהחפץ של אתמול והיינו מחפץ שיש לה דמים, מ"מ היינו רק לענין גוף ההנאה, אבל לענין הדין לקיחה א"א לדון שהי' לקיחת הנאה מהך חפץ וא"כ כמו"כ י"ל בדברי התוס' בב"ק.

196 א"ה עיין בשיעורי רש"ר (ב"ב דף ד:) שנקט דזה עצמה דגופו נהנה ממנה נחשב כלקיחה, שלקח ההנאה לו בלי שום עשי', וכמדומני שכ"כ בשע"י (ג-כה) וכן שמעתי מהגרש"מ שנקט כן בפשיטות.

ובאים חיוב מיתה וחיוב הנאה כאחת, ולפי דבריו א"ש דחיובו הוא לפני שבלע ואין כאן לקיחה אלא הנאת גופו[197]. אכן לפי מש"כ התוס' מהריצב"א והר"י דהחיוב נהנה אינו אלא כשבלעו, א"כ צ"ב כהנ"ל דהאיך הוכיחו התוס' דחייב על נהנה בלי לקיחה.

ולכאו' י"ל דהנה הש"ך כתב (שצא–ב) דלפי התוס' דבעי' מעשה בהמתו או הנאת גופו הלוקח פירותיו של אחר ותחבו לתוך פיה של בהמת חבירו, בעל הבהמה פטור ואינו חייב לשלם מה שנהנית כיון דלא הי' מעשה בהמתו. וצ"ב דכיון דבלעו הבהמה מ"ט לא נחשב כלקיחה, ובע"כ דזה לא מספיק להיות נחשב כלקיחה, וא"כ באדם הוצרך תוס' לחדש דכל שהוא הנאת גופו עס שטעלט זיך צו הלקיחה של התוחב לתוך פיו.

יא. ביסוד החילוק בין תוחב לפיו של חבירו ובהמת חבירו

אמנם אכתי זה לא מפסיק דבפשטות הסיבה דלא מועיל בבהמה הוא רק משום דמצינו איזה גדרים בלקיחת בהמתו דבעי' לקיחה ממש כמו שכתב הגרא"ז (בהשמטה לפ"ב מנזק"מ ה"ט, נדפס בחלק האחרון של אבהא"ז) דהיכא דנהנה בהמתו בדרך שינוי לא נחשב כלקיחה ופטור, וי"ל דבאדם בכה"ג הוה לקיחה, וא"כ עדיין קשה דמהיכ"ת דבאדם אי"צ לקיחה כלל, אולי אף שאי"צ לקיחה כבהמה אבל עכ"פ צריך איזה לקיחה. ומשמע מדברי התוס' דס"ל דבליעה לחודי' לא הוה לקיחה כלל, ודבר זה צ"ב.

וי"ל דה"ט משום דעכשיו לאו בת דמים היא וא"כ א"א לחייבו משום לקיחה זו כלל, ובכדי לחייבו ולדון שנהנה מדבר שהיא בת דמים צריכים לדון עם (מיר דארף צו שטעלין..) הלקיחה של התוחב. ועפי"ז נראה לבאר דברי הש"ך הנ"ל, דמה שתוחב לתוך פיה של בהמתו לא נחשב כמעשה בהמתו מצד הבליעה הוא משום זה גופא, דכיון דכבר אימאסו ולאו בת דמים היא ליכא לדון הבליעה כלקיחה.

ונמצא שני ביאורים בדברי הש"ך הנ"ל, א'– בבהמה בעי' מעשה גמור של לקיחה, ואפי' לקיחה ע"י שינוי יתכן דלאו לקיחה היא. ב'– דלאו בת דמים היא, והנפ"מ בין שני הביאורים הוא באופן דתחבה לתוך פיה של הבהמה והבהמה עצמה לעסי', דלטעם הב' י"ל דחייב דהא לא הי' בת דמים לפני הלעיסה, אכן אם נדמה זה לדברי הגרא"ז דבבהמה בעי' לקיחה ממש נראה דאפי' בכה"ג פטור[198].

[א"ה ונמצא דאיכא ג' נידונים בדברי התוס' **א.** אם המעשה לקיחה שטעלט זיך צו, **ב.** א"נ דהמעשה לקיחה שטעלט זיך צו אם איכא לדון מצד ז"נ וזל"ח, **ג.** א"נ דהמעשה לקיחה שטעלט זיך ניט צו אם שייך לדון מצד נהנה מכח החסרון שהי' בה מתחילה.]

יב. בפלוגתת רש"י ותוס' בכתובות בלא מצי לאהדורי' אם פטור משום אבוד

כבר הבאנו פלוגתת רש"י ותוס' בכתובות בתחב לתוך בית הבליעה של חבירו במקום דלא מצי לאהדורי' אם פטרינן האוכל משום דאבודה ממנו ומכל לאדם, וביארנו דרש"י ס"ל דא"א לפטרי' משום דהיכא דבסוף נהנה בו מחייבינן ליה לכל הלקיחה, והתוס' חולקים על זה וס"ל דרק היכא דהוא עשה כל הלקיחה כגון בכסוברים שהוא של אביהם אמרי' הכי, אבל היכא דחבירו עשה הלקיחה לא מחייבינן לי' על לקיחת חבירו. והערנו דבפשטות הא דחייב אף דלחיוב נהנה בעי' לקיחה היינו משום דלקיחת התוחב שטעלט'זיך צו, עוד

[197] א"ה ילה"ע דתוס' בב"ק דייק כן מתי' הגמ' במשקין, ובפשטות כוונת תי' הגמ' הוא דלעולם לא איירי בתחבו במקום דא"א לאהודרי אלא ע"י הדחק, אלא דאעפ"כ לא מחייבי' לי' לזה דלא אהדרי' דמשקין מאיסי הן דהמשקין נמאסים מיד כשבאים לתוך פיו, ושוב אין לחייבו על שלא החזירם, ואינו חייב אלא כשבאו לתוך מעיו מדין "נהנה" [וכדין אוכל שתחב לו חבירו למקום דלא מצי לאהדורה אלא על ידי הדחק], וא"כ קושיא זו קשה גם על פי' ר"ת.

[198] א"ה לכאו' לפי טעם השני אין צריכים לומר דהלקיחה של התוחב שטעלט זיך צו דאולי הלקיחה הוא הבליעה ורק לענין הא דההנאה הוא הנאה מבת דמים שטעלט דאס צו וצ"ע.

הערנו דהא דלא פטרי' האוכל משום לאו בת דמים הוא לכאורה משום דדייני' שהלקיחה הוא מהחפץ בת דמים, ומעתה צ"ב שיטת התוס' דנקט דשייך פטור דאבודה ממנו ומכל לאדם.

ושמעתי מהגרי"מ דפעם אמר הגרב"ד דלעולם י"ל דגם תוס' בכתובות הסכימו לרש"י דגם לקיחת התוחב שטעלט'זיך צו ולא נחלקו על רש"י בזה, דהנה ילה"ע על דברי התוס' שם שכתבו בזה"ל, ונראה לר"י דה"פ אמאי חייב ממון והרי הוא לא גזלו והנאתו לא מיחייב דאע"ג דאמרי' (ב"ק דף קיא:) גזל ולא נתייאשו הבעלים ובא אחר ואכלו רצה מזה גובה כו' היינו דוקא לפי שהדבר הגזול ישנו בעולם בשעה שזה שני גוזלו אבל הכא דבשעה שזה נהנה ממנו כבר הוא אבוד מן העולם שהוא במקום דלא אפשר לאהדוריה אין לו על השני כלום עכ"ל, וצ"ב אמאי הוצרכו התוס' להאריך בזה והא הול"ל בפשיטות דאבודה ממנו ומכל אדם ומהפקירה קא זכי[199]. ומוכרחים לומר דגם תוס' ס"ל דליכא טענה דמהפקירא קזכי דכבר התחיל החיוב מהלקיחה בתחילה, וכל קושיתם הי' רק משום דס"ל דאעפ"כ איכא סברא דא"א לחייבו על ההנאה כיון דאיקלשא בעלותו כ"כ ע"י הגזילה, והכא לא שייך הדין דר"ח של גזל ולא נתייאשו הבעלים ובא אחר ואכלו רמ"ג רמ"ג, דכיון דהגזלן עשאה שיהא אבודה ממנו ומכל אדם איקלשא ממונו כ"כ וא"א לחייבו משום נהנה, ולולי זה שהראשון דינו כגזלן לא הי' שייך כל דברי התוס'.

ונראה דכוונת הגרב"ד הוא דזכה בה הגזלן משום דנגמר ההיזק לגמרי וכבר נגמר הגזילה, וא"כ שוב לא שייך לומר הרי שלך לפניך וקנה אותה מדין קניני גניבה. וליכא להק' דא"כ הנהנה יהא מחוייב לשלם להגזלן דהא הוי שלו, די"ל דכלפי הגזלן ודאי יש לפטרו משום זה דהוי אבודה ממנו ומכל אדם, דרק כלפי הבעלים אמרי' דהחיוב התחיל מקודם, דכלפי הבעלים דייני' עם לקיחת הגזלן, אבל כלפי הגזלן עצמו ליכא לדון שחיוב נהנה של האוכל מתחיל מקודם.

יג. הוכחת הגרב"ד מהפלאה שאין כוונת התוס' שמהפקירא קא זכי לה

והגרב"ד הוציא דבר זה, דאין כוונת התוס' לומר דטעם הפטור הוא משום דאבודה ממנו ומכל לאדם ומהפקירא קא זכי בה, מדברי ההפלאה בסוגיין שהק' על דברי התוס' דהול"ל בפשיטות דודאי הבעלים מייאשים ממנה כיון דלא מצי לאהדורי וא"כ מה"ט לא שייך רצה מזה גובה כו', דכל דברי ר"ח הוא לפני יאוש אבל לאחר יאוש אפי' לר"ח השני פטור, ותי' ההפלאה "ואפשר דס"ל דכיון דאין הבעלים שם הו"ל יאוש שלא מדעת דקי"ל דלא הוי יאוש והכי ס"ל לאביי גופי"[200].

אך הק' על זה לפי מש"כ שם דעיקר קו' הגמ' הוא על רבא דהרי רבא ס"ל דיאוש של"מ הוי יאוש, וא"כ אפי' אם הוא שלא מדעת מ"מ הוי יאוש, ותי' וז"ל ואפשר דזה בכלל דבריהם שכתבו דבשעה שזה נהנה כבר אבוד מן העולם ולשיטתי' אזלי שכתבו בב"מ דף כ"ב ד"ה איסורא כו' דבכה"ג אפי' לאביי הוי יאוש אפי' שלא מדעת ע"ש עכ"ל. ולכאו' כוונתו הוא דכוונת התוס' הוא דכה"ג לא שייך דינו דר"ח מכיון דהוה כגזל ונתייאשו הבעלים ואחר יאוש אפי' ר"ח מודה דאיקליש ממונו[201]. וצ"ב דאמאי הוצרכו תוס' לזה

---

[199] א"ה עי' בתוס' המיוחס לתלמיד ר"ת (ב"ק דף כ:) וז"ל, אלא אתשלומין קא פריך אמאי חייב בתשלומין אפילו בלא קם ליה בדרבה מיניה, דהא פטור, שהרי חבירו התוחבו הוא עשה הכל שנתנה לבית הבליעה למקום דלא אפשר לאהדורי, הרי [הוא] כאילו נתנה לנהר או לאש. לא צריכא דמצי לאהודרי ע"י הדחק, דהשתא אי הוה מהדר להו לא היו שווין לכלום, ומכל מקום לדידיה מיהא כשבלעם ראויין הן, וחייב היה בתשלומין אי לאו דקם ליה בדרבה מיניה עכ"ל.

[200] והגרב"ד הביא מהאו"ש [וכן נדפס בשיעורי הגרב"ב] דס"ל דלענין דינו דר"ח דאחר יאוש ליכא דין דרצה מזה גובה, לענין זה מועיל יאוש של"מ וזהו שלא כדברי הפלאה.

[201] והוא עפי"ד הרשב"א בב"ק (דף קיא:) דס"ל דבאיקליש ממונו פטור אפי' על תביעת נהנה. ואולי הי' שיי"ל דרש"י חולק על זה גופא וי"ל דהא דאי' בסו' ב"ק שם דהוא פטור, ר"ל דפטור מלשם דמי החפץ בתורת מזיק וכו' אמנם חייב דמי שעורים בזול מטעם נהנה, אבל הוא דוחק.

תיפו"ל דכיון דאבודה ממנו ומכל אדם פשוט דליכא לחייבו דמהפקירא קא זכינא ולמ"ל הך דין דר"ח בגזל ונתייאשו הבעלים דהואיל ואיקליש ממונו א"א לחייב השני, ובע"כ כמשנ"ת דהכא לא שייך הך דין דאבודה ממנו ומכל אדם כיון דחיובו מתחיל מלקיחת התוחב דכל זה הוא בכל השתמשותו, ותי' התוס' הוא רק סברא דל"ש כאן דינו דר"ח, ובפשטות כוונתם הוא דמשום דאבודה משו"ה לא שייך כאן דינו דר"ח, והקשה ההפלאה תיפו"ל דהוי כמו שהבעלים אייאשו ומשו"ה לא שייך דינו דר"ח, ותי' דאה"נ זה גופא הוא כוונת התוס'.

מילואים

בביאור קו' הגרב"ד שהאיך אפשר לחייבו משום נהנה אם החפץ אין לו שווית

א"ה הבאנו בפנים קושית הגרב"ד הגרב"ד דאיך אפשר לחייבו על נהנה כיון שהחפץ לאו בר דמים הוא, [וקושיא זו מובא גם בשיעורי הגרב"ב]. והנה לכאו' יסוד העומק של קו' זו הוא דהנאת ממון הוא פירות ותשמישין מהחפץ ואם החפץ אין לו תורת דמים לא שייך שהתשמיש יהא עלה תורת דמים, דהחפץ נותן השיווי להתשמיש, ומה"ט בחפץ של איסוה"נ דמופקע מתורת ממון גם התשמישין אין עלם תורת ממון ואם אכלה אינו מחוייב לשלם מה שנהנית וא"כ ה"ה בדבר שהוא אבוד. וכשדברתי עם הגרש"מ בזה העיר לי דלכאו' כל זה הוא בחפץ של איסוה"נ דעפ"י דין אין עלה תורת ממון וא"כ גם הפירי של החפץ לא שייך שיהא עלה תורת ממון אבל בחפץ פחות משו"פ ליכא סתירה בלמדות שתהי' חיוב הנאה של פרוטה. אך בחפץ שאינו שוה כלום, ואפי' פחות משו"פ לא שוה, לא שייך ביה מכירה כלל, עי' בגיטין דף מג. דעבד מנוול מוכה שחין לא שייך למכור אפי' לקנס, ואולי בחפץ כזה ג"כ לא שייך לחייבו משום נהנה, אכן מסתברא דאם יש לחפץ איזה אפשרות של הנאה, זה גופא מפקיע שאין לו תורת שם חפץ שאינו שוה כלום, ויל"ע בזה עכ"ד. ואולי י"ל בביאור קושית הגרב"ד דר"ל דאדם מן השוק שהי' אוכל החפץ במצב זה שהי' נמאס לגמרי לא הי' מחוייב משום נהנה, וא"כ איך מחייבינן ליה.

שוב דברתי עם מו"ר בזה והבנתי ממנו דכוונתו הוא דודאי מה שהחפץ אין לו שווית אינו סתירה לדון שיש להנאה שווית, אלא דמ"מ ההנאה בהכרח הוא פחות משו"פ, וא"כ א"א לחייבו כמו דא"א לחייבו על גזילה ומזיק פחות משו"פ. ושאלתי למו"ר בהיכ"ת שגזל בשוגג פחות משו"פ וע"י ששהה אצלו לכמה שנים נהנה יותר מפרוטה מה דינו. עוד העיר לי מו"ר לעיין בזה בחי' הגר"ח מטעלז.

אמנם י"ל ברש"י בדרך אחרת די"ל דהראשון הוא בגדר גוזל ע"מ להזיק והרי דעת הש"ך דכה"ג ליכא קניני גניבה וי"ל דמה"ט לא איקליש ממונו דהרי תוס' כ' בב"ק שם דהא דאיקלש ממונו הוא משום דהבעלים א"א להקדישה ואולי בכה"ג שאין לו קניני גניבה יכול להקדישה והוא חידוש, ויתכן דתלוי בנידון הרמב"ן והבעה"מ המובא בקו"ש בגדר הדין דאינו ברשותו, ואכמ"ל.

ושמעתי מהגרי"מ בשם הג"ר משה מרדכי זצ"ל ליישב עפי"ז קו' העולם, דהנה דעת הקצה"ח (סי' לד) דגונב מן הגנב פטור אפי' בתורת גזילה, וקשה דא"כ אמאי מחוייב הכא לשלם, ותי' דמכיון דלא נטלה לעצמו הוה כגונב ע"מ להזיק ולא חסר בגונב מבית האיש דהרי השני מוסף קנין, דהא דס"ל לקצה"ח דגונב מן הגנב פטור לגמרי היינו רק היכא שהראשון הוא גזלן גמור ואז לא איכפ"ל אם אבדה מן העולם אם לא, אבל היכא דהראשון הוא רק גוזל ע"מ להזיק אז יש לחייב השני, ואולי מ"מ פטור מכפל אמנם שפיר הוא גזילה. וכמו"כ יל"ע בדין גונב מן הגנב בשואל שלא מדעת למ"ד דשל"מ אין לו קניני גניבה. **ע"כ שמעתי ממו"ר.**

א"ה כשהצעתי זה להגרש"מ אמר לי דכמדומה לו דיש מקום לדון בזה, דיתכן לומר דאינו נחשב כגוזל ע"מ להזיק משום די"ל דמה שנתנו לחבירו לאכול הוא השתמשות שלו, וא"כ הוי כגוזל ע"מ להשתמש, ולכאו' י"ל דזה תלוי בכוונתו דאם כוון לאבד החפץ ולהפסידו הוי גוזל ע"מ להזיק, ואם עיקר כוונתו הוא להאכילו לחבירו לא הוי גוזל ע"מ להזיק, ע"כ שמעתי.

סימן יב

ענף א - אם שייך פטור אונס בנהנה, בבי' התו"י כתובות דף ל: (ברכ"ש יד-ג)

ענף ב' - דיוק הגרב"ד מהתוס' דבשן ורגל ברה"ר ליכא איסור מזיק

ענף א– אם שייך פטור אונס בנהנה, בבי' התו"י כתובות דף ל: (ברכ"ש יד–ג)[202]

דף כ: תד"ה והא איתהנית כו' וא"ת ההוא דתחב לו חבירו בבית הבליעה דריש אלו נערות (דף ל:) אמאי חייב האוכל זה נהנה וזה לא חסר הוא שאם היה מחזיר היתה נמאסת ואין שוה כלום וי"ל דלא דמי הואיל ונהנה מחמת החסרון שהיה מתחילה, ע"כ, ובמס' כתובות תירצו התוס' דאיירי בכגון דמעיקרא לא הוי בה כי אם שוה פרוטה או מעט יותר ועתה שנתקלקלה קצת אינה שוה פרוטה ואפילו אי זה נהנה וזה לא חסר פטור מ"מ כיון דחיסר לו כל שהוא מיחייב בכל, ובשם הריצב"א תירץ דמיירי אפי' באוכלין דלא מאיסי וכיון דתחב לו בבית הבליעה ובלע ונהנה מיד חשוב באין כאחת אע"פ שאין כאחד ממש ע"כ, ולפי הריצב"א באמת חיובו הוא משום גזילה ולא משום נהנה אלא דאפ"ה שייך בו פטור דקלב"מ כיון דתיכף אחר זה נתחייב במיתה.

וע"ש בתו"י שם בגליון שהביא מר"ת שפי' הגמ' באופ"א דלעולם חיובו הוא משום נהנה והא דלא פטרי' לי' משום ז"נ וזל"ח ה"ט משום דההנאה הי' מיד בשעת החסרון, דכיון שתחבו במקום דלא מצי לאהדורי אלא ע"י הדחק א"כ כבר נהנה גרונו אפי' לפני שבלע, וחיוב מיתה וחיוב ממון באין כאחד, והקשו התו"י על זה "והאיך יתחייב ממון כיון שתחב לו באונס".

ועיין בברכ"ש (יד–ג) שנתקשה טובא בדברי התו"י הנ"ל, דהנה רש"י פי' קושית הגמ' אי לא מצי אהדורי אמאי חייב, דכיון דאונס הוא אמאי חייב מיתה ואיך שייך פטור דקלב"מ, ומבואר דלא קשה לגמ' על זה דחייב ממון אף שהוא אונס, ובע"כ ה"ט משום דודאי חיוב נהנה הוא אפי' באונס גמור, והטעם הוא משום דפטור אונס דולנערה לא תעשה דבר לא שייך אלא לענין חיובי עונשים משא"כ חיוב נהנה דאינו עונש אלא דחיובו הוא משום שההרויח כסף [שלא הוצרך להוציא כסף מכיסו לדבר זה], והוי חיוב דממוני גבך, [ואף שאין מחייבינן לי' אלא כדמי שעורים בזול היינו משום שיותר מזה אינו נהנה דיכול לומר הייתי קונה דמי שעורים בזול], וא"כ ודאי לא שייך פטור אונס, והרי בסוגין בדף יט: איתא דאכלה מתוך הרחבה חייב חיוב נהנה אף דבהמה ברה"ר אין לו דין כלל דולא ישמרנה (עי' ברכ"ש סי' ב') ואין לו אפי' איסור מזיק מ"מ חייב בנהנה, א"כ גם באונס ודאי חייב חיוב נהנה[203]. והנה תוס' ושא"ר הסכימו לרש"י לענין זה

---

[202] שיעור יומי פ' אלו נערות תשס"ב

[203] א"ה עי' בברכ"ש (אות ג) "הנה ודאי בדין נהנה ומהנה ל"ש דין אונס רחמנא פטרי', דאין זה חיוב תשלומין דנאמר דדין אונס יפטרנו מתשלומין כמו בדין מזיק דשייך שם דין אונס רחמנא פטרי', דגבי דין נהנה ומהנה הא אין זה חיוב תשלומין, אלא ע"י דהוא נהנה א"כ יש לו תביעה של הנאת ממון מדין ממוני גבך כשארי חובות, א"כ מאי שייך הכא דין אונס רחמנא פטרי'. ואפי' לפי מה שכתבנו באות ב', דלגבי אכלה מתוך הרחבה הוי זה מלוה הכתובה בתורה, נמי לא שייך בזה דין אונס רחמנא פטרי', דלענין מה שמחויב לשלם בכדי שלא יהי' שולח יד בפקדון, נמי ל"ש בזה דין אונס רחמנא פטרי', דאונס רחמנא פטרי' ל"ש רק במזיק כזה שהוא כבר שבר ונתחייב בתשלומין של החפץ, אבל הכא הא עדיין לא נשבר החפץ אלא שמחויב לשלם בכדי שלא יהי' גזלן, בזה לא שייך דין אונס רחמנא פטרי', אבל דין קלב"מ שייך גם בזה". וכנראה שהבין מו"ר דר"ל בזה דגם לפי הגר"ה הוי ממש כהשבת החפץ, דדמי הנהנה נחשב כהחזרת החפץ [דהפירות של החפץ הם כחלק מגוף החפץ] וע"י ההשבה לא חל דין גזלן, א"כ לא הוי דין תשלומין שהוא כעין עונש שיהא שייך בו פטור אונס אלא הוי כהשבת החפץ בעין דלא שייך על זה פטור אונס, ורק דכיון דהוי חיוב התורה, שפיר שייך בי' דין קלב"מ. וכן מבואר במשנת רח"ש עמ"ס שבת בסי' י"ט בהגה"ה מכתי"ק של הגרב"ד בביאור החילוק בין נהנה למזיק, דמזיק הוי כתשלומין של החפץ ונהנה הוא החפץ עצמו ע"ש. ולכאורה כן משמע מעיקר דברי הברכ"ש שבתחילה כתב לפרש דה"ט דלא שייך פטור אונס משום דהוי תביעה דממוני גבך, וצ"ב דהא מבואר מכל דבריו שם דהוי מלוה הכתובה בתורה וכד' הגר"ח

ולא העירו עליו כלום, וא"כ צ"ב טובא דברי התו"י שהקשה בדוקא על פי' ר"ת דלפי דבריו מ"ט חייב בנהנה והא אונס הוא, חדא דמסברא לא שייך פטור אונס, ואפי' תימא דס"ל דשייך פטור אונס מ"מ קשה מ"ט קבע קושיתו בדוקא על פירושו של ר"ת בסוגיא.

וביאר הגרב"ד בזה שאין כוונת התו"י להק' שיהא לו פטור אונס דולנערה ל"ת דבר, דודאי פטור אונס דולנערה לא תעשה דבר לא שייך להפקיע החיוב נהנה, אלא כוונת התוס' הוא להקשות דהנה אדם לא יכול לכוף חבירו ליהנות ממנו ולחייבו בתשלומין, דכל עוד שהחפץ הוא עדיין בעין יש לו זכות לסלק עצמו מההנאה ולומר שאינני רוצה בההנאה ואיני צריך לה, והנאה בע"כ אינו הנאה שאפשר לחייבו עלה.

ודומה לזה מצינו בכמה ראשונים בב"מ דף קב. ביורד לשדה חבירו שלא ברשות שיכול לומר לו טול עציך ואבניך ובזה מסלק עצמו מההנאה, ואף שבשדה העשוי' ליטע היכא שכבר נטעו אינו יכול לומר לו טול עציך ואבניך, היינו משום דהתם איכא אומדנא גמורה דניח"ל בכך, וא"כ היכא שכבר נטעו ובנה אינו יכול לסלק עצמו, ורק אם מחה בתחילה מהני מחאתו והוי הוא כמניח מעותיו על קרן הצבי, אבל בשדה שאינה עשוי' ליטע או בחיוב נהנה בעלמא, כל זמן שהדבר הוא עדיין בעין ולא נגמר הנאתו יכול הוא לסלק עצמו מההנאה ולומר שאינני רוצה בה.

וקושיא זו הוא בדוקא על שיטת ר"ת דהנה באכלה מתוך הרחבה שכבר אכלה הבהמה והבעלים נהנה מזה, אינו יכול לומר שאינני רוצה ההנאה דהרי סו"ס כבר נהנה, וא"כ לפי רש"י דהחיוב נהנה הוא דוקא בשעת הבליעה כשהחפץ כבר אינו בעין א"כ ליכא לסלק עצמו מההנאה שהרי כבר נהנה, וכל קושית התו"י הוא על ר"ת שפי' דאפי' כשהוא עדיין בעין בגרונו ומצי לאהודרי ע"י הדחק כבר מחייבי' לי' על ההנאה, וע"ז הי' קשה להתו"י דאמאי אפשר לחייבו אז על ההנאה והרי מצי לסלק עצמו ממנה ולומר שאינני רוצה ההנאה ואני רוצה לפלוט האוכל כמו שיכול לומר לו ביורד טול עציך ואבניך, ואף שהמאכל נמאס והוזק מ"מ לא נעשה זה ע"י האוכל אלא ע"י התוחב. ונמצא דאין קושית התו"י מצד פטור אונס אלא דכיון דהוי אונס א"כ חסר בכל החפצא דהנאה, דהוי תנאי בחיוב נהנה דהנאה בעל כרחו אינו הנאה.

ותירץ התו"י דכיון דמצי לאהודרה ע"י הדחק ולא הדרה ניחא לי' בהנאה זו, ור"ל דכיון שבלעו הוי זה סימן שרצה הוא בההנאה ולכן למפרע אפשר לחייבו משום שנהנה. ולעולם חיובו הוא על גוף ההנאה לפני שבלע, דעל הבליעה א"א לחייבו כמו שהקשו התוס' דהרי לא חסרו כלום בזה שבלעו דכבר נמאס ולא שוה כלום, וכקושית התוס', אך כיון שבלעו לבסוף שוב אפשר לחייבו על ההנאה דמעיקרא ואינו יכול לומר דאינני רוצה הנאה זו הבא עלי בעל כרחי, וכמשנ"ת.

ענף ב'– דיוק הגרב"ד מהתוס' דבשן ורגל ברה"ר ליכא איסור מזיק[204]

תוס' בא"ד וי"ל כו' הואיל ונהנה מחמת החסרון שהיה מתחילה (ר"ל דההנאה נתייחס להחסרון הקודם ונחשב ג"כ כחסר) מידי דהוי אהא דתנן מתוך הרחבה משלם מה שנהנית דאלעיסה לא מחייב (דגרם הפסד האוכל) דהוי שן ברה"ר אלא אהנאת מעיו מחייב אע"פ שאם מחזירו אין שוה כלום עכ"ל, והנה תוס' הוכיח יסוד זה דהיכא דנהנה מתוך החסרון חייב אף שעכשיו ז"נ וזל"ח כיון שההנאה נתייחס להחסרון הקודם ונחשב כז"נ וז"ח, מזה דאיכא חיוב נהנה באכלה מתוך הרחבה, דבשן ברה"ר ליכא לחייבו בשביל עצם הלקיחה דהתורה פטרה שו"ר ברה"ר, וכל החיוב הוא על ההנאה שבא בשעת האכילה, וקשה דאיך מחייבי' לי' על זה והא

וא"כ אמאי כתב בתחילת דיבורו דה"ט דלא שייך פטור אונס משום דהוי תביעה דממוני גבך, ובע"כ דגם לפי הגר"ח הוא אותו סברא ממש, דאף דהוי חיוב התורה, דלולי שהי' פרשה דגזילה לא הי' חייב להחזירו, אבל כיון דהתורה חייבו להחזירו גדר החיוב הוא כמו השבת החפץ עצמו ולא שייך על זה פטור אונס, וצ"ע.

[204] קטע משיעור כללי ב"ק ב: וכתובות דף ל: וממה ששמעתי ממו"ר.

בשעה שנהנה לא חסר הבעלים מידי דהא לא שוה כלום, והוכיחו מכאן התוס' דמה שההנאה בא מחסרון שהי' לו בתחילה מספיק לחייבו.

והנה הברכ"ש (סי' ב') הוכיח דבין באדם המזיק ובין בממון המזיק חוץ מהחיוב תשלומין איכא איסור מזיק, וכתב שם דמ"מ אפשר ליחלק בין שני הדברים, דלפעמים איכא איסור מזיק גמור אך לענין תשלומין לא נשלם התורת מזיק. והסתפק הברכ"ש שם לענין הפטורים דהלכותיהן אם הם פטורין רק בתשלומין או גם מהאיסור מזיק, והעלה דיש מהם שהם פטורים רק מתשלומין ויש מהם שהם פטורים גם מעצם האיסור מזיק.

ודייק הגרב"ד (אות ב') מדברי התוס' הנ"ל דפטור דשן ורגל ברה"ר הוא פטור גמור, דאפי' איסור מזיק לית לי', ושמעתי מהגרי"מ דבמהדורא קדומה הגרב"ד הביא הראי' באופן אחר ממה שהביא בספרו, דבמהדורא קדומה הגרב"ד דקדק דבר זה מהא שלא דקדקו התוס' יסוד הנ"ל דנהנה מתוך החסרון מהסוגיא בכתובות דף לד: דהניחו אביהם פרה שאולה וטבחוהו ואכלוה משלמין דמי בשר בזול, דלענין חיוב מזיק יש להם פטור אונס (עי' בתוס' ב"ק דף כז:) ואינן חייבין לשלם אלא משום חיוב נהנה, וצ"ב דאיך מחייבי' לי' בשביל הנאתם הרי א"א לחייבם לגוף הלקיחה שלקחו והכניסו לתוך פיהם דאנוסים הם ואח"כ לא שוה כלום, וצ"ל בפשיטות דכה"ג ודאי נחשב כחסר, ואי"צ להיסוד ד"נהנה מתוך החסרון" בכדי לחייבם, דהתם באמת איכא לקיחה דהוא מזיק גמור ורק דיש לו פטור אונס שהוא פטור בגברא, וא"כ לענין החיוב נהנה נחשב כלקיחה אריכתא של ז"נ וז"ח, דמשעת השחיטה כבר התחילה הלקיחה והכל הוא לקיחה אריכתא, וכן האוכל חפץ של חבירו ואינו דומה כלל לתחב חבירו בתוך בית הבליעה, דודאי פשיטא להו להתוס' דאי"צ שההנאה יהא באותו רגע של החסרון. וכן הוא באופן דאומר לחבירו אכול עמי דכתב הקצה"ח (רמו–ב) דאפשר לחייבו משום נהנה, דכה"ג ודאי נחשב כז"נ וז"ח דחיובו הוא על כל הלקיחה ולא רק על שעת הנאת מעיו. ויסוד הדבר הוא דעיקר סברת התוס' שלא יהא נחשב כז"נ וז"ח הוא משום דהיכא דחבירו תחב לו בתוך בית הבליעה החסרון שטעלט'ניט צו לההנאה דלאחר זמן (וגם בכה"ג ודאי אם היה ההנאה בשעת החסרון שפיר נחשב כז"נ וז"ח), אכן היכא דהוא עצמו חסרו והוי לקיחה אריכתה בכה"ג ודאי החסרון שטעלט'זיך צו.

ודייק הגרב"ד דאילו נקוט דפטור דשן ורגל ברה"ר הוי רק פטור מחיוב תשלום בידי אדם אבל לעולם קאי באיסור מזיק, ובידי שמים נחשב כמזיק, א"כ צ"ב דיוק התוס' משן ורגל ברה"ר ליסודם דגם הנאה מתוך החסרון נחשב כז"נ וז"ח, והרי מכיון דפטור שו"ר ברה"ר אינו אלא פטור תשלומין ואכתי קיים האיסור מזיק והחיוב לצי"ש, וההיזק נתייחס אליו, א"כ שפיר נחשב כז"נ וז"ח, דכל שאיכא לקיחת איסור ודאי נחשב כחסר אף אם א"א לחייבו בידי אדם על החסרון (ראה בסמוך שהוכחנו כן מהקצה"ח), וא"כ הוי ממש כהך דכסוברין שהיא של אביהן דנחשב כז"נ וז"ח וכמש"ב, דבכה"ג החסרון ודאי שטעלט צו להנהנה, והוכיח הגרב"ד דבע"כ צ"ל דאין עליו שם מזיק כלל וא"כ שפיר קשיא להו דליכא לקיחה דהוה כאילו תחב לו חבירו בתוך בית הבליעה. [והוסיף הגרב"ד דאף דדיינינן להו כאילו תחבו אחר לתוך פיה לענין דין מזיק לקבוע שלא נחשב כ"חסר", מ"מ לענין חיוב נהנה ודאי נחשב כמעשה בהמתו לענין לחייבו משום נהנה, דהרי כתבו התוס' לקמן דף קא. דא"א לחייבו על הנאת בהמתו אלא ע"י מעשה בהמתו, ומזה דחייב מדין נהנה בע"כ דלענין חיוב נהנה נחשב כמעשה בהמתו ולא נחשב כתחבו חבירו בתוך בית הבליעה, אך מצד החסרון שפיר יש לדון כך דהא חסר בכל הלקיחת איסור, ולכן הקשו התוס' דליהוי כז"נ וזל"ח.]

אכן בספרו הביא הברכ"ש הראי' מתוס' באופן אחר, דהנה זה מבואר דלתורת חסרון שיהא נחשב כז"נ וז"ח לא בעי' חסרון שיש בו תורת מזיק, והיינו שיהא שייך לחייבו על החסרון בדיני אדם, דהרי איתא בגמ' לקמן דף כ: דאי הוי חסר ע"י שיחרורא דאשייתא חייב, דגם עי"ז חשיב חסר, ועי' בקצה"ח (שסג–ד) שכתב דעל שחרוריתא דאשייתא אינו חייב מדין מזיק דלא הוי אלא גרמא כיון דאם ישכור פועל ללבנו הדרא

ללבנוניתא, וא"כ הו"ל כמו זורק מטבע לים היכא דאפשר לאהדורי ע"י בר אמוראי דאע"ג דצריך הוצאה אינו אלא גרמא ופטור וכו' אבל מדין נהנה מתחייב על הנאתו כיון דגרם לזה חסרון עכ"ד, ומבואר מזה דגם היכא דכל החסרון הוא ע"י גרמא אפ"ה נחשב כחסר אף שאין לו דין אדם המזיק, וביאור הדבר הוא דגם בז"נ וז"ח עיקר המחייב הוא ההנאה ורק דבעינן שיהא חסרון דאם ליכא חסרון אין לו שום דיני ממונות לתבעו על ההנאה דיכול לומר לו מאי הפסדתיך, וא"כ אילו שן ורגל חייבין לצי"ש גם החיוב לצי"ש הי' צריך ליחשב כחסר[205], ובע"כ מבו' דבהמה ברה"ר ליכא כל הדין ד"ולא ישמרנו" והוה כאילו תחבו אחר לתוך פיה[206], ושפיר הוכיחו התוס' מזה דכל היכא דנהנה מתוך חסרון שהי' בתחילה חייב[207].

ושמעתי מהגרי"מ להעיר קצת דלכאו' לפי"ז י"ל דאינה נחשב לקיחה וא"כ איך מחייבינן ליה משום נהנה והא כתבו התוס' בדף קא. בתי' הא' דא"א לחייבו על נהנה אלא היכא דאיכא הנאת גופו או מעשה בהמתו, ואם מעשה הלקיחה הי' ברשות ובהיתר אמאי נחשב כמעשה בהמתו וצ"ל דאף דליכא לחייבו עליו משום מזיק מ"מ לענין שיהא נהנה המעשה לקיחת הנאה ודאי נחשב כלקיחה, ורק דליכא התנאי דחסר.

ושמעתי מהגרי"מ דפעם אמר הגרב"ד דאפי' אם איסור מזיק כמו שחרוריתא דאשייתא שטעלט זיך צו אמנם איסור מזיק מקרא דולא ישמרנו שטעלט זיך ניט צו, וא"כ לעולם י"ל דאיכא איסור מזיק בשן ברה"ר ואפ"ה דברי התוס' מובנים היטב, אבל לבסוף הכריע שלא כן[208].

עוד דיוק דשו"ר ברה"ר הופקע מכל התורת מזיק מד' הר"מ בשו"ר ברשות המיוחדת למזיק

[א"ה **שמעתי ממו"ר** דיש לדקדק עוד דשו"ר ברה"ר הוי פטור על כל התורת מזיק מדברי הר"מ המוקשים בפ"א מנזק"מ ה"ז שכתב דרשות המיוחדת למזיק פטור בשן ורגל כדכתיב ושלח את בעירה ובער בשדה אחר, והוא הפסוק דנלמד מינה פטור דשו"ר ברה"ר, ומבואר בר"מ דילפינן מזה תרתי, א. פטור שו"ר ברה"ר, ב. פטור שו"ר ברשות המיוחדת למזיק. והנה גוף דברי הר"מ תמוהים דלמ"ל פסוק מיוחד לפטור שו"ר ברשות המיוחדת למזיק והא תיפו"ל דמסברא ברשות המיוחדת למזיק לאו מזיק הוא כלל, דהא אפי' בקרן אינו מזיק בכה"ג ודין זה נלמד מסברא. אך עכ"פ יש לדייק מדבריו דהפטור ברה"ר אינו רק פטור בתשלומין דהרי ברשות המיוחדת למזיק ודאי אינו מזיק כלל, ולפי הר"מ פטור דרה"ר ופטור דרשות המיוחדת למזיק נלמד מאותו מיעוט. ובענין עיקר דברי הר"מ הנ"ל עי' מש"כ בחי' הגרנ"ט בענין רשות המיוחדת למזיק בזה ע"כ שמעתי. ודע דעי' בשטמ"ק בדף כ: בשם תלמיד ר' ישראל שכתב להדיא דשן

---

[205] ונחשב כמו שעכשיו ממש איכא חסרון ווייל די עצם אריין שטופין האט אן איסור מזיק ולא שייך לומר מה חסרתיך דהרי גם עכשיו יש לו תביעה עליו על החסרון. וכן הוא במזיק בגרמא דנחשב ג"כ מזיק ול"צ להא דנהנה מתוך החסרון שהי' מתחילה, דכל הזמן נחשב כ"חסר" וכאילו הזיקו עכשיו. (מו"ר)

[206] א"ה יל"ב את זה עפ"י מה שכתבנו בדף ב: בסימן ג' ממו"ר דגדר הדין דולא ישמרנו הוא דהתורה החשיבה כאילו הוא הזיק בידים, וא"כ היה קשה להגרב"ד דשפיר נחשב הכל כלקיחה דידי', ומוכרחים אנו לומר דשו"ר ברה"ר אינו נכלל בולא ישמרנו וא"כ לא נחשב כלל כלקיחה דידי'. וע' מה שהארכנו ברשימות שיעורי הגרח"ש ע"פ אלו נערות בשיעור כללי לדף ל: בהג"ה שם בענין ראי' זו.

[207] א"ה שמעתי ממו"ר דהחילוק בין השני מהדורות הוא דבמהדו"א דימה פטור דשו"ר ברה"ר [על הצד דאיכא איסור מזיק] לפטור אונס, וחידש דבפטור אונס נחשב כז"נ וז"ח וא"כ ה"ה בפטור תשלומין דשו"ר ברה"ר הי' צריך להיות נחשב כז"נ וז"ח. אך במהדו"ב אמר דאפי' אם נימא דהיכא דאיכא פטור אונס באמת צריכים להיסוד דנהנה מתוך החסרון שהי' כבר, ובלי זה נחשב כז"נ וזל"ח, אפ"ה כשיש לו איסור מזיק וחיוב לצי"ש ודאי נחשב כחסר ממש, ודייק כן משחרוריתא דאשייתא שאף שהוא גרמא בעלמא מ"מ כיון דיש בו איסור מזיק וחיוב לצי"ש נחשב כחסר.

[208] א"ה והיינו דהגרב"ד בספרו נקט דבבהמתו שאכל אם אין לו איסור מזיק, החסרון שטעלט'זיך ניט צו צו איהם, דאף שמחייבינן אותו משום נהנה, היינו משום שנהנה ממנו אבל ודאי ליכא לדון שהוא עשה חסרון, וא"כ שפיר הקשו התוס' דליהוי ז"נ וזל"ח, אכן אילו הי' איסור מזיק ודאי הי' נחשב כמו שהוא חסרו. ובצעירותו לא ס"ל כן, אלא אמר דאפי' אם איכא איסור מזיק מ"מ האיסור הוא רק משום הדין ולא ישמרנו אבל לא נחשב שהוא חסרו, וא"כ שפיר הקשו התוס' דליהוי ז"נ וזל"ח.

ברה"ר הוה היתר גמור וז"ל, ולי נראה דהתם במשנה אין שייך למנעו מתחילה כי לשם ברה"ר יש רשות לבהמה בהיזק שן ומשו"ה משלם מה שנהנית, עכ"ל.]

עפ"י הנ"ל שליכא איסור מזיק בשו"ר מובן מה שהרי"ף נתן טעם לפטור דשו"ר ברה"ר

והג"ר משה ברנשטיין זצ"ל ביאר עפי"ז מש"כ הרי"ף בריש מכילתין דטעם הפטור דשן ברה"ר הוא משום דאורחי' בכך, ותמה עליו הרא"ש בסי' א' דאמאי הוצ' ליתן טעם לפטור. וביאר הגר"מ די"ל דכוונת הרי"ף הוא לזה גופא, דבא להסביר אמאי בשן ורגל מפרשי' דהפטור הוא גם מעיקר הדין מזיק ועל זה כתב דהוא משום דיסוד הפטור הוא משום דאורחי' בכך והוא סברא לפרש שהפטור נאמר על כל התורת מזיק ונפ"מ דליכא חיוב שמירה כלל, ובזה מיושב קו' הרא"ש על הרי"ף. [אך לפי מש"כ הפלפ"ח בפ"ב לחלק להרי"ף בין שן ורגל ברה"ר לשן ורגל בחצר שאינה של שניהם, דשם לא שייך טעם זה, אולי י"ל דבאמת בחצר שאינה של שניהם איכא איסור מזיק, וצ"ע בזה (עי' מש"כ בבי' דברי הרי"ף והפלפ"ח בדף ב'.]

סימן יג

בשיטת התוס' דהיכא דגל"ד דניח"ל לשלם חייב אפי' בז"נ וזה לא חסר[209]

א. שיטת התוס' דהיכא דגל"ד דניח"ל לשלם חייב אפי' היכא דז"נ וזל"ח

דף כ: תד"ה טעמא דניקף הא מקיף פטור ואפילו רבנן לא פליגי אלא משום דא"ל את גרמת לי הקיפא יתירא וא"ת ואי זה נהנה וזה לא חסר פטור אפילו עמד ניקף נמי וי"ל שאני עמד ניקף דגלי אדעתיה דניחא ליה בהוצאה ולא דמי לדר בחצר חבירו דלא גלי אדעתיה אלא בחנם עכ"ל, ומבואר שיטתם דהיכא דגלי אדעתיה דניח"ל בהוצאה מחייבינן ליה לשלם דמי נהנה אפי באופן דז"נ וזה לא חסר.

וכ"כ התוס' בב"ב דף ה. בתי' הא', דאיתא שם במשנה כותל חצר שנפל מחייבין אותו לבנותו עד ארבע אמות בחזקת שנתן עד שיביא ראיה שלא נתן מד' אמות ולמעלן אין מחייבין אותו סמך לו כותל אחר אע"פ שלא נתן עליו את התקרה מגלגלין עליו את הכל בחזקת שלא נתן עד שיביא ראיה שנתן ע"כ. ובתוס' שם בד"ה אע"פ וז"ל, אע"ג דז"נ וזל"ח פטור מ"מ כיון דגלי דעתיה דניחא ליה בהגבהה חייב וכן משמע נמי בכיצד הרגל (דף כ:) דקאמר טעמא דניקף הא מקיף פטור ש"מ ז"נ וזל"ח פטור ואפ"ה כשעמד ניקף חייב כן נ"ל כו' עכ"ל, ועי' ביש"ש (ב"ק ב–טז) שתמה טובא על חידוש זה דאיזה סברא יש לחלק בין היכא דגלי דעתי' להיכא דלא גלי דעתי' דסו"ס ז"נ וזל"ח הוא ופטור, וע"ש שחולק על התוס' לדינא ודחה ראיותיהם.

ב. ביאור הגרש"ש בסברת התוס'

ובביאור סברת התוס' כתב הגרש"ש (שע"י ג–כה) דהיכא דגלי אדעתיה דניח"ל לשלם חיובו אינו מדין נהנה גרידא אלא מדין משתרשי דהרי הרויח ממון בודאי וא"כ הוי כמו שיש לחבירו ממון בעין אצלו וא"א לפטור עצמו מדין ז"נ וזל"ח, וז"ל, דהיכא דגלי אדעתיה דניחא ליה בהוצאה הרי משתרשי ליה הדמים

[209] שיעור יומי י"ח תשס"ו פ' השותפין וחבורה י"ד פ' השותפין תשס"ח.

שנשארו אצלו שהיה מוציא בהוצאה, ונמצא שממון חבירו גורם לו תוספת דמים וזכה חבירו בנכסיו, כמו באנסו בית המלך את גורנו, והיכא דלא גלי אדעתיה יכול לומר הייתי מתענה ושוכב בחוץ, כמש"כ התוס' לענין אוכל מתנ"כ דלא חשיב משתרש משום שיכול לומר הייתי מתענה, וכיון שהוא משתרש בדמים אז גם אם לא חסר בעל החצר או המקיף חייב לשלם, והטעם בזה דרק כשאנו באים לחייב משום נהנה דהוא משום משתמש בממון חבירו צריך שהשימוש יפגע קצת גם אצל בעל הממון, אבל אם ממונו גרם הוספת דבר בעולם, הדין נותן שיזכה בעל הממון בדבר הנוסף כולד פרה שזוכה בעל הפרה עכ"ל, וכעי"ז כתב בחידושיו בסי' ו'[210], ועי' בסימן י' שהארכנו בגדר החילוק בין משתרשי לנהנה.

ג. ביאור הגרב"ד בסברת התוס'

והגרב"ד הסביר דברי התוס' באופ"א דאין כוונתם לדין משתרשי אלא דכבר ביארנו דאיכא שני סוגי חיובי נהנה, אחת היכא דלא קבל שום זכות ושנית היכא דקבל זכות בההנאה כגון ביורד, וי"ל דכל מש"כ התוס' דמהני גלי אדעתי' דניח"ל היינו דוקא היכא דאיכא 'מהנה' דרוצה ליתן לו ההשתמשות בזכות, בזה אמרי' דהיכא דגלי אדעתי' דניח"ל א"כ זכה בה בדין ושפיר חייב אף דז"נ וזל"ח, אכן היכא דאפי' אחר גילוי הדעת מ"מ לא זכה בההנאה עם זכויות, דאכתי אין לו בו שום זכות א"כ לא איכפ"ל אם גלי אדעתי' דסו"ס ז"נ וזל"ח הוא וכמש"כ היש"ש. [א"ה עי' בברכ"ש ב"ב סוס"י ט' וז"ל וסברת התוס' באם גלי דעתי' דניחא לי' בהוצאה מחויב אפי' בלא חסר הסברתי דהוי לקיחה ממש ולא רק נהנה לחוד עכ"ל, ויל"פ כוונתו על דרך הנ"ל] ויש להעיר על עיקר הפי' של הגרב"ד מלשון התוס' שכתבו דהטעם דליכא גילוי דעת בדר בחצר חבירו הוא משום 'דלא גלי אדעתי' אלא בחנם', והא תיפו"ל דאין לו בו שום זכויות וא"כ לא מהני אפי' אם גלי אדעתי'.

ד. ישוב על קו' השטמ"ק בדף כא. מהשוכר בית מראובן ונמצא של שמעון

ולפי פירוש הגרב"ד יש ליישב קושית השטמ"ק לקמן בדף כא. דאיתא שם בגמ' אמר אבא מרי משמיה דרב הדר בחצר חבירו שלא מדעתו אינו צריך להעלות לו שכר והשוכר בית מראובן ונמצא הבית של שמעון מעלה לו שכר תרתי? הא דקיימא לאגרא הא דלא קיימא לאגרא ע"כ, ומבואר בהגמ' דהשוכר בית מראובן ונמצא הבית של שמעון הי' פטור היכא דלא קיימא לאגרא, ועי' בשטמ"ק שם שהקשה דכיון דגלי אדעתי' דניח"ל לשלם מ"ט אינו חייב אפי' בלא קיימא לאגרא, דהא מבואר בתוס' הנ"ל דכל היכא דגלי אדעתי' דניח"ל לשלם חייב אפי' באופן דז"נ וזל"ח, וז"ל, ותימה למה לא העמיד שניהם דלא קיימא לאגרא והשוכר בית מראובן דמעלה שכר לשמעון לפי שבשכרה מראובן גילה בדעתו שהיה חפץ ליתן שכר כדאמרי' בב"ב רי"א אם עמד ניקף וגדר את הרביעית מגלגלין עליו את הכל לפי שגילה בדעתו וכו' והא דקאמר משמיה דרב אינו צריך להעלות לו שכר כגון שדר שלא מדעתו ולא גילה שהיה חפץ לשכרה וי"ל דהכא לא חשיב גלוי דעת אצל שמעון כי לא כיון לשכור וליתן שכירות אלא לראובן ולא לשמעון. גליון עכ"ל. ולפי"ד הגרב"ד יש ליישב גוף הקושיא דאף שגלי אדעתי' דניח"ל לשכור מראובן אבל סו"ס הוא קבל אותה משמעון בלי זכויות וא"כ לא איכפ"ל מה דגלה אדעתי' דניח"ל לשלם. ואולי יש להעמיס כן בכוונת השטמ"ק שם דר"ל דגלי אדעתי' ופסק עם ראובן לשכור ממנו ולא פסק עם שמעון לשכור ממנו ונמצא דדר שם בלי זכויות ובלי רשות ובכה"ג חיובו הוא רק מדין נהנה בעלמא ואמרי' ז"נ וזל"ח פטור, וצ"ע.

---

210 וז"ל, במקיף אם גלה דעתו שרוצה בהוצאה דזו הוצאה אחת שאם עכשיו רוצה גם מעיקרא היה רוצה, דבאכילה אם מוציא עכשיו אינו שייך לאכילה דמעיקרא שאם הי' אוכל מעיקרא ג"כ צריך לאכול עכשיו וכן בדירה והוה רק נהנה ואם לא חסר חבירו פטור. אבל אם גלה בדעתו דניחא לי' בהוצאה, וכן בדירה אם הי' מגלה בשעה שדר שרוצה בהוצאה לשנה זו, הרי משתרש לי' וחייב אע"פ שלא חסר חבירוף, עכ"ל.

ה. ישוב האו"ש על קו' השיטמ"ק הנ"ל ע"פ דרך הגרש"ש

וע"ע באו"ש (פ"ג מגזו"א ה"ט) שהביא קושיא הנ"ל בשם המפרשים, והביא עוד להעיר מהפרישה (חו"מ סימן שס"ג) והסמ"ע דא"כ כל גברא דעביד למיגר הרי גלוי דאם לא היה מוצא חצר זה היה שוכר בדמים, והוי כאילו גלי אדעתיה דניחא ליה בהאי הוצאה יעו"ש, ותי' על זה האו"ש וז"ל, לדעתי פשוט, דזה ודאי דיכול להוציאו ולומר אינני רוצה שתדור בחנם אצלי, וכמוש"כ בהגהות מרדכי (שם) ובתוספות פ"ק דב"ב (דף י"ב ע"ב ד"ה אמיצרא), וכיון שכן א"ש, דאימת גלי אדעתיה דניחא ליה למיהב אגרא אם יהיה שכור הבית אצלו על זמן ששכר כמו מכר, דשכירות ליומא ממכר הוא (ב"מ נו:), אבל באופן דכל שעה אינו בטוח שמא יוציאנו בעל כרחו מן הבית, וקשה טלטולא דגברי, ומאן בעי למיגר בלא זימנא, הא סתם כי אגר אינש אדעתא דתלתין יומין אגר, כמפורש פ"ק דרה"ש (דף ז:), לא ניחא ליה למיהב אגרא אם לא בחנם, וא"ש טובא, דכיון דנמצא הבית שאינו של משכיר א"כ אינו בטוח, כי כל יומא יבוא בעה"ב ויפנה אותו ואת כליו, וההוא גברא בהאי פחדא יתיב, אדעתא דא לא נתחייב למיתב אגרא, וכי קא בעי למיתב אגרא באופן שיהא מכור לו על זמן ששכר ממנו, אבל באופן שאינו מכור לו לא נתחייב למיתב אגרא, וברור ופשוט לדעתי עכ"ל, ור"ל דכל הגילו"ד הוא דמוכן לשלם לקבל זכות השתמשות וקנין שכירות אבל אינו מוכן לשלם לדירה היכא דאין לו זכות ורשות לדור שם והבעה"ב יכול לסלקו משם.

ונראה דהאו"ש פי' התוס' על דרך הגרש"ש, ושפיר כתב לפי סברתו דכה"ג א"א לדונו כמשתרשי דהא לא קבל הממון כלל שנוכל לדון שהממון האחר הוא תחליף לממון זה, ובאמת השע"י שם תי' קו' השיטמ"ק על דרך האו"ש[211].

ו. דיחוי הקצה"ח על ראית התוס' מסוגיין דהיכא דגל"ד דניח"ל לשלם חייב אפי' בז"נ וזל"ח

כבר הבאנו מש"כ היש"ש לחלק על עיקר דברי התוס' דהיכא דגל"ד דניח"ל לשלם חייב אפי' באופן דז"נ וזל"ח וכתב לדחות הוכחת התוס' מסוגיין. וע"ע בקצה"ח (קנח-ו) שדחה ראית התוס' מסוגיין מטעם אחר, דהנה עיין בנמו"י בב"ב שם שהקשה על המשנה שם וז"ל, אם בנה כותל כנגד כותל זה והוא ראוי לתת עליו תקרה אע"פ שעדיין לא נתן עליו את התקרה מגלגלין עליו את הכל שהרי גילה דעתו דניחא ליה במאי דבנה חבריה וא"ת במה קנאו דמחייבים ליה כו', עכ"ל, [צ"ב מאי קשיא לי' והא מחייבינן לי' משום נהנה כמש"כ התוס', ומהיכ"ת לומר דקנאו ומחייבינן לי' מדין מקח וממכר בעלמא, ויתכן לפרש דס"ל דא"א לחייבו משום נהנה דהוי ז"נ וזל"ח וכקושית התוס', אך כל כי האי הו"ל לפרש. וטפי נראה דנתקשה לי' דכל עוד דלא נתן עליו את התקרה א"א לחייבו משום נהנה דאכתי לא נהנה ולא מידי, וראה להלן עוד בזה].

ותי' הנמו"י וז"ל, י"ל דכיון שחצי כותל עומד הוא על חצרו קנתה לו חצרו ואע"פ דלא אמר ליה אידך תקנה לך חצרך ברור לן שעל דעת כן בנאו שיהיה שלו כ"ז שירצה עכ"ל, ולפי זה לכאורה החיוב במתני' אינו משום דין נהנה אלא מדין מקח וממכר בעלמא, דיש לן אומדנא דרוצה לקנות הכותל ולהתחייב לשלם בעבורה כשאר מקח וממכר בעלמא, וכ"כ הקצה"ח (שם) בביאור דבריו[212], וכתב שם דלדברי הנמו"י יש

---

[211] וז"ל, והא דהקשו האחרונים מסוגית הש"ס דהתם בשוכר בית מראובן ונמצא של שמעון דאם לא קיימא לאגרא פטור לשלם לשמעון אף דגלי אדעתיה דניחא ליה בתשלומי שכר דירה, נ"ל דל"ק דהנה בשוכר דירה יש לו זכות על זמן ששכר באופן שאין הבעלים יכולים להוציאו במשך זמן שכירותו, ובדר בלי קנין כל שעה ושעה יכול להוציאו, ומשו"ה יכול לומר דניחא ליה בהוצאה לשכור דירה בקנין, אבל להוציא על שכר דירה שלא בדרך קנין לא גלי אדעתיה דניחא ליה בהוצאה, וכיון ששכר מראובן ונמצא של שמעון בטל קנין השכירות דהשכיר שאינו שלו וזה פשוט, עכ"ל.

[212] וז"ל, וכיון דקנה בגוף הכותל להיות חצי שלו תו לא שייך ז"נ וזל"ח דאין לך חסר גדול מזה כיון שקנה מזה גוף האבנים ומו"מ הוא ומכי משך במקחו נתחייב בדמים, וזה נמי מכי גלי אדעתיה דניחא ליה הרי זוכה לו חצירו ונתחייב בדמי מקחו. ולא אמרו ז"נ וזל"ח אלא היכא שגוף

לחלוק על מה שחידשו התוס' בב"ק ותוס' בב"ב בתירוץ הא' דהיכא דגלי דעתי' דניח"ל חייב לשלם אפי' היכא דז"נ וזל"ח ודייק כן מסוגיין דקאמר טעמא דניקף הא מקיף פטור ש"מ ז"נ וזל"ח פטור ואפ"ה כשעמד ניקף חייב, אלמא דהיכא דגלי דעתי' דניח"ל חייב, ולפי"ד הנמו"י י"ל דהא דאם עמד הניקף חייב הוא משום דכיון דגלי דעתי' אמרי' דיש לן אומדנא דרוצה לזכות בכותל וזכה בו מדין קנין חצר [וודאי הוי 'חסר'] וחייב מדין מקח וממכר בעלמא.

והי' מקום לפרש דמש"כ התוס' בתי' הא' בב"ב דאם בנה כותל כנגד כו' חייב משום דגלי דעתי' דניח"ל, כוונתם הוא על דרך הנמו"י דכיון דגלי דעתי' אמרי' דיש לן אומדנא דרצה לזכות בו (א"ה עי' בחי' רע"א השלם ב"ב דף ה.), אמנם באמת המעיין בתוס' יראה דא"א לפרש כן בכוונתם דהנה התוס' הוכיחו יסוד זה ממקיף ונקיף, ואם נפרש בכוונת התוס' דחייב בבנה כותל כנגדו על דרך הנמו"י, נצטרך לפרש דזהו ג"כ יסוד החיוב בהך דמקיף וניקף, דגם שם חיובו הוא משום דזכה בכותל, אכן בשיטת התוס' ליכא לפרש כן, דעיין בקצה"ח שם שכתב דכל הא דמצינו לפרש דזהו יסוד החיוב בעמד ניקף כו' הוא לפירש"י בסוגיין דאיירי' בגדר הפנימי בין המזיק להניזק ונבנה על חצי מקרקעו של המזיק ולכן זכה בה בקנין חצר, אך לפי התוס' דאיירי' בגדר החיצון הרי אינו מונח על חצירו כלל וא"א לזכות בה בקנין חצר וא"כ לא שייך לתרץ כנ"ל ובע"כ דחיובו הוא משום דגלי דעתי' דניח"ל, ולכן לשיטתייהו שפיר הוכיחו מהך דמקיף וניקף דהיכא דגלי דעתי' דניח"ל מחייבינן לי' אפי' במקום דז"נ וזל"ח. והעיר שם הקצה"ח לדברי המ"מ (פ"ג משכנים הל' ד) שפי' בטעמא דהר"מ שכתב והוא שיהי' על מקום שניהם, ומשום דאז זוכה לו חצירו בחצי הכותל וא"ש.

ז. בביאור תוס' ב"ב דף ה. שנקטו דמיד שסמך לו כותל אחר חייב מדין נהנה

ולפי התוס' דחיובו בסמך לו כותל אחר הוא מדין נהנה קשה טובא קו' הנמו"י דכל עוד דלא סמך עליו את התקרה אכתי לא נהנה וא"כ איך מחייבינן לי' מדין נהנה, וצריכים לדחוק דכבר מעכשיו יש לו הנאה כיון דדעתו לבנות, והוא חידוש. עוד י"ל עפ"י מש"כ הנמו"י שם בהמשך דבריו, וז"ל, וא"ת ואמאי מגלגלין עליו שמא כשיקרה את ביתו לא יסמוך קורותיו באותו כותל, י"ל דמ"מ כיון שנעשה כותל זה מחיצה לביתו חייב, (דנהנה בזה גופא שהוא מחיצה לביתו אף שלא סמך עליו את התקרה) והכי תניא בתוספתא [ריש פרק י"א דב"מ] היתה סמוכה לביתו אע"פ שלא נתן את הקורה לאותו רוח נותנין לו יציאותיו של כותל וכו' עכ"ל, ולפי"ז א"ש טפי שיטת התוס', דכיון שכבר סמך כותל אחר והוא באמצע בנין הבית כבר יש לדון שנהנה מזה שיש לו עוד מחיצה לביתו.

ושני ביאורים הנ"ל מבוארים בחי' רע"א בב"ב שם וז"ל, מתני' סמך לו כותל אחר כו' מגלגלין עליו את הכל כתב בנמו"י וא"ת אמאי מגלגלין עליו שמא כשיקרה כו' וי"ל דמ"מ כיון שנעשה כותל זה מחיצה לביתו חייב. והכי תניא בתוספתא. ובזה הבנתי דברי התוד"ה אע"פ שלא נתן התקרה כו' אע"ג דז"נ וזל"ח פטור וכו', דלכאורה תמוה הא עתה אפילו נהנה לא הוי אלא דחייב על שם סופו שדעתו ליתן עליו התקרה ואז יהיה זה חסר ג"כ דיכביד עליו בקורה על כותלו, אלא דכוונתם כקושית הנ"י דאולי כשיקרה את ביתו לא יסמוך קורתו וע"כ משום דמ"מ נהנה כיון דנעשה כותל זה מחיצה לביתו ובזה שפיר קשה דהא זה נהנה וזה לא חסר, עכ"ל. ומבואר מדברי רעק"א דהי' ניחא לו לומר דהנהנה הוא 'על שם סופו' אלא שהעיר דא"כ הוי כז"נ וז"ח ולכן העלה עפ"י תירוץ השני של הנמו"י. ועיקר מושג זה של 'דחייב על שם

הבית הוא של בעה"ב וז"נ וזל"ח הוא דפטור, אבל היכא שקנה גוף הבית דרך מו"מ ודאי חייב ואין לך חסר גדול מזה וכמ"ש, וזה נמי מכי גלי אדעתיה דניחא ליה קנה לו חצירו ומכי משך במקחו הרי נתחייב בדמי המקח. והיינו נמי טעמא דסמך לו כותל אחר דהתם נמי קני ליה חצירו גוף הכותל וצריך לשלם דמיו וזה ברור עכ"ל.

סופו' צ"ב וכנראה שהנמו"י עצמו לא הי' ניח"ל בזה[213]. וע"ע בחי' רע"א השלם שמובא כמה נוסחאות מהגרע"א בענין זה.

ויוצא מזה דנחלקו התוס' והנמו"י בהא דאמרי' דסמך לו כותל אחר חייב לשלם, דלפי התוס' הוא חיוב נהנה ולהנמו"י חיובו הוא משום שזכה בו, והנה בגמ' ב"ב שם דייני' אם אדם פורע חובו תו"ז, ודייק מהא דתנן שם בסמך לו כותל אחר בחזקת שלא נתן עד שיביא ראיה שנתן, ה"ד אילימא דא"ל פרעתיך בזמני אמאי לא אלא לאו דא"ל פרעתיך בתוך זמני אלמא לא עביד איניש דפרע בגו זימניה שאני הכא דאמר מי יימר דמחייבו לי רבנן, ע"כ. והנה בשלמא לתוס' דחייב משום נהנה י"ל דלא ידע שיחייבוהו לו רבנן, אבל לפי הנמו"י דדעתו לזכות בכותל וחיובו הוא מדין מקח וממכר איך שיי"ל מי יימר דמחייבי' לי' רבנן והא ודאי יחייבוהו לשלם כשאר מקח וממכר דעלמא. והנה הגרש"ש פי' דאף לפי הנמו"י התחלת חיובו הוא מדין נהנה, דכיון שיתחייב לשלם משום נהנה משו"ה כבר דעתו לזכות בכותל[214], ולפי"ז שפיר י"ל מי יימר דמחייבו לי רבנן, דעד כמה שיחייבו הוא רוצה לזכות בכותל אך אינו ברור שיחייבו לו. אכן מדברי הקצה"ח משמע דלהנמו"י באמת א"א לחייבו עכשיו משום נהנה, דעדיין לא נהנה מידי, ואפ"ה זכה בכותל ובע"כ דמה שזכה בכותל אינו משום דבלא"ה מחייבי' לי' משום נהנה, ולפי דבריו הק"ל דכיון דדעתו לזכות בכותל איך שיי"ל דאינו יודע שיחייבו לו רבנן, וצ"ע[215].

ענף ב– בד' הנתה"מ שאיכא שני אופני גלי אדעתא דניח"ל, ובחילוק בין משנה בדף ד: לדף ה. (ברכ"ש ב"ב סי' ט')

שו"ע חו"מ קנ"ז-י כותל חצר המבדיל בין שני השותפין שנפל, יש לכל אחד מהם לכוף את חבירו לבנותו עד גובה ארבע אמות רצה האחד והגביהו יותר מארבע אמות אין מחייבין אותו ליתן חלקו במה שהגביה יותר מארבע אמות, אלא (אם) כן בנה כותל אחר גבוה כנגד הכותל שביניהם, שאז מחייבין אותו לתת חלקו בגובה שכנגד כותלו כו' שהרי גילה דעתו שהוא רוצה בכל הגובה הזה. הגה: וכן בארכו כו' חייב בכל התוספות שהוסיף חבירו, ע"כ.

---

[213] א"ה מדברי מו"ר הי' מבו' דס"ל דאם נפרש דברי התוס' על דרך הנמו"י א"צ לחידוש זה דחייב על שם סופו, ויל"ד בלשון הגרע"א. ולולי דברי מו"ר הי' נראה לפרש בכוונת הגרע"א דמש"כ ד'חייב על שם סופו' ר"ל דלעולם גם לפי התוס' החיוב לשלם הוא משום זכה בכותל אלא דאילולי זה שעומד לבסוף לשלם מדין נהנה לא הי' רוצה לזכות בכותל, ראה בהמשך שהזכרנו סברא זה מהגרש"ש, והקשו התוס' דאמאי רוצה לזכות בכותל והא לבסוף לא יתחייב לשלם מדין נהנה דהוי ז"נ וזל"ח, והקשה הגרע"א דלבסוף יהא ז"נ וז"ח, ותי' דלבסוף יתכן דלא יהא חסר ועל דרך הנמו"י, ומעתה י"ל דגם למסקנא חיובו הוא 'על שם סופו' דר"ל דכיון דיודע דיתחייב לשלם מדין נהנה משו"ה דעתו לזכות בכותל, אלא שהקשו התוס' דאמאי יתחייב לשלם לבסוף כיון דז"נ וזל"ח הוא.

[214] א"ה לא מצאתי סברא זו בחי' הגרש"ש או בשע"י, ועי' בחי' ר' שמואל סי' ו' שכתב סברא זו בדעת הר"מ וז"ל, הא דאמדינן דעתיה דרוצה לקנות חצי הכתל, הוא דוקא אם בלא"ה יתחייב לשלם מטעם נהנה, ולהכי אמדינן דעתיה דרוצה לשלם יותר ושיהיה לו קנין בכתל, אבל אם היה יכול ליהנות בחנם ודאי דלא היה רוצה לקנות, ואף דכ' הרמב"ם דמטעם נהנה יתחייב רק דבר מועט, מ"מ כיון דאם הכתל ישאר של המקיף הרי יהיה בידו לסלקו בכל עת שירצה, ואף דודאי דתשלומי הנאה ישומו לפי האפשרות שיכול הלה לסלק את הגדר, וישומו כמה הושבחה השדה בגדר כזה שאפשר לסלקו בכל שעה, מ"מ כיון דמשלם מיהת, רוצה אדם להיות בטוח שלא יסלקו את ההנאה אח"כ, ואמדינן דעתיה דרוצה להתחייב יותר ולקנות חלק בגדר, אבל אם מטעם נהנה היה פטור, לא היה רוצה כלל לקנות, וא"ש משנ"ת בישוב דברי הרמב"ם, דאף לשיטתו דס"ל דיסוד החיוב אינו משום נהנה אלא משום דחייב לשלם בעד הגדר, מ"מ צריך שיהא שייך לחייב כאן משום נהנה, וע"כ צריך בניקף לטעמא דגילוי דעת דאל"ה היה פטור משום דהוי זה נהנה וזה לא חסר, וכנ"ל, עכ"ל, ודע דמש"כ הגרש"ר דאם ישאר של המקיף בידו לסלקו בכל עת שירצה אינו מוכרח, עי' מש"כ בסימן יג אות טו.

[215] א"ה לכאו' י"ל דתוס' מודו דזכה בכותל ומשו"ה חייב לשלם אלא דס"ל כמש"כ לעיל דאי לאו דחייב מדין נהנה לא הי' רוצה לזכות בכותל.

ח. כמה חילוקים בין דין עמד ניקף וגדר כותל רביעית לדין דהסומך כותל אחר

עיין בנתה"מ (שם ס"ק ז') שהק' דלפו"ר היה נראה דחיוב בעמד ניקף וגדר כותל רביעית דמגלגלין עליו את הכל וחיוב בסמך לו כותל אחר אע"פ שלא נתן עליו את התקרה מגלגלין עליו את הכל שוין הן דבשניהם גל"ד דניח"ל לשלם, והעיר על זה מהא דמצינו כמה חילוקים בינייהו בדין, **א.** בסי' קנ"ח סעיף ז' פסק השו"ע לענין מקיף וניקף דאם עמד ניקף וגדר את הרביעית בקנים א"צ לשלם רק דמי קנים וכ"כ בחי' הרמב"ן (ב"ב ד:), ואילו בסמך לו כותל אחר משמע בסי' קנ"ז סעיף י' שאפילו בנה כותל קנים כנגדו חייב לשלם לו לכותל האבנים, **ב.** בדף ד: פליגי ר' חייא בר רב ור"ה בעמד ניקף וגדר בכותל אבנים אם חייב לשלם כפי שיווי כותל אבנים או כפי שיווי דמי קנים בזול וגבי כותל חצר לא פליג ומשמע דאפי' סמך לו כותל אחר של קנים חייב לשלם לו כפי שיווי הכותל שבנה הראשון. וביאר הנהת"מ בזה וז"ל, לכן נראה דכאן (בסמך לו כותל אחר) מיירי שניכר שרוצה לעשות בנין ולסמוך תקרה על הכותל המשותף, א"כ בודאי רוצה לזכות בחצי הכותל המשותף, דכל זמן שאינו זוכה בו שיהיה שלו אסור לסמוך על כותל חבירו, משא"כ במקיף שאינו רוצה רק ליהנות מכתלים של חבירו ולא להשתמש עליהם, מש"ה אין צריך לשלם רק מה שנהנה. וכן משמע מלשון הנמו"י (דף ג. מדה"ר) והרמב"ן (דף ו. ד"ה הא דתנן) והירושלמי (פ"א ה"ג) שהביא הרמב"ן, דעיקר החיוב הוא משום שרוצה להעמיד עליו תקרה. ולפ"ז אם ניכר שאין רצונו לסמוך עליו תקרה ג"כ א"צ לשלם לו רק כפי מה שנהנה, דהיינו אם סמך נגדו רק כותל עצים א"צ לשלם לו רק דמי עצים עכ"ל.

ועיין בברכ"ש (ב"ב סי' ט') שלמד מדבריו ('ארויסגענימען') דאיכא שני סוגי גילוי דעת, **א.** גילו"ד דניח"ל במעשה חבירו גופי', כמו מתני' בדף ה' בסמך לו כותל אחר דניח"ל בגוף הכותל דהא צריך לי' לסמוך עליו התקרה והוי כמו אומר תקנה לי חצרי, **ב.** היכא דלא גל"ד דניח"ל בגוף מעשיו ושהוא רוצה לזכות בכותל שבנה חבירו, אלא דעכ"פ גל"ד דניח"ל להנות, וזהו דין מתני' דהמקיף, דאם עמד ניקף וגדר את הרביעית דהכא ליכא גלוי דאומר תקנה לי חצי אלא דניח"ל השמירה משום דשם אינו עומד להשתמש בכותלין, וזהו כוונת הנה"מ דבמתני' דסמך לו כותל אחר אפי' אם סמך לו כותל קנים חייב לשלם כפי דמי הכותל של הראשון, דהרי גל"ד דרוצה לזכות בו ולכן חייב כפי שיוויו, משא"כ בהך דמקיף וניקף דלא גל"ד דרוצה לזכות בכותל חבירו אלא שרוצה ליהנות ממנה א"כ חיובו הוא מדין נהנה וא"א לחייבו יותר מדמי נהנה, וכיון שבנה הוא כותל קנים הרי לא נהנה טפי. וזהו ג"כ כוונתו במה דאיכא מ"ד שאפי' עמד ניקף וגדר בכותל אבנים אינו חייב אלא דמי קנים, דכיון דחיובו הוא רק משום נהנה, י"ל דשיווי נהנה לא הוי יותר משיווי דמי קנים דגם זה מועיל לשמירה, משא"כ בסמך לו כותל אחר דחיובו הוא משום שזכה בחצי הכותל א"כ לכ"ע חיובו הוא כפי שיווי אותו כותל.

והנתה"מ בסי' קנ"ח ס"ק ה' הוסיף עוד נפ"מ בזה דבהנך דמקיף וניקף פסק הרמ"א שם דאם עמד ניקף וגדר כותל שלישית ולא גדר כותל רביעית א"א לחייבו, דכיון דכל חיובו הוא רק משום נהנה ואכתי לא נהנה א"א לחייבו, אבל במתני' דסמך לו כותל אחר אע"פ שלא נתן עליו את התקרה ולא נהנה עדיין מ"מ מחייבין אותו משום דהא הוי ניח"ל כאומר תקנה לי חצרי.

ט. הערה על הנתה"מ דכל דבריו הם רק כפי הנמו"י ולא כהתוס'

והנה לכאורה כל דברי הנתה"מ אתיין לפי הנמו"י דבסמך לו כותל אחר זכה בכותל, אבל כבר הוכחנו דתוס' לא ס"ל כן אלא ס"ל דגם בסמך לו כותל אחר חיובו הוא מדין נהנה[216]. והנה לעיל הבאנו מהקצה"ח דלפי הנמו"י דסמך לו כותל אחר חיובו הוא מדין מקח וממכר גם במקיף וניקף י"ל דחיובו הוא משום

---

[216] א"ה יתכן דהנתה"מ כתב דבריו גם בתוס' וס"ל כמש"כ לעיל דאי לאו דחייב מדין נהנה לא הי' לו דעת לזכות בכותל.

שזכה בכותל, וכמש"כ המ"מ בהר"מ, אמנם הנתה"מ חילק בינייהו, דדוקא בהך דסמך לו כותל אחר דדעתו להשתמש בגוף הכותל לשים עלה תקרה אמרי' דדעתו הוא לקנותו אבל במקיף וניקף דאינו משתמש בו אמרי' דאין דעתו לקנותו ורק דכיון דגלי דעתו דניח"ל בהנאה מחייבינן לי', ונמצא לפי"ד הנתה"מ דהמשנה בדף ד: דעמד ניקף חייב משום דגלי דעתי' והמשנה בדף ה. דסמך לו כותל אחר חייב משום דגלי דעתי', איירי בשני חיובים שונים, דהמשנה בדף ד: איירי בחיוב נהנה וזה אינו חייב אלא היכא דכבר נהנה, והמשנה בדף ה. הוא חיוב משום מקח וממכר וחייב אפי' לפני שנהנה.

י. לפי הנ"ל י"ל דאפי' מ"ד דאיירי' בכותל הפנימי מ"מ לא זכה הניקף בכותל, ודלא כקצה"ח

וכתב הברכ"ש דמבו' מהנתה"מ דאפי' לרש"י ודעימי' דהך דמקיף וניקף איירי בכותל הפנימיות דמונח חציו על קרקעו אפ"ה חיובו הוא מדין נהנה ולא מדין מקח וממכר, דלא גלי דעתו דניח"ל לזכות בו, והוא דלא כהקצה"ח שנקט דאם נפרש דאיירי בכותל הפנימיות היכא דגלי דעתי' דניח"ל אמרי' דדעתו לזכות בו.

ומה"ט כתב להצדיק דברי היש"ש שנחלק על התוס' וס"ל דהיכא דגלי דעתי' דניח"ל בהנאה ולא גלי דעתי' דניח"ל בגוף הדבר עצמו א"א לחייבו משום נהנה באופן דז"נ וזל"ח, דלפי משנ"ת עמד ניקף לא נחשב כגילו"ד שרוצה לזכות בו ולכן שפיר יש להוכיח מהך דמקיף וניקף דאם גלי דעתו חייב אפי' בז"נ וזל"ח.

אמנם באמת הקצה"ח הביא דברי המ"מ שס"ל כוותי' דגם בהך דמקיף וניקף אמרי' דגלי דעתי' דניח"ל לזכות בגוף הכותל וא"כ צב"ק דברי הנתה"מ כמאן אתיין דמתוס' מבו' דגם סמך לו כותל אחר כו' חיובו הוא מדין נהנה, ולפי הנמו"י דחייב בסמך לו כותל מדין מקח וממכר, יתכן דגם במקיף וניקף חיובו הוא מדין מקח וממכר וכדברי המ"מ, ומהיכ"ת לחלק בינייהו, אלא דבאמת הנתה"מ כתב כן בדברי השו"ע דפי' (קנח–ה) דאיירי' בכותל פנימי ואפ"ה מבו' מדבריו דלא זכה בכותל וכמש"כ. [והקצה"ח לשיטתו אזיל בזה שהביא שהב"י באמת פסק דבעמד ניקף וגדר את השלישית דחייב, והרמ"א השיג עליו מדברי הטור דמבו' דפטור, ותי' הקצה"ח דהטור לשיטתו אזיל שפי' דאיירי בגדר החיצון וא"כ א"א לחייבו מדין מקח וממכר דהא לא זכה בכותל וחיובו הוא רק מדין נהנה ולכן כל זמן שלא נהנה אינו חייב, ואף שהרמ"א כנראה נקט דגם אם נפרש דאיירי בגדר פנימי אפ"ה הדין הוא כן, דאינו חייב אלא כשגדר את הרביעית, אין דבריו נראים אלא דברי הב"י עיקר, עכ"ד הקצה"ח, וכנראה שהנתה"מ כתב דבריו בדעת הרמ"א.]

ולכאורה לפי התוס' דגם סמך לו כותל אחר הוא חיוב נהנה הק"ל קו' הנתה"מ דמ"ט חייב לשלם לו דמי אבנים ולא סגי לשלם דמי קנים לפי המ"ד דסבר דאפי' עמד ניקף וגדר כותל אבנים אינו חייב לשלם אלא דמי קנים דלא נהנה יותר מזה. ואולי י"ל בזה עפי"ד הרמב"ן שכתב דגם מ"ד דאינו חייב אלא דמי קנים היינו רק בשדה שאינה עשוי' ליטע, ולפי"ז י"ל דהכא נחשב כשדה העשוי' ליטע.

עו"ק על התוס' דבסמך לו כותל אחר כו' איך שייך לחייבו להנאה דאכתי לא נהנה ממנה, והוי כמו מקיף וניקף בעמד ניקף וגדר כותל שלישית, וקושיא זו נכלל בדברי הנתה"מ, ועי' לעיל מש"כ בזה מהגרע"א.

יא. בד' הרשב"א ב"מ דף ק"א שהוכיח הגרב"ד מדבריו דאיכא שני סוגי גילוי דעת

ועיי"ש בברכ"ש שהוסיף "ועיין בשטמ"ק בב"מ דף קא: דברי הרשב"א מאירים בזה שמחלק ג"כ הנך ב' אופני גילוי דעתי'", וכוונתו הוא לדברי הרשב"א שם בסוגיא דיורד, דאיתא בגמ' שם (דף קא.) היורד לתוך חורבתו של חבירו ובנאה שלא ברשותו ואמר לו עציי ואבניי אני נוטל שומעין לו, וכתב הרשב"א שם וז"ל, עצי ואבני אני נוטל. נ"ל דדוקא שקדם ואמר עצי ואבני אני נוטל קודם שיאמר הלה דמיהם אני נותן, אבל קדם בעל השדה או בעל החצר ואמר ניחא לי במה שעשה מיד קנתה לו חצרו שהרי כשבנה זה או נטע על דעת שיקנה הלה אם ירצה (לכן אם אמר תקנה לי חצרי או גלה דעתו דניח"ל שיקנהו חצירו זכה בו ואין חבירו יכול לחזור בו), וה"ל כאותה ששנינו בפ"ק דב"ב כותל חצר שנפל מחייבין אותו לבנותו עד ד' אמות, למעלה מד' אמות אין מחייבין אותו לבנותו בחזקת שלא נתן עד שיביא ראיה שנתן סמך לו

כותל אחר מגלגלין עליו את הכל בחזקת שנתן עד שיביא ראיה שלא נתן אלמא מכיון שסמך לו כותל וגילה בדעתו דניחא ליה קנתה לו חצרו ושוב אין חברו יכול לחזור בו, שאם אין אתה אומר כן למה בחזקת שנתן והלא יכול לומר עצי ואבני אני נוטל ואי אפשי למכור ואיזו חזקה יש לזה שהוא נאמן לומר קניתי, אלא ודאי אין חברו יכול לחזור בו אחר שגלה בדעתו דניחא ליה דתקנה לו חצרו, ומעתה חזרו עליו דמי ההוצאה כמלוה ע"פ ונאמן לומר פרעתי, כנ"ל עכ"ל, ומבואר שפי' דין דמתני' על דרך הנמו"י דגלי דעתו דניח"ל לזכות בגוף הכותל, אלא דמה שהביא מהגמ' ד'למעלה מד' אמות כו' בחזקת שלא נתן עד שיביא ראי' שנתן ובסמך לו כותל אחר כו' בחזקת שנתן עד שיביא ראי' שנתן כו' נסתר ממתני' דתנן להדיא בסמך לו כותל אחר דהוי בחזקת שלא נתן עד שיביא ראי' שנתן, ואולי איירי באופן שכבר חייבוהו ב"ד לשלם, וצ"ע.

וע"ש ברשב"א שהמשיך "ובשדה העשויה ליטע אם אמר בעל השדה טול נטיעותיך אין שומעין לו דכמאן דגדרה ומנטר לה דמי, ועדיף מינה, דהא רב א"ל לההוא גברא דקגדרה ומנטר לה דישום לו וידו על העליונה משום דגלי אדעתיה דניחא ליה לנטעה. ואפשר היה לי לפרש האי דרב משום דכיון דגדרה וגלי דעתיה דניחא ליה ה"ל כאלו אמר תקנה לי חצרי וכאותה שאמרו בסמך לו כותל אחר, אלא דלא משמע הכי מדקאמרינן דמודה רב לשמואל בשדה העשויה ליטע ושמעינן לה מכללא דההוא עובדא דאלמא משום דגלי אדעתיה בלבד דעשויה ליטע היא ולא משום דקניא ליה חצרו, דאי לא היכי דייקי מינה דלא פליג אדשמואל בשעשאוה ליטע, וכ"כ הראב"ד עכ"ל,

ומבואר שהסתפק בגדר הא דאיתא שם דאף דיורד לתוך שדה חבירו בשדה שאינה עשוי' ליטע ידו על התחתונה מ"מ אם עמד וגדר בעל השדה את השדה וגלי דעתי' דניח"ל בנטיעות שנטע חבירו יד היורד על העליונה, האם הכוונה הוא דדייני' גילוי דעת זה כגילוי דעת לזכות בהנטיעות עצמן ולכן חייב מדין מקח וממכר, או דהוי רק גילוי דעת דניח"ל בההנאה, וכיון שגל"ד הוי כשדה העשוי' ליטע דיד היורד על העליונה, וכתב הרשב"א דמסברא הי' נראה כצד הא' אך מהגמ' מוכח כצד השני, דהגמ' דייק מעובדא דרב שפסק במי שירד לתוך שדה חבירו שאינה עשוי' ליטע ועמד בעל השדה וגדר את השדה וגל"ד דניח"ל דיד היורד על העליונה, דבע"כ ס"ל לרב דהיורד לתוך שדה חבירו העשוי' ליטע יד היורד על העליונה, וקשה דאיזה דמיון הוא והא כיון דגדר את השדה וגל"ד דניח"ל בנטיעות עי"ז זכה בהו וודאי יד היורד על העליונה דהא חייב בעל השדה לשלם כשאר מקח וממכר, ובע"כ דגם היכא דגדר את השדה וגל"ד דניח"ל לא נחשב כגילוי דעת לזכות גוף הדבר אלא כגילוי דעת שרוצה ההנאה.

ומדברי הרשב"א מבואר יסוד הנ"ל דאיכא שני סוגי גילוי דעת, ובההיא דסמך לו כותל אחר הוי גיל"ד דניח"ל לזכות בו, ובההיא דיורד לתוך שדה חבירו ועמד וגדר חצירו הוי רק גילו"ד דניח"ל בהנאה.

מילואים

א. בקו' מו"ר שאם החיוב לשלם הוא מדין מו"מ האיך אפ"ל שלא ידעתי שיחייבו לו רבנן

א"ה מו"ר הק' שאם הא דסמך לו כותל אחר אינו יכול להיות מדין נהנה אלא מדין מקח וממכר האיך אפ"ל שאינו יודע שיחייבו לו רבנן, והנה עי' בתוספות רע"א במשניות ומובא בחי' רע"א בדף ה: וז"ל, היסוד דסמך לו כותל דמגלגלים עליו לשלם היינו דגלי' דעתיה דניחא ליה בכותלו של חצירו וזכה לו חצירו בחצי הכותל כמ"ש הנמו"י וממילא אף קודם שסומך אם יודע בעצמו דניחא ליה מחויב ג"כ לשלם, אלא דאנן דלא ידעי' דעתיה אין מגלגלין עליו אלא בסמך דידוע לנו דניחא ליה בכך. וא"כ אמאי מקרי תוך זמנו הא למה דיודע בעצמו דרוצה לסמוך כותלו וניחא ליה בכותלו של זה הגיע זמן חיובו לשלם. וצ"ל דמ"מ כיון דא"א לחייבו בב"ד בודאי ניחא ליה לבעל הכותל להמתין לו עד אחר שיסמוך כותלו והוי

כמו תוכ"ז. וכיון שכן מיושב קושית מהרש"א דלאביי ורבא ניחא דהא חיובו ברור דכיון דיודע בעצמו דניחא ליה בכך אף אם יהיה סיבה שלא יגמור הכותל מ"מ הוא חייב לשלם אם מודה על האמת בב"ד דניחא ליה בכך. ובזה מיושב לי מה דתמוה לכאורה במה דמשנינן דאמר מי יימר כו' הא הרמב"ן במלחמות כתב דבסמוך עלה תקרה גלוי לכל דחייב נאמן לומר פרעתי. א"כ מה משני מי יימר דמחייבי הא יודע דלאחר שיסמוך תקרה יצטרך לשלם והקדים לשלם כמו כל ת"ז. ולפי הנ"ל ניחא דהכא אמרי' דזה אין גלוי לכל דמתחייב בלא סמך תקרה אף לפי דעתו דיסמוך תקרה מ"מ אם יהיה סיבה שלא יהיה אפשר לסמוך עליה התקרה אינו מחוייב בדין. וכיון שכן מקרי אין חיובו ברור דשלא לא יסמוך קורתו ולא יתחייב כלל דמאן יימר דמחייבי ליה רבנן בכה"ג. והוא נכון מאד בעזה"י עכ"ל, ולפי"ד לכאורה מיושב הקושיא.

ב. בסברת התוס' דהיכא דגל"ד דניח"ל לשלם חייב אפי' באופן דז"נ וזל"ח

בפנים הבאנו קו' היש"ש על התוס' דמ"ט חייב היכא דגל"ד דניח"ל לשלם והא סו"ס הוי ז"נ וזל"ח, ועיין בחי' ר' שמואל (סי' ו') שנתקשה טובא בזה ובהג"ה שם העיר לדברי השע"י הנזכר בפנים דבכה"ג חיובו הוא מדין משתרשתי, והגרש"ר שם בי' התוס' באופ"א דבכה"ג יש לחייבו מדין יורד, וכעין מש"כ בפנים מהגרב"ד, והוא ביאור הענין עפ"י פשטות דברי הש"ך (שצא-ב) מבואר דביורד לתוך שדה חבירו חייב השני לשלם לו רק היכא דהיורד נתכוין להשביח במעשיו, ומעתה י"ל דבשלמא שיטת רבנן דעמד מקיף וגדר את הרביעית מגלגלין עליו את הכל מובן היטב ומשום דאז בבנית הרביעית חשבינן ליה כאילו בנה את כל הכתלים ברציפות אחת ושעשה כן גם לצורך הניקף ולכן יש לחייבו מדין יורד על כל ד' הכתלים, אבל כשעמד ניקף וגדר את הרביעית הרי נמצא שהמקיף לא גדר אלא ג' רוחות ולא חשיב שעשה כן לצורך הניקף ובכה"ג בפשטות אין לחייבו מדין יורד לפי הש"ך, וי"ל דלזה מהני גילוי דעתו, דכיון דגל"ד יש לחייבו ג"כ מדין יורד, ומשום דע"י גילוי דעתו חשיב כאילו הוציא הוצאות אלו עבורו, דזהו יסוד החיוב ביורד וכמ"ש הריטב"א והנ"י הנ"ל, אלא דהיכא דליכא גילוי דעת צריך שיהא כוונה שהוא נעשה לצרכו, ואז חשיב כאילו הוציא ההוצאות על פיו, אבל היכא דגלי דעתיה דניחא ליה סגי בהכי אפי' אם אין מוכח מעצם המעשה שנעשה לצרכו וחשיב שפיר כאילו הוציא חצי ההוצאות של ג' הכתלים על פיו עכ"ד.

סימן יד

בגדר חיוב מעילה, ובדמיון הגמ' דחיוב מעילה לז"נ וזל"ח[217]

א. בקו' האחרונים על הר"מ שכתב דהמועל בזדון לוקה ומשלם ואין לו פטור קלב"מ

ב. קשה על תי' הגרא"ז מהסו' דלעיל דזר שאכל תרומה דקלב"מ פוטרת חיוב נהנה ותי' הגרי"מ על קו' זו

ג. בברכ"ש בסוגיא דהבא במחתרת מבואר עיקר חילוק הנ"ל בין אם לא יהי' אסון לכדי רשעתו

ד. בד' הברכ"ש (ב"ק יד-א) בבי' סו' דב"ק כ: דחיוב מעילה אינו חיוב נהנה אלא חיוב על גזילת התשמיש

<u>מילואים</u>

א. בד' הגרב"ד (ב"ק יד- א) דחיוב מעילה הוא לגזילת תשמישין, ונידון אם בגזילה איכא דין "חסר" ובבי' גמ' ב"ק כ:

ב. בי' הא די"ל דז"נ וזל"ח פטור משום דאין לו תורת ממון אף דשייך פסיקה עלה

ג. בגמ' ב"ק כ: בענין חיוב מעילה דהקדש שלא מדעת כהדיוט מדעת דמי, ואם שייך שכירות בלי קנינים

ד. הוכחה דחיוב מעילה אינה משום נהנה

א. בקו' האחרונים על הר"מ שכתב דהמועל בזדון לוקה ומשלם ואין לו פטור קלב"מ

ר"מ פ"א ממעילה הל' ג' כל המועל בזדון לוקה ומשלם מה שפגם מן הקדש בראשו כו' עכ"ל, וכתוב בגליון הגה"ה מהר"מ דפוס אמשטרדם[218] וז"ל, תימה והא אין אדם לוקה ומשלם, ורבינו עצמו פסק בהל' תרומות (פ"ו ה"ו) שהאוכל תרומה בזדון לוקה ואינו משלם שאין אדם לוקה ומשלם כו'.

ועי' באבן האזל שפי' בדברי הר"מ עפי"ד המאירי (ב"ק דף ע: וב"מ דף צא.), דאיתא בגמ' שם אתנן אסרה תורה אפי' בא על אמו, ור"ל דאף דחייב מיתה בבא על אמו וא"כ הי' מקום לומר דאפי' פסק עמה ליתן לה אתנן אינו חייב ליתנה דקלב"מ, אפ"ה יש לה תורת אתנן, ופירש"י דה"ט משום דאף דלקב"מ פטור מדיני אדם מ"מ חייב לצאת ידי שמים, וכיון שהי' חייב ליתנה לה לצי"ש יש עלה שם אתנן, אבל המאירי שם הביא מחכמי הצרפתים שפירשו באופ"א דהטעם דהוי אתנן הוא משום דהחיוב מיתה לא פטרו מהפסיקה ליתן האתנן, דפטור דקלב"מ לא שייך אלא בעונשי התורה, דבזה נאמר גזה"כ דאם לא יהא אסון וכדי רשעתו דחיוב מיתה ומלקות פוטרין הדין ממון, אבל היכא דא' חייב עצמו ליתן ממון ל"ש בי' פטור דקלב"מ, ולכן באתנן דהוא חייב את עצמו בממון ואינו ענין עונש ל"ש בי' קלב"מ.

ובי' הגרא"ז דחיוב מעילה הוא חיוב נהנה שהוא חיוב דממוני גבך ולא שייך בי' פטור דקלב"מ, דאינה עונש אלא שצריך לשלם משום שנהנה[219]. והק' הגרא"ז על זה מהגמ' בפסחים (דף כט.) דנחלקו שם במי שאוכל חמץ של הקדש במועד האם מעל או לא, ותלה שם הגמ' שם מח' זו בפלוגתת ר"נ בן הקנה ורבנן אם בחיי"כ אמרי' קלב"מ ע"ש, הרי להדיא דגם במעילה בהקדש שייך פטור דקלב"מ.

ותי' הגרא"ז שהסוגיא שם איירי במועל בשוגג כמבואר בתוס' שם, (בד"ה רבי נחוניא) שהקשו דאיך פטרו קלב"מ מקרבן, והרי קרבן בא לכפרה ואינה חיוב ממון, ותי' "כיון דפטר מקרן וחומש פטר נמי מקרבן

---

[217] קטעים משיעור כלל ה' פ' אלו נערות תשס"ב עם הרבה הוספות ששמעתי ממו"ר.

[218] ובר"מ מהדו' פרנקל נדפס בס' הליקוטים שם.

[219] א"ה האבהע"ז לא כתב שם מפורש דהוא חיוב דממוני גבך וז"ל דלא שייך קלב"ם אלא אם הוא בדרך עונש, אבל מי שנהנה מממון חבירו ונתחייב בדמים אין זה בדרך עונש עכ"ל, ובאמת האבהע"ז נקט דלפי חכמי הצרפתים לא שייך פטור קלב"מ בחיוב דמי מקח כיון דלא הוי עונש, וחיוב מקח הוא התחייבות חדשה ואינו ענין דממוני גבך.

שאין אשם מעילות בא אלא כשיש קרן וחומש". וכתב הגרא"ז דכיון שהחיוב חומש הוא יותר מהשיעור שנהנה, בזה לא שייך סברא הנ"ל, ושפיר שייך בי' פטור דקלב"מ, וכיון שאין חומש אין אשם וכמש"כ התוס.[220] אכן הר"מ איירי בזדון דליכא כי אם תשלומי קרן והוא חיוב נהנה ולית בי' פטור דקלב"מ עכ"ד.

ב. קשה על תי' הגרא"ז מהסו' דלעיל דזר שאכל תרומה דקלב"מ פוטרת חיוב נהנה ותי' הגרי"מ על קו' זו

ולכאו' דברי הגרא"ז שכתב דבחיוב נהנה לא אמרי' קלב"מ צע"ג מכח סו' דלעיל דף ל: בזר שאכל תרומה, דמבו' שם להדיא דאפי' בחיוב נהנה אמרי' בי' קלב"מ, וכבר הבאנו במקו"א מה שהק' הגרב"ד להגר"ח דאיך שייך קלב"מ בחיוב נהנה והרי הוא תביעה דממוני גבך כעין מלוה. והשיב לו הגר"ח דחיוב נהנה הוא ג"כ מלוה הכתובה בתורה, ובי' הגרב"ד דחיוב זה נלמד מפרשה דגזילה דלולי הפרשה דגזילה לא הי' שייך לחייבו, ע"ש שהרחבנו בזה, ורק בשוכר שקבל זכותים בההפץ מחוייב לשלם לו בעבור התשמיש, אבל נהנה שהוא בלי זכותים הוא חיוב התורה, ודייקנו כן מזה דאיכא תנאים בכדי לחייבו בחיוב נהנה, דלחד תי' בתוס' ב"ק (דף קא. ד"ה או"ד) בעינן שיהא מעשה לקיחה, וכבר ביארנו כל זה שם.

והנה עי' בתוס' (בדף ל:) שהביא מהריצב"א דבסוגיא שם איירי בחיוב גזילה, ושייך בי' פטור דקלב"מ ולא אמרי' דכבר חל חיוב גזילה, דכיון דתחבו לבית הבליעה במקום דא"א לאהדורי אלא ע"י הדחק א"כ נחשב שחיוב גזילה בא כאחד עם החיוב מיתה, ולכאורה לפי דבריו י"ל דבחיוב נהנה לעולם ליכא פטור דקלב"מ. אמנם לכאו' גם מדבריו מבו' יסוד הנ"ל דהרי נהי דשייך לפטרי' על החיוב גזילה משום קלב"מ מ"מ עדיין קשה דאמאי א"א לחייבו משום הדין נהנה[221], ובע"כ דגם על זה שייך פטור דקלב"מ. ובאמת כבר כתב הגרע"א (במערכה) דאפי' להריצב"א הך אוקימיתא דר' פפא דאוקמא במשקין איירי לענין החיוב נהנה ולא להחיוב גזילה דהרי אימאסי מיד ע"ש, וא"כ גם להריצב"א מבואר להדיא מהגמ' דגם בחיוב נהנה אמרי' קלב"מ, ודברי הגרא"ז צ"ע טובא.

ושמעתי מהגרי"מ ליישב דברי הר"מ, לפי דרכו של הגרא"ז, די"ל דסו' דלעיל איירי בחיוב מיתה וממון דפטור דקלב"מ נלמד מקרא ד"אם לא יהי' אסון", וגדר הך דין הוא ענין פוטר, וי"ל דשייך לפטור גם הדין נהנה, אכן הר"מ איירי בענין מלקות וממון דפטורו נלמד מקרא דכדי רשעתו וי"ל דזה לא יתכן במעילה ומטעם שכתב הגרא"ז דאין עלה שם רשעה. [ואף דכבר הבאנו מהגרב"ד (ב"ק יד–ב) דיסוד החיוב תשלומין של נהנה נלמד מהפרשה של גזילה, מ"מ יש לחלק בינייהו דהרי מצינו חילוקים בינייהו, דהא גם באונס גמור חייב לשלם מה שנהנית וכמבו' (לקמן לד.) בהך דהניח אביהן פרה שאולה וכסבורין היו שהוא של אביהם,[222] ומצינו גם כן דליכא בנהנה דין מיטב, וכמש"כ הקצה"ח (סי' שצ"א–ב) וביאור הדבר הוא דודאי אין כאן האב של גזל אלא שצריך לשלם כדי שלא יהא גזלן, דאם לא ישלם נמצא דמשתמש בכסף של חבירו שלא בדין, וא"כ לעולם י"ל דאין עלה שם רשעה] אמנם מדברי הגרא"ז מבואר שלא כוון לחילוק זה, דאל"כ לא הוי קשיא לי' מסוגיא דפסחים דף כט. דאיירי שם במיתה וממון, ובע"כ דס"ל דגם אם לא יהי' אסון אינו יכול לפטור החיוב נהנה, ודבר זה נסתר לכאו' מסוגיא ערוכה דדף ל: וצע"ג.

---

220 והנה מסברא הי' מקום לומר דעל ה"חומש" לא שייך כלל קלב"מ דהוא דין כפרה דומה לקרבן, אמנם בתוס' שם מוזכר ג"כ "חומש", וצ"ל דגם החומש הוא ענין חיוב דנתחייב לשלם. (ממו"ר)

221 ולא שייך לפטרי' משום הדין דכל הגזלנים משלמין כשעת הגזילה, דכל זה הוא כשנתחייב לשלם גוף החפץ דבזה אמרי' דיכול לפטור עצמו בהרי שלך לפניך ואינו חייב לשלם עוד דמים, אבל עד כמה שלא מחייבינן לי' לשלם גוף החפץ משום גזילה, ודאי אפשר לחייבו משום נהנה. ובפרט אם נימא דבקלב"מ ליכא קניני גזילה.

222 בפשטות בגזילה ממש ליכא חיוב באונס, ורק דידוע דברי הגרי"ז דאפי' באונס גמור חייב מדין גזילה, וכן דייקו מתוס' בקידושין (דף נה.) בכסבורין של אביהם הי' שהוכיח מזה דליכא חיוב גזילה בכסבורין כו' דהיכא דסבר שהוא שלו חסר בהלקיחה וההוצאה וליכא חיוב גזילה ומעילה, הרי דהא דאינן חייבין משום גזילה אינו משום דין אונס אלא משום שחסר בהלקיחה.

ג. בברכ"ש בסוגיא דהבא במחתרת מבואר עיקר חילוק הנ"ל בין אם לא יהי' אסון לכדי רשעתו

ודע דכעין סברא הנ"ל, לחלק בין דין קלב"מ דאם לא יהי' אסון לדין קלב"מ דכדי רשעתו, מצינו בברכ"ש (מא-ג) בבי' מימרא דרב בסנהדרין דף עב., דאיתא שם אמר רב הבא במחתרת ונטל כלים ויצא פטור מ"ט בדמים קננהו, ומבואר דס"ל דע"י הדין קלב"מ זכה בגוף הבעין. ובי' הגרב"ד בזה דאף שיש דין דקלב"מ מ"מ חל דיני גזילה, דס"ל לרב דבכל גזלן בעלמא הי' מן הראוי שהבעין יהא נעשית שלו, דבדין דכל הגזלנים משלמין כשעת הגזילה מבו' דיסוד חיוב אונסין דגזלן הוא משום שדיינינן כבר שהחפץ הוא אבוד מהבעלים, דאל"ה לא הי' שייך לחייבו לשלם להחפץ, וכיון דאין החפץ ברשות הבעלים הי' מן הראוי שיהא נעשית שלו[223], ורק כיון שהתורה הטילה עליו חיוב "והשיב כו'" על הבעין, חיוב זה גופא גורמת ("שטעלט צוריק איין") שהבעין חוזרת להבעלים ונשארת אצלו, וא"כ כיון דוהשיב הוא ביסודו דין חיוב א"כ היכא דבא במחתרת החיוב מיתה פוטרו מהחיוב דוהשיב ולכן זכה בהבעין, עכ"ד. ובזה נחלק הגרב"ד על האחרונים, דהם נקטו דהחיוב השבה על הבעין הוא משום דהוא ממון חבירו ויש לו מצוה להשיבו לו, ואינו ענין חיוב, אכן הגרב"ד בי' דהחיוב השבה על הבעין גופא הוא ג"כ ענין חיוב ולא מצוה בעלמא עכ"ד.

והביא הגרב"ד (שם) מהגר"ח דכל הדין קלב"מ דמצינו בבא במחתרת הוא רק לענין הדין ד"אם לא יהי' אסון", אכן א"א לפוטרו מהחיוב "והשיב" מחמת הדין דכדי רשעתו, דאף דביארנו דגם החיוב השבה על הבעין הוא ענין חיוב, אבל ודאי א"א לדון חיוב זה כרשעה, כיון דעצם החיוב גורמת שהחפץ הוא עדיין של הבעלים הראשונים ונמצא דעיקר תביעתו הוא להשיב ממונו. אכן אף דא"א לדונו כרשעה כיון דהחיוב בפועל הוא להשיב ממון הבעלים להם, מ"מ כיון דהסיבה שגרם שהחפץ יהא עדיין של הבעלים הראשונים הוא הדין דוהשיב, שהוא ענין חיוב, משו"ה שייך בי' הדין דאם לא יהי' אסון, שדין זה פוטרת עיקר המחייב וסיבת החיוב[224] שלא יחול שום חיוב דוהשיב, וכיון שלא נתחייב בהשבה ממילא זכה בחפץ בעין ע"י הדיני גזילה. אמנם לא שייך בי' הדין דכדי רשעתו, לדון שהוא גדר רשעה המסורה לב"ד, דהרי התורה גופא שטעלט איין צוריק די חפץ אצלו ואחר שיש דין דוהשיב כבר יכול לתבעו ממנו מדין ממוני גבך, ולפי"ד הצנועין (ב"ק סח:) יכול הנגזל להקדיש הבעין אף כשהוא בבית הגנב. [וזהו דלא כמש"כ הגרח"ע (עי' בדבריו אה"ע יח-ג, ובסי' כ') דדינו דרב הוא אפי' בהדין כדי רשעתו, ועפי"ד הגרב"ד הנ"ל נתיישב כל קושיותיו שם.]

ואמר הגרי"מ (ואולי אמר כן מהגרב"ד) דגם לענין נהנה אולי י"ל כעי"ז, דאין עלה תורת רשעה, דהרי כבר ביארנו דיסוד חיוב נהנה הוא דמשלם כדי שלא יהא גזלן, דכיון דמונח אצלו ממון חבירו צריך להחזיר לו הממון. אכן אינה כעין עונש לדון שעבר על גזילה, אלא שהוא צריך לשלם כדי שלא יהא גזלן, דאם לא ישלם יהא גזלן, ובזה יש לחלק בין דין דאם לא יהי' אסון לדין דכדי רשעתו, דדין "אם לא יהי' אסון"

---

[223] אחר השיעור הסביר מו"ר דהא דמן הדין הי' ראוי להיות נעשית שלו, הוא כעין הדין דמצינו בפחת נבילה דלולי גזה"כ הו"א דפחת נבילה הוא דמזיק, ומסתמא כיון דהי' מחוייב לשלם לכל החפץ שהי' החפץ נעשית שלו. והסביר עוד דבדין חיוב אונסין דנתה התורה כאילו כבר נאבד ונשבר החפץ והוי כאבודה ממנו ומכל אדם ומשו"ה חל עליו חובת תשלומין, ולכן יכול הוא כבר לזכות בו לעצמו, ורק בהדין ד"והשיב" שטעלט איין די תורה צוריק שהחפץ הוא שלו. וזהו דלא כמש"כ האחרו' בבי' דינו דרב דהוא משום דמן הדין הי' צריך לזכות בה מחמת הקניני הגניבה. וע"ע במילואים שם מה שמו"ר הרחיב עוד בזה, ובשיטת רבא ושי' הבעה"מ. ועי' מש"כ בזה במילואים לשיעור כללי ה' פ' אלו נערות.

[224] א"ה הא דנחשב רק כסיבת החיוב היינו משום דבפועל ליכא חיוב תשלום זה, דעצם ההשבה בפועל אינה תשלום, ורק דבהדין והשיב נכלל חובת תשלום וזה גורם שהחפץ הוא עדיין של הבעלים ושוב אין והשיב דין תשלום, ועי' מה שהרחבנו במילואים להשיעור בפ' אלו נערות. .

דפוטרו מכל סיבת המחייב, אפשר לפטור גם חיוב זה, אולם א"א לדון דהוה כרשעה המסורה לב"ד לפוטרו מדין דכדי רשעתו[225].

ד. בד' הברכ"ש (ב"ק יד–א) בבי' סו' דב"ק כ: דחיוב מעילה אינו חיוב נהנה אלא חיוב על גזילת התשמיש

אכן על עיקר דברי הגרא"ז שנקט דיסוד חיוב תשלומין דמעילה הוא רק מדין נהנה, שמעתי מהגרי"מ דלפי"ד הגרב"ד זה אינו, דחיוב מעילת הקדש אינה רק חיוב נהנה אלא הוא דין בפנ"ע הנלמד מקרא ד"ושלם את הקודש", והרי רואין דבחיוב נהנה דעלמא אינו מחוייב לשלם אלא דמי שעורים בזול כדאיתא בב"ק (דף כ.), והמועל בהקדש חייב לשלם בעבור כל ההשתמשות.

והעיר לדברי הגרב"ד בזה, שהאריך דחיוב מעילה אינו חיוב נהנה גרידא, דהנה הגמ' בב"ק (דף כ:) רצה לדקדק דז"נ וזל"ח חייב מהא דתניא נטל אבן או קורה של הקדש ובנאה לתוך ביתו הרי"ז לא מעל עד שידור תחתי' שו"פ, ואם ז"נ וזל"ח פטור כי ידור תחתי' מאי הוי הא לא חסר אלא בע"כ דז"נ וזל"ח חייב, ומסקינן שם דלעולם י"ל ד"נ וזל"ח פטור ושאני התם "דהקדש שלא מדעת כהדיוט מדעת דמי" ע"כ. [ובהראשונים מצינו שני מהלכים **א.** דנחשב כמחאה **ב.** דנחשב כשכירות, עי' בזה בנחל"ד.]

והנה נח' הראשונים ב"זה חסר וזה לא נהנה", וכגון בגברא דלא עביד למיגר וחצר דקיימא לאגרא האם חייב לשלם, הרא"ש ס"ל דחייב לשלם ותוס' ס"ל דפטור מלשלם דעל ההנאה א"א לחייבו דהרי לא נהנה, ועל החסרון א"א לחייבו דהוה רק מניעת רווח ואינו אלא גרמא בעלמא. והק' הגרב"ד (יד–א) שלפי דעת התוס' איך מדמינן הקדש להדיוט והרי אם אחד השתמש בכוס של הקדש ודאי חייב לשלם אפי' באופן שהי' לו כוס של עצמו, ולא אמרי' דפטור משום דזה חסר וזה לא נהנה, ובע"כ דחלוקין הן הקדש מהדיוט, וא"כ צ"ב דמיון הגמ'.

ותי' הגרב"ד דהמועל בהקדש אינו מחוייב בעבור התביעה דממוני גבך אלא בעבור גזילת התשמיש, דנהי דבמטלטלין ליכא מושג של גזילת תשמישין אלא של גזילת חפצים, אבל בהקדש חידשה התורה דגם בתשמישין שייך גזילה[226], והוא חיוב גזילה של "ושלם את הקודש", וא"כ פשוט דבזה חסר וזה לא נהנה דמחוייב, דסו"ס גזל התשמיש.

והא דדימה הגמ' הקדש להדיוט, היינו רק לענין אופן דז"נ וזה לא חסר, דהרי אי' בב"ק (דף צז.) דהתוקף עבדו של חבירו שלא בשעת מלאכה ליכא דין גזילה שלא חסר מידי [כיון שהוא שלא בשעת מלאכה], וא"כ אף בהקדש א"א לחייבו בז"נ וזל"ח מדין גזילת תשמישין כיון דלא חסר מידי, ורק דשייך לדון שהדין נהנה גופא יגרום התורת גזילה, ובזה שפיר אמרי' דתלוי בדיני ממונות של חיוב נהנה בז"נ וזל"ח, ואת"ל דליכא תביעה על ז"נ וזל"ח, ליכא לחייבו בשביל גזילת תשמישין בז"נ וזל"ח, דהרי לית לי' שום תביעת ממונות עלה, ועל זה מסיק הגמ' דהקדש שלא מדעת כהדיוט מדעת דמי ושפיר איכא תביעת ממונות, דהתורה החשיבה כאילו השכירו לו החצר מדעתו, או דנחשב כמחאה דחייב גם בז"נ וזל"ח, ומשו"ה צריך לשלם.

---

[225] א"ה ולכאו' חילוק זה מוכרח מדברי המאירי פסחים כט. שכתב להדיא דהטעם דליכא דין קלב"מ הוא משום דעכ"פ חייב לשלם כדי הנאתו, וצ"ב מסו' לעיל דף ל: מזר שאכל תרומה דפטור לגמרי, ולכאורה צריכים לחלק על דרך הנ"ל. שו"ר בשיעורי הגרש"ר (מס' מכות בהג"ה בעמוד רי"ז) שכתב מעצמו כתי' הגרא"ז, והק' מהסו' בדף ל:, וחילק כעין הנ"ל דהלוק כדי רשעתו מאם לא יהי' אסון ע"ש.

והנה הגרא"ז יסד עיקר דבריו על דברי המאירי בב"ק דף ע. בבי' הגמ' בב"מ צא. דאתנן אסרה תורה אפי' בא על אמו (וכ"ה במאירי בב"מ שם), ולכאורה מבואר מזה דס"ל דלא שייך פטור דאם לא יהי' אסון ג"כ בכה"ג, אלא דבאמת המאירי לא נחית לפרש הגמ' שם כן אלא הביא כן מחכמי צרפתים, וא"כ בשיטת המאירי עצמו שפיר י"ל כן.

[226] א"ה לשון מו"ר אחר השיעור הי' דהחיוב הוא לגזילת התשמיש ולא רק "צוליב דאס וואס עס איז אריין געגעגגין ביי אים געלט" אלא משום שהוא פגם את ההקדש, "דעם תשמיש", ועי' במילואים מה ששאלתי למו"ר על זה.

ועכ"פ מבו' מזה דהחיוב נהנה של הקדש הוא ג"כ מלוה הכתובה בתורה, דחייב בעבור גזילת התשמיש, ולא הוי חיוב גרידא דממוני גבך, אלא הוא ג"כ חיוב התורה, ואפילו באופן דלא שייך לחייבו מדין ממוני גבך מ"מ חייב במעילה. והנה הגר"ש שקאפ (ש"ג פכ"ה) כתב דילפי' כל הדין נהנה מהפרשה של מעילה[227], אמנם להנ"ל א"א ללמוד חיוב נהנה מהקדש, דחיוב מעילה בהקדש הוא דין אחרת, דגזל התשמיש מהקדש, ורק בז"נ וזל"ח בעי' לבוא לדין אחרת, דכיון דלא חסר א"א לחייבו לגזילת תשמיש.

ועפי"ז העיר הגרי"מ על דברי הגרא"ז שכתב דהיסוד של החיוב מעילה הוא משום נהנה בעלמא והרי להנ"ל הוא ג"כ מלוה הכתובה בתורה, ויש להוסיף דהר"מ הכא שכתב דהמועל לוקה ומשלם איירי בכל הדיני מעילה, אפי' באופן דזה חסר וזה לא נהנה, והתם בע"כ אינו דין נהנה אלא מלוה הכתובה בתורה וא"כ הק"ל מ"ט לא אמרי' התם קלב"מ. ופעם אמר לי הגרי"מ דאולי י"ל דכיון דמסקינן דהקדש שלא מדעת כהדיוט מדעת דמי, א"כ הוה כשכירות, וכאילו זכה בהתשמיש בכדי לשלם עלה מעילה וי"ל על דרך חכמי הצרפתים הנ"ל דבחיוב שכירות ליכא פטור דקלב"מ, אלא שדחה זה דאכתי צ"ב דמ"מ הוה מלוה הכתובה בתורה ושוב הק"ל אמאי ליכא דין קלב"מ[228]. והגרי"מ אמר לבאר דברי הר"מ בע"א והארכנו בדבריו בשיעורים ע"פ אלו נערות.

מילואים

א. בד' הגרב"ד (ב"ק יד– א) דחיוב מעילה הוא לגזילת תשמישין, ונידון אם בגזילה איכא דין "חסר" ובבי' גמ' ב"ק כ:

א"ה ע' בפנים שכתבנו מהגרב"ד להוכיח מקו' הגמ' בב"ק כ: דיסוד חיוב מעילה הוא משום גזילת תשמישין. ושאלתי למו"ר דלמסקנת הגמ' דאמרי' דהקדש שלא מדעת כהדיוט מדעת דמי תו ליכא הכרח דאיכא חיוב מעילה בעבור גזילת תשמישין דאולי הוי דין שכירות. ואמר לי דאם נפרש דבי' הך דין דהקדש שלא מדעת כו' הוא דהוי כמחאה א"כ גם למסקנא איכא הכרח למש"כ דחיוב מעילה הוא עבור גזילת תשמישין, דכתב

---

[227] א"ה עיי"ש בד"ה ולפי"ז "דקים להו לחז"ל דכל נהנה מממון חבירו דחייב לשלם מסברא או יותר נראה דילפי' זה מקרא דאשר חטא מן הקודש ישלם, היינו אף דמזיק הקדש פטור דלפי"ז כל אוכל הקדש משלם רק בעד הנאתו כו'". והנה אין מוכרחין לומר לפי"ז דיסוד חיוב מעילה הוא חיוב תשלומי נהנה, די"ל דודאי עיקר הדין הוא דין מעילה במה שחלל את הקודש ורק דכיון דהאופן לחלל הקדש הוא ע"י הוצאת ממון או לקיחת ממון, אילו לא הי' דין ממון דנהנה לא הי' שייך שיהא בה דין מעילה. והסכים לי הגרש"מ שליט"א בזה.

[228] א"ה צ"ב דהמעיין באבהע"ז שם בפנים יראה שיסד דבריו על המאירי בב"ק דף ע. שהביא מי"מ דחיוב אתנן דהוי כחיוב שכירות לא שייך בי' פטור דקלב"מ, וכיון דאמרי' דהקדש שלא מדעת כהדיוט מדעת דמי א"כ הוי חיוב שכירות ומובן דלא שייך בי' קלב"מ, ובאמת עיקר חילוק הגרא"ז אינו בין מה שהוא מלוה הכתובה בתורה או לא, אלא בין דבר שהוא בדרך עונש או לא, וכגון מה שנתחייב משום התחייבות, ע"ש. ומעתה צ"ב כוונת מו"ר דנהי דהך חי' שהקדש הוא כהדיוט מדעת מבואר בתורה, מ"מ יתכן דעכשיו גדר החיוב הוא כחיוב שכירות דעלמא. ושאלתי בזה למו"ר ואמר לי דאין כוונת הגמ' שם דהוי שכירות ממש, אלא כל הך דין דכהדיוט מדעת "איז נאר אפגעטייטשט דעם גדר התורה", אולם הוא ג"כ חיוב התורה, דסו"ס לא הי' פסיקת שכירות ("איז דאס ניט אפגעמאכט"), וודאי אסור לו להשתמש בו דאין לו זכות בו והוה כמלוה הכתובה בתורה, ורק דחייב לשלם כאילו הי' פסיקה אבל סו"ס לא הי' פסיקה, דהתורה מחשיבה כלפי החיוב מעילה כאילו הקדש "גיבט דאס איבער", אבל לעולם הוא לא זכה בה כלל. והוא כעין מש"כ רש"י בב"מ בפ' הזהב בענין חיוב מעילה של הוצאה, שהמועל זוכה בחפץ משום שמחוייב לשלם כסף בעבורו, וודאי לא הי' פסיקת מקח אלא כן הוא הגדרת התורה, והכא נמי כן הוא, דיסוד הדין הוא דין חיוב, ורק שהתורה חייבו כאילו הי' שכירות.

ושאלתי למו"ר דאפי' אם נימא דלא הי' לו שום זכותים בו להשתמש בו מ"מ אולי יתכן שיהא בו חיוב שכירות, בשביל עצם התשמישין גופייהו, דהנה כבר כתבו הרבה אחרונים, עי' בחי' ר' ראובן עמ"ס ב"מ (יד-ג), דעיקר חיוב תשלומי שכירות הוא להתשמישין ולא להקנין, והראיה לזה הוא מהא דשכירות משתלמת מתוע"ס או רק לבסוף, ואף דבעלמא יש לו איזה זכות בחפץ אך אולי שייך חיוב שכירות אפי' בלי שום זכיי' בחפץ, ואם הוי אמרי' כן א"כ שפיר יל"פ הגמ' שם כפשוטו דהוי חיוב שכירות, וא"כ לא קשה מידי על הגרא"ז משם, ועכ"פ י"ל דאינו נידון כעונש אלא כחיוב, ולפי"ד הגרא"ז בכה"ג לא אמרי' בכה"ג קלב"מ. ועי' במילואים לשיעור כללי ה' פ' אלו נערות מש"כ בזה.

הגרב"ד דמחאה אינו מחייבו בהדיוט בזל"נ וז"ח, וגם הקדש יהא פטור בזל"נ וזל"ח. אך מו"ר הי' נתקשה לפי' הראשונים שפירשו דכוונת הגמ' דהקדש שלא מדעת כו' הוא דהוי כעין שכירות, א"כ זהו סיבה לחייבו אפילו בזל"ז וזל"ח, וא"כ לכאורה ליכא הכרח מהגמ' לחידוש הנ"ל. אך אמר לי דמ"מ נראה דודאי אפילו אם נפרש דהוא חיוב שכירות, אין הפי' דהוי ממש כשכירות, אלא הכוונה הוא רק דזהו גדר החיוב, דהתורה דנה כן אבל ודאי הוי מלוה הכתובה בתורה, וע"ע בהג"ה בפנים מש"כ בזה, ומש"כ עוד בהמשך במילואים.

ושמעתי מהגרש"מ להק' על הגרב"ד דלפי הגרב"ד דדייני' התשמיש כפרי ונחשב כגזל פרי א"כ מאי איכפ"ל אם הוא חסר או לא והא סו"ס גזל הקדש. ויש להוסיף עוד דהנה כבר ביארו האחרונים דטעם הפטור בז"נ וזל"ח הוא משום דלא נחשב שנהנה מהבעלים היכא דליכא חסרון ולא פגע בבעלים כלל, ואם חסר קצת מגלגלין עליו את הכל דכיון דההנאה גרם איזה חסרון כבר אפשר לדון שההנאה הוא מהבעלים, ולפי"ז קשה דבשלמא בנהנה היכא דלא חסר י"ל דלא נחשב שנהנה מהבעלים אבל לענין גזילה, אם דייני' התשמיש כפרי א"כ כיון דהקדש הם הבעלים על הך פרי בהכרח הגזילה הוא מהקדש, ואיך כ' הגמ' דלמ"ד ז"נ וזל"ח פטור, גם המועל בהקדש באופן דז"נ וזל"ח הוא פטור.

ושאלתי זה למו"ר ואמר לי דהך תנאי דבעי' חסר לא הוי תנאי דוקא בחיוב נהנה, וכבר דייק הגרב"ד מהגמ' ב"ק דף צז. דגם בחיוב מזיק דשבת הוא דוקא בחסר, דאיתא שם התוקף עבדו של חבירו ועשה בו מלאכה פטור ופרכי' מ"ט אינו חייב לשלם לשבת (כך בי' הקצה"ח בקו' הגמ'), ותי' דאיירי שלא בשעת מלאכה דלא חסר כלום, והרי חיוב שבת אינו בעבור החסרון אלא בעבור מניעת הרווח, ומבו' דאעפ"כ אינו חייב אלא כשחסר, הרי דאף לחיוב שבת שיש עלה תורת מזיק אינו חייב אלא בחסר.

והוכיח הגרב"ד עוד דהך דין חסר אינו רק במזיק אלא דאין עלה תורת ממון כלל מסוגיא דב"מ דף סד: בענין רבית, דאיתא שם דאם ז"נ וזל"ח פטור אינו נחשב כרבית כלל, וה"ט משום דאין עלה תורת ממון בדיני ממונות, והוה כחצי פרוטה, והיכא דליכא שום פסיקה אינה אפי' רבית דרבנן, ומבו' דאין עלה תורת ממון והוא אינו יכול לתבוע בעבורה ממון והוא כפחות מפרוטה. [ורק צריכים להבין בסוגיא שם, דאיירי שם גם כשהשתמש בה ע"י זכות, דנח' הרמב"ן והר"מ שם בעשה פסיקה דהר"מ ס"ל דהוה רב"ק והרמב"ן ס"ל דהוא רק רבית דרבנן, והגרב"ד העיר דכיון דנותן לו זכות מה זה שייך להדין ז"נ וזל"ח.]

ולפי"ז שפיר דימה הגמ' נידון אם ז"נ וזל"ח חייב לחיוב גזילה, דאם ז"נ וזל"ח חייב הוה ג"כ גזילה, ואם ז"נ וזל"ח פטור הביאור הוא דאין עלה תורת ממון, ואין לו דין תביעה עלה, א"כ ליכא לחייבו משום מעילה וגזילה, והרי הגר"ח הוכיח בספרו דמעילה הוא דין גזילה דאם ליכא דין ממון א"א לחייבו.

ב. בי' הא די"ל דז"נ וזל"ח פטור משום דאין לו תורת ממון אף דשייך פסיקה עלה

שאלתי למו"ר איך שיי"ל דאם ז"נ וזל"ח פטור אין לו תורת ממון (ראה באות א' במילואים), והרי הוא בהכרח ממון, והראי' לזה הוא מהא דשייך לעשות פסיקה עלה, והשיב לי דמה שאפשר לעשות פסיקה עלה הוא משום דע"י הפסיקה הוא קבל זכות ממון, וזה שפיר יש לה תורת ממון, והיינו דהפסיקה גופא נותנה לה תורת ממון, דאם נותן לו זכות בהממון, וכגון אם נותן לו זכות דא"א לזרקו מהבית, זה גופא יש לו דין ממון. אכן בז"נ וזל"ח י"ל דמה שלקח ממנו אין לו תורת ממון, (איך האב גארניט געטשעפיט..) דממנ"פ הי' הבית עומד ריק, והוה כעין הפקר. וכל זה הוא בז"נ וזל"ח, אך היכא דחסר י"ל דהתורת חסר נותנת לה תורת ממון, ולכן במעילה יש על התשמיש גופא דין גזילה, אך כשאינו חסר אין לו דיני ממונות עלה.

ואמרתי למו"ר דהבנתי מתוך דבריו דלא רק דאין לו דיני ממונות עלה אלא דאין עלה תורת ממון כלל, ואמר לי ודאי כן הוא, ושכך כותב הגרב"ד להדיא דאין עלה תורת ממון. (וצב"ק דמהלשון שאמר לי דהוא "הפקר" משמע דבאמת יש עלה תורת ממון ורק דאין לו שום דיני תביעות עלה.)

ובדברי הרא"ש שכתב דז"ח וזל"נ חייב כ' הגרב"ד דהוא ג"כ מדיני נהנה ולא מדיני מזיק, אלא הוא חיוב דאכלת חסרוני, ואכמ"ל. **ע"כ שמעתי.**

שוב דברתי עם הגרש"מ בזה ואמר לי דאם הבי' הוא דבעצם הוא ממון ורק דאין לו דיני תביעות עלה כל עוד שלא חסר כלום, א"כ צ"ב אמאי כשחסר במשהו אינו חייב אלא בדמי מה שנהנה, ר"ל כדמי שעורים בזול, והרי עכשיו שיש לה תורת ממון נחייבי' לכל שווי של התשמיש, ובע"כ צ"ל דהגם דהוא ממון א"א לחייבי' אלא למה שהרויח [כמש"כ במקו"א], וא"כ צ"ב בהקדש אמאי חייב ע"י החסרון לשלם לכל התשמיש מצד גזילה, ובע"כ דאיכא חילוק בין הקדש להדיוט בזה.

ואמרתי לו מה שאמר לי מו"ר דע"י הפסיקה יש לו זכות ועי"ז הוא ממון ואמר לי דאולי כוונתו הי' דעי"ז שנוטלה עם זכות נגרם שהתשמיש נחשב כחלק מהבהמה, ואפי' אם לא מכר לו זכות בעצם הבהמה אלא התשמיש עצמה מ"מ מכיון שיסוד זכותו של המוכר הוא מצד עצם הדיני ממונות שיש לו בהבהמה וזהו מה שנותן לו התשמיש למוכרה א"כ בהכרח נידון כחלק מהבהמה.

ובעיקר בי' דמיון הגמ' בדין ז"נ וזל"ח למעילה הגם דמעילה הוא דין גזל שמעתי מהגרש"מ דבאמת קשה לי' קו' הגמ' דלולי מה שאמר מו"ר הי' נראה דבגזל נראה דא"א לפוטרו משום ז"נ וזל"ח, וכמש"כ לעיל, או משום דליכא דין חסר בגזילה או דמכיון דכל היסוד של חסר הוא דאל"ה לא נחשב כנהנה מן הבעלים א"כ בגזילת ממון דהממון הוא של הבעלים בע"כ נדונה כגזילה מן הבעלים וא"כ אם כלפי הקדש דייני' התשמיש כפרי א"כ נמצאת בהכרח דגזל ממון הקדש. ולכן הי' נראה לבאר בבי' קו' הגמ' [עפ"י דרכו של הגרב"ד] דנהי דבהקדש דייני' גזילת תשמישין כגזילה אמנם א"א לדון התשמיש כפרי ממש שיש דין גזילה על הפרי מצד עצמה, דהרי המעילה אינה בהתשמיש אלא בהחפץ שנטל ממנה התשמיש, דהקדושה הוא בהחפץ, וא"כ צריכים לדון המעילה לא על הלקיחת תשמיש בפנ"ע אלא על לקיחת התשמיש מההקדש, ר"ל מהחפץ, וי"ל דזה תלוי' בהדין חסר ומובן היטב. ע"כ שמעתי.

ג. בגמ' ב"ק כ: בענין חיוב מעילה דהקדש שלא מדעת כהדיוט מדעת דמי, ואם שייך שכירות בלי קנינים

עי' בהגהה בפנים ובמילואים א' שדננו בבי' הגמ' בב"ק דף כ: הקדש שלא מדעת כהדיוט מדעת דמי אם הכוונה הוא דהוי כשכירות ממש, ומו"ר אמר דליכ"ל כן דהרי ודאי אין לו שום זכותים בחפץ ואסור לו להשתמש בו. ושאלתי למו"ר דיתכן דשייך ענין שכירות אפי' באופן דאין לו בו שום זכות וקנין, ורק דיש לעיין דאולי היינו דוקא כשהוא ברשותו לתשמיש, והיינו דאף דאין צריך שום זכי' וקנין בגוף החפץ אבל עכ"פ בעי' שיהא קיים ברשותו אצלו לתשמיש, ראה להלן.

והשיב לי מו"ר דבאמת פעם שמע מהגרי"מ דשייך חיוב שכירות בלי זכותים, ואמר זה בנוגע פלו' הרמב"ן והר"מ בסו' דב"מ (דף סה:) בלוה לו מעות ע"מ לדור בחצירו דאם עשה פסיקה בשעת מעשה ס"ל להר"מ דנחשב כרבית קצוצה, והרמב"ן ס"ל דהוי רק רבית דרבנן. ומו"ר אמר להגרי"מ די"ל דהרמב"ן איירי דלא נתן לו קנינים בהבית ורק הרשה לו לדור שם, ומשו"ה לא נחשב כפסיקה, ואמר לו הגרי"מ דגם בכה"ג שייך דיני פסיקה והביא ראי' מסו' זו דהקדש שלא מדעת כו' דודאי הכא לא הי' לו קנינים וזכותים. ואף דביארנו בפנים דאין כוונת הגמ' ממש כשכירות, מ"מ אילו כל הדין שכירות מיוסד על קנינים וזכיות לא הי' שייך בהקדש כל המושג והדמיון לשכירות. ומו"ר הוסיף דהוא חי' קצת דהנה בגמ' אי' דלמ"ד מע"ש ממון גבוה הוא דמשולחן גבוה קא זכי א"א למוכרה, ובי' החזו"א דהגם דיש לו זכותים בה ושייך על זה דין גזילה, מ"מ לא שייך למסור הנך זכותים לחבירו, וכשנותן המע"ש לחבירו הוה כממציא לו דבר של הפקר ולא שייך לעשות פסיקה על זה, וכן מצינו בזכות אב בבתו דהגם דיכול למסור בתו לביאה מ"מ א"א לעשות עלה פסיקות (לדעת מקצת ראשונים, עי' מש"כ בשיעורים בקידושין דף ג:). ולפי"ז צ"ב דאיך

יתכן לומר דשייך ענין שכירות בלי שום קנין וזכות והרי לפי"ד החזו"א הנ"ל מבו' דאפי' היכא דיש לו איזה זכי' בו מ"מ יתכן דלא סגי לעשות עלה ספיקה.

ואמר מו"ר דודאי חלוק הוא דהכא הוא ממון גמור וא"כ שייך לעשות פסיקה על עצם התשמיש, משא"כ התם זהו כל בעלותו, ולכן א"א לעשות עלה פסיקה. אך נראה דבשכירות כי האי, דאין לו זכי' בו, אלא דהשכיר לו גוף התשמיש, י"ל דאם לבסוף לא ישתמש בה לא יהא מחוייב דלא נחשב שיש לו התשמיש אלא עי"ז שהשתמש בו. ושאלתי למו"ר דעכ"פ לפי כל הנ"ל אולי יש לפרש דבהקדש שייך שכירות פשוט, והשיב לי דמ"מ נראה דלא נחשב כפסיקה ממש ורק דהוא גדר בחיוב התורה, ולשון הגרי"מ הי' דהוא מלוה הכתובה בתורה [והערתי לו דהגרא"ז לא חילק בזה בין אם הוא מלוה הכתובה בתורה כו' אלא אם הוא עונש או לא.]

שוב דברתי בזה עם הגרש"מ בזה ואמר לי דלולי דברי מו"ר הי' נראה בזה דהנה ודאי שייך שכירות בלי קנינים, וכמו שהעלה הגרי"מ, אלא דיש לעיין אם בעינן שעכ"פ החפץ יהא אצלו ברשותו לגבי התשמיש, או דאפי' אם החפץ אינו ברשותו להתשמיש, מ"מ שייך בו פסיקה דשכירות, די"ל דשייך להשכירו עצם התשמישין גופייהו. והנה באופן דהחפץ נמצאת ברשותו ודאי שייך לחייבו להתשמישים אפי' אם לא נשתמש בה, אע"פ שאין לו בו שום קנין.

ואם ננקוט דשייך ענין שכירות אפי' אם החפץ לא נמצאת ברשותו לזה, יש לפרש הגמ' בב"ק כפשוטו, ואפילו אם נימא דל"ש חיוב שכירות בלי תורת רשות, מ"מ אולי אפשר לדון דבהמעשה נהנה נתנה התורה החפץ אצלו ברשותו לענין לחייבו, ואם הוי אמרי' כן א"כ יל"פ הגמ' בב"ק כפשוטו ולא קשה על הגרא"ז, ע"כ שמעתי.

ד. הוכחה דחיוב מעילה אינה משום נהנה

א"ה נראה להוכיח כדברי הגרב"ד דחיוב מעילה אינו משום נהנה דבחי' הרשב"א (גיטין דף מט.) כתב להדיא דמועל בהקדש משלם ממיטב, וקשה דהרשב"א עצמו העלה בתשובה (ח"ד סי' י"ג) דאכלה מתוך הרחבה אינו משלם ממיטב, ואעפ"כ ס"ל דמועל בהקדש משלם ממיטב מתורת נזקין אלמא דמחויב מתורת מזיק או גזלן עכ"ד. וכבר עמד הדברי יחזקאל (מו–ב) על זה.

סימן טו

בדין חיוב נהנה בשור תם[229]

היכ"ת דשור תם חייב לשלם יותר מחצי נזק ופחות מנזק שלם

הייתי נוהג [כפי בקשת הגרי"ז] להתפלל בבית הגרי"ז בליל שבת קודש, **ושמעתי פעם איך הגרי"ז בחן את נכדו הגדול הג"ר אברהם יהושע הלוי שליט"א** [שהי' מנהגו לבוחנו אז] איך יתכן שקרן תם חייב לשלם יותר מחצי נזק, והתחיל הגרא"י לומר היכ"ת דמשלם נזק שלם, ואמר לו הגרי"ז דודאי איכא כמה היכ"ת דמשלם נזק שלם אך כוונתו הוא להיכ"ת דמשלם יותר מח"נ ופחות מנזק שלם. ואמר לו הגרי"ז אז איך וועל דיר אויס זאגין א ביסל, דמשכחת לה במה שנהנה, ורק דצ"ב איך שייך היכ"ת בתם דהרי נהנה הוא אורחי', וסיים דמשכחת לה בכלבא דאכלה אימרי רברבי בב"ק (דף טו:) דכיון דמשונה הוא אינו חייב אלא חצי נזק, ולכאו' בכה"ג כיון שנהנה חייב לשלם מה שנהנה, ו"מה שנהנה" אינו שוה לנזק שלם עכ"ד.

אמנם דע דראיתי בהגרא"ז בהמשטות בספר האחרון שלו (הל' עדות כו') שכתב לדקדק מדברי הרא"ש בכיצד הרגל (סי' ג') דס"ל דכה"ג לא הי' מחייב לשלם מה שנהנה. דעי' ברא"ש (שם) שכתב דמה שכלבא דאכלה אימרא הוא משונה הוא רק דעצם ההריגה הוא משונה אבל מה שאוכלה אחר ההריגה אינה משונה, והביא מפירש"י שס"ל דמ"מ כיון דתחילת הנזק הוא משונה נחשב כל הדבר כמשונה. והרא"ש שם חולק עליו וכתב וז"ל, הלכך נראה לי לפרש הא דאמרי' לעיל האי כלבא דאכל אימרי ושונרא דאכלה תרנגולי משונה הוא ולא מגבינן לי' בבבל אפחת שפחתה המיתה קאמר דלא מגבינן בבבל אבל דמי הנבילה משלם אם אכל בחצר הניזק ואם ברה"ר מה שנהנה דאכילה לא הוי שינוי דדרכם לאכול כל נבילות אפילו של בהמות גדולות עכ"ל.

והעיר א' להגרא"ז דמשמע מדברי הרא"ש דאילו גוף האכילה הי' משונה לא הוה מגבינן בבבל לאכילתה ברה"ר דמי מה שנהנה וצ"ב טעמא דמילתא. ובי' הגרא"ז די"ל דה"ט דמכיון דמשונה הוא לא נחשב כמעשה בהמתו, דהנה כתב התוס' בב"ק (דף קא.) בתי' א' דליכא חיוב נהנה אלא על הנאת גופו או על מעשה בהמתו, והרא"ש שם פסק כהך תירוץ, וא"כ י"ל דכל דהוי מעשה בשינוי חסר במעשה בהמתו וליכא לחייבו מה שנהנה, עכ"ד. ולפי"ז נמצא דבתם לעולם לא שייך חיוב דמה שנהנית, והוא לכאו' חידוש קצת דחסר במעשה בהמתו לענין מה שנהנה. (א"ה אפי' אם נימא כדברי הגרא"ז דחסר במעשה בהמתו מ"מ כל זה הוא לדעת הרא"ש דבעי' מעשה בהמתו, אבל לפי תי' הב' בתוס' ב"ק ליכא דין מעשה בהמתו, והש"ך שצא–ב העלה דהוי ספיקא דדינא, ועכ"פ לפי הך תירוץ יהא חייב מה שנהנה בכה"ג.)

והגרב"ד הי' אומר מהאו"ש (פ"ג מנזק"מ) שדקדק מדברי הר"מ (שם הי"ד) דשן ברשות המזיק פטור לגמרי אפי' דמי מה שנהנה, ובי' האו"ש דנחשב שהניזק הביא ההיזק על עצמו וחסר במעשה בהמתו, דהוי כמו שתחב הפירות לתוך בית הבליעה של הבהמה דא"א לחייבו משום שאינו מעשה בהמתו. ועע"ש מש"כ שם כעי"ז בציורים אחרים. וזהו חי' גדול דבפשטות הפטור דרשות המזיק לא מצינו אלא לענין דינים של ולא ישמרנו דאין לו חיוב שמירה עלה, ולא שייך זה לחיוב מה שנהנה שחייב אפי' ברה"ר שאין לו חיוב שמירה.

ודנתי עם מו"ר הגרי"ד בפירות ששוים שש זוזים ודמי נהנה הוא ארבע זוזים, דהיינו דמכל שלש זוזים נהנה שתים, האם אפשר לחייבו שלש זוזים לחצי הנזק ולחייבו עוד שני זוזים על אידך חצי נזק. והגרי"ד שאל את זה להגרי"ז והשיב לו במילים אלו "דער האלבע נזק דאס איז די גאנצע נהנה". ואיני ברור בכוונתו בזה ויתכן דר"ל דבתשלומין של חצי נזק זה, הוא שילם ג"כ עבור הנהנה, ואף שכוונתו הוא

---

[229] שמעתי ממו"ר.

לשלם לחצי האחר, סו"ס הוא חד חפץ וחד תשלום ואין צריך לכוון בשביל מה קאי התשלומין, אויב דאס איז נהנה איז דאס געצאלט. ואולי ביאור כוונת הגרי"ז תלוי במש"כ הברכ"ש בסי' ב' בגדר דין חצי נזק דשור תם, אבל כמדומה לי שאי"צ לזה ויל"פ בכוונתו על דרך הנ"ל עכ"ד.

א"ה יתכן דכוונת מו"ר במה שאמר דתלוי בדברי הברכ"ש, דאם נימא דתם אינו חצי מזיק אלא הוא פטור תשלומין בעלמא א"כ ע"י תשלומין דח"נ הוא שילם לכל ההפסד וא"כ ודאי א"א לחייבו לשלם על חצי שני מה שנהנה דהרי כבר שילם לכל ההיזק, ואולי לזה גופא כוון הגרי"ז. ואולם עי' בספר אהל ישעיהו שהביא מהגר"א פרבשטיין זצ"ל שכתב שכן שמע מהגרי"ז, ועי' בפרי חיים סימן י"א מש"כ בזה.

א"ה לאחר זמן רב מצאתי בברכ"א לידידו וריעו של מו"ר זיע"א בב"ק דף כא. (מהדו"ב) שבאמת הבין כן בכוונת הגרי"ז ואעתיק דבריו: בשטמ"ק (דף כא.) ד"ה עוד כתבו בתוספות בפירוש אחר של רש"י ז"ל הקשה דמחזרת חייבת משום קרן וכו' וקשה לפירושו וכו'. ועוד דאם כן טפי הוי מה שנהנית ממה שהזיקה דמה שנהנית הוי דמי שעורים בזול כל זוזא חשבינן ליה בארבעה דנקי ומה שהזיקה לא הוי אלא חצי נזק. מיהו מצינן למימר דמה שנהנית לעולם משלמת ואם חצי נזק יותר משלמת יותר. הרא"ש ותלמיד הר"פ ז"ל, עכ"ל. ושאלתי את פי מרן הגאב"ד דבריסק זצ"ל, הא מצד הסברא לעולם הי' ראוי שאם חייב ח"נ מטעם קרן, ישלם גם ח"נ, וגם חצי הנאה דחצי השני שאי"צ לשלם נזק, בזה ישלם הנאה, באופן שתמיד חיוב ח"נ מחייב טפי מחיוב הנאה גרידא דנהי דעבור חצי שמשלם א"צ לשלם גם הנאה, אבל למה לא ישלם תמיד חצי ההנאה נוסף לחצי נזק, בין אם ח"נ יותר מכל הנאה ובין אם זה פחות.

והשיב רבינו ז"ל וכי חצי נזק חלוק בחפץ, הא פשוט בסברא שח"נ הוא התשלום עבור כל החפץ, ושוב דברי השטמ"ק פשוטים שאם דמי הנאה יותר, יש זכות לתבוע דמי הנאה ואם ח"נ יותר, זכותו רק על ח"נ ול"ש שום תשלום נוסף אלא זהו תשלומי החפץ.

ולפי"ז נראה שאם דמי הנאה יותר, לא יוכל לתבוע כשיעור ח"נ מגופו והשאר מבינונית או זיבורית, כקצות (שצא-ב), דהא אם יתבע מגופו זה מכח זכות דמי נזקין על הכל ושוב אין לו זכות כלל לדמי הנאה. והנה בברכ"ש כתב שדין חצי נזק של תם הוא פטור מעיקר הולא ישמרנו כו' דבתם נחשב כאילו לא הזיק אלא חצי, ולכן כל ספק תם ספק מועד הוא גם ספק איסורא כיון דאם הוא תם א"כ נחשב כאילו לא הזיק כלל יותר, וא"כ גם לגבי איסורא ממעט בזה באיסור. ונראה שדברים אלו הם דלא כדברי מרן הגרי"ז ז"ל, וכדמוכח מהשטמ"ק הנ"ל, דאם נימא דע"י תשלומי ח"נ הוה תשלום לכל הנזק, לא שייך לומר דכאילו לא הזיק, ואין שום דין מזיק אלא אינו אלא פטור בתשלומין וכמו דין מגופו. ואם כדברי הגרב"ד ז"ל בביאור דברי הרשב"א וכמשנ"ת שם שנראה שכן צ"ל, א"כ נמצא שיסוד זה הוא מחלוקת בראשונים, דלרשב"א שם תם ל"ה מזיק על יותר מחצי, ולרא"ש ותלמיד רבינו פרץ הוי מזיק על הכל וזהו תשלום הכל עכ"ל.

וכנראה שמו"ר הבין דברי הגרי"ז באופ"א ולפי הבנתו אין הכרח מהרא"ש ותלמיד ר"פ דלא ס"ל דתם הוי חצי מזיק.

סימן טז

בענין קו' התוס' ליחייבי' נז"ש על מעשה משונה מדין תבו"ב[230]

א. בביאור שקו"ט דתוס' אם אפשר לחייבו על קרן נזק שלם משום תבו"ב לענין רגל

ב. אם שייך לחייב שן ורגל ברה"ר מדין תבו"ב, בדברי התוס' דף כג.

ג. בי' פלו' הראשו' אם אמרי' תבו"ב מרגל לקרן או דמאב לאב לא אמרי' תבו"ב (שמעתי ממו"ר)

א. בביאור שקו"ט דתוס' אם אפשר לחייבו על קרן נזק שלם משום תבו"ב לענין רגל

דף כא:–כב. גמ' ת"ר הכלב והגדי שדלגו ממטה למעלה פטורין מלמעלה למטה חייבין והתניא הכלב והגדי שדלגו בין מלמעלה למטה בין מלמטה למעלה פטורין תרגמא רב פפא דאפיך מיפך כלבא בזקירא וגדיא בסריכא אי הכי אמאי פטורים פטור מנזק שלם וחייבין בחצי נזק ע"כ, ועי' בתוס' (דף כב. ד"ה דאפיך) שהקשו דלמ"ד תחילתו בפשיעה וסופו באונס חייב ה"נ ליחייבי' בנז"ש דהרי הי' פשיעה לענין היזקים דאורחייהו בהכי עכ"ד, ור"ל דהפטור אונס הוא פטור אלימא טפי ("א גרעסערע פטור") מהפטור דמשונה[231], וכיון ד"תחילתו בפשיעה" מסלקת הפטור אונס, מן הדין שיסלק גם החסרון דמשונה.

ותירצו התוס' דלא אמרי' דמשום דתחילתו בפשיעה לגבי רגל שיתחייב נזק"ש לגבי קרן, דאפי' פושע גמור לענין קרן לא חייבתו תורה אלא חצי נזק, וע"ש שהוכיחו כן, דלא מחייבינן ליה בקרן משום תבו"ב מהא דארי שנכנס לחצר הניזק וטרף ואכל אינו חייב אלא חצי נזק אף דהוי תחילתו בפשיעה לענין דריסה, ע"כ. ובי' הגר"ח (מגנזי הגר"ח סי' ל"ו) בכוונת התוס' דהדין משונה הוא דין פטור בפנ"ע ולא משום דין אונס, דמזיק שהוא משונה התורה פטרה אפי' היכא דהוי פשיעה גמורה[232], וא"כ לא שייך לחייבי' ע"י תחילתו בפשיעה דאפי' פשיעה גמורה ג"כ פטור בו, והדין דתבו"ב חייב רק היכא דפטורו הוא מדין אונס[233]. [ואולי יש להסביר טפי דחסר בכל התורת מזיק, דהתורה לא נתנה דין מזיק היכא דהוי משונה וא"כ לא שייך גבה דין דתבו"ב.]

ושמעתי מהגרי"מ דהגרב"ד ביאר דברי התוס' באופ"א, דלפי"ד הגר"ח כוונת התוס' הוא דלא שייך תבו"ב משום דאיכא פטור על ח"נ וא"כ מה יועיל תחילתו בפשיעה דהא בלא"ה צריך להיות חייב ואעפ"כ התורה פטרתו, אבל הגרב"ד נקט שכוונת התוס' הוא דהטעם דתבו"ב חייב הוא משום דמה דהוי תחילתו בפשיעה מסלקת הפטור אונס, וכל זה לא שייך אלא היכא דפטורו הוא מדין אונס, אולם קרן לענין ח"נ השני חסר בכל התורת מזיק, דהתורה לא נתנה שם מזיק למזיק משונה אלא על חצי נזק, וחסר בכל הדין דולא ישמרנו לענין ח"נ, [וכמו שהוכיח בברכ"ש סי' ב', עי' מש"כ בדף ב:], וא"כ מה יועיל הדין דתחילתו בפשיעה וסופו באונס הרי אין עלה דין מזיק כלל לענין חצי נזק השני.

---

[230] שיעור כללי א' תשס"ד וחבורה א' ומה ששמעתי ממו"ר.

[231] וכגון בציור דאיירינן בדף כא: דהוי אונס לגבי נפילה, דאין הבהמה עומדת כלל ליפול, דודאי לגבי משונה עומדת טפי להזיק מלהזיק ע"י אונס זה דנפילה, וכן היכא דהבהמה הוא משומר בשמירה מעולה דודאי קרן תם עומדת טפי להזיק מבהמה שיש לה שמירה מעולה.

[232] ובאמת צריכים להבין קו' התוס' וכי לא ידעו דאפי' על פשיעה גמורה פטור וכגון שראה איך שבהמתו הלכה והזיקה,

[233] א"ה בכתבי רח"ה בסוגיין כתב דמה"ט כתבו הראשונים לקמן בדף כב. דמאב לאב לא אמרינן תבו"ב, דלא נאמר הך דין דת"ב רק לענין דין אונס אבל לא בשאר פטורים שאינם נוגעים לדין אונס.

ב. אם שייך לחייב שן ורגל ברה"ר מדין תבו"ב, בדברי התוס' דף כג.

והנה לפי"ד הגרב"ד הנ"ל לכאו' צ"ל דלפי מה שהוכיח בברכ"ש (סי' ב') דשן ורגל ברה"ר אינו רק פטור בתשלומין אלא שהתורה הפקיע מיני' כל הדין דולא ישמרנו א"כ גם בשו"ר ברה"ר לא שייך הדין דתבו"ב. והעיר הגרב"ד על זה מתוס' לקמן דף כג., דע"ש בגמ' דמסתפקי' אם פי פרה כחצר המזיק דמי או כחצר הניזק דמי, והק' התוס' דנוכיח מאכלה מתוך הרחבה דכחצר הניזק דמי, ותי' דליכא ראי' מזו "משום דס"ד דאם לקחה הבהמה פירות בחצר הניזק ואכלה ברה"ר [או בחצר המזיק] חייב דמחייבינן בלקיחה לחודא וכן הסברא נוטה דכיון דפשע בלקיחה מה לנו באכילה, והא דממעטי' משדה אחר רה"ר היינו לקיחה, וקמבעיא לי' כגון אם הושיט פירות בפי פרה חש"ו ועכו"ם דלא בני תשלומין נינהו וכגון שהבהמה לא היתה יכולה ליקח אם לא שהושיט לה כו'. ועי' בשטמ"ק ובתוס' ר"פ שכתבו דאילו הבהמה היתה יכולה ליקח הפירות אפי' בלי מה שהושיט לה החש"ו הי' חייב משום תחילתו בפשיעה, הרי להדיא דגם בשו"ר דאינו מזיק כלל שייך חיוב דתחילתו בפשיעה וסופו באונס[234].

ובי' הגרב"ד די"ל דלפי הס"ד דתלוי בהלקיחה באמת הי' מסתברא לפרש דגדר הפטור ברה"ר הוא משום דחסר בהפשיעה, ומשו"ה הכל תלוי בהלקיחה ולא בהאכילה, אולם עכשיו דמסקי' דתלוי גם בהאכילה אז בע"כ גזה"כ הוא וכמש"כ התוס' ".. ש"מ דבעו לקיחה ואכילה בחצר הניזק אע"פ שאין טעם בדבר זה מה צורך באכילה אלא דגזה"כ הוא כו'", וכיון דהוא גזה"כ י"ל דהתורה הפקיע מיני' כל התורת מזיק עכ"ד. ומ"מ צב"ק דאפי' לפי הו"א הגמ' מ"מ בחצר שאינו של שניהם הי' ג"כ פטור על הלקיחה הגם דלכאו' ליכ"ל הכי, דהתם הא לא חסר בהפשיעה וא"כ בע"כ הוא פטור התורה, ואולי י"ל דגם שם חסר בהפשיעה דלא הי' לו לעלות על לבו שחבירו יכניס פירותיו לחצר חבירו, ולכאו' כן צ"ל בדעת הרי"ף שכתב דטעם הפטור דברה"ר הוא משום דהוי אורחיה, וכבר העיר הפלפ"ח מחצר שאינה של שניהם דג"כ פטור, ולכאו' צ"ל על דרך הנ"ל, וצ"ע בזה.

[א"ה עי' בתלמיד ר"ת ור"א דף כג: וז"ל, ואע"ג דאפילו לא נתנה [אותם] לתוך פיה שמא היתה לוקחת מעצמה ואוכלת ונמצא שבפשיעת בעל הפרה לבדו מופסדים, שאותו שנתן לתוך פיה לא עשה ולא כלום דבלאו הכי היתה אוכלתם, מ"מ אי פי פרה כחצר המזיק דמי פטור דכיון שלא נגעה בהם בעודם ברשות הניזק מצי אמר פירך ברשותאי מאי בעו, אם תרצה תפרש כגון שהיו הפירות משומרים היטב אילמלא זה שנתנם לתוך פיה לא היתה יכולה ליגע בהם עכ"ל, ונראה לפרש דבתחילה כוונתו לסברא הנ"ל דהיכא דחסר בובער בשדה אחר ליכא לחייבו מדין תבו"ב.]

ג. בי' פלו' הראשו' אם אמרי' תבו"ב מרגל לקרן או דמאב לאב לא אמרי' תבו"ב (שמעתי ממו"ר)

תוס' הנ"ל בא"ד, כבר הבאנו קושית התוס' בדף כב. ד"ה דאפיך כו' דבאופן שפשע בבהמה לענין היזק דאורחייהו בכך ולבסוף עשתה הבהמה דבר משונה אמאי אינו חייב אלא חצי נזק נחייביה בנזק שלם מדין תחילתו בפשיעה וסופו באונס.

ושמעתי ממו"ר בעינן זה דעי' במרדכי שם ובהגה"ה בשם מהרי"ח בשם הר"י שתירצו דמאב לאב לא אמרינן תבו"ב חייב, ולכן כיון דתחלתו בפשיעה היה לגבי אורחיה דהיינו שן והסופו באונס היה בלאו אורחיה דהיינו קרן לא אמרינן בה תבו"ב. ולכאורה מתוס' שלא תירצו כן מבואר דלא ס"ל הכי אלא אפי' תבו"ב מרגל לקרן אמרינן גבה תבו"ב חייב, ולפי התוס' נראה לדינא דאם פשע בשן חייב גם על רגל מדין תבו"ב. [א"ה עי' ביש"ש ובנחל"ד שפירשו בכוונת תירוץ התוס' דר"ל זה גופא דמאב לאב לא אמרינן תבו"ב אך מפשטות דבריהם לא משמע שכוונו לזה, וכן נקט מו"ר בפשיטות. ועי' בשטמ"ק שנתקשה טובא בקו' זו דמ"ט לא

---

[234] עי' בחי' רבי ארי' לייב (סי' ע"א) שכבר עמד בזה ועי' מש"כ בזה בפרי חיים על פרק כיצד הרגל שם.

אמרינן תבו"ב בסוגיין, ומבואר להדיא מדבריו דס"ל דגם מרגל לקרן אמרינן תבו"ב חייב[235]. ועי' בתלמיד ר"ת שכתב זה לשני תירוצים, א' דמאב לאב לא אמרי' תבו"ב וב' כתירוץ התוס', אולם עי' בתוס' ר"פ.]

ולפי התוס' גם בתחילתו בפשיעה לענין מזיק דקרן וסופו באונס לענין רגל היה חייב, אלא דבכה"ג שהפשיעה היה לענין שור תם נראה דלא הי' שייך לחייבו משום רגל יותר מחצי נזק, דהנה כתבו התוס' לענין דלתות פתוחות (דף כג.) דהיכא דעל הפשיעה בתחילה הי' לו שותף ולכן אפילו אם הזיק לא היה חייב עלה אלא ח"נ, אף דבאונס לבסוף לא היה לו שותף מ"מ א"א לחייבו מחמת הדין דתבו"ב יותר מח"נ, ונראה דכן הוא הדין בנ"ד.

וע"ע בנמו"י (דף ט: מדפי הרי"ף במשנה הראשונה) שג"כ נקט על דרך התוס' דגם מרגל לקרן אמרינן תבו"ב אך כתב לענין תחילתו בפשיעה על מזיק דקרן א"א לחייבו על רגל, דכיון דקרן הוא משונה לאו פשיעה גמורה היא (והגם דהתורה חייבו לזה הרי כיו"ב מצינו בתוס' ב"מ צג: בד"ה אי הכי כו' בתחילתו בגנו"א דלא אמרינן גבה תבו"ב אף שחייב על גנו"א, דלדין תבו"ב בעי' פשיעה ממש). והוכיח הנמו"י כן "דאי לא תימא הכי רגל דפטרי' רחמנא בשמירה פחותה היכי משכחת לה כיון דלגבי קרן לא הוי שמירה (דבעי שמירה מעולה) ליהוי כתחלתו בפשיעה וסופו באונס וליחייב, אלא לאו ש"מ כדפירשתי". ומבואר להדיא מדבריו דזה דהוי מאב לאב אינו סיבה שלא יהא שייך בו דין דתבו"ב, ולדבריו נראה ג"כ דמרגל לשן או מרגל לקרן דשור מועד ודאי אמרינן דתבו"ב חייב אף דהוה מאב לאב, דכלפי הפטור שמירה שפיר שייך הדין דתבו"ב דהוי כפטור אונס.

ונראה דגם לפי התוס' והנמו"י לא אמרינן תבו"ב מאב לאב, וכגון מאש לרגל וכיו"ב, [וכגון בפשע בתרנגול ודליל דחייב מדין אש, ולבסוף הזיקה התרנגול בקרן] ושאני קרן ורגל דנחשבו הכל כאב אחד, ויסוד הדברים הוא הוכיח הגרא"ז (הל' נזק"מ פ"א ה"ב) מדברי הר"מ ריש הל' נזק"מ שכתב וז"ל, [הל' א'] כל נפש חיה שהיא ברשותו של אדם שהזיקה הבעלים חייבין לשלם שהרי ממונם הזיק שנאמר כי יגוף שור איש את שור רעהו וכו', אחד השור ואחד שאר בהמה חיה ועוף, לא דיבר הכתוב בשור אלא בהווה. [הל' ב'] וכמה משלם, אם הזיקה בדברים שדרכה לעשותם תמיד כמנהג ברייתה כגון בהמה שאכלה תבן או עמיר או שהזיקה ברגלה כדרך הילוכה חייב לשלם נזק שלם כו' ואם שינת ועשת מעשים שאין דרכה לעשותם תמיד והזיקה בהן כגון שור שנגח או נשך חייב לשלם חצי נזק מגוף המזיק עצמו כו' וצ"ב דבהל' א' הביא קרא דכי יגח דאיירי בקרן ועל זה כתב "וכמה משלם" ושוב פירש כמה משלם בשן ורגל. ודייק הגרא"ז מזה דצ"ל דאחר שגילה לן קרא דחייב לשן ורגל שוב נכללו כולם בכלל מזיק ד'שור' דכתיב בקרא דכי יגח שור, וקרן שן ורגל הם רק פרטים שהתורה חילק ביניהם, אבל שלשתן נידונים כמזיק א', דהיסוד הוא ממון המזיק ואינו דין מזיק אחר אלא דפרטי הלכותיהן שונות הן עכ"ד, ונראה שכן נקט הברכ"ש בסי' א' דע"ש שנקט בפשיטות דכמו דבקרן איכא פטור דנגח ואח"כ הפקיר כמו"כ בשן ורגל איתא להך פטור, וקשה דבמתני' מבואר דא"א למילפם אהדדי, וי"ל עפ"י הנ"ל דאחר שכבר גילה לן קרא דחייב בשלשתן שוב שפיר שייך למילף קרן שן ורגל מהדדי דכולם חד מזיק הוא.

ומעתה י"ל דכל דברי הנמו"י והתוס' הם רק לענין קרן ורגל אכן היכא דהי' דליל ופשע בו דנחשב כפשיעה דמזיק דשור לשיטת רב, א"א לחייבו בסופו באונס לענין מזיק דאש.

---

235 וז"ל, והק' הר' ישראל בשם ה"ר אלעזר מערפור"ט למא"ד פלגא נזקא קנסא וטעמא דידיה דמדינא יהיה פטור למא"ד תבו"ב חייב והתם הוי נמי תחילתו בפשיעה גבי שן ורגל וסופו באונס לגבי קרן א"כ מדינא הוי חייב והוי ממונא, ונראה דהיינו דוקא ברשות הניזק אבל ברה"ר על כרחיה קנסא הוא, וקשה א"כ למעלה כשמקשה הניזק והמזיק בתשלומין למא"ד קנסא א"כ אף לדידיה ברשות הניזק שניהם בתשלומין, וי"ל כיון שברשות הרבים על כרחיה קנסא א"כ אף ברשות הניזק קנסא, עכ"ל תלמידי ה"ר ישראל ז"ל, עכ"ל.

[א"ה ונראה דהראשונים שתירצו על קושית התוס' דמאב לאב לא אמרינן תבו"ב סברי דגם קרן ורגל הם כשני מזיקים חלוקים, והדבר הוא מפורש בתוס' המיוחס לתלמיד ר"ת בדף כב., ע"ש שהקשה על קרן משונה בחצר הניזק אמאי אינו משלם נזק שלם והא תחילתו בפשיעה וסופו באונס הוא לגבי שן, ותירץ וז"ל, דלא שייך למימר הכא תחילתו בפשיעה כיון ששינה הוי קרן ותחילתו בפשיעה הויא רגל בכה"ג אין תחילתו בפשיעה וסופו באונס חייב, *דשן ודגל וקרן כמו שלשה מזיקים הם*. והא פשיטא דאילו פשע באש לא הוי חייב בשור, דלא פשע בו כלל, או אם פשע בשור אחד לא הוי חייב מחמת ההיא פשיעה על שור אחר שלא פשע בו אלא שמרו, עכ"ל.]

סימן יז

בדין הזוכה באש ולא עשה מעשה מבעיר[236]

בדין האם הזוכה באש חייב בהזיקו אפי' בלי מעשה הדלקה

דף ה: תוד"ה כי שדית בור וא"ת והיכי אתו כולהו מאש ובור מה לאש ובור שכן מעשיו גרמו לו כדמפרש לקמן גבי בור המתגלגל ואש נמי מעשיו גרמו לו שהדליק האש וי"ל דלא חשיב אש מעשיו גרמו לו כיון שהרוח מסייעו עכ"ל, אבל התוס' שאנץ (מובא בשטמ"ק) תירץ באופ"א וז"ל, וי"ל דאם בא האש לרשותו ממילא כגון שהביאו כלב בחררה או הביאו גוי שם והניחו ברשותו והלך לו הגוי והכלב וזכה בו בעל הבית והלך האש ברוח מצויה והזיק חייב אע"פ שאין מעשיו גרמו לו עכ"ל, וצ"ב טובא דהאיך אפשר לחייבו בכה"ג בלי שום מעשה הדלקה והא איתא בגמ' לקמן דף ס. דליבה וליבתה הרוח אם אין בליבויו בכדי ללבותה פטור משום דבעי' מעשה הדלקה, ותוס' לקמן דף כג. כתבו דאפי' לר"ל דס"ל אשו משום ממונו מ"מ אם בשעת המעשה הדלקה הי' לו חיוב מיתה א"א לחייבו משום אש, ומבו' דדין מעשה מבעיר באש אינו כקניית השור דלא שייך בי' פטור דקלב"מ אלא הוא תנאי בגוף החיוב, ועי' בברכ"ש (יז–ו) והארכנו בזה במקו"א.

וצ"ל דשאני היכא דהאש הוא שלו דחייב אפי' בלי מעשה הדלקה וכעין הא דמצינו בבור שני גדרים, דין בור ברשותו ובור ברה"ר, אך קשה דבשלמא בבור איכא פסוק מיוחד דבעל הבור ישלם, כדאיתא לקמן דף מט:, אבל באש מהיכ"ת דחייב משום זה שהאש הוא שלו. ולכאורה י"ל דהוא דומה לדין דמצינו בבור לקמן בדף מח. דהיכא דהו"ל למלויי ולא מליי' כמאן דכריי' דמי והיכא דהו"ל לסלוקי ולא סלקי כמאן דכריי' דמי, כמו"כ באש היכא דהו"ל לסלקי הוי כמאן דאדלקיה, ואף דבליבה וליבתה רוח לכאו' הוא פשע בו טפי, י"ל דשאני התם דעדיין לא הי' אש אבל בנ"ד שהי' אש גמור ופשע בו, נתחייב. אך ק"ק די"ל דהא דחייב בבור בכה"ג משום דהו"ל לסלוקי הוא רק משום קרא דבעל הבור ישלם, (א"ה וכ"כ הברכ"ש בסי' א' דרק מ"ד בור ברשותו חייב ס"ל דין זה דהו"ל לסלקי ולא סלקי כמאן דכריי' דמי), ולכאורה י"ל דס"ל דילפי' דחייב ממה הצד דאש ושור, דמשור מבו' דחייב אפי' על ממונו גרידא, אך קשה דהכא משמע דחייב מדין אש בלי צד השוה ואדרבה ילפי' שאר מזיקין מאש דחייב אפי' בכה"ג, וצ"ע, [א"ה ועי' באבן האזל פ"ב מנזק"מ הל' יח אות ג' שהאריך בזה].

ובפשטות תוס' שלא תירץ כן הוא משום דנחלק על גוף הדין וס"ל דבלי מעשה הדלקה ליכא לחייבו אפי' אם הו"ל לסלוקי ולא סלקי[237].

ועי' באבן האזל פ"ג מנזק"מ הל' י"ט (ובפי"ד מנזק"מ הל' ד) שהעלה בדעת הרשב"א ג"כ דאם האש הוא שלו אף שלא הבעיר את האש מ"מ חייב לשמרו כמו שחייב על שורו, אך העיר על זה מלשון הגמ' בדף כג. דאיתא שם "נפלה דליקה בחצירו", דלכאורה מוכח דאפי' נפלה הדליקה שלא פשע בה כלל כיון דהוא בחצרו ועצים שלו שורפין נעשה האש שלו וחייב בשמירתו. אך העיר שם לדברי הר"ח ז"ל שכתב בפירושו וז"ל, ובאנו לומר כגון שהצית אש בחצר ונפלה גדר שלא מחמת דליקה וכו' ומוכח מדבריו דלא ניחא לי'

---

[236] חלק שני משיעור יומי י"ג תשס"ה עם הוספות משיעור יומי תשע"ג.

[237] א"ה אולי י"ל דלתוס' חייב משום מה הצד מבור ושור ומשו"ה לא הו"מ תוס' לתרץ קושיתו על דרך זה. אך באמת משמעות התוס' הוא דנקט בקושיתו דלפי האמת אינו חייב אלא במעשיו גרמו לו.

לפרש שנפלה מעצמה, אבל מפשטות לשון הרמב"ם שהעתיק לשון הגמ' כצורתה משמע דחייב אפי' בנפלה מעצמה, ועיין שם שביאר צדדי הספיקות בזה.

והנה עי' בתוס' לקמן דף ו: שדן בביאור הגמ' דהכותל ואילן שנפלו אם איירי בהזיקו בשעת נפילה או בתר דנייחי, והעלה שם דכשהזיקו בתר דנייחי א"א לחייבן אלא משום בור, אבל בהזיקו דרך נפילה דן אם חייב משום בור או משום אש. והרא"ש כתב להדיא דא"א לחייבן משום אש הואיל ואין כח אחר מעורב בהן, וביאר הנחל"ד דכל עיקר החילוק שבין בור לאש הוא דאש הולך ומזיק ומשיג את הניזק בכל מקום שהוא, ובבור הוא להיפוך שהמזיק עומד על עמדו והניזק הולך מאליו, והיינו דוקא בדבר שהולך ע"י הרוח דאין גבול להליכתו ויכול להשיג את הניזק בכל מקום שהוא, אבל כותל ואילן יש גבול לנפילתן ויותר מהגבול אינם יכולים לילך, והניזק צריך לבוא אל המקום ההוא בכדי שיוכל להנזק וא"כ הוי ממש בור וכבור אריכתא דמי כמו תל דגבוה, הכי נמי חדא בור הוא מלמעלה עד מקום שיוכלו ליפול מעצמן כיון דהניזק צריך לבוא שמה אל מקום הנזק.

וע"ע בשטמ"ק בשם רבי' ישעיה שכתב דמטעם אחר א"א לחייבן בהזיקו בשעת נפילה משום אש וז"ל, וקשה אמאי לא דייק אי בהדי דקא אזלי מזקי היינו אש וי"ל דלא דמי לאש דאש מיד שנעשה הוא נזקק לשמרו ולהעלות בדעתו שיזיק על ידי רוח מצויה וכן באבנו וסכינו דמדמה לעיל לאש אבל כותל ואילן ליכא למימר הכי דבשעת נטיעה ובנין לא היה לו להעלות בדעתו שיפלו לזמן מרובה עכ"ל, ור"ל דלחיוב אש בעינן מעשה הדלקה ובכותל ואילן שנפלו לא הי' מעשה הדלקה, ומבואר מדבריו דאף דמה שלא סתר ועקר הכותל ואילן, אחר שהתרוהו בב"ד נחשב כפשיעת כריי' שיחשב ככריית בבור מ"מ לאש זה לא מספיק, דלאש בעינן מעשה הדלקה ממש, וזה לכאורה אינו מתאים עם דברי התוס' שאנץ הנ"ל שכתב דאפשר לחייבו משום אש כל היכא דהאש הוא שלו אפי' בלי מעשה הדלקה כלל.

והנה מזה שהתוס' דנו לומר דחייב משום אש, לכאו' מבואר שלא כדברי רבי' ישעי' הנ"ל, אך אולי יש לדחות דמה"ט גופא הסתפק לומר דאינו חייב משום אש, ואולם דברי הנחל"ד צ"ב וכמו שהעיר הגרא"ז (פי"ג מנזק"מ הל' יט), דגם אסו"מ שנפלו מראש הגג מקום נפילתן מוגבל הוא דבאויר נופלים מכח עצמן למטה ולא מכח הרוח ואפ"ה בהדי דאזלי הוי אש[238], וא"כ יותר הי' מרווח לפרש דברי הרא"ש והתוס' על דרך זה, אך לא משמע כן מדבריהם, וא"כ אדרבה מזה שלא כתבו כרבי' ישעי' לכאורה מבואר דלא ס"ל כדבריו, אלא דזה שפיר מספיק למעשה מבעיר, וצ"ע[239].

ודע דגם מרש"י יש להוכיח דלא ס"ל כתוס' השאנץ הנ"ל, דהנה הערנו על דבריו מברייתא דליבה וליבתה הרוח פטור דמבו' דבעי' מעשה מדליק ותירצנו דאיירי שם שלא הי' האש שלו, ובכה"ג גם להתוס' שאנץ בעי' מעשה מדליק. והנה שיטת רש"י בדף כב. הוא דלר"ל דאשו משום ממונו אינו חייב אלא על אש שלו, ולפי דבריו ברייתא דליבה וליבתה הרוח איירי בע"כ כשהי' האש שלו ואפ"ה פטור.

---

[238] א"ה עי' בקה"י סי' ד בסוגריים שתי' "ולענ"ד יש לחלק דבאסו"מ לא שייך לומר שכל מקום נפילתן הוא מקומן כיון שבאמת אין להם עצמן כח ושייכות לרה"ר רק שהרוח מביאם שם ולא דמי לכותל ואילן שמחמת עצמן נופלים ומכח עצמן תופסין רשותם עד מקום שראוי להם ליפול וזה כוונת הנחל"ד ע"ש".

[239] א"ה ואף דלעיל לא ס"ל לתוס' כהתוס' שאנץ י"ל עפ"י משנ"ת דעכ"פ חייב מכח מה הצד דאש ובור, וצ"ע. והנה מו"ר הי' נוקט בפשיטות במסקנת התוס' דאינו חייב משום אש אלא משום בור, והי' אומר מהנחל"ד לפרש סברת התוס' (והנחל"ד עצמו כתב כן בדעת הרא"ש).

ועי' בקה"י (סי' ד') שהביא מכתב דהשואל כן נקט בדעת התוס' והקה"י נחלק עליו אלא דלמסקנת התוס' אפשר לחייבו בין משום אש ובין משום בור, אך כתב דאף דכן הי' נראה מהתוס' מ"מ ודאי ריהטת לשון התוס' נוטה לכאו' שאפי' בשעת נפילה אינו חייב עלי' אלא מדין בור בלבד וכן משמע מהשטמ"ק שהבינו כן בדברי התוס'. אך העיר שם לספר חסד לאברהם [תלמיד של הנתיבות] שנקט בתוס' דחייב מדין אש, וכבר כתב כן התוי"ט (ב"מ פ"י מ"ד) וז"ל, תוספות פ"ק דב"ק דף ו' [ד"ה היינו] ושם כתבו דבשעת נפילה דומה לאש ואחר נפילה לבור, אבל הרא"ש כתב (שם) דאף בשעת נפילה הוי תולדה דבור כו' עכ"ל.

[א"ה בכל המהדורות נקט מו"ר דמדברי התוס' שאנץ נראה דלא בעי' מעשה מבעיר, ושלכאורה מש"כ הברכ"ש בסי' י' אינו מתאים עם דברי התוס' שאנץ וכן אמר גם בשיעור יומי תשס"ח ותשע"ג, ובתשס"ח בשיעור כללי אמר דאולי י"ל דגם לדברי התוס' שאנץ איכא דין מעשה מבעיר אך שאני הכא דכבר הי' אש גמור וכיון שזכה בו י"ל דנעשה כשומר, דקיי"ל דגם שומר על אש נכנס תחת הבעליו לניזקין כמש"כ הר"מ.]

סי' יח

בענין דברי הברכת שמואל סימן י, כמה חילוקים בין בור לאש[240]

א. נידון בגדר פטור דאש ברוח שא"מ אם הוי רק פטור אונס או דחסר בכל החיוב דאש

ב. אם שייך לחייבו באש משום גרמי

ג. ביתר בי' דברי הגרב"ד דבעי' מבעיר באש

ד. הערה על הברכ"ש מהשטמ"ק דף ה:

ה. יתכן דאיכא חילוק בין דין רוח דבעי' לפטרו היכא דהבור עדיין לא נכרה להיכא דכבר נכרה הבור

דף ו. גמ' פותקין ביבותיהן, כתבו התוס' שאנץ בשטמ"ק וז"ל, אע"פ שברשות חייבים לשלם ולא דמי למפקיר נזקיו לאחר נפילת אונס דפטור כיון דהכא נתן את הנזקין בידים אבל נשברה כדו ברשות הרבים והפקיר החרסים והזיקו פטור, עכ"ל.

א. וז"ל הברכ"ש באות א', **ביאור הקושיא, דאיך נילף ממה הצד דשור, דחייב ברשות, דבשור שפיר חייב דנהי דיש לו להניח שורו ברה"ר, אבל ילך וישמרנו, אבל גבי בור דבעי' פשיעת שמירת נזקין וא"כ מכיון דיש לו רשות להניחו א"כ ממילא הוי הנחתו באונס ואין כאן בור,** ור"ל דאיכא חילוק יסודי בין שור לבור, דשור הוי חפצא דמזיק ואי"צ פשיעת הבעלים לחייבו אלא אדרבה בעי' שמירה לפטור הבעלים, משא"כ בבור דבעי' פשיעה בשמירת נזקיו לחייבו, וא"כ צ"ב דהכא דברשות היא י"ל דליכא פשיעה וא"כ היכי אפשר למילף בור משור דחייב, והא שאני שור שא"צ פשיעה לחייבו, משא"כ בבור דבעי' פשיעת כריי' לחייבו, א"כ י"ל דכיון דהי' ברשות והפקירו ואינו ממונו א"כ לאו בור שלו הוא דחסר בפשיעת כריי' והאיך אפשר ללמוד משור דחייב.

ובתירוצם נראה לבאר, דהנה מה דבעי' פשיעה דאדם גבי כריית בור, כמו מה דבעי' פשיעה דאדם גבי מבעיר דאש, יש לחקור, האם נאמר דבעי' מעשה כריי' דאדם כמו גבי אש (דבאש פשיטא ליה דבעינן מעשה מבעיר לחייבו, והסתפקו אם גם בבור בעי' מעשה כריי' ממש לחייבו ולא מספיק עם פשיעה גרידא) **דודאי מה דבעי' פשיעה גבי אש אפי' לענין אשו דממונו, הוא משום דבעי' מעשה מבעיר, דאף דבלא מעשה דכחו נמי חייב כדחזינן לר"ל דס"ל דאש לאו מכחו אזיל, פי' דמלבד דליכא מעשה בידים, דאפי' ליכא למימר באש דיחשב דינא דגרמי, ומשום דהיכא חשיב גרמי היינו כמו ששמעתי בשם מו"ר זיע"א היינו דוקא היכא דבא לכה"פ מכחו, אלא דחסר הלכות מעשה בידים** (ואף דמצינו דגם מסור חייב מדינא דגרמי, י"ל דגם במסור "עס קומט פון איהם, משא"כ באש דהרוח פירט דעהם לגמרי..")**, משא"כ אש לאו מכחו אזיל, א"כ גם גרמי לא הוי, וכן בכלו לו חציו אליבי' דר' יוחנן דחשיב אש משום ממונו ואף דליכא הכא דין מעשה דאדם, ודחזינן דבכ"ז חשיב מזיק דממונו היינו דמ"מ גם זה מעשה בידים דעשה**

[240] חבורה זו נמסר בבית מו"ר בשנת תשע"ג, דמו"ר למד עם כמה מתלמידיו המובהקים דברי הברכ"ש, וקרא בפנים כל דברי הברכ"ש והסביר כל דבריו.

מעשה כזה שיוכל לילך ברוח מצוי' ועי"ז חשיב אשו, משא"כ אם נעשה מעשה כזה דאינו הולך כי אם ע"י רוח שאינה מצוי' אז הוי גרמא בנזקין ואין כאן גם מעשה מבעיר, עכ"ל.

א. נידון בגדר פטור דאש ברוח שא"מ אם הוי רק פטור אונס או דחסר בכל החיוב דאש

ומבואר מהברכ"ש דס"ל דפטור דרוח שאינה מצוי' באש אינו משום דהוי אונס אלא דהוי גרמא בעלמא וחסר בכל המחייב דאש, ובהמשך דבריו העלה דבור שנכרה ע"י רוח שא"מ הוי כאונס. והנה לכאורה מדברי הלח"מ נראה להוכיח דגם פטור דרוח שא"מ באש הוא רק פטור אונס, דעי' בר"מ פי"ד מנזק"מ הל' ט"ז וז"ל, כל תולדות האש הרי הן כאש כיצד הניח אבן או סכין או משא בראש גגו ונפלו ברוח מצויה והזיקו חייב לשלם נזק שלם שכל אלו וכיוצא בהן תולדות הבערה הן ואם נפלו ברוח שאינה מצויה והזיקו פטור, עכ"ל, וכתב הלח"מ וז"ל, ואם נפלו ברוח שאינה מצויה הוא פטור, קשה דהרי תחילתו בפשיעה וסופו באונס הוא שהרי היו יכולים ליפול ברוח מצויה כשהניחן בראש גגו וי"ל דה"ק אם נפלו ברוח שאינה מצויה כלומר שלא היו יכולים ליפול באופן אחר אז פטור, עכ"ל, ומבואר דאפשר לחייבו מדין תבו"ב, הרי דכל הפטור הוא רק פטור אונס.

ב. אם שייך לחייבו באש משום גרמי

והנה הברכ"ש כתב בפשיטות דליכא לחייבו באש משום גרמי, ולכאורה הכרחו לפרש כן הוא משום דאל"כ אמאי פטור בטמון באש, דבגמ' בדף כג. פריך על ר' יוחנן דאמ"ח אמאי פטור בטמון, ותי' כגון דכלו לו חציו, וא"כ לפי ר"ל או גם לר"י בכלו לו חציו מ"ט פטור תיפו"ל דעדיין אדם המזיק הוא משום גרמי, ובע"כ דלא נחשב גרמי. אמנם באמת יש לדחות הוכחה זו דעי' בברכ"ש סי' י"ח שהביא מהרמב"ן בדינא דגרמי שהקשה על ר"ע [אליבא דרב יוסף] דס"ל (לקמן דף מט:) דבור ברה"ר פטור ואינו חייב אלא בבור ברשותו, דאמאי לא מחייבינן ליה משום דינא דגרמי, דכיון שחפר הבור הו"ל גרמי, ואפי' במפקיר נזקיו אחר נפילת פשיעה יש לדונו משום גרמי, ותירץ בתירץ השני "ועוד שהתורה פטרה בור ברשות הרבים וגזרת הכתוב הוא". ומבואר מדבריו דס"ל לר"ע דמזה דקבעה התורה חיוב בור בבור שהוא ברשותו, וכדכתיב "בעל הבור ישלם" (עי' לקמן דף נ.) ילפי' מינה דלא רק דאינו חייב על בור ברה"ר מדין מזיק דבור אלא דנפטר גם ממזיק דגרמי. ולכאורה י"ל כמו"כ לענין אש, דמזה שפטרה התורה על טמון מוכרח שהתורה הפקיעו מיני' חיוב דגרמי, אך באמת מזה דהרמב"ן לא הקשה קושיתו אלא בבור ולא באש, מוכרח דנקט בפשיטות דמאש לא קשה, דודאי אש לא נחשב גרמי.

ושמעתי מהגרי"מ לפרש החילוק בין אש למסור, דבמסור הארי [דהיינו המלכות] עומד שם מוכן ליקח הממון ורק דצריך המסירה, לכן נחשב שבא ממנו ההיזק ורק דחסר ההלכות מעשה, משא"כ באש דהרוח עושה הכל ולכן לא נחשב אפי' כגרמי.

ב. וז"ל, והוא מבואר להדיא בגמ' דף ס. דבלבה ולבתו הרוח פטור דהוי גרמא בנזקין, הרי דהפטור הוא אם אינו הולך רק ע"י רוח שא"מ משום דין גרמא ולא משום דין אונס לחוד, אלא דאין כאן מעשה מבעיר כלל, וכן כתבו התוס' שם בד"ה והכא, דאם שנים הביאו עצים ואור וליבו פטורין משום דליכא מבעיר, עכ"ל. והנה וז"ל התוס' שם והכא גרמא בנזקין – מתוך כך נראה דאם שנים הביאו עצים ואור וליבו שניהם ואין בכל אחד כדי ללבות פטור כו' עכ"ל, ופטור זה ודאי מיוסד על הא דבעי' מעשה מבעיר דאל"כ אין שום סיבה לפוטרם.

ג. ביתר בי' דברי הגרב"ד דבעי' מבעיר באש

והנה הברכ"ש יסד ליסוד מוצק דבעי' מעשה מבעיר לחייבו באש, ואף דהמעשה מבעיר לא נחשב אפי' כגרמי כלפי ההיזק אפ"ה עיקר החיוב הוא בעבור המעשה מבעיר, מה שמכין האש להזיק, דזה נחשב כפשיעה בההיזק ולא רק בהמזיק, והוא חלוק ממזיק דשור, דבשור חיובו הוא על זה שממונו היזק והוא לא שמרו משא"כ באש אין חיובו בשביל זה גרידא שממונו היזק אלא דבעי' לצרף גם את המעשה מבעיר

לחייבו, והברכ"ש (י"ז–ו) העיר לדברי התוס' בדף כב: שכתבו דאפי' לר"ל דס"ל אשו משום ממונו, אם בשעה שהדליק האש הי' חייב מיתה, א"א לחייבו משום אש דקלב"מ ומבו' דהמעשה הבערה הוי תנאי החיוב בגוף ההיזק ולא רק כהיכ"ת בעלמא שיהא האש שלו ושיתחייב בשמירתו, דאילו כן ודאי ליכא פטור דקלב"מ כמו דל"ש פטור קלב"מ אם נתחייב מיתה בשעה שקנה שור. והגרי"מ הי' אומר מהגרב"ד דבין למ"ד אמ"ח ובין למ"ד אמ"מ חיובו הוא משום חץ, אלא דר"ל ס"ל דהוי א ממון/דיגע חץ, אך גם לדידי' הוי תנאי בחיוב ההיזק.

אכן כל זה הוא באש אבל בבור אף דצריך ג"כ מעשה כריי' אבל אין המעשה כריי' פשיעה בההיזק כאש, אלא הוא פשיעה בהמזיק, ועי"ז נתחייב בשמירת הבור, וגם בכריית הבור לא שייך פטור קלב"מ כמו בקנית שור, ע"ש.

ד. הערה על הברכ"ש מהשטמ"ק דף ה:

והנה על עיקר יסוד הגרב"ד דא"א לחייבו באש בלי מעשה מבעיר לכאו' ילה"ע על זה מדברי התוס' שאנץ בדף ה: (הובא בשטמ"ק) שכתב בא"ד וז"ל, דאם בא האש לרשותו ממילא כגון שהביאו כלב בחררה או הביאו גוי שם והניחו ברשותו והלך לו הגוי והכלב וזכה בו בעל הבית והלך האש ברוח מצויה והזיק חייב אע"פ שאין מעשיו גרמו לו עכ"ל, הרי להדיא דאי"צ מעשה מבעיר, אלא כל דהוי האש שלו חייב. וליישב דבריו מסוגיא בדף ס. צ"ל דהתם איירי כשאין האש שלו, אבל כשהאש הוא שלו אפשר לחייבו משום דהו"ל לסלוקי ולא סלקי ודלא כמש"כ הברכ"ש לקמן דליכא דין הו"ל לסלוקי באש, ראה מש"כ בזה במקו"א. [ואולי יש לדחוק דכיון דהי' כבר אש גמור א"כ אם זכה בו לא גרע משומר דנכנס תחת הבעלים להתחייב, וצ"ע. (דיחוי זה אמר מו"ר בשיעור כללי תשס"ח)]

ג. וז"ל באות ב', ואולם גבי בור בהניח אבנו סו"מ בראש גגו ונפלו ברוח שא"מ, צ"ב, האם נאמר דהכא נמי גבי בור צריך מעשה כריית אדם, וע"כ אם אינו יכול לילך כי אם ברוח שא"מ אז ליכא מעשה כריי', או לא, דגבי בור לא בעי' מעשה כריי' לאדם אלא מעשה פשיעה בשמירת נזקין ובפשיעה לחוד זהו דין כריי' דבור, ובודאי דכן הוא דהא חזינן דשנים שעקרו חוליא והשלימו לעשרה שניהם חייבין והוי בור של שני שותפין ולא הוי גרמא בעלמא, וכן מדחזינן דגם גבי כותל ואילן דליכא מעשה דאדם אלא פשיעה דאדם לחוד ע"י ההתראה דב"ד ג"כ חשוב בור וכן כתב בשטמ"ק שם דלהכי לא יוכל להעשות אש אם הזיק בשעת נפילה ע"י הפשיעה, משום דלגבי אש בעי' מעשה מבעיר משא"כ בבור, הרי דנפ"מ גדולה בין דין פשיעה דבעי' גבי אש, ובדין דין פשיעה דבעי' גבי בור, עכ"ל.

והנה הברכ"ש הביא שני הוכחות דבכריי' ליכא דין ממש של מעשה אדם: **א)** בגמ' בדף נא. פריך בור של שני שותפין היכי משכח"ל, "אמר רבי יוחנן כגון שעקרו שניהן חוליא בבת אחת והשלימו לעשרה", הרי דאף דבאש בכה"ג כתבו התוס' בדף ס. דהוי גרמא בעלמא כיון דהוי שנים שעשו אפ"ה בבור חייב, אף דהוי כעשיית הבור ע"י גרמא, דבשנים שעשו איכא חסרון בהמעשה בידים ובפרט בזה אינו יכול וזה אינו יכול, ואפ"ה חייב בבור, ומבואר מזה דבבור סגי גם ב'פשיעות'[241].

והנה על עיקר מש"כ התוס' דשנים שהדליקו אש שניהם פטורין, צ"ע מאי שנא משנים שהזיקו דחייבין, והנה באופן שכ"א עשה היזק בפנ"ע י"ל דהתם שאני, אכן קשה מהיכ"ת דשנים עשו מעשה ביחד, ואולי בכה"ג באמת פטורין לפי מש"כ התוס', אך קשה דבפשטות כל הפטור הוא משום הדין דשנים שעשו שילפי' מגזה"כ שפטור אבל לא דנחשב שחסר במעשה בידים. ועו"ק דשיטת הרשב"א הוא דאפי' לענין רציחה היכא

[241] א"ה צריך לעיין למה א"א לומר שהגמ' איירי בזה יכול וזה יכול, דכל דברי התוס' הוא באופן דזה אינו יכול וזה אינו יכול.

שנים הרגו במקל א' שניהם חייבין מיתה לכו"ע, וא"כ ה"ה בניזקין הוא פשוט דשניהם חייבין, וקשה מאי שנא מהך דתוס'[242].

[בחבורה בשנת תשס"ד העיר מו"ר לדברי החזו"א שהקשה על התוס' דלמ"ד אשו משום חציו הוי כשנים שהזיקו דחייבין בין באופן דכ"א הי' יכול להזיק בפנ"ע ובין באופן דכ"א לא הי' יכול להזיק בפנ"ע, ואפי' אדם ושור שהזיקו הוי שותפין בההיזק כדאיתא בדף נג.. ולכאו' צריכים לדחוק דתוס' איירי דוקא למ"ד אמ"מ, דאף דגם לדידי' הדלקת האש הוי מעשה בההיזק מ"מ י"ל דבשנים שעשו חסר בהמעשה הדלקה, והוא דוחק גדול. ואולי י"ל בזה דהנה בחי' רח"ה הל' שכנים דן בגדר הדין דאמ"ח האם נחשב כחץ ממש וכעושה וחוזר ועושה כל רגע ורגע או דבאמת לא הוי חץ אלא שהתורה חייבו כמו שהוא חץ, ומדברי חי' הר"ן בסנהדרין, מובא בחי' מרן רי"ז הלוי, דאינו חייב מיתה מכח דין אמ"ח מבו' דהוי דין תורה שנחשב כחץ אבל לא הוי ממש חץ, וכן מבו' ממה שדייק הגר"א בהר"מ דלמסקנת הגמ' איכא פטור טמון באש גם באמ"ח, וודאי אילו הוא חץ ממש לא שייך שום פטורים כדאיתא בגמ' [וצ"ע בדברי רח"ה שם שהעלה בדעת הר"מ דס"ל דהוי חץ ממש] ואם נימא כן אולי י"ל דבכדי לדונו משום דין אמ"ח מקודם צריך שיהא לו דין מזיק, ובשנים שעשו חסר בהדין מזיק ולכן א"א לדונו משום חציו, והוא חידוש גדול, וצ"ע.]

ב) מדברי השטמ"ק בשם רבי' ישעי' בסוגיא דכותל ואילן כו' דתוס' שם דנו בכותל ואילן שנפלו והזיקו בשעת נפילה אם חייב משום אש או משום בור, וכתב רבי' ישעי' דליכא לחייבו משום אש "דלא דמי לאש דאש מיד שנעשה הוא נזקק לשמרו ולהעלות בדעתו שיזיק על ידי רוח מצויה וכן באבנו וסכינו דמדמה לעיל לאש אבל כותל ואילן ליכא למימר הכי דבשעת נטיעה ובנין לא היה לו להעלות בדעתו שיפלו לזמן מרובה", והיינו דא"א לחייבו משום אש משום דחסר במעשה מבעיר, משא"כ בבור דל"צ מעשה בידים ממש ואפשר לחייבו גם משום פשיעה, וכיון שפשע ולא שמע לב"ד אפשר לחייבו. [הגרב"ד הי' מגדירו "כפשיעת גופו" מה שלא שמע להתראת הב"ד.]

והנה בכותל ואילן הגמ' חייבו משום ילפותא דשור ובור, ומבו' דגם בבור בעי' ילפותא לחייבו בכה"ג, ועכ"פ בבור י"ל דהילפותא גילה לן דסגי בפשיעת כריי' ואי"צ כריי' בידים ממש.

ולפי הגרב"ד בור שנכרה ע"י רוח שא"מ כל הפטור הוי רק מדין אונס, ואולם כן מוכרח לפי מש"כ הגר"ח בביאר דברי הר"מ והרמב"ן בסוגיא דקדרין וזגגין (דף לא.) ובד' הר"מ בסו' דכותל ואילן שנפלו, דא"א לחייבו משום זה דהו"ל לסלוקי היכא דליכא כריי', וכל הא דמצי לחייבו משום דהו"ל לסלוקי הוא רק היכא דהי' כריי' ורק דיש לו פטור אונס. אלא דלכאו' ילה"ק דהיכי אפשר לחייבו באסו"מ שנפלו ברוח שא"מ כו' והא בגמ' מבו' דבעי' מה הצד מאש ובור והרי באש אינו חייב בכה"ג וכמש"ב, וצ"ל דכיון דילפי' דחייב בהפילו רוח מצוי' ומשום דסגי בפשיעה לחייבו, א"כ שוב ידעי' בענין בור דגם ברוח שא"מ חייב היכא דהו"ל לסלוקי, וצ"ע.

ד. וז"ל, ובזה מבואר מה דהגמ' בדף כט. בסוגיא דנפשרה מדמה פטור נפשרה לפטור דנפל ברוח שא"מ, ובשניהם הוי הפטור ע"י דין אונס, והא גבי רוח שא"מ הוי רק גרמא בעלמא (ומבו' משם דרוח שא"מ ג"כ לא חסר בכל הכריי' אלא הוי רק פטור אונס ומשום דליכא דין דבעי' מעשה אדם), **ולדבר הזה העירני חתני הרה"ג ר' משה נ"י, ולדברינו א"ש דלגבי בור ל"ש פטור מדין גרמא בנזקין**, עכ"ל. ויל"ע בחפר בור ע"י מעשה גרמא האם חייב משום כריית בור, ולכאו' מהך דשנים שהגביהו חוליא מבו' דחייב בכה"ג, אלא דבאמת התם עדיף מגרמא בעלמא, דהרי שנים שהזיקו חייבין, וצ"ע בזה. [ועי' בחי' רח"ה סוף הל' שכנים שכתב "בעשיית המזיק, בזה לא מצינו דין גרמא (וכוונתו שם לדין גרמי), שיתחייב אם עשה את המזיק ע"י גרמא. ולפי זה הרי שפיר חלוק דין ליבה ולבתה הרוח, דהויא חציו וחשיב אדם המזיק בעשיית הנזק, ע"כ שפיר מתחייב עליה משום גרמא, משא"כ ברקתא, דהויא דומיא דאבנו סכינו ומשאו דחיובו משום ממונו ולא משום חציו, וא"כ הוי כל עיקר חיובו רק על עשיית המזיק, ולא על עשיית הנזק בעצמו, ובזה לא מצינו דין גרמא, וע"כ זהו שפסק הרמב"ם דבסייעתו הרוח דלא הוי

[242] א"ה צריך לעיין כהנ"ל למה א"א לפרש דברי הרשב"א דוקא בזה יכול וזה יכול.

רק גרמא פטור, וכמו שנתבאר" ואולי י"ל דדוקא בעשיית אש דבעי' מעשה מבעיר לענין זה לא נתחדש דגרמי נחשב כמעשה, אבל בכריית בור דליכא דין מעשה אלא סגי בפשיעת כריי', שפיר י"ל דגם הכורה בור ע"י גרמי חייב, וצ"ע.]

ה. וז"ל באות ג', **והנה לפי"ז מה דפטור במפקיר נזקיו לאחר נפילת אונס, לאו משום דליכא מעשה דכורה** (משום זה דהוי רוח שא"מ), **אלא ע"י דין דלכה"פ בעינן פשיעה של כריי' גבי בור, ובלא פשיעה לא חשיב בורו כלל, ובביאור הך פטור דבורו באונס י"ל ב' סברות, הא' ע"י דאין יכול לילך כי אם ברוח שא"מ הוי זה כשמור ומכוסה, וכמו דמהני שמירה גבי בור כרוי, כ"ש דמהני מה שהוא שמור ומכוסה לענין שלא יחשב כורה בור, ועיין בפנ"י שהק' על סברת רבה בדף כח: דסובר דמחייב הי' ר"מ אפי' נפשרה, והק' שם והא בור ואש התורה מיעטה בשמירתן, הרי דמן הסברא היא דכיון דהי' אונס הרי זה כשמור. סברא הב', דהיכא דהניחו בראש גגו ונפלו ברוח שא"מ אמרתי ב"ה ומצאתי ג"כ בפנ"י דפטורו משום דבור הבא ע"י רוח מצוי' נלמד ממה הצד השוה דבור ואש, וע"כ בעינן לכה"פ שיהי' יכול לילך ע"י רוח מצוי' דלא חמור מאש עצמו, וע"כ אם אינו יכול לילך אלא ברוח שא"מ לא הוי בור, דדוקא ע"י הפשיעה נעשה בור, עכ"ל.** ומבו' דלא ניח"ל לכתוב בפשיטות דהוא פטור אונס כבכל מקום ומקרא דולנערה ל"ת דבר, די"ל דרוח שאינה מצוי' אינה מספיק אונס להיות בכלל קרא דולנערה ל"ת דבר, ובאדם המזיק איתא דנפל ברוח שאינו מצוי' והזיק דחייב אע"ג דכתבו התוס' דאפי' אונס כעין גניבה לא אמרי' אדם מועד לעולם, ובע"כ דרוח שא"מ רק חסר בפשיעה אבל לא הוי אונס ממש, ומשו"ה כתב הברכ"ש דטעם הפטור הוא משום דבעינן פשיעה או משום דבלא"ה נחשב כשמור לענין זה או משום דלית לן ילפותא למילף דחייב בכה"ג ומשום דליכא למילפה מאש ובור. [ובאמת באונס בעשיית הבור כתב הגרב"ד להלן בסו"ד דאמרי' אדם מועד לעולם וליכא פטור אונס.]

ואין להקשות על טעם הב' דאם מדמינן ליה לאש הא באש פטור משום דחסר במעשה מבעיר, די"ל דכוונתו הוא רק דא"א למילפה מאש דחייב ולכן אין לנו ילפותא לחיובו, וגדר הפטור מפרשינן דהוא משום דחסר בהפשיעה.

ועכ"פ שיטתו הוא דפטור דרוח שא"מ לא הוי כגרמא, אלא דבאש בעי' מידת בידים כזרק חץ, משא"כ בבור דהוי רק פטור אונס, ויסוד הך פטור הוא או דנחשב כשמור לענין זה, או דלית לן מקור לחייבו.

המשך אות ג' וז"ל, **וזה ביאור דברי הרשב"א ד' כח על קושית הגמ' על רבה מקרא דולנערה לא תעשה דבר, והק' הרשב"א דמכיון דקאי לענין מזיק דלאחר נפילה ומה הקשה מלנערה לא תעשה דבר, ביאור קושיתו היא, דהא הפטור דגבי בורו דבאונס הוא ע"י דליכא כריי' ולא צריך לבוא מדין דולנערה ל"ת דבר מכיון דליכא פשיעת כריי' ואדרבא הא בעינן פשיעת כריי', ותי' דאבא דכולהו הוא משום אונס.** והיינו דהק' דלמ"ל ולנערה ל"ת דבר דהא חסר כריי', דכריי' באונס לאו כריי' הוא, ועל זה תירץ דכל הדין הוא רק פטור אונס וליכא הלכה דכריי' באונס לאו כריי' הוא. ועכ"פ מבואר מדבריו דיסוד פטור בבור הוא כפטור אונס ושמירה ולא משום שחסר במעשה.

ה. יתכן דאיכא חילוק בין הרוח דבעי' לפטרו היכא דהבור עדיין לא נכרה לאם כבר נכרה

והנה עי' בברכ"ש (ו–ז) שהביא מהגרא"ז דמצינו סוג רוח שאינה לא רוח מצוי' ולא רוח שאינה מצוי', וא"א להחשיבו לא כפשיעה ולא כאונס, ודינו הוא דהיכא דכבר יש מזיק וכגון בשור, אז בכדי לפטרו בעינן שמירה ואונס, וברוח שאינה לא מצוי' ולא אינה מצוי' חייב, אכן באש דבעי' פשיעה בכדי לעשותו למזיק, דאכתי אינו מזיק, י"ל דכל דליכא רוח מצוי' פטור. וע"ש שכתב בענין בור דהוא ג"כ מזיק ובעי' רוח שאינה מצוי' בכדי לפטרו, ויתכן דכל זה הוא היכא דהבור הוא כבר כרוי אכן בנ"ד דאכתי ליכא בור ומחייבינן לי' לזה שהניחו במקום רוח מצוי', י"ל דבעי' דוקא רוח מצוי' בכדי לחייבו, וכל דלא הוי רוח מצוי' אף דלא הוי רוח שאינה מצוי' פטור.

ועכ"פ בדברי הברכ"ש מבואר דאיכא חילוק יסודי בין אש לבור בעיקר עשיית הבור והאש, דבבור אי"צ מעשה כריי' ממש אלא סגי בפשיעה משא"כ באש דבעי' מעשה מבעיר.

ונמצא דאיכא ג' דרגות, **א.** היכא שכבר יש בור בכדי לפטרו בעי' שמירה ואינו נפטר אלא ברוח שאינה מצוי'. **ב.** כדי לחייבו על עשיית הבור בעי' פשיעה ממש דהיינו רוח מצוי', אך אין צריך מעשה בידים ממש אלא סגי בפשיעה. **ג.** באש בעי' מעשה מבעיר בכדי לחייבו ולא סגי בפשיעה בעלמא.

ו. וז"ל באות ד', והנה בזה נפשט אצלי מה ששמעתי להסתפק אם לגבי אש מהני נמי מה דהו"ל לסלוקי ולא סלקו' אפי' נתלבה ע"י רוח שא"מ, ונראה לפענ"ד ובהקדם ביאור מה דאמרי' בגמ' דע"י דה"ל לסלוקי ולא סלקי' כמאן דכריי' דמי, ומשמע דגם בבור ברשותו ג"כ בעי' לפשיעת הכריי', וכן מדקדק בספר אבן האזל, ונראה דהנה יש לעיין אם גם בור ברשותו שהניחו בראש גגו ונפלו ברוח שא"מ ויכול לסלקו אם הוצרכנו ללמדו ג"כ מהצד השוה, או"ד דזה דמתחייב ע"י דהו"ל לסלוקי ולא סלקי' ידעי' אפי' בלא לימוד דהצד השוה, ובס' נחל"ד נסתפק בזה יעוין בדף ו. ונאמר דגם בור ברשותו אי לאו הלימוד דהצד השוה אז היתה מדה דבור הוא דוקא ע"י מעשיו דאדם, ואז גם בור שלו נמי לא יתחייב אפי' הו"ל לסלוקי ולא סלקי', אלא כיון דנלמד ממה הצד דאפי' לא נעשה ע"י מעשיו נמי הוי בור, ממילא גם גבי בור שלו אפי' בנפל ברוח שא"מ חייב ע"י דהו"ל לסלוקי ולא סלקי' נמצא דרק ע"י דהפטור דאונס בבור הוא משום דליכא כריי' מדין אונס, מהני ממילא מה שהו"ל לסלוקי ולא סלקי' לחייבו גם בנפלו ברוח שא"מ ע"י דמעתה ליכא אונס, וכן מבואר בהרמב"ן במלחמות בדף כח. במח' דרב ושמואל, וז"ל ומאן דמחייב אמר לך הואיל וממונו הוא חייב לסלק נזקו כשהוא מפקיעו פי' להרשות, דלאו אנוס הוא, הרי דסברת הו"ל לסלוקי, מסלק דין אונס, וזהו ג"כ ביאור דברי הגמ' דכמאן דכריי' דמי דהוי כפושע.

ולפי"ז נראה דל"ש דין דהו"ל לסלוקי לחייבו כי אם גבי בור דהפטור הוא ע"י דין אונס, וע"כ מהני דין הו"ל לסלוקי לסלק דין אונס, משא"כ לגבי אש דהפטור הוא ע"י דליכא מעשה מבעיר והוי גרמא בנזקין א"כ לא יתחייב גם ע"י דהו"ל לסלוקי ולא סלקי'. דלא מהני פשיעה דהו"ל לסלוקי לחייבו דבעי' מעשה מבעיר, וכעי"ז הבאנו לעיל מרבי' ישעי' לענין פשיעה דכותל ואילן דלא מהני למעשה מבעיר. ועי' מה שהארכנו בזה בסימן ו(ב).

ומעתה מובן בע"ה דברי השטמ"ק דעמדנו בראש דברינו, דל"ש דין אונס אלא היכא דלא נעשה אלא ע"י פשיעתו, משא"כ היכא דנעשה בידים ממש, לענין שנאמר דהאונס יפטור אותו שלא יתחשב כריי', זה לא אמרי' דהא ודאי חשיב בור, וממילא חייב על כל האונסין וליכא למימר דעי"ז חשוב כמשומר ומכוסה, עכ"ל. דהשטמ"ק הקשה דבפותקין ביבותיהן דמותר לו לשפוך שם מימיו ליהוי כמפקיר נזקיו לאחר נפילת אונס דחסר בפשיעת הכריי', ואיך ילפי' משור לחייבו והא בשור אי"צ פשיעה משא"כ בבור דבעי' פשיעה. ועל זה תי' דלמשנ"ת בבור בעלמא אי"צ מעשה כריי' בידים אלא סגי בפשיעה, ולפי"ז י"ל דכל הא דבעי' פשיעת כריי' היינו רק בבור שלא כרה בידים ממש, דבזה א"א לחייבו אלא אם יש לו ממש פשיעת כריי', אכן בפותקין ביבותיהן דכרה הבור בידים ממש, לא שייך לומר דיש לו פטור אונס וחסר בפשיעה דכריי', דהיכא דעשהו בידים דהוי בור גמור אי"צ פשיעה דכריי', ואין לו תיקון אלא בכיסוי, ומש"כ הברכ"ש דחייב על כל האונסין הוא משום דמי ביקש ממנו לעשות הבור ולהניח הבור, ולא שייך פטור דולנערה ל"ת דבר. (ואין לומר דהטעם דליכא פטור אונס הוא משום דאדם מועד לעולם, דהכא דייני' לפטרי' משום מה שנאנס בזה שנפל אחר בבורו אף שיש לו רשות להניח המים שם.)

והנה השטמ"ק הקשה קושיתו על הך דפותקין ביבותיהן, ולכאורה כעין קושיא זו ילה"ע בכותל ואילן, דאיך ילפי' משור לחייבו והא בשבור אי"צ פשיעה אלא כל שחסר בהשמירה חייב, ובזה לא שייך תירוץ השטמ"ק דהכא ליכא כריי' בידים, וצ"ע.

ז. וז"ל באות ה', והנה גבי אנסוהו לכרות בור, אם פטור, דהכא הא ליכא ב' הסברות דלעיל, ואם משום דין אונס דולנערה ל"ת דבר, אפש"ל דבזה אמרי' דאדם מועד לעולם וכמו דשמעתי בשם הגב"י דאם כרה בשוגג הוי כריי' ע"י

דאדם מועד לעולם[243], ואפשר דהוי חייב ע"י דלא מהני אונס כזה, ואפי' אונס גמור דגם אדם פטור מ"מ הכא חייב ע"י דעושה ע"י דעת, ולא דמי לדין אונס דגבי עריות, דדין מזיק שאני דסו"ס הזיק ממון חברו ע"י דעת כדקיי"ל לקמן (קיז.) אם אנסוהו להביא ממון חברו ונשא ונתן ביד חייב לדעת הר"מ בפ"ח מהל' חובל ומזיק הל' גו"ד, ואפי' לדעת הראב"ד שם דסובר דפטור באם יחדו לי' בפירוש, לאו משום ולנערה ל"ת דבר הוא דפוטרו אלא כמו שאמר חתני הרה"ג ר' משה נ"י, דסובר דבאופן זה אינו עומד ממון חברו במקום נפש והוא דין דפיקוח נפש דוחה ממון חברו, ומוכח דבשביל דין אונס דולנערה ל"ת דבר אינו פטור משום דנעשה ע"י דעת, ול"ד לדין עריות דאונס פוטרו, עכ"ל.

והנה ספק הברכ"ש הוא דוקא באופן דאנסוהו לכרות בור, דהנה היכא דהוא לא כרה הבור בידים אלא דהכריי' נעשה באונס כגון ע"י רוח שא"מ, בכה"ג אין לנו ילפותא למילף דחייב וגם הוא שמור לענין זה, אבל באופן דאנסוהו לכרות בור לא שייך הנך טעמים דלא שייך לומר דהוא מכוסה לענין זה וגם כיון דהי' בידים ממש לא בעי' למילפה ממה הצד. [ומש"כ דאיכא דין אדם מועד לעולם בכריית בור הוא חידוש.]

ולפי מסקנת הגרב"ד יוצא דכל הדינים שהגמ' והרשב"א הביאו לפטור הכורה בור מדין אונס, הוא רק בעשיית בור שלא בידים, אבל בעשיית בור בידים ממש לא שייך פטור אונס. ויל"ע בהדליק אש באונס האם נימא אדם מועד לעולם ג"כ.

סימן יט

הערה בתוס' דף כב. ד"ה לאו

בביאור תוס' דמדרשה דג' אבות נאמרו בור ממעטי' רק כלב שהצית אש ולא שור שכרה בור[244]

דף כב. גמ' תנן הכלב שנטל חררה כו' בשלמא למ"ד אשו משום חציו דכלב הוא אלא למ"ד אשו משום ממונו האי אש לאו ממונו דבעל כלב הוא ע"כ, מבואר מזה דלמ"ד אשו משום חציו חייב גם על אש דכלבו דהוי כחציו וכשאר צרורות, אכן למ"ד אשו משום ממונו אינו חייב על אש הכלב, והקשו התוס' שם בד"ה לאו כו' דמנ"ל דאינו חייב על אש של כלבו והא לגבי בור אצטריך מיעוט איש בור ולא שור בור כדאמרינן לקמן דף מח., ותירצו "מ"מ פשוט ליה לגמרא משום [איזה] דרשא דפטור על אש בהמתו, דג' אבות נאמרו בשור ולא יותר", ומשמע מדבריו דיש לן דרשה דג' אבות נאמרו בשור ולא יותר, ועי' מש"כ בזה רפ"ב בשם הגרב"ד דמה"ט בעי הגמ' לענין צרורות אם אמרי' כוחו כגופו דמי, דאף דבכהת"כ הוא פשוט דכוחו כגופו דמי וא"כ ודאי גם לענין בהמה נחשב כמעשה של הבהמה מ"מ כיון דג' אבות נאמרו בשור ולא יותר מסתפקי' לן אולי זה לא נחשב גוף שור, דאינו חייב אלא על רגל ממש.

---

[243] א"ה בתשו' נוב"ק אה"ע סי' ע"ה בתשו' ממוהר"ר צבי הירש אב"ד דבראד שהקשה על שיטת התוס' דאמרי' אשלד"ע כהשליח הי' שוגג "ממאי דגרסינן במס' ב"ק דף נ"א ע"א דפריך התם רבא בור של שני שותפים היכי משכחת לה אי דשוייה שליח הא אין שלד"ע. ולדברי התוס' דבשוגג יש שליח שפיר משכחת לה בור של שני שותפים דלא ידע השליח שאסור לקלקל הרשות הרבים כו' ומה שיש לומר לתרץ קושיא זו דנזקין שאני דאדם מועד לעולם אף שוגג וחייב בתשלומין א"כ לא נפטר השליח אף שהוא שוגג לכן אף שעושה לדעת משלחו לא נפטר השליח מתשלומין דאין לו להזיק חבירו לקיים דבר המשלחו וכן אין לגרום היזק מחמת כריית הבור עבור משלחו ואף שיהיה שוגג הוא חייב בתשלומין והוי בר חיובא להכי בכה"ג מודים התוס' דאין שליח אבל באיסורא דשני לן בין שוגג למזיד דמזיד חייב ושוגג פטור שפיר כתבו התוס' דבשוגג יש שליח עכ"ל. והנו"ב שם בסי' ע"ט וסי' פ"ב הסכים לעיקר סברתו. והנה ילה"ע דרש"י פי' דהעבירה היא האיסור לקלקל רה"ר, וכן הזכיר הרב בתשו' הנ"ל, אך מהמשך דבריו משמע דדייני' מצד איסור להזיק האדם הנופל לבור, ובאמת כבר העיר הברכ"ש בסי' י"ז דמ"ט לא נקט רש"י איסור להזיק, דומה להשולח את הבערה ביד פקח דאמרי' אשלד"ע מפאת האיסור להזיק, ותי' דכריית בור הוי כקנית שור, וצ"ע.

[244] הבורה תשנ"ח ותשס"ד

וצ"ב דאם יש לן איזה דרשה דג' אבות נאמרו בשור ולא יותר א"כ למ"ל מיעוט דאיש בור ולא שור בור.

ונראה לפרש עפ"י משנ"ת בסימן כא דחלוקים הם חיוב בור מחיוב אש, דבבור כריית הבור אינו מעשה בההיזק אלא דכיון דעשה תקלה אוקמיה רחמנא ברשותו והוא אחראי על כל היזק שנעשה בבור, ונמצא דחפירת הבור הוי היכ"ת בעלמא לעשותו לבעל הבור ודומה הוא לקניית שור וכמש"כ הברכ"ש (יז-ו), אכן מזיק דאש אינו כן, דאפי' למ"ד אשו משום ממונו המעשה הדלקה הוי חלק מהחיוב, ועכ"פ הוי תנאי החיוב, דהוי עשיי' בההיזק וכמו שהתחיל כבר ההיזק, ושוב אחראי הוא על האש כאילו כל מה שהאש עושה הוא עושה, ובלשון הגרב"ד גם לר"ל הוי חיוב חץ, אלא לא הוי חץ ממש אלא א ממון'דיגע חץ, דלא נחלקו ר"י ור"ל בעיקר מהות של אש, אלא נחלקו איזה דין נתנה התורה לאש, דלר"ל הוי רק עשיי' של ממון, אבל הוא עשיי'. [ולר' יוחנן לדעת מקצת ראשו' לא הוי חץ ממש, אלא התורה נתנה חיוב כאילו הי' חציו, ומה"ט ס"ל להר"ן בסנהדרין דאינו חייב מיתה על רציחה שעשה באמ"ח, והגר"א דייק בהר"מ דפטור בטמון באש.]

ומעתה י"ל דאילולי מיעוט דאיש בור ולא שור בור, אי שורו הי' כורה בור הוי אמרי' דחיוב שמירה שלו כולל גם לשמור ששורו לא יכרה בור ושאם כרה בור אוקמוה רחמנא ברשותו לחייב על על כל היזק שנעשה בבור, אך חיובו הוא מדין בור ולא משום איזה עשיי' דשור, וחפירת השור הוא רק היכ"ת שהתורה אוקמה בור זה ברשותו, וא"כ ליכא למעט זה ממיעוט זה דג' אבות נאמרו בשור ולא יותר, דהך מיעוט הוי רק לענין דאינו חייב על היזק השור. משא"כ באש דאילולי מיעוט זה הוי מחייבינן לי' משום המעשה הבערה של השור, דהמעשה הבערה אינה היכ"ת שיהא נעשה בעל האש, ולכן שפיר ממעטי' לי' ממיעוט זה דג' אבות נאמרו בשור ולא יותר, וא"א לחייבו על מה שהשור פועל ע"י האש, דאינו חייב אלא מה שהשור עושה בגופו ממש, ובשלמא למ"ד אמ"ח חייב עלה כצרורות דעלמא וזהו באמת עיקר החידוש דצרורות חייבין וכמש"ב, אבל למ"ד אמ"מ נהי דלולי מיעוט זה הוי מחייבי' לי' כצרורות, אבל אחר מיעוט זה דבעי' גוף שור כבר נפטר לגמרי דלא דמי לצרורות ממש דהוי כחו דשור.

סימן כ

עיונים בסוגיא דאמ"ח ואמ"מ

עיונים ברש"י שכתב דלהו"א הגמ' לר"ל בעינן שיהא האש שלו[245]

דף כב. רש"י ד"ה משום ממונו – כשורו ובורו שהזיקו וקס"ד דאיכא בינייהו כגון שהדליק בגחלת שאינו שלו דלרבי יוחנן חייב דחציו הן ולר"ל פטור דלאו ממונו הוא עכ"ל, ועיין בתוס' שם שנחלקו עליו וז"ל, אשו משום ממונו – כלומר חיוב ממונו יש בו ולא שיהא האש שלו דאפילו הדליק באש של אחר חייב כדאשכחן בפ' הכונס (לקמן דף נו.) בכופף קמתו של חבירו בפני הדליקה ומטיא ברוח מצויה כו' ולא כפ"ה דפי' דאיכא בינייהו דאדליק בגחלת שאין שלו עכ"ל.

ואולי י"ל ליישב שיטת רש"י דבכופף קמתו של חבירו בפני הדליקה דהוי מקרב דבר אצל האש, חיובו הוא מדין מעמיד וכעין הא דאיתא לקמן דף נו: דהמעמיד בהמת חבירו על קמת חבירו חייב, ופירשו התוס' דחייב מדין שן דאף דאין הבהמה שלו, ובעלמא אינו חייב אלא על שור שהוא שלו, מ"מ כיון שהכשיר הוא את ההיזק הוי כבעל השור לענין היזק זה, וכעי"ז י"ל דכיון דקירב הדבר לפני האש והכשיר ההיזק נעשה עי"ז כבעל האש וחייב, ואף שאינו דומה לגמרי להך דדף נו: דהכא רק הקריב הדבר לפני האש מ"מ י"ל כן.

---

[245] שיעור יומי תשע"ג

אמנם דבר זה תלוי אם איכא דין מעמיד באש, דהנה עי' בתוס' בדף ו. בד"ה לאתויי בור המתגלגל שכתבו דאדם שדחף בכוונה לבור או זרק דבר לתוך האש, האדם חייב ובעל הבור ובעל האש פטור, והביא הברכ"ש (סי' ג' סוף אות א') בשם גאון א' (ה"ה הגרי"ז) לפרש דחיובו הוא מדין מעמיד, והגרב"ד חולק עליו וכתב דלא מצינו דין מעמיד לחייבו משום בור, ועי' מש"כ שם באריכות לפרש וביארנו שם דגם באש לא שייך מעמיד כיון דחיובו הוא בשביל המעשה מבעיר. ועכ"פ בדעת רש"י שפיר י"ל כן וכמו שנקט הגרי"ז דשייך מעמיד באש. [א"ה בספר ברכ"א דף כב. מובא ששאל הוא מפי הגרי"ז בבי' רש"י דמ"ט אינו חייב באש שאינו שלו משום מעמיד והשיב לו דלמעמיד בעי' ברי הזיקא ולא סגי ברוח מצוי' עכ"ד, וי"ל דמ"מ א"ש מה שאמר מו"ר ליישב דברי רש"י, די"ל דבכופף קומתו איירי' שהרוח היתה כבר מנשבת והי' ברי הזיקא.]

שם הנה השטמ"ק בדף ה: הביא מתוס' שאנץ דאם בא האש לרשותו ממילא כגון שהביאו כלב בחררה או הביאו גוי שם והניחו ברשותו והלך לו הגוי והכלב וזכה בו בעל הבית והלך האש ברוח מצויה והזיק חייב אע"פ שאין מעשיו גרמו לו עכ"ל, וצ"ב טובא דהאיך אפשר לחייבו בכה"ג בלי שום מעשה הדלקה והא איתא לקמן בדף ס. דליבה וליבתה הרוח אם אין בליבויו בכדי ללבותה פטור משום דבעי' מעשה הדלקה, וע"ש שביארנו דצ"ל דשאני היכא דהאש הוא שלו דחייב אפי' בלי מעשה הדלקה וכעין הא דמצינו בבור שני גדרים, דין בור ברשותו ובור ברה"ר, ולפי"ז צ"ל דכל הסוגיא בדף ס. לא איירי באש שלו ומשו"ה בעי' מעשה הדלקה. אכן לפי רש"י בסוגיין ליכ"ל כן דהא רש"י ס"ל עכ"פ בהו"א הגמ' דלר"ל דאשו משום ממונו אינו חייב אלא באש שלו, וא"כ בע"כ דגם הך דליבה וליבתה הרוח איירי באש שלו ואפ"ה אינו חייב אלא במעשה הדלקה, ומוכרח דלא ס"ל כהתוס' שאנץ.

סימן כא

בסוגיא דכלב שנטל חררה[246]

א. בפירש"י דאילו סתם דלתות לא היו חתורות אצל כלב הי' לו פטור שינוי

פלוגתת רש"י ותוס' אם קושית הגמ' הוא על החררה או על הגחלת

בטעם דרש"י לא פירש כתוס'

ב. הטעם דתוס' לא פירשו דקו' הגמ' הוא על החררה

ג. בבי' שיטת הר"מ דאם פשע בעל גחלת בגחלת, רק הוא חייב לשלם על הגדיש

א. בפירש"י דאילו סתם דלתות לא היו חתורות אצל כלב הי' לו פטור שינוי

דף כג. גמ' על החררה משלם כו' מאן חייב בעל כלב וליחייב נמי בעל גחלת בששימר גחלתו אי כששימר גחלתו מאי בעי כלב התם בשחתר אמר רב מרי בריה דרב כהנא זאת אומרת סתם דלתות חתורות הן אצל כלב. ופירש"י זאת אומרת. מדחייב לבעל כלב אחררה נזק שלם אלמא לאו שינוי הוא זה שחתר את הדלת דסתם דלתות חתורות הן אצל הכלב ולא תימא משונה הוא ופלגא נזקא משלם עכ"ל, ומבואר מרש"י שפירש דקו' רב מרי הי' דאמאי חייב נ"ש על החררה הו"ל לשלם ח"נ דהוי משונה, ובפשטות אין לפרש דקו' הגמ' הוא על הגדיש דבלא"ה אינו משלם אלא חצי נזק, אלא דמ"מ הי' מקום לפרש קושית הגמ' על הגדיש למ"ד דיש שינוי לצרורות דישלם רק רביע נזק.

ועי' בגלהש"ס שהעיר להרא"ש (סי' ג') שהעיר על רש"י דאף דהחתירה הי' משונה אבל אח"כ האכילה הי' כרגיל וא"כ מ"ט נימא דאינו חייב על החררה נ"ש, ומשו"ה פירש דקושית הגמ' הוא דמ"ט חייב והוא הוי אונס. ועי' במהרש"א ובמהר"ם שדייקו גם מתוס' בסוגיין שפירשו כן, שהרי תוס' הקשו דמהיכ"ת לומר

[246] שיעור יומי תשע"ג עם הוספות מכמה מהדורות.

דסתם דלתות חתורות הן כו׳ נימא דלעולם סתם דלתות לאו חתורות הן והא דחייב הוא משום דתחילתו בפשיעה וסופו באונס ע״ש, והנה אם קו׳ הגמ׳ הוא דהוי משונה ל״ק קו׳ זו, דהא תוס׳ כתבו להדיא בדף כב. ד״ה דאפיך מיפך דלא אמרינן משום דהוי תחלתו בפשיעה לגבי רגל לשלם נ״ש לגבי קרן וכו׳ דאפי׳ אם הוי פושע גמור לענין קרן אינו חייב אלא ח״נ, ובע״כ דתוס׳ למד דקושית הגמ׳ הוא ליפטרי׳ מדין אונס ומשו״ה הקשו שפיר דאולי חייב מדין תבו״ב. וי״ל דמה שתוס׳ והרא״ש לא פירשו קושית הגמ׳ על דרך רש״י, הוא משום דס״ל כהרא״ש הנ״ל דכיון דבהאכילה עצמה לא הוי משונה אין לו דין משונה.

ויל״ע בשיטת רש״י דס״ל דאילו סתם דלתות לא היו חתורות כו׳ יש לו דין שינוי כיון דתחילת ההיזק היה בשינוי אפי׳ דהאכילה גופי׳ לא הוי בשינוי, מה היה הדין אם הכלב הי׳ לוקח החררה לרה״ר ואכלו שם האם הי׳ חייב ברה״ר כקרן או דלענין זה שפיר יש לדמותו לשן, ויסוד הנידון הוא האם כוונת רש״י הוא דהוי ממש תולדה דקרן או דלעולם הוי שן ורק דס״ל דא״א למילף חיוב שן בכה״ג אלא במה הצד משן וקרן כיון דתחילת המעשה בא ע״י שינוי ומשו״ה יש לו קולא דחצי נזק, ואם נימא כן א״כ יהא לו ג״כ הקולא דפטור דרה״ר דומה לשן, וראיתי בחי׳ הגר״ש היימן שכבר נסתפק בזה[247].

פלוגתת רש״י ותוס׳ אם קושית הגמ׳ הוא על החררה או על הגחלת

והנה מרש״י מבו׳ דקושית הגמ׳ הי׳ לענין החררה, דמ״ט חייב על החררה נ״ש, ויל״ע לפי שיטת התוס׳ שקו׳ הגמ׳ הוא שיהא לו פטור אונס האם הקו׳ הוא על החררה או על הגדיש, והברכ״ש (ו–ד) דייק דתוס׳ פי׳ שקושית הגמ׳ הוא על הגדיש ולא על החררה מזה דהקשו התוס׳ דמאי קשיא ליה להגמ׳ והא נימא דחייב מדין תחילתו בפשיעה לענין הבתים שיש להו דלתות פתוחות וסופו באונס לענין בית זה שהי׳ נעול, והנה לא אמרי׳ תבו״ב מניזק לניזק כמש״כ תוס׳ בדף נב:, ובשלמא אם קושית התוס׳ הוא על הגדיש א״כ לא הוי מניזק לניזק, דבין אם יקח גחלת מדלת פתוחה ובין אם יקח מדלת נעולה הדבר הניזק הוא אותו גדיש, אכן אי נימא דאיירי בחררה א״כ הוי מניזק לניזק, דהא תחילתו בפשיעה כלפי החררה המונח בדלתות פתוחות וסופו באונס בחררה שהי׳ מונח בדלתות נעולות, דלא אמרי׳ אצלו תבו״ב. [אמנם ראיתי במהר״ם שכתב להדיא שלא כדברי הברכ״ש אלא דלפי התוס׳ קושית הגמ׳ הוא על שניהם, בין על החררה ובין על הגחלת.]

בטעם דרש״י לא פירש כתוס׳

וצ״ב מ״ט לא פי׳ רש״י קו׳ הגמ׳ על דרך התוס׳ דליפטרי׳ משום אונס, וי״ל בזה עפ״י מה שכתבנו בדף נב: מכמה ראשונים דהיכא דלא שמר בהמתו לא שייך אצלו שום פטורי אונס, ונתחייב מחמת עיקר החיוב דשמירת נזקין דצריך לעמוד אצל שורו וכל שלא עשה כן הוי תחילתו וסופו בפשיעה, ואפי׳ אם שמרו אחר כל דלא הי׳ לו חיוב שמירת ניזקין א״א לסמוך עליו והוי כלא שמרו כלל, וכמש״כ בחי׳ הראב״ד (דף יג:) דאם מסר שורו לשומר שלא קבל עליו שמירת נזקין הוי כמו שהניחו בלי שמירה כלל ותחילתו וסופו בפשיעה היא. וביאר הברכ״ש (ו–ג) דאפי׳ שמירת הניזק לאו כלום הוא כלפי המזיק, ואם שמרו הניזק ונפרצה בלילה המזיק חייב, דכיון דלא שמרו אין לו פטור אונס.

ולפי״ז א״ש היטב דרש״י דלא הי׳ מצי לפרש קו׳ הגמ׳ משום פטור אונס דכיון דלא שמר כלבו לא שייך פטור אונס כלל, ואפי׳ למשנ״ת שם די״ל דחתרה לעולם נידון כאונס כיון דהוא אונס במציאות דאין הבהמה

---

[247] א״ה ע״ש שהסתפק האם לעולם דייני׳ גוף המעשה אכילה כמעשה דאורחיה ורק דכיון דסו״ס מעשה אכילת החררה א״א בלא חתירה והתירה הוי שינוי אין לחייבו יותר ממזיק ע״י שינוי, או דס״ל דכיון דאכילת החררה הוא ע״י שינוי, גוף האכילה נחשבת למזיק דקרן, וכתב שם נפ״מ הנ״ל לענין אם אכלו ברה״ר, עוד כתב נפ״מ אם בעל הכלב ראה שכלבו חתר ויש לו למנוע דלפי דרך הראשון לכאו׳ יהא הדין דחייב נזק שלם כיון דרואה כלבו אוכל חררתו של חבירו מאיזה טעם יפטר כיון דגוף המעשה הוי שן, אבל לפי דרך השני גם באופן זה יש לו ליפטר מנזק שלם כיון דדייני׳ כמו דגוף האכילה הוא משונה.

עומדת להזיק ע"י חתירה ואין לו חיוב שמירה כלל מהיזק ע"י חתירה, סו"ס כיון דלא שמר כלבו א"כ חיובו הוא להעמידו אצלו ובזה שלא העמידו אצלו פשע בו וא"כ הוי אונס הבא מחמת הפשיעה, דלא דייני' הפשיעה בזה שלא נעל הדלת אלא בזה שלא העמידו הכלב אצלו.

ואדרבה שיטת התוס' צ"ב דכיון דלא שמרו איך שייך פטור אונס, וי"ל בזה דהכא חשיב דנעשה שמירה על הכלב ע"י מה דבעל הגחלת שימר גחלתו, דאף דנתבאר דבעלמא לא מהני שמירה דאחר דבעינן דוקא שמירה של המזיק, מ"מ השמירה דבעל הגחלת שאני, דכיון דבעל הגחלת ג"כ שותף בהמזיק וגם הוא חייב בשמירה א"כ מהני שמירתו גם כלפי בעל הכלב.

ב. הטעם דתוס' לא פירשו דקו' הגמ' הוא על החררה

והנה כבר הבאנו דקדוקו של הגרב"ד דתוס' פירשו קושית הגמ' על הגחלת ולא על החררה וצ"ב מ"ט באמת לא פירשו התוס' דקושית הגמ' הוא על החררה ואילו הוי מפרשינן כן לא היה קשה כלל קושיתם דנחייבו מדין תבו"ב דהוי מניזק לניזק וכמש"ב, ועי' בברכ"ש (ו-ד) שהביא קושיא זו בשם בחור א' ותי' עפ"י משנ"ת דהגמ' לא הי' מצי להקשות שיהא לו פטור אונס על החררה דרק כלפי הגחלת דבעל הגחלת חייב בשמירתו י"ל דשמירתו מועיל לבעל הכלב, אבל לגבי החררה דאדרבה בעל הגחלת הוא הניזק ולא המזיק א"כ לא מהני שמירת בעל החררה לפטור את בעל הגחלת דהא אין לו חיוב שמירה ויכול להסיר המחיצה אם ירצה, וא"כ כיון דלא עבד שמירה לא שייך דיפטר מדין אונס.

אך אכתי קשה מ"ט לא פי' רש"י קו' הגמ' על דרך התוס' ולענין הגחלת, וצ"ל דרש"י לא ס"ל הך חידוש דאי שותף אחד עשה שמירה מהני שמירתו גם לשותף האחר, אלא ס"ל דכל שותף צריך לעשות שמירה בעצמו, וכיון דבעל הכלב לא שמר לא שייך ביה כלל פטור אונס, ולכן ביאר דקושית הגמ' הוא על החררה ולענין שינוי.[248]

ואיני ברור בזה מ"ט לא דייק הגרב"ד מפירש"י כיסוד הנ"ל, דהיכא דלא שמרו לא שייך פטור אונס, דלכאורה בלי זה אינו מובן מ"ט לא פירש"י קושית הגמ' על דרך התוס' דלפטרי' משום אונס, וצ"ע.

אמנם יש להעיר על מש"כ דהטעם דתוס' לא פירשו קו' הגמ' לענין החררה דכיון דלא שמרו לא שייך פטור אונס, דהא איירי' בסוגיין בחתרה, וכבר ביאר הברכ"ש (ו-ג) דלפעמים שייך פטור אונס אפי' לא שמרו כלל וכגון הך דדף כא: דהניח כלב וגדי בראש הגג דהוי פשיעה לענין קפיצה ולבסוף נפלו דאינו חייב אלא מכח דין תבו"ב, ובי' הגרב"ד דשם הבהמה שמורה מאליה לענין נפילה וליכא דין שמירה כלל שלא תיפול דהבהמה אינה עומדת ליפול ובכה"ג אינו חייב אלא מדין תבו"ב, וכתב שם דה"ה בחתרה הוא כן, ולכאורה הכא לא שייך לחייבו מדין תבו"ב דאיך שייך לדונו כתחילת פשיעה כלפי חררה זו כיון דהניזק עשה שמירה, אמנם אין זה נכון די"ל דכיון דשמירת הניזק לא מהני להמזיק א"כ שפיר נחשב כתחילתו בפשיעה כלפי החררה דאולי הניזק יפתח הדלת וכיון שכן שפיר יש לחייבו על החררה מדין תבו"ב.[249] ועוד דאם קאי על החררה מהו קושית הגמ' מעיקרא "אי בששמר גחלתו מאי בעי כלב התם" והרי י"ל דאיירי בנפרצה בלילה דאפ"ה חייב על החררה משום שלא עשה שמירה, דרק על הגחלת מהני

---

248 א"ה צ"ע דלכאו' הי' אפ"ל טעם אחר למה רש"י לא פירש כתוס', דהנה תוס' הקשו דמאי קשיא ליה על הגדיש נימא תבו"ב ותי' דעל הפשיעה לא הי' חייב אלא רביע. וכל זה הוא לתוס' אבל רש"י פי' בסוגיין דגם אם הי' לו שותף הי' חייב חצי נזק, ורק אם אין לו שותף הוא חייב ח"נ ועל אידך ח"נ מפסיד הניזק, ואם יש לו שותף בעל הכלב משלם ח"נ ובעל הגחלת משלם ח"נ, ולפי"ז באמת הי' קשה קושית התוס' דמאי קשיא לן והא נימא תבו"ב, ומשו"ה לא פי' הגמ' על דרך התוס', וצ"ע.

249 ובזה לא שייך מש"כ התוס' ליישב מ"ט א"א לחייבו על הגדיש מדין תבו"ב, דהתם יש לו שותף ולכן לא הי' חייב אלא רביע משא"כ הכא דאין לו שותף שפיר יש לחייבו מדין תבו"ב וא"כ בע"כ דאין קושית הגמ' מהחררה אלא מהגדיש.

שמירת הניזק. [א"ה צ"ע לפי רש"י דס"ל דשמירת בעל הגחלת לא מהני לבעל הכלב א"כ מאי קשיא לגמ' מתחילה אי בששימר גחלתו מאי בעי כלב התם, נימא דאיירי בנפרצה בלילה.]

אמנם באמת המעיין בברכ"ש באות ד' יראה דס"ל דזה נחשב תחילתו בפשיעה וסופו בפשיעה, וכנראה דכל מה שחתרה נידון כאונס הוא דוקא בכותל רעוע כשעשה איזה שמירה, משא"כ היכא דלא עשה שמירה כלל ורק הניזק שמרו, עי' מש"כ בזה בסימן ?נב:(א).

[והנה עי' בתוס' שם שתירץ על קושיתו דנימא דמהו ההכרח דסתם דלתות חתורות הן כו' נימא דחייב משום תחילתו בפשיעה לענין דלתות פתוחות כו' ותי' דלפשיעה זו אינו חייב אלא רביע נזק כיון דיש לו שותף בהזיק וא"כ גם על הסופו באונס א"א לחייבו אלא רביע נזק עכ"ד, ודבריו מחודשים הם עד למאד, דהרי הוי פשיעה גמורה ורק דמה שיש לו שותף פוטרו, ולפי ר' נתן דאמר כי ליכא לאשתלומי מהאי כו' אילו שותפו לא הי' בר חיובא הי' חייב בחצי נזק, וא"כ אף שבפועל לא היינו מחייבין אותו על פשיעתו אלא רביע נזק כיון שיש לו שותף, מ"מ אמאי א"א לחייבו על האונס חצי נזק כיון שאין לו שותף.]

ג. בבי' שיטת הר"מ דאם פשע בעל גחלת בגחלת, רק הוא חייב לשלם על הגדיש[250]

דף כג. **גמ'** וליחייב נמי בעל גחלת בששימר גחלתו ע"כ, ופירש"י וז"ל, ה"ג וליחייב נמי בעל הגחלת – דהא בין מר ובין מר משום ממונו איתא להו הלכך לר' יוחנן דאמר לעיל על הגדיש משלם חצי נזק דצרורות הן לשלם בעל הגחלת חצי האחר דהא ממונו הוא, וריש לקיש דאמר על הגדיש כולו הוי פטור לשלם בעל הגחלת כוליה, וקס"ד דגחלת דחד וחררה וגדיש דחד ע"כ. ותוס' פירשו ג"כ דאפי' אם בעל הגחלת פשע בו מ"מ לא פטרינן בעל הכלב לגמרי, אך בזה נחלקו עם רש"י, דלרש"י עדיין חייב בעל הגחלת לשלם חצי נזק ולפי התוס' אינו חייב לשלם אלא רביע נזק.

אמנם בר"מ מבואר דלא גרס בגמ' ולחייב "נמי" בעל הגחלת, אלא "ולחייב בעל הגחלת", דז"ל (פ"ב מנזק"מ הל' י"ח), בד"א בששמר בעל הגחלת את אשו וסתם הדלת ובא הכלב וחתר ונטל את החררה מעל האש, אבל אם לא שמר אשו בעל האש חייב על שריפת הגדיש ובעל הכלב חייב על אכילת החררה ועל מקומה עכ"ל, והשיג הראב"ד "אבל אם לא שמר אשו בעל האש נמי חייב". ודברי הר"מ צ"ב טובא דמאיזה טעם נפטור בעל הכלב לגמרי, ולכאורה י"ל בזה עפ"י מה שהביא הברכ"ש (ג–א) מהפנ"י לפרש בדברי רש"י בדף נג. דיתכן שיהא שותפים בהיזק ואפ"ה דייני' שותף א' כעיקר השותף והמזיק, ונתחייב הוא בכל ההיזק, אך מ"מ גם השותף שני יש לו תורת מזיק ולכן באופן דליכא לאשתלומי מהאי משתלמי מהאי, [ועי' מה שהארכנו בזה בתוס' בדף ו. בד"ה לאתויי בור המתגלגל, ולקמן דף נג. בדברי רש"י שם, והברכ"ש שם כתב בפירוש א' לפרש עפי"ז מש"כ התוס' בדף ו. דהיכא דאדם בכוונה דחפו לבור דבעל הבור פטור, די"ל דלעולם שותפים הם בהיזק ורק דהאדם בכוונה נחשב כעיקר המזיק]. ונראה לפרש דברי הר"מ על דרך הנ"ל, דכיון דבעל האש חייב מדין אשו משום חציו דהוי אדם המזיק, י"ל דס"ל להר"מ דנחשב הוא כעיקר המזיק ולכן חייב הוא בכל היזק הגדיש.

אך קשה דא"כ אמאי על מקום הגחלת חייב רק בעל הכלב, והנראה לומר בזה עפ"י מה שהסתפק הגר"ח (בהל' שכנים) בגדר דין אשו משום חציו האם הוי כחציו ממש, או דלא הוי כחציו ממש אלא דהתורה חייבו כאילו היה חציו, והגר"ח בספרו העלה בדעת הר"מ דס"ל דהוי חציו ממש, אכן הערנו במקו"א דלפי מש"כ בבי' הגר"א לדייק מהר"מ דלמסקנת הגמ' אפי' למ"ד אמ"ח מ"מ פטור על טמון באש, נראה ברור דאינו אלא חיוב דחץ ולא חץ ממש, דעל חץ ממש ודאי ליכא פטור טמון. ולפי"ז י"ל דעל מקום הגחלת ממש דהוי גוף הכלב, נחשב הכלב לעיקר המזיק, אכן כלפי שאר הגדיש כיון דגם חציו אינו חציו ממש אלא

[250] שיעור יומי לדף ו. תשס"ח

חיוב דחץ, נהי דבעל הכלב חייב על אש דכלב משום חיוב דחץ והוי בכלל חיוב דרגל, אכן עכ"פ יש לדון האדם כעיקר המזיק כיון דחיובו הוא מדין אדם המזיק, וצ"ע.

דף כג. תד"ה תפשוט כו' בא"ד וקמבעיא לי' כגון אם הושיט פירות בפי פרה חש"ו ועכו"ם דלא בני תשלומין נינהו וכגון שהבהמה לא היתה יכולה ליקח אם לא שהושיט לה כו'. ועי' בשטמ"ק ובתוס' ר"פ שכתבו דאילו הבהמה היתה יכולה ליקח הפירות אפי' בלי מה שהושיט לה החש"ו הי' חייב משום תחילתו בפשיעה עכ"ד, ומבואר מדבריהם דאפשר לחייבו בשן ורגל משום תבו"ב, ועי' מש"כ בזה לעיל בדף כב. על תד"ה דאפיך.

סימן כב

בביאור רש"י נג. דדין אשלד"ע בבור הוא משום האיסור לקלקל רה"ר, ובחילוק בין חיוב בור לחיוב אש[251]

א. בפירש"י דאשלד"ע בחפירת בור ברה"ר משום דאסור לקלקל רה"ר

ב. בביאור הא דשייך פטור קלב"מ במעשה הדלקה באש ובגדר חיוב דאשו משום ממונו

ג. בגדר חיוב בור ואם בחפירת בור שייך פטור דקלב"מ

ד. ביאור עפ"י הנ"ל בד' רש"י בסו' שפי' דהעבירה דחפירת בור הוא משום דקלקל רה"ר

ה. דיוק לחילוק הנ"ל בין בור ואש מזה ששנים שחפרו בור חייבין ושנים שהדליקו אש פטורים

ו. עוד דיוק לחילוק הנ"ל מתוס' שדימה חיוב מעמיד לאש ולא לבור

ז. בטעם דנתבטל כל השליחות מחמת זה דעבר איסור לקלקל רה"ר

מילואים: בענין מה שהבאנו בפנים מהגר"מ ברנשטיין

א. בפירש"י דאשלד"ע בחפירת בור ברה"ר משום דאסור לקלקל רה"ר

דף נא. גמ' ברה"ר בור של שני שותפין היכי משכחת לה אי דשוו שליח תרוייהו ואמרי ליה זיל כרי לן ואזל כרה להו אין שליח לדבר עבירה ע"כ. ועי' ברש"י בדף נג. סוד"ה נפל שכתב "דאשלד"ע דאסור לקלקל רה"ר", ועיין בברכ"ש (יז-ו) שהעיר דלמ"ל לכתוב משום האיסור תקלה ברה"ר דעל ההיזק עצמה שייך דין אשלד"ע וכמו דאי' בקידושין דף מב: שילח את הבעירה [האש] ביד פקח הפקח חייב דאשלד"ע, וא"כ הו"ל לרש"י לכתוב זה גופא דאם שלח שליח לחפור בור הוא כמו שלח שליח להזיק, וא"א לחייבו על מה שהשליח הזיק ע"י הבור דזה חוטא וזה מתחייב לא אמרי'.

ב. בביאור הא דשייך פטור קלב"מ במעשה הדלקה באש ובגדר חיוב דאשו משום ממונו

והוכיח הגרב"ד מזה כתב שם דאיכא חילוק יסודי בין חיוב בור לחיוב דאש, דהנה זה פשוט דאם בשעה שקנה אחד את שורו נתחייב מיתה ואח"כ יצא שורו והזיק לא שייך לפטרי' על ההיזק שהזיק מדין קלב"מ, דאין מחייבינן לי' ממון בעד קניית השור אלא בעד ההיזק של אח"כ וקניית השור אינו נידון אפי' כתנאי החיוב אלא כהיכ"ת בעלמא לעשות השור לשלו, אבל לגבי אש כתב התוס' בדף כג: דאם בשעה שהדליק האש נתחייב מיתה א"א לחייבו על ההיזק שהזיק האש אח"כ דקלב"מ אפי' לר"ל דס"ל אשו משום ממונו, וצ"ב דבשלמא לר' יוחנן דס"ל אשו משום חציו י"ל דכבר התחיל גוף המעשה מזיק דמחייבי' לי' בעבורו, אבל לר"ל דאמ"מ הוא א"כ לכאו' הדלקת האש הוא כקניית שור דע"י ההדלקה נעשה בעל האש ושוב חייב על ההיזק שהזיק אשו אח"כ ומ"ט שייך לפטרי' משום קלב"מ. וכתב הגרב"ד שמכאן מוכרח דאפי' לר"ל דס"ל אמ"מ מ"מ בעינן מעשה מבעיר ומחייבי' לי' בעד המעשה מבעיר ועכ"פ הוי תנאי בעצם החיוב תשלומין, וכבר כתב הגרע"א בגיטין דף נג. דגם בתנאי החיוב אמרי' קלב"מ דהוי כאילו עשאו אחר.

והרחיב הגרב"ד בזה דלפו"ר נראה דנחלקו ר"י ור"ל מן הקצה אל הקצה בגדר חיוב דאש, דלפי ר"י חיובו הוא משום מה שהוא עשה, דהאש הוי כחציו ואדם המזיק ממש ולשיטת התוס' בסנהדרין דף עז. אמ"ח נחשב ככה גברא לענין שחיטה, משא"כ לר"ל אין האש כחץ אלא חיובו הוא בעד מה שהאש עשה דהוי כממונו שהזיק, אכן זה אינו אלא דגם לר"ל חיובו הוא משום חץ, אלא דלא הוי חץ של אדם המזיק אלא חץ של ממון (א ממון'דיגע חץ), דלפי ר"י דס"ל אשו משום חציו הוי כחץ ממש דעושה וחוזר ועושה כל

---

[251] חבורה תשנ"ח ותשס"ד, ומה ששמעתי ממו"ר

רגע ורגע[252], ובשעת ההיזק גופא הרי הוא מזיקו, וחיובו הוא בשביל מה שהוא עושה בשעת ההיזק גופא. אכן לר"ל בשעת ההיזק אינו עושה כלום אלא כל עשייתו הוא רק בשעת הדלקת האש, דאף דבהלכות מעשה י"ל דאין הדלקת האש אפי' כגרמי וכ"ש שאינו בפרשה דמכה בהמה ישלמנה, מ"מ החשיבה התורה המעשה הבערה כמעשה בההיזק עצמו וכמו שהתחיל כבר להזיק, ולכן חייב על ההיזק אח"כ שעשה האש, דנחשב כמו שהוא הזיק על ידי האש. ונמצא דאין חיובו משום שנתחייב בשמירה אלא משום שהכשיר המעשה היזק ע"י ההדלקה ומשו"ה אחראי על היזק האש, אך ודאי גם באש נאמר פטור שמירה.

ואף דמצינו לשונות בהראשונים ד"בעל האש" מ"מ הוא לשון מושאל דאין חיובו בעד זה שהוא בעל האש אלא בעד שהוא "בעל ההיזק" ור"ל שהדליק את האש (און ער טוט דורך דעם אש, והוי א ממון'דיגע חץ, משא"כ לר"י אינו נחשב שהוא עושה ע"י האש אלא שהוא כחו ממש כחץ), ולכן לא מצינו בגמ' לענין אש שאינו שלו "אוקמי' רחמנא ברשותו" כמו דמצינו בבור, דבאש אין חיובו בעד ההיזק של ממונו אלא בעד המעשה מבעיר דהוא תנאי בעשיית ההיזק, ולכן אם בשעת המעשה הדלקה נתחייב מיתה אפשר לפטרי' משום קלב"מ, דאף דהחיוב בפועל לא חל עד שעת ההיזק אבל עכ"פ לא גרע מעשה הבערה מתנאי החיוב דאמרי' בי' קלב"מ, דההדלקה הוא דין בעצם עשיית ההיזק ויש בו דין ד'בידים', דכבר מתחיל להזיק, ולא הוי סתם סיבה להעשות לבעל האש להתחייב בשמירתה, אלא חיובו בתשלומין הוא בעד עצם המעשה הדלקה דהוא מעשה בעשיית ההיזק, וחלק בחיוב המזיק, ועכ"פ הוי תנאי בחיוב מזיק ולכן שייך פטור דקלב"מ.

ג. בגדר חיוב בור ואם בחפירת בור שייך פטור דקלב"מ

והסביר הגרב"ד דכל זה הוא באש אבל בבור לא דייני' מעשה החפירה כמעשה בההיזק עצמה וכתחילת מעשה מזיק, דבממון המזיק גדר החיוב הוא דמה שממונו הזיק חישבה התורה כאילו הוא הזיק ולכן חייב עלה, ובאש חיובו הוא בעד המעשה מבעיר דזה נחשב כהתחלת מעשה מזיק [ראה בסמוך], משא"כ בבור דאין לדון מעשה חפירה כתחילת ההיזק דהמעשה כריי' לא הוי עשיי' כלל בגוף ההיזק דהבור עומדת במקומה והניזק צריך לבוא אלי'. ובאמת כדברים אלו מצינו ברמב"ן בקונט' דינא דגרמי שהקשה דמ"ט לא נחייב כל חופר בור מדין גרמי וז"ל, וליכא לחיוביה מדינא דגרמי שהרי לא גרם לו נזק אלא הלה בא ונתקל בה, ולא ברי הזיקא דילמא לא מתזק ביה, שהרי הלה מדעתו בא כאן ויכול לומר לו אני לא באתי אצלך אתה הוא שבאת בגבולי אף על פי שאין אותו רשות שלו, ואלו לא חייבה התורה בור לא היינו מחייבין אותו מדינא דגרמי כו' עכ"ל [ועי' מה שהארכנו בדברי הרמב"ן בדף ב:], וי"ל דמה"ט לא רק דא"א לחייבו מדין גרמי לולי חיוב התורה דבור, אלא דגם א"א להגדיר גדר חיוב התורה דבור על דרך זה, אלא חיובו הוא דכיון דעשה התקלה אוקמי' רחמנא ברשותו וחייב לשמור הבור ולכסותו, וכל עוד שלא כיסה הבור חייב על כל היזק שנעשה ע"י הבור, אבל א"א לדון שכבר התחיל החץ של ההיזק בכריית הבור[253].

ובאמת מה"ט לא רק שא"א לדון שהמעשה מזיק כבר הותחל בהכריי' אלא דגם אח"כ כשנפל בבור לא דייני' שהבור עושה היזק, דהבור אינו עושה כלום אלא הניזק הוא שהיזק עצמו ע"י הבור, וכל חיוב התורה בבור הוא בעד עשיית התקלה, דכיון שעשה תקלה דבור אוקמי' רחמנא ברשותי' לחייבו על כל היזק שיצא מהבור, וחפירת הבור אינה אפי' כתנאי בגוף החיוב, אלא הוא רק תנאי להיות בעל המזיק, והיינו דהוי זה הסיבה שגרם לו שיתחייב אח"כ על זה שלא עשה הכיסוי.

והוסיף הגרב"ד שלכן נראה דאם בשעה שכרה בור נתחייב מיתה א"א לפטרי' על היזק של אח"כ, דחפירת בור דומה ממש לקניית שור, ולא שייך לדון בי' מצד תנאי החיוב אלא היכא דהוי תנאי בההיזק ולא היכא

252 לשיטת התוס' הנ"ל עי' בחי' רח"ה הל' שכנים.

253 מו"ר אמר בתוכ"ד דחיובו הוא על זה שלא שמר את הבור, ובשיעורים לדף נב: האריך דבאמת לא מהני שמירה לבור אלא כל שכרה הבור חייב על כל אונסים כל עוד דלא כסהו, דמי הרשה לו לעשות בור.

דהוי תנאי בהמזיק, ר"ל תנאי להיות בעל המזיק, עכ"ד.[254] [ושמעתי מהגרי"מ שהגר"ח מטעלז נקט דשייך דין קלב"מ על חפירת הבור וכנראה שנקט דהחפירה הוא תנאי בעצם החיוב[255]. [(א"ה שמעתי ממו"ר דגם הגרש"ש נקט דשייך פטור דקלב"מ על חפירת בור ע"כ שמעתי, וראיתי בחי' הגרש"ש ב"מ סי' י"ג סוף אות א' שכתב וז"ל דחיוב בור, היינו השמירה המוטלת עלי' בבור, אינו כמו חיוב שמירה בשור, אלא שהוא בגדר עונש מחמת שחפר באיסור, ונראה דאם חפר בשבת דקלב"מ יפטור אף דנעשה בו הנזק לאחר שבת, ועיין תוס' דף כ"ג ע"ב לענין אש עכ"ל, הרי שמה ששייך קלב"מ בבור הוא משום דעצם זה שהבור עומד ברשותו ונתחייב בו באחריות נחשב כעונש דשייך על זה פטור קלב"מ. ואולם שמעתי איך שא' שאל למו"ר דאולי על זה שייך קלב"מ, והשיב לו מו"ר דלא מצינו פטור דקלב"מ אלא בממון ומלקות וכדומה ולא לענין עונש שנעשה אחראי.)]

ד. ביאור עפ"י הנ"ל בד' רש"י בסו' שפי' דהעבירה דחפירת בור הוא משום דקלקל רה"ר

ועפ"י הנ"ל הסביר הגרב"ד היטב מ"ט לא כתב רש"י דהשולח חבירו לחפור בור אינו משום דאין שלד"ע על גוף ההיזק דומה להשולח בעירה ביד פקח דאמרי' אשלד"ע משום האיסור להזיק, דלמשנ"ת חלוק וחלוק הוא חפירת בור מהדלקת אש, דהדלקת אש הוי תחילת מעשה מזיק משא"כ חפירת בור הוי כקניית שור בעלמא ואין השליחות על ההיזק אלא על עשיית הבור להתחייב בשמירה על ידו, דמעשה החפירה אינה עשיי' כלל בההיזק אלא הוא רק סיבה להתחייב באחריות, ונמצא דהמשלח שליח להדליק אש הוי כשלח שליח להזיק אבל המשלח שליח לחפור בור הוי כמו ששלח שליח לקנות שור.

ועפ"י הנ"ל נראה לפרש היטב דברי התוס' לעיל בדף כב. שכתב דהא דאינו חייב על אש של כלבו לר"ל הוא משום דיש לן דרשה דג' אבות נאמרו בשור ולא יותר, וצ"ב דא"כ למ"ל קרא למעט דפטור על בור שכרה שור מקרא דאיש בור ולא שור בור, ולמשנ"ת לחלק בין בור ואש מובן דבריהם היטב, ועי' מש"כ שם על התוס'.

ה. דיוק לחילוק הנ"ל בין בור ואש מזה ששנים שחפרו בור חייבין ושנים שהדליקו אש פטורים

והברכ"ש (י-ב) הביא עוד הוכחה דחלוקים הם חיוב דבור מחיוב דאש, דהנה בגמ' פריך בור של שני שותפין היכי משכח"ל, "אמר רבי יוחנן כגון שעקרו שניהן חוליא בבת אחת והשלימו לעשרה", ומבואר דבכה"ג חייב שניהם בבור. וקשה דלענין אש כתבו התוס' בדף ס. "נראה דאם שנים הביאו עצים ואור וליבו שניהם ואין בכל אחד כדי ללבות פטור", וצ"ב מאי שנא בור מאש, וצ"ל דבאש דחיובו הוא בעד המעשה מבעיר א"כ היכא דשנים הדליקו חסר בהמעשה מבעיר, משא"כ בבור דאין חיובו בעד המעשה חפירה אלא הוא היכ"ת להעשות לבעל הבור ושוב חייב על כל היזק מחמת זה שלא שמר את הבור, וי"ל דלזה מספיק אפי'

---

[254] ובעיקר גדר דחיוב בור כבר הארכנו בזה לעיל בדף ב' בדברי הרשב"א שם שכתב דהא דאמרי' במכילתא אין עונשין מן הדין בממון קאי רק לענין מזיק דבור, דנחשב כעונש מה שנעשה אחראי על הבור, ע"ש.

[255] א"ה עי' בשיעורי הגר"ח מטעלז בענין אמ"ח וז"ל, שאני דין בור מדין שאר מזיקין כגון שור וכדומ' דהתם חיובו כיון דהוי ממונו המוטל עליו לשומרו, ונמצא דסיבת חיובו הוא כיון דממונו הזיק, משא"כ בבור דהוי ברה"ר וא"א לחייבו משום ממונו, מחייבין אותו עבור כריית הבור, דהתורה הטילה על הכורה שם בעלים והעמיד את הבור ברשותו והוי הוא בעל התקלה ומחייבין אותו כאילו ממונו הזיק, נמצא דמעשה הכריי' הוי תנאי לחיובו דאח"כ, ועדיף טפי מתני בעלמא דאינו קשור עם עצם הדבר, ובבור מעשה הכריי' הוי עיקר הסיבה דחל שם בעלותו על התקלה, וכן באש בין למ"ד אמ"ח וכלו לו חציו, ובין למ"ד אמ"מ היכא דהדליק בגחלת שאינה שלו, חיובו הוא נמי על מעשה הדלקה דעי"ז נעשה בעל התקלה ... ולפי"ז יצא לנו דין חדש דהחופר בור ברה"ר בשבת יפטר מכל הניזקין דניזוקו בבור זה אף אחר השבת, דכיון דבשעת כריית הבור דהוי התנאי לחיובי הנזקין דאח"כ הוי קלב"מ, חשיב כאילו לא עשאו הוא אלא אחר ולא הוי הוא בעל הבור להתחייב בנזקיו עכ"ל. ומבו' דדימה אש לבור, והביא שם מהשטמ"ק בדף כב: שמשמע כן.

ומשמע דהגר"ח והגרש"ש נקטו דבקניית שור מה שחייב אח"כ אינו משום שקנה השור אלא משום זה שהשור הוא שלו, אכן בבור שאין הבור שלו ורק אוקמי' ברשותו, לא דייני' המעשה חפירה להיכ"ת בעלמא כמעשה קנין, דכיון דאינו שלו דייני' דאחריותו עלייהו אינו מחמת זה שהם שלו אלא מחמת המעשה כריי' והדלקה והוי זה כעונש דשייך פטור דקלב"מ.

אינו מעשה גמור דזה גם ב'פשיעות', משא"כ באש דאיכא דינים דמעשה מבעיר. ועי' מה שהארכנו בזה בפ' כיצד הרגל סימן יח, והערנו לדברי השטמ"ק בדף ה: בשם התוס' שאנץ דמשמע שאי"צ מעשה מבעיר וזהו לכאו' דלא כמשנ"ת ע"ש.

ו. עוד דיוק לחילוק הנ"ל מתוס' שדימה חיוב מעמיד לאש ולא לבור

ושמעתי מהגרי"מ בשם הגרב"ד לפרש עפי"ז דברי התוס' בדף נו:, דבגמ' שם איתא דהמעמיד בהמת חבירו על קמת חבירו חייב, וכתבו תוס' שם בד"ה המעמיד וז"ל, ואף על פי שאין הבהמה שלו חייב מטעם שן ורגל דאע"ג דכתיב בעירה כדידיה חשיבא הואיל והוא עשה כמו מדליק פשתנו של חבירו בנרו של חבירו כו' עכ"ל, ומבואר שיטתם דחיוב מעמיד הוא מדין שן ורגל, דאף שאין הבהמה שלו מחייבינן לי' כמו שמחייבינן לי' על אש שאינו שלו. וצ"ב מ"ט דייק התוס' מאש ולא מבור דחייב בבור ברה"ר, ולמשנ"ת א"ש היטב, דבבור חיובו הוא על זה שהוא בעל הבור ובעל המזיק, וחפירת הבור הוא סיבה דאוקמי' רחמנא ברשותו, משא"כ באש דחיובו הוא על זה שהוא בעל ההיזק ולא בעד זה שהוא בעל האש, דמחייבינן לי' על זה שהכשיר את ההיזק ע"י המעשה הבערה, וי"ל דגם מעמיד הוא כן דחיובו הוא על זה שהכשיר ההיזק ('וואס ער טוט אין היזק'), דאין הביאור דעי"ז שהעמיד בהמת חבירו על קמת חבירו נעשה הוא בעל הבהמה ואוקמי' רחמנא ברשותי' ונתחייב בשמירה, אלא כל חיובו הוא דכיון שהכשיר את ההיזק והוא בעל ההיזק חייב על היזק השור[256]. ועי' מש"כ בזה בדף נו: בעזה"י.

ויש לדייק חילוק זה עוד ממה שלא מצינו בגמ' בענין אש אוקמי' רחמנא ברשותו, וכבר רמזנו לדיוק זה, [א"ה עי' בזה בתלמיד ר"פ מובא בשטמ"ק דף כב.[257]].

ז. בטעם דנתבטל כל השליחות מחמת זה דעבר איסור לקלקל רה"ר

ובענין דברי רש"י בדף נג. הנ"ל שמעתי מדודי הגר"מ ברנשטיין זצ"ל להעיר דהנה עיין בשטמ"ק ב"מ דף י: שפירש בדברי התוס' שם (בד"ה דאמר) דנחלקו שני תירוצי התוס' שם בכהן ששלח שליח לקדש אשה גרושה דאמרי' אשלד"ע האם כל הדין אשלד"ע הוא רק לענין דאינו לוקה או דמחמת דין דאשלד"ע הקידושין עצמן בטלים. וקשה דאם נימא דכל הדין אשלד"ע הוא רק לענין חיובים ועונשים אבל גוף השליחות קיים א"כ לכאו' הכא דהוא רק איסור צדדי אמאי נתבטל השליחות על עיקר כריית הבור, דמה שיש כאן איסור לקלקל רה"ר אינו נוגע לחיובי הנזקין. וכמדומה לי שדימה זה ג"כ לדברי המל"מ בפ"ג מגניבה הל' ו' דהנה קיי"ל לענין טביחה ומכירה דישלד"ע ועיין במל"מ שם שדן בעשה שליח לשחוט לו בשבת והשליח שחט בשבת האם אמרי' ישלד"ע לענין חיוב טביחה, והביא מהטור דגם בזה אמרי' ישלד"ע והמל"מ עצמו נקט דבפשטות בכה"ג לא אמרי' ישלד"ע וכן רצה לדייק מהר"מ שם, ע"ש. ולפי"ד הטור הנ"ל יש להעיר דהכא הוי ג"כ כשני דברים שונים, האיסור לקלקל רה"ר, וחפירת בור לענין חיוב נזקין, וא"כ נהי דלא יענש מחמת האיסור לקלקל רה"ר דאשלד"ע אבל מאיזה טעם לא נתייחס לו עצם חפירת בור לענין אחריות נזקין.

והסביר הג"ר משה זצ"ל דאין כוונת רש"י לאיסור צדדי דאסור לקלקל רה"ר אלא דזהו עצם יסוד חיוב דבור, דהא דחייבו התורה לכריית הבור [עכ"פ למ"ד דלא חייבו תורה אלא בבור ברה"ר] הוא משום זה

[256] א"ה כמדומה לי שהוסיף מו"ר דנהי דבאש דייני' עצם המעשה הבערה כמעשה בההיזק, ובמעמיד הוא חיוב דשן ורגל דחייב על מה שהבהמה אכלה, אך עכ"פ מה שנתחייב על היזק הבהמה אינו בעד שאוקמי' ברשותו אלא בעבור שהוא הכשיר את ההיזק.

[257] וז"ל, דלכ"ע חייב אפילו כשהדליק בגחלת שאינה שלו והא דקאמר משום ממונו לאו דוקא אלא רצה לומר תקלה וילפינן לה מבורו ואע"ג דבורו שהפקירו פטור מ"מ כיון שמצינו שחייבתו תורה על חפירת בורו כ"כ יש לנו לומר שחייבתו תורה על האש בשביל הדלקתו את האש. ע"כ עכ"ל, משמע שדימה חפירת בור להדלקת אש, וצ"ע.

גופא דאסור לקלקל רה"ר ולעשות שם תקלות, וכוונתו במש"כ אסור לקלקל רה"ר אינו לקלקול בעלמא אלא למה שעשה שם תקלה, עכ"ד.

[א' שאל למו"ר מהא דחייב אפי' בבור ברשות וכגון בפותקין ביבותיהן [לעיל דף ו.] ואף שי"ל דמה שנתחייב שם נלמד רק מכח מה הצד דשור ובור אבל לפי האמת עיקר חיובו הוא מדין בור ויש לו כל דיני בור וא"כ לכאו' ליכ"ל דחיוב דבור הוא בעד עשיית התקלה, ויש לדון עוד בשלח שליח לפתוק ביבותיהן ברה"ר אם אמרי' לענין זה אשלד"ע, ומו"ר נהנה מהשאלה והי' דן בזה.

א"ה וכמדומה לי דלפי מה ששמעתי ממו"ר פעם אחר בגדר חיוב דפותקין ביבותיהן יש ליישב זה, דאמר דאין להוכיח מהך דפותקין ביבותיהן דאפשר לחייבו בתשלומין בלי איסור מזיק, די"ל דכיון דרצו חכמים לחייבו בהזיק לכן עד כמה שנוגע לחיוב מזיק מעולם לא התירו לו, וי"ל לפי"ז דעד כמה שנוגע להחיוב מזיק מעולם לא התירו לו לקלקל רה"ר ויל"ע בזה. ודע דהשע"י (ז-ז) כבר עמד על זה, והוכיח מזה דאין החיוב מזיק תלוי באיסור כלל, וז"ל, הנה בבור ברה"ר מה שחייבה תורה בנזקין אינו כעונש על עבירה, דהעבירה היא מה שאסור לקלקל ברה"ר, והרי גם בעושה בור ברה"ר ברשות כמו בשעת הוצאת זבלים גם כן חייב, משום שהוא בעל הבור, שעל עסקי פתיחה וכריה באה לו עכ"ל.]

מילואים

בענין מה שהבאנו בפנים מהגר"מ ברנשטיין

א"ה עי' בשיעורי רש"ר (ב"מ דף י:) שג"כ עמד על הערת הגר"מ, וכתב להוכיח מרש"י כתירוץ הב' בתוס' שם שמחמת דין דאשלד"ע נתבטל כל השליחות. אך כתב דלולי דברי רש"י היה נראה שחיובי הנזקין עונש הם, ובכלל דבר עבירה הם ולכן אינם מתיחסים ע"י שליחות, דחיובי מזיק הם עצמם דבר עבירה שאין שליחות מועלת בהם. ויש נפק"מ במש"כ רש"י משום שאסור לקלקל רה"ר בכגון שמותר להציל עצמו בממון חבירו, ומ"מ חייב לשלם מטעם מזיק כמש"כ התוס' בהכונס (דף ס:), באם עשה כן ע"י שליח אם יתחייב המשלח, דאם העבירה מבטלת השליחות כאן לכאורה אין עבירה, שהרי מותר לעשות כן, אבל אם חיובי עבירה אינם בכלל שליחות גם בכה"ג אין שליח לדב"ע.

אולם הגרש"ש בשער"י (ש"ז פ"ז) תמה ע"ז דכיון דאשכחן חיובי כריית בור גם במקום שאין איסור בכריתו ש"מ שאין זה בגדר עונש וחיובי עבירה, וא"כ אף כשעבר איסור של לקלקל ברה"ר מ"מ לענין חיובי הנזקין אין כאן דב"ע דנימא ביה אשלדב"ע ומ"ט לא נחייב המשלח אם נסבור כהשטמ"ק דלל"ק לא בטלה השליחות. ע"כ מפרש הגרש"ש דלשני התירוצים בתוס' לא נתייחס המעשה להמשלח ושאני שליחות על קידושין דהוי שליחות של קנינים דאי"צ להתייחס להמקדש המעשה, ע"ש.

וע"ע בחי' הגרש"ש ב"מ סי' י"ג וז"ל, הנה לתי' הא' בתוס' (ב"מ דף י: דס"ל דלא נתבטל השליחות ע"י דין דאשלד"ע) בע"כ צ"ל, בהא דשולח את הבערה ביד פקח פטור או באומר צא וגנוב דפטור, אף דשליחות אינה מתבטלת, מ"מ פטור משום דלענין עונשין לא רבתה תורה שליחות דיתחייב המשלח במעשה השליח, ונפרשינן הכלל דאין שליח לד"ע, היינו, דכל עונש בע"כ דמחייבינן מפני שעשה שלא כהוגן, בכה"ג אינו חייב המשלח על המעשה ששלוחו עשה, והא דכתב רש"י מפני דאסור לקלקל רה"ר, לאו דוקא משום האיסור אלא משום דהוה תקלה, והחיוב שמירה הוא ג"כ עונש מחמת תקלתו ומשו"ה אינו חייב המשלח. אמנם צע"ק דלרבנן גם היכי דברשות אם הזיקו חייבים לשלם אף דעשה כהוגן? וי"ל דחשוב קצת שלא כהוגן, דהרי מבואר בתוס' כ"ח ע"ב דהיכא דחפר ברשותו ממש ואח"כ הפקיר רשותו ובורו דפטור, ורש"י דפי' משום דאסור לקלקל ברה"ר, כוונתו להורות דחיוב בור, היינו השמירה המוטלת עלי' בבור, אינו כמו חיוב שמירה בשור, אלא שהוא בגדר עונש מחמת שחפר באיסור. ונראה דאם חפר בשבת דקלב"מ יפטור אף דנעשה בו הנזק לאחר שבת, ועיין תוס' דף כ"ג ע"ב לענין אש עכ"ל.

אולם בשע"י כנראה שלא ניח"ל לפרש בדברי רש"י כן אלא פירש דבריו כפשוטן ובאמת העלה דאין זה הביאור בתי' הא' דתוס' שם, דגם לפי תי' זה לא נתייחס להמשלח המעשה, ואולם בחידושיו שם ר"ל להיפך ממש"כ בשע"י, דשליחות על פעולה גרידא אינה מתבטלת בשביל העבירה ע"ש.

והנה עי' במל"מ פ"ב מרוצח שכתב לדקדק מסו' נא. דאפי' על איסור דרבנן אמרי' אשלד"ע דהרי כל האיסור הוא איסור דרבנן של קלקול רה"ר. ועי' בקו"ש (ב"ב אות ע"ו) שכתב להוכיח דאיכא איסור דאו' בגרמא בנזקין וע"ש שתמה עליו. אכן באמת דברי המל"מ הם רש"י מפורשת הנ"ל, [וכנראה שפי' הקו"ש דברי רש"י על דרך רבו הגרש"ש (בחידושיו)].

אלא שהעיר הברכ"ש על רש"י גופי' דאמאי לא פי' דהוא משום האיסור מזיק. ובענין קושיא זו שמעתי פעם מהגרש"מ די"ל דהנה זה פשוט דאינו עובר האיסור מזיק עד שהזיק בפועל, והיכא דחפר בור וכסהו ושוב נתגלה נראה פשוט דכלה חציו לענין הדין גרמא בניזקין ואפ"ה חייב משום בעל הבור, וא"כ י"ל דהי' קשה לרש"י דמאי מקשי' דאשלד"ע הרי י"ל דאיירי כה"ג ובע"כ דאפי' כה"ג עובר איסור משום זה דמקלקל רה"ר.

סימן כג

בד' הרשב"א בב"ק בענין רודף באש ובענין אשו משום חציו[258]

לד' רש"י שהזורק חץ וקרע שיראין פטור כיון שהותחל המלאכה, בזורק להזיק וקרע כו' יהי' חייב כתובות לא. גופא אמר רבי אבין הזורק חץ מתחילת ארבע לסוף ארבע וקרע שיראין בהליכתו פטור שעקירה צורך הנחה. וז"ל רש"י, שעקירה צורך הנחה היא – הלכך אף על גב דחיוב ממון מקמי הנחה אתיא ליה, פטור, הואיל ובין עקירה והנחה אתיא ליה, מיתה ותשלומין באין כאחד, שעקירה צורך הנחה היא ומההיא שעתא אתחלה לה מלאכה, עכ"ל, ומבואר דיסוד הך דין הוא משום דאפשר לדון דכבר הותחל המעשה מלאכה. ואפי' למ"ד דבעי' שיהא "לא מצי לאהדורי", עיקר הגדר הוא משום דכבר הותחל המלאכה ורק דס"ל דבעי' שתהא נתברר דלא מצי לאהדורי' בכדי שנוכל לדון כן.

והנה במי שזרק חץ לעשות חבורה בשבת ודאי א"א לדון שכבר הותחל המלאכה דעשיית חבורה בשעת הזריקה, דודאי לא הותחל עצם המלאכה עד שעת עשיית החבורה, ורק דעשה כבר המעשה "בידים", וא"כ לפי מה שמבו' בגמ' נמצאת דכה"ג אם קרע שיראין בהליכתו ודאי ל"ש לומר קלב"מ [ועי' באמר"מ (ל-א) שכבר עמד בזה]. והנה בתרומת הכרי (שצ"ב סעיף א) רצה לומר דדין זה דעקירה צורך הנחה הוא כעין גדר דבתר מעיקרא אזלי', ולפי"ד שם הי' שייך פטור קלב"מ בכה"ג, אכן לפי פשטות הגמ' ודאי לא שייך.

[258] שיעור כללי ד' פ' אלו נערות כד סיון תשס"ב, יומא דהילולא דהגרי"מ זצ"ל. **<u>אינו מוגה</u>**

קו' הרשב"א בהסו' דהדליק את הגדיש וכו' שהאיך אפ"ל קלב"מ והא כבר נתחייב בהגדיש

איתא בב"ק (דף כב:) המדליק את הגדיש והי' עבד כפות לו וגדי סמוך לו פטור משום קלב"מ, ופריך הגמ' "בשלמא למ"ד אשו משום חציו משו"ה פטור אלא למ"ד אשו משום ממונו אמאי פטור אילו קטל תורי' עבדא הכי נמי דלא מיחייב, אמר לך ר"ל הכא במאי עסקי' כשהצית בגופו של עבד. ועי' בתוס' (ד"ה והי' גדי) שנתקשה בבי' הסוגיא דתוס' הבין דנחשב כאילו באים שני החיובים כאחת, ורק דהוקשה להו שם למ"ד אמ"ח היכא דכלו לו חציו אחר שריפת העבד ואין מחייבין אותו על הגדי אלא משום אמ"מ איך שיי"ל קלב"מ דלכאו' אינם באים כאחת דזהו חיוב משום חציו וזהו חיוב משום ממונו, ותי' דמ"מ ע"י מעשה אחד בא הכל ע"ש. אמנם עיקר הדין המבו' בגמ' דלר"י אמרי' קלב"מ לא איתקשה לתוס' בכלל דמכיון דההדלקה הרג העבד ושרף את הגדיש שייך קלב"מ.

ועי' ברשב"א (שם) שהק' על מה דמבו' בגמ' דלר"י אפי' הדליק את הגדיש אמרי' קלב"מ וקשה שהרי כבר נתחייב בהגדיש לפני הריגת העבד ולא באים כאחת [ולא שייך לדונה מצד עקירה צורך הנחה דהרי לא התחיל החיוב מיתה עבור הריגת העבד עד שעת הרציחה]. והק' עוד על ר"ל דמוקים אותה בהצית בגופו של עבד דנמצאת דהחיוב מיתה בא לפני החיוב ממון ע"ש. וכתב ליישב בדברי ר"י "ואפשר דלר"י דאמר אמ"ח, כל שהצית אפי' בגדיש ועבד כפות סמוך לו שא"א לו לברוח, הוי לי' משעת הצתת האש בגדיש רודף כו'". ובדברי ר"ל כתב ליישב "וי"ל דנשרף הגדיש קודם שמת העבד, דכל שעתא ושעתא חשבינן לי' רודף עד שמת העבד".[259] ע"ש בכל דבריו.

קו' האו"ש על הרשב"א שברודף לא שייכא המח' ר"י ור"ל

ועי' באו"ש (פ"א מרוצח ה"ח) שהק' על הרשב"א דאם בסוגיין איירי בענין חיוב רודף א"כ מה שייך זה לפלו' ר"י ור"ל, הרי כל פלוגתתם הוא לענין החיוב מיתה של רוצח אמנם אפי' א"נ אמ"מ ג"כ צריך להיות שייך דין רודף, דאפי' בגרמא איכא דין רודף כמו דמבו' ממסור ועוד מקומות. ובשלמא לולי דברי הרשב"א י"ל דאיירי באופן שא"א להרגו משום רודף, וכגון באופן דשייך להצילו, אמנם לפימש"כ הרשב"א דשייך הכא פטור רודף קשה, והניח האו"ש בצ"ע.

ועי' באמר"מ (סי' ל' בהג"ה) שכתב להוכיח דבדין רודף נא' שני דינים **א.** דין חיוב מיתה מצד המעשה רדיפה **ב.** מצוה המוטל על כ"א להרגו משום הצלת הנרדף וי"ל דבגרמא ליכא אלא דין השני. וא"כ י"ל דכל הדין קלב"מ לא שייך אלא כשאיכא החיוב מיתה דהורגין אותו משום המעשה רשע ונכלל בהגזה"כ דשני רשעיות אי אתה מחייבו ע"ש. אולם עי' באחיעזר (ח"א יט-ג) שהתחיל ג"כ לדון כעין חילוק הנ"ל אך כתב דהוא נגד סברא הישרה.

קו' האחרונים על הרשב"א שאמאי פטור על מה שנשרף אחר שכבר א"א להצילו ותירוצם

עוד הקשו כל האחרו'[260] על דברי הרשב"א דמה הרויח בזה שכתב דהדין קלב"מ בסוגיין אינה משום רציחה אלא משום רודף, דלכאו' כל התורת רודף שלו הוא רק בשעת ההדלקה ממש, דממנ"פ אם עדיין שייך להצילו ולכבות את האש נמצאת דאפי' ברגע הראשון אינו רודף דלא גרע מיכול להצילו בא' מאבריו. וא"נ דאיירי באופן שא"א להצילו א"כ נהי דבשעת ההדלקה הי' דינו כרודף אמנם מיד אחר ההדלקה בטלה החיוב מיתה של רודף דהוא רק כל היכא דמצילין עי"ז את הנרדף, וא"כ אמאי פטור על כל מה שנשרף

---

[259] והנה בגמ' דייני' היכא דהמיתה הי' רק בגדר עקירה צורך הנחה ועי' בתרה"כ שהסתפק היכא דהממון הי' בגדר עקירה צורך הנחה אם אמרי' בי' קלב"מ, והנה עי' ברשב"א בא"ד שמבו' להדיא מדבריו דגם כה"ג אמרי' קלב"מ דהרי דן שם העקירה צורך הנחה מצד הגדיש ע"ש. [ממו"ר בשעת השיעור]

[260] אמר"מ ואחיעזר שם וברכ"ש ב"ק סי' יט.

מרגע ההדלקה עד השעה שנשרף העבד, והרי הרשב"א בעצמו כתב בקושיתו על ר"ל דאם החיוב ממון בא אחר החיוב מיתה דלא אמרי' קלב"מ.

ולענין הנך קושיות כתבו כל האחרו' ליישב [א"ה האחיעזר והאמר"מ והגר"ש שקאפ כו'] דודאי החיוב מיתה הוא רק בשעת הצתו ואח"כ כבר א"א להרגו משום רודף. אמנם מכיון דבשעת הצתו הוא רודף שייך בי' אז דין קלב"מ, כמו דאי' בהגמ' בסנהדרין דבשעת הביאה שהוא רודף איכא דין קלב"מ[261], ונהי דהחיוב ממון בפועל הוא אח"כ בשריפת הגדיש אמנם לענין החיוב חץ על הממון שייך כבר פטור דקלב"מ. ונהי דלית לי' להרשב"א הך דין ד"כאילו עשהו אחר" כמו שנבאר להלן, אמנם עכ"פ תו לא שייך חיוב חץ דמכיון דעל הך מעשה הצתו דפעל החיוב חץ על הממון אית לי' חיוב מיתה, זה פוטרו דלא שייך ליתן לו דין פטור של אמ"ח, ומכיון דלא שייך ליתן לו דין אמ"ח פטור. דהרי הגמ' בההו"א ס"ל לר"י דכל הדין אש הוא רק משום חציו והרי הא דנחשב כחציו הוא מחמת מעשה הדלקה דידי' ומכיון דאיכא אז דין קלב"מ תו ליכא לחייבו משום חציו.

והגם דהך שעה לא הי' חיוב ממון בפועל אמנם בזה איכא חילוק בין הפוטר והנפטר, דהפוטר צריך להיות חיוב מיתה גמור ומשו"ה לולי זה דהוא רודף, הגם דהא דמחייבין לי' בשעת הריגת העבד הוא משום הך מעשה הדלקה אמנם זה לא מספיק לפטור את הממון. והיינו דהיכא דא' זרק חץ דזה מביא שני חיובים בכח, ממון ומיתה, אין להמיתה כח לפוטרו לולי הדין עקירה צורך הנחה, דבעי' שיהא להפטור א פארטיגע חיוב מיתה. אמנם היכא דאיכא חיוב מיתה גמור שייך לפטור חיוב ממון אפי' אם לא נגמרה החיוב.

ולפי"ז דברי הרשב"א מובנים היטב דמכיון דהוא רודף ברגע הראשון נמצאת דנגמרה לגמרי החיוב מיתה וכיון שכן לא חלה חיוב חץ דהגם דאינה חיוב ממון גמור אמנם החיוב ממון לבסוף הוא מחמת זה דהוא חציו שייך בי' שפיר קלב"מ. אכן כל זה הוא לר"י אמנם לר"ל, נהי די"ל דגם לדידי' איכא דין רודף כמשנ"ת אמנם מ"מ א"א לפוטרו משום קלב"מ דלדידי' דס"ל אמ"מ אין החיוב ממון משום המעשה הדלקה [ונהי די"ל דהוא תנאי החיוב כמו שהסביר בברכ"ש (ב"ק יז–ו) אמנם ל"ל להרשב"א דקלב"מ פוטר תנאי החיוב דלא ס"ל דהוה כנעשה ע"י אחר], אלא דהוא חיוב משום ממון המזיק וכמו שורו, וא"כ מכיון דל"ל להרשב"א דנחשב כאילו עשאו אחר, שפיר יש לחייבו אח"כ. [ועל זה חולק התוס' כמו שהסביר בברכ"ש שם דס"ל דכיון דסו"ס ההדלקה הביא החיוב שמירה לחייבו משום אש, י"ל דע"י קלב"מ נחשב כאילו עשאו אחר ולא חלה חיוב אש], עכ"ד האחרונים הנ"ל.

כמה הערות בתי' האחרונים

אך לכאו' ילה"ע על זה דהנה הרשב"א הק' בתחילה על ר"י דאפי' א"נ דאיירי בהצית בגופו של עבד סו"ס החיוב ממון הוא לאחר זמן, ולכאו' ילה"ע הרי בהצית בגופו של עבד הרי שייך פטור קלב"מ על החיוב חץ דמיד חלה חיוב מיתה דרוצח. ולכאו' צ"ל דבשעה שהצית ליכא קלב"מ דנוטל קצת זמן עד שנשרף לגמרי, ולפוטרו החיוב חץ בעי' קלב"מ ברגע הראשונה שלא ליהוי כלל בעל האש.[262]

---

[261] עי' באחיעזר שבאמת איתקשה לי' דאיך שייך קלב"מ דלכאו' החיוב מיתה הוא רגע לפני המעשה ותי' או כהריצב"א [בתוס' דף ל:] דגם זה נחשב כבת אחת או דשפיר שייך לדון חיוב מיתה אותה רגע ממש.

[262] א"ה עי' היטב בתי' הרשב"א, ומבו' להדיא מדבריו דלפי ר"ל בכדי לדון שיש דין קלב"מ כל זמן שהעבד נשרף בעי' לדין רודף, וכנראה דמשום רוצח ל"ש קלב"מ אלא ברגע האחרון. אך צ"ע דלכאו' הכל הוא חלק מהמעשה רציחה וכי גרע מעקירה צורך הנחה ובאמת ראיתי באמר"מ כשהעתיק תי' הרשב"א על ר"ל כתב דחייב כל הזמן משום רוצח ע"ש, וצ"ע איך איך לא הרגיש שהרשב"א עצמו הוצר' להדין רודף לפוטרו.

ובאמת להלן בשיעור מו"ר אמר להדיא דלר"ל בעי' ג"כ הדין רודף לפוטרו, דלכאו' כיון דהרשב"א כתב דאיירי שנשרף כל הגדיש בשעת שריפת העבד בע"כ צ"ל דהי' לוקח קצת זמן לשריפת העבד, וא"כ ודאי נראה דבחלק הראשו' לא הי' עלה תורת מעשה רציחה עד השעה שרוצחו. ודוחק לומר שעשאו לגוסס וקירב המיתה כו'. וכנראה שהא דמו"ר הי' מתקשה בקושיא זו הוא משום דס"ל דבדברי ר"ל דאוקים הרשב"א דאיירי

והנה בתי' הגמ' על ר"ל כתב הרשב"א "וי"ל דנשרף הגדיש קודם שמת העבד, דכל שעתא ושעתא חשבינן לי' רודף עד שמת העבד". ולדברי האחעיזר צ"ל וכ"כ להדיא, דלא איירי שנתן האש עליו והלך לו אלא "ער האלט דעם גאנצע צייט אין איין אנצינדען" וממילא איכא חיוב רודף כל הזמן עד שריפת העבד, דעל כל פעולה ופעולה יש לו דין רודף וזה פוטר את הממון. והוא לכאו' קצת דחוק דאיירי בהיכ"ת כזו דהוא הדליקו כל הזמן. ועוד קצת צ"ב מה שהקשינו למעלה במש"כ הרשב"א דלר"י לא מספיק לומר דאיירי בהצית בגופו של עבד דהרי החיוב ממון בא אח"כ והקשינו הרי נפטר ברגע הראשון מדין רוצח ול"ל חיוב של בעל האש.

תי הגרב"ד לקו' האחרונים

והגרי"מ רצה ליישב כל זה עפי"ד הגרב"ד (סי' י"ט) שכתב ליישב הקו' על דברי הרשב"א דאיך שייך דין רודף הרי התורת רודף הוא רק בשעת הצתו. וכנראה שלא הי' נחית לדברי האחיעזר שכתב דלעולם הדין רודף הי' רק ברגע הראשונה, ואעפ"כ זה מספיק לפוטרו, משום דלא שייך לחול עליו חיוב חציו של אדם המזיק. ואולי הטעם שהגרב"ד לא הי' נחית לזה הוא משום דס"ל דכמו דלדין "פוטר" בעי' חיוב מיתה בפועל, דרק חיוב מיתה בפועל יכול לפוטרו, כמו"כ בכדי להיות נפטר מהחיוב ממון, בעי' שבשעת החיוב מיתה יחול החיוב ממון בפועל. ובי' הגרב"ד דאה"נ ודאי א"א להורגו אלא ברגע הראשונה אמנם אם באנו לדון מפני מה הי' מחוייב מיתה ברגע הראשונה, הי' זה משום "דאס וואס ער האט אנגעשטעלט אזע מעשה וואס די מעשה וועט הרגענען די עבד" והיינו משום זה שקבע מעשה רדיפה, שמעשה רדיפה זו יהרג את העבד [והיינו דחידש לן הגרב"ד דרדיפה איז ג"כ א מעשה וכל המעשה כולו יש בה חיוב מיתה]. ואילו יצוייר שמעשה רדיפה זו לבסוף לא יהרוג את העבד ודאי אינו רודף. ונמצא דאין המעשה רודף זה לחוד שרודף אחריו להרגו אלא חיובו מתחילה הוא משום זה "וואס ער האט אנגעשטעלט א מעשה וואס די מעשה וועט הרגענען יענעם". וא"כ נמצאת דהגם דבפועל א"א להרגו אלא ברגע הראשונה אמנם החיוב ברגע הראשונה הי' משום שזה שבא לעשות מעשה שיהרוג את העבד ונמצאת דהחיוב מיתה בתחילה הוא מחמת הך מעשה דלבסוף, דבאמת גם אח"כ הוא רודף ורק דאח"כ שוב א"א להרגו משום שלא שייך להציל את הנרדף, אמנם החיוב מיתה מעיקרא הי' בא מחמת רדיפה זו, ונמצא דכל הרידפה טראגט אויף דעם א חיוב מיתה ושייך לפטור דין ממון משום כדי רשעתו.

ובי' הגרב"ד דלפי"ז י"ל דעל כל המעשה רדיפה תו א"א לחייבו ממון, דהרי איכא חיוב מיתה למעשה זו ונחשב ג"כ כשני רשעיות, ורק דהגם דעכשיו ליכא חיוב מיתה אמנם כבר הי' חיוב מיתה מחמת מעשה זו, ונמצא דגם אח"כ יש לו דין רודף משום שאתמול הי' מחוייב מיתה משום מעשה זו. ואף שבעבר עבירה נותנים לו מיתה בעבור המעשה עבירה אחר שעשה המעשה עבירה וברודף נותנים לו החיוב מיתה בעבור המעשה עבירה לפני שעשה המעשה עבירה, אמנם איזה נפ"מ איכא ביניהם דמ"ל אם סדר החיוב לתת דין מיתה אחר שעשה, או נתחייב ע"ז המעשה מיתה בתחילת מעשיו.

לד' הגרב"ד הקלב"מ ברודף אינו אלא באותו מעשה

והנה מצינו שני גדרים בקלב"מ **א.** היכא דחלה פטור בהמעשה כגון מש"כ התוס' בשם הר"י דאפי' אם במיתה לזה וממון לזה לא אמרי' קלב"מ אמנם במעשה א' אמרי' קלב"מ דהמעשה קריגט א פטור. **ב.** דין קלב"מ הנאמר אפי' בשני מעשים, דבשעה שחלה עליו חיוב מיתה לא שייך שיחול עליו חיוב ממון. והנה לענין עקירה צורך הנחה יש מן האחרונים שכתבו (א"ה ההפלאה) דכל הדין קלב"מ הוא רק לענין אותה

שנשרף כל הגדיש לפני מיתת העבד אז מסתברא שהרגע הראשון לא הי' חלק מעצם מעשה רציחה, אמנם בקו' הרשב"א על ר"י מהיכ"ת לומר את זה והרי י"ל דאפי' בתחילה הי' חלק מהמעשה רציחה.

מעשה. ולכאו' מסתברא דכמו"כ י"ל בדברי הגרב"ד ברודף דכל הפטור קלב"מ הוא רק באותה מעשה גופא, שכיון שכבר הי' מחוייב מיתה מחמת מעשה רדיפה זו, א"א להיות נתחייב ממון מחמת הך מעשה. אמנם אם בשעה שנשרף האש עשה מעשה אחרת שחייבו ממון לא שייך לומר קלב"מ דסו"ס תו אינו מחוייב מיתה מחמת רדיפה זו וליכ"ל דנתחייב עכשיו מיתה וממון. וכן מבו' בדברי הברכ"ש שם וז"ל וא"כ כיון שנתחייב ע"ז המעשה בתחילה מיתה שוב ליכא על הך מעשה חיוב ממון דקלב"מ כו' עכ"ל, ומשמע להדיא דכל הדין קלב"מ כה"ג הוא בהמעשה[263].

ונמצא דלפי"ד הגרב"ד אין הבי' דרק ברגע הראשון חלה הדין קלב"מ משום רודף אלא דכל הזמן נמשך הך דין קלב"מ דרודף עד השעה שהעבד נשרף, ורק דכבר נתנו לו החיוב מיתה לפני כן דכך הוא הסדר דהחיוב מיתה בא לפני המעשה. ולפי"ז י"ל דכמו שהפוטר צריך להיות חיוב מיתה בפועל כמו"כ הנפטר צריך להיות חיוב ממון בפועל.[264]

ע"פ יסוד הגרב"ד יישב הגרי"מ קו' האחרו' על הרשב"א דמ"ש ר"י ור"ל

והוסיף הגרי"מ דלפי יסוד הנ"ל דדייני' שיש ג"כ אח"כ עצם המעשה רדיפה, יש ליישב קושית האחרו' דאם איירי' בחיוב רודף איזה נפ"מ איכא בין ר"י לר"ל. ובי' הגרי"מ דכל יסוד הנ"ל לא שייך אלא לר"י דס"ל אמ"ח, דלדידי' יש לדון דאיכא אח"כ המעשה עבירה ורק דבפועל לא מחייבי' לי' מיתה אח"כ, דסדר הדברים הוא דנותנים לו מיתה לפני המעשה, אמנם לר"ל דהוא רק גרמא לא שייך זה. וכי בא' שהי' מסור על חבירו, כל הזמן עד הריגתו נידון שיש כאן שם מעשה עבירה שיהא פוטרו משום קלב"מ, זה ודאי אינו מסתברא, דהגם דלר"ל שייך דין קלב"מ אבל לכאו' א"א לדון דאיכא כאן מעשה רדיפה שמעשה רדיפה זו יהא יכול לפוטרו.[265]

להנ"ל תי' הגרי"מ עוד כמה הערות על הרשב"א

ולפי"ז מדוקדק היטב דברי הגמ' בב"ק דבקו' הגמ' על ר"ל לשון הגמ' הוא "אילו קטל תורי' עבדא הכי נמי דלא מחייב?" ולכאו' ר"ל דלר"ל לית לי' חיוב מיתה משום רוצח, ולכאו' לפי"ד האחיעזר צ"ב דלמ"ל לזה הרי אפי' אילו הי' מחוייב מיתה על זה אמנם מ"מ לא הי' שייך קלב"מ דהרי עכשיו אינו רודף ומשום החיוב מיתה לבסוף א"א לפטרי' כמו שהק' הרשב"א, והרי עיקר קו' הגמ' על ר"ל הוא רק זה דמכיון דהוא ממון המזיק לא שייך לפטרי' בהחיוב מיתה של מקודם והו"ל להק' בנוסח זה.

אמנם לפי הנ"ל א"ש דכונת הגמ' הוא דכיון שאין לו לאחר זמן מעשה רדיפה וא"כ אמאי אית לי' קלב"מ, דנהי דבתחילה ער האט אנגעשטעלט אזע זאך אמנם הוא כמו מי שרדף ושוב פסק דנתבטל כל התורת רודף, דבמה ששורו רודף אחריו א"א לדונו שאכתי קיימת עכשיו הרדיפה שלו, ושפיר מקשי' בגמ' דלר"י דאמ"ח הרי יש לו דין רודף לאחר זמן כמשנ"ת, אמנם לר"ל הרי הוא כאילו דרדף ושוב פסק מלרדוף אחריו.

---

263 א"ה וילה"ע מלשון הגרב"ד שם "ומה לי אם סדר החיוב כו'". ועי' במילואים ב' מה שהבאנו מהגרש"מ בהרחבה בענין השני סוגי קלב"מ, וע"ע בפרי חיים עמ"ס כתובות דף לז.

264 א"ה והי' מבו' מתוך לשונו של מו"ר בהשיעור דהוא רק להרשב"א דל"ל דהוה כאילו עשאו אחר, אמנם א"נ דהוי כאילו עשאו אחר א"כ אפי' על תנאי החיוב אמרי' קלב"מ.

265 א"ה ולכאו' ר"ל בזה דנהי דהוא רודף אמנם עיקר רדיפתו הוא במה שקבע האש שיהרגו לבסוף, אמנם ליכא לדון שהחיוב מיתה מקודם הוא בשביל הך מעשה דהרי אינה מעשה דידי', אמנם עד כמה שהוא מעשה דידי' שייך לדון שהחיוב מיתה מעיקרא בא בגלל כל המעשה כולה.
ואמרתי למו"ר דלכאו' יל"ב את זה בנוסח אחרת די"ל דכל הך יסוד של הגרב"ד הוא רק ברודף שיש עליו חיוב מיתה אמנם היכא דהוא רק משום הצלת הנרדף לכאו' לא שייך סברא הנ"ל. ולפי"ז י"ל דברודף ע"י גרמא כל הדין רודף הוא משום הצלת הנרדף ונהי די"ל דגם בזה איכא דין קלב"מ אמנם בזה לא שייך הגדרה זו. והי' משמע לי שהסכים לי ורק דהוא הסבירה בע"א קצת. ועי' במילואים ג' מש"כ מהגרש"מ בזה.

ולפי"ד הגרב"ד א"ש ג"כ מש"כ הרשב"א בדברי ר"ל דבהצית בגופו של עבד הוא רודף כל שעתא ושעתא, דאין צריכים לפרש דהוא אוחז הגחלת ומדליקו כל רגע ורגע אלא דמ"מ יש לו דין רודף כל הזמן עד שמת העבד, כמשנ"ת, דהרי במקום הגחלת גופי' ר"ל מודה דהוא חציו ממש, וא"כ שפיר יש לדון דהחיוב מיתה של רודף שהי' לו מעיקרא בא לכל מעשה השריפה, וא"כ שפיר פוטרת את שריפת הגדיש.[266]

וגם א"ש לפי"ז מה שהקשינו על הרשב"א שהק' על ר"י דאפי' א"נ דאיירי בהצית בגופו של עבד מ"מ הרי מחוייב מיתה לפני החיוב ממון. והקשינו והא י"ל דמיד התחיל המעשה רציחה ונמצא דפוטרה מיד החיוב חץ בממון ודחקנו דצ"ל דהרגע הראשון לא נכלל בהמעשה רציחה עד אח"כ[267]. אמנם לפי הנ"ל אין צריך לכל זה אלא דבאמת ל"ש קלב"מ על הנפטר אלא בשעת החיוב ממון בפועל ומשו"ה הק' הרשב"א ממנ"פ אם החיוב ממון בא מקודם החיוב מיתה א"א לפוטרו ואם החיוב מיתה בא מקודם א"א לפטור את הממון, ורק לפי תי' הרשב"א דאיכא דין רודף נמצא דעל כל המעשה עד שריפת העבד הרי הוא מחוייב מיתה.

ועוד איכא הרווחה בביאורו של הגרב"ד יותר מבי' של האחרו' דעי' באחיעזר שם שהעיר דלכאו' כל דבריו לא שייכים אלא לפי הו"א הגמ' דר"י לית לי' אמ"מ בשום דוכתי ואפי' בכלו לו חציו חייב משום אמ"ח, ולפי"ז י"ל דאם פטר את החיוב חץ א"א לחייבו. אמנם לפי מאי דמסקי' דגם לר"י איכא דין אמ"מ אז צ"ב נהי דפטר את החיוב חץ אמנם מ"מ שייך לחייבו משום אמ"מ. וכתב הגרח"ע דאה"נ דצ"ל דלמסקנא גם לר"י איירי' בהצית בגופו של עבד וכל מה דמבו' בגמ' דלר"י אין צריכים לאוקמי' בהכי הוא רק לפי ההו"א. אכן לפי"ד הגרב"ד א"ש היטב גם למסקנא דהרי יש לו דין קלב"מ כל הזמן עד מיתת העבד ושייך לפוטרו גם על החיוב של אמ"מ.

ועל עיקר הקו' שמעתי פעם די"ל דהיכא דאיכא אמ"ח ליכא למידן כלל משום אמ"מ דהרי אמ"ח נחשב כאדם בכוונה, ואדם בכוונה א"א להיות חייב משום ממונו כמש"כ תוס' (ב"ק דף ו. ד"ה לאתויי כו') ונמצא דבאמ"ח א"א לדונה כאמ"מ, ולפי"ז גם לפי דברי האחרו' שייך לפרש גם למסקנא דלר"י איירי' באופן דהדליק את הגדיש.[268]

קו' הגרב"ד למה תוס' לא הק' קו' הרשב"א (ברכ"ש יז–ה)

והנה הגרב"ד (ברכ"ש יז–ה) שאל להגר"ח דעי' בתוס' שהק' על ר"ל דס"ל אמ"מ ומוקמי' כשהצית בגופו של עבד דלכאו' החיוב ממון בא אחר החיוב מיתה, ותי' תוס' דע"י מעשה א' בא הכל. והק' הגרב"ד להגר"ח דאמאי לא איתקשה לי' לתוס' קו' הרשב"א דלר' יוחנן איך אמרי' קלב"מ והרי החיוב ממון בא מקודם להחיוב מיתה.

[ובאמת קשה קו' זו גם למסקנת התוס' דהנה ידוע מה שהביא השעה"מ (פ"ג גניבה ה"ב בסו"ד) מתלמידי הרשב"א דס"ל דכל מקום דע"י מעשה אחד בא חיוב מיתה וממון, אפי' אם אינה בב"א חלה דין קלב"מ, והק' השעה"מ דהרי בגמ' בעי' לסברא דעקירה צורך הנחה ומבו' דבלי"ז לא הוה אמרי' קלב"מ הגם דהכל הוא מעשה א'. והנה עי' באמר"מ (ל–ט) שכתב דלכאו' מדברי התוס' מבו' כדברי תלמידי הרשב"א. אכן הגרב"ד (שם אות ו) בי' בכוונת התוס' דאפי' לר"ל הדלקת האש הוא תנאי החיוב וגם על תנאי החיוב אמרי' קלב"מ דהוה כאילו עשאו אחר וכמש"כ הגרע"א לענין מנסך עכ"ד. ולפי"ז תי' התוס' לא שייך אלא לר"ל

[266] והי' קשה לי בזה וכן העיר הגרים"ב דזימיטובסקי שליט"א דלכאו' לר"ל מכיון דשריפת הגדיש הוא אמ"מ נמצא דהוה כשני מעשיות וא"כ לפי מה שרצינו לדקדק מדברי הברכ"ש דאינה פוטרת מעשה אחרת צ"ב, והשיב לו מו"ר דבע"כ צ"ל דגם זה מספיק להיות נחשב כמעשה אחת דסו"ס בא מאותה הדליקה עכ"ד מו"ר. ושוב נתעורר לי דכ"כ התוס' להדיא דאפי' לר"ל דנחשב כמעשה אחת.

[267] א"ה עי' להלן בהג"ה דלכאו' לפי"ד הגרב"ד יוצאת דמתוס' מבואר דברגע הראשונה כבר הי' מעשה רציחה.

[268] עי' במילואים ג' ביסוד הנ"ל.

דאיירי בהצית בגופו של עבד ונמצאת דאיכא עכשיו חיוב מיתה בפועל[269], אמנם לר"י הק"ל דהרי לא שייך שתנאי חיוב מיתה יפטור חיוב ממון אלא שחיוב מיתה פוטרת תנאי לחיוב ממון. וליכ"ל דהכא איכא חיוב מיתה בפועל משום רודף דהרי תוס' אכתי לא נחית לזה דהחיוב מיתה בסוגין הוא מדין רודף[270], וא"כ לכאו' צ"ב קושית הרשב"א דלכאו' ליכ"ל דשייך הדין עקירה צורך הנחה כמו שביארנו לעיל.

ועי' בתרה"כ (סי' שצ"ב) שר"ל דגם הכא שייך דין עקירה צורך הנחה מכיון דבעי הדלקה להחיוב ונהי דאין צריך לעשות ההדלקה על הגדיש דשייך לעשותה מיד על העבד אמנם מכיון דסו"ס הוא צריך לעשות מעשה הדלקה שוב שייך בי' הדין דעקירה צורך הנחה. והוא סברא מחודשת ובאמת מהרשב"א מבואר שחולק על סברא זו.]

חקירת הגר"ח אם אמ"ח נחשב כחצו ממש

והגרב"ד הביא שכמדומה לו שתשובתו של הגר"ח היתה ששאלה זו תליא במה שכבר הסתפק הגר"ח בגדר הדין דאמ"ח האם הוא גילוי מילתא בעלמא דהוא ממש כחצו, דהתורה גילתה לן דמה שהוא משתמש עם הרוח הרי הוא כאילו הוא עשאו דהרוח שטעלט זיך צו צו אים. ולפי"ז בי' הגר"ח דאין הבי' דהוא מחוייב פאר דעם אנצידען, אלא דכל הזמן הוא עושה וחוזר ועושה דהרי כוחו כגופו ונחשב שאחר זמן הוא ג"כ עשה מעשה, ואין צריכים לחייבו פאר די אנצינדען אלא רק דזה גרם שאין לו פטור אונס על מה שנארע אח"כ. אמנם עיקר המעשה שמחייבי' בעבורו הוא המעשה שעשה אח"כ, והוא כזריקת חץ דאין החיוב בעבור המעשה זריקה אלא דהחץ עצמה נחשב "אזוי ווי איך טו" דהוא ידא אריכתא שלי, ואי"ז סתירה למש"כ הנמו"י דאזלי' בתר מעיקרא, די"ל דודאי נחשב כעושה וחוזר ועושה אמנם הוא מלאכת חול.

או"ד דודאי לא חשיב כחצו ממש ורק דהוא חידוש התורה דהוא אחראי לכל מה שנארע מחמת אש זה כאילו הוא עשאו בידים. ולפי צד זה כל סיבת החיוב הוא עצם המעשה הדלקה דהרי אינו נחשב כעושה וחוזר ועושה אלא כל מעשיו הוא בההדלקה גופא ורק דהוא אחראי על כל כל מה שהך אש היזק כאילו הוא עשאה בידים.

להנ"ל מובן שתוס' קאי בהו"א דהגמ' והרשב"א קאי במסקנת הגמ'

והגרב"ד הבין דהגר"ח כיוון לומר דדברי תוס' תלוי' בזה, דאם ננקוט דלא נחשב כעושה וחוזר ועושה אלא דכל המחייב הוא המעשה הדלקה, נמצאת דשפיר הוה כאחת דהמעשה הדלקה הוא כל סיבת המחייב להמיתה ולהממון, ונהי דהחיוב בפועל של הממון חלה לפני החיוב המיתה אמנם זה לא איכפ"ל דסו"ס הסיבות המחייבת המיתה והממון באים כאחת. והוא אפי' יותר מעקירה צריך הנחה[271] [א"ה בהמשך מו"ר אמר נוסח זה "דלא בעי' להדין דעקצ"ה דמכיון שכל המחייב הוא המעשה הדלקה נמצא דשניהם הם כאחד וכאילו הרציחה ממש הוא בשעת החיוב ממון"]. וכל קו' הרשב"א הוא רק אם ננקוט דנחשב כעושה וחוזר ועושה דלפי"ז נמצאת דהמחייב להמיתה אינה ההדלקה אלא דבשעה שהגיע האש להעבד נחשב אז ככחו וזהו המחייב ונמצאת דהחיוב ממון בא לפני החיוב מיתה, והגם דשניהם באים מחמת אותה חץ אמנם ל"ש לומר קלב"מ.

והוסיף הגר"ח דחקירה זו אם אמ"ח הוא ממש כחץ וכעושה וחוזר ועושה או דהחיוב הוא להמעשה הדלקה, דבר זה גופא תלוי' בהו"א ומסקנת הגמ'. דבתחילה נקט הגמ' דאפי' כלו לו חציו ג"כ חייב משום אמ"ח, בע"כ צ"ל דאמ"ח הוא אזע חיוב ולא הוה חץ פשוטי דזה ודאי לא שייך בכלו לו חציו, [ומ"מ נקט הגמ'

---

[269] א"ה כנראה שהגרב"ד הבין בכוונת התוס' דברגע הראשונה כבר התחיל המעשה רציחה ושייך דין קלב"מ.

[270] אכן עי' באחיעזר שכתב ליישב דתוס' הכא כבר ידע דלר"י י"ל דחיובו הוא מדין רודף.

[271] ושאלתי למו"ר והרי בעקירה צורך הנחה הבי' הוא דהכל הוא חלק מהמלאכה ואיך שייך שזהו יותר ממנה, והשיב לי מו"ר דכ"כ הגרע"א דלא בעי' החי' דעקצ"ה אלא אם קרע שיראין בין העקירה להההנחה, אמנם בשעת עצם העקירה ועצם ההנחה לא בעי' החידוש של עקצ"ה לפוטרו, והכא נחשב ההדלקה כההנחה.

דחייב על רציחה[272]] ומשו"ה נקט הגמ' דלר"י דס"ל אמ"ח שייך קלב"מ דשני החיובים באים כאחת. אמנם למסקנא דמסקי' דלא אמר ר"י דינו אלא בשלא כלו לו חציו י"ל דה"ט משום דסברת ר"י הוא משום עושה וחוזר ועושה, ולפי"ז באמת צריכים לומר גם אליבא דר"י דאיירי בהצית בגופו של עבד.

ונמצאת דהא דתוס' לא הק' קו' הרשב"א הוא משום דתוס' קאי בהו"א הגמ' ולפי הו"א הגמ' ל"ק על ר"י מידי כמשנ"ת, ורק דלמסקנת הגמ' י"ל דר"י ג"כ הוצר' לאוקמא בהצית בגופו של עבד.

[א"ה היוצא מדברינו הוא דהנה על הרשב"א איכא ב' קושיות עיקריות **א.** גם לר"ל שייך רודף **ב.** רודף הוא רק רגע הראשון, ועל זה תי' האחיעזר כו'. וילה"ע על דבריו **א.** אמאי כ' הרשב"א דלר"י גם אם הצית בגוף העבד קשה וצ"ב הרי פטרה רגע הראשון ע"י הדין רוצח **ב.** לפי"ד צ"ל מש"כ הרשב"א בדברי ר"ל בהצית בגופו של עבד ר"ל דהוא הדליק וחזר והדליק כל הזמן. **ג.** האחיעזר כתב דלפי"ד צ"ל דלמסקנא דר"י מודה דאיכא ג"כ אמ"מ צ"ל דר"י ג"כ אוקמי' בהצית בגופו של עבד.

והברכ"ש כתב ליישב קו' הב' על הרשב"א דהוא רודף כל הזמן עד ההריגה וי"ל דכל זה הוא רק לר"י. וגם לפי"ז מיושב קו' הא' על האחיעזר בפשיטות. וגם קו' הב' א"ש דל"צ לומר דאיירי בהדליק וחזר והדליק אלא גם לר"ל כה"ג שהצית בגופו של עבד הוא רודף עד שמת העבד. וגם למסקנא שייך לומר כהנ"ל דסו"ס לר"י הוא רודף כל הזמן עד המיתה וא"כ שייך לפטור ממון בין מצד אמ"ח ובין מצד אמ"מ. ודו"ק.]

עד כאן בס"ד (ועי' בפרי חיים ע"פ כיצד הרגל סי' יז שהרחבנו בעזה"י בדברי מו"ר)

מילואים

א. בגדר הדין חץ

א"ה נראה דיסוד דין חץ הוא דודאי המעשה דהיינו הפעולה [או המעשה] נגמרה מיד, ורק דמ"מ נחשב אח"כ שעדיין הוא עושה אז ע"י המעשה של אתמול, אמנם איכא צו א דרגא א גמר מעשה בשעת הזריקה ורק דנידון אח"כ שהוא עושה וחוזר ועושה ע"י המעשה של אתמול, דהוא עושה היום ע"י המעשה של אתמול ונידון כן אפי' אם מת באמצע. והנה עי' מש"כ מהגרש"מ בגיטין פ"ב חבורה ו' יסוד גדול בהל' מעשיות דס"ל להרשב"א במניח גט ביד אשה ישנה כשהיא ניעורה דחלה הגט מכח דנידון עכשיו כנתינה דנכלל במעשיו הראשו' שהניח הגט בידה שתהי' שם עכשיו ולמחר כו' ונמצאת כשניעורה מה שנמצאת שם הוא מעשיו של אתמול. וכששמעתי זה מהגר"ש דימה זה לי לזורק חץ דהמעשה של אתמול עושה היום אך כ' דאיכא חילוק דבמניח חפץ במקום א' אז הבי' הוא דהנתינה בהך מקום עכשיו הוא נתינה להיום ולמחר כו' אמנם א"א לחדש בהתורת מעשה כלל ומשו"ה איכא חסרון דחצר הבא לאחר מכאן דאם נתן הגט בחצר חבירו ושוב הקנה חבירו את החצר לה לא חלה הגירושין דנהי דנידון שהוא נתן הגט באותה מקום בהקרקע אמנם א"א לדון שנתנה ברשותה דא"א להוסיף כלל שום חידוש בהתורת מעשה אלא דנכלל כבר בהך מעשה להיות שם למחר אמנם בחץ שייך לחדש תורת מעשה ואולי לא הי' הך חסרון דחצר הבא לאחר מכאן דהמעשה של אתמול הולך ופועל.

---

[272] א"ה וצ"ע על מש"כ הגרב"ד (שם באות ד') מהגר"ח להוכיח דאמ"ח הוא כעושה וחוזר ועושה מהא דחייב על רציחה. והי' משמע לי דכוון מו"ר להעיר את זה.

ודע די"א דלמסקנת הגמ' אינו חייב על רציחה ולפי"ד הגר"ח הנ"ל נמצאת דבתחילה כשס"ד להגמ' דהוא ענין חיוב נקט הגמ' דחייב מיתה אמנם למסקנא דהוא כעושה וחוזר ועושה אינו מחוייב מיתה והוא להיפך מדברי הגר"ח. אך אמר מו"ר די"ל סברא לזה דאם התורה חייבו לכל דברים שהאש עשה כאילו עשה בעצמו אז י"ל דחייב מיתה ג"כ בשביל זה, אכן למסקנא דהוא רק גילוי דהוא חציו אז י"ל דאינו חייב מיתה דחסר בכח גברא כמו שבי' האחרו'. ועי' מש"כ בזה במילואים.

ב. במה שכתבו האחרונים דאיכא שני סוגי פטור דקלב"מ (מהגרש"מ)

שמעתי מהגרש"מ דהנה ביסוד הזה דאיכא שני סוגי קלב"מ באמת ליכא להביא ראי' מהתוס' במיתה לזה וממון לזה די"ל דכוונת התוס' הוא רק דאם הם שני מעשיות לא שייכי שני החיובים בהדדי כלל שיחול הך דין קלב"מ אמנם אם הוא במעשה א' שייך שני החיובים להדדי ונמצא דהמעלה של מעשה א' הוא רק לתקן החסרון דלזה ולזה שיסוד דינו הוא דהשני חיובים לא שייכי להדדי. ורק דמבו' יסוד זה מדברי התוס' שכ' דע"י מעשה אחת בא הכל [ומו"ר לא הזכיר זה משום דפי' תוס' כהגרב"ד דכוונתו הוא משום תנאי החיוב] ורק דצ"ב א"כ למ"ל לדין עקצ"ה וי"ל דבלא"ה הי' נידון כשני מעשים א] מה שזרק החץ למקום זה והיינו למקום השיראים ב] מה שזרקה עוד יותר דהיינו למקום ההנחה ורק אדרבה ע"י הדין עצ"ה נעשית הכל למעשה אחת ואמר לי דלהרשב"א שתי' בע"א ליכא הכרח לכל יסוד הנ"ל דאיכא שני סוגים של קלב"מ.

שוב שמעתי ממנו להוכיח יסוד זה מסו' לג: דאמר ר' מאיר גונב וטבח בשבת חייב בדו"ה ומקשי' ונימא קלב"מ ומתרצי' בטובח ע"י שליח ומקשי' מי איכא מידי דאילו עבד איהו לא מיחייב ועביד שליח ומחייב ומתרצי' איהו לאו משום דלא מיחייב אלא משום דקלב"מ. ובי' רש"מ דודאי כל הו"א הגמ' לא שייך אלא אם הדין קלב"מ חלה בהמעשה, דא"א לחייבו שני חיובים למעשה א' ובזה הו"א דכיון דאילו הוא עשה המעשה הי' חלה פטור בהמעשה גופא תו לא שייך לחייבו ע"י שליחות אמנם א"נ דקלב"מ לא חלה בהמעשה אז הו"א הגמ' צע"ג דאם תלוי' בהחיוב ולא בהמעשה הו"ל כאילו הדליק השליח אש בשעת הטביחה ובע"כ דחלה בהמעשה גופא.

והנה בהא דכתבתי דקלב"מ פוטרת בשני מעשים והראי' מזר שאכל תרומה ידוע מש"כ בשטמ"ק בשם שיטה ישנה בשם יש מי שאומר דאיירי כגון שהיו שיראין נכרכין בצוארו ובאכילתו התרומה נקרעו השיראין בגרונו באכלו והשיטה ישנה אמר דאי"צ לזה דאפי' בשני מעשים אמרי' קלב"מ. ושמעתי מרש"מ דדברי הי"א צ"ע דאפי' כה"ג הם שני מעשיות נפרדות. [א"ה ואמרתי לו שבמאיירי כתוב כהי"א ולא האמין לי ובאמת כ"כ במאיירי אך אולי כתב כן להעמידה דאיירי בב"א ודוחק] ובעיקר הנידון בקלב"מ בשני מעשיות אמר לי בשם ר' משה פרידמאן שליט"א לדקדק כן מסו' לד: בטבח ומכר דאמרי' קלב"מ לפטור עצמו מחיובו אונס דשואל והנה החיוב ממון דשואל אינה משום המעשה טביחה אלא משום מה שהוא שואל וחייב באחריות על הבהמה ואיך שייך לדון שנתחייב שני חיובים משום מעשה אחת.

והנה בדברי האחרו' בעקצ"ה דאינה פוטרת מעשה אחרת אמר לי דטעמם הוא דבעקצ"ה י"ל דאי"ז נחשב כשעת החיוב והיינו דלא חלה אז החיוב מיתה ורק דהוא מעשה המחייב והיינו דבהמעשה נכלל החיוב מיתה וי"ל דהא דשיך קלב"מ בשני מעשיות היינו רק בשעת החיוב דאז לא שייך ליחול עוד חיוב [ואמר לי דלולי חי' זה הו"א דגם עצ"ה נחשב כשעת החיוב דהנה זה פשוט דשעת החיוב אינה דוקא הך רגע דשייך שיהא נמשך הך מצב והיינו דדייני' שהוא באמצע ליחול חיוב מיתה ושיי"ל דבם בעצ"ה יש זה]. ואמר לי דלפי סברתם שיי"ל דה"ה כאן ברודף אמנם אמר לי דכל הך סברא מיוסד על זה שיש שני גדרים בקלב"מ והרי להרשב"א ליכא הכרח לזה.

ג. בענין ביאורו של הגרי"מ בהרשב"א (מהגרש"מ)

שמעתי מהגרש"מ דהוא כוון לכל דברי הגרי"מ בחבורה במס' ב"ק והנוסח שלו הי' דודאי לדין רודף לא בעי' מעשה רדיפה דהרי במסור ועובר ליכא תורת מעשה רדיפה, וכן בבא במחתרת נראה דליכא תורת מעשה רדיפה שהרי הוא לא הלך להרגו ורק אם יעמוד נגדו יהרגו, אמנם ליכ"ל דנכלל במעשה דידי' מעשה רדיפה ורק דהגדר הוא דהנפש שלו מסתכן נפש אחר ומשו"ה יש לו דין רודף ושייך שהוא חיוב מיתה של רודף. אמנם ודאי שייך שהתורת רודף שלו זאל ליגען אין א מעשה דהיכא שיש לו מעשה נחשב

שהוא מעשה רדיפה ועל זה מגיע לו חיוב מיתה. אמנם ודאי זהו במעשה דידי' אמנם באמ"מ ודאי לא שייך לדון כאן מעשה רדיפה והוא רק כמסור דנפש שלו מסתכן לנפש חבירו.

ובי' עפי"ז דברי התוס' שכתבו דע"י מעשה אחת בא הכל, והנה הגרב"ד הבין בכוונתו דר"ל דפטרה מחמת תנאי החיוב, אכן אי"ז במשמעות לשונו אלא דהדין קלב"מ הוא משום דעל מעשה אחת א"א לחייבו לשני עונשים. והנה אם נפרש בכוונת התוס' דכוון להדין רודף בר"י [א"ה אולי כוונתו משום דהך דבמעשה א' א"א לחייבו אולי הוא רק כשכבר נתחייב במיתה וע' באמר"מ בזה], אלא דצ"ב מ"ש ר"י מר"ל. וי"ל כהנ"ל דלר"ל דס"ל אמ"מ ליכא מעשה רדיפה וא"א לדון דמשום מעשה אחת מחוייב מיתה וממון דהרי חיובו הוא חיוב רודף ולא חלה בהמעשה משא"כ לר"י שייך לדון דהוא מעשה רדיפה ונמצא דחיובו חלה בהמעשה ושפיר י"ל דמשום מעשה אחת א"א לחייבו מיתה וממון ורק בהצית בגופו של עבד אז ודאי נידון כמעשה רדיפה. ושפיר י"ל הך תי' דע"י מעשה א' בא הכל ונמצא דבין לתוס' ובין להרשב"א בעי' לבוא להך סברא דהתורת רודף חלה בהמעשה רדיפה ורק דלתוס' הוא בסברא דמעשה א' בא הכל וברשב"א הוא בלי זה.

הנה עי' בתוס' שם דהיכא דהיזק בא ע"י אדם בכוונה א"א לחייבו משום ממונו שהזיק, ושמעתי מרש"מ דיל"ע אם שייך סברא זו לפטור הוא עצמו דאם נפרש בכוונת התוס' דהוא פטור בעלמא אז אולי ל"ש אמנם, א"נ דהוא יסוד בעיקר החיוב אחריות של ממונו דאינו מחוייב לשמירת נזקיו של ממונו לענין היזק דבעי מעשה של אדם בכוונה להיזק וי"ל דסברא זו שייך גם לענין אם המעשה הוא מעשה שלו.

ד. בד' מרן רי"ז הלוי בהצית בגופו של עבד

שמעתי מהגרש"מ בענין מש"כ הגרי"ז לענין הצית בגופו של עבד דשייך לחייבו גם משום ממונו, דלולי דבריו הי' נראה דלא שייך לומר כן, דנראה פשיטות דלא שייך לחייב אדם המזיק בידיו ממש משום אש דהנה יסוד מזיק דאש הוא מה שהוא עשה חפצא דשייך לעשות היזק והרי באדם המזיק בידים לפני המעשה היזק א"א לדון משום אש ואחר שכבר התחיל המעשה מזיק אי"ז אש אלא אדרבה עס איז שיין אפגעטאן וליכא מציאות של אש דהוא מציאות של עשיית מזיק דיש לה בכח לעשות היזק והרי עכשיו הוא באמצע ההיזק ואדרבה אין הבי' דהוא ברא דבר שיש לו כח להזיק אלא אדרבה מה שאתה רוצה לדון כאן דין אש הוא מחמת זה שהוא עצמו הוא באמצע עשיית ההיזק ודאי אי"ז שייך כלל לאש, ומה"ט פשוט מאד דאם זרק חץ א"א לחייבו שוב כשהוא באויר משום אש דהרי לפני הזריקה לא הי' אש ואחר שכבר זרקה הרי כבר התחיל ההיזק ואי"ז שייך להמזיק דאש וא"כ דברי הגרי"ז צ"ע וכמו"כ צ"ע דברי החזו"א שדן לחייבו משום אש בזרק חץ והי' שם תריס ואח"כ נטל התריס ולנ"ל כל היכא דאיכא אדם המזיק בידים ממש ל"ש תורת אש דלא גרע מידו ממש של אדם דפשוט דל"ש לדונו משום אש. [והכי מוכרח בגמ' דרצה למילף אדם מאש וצ"ב הרי הוא אש ממש, ומה"ט צ"ע מה שרצה החזו"א לומר דכל שן ורגל הוא בעצם אש, וצ"ע דבגמ' שם מקשי' ולילף שן ורגל מאש וע"ש מה דפרכי' על זה וצ"ע הרי לחזו"א הוא ממש אש.] ומה דמצינו באדם המזיק דין אש היינו בהניח אבן לפני אדם דהתם בהנחת האבן כבר יש עלה תורת אש מה שיוזק ע"י האבן. והכא אדרבה התורת אש מעיקרא הי' מחמת זה דאדם יעשה מעשה הזיק על ידה וא"כ ודאי אי"ז מבטל התורת אש דזה גופא הוא מה שנתנה לה תורת אש.

חבורה א' מהגרש"מ פ' כיצד הרגל חורף התשס"ו

סימן א בענין משונה כשאין כוונתה להזיק

א. בבי' דברי רש"י בהיתה מבעטת

ב. בביאור הדין דמעשה שהוא משונה ואין דרכו להזיק הוה תולדה דקרן

ג. ביאור ספק הגמ' לדמות צרורות לקרן לענין חיוב רה"ר

ד. בביאור דברי התוס'

ה. ישוב עפ"י הנ"ל בגי' המובא בראשו' דספק הגמ' בצרורות ברה"ר הי' לענין צרורות משונה

א. בבי' דברי רש"י בהיתה מבעטת

א] במתני' יז. כיצד הרגל מועדת, לשבר בדרך הלוכה. הבהמה מועדת להלך כדרכה ולשבר. היתה מבעטת, או שהיו צרורות מנתזין מתחת רגליה, ושברה את הכלים,– משלם חצי נזק. ופירש"י וז"ל, היתה מבעטת. שינוי הוא זה, ותולדה דקרן היא הלכך חצי נזק ותו לא, עכ"ל, ועי' בנמוק"י שפי' דמבעטת דמתני' איירי, היכא דכוונתו להזיק, אכן מדברי רש"י הנ"ל נראה דלא פי' מתני' שהיתה גם כוונתו להזיק אלא דסגי במשונה גרידא. דהנה דברי רש"י לכאו' צ"ב, דלמ"ל לפרש טעמא דמבעטת דינה בחצי נזק, והרי כבר אשמעינן בכמה מקומות בפ"ק דכל שהוא כוונתו להזיק הוא תולדה דקרן, ובקרן איכא חילוק בין תמות למועדות. ונהי דהסכימו הראשונים דהיכא דאורחייהו בכך אפי' אם כוונתו להזיק משלם נזק שלם, הכא דאיירי בבעיטה לא הוצרך רש"י לפרש דבעיטה משונה הוא, כמו שלא פי' כן במתני' דדף טו: ובשאר מקומות. ולכן נראה לפרש בכוונתו, דס"ל דהגם דודאי איכא מעשה בעיטה שכוונתו להזיק, כמו דשנינו לעיל ב: ובמתני' דדף טו:, אך לא רצה לפרש מתני' דידן הכי, דהוקשה לי' דהא מתני' איירי במזיק דרגל, ואמאי תנא הך ציור דהיתה מבעטת, דהוא קרן. והנה תוס' פי' דאגב דשוה לצרורות, נקט לה הכא, אך עדיין צ"ב, דאמאי נקט הציור דהיתה מבעטת יותר משאר החמשה תמין, ולכן פירש"י דמתני' איירי בהיכ"ת שלא היה כוונתה להזיק, אלא היתה מבעטת בדרך הילוכה מאיזה סיבה שהיא[273].

והנה לפי הנ"ל נמצא, דלפירש"י מתני' דמבעטת איירי במשונה ואין כוונתו להזיק, ותנן דמשלם חצי נזק. ודבר זה, דבמשונה ואין כוונתו להזיק יש לה כל דיני קרן לענין דיני תמות ומועדות וחיוב רה"ר, אינו רק חידוש של רש"י אלא דמבואר בכ"מ. דעי' לעיל בדף טו: בכלבא דאכל אמרי רברבי דמשונה הוא ומשלם חצי נזק, והתם נמי אין כוונתו להזיק [וכמש"כ תוס' שם]. אלא שבאמת יש להעיר משם על דברי רש"י הנ"ל, דע"ש דתלינן חיובא דח"נ במשונה כזה דאימרי רברבי במ"ד פלגא נזקא קנסא, וע"ש בתוס' דלמ"ד פלגא נזקא ממונא, לא מיחייב כלל, דקרן דסתם שוורים אורחי' הוא, כיון דסתם שוורים לאו בחזקת שימור קיימי, וצ"ב מה שפירש"י סתמא דמתני' דמחייב ח"נ בכה"ג. אכן המעיין היטב יראה דלא קשה ולא מידי, דהנה ע' לעיל טז: דארי שטרף ואכל והוא בן תרבות לר"א, דמבו' ג"כ דאע"פ שהוא משונה יש לו דינא כקרן לכל דבריו, ולא תלינן זה שם בפלו' דפלגא נזקא קנסא או פלגא נזקא ממונא.

---

[273] א"ה. א' העיר, דיתכן לפרש בכוונת רש"י דכוונתו לפרש, דהגם דתנן דמבעטת וצרורות שניהם משלמין חצי נזק, אך הוא מסיבות שונות, דמבעטת משלמת ח"נ בגלל שהוא משונה, אכן צרורות אורחייהו בכך, והא דמשלם ח"נ הוא משום הלמ"מ. והסכים הגרש"מ דיתכן לפרש כן בכוונתו, אך יותר הי' נהית לפרש כמש"כ בפנים.

וביאור הדבר הוא, דהוי מילתא דפסיקא, דאפי' למ"ד פלגא נזקא ממונא, קרן אינה אורחי' כשן ורגל, דיש בה איזה דרגא של שינוי, ואפי' למש"כ ר"ת [ע' תוס' ב: בד"ה אבל מחוברת, ובדף ה: בד"ה שכן מועדין כו'] דלמ"ד פלגא נזקא ממונא שייך למילף קרן משאר מזיקין, הואיל וגם לגבי קרן לא בחזקת שימור קיימי, אין כוונתו שהוא דרכו בכך כשאר מזיקין, אלא דר"ל דהואיל ואינה משונה לגמרי, ס"ל דשייך למילף משאר מזיקין.[274] וע' רש"י יד. דבמאי דאמר ר' טרפון *משונה*, קרן בחצר הניזק נזק שלם הוא דמשלם, פי' וז"ל, קרן משונה, הואיל ושינו את וסתן שלא היו דרכן להך, עכ"ל, הרי שר"ט אמר להדיא דקרן משונה היא, ולא שייך לחלוק עליו, דכל הדין דתמות ומועדות מיוסד על זה דקרן הוא משונה וכמש"כ הר"מ פ"א מנזק"מ ה"ד, העושה מעשה שדרכו לעשותו תמיד כמנהג ברייתו, הוא הנקרא מועד, והמשנה ועשה מעשה שאין דרך כל מינו לעשות כן תמיד, כגון שור שנגח או נשך, הוא הנקרא תם, וזה המשנה אם הורגל בשינויו פעמים רבות נעשה מועד כו' עכ"ל. ומ"ד פלגא נזקא ממונא ס"ל דהגם דקרן משונה הוא, ואין דרכה לעשותה תמיד, עם כל זה לאו בחזקת שימור קיימי. ולכן כל מעשה שהשינוי הוא באותו דרגה של קרן, גם למ"ד פלגא נזקא ממונא חייב, דנלמד מקרן לגבי כל הלכותיו. וכלבא דאכל אמרי רברבי, הוא משונה כ"כ, דגם למ"ד פלגא נזקא ממונא ס"ל דלגבי מעשה זה בחזקת שימור קיימי, וא"כ ליכא מקור לחייבו[275].

ב. בביאור הדין דמעשה שהוא משונה ואין דרכו להזיק הוה תולדה דקרן

אלא דאכתי צ"ב, דהאיך ילפי' כל דבר שהוא משונה מקרן שיהא לו כל הלכותי' של קרן, והרי חסר בעיקר מציאות ותכונת קרן דהוא זה שכוונתו להזיק.[276] וע' במ"מ בפ"א מנזק"מ ה"ו שפי' בדעת הר"מ שם לענין

---

[274] א"ה. בגמ' מבו' דהוא משום דקרן כוונתו להזיק, ולכאו' הכוונה היא, דכיון דכוונתו להזיק, יותר מסתבר לחייבו מדבר שאין כוונתו להזיק אע"פ שהוא קצת יותר אורחי'. ואולי יש לדמות זה למש"כ התוס' בדף ז. בענין אדם המזיק, דאם פטרי' אדם המזיק הקדש, כ"ש דפטרי' שן, אע"ג דבשן איכא סברא דיש הנאה להזיקה, ע"ש, ורק דאולי התם אינה סברא בעצם המעשה מזיק אלא באחריות ההיזק המוטל עליו, משא"כ הכא דהויא סברא בעיקר המעשה מזיק. ודע דהאחרו' לא נקטו כן בכוונת ר"ת, ע' בנחל"ד בדף ד.. ולכאו' נ' לדקדק כמש"כ בפנים מחיובו בקרן תלושה, ע' ברשב"א, והתם לכאו' א"א לומר דהוא אורחי' כשן. אך עיקר דברי הגרש"מ מבוארים בשטמ"ק לקמן טו: והעירוני לדברי הריטב"א בכתובות מא. שכ' כן להדיא, וז"ל, סתם שורים לאו בחזקת שימור קיימי. פירוש לאו דס"ל דקיימי בחזקת נגחנים, דהא סוגיין בכוליה תלמודא דקרן תמה משונה היא, אלא הכי קאמר, דאע"ג דלאו אורחיה להזיק תדיר, מכל מקום לאו בחזקת משומר קאי שלא יהא צריך לשמרו, כיון שפעמים שהוא מזיק, עכ"ל. [ודע דשמעתי מהגרש"מ דאין להק' על מש"כ בפנים ממה דמבו' בגמ', דא"א למילף שן מרגל כיון דרגל היזקו מצוי, דכוונת פירכא זו אינה דהוא יותר שכיח, אלא דרגל היזקא מצוי ובטבעו הוא עלול להזיק דרך הלוכו, ולכן דייני' אותו למזיק].

[275] א"ה. ע"ש בשטמ"ק שהעיר ממתני' דאכלה כסות וכלים כו', וכ' דכלבא דאכל אימרא משונה טפי, וע"ע במהרש"ל שם שכ' דאכלה כסות וכלים כוונתו להזיק, וכל היכא דכוונתו להזיק לא משונה כ"כ, ע"ש. ומבו' מדבריו שם, דכל שינוי דלאו כוונתו להזיק, באמת פטור למ"ד פלגא נזקא ממונא. ושמעתי מהגרש"מ לדקדק דלא כן מדברי רש"י במתני' יט: שפי' דאכלה מצדי הרחבה חייב מדין שינוי, והנה הא דפירש"י התם הכי, הוא משום דס"ל דמכיון דהוא ברה"ר א"א לחייבו אלא א"כ הוא משונה, והיינו שהי' לו הכרח לפרש הכי מגוף מתני'. והנה התם אין כוונתו להזיק, ומ"מ מבו' דחייב ח"נ, הרי דלכו"ע איכא איזה שינויים דאין כוונתם להזיק ומ"מ חייבים בח"נ.

[276] א"ה .לפי מש"כ ר"ת דלמ"ד פלגא נזקא ממונא שייך למילף קרן גם משאר מזיקין, ודאי קשה קושיא הנ"ל, דכיון דשייך למילף זה משאר מזיקין אמאי ילפי' זה מקרן, אמנם למ"ד פלגא נזא קנסא יש לפלפל, די"ל דנהי דלאו קרן הוא, מ"מ כיון דבעי' לילף אותה מדין קרן מכיון דבחזקת שימור קיימי, יש לו כל הלכותיו של קרן, ונהי דא"א למילף מקרן גרידא משום דאיכא למיפרך מה לקרן שכן כוונתו להזיק, אך סו"ס מכיון דתחילת דינו הוא מקרן, דכיון דמשונה הוא ובחזקת שימור קיימי, ודאי תחילת דינו הוא מקרן, י"ל דאית ליה כל הלכות קרן. אלא דלכאו' זה תלוי בפלו' הרא"ש והיש מן הגדולים לקמן ו., ע"ש. ובאמת כבר העיר הפלפ"ח שם על היש מן הגדולים מדבר משונה ואין כוונתו להזיק דעכ"פ צריך להיות פטור בכלים טמונים ברה"ר. וגם לפי דברי הרא"ש ילה"ק למ"ד פלגא נזקא ממונא, אפי' אם לא ס"ל כר"ת, דלהך מ"ד נראה דהפירכא דמה לקרן שהוא משונה הוא כשאר פירכות בעלמא וליכא סיבה שתחלת דינו צריך להיות מקרן. [מתוך שקו"ט עם הגרש"מ אחר החבורה]

הנך בהמות דמועדות מתחלת ברייתן, דאם עשו מעשה קרן יש לו דין קרן לענין חילוק רשויות, ומשלם נזק שלם כקרן מועד.[277] והוא משום דהחפצא דתמות ומועדות נאמר בדבר שאין דרך הבהמה ה לעשותו מתחלת ברייתה, עכ"ד בתוספת ביאור. הרי דאע"ג דדרכו להזיק, כיון שכוונתו להזיק, הוי זה קרן.

ואשר נראה לומר בזה, דהגם דודאי עיקר המציאות והתכונה של קרן הוא זה שכוונתו להזיק, אך מחמת זה שהוא מעשה מזיק של שינוי, התורה קבעה אותה לסוג אחר של מעשה מזיק בפרשת קרן, ונתנה לו התורה דינים שונים כתמות ומועדות משום שהוא משונה. והגם דודאי עיקר המחייב על ההיזק הוא כמו כל מעשה מזיק מחמת שהוא ממונו ושמירתו עליך, אך מכיון דרואים דהתורה נתנה לקרן דינים חלוקים מחמת זה שהוא מעשה משונה, רואין שהתורה קבעה משונה לסוג אחר של מעשה מזיק, "מעשה משונה", שבמעשה זה שייך דינים שונים משאר דיני מזיק. ואפי' במזיק הקדש דס"ל לר"ש בן מנסיא [לעיל ו:] דתם שהזיק את ההקדש משלם נזק שלם, המעשה מזיק הוא מסוג זו של "מעשה משונה" ורק דדינו הוא לשלם נזק שלם. [ואפי' כשנעשה מועד נראה שנכלל בסוג זה, דעיקר הגדרת המזיק בקרן תלוי' במעשה שאין בדרך בריית הבהמה לעשותה תמיד וזה תלוי בעצם ה"מין", ומה"ט שייך דין חצי נזק אפי' אחר שנגח ג' שוורים של הפקר כמבו' בתוס' כד:].

ומאחר דמעשה מזיק כזה, שהתורה קבעה לסוג אחר, נלמד בפרשת קרן, כל שהוא משונה כמותו, ע"כ דצריך להיות נלמד מפרשת קרן, ויש לו כל הלכותיה של קרן, בין לענין תמות ובין לענין חיוב ברה"ר. והוא כעין מה דרואין לדעת רש"י ועוד ראשו', (ע' להלן), דכל סוגי צרורות יש להם דין רגל, והביאור הוא כנ"ל, דס"ל להנך ראשונים דכיון דבפרשת רגל נאמר דמעשה מזיק של כוחו הוא סוג אחר של מעשה מזיק, כל מעשה מזיק של כוחו צריך להיות נלמד בפרשה של רגל, ורק דצ"ב דמהיכ"ת דדין זה נאמר בפרשת רגל.

ג. ביאור ספק הגמ' לדמות צרורות לקרן לענין חיוב דה"ר

ולפי הנ"ל נמצא דהגם דמעשה משונה שאין כוונתו להזיק אינו דומה כלל בעיקר תכונתו לקרן, מכיון דבפרשת קרן נאמר דין זה דמעשה משונה הוא מעשה מזיק בפנ"ע, ולכן צריך להיות נלמד מקרן. וקצת דוגמא לזה יש בדברי רש"י לקמן יט., דהנה שם בגמ', בעא מיני' ר' ירמי' מר' זירא, היתה מהלכת ברה"ר והתיזה והזיקה, מהו לקרן מדמינן לי' וחייבת, או"ד תולדה דרגל הוא ופטורה. א"ל מסתברא תולדה דרגל הוא, ע"כ. ולדעת רוב הראשונים איירי' שם באורחייהו בכך. וע"ש בפירש"י וז"ל, לקרן מדמינן לי' הואיל וחייבת ח"נ כי קרן, או"ד כל צרורות כי אורחייהו תולדה דרגל נינהו ופטור ברה"ר, עכ"ל. ולהלן בד"ה והזיקה כו' הוקשה לי' לרש"י אמאי באמת לא לומדין אותה מקרן, וע"ש מה שפי' בזה. ולכאורה מבואר מזה, דהגם דלפי עיקר תכונת צרורות הרי הוא כמזיק דרגל, אך מכיון דמשלם ח"נ כקרן, צריך להיות נלמד מקרן, דמזיק דמשלם ח"נ צריך להיות נלמד מקרן. ולכאו' צ"ב, דכיון דבעיקר תכונתו רגל הוא, נהי דמשלם ח"נ מכח הלמ"מ, מהיכ"ת לחייבו ברה"ר. דאין לומר דכיון דהלכה באה להקל עליו בח"נ כקרן, נקל עליו גם לענין רה"ר, דחיוב רה"ר הוא חומרא ולא קולא.

ולכאורה מבו' מזה כמשנ"ת, דהגמ' הסתפקה דכיון דמזיק שמשלם ח"נ נאמר בפרשת קרן, כל מזיק שחייב ח"נ צריך להיות נכלל בפרשה דקרן. והנה דבר זה אינו דוגמא גמורה למש"כ למעלה, דבמעשה משונה

---

[277] א"ה. דקדוק זה לא הוה לפי ביאורו של הלח"מ שם, אלא כמוש"כ בחי' רמ"ש בדף יט: דכוונת המ"מ במש"כ "מעשה קרן" הוא לזה דכוונתו להזיק, והיינו דאיירי במעשים שאורחייהו בכך וכוונתו להזיק.

מצד גוף המעשה הוא סוג מעשה אחר שתורה קבעה למעשה מזיק בפנ"ע, אכן התם בצרורות אין מעשי' דומה למעשה דקרן בכלל ורק דהסתפקה הגמ' לומר, דמזיק שדינו לשלם ח"נ צריך להיות נלמד מקרן, ומכיון שכן צריך שיהי' לה כל הלכותיה של קרן.

ד. בביאור דברי התוס'

והנה התוס' בד"ה דרסה על הכלי כתבו וז"ל, אור"י דאיצטריך לאשמועינן דסד"א דמשונה הוא כיון דדרסה כ"כ בחוזק שניתז השבר על כלי אחר ושברו *ומסתמא להזיק נתכוונה*, עכ"ל. וצ"ב אמאי מה הוצרכו להוסיף ד"מסתמא להזיק נתכוונה" ולא סגי בזה דמשונה הוא לדרוס בחוזק כ"כ, והרי כבר הוכחנו למעלה מהרבה סוגיות דכל דבר שהוא משונה אע"ג דאין כוונתה להזיק, דינו כקרן לשלם ח"נ. ובאמת בתוס' ר"פ [ובתלמיד הרא"ש והרשב"א] כתבו רק את זה דסד"א דמשונה הוא כיון דדרסה כ"כ בחוזק, ולא הוסיף את זה דמסתמא להזיק נתכוונה. וכעי"ז ילה"ע על דברי הנמוק"י שכ' כדברי התוס' וסיים "מסתמא להזיק נתכוונה", והקושיא עליו בולטת יותר, מאחר שהוא עצמו כתב שם להלן, דכל דבר שהוא משונה אע"ג דאין כוונתה להזיק, הוי תולדה דקרן.

ובביאור דברי התוס', צ"ל בפשטות, דכיון דליכא מעשה בפנ"ע של שינוי, דעיקר המעשה הוא מעשה רגיל של הליכה, ורק דבהליכה זו הוסיפה כח חזק, זה לא הי' זה צריך להיות נחשב כשינוי, דסו"ס מעשה הליכה הוא. ולכן הוצ' תוס' להוסיף דמכיון שדרסה כ"כ בחוזק מסתמא להזיק נתכוונה, ונמצא דאי"ז מעשה של הליכה אלא מעשה שכוונתו להזיק. וכן משמעות דברי הרשב"א שלא הזכיר כלל מזה שהוא משונה אלא זה שכוונתה להזיק, דכל השינוי הוא זה גופא דעשתה מעשה שכוונתה להזיק, דאי מצד זה דדרסה בחוזק, זה לא הי' זה נחשב לשינוי וכמשנ"ת.

והנה לפי הנ"ל נמצא, דלולי זה דכוונתו להזיק לא הי' זה נחשב לשינוי כלל. אכן נראה דכדי לפרש דברי התוס' אי"צ לומר כן, דלעולם י"ל דרואים כאן איזה שינוי, אלא דלגבי הכלי שדרסה עליו באופן כזה אין זה נחשב לשינוי, כיון דעיקר המעשה הוא מעשה הרגיל של רגל ורק שהוסיף במעשה זו איזה שינוי, א"כ עד כמה שנכלל במעשה הרגיל של רגל, נידון מעשה זה כרגל, ורק בהתוספת כח דהיינו במה שהתיז על כלי אחר רואין את השינוי. ולכן לענין כלי השני שלא נשבר אלא מחמת זה שדרסה כ"כ בחוזק יתכן שיהי' זה נידון כשינוי, ולפי הצד דיש שינוי בצרורות לרביע נזק, הי' התוס' יכול לפרש, דזה גופא קמ"ל מתני', דעל השני משלם חצי נזק דאי"ז נחשב כשינוי כלל, אכן תוס' רצה לפרש לן חידוש גם לענין הכלי הראשון, וכיון שהכלי הראשון הי' נשבר גם בלי הוספת כח זה, ודאי נחשב זה לרגל, וכמשנ"ת דכל מה שנכלל בהמעשה מחמת המעשה הרגיל של רגל הוי רגל, ולכן הוצ' תוס' לפרש ד"מתסתמא להזיק נתכוונה" דכיון שכן נמצא דעצם הדריסה אינה מעשה הליכה אלא מעשה דריסה שכוונתה להזיק.

ודע דמש"כ אינו שייך כלל לסוגיא להלן בדף יט. דשם בעי ר' אבא בר ממל, היתה מהלכת במקום שא"א לה אלא א"כ מנתזת, ובעטה והתיזה והזיקה מהו, כיון דא"א לה, אורחי' הוא, או"ד השתא מיהא מחמת ביעוט קמנתזה צרורות, תיקו, ע"כ. דהתם איירי שהי' מעשה בפנ"ע של שינוי, ורק דהיה היזק אף בלא"ה, אך הכא ליכא מעשה בפנ"ע של שינוי אלא דבהליכה הרגילה הוסיפה בה איזה שינוי, ובזה לכו"ע ליכא לדון בי' תורת שינוי במה שנכלל בהמעשה הרגיל של רגל.[278]

---

[278] א"ה. ע' לקמן בדף יט: יתיב רבי יהודה נשיאה כו', *כשכשה בזנבה* מהו, א"ל אידך וכי יאחזנה בזנבה וילך כו', *כשכוש יתירה* מבעיא לי', ע"כ. וע' ביש"ש שפי' דאין כוונתו לומר דכשכוש יתירה הוא אורחי', דלעולם יתכן דהוא משונה, ורק דמ"מ פטור. וז"ל, כל שאין כוונתו להזיק וגם אורחא בכך, *אלא שמוסיף קצת מן הראוי והמצוי, כגון כשכוש יתירה, מסתמא הוי כמו רגל ממש*, עכ"ל. והוא לכאו' סברא הנ"ל. והנה בסמ"ע

ה. ישוב עפ"י הנ"ל בגי' המובא בראשו' דספק הגמ' בצרורות ברה"ר הי' לענין צרורות משונה

ולפי מהלך זה יש ליישב קושיא גדולה שכבר עמדו עלה הראשונים ז"ל וכמשי"ת. דהנה להלן בדף יט. בעי מיני' ר' ירמי' מר"ז, היתה מהלכת ברה"ר *והתיזה והזיקה*, מהו לקרן מדמינן לי' וחייבת, או"ד תולדה דרגל הוא ופטורה, ע"כ. ולפי גירסא זו האיבעיא דר' ירמי' היא בצרורות כי אורחייהו, וכן הוא גירסת רוב הראשונים. אכן יש גורסים *ו"בעטה"* והתיזה והזיקה, ולפי גי' זו צ"ל דבצרורות כי אורחייהו פשיטא לן דלרגל מדמינן לה לענין פטור רה"ר, וכל הנידון הוא בצרורות בשינוי, ועל זה מסקי' דגם זה תולדה דרגל הוא. וע' בתוס' ר"פ שהביא גי' זו, וייחס אותה לרש"י. והעיר עליו מדברי הגמ', דמקשה על פשיטותו דר"ז דפטור ברה"ר, דאיתיבי', דרסה על הכלי ושברתו ונפל השבר על כלי אחר ושברו, על הראשון משלם נזק שלם ועל האחרון משלם חצי נזק, ותני עלה בד"א ברשות הניזק, אבל ברה"ר על הראשון פטורה, ועל האחרון חייבת, מאי לאו התיזה ברה"ר והזיקה ברה"ר כו', ע"כ. והנה לפי הגי' דסוגיא דשם איירי בצרורות בשינוי, בע"כ נקט הגמ' דמתני' ג"כ איירי בצרורות בשינוי, וא"כ צ"ב דאמאי משלם על הראשון נזק שלם, ודוחק לאוקמי' כר"ט דס"ל משונה קרן בחצר הניזק נזק שלם הוא דמשלם, עכ"ד. ולכאו' עוד ילה"ק על גי' זו, דבברייתא שם איתא דברה"ר פטור, והמשמעות ודאי היא דפטור לגמרי, וצ"ב דאי בשינוי איירי, אמאי פטור על הכלי הראשון, והרי כל דבר שהוא משונה אפי' אם אין כוונתה להזיק יש לו כל הלכותיה של קרן לענין החיוב ברה"ר. והוא באמת פלא על תוס' ר"פ שלא העיר כן, דהיא קושיא אלימא מקושיתו, דבזה אין לדחוק דברייתא קאי כר"ט. עוד יש להעיר דמהיכ"ת להגמ' לאוקים מתני' בצרורות בשינוי, דהרי דריסה דרך הליכה לאו שינוי היא, ונהי די"ל דאיכא הכרח לפרש כן, דהרי לפי גי' זו נמצא דצרורות כי אורחייהו פשיטא לן דפטור ברה"ר, ובברייתא תני דבאופן דמתני' חייב ברה"ר, אך אכתי צ"ב דאם מתני' איירי במשונה איך תני לה בסתמא "דרסה על הכלי" שהוא דרך הליכה.

ולפמש"כ למעלה נראה ליישב גי' זו על נכון, די"ל דהמקשן נקט דמתני' איירי בצרורות בשינוי דמה שדרסה בחוזק כ"כ הוא משונה, ורק דס"ל דלא אמרי' מחמת זה דכוונתה להזיק. ואם ננקוט כפי' השני שכתבתי למעלה, נמצא דככה"ג לענין מה שנכלל בהמעשה הרגיל, יש לה דין רגל, ורק ההוספה נחשבת כשינוי. ולפי"ז י"ל דלענין כלי הראשון יש לה דין רגל לכל מילי, ומשו"ה חייב נזק שלם ופטור ברה"ר, ורק לענין הכלי השני י"ל דנחשב כצרורות בשינוי, ובעי' למיפשט מינה דצרורות בשינוי חייבין ברה"ר. והוא ישוב נכון.

אלא דאכתי יש להעיר על גירסא זו, דעי' שם לעיל דמסתפקי' אם מתני' אתיא כסומכוס, ואמרי' התם, ת"ש מסיפא דרסה על הכלי ושברתו ונפל השבר על כלי אחר ושברו, על הראשון משלם נזק שלם, ועל האחרון חצי נזק, ואי סומכוס מי אית לי' חצי נזק כו'. ולכאו' לפי המקשן הנ"ל מתני' איירי בצרורות בשינוי, ולפי"ז ודאי י"ל דלסומכוס אינו חייב אלא חצי נזק. וקושיא זו קשה גם בלי כל מש"כ, דסו"ס לפי גי' זו נמצא דלפי המקשן הנ"ל מתני' איירי בצרורות בשינוי, וא"כ איך מוכיחים מזה דמתני' לא אתיא כסומכוס. ודע דאין להק' מזה על דברי התוס', די"ל דדברי התוס' הם בתורת הו"א בעלמא ואפי' לולי

בסי' ש"צ סק"ו כתב וז"ל, דאם הזיק מכה כשכוש רב, דאי לא הוה מכשכש אלא כדרך שאר הבהמות לא הוי משתבר הכלי, עכ"ל, וכ"כ בפרישה שם. ואם גם היש"ש נקט הכי, הי' מבו' כפירוש הא' בדברי התוס'. אכן ע' בנחל"ד בסוגיא שם, דכנראה נקט דאיירי שם דהי' נשבר גם בכשכוש מועט. ודע דעיקר פירושו של היש"ש בסוגיא שם לא הוזכר בשאר האחרו', ושמעתי מהגרש"מ דאי"ז סתירה למש"כ, דיתכן דענין כשכוש יתירה אינו הוספה בעלמא על אותו מעשה של כשכוש, אלא דר"ל דבעלמא הוא עושה כשכוש לדקה ועכשיו עשאה כשכוש לאיזה דקות, והעיר הר' ירוחם עדעלסון שליט"א, דכן הוא משמעות לשון הר"מ שפי' "כשכוש רב", אך יל"ע האם דברי הסמ"ע הנ"ל מתאימים עם מציאות זו.

מתני' י"ל דבאמת המעיין בה הי' רואה שודאי אינה משונה, אך לפי הנ"ל נמצא דהמקשן נקט כן אליבא דאמת, וצ"ע.

סימן ב

הערות בסוגיא דצרורות[279]

א. הערה על פי' הר"ח בסוגיא

ב. בפלו' הראשונים אם צרורות דשן הוי תולדה דשן או דרגל

א. הערה על פי' הר"ח בסוגיא

בגמ' יז: א"ל רבינא לרבא היינו רגל היינו בהמה, א"ל תנא אבות וקתני תולדות. ופירש"י, וסיפא קתני תולדות הבהמה מועדת להלך כדרכה ולשבר בגופה ובשערה. אכן בפי' הר"ח כתב וז"ל, גבי רגל מפרש בעיטה והיא תולדה, וקתני לה הכי גבי בהמה, ש"מ דמשום תולדות קתני בהמה, עכ"ל. והיינו דבעיטה הוא בכלל "הבהמה מועדת", והרי היא תולדה. וצ"ב דנהי דבעיטה הוא תולדה, אך לא הוי תולדה דרגל אלא דקרן, והכא בעי' לומר דקתני תולדה דרגל. ועוד קשה דאיך שייך לומר דמאי דתנן "הבהמה מועדת" קאי על בעיטה, דהרי לבעיטה אינה מועדת דאינו משלם אלא ח"נ, וצ"ע[280].

ב. בפלו' הראשונים אם צרורות דשן הוי תולדה דשן או דרגל

בגמ' יז: חסורי מחסרא והכי קתני צרורות כי אורחייהו חצי נזק וחזיר שהי' נובר באשפה והתיז והזיק משלם ח"נ, ע"כ. ובתד"ה נובר באשפה כו' כתבו וז"ל, ואע"ג דתנא צרורות דרגל, אשמועינן צרורות דשן דלהנאתו קעביד, עכ"ל. ומהרהיטת הלשון משמע, דלפי האמת הוי תולדה דשן.[281] אכן עי' ברש"י להלן יח: בד"ה דדחיק לי' כו', דדבריו מורים דס"ל דכל שהוא צרורות, נכלל בפרשה דרגל, דהדין צרורות נאמר בפרשת רגל, ונמצא דבפרשת רגל קבע הכתוב מעשה של כוחו לסוג מעשה בפנ"ע, וכל מעשה ע"י כוחו נלמד בפרשת רגל ע"ש היטב.

וכבר העירו על דברי רש"י מאיבעיא דרב אשי להלן, אם יש שינוי לצרורות לרביע נזק, דבשלמא לפי"ד התוס' מובן היטב, דכיון דדין צרורות נאמר בכל א' מאבות נזיקין, יתכן דבצרורות דקרן תמה דינא הוא לשלם רביע נזק, אכן לפירש"י דכל שהוא צרורות הוא רגל ולא קרן, א"כ ממנ"פ, אם הוא צרורות שנאמר

---

[279] המשך מחבורה א'

[280] א"ה. אולי יש לדחוק בכוונתו, דאין ר"ל דבעיטה הוא בכלל "הבהמה מועדת", אלא דמהא דתני "בעיטה" חייבת חצי נזק שהוא תולדת קרן, ולא נקט נגיחה, ש"מ דאיירי' השתא בתולדות, דאל"ה כשנקט קרן, הו"ל למנקט אב דקרן. אלא דצ"ב מש"כ "גבי רגל *מפרש* בעיטה". והצעתי פי' זה להגרש"מ ואמר לי, דאיכא משמעות לזה בדברי הר"ח, אלא דא"כ צ"ב קו' הגמ' משן, דגם התם תנן "אכלה כסות או כלים" שהם תולדות דשן.

[281] א"ה. וכ"כ בתוס' הרא"ש ב: ע"ש. אמנם בדברי ר"פ איכא גמגום בזה, דמדבריו הכא משמע כדברי התוס', דצרורות דשן הוה תולדה דשן, אך ילה"ע על זה ממש"כ לעיל בדף ג. דהטילה גללים על הפירות אי"ז שן "דמה הנאה יש לבהמה מהפירות, וכה"ג איקרי צרורות דלקמן", ומשמע מדבריו דכל דליכא הנאה מגוף הדבר הניזק, אי"ז תולדה דשן. ע"ע בדבריו יח: בד"ה דדחיק לי' עלמא כו' שהעתיק דברי רש"י שם, ומשמע מדבריו דהא דלא הוי שן כה"ג הוא משום דהוי צרורות, ובע"כ דנלמד מפרשת רגל ולא משום דצריך שיהי' לה הנאה מדבר הניזק, וצ"ע.

בה ההלמ"מ דחצי נזק, הרי נכלל בפרשת רגל, דלא נאמרה בה דין תמות ומועדות, ואי נימא דכיון שהוא משונה בע"כ הוא קרן, א"כ לא נאמרה בה ההלמ"מ דח"נ צרורות, ואיך יתכן שיהי' עלה דין דרביע נזק.
והנה מדברי הר"מ משמע, שפי' דזה גופא הוא הספק בגמ' אם צרורות דקרן הם קרן או רגל.[282] ולדבריו לא קשה מידי, אכן מדברי רש"י יח: משמע דזהו דבר המוסכם דכל צרורות נכללו בפרשה דרגל, ולפי"ד צ"ע.
אך באמת נראה דלא קשה מידי דהנה בחבורה ד' [אות ח'] הבאנו דעת איזה ראשונים, שביארו בסוגיא דלקמן יט. דצרורות בשינוי פטורים ברה"ר כרגל, ומ"מ ס"ל דיתכן לומר דיש שינוי לצרורות לרביע נזק, וביארנו בזה, דצרורות בשינוי הוא בין תולדה דרגל ובין תולדה דקרן, דבמה שהוא מעשה בכוחו מוכרח להיות נלמד בפרשת רגל, ומחמת זה הוה תולדה דרגל ויש לה הלכות רגל לפטרי' ברה"ר, ובמה שהוא מעשה משונה, צריך להיות נלמד בפרשה דקרן והוה תולדה דקרן לענין הלכותיה, ולכן יש לה צד תמות דקרן דדינו הוא בח"נ, ולפי"ז דברי רש"י א"ש בפשיטות כמובן.
אלא דליישב קו' הנ"ל, לא מוכרחין לומר כן, דעי' בחבורה ג' אות ב' שדייקנו מדברי הראב"ד לקמן כב. דס"ל דבצרורות בשינוי, עיקר שם המזיק הוא "קרן" ורק דמצד המעשה של כוחו צריך להיות נלמד מהפרשה דרגל, ומשו"ה יש בזה גם את הדין ח"נ דצרורות, וז"ל הראב"ד במתני' שם בסוד"ה הכלב שנטל חררה, ואפי' מאן דמוקים לה בצרורות על ידי שינוי, מכל מקום לא מפיק לה מכלל רגל, בין ותדע, עכ"ל.[283]

סימן ג בסוגיא דבתר מעיקרא ובדינא דכח כוחו[284]

א. בקושית הרמב"ן על דברי רש"י ודעימי' דמהיכ"ת מרבה דבתר מעיקרא אזלי'

ב. בכח כוחו לרבנן אם ככוחו דמי וחייב ח"נ או דפטור לגמרי, ובקושיית הגרע"א על דברי התוס'

ג. בקושית בי' הגר"א ובבי' דברי הסמ"ע

ד. בבי' סוגיא דמכות גבי כח כוחו לענין חיוב גלות

א. בקושית הרמב"ן על דברי רש"י ודעימי' דמהיכ"ת מרבה דבתר מעיקרא אזלי'

בגמ' יז: בעי רבא, דרסה על כלי ולא שברתו, ונתגלגל למקום אחר ונשבר, מהו, בתר מעיקרא אזלינא וגופיה הוא, או דלמא בתר תבר מנא אזלינא וצרורות נינהו. תפשוט ליה מדרבה, דאמר רבה, זרק כלי מראש הגג, ובא אחר ושברו במקל, פטור, דאמרינן ליה: מנא תבירא תבר. לרבה פשיטא ליה, לרבא

---

[282] א"ה. ע' בברכ"ש יז-ב שהביא מהגר"ה, שהבין בדעת הר"מ דבע"כ צ"ל דבאמת כוחו לא נחשב כגוף השור, ורק דבהלמ"מ נתחדש מזיק מחודש של כוחו, וקרינן זה רגל, ע"ש. אכן הגרש"מ לא נקט הכי, אלא פי' כעין דברי רש"י בדף יח: דמבואר דלולי זה שצרורות דשן הוה רגל, הי' חייבי עלה נזק שלם משום דכוחו כגופו, ורק דסו"ס בפרשת רגל קבעה התורה דמעשה מזיק של כח הוא סוג אחר וחייב ח"נ, וכל מה שהוא מעשה מזיק של כוחו נכלל בהך פרשה, ולפי"ז נמצא דלולי הלל"מ זו ודאי הי' חייב נזק שלם.

[283] א"ה. והעיר ר' י.מ. גיבר שליט"א דלפי היש מן הגדולים המובא ברא"ש, דהיכא דנלמד מכח מה הצד, צריך שיהי' בו הקולות של שניהם, וא"כ י"ל דלעולם הוא רגל ורק דמכיון דמשונה הוא ובעי' לומר קרן יוכיח, א"כ יש לה גם הלכות קרן לענין תמות, והסכים הגרש"מ לזה, ע"כ. ואולי בנ"ד גם הרא"ש יודה דיש בה הקולות דקרן, די"ל דפירכא דמשונה אינה פירכא בעלמא, דהרי קיי"ל דבחזקת שימור קיימי.

[284] המשך מחבורה א'.

מבעיא ליה, ע"כ. ופירש"י, דפשטינן מרבה דבתר מעיקרא אזלי'. והנה רבה לא אמר כן להדיא, אלא זה דהשני פטור ובע"כ דס"ל לרש"י דמזה גופא מבו' דבתר מעיקרא אזלי'. וע' ברמב"ן במלחמות ה' להלן בדף כו: שהק' עליו, דהאיך שייך למיפשט מהא דאמר רבה דהשני פטור דבתר מעיקרא אזלי', הרי כיון דסופו לישבר אין לו דמים ומה ישלם, עכ"ד. וידוע לתרץ ולומר, דס"ל לרש"י דכל היכא דלא חלה איזה מציאות של שבירה בכלי עצמו, לא שייך לדון שנפחת משיוויו לענין נזיקין.[285] [אכן דבר זה אינו מתקבל על הלב, דהנה נראה פשוט דאילו הי' מוכר הכלי עכשיו, לענין אונאה היינו דנין עם השיווי של דמי השברים, ואם הי' צד רחוק להצלה, היינו מוסיפין איזה דמים בעבור זה. וקשה לחלק ולומר דלענין אונאה דיינינן עם שיווי המקח שאדם משלם, ונזיקין אינו תלוי בזה אלא דדייני' עם שיווי של כלי שלם. ואם היינו דנים כן ודאי גם לענין השיעור פרוטה של קידושין הי' נידון עם השיווי של כלי שלם].

ויש שרוצים ליישב,[286] דכיון דאם השני לא ישבור את הכלי יהי' הראשון חייב דמי ניזקין, נמצא דהממונות של הכלי עדיין נכללים בכלי, דהרי בעבור זה יקבל דמי היזקו, וא"כ השני שבא ושברו, חייב לשלם. ואין הכוונה דחייב בעבור זה שסילק את חוב התשלומין מן הראשון, דאי"ז אלא גרמא בעלמא, אלא דיש מקום לומר דגוף השיווי של הכלי השלם נכלל עדיין בהכלי מחמת זה דהבעלים לא אבד דמי החפץ, דיקבלם בתשלומי ההיזק.

אלא דלפי"ז לא יהי' השני חייב אלא היכא דהראשון הוא בר חיוב תשלומי נזק, דרק עי"ז נחשב שאכתי יש לבעלים דמיו בתוך גוף הכלי. ודבר זה נסתר מדברי רש"י להלן בדף כו:, שפי' מימרא דרבה בשזרק בעל הכלי את הכלי מראש הגג, וא"כ הדרא קושיא לדוכתה, האיך מוכרח כלל ממימרא דרבה דבתר מעיקרא אזלי,' הא אפי' אזלי' בתר תבר מנא, כיון שסופו להשבר ואין לו דמים, מה ישלם. [ומה שפירש רש"י התם דאיירי בשזרק בעל הכלי, הוא משום דהוקשה לי' דאמאי לא אמר רבה רק שהשני פטור ולא אמר שהראשון חייב, ומשו"ה אוקמי' בשזרק בעל הכלי, ורש"י בסוגיין גם הי' מתקשה בזה, ועל זה כתב דחיובו של הראשון ופטורו של השני הם היינו הך, דפטורו של השני הוא משום דבתר מעיקרא אזלי', והראשון כבר שברה. ובדף כ"ו תיקן את זה ע"ד הפשט, די"ל דאיירי שהזורק הי' הבעלים]

ואשר נראה לומר בישוב דברי רש"י הוא, דהנה קושית הרמב"ן הנ"ל היא, דכיון דבמציאות סופו לישבר, כבר השתא אין לו דמים, ולכן י"ל דלמעשה בשעת השבירה לא הי' לכלי דמים מחמת זה שסופו לישבר, אמנם על עצם המעשה של שבירת המקל עצמו, א"א לדונו לכלי שסופו לישבר שאין לו דמים, דהרי עכשיו לא נשבר אלא ע"י המקל, ונמצא דע"י השבירה עצמה בטלה המציאות של "סופו לישבר אין לו דמים", דרואים ששבר כלי שלא הי' סופו לישבר ע"י הזריקה, ונהי דבפועל משעת הזריקה כבר לא הי' לו שיווי לרגע א', דעד רגע לפני השבירה לא הי' לו דמים מחמת זה שעומד לישבר. אך מכיון דברגע של השבירה הא דאין לו דמים הוא רק משום שסופו לישבר על ידו ע"י שבירת המקל. (ובודאי שאין זו טענה שיפטר השני ממה שנפקע שיוויו עי"ז שהי' עומד לישבר על ידו).

ואין להקשות דגם אם אזלי' בתר מעיקרא, אמאי פטור מלשלם, והרי הא דבתר מעיקרא אזלי' הוא רק כל עוד סופו לישבר, די"ל דאילו אזלי' בתר מעיקרא כבר חלה מציאות בהכלי שהוא מנא תבירא, והשוברו פטור דמנא תבירא תבר, דבב"א לא רואים שנפקעה אותה מציאות שחלה בכלי. אכן למ"ד בתר תבר מנא אזלי', הכל תלוי' בעתיד "שסופו לישבר" והרי בשבירת המקל כבר ליכא העתיד של ה"סופו לישבר", והגם

[285] א"ה. ע' במשכנ"י חו"מ סי' ס"ו ובברכ"ש סי' יז ס"ק א'.

[286] א"ה. ע' בחזו"א ב"ק י"א-י"ג.

דליכא רגע דלא הי' סופו לישבר, אך כן הוא בעיקר ה"מושג", דע"י השבירה עצמה לא קיים הך עתיד של סופו לישבר.

[והנה כבר דנו האחרונים האם דברי הרמב"ן סותרים לדברי התוס', שכ' דבזורק חץ לא אמרי' בתר מעיקרא אזלי', ולכן אם קדם אחר ושברו, חייב. דהנה לפי"ד הרמב"ן איכא מקום לומר דנהי דלא אזלי' בתר מעיקרא, אכתי יש לפוטרו משום שאין לו דמים. וע' במרומי שדה שנקט, דדברי התוס' סותרים לדברי הרמב"ן הנ"ל, אכן לדברי המשכנ"י ליכא שום סתירה כמובן. ויל"ע לפי ביאור הנ"ל אם דבריו סותרים את דברי התוס', ובפשטות נראה דדבריו סותרים דברי התוס', דודאי שיווי המקח לאונאה לא הוה יותר מדמי השברים, וא"כ ה"ה לדמי נזק. אכן י"ל דלענין זה ודאי יסכים הרמב"ן לדברי ש"ר דבהשבירה עצמה א"א לראות העתידות שסופו לישבר, ולא פליג אלא בזרק גוף הכלי, דאז י"ל דאין הבי' דיש לן ידיעת העתידות אלא דעצם הכלי הוא במצב שסופו לישבר, והוה מציאות בגוף הכלי, ומשו"ה דומה למ"ד בתר מעיקרא, דכיון דחלה מציאות בגוף הכלי לא דיינ' שנפקע אותה מציאות. מפי הגרש"מ]

ב. בכח כוחו לרבנן אם ככוחו דמי וחייב ח"נ או דפטור לגמרי, ובקושיית הגרע"א על דברי התוס'

בגמ' יח. ואלא הא דבעי רב אשי כח כחו לסומכוס ככחו דמי או לאו ככחו דמי, תפשוט לי' דלאו ככחו דמי, ע"כ. ובגלהש"ס לגרע"א ציין לדברי התוס' לקמן כב. בד"ה ור"י בדאנחה כו'. ונראה לפרש כוונתו. דהנה בגמ' לא הוזכר הנידון אם כח כחו ככחו דמי אליבא דרבנן, וע' ברא"ש בסי' ב' שנקט דלרבנן פשיטא לן דכח כוחו ככוחו דמי וחייב ח"נ, ולסומכוס ג"כ אמרי' מסברא דככוחו דמי, ואם לא נאמרה הלמ"מ בכח כוחו, פשיטא דחייב נזק שלם, ורק דמסתפקי' דדלמא גמר הילכתא לענין זה. אכן בתוס' כב. בד"ה ורבי יוחנן כו' מבו' מדבריו, וכן הבין הלח"מ בכוונתו, דספק הגמ' אם כח כוחו ככוחו דמי הוא ספק גם אליבא דרבנן, דאם כח כוחו ככוחו דמי וליכא מקום לחלק בין כוחו לכח כוחו אז לסומכוס חייב נזק שלם ולרבנן חייב חצי נזק, אכן אם איכא מקום לחלק בין כוחו לכח כוחו אז לסומכוס אמרי' דחייב ח"נ ולרבנן פטור לגמרי.

ונראה דכוונת הגרע"א הוא להעיר על דברי התוס' מסוגיא דידן, דמשמעות הסוגיא הוא דאם אזלי' בתר מעיקרא ובריתא אליבא דרבנן היא, א"ש הכל, ואי"ז תלוי' באיבעיא דרב אשי. אכן לפי"ד התוס' זה אינו, דאפי' אם אזלי' בתר מעיקרא סו"ס לא עדיפא מכח כוחו ואיך מחייבין אותו על הכלי השני חצי נזק. ומבואר מזה, דלרבנן גם על כח כוחו חייב חצי נזק דאמרי' כח כוחו ככוחו דמי ואיפשיט בעיא דרב אשי.[287] ואין לומר דכיון דבתר מעיקרא אזלי' והכלי הראשון נחשב גופו ולא כוחו, גם הכלי השני לא הוי כח כוחו, דזה ודאי אינו, דשבירת הכלי השני הי' ע"י הכח של שבירת הכלי הראשון בפועל, ובודאי הוי כח כוחו.[288] ולכאו' לפי"ד התוס' צריכים לדחוק, דכוונת הגמ' היא, דאי כח כוחו לאו ככוחו דמי, אז צ"ל דאתיא ברייתא כסומכוס, דלרבנן הי' פטור על הכלי השני, אכן אי כח כוחו ככוחו דמי, אז ליכא למימר דהברייתא אתיא כסומכוס אלא כרבנן, ואז הי' מבואר דאזלי' בתר מעיקרא.

---

[287][א"ה. וע' בבי' הגר"א ש"צ-י"ג שכבר עמד על זה, ועייו להלן.

[288] ונראה עוד, דאילו הוה אמרי' דכח כוחו הוה גרמא בעלמא, וכמשמעות הריטב"א במכות ה. [ע"ש שכ' בבי' סוגיא דסנהדרין עז: בכח שני בבידקא דמיא, דהוא הך דין דכח כוחו], לא הי' שייך לחייבו משום הדין דבתר מעיקרא, דלא נכלל במעשה דמעיקרא יותר מאילו הי' נעשה בפועל, ורק הי' מקום לדון ולומר, דהיכא דעל הכלי חל דין דבתר מעיקרא, עצם המעשה זריקה הוי מעשה שבירה, וא"כ פשיטא דאם כח כוחו לאו ככוחו דמי, לא הי' שייך לדונו כמעשה ע"י בתר מעיקרא. [מפי הגרש"מ]

אכן כל זה לא שייך לומר אלא בדברי התוס' הנ"ל, דס"ל ג"כ דאי"ז מילתא דפשיטא דלרבנן כח כוחו לאו ככוחו דמי אלא דתלוי באיבעיא דרב אשי. אכן לפי מש"כ האחרו' בדברי הר"מ הדרא קושיא לדוכתא, דהנה ע' בר"מ בפ"ב מנזק"מ הי"ז ובדברי הכס"מ שם, שביאר כוונתו, דס"ל כהתוס' דכח כוחו לרבנן לאו ככוחו דמי ופטור. וע"ש בלח"מ שהעיר, דתוס' כתבו כן רק לצד א' מהאיבעיא דרב אשי, ולפי"ז להלכה הוה ספק, וא"כ למה כתב הר"מ בפשיטות דעל שאר הגדיש פטור, הי' לו לכתוב דאם תפס לא מפקינן מיני' כמו שכתב בכל ספיקות דעלמא. ועוד הק' הלח"מ להתוס' דאליבא דרבנן נמי איכא להך בעיא אי כח כוחו ככוחו דמי או לאו ככוחו דמי, אמאי בעי לה רב אשי רק אליבא דסומכוס, ולא בעי לה אליבא דהלכתא, עכ"ד. וכתבו האחרו' ליישב[289], דס"ל להר"מ דהי' פשוט להגמ' דלרבנן כח כוחו לאו ככוחו דמי, וכל הספק הי' רק לרב אשי.[290] ולפי דבריו ודאי קשה קו' הנ"ל דמדברי הגמ' בסוגיין מבו' דלרבנן כח כחו ככחו דמי, עכ"פ לפי צד א' וצע"ג. [א"ה ע"ש במשכנ"י שכ' דמה"ט הוא דאוקמי' רב ביבי בר אביי בדאזיל מיני' ומיני' ויישב עפי"ז דברי הרי"ף מקושית בעה"מ ע"ש]

ג. בקושית בי' הגר"א ובבי' דברי הסמ"ע

א"ה. הנה לעיל הבאנו בהערה דברי בי' הגר"א ש"צ–י"ג שכ' לדקדק כדברי הרא"ש מסוגיא מפורשת בדף יח., ולכאורה זו קושיא עצומה בין על דעת התוס', וכל שכן על דעת הר"מ והרי"ף.

אמנם נראה דהקושיא על הר"מ היא רק לפי הבנת הגר"א בדבריו, אכן לפי"ד הסמ"ע, נמצא דרק בגדיש ס"ל להר"מ דפטור על כח כוחו, אך בצרורות דעלמא חייב גם על כח כוחו וכמו שיתבאר. דהנה בשו"ע סי' ש"צ סעי' ה', הביא דעת הרא"ש בשם י"א, ובסי' שצ"ב פסק כדברי הר"מ הנ"ל. וע' בבי' הגר"א שם שנקט, דמש"כ בסי' שצ"ב לא עולה יפה עם שיטת הרא"ש הנ"ל. אכן ע' בסמ"ע שם שנקט דליכא סתירה, דהכא גרע מכח כוחו, עכ"ד. ושמעתי מהר"ר יוסף בוילין שליט"א דלכאו' כוונתו היא, משום דאינו כוחו ממש אלא מדין אשו משום חציו, או מטעם החזו"א, דלא שייך דין אשו משום חציו אלא כשהי' רוח כשסילק ידיו מינה [או כמש"כ בלחם אבירים כב. דהוא דבר דממילא]. אלא דאכתי צ"ב, דהכס"מ והב"י ביארו שיטת הר"מ עפי"ד התוס' הנ"ל, הרי להדיא דהוה כשאר כח כוחו. ונהי דהחזו"א כ' כן בדברי התוס' עצמם, אך דבריו תמוהים דמהתוס' משמע להדיא דהוה ספק.

ואולי י"ל בזה, דס"ל דמש"כ הכס"מ, דהר"מ דפי' דבריו כדברי התוס', אין כוונתו לומר דהוא חדא שיטה עם שיטת התוס', אלא דבדברי הגמ' שם איכא ב' מהלכים, דדעת הרשב"א ודעימי' דמה דנקטי' בדאנחה אנוחי הוא לרבותא, דלר"י שייך לאוקמי' אפי' כה"ג. ואיכא דעת התוס' דבדוקא נקט הכי, וי"ל דשיטת הר"מ היא רק לומר דס"ל כתוס' דבדוקא נקט בדאנחה אנוחי, אך אין כוונתו לומר דס"ל כעיקר שיטת התוס'. ובזה תתיישב קושיית הלח"מ, דכיון דהוה ספק, הו"ל להר"מ לכתוב דהוא ספיק"ד, אכן להנ"ל א"ש בפשיטות דדעת הר"מ ודאי הוא דפטור מטעם ודאי, ואין כוונת הכס"מ להשוות דעת הר"מ לגמרי כדעת התוס' וכמשנ"ת. והנה לפי"ז ודאי לא קשה מידי על דעת הר"מ. אלא דאכתי צריך ליישב דעת הרי"ף והתוס'.

---

289 א"ה. ע' חי' ר' שמואל סי' טז אות ד'.

290 א"ה. ע"ש בחי' ר"ש שבי' זה בטוב טעם ודעת, וע"ע במשכנ"י סי' ס"ו שנקט בדעת הרי"ף המובא ברא"ש שם, שג"כ נקט הכי, דלרבנן הי' פשוט להגמ' דכח כחו לאו ככחו דמי ופטור.

ד. בבי' סוגיא דמכות גבי כח כוחו לענין חיוב גלות

ואשר נ"ל בזה, דעי' בסוגיא דמכות ח. דבמתני' שם ז: תנן, נשמט הברזל מקתו והרג, רבי אומר אינו גולה, וחכמים אומרים גולה. מן העץ המתבקע, רבי אומר גולה וחכ"א אינו גולה, ע"כ. ופירש"י, מן העץ המתבקע. יצא קיסם וניתז למרחוק והרג, עכ"ל. וע"ש בגמ' ח. אמר ר"פ, מאן דשדא פיסא לדיקלא ואתר תמרי ואזול תמרי וקטול, באנו למחלוקת דרבי ורבנן כו', ע"ש כל הסוגיא. והנה הך ציור, הוא ציור פשוט של כח כוחו, ומבואר דנחלקו בזה רבי ורבנן אם חייב גלות, וקיי"ל כרבנן דפטור מגלות. ולכאו' ילה"ע מזה על דברי הרא"ש דס"ל דלכו"ע חייב בכח כוחו ח"נ, דמסברא כח כוחו ככחו דמי, וכבר עמד בזה הרש"ש שם.

אכן באמת דבר זה תלוי בביאור יסוד הפטור לדברי חכמים, דע"ש במאירי שכתב, דהוא משום דהוא קרוב לאונס, וכן הוא משמעות דברי הר"מ סופ"ו דרוצח, והגם דלאו אונס גמור הוא, אך כל היכא דלא הוה שוגג גמור, פטור מגלות, ע"ש. ומבואר, דודאי נחשב כמעשיו, ורק דהוא פטור מסויים בדיו חיוב גלות. אכן ע"ש בריטב"א שהביא דוגמא לזה את הסוגיא בסנהדרין עז: בבידקא דמיא, דפטור על הכח השני משום גרמא, והבין הריטב"א, דנחשב זה ככח כוחו ע"ש [ודבריו מובאים בחי' רש"ר סי' ט"ז], הרי להדיא דס"ל דיסוד הפטור הוא משום דלא הוה מעשה אדם.

ולכאורה אי איכא לדמות סוגיא דידן לסוגיא דמכות, תלוי בהנך ב' פירושים, דלדברי הריטב"א גם בניזקין צריך להיות פטור אליבא דרבנן, ובאמת ע' בריטב"א שם שכ' דבפ"ק דב"ק אמרי' דלכו"ע כח כוחו לאו ככוחו דמי, והגי' רש"ר דצ"ל פ"ב דב"ק, וכוונתו היא לסוגיא דידן. (אלא שהעיר עליו דלא אמרי' הכי לכו"ע) הרי להדיא דלרבנן פטור בכח כוחו. אכן להמאירי הוה פטור מסויים בגלות, אך כיון דהוה מעשיו, י"ל דלענין נזק"מ חייב, וי"ל דהרא"ש יפרש סוגיא דשם כדברי המאירי.

ונראה לומר בדעת הרי"ף, דס"ל כהריטב"א, ומובן היטב אמאי ס"ל דפטור על כח כוחו, ואדרבה י"ל דמקורם הוא מסוגיא דהתם. ולפי"ז י"ל דכל מה דס"ל להרי"ף דפטור על כח כוחו הוא רק לשיטת רבנן במכות, אכן לרבי דס"ל דחייב גלות בכח כוחו, י"ל דחייב גם בנזיקין. ולפי"ז יש ליישב קושיית הגר"א בפשיטות, ונימא דכוונת הגמ' בדף יח. היא, דאי נימא דברייתא משום בתר מעיקרא הוא, אז בע"כ אתיא כרבי דס"ל דחייב על כח כוחו.

וכעין הנ"ל י"ל גם בדעת התוס' בדף כב. די"ל דספיקת רב אשי בכח כוחו הי' בבי' שיטת רבנן בסו' דמכות אם כהריטב"א דחסר בהתורת מעשה, וא"כ ה"ה לניזקין או דהוא סברא מיוחדת בגלות משום דקרוב לאונס, ולפי"ז י"ל דהסוגיא בדף יח. הי' נחית לפרש ברייתא דשם כרבי, ולדידי' ודאי הוה מעשה גמור וחייב בניזקין, וא"ש בעזה"י.

סימן ד

עוד הערות בסוגיא דבתר מעיקרא אזלי'[291]

א. הערות בדברי הרמב"ן במלחמות ה' בסוגיא דבתר מעיקרא אזלינן

ב. בשיטת הר"מ בדין הזורק כלי מראש הגג

ג. הערה בשיטת הר"מ בביאור דברי הגמרא גבי תרנגולין שהיו מחטטין בחבל דלי ובדברי הראב"ד והמ"מ

ד. בדברי הרשב"א בסוגיא הנ"ל

א. הערות בדברי הרמב"ן במלחמות ה' בסוגיא דבתר מעיקרא אזלינן

בגמ' יז: אמר רבה, זרק כלי מראש הגג ובא אחר ושברו במקל, פטור, דאמרינן לי' מנא תבירא תבר, ע"כ. והנה דעת רש"י ורוב הראשונים, דהפטור של השני, הוא משום דס"ל לרבה דאזלי' בתר מעיקרא, והזורק הוא חייב. אכן הרמב"ן במלחמות ה' על הסוגיא להלן כו: כתב, דפטור השני אינו תלוי בהדין דבתר מעיקרא אזלי', דאפי' אם בתר תבר מנא אזלי', מ"מ פטור, שהרי אין להכלי דמים. וכל הנפק"מ באי בתר מעיקרא אזלינו או לבתר תבר מנא אזלינן היא רק לענין לחייב את הזורק, ומהא דרבה אמר רק דהשני פטור, ולא אמר דהראשון חייב, שהוא חידושא טפי, מבו' דס"ל דגם הראשון פטור משום דבתר תבר מנא אזלינן. והגם דהשני פטור מחמת זה שאין לו דמים, לא מחייבינן את הראשון מחמת זה גופא שהפחית דמי החפץ, דאי"ז נחשב כהיזק בגוף דבר הניזק, והוא ק"ו ממימרא דרבה לקמן צח. דהשף מטבע של חבירו פטור, דהרי התם הפחית את הצורה ועי"ז ירד משיוויו, ומ"מ לא נחשב כהיזק במציאות בגוף דבר הניזק. ורק דלמ"ד דאזלי' בתר מעיקרא נחשב כהיזק במציאות בדבר הניזק ומשו"ה חייב עלה.

וע"ש ברמב"ן שכ' להוכיח שיטתו, ממימרא דרבה בדף כו: , דהזורק תינוק מראש הגג ובא אחר וקבלו בסייף, באנו למחלוקת ריב"ב ורבנן, ע"כ. דמבואר דלכו"ע הזורק פטור, והרי אי בתר מעיקרא, ראשון ליחייב לדברי כולם והשני יהא פטור, עכ"ד. והנה במה שכתב דשני יהא פטור, כוונתו מובנת, דכיון דע"י הדין דבתר מעיקרא אזלינן, רואים את המיתה דלאחר זמן, ושייך לדון אותו כגברא קטילא כעין הדין דהיוצא ליהרג אבל מה שהעיר דהראשון ליחייב, צ"ב טובא, דודאי כל זמן שלא קבלו השני בסייף הרי הוא כחי לכל דבריו, ויכול להוציא אחרים י"ח בקידושא ואבדלתא וכיו"ב, והרי לדין רציחה ודאי לא מספיק מה שכבר שייך לדון שנפשו הוא הוזקה והופסדה ונתקלקלה, דדין רציחה תלוי בחיותו ובמיתתו, דחייב על מה שהוציא את חיותו ועשאו למת, ומכיון דעדיין הוא כחי לכל דבריו, ליכא מקום לחייבו על רציחה, דרק לחייבו מדין מזיק מועיל הדין דבתר מעיקרא, דהגם דצורת הכלי הוא עדיין שלימה, כיון שהוזק והופסד לגמרי כיון דאזלינן בתר מעיקרא, שפירשייך לחייבו.[292] ויש להוסיף תימה על תימה, דאי אזלינן בתר מעיקרא הראשון חייב, דע"ש ברמב"ן כשהק' דאי ס"ל לרבה בתר מעיקרא מחמת זה גופי' נפטור את השני, בעל השור מכופר, וכתב וז"ל, ואע"פ שקרב מיתתו, דכתיב והמית פרט לזה שכבר מת, והרי אילו ס"ל דמספיק הדין דבתר מעיקרא לחייבו בעבור הרציחה, פשיטא דא"א לחייב את השני כופר, ולמ"ל גזה"כ זו דוהמית.

---

[291] חבורה ב' חלק א'

[292] א"ה. עי' בברכ"א שהביא קשיא' זו מהגרי"ז.

ובענין מה שהעיר הרמב"ן דהשני יהא פטור, כתבנו למעלה דדבר זה מובן, אך גם דעת שאר הראשונים מובנת היטב, והוא משום דמכיון דלגבי החיוב רציחה דייני' בעצם החיות, מחמת זה גופא א"א לפטור את השני ע"י הדין דבתר מעיקרא, ורק דיתכן לדון שחסר ב"כל נפש" מחמת זה. ובאמת נראה דלדעת רש"י ודעימי', גם מה שחסר ב"כל נפש" הוא רק מחמת הדין דבתר מעיקרא, דלענין זה מה שרואין את המיתה דלאחר זמן בהנפש, מספיק לדון שחסר כבר בעת שהרגו השני ב"כל נפש", אך לולי הדין דבתר מעיקרא לא הי' חסר ב"כל נפש". אכן הרמב"ן לא נקט הכי, וס"ל דהגם דרבה ס"ל דבתר תבר מנא אזלינן, מ"מ ע"י עצם הנפילה מראש הגג חסר ב"כל נפש".[293]

עוד ע"ש בדברי הרמב"ן שהוכיח כדבריו ממימרא דרבה גבי כופר, דהזורק תינוק מראש הגג ובא שור וקבלו בקרניו, פלוגתא דר' ישמעאל בנו של יוחנן בן ברוקא ורבנן, אם כופר הוא דמי מזיק או דמי ניזק. ופירש"י, דלר' ישמעאל דאמר כופר במזיק שיימינן, משלם כופר, אבל לרבנן דשיימינן בניזק, האי לא הוה לי' דמים ופטור, עכ"ל. והרי מהא דס"ל דלר"י חייב כופר, מבו' דנידון כחי לענין שור ההורג ולא דייני' אותו כמת ע"י הדין דבתר מעיקרא, ומ"מ לרבנן דכופר הוא דמי ניזק, פטור משום שאין לו דמים, הרי דשייך פטור מסויים מחמת זה שאין לו דמים, עכ"ד. ובדעת רש"י י"ל, דבדיני הריגה כיון שתלוי בחיותו ובמיתתו, אין דנין עם בתר מעיקרא, ורק בדין דאין לו דמים דתלוי בשומת דמים של דמי הניזק, שפיר יש לדון עם ה"בתר מעיקרא" ולדונו שאין לו דמים מחמת זה דכבר הופסד והוזק והושבר. ונמצא דמה שמבו' שם דשייך לפוטרו משום שאין לו דמים, אי"ז דין חדש, אלא דמיוסד על הדין דאזלי' בתר מעיקרא. והגם דלר' ישמעאל לא דייני' אותו כמת לפוטרו מכופר, היינו משום שהוא ענין רציחה, אך לענין לדונו כאין לו דמים, מועיל הא דבתר מעיקרא אזלינן.

ויעויין היטב בדברי רש"י שכתב וז"ל, אבל לרבנן דשיימינן בניזק, האי לא הוה לי' דמים ופטור. ולכאו' ילה"ע על דבריו, דאמאי הוצ' להסביר טעם הפטור לר"י, הרי כיון דס"ל דכופר הוא דמי ניזק ונידון כניזקין, ודאי דפטור השני, וכמו בזורק כלי מראש הגג, ואמאי הוצ' להוסיף טעם חדש ד"לא הוה לי' דמים". והנראה בזה בפשיטות, דאפי' לר"י דס"ל דכופר הוא דמי ניזק, מ"מ עיקר המחייב של כופר אינו דמי ההיזק של הנפש, דודאי גם לדידי' המחייב הוא הריגת הנפש,[294] ולענין זה לא שייך הך דין דבתר מעיקרא אזלינן, דמה שהנפש הוזקה בדיני ניזקין, אינה סיבת פטור, דזה תלוי' בחיותו ובמיתתו. ורק דמכיון דסו"ס עיקר החיוב תשלומין הוא כפי דמי הניזק, דזהו השומא לדמי כופר להנפש, לענין זה שייך הדין דבתר מעיקרא.

---

[293] א"ה. ע' במשכנות יעקב סי' ס"ו ובברכ"ש סי' יא בזה. ובברכ"ש שם כתב ג"כ ליישב דעת רש"י, ולחלק בין הדין רציחה לחיוב מזיק, וע' בשיעורי הגרי"ק שהעיר על זה ממה דמבו' דע"י הדין דבתר מעיקרא אזלינן, חסר ב"כל נפש" הרי דגם לענין רציחה דייני' עם הדין דבתר מעיקרא, אך הגרש"מ נקט דודאי יש לחלק בזה בין הדין ד"כל נפש" לעצם החיוב רציחה.

ודע דלא הוזכר בשום א' מהראשונים חילוק הנ"ל, ע' בתלמיד הרא"ש והרשב"א בסוגיין ובתלמיד ר"ת ור"א להלן כו: שכתבו ליישב דעת שאר הראשונים, ולומר דע"י הדין דבתר מעיקרא עדיין לא נחשב שנטל כל הנפש, וע' בתלמיד ר"ת ור"א שכ' דהוא משום דאיירי דאיכא אפשרות של הצלה ע"ש.

[294] דאפי' אי נימא דטעמי' הוא משום דס"ל דכופרא ממונא, ענין ההיזק הוא עצם קלקול הנפש ולא המזיק הממוני, ורק דהחיוב תשלומין הוא כפי שיווי הדמים.

ב. בשיטת הר"מ בדין הזורק כלי מראש הגג

והנה הר"מ בפ"ז מחובל ומזיק הי"ב פסק, כמימרא דרבה, וז"ל הזורק כלי מראש הגג לארץ ולא היה תחתיו כלים, וקדם אחר ושברו במקל כשהוא באויר קודם שיגיע לארץ, הרי זה האחר פטור שלא שבר אלא כלי שסופו להשבר מיד בודאי, ונמצא כשובר כלי שבור כו', עכ"ל. והנה מהא דפסק כרבה ליכא להכריח דס"ל דבתר מעיקרא אזלינן, דיתכן דפי' דברי רבה ע"ד הרמב"ן הנ"ל.[295] אכן מלשונו "ונמצא כשובר כלי שבור" משמע להדיא דהוא משום דבתר מעיקרא אזלינן והוה כלי שבור, וגם משמע מדבריו דרק "האחר פטור" אך הראשון חייב, וכן דקדק המ"מ, ומבואר מזה דס"ל דבתר מעיקרא אזלי' וכן נקטו השלט"ג והגר"א בדעת הר"מ.

והנה הר"מ הוסיף דהשני פטור "שלא שבר אלא כלי שסופו להשבר *מיד בודאי*", וצ"ב עומק כוונתו בזה. והנה ממש"כ "בודאי" א"א לדקדק דהיכא דיש אפשרות של הצלה לא אמרי' בתר מעיקרא אזלינן, דיל"פ בכוונתו להיפך, ואדרבה דר"ל דכל היכא דמצד עצם הזריקה הי' סופו להשבר בודאי כבר סגי ולא איכפ"ל בזה אם הי' אפשרות של הצלה מהצד. אכן ע' בריב"ש סי' תק"ו שדקדק ממש"כ הר"מ "להשבר *מיד* בודאי" דהיכא דאיכא איזה אפשרות של הצלה, לא אזלי' בתר מעיקרא, וז"ל שם באד"ה ומעתה, בודאי לא אמר מיד אלא שאם לא הי' סופו להשבר מיד, הנה לא היתה שבירתו ודאית, שהי' אפשר תוך הזמן ההוא להצילו, ובענין זה הדבר ברור שהוא חייב לשלם כלי שלם, כיון דאין שבירתו ודאית, עכ"ל.

ולכאו' יש להעיר על דבריו, דהנה בגבסוגיין בעי רבא, דרסה על הכלי ולא שברתו ונתגלגל למקום אחר ונשבר, מהו בתר מעיקרא אזלינא וגופי' הוא, או"ד בתר תבר מנא אזלינא וצרורות נינהו, תפשוט לי' מדרבה דאמר רבה זרק כלי מראש הגג כו'. לרבה פשיטא לי' לרבא מבעיא לי', ע"כ, ומבואר דספיקא דרבא מיתלי תליא בדינו דרבה, ואי נימא דלדינא דרבה בעינן שיהא השבירה "מיד בודאי", דהוא תנאי בעיקר הדין דבתר מעיקרא, לכאו' גם איבעיא דרבא צריך להיות כן, וצ"ב טובא מה דלא אשכחן זכר לזה בדבריו, ואדרבה מסתימת דברי רבא משמע להיפך, דהנה בזרק כלי מראש הגג ואין תחתיו כרים וכסתות, בדרך כלל ליכא אפשרות של הצלה והוא עומד להשבר מיד בודאי, אכן בדרסה על הכלי ונתגלגל כו', מחמת עצם ההיכ"ת ליכא שום הכרח שאיירי בכה"ג, ואדרבה דוחק לאוקמי' דוקא בכה"ג.

ויתכן לומר בזה, דאה"נ היכא דדרסה על הכלי כו', כדי לדונו כהיזק של גופו כדי לחייבו בנזק שלם אי"צ שיהא עומד לישבר מיד בודאי, והגם דבגמ' מדמינן זה לדברי רבה בזרק כלי כו' ושם בעינן לתנאי זה, י"ל בזה בשני אופנים. אוי דכל דברי הר"מ אמורים רק בהיכ"ת דרבה דבא אחר ושברו, דהשבירה שלאחר זמן שהי' מונח בו "האט זיך ניט אויס געלאזט", דלא אמרי' כה"ג בתר מעיקרא אזלי' אלא היכא דהשבירה הי' מונח בו "בעצם", וזה לא שייך אלא היכא דלא הי' אפשרות של הצלה. אכן היכא דלבסוף בא לידי אותה שבירה שהי' מונח בו, שפיר יש לדון שהשבירה שלאחר זמן כבר מונחת בהכלי אפי' היכא דאיכא אפשרות של הצלה. ומה דהגמ' תלתה איבעיא דרבא במימרא דרבה הוא משום דתלויים זב"ז בעיקר הנידון של בתר מעיקרא.

עוד יש לומר בזה, דהנה יעוין ברמב"ן במלחמות ה' שהק' על מש"כ הראשונים דשיטת רבה הוא דבתר מעיקרא אזלינן, ממה שאמר הוא עצמו בזורק תינוק מראש הגג, דהרי מבואר מדבריו, דהזורק פטור לדברי הכל, והשני בין בשור בין באדם חיובו מפני שקרב את מיתתו, והרי אי בתר מעיקרא, ראשון ליחייב לדברי כולם והשני יהא פטור, וכעי"ז העיר ממה שאמר רבה לענין כופר, דלר' ישמעאל דס"ל דמשלם

[295] א"ה. וכ"כ התשב"ץ ח"ב סי' רע"ב בביאור דברי הר"מ.

כופר דמי מזיק, והרי אי בתר מעיקרא אזלי' איך משלם כופר, הרי כמת דמי, וגברא קטילא לגמרי קטל. וע"ש שהוסיף וז"ל, וא"ת אפי' אזלי' בתר מעיקרא לאו כמת חשיבנן לי', א"כ בכלי, השני למה פטור, על כרחך מפני שאין לו דמים הואיל וסופו להשבר אע"פ שלא נשבר, ומפני טעם זה אפי' תיזיל בתר בסוף, נמי שני פטור, שהרי אין לו דמים וכדאמרי' דלרבנן דאמרי דמי ניזק פטור שאין לזה דמים אע"פ שהוא כוחי כו', וכיון שכן היכי שמעינן מדרבה דבתר מעיקרא כו', עכ"ל. ומבו' מדבריו, שהי' נחית לומר דאפי' אזלי' בתר מעיקרא, ודרסה כלי ונתגלגל למקום אחר ונשבר, הוי גופו ולא כוחו, ועם כל זה אין הכלי נחשב כשבור. ורק דהעיר על זה ממימרא דרבה, דאם אין הכלי כשבור נחייב את השני. והנה הי' מקום לדחות הכרח הנ"ל, ולומר, דמה שלא הי' קשה לי' על מהלך זה ממימרא דרבא, הוא משום שהתם נשבר לבסוף, וי"ל דהיכא דנשבר לבסוף נחשב למפרע ככלי שבור משעה ראשונה, וכל מש"כ דאולי לא דייני' הכלי כשבור ע"י הדין דבתר מעיקרא, הוא רק היכא דלבסוף לא נגמרה אותה שבירה שהיתה מונחת בו, אכן לא משמע כן מדבריו, ופשטות דבריו מורים דמצד הדין דדרסה על הכלי כו' הי' שייך לדון עם הדין דבתר מעיקרא, אפי' אם לא היינו דנים את הכלי לכלי שבור.

ואשר נראה לומר בזה, דהנה נראה לומר, דיסוד הדין דבתר מעיקרא, אינו משום דדייני' את הכלי כשבור, אלא אדרבה יסוד הדין דבתר מעיקרא הוא בהמעשה שבירה, דדייני' אז אלעס וואס ליגט אין די מעשה איז שוין אפגעטאן אין דעם מעשה לגבי גוף המעשה, והיינו דמצד עצם המעשה שבירה דייני' שמעשה הראשון מהרגע הראשון כבר שבר את הכלי. והגם דממימרא דרבה מבו' דכבר דייני' הכלי כשבור, היינו משום דמכיון דרואין את המעשה למעשה גמור של שבירת הכלי, מחמת זה גופא רואין את הכלי שיש בו אותו מעשה כמנא תבירא.

ולפי"ז י"ל בכוונת הרמב"ן שהי' מסתפק לומר דאולי מעולם לא דייני' את הכלי למנא תבירא, וכל הדין דבתר מעיקרא, הוא רק לענין עצם המעשה, וס"ל דלדין דרבא דדרסה על הכלי כו' לא צריכים לדון הכלי למנא תבירא, דכיון דנעשה מעשה גמור של שבירה עם גופו, נחשב כגופו ולא ככוחו. והרמב"ן הי' נחית לכל זה מצד עצם סברת הדברים, אלא שהעיר על זה ממה שתלתה הגמ' ספיקת רבא במימרא דרבה, בין לפירש"י ובין לפירוש דידי', והוכיח מכח זה דבע"כ צ"ל דע"י הדין דבתר מעיקרא נעשה הכלי למנא תבירא.

ולפי"ז י"ל בביאור דברי הר"מ, דמה שהוצ' תנאי ד"מיד בודאי" אי"ז לעיקר הדין דבתר מעיקרא שהוא דין בעצם המעשה שבירה, אלא בכדי לדון הכלי למנא תבירא, דאפי' היכא דנעשה בהכלי מעשה גמור של שבירה, שנכלל בו השבירה העתידה, א"א לדונו כמנא תבירא היכא דאיכא אפשרות של הצלה. ולפי"ז י"ל דדיניהם חלוקים, דלדין דרבא דדרסה על הכלי כו' לא בעי' שיהא "מיד בודאי", דכדי לדונו כגופו ולא כצרורות, מספיק מה שנעשה מעשה גמור של שבירה עם גוף הבהמה, ורק למימרא דרבה דבעי' שהכלי יהי' נדון כהוזק כבר, לזה בעי' שהשבירה יהי' "מיד בודאי". והמעיין היטב בדברי הר"מ יראה שהזכיר הך תנאי ד"מיד בודאי" כשקבע שדייני' הכלי כמנא תבירא, ומדוייק היטב לפי פי' הנ"ל. ועכ"פ לפי שני מהלכים הנ"ל נמצא דלפי האמת להדין דרבא דדרסה על הכלי כו' אי"צ הך תנאי ד"מיד בודאי".[296]

---

[296] א"ה. לאחר החבורה העיר הר' יוסף עפשטיין שליט"א, דמש"כ דלהדין דדרסה על הכלי כו', אי"צ לדון הכלי לשבור, ודקדקנו כן מדברי הרמב"ן עצמו, המעיין בדברי הרמב"ן יראה שהסתפק בדבר זה, דלעיל מזה כ' "דהא לענין צרורות בתר מעיקרא אזלת לגמרי וכשבור חשוב לי'", ומשמע דלדין זה בעי' שיהי' נחשב כשבור, וכנראה שהרמב"ן הי' מסתפק בדבר זה, (והי' משמע לי שהגרש"מ כבר עמד על דקדוק הנ"ל).
עוד העיר הר' ברוך גארליק שליט"א, לדברי הרא"ש שכתב, ומיבעיא לי' לרבא אם דרסה על הכלי ולא שברתו כו' מהו, מי אמרי בתר מעיקרא אזלי' כשדרסה עליו וכאילו נשבר באותה שעה כו'עכ"ל. ומשמע מדבריו, דבכדי לדון שנעשה בגופה, בעי' שיהי' שייך לדון את הכלי כשבור

ג. הערה בשיטת הר"מ בביאור דברי הגמרא גבי תרנגולין שהיו מחטטין בחבל דלי ובדברי הראב"ד והמ"מ

גמ' יח.ת"ש תרנגולין שהיו מחטטין בחבל דלי, ונפסק החבל ונשבר הדלי, משלמין נזק שלם, שמע מינה בתר מעיקרא אזלינן וכו'. אמר רב ביבי בר אביי דקאזיל מיני' מיני'. והר"מ בפ"ב מנזק"מ הי"ד פסק כר' ביבי, וז"ל, היו מחטטין בחבל דלי ונפסק החבל ונשבר הדלי, משלמין נזק שלם, והוא שנתגלגל הדלי מחמתן עד שנפל ונשבר, ואם היה על החבל אוכל ובעת אכילתן פסקוהו, משלם גם על החבל נזק שלם, עכ"ל, וע"ש בהשגת הראב"ד וז"ל, היו מחטטין ונפסק החבל ונשבר הדלי משלמין נזק שלם, א"א לא נהיר ולא בהיר ולא צהיר, דהא דמקשינן בגמרא בבא קמא והא חבל משונה הוא, אגופה דברייתא קא מקשי. וע' במ"מ שהסביר קושייתו, דהנה הגמ' דקדקה מהברייתא דבתר מעיקרא אזלי', ודחתה הגמ' דמאי דאי' דמשלם נזק שלם קאי על החבל, ותו מקשי' "והא חבל משונה הוא" ומתרצי' "דמאוס בלישה". והק' תוס' ושא"ר, דאפי' אם קאי על הדלי וחייב נזק שלם מדין בתר מעיקרא, מ"מ קשה קושיא זו, דאי פסיקת החבל הוא משונה, א"כ כל ההיזק הוא משונה, והראב"ד דחה בזה, דצ"ל דקושית הגמ' הוא אגופה דברייתא ולא על האוקימתא דהא דחייב נזק שלם קאי על החבל, ולפי"ז העיר על הר"מ שמבו' מדבריו דעיקר הברייתא לא איירי במאוס בלישה.

וע"ש במ"מ שכ' ליישב דברי הר"מ, דס"ל כדברי התוס', דאי אדלי קאי, איכא לאוקמא בחבל גרוע וישן דאורחי' הוא ליפסק בחטיטה מועטת שמחטטין למצוץ המים שבחבל, אבל השתא דקאי אחבל, ע"כ איירי בחבל חזק דשייכא בי' תשלום, עכ"ד. אך פירוש זה הוא דחוק מאד בדברי הר"מ, דלא משמע מדבריו דברישא איירי בסוג חבל אחר, אלא דאיירי באותו חבל ורק דברישא דלא חייבי' נזק שלם על החבל איירי דלא מאוס בלישה, וסיפא איירי דמאוס בלישה. ולפי"ד המ"מ צריכים לדחוק בכוונת הר"מ, דר"ל דאם לא הי' מאוס בלישה לא שייך לחייבו נ"ש, אך אם הי' מאוס בלישה אז שייך לחייבו על החבל נ"ש, וכוונתו הוא להיכ"ת דהחבל הי' שוה פרוטה.

ובפשטות י"ל דלפי האוקימתא דקאזיל מיני' מיני', לא קשה מידי, דנהי דפסיקת החבל הוא מעשה משונה, אך כיון דקאזיל מיני' מיני', נמצא דשבירת הכלי הוא מעשה מזיק בפנ"ע, וי"ל דמעשה זה הוא מעשה כי אורחי', והרי אילו בא תרנגול אחר אחר פסיקת החבל ודחהו בגופו, ודאי הי' בעל התרנגול חייב, וא"כ ה"ה לאותו תרנגול גופי' דמאי שנא, וכעי"ז הביא הרא"ש מהראב"ד בפי' הא' בישוב דעת הרי"ף.

והנה נחלקו הראשונים, היכא דתחילתו הי' בשינוי, וכגון בעשה מעשה משונה ואח"כ עשה מעשה דאורחי' בכך, דלא הי' יתכן לעשותו בלי השינוי שבתחילה. דהרא"ש בסי' ג' כתב, דהא דאמרי' לעיל [טו:] דכלבא דאכלא אימרי, חייב חצי נזק, היינו רק דמי היזק ההריגה, אך אם אכלה בחצר הניזק חייב לשלם נזק שלם כשן בעלמא, דאכילה לא הוי שינוי, דדרכם לאכול כל נבילות אפי' של בהמות גדולות, ולא גרע מאילו הי' בא כלב אחר לאכול הנבילה, דבעליו הי' חייב נזק שלם. אכן ע"ש שדקדק מדברי רש"י לקמן

באותה שעה, וזהו דלא כמשנ"ת, אלא דכנראה הרמב"ן הי' מסתפק בזה, וא"כ שפיר י"ל כן בדעת הר"מ. [מתוך פלפול לאחר החבורה, ועי' ברשימות שיעורים מהגר"י קלמנוביץ שליט"א מש"כ בענין זה].

כג. דלא כן, אלא כיון דתחילתו הי' בשינוי, חל על כל המעשה תורת מעשה משונה.[297] וע"ש ביש"ש שכתב, דכל הגאונים לא חילקו בין ההריגה לאכילה והעלה כדברי רש"י.

ונראה דמש"כ בביאור דברי הר"מ אינו תלוי בפלו' הנ"ל, די"ל דכל דברי רש"י הם רק היכא דעשה המעשה המשונה בכדי לעשות את המעשה השני, וכמו התם דהרג את האימרי בכדי לאוכלם, דבזה י"ל דנחשב הכל כמעשה אריכתא שהוא משונה. אכן היכא דלא עשה מעשה הא' בכדי לעשות מעשה הב', נהי דלא הי' שייך לעשות מעשה הב' בלי מעשה הא', אך לא שייכי המעשים זה לזה, ולא גרע מבהמה אחרת שעשתה רק מעשה הב' של אורחי' דחייב נזק שלם. ולכן נראה דבנ"ד י"ל בפשיטות דפסיקת החבל הי' מעשה בפנ"ע שלא עשאו ע"מ לגלגל. ורק דאחר שנפסק התחיל לגלגלו עד ששברו, דכה"ג לכו"ע חייב נזק שלם.[298] וע' ברא"ש שהביא שני פשטים מהראב"ד, ולפי' הא', חייב ח"נ על החבל ונזק שלם על הדלי, הואיל וקאזלא מיני' ומיני', והוא מעשה דאורחי' בכך, דרצה לשתות מים. ושוב כ' בפי' הב' דכיון דאזיל מיני' והוא רוצה לשתות מן הדלי, דאפי' על החבל נמי משלם נזק שלם, שהי' כוונתו לשתות מים מן הדלי ורוצה להפסיק החבל כדי שיפול הדלי וישתה מן המים שבו, הלכך כיון דאורחי' למישתי מן הכלי, אורחי' נמי למיחטט בחבל, עכ"ל. ונ' דבפי' הא' נקט דחטיטת החבל לא הי' בכדי לשתות המים, וכן משמע מדבריו, וא"כ הוי שני מעשים נפרדים, וחייב נזק שלם על המעשה דאורחי' אפי' לדעת רש"י והיש"ש, וכפי' הזה נראה להוכיח מדברי היש"ש עצמו בסוס"י ג' שהעלה כתי' הא' של הראב"ד, והרי הוא עצמו ס"ל כרש"י דהיכא דתחילתו הי' בשינוי, אינו חייב אלא ח"נ גם על המעשה דאורחי', ובע"כ צ"ל כמשנ"ת.

ד. בדברי הרשב"א בסוגיא הנ"ל

ויעוין ברי"ף שהביא מימרא דרבה כצורתה, ודקדקו רוב הראשונים מדבריו, דס"ל דאזלי' בתר מעיקרא, והעירו עליו, דא"כ אמאי הביא האוקימתא דר' ביבי בר אביי דברייתא דהיו מחטטין בחבל איירי דקאזיל מיני' מיני'. וע' ברשב"א שכ' ליישב, דהמדקדק בדברי ר' ביבי יראה דלא קאתי ליישב מ"ד דבתר תבר מנא אזלי', דאילו כן הוה לי' למימר "לא" דקאזיל מיני' מיני', ובע"כ דלא אמרה בתורת דחיי' אלא בדוקא אמרה, ומשום דכל שאינו נוגע בכלי אלא שמחטט בחבל שמאוס בלישה, ומתוך כך נפסק החבל ונשבר הדלי, א"א לשלם נזק שלם על הדלי, דכל שאינו פועל בגופו אינו אלא כצרורות, וכיון דקתני משלם נזק שלם, ע"כ דגופו נגע בגופו של כלי, והלכך בדאזיל מיני' הוא. וע"ש שהעיר, דא"כ למ"ל למימר דאזיל מיני' מיני' לימרא דאזיל מיני', ותו לא, ע"ש בדבריו.

והנה לפי"ד התוס' לקמן כב., הי' נראה לפרש הכרחו של ר' ביבי בע"א, דע"ש בתוס' שכ' דלפי מה שהסתפק ר' אשי לומר דכח כחו לאו ככחו דמי, לרבנן פטור לגמרי. וע' סוף חבורה א' שהערנו עליו מסוגיין וביארנו שם דכוונת הגמ' הוא דאי נימא כח כחו ככחו דמי אז צריכים לאוקים ברייתא כרבנן ויהא

[297] ונראה לדקדק מדברי רש"י הנ"ל כמש"כ בסימן א', דיסוד הך דינא דעל מעשה משונה אינו משלם אלא חצי נזק, אינו משום דחסר במחייב, דלא הוה כי אורחי', דהרי הכא חלק זה של המעשה ודאי הוא כי אורחי', ובע"כ דענין משונה הוי דין חיובי, דמעשה משונה הוא סוג אחר ויש לו דינים שונים, ומכיון דההריגה הי' בשביל האכילה, רואין הכל כמעשה א' שיש על הך מעשה תורת "מעשה משונה" ונכלל בפרשת קרן.
ועפ"י הנ"ל נראה ליישב הגי' התמוהה המובאת ברשב"א לעיל טו: דלמ"ד פלג"נ ממונא, בההיא כלבא דאכלא אמרי רברבי, חייב נזק שלם. ולפי הנ"ל י"ל, דקאי על האכילה וכלישנא דגמ' דכלבא "שאכל" כו', דלא כמש"כ הרא"ש לדחות דר"ל דטרף ע"מ לאכול. ולפי"ז י"ל דמכיון דלמ"ד פלג"מ פטור על ההריגה, דאין על המעשה תורת מעשה מזיק, שוב חייב על האכילה נזק שלם דאורחי' בכך. ורק למ"ד פלג"נ קנסא, דלדידי' חייב ח"נ על ההריגה דהוי מעשה מזיק משונה, י"ל דגם האכילה נחשבת כהמשך למעשה מזיק זה, וחל עלה תורת "מעשה משונה" ואינו חייב אלא חצי נזק. [הגרש"מ]

[298] א"ה. וכעי"ז אי' בנחל"ד.

מוכרח דבתר מעיקרא אזלי', ואי נימא כח כחו לאו ככחו דמי אז היינו מוכרחים לפרש ברייתא כסומכוס והי' א"ש גם אי אמרי' בתר תבר מנא אזלי'. ולפי"ז י"ל דר' ביבי ר"ל דאפי' אי נימא כח כחו לאו ככחו דמי מ"מ י"ל דברייתא אתיא כרבנן ואיירי בדאזיל מיני' מיני' ומשו"ה חייב על הכלי שני מכיון דהוי כחו. אך דע דמהלך זה הוא רק ליישב גוף הענין אך א"א לפרש דברי הרי"ף עפי"ז, דעי' ברי"ף שלא הביא הא דחייב על כלי השני, והרי לפי הנ"ל הא דצריכים לאוקמי' בדאזיל מיני' מיני' הוא רק לענין כלי השני. [א"ה ע' במשכנ"י סי' ס"ו שכ' כהנ"ל ליישב דברי הרי"ף, ע"ש היטב.

סימן ה

בביאור איבעיא דרבא אם מגופו משלם או מעליי' משלם

בביאור הספק אם מגופו משלם[299]

גמ' יח. בעי רבא חצי נזק צרורות מגופו משלם או מעליי' משלם, מגופו משלם דלא אשכחן חצי נזק דמשלם מעליי', או דלמא מעליי' משלם דלא אשכחן כאורחי' דמשלם מגופי', ע"כ. ובהמשך הסוגיא מצינו כמה שאלות בענין צרורות כי אורחי', דיסוד השאלה הוא, האם בדין תשלום דידיה דח"נ, מדמינן לה לקרן, דהנה בע"ב בסוגיא דיש העדאה לצרורות הסתפק רבא אם מדמינן לה לקרן לענין העדאה, ולדעת רש"י בלישנא בתרא, וכן היא דעת התוס', דהספק בגמ' הוא בצרורות כי אורחייהו. ע"ע להלן בדף יט. דבעי ר' ירמי' האם חייב על צרורות ברה"ר דאולי לקרן מדמינן לה, ולפי הגי' לפנינו הספק הוא בצרורות כי אורחייהו. והנה בבעיא זו, אם מגופו משלם או לא, לא הוזכר בדברי הגמ' דיסוד הספק הוא משום דדילמא "לקרן מדמינן לה" אלא "דלא אשכחן ח"נ דמשלם מעליי'", וגם ברש"י לא הוזכר דבר זה. וא' העיר לי, דמפשטות דגמ' משמע דיסוד הספק אינו האם מדמינן לה לקרן, אלא אם איכא הלכה בדין תשלום דח"נ דמכיון דעצם החפצא דתשלומי ח"נ דאשכחן בתורה הוא מגופו, י"ל דכל סיבה שמחייבת את דין ח"נ מחייבת גם שישתלם מגופו.[300] וכן מדוקדק מלשון הגמ' שהזכירה באיבעיא זו *חצי נזק* צרורות, ובשאר איבעיות לא הוזכר "חצי נזק", ולפי הנ"ל מדוקדק היטב כמובן, אלא שאין דיוק זה מוכרח, די"ל דהא דהוזכר כן הכא, הוא משום דעיקר הספק הוא בגוף התשלומין דח"נ, אם הך ח"נ משתלם מגופו או מעליי'. ולפי"ז מאי דאמרי' בגמ' לעיל ג: דלר"פ להכי קרי צרורות תולדה דרגל, להשתלם מעליי'. הביאור הוא, דאפי' אי נימא דלא נכלל בהחפצא דתשלום ח"נ דצריך להיות מגופו, מ"מ אילו "לקרן מדמינן לה" הי' דינא להשתלם מגופו, ובמה דמשתלם מן העליי', נחשב כתולדה דרגל, ורק דיתכן דמה שרבא הסתפק לומר דמשתלם מגופו, אין הביאור דחולק עליו בזה וס"ל דלענין זה לא הוה תולדה דרגל, דלקרן מדמינן לה, אלא יתכן דמכיון דעצם החפצא דתשלום ח"נ לא אשכחן אלא מגופו, וממילא גם צרורות הם מגופו.

[והנה ע' בפנ"י שהעיר, דאיך מסתפקי' לומר דהדין מגופו תלוי בח"נ, והרי לר"ט דס"ל דקרן ברשות הניזק משלם נזק שלם, הך תשלומין הן מגופו, הרי להדיא דהדין מגופו אינו מחמת ח"נ אלא מחמת הדין קרן, וכעי"ז העיר בקה"י סי' ט"ז משיטת ר"ע, לעיל ד., דתם שהזיק אדם, חייב נזק שלם מגופו, וע"ש מש"כ ליישב. אכן לפי הנ"ל י"ל, דנהי דודאי מבואר מכל הנ"ל דהדין קרן מחייב שיהי' מגופו, אך מ"מ הסתפקה הגמ' דמכיון דלא מצינו בתורה דין תשלומי ח"נ אלא מגופו, יתכן דאותה סיבה שמחייבת קולא זו דח"נ

[299] חבורה ג' חלק א'

[300] עי' במילואים להרחבת ביאור מהגרש"מ בזה.

מחייבת גם קולא זו דמגופו, והתם בקרן המחייב לקולא זו, הוא זה דהוא משונה, ובצרורות המחייב לקולא זו הוא זה שהוא כוחו ולא גופו].

אכן כבר העירו על פירוש זה מדברי התוס' לעיל ג: בד"ה לפוטרו ברה"ר כו', דע"ש בגמ' דמבואר דהגם דאיבעיא לי' לרבא אם משלם מגופו או מן העליי', אך זה הי' פשוט לי' דהוה תולדה דרגל לענין זה דפטור ברה"ר. וע"ש בתוס' שהעירו, דאמאי פשיטא לי' טפי מלשלם מן העליי'. ולכאו' לפי מש"כ למעלה לא מובנת קושית התוס', דהרי י"ל דלעולם ס"ל לרבא דצרורות הוא לגמרי תולדה דרגל, ומשו"ה פטור ברה"ר, והא דאיבעיא לי' אם משלם מגופו או מעליי' אינו משום דדילמא לקרן מדמינן לה, אלא משום דהחפצא דתשלומי ח"נ הוא מגופו. ומבואר מדברי התוס' דס"ל דיסוד הספק אם משלם מגופו הוא אם לקרן מדמינן לה לענין זה, ומשו"ה שפיר הקשה דאמאי פשיטא לי' דתולדה דרגל הוא לענין פטור רה"ר טפי מלשלם מן העליי'.[301]

וכעי"ז הוכיחו מדברי תוס' ר"פ בסוגיין, דהנה רש"י העיר, דהאיך שייך לומר דהספק של רבא אם יש העדאה לצרורות, איירי בצרורות כי אורחי', דכיון דהוי אורחי' מה לי פעם ראשונה מה לי פעם רביעית, וע' בתוס' סוע"א שכתבו וז"ל, לאו פירכא הוא, כיון דדדמיי' רחמנא לקרן בחצי נזק שייכא בי' העדאה, עכ"ל, וע' בתוס' ר"פ שכ' כעין דברי התוס' והביא ראי' לדבריו, וז"ל, זה לא קשיא מידי, דכיון דגלי רחמנא דמשלם ח"נ *אלמא יש להם תורת קרן*, ושייך בהו העדאה אע"ג דהתם כי אורחייהו לחייב בהעדאה, ***והראי' דלעיל דאמר ח"נ הוא רוצה לדמותם לקרן ומגופו***, עכ"ל. הרי דהמשל וההוכחה דאפשר לומר דיש לצרורות כי אורחייהו תורת קרן, הוא מזה גופא דמסתפקי' לומר דמשלם מגופו. וע' לעיל בדף ג: בתוס' ר"פ שכ' כדברי התוס' שם, וא"ש.

אכן מדברי השטמ"ק לעיל ג: משמע שפירש הגמ' כפשוטה, דע"ש בד"ה לרבא דמיבעיא לי', שהביא בשם הגליון וז"ל, וא"ת תפשוט לרבא דח"נ צרורות דמן העליי' משלם, דאי מגופו אם כן תמצא שני צדדים שדומה לקרן, דהיינו ח"נ כקרן ומגופו כקרן, וגם איכא שני צדדים שדומה לרגל, חדא דהוי ממונא, ועוד דפטור ברה"ר כו'. וי"ל דלפי הבעיא של רבא ס"ד דמגופו וח"נ הכל צד אחד דהא בהא תליא, עכ"ל,.ולכאו' כוונתו היא משום דשניהם באים מחמת אותה סיבה, דלא אשכחן חפצא דתשלומי ח"נ דמשלם מעליי', ובע"כ דהמחייב להקולא דח"נ מחייב גם את הקולא דמגופו.[302]

בביאור שיטת הר"מ בספק הגמ' אם מגופו משלם

והנה בפשטות הי' נראה להוכיח מדברי הר"מ ודעימי', דהספק בגמ' אינו משום דלקרן מדמינן לה, דע' להלן שהבאנו דבריו, דס"ל דספיקת הגמ' אם יש שינוי לצרורות הוא אם צרורות משונה הוה תולדה דרגל

---

[301] ולפי"ז נמצא, דהגם דפשיטא לי' לרבא דהוה תולדה דרגל לענין פטור רה"ר, מ"מ יתכן דהוא תולדה דקרן לענין הפטור דמגופו, ואי"ז קושיא שיהי' תולדה דרגל לענין זה ותולדה דקרן לענין זה, [הגרש"מ].

א"ה. וכעי"ז מבואר מדברי הראשונים דסברי דבעיא דר' ירמי' בדף יט. איירי בצרורות משונה, ועל זה השיב לו ר' זירא דמסתברא דתולדה דרגל הוא לפוטרה ברה"ר. ומ"מ יתכן דיש שינוי לצרורות לרביע נזק דהרי בעיא דרב אשי לא איפשיטא, וכן מבואר להדיא בדברי רש"י על הרי"ף באיבעיא דר' אבא בר ממל ע"ש. [שוב האריך הגרש"מ בזה בסימן יא אות ד', ע"ש].

[302] א"ה. וילה"ע על זה ממש"כ לעיל מזה, ע"ש שהק', דמנ"ל להגמ' דרבא קריא לה תולדה דרגל, ותי' וז"ל, י"ל דאשכחן לי' לקמן בפרק כיצד [יח.] דקא מיבעיא לי' ח"נ צרורות מגופו משלם כו', וקאמר בתר הכי או"ד כיון דתולדה דרגל הוא להוי כרגל ומשו"ה פשיטא לי' הכא דח"נ צרורות הוי ממונא, עכ"ל. ומשמע דהצד לומר דמשלם מגופו הוא משום דלקרן מדמינן לה.

ודע דכעין דברי הגליון הנ"ל אי' שם בשטמ"ק בשם הר"י, וז"ל תלמידי הר"י כו', וא"ת תפשוט דמן העליי' משלם דאי מגופו היו תרי נגד תרי, ואמאי קרי לי' תולדה דרגל יותר מקרן כו'. ואומר הר"י שנראה לו דחצי נזק ומגופו הכל אחד הוא, עכ"ל. וע' לקמן מש"כ עוד בזה.

לכל הלכותיהן. הרי דמסתפקי' אם צרורות משונים הם כרגל לכל הלכותיהן, וא"כ האיך שייך לומר דהגמ' הסתפקה הכא אם צרורות כאורחי' הם כקרן.

ובאמת נ' דמה שנקטו התוס' בפשיטות דספיקת הגמ' הוא אם לקרן מדמינן לה, הוא לשיטתם דפירשו ספיקת רבא בהעדאה וספיקת ר' ירמי' בפטור רה"ר דאיירי בצרורות כאורחי', ומ"מ מסתפקי' לומר לקרן מדמינן לה. וא"כ באמת צ"ב דאמאי לא הסתפק רבא דישתלם מגופו מחמת זה גופא דלקרן מדמינן לה, ואמאי הוצ' להסתפק מצד דיתכן דלא אשכחן ח"נ דמשלם מעליי', ומשו"ה פי' דבאמת ספיקת הגמ' הוא בזה גופא אם לקרן מדמינן לה. אכן לפי"ד הראשונים דפירשו ספיקת הגמ' בצרורות בשינוי, ולא מצינו שהגמ' הסתפקה בצרורות כאורחי' לומר דלקרן מדמינן לה, מהיכ"ת לפרש איבעיא דהכא כן מאחר שהוא נגד המשמעות.

אלא דדבר זה נסתר מדעת הר"מ לפי"ד המ"מ, דע"ש שכתב דהר"מ פי' ספיקת ר' ירמי' דאיירי בצרורות כאורחי', והרי מ"מ הסתפק שם לומר לקרן מדמינן לה. אלא דבאמת י"ל בזה דכבר השיב לו, דודאי תולדה דרגל הוא לענין זה, וגם לרבא מיפשט פשיטא לי' דהוה תולדה דרגל לענין פטור רה"ר. אך העיר לי הגרש"מ דבפשטות צ"ל, לפי"ד הר"מ דאיבעיא דרבא אם יש העדאה איירי בצרורות כאורחי', הרי ספיקתו הוא באת"ל, דא"ל דאין שינוי לצרורות ואפי' צרורות משונה הם רגל, ואפ"ה יש להסתפק ולומר דלקרן מדמינן לה לענין זה.[303]

אכן באמת דבר זה צ"ב, דמכיון דלפי צד זה גם צרורות בשינוי הם תולדה דרגל לכל הלכותיהן, מהיכ"ת לומר דלקרן מדמינן לה לענין העדאה. ולכאו' י"ל בזה, דיש לחלק בין פטור רה"ר והדין דמגופו להדין העדאה, די"ל דספק הגמ' לענין העדאה אינו שיהי' נכלל בעיקר הפרשה דקרן, אלא די"ל דשייך למילף מקרן דהיכא שהתורה נתנה דין ח"נ שיהי' שייך בי' דין העדאה. משא"כ ענין דמגופו ופטור רה"ר, הם מעיקר הלכותיהן של קרן ורגל, ולזה בעי' שיהי' נכלל בגוף הפרשה, והרי מבו' מדברי התוס' בדף ג: דבאמת ליכא מקום לחלק בסברא בין הדין דמגופו להדין ברה"ר. והגם דבגמ' אי' דההלכותיהן של קרן הוא לענין תמות ומועדות, י"ל דהיינו לענין שיש לה דין "תמות", אך יתכן למילף מהתם דהיכא דאיכא דין ח"נ שיהי' שייך בה דין העדאה. והסכים הגרש"מ לחילוק הנ"ל אלא שאמר לי, דלפי"ז אפי' אם נפרש דספק הגמ' בהעדאה וברה"ר הוא אם לקרן מדמינן לה, מ"מ מובן היטב אמאי לא הסתפק רבא דלשלם מגופו מחמת זה דאולי לקרן מדמינן לה, לולי דברי התוס' שפי' כן, והוא משום, דכיון דכבר נפשט דפטור ברה"ר מחמת זה דהוא תולדה דרגל, י"ל דכמו"כ מחמת זה שהוא תולדה דרגל הו"ל להשתלם מן העליי', ורק דמ"מ יש להסתפק דמכיון דהדין צרורות מחייב ח"נ, מחייב ג"כ שיהי' מגופו מכיון דלא אשכחן ח"נ שישתלם מעליי'. והגם דמ"מ איבעיא לי' לרבא אם יש העדאה י"ל דהיינו מטעמא אחרינא וכמו שביארנו.

בישוב לשון התוס'

א"ה. ולפי פירוש זה נראה ליישב דקדוק לשון התוס', דהנה עי' בחי' רא"ל סי' ס"ו בד"ה וכן בהבעי' כו', שהבין בכוונת רש"י, דבין מ"ד יש העדאה ובין מ"ד אין העדאה סברי, דהלכתא לא נשנית לענין צרורות בשינוי, ורק דמ"ד אין העדאה ס"ל, דהדין העדאה שנתנה תורה לקרן תמה, אינה יכולה להביאו לחיוב העדאה יותר גדולה מהחיובים של מועד מתחילתו, והוא ילפותא דילפי' דהעדאה דקרן לא יהא חמור ממועד

[303] א"ה, ואפי' את"ל דספק הגמ' הוא דוקא בשינוי, ועפ"י סברת ר' ראובן בסי' א' בדעת רש"י(עיין לקמן), אך סו"ס לפי הצד דאין שינוי, כל הדין ח"נ הוא מצד דין צרורות ולא מצד תמות, וליכא לחלק ביניהם.

מתחילתו. וזו היתה שאלת רבא, וזה מה שאמרו בגמ' או"ד תולדה דרגל הוא, ופרש"י דכיון דמעיקרא כי עביד כי אורחי' תולדה דרגל היא, ומ"מ משלמת ח"נ, ומשום דכך הם החיובים של מועד מתחילתו דצרורות, א"כ זו היא העדאתה ואין לה העדאה אחרת, וגם ההעדאה דקרן אינה יכולה להביאו רק לח"נ ולא לנ"ש, משום דגם מועד מתחילתו אינו מתחייב ביותר מחצי נזק, עכ"ד. והנה הגרא"ל הבין דאם באורחי' אין העדאה, בע"כ דעל הדין צרורות לא נאמר דין העדאה, ולמ"ד יש העדאה, בע"כ לא נאמרה ההלכתא לענין צרורות דקרן. וע"ש שהוכיח, דליכא למימר דזה גופא הוא הנידון אם נאמרה ההילכתא בצרורות דקרן, או דלא נאמרה ההלכתא, ומשו"ה פי' כמשנ"ת. אך אפי' אם נימא דלכו"ע נאמרה ההלכתא בצרורות דקרן, מ"מ יל"פ את הספק בגמ' על דרך זו, די"ל דההלכה דצרורות בקרן הוא מענין של העדאה, וכמשנ"ת לעיל, ורק דמ"מ יתכן דלא עדיף ממועד מתחילתו.

וכן נראה שהבין תלמיד ר"ת ור"א, דלפירוש זה דספק הגמ' הוא בצרורות בשינוי [ורק דלא הביא זה מפירש"י]. וי"ל דגם תוס' עמד על פירוש זה, ומשו"ה העיר רק דהלשון "או"ד תולדה דרגל הוא" לא משמע כן, והיינו דלא משמע דר"ל דהיכא דהוא אורחי' הוא תולדה דרגל, אלא דציור זו גופא הוא תולדה דרגל. ובאמת ע' בתלמיד ר"ת ור"א שפי' להך לישנא סברת מ"ד אין העדאה על דרך זו, וכמש"כ, ומ"מ תמה עליו מלישנא דגמ' דאו"ד תולדה דרגל הוא. שוב הצעתי כל זה להגרש"מ, ואמר לי דגם הוא עמד על זה דאם נפרש דברי הגמ' הכי, אז יש ליישב לישנא דהתוס', ואמר לי דנתעורר לזה עפי"ד השטמ"ק, דכנראה שהבין כן בקו' התוס', ע"ש היטב.

מילואים

בפנים כתבנו "וא' העיר לי, דמפשטות דגמ' משמע דיסוד הספק אינו האם מדמינן לה לקרן, אלא אם איכא הלכה בדין תשלום דח"נ דמכיון דעצם החפצא דתשלומי ח"נ דאשכחן בתורה הוא מגופו, י"ל דכל סיבה שמחייבת את דין ח"נ מחייבת גם שישתלם מגופו".

ושמעתי מהגרש"מ הרחבת ביאור בזה, דהנה זה ודאי דהסיבה שקרן משלמת מגופו היא מחמת זה דהוא משונה, ורק הספק בגמ' הוא, האם כיון דלא מצינו דין תשלומי ח"נ אלא מגופו, יתכן דאותה סיבה שמחייבת שיהי' התשלום ח"נ, מחייבת גם שיהי' מגופו. ולכן בצרורות שהן מעשה של כוחו ולא גופו מחייב שיהי' ח"נ, מחייב גם שיהי' מגופו. או"ד דרק דין משונה מחייב שיהי' מגופו, ולא כל סיבה שמחייבת שיהי' ח"נ. ונראה פשוט דגם אם נפרש האיבעיא הכי, אילו נפשוט דצרורות כי אורחייהו משתלם מן העליי', והוה אמרי' דצרורות בשינוי אין להם דין ח"נ דקרן תמה, אלא צרורות דרגל, דינא הי' להשתלם מעליי' ולא הוה אמרי' דכיון דסו"ס משונה הוא, ודינא הוא בח"נ, משתלם מגופו. דמה שמשונה גורם דין דמגופו הוא רק אם נכלל בפרשה דקרן, וכמו שביאר היטב בחי' מרן רי"ז הלוי דכל ההלכותיהן של המזיקין תלויים בעיקר שם המזיק, ובכדי שיהי' הלכותיהן של א' מהמזיקין, צריך להיות נכלל באותה פרשה, ואם יתכן דדבר שהוא משונה מאיזה סיבה לא יהי' נכלל בפרשת קרן דינא הי' לשלם נזק שלם. והגם דודאי בכדי לחיובו בעי' למילף גם מקרן תמה שהוא ח"נ קנסא, אך הא דהוה ח"נ קנסא הוא גופא מהלכות דקרן, דבדין התורה דקרן תמה מבואר, דנכלל בה שם מזיק גמור שהוא סיבה שיהי' לה דין תשלומי נזק שלם של ממון, וכמו דמצינו לדעת ר"ש בן מנסיא בתם שהזיק הקדש, ולר"ע בתם שחבל באדם, דחייב נזק שלם. ונראה פשוט דהוא ממון ולא קנס, דלא מצינו תשלום עבור מה שהזיק שהוא קנס. (א"ה. ועי' בקו"ש

ד. שנקט בפשיטות דלר"ע תם שחבל בהקדש התשלום של נזק שלם הוא קנסא ולא ממונא). [ורק דיש מקום לפלפל לר"ט במשונה קרן בחצר הניזק, דאולי התשלום הוא קנס, דהרי כ' התוס' בדף יח: דמשלם מגופו בכדי שלא לשנות התשלום של אותו חצי, וממשמע שהן אותם תשלומין, אך שאני התם דהוא מחמת דין "דיו", וגם יתכן דלעולם הוא ממון ומ"מ נחשב שלא נשתנה עיקר התשלום בחציו].

אמנם דע דבחי' הראב"ד בסוגיין לא משמע כן, דע"ש שכ' בא"ד בענין אוקימתא דרבא בע"ב וז"ל, והוה נמי מצי למימר בדשני ואיעד, ורבנן ס"ל יש שינוי לצרורות לרביע נזק, והיכא דאיעד קאי אחצי נזק ומגופו, דכל ח"נ משונה מגופו, עכ"ל, והיינו דאפי' בלי"ז דאמרי' צד תמות במקומה עומדת, מ"מ דינא הי' לשלם מגופו מכיון דיש לה כל התנאים של ח"נ, שהוא חצי נזק ושהוא משונה. [הגרש"מ]

(א"ה. דברי הראב"ד תמוהים הם, דהרי הא דמשלם בפעם רביעית ח"נ, אי"ז מחמת דין תמות דקרן אלא מחמת צרורות גרידא, והרי מחמת צרורות גרידא דינא הוא לשלם מן העליי', [לפי צד א' של רבא], וגם במועד דעלמא דמשונה הוא [וכמו שמוכח מדברי הראב"ד, דגם מועד נחשב משונה לענין זה] משלם נזק שלם מעליי', ואיזה צירוף יש בין הדין תשלומי ח"נ להתורת משונה בכדי לומר שכשנמצא שני הדברים ביחד דינא הוא להשתלם מגופו.

והנה פשטות הי' נ' לדקדק מדברי רש"י כעיקר יסוד הנ"ל, דכל שהוא משונה ומשלם ח"נ, דינא הוא להשתלם מגופו, דהנה בתוס' בע"א העירו על רש"י דאיך מדקדקין דמשתלם מגופו והרי י"ל דהוא משום דצד תמות במקומה עומדת, וע' באו"ש פ"ב מנזק"מ ה"ו שכ' ליישב, דס"ל לרש"י דלפי הך צד דאין העדאה לצרורות, הוא תולדה דרגל, וא"כ אילו צרורות כאורחי' הי' משתלם מעליי', גם צרורות בשינוי הי' משתלם מעליי' בפעם ראשונה ושני', והראי' הוא אפי' מפעם א' וב', עכ"ד. אכן עי' היטב בדברי רש"י דמבו' להדיא דראית הגמ' היא רק מפעם רביעית, ובאמת צ"ב דאמאי ליכא ראי' מפעם א' וב', למאי דמבו' מרש"י דלמ"ד אין העדאה לצרורות ה"ט משום דלא נפקא מתולדה דרגל. ולכאו' י"ל בזה עפ"י הנ"ל, דאפי' אם הוא תולדה דרגל, אמנם כיון דהוא ח"נ ומשונה, א"כ לכל הצדדים דינו הוא להשתלם מגופו, וליכא למידק מינה מידי. אכן ע' להלן דביארנו דגם למ"ד אין העדאה לצרורות, עיקר השם מזיק שלה הוא קרן, ואפי' למש"כ להלן בהג"ה לדקדק מרש"י על הרי"ף דהוה תולדה דרגל , מ"מ י"ל דלענין הקולא דרה"ר, הוה תולדה דרגל, ולענין הקולא דמגופו הוא תולדה דקרן, ע"ע בהג"ה בסמוך)

סימן ו

בביאור שיטת רש"י באיבעיא דרבא אם מגופו משלם או מעליי' משלם[304]

א. סברת מ"ד אין העדאה לצרורות לל"ק דרש"י

ב. בדברי רש"י בענין צרורות דשן

ג. ביאור הא דאמרי' לעיל ג: דתולדותיהן לאו כיו"ב בחצי נזק צרורות בתולדה דרגל

גמ' יח. בעי רבא יש העדאה לצרורות או אין העדאה לצרורות כו', ורש"י בד"ה אלא כו' הביא שני לשונות בזה, דללישנא קמא כל הספק הוא רק בצרורות ששינה בהן, אבל לצרורות כי אורחי' ודאי ליכא העדאה. ולכאורה דבר זה צ"ב, דכיון דבצרורות כי אורחי' ליכא דין העדאה, ע"כ צ"ל, דבעיקר דין צרורות לא

[304] חבורה ג' חלק ב

נאמר דין העדאה, וא"כ מאי איכפ"ל במה דהוה גם קרן ששייך בה דין העדאה על הדין תמות דקרן, והרי הוא אותו דין צרורות. ועי' ברש"י שכנראה הרגיש בזה וכתב וז"ל, ורבי אלעזר סבר כו' ושני ואייעד נפקא מתולדה דרגל, ונעשה תולדה דקרן ויש להן העדאה. ודבר זה צ"ב, דלכאו' פטור צרורות במשונה לא שייך לשינוי, אלא שבמקרה זה יש שני פטורים נפרדים צרורות, ותמות, וכיון דבצרורות כי אורחי' ליכא דין העדאה הרי מבואר דלא נאמר דין העדאה בצרורות ומאי מועיל לן זה דהוה משונה.

ולכאו' י"ל בזה דס"ל דההלמ"מ דצרורות נאמרה בצרורות דקרן גופי', והיינו דלא נאמרה הלכה זו רק בפרשת רגל, אלא דנאמרה גם בפרשת קרן, וצרורות דקרן נלמדו בפרשת קרן, וא"כ גם גם בהם שייך דין העדאה. והגם דודאי נ' דההלכתא לא נאמרה בכל אב מזיק בפנ"ע, אך מכיון דכל אב הוי מזיק בפנ"ע, הוי זה מידי דממילא. ולכן צרורות דקרן הם א קרן/דיגע צרורות.

וכצד הזה מבואר בתוס' בדף יח., דע"ש בסו"ד דז"ל, ואי אין העדאה בכי אורחייהו, גם ע"י שינוי אין העדאה, דע"י העדאה לא הוי טפי מכי אורחי'. ומבואר דהי' לתוס' צד לומר, דאולי י"ל דבצרורות כי אורחי' ליכא העדאה אך בצרורות בשינוי יש העדאה. והנה שם קאי דודאי נאמרה ההלכה דצרורות גם לענין קרן, ומ"מ הסתפקו לומר דבצרורות בקרן בדוקא יהא שייך העדאה, ורק דדחה את זה.

אלא דאכתי אינו מובן כל הצורך, דנהי דהדין צרורות דקרן נלמד בפרשת קרן, אך סו"ס עיקר הפטור דצרורות לא שייך להדין תמות ולדין קרן, וא"כ מה שייך העדאה בצרורות משונה, יותר מצרורות כאורחי' דלא שייך בהם העדאה, ונהי דהכא עיקר המעשה הוא לאו כי אורחי', אך הפטור צרורות לא שייך כלל לזה דלא הוה כי אורחי', ולענין הפטור צרורות הוה כאילו המעשה הוא אורחי' גמור.[305]

ויותר נראה בביאור דברי רש"י, דס"ל דללישנא קמא הנידון שתהא העדאה לצרורות משונה, הוא לומר שבכה"ג לא נאמרה ההלמ"מ דצרורות, והוה כסתם קרן תמה שהזיקה בגופה, ומשו"ה שייך בי' העדאה. וביאור הדבר הוא, דהך מעשה של כוחו שנאמר בי' ההלמ"מ דצרורות, נאמר בפרשת רגל, ומכיון דמעשה זה שהוא משונה נלמד בפרשת קרן, דבפרשה זו קבעה התורה מעשה משונה לסוג מעשה בפנ"ע, וכל מעשה משונה צריך להיות נלמד בפרשה זו, לכן לא שייך להיות נלמד בפרשה דרגל, וממילא לא נאמר בי' ההלמ"מ דצרורות.[306] וכן מבואר להדיא בדברי רש"י בד"ה אלא הא דבעי כו', דכתב בסוגריים, מי אמרי' כיון דשינוי הוא נפקא מדין צרורות דרגל וחל עלייהו דין קרן, וכי אייעד משלם נזק **שלם** ***וכי גמיר הלכתא אצרורות כי אורחייהו שהן תולדה דרגל גמיר***, עכ"ל. הרי דלפי הך צד לא גמיר הלכתא אצרורות משונה. ודוחק לומר דלעולם ס"ל דלהך צד דיש העדאה, דנגמר הלמ"מ, אלא ר"ל דכי איכא נפק"מ בההלכתא דצרורות, היינו רק בתולדה בכי אורחי', חדא דאין זה במשמע מלשונו, ועוד דלמ"ל להזכיר את זה. ולא עוד, אלא דנראה דאיכא איזה נפק"מ, ואכמ"ל[307] בזה. ולפי הנ"ל מדוקדק היטב מש"כ רש"י "נפקא מדין

---

[305] א"ה. ע' בחי' ר' ראובן סי' א' שכ' לפרש, דס"ל לרש"י דהא דל"ש העדאה כי אורחי' אינו משום דכל הענין דהעדאה הוא רק לעשותה מלא אורחי' לאורחי', דודאי עיקר הדין העדאה הוא סדר התורה, ורק דמעיקר דיני סדר העדאה הוא דצריך לעשותה מלא כי אורחי' לאורחי', ואם ילפי' דין העדאה בצרורות מקרן תמה, צריך אותו סדר של מעשה העדאה. ובצרורות כי אורחי' לא שייך דין סדר העדאה, אכן בצרורות בשינוי שפיר שייך בי' סדר התורה של העדאה, ומועיל גם לענין צרורות, עכ"ד. אך דבר זה תמוה הוא, דאם נאמר דין סדר העדאה בצרורות, לא מסתבר לומר שיהי' בה דין דצריך לעשותה מאינה כי אורחי' לאורחי', וכן העיר הגרש"מ.

[306] והנה ע' בסימן ב' שדקדקנו מדברי התוס' יז: דצרורות דשן הם כתולדה דשן, ונאמר בהם ההלמ"מ דצרורות, ולפי"ד רש"י הנ"ל בפשטות לא יתכן לומר כן, דמאיזה סיבה נימא דהלמ"מ נאמר גם בפרשה דשן ולא בפרשה דקרן. אך דע דהנחל"ד לא נקט הכי, אלא חילק בין שן לקרן, מכיון דשן ורגל דמיא אהדדי וגם כתובים בפסוק א'.

[307] הנה זה נראה ברור, דלדין העדאה לצרורות בעי' מעשה מזיק של צרורות ולא מהני מעשה דגופו, אפי' אם עי"ז נתחזק דהוה כי אורחי'. אכן לולי ההלמ"מ דצרורות בפשטות נראה, דלא הי' צריך מעשה מזיק של כוחו להעדאה, אם לא דנימא דאפי' לולי ההלמ"מ, נהי דכוחו כגופו הוא

צרורות דרגל וחל עלייהו *דין קרן*", ולא הזכיר "צרורות דקרן", דבאמת לפי צד זה לא נכלל בהלמ"מ דצרורות, והוה ככל קרן תמה דעלמא דשייך בי' העדאה.

אלא דלפי פירוש זה, לשון הגמ', דיש העדאה או אין העדאה, אינו מדוקדק כ"כ, דהא לא זהו עיקר הספק אם יש העדאה או לא, אלא אם צרורות משונה נכלל בהלמ"מ דצרורות או לא, ורק דהנפק"מ בזה הוא אם יש העדאה או אין העדאה. וא"כ צ"ב מה דנקטה הגמ' את הנפק"מ של הספק ולא נקטה גוף הספק. אלא דכיון דפירוש זה מובן הרבה יותר מפירוש הא', וגם דמלשון רש"י בסוגריים נראה להדיא כפי' זה, נראה דכן צריכים לפרש בכוונת רש"י. 308

א. סברת מ"ד אין העדאה לצרורות לל"ק דרש"י

ועד כדון ביארנו סברת מ"ד יש העדאה לצרורות, ועכשיו נבוא לבאר בעזה"י מ"ד דאין העדאה לצרורות, במה חולק עליו. והנה בגמ' איתא, שהצד שאין העדאה הוא, "או"ד תולדה דרגל הוא", ומשמע מזה דהך מ"ד לא ס"ל דהלכתא דצרורות נאמרה בפרשת קרן, אלא דס"ל דאף צרורות דקרן לא נפקא מכלל תולדה דרגל וכלישנא דרש"י. ולכאו' הכוונה בזה היא, דהגם דלולי ההלמ"מ הוה אמרינן דכוחו כגופו לחייבו בנזק שלם, אך בהלכתא דצרורות קבעה התורה את מעשה של כוחו לסוג מעשה מזיק בפנ"ע, שדינו לשלם ח"נ, והלכה זו נאמרה בפרשה דרגל, ומשו"ה כל היכא דאיכא מעשה מזיק כזה, בכדי שיהי' נכלל בההלכתא, צריך להיות נלמד בפרשת רגל, ולכן מעשה צרורות שהוא משונה, הגם דלולי ההלכתא הי' דינה כשאר קרן דעלמא לשלם במועדות נזק שלם, אך מכיון דהוה מעשה של כוחו, ודומה למעשה כוחו דרגל דנאמר בו ההלכתא, אמרי' דהגם דמצד דהמעשה הוא משונה, הוא קרן, אך מצד המעשה של כוחו הוא רגל.

והנה בתוד"ה במועד כו' הוכיחו, דבעיא דרבא היא בצרורות כי אורחי', וז"ל, וכן משמע מדקאמר או"ד תולדה דרגל היא, משמע דאיירי בלא שינוי, עכ"ל. וצ"ב דממנ"פ, אם הבינו כמשנ"ת, דכיון דהוה צרורות, צריך להיות נכלל בפרשה דרגל, מאי קשיא להו, ואם לא הבינו כן, אלא ס"ל דגם להצד דאין העדאה, הוא קרן גמורה, אמאי כתבו רק ד"משמע" דאיירי בלא שינוי, הלא הוה ראי' ברורה דלא איירי בשינוי.309

עוד יש להעיר, דהנה לפי הצד הנ"ל דצרורות בשינוי נלמד בפרשה דרגל, יש לדון, האם רק בפעם רביעית שאז כבר הי' מן הראוי להיות מועד, חלה עלה ההלכתא דצרורות לשלם ח"נ, או דודאי נאמרה ההלכתא אפי' בפעם א' וב'. והנה לפי הצד דיש שינוי לצרורות לרביע נזק, מבואר להדיא דההלכתא נאמרה גם בפעם א' וב', אך יתכן לפרש דזה גופא הוא ספק הגמ' אם יש שינוי או אין שינוי, ע' להלן בזה, וכיון

לענין חיוב, אך ודאי דהוה סוג מעשה מזיק בפנ"ע, ולכן לדין העדאה בעי' מעשה דגופו. ונפק"מ בזה, דע' לעיל בסימן ד' אות ב'שהבאנו דברי הריב"ש, שדקדק מדברי הר"מ, דלדין דרבה דזרק כלי מראש הגג כו' בעי' שהכלי יהא נשבר מיד בודאי בלי שום אפשרות של הצלה מן הצד. והנה אם ננקוט דגם לדין דדרסה על הכלי בעי' תנאי זה [ע"ש שהעלינו דלא כן], א"כ משכחת ציור מרווח, והוא באופן שדרסה על הכלי, ובפעם הראשונה והשניה הי' שם אדם שעמד בצד והי' יכול להצילו, דמחמת זה לא שייך בי' דין דבתר מעיקרא, והוה צרורות, ובפעם השלישית לא הי' שם אדם שעמד שם בצד והתקיים התנאי ד"מיד בודאי" דנחשב כהיזק מגופו. והנה לולי ההלמ"מ דצרורות נראה דכה"ג ודאי הוה מועד, דמצד החזקה ודאי ליכא לחלק בי' כלום, אכן אילו נאמרה בה ההלמ"מ דצרורות, כה"ג לא הוה מועד. הגרש"מ. [עי' בסוף חבו' י"ז בזה]

308 א"ה. ע' בשינוי נוסחאות בספר המפתח סוף תקצ"א ע"ג, שהביא מרש"י בכת"י שגרס, "ומיהו היכא דשני נפקא לי' מדין צרורות והו"ל כי קרן". וע"ש להלן בסוף העמוד מכת"י אחר, "ולל"ק אם שינה בהם ועשה ע"י שינוי ג' פעמים, מי אמרי' כיון דשינה נפק לי' מדין צרורות שהן תולדה דרגל וחל עלי' דין קרן, וכי אייעד משלם נזק שלם, דכי גמירי הילכתא אצרורות כי אורחיהו שהן תולדה דרגל גמרינ', או"ד מ"מ צרורות נינהו, עכ"ל, והן הן הדברים. ע"ע ברשימות שיעורים שכן נקט הגרי"ק שליט"א בביאור דברי רש"י.

309 א"ה. וכלישנא דתוס' ר"פ בדף יח: מכאן ראי' דהבעיא בכי אורחי', מדקא קרי לה תולדה דרגל, עכ"ל. וכעי"ז ע' בתלמיד ר"ת ור"א סוף יח. וז"ל, לפי ההוא פירושא כו' יש תימה, מאי קאמר תולדה דרגל הוא כו'. וע' בסוף סימן ה' מש"כ בעזה"י ליישב דקדוק הנ"ל בדברי התוס', ושגם הגרש"מ כבר עמד על זה.

דאיבעיא דרבא היא באת"ל דאין שינוי, יתכן לומר דכל הצד לומר דמעשה זו נלמד בפרשה דרגל, הוא רק פעם רביעית. ובפשטות נראה דודאי נאמרה ההלכתא גם בפעם א' וב', דמאיזה סיבה נימא דההלכתא לא נאמרה אלא היכא דדינא הי' להיות מועד לשלם נזק שלם. [ומש"כ רש"י בדברי ר"א "ושני ואייעד נפקא מכלל תולדה דרגל ונעשה תולדה דקרן", עיקר כוונתו הוא לזה ד"ושני"]. ונמצא דעיקר הספק בבעיא דרבא בצרורות משונה אי הוי קרן או רגל, הוא אפי' בנגיחה הראשונה. ואשר לפי"ז יש להעיר, דאמאי הוצרך רבא להסתפק רק לגבי הנגיחה הרביעית אם יש בה העדאה או לא, והרי הו"ל להתספק גם בפעם ראשונה ושני' אם נכלל בפרשה דרגל לענין פטור רה"ר, או דהוה כשאר קרן דחייב ברה"ר, כעין מה שהסתפק ר' ירמי' להלן בדף יט. לפי מקצת נוסחאות אם צרורות בשינוי הוה כתולדה דרגל לפטור דרה"ר.[310] ואשר נראה לומר בזה הוא, דאפי' להך צד דיש העדאה, וס"ל דלא נפקא צרורות מכלל תולדה דרגל, מ"מ אין הביאור דהוה תולדה דרגל לענין הלכותיה, דודאי כשבאנו לקבוע את עיקר שם המזיק לענין הלכותיהן, אמרי' דכיון דהוה משונה נכלל בפרשה דקרן דבי' נאמר דמעשה משונה הוה סוג מעשה מזיק בפנ"ע של קרן, אבל מ"מ לגבי מה שהוא מעשה מזיק שנעשה ע"י כוחו, שבזה נאמרה הלכתא דצרורות, אפי' להך צד צריך להיות נלמד ברגל, מכיון דבהך פרשה נאמרה ההלכתא והוקבע מעשה דכוחו לסוג מעשה בפנ"ע עם דין שונה דתשלומי ח"נ. ובאמת מצד זה הי' מן הראוי להיות נלמד לגמרי בפרשה דרגל, ע' להלן מש"כ בדברי רש"י בענין תולדה דשן, ורק דהקביעותא ד"מעשה משונה" לעשותה לקרן וועגט איבער, אך מ"מ נלמד בפרשה דרגל לענין זה, דמחמת מה שהוא מעשה של כוחו דינא הוא לשלם ח"נ. וזה כוונת רש"י במש"כ דלמ"ד יש העדאה ***נפקא*** מכלל תולדה דרגל, דבאמת לא הוזכר ברש"י, דלפי הצד דאין העדאה הוה תולדה גמורה דרגל, אלא דכל הנידון הוא רק אם נפקא או לא נפקא מכלל תולדה דרגל. ור"ל דלא נפקא מכלל רגל להיות נלמד מרגל במעשה כוחו דידי' להההלכתא דח"נ, ומדוייק היטב כמשנ"ת. וי"ל דגם תוס' הבינו כל זה בשיטת רש"י, ומשו"ה לא העירו עליו אלא זה דמהלשון דתולדה דרגל "משמע" דאיירי בלא שינוי, וכוונתם הוא דלפי הנ"ל באמת אינה תולדה דרגל, דעיקר השם הוא תולדה דקרן, ויש בה דין תמות דקרן וחייב ברה"ר, ורק דלא נפקא מתולדה דרגל לענין זה.[311]

---

[310] א"ה. ע' במלא הרועים בדף יח. שכ' בדעת רש"י, דרק בפעם רביעית נעשה תולדה דרגל, ומשו"ה לא שייך הדין דצד תמות במקומה עומדת, ע"ש.

[311] א"ה. ושמעתי מהגרש"מ, דלפי פירוש הנ"ל צ"ל, דלל"ק דרש"י הא דבעי ר' ירמי' היתה מהלכת ברה"ר והתיזה צרורות כו', איירי בצרורות כי אורחי', דהרי פשטי' התם דמסתבר תולדה דרגל הוא, ואילו איירי בצרורות בשינוי, נמצא דלפי הלכה הוי ממש תולדה דרגל לענין פטור רה"ר, וזהו דלא כמשנ"ת. [והוא דוחק לומר דרבא לית לי' פשיטותא דר"ז]. והערתי לו, דבתוס' ר"פ בסוגיין הביא ל"ק דרש"י וע' להלן יט. שהביא מרש"י, דאיבעיא התם איירי בצרורות בשינוי. עוד הערתי לו לדברי רש"י על הרי"ף שכ' כלישנא קמא [ורק דהביא שם גם י"מ], ולהלן פירש להדיא דבעיא דר' ירמי' איירי בצרורות בשינוי. ובאמת ע"ש בדבריו בבעיא דיש העדאה לצרורות שפירש "לקרן מדמינן לה. הואיל ומשונה הוא ומשלמת נזק שלם או"ד ***כל צרורות תולדה דרגל***". הרי דאיבעיא דהכא הוה אם צרורות הם תולדה דרגל. ובאמת נראה שכן מוכרחים לפרש, דהרי לשון הגמ' בבעי דר' ירמי' הוא אותו לשון כבעיא דרבא אם יש העדאה "לקרן מדמינן לה או"ד תולדה דרגל הוא", וכמו דהתם פירש רש"י דהאיבעיא היא אם כל צרורות תולדה דרגל הוא, גם הכא צריכים לומר דיסוד האיבעיא הוא אם כל צרורות הם תולדה דרגל. אלא דא"כ צ"ב, דאמאי לא בעי רבא לענין פטור רה"ר, ולכאו' הי' משמע מזה דס"ל דחייב ברה"ר. אלא דבאמת ע' ברש"י שם באיבעיא דר' אבא בר ממל שכתב, דלא נראה לפרש דהנפק"מ היא לענין יש העדאה לצרורות, "דהא אמרי' לקמן דאפי' מחמת ביעוט הם תולדה דרגל", ולכאו' כוונתו היא, דכיון דפשטינן לקמן בבעיא דר' ירמי' דצרורות בשינוי הם תולדה דרגל, א"כ ממילא נפשט בזה איבעיא דרבא אם יש העדאה או אין העדאה. ודוחק לאוקמי' ספיקת ר' אבא בר ממל בהכי, ובפרט דמסקי' ב"תיקו". הרי להדיא מדבריו, דהספק בבעיא דר' ירמי' הוי אותו ספק של רבא, ודוחק לומר דכוונתו בזה הוא להוכיח שלא כל"ק לעיל, דפירוש האיבעיא דיש העדאה בצרורות בשינוי, דהו"ל להביא זה למעלה. [ואי"ז דוחק לומר דשני אמוראים הסתפקו באותו ספק, דכן צ"ל לפי"ד המאירי בסוגיין, ולפי פשטות דברי הר"מ דאיבעיא דר' ירמי' ואיבעיא דרב אשי הם אותו בעיא [אם לא דנימא כפירוש המ"מ שם]. אלא דבאמת לא מבואר מזה דלרבא פטור ברה"ר, דיתכן דס"ל דחייב ברה"ר, אלא

והעיר לי הג"ר מאיר פינקל שליט"א, דעיקר מושג הנ"ל מבו' בדברי חי' הראב"ד להלן כב. במתני' דהכלב שנטל חררה כו', דע"ש שהסביר סידור המשניות, וכתב דלפי סדר המשנה מבואר דצרורות שייכי לרגל, והוקשה לי' דהגמ' הסתפק בדף יט. לומר דמתני' איירי בצרורות בשינוי, וז"ל, ואפי' מאן דמוקים לה בצרורות על ידי שינוי, *מכל מקום לא מפיק לה מכלל רגל,* בין ותדע. עכ"ל. ואינו במשמע כ"כ דר"ל דהוה תולדה דרגל לענין פטור ברה"ר, ובאמת בהשגותיו על הר"מ בפ"ב מנזק"מ ה"ו נקט בפשיטות דחייב ברה"ר, אלא דכוונתו היא, דודאי עיקר שם המזיק הוא קרן, דמה שהוא משונה הוא קובע יותר שיהי' נכלל בפרשה דקרן, ורק דמ"מ מכיון דהוא מעשה של כוחו, נלמד מרגל שיהי' לה ההלכתא דח"נ.

ב. בדברי רש"י בענין צרורות דשן

והנה לפי הנ"ל נמצא, דודאי עיקר הלכתא דצרורות נלמד בפרשה דרגל, ובכדי שמעשה משונה יהי' נכלל בהאי הלכתא צריך להיות נלמד בהפרשה דרגל, ורק נחלקו אם מעשה משונה נלמד בפרשה דרגל לענין זה, או דנפקא לגמרי מפרשה דרגל והוה תולדה דקרן ולא נא' ביה ההילכתא. ועיקר מושג הנ"ל, דהלכתא דצרורות נאמרה בפרשת רגל ובכדי שיהי' לאיזה מזיק ההלכתא דצרורות צריך להיות נלמד בפרשה דרגל, מבו' גם בדברי רש"י להלן בד"ה דדחיק לה עלמא כו', דע"ש שהי' פשיטא לי' דלא שייך תולדה דשן עם הלכתא דצרורות, ומשו"ה הוקשה לי' דבבהמה שהטילה גללים, מכיון דלהנאתה הוא, הרי הוי תולדה דשן ואיך שייך בה ההלכתא דצרורות, וכ' שם בפי' הא', דאה"נ היכא דלהנאתה איכוון הוה תולדה דשן, ולא נאמרה בה ההלמ"מ דצרורות, והגמ' איירי במשלשלת דאין לה הנאה. ושו"כ וז"ל, ונראה בעיני דכל גללים להנאתה הוא, ואפ"ה לאו תולדה דשן נינהו, דשן הזיקא דגופה הוא, והני צרורות נינהו כו'. ור"ל דכיון דהוה מעשה של כוחו נלמד בפרשה דרגל, דבי' נשנית ההלמ"מ שקבעה דמעשה כוחו הוא מעשה מזיק בפנ"ע שדינו הוא בח"נ.

אכן דע דהגם דודאי דברי רש"י אלו מיוסדים על הנחה זו, ולענין פרט זה יש בה צד השוה עם דברי רש"י למעלה, אך דין צרורות דשן ודין צרורות דמשונה אינם תלויים זב"ז, לענין אם נאמר דנכלל בפרשה דרגל לומר שנשנית בה ההלכתא, או אילו אמרי' דנכלל ברגל האם הן רגל גמורה. דהנה בהטילה גללים להנאתה מצד עיקר תכונת המעשה ומציאותו, הוה בפרשה ד"אב" אחר, דהיינו שן. משא"כ במעשה משונה בלי כוונה להזיק, מצד עיקר המעשה ותכונתו, לא דמי לקרן ורק דמכיון דהוה משונה צריך להיות נכלל נלמד בפרשת קרן. ואה"נ, אילו הי' כוונתה להזיק הי' שוה ממש להנידון המוזכר בדברי רש"י לענין שן.

ולפי"ז י"ל, דמש"כ רש"י בפי' הא' דצרורות דשן הוה שן ולא נאמר בה הלכתא, אי"ז סתירה עם הצד דאין העדאה לצרורות, דאמרי' דמצד זה שהוא כוחו לא נפקא מכלל תולדה דרגל. די"ל דהיכא דמצד עיקר תכונתה הויא שן לא אמרי' דמחמת זה שהוא מעשה דכוחו יכול להיות נלמד בפרשה דרגל, אלא דכל המעשה נכלל בפרשה דשן, ולגבי מעשה זה הוה כאילו לא נשנית ההלמ"מ שכוחו כגופו לחייב נזק שלם, ורק במעשה משונה דלא נכלל בפרשה דקרן מצד עיקר תכונתו, אלא מצד זה שהוא מעשה משונה, לענין

כוונת רש"י היא, דסו"ס כיון דלהלן מסקי' דהוה תולדה דרגל לענין פטור רה"ר, כ"ש דלא שייך בי' העדאה, אך מכיון דהוה תולדה דרגל אמאי לא תהי' פטורה ברה"ר. ויתכן דרבא ס"ל דלא נאמרה ההלכתא אלא בפעם רביעית, וצ"ע. [ועיין היטב בהמשך דברי רש"י שם בד"ה לקרן מדמינן לה ואכמ"ל בזה].

והעירוני לגריסא א' ברש"י המובאת בספר המפתח מהוצאת פרנקל, עמוד תקצ"א טור ב-ג, שהביא שני הלשונות, וסיים, "ושתיהן שמעתי, והראשון נראה בעיני, דקשיא לי בהאי ל"ב דמעיקרא אורחי' הוא ואפ"ה ח"נ, מה לי חדא זימנא מ"ל תרי זימני, ולישנא ראשון ק"ל, ***א"כ היינו בעיא דבעי ר' ירמי' לקמן גבי בעטה והתיזה ברה"ר***", הרי דבאמת כן יוצא לפי שיטתו דבעיא דרבא ובעיא דר' ירמי' היא אותה איבעיא.

זה אמרי' דמצד זה שהוא מעשה רגל נכלל בפרשה דרגל. וכמו"כ י"ל להיפך, דהנה מלשון רש"י משמע, דלפי מה שנראה בעיניו, צרורות דשן הוא רגל גמורה ולא דהוה תולדה דשן ורק דנלמד לענין זה מפרשה דרגל. ובביאור הדבר י"ל, דרק במעשה משונה, דמצד זה שהוא מעשה משונה צריך להיות נלמד בפרשה דקרן שבו קבעה התורה סוג מעשה זה לסוג בפנ"ע, ואדרבה אמרי' דמה שהוא משונה וועגט איבער, דזה הוא ועיקר השם מזיק דהוא קרן. ומה"ט י"ל דלמ"ד יש העדאה כו' אי"ז סתירה עם מש"כ רש"י דצרורות דשן נעשה קרן, די"ל דמכיון דהוא משונה צריך להיות נכלל בהכרח בפרשה דקרן.[312]

ג. ביאור הא דאמרי' לעיל ג: דתולדותיהן לאו כיו"ב בחצי נזק צרורות בתולדה דרגל

והנה הנחה זו, דההלמ"מ דצרורות נאמרה רק בפרשת רגל, מדוייקת היטב בסוגיא לעיל ג:, דשם מסקינן דכי קאמר רב פפא דתולדותיהן לאו כיו"ב אתולדה דרגל קאמר, ובחצי נזק צרורות, ע"ש. ולכאו' צ"ב דדין זה דצרורות הרי שייך גם בתולדות דשאר אבות נזיקין, ואמאי נקט הגמ' הך דין ברגל, וע' בשטמ"ק שם בשם הרא"ש בדף ב: שהביא מרבי' יונה, שכבר עמד בזה וכתב, דודאי הדין צרורות נאמר בכל אבות דשור, והא דקאמר כי קאמר ר"פ אתולדה דרגל, משום דתולדה דרגל שכיחא טפי משאר, וכתב לפרש עפי"ז מה דאמרי' בתחילת הסוגיא שם *"יש מהן* לאו כיו"ב" דלכאו' לשון זה צ"ב דהרי לא משכחת לן בגמ' אלא בתולדה דרגל, אך לפי הנ"ל א"ש, משום דג' אבות שנאמרו בשור, צרורות דכולהו לאו כיו"ב, עכ"ד.[313]

אכן בדברי הרי"ף לא משמע כן, דע' בדבריו בדף א. וז"ל, ואסיקנא דכולהו תולדותיהן כיו"ב *בר מתולדה דרגל* ומאי ניהו ח"נ צרורות דהלכתא גמירי לה דלא משלם אלא ח"נ כו'. ולכאו' במש"כ *'דכולהו* תולדותיהן לאו כיו"ב" נכלל גם שן וקרן, וזה לכאו' צ"ב.[314] אכן לדברי רש"י הנ"ל א"ש היטב, דהרי ההלכתא דצרורות נאמרה ברגל דוקא, וכדי להיות נכלל בהאי הלכתא, צריך להיות נלמד בפרשה דרגל. ונהי דיתכן דצרורות בשינוי עדיין נחשב כתולדה דקרן, ומ"מ נאמרה הלכתא דרגל כמשנ"ת, אך הרי לענין מה שנלמד מקרן באמת הוה כיו"ב, ומה דלא הוה כיו"ב הוא בהך חלק דנלמד בפרשה דרגל דהיינו מה דהוה מעשה של כחו, וזה נכלל במאי דאמרי' "בר מתולדה דרגל ומאי ניהו ח"נ צרורות".

---

312 א"ה. ולפי מש"כ לא קשה מידי על ל"ק דרש"י, דצרורות דשן הוה שן גמור, מדברי רב אשי להלן שהסתפק לומר "יש שינוי לצרורות", ואין לומר דכל דברי רש"י גבי שן הם לפי האת"ל דאין שינוי, דמדברי רש"י שם מבואר דאי"ז עיקר הספק של רב אשי, אם צרורות דקרן הוה קרן או רגל. אכן לפי הנ"ל מיושב היטב כמובן.

313 ע"ע בתוס' ר"פ בדף ג: וז"ל, הו"מ למימר נמי ע"י שינוי דהוי תולדה דקרן ולא משלם אלא רביע נזק, אלא משום דבעיא היא לקמן, עכ"ל. וצ"ב דכל זה הוא לענין צרורות דקרן, אך אכתי צ"ב דאמאי לא נקט נמי צרורות דשן, ויתכן דלענין שן לא הוקשה לי' בכלל, ומטעם שכתב הרא"ש בשם רב"י, ורק דהוקשה לו מקרן כיון דשם לא הוי ח"נ אלא רביע נזק, ע"כ. [א"ה. יל"פ בדברי תוס' ר"פ הנ"ל עפ"י מש"כ בדף ג. בטינפה פירות להנאתה, דלא איירי בהטילה גללים, משום דבזה לא נחשב כיש הנאה להזיקה מכיון דלא נהנית מגוף הדבר הניזק, וא"כ באמת לא משכחת צרורות דשן.]

314 א"ה. ולכאו' י"ל בזה עפי"ד תוס' ר"פ המובא בהג"ה למעלה, דלפי"ד נמצא דבשן לא משכחת צרורות, ולענין קרן י"ל, דהנה הרי"ף השמיט הבעיא דיש שינוי או אין שינוי, ובפשטות יל"פ דבריו עפי"ד מש"כ המאירי, דלפי מאי דמסקי' דצרורות תולדה דרגל הוא לענין עליי', נפשט גם ספק הגמ' ביש שינוי לצרורות, דלהלכה ודאי אמרי' אין שינוי לצרורות לח"נ. אלא דבאמת ע' היטב בדבריו ותראה, דס"ל דלפי"ז לא נשנה כל ההלכתא לענין קרן, וכנראה דס"ל דאם אמרי' דצרורות כי אורחי' הם תולדה דרגל, א"כ כל הדין צרורות הוא רק בתולדה דרגל ולא בשאר מזיקין, והוא כעין מש"כ להלן.

עוד י"ל בביאור דברי הגמ' בדף ג: עפ"י מש"כ המגיד משנה לפרש דברי הר"מ בפ"ב מנזק"מ ה"ה–ו[315], דהספק בגמ' אם יש שינוי בצרורות לרביע נזק אינה כמו שפירשו שא"ר דאיבעיא לי' דאפי' אם נאמרה ההלכתא דצרורות בקרן, מ"מ אולי מחמת זה לא נעשית לרביע נזק, דאילו נאמרה ההלכתא בקרן תמה, פשיטא דאינו חייב אלא רביע נזק, וספק הגמ' הוא, אם צרורות בשינוי הם תולדה דקרן או תולדה דרגל. וכתב שם לפרש בדברי הר"מ, דלמ"ד אין שינוי והוה תולדה דרגל, דינא הוא לגמרי כרגל לכל הלכותיה ופטור גם ברה"ר, ע"ש. והיינו דלפי הך צד ליכא כל הדין ח"נ דקרן תמות אלא דין ח"נ דצרורות דממונא הוא (והוא כעין מה דמצינו לר' שמעון בן מנסיא דשור תם שהזיק הקדש חייב נזק שלם, ופשיטא דממונא הוא). ולפי"ז מובן היטב אמאי לא אמרי' התם דתולדותיהן כיו"ב אלא בתולדה דרגל, והוא משום דלענין שאר אבות תלוי באיבעיא דלא איפשיטא אם יש שינוי לצרורות, דיסוד הבעיא הוא אם ההלכתא דצרורות נאמרה רק ברגל וכל מה שנכלל בהך הלכתא הוה תולדה דרגל או לא.

סימן ז

בביאור ספיקא דרב אשי אם יש שינוי לצרורות לרביע נזק[316]

בגמ' יט. בעי רב אשי, יש שינוי לצרורות לרביע נזק או אין שנוי לצרורות לרביע נזק, תפשוט לי' מדרבא, דבעי רבא יש העדאה לצרורות או אין העדאה לצרורות, מכלל דאין שנוי, דלמא רבא את"ל קאמר, את"ל אין שנוי יש העדאה או אין העדאה, תיקו. ע"כ. ובתוס' יח. פירש הוכחת הגמ' מבעיא דרבא דאין שינוי, דאי יש שינוי היכי אתי מרביע נזק לנזק שלם, ע"ש. והגם דסיבת רביע נזק הוא מכח שתי סיבות נפרדות שכ"א מהם שייך בי' דין העדאה, מ"מ זהו דבר שאי אפשר, לילך מרביע נזק לנזק שלם. והנה לדברינו לעיל בסימן ו' דלל"ק דרש"י הצד דיש העדאה לצרורות ס"ל דהוי כקרן תמה בעלמא, וא"כ ליכא מקום לומר יש שינוי בצרורות לרביע נזק כמובן. וצ"ל דספיקא דרב אשי הוא רק לפי הצד דאין העדאה לצרורות, דס"ל דאף בצרורות בשינוי נאמרה ההילכתא, ובזה יש להסתפק אם בשינוי חל דין רביע נזק או לא. אלא דצ"ב דבגמ' לא אמרינן דהאיבעיא דרב אשי היא באת"ל דבעיא דרבא, ר"ל את"ל דאין העדאה לצרורות, יש שינוי או אין שינוי. אלא בגמ' איתא להיפך, דבעיא דרבא הוא באת"ל מבעיא דרב אשי, וזה צ"ב דמהיכ"ת דבעיא דרבא קאי לפי הצד דאין שינוי, והרי עיקר הספק דרבא הוא אם צרורות בשינוי הם בכלל ההילכתא או לא, דאם הם בכלל ההלכתא ולא נפקא מתולדה דרגל, אין להם העדאה, ואם אינם בכלל ההלכתא יש להם העדאה, אך לעולם י"ל דאם הם בכלל ההילכתא דינם הוא לרביע נזק. ולכאו' י"ל בזה, דכוונת הגמ' היא, דאי ס"ל לרבא דעל הצד דנאמרה הלכתא דצרורות בצרורות משונים, דינם הוא ברביע נזק, ואמאי קבע הספק אם יש העדאה או אין העדאה דאינו נוגע אלא בפעם רביעית, והרי הו"ל להסתפק כבר בנגיחה ראשונה, אם נאמרה הלכתא דצרורות ודינא הוא ברביע הנזק, או דלא נכלל בההלכתא ודינא הוא בח"נ כשאר קרן תמה. והגמ' רק רצתה להוכיח מזה, דס"ל לרבא אין שינוי

---

[315] א"ה. ע' בדברי הר"מ שם, וע' בלח"מ ובפרישה סי' ש"צ שפירשו בכוונתו, דספק הגמ' הוא, אם צרורות בבעיטה הוא אורחי' או לא, וכעי"ז הבין הראב"ד בדברי הר"מ בה"ו. אכן באמר"מ כ"ח-ו דקדק מהמ"מ דהבין בכוונת הר"מ דספק הגמ' הוא, אם הגם דהוה משונה, מ"מ הוה תולדה דרגל או לא, וכן הביא הגרב"ד בסי' י"ט בשם הגר"ח בבי' דברי הר"מ. ודע דבענין ספק הגמ' בהיתה מהלכת ברה"ר והתיזה צרורות, גירסת האו"ז ורש"י על הרי"ף היא, דספק הגמ' הוא בבעטה והתיזה, ופירשו דהספק הוא, אם כל צרורות הם תולדה דרגל, ומשו"ה דינו כרגל לפטרי' ברה"ר.

[316] חבורה ג' חלק ג'

לצרורות לרביע נזק, וס"ל דאפי' אם נא' בה הלכתא דצרורות אינו חייב אלא ח"נ, ומשו"ה הסתפק לענין העדאה. ועל זה מסקי' דרבא ג"כ הי' מסופק בזה, אם יש שינוי או אין שינוי, ומכיון דלהצד דאין שינוי לא הי' לו נפק"מ בפעם א' וב' הסתפק בפעם רביעית לענין אם יש העדאה או אין העדאה, וזהו דאמרי' דרבא באת"ל קאמר.

והנה לשון הגמ' מדוייק טפי כפי' התוס' טפי מפירש"י, אלא דלדבריהם עיקר סברת הגמ' צ"ב, דמהיכ"ת דלא אתי מרביע לנזק שלם, והרי הדין רביע הי' מחמת צירוף של שתי סיבות נפרדות ומכיון דהסתפקה הגמ' לומר דיש העדאה בצרורות, נמצא דלכל סיבה וסיבה יש דין העדאה.[317] ולדברי רש"י עיקר סברת הגמ' מובנת היטב.

[ואילו הוה מפרשי' דספיקא דרבא הוא רק לענין פעם רביעית אך בפעם א' וב' וג' פשיטא דלא נאמר בי' ההלכתא, אז מדוייק הגמ' טפי, די"ל דספיקא דרב אשי הי' בזה גופא אם בפעם א' כבר נא' ההלכתא דצרורות או לא, ועל זה מקשי' דמדבעי רבא יש העדאה או אין העדאה, מכלל דלא איסתפק לי' אלא בפעם רביעית, אך בפעם א' וב' פשיטא לי' דלא נאמרה ההלכתא, ומתרצי' דרבא באת"ל קאמר כו', דאת"ל דלא נאמרה ההלכתא בפעם א' וב' וג' מהו לענין פעם רביעית. ונמצא דאיכא שלשה צדדים בגמ', או דנאמרה ההלכתא כבר בפעם הא', או דלא נא' אלא מפעם רביעית ואילך, או דלא נא' ההל' בצרורות בשינוי בכלל. אלא דכבר כתבנו דליכא שום סברא לומר דצרורות בשינוי נכללו בההלמ"מ, ומ"מ הוא רק מפעם רביעית כשנעשה מועד].

והנה לפי מש"כ בבי' ספק הגמ' אם יש העדאה או לא, באמת איכא פק"מ כבר בפעם הא', אפי' את"ל אין שינוי לצרורות לרביע נזק, והוא לר' שמעון בן מנסיא לעיל בדף ז. דס"ל תם שהזיק הקדש חייב נזק שלם, ולר"ע בדף לד. דס"ל דתם שחבל באדם חייב נזק שלם, מהו הדין לענין צרורות. ודבר זה תלוי' בספיקא דרבא אם יש העדאה, דאת"ל יש העדאה והוה כקרן תמה בעלמא, דינא הוא בנזק שלם, אך את"ל אין העדאה ונא' בי' הלכתא ורק דפעם א' וב', ליכא נפק"מ, דלא מצינו תם שישלם פחות מרביע, כה"ג דינו הוא לשלם ח"נ. והא דבעי רבא רק אם יש העדאה הוא משום דלא קיי"ל כוותי'.

סימן ח

בשו"ט דגמ' במחלוקת סומכוס ורבנן בדינא דצרורות[318]

ישוב לקושיית תוס'

עוד בדברי רש"י ותוס' במה שהעירו דלמ"ל לוקמי' רבנן ור"א כסומכוס

בגמ' יח: אמר לך רבא כי כו' בין לרבנן בין ר"א כסומכוס ס"ל דאמר צרורות נזק שלם משלם כו'. דשני ולא אייעד ובפלוגתא דרבי טרפון ורבנן קמיפלגי כו', ע"כ. ובתוס' הקשו, למה דחק לומר כסומכוס, נימא דכולהו ס"ל כרבנן דסומכוס, ולר"א חייב נזק שלם דנלמד מק"ו דר"ט. ותירצו, משום דאי כרבנן א"כ תפשוט דאין שינוי לצרורות לרביע נזק. ועוד, דאי בצרורות כי אורחייהו בשן ורגל יסבור רבי אלעזר ח"נ

[317] א"ה. ע' באבי עזרי פ"ב מנזק"מ ה"ו שהניח דברי התוס' בצ"ע.

[318] חבורה ג' חלק ד

כרבנן, בצרורות ע"י שינוי לא יתחייב נזק שלם אע"ג דסבר כר"ט, דליכא ק"ו, דכיון דבצרורות שן ורגל בחצר הניזק אין משלם אלא ח"נ, גם צרורות דקרן לא ישלם כ"א ח"נ, עכ"ד. וע"ש שכתבו, דלפי"ז ודאי צ"ל דגם בע"א דמוקמי' ר"א כר"ט, כוונת הגמ' הי' דס"ל כסומכוס, דבלי"ז ליכא ק"ו לחייבו בנזק שלם, אלא שלא האריך למעלה כל כך. וכעי"ז כ' רש"י בע"א.

ויש להעיר על זה מלישנא דגמ' בע"א, דכשבא לאוקים ר"א כר"י דצד תמות במקומה עומדת, אמרי' "ולא היא מ"ט מוקמת לה כר"ט משום נז"ש **ר"א סבר כסומכוס דאמר צרורות נזק שלם משלם כו'**", ולפי"ד רש"י ותוס' באמת צב"ק, דאפי' לפי מאי דאוקמי' פלוגתייהו בדשני בהא בגהלת צריכים לומר דס"ל לר"א כסומכוס.[319]

והנה יש לדון לפי ל"ק דרש"י, דלהצד דיש העדאה לצרורות, צרורות בשינוי אינם בכלל ההילכתא, האם הי' שייך לחייבו נזק שלם ברה"י אליבא דר"ט, או דגם בזה הוה אמרי' דליכא ק"ו, כיון דסו"ס שן ורגל ברה"י הוו רק ח"נ בצרורות. ויותר נראה דהי' שייך לומר ק"ו, דהרי אילו אינם צרורות בשינוי ואינם בכלל ההילכתא, הרי הם כקרן תמה בעלמא וכגופו ולא כצרורות, ואמאי ליכא לחייבו נזק שלם מק"ו מרגל בגופו. ולפי"ז י"ל, דבסוגיא בע"א אין צריכים לומר דכוונת הגמ' הי' דר"א כסומכוס ס"ל, דלעולם י"ל דס"ל כרבנן דסומכוס, ורק דס"ל יש העדאה ולא נא' הלכתא דצרורות בשינוי, ויש לחייבו על צרורות בשינוי ברה"ר בנזק שלם מק"ו מרגל בגופו. ורק בסוגיא בע"ב דהגמ' ר"ל דרבא ס"ל דא"א לפשוט מהברייתא את הנידון אם יש העדאה, הוצרכה הגמ' לפרש דס"ל לר"א כסומכוס.

ועפ"י הנ"ל יש ליישב גם את קושיית תוס' ר"פ, דהנה לפי מש"כ התוס' נמצא, דלפי אוקימתא דרבא דאיירי בשני ולא אייעד, כדי לפרש שיטת ר"א דחייב נזק שלם, בעינן לשתי הנחות, הא' דס"ל כסומכוס, והב' דס"ל כר"ט, ואילו הי' סובר רק כחד מהם, הי' דינו בח"נ. ואשר לפי"ז הק' בתוס' ר"פ דמנ"ל להגמ' לאוקים פלוגתת רבנן ור"א בפלו' דרבנן ור"ט, דלמא כו"ע ס"ל כר"ט, ונחלקו בפלו' דסומכוס ורבנן, אם חייב בצרורות נזק שלם, דרבנן דר"א סברי כרבנן דסומכוס, ומשו"ה הגם דסברי כר"ט, מ"מ א"א לחייבו יותר מח"נ וכמש"כ התוס'. וכתב ליישב וז"ל, דא"כ תפשוט מדרבנן דאין שנוי לצרורות לרביע נזק. ודבריו צ"ב, דאפי' אי ס"ל דיש שינוי לרביע נזק, אילו ס"ל כר"ט, דינו הי' בח"נ, דודאי יועיל הק"ו לסלק הדין תמות דקרן ולעשותה עכ"פ כצרורות דרגל ברשות הניזק דדינם הוא בח"נ, וצ"ע.

ולפי מש"כ יש ליישב קו' תוס' ר"פ בטוב טעם ודעת, דהגמ' רצתה לפרש הברייתא בין אם כו"ע סברי יש העדאה, ובין אם כו"ע סברי אין העדאה, והרי אילו רבנן היו סוברים דיש העדאה, אז אי הוו סברי כר"ט אפי' לא היו סברי כסומכוס, הי' חייב בנזק שלם מק"ו מרגל בגופו וכמשנ"ת.

ישוב לקושיית תוס'

והנה התוס בדף יח: בד"ה בין כו' הקשו, ועוד דאי בצרורו' כי אורחייהו יסבור ר"א ח"נ כרבנן בצרורות ע"י שינוי לא יתחייב נזק שלם אע"ג דסבר כר"ט דליכא ק"ו כו', עכ"ל. ומבואר דהוה קשיא להו, למ"ל לאוקים ר"א כסומכוס והרי מחמת ק"ו דר"ט יתחייב בנזק שלם. ומבואר דס"ל דעל צרורות בשינוי חייבין ח"נ ברה"ר אפי' לרבנן דסומכוס, דאל"כ לא הוה קשיא לי' מידי, דלא שייך בי' ק"ו דר"ט. והוא סתירה

---

[319] א"ה. ע' בבמש"כ תלמיד ר"ת ור"א שכבר עמד על זה וכתב בכוונת הגמ' וז"ל, לעולם כדאמרת מעיקרא דר"א כסומכוס ס"ל ולא בפלו' דר"ט ורבנן אלא ר"א ס"ל כסומכוס וס"ל כר"י דצד תמות במקומה עומדת.

גלוי' לדברי מהרש"א להלן בדף יט. על תד"ה במקום כו', שרצה לפרש בדברי התוס' שם, דגרס בבעיא דר' ירמי' דאיירי בבעטה והתיזה, ולפי מסקנת הגמ' אפי' צרורות בשינוי פטורין ברה"ר ע"ש.[320]

והנה תוס' העירו דאמאי צריכים לאוקים רבנן ור"א כסומכוס, ותירצו, משום דאי כרבנן תפשוט דאין שינוי לצרורות לרביע נזק, ועוד דאי ס"ל כרבנן דסומכוס לא שייך שיתחייב נזק שלם ע"י ק"ו דר"ט. וע' בתוס' ר"פ שחלק על שני התירוצים, דמה בכך אי תיפשוט מינה דאין שינוי בצרורות, הא כיון דקיימי להעמיד הבעיא דיש העדאה ואין העדאה, על כרחך את"ל אין שנוי קאמר, כדמוכח לקמן. ועל מש"כ התוס' דליכא למילף מק"ו לחייבו בנזק שלם העיר, דאמאי א"א למילף מרגל גמור לחייבו נזק שלם, דהרי הוא חמור מיני' לענין רה"ר.

והנה עפ"י שיטת הר"מ בסוגיין דיש שינוי לצרורות, מיושב כמין חומר עיקר קושית התוס' בין לרבנן ובין לר"א. דכבר הבאנו בסימן ה' דברי המ"מ בפ"ב מנזק"מ ה"ה, שפי' בדברי הר"מ דלמ"ד אין שינוי בצרורות, צרורות בשינוי הוה תולדה דרגל לכל הלכותיהן בין לקולא ובין לחומרא, דפטור ברה"ר כרגל, וגם דלא נא' בה דין קרן תמה, והדין ח"נ הוא רק מחמת ההלכתא דצרורות. ולפי"ז נראה פשוט, דכמו"כ דינא הוא להשתלם מן העליי' למאי דקיי"ל דצרורות כי אורחי' משתלם מן העליי' הגם דהוא משונה [ע' בהג"ה שם] ולפי"ז י"ל, דאי לאו דאוקמי' רבנן דר"א כסומכוס, הי' נפשט מדבריהם בעיא דרבא דצרורות משתלם מגופו, כיון דבע"כ צ"ל דסברי דאין שינוי בצרורות לרביע נזק, ודין צרורות בשינוי הוא כצרורות כי אורחייהו, דהדין ח"נ אינו משום דין קרן תמה אלא משום ח"נ דצרורות דרגל. וכמו"כ א"א לומר דר"א סבר כרבנן דסומכוס, דהרי בעיא דרבא אם יש העדאה כו' הוא באת"ל דאין שינוי, ולפי הך צד, גם על צרורות בשינוי פטורין ברה"ר, לא שייך ק"ו דר"ט כמובן.[321] ומשו"ה הוצ' לומר דסברי כסומכוס והוה כקרן תמה דעלמא וליכא למיפשט מזה כלום.

והנה כבר דנו האחרו' אם סומכוס לית לי' כל ההלכתא דצרורות, או דס"ל דמחמת ההלכתא הוא דמחייבינן אותו נזק שלם. ולכאו' יש לדקדק מסוגיא הנ"ל דל"ל כל ההלכתא, דהרי לרבנן דגמרי הלכתא דצרורות, בצרורות בשינוי, משתלם מן העליי' וגם פטור ברה"ר, והרי מבו' מסוגיין דלסומכוס חייב ברה"ר וגם משתלם מגופו. אכן יתכן לומר דאפי' את"ל דגם סומכוס אית לי' הלמ"מ בצרורות, ורק דס"ל דחייבו בנזק שלם, מ"מ הק"ו הוא רק בתורת גילוי מילתא בעלמא דכוחו הוה ממש כגופו, ולדידי' צרורות בשינוי

---

[320] א"ה. ע"ש בנימוקי הגרי"ב מש"כ להגי' בדברי מהרש"א, ובאמת ע' בתוס' ר"פ שם שכ' כדברי התוס' והרי הוא גרס להדיא שם דאיירי רק בצרורות כאורחי'. וע' בסימן יא אות ד' מש"כ ליישב דברי מהרש"א.

[321] א"ה ע' באמר"מ כ"ח-ו שהוכיח מדברי רש"י שהעיר, דלמ"ל לאוקים ר"א כסומכוס, דבע"כ ס"ל דצרורות בשינוי הם תולדה דקרן וחייבין ברה"ר, עכ"ד. אכן לפי"ז יהי' מוכרח לפרש לקמן בבעיא דר' ירמי' דאיירי רק בצרורות כי אורחי', וזהו דלא כמש"כ בתוס' ר"פ משמי' דרש"י, וכן הוא ברש"י על הרי"ף, דאיירי בצרורות בשינוי. והנה לפי מש"כ למעלה נמצא דבאמת לפי מה שהסתפק רבא לומר דיש העדאה, ודאי הי' חייב ברה"ר ודלא כר' ירמי', דהספק של רבא והספק של ר' ירמי' הם אותו ספק. ורק דמ"מ קשה, דמה"ט גופי' לכאו' א"א לוקמינהו כרבנן דסומכוס, כיון דלפי הצד דאין העדאה והוה רגל, לא הי' שייך ק"ו דר"ט, ובע"כ הי' נפשט מזה דיש העדאה.

והעירוני לדברי רש"י בכת"י המובא בספר המפתח עמוד תקצ"ב טור ב', שהעיר שם, דאמאי צריכים לאוקים ר"א כסומכוס, וכ' ליישב וז"ל, תריץ על כורחי' כסומכוס מוקי להו, דאי כרבנן תיפשוט לי' חדא מיבעיא דאי טעמא דמגופו משום דשני, אבל כי אורחי' מעליי' משלם, תיפשוט דמשום דשני נפיק לי' מדין צרורות והו"ל כי קרן, וכיון דכי קרן הוא יש העדאה, עכ"ל. והיינו דכבר ביארנו דספיקא דרבא אם יש העדאה, הוא אם הוה כתולדה דרגל או כתולדה דקרן, וא"כ ממנ"פ, אי ס"ל אין העדאה והוה תולדה דרגל, יהי' מוכרח דגם צרורות כי אורחי' משלם מגופו, ואי צרורות כאורחי' משלם מעליי', יהי' מוכרח דצרורות בשינוי הם תולדה דקרן ואין העדאה. ובאמת הו"ל לומר דאי אין העדאה לא שייך ק"ו דר"ט, כיון דפטור ברה"ר, ורק כיון דרבא גופי' לא הסתפק להדיא, דלענין רה"ר לא כתב כן. ולפי"ז נ' דרש"י שלפנינו קאי רק כל"ב ברש"י לעיל, ולפי"ד סוגיא להלן באמת איירי בצרורות כאורחי', כמבו' ברש"י סוד"ה והזיקה ברה"ר.

הוי כגופה בשינוי. ורק לרבנן דדינו הוא בח"נ והוה מעשה מזיק בפנ"ע, שייך לומר דאפי' צרורות בשינוי יש לה דיני רגל.

עוד בדברי רש"י ותוס' במה שהעירו דלמ"ל לוקמי' רבנן ור"א כסומכוס

בגמ' יח: אמר לך רבא כי כו', בין לרבנן בין ר"א כסומכוס ס"ל דאמר צרורות נזק שלם משלם כו' דשני ולא אייעד, ובפלוגתא דרבי טרפון ורבנן קמיפלגי. ע"כ. והנה עיקר תירוץ הגמ' הוא, דאיירי בדשני ולא אייעד, ומה דס"ל לר"א דחייב נזק שלם, הוא משום דס"ל כר"ט, וא"כ למ"ל למימר דסברי כסומכוס. וע' ברש"י וז"ל, וניחא לי' לרבא לאוקמינהו לרבנן ור"א כסומכוס, דאילו לרבנן לא פסיקא לי' לאוקמי להא בצרורות ע"י שינוי, דכיון דבכי אורחי' ס"ל לרבנן דפליגי עלי' דסומכוס דח"נ הוא דמשלם ותו לא, דלמא בצרורות ע"י שינוי ס"ל דיש שינוי לרביע נזק כו', עכ"ל. וכעי"ז כתבו התוס' בתי' הא', ע"ש דז"ל, וא"ת ולמה דחק לומר כסומכוס ס"ל, וי"ל משום דאי כרבנן א"כ תפשוט דאין שינוי לצרורות לרביע נזק. ועוד, דאי בצרורו' כי אורחייהו יסבור רבי אלעזר ח"נ כרבנן, בצרורות ע"י שינוי לא יתחייב נזק שלם אע"ג דסבר כרבי טרפון דליכא ק"ו, דכיון דבצרורות שן ורגל בחצר הניזק אין משלם אלא ח"נ, גם צרורות דקרן לא ישלם כ"א ח"נ, עכ"ל.

והנה בפשטות הי' נראה, דסברת רש"י היא רק לרבנן דר"א, דאילולי דסברי כסומכוס הי' מוכרח מדבריהם דאין שינוי בצרורות לרביע נזק, אכן לר"א דס"ל כר"ט דחייב נזק שלם, אי"ז יישוב, דהרי יסוד הקושיא הוא דנילף מרגל דעלמא דפטורה ברה"ר וחייבת נזק שלם ברשות הניזק, וא"כ אפי' אם צרורות בשינוי משלם רק רביע נזק ברה"ר, מ"מ הוא יותר חמור מרגל ברה"ר דפטורה ולא משלם כלום, ושפיר איכא למילף מק"ו דברשות הניזק משלמת נזק שלם. וכן מבואר להדיא בתוס' ר"פ דמש"כ רש"י הוא רק טעם אמאי בעי' לאוקים רבנן דר"א דסומכוס, ע"ש. ובטעמא דמילתא אמאי בעי' לאוקים ר"א עצמו כסומכוס, בפשטות צ"ל כדברי התוס' בתי' השני, דליכא למילף צרורות דקרן אלא מצרורות דרגל ולא מרגל עצמה, וא"כ אי ס"ל כרבנן דסומכוס לא הי' שייך לחייבו נזק שלם מכח ק"ו.

ולפי"ז לכאו' צ"ל בביאור דברי התוס', דמש"כ בתחילת דבריו הוא רק לדברי רבנן, ומש"כ "ועוד כו'" הוא תירוץ על דברי ר"א. והגם דודאי משמע דלא הוצרך לה"ועוד" ליישוב עיקר הקושיא, היינו משום דכיון דצריכים לאוקים רבנן דר"א כסומכוס, אמרי' דגם ר"א ס"ל הכי, הגם דליכא הכרח לזה, ושוב כ' "ועוד כו'" דאיכא הכרח בדברי ר"א עצמו לומר דסבר כסומכוס. אכן מדברי התוס' לא משמע הכי, דהרי בה"ועוד כו'" כ' בפירוש דתירוצו הוא לר"א, וא"כ מסתימת דבריהם בתי' הא' נראה, דהתי' הוא גם לר"א עצמו, אלא דזה צ"ב כמשנ"ת.

והנה בדברי רש"י ליכא למימר דבאמת ליכא הכרח לומר דר"א סבר כסומכוס, ורק דכיון דבע"כ צריכים לאוקים רבנן כסומכוס כבר אוקמי' גם ר"א כסומכוס, דעי' רש"י להלן בד"ה דדחיק לי' עלמא כו', שהעיר דלהלן מוקמי' ר"א כרבנן דסומכוס, והק' רש"י דכבר הוכחנו דר"א ס"ל כסומכוס, וכ' שם ליישב וז"ל, בעל כורחיה ההיא דלעיל מוקמי' כדאוקימנא ברישא כדשני בגחלת ובפלוגתא דרבי טרפון ורבנן ובמקום גחלת ולא בשאר הגדיש, והא דשני רבא בין ר"א בין רבנן כסומכוס סבירי להו, דחויי הוא דקא מדחי, מפי מורי עכ"ל. והרי אילו ליכא הכרח לומר דר"א עצמו ס"ל כסומכוס וכל הא דאוקמי' ר"א כסומכוס הוא אגב דרבנן, למ"ל לדחוק בזה. ובפשטות צ"ל בדברי רש"י דהא דבעי' לאוקים ר"א כסומכוס הוא מטעם שכ' התוס' בתי' השני, ורק דהוקשה לי' לרש"י, דאמאי בעי' לאוקים גם רבנן דר"א כסומכוס, וזהו דלא כפשטא דלישנא דרש"י, דמשמע דקושיתו הי' גם על ר"א עצמו, וז"ל וניחא לי' לרבא לאוקמינהו לרבנן ור"א כסומכוס.

ואולי י"ל, דלעולם כוונת רש"י והתוס' בתי' הא', ליישב גם ר"א עצמו, וסברי להו דאילו ברה"ר אין משלם אלא רביע נזק, לא הי' שייך לחייבו ברה"י מכח ק"ו אלא ח"נ ולא נזק שלם. ונהי דמצד עצם הק"ו הי' שייך למילף דין דנזק שלם, דהוה ילפי' מק"ו דרגל דחומר דקרן ברשות הניזק מועיל לסלק בין הדין דקרן תמה ובין ההלכתא דצרורות, אך בזה הי' שייך דין "דיו", והי' נחשב כ"דיו היכא דלא מיפרך ק"ו", דגם לר"ט אמרי', דהוה אמרי' דילפי' מכח הק"ו דהחומר דקרן ברשות הניזק מועיל לסלק הדין דקרן תמה, אך לענין לסלק ההילכתא דצרורות, הוה אמרי' דיו. וכל זה כמובן הוא רק אילו אמרי' יש שינוי כו', דלפי"ז הי' מועיל הק"ו בכדי לחייבו ח"נ, אכן אילו אמרי' אין שינוי, נהי דיתכן דבכדי לחייבו נזק שלם בעי' למילף מכח הק"ו דהחומר דקרן ברשות הניזק מועיל לסלק בין הדין דקרן תמה ובין ההילכתא דצרורות, אך לענין זה לא הי' שייך המדה ד"דיו", דהוא דיו היכא דמיפרך ק"ו, כיון דבלא"ה הי' ג"כ חייב ח"נ. וכל זה הוא דלא כמש"כ בתוס' ר"פ, דתי' זה דרש"י הוא רק יישוב על שיטת רבנן ולא על שיטת ר"א. וראיתי דכעין מש"כ אי' בשטמ"ק מתלמידי ר' ישראל, אך כ' שם דהוה ילפי' מכח הק"ו דחייב שלשה רביעי נזק והוה אמרי' דיו שלא לחייבו נזק שלם, ומכיון דלא מצינו תשלום דג' רביעי, הי' חייב רק ח"נ ע"ש, ודבריו צ"ע.

סימן ט

הערות בסוגיא דצרורות יח:[322]

א. הערה על רש"י

ב. הערה על תוס'

ג. הערה על תוס' בדין העדאה לצרורות

א. הערה על רש"י

ברש"י יח: ד"ה כי לית לי' דיו היכא דמפריך ק"ו כו' כגון אי הוה אמרינן דיו דלא משלם אלא פלגא מאי אהני לן ק"ו הא מקרא נמי שמעינן דברשות הניזק לא גרע **דהא בקרא דנגיחת תם לא כתיב רה"ר כו'**, עכ"ל, ומבואר מדבריו, דאי הפסוק דנגיחת תם הי' איירי ברה"ר, לא הוה מצינו לחייבו ברשות הניזק אלא בק"ו. ודבר זה צ"ע, דבשלמא אי הוה כתיב בתורה החיוב לענין רשות הניזק, אז לא הוה ידעי' דגם ברה"ר חייב אלא ע"י דרשה מיוחדת, דאולי לא חייבתו התורה אלא בעבור מעשה מזיק ד"ובער בשדה אחר", דמה שהיזק הי' ברשות הניזק הוה סיבה יותר לחייבו, אכן אילו הוה כתיב בתורה בהיכ"ת דרה"ר, למ"ל למילף רשות הניזק בדרשת ק"ו, וכי בעי' מקור לכל רשות ורשות. ויש להוסיף על זה, דרשות הרבים הוה ג"כ "רשות הניזק", אלא שיש לו סיבה נוספת לחייבו, מה שהוא מעשה מזיק ד"ובער בשדה אחר", דכל החפצא דהיזק ברה"ר הוא רק זה דהוא מעשה מזיק בעלמא בלי ההוספה דהוא מעשה ד"ובער בשדה אחר". ואין לומר דכוונת רש"י היא, דאילו הי' כתוב בתורה רשות הרבים באופן דיש לן לדרוש זה בתורת "מיעוט", אז הוה בעי' למילף מק"ו לחייבו ברשות הניזק, דלזה באמת לא הי' מועיל ק"ו. אלא כוונתו היא דאילו

[322] חבורה ד' חלק א'

המשל בהתורה הי' רה"ר, לא היינו יודעין שחייב ברשות הניזק אלא ע"י ק"ו, וזה לכאו' תמוה, ובאמת עי' בפי' הר"ח לקמן כה. שלא הזכיר זה דבקרא לא כתיב רה"ר, אלא זה ד"רשות הניזק לא גרע מרה"ר".

ב. הערה על תוס'

בגמ' יח: כי לית לי' דיו היכא דמיפרך ק"ו, היכא דלא מפריך ק"ו אית לי' דיו, ע"כ. ודרש הק"ו לחייבו נזק שלם ואמרי' דיו לענין שמשתלם מגופו. וע' בתד"ה היכא כו' וז"ל, וא"ת ונימא איפכא ק"ו לשלם מן העלייה ודיו לח"נ, וי"ל דהכי שפיר טפי, דכי אמר דיו לענין מגופו, לא משנינן מח"נ כלל מכמו שהיה, אלא שאנו מוסיפין עליו עוד ח"נ אחר כו', ובכל צד שאנו יכולין לעקור קל וחומר ולקיים דיו, יש לנו לקיים, עכ"ל. ולכאו' יש להעיר, דהנה אנן קיי"ל דפלגא נזקא קנסא, ודבר זה נלמד בההלכותיה של ח"נ דקרן תמה, דכיון דמשלם פחות ממה שהזיק, מפרשי' דהוא דין קנסא, אכן תשלום שהוא כמו שהזיק ודאי דהוה ממון. וכן מבואר בדברי הר"מ פ"ב מנזק"מ ה"ח וז"ל, זה הכלל כל המשלם מה שהזיק, הרי זה ממון וכל המשלם יתר או פחות, כגון תשלומי כפל או חצי נזק, הרי היתר על הקרן או הפחות, קנס כו', עכ"ל. דהנה היכא דהתשלום הוא יותר ממה שהזיק ודאי הוא קנס, ורק היכא דהוא פחות ממה שהזיק יש לפרש זה בשני אופנים, או דהוה פטור בעלמא, או דהוא דין קנס, ומ"ד פלג"נ קנסא, ס"ל דמכיון דלולי חי' התורה הוה נקטי' דקרן תמה לא הוה מזיק, מכיון דבחזקת שימור קיימא, משו"ה מסתבר לפרש דהדין ח"נ הנאמרה בהלכותיה של קרן הוא ח"נ של קנס.

ונראה פשוט דהא דלמ"ד שור תם בחזקת שימור קיימא, תשלומי נזקו הוה קנס, והוא רק מכח הלכותיה של קרן, דנהי דמסברא לא הי' מחוייב כלל, אך מאחר שהתורה חידשה לן דיש לשור תם תורת מזיק, הי' מן הראוי להיות חייב נזק שלם ממונא כשאר מזיקין, ורק דבהלכותיה של קרן נא' דשור תם אינו חייב אלא ח"נ, ומפרשי' דהך דין ח"נ הוא קנס. אכן לו יצוייר דשור תם יהי' חייב נזק שלם, וכגון בחבל באדם לר"ע [כמבואר להלן לד.] או בהזיק הקדש ואליבא דר' שמעון בן מנסיא [לעיל ה.], הך תשלומין הוי ממון ולא קנס,[323] דמאיזה סיבה נימא דהוא קנס ולא ממון, והרי יש לו תורת מזיק ומשלם כמו שהזיק.

[ונראה דזה הביאור בדברי מרן רי"ז הלוי הל' נזק"מ, דלו יצוייר דבר שהוא משונה שלא הי' עלה תורת קרן, הוה ילפי' משור תם דחייב נזק שלם, והיינו משום דבעיקר הדין מזיק שחידשה לן התורה בשור תם, נכלל בו סיבה להיות חייב נזק שלם ממונא, ורק דמהלכותיה של קרן אינו חייב אלא ח"נ קנסא, ולזה בעי' השם קרן].

ולפי"ז יש להעיר על דברי התוס', דלכאו' לר"ט דס"ל דמשלם נזק שלם בחצר הניזק, הך דין תשלומין הוא ממון ולא קנס, והגם דהדין תשלומין הוא מוגבל לגבות מגופו, אך ודאי נחשב כתשלום "כמו שהזיק". וא"כ צ"ב מש"כ התוס' דכי אמר דיו לענין מגופו לא משנינן מח"נ כלל, דנהי דמשתלם מגופו אך נשתנה מקנס לממון. ואולי י"ל דמה שנשתנה מקנס לממון, לא נחשב שינוי בגוף התשלום הגם דבאמת איכא נפק"מ לדינא. אכן יתכן לומר דהגם דכל היכא דמצינו דין נזק שלם, ודאי מפרשי' דהוא ממונא ולא קנסא,

---

[323] ובזה מתיישבת קושית הגראב"ו בקובץ ביאורים לעיל ה. אות ג' וז"ל, אי ר"ע ליתני תרי גווני שור וכו', דתנן ר"ע אומר אף תם שחבל באדם משלם במותר נזק שלם. וקשה לי, אף אי סבר ר' עקיבא תם שחבל באדם משלם נ"ש, מ"מ קנסא מיהא הוי, דהא סתם שוורים בחזקת שימור קיימי, וא"כ מאי פריך וליתני שור שחבל באדם, הא בקנסא לא מיירי. וצ"ל שקושית הש"ס היא אליבא דמ"ד פ"נ ממונא, ודוחק, עכ"ל, אכן להנ"ל א"ש בפשיטות, והוא קצת הכרח לדברינו. והנה בדברי הגמ' שם הי' שייך לדחוק, דהו"ל למיתני שור שחבל באדם בשן ורגל, מכיון דרואים בתם דאזיק אדם דיש לו דינים שונים. אכן מדברי רש"י ותוס' שם מבו' להדיא לא כן, ע"ש במש"כ בבי' תי' הגמ' דתברי' ר"ע לגזיזי'.

אכן לר"ט דהדין נזק שלם בחצר הניזק נלמד מק"ו דקרן תמה ברה"ר, י"ל דהדין דיו יכול לגרום דהתשלום ישאר קנסא ולא ממונא הגם דהוא תשלום "כמו שהזיק". [324]

ג. הערה על תוס' בדין העדאה לצרורות

גמ' יח: בעי רבא, יש העדאה לצרורות או אין העדאה לצרורות. וברש"י ד"ה אלא כו', הביא שני לשונות בזה, דלל"ק הספק הוא רק בצרורות ששינה בהן, אך בצרורות כי אורחי' פשיטא דלא שייך דין העדאה. ולל"ב הספק הוא בצרורות כי אורחי', ולפי הגירסא שלפנינו סיים רש"י שפי' זה הוא העיקר, אך העיר עלה וז"ל, אבל קשה לי, כיון דמעיקרא הוי אורחי' ואפי' הכי ח"נ משלם, מה לי חד זימנא מה לי מאה זימני, עכ"ל. ובתוס' בע"א בד"ה במועד בסו"ד כתבו על קושיא זו, דלאו פירכא היא, דכיון דדמיי' רחמנא לקרן בחצי נזק, שייכא בי' העדאה, עכ"ל, והגם דענין העדאה בקרן הוא משום דבלי"ז יש לו פטור תמות, וע"י ההעדאה חל עליו דין מועד, וברגל הא דחייב ח"נ בפעם ראשונה אינה משום פטור תמות, אלא משום פטור צרורות, אך סו"ס יש למילף דע"י העדאה נתבטל הפטור.

והנה עי' בתוס' להלן כד: בסוד"ה במכירין כו' שהסתפק הר"י בנגח ג' שוורים של הפקר או של כנעני או של עצמו, האם נעשה מועד עי"ז, או"ד אין העדאה מועלת אלא בבני חיוב, ע"ש. והנה בשור תם מובנים צדדי הספק, דהרי עיקר ההעדאה הוא בכדי לידע שאורחי' הוא בכך ולכן איכא סברא גדולה לומר דלא ניבעי נגיחות של חיובא דסו"ס ידעי' ע"י הג' נגיחות שאורחי' בכך, ורק דמ"מ יש מקום לומר דמכיון שחל עלה דין תמות איכא גזה"כ של סדר העדאה, ומחמת זה בעי' נגיחות של חיוב.

והנה יל"ע למאי דמסיק התוס' דרבא הסתפק בצרורות כי אורחי' דיהא שייך בזה העדאה, האם גם הכא יש להסתפק ולומר דלא ניבעי מעשה מזיק של צרורות להעדאה, אלא כל שהותז צרורות ג' פעמים מתחת רגלי' ושברה כלים אפילו של עצמו, חייב. ונראה בפשיטות דבצרורות פשיטא דבעי' המעשה מזיק של צרורות, דמה ניתוסף ע"י ג' עובדות של התזת צרורות, דהרי כבר ידעי' מציאותו דדרכו להתיז צרורות, וכל מה שיש להסתפק דלא ניבעי נגיחה של חיוב הוא רק בשור תם דאפי' בלי נגיחות של חיוב ידעי' על ידם שאורחי' ליגח. ואשר לפי"ז צ"ב מה הספק בתוס', דהרי אם ליכא דין בשור תם דניבעי מעשה מזיק של נגיחה, ליכא מקום למילף לצרורות דניבעי מעשה מזיק של צרורות, ואם ילפי' משור תם לצרורות, בע"כ דבשור תם גופי' בעי' נגיחות של בני חיוב, וצ"ע.

---

[324] א"ה. והר"ר יחזקאל האזענפעלד שליט"א העיר לדברי התוס' להלן מה: סוד"ה לא כו' שהוצרכו לפרש דע"י צד תמות במקומו עומדת לא אמרי' דהפלג"נ הוא קנסא ולא ממונא, וע"ש בגלהש"ס. ומבואר דהי' מקום לומר, דהך דין דצד תמות כו' יכול לגרום שח"נ יהי' קנסא הגם דחייב נזק שלם, וא"כ יתכן לומר דע"י הדין דיו שייך שיהא קנסא. וראיתי ברש"ש לקמן כד: שכ' וז"ל, למ"ד פלג"נ קנסא, נסתפקתי לר"ט בחצר הניזק דמשלם נ"ש אי ממונא הוא או קנסא. ולכאו' נראה דהוי קנסא, חדא דכל מה שאנו יכולין לומר דיו אמרי', כמ"ש התוס' לעיל יח: ד"ה היכא, שנית זיל בתר טעמא משום דבחזקת שמור קיימי, א"כ בחצר הניזק נמי, אבל קשה לפי"ז איך ילפינהו משן ורגל דהא ממונא וקנסא לא ילפי מהדדי, עכ"ל. ולכאו' לפי הטעם השני, גם תם שחבל אדם לר"ע ותם שהזיק שור דהקדש לר"ש בן מנסיא, הוו קנסא ולא ממונא.

סימן י

בחילוק בין היזק דגופו להיזק דכוחו[325]

בבי' החילוק בין היזק דגופו להיזק דכוחו

בשיטת הרי"ף ובדברי הרשב"א והרא"ש במה שהביא ברייתא דרמי בר יחזקאל

בבי' החילוק בין היזק דגופו להיזק דכוחו

בגמ' יח: ת"ש בהמה שהטילה גללים כו' סד"א הואיל ובתר גופי' גרירין כגופי' דמי, קמ"ל. ולכאו' הו"א זו תמוהה, דמאי יהני לן מה דבתר גופי' גרירין שיהא נחשב להיזק דגופו, דהרי החילוק בין כוחו לגופו הוא בעיקר צורת המעשה מזיק, והרי להלן מד: גבי בשור שהי' מתחכך בכותל ונפל על האדם, אמרינן דהיכא דקאזיל מיני' מיני' נחשב כמזיק של גופו. והגם דההיזק הי' ע"י הכותל שלא הי' מחובר להבהמה, נחשב כצורת מעשה מזיק של גופו. ונראה דה"ה להיפך, דהגם שההיזק הי' ע"י דבר שנחשב "גופו" ע"י מה שמחובר לגופו, היכא דהי' בצורת מעשה מזיק של כוחו, נחשב לכוחו ולא לגופו. והנה דברי הגמ' הן הו"א בעלמא, אבל יותר מזה מצינו לעיל יז: בדברי התוס' שם, דחמור במשאו כיון דלא מהודק ומחובר כבשאר בהמה ס"ד דלא הוי מגופו, וי"ל דהוא רק הו"א בעלמא.

אכן כעין קושיא זו יש להעיר על דברי הר"י מיגש אליבא דאמת, דע' בדבריו לעיל ג. שפי' דהא דאמרי' דבטנפה פירות להנאתה הוה תולדה דשן ולא הוי צרורות, הני מילי היכא דהויאן גללים לחין ומחוברין בגופה ושותתין ויורדין כמימי רגלים על הפירות, דומיא דאמרי' בע"ז הניצוק והקטפרס חיבור, עכ"ד, וצ"ב דלכאו' הדין כוחו וגופו לענין שור המזיק אינו תלוי אם יש לו דין חיבורין כדין חיבורי טומאה, אלא הוא דין בגוף צורת המעשה מזיק, וא"כ מה מועיל אם חלק זה של הגללים יש לו דין חיבור עם הגוף ויש לו תורת "גופו", סו"ס צורת המעשה הוא מעשה מזיק של כוחו.[326]

---

[325] חבורה ד' חלק ב

[326] א"ה. לקמן דף לא. דיש ראשונים דסברי, דאם שוכב באמצע רה"ר בפשיעה והוזק א' בו, דחייב מדין אדם המזיק. והנה בסוגיא דדף לא. מבואר דהיכא דפרה רבצה ובא א' ונתקל בה והוזק, הי' מן הראוי לחייב בעל הפרה אי לאו דמצי א"ל איבעי לך לסגויי באידך גיסא. ועי' באבהא"ז פ"ב מנזק"מ ה"כ שכתב, דהי' חייב מדין שור, ובי' הדבר הוא דכל היכא דהזיקא בגופה, אפי' בלי שום מעשה, חייב מדין מזיק [עי' מש"כ בבי' הדבר בסוף חבורה י"ב]. ולכאו' לפי"ז יתכן לפרש דהו"א דבגללים נחשב כגופו ממש ושייך הך דין דפרה רבוצה. ואמר לי מו"ר, דאולי בסוגיין יל"פ הכי, אך ע"י הדין חיבור דניצוק קשה לומר שיהי' שייך הך דין דפרה רבוצה, וכמו שבפשטות נ' דאילו הי' שליף ע"ג פרה רבוצה, והוזק ע"י השליף, א"א לחייבו על ההיזק מדין שור אלא מדין בור, דלענין זה א"א לדון עם התורת חיבור, וכמו שא"א לדון כן בדאדיי' אדויי בדליל. [אכן דע דבברכ"ש סוס"י ט"ז מובא בשם הגר"ח, דלא שייך לחייבו בשור מחמת זה ד"גופו הזיק", אלא בעי' מעשה בגוף השור לחייבו, ודלא כדברי הגרא"ז, וגם מדברי מהר"י באריט והחשק שלמה מבו' שלא הי' שייך לחייבו משום שור בכה"ג, ובאמת כן אי' להדיא בתלמיד ר"ת ור"א ובמאירי לא. דחיובו הי' מדין בור ולא מדין שור ודלא כהגרא"ז].

שוב הערתי, די"ל בבי' דברי הר"י מיגש דהכא ההיזק לא נעשית בצורת כוחו, דמה שהמי רגלים מזיקים הוא מחמת עצם הוויתן והיינו מחמת זה שהם רטובים, ומכיון דהם מחוברים לבהמה וכגוף הבהמה דמו, אמאי לא יתחייב משום "גופו". והשיב לי דאילו הוה אמרי' דהעיקר אחריות דשמירת ממונו חלה על הקטפרס חיבור, דהי' נידון כבהמה שנתפטמה אז כנים היו דברי, אך נ' דעיקר הדין שמירת ממונו הוא רק על גוף הבהמה, ורק דנחשב שהבהמה הזיקה בגופה מחמת זה דמחובר להגוף, ומכיון דלא אתיא להקרקע אלא ע"י כוחו, א"א לחייבו מחמת הדין שמירת ממונו של הבהמה מכח הדין "היזק גופו" אלא מכח הדין ד"היזק כוחו" עכ"ד.

והנה ראיתי בפנ"י כב. על דברי הגמ' בשלמא למ"ד אשו משום חציו כו' ע"ש באד"ה ומעתה כו' וז"ל, דלא שייך לומר כאן כיון שאין דבר הניזק במחובר לגופה הו"ל צרורות, דהא ליתא, דכיון דחשבינן לבהמה ומשאוי שעלי' גוף א' ושמירת שניהם מוטלת על בעל הבהמה כו'" ע"ש בכל

וכעין קו' זו ילה"ע על דברי הי' הראב"ד לעיל בדף יז:, דהנה לקמן יט: מסקי', דהא דחייב ח"נ בדליל, איירי בדאדיי' אדויי. ופירש"י שזרק התרנגול הדליל ושיבר בזריקתו כלים דהוו צרורות, ע"ש. והיינו דהגם דהי' קשור להתרנגול, מ"מ נחשב ככוחו ולא כגופו והוא כמשנ"ת. אכן ע' בחי' הראב"ד שם פי', דהגם דאיירי בדאדיי' אדויי נחשב גופו ולא כוחו, כעגלה מושכת בקרון והא דמשלם ח"נ הוא משום דמשונה הוא זה, ולכאו' גם על דבריו ילה"ע כעין קו' הנ"ל. אכן עי' לקמן יט: בחי' הראב"ד שפי' דאדיי' אדויי, ר"ל דבהדי דקאזיל מזיק, ולפי"ז ל"ק מידי כמובן.[327] ועכ"פ מבו' מדברי הגמ' דזה דבהמה שהטילה גללים הוה צרורות ולא גופו, הוא חידוש דין. עוד מבו' בגמ', דבעלמא נידון זה כמעשה משונה ורק היכא דדחיק לה מילתא נחשב כאורחי', ודבר זה מובא בטושו"ע. אכן יש יש לתמוה טובא על הר"מ שהשמיט כל הך דינא דבהמה שהטילה גללים לעיסה, וצ"ע.

בשיטת הרי"ף ובדברי הרשב"א והרא"ש במה שהביא ברייתא דרמי בר יחזקאל

גמ' יח: תא שמע דתני רמי בר יחזקאל, תרנגול שהושיט ראשו לאויר כלי זכוכית ותקע בו ושברו, משלם נזק שלם. ואמר רב יוסף אמרי בי רב, סוס שצנף וחמור שנער ושיבר את הכלים משלם נזק שלם כו'. ובפלוגתא דסומכוס ורבנן קמיפלגי, והא משונה הוא דאית ביה בזרני, ע"כ. וע' ברי"ף שהביא מימרא דרמי בר יחזקאל והוסיף, והוא דהוו בי' ביזרני אבל לא הוו בי' ביזרני משונה הוא וחצי נזק הוא דמשלם, עכ"ל. ובעה"מ ושא"ר תמהו על דבריו, דמאחר דמסקי' דהך ברייתא ס"ל כסומכוס, אמאי הביאה הרי"ף להלכה. וע' ברשב"א שכתב, דס"ל דהשתא דמוקמינן דאית ביה ביזרני ואורחיה הוא, לאו צרורות הוא אלא בשברו בגופו כיון שהכניס ראשו בתוכו, עכ"ד. וצ"ע דא"כ אמאי דבר זה תלוי באית בי' ביזרני, והרי מבו' מדבריו דמה שהכניס ראשו בתוך הכלי גרידא לא הוה סיבה שיחשב גופו ולא כוחו, והכי מסתברא דודאי אילו בהמה תכניס את ידה לתוך אויר הכלי ותזרוק אבן בה הוי כוחו ולא גופו, וא"כ צ"ב דמה מועיל זה דאית בי' ביזרני, וצ"ע.

ע"ע ברא"ש בסי' ב' שכ' לפרש דברי הרי"ף באופ"א וז"ל, וצ"ל כי גם רב אלפס ז"ל מודה דאין הלכה כרמי בר יחזקאל כו', אלא הביא דברי כולם להודיענו דבכל כה"ג חשיב כוחו כגופו והוי צרורות כו', עכ"ל. ומבו' מדבריו דהו"א דכה"ג לא נחשב כוחו כגופו ופטור, קמ"ל דאפ"ה חייב. והנה ידוע מש"כ בברכ"ש [יט–ב] דהא דהסתפק רבא לומר דבנזקי שור לא אמרי' כוחו כגופו, אי"ז מחמת דחסר בהתורת

דבריו, הרי להדיא דחל דין שמירה על גוף השליף ודלא כמו שנקט הגרש"מ, וכמו"כ י"ל בענין קטפרס חיבור, והערתי לרבינו לדברי הפנ"י הנ"ל, והניח בצ"ע.

[327] א"ה. אכן עי' בב"ח בסי' ש"צ ס"ק ג', שלא נקט הכי, דע"ש בטור שהביא הך דין דדליל ד"זרקה ושבר בה את הכלי משלם חצי נזק, דכ' שם הב"ח וז"ל, כלומר דאם לא הי' קשור בגופו, אלא נטלו וזרקו. אי נמי אפילו קשור בגופו אלא בזריקתו נתלש מגופו והזיק, הוה לי' צרורות ומשלם ח"נ מן העליי', עכ"ל. ועי' בחזו"א ה-יד שג"כ נקט הכי מעצמו. וכן נ' להוכיח מדברי הראב"ד עצמו, דהנה עי' לקמן כב. בסוגיא דאשו משום חציו, דמקשי' על ר"ל מכלב שנטל חררה והדליק את הגדיש, דחייב על הגדיש ח"נ, דאמאי חייב על הגדיש והא אש דכלב הוא, ומתרצי' דאיירי בדאדיי' אדויי, דעל מקום הגחלת חייב ח"נ ועל שאר הגדיש פטור. ופירש"י דאדיי' אדויי. שזרקו, עכ"ל. וע"ש בפי' הר"ח שפי' דאיירי בשינוי. ועי' בחי' הראב"ד וז"ל, הב"ע בדאדיי' אדויי. אין אנו צריכין לפרש שיהא בה שינוי, אלא דרך אכילת החררה נתזה הגחלת ושרפה מקום נפילתה והלכה ודלקה משם ואילך כו', עכ"ל. וצ"ב דא"כ אמאי פי' בדליל דהוא משום שינוי, ובע"כ דהתם צריכים לפרש הכי, מכח סברת הב"ח, והכוונה של אדייה אדויי הוא "בהדי דקאזלה", ובסוגיא דדף כב. הכוונה הוא "דרך אכילת החררה נתזה הגחלת". אך דע דמסתימת כל הפוסקים לא משמע כדברי הראב"ד והב"ח והחזו"א, אלא כמש"כ בפנים.

מעשה שור והוה גרמא בעלמא, דזהו הילכתא פסיקתא ואין מה לדון בזה,[328] אלא דהוא משום דלשור המזיק לא מספיק מה שהנזק מתייחס להשור, אלא דההיזק צריך להיות משתייך לגופו של השור, ומסיק רבא דגם לענין זה אמרי' דכוחו כגופו. והנה מהא שכ' הרא"ש דקמ"ל דבכל כה"ג חשיב "כוחו כגופו" משמע דאין החידוש במה דנחשב כמעשה השור אלא במה שנחשב גוף השור, דבעי' זה לחייבו מדין ממון המזיק.

ויעויין בטור ש"צ וז"ל וכשם שחייב על כח שיש בו ממש, כמו שהתיז צרורות, כך חייב על כח שאין בו ממש, כגון סוס שצנף וחמור שנער ושברו כלים בכח קולם ותרנגול ששבר כלים ברוח כנפיו או שהושיט ראשו לאויר כלי ותקע בו ושברו, עכ"ל. ומבו' מדבריו דהוה חידוש דחייב על כח שאין בו ממש, ויל"פ עפ"י הנ"ל דסד"א דלא נחשב "גוף השור" אלא היכא דכוחו מונח בחפץ דעי"ז שייך לומר דחשוב שגוף השור מונח במזיק, אבל היכא דהכח אינו מונח באיזה חפץ, הו"א דאי"ז נחשב לגוף שור. אלא דלפי"ז הוא אותו חידוש המבו' בתרנגולין שהזיקו ברוח שבכנפיהן, וכן מבו' בדברי הטור שכללם בחדא מחתא, אלא דצ"ע לומר כן בדברי הרי"ף שחילקם לתרתי, דהרי כבר הביא לעיל הך דין דרוח שבכנפיהן, וקשה לומר ד"רוח" נחשב יותר כדבר שיש בו ממש מקול.[329]

[והנה לפי דברי הטור יוצא, דכיון דהוה דבר שאין בו ממש הו"א דלא הוי אפי' צרורות, וע' ברבי' אפרים בהג' על הרי"ף שכתב להיפך, דכיון דהוה דבר שאין בו ממש, הי' מקום לומר דהוה גופו ממש, וז"ל, ודאי הא דרמי בר יחזקאל צרורות הוא דהא לאו בגופו קמתבר דומיא דרוח שבכנפיהם עכ"ל, והיינו דהי' מקום לומר דכל שליכא חפצא שכוחו מונח בו, נחשב כשבר הכלי בעצם המעשה של גופו.[330] ע"ע בחי' תלמיד ר"ת ור"א שכ', דאמרי בי רב קמ"ל דקס"ד דסוס שצנף וחמור שנער כיון דקולו בתר גופו גרירא, כגופו דמי, ומשלם נזק שלם, קמ"ל, עכ"ל. ואולי יל"פ עפי"ד דברי הירושלמי המובא ברשב"א, דתרנגול שהזיק ברוח שבכנפיו משלם חצי נזק, נפח בכלים ושברן משלם נזק שלם, ע"כ. וי"ל דס"ל להך ברייתא דקולו בתר גופו גרירא וכגופו דמי, והא דנקט דנפח בכלים, י"ל דתרנגול אינו יכול לשבור כלי ע"י רוחו אלא בכה"ג].

והי' נראה לפרש בדברי הרי"ף עפ"י דרכו של הרא"ש ובאופ"א קצת, והוא עפ"י הסוגיא בקידושין כד: דע"ש דתניא התם בענין יציאה דשן ועין, דאם הכהו על אזנו וחרשה, עבד יוצא בזה לחירות, נגד אזנו ואינו שומע, אין עבד יוצא בהן לחירות, ובעינן למימר התם דה"ט דנגד אזנו אין יוצא לחירות "דקלא לאו כלום הוא", ומקשי' על זה מברייתא דרמי בר יחזקאל בתרנגול שהושיט ראשו לאויר כלי זכוכית כו' ומאמרי בי רב בסוס שצנף כו', ע"ש. והנה לפי הך ס"ד דקלא לאו כלום הוא, הביאור הוא, דלא הוה מעשה כלל ולא רק דחסר ב"גוף האדון", דהרי ביציאה דשן ועין לא בעי' החפצא דגוף האדון, אלא דסד"א דלא נחשב כמעשה היכא דהתוצאה נעשתה ע"י קול בעלמא. ולפי"ז י"ל דהא דהביא הרי"ף הברייתא דרמי

---

[328] א"ה. ע"ש שהביא קושיא זו בשם הג"ר חיים דוד טעוויל זצ"ל, ודע דשמעתי ממו"ר הגרח"ש לייבאוויץ זצ"ל, ששמע מאביו הגרי"מ בן הגרב"ד זצ"ל דאי"ז בעל הנחל"ד.

[329] א"ה. העירו לדברי תשו' הריב"ש סי' שע"ה סוד"ה ומה שכתבת כו', שעמד על זה, ע"ש שכ' דלא שייך להק' על רמי בר יחזקאל ולימא מר הלכה כסומכוס, דתרנגול שהושיט ראשו; אצטריכא ליה לאשמועינן דלהוי כצרורות. דסד"א דכיון דבקולו הוא מזיק ומשבר, דדבר שאין בו ממש הוא, דליפטר. ואע"ג דהא שמעינן בברייתא דלעיל [יז:] פלוגתא דסומכו' ורבנן בתרנגולין ששברו כלים ברוח שבכנפיהם. אכתי לא דמי, דהתם מפני הרוח נפלו ונשברו; וזה מצוי הוא שיפלו כלים ברוח שבכנפיהם כמו ברוח מצויה. אבל שבקול התרנגול ישברו כלי זכוכית, כהא דרמי בר יחזקאל; או בקול הסוס והחמור, שאר כלים; כהא דאמרי בי רב, זה דבר זר, והוה אמינא דליפטר, דלא דמי לצרורות עכ"ל, וצ"ע בכוונתו.

[330] א"ה, וזהו הביאור בדברי קצוה"ח סי' ש"צ שכ' דאפי' א"נ דבזרק חץ אזלי' בתר מעיקרא גם לענין הכלי שיהא נחשב כמנא תבירא, אפ"ה לא קשה דנחשב כוחו ולא גופו, מידי דהוה תרנגולין שהזיקו ברוח שבכנפיהן.

בר יחזקאל הוא בכדי לאשמיענן הך חידוש דקלא נחשב מעשה, דהרי מברייתא זו הוא דמוכיחין הך דינא, והרי"ף לא בא להעתיק סוגיא דידן אלא סוגיא דקידושין.[331]

אכן כל זה י"ל בדברי הרי"ף עצמו, אך בדברי הרא"ש לא נראה כן, שהרי כ' דהחידוש הוא דכל כה"ג "כוחו כגופו דמי", ומשמע דההו"א הי' דחסר בהחפצא דגופו דבעי' לממון המזיק.[332]

סימן יא

באיבעיא דיש שינוי לצרורות לרביע נזק[333]

א. הערה על דברי הרא"ש

ב. בדברי הר"מ והראב"ד

ג. הערה על דברי הטור

ד. בביאור שיטת הראשונים דצרורות בשינוי שייכי לפרשת רגל

ה. בדברי רש"י בבעיא דר' אבא בר ממל

א. הערה על דברי הרא"ש

בגמ' יט. בעי רב אשי יש שינוי לצרורות לרביע נזק או אין שינוי לצרורות לרביע נזק כו'. ומפשטות הסוגיא משמע, דהיא בעיא דלא איפשיטא. וע' ברא"ש סי' ב' שתמה על דברי הרי"ף שהשמיט הך איבעיא, וכ' שם וז"ל, ואפשר דסבר דאין נפקותא בהך בעיא, משום דלא מצינו בבבל צרורות דביעוט דהוה משונה וקנסא הוא אא"כ תפס, וכי תפס לא מפקינן מיניה עד דמשלם חצי נזק כיון שעלתה בתיקו והוא מוחזק, הלכך אין נפקותא בבעיא זו. דבלא תפיסה לא דיינינן, וכי תפס גובה חצי נזק. מיהו תימה כיון דספיקא דדינא הוא, מאי מהניא תפיסה כיון דלא איפשיט הבעיא אוקי ממונא בחזקת מריה ושלא כדין תפס, ודמיא לההיא דפ"ק דבבא מציעא דף ו: גבי ספק בכור דאם תקפו כהן מוציאין מידו כו', עכ"ל. וצ"ב דנהי דליכא נפק"מ בין אם אמרי' יש שינוי בתורת ספק או בתורת ודאי, אמנם הו"ל להביא הך איבעיא לאשמועינן דלא אמרי' אין שינוי לצרורות בתורת ודאי, דאז לא הי' מהני תפיסה. וצ"ל דכיון דלא מצינו תם שמשלם רביע נזק, בלי להזכיר ספיקו של רב אשי לא הוה נקטי' דיש שינוי.[334]

ולכאו' יש להעיר על דברי הרא"ש, דאפי' אם נימא דלהרי"ף מהני תפיסה בספיקא דדינא, או משום דס"ל תקפו כהן אין מוציאין אותו מידו, או משום דשאני ספיקא דדינא משאר ספיקות, מ"מ הו"ל להרי"ף להביא איבעיא דרב אשי דנפק"מ היכא דהמזיק חזר ותפס מיני', וכגון שתפס הניזק ח"נ וחזר המזיק ותפס רביע

---

[331] א"ה והעיר לי הבה"ח דוב מאיר איידלשטיין נ"י, דלפי"ז יש ליישב מה שיש לתמוה על דברי הרא"ש, דאמאי הוצרך הרי"ף להביא הך ברייתא דרמי בר יחזקאל, דהרי במימרא דאמרי בי רב מבואר הך חידושא, אכן לפי הנ"ל א"ש היטב דהרי"ף העתיק סוגיא דקידושין דהוכיח מהנך שני ברייתות דקלא מילתא הוא.

[332] א"ה. ע' בהג' חת"ס, המובא בדפוס עוז והדר, על דברי הרא"ש שכתב דצריך לגרוס בדבריו, "דקול" כי האי גוונא כו'. וכוונת הרא"ש הוא לסוגיא דקידושין הנ"ל, עכ"ד. אלא שילה"ע על דבריו ממש"כ הרא"ש דש"מ דאמרי' "כוחו כגופו", דלפי דבריו החי' הוא דהו"א דלאו מעשה הוא כלל.

[333] חבורה ד' חלק ג

[334] א"ה וכ"כ ביש"ש סי' ד' בבי' דברי הרא"ש, וז"ל, ואין להקשות סו"ס כו' דמסתמא בלאו הך בעיא היינו מבינים הדבר כפשוטו דאין שנוי לצרורות לרביע נזק, דלעולם ח"נ משלם כמו שאר שנוי, אלא שרב אשי בא והעמיד הדין בספק כו', עכ"ל.

נזק ממנו, דאילו הוה אמרי' בתורת ודאי אין שינוי כו', תפיסתו בהחצי מועילה מדין תפיסה בקנס, ע' לעיל טו:, וא"כ נראה פשוט דאינו יכול לחזור ולתפוס אותו מיני', אכן מכיון דעל רביע הוה ספיקא דדינא, ודאי יכול המזיק לחזור ולחטוף אותו מיני', בין אם נימא דס"ל להרי"ף תקפו כהן אין מוציאין אותו מיני' ובין אם נימא דס"ל דהוא דין מיוחד בספיקא דדינא, דעכ"פ לא גרע מהראשון, וצ"ע. [335]

ב. בדברי הר"מ והראב"ד

והנה בענין עיקר הנידון אם יש שינוי לצרורות לרביע נזק, ע' בראב"ד פ"ב מנזק"מ ה"ו שמבו' מדבריו, וכן הוא דעת רוב הראשו', דלפי שני צדדי האיבעיא יש לה דין קרן תמה לשלם מגופה, וגם דודאי איכלל בההלכתא דצרורות לשלם ח"נ, וספק הגמ' הוא, האם היכא שיש את הנך שתי סיבות ביחד דינו הוא ברביע נזק. [ויש להעיר קצת על דברי רש"י, דממש"כ בסו"ד דהטעם לומר אין שינוי, הוא רק משום "דלא אשכחן תם דמשלם בציר מפלגא", משמע כדברי הראב"ד ודעימי', וצ"ב ממש"כ בד"ה יש שינוי כו' בבי' ספק הגמ' "*מי חשיב שינוי* והוי כתם ומשלם רביע נזק", והרי אין הנידון אם חשיב שינוי או לא, דודאי חשיב שינוי, וכל הנידון הוא היכא דקיים הנך שני דינים, אם מחמת זה נגרע חיובו לרביע נזק].

אכן הר"מ פירש דברי הגמ' באופ"א לגמרי, ע' בדבריו פ"ב מנזק"מ ה"ה–ו דמבו' להדיא מדבריו דלפי הצד ד"אין שינוי" היכא דהצרורות משונה הי' ברה"ר, פטור לגמרי. ובי' המ"מ, דס"ל דספק הגמ' הי' אם צרורות בשינוי הם קרן או רגל, דס"ל דאילו יש לה דין דח"נ דקרן תמה, ודאי דינו ברביע נזק וליכא מקום לדון שיהא חייב בח"נ, ומה שמיבעיא לי' לרב אשי דדילמא אין שינוי לצרורות לרביע נזק, הוא משום דמסתפקא לי' דילמא בצרורות בשינוי ליכא דין ח"נ דקרן תמה, דהוה תולדה דרגל לכל הדינים, והא דמשלם רק ח"נ, הוא מכח ההילכתא דצרורות. ומשו"ה נקט הר"מ דחיוב ברה"ר דצרורות משונה תלוי בהנידון אם יש שינוי כו'.

ונראה פשוט דלפי"ד הר"מ, לפי הצד דאין שינוי כו', הך ח"נ הוא ממונא ולא קנסא, אפי' למאי דקיי"ל פלג"נ קנסא. וגם ודאי דינו הוא להשתלם מן העליי[336] למאי דקיי"ל דבצרורות כאורחי' משלם מן העליי', דהרי גם צרורות משונים הם תולדה דרגל לכל דברי', וליכא צד תמות דקרן.

ועי' בסימן ח' אות ב' שכתבנו ליישב עפי"ז קושיית הראשו' לעיל יח: אמאי מוקמי' רבנן דר"א כסומכוס, וביארנו עפ"י הנ"ל, דהנה ספיקא דרבא אם יש העדאה לצרורות, הוא באת"ל ד"אין שינוי", ומכיון דרבנן אמרי דמשתלם מגופו, אילו הוה מוקמי' אותם כרבנן דסומכוס, הי' מוכרח מזה דגם בצרורות כאורחי' משתלם מגופו, דלפי הך צד ליכא נפק"מ בין צרורות בשינוי לצרורות כאורחי', דאפי' בצרורות בשינוי ליכא דין תמות דקרן אלא ח"נ דרגל. אכן לדעת רוב הראשונים, אפי' את"ל "אין שינוי" ודאי משתלם

---

[335] א"ה. ע' בנתה"מ סי' א' סק"ה וז"ל, ואם תפס הניזק, וחזר המזיק ותפס מהניזק מה שתפס ממנו, כתב הים של שלמה בב"ק פ"א סי' מ"ג וז"ל, אבל זה לא יכול לחזור ולתפוס מידו, דמאחר שבא ליד הניזק כבר א"כ זכה בו בדין כו'. וע"ש בנתה"מ שכ' לדקדק מכח קושיא זו על דברי הרא"ש דס"ל דיכול לחזור ולתפוס בו. והנה בדין תפיסה בקנס, ע' בתוס' לעיל טו: שנקט דהוא תקנ"ח, וע' ברא"ש שם סי' כ' שהביא פלוגתא בזה, והעלה דמועיל מה"ת מדין עביד איניש דינא לנפשי'. ולכאו' כל דברי הנתה"מ לא שייכי אלא להראשו' דסברי דהוא תקנ"ח, די"ל דכל התקנה הוא רק שיש לו רשות לתפוס ולהשתמש בזה ולא דנעשה בעלים עלה, אכן לדברי הרא"ש לכאו' אין מקום לספק זה, אלא די"ל דכוונת הרא"ש הוא דעכ"פ בדברי הרי"ף י"ל דס"ל דמהני רק מכח תקנ"ח, ושס"ל דיכול לחזור ולחטוף בו, וצ"ע שסתם דבריו בזה.

[336] א"ה וכן נקט האמר"מ כח-ו, אכן ע' באו"ש שם שדן בזה.

מגופו, וליכא למיפשט מזה דגם בצרורות כאורחי' משתלם מגופו, ושפיר הקשו דמה הכריח להגמ' לאוקים רבנן דר"א כסומכוס.

ג. הערה על דברי הטור

והנה ע"פ מש"כ הרא"ש בסי' ב' בבעיא דר' אבא בר ממל, מבואר מתוך דבריו, דגם לפי הצד דאין שינוי לצרורות לרביע נזק, צרורות משונים חייבין ברה"ר, ודלא כדעת הר"מ פ"ב מנזק"מ ה"ה–ו לפי הבנת המ"מ שם. ויש כאן תימה על דברי הטור [סי' ש"צ סעי' ו'] שסתם כדברי הר"מ, ולא הזכיר שאביו הרא"ש חולק עליו, וז"ל, *הלכה ברשות הניזק* ובעטה ברגלי' ומכח הביעוט ניתזו צרורות ושברו כלים, מיבעיא לן אם יש שינוי לצרורות ואינו משלם אלא רביע נזק או לא, ולא איפשיטא. וכתב הר"מ חייב רביע ואי תפס חצי נזק לא מפקינן מיני' כו', ולדעת ר"י שאין מועיל תפיסה בספיקא דדינא אפי' אם תפס אינו גובה אלא רביע, עכ"ל. וע"ש בדרכ"מ וז"ל, ורבינו שלא כתב דינים אלו רק בהולכת ברשות הניזק, משום דסבירא לי' לענין הלכתא כדעת ר"י, שאם תפס מפקי' מיני', ואם כן ברה"ר פטור לגמרי מאחר שנשארה הבעיא בספק, ואי תפס מפקינן מיני', דדלמא הוה רגל ברה"ר לאפוקי ברשות הניזק, [דודאי] מתחייב רביע נזק כו' עכ"ל, וצ"ע.

ד. בביאור שיטת הראשונים דצרורות בשינוי שייכי לפרשת רגל

והנה עיקר הך מילתא, דיתכן דצרורות בשינוי הוא תולדה דרגל ליפטר ברה"ר, אינה חידוש של הר"מ לבדו, אלא כן מבו' לפי כמה ראשונים, ואדרבה לפי דבריהם נמצא דקיי"ל בתורת ודאי, דפטור ברה"ר וכמשי"ת. דהנה להלן בעי מיני' ר' ירמי' מר' זירא, היתה מהלכת ברה"ר *והתיזה והזיקה* מהו, לקרן מדמינן לי' וחייבת, או"ד תולדה דרגל הוא ופטורה. אמר ליה מסתברא תולדה דרגל הוא, ע"כ. והנה לפי גי' זו הסתפק ר' ירמי' בצרורות כאורחי'. אכן גירסת הרבה כמה ראשונים[337] היא, *"ובעטה* והתיזה והזיקה מהו" והיינו דאיבעיא לי' בצרורות בשינוי, ועל זה השיב לו ר' זירא דמסתברא דתולדה דרגל הוא ופטור ברה"ר. אכן הגם דמהנך ראשונים מבו' דצרורות בשינוי הוא תולדה דרגל לפטור ברה"ר, אך איכא הבדל גדול בין דבריהם לדברי הר"מ, דהרי הגם דאיפשיטא לי' לגמ' דתולדה דרגל הוא לפטור ברה"ר, מ"מ איבעיא לן אם יש שינוי לצרורות לרביע נזק. ולכאו' צ"ב, דכיון דתולדה דרגל הוא ופטור ברה"ר איך שייך שיהי' לה דין רביע נזק, דהוא צירוף של דין ח"נ דצרורות עם ח"נ דקרן תמה. ודוחק לומר דרב אשי ל"ל הך פשיטותא דר' זירא ד"מסתברא תולדה דרגל היא", דהרי מפשטא דגמ' משמע דאיבעיא דרב אשי סלקא בתיקו, ואיבעיא זו איפשיטא. וכן מבואר להדיא בדברי רש"י על הרי"ף דספיקא דרב אשי הוא אפי' למאי דקיי"ל דהוא תולדה דרגל לפטור דרה"ר, ע"ש שפי' איבעיא דר' אבא בר ממל לענין אם יש שינוי כו', והזכיר שם בתו"ד פשיטותא דר' זירא דתולדה דרגל הוא ליפטרי' ברה"ר. וכעי"ז מבו' בדברי מהרש"א יט. על תד"ה במקום כו' שפי' בדבריו דאוקים בעיא דר' אבא בר ממל לענין שינוי בצרורות לרביע נזק ולא לענין רה"ר, משום דלהלן איפשיט לן דבעטה והתיזה פטור ברה"ר.

ולכאו' מה שמבואר מכל זה הוא, דלפי גירסת הנך ראשונים, צרורות בשינוי הוא בין תולדה דרגל ובין תולדה דקרן, דבמה שהוא מעשה בכוחו, מוכרח להיות נלמד בפרשת רגל ומחמת זה הוה תולדה דרגל ויש

---

[337] א"ה. עי' בתוס' ר"פ שהביא גיר' זו מרש"י, וכן הוא בפירש"י על הרי"ף, וכן היא גי' האו"ז ובשטמ"ק בשם הגליון לעיל יח. ועוד.

לו הלכות רגל לפוטרו ברה"ר, ובמה שהוא מעשה משונה, צריך להיות נלמד בפרשה דקרן והוה תולדה דקרן לענין הלכותיה, ולכן יש לו צד תמות דקרן דדינו הוא בח"נ, ובודאי דיש להך ח"נ דין קנס, למאי דקיי"ל פלג"נ קנסא. ורק דהי' מקום לומר דספיקא דרב אשי אם יש שינוי לצרורות לרביע נזק, הוא בזה גופא, אם הוה בין תולדה דרגל ובין תולדה דקרן, או דהוה רק תולדה דקרן. אך מהא דהעירו לעיל יח: דלמ"ל לאוקמי' רבנן דר"א כסומכוס, לכאו' מוכרח דס"ל דגם לפי הך צד דאין שינוי, הוה תולדה דקרן, דהרי נקטו דאפי' אם צרורות כאורחי' משלם מגופו, צרורות בשינוי משלם מן העליי'.

אכן כל זה הוא לפי גי' הראשו' הנ"ל דגרסי בבעי דר' ירמי' "בעטה והתיזה", ואעכ"פ מיבעיא לרב אשי אם יש שינוי. אכן לפי הר"מ דלא גרס באיבעיא דר' ירמי' "בעטה והתיזה", וכמש"כ המ"מ בדבריו, אלא דס"ל מעצמו דלצד דאין שינוי כו', בע"כ דפטור ברה"ר כשאר תולדה דרגל, ובע"כ צ"ל דס"ל דביאור הך צד דאין שינוי לצרורות לרביע נזק הוא דבצרורות בשינוי ליכא שום צד תמות דקרן, והוא תולדה דרגל לכל דיני'.

והיוצא מדברינו הוא, דלפי הצד דצרורות בשינוי שייכי לפרשת רגל, יל"פ זה בג' אנפי דדעת הר"מ היא, דנעשה לגמרי תולדה דרגל וליכא בה שום דיני קרן. ולגי' הראשו' דגרסי בבעיא דר' ירמי' "ובעטה והתיזה" נמצא דהוא בין תולדה דרגל ובין תולדה דקרן, ויש לה הלכותיהן של שניהם. ואילו לדברי חי' הראב"ד להלן כג., מובא בסימן ו', ד"לא מפיק לה מכלל רגל", וביארנו דנראה דלא מוכרח מדבריו לומר דהוה תולדה דרגל אפי' לקולא לענין פטור דרה"ר, די"ל דודאי שם המזיק הוא תולדה דקרן, ורק דבמה שהוא מעשה של כוחו צריך להיות נלמד בפרשת רגל ומחמת זה דינו בח"נ, וביארנו שם דמסתבר שזה הוא שי' רש"י לעיל בלישנא קמא, בבי' הך מ"ד דיש העדאה לצרורות.[338]

ועי' בסימן ח' שביארנו דלפי"ד הר"מ א"ש כמין חומר סוגיא דלעיל יח: דאוקמי' בין רבנן דר"א ובין ר"א כסומכוס, דכיון דבעיא דרבא הוא באת"ל דאין שינוי, נמצא דלפי הך צד ודאי דפטור ברה"ר, וא"כ לא שייך ק"ו דר"ט, וגם דאילו צרורות כאורחי' משתלם מן העליי', גם צרורות בשינוי משתלם מן העליי', והוה נפשט בעיא דרבא דמשתלם מגופו. ועי' בשטמ"ק שם שהביא מרבי' ישעי', שלפי הגי' דגרסי' לקמן "ובעטה והתיזה" א"א לאוקים דר"א ס"ל כרבנן דסומכוס, דא"כ פטור ברה"ר, וליכא ק"ו דסומכוס לחייבו נזק שלם, והוא כמש"כ בדעת הר"מ. אך ע"ש שהביא מתלמיד ר' ישראל שפקפק בזה, די"ל דאפי' אם על צרורות בשינוי פטור ברה"ר, מ"מ שייך ק"ו דר"ט מכיון דאילו הזיק בגופו הי' חייב ברה"ר מדין קרן. וז"ל, עוד תירצו תלמידי ה"ר ישראל ז"ל, דלהכי לא דחו התוס' דליכא ק"ו, כיון דצרורות ע"י שנוי פטורים ברה"ר, דסו"ס איכא ק"ו ומה שן ורגל דפטורין ברה"ר, צרורות שלהן חייבין ברשות הניזק נזק שלם, קרן דחייב ברה"ר, צרורות שלהן אינו דין שיהו חייבין ברשות הניזק נזק שלם, עכ"ל. ועפי"ז מיושב מה שהערנו בסימן ח' על דברי המהרש"א שפי' בדעת התוס' יט. דגרס "ובעטה והתיזה", והערנו דא"כ איך

---

[338] א"ה. והנה הגרש"מ נקט דיתכן לפרש גם בדעת הראשו' דהוה תולדה דרגל לפטור רה"ר, ומ"מ יש לה צד תמות דקרן, על דרך הנ"ל ולהיפך, והיינו דלעולם הוא תולדה דרגל, ורק דכיון דבמה שהוא מעשה משונה צריך להיות נלמד בפרשת קרן, מחמת זה יש לה הדין ח"נ דקרן תמה דנאמר בזה שהוא מעשה משונה. ורק דכיון דליכא שום הכרח לומר כן, ועיקר המושג של הראב"ד הוא מחודש, ויותר ניחא לי' לפרש דהוה בין תולדה דרגל ובין תולדה דקרן. והערתי לו, דיתכן דבדעת הראשו' הנ"ל לא שייך לפרש כן, דהנה עיקר תולדות דקרן הוא הדין תמות ומועדות, וא"כ בכדי שיהי' לה אותה דין, בע"כ צריך להיות תולדה דקרן, וכל דברי הראב"ד לא שייכי אלא לענין שיהי' תולדה דקרן, ומ"מ יהי' לה הדין ח"נ דצרורות, דהדין ח"נ דצרורות אינה מהלכותיה של רגל, ורק דההילכתא דח"נ צרורות נאמרה בפרשת רגל. אכן אילו נקטי' כהיש מן הגדולים המובא ברא"ש ו. ליכא הכרח לזה כמובן.

שייך להקשות דלמ"ל לאוקמי' ר"א כסומכוס, והרי מכיון דלרבנן דסומכוס פטור ברה"ר לא שייך ק"ו דסומכוס.

אכן דע דכל דברי השטמ"ק הנ"ל לא שייכי אלא לפי גי' הנך ראשו' בבעיא דר' ירמי', דלפי דבריהם נמצא דהוה בין תולדה דקרן ובין תולדה דרגל, אכן לפי"ד הר"מ דלהך צד דאין שינוי, נפקא לגמרי מפרשת קרן והוה תולדה דרגל לכל דיני', ודאי דלא שייך למיעבד שום ק"ו לחייבו נזק שלם ברה"ר כמובן, וודאי מיושב עפ"י דבריו קו' הראשו' דלמ"ל לאוקמי' ר"א כסומכוס וכמשנ"ת.

ה. בדברי רש"י בבעיא דר' אבא בר ממל

גמ' יט. בעא מיני' ר' אבא בר ממל מר' אמי כו', היתה מהלכת במקום שא"א לה אלא א"כ מנתזת, ובעטה והתיזה והזיקה מהו, כיון דא"א לה, אורחי' הוא, או"ד השתא מיהא מחמת ביעוט קמנתזה צרורות, תיקו, ע"כ. ופירש"י וז"ל, או דלמא השתא מיהא מחמת ביעוט הוא, וא"ת יש שנוי לצרורות לרביע נזק, הא רביע נזק משלמת. לישנא אחרינא, אורחיה הוא, וצרורות נינהו ותולדה דרגל אפילו אייעד בביעוט והתיזה הא לא משלם אלא חצי נזק, דהא בלאו הכי הואי מנתזה או דלמא מחמת ביעוט אתי, ואם הועדה בכך משלמת נזק שלם, דכיון דמשונה הוא הוי תולדה דקרן, מפי המור"ה, אבל הראשון עיקר, עכ"ל. והנה לכאו' לישנא אחרינא דרש"י הכא קאי כלישנא קמא דלעיל בסו' דיש העדאה לצרורות, דפי' האיבעיא רק בצרורות בשינוי אך בצרורות כאורחי' פשיטא לן דאין העדאה, וא"כ י"ל דבעיא דר' אבא היא באת"ל דיש העדאה לצרורות. אכן לל"ב דרש"י דאיבעיא דרבא ביש העדאה היא אפי' בצרורות כאורחי', לכאו' ליכא נפק"מ אם מעשה זה הוא מעשה דכי אורחי', לענין העדאה, אם לא דנימא דלפי הך ל"ב, כל האיבעיא היא רק בצרורות כי אורחי', ובצרורות בשינוי פשיטא לן דיש העדאה, דאז י"ל דקאי איבעיא זו לצד דאין העדאה לצרורות. אכן קשה מאד לפרש כן בדעת הלישנא בתרא, דהרי כבר הוכיחו התוס' לעיל יח. ע"פ ראיות חזקות, דאיבעיא דיש העדאה לצרורות קאי עכ"פ גם בצרורות בשינוי. ולפי"ז מה שסיים רש"י הכא "אבל הראשון עיקר", הוא על דרך שכ' לעיל דלישנא בתרא הוא עיקר, ומשו"ה לא הוה מצי לפרש איבעיא דר' אבא בר ממל לענין אם יש העדאה לצרורות, וכמשנ"ת.

אכן נראה דגם ללישנא בתרא ברש"י דלעיל, שייך נפק"מ בספיקא דר' אבא בר ממל גם לענין העדאה, והוא באופן שנעשית הבהמה מועדת לצרורות כאורחייהו, ושוב אירע מעשה זה דר' אבא בר ממל. והנה לפי הצד דמעשה זה הוה שינוי, ודאי דינו לשלם ח"נ מתרי טעמי לדעת רוב הראשו', חדא, דלא הי' לה דין העדאה על הדין קרן תמה. ועוד דיתכן מאד דההעדאה לצרורות על מעשה כאורחי' אינה מועילה לצרורות בשינוי, מכיון דזהו מעשה רגל וזהו מעשה קרן. אכן אילו נידון מעשה זו כ"אורחי'", לכאו' הי' נראה דהדין העדאה שלה מועיל למעשה זה, אם לא דנימא דאפי' אם יש לה דין "אורחי'", אך סו"ס הוה צורה אחרת דמעשה מזיק שע"ז לא הועדה. והגם דעיקר הענין דההעדאה בצרורות אינה לעשותה לאורחי', והוה סדר העדאה בעלמא, מ"מ אולי יתכן לחלק כנ"ל.

ויתכן דאיכא נפק"מ להיפך, והוא היכא דהועדה לצרורות בשינוי ועכשיו עשתה מעשה זה, דאם נחשב מעשה זה למשונה, ודאי יש לה דין מועד למעשה זה. אכן אם הוא מעשה דאורחי', יתכן דהעדאתה לצרורות

למעשה דקרן, אינה מועילה למעשה זה הגם דהוא אותה צורת המעשה במציאות, מכיון דהוא מעשה דרגל[339] ולדינא נחשב כמעשה מזיק אחרינא.

והנה זה נראה ברור, דאילו בעטה והתיזה שני פעמים, ובפעם שלישית עשתה מעשה זה שדן בו ר' אבא בר ממל, אילו נידון כמעשה משונה, שייך בי' דין העדאה, אך אילו נידון כמעשה דאורחי' לא שייך בי' דין העדאה, אפי' לענין דין העדאה דצרורות, דככה"ג ודאי חסר בגוף סדר ההעדאה. אלא דלא משמע מדברי הגמ' שנתכוונה לנפק"מ הנ"ל.

[339] והעיר הג"ר שלום סנדרס שליט"א, דיתכן לפרש דברי רש"י עפ"י הנ"ל, די"ל דכיוון לציור הנ"ל, ומש"כ "אפילו אייעד בביעוט והתיזה" אין כוונתו דאייעד להיכ"ת זו דר' אבא בר ממל, אלא דר"ל דאפי' אייעד ג"פ בצרורות בביעוט, ושוב התיזה באופן זה, ולפי"ז יתכן לפרש דברי רש"י גם לל"ב דלעיל, דספק הגמ' הוא בין בצרורות כאורחי' ובין בצרורות בשינוי, ואליבא דהצד דיש העדאה לצרורות ודו"ק.

סימן יב

בדין כח כוחו[340]

א. בשיטת התוס' והרא"ש בדין כח כוחו לרבנן דסומכוס

ב. ישוב קושיית התוס' עפ"י הנ"ל

ג. הערה על דברי הר"מ גבי צרורות משונים

ד. בקושית השטמ"ק על הגירסא "דבעטה והזיקה"

א. בשיטת התוס' והרא"ש בדין כח כוחו לרבנן דסומכוס

גמ' יט. בעי רב אשי, כח כוחו לסומכוס ככוחו דמי או לא, מי גמיר הלכה ומוקי לה בכח כחו, או"ד לא גמיר הלכה כלל, תיקו, ע"כ. וע' בתוס' בדף כב. בד"ה ור' יוחנן דאנחה כו', שנקט דלפי הצד דכח כוחו לאו ככוחו דמי שיטת רבנן הוא דפטור לגמרי. וע' ברא"ש בסי' ב' שהבין בכוונתם, דפירש דברי הגמ' "כח כוחו לאו ככוחו דמי", כפשוטו, דר"ל דמסברא הי' צריך להיות פטור, ולכן לרבנן דגמרי הלכתא לענין כחו, פטור בכח כחו, ולסומכוס חייב ח"נ מכח הלכתא דבא לאחמורי. ואי כח כוחו ככוחו דמי, אין לחלק בין כוחו לכח כחו, ובע"כ דסומכוס לא גמיר הלכתא דח"נ צרורות.

אכן הרא"ש חולק, ופי' בדברי הגמ', דכל הנידון אם כח כוחו ככוחו דמי או לאו, הוא בזה גופא אם גמיר הלכתא או לא, אך מסברא ודאי הי' צריך להיות חייב נזק שלם ככחו, ולכן לרבנן ודאי חייב ח"נ גם בכח כוחו כמו בכחו. והוכיח כן מסוגיא לעיל יז: דההלכתא דח"נ צרורות בא לגרועי, וכן הוכיח כן מסוגיא דמס' סוכה ו: דבכל מקום ההלכתא באה לגרועי ולא לחייבו.

והנה בתוס' לעיל בדף ג: בד"ה לפוטרו ברה"ר כו' ג"כ מצינו ענין זה דההלכתא בא להקל ולא להחמיר, דע"ש שהקשו על רבא, דאמאי פשיטא לי' דפטור על צרורות ברה"ר טפי מלשלם מן העליי', ותירצו וז"ל, וי"ל כיון דמן הדין הי' משלם נזק שלם, ואתי הלכתא דלא משלם אלא חצי נזק, א"כ *אתי הלכתא להקל ולא להחמיר*, עכ"ל. אך אין זה שייך כלל לנידון הנ"ל בין להתוס' בדף כב. וביו להרא"ש, דהנה הרא"ש כתב זה בתורת כלל, דהלכתא בכ"מ בא לגרועי, אך תוס' לא הזכירו מזה כלל, אלא אדרבה מבואר מלשונם, דבאמת הי' שייך שהלכתא זו היא להחמיר, ורק ד"דכיון דמן הדין הי' משלם נזק שלם" נמצא דהלכתא זו בא להקל עליו. וכ' התוס' דכיון שכן מסתברא שלא בא אלא להקל ולא להחמיר. וכל זה הוא לרבנן דגמרי הלכתא בכוחו לח"נ במקום שמן הדין הי' משלם נזק שלם, אכן לסומכוס דצרורות משלם נ"ש, יתכן דגמיר הלכתא לענין כח כוחו דמן הדין הי' פטור לגמרי ואתי הלכתא לאחמורי.

ב. ישוב קושיית התוס' עפ"י הנ"ל

ולפי הנ"ל הי' נראה ליישב קושית התוס' בדף יט. בד"ה וכי תימא כו', דע"ש בגמ' דיתכן לאוקים מתני' כסומכוס, ומאי דאמרי' דדרסה על הכלי ושברתו ונפל השבר על כלי אחר ושברו על הראשון משלם נזק שלם ועל האחרון חצי נזק, ר"ל ראשון להתזה ושני להתזה. והעירו התוס' מברייתא דלקמן, דתני עלה בד"א ברשות הניזק אבל ברה"ר על הראשון פטורה ועל האחרון חייבת, ומסקי' דמאי דאמרי' דברה"ר חייבת על האחרון, היינו היכא דהתיזה ברה"ר והזיקה ברה"י. וקשה, דהתם לא שייך למימר מאי ראשון ראשון להתזה כו', דאי ראשון להתזה כך יכול להיות ראשון להתזה או ברשות הניזק או ברה"ר כמו שני להתזה,

[340] חבורה ה חלק א

ע"ש, וזה לכאו' קושיא עצומה על דברי הגמ', ובפרט דמשמע מהגמ' דלפי האמת שייך לאוקים מתני' הכי ורק רב אשי צריך לאוקמי' בע"א.[341]

אכן לפי מש"כ יש ליישב קושית התוס' כמין חומר, דהנה בגמ' שם איכא שני ביאורים לכוונת הברייתא, דבתחילה רצתה הגמ' לפרש דאיירי בהתיזה ברה"ר והזיקה ברה"ר, ופטור על הראשון כשאר רגל ברה"ר וחייב על השני משום דהוה צרורות, והגמ' רצתה להוכיח מזה דחייב על צרורות ברה"ר. ודחינן, דאיירי' בהתיזה ברה"ר והזיקה ברה"י. ועי' במהר"ם שכ' דקושית התוס' היא רק לפי המסקנא דאוקמי' ברייתא בהתיזה ברה"ר והזיקה ברה"י, אבל לפי המקשה דפריך מאי לאו התיזה ברה"ר והזיקה ברה"ר, שייך שפיר לפרש גם הברייתא ראשון ראשון להתזה, דהא לסומכוס משלם נ"ש דומיא ממש כרגל, ולכך פטור ברה"ר, אבל האחרון ח"נ כקרן ולכך חייב ברה"ר, וק"ל, עכ"ד.

והנה התוס' לעיל בדף ג: כתבו, דלפי מה דהסתפק רבא לומר דצרורות מגופו משלם, הי' מן הדין להיות חייב ברה"ר, ורק כיון דההלכתא באה להקל עליו מנזק שלם לח"נ, מסתבר שלא בא להחמיר עליו לענין חיוב דרה"ר. וא"כ לגבי כח כוחו לשיטת תוס' דבלא ההלכה הי' פטור לגמרי, ולסומכוס אך מההלכה חייב, נמצא שאין הכרח זה, ולמ"ד מגופו משלם יהי' חייב בצרורות דכח כוחו גם ברה"ר.[342] ולפי"ז יש ליישב קושיית התוס' כמין חומר, דהגם דר' זירא העלה דצרורות פטורין ברה"ר, ומשו"ה הוצרך לאוקים הברייתא בהתיזה ברה"ר והזיקה ברה"י, כל זה הוא למאי דמוקמי' מתני' כרבנן, דלדידם מסתברא דפטור ברה"ר. אכן לסומכוס, עכ"פ למ"ד דצרורות מגופו משלם, דינו הוא להיות חייב ברה"ר וכמשנ"ת. וא"כ קושיית התוס' מיושבת כמין חומר, דלמאי דאוקמי' מתני' כסומכוס, י"ל דברייתא איירי בהתיזה ברה"ר והזיקה ברה"ר, ומאי ראשון ראשון להתזה, ומאי שני שני להתזה, ועל הראשון פטור ברה"ר כרגל דעלמא, ועל השני חייב ברה"ר, דצרורות הוא וחייב ברה"ר עכ"פ למ"ד מגופו משלם, ובודאי יתכן לומר דמאי דאוקמי' מתני' כסומכוס, קאי למ"ד דמגופו משלם.

ולכאורה זה קושיא אלימתא על דברי התוס', דאמאי לא כתבו כן, דלכאורה נראה לפי מש"כ התוס' בדף ג: מוכרחין אנו לומר דעכ"פ למ"ד מגופו משלם, אי סומכוס גמיר הלכתא בכח כוחו, דינו הוא להיות חייב ברה"ר. עוד יש לדקדק, דלמש"כ הרא"ש בביאור דברי התוס' בדף כב. נמצא, דלרבנן ההלכתא הוא להיפך ממש מסומכוס, דלרבנן ההלכתא באה להקל עליו, ולסומכוס באה להחמיר עליו, ונהי דאין זה קושיא כ"כ חזקה, דהרי ההלכתא לא הי' אלא על עצם הדין דחייב ח"נ, אך מ"מ הוא דחוק קצת.

אך כל זה הוא להבנת הרא"ש בביאור דדברי התוס' הנ"ל, אכן בדברי שטמ"ק לקמן כב. מצינו פירוש אחר, דע"ש שהביא מר' ישראל שפי' כוונת התוס' שם, דאי מצינו דסוכמוס שלא חילק בין כוחו לגופו, מ"מ חילק בין כוחו לכח כוחו, דכח כוחו הוא נחות דרגה מכוחו, לרבנן דחילקו בין כוחו לגופו כ"ש דמחלקי' בין כוחו לכח כוחו, ופטור מסברא. וביאור דבריו הוא, דודאי לולי שום הלמ"מ לא היינו מחלקי' בין גופו לכוחו ולא בין כוחו לכח כחו, וכל מש"כ התוס' דיתכן דלרבנן פטור בכח כוחו הוי רק מכח ההילכתא, דכיון דבהלכתא נא' דאיכא חילוק בין כוחו לגופו, דכוחו הוא פחות מגופו, אילו הי' שייך לחלק בין כוחו לכח כחו, ודאי צריך להיות פטור על כח כוחו, דמהיכ"ת לחייבו. וספק הגמ' אליבא דסוכמוס הוא בזה גופא, האם שייך לחלק בין כוחו לכח כוחו, או דהוה חדא מילתא ממש, דאם שייך לחלק ביניהם

---

[341] א"ה. עי' ברשב"א.

[342] א"ה. והעיר הג"ר יצחק האזענפעלד שליט"א, דיתכן לומר, דכל מה דדנה הגמ' לחייב צרורות ברה"ר, הוא רק אליבא דרבנן, דשייך לחלק בין מזיק דכוחו למזיק דגופו, אך לסומכוס דמזיק דכוחו שוה ממש לרגל ופטור ברה"ר, קשה לחלק בהלכותיהן של כוחו לכח כוחו. אך דע דבדברי מהר"ם הנ"ל מבו' דלא כן.

ולומר דכח כוחו לא הוה ממש ככחו, ומסתבר שסומכוס גמיר הלכתא כה"ג. ולפי"ז בכל אופן באה ההלכתא להקל, ואין לחלק בין סומכוס לרבנן לענין פטור צרורות ברה"ר, וא"ש היטב דברי התוס' בסוגיין.

אכן דע, דהאחרונים נקטו בביאור דברי התוס' על דרך הרא"ש, דלפי"ד השטמ"ק נמצא דכל המחלוקת בין התוס' להרא"ש הוא במסויים לצרורות, אך לענין כל התורה כולה, כוחו כגופו וכח כוחו ככוחו. אכן מדברי האחרונים מבואר, דנקטו דמחלוקת התוס' והרא"ש שייכא גם לכהת"כ, ע' בנחל"ד מה שהעיר על הרא"ש מסוגיא מכות ח.

ג. הערה על דברי הר"מ גבי צרורות משונים

והנה הבאנו לעיל דברי התוס' ג: שכתבו דכיון דההלכתא באה להקל עליו, ודאי פטור ברה"ר. וא' העיר לי דלפי"ד הר"מ דלהצד דאין שינוי לצרורות, צרורות משונים הוא רגל גמורה בלי שום צד תמות, ופטור ברה"ר, ועי' לעיל (סימן ט אות ב וסימן יא אות ב) שביארנו, דה"ה דהח"נ הוא ממונא ולא קנסא ומשלם מן העליי'. ולפי"ז נמצא, דההילכתא באה להחמיר עליו, ונהי די"ל דמה שעכשיו ליכא הדין ח"נ דקרן תמה לא נחשב חומרא, מכיון דהדין צרורות מחייבו ח"נ, אך לולי ההילכתא הי' כקרן תמה לכל הלכותי' והי' משלם מגופו ועכשיו משלם מן העליי', וגם יתכן דמה שעכשיו הוא ממונא ולא קנסא, ואי מודה לא מיפטר נחשב כחומרא, אך זה אינו מוכרח.[343] ואולי י"ל, דכיון דעיקר ההלכתא נאמרה בציור דצרורות כאורחי', וכה"ג ההלכתא באה רק להקל, לא איכפ"ל מה דיוצא מזה חומרא בציור אחר. עוד יתכן לחלק בין צרורות כאורחי', דיש להם עיקר תכונת רגל, דהיזקא מצוי, ובין היכא שעושה בשינוי בלא כוונה להזיק ולעולם חסר לה עיקר תכונות קרן, דהיכא דהיזקא מצוי ומן הדין צריך להיות רגל, אילו היה חייב ברה"ר, נחשב שההלכתא באה להחמיר עליו. אכן דבר שהוא משונה, כיון שאין לו עיקר התכונות של קרן, אלא כיון דעיקר תורת מעשה מזיק שלו נכתב בפרשת קרן, נלמד בע"כ בפרשת קרן, י"ל דבצרורות דעיקר התורת מעשה מזיק שלהם נלמד בפרשת רגל הוא רגל. אך לפי"ז יוצא, דכל דברי הר"מ הם רק במשונה שאין כוונתו להזיק והוא דוחק.

אכן עיקר הקושיא אינה קושיא מוכרחת, די"ל דהר"מ פליג על דברי התוס' הנ"ל, ובלא"ה הרי כתב הגרב"ד [יט–ב] בשם הגר"ח, דלפי הר"מ כל ההלכתא בא להחמיר עליו, ע"ש.

אכן על דברי הטור יש להעיר קושיא הנ"ל דהרי פסק כדברי הר"מ, ע' לעיל שהבאנו דבריו, וגם פסק דכח כוחו ככוחו דמי, ובודאי מקורו הוא מהרא"ש, וכמש"כ בב"י, והרי הוכחת הרא"ש הוא מזה דההלכתא ודאי באה להקל עליו. אכן יתכן דלקיים כללו של הרא"ש סגי במה דגוף ההלכתא בא להקל עליו וגוף ההלכתא הי' רק זה דצרורות חייבין בח"נ, ואין אנו מוכרחין לומר כדברי התוס' דכל הדינים הנובעים מכח ההלמ"מ הם לקולא.

גם אין להעיר כעין קושיא הנ"ל על דברי הראשונים דגרסי באיבעיא דר' ירמי' "בעטה והתיזה", דלפי דבריהם נמצא דלפי האמת צרורות משונים פטורין ברה"ר, דכבר כתבנו בסימן יא אות ד' דגם לדבריהם קיימת האיבעיא דיש שינוי לצרורות, דנהי דנחשב תולדה דרגל לענין פטור דרה"ר, אך גם הוה תולדה דקרן לענין זה דיש לה דין ח"נ דקרן תמה, ובודאי דינה הוא להשתלם מגופה ופלג"נ הוא קנסא.

---

[343] א"ה. הערתי לדברי האו"ש פ"ב מנזק"מ ה"ו, שלא פשיטא לי' לשיטת הר"מ, האם משלם מגופו או מן העליי', וי"ל דספיקו הוא מטעם הנ"ל, דנהי דאין לה דין ח"נ דקרן תמה, אך יתכן דמשתלם מגופה, כיון דההלכתא לא באה להחמיר עליו. וע' במנחת שלמה להגרשז"א זצ"ל עמ' קס"ג, שכ' בדעת הר"מ וז"ל, אבל הא ודאי דמשלם מגופו ולא מהעליי', והו"ל קנסא ולא ממונא, דבהא ודאי לא חמיר היזק בכוחו מהיזק בגופו, ובזה מיבעיא לי' אי יש העדאה או לא, אבל בפעם ראשונה בודאי הוי משונה ודינו כקרן לענין מגופו, ודו"ק בזה.

ד. בקושית השטמ"ק על הגירסא "דבעטה והזיקה"

בגמ' יט. בעא מיני' ר' ירמי' מר' זירא, היתה מהלכת ברה"ר (ובעטה) והתיזה והזיקה מהו כו'. וע' בשטמ"ק בשם ה"ר ישעי' שכתב, דאם גרסי' "ובעטה" ואיירי דוקא בצרורות משונים, דבצרורות כאורחי' פשיטא דפטור ברה"ר, צריכים לפרש דכל הנך ברייתות דמותיב מינייהו איירי בצרורות משונים. אך העיר על זה, מהא דפריך מר' יוחנן דאמר דאין חצי נזק חלוק, והא על כרחך חלוק בצרורות כי אורחייהו, דברה"ר פטור ובחצר הניזק חייב דהרי לא מיבעיא לן אלא בשינוי, ע"ש.

והנראה בזה עפ"י מש"כ לעיל ובאריכות בסימן יא, דגם לפי הך גירסא אין הביאור דצרורות בשינוי הויא רגל גמור, דודאי יש לה דין ח"נ דקרן תמה ומשתלם מגופה ופלג"נ הוא קנסא. ולפי"ז י"ל, דזה הי' פשוט לגמ' דמה שאמר ר' יוחנן דאין ח"נ חלוק, כוונתו הי' לדין ח"נ דקרן תמה, ורק דכיון דבצרורות בשינוי יש גם הדין ח"נ דקרן תמה, נקטה הגמ' דמימרא דר' יוחנן קאי גם עלה, אך בצרורות כאורחי' דהדין ח"נ הוא רק מדין ח"נ דצרורות ולא מדמינן לה לקרן, פשיטא לן דל"ש זה לכלל דאין חצי נזק חלוק. ומאי דמתרצי' דכי קאמר ר' יוחנן בקרן, אין הכוונה דעכשיו חידשה הגמ' דר' יוחנן איירי בהדין ח"נ דקרן תמה, דגם המקשה ידע זה, אלא שכוונת התרצן היא, דשאני התם דהא דפטור ברה"ר אינו מחמת דין קרן אלא מחמת דין רגל, והיינו דאין כוונת ר' יוחנן לומר, דלא מצינו דבר שמשלם ח"נ דקרן תמה ושיהי' פטור ברה"ר, אלא כוונתו הוא רק דלא נילף מק"ו [ע' לקמן כו.] דדין ח"נ דקרן תמה הוא גופא סיבה להיות פטור ברה"ר. אך מ"מ יתכן דצרורות בשינוי הן תולדה דרגל לענין פטור דרה"ר.

סימן יג

בסוגיא דכשכוש בזנבה ובאמתה[344]

א. בבי' דברי הראב"ד

ב. בדברי הטור התמוהים בסוגיא דכשכשה באמתה

ג. בדברי תוס' ר"פ בסוגיא דכשכשה באמתה

ד. דקדוק מתוס' בדף מא. שס"ל כביאורו של תוס' ר"פ בסוגיין

ה. בבי' תירוצו של תוס' הנ"ל

א. בבי' דברי הראב"ד

גמ' יט: יתיב רבי יהודה נשיאה כו' כשכשה בזנבה מהו, א"ל אידך וכי יאחזנה בזנבה וילך כו', כשכוש יתירה מבעיא לי', ע"כ. ועי' בחי' הראב"ד שפי', דכשכוש מועט אורחי' הוא והוה ככל שן ורגל דעלמא דפטור ברה"ר, ובכשכוש יתירה קמבעיא לי' אם אורחי' הוא אם לאו, ועל זה השיב לו דאפי' אם לאו אורחי' כ"כ, כיון דכשכוש מועט אורחיה הוא מאי הוה ליה למעבד בכשכוש יתירה, הילכך ברשות הרבים פטור, עכ"ד. ובפשטות י"ל בביאור הדבר, דבאמת חלוק הפטור דרה"ר בכשכוש מועט לפטור בכשכוש יתירה, דכשכוש מועט פטור ברה"ר מחמת זה דהוא תולדה דרגל, וכשכוש יתירה פטור מחמת פטור אונס, דמאי הו"ל למיעבד. והנה ע"ש בחי' הראב"ד דמבואר להדיא מדבריו, דשאלת הגמ' היתה בין לענין פטור דרה"ר ובין לענין חיוב דח"נ, ואם נפרש דברי הראב"ד על דרך הנ"ל, נמצא דלעולם לא איפשיט לי' עיקר האיבעיא אם הוא קרן או רגל, אלא דפשיט לי' דאפי' אם הוא קרן מ"מ פטור ברה"ר, והוא דוחק קצת בדברי הגמ'.

ויותר נראה דאין כוונת הראב"ד דהפטור בכשכוש יתירה הוא פטור אחר מהפטור דכשכוש מועט, באופן דבתחילה פטרתו התורה על כשכוש מועט, ורק דמחמת זה נובע פטור בכשכוש יתירה מחמת טעם זה דמאי הו"ל למיעבד, אלא דסברא זו דמאי הו"ל למיעבד הוה סברא בעיקרא דדינא שיהי' נכלל בעצם הפטור דשן ורגל ברה"ר. דכיון דא"א לפטור כשכוש מועט בלי לפטור גם כשכוש יתירה, א"כ גוף הפטור דשן ורגל ברה"ר נאמר גם על כשכוש יתירה. [ויתכן דלולי זה דנכלל בהפטור דכשכוש מועט סברא זו דמאי הו"ל למיעבד לא הי' אלים לפטרי'].

ונראה לפרש יותר, די"ל דס"ל כדברי הרי"ף רפ"ק דיסוד הפטור דשן ורגל ברה"ר הוא מחמת זה דאורחי' הוא וא"א לשומרה בכל שעה, ובע"כ צריכים לפטרי' דמאי הו"ל למיעבד, ומכיון דפטור זה בכשכוש מועט מחייב את הפטור בכשכוש יתירה מחמת הך טעמא גופא דמאי הו"ל למיעבד, נמצא דעצם סברת הפטור של ההלכותיהן דרגל, דהיינו הפטור ברה"ר, שייך גם בכשכוש יתירה. ולפי"ז נראה בפשיטות, דחייב עלה נזק שלם וכרגל דעלמא, דמכיון דנכלל בהפרשה דשן ורגל לענין הלכותיהן, מחמת זה דשייך בי' גוף סברת הפטור, הוה רגל גמור[345].

---

[344] חבורה ה' חלק ב

[345] א"ה. והוסיף הגרש"מ דנראה דצ"ל, דלא הי' נידון אם הוא משונה לגמרי או אורחי', דאילו הוה משונה לגמרי קשה לומר שיהי' נכלל בגוף הפרשה דשן ורגל. והערתי לו דאי"ז מוכרח, דהנה ע' ביש"ש שכ' על דרך הראב"ד בבי' דברי הגמ', אלא שהוסיף דהא דפטרי' אותו על כשכוש

[ודע דעיקר מהלך הנ"ל מבואר בדברי הרשב"א, דע"ש שהסביר דזה הי' ידוע לן דכשכוש יתירה הוא אורחי' טפי מקרן, אך לאו אורחי' ממש הוא, ומשו"ה קמבעיא לן אם דומה לקרן או לרגל, ועל זה השיב לו ד"אם אתה מחייבו על כשכושה א"א לומר אלא שתהא רגל בהמתו כלוי' מן השוק או שיאחזנה בזנבה, ולא חייבתו התורה בכך". ובפשטות נראה בכוונתו, דס"ל דזהו טעם הפטור של כל שן ורגל ברה"ר, וכמש"כ הרי"ף רפ"ק, וכיון דגם בכשכוש יתירה שייכא הך סברא, ודאי פטור עלה. והנה עי' שם בסו"ד שכתב וז"ל, ונראה שהוא תולדה דשן כנתחככה בכותל דלהנאתה הוא. ומבואר דלפי תירוצו הוה תולדה גמורה של שן, וביאור הדבר הוא, דכיון דודאי נכלל בהלכותיהן של שו"ר לענין הפטור דרה"ר, נמצא דהוה שן לכל הדינים, דמה שיש לו הסברא של הלכותיהן והדינים של הלכותיהן ודאי יש לו אותו שם מזיק. והנה בדברי הראב"ד לא מפורש דלפי האמת הוה תולדה דרגל, אך נ' לפרש בדבריו כעין דברי הרשב"א].

וא' העיר, דלכאו' יש להוכיח כדברינו דלפי האמת חייב נזק שלם בכשכוש יתירה, מדברי ר' יוחנן דאמר אין חצי נזק חלוק לא לרשות היחיד ולא לרה"ר, והרי אי נימא דאינו חייב אלא ח"נ, ומ"מ פטור ברה"ר, א"כ מצינו חצי נזק דחלוק בין רה"י לרה"ר. אמנם נראה דאין מזה שום הכרח לדברינו, דהרי אילו הוה נקטי' דהגם דפטור ברה"ר, מ"מ אינו חייב ח"נ, בפשטות אין הביאור דלענין רה"ר הוה תולדה דרגל, ולענין חיוב ח"נ הוה תולדה דקרן, אלא דלעולם הוה תולדה דקרן, ורק דמ"מ פטור ברה"ר מחמת טעם מחודש ד"מאי הו"ל למיעבד", ונמצא דביסוד דינו אינו פטור רה"ר, אלא פטור דמאי הו"ל למיעבד דבמקרה הוה ברה"ר, ולא הי' נחשב שחצי נזק דידה הוא חלוק.

ב. בדברי הטור התמוהים בסוגיא דכשכשה באמתה

גמ' יט: בעי רב עינא, כשכשה באמתה מהו, מי אמרי' מידי דהוה אקרן קרן לאו יצרא קתקיף לי' הכא נמי לא שנא, או"ד קרן כוונתו להזיק הא אין כוונתה להזיק, תיקו, ע"כ. ועי' ברא"ש ובטושו"ע שפירשו דהספק בגמ' הוא, האם הוה תולדה דרגל וחייב נזק שלם ברשות הניזק ופטור ברה"ר, או דהוה תולדה דקרן וחייב ח"נ ואפי' ברה"ר. [ויש מקום להעיר על דברי הר"מ בפ"א מנזק"מ הי"א שקבע עיקר הספק רק לענין פטור דרה"ר, והנה על מה שקבע הספק דכשכוש בזנבה כה"ג, אין להקשות מידי, דזהו העתק מדברי הגמ' דשקו"ט להדיא בענין הפטור דרה"ר, אך צ"ב מה שקבע גם ספק זה בענין פטור דרה"ר,[346] והרי בכל ספק קרן ספק רגל כ' הר"מ להדיא דנפק"מ לענין פטור רה"ר ולענין אם חייב ח"נ או נ"ש, והנפק"מ לענין תפיסה].

והנה הטור בסי' ש"צ פסק דהויא איבעיא דלא איפשיטא, ולכן ברה"ר פטור לגמרי דלמא רגל הוא, וברשות הניזק אינו חייב אלא חצי נזק, דדילמא קרן תמה הוא, והגם דאין דנין דיני קנסות בבבל, אך מהני תפיסה

יתירה, הוא משום דכל שאין כוונתו להזיק וגם אורחא בכך אלא שמוסיף קצת מן הראוי והמצוי, כגון כשכוש יתירה, מסתמא הוי כמו רגל ממש, עכ"ד. והוא הך סברא שכתבנו בסימן א' בבי' דברי התוס' בד"ה דרסה כו', ע"ש בהג"ה מש"כ בזה. ולפי"ז י"ל בבי' דברי הראב"ד, דנהי דלא הוה אמרי' כדברי היש"ש מסברא, אך מכיון דפטור שמירה מכשכוש מועט בע"כ כולל כשכוש יתירה מחמת זה גופא דהוא אותו מעשה וא"א להישמר מינה, ונמצא דהפטור ברה"ר כרגל, זה גופא מגלה לן דבע"כ צ"ל כסברא הנ"ל, דהרי בתורה מצינו דקרן חייבת ברה"ר ושן ורגל פטורין ברה"ר, ומכיון דזה פטור רה"ר, בע"כ דנכלל בדין שן ורגל ובי' הדבר הוא מחמת סברת היש"ש.

346 א"ה. ע"ש דמבואר מלשונו דלפי הצד דחייב ברה"ר, היינו רק ח"נ, ע"ש. ולפי"ז הי' משמע מדברי הר"מ דזה ודאי דחיובו הוא רק בח"נ, ורק דמסתפקי' אם פטור ברה"ר אם לא, והוא היפך מדברי תוס' ר"פ. אך דבר זה הוא מילתא דתימה, וגם הפוסקים לא הבינו כן בדברי הר"מ, ובאמת מדברי הר"מ מבואר להדיא, דהספק הוא אם הוי תולדה דקרן או תולדה דרגל, וא"כ בע"כ דהספק הוא אם חייב נז"ש או ח"נ, ורק דסידור דבריו צ"ב.

על הך ח"נ. ועי"ש שהביא פלוגתת הראשו' אם מהני תפיסה בספיקא דדינא, והנפק"מ בנ"ד אם הזיקה ברשות הרבים לענין תפיסה של ח"נ, וכשהזיקה ברשות הניזק לענין תפיסה על נזק שלם, ועי"ש שהכריע כהרא"ש דלא מהני תפיסה בספק"ד. ועי"ש שסיים וז"ל, ואפי' אם הזיק לאדם אחד ברשות הרבים וברשות הניזק, דינא הכי, ואינו יכול לומר אם תאמר שהוא קרן תתחייב ברה"ר וא"ת רגל תן לי נזק שלם ברשות הניזק, אלא הולכין בשניהם להקל, עכ"ל. והיינו דאם הזיקה מנה ברה"ר ומנה ברשות הניזק, אינו יכול לתפוס מנה ממנ"פ, דאם הוא קרן חייב חצי מנה מחמת ההיזק ברה"ר וחצי מנה מחמת ההיזק ברשות הניזק, ואם הוא רגל חייב מנה מחמת ההיזק ברשות הרבים. וע' בב"ח ובשאר נו"כ שתמהו בזה, דהרי ממנ"פ חייב לו נזק שלם, ומבואר במקו"א דס"ל להטור דבספיקא דדינא שייך לחייבו מכח ממנ"פ.

ועי' בב"ח שכתב לפרש, דאיירי בשתי בהמות נפרדות, ולפי האמת דהוא איבעיא דלא איפשיטא אין הכוונה דבכל בהמה הוא או כך או כך, דאצל מקצת בהמות הוא אורחי', ואצל מקצתם לאו אורחי' הוא. ע"ע בש"ך שם ס"ק ב' דכתב, דלא משמע בטור דאיירי בשתי בהמות, ולכן כתב, דגם בבהמה אחת שייך דעל נגיחה זו חייב נזק שלם ועל נגיחה זו אינו חייב אלא ח"נ, ומבואר מדברי הש"ך חידוש גדול, וז"ל, אלא נראה אף בבהמה אחת כיון דמבעיא אי אורחא היא ואין כוונתה להזיק או כוונתה להזיק והוי קרן, א"כ יכול לו' דלמא טבע הבהמה לפעמי' הוא כך ולפעמים כך, ודלמא ברה"ר הזיקה דרך הלוכה כי אורחא ולא הי' כוונתה להזיק וברשות הניזק היתה כוונת' להזיק וקרן הוא, ודוק כן נ"ל ברור, עכ"ל. ומבואר שהבין פי' חדש בבי' ספק הגמ', דהספק הוא אם כוונתה להזיק או דהוא משום דיצרה קתקיף לה, דאילו הוא משום דיצרו קתקיף לה, נחשב זה אורחי', ובאמת לולי פירוש זה בגמ' לא הי' שייך לומר כדבריו ולחלק בבהמה אחת בין נגיחה זו לנגיחה זו.

אלא דבאמת ילה"ע על דברי הב"ח והש"ך, דהרי עצם ספק הגמ' ודאי הי' אם אצל כל הבהמות הוא אורחי' או אצל כל בהמות הוא משונה, ועל ספק זה מסקי' בתיקו, והיינו דלפי האמת קיים אותו ספק שמסתפקי' בי', וא"כ היאך שייך לומר דלפי האמת דהוא ספק אצל מקצת בהמות הוא אורחי' ואצל מקצתם הוא משונה, או לחלק בבהמה א' גופי' בין מעשה למעשה, וצ"ע. [ונהי דמצינו איזה ספיקות [כגון בסו' דפ"ד דב"ב] דהוא ספק כללי אם הוא לעולם כזה או כזה, ולפי האמת הוה ספק בכל מציאות בפנ"ע, אך הכא דמסקי' בתיקו על גוף האיבעיא לכאו' ל"ש לומר כן].

ואשר נ"ל בביאור עיקר דברי הטור, דהנה חיובא דקנס לא נגמר לאלתר, דאפי' אחר שנגמרה הסיבה המחייבת, לא נגמר החיוב וקיים רק עיקר הדין דפסקה התורה דמגיע לו הקנס, והיינו דמן הראוי הוא שיהא חייב לו כך וכך, אך עדיין לא נגמר שום דין ממון, ולגמר החיוב ("עס דארף זיך אויספיהרן דעם דין") בעינן פסק ב"ד, או מעשה תפיסה דמועיל מעיקר הדין לדעת הרא"ש בפ"ק, ג"כ מחמת דין פסק דין, דעביד איניש דינא לנפשי'. ולפי"ז י"ל דהגם דבניד"ד חייב לו ממנ"פ, או מצד קרן או מצד רגל, אך מכיון דח"נ הוא קנס וחיובא דקנס צריך להיגמר, לזה בעי' שיהי' יכול לתפוס אותו מחמת הדין קנס גרידא, אך היכא דמצד עצם הדין ממון דקנס לא תועיל תפיסתו ויהי' חייב להחזיר, אלא דמכח צירוף דממנ"פ מכח חיוב אחר יכול לזכות בזה, י"ל דבזה לא נחשב שהדין קנס "האט זיך אויסגעפירט", ואפי' אם כלפי שמיא גליא, מ"מ עדיין לא נגמר חיובא דקנס, ועל הצד דהוא קרן אין לו זכות לתפוס בהממון, דמעשה תפיסה זו לא נחשב כמעשה של "עביד איניש דינא לנפשי'" בדיני קנסות, כיון דמחמת דין קנס גרידא לא הי' יכול לזכות בזה, ונמצא דליכא דין דממנ"פ. ונהי דמצינו בר"פ שור שנגח גבי ממון המוטל בספק, דחולקין דמועילה תפיסה, וכן לדעת הר"מ ודעימי' מועילה תפיסה בקנס בספיק"ד, ה"ט דמחמת עיקר הדין ממון של קנס יש לו זכות לתפוס בזה, דזהו גוף הדין ממון דממון המוטל בספק חולקין, ולכך בספיק"ד

מועילה תפיסה, ושאני הכא דמחמת הדין ממון דקנס לחודי' אין זכות לתפוס, ונמצא דחסר בהדין עביד איניש דינא לנפשי' על הדין קנס דבעי' לגמר החיוב.

ואין להקשות על זה מהזיקה ברשות הניזק דהוה ספק קרן ספק רגל, ומועיל תפיסה על ח"נ, דהתם אין הביאור דיש שתי ספיקות, ספק קרן ספק פטור וספק רגל ספק פטור, אלא דהוה דין אחד דממונו שהזיק חייב, ויש לו תביעה ודאית דממונו שהזיק חייב, ורק דקיים ספק אם זכותו הוא בתורת קרן או בתורת רגל, אך ממון זה יש לו זכות וודאית לתפוס בו.

ועי' בפרישה סוף ס"ק א' שכ' ליישב דברי הטור במש"כ "והכא דקנסא שאני", והי' נראה לפרש בדבריו עפ"י הנ"ל, אכן ע' בסמ"ע דמבו' דכוון לדבר אחר, ע"ש.

ג. בדברי תוס' ר"פ בסוגיא דכשכשה באמתה

גמ' יט: בעי רב עינא, כשכשה באמתה מהו, מי אמרי' מידי דהוה אקרן קרן לאו יצרא קתקיף לי', הכא נמי לא שנא, או"ד קרן כוונתו להזיק הא אין כוונתה להזיק תיקו, ע"כ. ובפשטות משמע, דעיקר הספק הוא אם מדמינן היצרא קתקיף לי' דכשכשה באמתה, להיצרא קתקיף לי' דקרן. ועי' בתוס' ר"פ שכתב וז"ל, ואם תאמר ניחזי אנן אי אורחיה לכשכש, פשיטא דפטור ברשות הרבים ומאי קאמר מידי דהוה אקרן, ואי לאו אורחיה, מאי קאמר קרן כוונתה להזיק הא אין כוונתו להזיק, דמה בכך, ומכל מקום כיון דלאו אורחיה הוי קרן דהכי אמרינן טרף ואכל חייב, כיון דלא אורחיה אף על גב דלא הויא כוונתה להזיק. וי"ל דלעולם מיירי דאורחה בהכי, ומכל מקום כיון דמחמת דיצרו תוקפו מכשכש, יש לדמותו לקרן דהוה כקרן מועד, עכ"ל. ולכאורה מבואר מדבריו, דדבר שכוונתו להזיק, אע"ג דמתחילת ברייתו אורחי' להזיק, אינו חייב משום רגל אלא משום קרן מועד.

ובפשטות הי' נראה דדבריו תלויים בפלוגתת התוס' והר"מ, דהנה לעיל טו: תנן, והנחש מועד לעולם. ובתוס' טז. בד"ה והנחש כו' כתבו, דכיון דאורחי' בכך, חייב מדין רגל אע"פ שכוונתו להזיק. אכן עי' בר"מ בפ"א מנזק"מ ה"ו ובמ"מ שם, דס"ל דחייב עליו מדין קרן מועדת.[347] ולכאורה דברי תוס' ר"פ אזלי בשיטת הר"מ. אכן יש להעיר על זה ממש"כ בתוס' ר"פ בריש פירקין בסוד"ה כיצד הרגל כו' ששם כתב כדברי התוס', דחייב בנחש מדין רגל. ולכאורה מבואר מזה, דהא דס"ל דהחיוב בנחש הוא מדין רגל, אינו משום דס"ל דלא יתכן לחייבו מתחילת דינו משום קרן מועדת, כיון דלא הי' בה סדר העדאה, דכל היכא דאורחי' בכך מתחילת ברייתו ליכא דין דסדר העדאה, אלא דנחש כיון דהיזקו מצוי כ"כ דומה לרגל, דהרי כן הוא דרך הליכה דנחש, אבל שאר דברים שאין הזיקן מצוי כרגל, חייב עלה מדין קרן מועדת. וכיון דכן מוכרח מדברי תוס' ר"פ, ליכא שום סיבה לומר שתוס' יחלוק על זה.[348]

ד. דקדוק מתוס' בדף מא. שס"ל כביאורו של תוס' ר"פ בסוגיין

ונראה להוכיח דכן היא שיטת תוס', מדבריו לקמן מא., דע"ש בגמ' דנח'לקואביי ורבא, אם שור שרבע וקטל ברביעתו, חייב כופר, דרבא ס"ל דפטור מן הכופר, דרק בקרן דכוונתו להזיק חייב כופר, והאי כוונתו להנאת עצמו ולא להזיק, וכן ברגל פטור מכופר מה"ט, ע"ש. ושם בתד"ה הא אין כוונתו להזיק

---

[348] א"ה. עי' היטב בדברי התוס' בדף טז. דמבואר דנחית לפרש מתני' דנחש, דחייב מדין קרן מועדת, ורק דקדק מדחשיב נחש גבי אחריני דפטורין ברה"ר, דגם נחש דינו כן. ורק דהי' מקום לומר דסו"ס כיון דנחש חייב מדין רגל, לעולם לא יתכן שיהי' חייב מעיקרא מדין קרן מועדת, דכל היכא דמתחילת ברייתו אורחי' בכך הוה רגל, אך מדברי תוס' ר"פ מבו' דלא כן.

כתבו וז"ל, ואע"ג דכשכשה באמתה מבעיא בפ' כיצד הרגל, לפי שיש שם שינוי קצת ודמי טפי לקרן, אבל רביעה לאו שינוי הוא ולא דמי לקרן וכשן גמורה היא שמזקת ע"י אכילה, עכ"ל. ומבואר מדבריהם, דלפי הצד בגמ' דכשכשה באמתה לקרן מדמינן לה לענין ניזקין, בכשכשה באמתה והרגה חייב בכופר אפי' לרבא דס"ל דליכא חיוב כופר כי אם בקרן. והנה לרבא דס"ל דרק קרן חייב בכופר ולא שן ורגל, הוה מילתא דפשיטא דכדי לחייבו כופר, בעי' החומר דקרן דכוונתו להזיק, ועל מעשה משונה בלי כוונתו להזיק אינו חייב כופר, דהא דרק קרן חייב בכופר ולא שן ורגל, הוא משום החומר דכוונתו להזיק, ובניזקין גופי' אי לאו דשן ורגל יוכיחו לא הי' שייך לחייבו למעשה משונה בלי כוונתו להזיק, ורק דמאחר די"ל דשאר מזיקין יוכיחו, שוב מסתבר לומר דנכלל במזיק דקרן.

והנה לפי"ד הרא"ש, הא דהגמ' דימתה יצרו קתקיף דכשכשה באמתו ליצרו קתקיף דנגיחה, אינו כדי ליתן לכשכשה באמתה החומר של כוונתו להזיק, אלא להוכיח דהך מעשה נחשב כשינוי במציאות, דמאותה סיבה דמעשה משונה נחשב כשינוי, דהיינו משום דהמעשה בא מכח התעוררות מבחוץ של יצרו קתקיף לה, כמו"כ אמרי' בכשכשה באמתה, דלולי זה דיצרו קתקיף לה, לא הוי נחשב כשינוי דלמה יעשה כן אם לא דנכלל בעיקר תכונתו וטבעו. ולפי"ז אין ללמוד מהגמ' דהיצרו קתקיף לה דכשכשה באמתו יש לו החומרא של התכונה דכוונתו להזיק.

אכן בדברי התוס' שנקט דלפי הך צד בגמ' מבואר דכשכשה באמתה יש לה החומר שמצינו בדבר שכוונתו להזיק, מבואר שלא פי' דברי הגמ' כהרא"ש, דודאי הספק בגמ' אינו האם נחשב כשינוי אם לאו, אלא האם היצרו קתקיף לה דכשכשה באמתה דומה לתכונת קרן דכוונתו להזיק אם לא, וכמו שמבו' בדברי תוס' ר"פ. וביאור הספק בגמ' הוא כמש"כ תוס' ר"פ עצמו, והוא, האם יש התכונה של כוונתו להזיק בכדי שיהי' כקרן המועדת מתחילתה, או כשן ורגל. ולפי"ז מדברי התוס' עצמו מבואר דשייך דין מועד מתחילתו, ואעפ"כ ס"ל בסופ"ק דנחש לא הוה קרן מועדת אלא רגל, ובע"כ צ"ל דסברת התוס' אינה משום דס"ל דכל דבר שאינו משונה לא הוי קרן, אלא דהוא סברא מיוחדת בהמציאות של היזקו מצוי דנחש, וכמש"כ למעלה.

ה. בבי' תירוצו של תוס' הנ"ל

והנה עיקר דברי התוס' הנ"ל שתירצו וז"ל, לפי *שיש שם שינוי קצת* ודמי טפי לקרן, אבל רביעה לאו שינוי הוא ולא דמי לקרן, וכשן גמורה היא שמזקת ע"י אכילה. וצב"ק, דודאי אין כוונתו לומר דהוה משונה, דכבר הוכחנו דמה שהוא משונה אינו סיבה לחייבו כופר, וגם מהלשון ד"שינוי קצת" לא משמע דכיוונו לזה. אלא כוונת התוס' היא, דבאמת צ"ב מה נכלל בהגדר ד"יצרו קתקיף לה", דהרי מה שהבהמה אוכלת הוא ג"כ משום זה דיצרו קתקיף לה. ונראה דגדר הדבר הוא, דמה שנכלל בעיקר טבעה של סיפוק צרכי' ומזונותי' לא נחשב כ"יצרו קתקיף לה", דמה שעושה כן הוא משום עיקר טבעה ודומה לטבעה לאכול. וענין דיצרו קתקיף לה מצינו בדבר שאינו נכלל בעיקר טבעה של הבהמה ועושה רק ע"י איזה התגרות, וכוונת התוס' הוא דדוקא בכשכשה באמתה דיש שם שינוי קצת יתכן לדון שאינו נכלל בעיקר טבע הבהמה, אך רביעה דשכיח טובא, ודאי דנכלל בעיקר טבע הבהמה כמו תאוות האכילה. ותירוץ התוס' מובן אצלי כ"כ עד כדי שאני מתמה על עיקר קושייתו, דמאי קס"ד לומר דברביעה שייך הך סברא דיצרו קתקיף לה דמאי נפק"מ בין זה לתאוות האכילה וכיו"ב.

סימן יד

בסוגיא דדליל[349]

א. בקושית תוס' על רש"י דגם באדיי' אדויי לחייב בעל הדליל משום אש

ב. דקדוק מפירש"י דחייב על בור המתגלגל אפי' בנתגלגל ברוח שאינה מצוי'

ג. הערה על דברי התוס' דס"ל דבעל הדליל חייב משום אש

א. בקושית תוס' על רש"י דגם באדיי' אדויי לחייב בעל הדליל משום אש

גמ' יט: התרנגולין מועדין להלך כדרכן ולשבר וכו'. אמר רב הונא לא שנו אלא שנקשר מאליו, אבל קשרו אדם חייב, נקשר מאליו מאן חייב כו,' אלא מתני' בדאדיי' אדויי, ע"כ. ופירש"י וז"ל, אלא מתני' לא מתוקמא אלא באדיי' אדויי, שזרק התרנגול הדליל ושיבר בזריקתו כלים, דהוו צרורות, ואפילו קשרו אדם נמי לא משלם אלא ח"נ בעל התרנגול והקושר פטור, שלא נתקל אדם בבורו, עכ"ל. ובתד"ה וכי כו' העיר עליו, דנהי דלא נתקל אדם בבורו, אמנם ליחייב משום אשו דהוי כאבנו סכינו ומשאו שהניחן בראש גגו ונפלו ברוח מצוי' והזיקו בהדי דאזלי, דהאי תרנגול הוי כרוח מצוי', מדפריך אי דלא אצנעי' פושע הוא, עכ"ל, ור"ל דמדפריך דלענין היזק הדליל נחשב כפושע, ע"כ צ"ל דהוה מילתא דשכיחא שיסתבך ברגלי התרנגול וכרוח מצוי' דמי.

והנה מש"כ התוס' לדקדק דתרנגול הוי רוח מצוי' מקושית הגמ' "אי דלא אצנעי' פושע הוא", נראה דכל זה הוא לפירוש התוס' בדברי הגמ', דבין ב"דאצנעי'" ובין ב"דלא אצנעי'" איירי שהניח הדליל ברשותו, ורק דבדלא אצנעי' איירי שהניחה במקום התורפה ופושע הוא, ע' בתד"ה קשרו אדם. אכן המעיין היטב בדברי רש"י יראה שפי' דברי הגמ' באופ"א, וז"ל, פושע הוא. וכולי' נזק בעי לשלומי, *שהרי בורו הוא שהשליכו לרה"ר*, עכ"ל, ומשמע שפי' דמאי דאמרי' "לא אצנעי'", ר"ל שהשליכו לרה"ר.[350] ודוחק להעמיס בכוונתו דר"ל דע"י פשיעתו נחשב כהשליכו ברה"ר. וע"ע במש"כ בד"ה אלא דאצנעי'. *בביתו* והוציאו תרנגול מביתו כו', עכ"ל. וצ"ע מה שפי' דאצנעי' "בביתו", דהרי גם בלא אצנעי' הוא בביתו וכל החילוק הוא דבאצנעי' הניחו במקום המשומר ולא במקום התורפה, אלא ודאי שכל שהניחו בביתו לאו פושע הוא, דלא שכיח כ"כ שיסתבך ברגלי תרנגול וכרוח שאינה מצוי' דמי, ואונס הוא. ומאי דאמרי' בגמ' דלא אצנעי', ר"ל שהשליכו לרה"ר, ונהי דליכא פשיעה לענין זה שיסתבך ברגלי תרנגול, דלענין זה קשה לחלק בין הניחו בביתו להניחו ברה"ר, אך מה שהשליכו לרה"ר וכרה בור, היא היא גוף הפשיעה, וכן מדוייק בלשון רש"י "פושע הוא כו' שהרי בורו הוא שהשליכו לרה"ר", הרי שלא פי' דהפשיעה היא לענין שיסתבך ברגלי תרנגול, אלא עצם כריית הבור עי"ז שהשליכו לרה"ר, ע' בסמוך. ולפי"ז ודאי דאין לחייב את בעל הדליל משום אש כיון דליכא רוח מצוי', דלא שכיח שיסתבך ברגלי התרנגול.

אכן, הגם דנראה בעליל דנחלקו רש"י ותוס' האם נחשב כפושע לענין שיסתבך ברגלי תרנגול, דלתוס' דפירשו דברי הגמ' דלא אצנעי', דאיירי בהניחו בביתו במקום התורפה, מבואר להדיא דהוה פשיעה וכרוח

---

[349] חבורה ה חלק ג

[350] א"ה. וכן מבו' להדיא מדברי היש"ש בסי' ח' דכתב וז"ל, אבל אי לא אצנעי' בביתי' והשליכו לרה"ר כו', אבל האי דלא אצנעי', היינו שהשליכו לרה"ר כו'.

מצוי' דמי, ומפירש"י מוכח להיפך כמשנ"ת, אך אכתי אי"ז מספיק ליישב קושית התוס'. דהנה הא דאמר רב הונא דהקושר חייב, איירי גם בדאצנעי', והיינו דאפי' אם קשרו בביתו ג"כ חייב מחמת היזק הדליל, וה"ט דנהי דלא מצוי שיסתבך הדליל מעצמו ברגלי התרנגול, אך אם קשרו אדם ודאי מצוי הוא שילך בו, ולפי"ז יש להעיר דהיכא דקשרו אדם ובאדיי' אדויי, אמאי א"א לחייב גם בעל הדליל משום אש, דהרי כה"ג ודאי הוי רוח מצוי', מדמחייבינן הקושר משום בור היכא דאנחה.

ב. דקדוק מפירש"י דחייב על בור המתגלגל אפי' בנתגלגל ברוח שאינה מצוי'

והנה כבר כתבנו בבי' דברי רש"י, דס"ל דגם בדלא אצנעי' לא נחשב כפושע לענין שיסתבך ברגלי התרנגול, ופשיעתו היא רק על עצם כריית הבור. ולכאורה צ"ב, כיון דלא מצוי שיסתבך ברגלי התרנגול, נמצא דלענין מה שנתגלגל למקום אחר לא נחשב כרוח מצוי', וא"כ אמאי חייב. ולכאורה מבואר, דבבור המתגלגל חייב גם היכא דנתגלגל ע"י רוח שאינה מצוי'.[351] ובי' הדבר הוא עפ"י מה שמבואר לעיל בדף ו. בתד"ה מה לבור כו' בביאור עיקר הענין דבור המתגלגל, דליכא כריי' חדשה, אלא דאותו בור שהי' במקום הראשון נתגלגל להכא, ומה"ט כתבו שם דלא נחשב ככח אחר מעורב בו, דהך פירכא היא רק היכא דעצם כריית הבור נעשה ע"י כח אחר המעורב בו, אך הכא עיקר הכריי' נעשתה מקודם, ורק דאותו בור נתגלגל למקום אחר.[352] ומאי דפרכי' שם בגמ' בענין בור המתגלגל "מה לבור שכן מעשיו גרמו לו תאמר בהני שאין מעשיו גרמו לו", היינו משום שנקטה הגמ' דלחייבו משום בור בעי' "מעשיו גרמו לו" בגוף ההיזק, ועל זה אמרי' שור יוכיח שכן אין מעשיו גרמו לו, דר"ל דליכא מעשיו גרמו לו בגוף ההיזק ואפ"ה חייב.

ולפי הנ"ל, דחייב משום בור המתגלגל אפי' היכא דנתגלגל ע"י רוח שאינה מצוי', יש ליישב מה שיש מקום להעיר בסוגיא שם. דעי' בסוגיא שם דאמר אביי דאבנו סכינו ומשאו שהניחם בראש גגו ונפלו ברוח מצוי' והזיקו בתר דנייחי, חייב עליהם משום בור, הגם דהכריי' נעשתה רק בצירוף רוח מצוי'. וע"ש בתד"ה מה לבור כו' שכתבו, דכה"ג ג"כ לא נחשב כמעשיו גרמו לו בגוף ההיזק, ורק דמ"מ ילפי' במה הצד דבור ואש דחייב. ולפי"ז בפשטות נמצא, דליכא הלכה בפנ"ע של בור המתגלגל כו', היינו היכא דכרה בור עי"ז שהניחו ברה"ר ושוב נתגלגל למקום אחר, דאפי' לא הניחו ברה"ר אלא ע"ג גגו, דעדיין לא הי' עלה דין בור, ונתגלגל ונפל ברוח מצוי' חייב משום בור. אכן לפי הנ"ל נפק"מ טובא בזה, דהיכא דהי' כבר בור ורק דנתגלגל למקום אחר, חייב אפי' בנתגלגל ברוח שאינה מצוי', וכמשנ"ת.[353]

---

[351] א"ה. וכן נקט מהר"ם לעיל ו. בדעת רש"י שם.

[352] א"ה. כן פי' הגרנ"ט בבי' דברי התוס' שם.

[353] א"ה, ע' באהל ישעיהו ו. מש"כ בשם הג"ר שמואל רוזובסקי זצ"ל בישוב קושיא זו, וע"ע מש"כ בזה בסימן ט"ו. והנה עי' בתוס' ה: בד"ה כי כו' דמשמע דדינא דאביי דאבנו סכינו ומשאו כו' הוא רק למ"ד אשו משום חציו, ולפי"ז י"ל דהא דרבא אוקים הבמה הצד לבור המתגלגל הוא משום דלשיטתו אזיל, ע' לקמן מג: וברש"י בד"ה עבד כפות לו כו' שכ' דס"ל לרבא אשו משום ממונו. (וכבר העיר בתוס' ר"פ שם, דמהא דאמר רבא לקמן כב: קרא ומתניתא מסייע לי' לר' יוחנן, מבואר דס"ל לרבא דאשו משום חציו, ועי' שם בבית אהרן מש"כ לדחוק בדברי רש"י שם, דאין כוונתו דרבא עצמו ס"ל הכי דהרי כ' רש"י שם לעיל דאילו הזיקו בכוונה חייב מיתה, ע"ש).

אכן ראיתי בברכת יעקב [להגרז"נ בן הגרי"מ ליבוביץ זצ"ל] סי' צ', שפירש, דדברי התוס' הנ"ל קאי גם לאביי, והוא עפ"י יסודו של הגרב"ד דגם לר"ל דס"ל אשו משום ממונו בעי' מעשה מבעיר, ונחשב כעשיי' בגוף ההיזק, ורק דאינה מפסיק לחייבו בעבורה והוא רק סיבה לחייבו מחמתה על האש.

ג. הערה על דברי התוס' דס"ל דבעל הדליל חייב משום אש

והנה דעת התוס' היא, דבאדיי' אדויי גם בעל הדליל חייב משום אש, וכעי"ז כתבו התוס' לעיל בדף ו. בענין בור המתגלגל ע"י רגלי אדם ורגלי בהמה, והוכיחו כן מסוגיא לקמן כג. בכלב שנטל גחלת והדליק את הגדיש דגם בעל הגחלת חייב משום אש. וכבר העירו האחרונים על דבריהם, דא"כ כל היזק שבהמה עושה עם איזה דבר בעגלה מושכת בקרון ושליף שעלי', יתחייב משום אש, ונפק"מ דגם ברה"ר יתחייב. והנה על שיטת התוס' לא קשה כ"כ, דבפשטות הי' נראה, דהגם דמצינו בנזקי ממון דדבר הדומם, כמו אש, נחשב כמזיק הגם דבכהת"כ אין עלה תורת מעשה, אך היכא דבהמה נטלה עץ בידה והזיקה בו, אין העץ נחשב כמזיק, לא רק משום סברא שבעל העץ אינו אחראי על היזק זה, אלא דגם מצד עצם מציאות המעשה לא רואים שהעץ הוא חפצא דמזיק, אלא שהבהמה הזיקה על ידו. ולפי"ז י"ל דמש"כ התוס' דשייך לחייב בעל הדליל משום אש, היינו רק באדיי' אדויי ובור המתגלגל ע"י רגלי אדם ורגלי בהמה, דלא הזיק בגופו אלא בכוחו, והוי כסוגיא דכלב שנטל גחלת, דבזה י"ל דאכתי רואים תורת מזיק על הדליל, אך דבר שהוא מחובר לגוף הבהמה כמו שליף שעלי' ועגלה מושכת בקרון, א"א לראות שהשליף או הקרון הוא פועל בההיזק.

אכן בשיטת הרא"ש לא שייך לומר כ?חילוק זה, דע"ש שכתב, דבעל הדליל חייב מדין אש אפי' היכא דהתרנגול לא אדיי', אלא הזיק בדרך גרירה, דכה"ג נחשב שהתרנגול הזיק בגופו כעגלה מושכת בקרון, ע"ש. ולפי"ז הדרא לדוכתא כל הקושיות מהנך סוגיות, דאמאי א"א לחייב בעל השליף ובעל העגלה משום אש. דלא נראה דיש לחלק בין דליל שהי' קשור לרגל התרנגול והזיק דרך גרירה, לכל הנך גווני, ונהי דמבואר דכל מה שמהודק ומחובר טפי להגוף הוא סברא יותר לחייבו, אך לפי האמת דכולם נחשבו כגוף הבהמה, קשה לחלק ביניהם.[354]

וגם בדברי התוס' לא נתיישב כל הצורך, דע' בנחל"ד שהעיר, דמדברי הגמ' לעיל יז: משמע דאילו עגלה מושכת בקרון לא הי' נחשב כגוף הבהמה אלא ככוחו, לא הי' חייב על הזיקה אלא ח"נ, וצ"ב דלחייבו משום אש, וכן העיר מסוגיא לעיל יט. בדרסה על הכלי ברה"ר ושברתו ונפל השבר על כלי אחר ברה"י, דחייב ח"נ, וצ"ב דלחייב בעל הכלי הראשון משום אש, וקשה לומר דסוגיא דשם איירי בדוקא היכא דלא פשע בה הבעלים, וצ"ע.

[354] א"ה. ע' בחי' ר' משה קזיס עמוד מ"ב שכבר עמד על קושיא זו, וז"ל, וא"ת כיון שאמרנו שמה שמזיק התרנגול בדליל דרך הילוכו בעודו מחובר לרגלו אז בזריקתו חייב עליו בעל הדליל מדין אש, א"כ נימא נמי שבהמה שהזיקה במשאוי שעלי' ובזוג שבצוארה, יתחייב על נזקה מדין אש, ומלשון הברייתא נראה שאינו חייב על נזקה אלא ברשות הניזק מדין רגל, כדקתני בהמה שנכנסה לחצר הניזק והזיקה בגופה דרך הילוכה כו' בשליף שעלי' כו', י"ל *שאין לחיובי מדין אש אלא דליל וכיו"ב, שאין דרך התרנגול להיות דליל קשור ברגלו ואינו נחשב כגופו, אבל המשוי על הבמה והזוג שבצוארה שדרך הבהמות לשאת אותם לצורך האדם, הן נחשבים כגוף הבהמה ואין להם אלא דין רגל*. ונר' שאם קשר אדם רצועה ברגל התרגגול לסימן, כדרך שעושים לתרנגול, הוי כמו זוג שבצואר בהמה ואין לה אלא דין רגל, עכ"ל. והנה ע"ש לעיל דמבואר להדיא מתוך דבריו, דהיכא דהזיק בדליל דרך הליכתו, חייב נזק שלם מדין רגל, ואפ"ה ס"ל דלענין אש יש לחלק בינייהו. ולכאו' ילה"ע בזה, דאם לא נחשב כגופו, מהיכ"ת לחייב עלה מדין רגל, והרי ליכא למילף זה מדין עגלה מושכת בקרון, דהתם אורחי' בכך והוה כגופו. ואולי י"ל דהך סברא דהיכא דהוה אורחי' נידון כגופו, אינה סברא לענין חיוב דרגל, דהיובא דרגל תלוי בעיקר צורת המזיק וכמו שכתבנו לעיל בסימן י' ע"ש, ודו"ק.

סימן טו

בחיובא דבור המתגלגל ובחיובא דתרנגול שהזיק ע"י דליל[355]

א. בחיוב תרנגול שהזיק ע"י דליל על כלים

ב. ביאור בשיטת רב דאבנו סכינו ומשאו דלא אפקרינהו דומה לשור

ג. בי' בשיטת רש"י בדליל שפי' דאיירי בדקניי' בהגבהה ובחיובא דבור המתגלגל

ד. אהם החומרא דכח אחר מעורב בה הוא רק ברוח דממילא

ה. אימתי בעינן לחידושא דכח אחר מעורב בה

ו. דיוק מהרא"ש בדין הנ"ל

ז. בביאור דברי הרא"ש הנ"ל ודברי רש"י בסוגיין

ח. בחידוש הנחל"ד במחייב של אש

ט. הערה על דברי הר"מ בסוגיא דדליל

א. בחיוב תרנגול שהזיק ע"י דליל על כלים

גמ' יט: התרנגולין מועדין להלך כדרכן ולשבר וכו'. אמר רב הונא לא שנו אלא שנקשר מאליו, אבל קשרו אדם חייב, ע"כ, ובפשטות משמע, וכ"כ התוס' בד"ה אבל כו' דהגמ' נקטה דמתני' איירי בהזיק בתר דנח ובנקשר מאליו וחייב מדין בור, ורק דהגמ' פריך על החיוב דח"נ. וע' בתוס' ר"פ שהעיר, דהאיך קס"ד דבמתני' חייב מדין בור, דהא קתני במתני' ושבר את הכלים, ובור פטור על כלים. ועי' ברש"י בד"ה אבל קשרו אדם כו', שנשמר מזה, וז"ל, אבל קשרו אדם חייב. הקושר נזק שלם דהוי בור, ואם נתקל בו *אדם* חייב בנזקו, עכ"ל, וצ"ל דלפי ס"ד זו מתני' לצדדים קתני, "ושבר את הכלים" קאי על היכ"ת ד"או שהי' מהדס".[356] אבל בתוס' ר"פ כנראה לא נחית לפרש דמתני' לצדדים קתני, וכתב ליישב, דמתני' איירי דלא אפקרי' בעל הדליל וכדרב דאמר לעיל דכל תקלה שלא אפקרי' מבורו למדנו וחייב על הכלים, והכא היא מימרא דר' הונא תלמיד דרב, עכ"ד, ולפי"ד בפשטות צ"ל, דמאי דקתני "קשרו אדם חייב", קאי על בעל הדליל, דאם אינו בעלים עלה א"א לחייבו מדין שור. ולפירש"י בלא"ה צריכים לאוקים בכה"ג, דהרי באוקימתא דגמ' בדליל הפקר, פירש, דקני לי' הקושר בהגבהה, ומבואר מדבריו דמאיזה טעם שהוא א"א לחייב הקושר אלא אם הוא בעלים על הדליל.

אכן יש להעיר על דברי תוס' ר"פ מהמשך דברי הגמ', דאמרי' "אלא חייב בעל תרנגול, מאי שנא כולי' נזק דלא דכתיב כי יפתח איש בור ולא שור בור ח"נ נמי איש בור ולא שור בור". והנה לפי הו"א זו מבואר דלא הי' חייב מכח מה שהוא בעל הממון, והיינו משום פשיעת כריית בור של בעל הממון, אלא מכח כריית התרנגול, [והטעם דלא הי' חייב עלה מדין בעל הממון, הוא או משום דאצנעי' או דאיירי בדליל דחברי'], וכיון שכן לכאו' א"א לחייבו משום דין שור אלא משום דין בור, והדרא קושיא לדוכתא דהאיך חייב במתני' על כלים.

---

[355] חבורה ו' חלק א'

[356] א"ה. ע' בפנ"י שכבר עמד על דברי רש"י הנ"ל.

ב. ביאור בשיטת רב דאבנו סכינו ומשאו דלא אפקרינהו דומה לשור

ואשר נראה לומר בזה הוא בהקדם ביאור שיטת רב שחילק בין תקלה דאפקרי' לתקלה דלא אפקרי'. דהנה רגילים לפרש שהכל תלוי' בעיקר הסיבה שהוא בעלים על הבור, דהיכא דהסיבה שהוא בעלים על התקלה הוא משום דהוא בעל הממון, ילפי' חיובו משור. והיכא דהסיבה שהוא בעלים על התקלה הוא מחמת הכריי' והפתיחה, ילפי' חיובו מבור. ולפי"ז בניד"ד דסיבת חיובו הוא מחמת כריית התרנגול, ולא משום שהוא בעל הממון, הי' דינו להיות פטור בכלים ככל בור.

אכן נראה לדקדק מדברי הראב"ד והיש"ש דלא כן, דהנה עי' לקמן בדף כח: דפירש"י, דאליבא דרב, על בור ברשותו חייב משום שור, ולכן חייב גם על כלים. ועי' בתוס' שם בד"ה ה"מ כו', שהסכים לעיקר הנחתו של רש"י, דהי' מעניינו לחייבו משום שור, ורק שכתב דא"א לחייבו משום שור, דלענין זה יכול לטעון תורך ברשותי מאי בעי, ואינו חייב אלא מדין בור. אכן עי' בראב"ד שם שכתב, דדוקא בתקלה המיטלטלת ס"ל לרב דמשורו למדנו דבעלים יכול לסלוקי, אכן בור ברשותו שקבוע וקיים, לא שייך למילף משור, עכ"ד. ומבואר מדבריו, דעיקר החילוק בין תקלה דאפקרי' לתקלה דלא אפקרי', אינו תלוי בסיבת הדבר שהוא בעלים על התקלה, אלא תלוי בעיקר מציאות הדבר, דמה שהוא ממונו של אדם, ומשמש בתורת ממונו של אדם, אינו דומה לבור כ"כ, שבור הוא חפצא דתקלה, ולכן כתב דכל זה שייך רק בדבר המטלטל דשייך לסלוקי, דהיכא דהוא ממונו רואים אותו לחפצא דממון בעלים ולא לחפצא דתקלה, משא"כ בבור ברשותו. ובפשטות י"ל דכל זה הוא רק לדברי הראב"ד לשיטתו. אכן עי' ביש"ש פ"ק סי' ח' שכתב כעין סברא זו בשיטת התוס', דע"ש שכתב דדבר שהוא הפקר דומה לגמרי לבור שהוא הפקר ותקלה לאחרים, עכ"ד, והיינו דדבר שהוא ממונו של אדם, בעיקר מציאותו אינו דומה לבור, וע"ש שכתב, דגם לשמואל אינו דומה כ"כ לבור, "ואדרבה שם ממונו עליו, ויכול להיות כמו שורו".

ולפי"ז יש ליישב דברי תוס' ר"פ על נכון, די"ל דהגם דא"א לחייב את בעל התרנגול משום מה שהוא בעל הממון אלא משום כריית התרנגול, מ"מ שייך לחייבו מדין שור, דעיקר הקביעותא אם הוא שור או בור, אינה תלוי' אם הוא בעלים עלה או לא, אלא דתלוי בעיקר מציאות החפצא. ומכיון דהדליל הוא חפץ שהוא ממונו של אדם, אינו דומה כ"כ לבור ויותר דומה לשור. ולא נראה לומר דלגבי מי שאינו בעל הממון ה"ז נידון כחפץ של הפקר, דסו"ס יש בעלים לממון זה ודומה יותר לשור. ורק דאכתי אי"ז מספיק, דנהי דמצד עצם מציאותו דומה יותר לשור מלבור, אך איך מחייבינן בעל התרנגול על "שור זה", מכיון דלאו ממונו הוא.

ונראה דצ"ל דלולי הדין דאיש בור ולא שור בור, הי' שייך לחייבו מחמת כריית התרנגול, דעי"ז שעשאו לתקלה נעשה בעלים עלה ושייך לחייבו כדרך כל כורה ופותח בבור. וביאור הדבר הוא, דודאי גם לרב דחיובו הוא משום שור, אי"ז דומה לכל חיובא דשור דעלמא, ואילו נימא דבבור הא דבעי' פשיעת בעל הבור אינה רק בכדי שלא יהי' אנוס אלא דבעי' גוף הפשיעה, י"ל דגם בשור אליבא דרב בעי' לזה. ולפי"ז שפיר יש להבין מה דמבואר והוא מעניינו לחייבו מדין כריי' ופתיחה.

ולפי"ז לא צריך לפרש בדברי תוס' ר"פ דמאי דאמר רב הונא דקשרו אדם חייב, לא איירי בדוקא בשקשרו בעל הדליל, אלא דמספיק מה שהוא דליל שיש לו בעלים, וכן מדוקדק בלשון תוס' ר"פ שכתב, "וי"ל דמיירי דלא אפקרי' בעל הדליל", דלא משמע דאיירי בדוקא שהקושר הוא הבעלים.

ג. בי' בשיטת רש"י בדליל שפי' דאיירי בדקניי' בהגבהה ובחיובא דבור המתגלגל

גמ' יט: אלא מתני' בדאדייה אדויי, וכי אתמר דרב הונא בעלמא אתמר, דליל הפקר אמר רב הונא נקשר מאליו פטור קשרו אדם חייב משום מאי חייב אמר ר"ה בר מנוח משום בורו המתגלגל ברגלי אדם וברגלי בהמה, ע"כ, ופירש"י וז"ל, קשרו אדם חייב הקושר, דקניי' בהגבהה ויש לו להאי דליל בעלים, עכ"ל. ועי' לעיל שכתבנו דלפי"ז צ"ל דגם לעיל בסוגיין איירי' כשקשרו בעל הדליל, דליכא שום סיבה לחלק בין הך דלעיל להך דהכא. והנה ע' בתוס' שהבין בכוונתו, דעל תקלה של הפקר אינו חייב, ותמה עליו מכח הסוגיא לקמן כח: דמבואר להדיא דבין לרב ובין לשמואל כל תקלה דלא אפקרי' חייב מדין בור,[357] ע"ש. והנה נראה ברור, דלא כוון רש"י לומר דאינו חייב על תקלה דהפקר וכמו שהוכיח התוס' מסוגיא הנ"ל, ובאמת המעיין בדברי רש"י יראה דמיני' ובי' מוכרח מדבריו דלא כוון לומר כן, דהרי פי' דבנקשר מאליו פטרי' בעל התרנגול משום איש בור ולא שור בור, ומבואר דבלא"ה הי' חייב על כריית התרנגול, אע"פ דלא אגבהי' הוא אלא התרנגול, ועדיין לא זכה בו. אלא דמ"מ צ"ב, דאמאי הוצרך לפרש דבקשרו אדם חייב משום דמדאגבי' קניי'.

והנה בפשטות ההיכ"ת דקשרו אדם לא איירי בדוקא בשקשרו ברה"ר באופן שנעשה לתקלה במקום הקשירה, אלא דאיירי אפי' בשקשרו בביתו באופן שלא נעשה לתקלה מיד עם הקשירה, והרי לעיל מוקמי' להדיא ההיכ"ת דקשרו אדם אפי' היכא דאצנעי', ורק דיש לדחות דאיירי כשאצנעי' בעל הדליל ובא אחר וקשרו באופן שנעשה לתקלה לבעל הדליל גופי'. אך כל זה הוא דוחק, דפשטא דמילתא משמע דמיירי אפי' בשקשרו בביתו באופן דלא נעשה לתקלה אלא כשהוציאו התרנגול לרה"ר. והא דחייב עלה ה"ט דכיון דכשנקשר דרכו של התרנגול להוציאו, הוי כרוח מצוי' ונכלל בדינו דאביי, לעיל ו., דאבנו סכינו ומשאו שהניחו בראש גגו ונפלו ברוח מצוי', והזיקו בתר דנייחי חייב עלה מדין בור, דפשיעתו הוא כרייתו. אכן א"כ צ"ב מה דאמר ר"ה בר מנוח בסוגיין, דחייב משום בור המתגלגל, והרי תוס' שם כתבו, דבבור המתגלגל ליכא החסרון דכח אחר מעורב בו, דהך גריעותא הוא רק היכא דעיקר הבור נעשה ע"י כח אחר מעורב בו, ובבור המתגלגל כבר הי' כריי' גמורה בידים ואותו בור עצמו נתגלגל למקום אחר, ורק דהו"א דאינו חייב על היזקו דבור עד שאיכא "מעשיו גרמו לו" בגוף ההיזק, ולכן בעי' "שור יוכיח". ואדרבה באבנו סכינו ומשאו שהניח בראש גגו איכא גם החסרון דלאו מעשיו גרמו לו. ולפי"ז בסוגיין דאיירי אפי' היכא דאיכא גריעותא דכח אחר מעורב בו, וכגון דבשעה שקשרו לא נעשה לתקלה, הו"ל להביא מימרא דאביי דאבנו סכינו ומשאו כו'. ואם ת"ל דסוגיין איירי בדוקא היכא דקשרו במקום התקלה, צ"ב הא גופא, דאמאי לא איירי גם בשקשרו בביתו ונחייבי' משום מימרא דאביי דאבנו סכינו ומשאו שהניחו בראש גגו.[358]

ד. אהם החומרא דכח אחר מעורב בה הוא דק ברוח דממילא

והנראה בזה, דהנה בסוגיא לעיל ו. מבואר, דבאבנו סכינו ומשאו שהניחו בראש גגו ונפלו ברוח מצוי', והזיקו בתר דנייחי דחייב עלה מדין בור, מאחר דכח אחר מעורב בו ולא עשה הבור מעצמו, לא הי' שייך לחייבו לולי הילפותא מאש, דילפי' מינה דגם היכא דהמזיק לא הזיק מעצמו אלא ע"י שכח אחר מעורב בו, חייב, וי"ל דס"ל לרש"י דהגם דילפי' מאש דחייב אפי' כשכח אחר מעורב בו, היינו רק ברוח דממילא,

[357] ויש להעיר על לשון התוס', דמשמע דקושיתם היתה משום זה דחייב על תקלה דלא אפקרי' מדין בור, והרי אפי' הי' חייב עלה מדין שור הי' קשה על דברי רש"י.

[358] א"ה. אם נדחוק ונאמר דסוגיין לא איירי אלא בבור המתגלגל, י"ל דבאמת א"א לחייבו משום דין דאבנו סכינו ומשאו, דאינו רוח מצוי' שהתרנגול יוציאו לרה"ר, ורק דמ"מ חייב משום דין בור המתגלגל וכמו שביארנו בסימן יד ע"ש.

אך היכא דהכח האחר אינו רוח טבעי אלא דבעי' מעשה של נפש חי' הפועלת, הגם דיש לה השכיחות של רוח מצוי', לא מצינו שיהא נכלל בלימוד זה דכח אחר מעורב בה, ויהא פטור.[359]
ולפי"ז מדוקדקת היטב הסוגיא דלעיל ו. דאביי קבע דינו באבנו סכינו ומשאו שהניחן בראש גגו ונפלו "ברוח מצוי'", דכיון לדחייב בעינן כח אחר מעורב בה, הוצרך להביא היכ"ת של רוח דממילא. ואילו רבא קבע דינו בבור המתגלגל ברגלי אדם ורגלי בהמה, דכיון דבהנחה כבר הי' בור ואי"צ לחידושא דכח אחר מעורב בה, שייך דין זה גם בנתגלגל ברגלי אדם ורגלי בהמה. ולפי"ז יש ליישב מה שהערנו לעיל בסימן יד', דכיון דדין דבור המתגלגל הוא בכלל חידושא דאביי, כמש"כ התוס', דגם באבנו סכינו ומשאו כו' לאו מעשיו גרמו לו, א"כ נמצא דלא נוגע לן כל הדין דבור המתגלגל, ר"ל, היכא דבמקום הנחתו כבר הי' בור. אכן לפי הנ"ל מיושב כמין חומר, דאבנו סכינו ומשאו שהניחן בראש גגו דלא הי' בור במקום הנחתן, אינו חייב אלא כשנפלו ברוח דממילא, ובבור המתגלגל דכבר הי' בור במקום הנחתו, חייב אפי' היכא דנתגלגל ברגלי אדם ורגלי בהמה.[360]
אלא שיש להעיר על זה מסוגיין גבי דליל, דבפשטות איירי אפי' היכא דקשרו אדם בביתו באופן שבמקום הקשירה לא הי' בור, ולכאו' כה"ג בעי' לחידושא דאביי דכח אחר מעורב בו, ולפי הנ"ל זהו רק ברוח דממילא, והאיך מחייבין ליה בסוגיין דליכא רוח דממילא אלא מעשה דבעל חי. עוד יש להעיר על זה, מסוגיא להלן בדף כג. בכלב שנטל גחלת, דאמרי' שם, דבעל הגחלת חייב על מה שהכלב הביא הגחלת.

ה. אימתי בעינן לחידושא דכח אחר מעורב בה

והנראה לומר בזה הוא, דס"ל לרש"י דכל הא דבעי' לחידושא דכח אחר מעורב בו, היינו רק בדבר שאינו ממון הבעלים במקום שהיה הנזק, וכל סיבת חיובו הוא מחמת זה שהניחו במקום הראשון, והיה צריך להיות חייב על המזיק במקום הנחתו, אכן היכא דהוא בעלים על הממון במקום ההיזק, אי"צ לחידושא דכח אחר מעורב בו, דהרי אפי' אחר הכח אחר מעורב בו יש לו סיבה גמורה להתחייב בו במקום השני, ואי"צ לחייבו על המזיק שהניח בתחילה בצירוף הכח אחר.
אלא דלכאורה יש להקשות על זה, דהרי בבמקום השני לא פשע, דכל פשיעתו הוא מה שהניחה במקום הראשון ברוח המצוי', דזה לא קשה כלל, דלענין דין פשיעה אי"צ לחידוש דכח אחר מעורב בו אלא תלוי בשכיחות ההיזק, והרי פשע בבור ובגחלת שהניחם במקום הראשון גם לענין ההיזק במקום שני ע"י רוח מצוי' שתביא לשם. ומכיון דבמקום השני הוא ממונו ויש לו סיבה להתחייב עלה, שפיר יש לחייבו על מה שפשע בממון זה במקום הראשון שהניחה בלי החידוש והחומרא דכח אחר מעורב בו. וכל זה הוא אפי' א"נ דבכריית בור הדין פשיעה אינו רק בכדי לסלק התורת אונס, אלא דבעי' חלות דין פשיעה. והסוגיא בדף

---

[359] מש"כ דכח אחר מעורב בו הוא רק ברוח דממילא, היינו רק לענין הסוגיא בדף ו. דאיירי בהגריעותא דכח אחר מעורב בו, אכן מש"כ רש"י לעיל ג: דהיכא דכח אחר מעורב בו אית ביה חומרא, דהו"ל לאסוקי אדעתי', שייך גם באופן זה. והנה מה דמצינו קולא דכח אחר מעורב בו לענין אש, הוא רק לענין אש דממונו, דאז ענין דכח אחר מעורב בו הוא ענין לקולא, כמו הקולא דאין כוונתו להזיק, ובזה שפיר י"ל כמש"כ בפנים, דיתכן דמה שהתורה חייבה דחייב אפי' בכה"ג הוא רק ברוח דממילא. אכן לענין אשו משום חיציו, לא שייך ענין הקולא דכח אחר מעורב בו, אלא דכל שהוא חיציו פשיטא לן דחייב, ולא איכפ"ל דכח אחר מעורב בו. וכל מה דיש לדון בזה הוא, דאולי עי"ז שכח אחר מעורב בו לית בה תורת חץ, ואולי בזה שייך לחלק ג"כ בין רוח ממילא לרוח דבעל חי, אך בפשטות הוא נידון אחר לגמרי ממש"כ בפנים. אלא דעי' בתוס' בדף ה: דהשווה ענין כח אחר מעורב בו באשו משום חיציו לדין כח אחר מעורב בו באשו משום ממונו, והי' משמע מזה דכל מה דיש לו סברת הקולא בחיוב דממונו יש בו הסברא שלא יהי' לו תורת חץ, ע"ש, וצ"ע.

[360] א"ה. ע' בספר אהל ישעיהו דף ו. שהביא תי' זה מהג"ר שמואל רוזובסקי זצ"ל, ע"ש, ובסוגיין יט: בשם הנ"ל.

ו. איירי באבנו סכינו ומשאו דאפקרינהו, וילפי' דחייב מאש דעלמא דבמקום שהזיקה כבר אינה ממונו של בעל האש, דאש הבוערת בגדיש של חבירו כבר אינה אש שלו.

ולפי"ז יש ליישב דברי רש"י בסוגיין, דפירש דאיירי כשקני לדליל בהגבהה, דלולי זה דקניי' בהגבהה לא הי' שייך לחייבו, דסתמא דמילתא איירי אפי' היכא דבמקום הנחתו לא הי' תקלה, והכא א"א לחייבו מדינא דאביי דאבנו סכינו ומשאו שהניחו בראש גגו ונפלו ברוח מצוי', והזיקו בתר דנייחי, דהך דינא הוא רק ברוח דממילא. ומשו"ה פי' רש"י דאיירי כשקניי' בהגבהה ונעשה לבעל הממון, ושוב לית לה כל הגריעותא דכח אחר מעורב בה וכמשנ"ת. ולפי"ז מיושב נמי סוגיא להלן בכלב שנטל גחלת, דכיון דבעל הגחלת לא אפקרי' והוא ממונו במקום השני, יש לחייבו גם בלי חידושא דכח אחר מעורב בו, ומה שהגחלת שורפת אחר הנחתה כבר הוי זה רוח דממילא.

אלא דלכאורה יש להעיר על מש"כ, דאם היכא דהוא ממונו אי"צ לחידושא דכח אחר מעורב בו, למ"ל חידושא דבור המתגלגל, וי"ל דלענין זה לא שייך הך סברא, דהנה חידושא דכח אחר מעורב בו הוא היכא דמזיק דידי' לא עשאו לבדו, ולענין זה שפיר י"ל דאם הוא ממונו במקום השני שפיר יש לדון שמזיק דידי' עשה כל ההיזק דהרי המזיק הוא דידי' גם במקום השני כמו במקום הראשון. אכן חי' דבור המתגלגל הוא משום דהו"א דלחיובא דבור בעי' שמעשה הבעלים יגרום ההיזק, ולא מועיל לזה מה שהוא ממונו, דסו"ס לא מעשיו גרמו להיזק דבפועל הניחו במקום זה והזיק במקום אחר, והרי רואים דהיוכיח לזה הוא משור, ומבואר דגם בשור הי' שייך לפוטרו מחמת זה דלאו מעשיו גרמו לו.

[והנה עי' לעיל בדף ו. בשטמ"ק, די"א דבור ברשותו אי"צ לחידושא דמעשיו גרמו לו, דמה שהו"ל לסלוקי ולא סלקי', שפיר נחשב כמעשיו גרמו לו. ולכאו' ילה"ע על דבריו, דהכא בדליל לרש"י איירי שקנאו, ואפ"ה בעי' לחי' דלאו מעשיו גרמו לו, וצ"ל דאיירי היכא דלא הי' יכול לסלקו, ואלא דצ"ב דסו"ס הרי פשע בו במקום הראשון. אכן נראה דזה לא קשה מידי, דהרי לא כל פשיעה נחשבת כמעשיו גרמו לו, דהרי לאביי באבנו סכינו ומשאו שהניחן בראש גגו איכא ג"כ פשיעה גמורה של כריית בור, ואפ"ה כ' התוס' דבעי' לחידושא ד"לאו מעשיו גרמו לו", ומבואר דרק היכא שפשע בו במקום זה ממש, נחשב שמעשיו גרמו לו, וא"כ ה"ה בסוגיין, דנהי דיש לו פשיעה גמורה בממון, אך פשיעתו הי' כשהי' במקום הראשון, דכשהי' מונח שם פשע בו לענין היזק שיהי' במקום השני.]

ז. דיוק מהרא"ש בדין הנ"ל

ובפשטות הי' נראה לומר, דהך דין דבממון שלו אי"צ לחידושא דכח אחר מעורב בו הוא יסוד מוצק, וכל הנידון בסוגיין, הוא רק לענין אם לדין דכח אחר מעורב בו בעי' רוח דממילא, דרש"י ס"ל דבעי' רוח דממילא, ומשו"ה הוצרך לפרש דאיירי' בדקניי' בהגבהה. ותוס' ס"ל דלא בעי' רוח דממילא, ומשו"ה פי' אפי' בדלא קנאו. אכן העיר לי הג"ר מאיר פינקל שליט"א לדברי הרא"ש בסוגיא דלעיל ו. דמבואר מדבריו דלא כן, דע"ש שהביא מהיש מן הגדולים דסברי דכל דבר הנלמד ממה הצד, יש לו הקולות שבשניהם, ועל אבנו סכינו ומשאו שהניחן בראש גגו כו' פטור על כלים – כבור, ופטור בטמון – כאש. וע"ש ברא"ש שכתב להדיא, דלדבריהם גם באבנו סכינו ומשאו דלא אפקרינהו יהא פטור בטמון כאש, עכ"ד. הרי להדיא דגם היכא דהוא ממונו במקום השני בעי' לילף מאש דגם בכח אחר מעורב בו חייב. ולכאורה ביאור דבריו הוא, משום הדין פשיעה דבור, דס"ל דהגם דהוא ממונו, וכשממונו הי' במקום הראשון והי' חייב עלה באחריות, כבר נכלל בזה פשיעה שעתיד להיות בור במקום השני, אך מכיון דכל פשיעת הבור הוא רק בצירוף מה שנעשה עם הכח האחר, בעי' לחי' דאש דכח אחר מעורב בו. וזה דלא כמש"כ בדעת רש"י.

ולפי"ד הרא"ש לכאו' מוכח מסוגיין בדליל דגם רוח דבע"ח נחשב ככח אחר מעורב בו, ושכן היא דעת התוס' והרא"ש בכ"מ, ולפי"ז א"ש מה דלא הוצרכו לפרש דסוגיין איירי בדקניי' בהגבהה, דלדבריהם ליכא נפק"מ אם הוא ממונו. אלא דבאמת צ"ב אמאי הביאה הגמ' מימרא דרבא דבור המתגלגל ולא מימרא דאביי באבנו סכינו ומשאו שהניחן בראש גגו, וצ"ע.

ז. בביאור דברי הרא"ש הנ"ל ודברי רש"י בסוגיין

והנה ע"ש ברא"ש שהביא דברי היש מן הגדולים וכו תב וז"ל, ולי נראה דכל דין בור יש להם כו', דבור גמור הם אבנו סכינו ומשאו לבתר דנייחי, בין אפקרינהו בין לא אפקרינהו, לשמואל דאמר כולו מבור למדנו, *ולרב בדאפקרינהו* כו', ע"כ. ומדקדוק לשונו מבואר, דכל הנידון בינו להיש מן הגדולים אליבא דרב, הוא רק היכא דאפקרינהו, אמנם באבנו סכינו ומשאו דלא אפקרינהו דחיובו הוא משום שור, ליכא מחלוקת, ודבר זה צ"ב טובא, דהא גם התם שייך הנידון אם חייב על טמון, מכיון דגם התם בעי' למילף מכח מה הצד דשור ואש.

והעירו לי, די"ל בזה, דהנה הרא"ש שם דקדק מתוס' ו. דפליג על היש מן הגדולים, וכבר העיר מהרש"א ממש"כ התוס' בדף ג: באבנו סכינו ומשאו דלא אפקרינהו לרב דהי' מן הראוי שיהי' פטור על כלים כבור כיון דבעי' למילף חיוב זה מצד השוה דשור ובור. וידוע מש"כ היש"ש בזה, דשאני אבנו סכינו ומשאו דלא אפקרינהו, דאפי' לרב לאו שור גמור הוא ובעי' למילף בין מבור ובין משור. ולכאו' י"ל דגם הרא"ש ס"ל הכי, ונמצא דבתקלה דלא אפקרי' לרב הסכים ליש מן הגדולים. אך אכתי לא העלה ארוכה לקושיא הנ"ל. דנהי די"ל דיודה הרא"ש דיש לו הקולות דשור ודבור, אך הכא דיינ' לענין קולא דאש, ולענין זה ודאי הי' נראה דשייך הך נידון שנחלק עם היש מהגדולים. אכן ע"ש ביש"ש שחולק על מש"כ הרא"ש שם דאבנו סכינו ומשאו דלא אפקרינהו לשמואל פטור על הטמון, וכתב, דלשמואל לאו בור גמור הוא, ולכן יש לו גם הקולות דאש, ע"ש. והנה הרא"ש חולק על דברי היש"ש הנ"ל דכתב להדיא דלשמואל חייב על הטמון, אך י"ל דהרא"ש לא חלק עליו אלא אליבא דשמואל, דס"ל להרא"ש דלשמואל הוה כבור גמור, אך לרב י"ל דלאו שור גמור הוא ושייכא סברת היש"ש, דמכיון דלאו שור גמור הוא, כבר שייך לומר כדברי היש מן הגדולים, ויש לו קולא דטמון, וא"ש מה שלא הביא הרא"ש הנידון בינו לבין יש מן הגדולים בתקלה דלא אפקרי' לרב.

אכן עיקר סברת היש"ש היא סברא מחודשת, והיש"ש עצמו כתב כן בין לרב ובין לשמואל, ומדבריו מבואר דתלוי זה בזה, דאם אינו שור גמור לרב, גם לשמואל אינו בור גמור. וע"ש שהבין בדברי הרא"ש, דלרב ג"כ הוי בור גמור, וא"כ לפי הבנת היש"ש צ"ב, אמאי הביא הרא"ש הנידון בדוקא באבנו סכינו ומשאו דאפקרינהו.

ואולי י"ל בזה, דהנה מצינו חילוק גדול בין דין פשיעה דבור לדין פשיעה דשור, דאפי' בבור דממונו אין צריך מעשה כריי' גמור כדי לעשותו לבעל הבור. ובשור לא בעי' אלא שיהא בבחינת "שורו דלא טפח באפי'", דכל הדין פשיעה הוא בכדי שלא יהי' שמור ואונס, אכן בבור דממונו מבואר לקמן בדף מח. דחיובו הוא משום "דהו"ל למליי' ולא מליי' כמאן דכריי' דמי", ומבואר דבעי' שע"י הפשיעה יהא שייך לדון בי' איזה תורת כריי' בכדי לחייבו.

ולפי"ז י"ל, דכל הא דס"ל להרא"ש דאפי' היכא דהוא ממונו במקום השני, בעינן לבוא להחידוש דכח אחר מעורב בו, היינו רק בבור ולא בשור, דבבור י"ל דבעי' לדון עם המזיק דבמקום הראשון, ששם הי' הפשיעה, כיון דבעי' פשיעה חיובית של כמאן דכריי' דמי, די"ל דזה א"א לדון אלא במזיק במקום הראשון. אכן

בפשיעה דשור זה לא יתכן דכל הדין פשיעה הוא רק בכדי שלא יהא אנוס במה שהשור אינו שמור, וכיון דגם במקום השני הוא ממונו, שפיר יש לחייבו, דסו"ס מחמת זה דהניחו במקום הראשון באופן ששכיח שיגיע לרה"ר לא נחשב כשמור ולא הי' אנוס.

ואולי לפי"ז י"ל, דבאבנו סכינו ומשאו דלא אפקרינהו, לרב דחיובו הוא מדין שור, אי"צ פשיעה חיובית אלא סגי בפשיעה דשורו ולא טפח באפי'. אכן הגם דדבר זה ניתן להאמר, אמנם כפשוטו אינו כן, דהנה הא דבבור בעי' פשיעה חיובית דכמאן דכריי' דמי, אינו מצד הלכותיה של בור, אלא כיון דעיקר צורת המזיק הוא בצורה של תקלה, ומשתייך לעיקר צורת המזיק דבור, בכדי לחייבו בנזקיו בעי' שיהא שייך לדון שמשתייך לעיקר עשיית התקלה. וכיון שכן, לא מסתבר דתקלה דלא אפקרי' לרב יהא סגי בפשיעה דשורו ולא טפח באפי'. וכן הוא בברכ"ש, דלרב ג"כ בעי' הפשיעה דכמאן דכריי' דמי. אכן ודאי ניתן להאמר דל"צ הפשיעה דכמאן דכריי' דמי.

ולפי"ז דברי הרא"ש א"ש היטב, דלרב בלא אפקרינהו ליכא נידון כלל, דכה"ג אי"צ לחידוש דכח אחר מעורב בו, כיון דגם במקום השני הוה ממונו ושייך לדון עם הפשיעה שהי' במקום הראשון, וגם להיש מן הגדולים חייב על טמון דאי"צ היוכיח דאש.

ואם כנים דברינו, אז י"ל דדברי רש"י בסוגיין אזלי לשיטתו, דהנה מש"כ להוכיח מסוגיא דדף מח. דבבור בעי' פשיעה חיובית, דמכאן דכריי' דמי, הוא רק לשיטת התוס' שם דפי' בסוגיא דהתם דאיירי בבור דממונו, אמנם ע"ש ברש"י שפי' דהוא בכדי לחייבו על הבור אפי' לאחר שהפקירו, דאז לא הוי ממונו, וה"כמאן דכריי' דמי" הוה כריי' גמורה דמחייבתו אע"פ שאין הבור שלו, וכדין שאר בור ברה"ר דבעי' כריי' בכדי לעשותו לבעל הבור. ולפי דבריו ליכא שום הכרח לומר דבור דממונו בעי' יותר פשיעה משאר מזיקין, דיתכן דגם בבור סגי בפשיעה שמסלקת את הפטור דאונס. ולפי"ז מובן היטב מה דס"ל לרש"י דבבור דממונו אי"צ לחידושא דכח אחר מעורב בו, דהרי היכא דלא בעי' פשיעה חיובית, גם הרא"ש מודה דאי"צ להחידוש דכח אחר מעורב בו, ודברי רש"י לשיטתו א"ש היטב.

אמנם לאחר העיון נראה, דהגם דלפי"ד רש"י בסוגיא בדף מח. ליכא הכרח דבור דממונו בעי כריי' בכדי לחייבו, אמנם מסוגיא דף נ. בפשטות נראה להוכיח דאיכא דין כריי', דע"ש דעבדי' צריכותא בהא דכתיב בתורה כריי' ופתיחה, והרי אי נימא דחיוב בור דממונו הוא כמו במזיק דעלמא, א"כ מאי איכפ"ל אם הוא כרה או הוא פתח את הבור, ובע"כ דגם בבור דממונו איכא דין כריי'. ואולי יש לומר דכל מה דמבואר בסוגיא שם דבעי' מעשה כריי', היינו רק למ"ד דבור שחייבה עליו תורה איירי בדוקא בענין בור ברשותו, דלדידי' מוכרח מעצם הפסוק דכי יכרה איש בור וכי יפתח כו', דאיכא דין מעשה פתיחה ומעשה כריי', אכן למ"ד דבור שחייבה עליו תורה הוא בין ברה"ר ובין ברה"י, ועיקר קרא דכי יפתח וכי יכרה כו' איירי בבור ברה"ר, לדידי' ליכא הכרח לזה, וצ"ע.[361]

ח. בחידוש הנחל"ד במחייב של אש

והנה לעיל דמוקמי' לה בדאדיי' אדויי, פירש"י וז"ל, שזרק התרנגול הדליל ושיבר בזריקתו כלים, דהוו צרורות, ואפילו קשרו אדם נמי לא משלם אלא ח"נ בעל התרנגול והקושר פטור, שלא נתקל אדם בבורו כו' עכ"ל, ועי' בתוד"ה וכי כו' שהעיר וז"ל, וקשה לפי', דמ"מ ליחייב משום אשו, דהוי כאבנו סכינו ומשאו שהניחן בראש גגו ונפלו ברוח מצוי' והזיקו בהדי דאזלי, דהאי תרנגול הוי כרוח מצוי', מדפריך אי

[361] א"ה. ודע דבאמר"מ כ"ט-י"ג נקט בדעת הרבה ראשונים, דליכא דין כריי' בבור דממונו, ועי' בחי' רש"ר סי' ו' שכ' זה בתורת חידוש מהדברי משפט, דגם בבור דממונו בעי' מעשה כריי', וע"ש מה שפלפל בדבריו.

דלא אצנעי' פושע הוא, עכ"ל. וע' בתוס' ר"פ שהוסיף, דמסוגיא דגחלת הרי מבואר דכה"ג יש לחייבו משום אש.

ועי' בנחל"ד שכתב ליישב דעת רש"י, דמזיק דאש הוא רק כגון התם, שהאש בעצמה היא המזיק בלי סיוע דבר אחר, ופעולת הרוח אינו רק לקרב האש אל הדבר הניזק, אבל עיקר ההיזק עושה האש עצמה, ודכוותי' באבנו סכינו ומשאו, האבן עצמה הא המזיק, מפני שיש לו כובד וכן הסכין בחידודו, והרוח אינו פועל רק לקרבם אל הדבר הניזק, משא"כ בצרורות דהצרורות עצמן אין בכוחן להזיק כלל בלא כח ההתזה, ואילו הי' מתקרב הצרור אל הכלי בלא כח ההתזה לא הי' מזיקו כלל, ונמצא כי עיקר ההיזק נעשה ע"י כח ההתזה והצרורות אינם אלא כגרזן ביד החוצב, ולכך לית בי' משום חיוב אשו כלל, ע"ש. וכבר העירו האחרו' דדומה ליסוד הנ"ל אי' ברשב"א ב"ב כו. בסוגיא דרקתא.

והנה אם ננקוט כדברי הנחל"ד דבסוגיין איירי דהדליל לא הי' מזיקו בלי כח הזריקה, אז דברי רש"י מובנים היטב, אפי' אם לא ננקוט כחידושו של הנחל"ד דבעלמא כדי לחייבו משום אש בעי' שיהא האבנו סכינו ומשאו מזיק בלי סיוע דבר אחר, דהרי כבר ביארנו דס"ל לרש"י דכל החידוש דכח אחר מעורב בו נאמר רק ברוח דממילא ולא במעשה דבע"ח, וכיון דהכא ליכא רוח דממילא, אלא כח התרנגול, ודאי דא"א לחייבו משום אש[362]. אכן כל זה הוא אם ננקוט דההיכ"ת איירי כהנחל"ד, אך אם נימא דאיירי בכלי דק ושזרק התרנגול הדליל ע"ג הכלי באופן שאפי' בלי כח הזריקה הי' שוברו מחמת עצם הכבידות, אז א"א לומר כמשנ"ת כמובן.

ט. הערה על דברי הר"מ בסוגיא דדליל

כתב הר"מ בפ"ב מנזק"מ ה"י וז"ל, התרנגולין מועדין להלך כדרכן ולשבר, היה חוט או רצועה קשור ברגליהן ונסתבך כלי באותו החוט, ונתגלגל ונשבר, משלם חצי נזק, עכ"ל. ועי' בראב"ד שם שהבין בדבריו דמה שחייב ח"נ הוא משום צרורות, דכיון דנתגלגל כוחו הוא ולא גופו, והגם דפסק הר"מ בפ"ז מחובל ומזיק הי"ב כשי' רבה דהזורק כלי מראש הגג ובא אחר ושברו פטור, דמבו' מזה דס"ל דבתר מעיקרא אזלי', אין כוונתו שם לפסוק כרבה מטעם ודאי, אלא דס"ל כרבא דנסתפק אם אזלי' בתר מעיקרא או בתר תבר מנא, ומי שבא ושברו פטור מספק, דהמע"ה. וזיל הכא לקולא ופטרי' את השובר, וזיל הכא לקולא דא"א לחייב בעל התרנגול אלא חצי נזק, עכ"ד. ודבריו תמוהים הם, דא"כ הו"ל להר"מ לכתוב להדיא דהיכא שבא אחר ושברו פטור מספק, ומהני תפיסה, כמש"כ בכל מקום דפטור רק מספק, וכעי"ז יש להעיר על דברי הר"מ הכא.[363] עוד יש להעיר על דבריו, דמלשון הר"מ בפ"ז מחובל ומזיק שם לא משמע דכוונתו הוא רק לפוטרו מכח ספק, דהרי הוסיף להסביר טעם פטורו, דז"ל שם, הזורק כלי מראש הגג כו' וקדם אחר ושברו במקל כו', הרי זה האחר פטור, שלא שבר אלא כלי שסופו להשבר מיד בודאי, ונמצא כשובר כלי שבור עכ"ל, ומשמע דכוונתו הוא לפוטרו מטעם ודאי.

ולכאו' הי' נראה לפרש בדברי הר"מ עפי"ד הר"ח בסוגין, דז"ל, אוקימנא למתני' דאדיי' אדויי, פי' שדידה התרנגול את הכלי בדליל שברגלו ושברו, שהיא משונה בחצר הניזק שישלם בעל התרנגול ח"נ כרבנן, עכ"ל. הרי שפי' דדין ח"נ דמתני' אינו מטעם צרורות, אלא מטעם שהוא משונה, ואין הכוונה של אדיי' אדויי' לזריקה אלא שהתרנגול דידה, ונראה שלזה כוון הר"מ במש"כ "ונסתבך כלי באותו החוט ונתגלגל

---

[362] א"ה. וכן תי' הגר"ש רוזובסקי זצ"ל מובא בספר אהל ישעיהו.

[363] א"ה. עי' בקונה"ס ד-ב שכ' דגם לדעת הר"מ דס"ל דמהני תפיסה בספק"ד, אפ"ה סתם בקצת מקומות לקולא, וכמש"כ המ"מ בפ"א מנזק"מ הי"א, ופסק שאם תפס אין מוציאין מידו, וכן דרכו בכל תיקו דממונא מלבד קצת מקומות שיש טעם למה לא כתב כן, עכ"ל.

ונשבר משלם חצי נזק", דמש"כ "ונתגלגל" אין כוונתו ליתן טעם להחיוב דח"נ, דהחיוב ח"נ הוא משום דהוה משונה, אלא שבא לפרש עצם המציאות של הדידה, דאין הכוונה דנסתבך ברגל התרנגול והתרנגול הכהו על הכותל אלא שנתגלגל ונשבר.

והנה עיקר פירוש הר"מ בסוגיין קשה להולמו, אך דבר א' יש להעיר על השגת הראב"ד שם, דע"ש שדן לומר, דמש"כ הר"מ "אם היו לחוט בעלים בעל החוט משלם חצי נזק דהוה כבורו המתגלגל", דאיירי בתר דנייח וחייב מדין בור. ודבריו תמוהים, דהר"מ איירי לענין לחייבו ח"נ על היזק דכלים, ומש"כ הר"מ "כבורו המתגלגל" אין כוונתו לחייבו מדין בור, וכמש"כ המפרשים, אלא דילפי' איזה נקודה מהדין דבור המתגלגל. וצריכים לדחוק בכוונת הראב"ד, דלא כיוון לפרש כן בעצם דברי הר"מ דאיירי להדיא בענין חיוב כלים, אלא דדן לומר אם איירי בכה"ג הי' צודק עיקר דבריו הר"מ דבעל החוט חייב ח"נ ובעל התרנגול חייב ח"נ, וצ"ע.

סימן טז

בסוגיא דחיובא דאכילה ע"י הדחק[364]

א. בדברי רש"י בד"ה שונרא כו' דהא דחייב ח"נ באכלה כסות וכלים הוא משום דמתכוין להזיק

ב. הערה על הר"מ שהשמיט הדין דחי' שאכלה פת ווהדין דבבשר טביא אינו חייב אלא ח"נ

א. בדברי רש"י בד"ה שונרא כו' דהא דחייב ח"נ באכלה כסות וכלים הוא משום דמתכוין להזיק

גמ' יט: אמר ר' פפא השתא דאמרת כל מידי דלאו אורחי' ואכלה לי' ע"י הדחק שמי' אכילה, האי שונרא דאכל תמרי כו' משלם נזק שלם, ע"כ, ופירש"י בד"ה שונרא דאכל תמרי כו', דאורחי' למיכלינהו ע"י הדחק, אבל כסות וכלים אפי' ע"י הדחק לאו אורחי' למיכלינהו, *אלא מתכוין להזיק*, עכ"ל. וצ"ב מה שהוצרך להוסיף "דמתכוין להזיק", דתיפו"ל דכה"ג חייב ח"נ משום דמשונה הוא.

ושמעתי שיש מפרשים בזה עפי"ד מהרש"ל לעיל טו:, דבתוס' שם פי' דלר' פפא דס"ל פלג"נ ממונא, האי כלבא דאכלי אמרי רברבי, פטור, דמקרן לא אתיא דקרן אורחי' הוא, דסתם שוורים לאו בחזקת שימור קיימי. וע"ש במהרש"ל שהעיר ממתני' דאכלה כסות או כלים חייב ח"נ. ופי' דאיירי שנתכוונה להזיק והוי כקרן דאורחייהו להזיק, עכ"ד. ולפי"ז י"ל דמכיון דסוגיין אתיא כר"פ דס"ל דפלג"נ ממונא, הוצרך רש"י לפרש דהטעם דחייב ח"נ הוא משום דמתכוין להזיק, דלולי זה הי' פטור לגמרי, עכ"ד, אכן לא נראה לומר כן, דאילו הוה קשיא לי' הקו' הנ"ל, דלמ"ד פלג"נ ממונא אמאי חייב ח"נ, הו"ל לפרש במתני' כן, דמתני' אתיא גם לדידי', ואמאי המתין עד השתא לפרש הכי.

ואשר נראה לומר בביאור דברי רש"י, דס"ל דהגם דחידש לן ר"פ דכל היכא דאורחי' למיכל ע"י הדחק לא נחשב כשינוי וחייב נזק שלם, אין הכוונה דאורחי' ושכיח למיכל כה"ג, אלא ודאי עיקר אכילה זו לא שכיחא כלל, ויתכן דהוא יותר לא שכיח מנגיחה, ורק דכיון דבשעת הדחק דרכה למיכלינהו, אפי' היכא דאכלה שלא בשעת הדחק, מפרשי' דסיבת רצונה לאכול הי' מחמת תכונת וטבע האכילה הרגילה, דהשתמשה עם תכונת האכילה שלה למיכלנהו, ולהכי כתב רש"י ובד"ה חמור שאכל כרשינין, וז"ל, ואף על גב דאינן רגילין בכך הואיל ואורחייהו למיכלינהו ע"י הדחק כשהן רעבין, ראויין להן קרינן ביה.

ויש לומר דזה מה דקשיא לי' לרש"י, דגם באכלה כסות וכלים, נימא דמה שגרם לה למיכלינהו הוא תכונת האכילה שלה, דהשתמשה עם טבע האכילה לאכול כסות וכלים, דאל"ה אמאי קאכלה, ונהי דבבהמ"כ לית עלה תורת מעשה אכילה כמובן, לא איכפ"ל, דלפטור דשן ברה"ר לא בעי' שיהי' נחשב כמעשה אכילה בבהמ"כ. ועל זה כ' רש"י דהיכא דאין דרכו למיכלנהו אפי' ע"י הדחק, מפרשי' דסיבת עשייתה היא משום דכוונתה להזיק.[365]

אלא דאכתי אינו מיושב כל הצורך, דאם כנים דברינו, יש להעיר, דאמאי המתין רש"י מלפרש הכי עד מימרא דרב פפא ד"השתא דאמרת כו'", ולא פירש הכי בדברי הברייתא דפרה שאכלה שעורין דאכילה ע"י הדחק הוא, דגם על זה יש להעיר מכסות וכלים וצריכים לומר כמשנ"ת. וי"ל בזה, דהנה לכאו' יש להעיר

---

[364] חבורה ו' חלק ב

[365] א"ה. עי' במאירי במתני', דבאכילת מה שאין ראוי לה כגון כסות וכלים אינו נקרא שן אלא תולדת קרן, שכל שכונתה להזיק ולא להנאת עצמה אינו נקרא שן אלא קרן, עכ"ל, ודבריו צ"ב דתיפו"ל דהוי קרן משום שהוא משונה, אכן להנ"ל, א"ש.

על מה שאמר ר"פ "השתא דאמרת כל מידי דלאו אורחי' כו' האי שונרא דאכל תמרי כו"', דמה בא להוסיף על עיקר דברי הברייתא, וי"ל דלולי דבריו הו"א דהברייתא חידשה לן דהגם דהנך גווני לא שכיחי כ"כ, אך מ"מ מידי אורחי' לא נפקי, אך בגווני דשונרא דאכל תמרי דודאי לא נחשב כאורחי' בכך, משונה הוא וחייב ח"נ. ועל זה בא ר"פ לפרש לן דאי"ז ביאור דברי הברייתא, דלעולם י"ל דלאו אורחייהו בכך, ורק דכל מידי דלאו אורחי' ואכלה לי' ע"י הדחק, שמי' אכילה, ומשו"ה הוקשה לי' לרש"י דמ"ש מאכלה כסות וכלים. [ודע דאין להק' על מש"כ מכלבא דאכלא אמרי רברבי, דכל מש"כ, הוא רק היכא דהשינוי הוא במה שאכלה דבר שאין ראוי לה, ולא בשאר שינויים, וכמו דהתם דעיקר אכילת האימרא ראויה לה ורק דלפי טבעה אין דרכה להורגה אפי' לאכילה].

ב. הערה על הר"מ שהשמיט הדין דחי' שאכלה פת ווהדין דבבשר טביא אינו חייב אלא ח"נ

גמ' יט: ופת אורחיה הוא, ורמינהו אכלה פת ובשר ותבשיל משלם חצי נזק, מאי לאו בבהמה, לא בחיה. חיה בשר אורחיה הוא, דמטוי. ואיבעית אימא בטביא ואיבעית אימא לעולם בבהמה, ובפתורא. ע"כ. ולכאורה הדינים היוצאים מדברי הגמ' הם, דאכילת פת בבהמה אורחי' הוא, ואכילת פת בחי' לאו אורחי' הוא, ואכילת בשר מבושל בחי' אורחי' הוא, ובצלי לאו אורחי' הוא, וצבי אין דרכו בפת ובשר כל עיקר. ויש להעיר על הר"מ שהשמיט כל דיני הסוגיא. ואולי י"ל, דכיון שהביא עיקר כללא דר"פ, דכל מידי דאורחי' למיכל ע"י הדחק שמי' אכילה אפי' שלא ע"י הדחק, לא הוצרך לפרט כל היכ"ת והיכ"ת. אך צב"ק אמאי לא הביא הדין דבשר טביא דלאו אורחי' הוא, דחילוק כזה לכאו' הו"ל להביא. והנה אילו גרס "פתורא" כדברי רש"י, ור"ל דאין דרכו למיכל מעל השלחן, ודאי הו"ל להביא דין זה, דמעצמינו ודאי אין יכולין לומר חילוק זה, ובע"כ צ"ל דגרס "פתותא" כדברי הר"ח, אך מ"מ צב"ק אמאי השמיט דין זה וכמו שהערנו במה שהשמיט הדין דבשר טביא.[366]

---

[366] א"ה. עי' במאירי שכתב בכל הנך דדרכן למיכל ע"י הדחק, דחייבין נזק שלם וז"ל, וחי' שאכלה פת או בשר ותבשיל אפילו בשר מבושל שאין דרך חי' לאכלו בכל אלו כו', עכ"ל. וכנראה דס"ל דלמסקנא לא קיי"ל כהך תירוצא דחי' אינה חייבת בפת אלא ח"נ. ויל"ע במש"כ אפי' "בשר מבושל" והאם פי' דהכוונה של "טביא" הוא לבשר מבושל. עוד ע"ש בד"ה ואם אכלה כו', שכתב, דיש חולקין על הדין דבהמה בפתורא כו' שלא נאמר כן בגמ' אלא דרך דחק ושינוייא בעלמא.

סימן יז

בספיקא דרב זירא דמתגלגל מהו[367]

א. ישוב בדברי רש"י מקו' התוס' אמאי קבע ר' זירא ספיקתו בלשון ד"מתגלגל מהו"

בגמ' כ. דאמר רבי אושעיא, בהמה ברשות הרבים, הלכה ואכלה, פטורה, עמדה ואכלה, חייבת. מאי שנא הלכה דאורחיה הוא, עמדה נמי אורחיה הוא. אמר רבא בקופצת. בעי ר' זירא, מתגלגל, מהו, היכי דמי, כגון דקיימא עמיר ברשות היחיד וקא מתגלגל ואתי מרשות היחיד לרה"ר, מאי. וכתבו התוס' בד"ה מתגלגל מהו כו' וז"ל, פ"ה דמספקא לי' אי בתר אכילה אזלי' ואי בתר לקיחה, וקשה כו', ועוד דלשון מתגלגל לא משמע הכי כו', עכ"ל. ועי' בתוס' ר"פ שהוסיף עוד, דהוה לי' להגמ' לפרש להדיא דהנידון הוא אם בתר לקיחה אזלי' או בתר אכילה אזלי'.

והנה בגמ' דקדקו מהברייתא דבתר אכילה אזלי', ודחינן לה כו' ואבע"א בפתילה דאספסתא, ע"כ. וע"ש בפירש"י וז"ל, ואיבע"א. לעולם כדקתני אכלתו בפנים, חייבת על כולו, אכלתו בחוץ, פטורה על כולו ולא תפשוט *דגלגול מלתא הוא* כו', עכ"ל. ודבריו צ"ב, דהול"ל ולא תפשוט דאזלי' בתר האכילה, ולכאו' מבו' מדבריו, דעיקר הנידון לומר דאזלי' בתר אכילה, אינו משום דזהו עיקר המעשה המזיק, דודאי הי' מן הראוי ליזל בתר הלקיחה, דהוה כהתחלת האכילה והביעור, ורק דאולי גלגול מילתא היא, ומחמת זה אזלי' בתר האכילה. והביאור בזה הוא, דאילו האכילה היתה נעשית מאותו מצב של הלקיחה, ודאי היינו אזלי' בתר הלקיחה בכדי לדונו ל"בער בשדה אחר". ורק דמכיון דמצב התבואה נשתנה משעת הלקיחה, דנתגלגל מרה"ר לרה"י, משו"ה דייני' לומר דלא אזלי' בתר הלקיחה. ואשר לפי"ז א"ש היטב לשון ר' זירא "מתגלגל מהו" ומיושבת קושית התוס' כמין חומר.

ודע דאם כנים בביאור דברי רש"י, הי' נראה, דהיכא דהלקיחה והאכילה היו באותה רשות, ורק דבין הלקיחה והאכילה מכר הניזק את השדה, כה"ג ודאי היינו אזלי' בתר הלקיחה, דודאי לא נחשב שנשתנה המצב בין הלקיחה לאכילה.

ב. הערה על דברי התוס' בבעיא דר' זירא דמתגלגל מהו

בגמ' כ. דאמר רבי אושעיא, בהמה ברשות הרבים, הלכה ואכלה, פטורה, עמדה ואכלה, חייבת. מאי שנא הלכה דאורחיה הוא, עמדה נמי אורחיה הוא. אמר רבא בקופצת. בעי ר' זירא, מתגלגל, מהו, היכי דמי, כגון דקיימא עמיר ברשות היחיד וקא מתגלגל ואתי מרשות היחיד לרה"ר, מאי. וע' ברש"י שפירש דמספקא לר' זירא אי בתר אכילה אזלי' ואי בתר לקיחה, וע' בתוס' שהעיר עליו מסוגיא דלקמן גבי כלב שנטל חררה, דמבואר התם להדיא, דהיכא דהלקיחה הי' ברשות הניזק והאכילה לא הי' ברשות הניזק, פטור. ומשו"ה פי' הר"י דאיירי כגון דקיימי פירות ברשות הניזק ומגלגלי ואתו לרשות הרבים, דאי לאו שהבהמה מעכבתן בפיה ואכלתן שם, הי' סופן להניח ברה"ר, וקמבעיא לי' אי חשיבי כמונחים ברה"ר או לאו, ע"ש.

[367] חבורה ו' חלק ג

ולכאורה יש להעיר, דנהי דבשעה שמגלגלי הי' שייך לדונם כמונחים ברה"ר, אך זה לא עדיף מהיכא דבהמה לקחה פירות מרה"ר והביאתם לרשות הניזק ואכלתם, דהרי מיד שנפסקו מלגלגל, כבר הם ברשות הניזק, ונהי דשייך לדון דהלקיחה הי' מרה"ר, אך האכילה ודאי הי' ברה"י.

ועי' בתוס' ר"פ שכבר עמד על זה ופירש, דבעי' תרוייהו בחצר הניזק לקיחה ואכילה, והיינו דהגם דמכח סוגיא דכלב שנטל חררה לא מוכרח אלא דבעי' שהאכילה תהי' ברשות הניזק, אך י"ל דלעולם בעי' שתרווייהו יהיו שם, ולפי"ז אתיא דברי הגמ' היטב, דנהי דודאי נחשב שהאכילה הי' ברשות הניזק, אך בכדי לחייבו, בעי' שגם הלקיחה יהי' ברשות הניזק.

אמנם הגם דמסברא הי' נראה כדברי רבי' פרץ, מ"מ מדברי שא"ר מבואר להדיא שלא כדבריו. דע' בשטמ"ק שהביא בשם רבי' ישעי', דהספק בגמ' הוא, גם היכא דנתגלגל מרה"ר לרה"י, ובשם תלמידי ר"י כתב לחלק, דהתם ודאי פטור, כיון שיש לבהמה רשות להלך ברה"ר, ע"ש. והרי לפי"ד תוס' ר"פ ליכא התחלה לנידון זה, דנהי דהיכא דסופו להתגלגל לרשות הניזק היה שייך לדון שהלקיחה הי' מרשות הניזק, אך כיון דהאכילה הי' ברה"ר א"א לחייבו, וכסוגיא דכלב שנטל חררה. ומבו' מדבריהם דהבינו בדברי התוס' דעי"ז דנחשבו כמונחים ברשות הניזק שייך לדון שגם האכילה הוא ברשות הניזק.[368]

וכן איתא להדיא בדברי הרשב"א, וז"ל, והא קמבעיא לי' כיון שאילו לא נטלתן שם הי' סופן לנוח ברה"ר, ה"ז כאלו **נטלתן ואכלתן ברה"ר**, עכ"ל. וכן מבואר להדיא בדברי הטור, דע"ש שהביא מהרמ"ה דהיכא דבהמה לקחה פירות מרשות הרבים והביאתם לרשות הניזק ואכלתם שם, חייב, דל"צ אלא שתהי' האכילה ברשות הניזק. ואעפ"כ פי' בעיא ר' זירא על דרך התוס', והעלה דהויא איבעיא דלא איפשיטא. ומבואר מזה דס"ל, דגם לפי' התוס' י"ל דאי"צ אלא שתהי' האכילה מרשות הניזק, ואפ"ה מסתפקי' דהיכא דמגלגלי ואתו לרה"ר חשיבי הפירות כמונחים ברה"ר לענין שהאכילה היא ברה"ר. וצ"ל דכיון דאיירי דתפסה בפיה וקאכלה, שייך כבר לדון שהאכילה הי' ברשות הניזק.[369]

מכאן ואילך לא זכיתי להעתיק רוב החבורות

[368] א"ה וכן מבו' מדברי הנחל"ד שהעיר על מה שכתבו התוס' בביאור דברי הגמ' בהיה משוי כו' וז"ל, ומה שאכלה בחוץ פטורה, תנא אגב רישא, דמילתא דפשיטא היא. והעיר הנ"ל דאמאי לא נימא דאיירי היכא דמתגלגל מרה"ר לרה"י, ומבואר דגם הוא נקט בפשיטות כדברי הראשונים הנ"ל.

[369] א"ה. עי' בתלמיד הרא"ש והרשב"א לקמן כג. וז"ל, והיכא דנטלה פירות ברה"ר ונכנסה ואכלתן בחצר הניזק, אפשר דלא מיחייב, דהא כבר זכתה בהן. ופשט דברי התוס' בפי' דמתגלגל מהו משמע, שהוא פטור, שהם ז"ל פי' כגון שהיו הפירות מתגלגלין לרה"ר והיא עכבתן, וקמיבעיא לי' כיון דהי' סופן לנוח לרה"ר כמאן דדשקלה לה מרה"ר דמי ומפטר או לא. ומורי הרא"ש נ"ר אומר, דבכי הא נמי חייב כיון דאכלה בחצר הניזק, והתם הכי קא מיבעיא להו, מי אמרי' כיון דפירות מתגלגלין לרה"ר ושם הי' סופן לנוח, והבהמה היתה יוצאה אחריהן ואכלתן שם, כאן דשקלתינהו ברה"ר וכמאן דאכלתינהו ברה"ר דמי, או"ד כיון דהשתא מיהא ברשות הניזק שקלתינהו ואכלתינהו, חייב, וכ"כ ר' מאיר הלוי ז"ל, דהיכא דשקלתינהו ברה"ר ואכלה להו ברשות הניזק חייב, וכן דעת הראב"ד ז"ל, עכ"ל. והיינו דמסברא נקט בדברי התוס' כרבי' פרץ, ורק דהביא דהרא"ש פי' כדברי הרשב"א, אך כ' לפרש בדבריהם דהוא משום דכיון דפירות מתגלגלין לרה"ר ושם הי' סופן לנוח והבהמה היתה יוצאה אחריהן ואכלתן שם כו', וכמאן דאכלתינהו ברה"ר דמי. ועי' בהג' הגר"א סי' שצ"א-י"ב שכ' לדקדק מדברי התוס' סוף כג. דס"ל דבעי' לקיחה ואכילה, וז"ל, שמע מינה דבעו לקיחה ואכילה בחצר הניזק עכ"ל.

סימן יח

דף כא: – כב.[370]

א. בדברי הרשב"א בנפלו סמוך לכותל דלא אמרי' תחילתו בפשיעה וסופו באונס חייב

גמ' כא: טעמא דקפצו כו' כגון דמקרבי כלים לגבי כותל, דכי קפצי בקפיצה לא נפלי עליידו ואפי' תחילתו בפשיעה ליכא, ע"כ. ועי' ברשב"א שהעיר, דאם איירי שהכלים היו סמוכים לכותל אמאי חייב נזק שלם היכא דקפצו, דמדלא אמרי' תחילתו בפשיעה וסופו באונס, בע"כ צ"ל דשמור הוי, וא"כ א"א לחייבו אקפיצה יותר מח"נ. ותירץ וז"ל, וי"ל דלגבי קפיצה קרוב לכותל לא חשבינן ליה בתחלתו פושע גמור שיתחייב עליו אף על האונס שבסופו, אפילו למ"ד תחלתו בפשיעה וסופו באונס חייב, לא אמר אלא במקום פשיעה גמורה, אבל מ"מ כל שקפצו, אפילו סמוך לכותל, כיון דמדעתן קפצו ופעמים קופצים כן לא חשבינן ליה משונה ונזק שלם משלם, נ"ל, עכ"ל. ועי' בחבורה ט' שביארנו, דס"ל דלדין דתחילתו בפשיעה וסופו באונס בעי' שיהא עלה תורת "פשיעה", דיסוד דין דתחילתו בפשיעה וסופו באונס, הוא משום דפשיעתו מטילה עליו אחריות לכל היזק שבא מחמתו ומסלקת הפטור שמירה לענין שמירת ניזקין, וזה רק בפשיעה גמורה. אלא דדבריו אכתי צ"ב, דאם סגי בפשיעה זו לחייבו נז"ש ולא נחשב כשינוי, אמאי באמת לא הוי פשיעה גמורה.

ב. בבי' דין ח"נ דקרן תמה דאינה משום פטור אונס, ויסוד גדול בחיוב דשמירת ממונו

ואשר נראה לומר בבי' הענין, דהנה יסוד הדין דבשינוי אינו חייב אלא ח"נ, אי"ז מכח פטור של אונס, דאם הפטור הוא מדין אונס, היה פטור אפי' מח"נ, וכגון בשמירה פחותה לראב"י [לקמן מה:] או לרבנן בשמירה מעולה [שם]. ובפשטות י"ל, דהא דבאמת אינו פטור מטעם אונס, הוא משום דאף דהוי מעשה משונה, מ"מ הוא יותר שכיח מדרגת ה"אי שכיחות" דאונס. והגם דלפי"ז צ"ל דלראב"י דס"ל דתם סגי לי' בשמירה פחותה כל מעשה משונה הוא בדרגת שכיחות של רוח מצוי', דהרי לדידי' היכא דשמרה מרוח מצוי', יש לו פטור אונס, מ"מ אי"ז קשה, דהרי עיקר המושג ד"מעשה משונה" אינה תלוי' במה דמעשה זו לא שכיח כ"כ, אלא במה דאין דרכה לעשותה תמיד כמנהג ברייתו, כמש"כ הר"מ ר' הל' נזק"מ. ויסוד הדבר הוא דכיון דהמעשה לא נכלל בעיקר טבעה של הבהמה, הוי זה סברא לומר דאחריות מעשה זו אינה מוטל עליו כ"כ.

---

[370] חבורה י', חלק ב.

אכן לא נראה לומר כן, דנהי דודאי איכא איזה מעשים של שינוי דהם בדרגת שכיחות של רוח מצוי', אמנם ודאי חלק מהם אינם יותר שכיחים מהדרגא דלא שכיח המספיקה לפטור דאונס.[371] ובביאור הדבר נראה, דכיון דהתורה הטילה אחריות נזיקין על מזיק זה, ובדעתה וברצונה יכולה הבהמה לעשות מעשה זה ואין שום הגבלה ביכולת דידה, נמצא דאין הבהמה שמורה לענין מעשה זה ולא שייך עלה פטור אונס, שהרי לא קיים חובת שמירה לענין מעשה זה. ונהי דמעשה זה לא שכיח כלל, אך מכיון דלית לה שום הגבלת יכולת לעשותו, ודאי נכלל בעיקר חובת שמירת הבעלים לשמרה גם ממעשה כזה, ורק כיון דלאו אורחי' לעשותו נחשב כשינוי. והיכא דבדרך כלל חסר לה היכולת לעשות איזה מעשה ורק דלפעמים תתעלה ותשיג היכולת, רק בזה שייך פטור אונס.[372]

ולפי"ז נ' לבאר דברי הרשב"א היטב, די"ל דודאי לקפיצה קרוב לכותל אין לה השכיחות דרוח מצוי', והגם דרגל סגי לה בשמירה פחותה, מ"מ לא נחשב זה כאונס מאותו הטעם דשינוי לא נחשב לאונס, דכיון דאין להבהמה שום הגבלת יכולת מעשיית מעשה זו, הרי נכלל בחובת שמירתו לשמור ממעשה כזה, וכיון שלא שמר, לא שייך פטור אונס וחייב נזק שלם.[373] והא דמעשה זה לא הוי שינוי, י"ל דהוא משום דקפיצה כזו היא מעיקר טבעה של הבהמה לקפוץ ולפעמים היא עושה כן. וכללא דמילתא הוא דכל מעשה דאין למזיק שום חסרון יכולת, אם לא שמרה, לא שייך פטור אונס, ובדרך כלל היכא דלאו אורחי' דהבהמה לעשות, הוי שינוי, אך לפעמים נכלל בעיקר טבעה של הבהמה והוי רגל.

ולפי"ז מובן היטב מש"כ הרשב"א דלא הוי פשיעה גמורה בכדי שיהי' לה הדין דתחילתו בפשיעה וסופו באונס, דכיון דעיקר המעשה אין לו השכיחות דרוח מצוי', נהי דמחוייב לשמור מהך מעשה ואם דלא שמרה חייב נזק שלם, אך החפצא ד"פשיעה גמורה" דבעי' לדין דתחילתו בפשיעה וסופו באונס, תלוי' במציאות של השכיחות.

ונראה להוכיח כדברינו, דהשכיחות דקפיצה בסמוך לכותל אין לה דרגת השכיחות דרוח מצוי' מעצם דברי הרשב"א. דהנה חיובו בנזק שלם הוא מדין רגל, והרי מדין שמירה דרגל מספיקה שמירה העומדת ברוח

---

371 א.ה. ע' בשטמ"ק לעיל טו: שכ' בענין כלבא דאכלא אמרי רברבי, דהוא מילתא דלא שכיחא כלל, עכ"ד.

372 ונראה, דשיעור השכיחות לזה תלוי' ברוח מצוי, והיינו דדבר שאין לה היכולת לעשותה תמיד, אך שכיח שתהי' לה היכולת לעשות פעולה זו בדרגת רוח מצוי', לאו אונס מקרי, ויש לו חיוב שמירה. והנה עי' מש"כ בברכ"ש סי' ו' להוכיח מדברי הרמב"ן במלחמות לקמן נב: ומחי' הראב"ד [יד.] דהיכא דלא שמר הבהמה, לא שייך שום פטורי אונס, והביא שם מחי' הראב"ד הנ"ל דהיכא דהוא לא נעל הדלת בפני הבהמה וחבירו נעל חצר שלו, ובאמצע הלילה נפל כותל חבירו ברוח מצוי' והלכה בהמתו לחצר חבירו, לא שייך פטור אונס מכיון שלא שמר בהמתו. אכן נראה דאי"ז מוכרח, די"ל דכיון דלא הי' להבהמה היכולת מצד עצמה להכנס לחצר חבירו, פטור עלה. והנה כל דברי הגרב"ד הם רק לענין היכא דנפל כותל חבירו, אמנם בפשטות היכא דהבהמה חתרה ונכנסה לחצר חבירו, פטור, וכמו שבי' בסוגיא לקמן נו., דלענין מעשה זו הוי שמור מצד עיקר טבעה, ונראה דדרגת השכיחות לענין היכולת לחתור, תלוי' בדרגת רוח מצוי', וכמשנ"ת, ע"כ שמעתי.

א.ה. הנה בדברי הראב"ד מבו' שני חידושים, הא', דאינו פטור על כל דבר שיש לו השכיחות דרוח שאינה מצוי' אלא דבעי' תורת שמירה. והב', דשמירת חבירו לא מועילה לו. ובאמת לא הי' ברור להראב"ד שם דשמירת חבירו לא מועיל לו, ורק דכ' דאפשר דהוה תחילתו וסופו בפשיעה ע"ש, וכנ' שהגרב"ד נקט דהעיקר הוא כפי' זה.

ועיקר יסודו של הגרש"מ הוא לענין היכא דלא עשה שום שמירה, אלא דהי' שמור מאליו, בזה י"ל דלענין כל דבר שאין לה שום הגבלת יכולת, לא נחשב כשמור מאליו, אפי' אם לא שכיח כלל שעשה את פעולת הנזק. וזה לא שייך כלל לחי' הב' שכתבנו למעלה, דאפי' אם נימא דשמירת חבירו מועילה לו, מ"מ היכא דלא עשה שום שמירה כלל, וסומך על שמירת טבע השור עצמו, לענין כל מה שאין לה שום הגבלת יכולת לא נחשב כשמור. ע"כ שמעתי.

373 והגם שכתב הרשב"א לקמן דמלמטה למעלה פטורין לגמרי דאניס חשבינן לי', י"ל דבדרך כלל אין לה היכולת, דהרי כ' הראב"ד דאיירי' דהי' להכותל איזה גובה או עשרה טפחים או ד' אמות. ועי' לקמן כג. בסוגיא דסתם דלתות חתורות הן אצל כלבים, ובדברי התוס' שם ולדבריו הבי' הוא דבדרך כלל אין להבהמה היכולת לעשות החתירה, ורק דאותה פעם הי' לה איזה התעלות.

מצוי', דקיי"ל דשן ורגל סגי לה בשמירה פחותה. ונמצא לפי"ז, דבכדי לומר דקפיצה בסמוך יש לה השכיחות של דבר שאינו אונס לגבי', בעי' לומר דיש לה השכיחות של רוח מצוי', וזה מילתא דא"א לאומרה, דא"כ אמאי אי"ז פשיעה גמורה לענין הדין דתחילתו בפשיעה וסופו באונס, והרי לקמן נו. מבו' דכל שמירה שאינה יכולה לעמוד ברוח מצוי' שייך גבה הדין דתחילתו בפשיעה וסופו באונס, ע"ש דלא מצאו שום אוקימתא בכותל רעוע שלא יהי' לו הדין דתחילתו בפשיעה וסופו באונס.[374]

אלא דמ"מ הי' מקום לחלוק על מש"כ למעלה ולומר, דהא דליכא פטור אונס, אי"ז מהטעם שכתבנו למעלה, אלא מחמת זה לחוד דהמעשה קפיצה משתייך לטבע כללי דהבהמה לקפוץ. אמנם נראה דאי"ז סברא כלל, דכיון דאיירי' בכלים דמקרבי דלא שייכי להשבר אלא בקפיצה בסמוך לכותל, אין טעם בכלל לסלק הפטור אונס בשבירת כלי זה, דלענין כלי זה מאי איכפ"ל אם עיקר טבעה הבהמה לקפוץ שכיח טובא, הא סו"ס מזיק זה דבעי' להשבר הכלי לא שכיח כלל,[375] וכל מה דשייך לדון עם סברא כזו הוא רק לענין לקבוע אם הוא מעשה משונה או מעשה כאורחי' ולא לענין פטור אונס ושמור. ולכן נראה דצריכים לפרש בבי' הדבר כמש"כ למעלה דלענין מעשה שאין להבהמה שום הגבלת יכולת אי"ז אונס.

ג. ביאור בדברי תוס' ר"פ, והערה מדברי התוס'

והנה בתד"ה אדם ותרנגול כו' העירו, מה החידוש באדם דחייב. ותירצו, דנפק"מ היכא דהפקיד ביתו לחבירו לשמור ויש שם חש"ו שיש לו ליזהר שלא ידלגו מלמטה למעלה וישברו כלים, כיון דאורחי' הוא אצל אדם. ועי' בתוס' ר"פ בכלב גבי גדי שדילג מלמטה למעלה והזיק, שחילק בין שומר לממון המזיק, דלענין ממון המזיק נחשב כשינוי וחייב ח"נ, אך שומר פטור עלה לגמרי מדין אונס. וצ"ב דממנ"פ אם הוי אונס, אמאי חייב עלה בשמירת ממון ח"נ, ואם לאו אנוס הוא, שומר אמאי פטור עלה. ובפשוטו י"ל, דדברי תוס' ר"פ הם רק למאי דקיי"ל דקרן תמה בעי שמירה מעולה ושומר חנם סגי לה בשמירה פחותה, ולכן י"ל דדילוג מלמטה למעלה הוה בדרגת השכיחות של רוח שאינה מצוי', וש"ח פטור עלה, ובקרן תמה חייב עלה ח"נ. אכן לפמשנ"ת אין צריכים לזה, דלעולם י"ל דלא שכיח טובא, ומ"מ חייב ח"נ בשמירת ממונו, דכיון דליכא שום הגבלה ביכולת של הבהמה, לא שייך פטור אונס. אך לגבי פקדון חייב, דלגבי הפקדון הדילוג הוה כרוח בעלמא, ומכיון דאינה מצוי', פטור. ולפי הנ"ל נמצא דאפי' לראב"י דס"ל דתם סגי לה בשמירה פחותה, מ"מ יתכן לחלק בין שומר לשמירת ממונו וכדברי תוס' ר"פ.

בתוס' שם וז"ל, ואומר ר"י מתוך כל נראה לפרש דהא דקתני הכלב והגדי שדלגו מלמטה למעלה פטורין, דהיינו לגמרי, דחשיב אונס להכי איצטריך לאשמועינן באדם דחייב, עכ"ל. והרשב"א הביא דברי הר"י כתי' בפנ"ע, אכן מדברי התוס' משמע, דהוה המשך למש"כ לעיל, ור"ל דאילו בממון המזיק הי' חייב עלה ח"נ ול"ל פטור אונס, ליכא שום סיבה שתצטרך הברייתא לפרש דשומר חייב עלה, ומכח זה הוכיחו דבממון המזיק פטור לגמרי. וכעי"ז אי' ברא"ש בבי' דברי הר"י. והנה בפשוטו יש לפרש בכוונתו, דס"ל דאילו בשמירת ממונו חייב ח"נ ולא הוה אונס, מה"ט גופי' לא הוי אונס לענין שומר, ופשוט דחייב עלה. אכן לפמש"כ

---

[374] א.ה. הערתי להגרש"מ, דדבר זה מבו' להדיא בחי' הראב"ד, ע"ש שנקט כדברי הרשב"א דבקפיצה בסמוך חייב נז"ש והוקשה לי' דא"כ נימא תחילתו בפשיעה וסופו באונס, ותי' כמו שתירץ הרשב"א, וז"ל, ומעיקרא נמי נהי דלאו מקום שמירה הוא מיהו לאו פשיעה גמורה היא *משום* דלא *שכיח* עכ"ל הרי להדיא דקפיצה בסמוך נחשב הוי לא שכיח ומ"מ חייב נז"ש.

375 ויתכן דהיכא דהי' כלי ארוך שהי' נשבר גם בקפיצה למרחוק, היכא דקפצה בקרוב, חייב אפי' בלי הדין דתחילתו בפשיעה וסופו באונס, אכן בנ"ד דאיירי' בכלים דמקרבי לא מועיל כלום.

למעלה צ"ב טובא, דלעולם י"ל דלא שכיח טובא ושומר פטור עלה, והא דבממון המזיק חייב ח"נ וליכא פטור אונס, הוא משום דליכא שום הגבלה ביכולת שלה להזיק וכמשנ"ת.

אלא דגם לולי דברינו דברי התוס' צ"ע טובא, דהרי בדלת שיכולה לעמוד בפני רוח מצוי' שומר חנם פטור, ובקרן תמה חייב עלה ח"נ למאי דקיי"ל דקרן תמה בעי שמירה מעולה. וא"כ צ"ע הכרחו של הר"י, דהרי י"ל דדרגת השכיחות הוא כרוח שאינה מצוי' ומה"ט שומר פטור עלה, ומ"מ בשמירת ממונו חייב עלה ח"נ.

ואשר נראה מוכרח בבי' דברי התוס', דאין כוונתם לומר דאילו בשמירת ממונו הי' חייב עלה ח"נ, גם שומר הי' חייב עלה. אלא דר"ל דבשלמא אם כוונת הברייתא היא, דבשמירת ממונו פטור לגמרי וכמובן דשומר ג"כ הי' פטור עלה, אז א"ש מה שהברייתא באה לפרש דלענין נזקי אדם, חייב השומר. אכן אי נימא דכוונת הברייתא היא, דבשמירת ממונו פטור מנזק שלם וחייב ח"נ, אז לא הי' לן שום הכרח לומר דשומר פטור דשפיר יתכן לומר, דשומר חייב עלה, וא"כ אמאי הוצרכה הברייתא לפרש דשומר חייב על דילוג חש"ו, והרי מכח רישא דברייתא ליכא הכרח דלענין דילוג דכלב וגדי גופייהו אין השומר חייב.

אלא דעכ"פ הא מיהת מוכרח מדברי התוס', דיתכן שיהי' למזיק דקרן תמה השכיחות של רוח מצוי', דאל"ה הי' פשוט דשומר חנם פטור עלה, דהרי סגי לי' בשמירה פחותה. ועיקר דבר זה מובן היטב, דענין "שינוי" אינו תלוי בשכיחות האירוע, אלא באם מונח בעיקר טבע הבהמה כמש"כ הר"מ ר' הל' נזק"מ. ובאמת נראה להוכיח כדברי התוס' הנ"ל מסו' ערוכה לקמן מה., דע"ש דאי' דש"ח שלא שמר השור ויצא והרג אדם, דדינא הוא דהשור יסקל, והש"ח חייב לשלם דמי השור להבעלים. והרי כיון דהוא תם נמצא דנגיחה זו הוה כרוח שאינה מצוי' ואמאי חייב לשלם דמי שור לבעלים. ובע"כ צ"ל דמעשה קרן גופי' נחשב כפשיעה וכרוח מצוי'.[376] [ודע דליכא להוכיח כיסוד הנ"ל מהא דאי' דשומר חנם חייב היכא דלא שמר הבהמה והוגחה משור אחר, אפי' משור תם. דכבר ביארו המפרשים שם דנהי דמצד הך שור גרידא לא הי' נחשב לפשיעה כיון דבחזקת שימור קיימי, אך כל השוורים שבעולם הוי כרוח מצוי' ליגח אותהשור אחר].

דף כב.

ד. ביאור שיטת הרי"ף והר"מ בסוגיא דאפיך מיפך כלבא בזקירא וגדיא בסריכא

גמ' כב. והתניא הכלב והגדי שדלגו, בין מלמעלה למטה בין מלמטה למעלה *פטורין*, תרגמא רב פפא דאפיך מיפך, כלבא בזקירא וגדיא בסריכא. עי' בפי' הר"ח וברי"ף שגרסו "והא תניא הכלב והגדי שדלגו בין כך ובין כך חייבין", וכן מבו' בדברי הר"מ בפ"ב מנז"מ הט"ז דהכי גרס. וא"כ להלכה יוצא דיש שני נפק"מ מחילוק הגירסאות, דלפי הגי' שלפנינו במלעלה למטה היכא דשינתה דרכה חייב ח"נ, ובלמטה למעלה בלי שינוי

---

376 א.ה. עי' ביש"ש פרק הכונס סי' ז' שכ' להדיא לחלק בין פשיעה דקרן לפשיעה דשן ורגל, וכ' דהוא משום דנגיחה לא שכיח. ועי' במילואים א' מש"כ ליישב ראיית הגרש"מ. והנה עי' בנמוק"י סופ"ק, שכ' דלמ"ד פלג"נ קנסא וסתם שוורים בחזקת שימור קיימי, לולי חי' התורה דקרן תמה חייב ח"נ, הי' פטור משום דהוי אונס. והסביר הגרש"מ דאי"ז סתירה לדבריו, די"ל דנהי דשכיח, אך כיון דלא נכלל בעיקר טבע הבהמה לעשות מעשה זה, לאה מוטל עליו לדאוג ולשמור ממעשה כזה, ושוב שייך אצלו פטור אונס, דמאי הו"ל למיעבד והרי לא הי' חייב לחשוש למעשה זה. ועי' בחי' הגרש"ה שכ' לפרש שי' רש"י בתחילתו בשינוי, דלעולם י"ל דהמעשה אכילה הי' מעשה דשן, אך מכיון דעצם הפשיעה לא הוי יותר מדרגת הפשיעה של קרן תמה, לא שייך לחייבו יותר מח"נ, וכעי"ז כ' הרבה אחרו'. והסביר הגרש"מ דאי"ז סתירה עם דבריו, די"ל דהא דבקרן תמה חסר בפשיעה אי"ז משום דלא שכיח כ"כ, אלא משום דכיון דלא נכלל מעשה זו בעיקר טבע הבהמה אין הוא מחוייב לחשוש למעשה זו כ"כ.

דרכה, עכ"פ אינו חייב נזק שלם. אכן לגי' הר"ח ודעימי', מלמעלה למטה חייב נז"ש בכל גווני, ובדלא שינתה דרכה חייב נז"ש בכל גווני, ומלמטה למעלה היכא ששינתה דרכה אינו חייב אלא ח"נ.

והנה לפי גי' הר"ח נמצא דבקפצה מלמטה למעלה זו לחודי' אינה סיבה לחייבו בח"נ, דשינוי מדרכה הרגילה אינה סיבה לחייב ח"נ, וזה צב"ק, דא"כ במלמטה למעלה דשינתה דרכה אמאי אינו חייב אלא ח"נ. וכפשוטו צ"ל דהוה צירוף של שני השינויים ביחד, דכל א' מהם אורחי' קצת ואין השינוי מספיק לפטרי' מח"נ, אך שתעשה הבהמה שניהם ביחד אינה כי אורחי', וכן משמע מלשון השלט"ג שכ' בדבריהם "דלעולם משלם נז"ש אלא אא"כ יש תרי שינוים כו'".

אכן יתכן לומר דלעולם כל התורת שינוי הוא מה דאפיך מיפך, וכפשטות משמעות הגמ', והא דמלמעלה למטה חייב נז"ש אפי' בדאפיך מיפך, הוא משום דקפיצה מלמעלה למטה הוי ממש כי אורחי' כעין הליכה, ולכן אין דנין על אופן הקפיצה, דבהמה מיועדת לקפוץ ואילו לא היתה קופצת באופן זה, היתה קופצת באופן הרגיל, אכן מלמטה למעלה נהי דלאו משונה הוא, מ"מ אין אורחי' לעשותה כ"כ, ולכן צריכים לדון על גוף המעשה.

ה. הערה על דברי הרמ"א בסוגיא הנ"ל

והנה כבר ביארנו דאיכא שני נפק"מ בין גי' הרי"ף והר"מ לגי' דידן, הא', בקפיצה מלמעלה למטה בדאפיך מיפך, דלדעת הרי"ף והר"מ חייב נזק שלם. והב', בקפיצה מלמטה למעלה בדלא אפיך מיפך, דלדעת הר"מ והרי"ף חייב נז"ש, ולגי' שלפנינו אינו חייב נזק שלם, ורק נח' רש"י ותוס' אם פטור לגמרי או דאינו חייב אלא ח"נ. וכאן איכא מקום להעיר על דברי הרמ"א, דעי' בשו"ע סי' ש"צ סעי' י"ב שפסק כדברי הר"מ והרי"ף, דמלמעלה למטה חייב נזק שלם בכל גווני, ומלמטה למעלה משלם ח"נ בדאפיך מיפך, אבל אם נסרך הכלב או דלג הגדי חייב נזק שלם. וע"ש ברמ"א שהשיג עליו, דמלמעלה למטה בדאפיך מיפך אינו חייב אלא ח"נ, ואילו על מש"כ דמלמטה למעלה בדלא אפיך חייב נזק שלם, לא השיג כלום. וצ"ע, דנהי דמסברא הנך שני דינים אינם תלויים זב"ז, אך שניהם תלויים בגי' הגמ', ואם פסק כגי' הטור דמלמעלה למטה בדאפיך מיפך חייב ח"נ, מלמטה למעלה בדלא אפיך מיפך אינו חייב נזק שלם, וצ"ע.

מילואים

בישוב הראי' מדף מה. דקרן הוא בדרגת שכיחות של רוח מצוי'

בפנים הוכחנו מסוגיא דדף מה. דקרן היא בדרגת שכיחות של רוח מצוי', והבאנו בהג"ה מדברי היש"ש פ"ו סי' ז' שכ' להדיא דקרן לא שכיח הוא, וכן נקטו הרבה אחרונים. ויתכן ליישב ראי' הנ"ל עפי"ד הרמב"ן בב"מ צג:, דהנה בגמ' שם [מה.] אי' דאם שמר השומר חנם שמירה פחותה והרג השור אדם, חייב השומר חנם לשלם כופר והשור יסקל, דלדין שמירת ניזקין בעי' שמירה מעולה, כשיטת ר' מאיר, אבל מ"מ הש"ח פטור מלשלם לבעלים, כיון דלדין שמירה דש"ח סגי בשמירה פחותה. ועי' ברמב"ן ב"מ צג: שהעיר, דכיון דלא שמר כראוי לענין נזיקין הו"ל לחיוביה משום תחלתו בפשיעה וסופו באונס, וכ"ש הוא דהא בהך פשיעה אזיק,[377] ומכח קו' זו הוכיח, דכיון דלאו פשיעה ממש היא, דהא עביד שמירה פחותה דשומר חנם, לא מחייבינן ליה משום דלא שמר כראוי לנזיקין, וכ"ש למילי אחריני דאירע בהן אונס, עכ"ד. והיינו כשי' התוס' בכ"מ דשומר שכר אינו חייב על תחילתו בגו"א וסופו באונס. והנה ע' בהג' הגרא"ז על הרמב"ן שם

377 א"ה העירתי להגרש"מ דמדברי הרמב"ן הנ"ל מבו' כמו שהוכחנו בריש החבורה מדברי הנמו"י, דהגם דש"ח סגי לה בשמירה פחותה והרי שמרה שמירה פחותה, מ"מ שייך לחייבו ע"י הדין דתחילתו בפשיעה וסופו באונס.

שהעיר על עיקר קושית הרמב"ן, ועי' באבי עזרי סוף נזיקין עמוד שע"ה באגרת להגרא"ז מש"כ לפרש בדברי הרמב"ן. ועכ"פ לפי"ד הרמב"ן יוצא, דהיכא דלא שמר הש"ח בשמירה פחותה, שייך לחייבו על היזקא דגופה מכח הדין דתחילתו בפשיעה וסופו באונס, כיון דפשע לענין שמירת ניזקין, ולפי"ז שוב ליכא ראי' דמזיק דקרן הוי בדרגת שכיחות של רוח מצוי' כמובן. אך אכתי צ"ב, דהתינח למ"ד תחילתו בפשיעה וסופו באונס חייב, אך למ"ד תחילתו בפשיעה וסופו באונס פטור, איך יפרש דברי הברייתא, ובע"כ צ"ל כמשנ"ת, דקרן הוי בדרגת השכיחות של רוח מצוי'.

אכן ראיתי בחי' הגרנ"ט סי' קכ"ב שנקט, דקרן לאו רוח מצוי' הוא, דיסוד הפטור הוא גופי' משום ה"אי שכיחות", והעיר מכח זה על המאירי המובא בשטמ"ק בדף יג. וז"ל, הוזק שור של בעלים ביד השומר משור אחרים, אם מצד פשיעתו של השומר ה"ה חייב להבעלים כל הנזק, והוא גובה מהמזיק ח"נ אם הוא תם, עכ"ד. וע"ש שכ' ליישב, דמצינו רוח מצוי' גמורה, ורוח שהוא מצוי' ואינה מצוי', וי"ל דהדין של רוח כזה הוא, דשומר בעלמא חייב עלה, אך בשמירת ניזקין איכא חילוק, דנ' דיש שני גדרים בשמירת נזקין, הא', לשמור שורו שהוא מזיק שלא יזיק, והב', לשמור שורו שלא יעשה מזיק, וי"ל דהיכא שצריך שמירה שמזיק לא יזיק, אז צריך שמירה גם מרוח מצוי' ואינה מצוי', אך היכא דצריך לשומרו שלא יעשה מזיק, חיובו לשמור הוא רק מהיזק דרוח מצוי' ולא ממצוי' ואינה מצוי'. והוכיח כן מאש, דעי' בתוס' סוף נט: שהביא מהירושלמי לענין אש דרוח שהעולם מתנהג שפעמים הוא בא ופעמים אינו בא, אינו חייב עלה. ועי' בפנ"י שם, וכן הוא ברשב"א להדיא, שכ' דהוא כרוח שאינה מצוי'. [ועי' בתוס' ר"פ שם בע"א]. והעיר הגרנ"ט דאמאי נח' שם רק לענין אש ולא מצינו פלו' זו בכל שאר המזיקין. ובי' שם, דרוח זו הוה בדרגא מצוי' ואינה מצוי' ושאר מזיקין חייב עלה בדרגא זו, וכל דברי הירושלמי הם רק באש היכא דאכתי אין עלה שם אש וכאופן דמתני' נט. דקאי דברי הירושלמי עלה, דא' הביא את האור וא' הביא את העצים, או במזיק שהדליק אש ברשותו. וכ' שם די"ל דגם הדין שמירה בקרן תמה הוא שמירה שלא יעשה למזיק, דאכתי אין עלה תורת מזיק עד שעת המעשה מזיק, דנתעורר להזיק עי"ז שיצרא קתקיף לה. ולפי"ז י"ל דמזיק דקרן הוי כרוח מצוי' ואינה מצוי', ומשו"ה ש"ח חייב היכא דהוזק בקרן, אך מ"מ י"ל דיסוד הפטור דקרן הוא משום זה דלא שכיח כ"כ.

סימן יט

דף כב:[378]

בסוגיא דאשו משום חציו ואשו משום ממונו

בבי' דברי התוס' שהוקשה להו האיך שייך דין קלב"מ רק לר"ל

הערה על דברי הריב"ם והרשב"א שפי' דהדין קלב"מ בסו' הוא משום רודף דאיך זה תלוי בפלו' דר"י ור"ל, ויסוד גדול בדין רודף דשייך שרדיפתו מונח באיזה מעשה

ישוב בדברי הרשב"א, ובבי' דברי הברכ"ש סי' י"ט

בדברי הר"ן דבאשו משום חציו ליכא חיוב מיתה, והק' עליו מסוגין

בפלו' רש"י ותוס' במסר לו גווזא כו' והערה בזה על דברי רח"ה

הערה על דברי רח"ה בהל' שכנים ממה שמודה ר"י במסר לו סילתא כו'

---

[378] חבורה יב

בבי' דברי רש"י ע"פ דברי הראב"ד ובביאור שיטת הראב"ד

יסוד גדול בדין רוצח, דגם התם לא בעי' תורת מעשה דכהת"כ וסגי בפשיעת מזיק לחודי'

בבי' דברי חי' הר"ן בסנהדרין עז:

הערה על רש"י בד"ה כי תצא מעצמה כו'

??דקדוק מדברי התוס' דבאש שהוא חציו א"א לחייבו משום ממונו

גמ' כב: ת"ש המדליק את הגדיש והיה גדי כפות לו ועבד סמוך לו ונשרף עמו, חייב, עבד כפות לו וגדי סמוך לו ונשרף עמו פטור כו', ע"כ. ובתד"ה והי' גדי כו' העירו, דברישא אמאי נקט גדי כפות ולא נקט גדי סמוך דהוה רבותא טפי דחייב בכה"ג ולא אמרי' דהו"ל לברוח, וע"ש שהביא מר"ת דאיצט' גדי כפות דחייב, דסד"א דכל דבר דלאו אורחי' הכי לאו כעין קמה הוא ופטור, וגדי אין דרכו להיות כפות. ושוב הק' דלמ"ד אשו משום חציו איזה חידוש יש בזה, דהרי להלן מבואר דהיכא דחייב עלה משום חציו, לא שייך אפי' פטור דטמון. ותי' דאצטריך לאשמועינן דחייב היכא דכלו לו חציו לאחר שריפת העבד, *ואע"ג דשריפת העבד מחמת חציו ושריפת גדי מחמת ממונו,* שייך ביה שפיר קם ליה בדרבה מיניה הואיל וע"י מעשה אחד בא הכל. ותדע דלמ"ד משום ממונו מוקי כשהצית בגופו של עבד ופטרינן ליה אע"ג דלא הצית בגופו של גדי, עכ"ל. והנה מהמשך דברי התוס' מבואר, דכל קושיתם היתה משום דמוקמי' בכה"ג דכלו לו חציו לאחר שריפת העבד, ולכאו' יש להעיר דאפי' בלא"ה יש להק' דאיך שייך לפטרי' על שריפת הגדי, דהרי מסקי' לקמן דגם לר"י שייך לחייבו משום ממונו, וא"כ נהי דשייך לפטרי' על חיוב דחציו משום דקלב"מ, אכתי ניחייבי' מחמת החיוב דאשו משום ממונו.[379] ואין לומר דאכתי לא ידעי' דר"י מודה דשייך לחייבו גם משום ממונו, דהרי ר"ת לא הי' נחית לפרש בסוגין כן.

ולכאו' מבו' מזה דס"ל לתוס', דכל היכא דלא כלו לו חציו א"א לחייבו אלא משום חציו ולא משום ממונו, וכל קושית התוס' הי' משום דאיירי' בסוגין בהיכ"ת דכלו לו חציו, דכה"ג שייך לחייבו משום ממונו. ודברי התוס' מיוסדים על דבריו לעיל בדף ו. בד"ה לאתויי כו' שכ' גבי בור שנתגלגל ברגלי אדם דאזיק בהדי דקאזיל, דא"א לחייב בעל הבור משום אש, כיון שההיזק נעשית ע"י אדם בר דעת. ומבו' מדבריהם דא"א להטיל על האדם אחריות ניזקין על אשו לענין היזק שנעשה ע"י אדם אחר בר דעת.[380] וי"ל דסברא זו אינה סברא מסוימת להיכ"ת דהאדם בר דעת אינו בעל האש, אלא דאפי' היכא דהוא עצמו בעל האש, מ"מ א"א להטיל עליו אחריות ניזקין על ממון האש שהזיק. ולכן י"ל דכל היכא דהאש נידונת כחציו והוה כמעשה אדם ממש, א"א להטיל עליו אחריות ניזקין ולחייבו מדין ממונו.[381] והגם דהכא יש לו פטור דקלב"מ על הדין חציו, אי"ז אלא פטור תשלומין בעלמא.

---

[379] א.ה. שאלתי להגרש"מ דאולי יש לומר, דלולי דברי ר"ת הו"א דאיירי' בששרף העבד לאחר שריפת הגדיש והגדי, דכה"ג ס"ל לתוס' דשייך פטור דקלב"מ, וקו' התוס' הי' דלפי התי' דאיירי' דבהדלקת העבד לא כלו לו חציו ובהדלקת הגדי כלו לו חציו, ובע"כ דאיירי' שנשרף העבד מקודם ומשו"ה הוקשה לי'. והשיב לי, דאפי' לפי' ר"ת י"ל דאיירי שנשרף העבד אחר שריפת הגדי, וכגון היכא דמיד שהודלק העבד נפל הגדר ונשרף הגדיש לפני שנגמרה הריגת העבד, וגם י"ל דאיירי שהאש התפשטה לכמה כוונים, ובכוון א' כלו לו חציו ובכוון השני לא כלו לו חציו. ומלבד כל זה, מלשון התוס' עצמו משמע להדיא דעיקר קושיתם על ר"ת הי' על זה גרידא, דיוצא מדבריו דשריפת העבד היא מחמת חציו ושריפת הגדי היא מחמת ממונו.

380 ומבו' מדברי התוס' שם, דזה אפי' היכא דלא הזיק בכוונה ממש, דהרי כ' דכיון דדרכו של אדם להתבונן בדרכים כבר שייך הך סברא.

381 א.ה. אכן דע דכל האחרונים לא נקטו הכי, אלא דס"ל דאפי' היכא דשייך לחייבו משום חציו, מ"מ שייך לחייבו משום ממונו, ע' באחיעזר סי' י"ט ובאמר"מ סי' ל' ובדברי יחזקאל סי' כ"ו ובחי' מרן רי"ז הלוי הל' רוצח. ופעם שמעתי מפי מו"ר הגרח"ש ליבוביץ שליט"א בשם א' דיתכן לומר דלפי"ד התוס' בדף ו. א"א לחייבו משום ממונו וכבי' הנ"ל, אך לא דקדק כן מדברי תוס' בסוגין, ומלפני הרבה שנים שמעתי דקדוק

בבי' דברי התוס' שהוקשה להו האיך שייך דין קלב"מ רק לר"ל

והנה התוס' הנ"ל בד"ה והי' כתבו בא"ד וז"ל, ואע"ג דשריפת העבד מחמת חציו ושריפת גדי מחמת ממונו, שייך ביה שפיר קם ליה בדרבה מיניה, *הואיל וע"י מעשה אחד בא הכל.* ודבריהם צ"ב, דהרי החיוב דאשו משום ממונו הוא משום זה דאש שלו שורפת אח"כ את הגדי, ולא משום מעשה ההדלקה דמעיקרא. ובי' הגרב"ד בסי' י"ז וכן ביארו עוד אחרו', דאפי' למ"ד אשו משום ממונו בעי' מעשה הבערה דידי' לחייבו, וכיון דבמעשה ההבערה נתחייב במיתה א"א לחייבו גם משום הדין דאשו משום ממונו ע"י מעשה ההבערה.

והנה הרשב"א העיר על דברי הגמ', דאפי' אם החיוב על הגדי ועל הגדיש הוא משום חציו, מ"מ איך שייך הפטור דקלב"מ, דהרי החיוב במיתה והחיוב בממון לא באו בב"א. אכן מדברי התוס' מבו' להדיא דכל קושיתם הי' רק למאי דהעלו דאיירי' היכא דהחיוב על הגדי הוא משום ממונו ולא משום חציו, אך היכא דהחיוב גדי הוא גם משום חציו לא הוקשה להו ולא מידי. ובפשטות נל"פ דהוא משום דס"ל דהיכא דשני החיובים הם משום חציו פשיטא לן דאמרי' הך סברא דע"י מעשה א' בא הכל, ורק דס"ל דלמ"ד משום ממונו נהי דבעי' מעשה הבערה, מ"מ מכיון דעיקר החיוב משום ממונו הוא משום שריפת האש דלאחר זמן, נמצא דהחיוב של שניהם לא בא ע"י מעשה א', ועל זה תי' דגם מכח זה דבעי' המעשה הבערה לחייבו, כבר שייך דין דקלב"מ,[382] וכנראה שהשקו"ט הי' בדיני קלב"מ.

הערה על דברי הריב"ם והרשב"א שפי' דהדין קלב"מ בסו' הוא משום רודף דאיך זה תלוי בפלו' דר"י ור"ל, ויסוד גדול בדין רודף דשייך שרדיפתו מונח באיזה מעשה

והנה עי' בדברי התוס' בסמוך שדקדקו מסוגין, דאפי' במיתה לזה וממון לזה אמרי' קלב"מ, וכן הביאו מסו' דסנהדרין עד. ברודף שהיה רודף אחר חבירו להורגו ושיבר הכלים בין של נרדף בין של כל אדם, דפטור. והק' על זה מפ"ק דסנהדרין דף י. דאמרי' דממון לזה ונפשות לזה חייב. ותירץ הר"ר יצחק בר מרדכי, דכל רודף אחר חבירו חשיב מיתה ותשלומין לאחד משום דמחייב מיתה לכל אדם דהכל חייבין להורגו להציל הנרדף, ע"ש. ועי' במהר"ם שפי' דאין כוונתו ליישב סוגין דלא איירי בחיוב מיתה דרודף אלא בחיוב מיתה דרוצח, אלא כוונת התוס' רק ליישב את סתירת הסוגיות בסנהדרין. אכן מלבד דאי"ז

הנ"ל בדברי התוס' מהגר"ח שטיין שליט"א רה"י דישיבת טעלז, והסבירה עפי"ד התוס' בדף ו. וכמשנ"ת בפנים, וכעי"ז רצה לפרש בדברי הרשב"א, ושלא כדברי כל האחרו' הנ"ל.

382 א.ה. הערתי להגרש"מ, דיתכן לומר דהך מושג "דעל ידי מעשה א' בא הכל" ל"צ היכא דהחיוב ממון הוא גם משום חציו. דהנה מלשון התוס' מבו' דלא מספיק זה דמעשה ההבערה של הדין דאשו משום ממונו הי' בב"א עם המעשה הבערה להחיוב משום חציו, אלא דהוא משום דשניהם נעשו במעשה אחד ממש, ע' בסמוך. והנה מצינו שני סוגי קלב"מ, חדא, היכא דשני החיובים באים ממעשה א'. והב', היכא דשני החיובים באים בב"א, אפי' אם הם מכח שני מעשים, וכגון הא דזר שאכל תרומה וקרע שיראין. והנה אפי' אם אמרי' דגם למ"ד אשו משום ממונו בעי' מעשה הבערה, מ"מ בפשטות אינה יותר מתנאי בהחיוב תשלומין, וע' בברכ"ש שכ' לפרש בדברי התוס' דשייך בי' קלב"מ עפי"ד הגרע"א בכתובות לא. דאפי' בתנאי החיוב אמרי' קלב"מ, דכמאן דעשה אחר דמי, וכעי"ז כתב האחיעזר ועוד אחרו'. והנה יתכן לומר דהא דשייך לדון כאילו עשאו אחר, הוא רק בדין קלב"מ שחל בגוף המעשה, ולפי"ז י"ל דמש"כ התוס' ד"ע"י מעשה א' בא הכל" הוא רק לר"ל ומה"ט, אך לר"י דהמעשה הבערה הוא עצם המחייב על החיוב דגדי וגדיש, אי"צ שיהי' אותו מעשה ממש, ואפי' אם הי' עושה שני הבערות בב"א, חד על העבד וחד על הגדי הוה אמרי' קלב"מ.

אכן אי"ז מוכרח, דיתכן לומם לומר דגם לר"י בעי' שיהי' במעשה אחד, כיון דעדיין ליכא חיוב מיתה בפועל אלא דאיכא מעשה המחייבו במיתה והוה כעין הדין קלב"מ בעקירה צורך הנחה, דכ' הגרנ"ט בכתובות לא. וחי' ר' שמואל סנהדרין עמוד רי"ד לדקדק מדברי המאירי דלא אמרי' גבה קלב"מ אלא באותו מעשה, וכ"כ הגרש"ש שם. אמנם עכ"פ בדברי התוס' ליכא הכרח לזה ובפרט דבענין עקירה צורך הנחה גופי' דעת הפלאה בכתובות לא. דשייך לפטור אפי' מעשה אחר. עוד הערתי לו דעי' בסמוך דיתכן דבשעת הדלקה ודאי הוה רודף, ונמצא דאיכא חיוב מיתה בפועל, וא"כ מאד יתכן דלר"י לא בעי' שיהי' מעשה אחד. והסכים הגרש"מ לכל מש"כ. [שוב אמר זה בחבורה י"ג].

במשמע מדברי התוס', בתוס' כתובות לא. אי' להדיא דהוה זה תי' גם בסוגין דבשעה שהצית את העבד הו"ל רודף, וכן הוא בראשונים בסוגין.

והנה לפי"ד התוס' הנ"ל נמצא דהקלב"מ בסוגין הוא משום דין רודף, והכרחו לזה הוא מכח הקו' דמיתה לזה ונפשות לזה, ע"ע ברשב"א שכ' מטעם אחר, דהדין קלב"מ בסוגין הוא משום הדין רודף. וכבר העיר האו"ש בפ"א מרוצח ה"ח וש"א על דברי הרשב"א, דאם הדין קלב"מ בסוגין הוא משום דין רודף מה קושית הגמ' על ר"ל, והרי מבו' בכ"מ דלדין רודף לא צריכים שרדיפתו תהיה לעשות מעשה רציחה בידים,[383] וגם הסברא נותנת שיהא כן, ומצינו גבי עובר, דאילולי הסברא דמשמיא קא רדפי לה, הי' ניתן להציל האם בנפשו משום דין רודף, והרי נ' דעובר לא הוה אפי' גרמא אלא עצם מציאותו מסככת את אמו, ומה"ט באמת מסקי' דמשמיא קא רדפי לה. ולכאו' כמו שהעירו האחרו' הנ"ל על הרשב"א כן יש להעיר על דברי התוס' הנ"ל. אלא דלכאו' יש לומר דכל דברי התוס' הם רק למאי דמוקמי' לר"ל דאיירי' בגדי דחד ועבד דחד, דאל"ה מאי קמ"ל, ובתחילה שלא נחית הגמ' לזה, י"ל דנקטה הגמ' דאיירי' אפי' היכא דאפשר להצילו בא' מאבריו דבכה"ג ליכא דין מיתה על הרודף אלא של שפיכת דמים, וא"כ שפיר מקשי' דלר"ל איך שייך הדין דקלב"מ. אכן זה אינו, חדא, דאמאי הוצרכה הגמ' לפרש דאיירי' בהצית בגופו של עבד, ולא מתרצי' בפשיטות דאיירי' היכא דא"א להצילו בא' מאבריו דהוה רודף. עוד ילה"ק, דהנה התוס' בסו"ד כ', דאפי' היכא דלאו גדי דחד ועבד דחד מ"מ הוה מיתה לזה ונפשות לזה, דהמיתה היא להעבד ולא להאדון, והא דנקט הגמ' בגדי דחד ועבד דחד, הוא משום דהוה רבותא טפי. ולפי"ז נמצא, דאפי' להו"א דגמ' צ"ל דאיירי ברודף, ואשר לפי"ז ילה"ק כעין משה"ק האחרו' על הרשב"א, דא"כ אמאי תלוי זה בפלו' דר"י ור"ל.[384]

ואשר נראה לומר בזה, דהנה מצינו דין רודף אפי' היכא דא"א לדון שרדיפתו מונחת ומשתייכת לאיזה מעשה רציחה, אלא זה גופא דעצם מציאותו היא סכנה לנפש חבירו, נותן לו תורת רודף דניתן להצילו בנפשו. ונ' להוכיח כן ממה שמבו' דעובר הי' לו דין רודף לולי זה דמשמיא קא רדפי לה.[385] וכן הוא גבי בא במחתרת, שיש לו דין רודף בלי עשיית שום דבר, אלא משום זה גופא דהוא בא על עסקי נפשות. אכן היכא דהוא עושה מעשה הריגה, עצם רדיפתו מונח ומשתייך להמעשה הריגה, דהרי עיקר מציאות הדבר הוא דהוא רודף אחר חבירו במעשה זה, וכיון שכן עיקר הדין רודף שלו משתייך להך מעשה רדיפה. ונהי דשייך תורת "רודף" בלי שום מעשה רדיפה, אלא דסגי בזה גופא שנפשו מסכן נפש חבירו נותן לו תורת רודף, אך היכא דרדיפתו היא ע"י מעשה, דייני' שרדיפתו מונח במעשה זה, והדין רודף שלו הוא מחמת מעשה זה.[386]

ונהי דבעלמא ליכא נפק"מ בזה, אמנם נ' דלדין דקלב"מ בעי' שרדיפתו תהא מונחת ומשתייכת לעצם מעשה ההדלקה, דהנה מלשון התוס' "דעל ידי מעשה א' בא הכל" מבו' להדיא, דלדין דקלב"מ בסוגין לא

---

383 א.ה. ע"ש באו"ש שהוכיח כן מסו' סוף ברכות דמוסר ניתן להצילו בנפשו משום הדין רודף, ועי' בדברי יחזקאל כו-ג שהביא מהתמים דעים סי' ר"ג שכ' דהדין מיתה במוסר הוא משום תקנ"ח למיגדר מילתא, וכ' שם הדבר"י דלפי"ז הי' מקום לומר דלר"ל לאו רודף הוא. ע"ע בריב"ש סי' של"ח שהאריך בזה דגם ברודף להורגו בגרמא הוה גרמא, וכן העלה בגליא מסכת חו"מ ס"ה.

384 ודע דהרמ"ה בסנהדרין חולק על דברי תוס' הנ"ל, ע"ש שפלפל בדין דלזה ולזה, וכ' דליכא להוכיח מסוגין דגם בהיכ"ת דלזה ולזה אמרי' קלב"מ, די"ל דסוגין הוא רק אליבא דר"ל, דלדידי' כן מוכח מהמשנה דאל"כ מאי קמ"ל.

385 עי' באמר"מ סי' ל' בהג"ה שהוכיח מעובר דאפי' בגרמא איכא דין רודף.

386 א.ה. מקורו של הגרש"מ ליסוד הנ"ל הוא ממש"כ בברכ"ש סי' י"ט אות א' בדברי הרשב"א, ע' בסמוך, אכן הבנתי ממו"ר הגרחש"ל שליט"א בי' אחר בדברי הגרב"ד, ע' להלן בעזה"י.

מספיק מה שבשעה שעשה מעשה המחייבו במיתה, יש לו גם מעשה המחייבו בממון משום מבעיר את הבערה, אלא דבעי' שהמעשה המחייבו ממון יהא אותו מעשה המחייבו במיתה, ואילו הי' זורק חץ ובאותו שעה הבעיר את הבערה לא הוה אמרי' קלב"מ. ולפי"ז יש להעיר על דברי הריב"ם,[387] דפי' דהדין קלב"מ בסוגין הוא מכח הדין רודף, דאיך דייני' שהחיוב מיתה והחיוב ממון הוא משום מעשה אחד, והרי עיקר רדיפתו לא משתייכת למעשה אלא זה גרידא דהוא רודף אחריו להורגו והרי גם ברגע לפני כן כשהכין להדליק את האש הי' לו כבר דין מיתה, וכיון דהתוס' בסוגין לא הביאו פי' אחר ליישב קו' ר"ת איך שייך דין קלב"מ לר"ל, בע"כ דגם הריב"ם הסכים לתי' זו.[388]

ולכאו' מוכרחין לומר, דנהי דדין רודף לא צריך להיות משויך לשום מעשה רדיפה בכדי לדון שהדין מיתה דידי' הוא מחמת מעשה רדיפה זה, אך היכא דהוא רודף לעשות מעשה הריגה, דייני' שהדין רודף דידי' מונח בהמעשה הדלקה ושחיוב מיתה דידי' הוא מחמת אותו מעשה, ושפיר שיי"ל דע"י מעשה א' בא הכל. אכן אילו הי' בא במחתרת בשעה שהדליק את הגדיש, לא הי' שייך הך פטור דע"י מעשה א' בא הכל בכדי לפוטרו אפי' לאחר זמן, ורק דעל הגדיש שנשרף בעודו במחתרת פטור בלא"ה.

ונראה דכל זה דשייך לדון דהרדיפה מונחת במעשה ההדלקה, היינו רק לר"י דס"ל דאשו משום חציו, או לר"ל היכא דהצית בגופו של העבד, דאז המעשה הדלקה הוה מעשה הריגה. אכן לפי ר"ל היכא דלא הצית בגופו של העבד, נהי דנ' דודאי יש לו דין רודף, אמנם מכיון דהמעשה הדלקה אינו עצם מעשה הרציחה אלא גרמא בעלמא, מסתבר דא"א לדון דהדין רדיפה דידי' מונח בהמעשה, ומכיון שכן, לא שייך לפטרי' על הגדיש מכח הדין ד"על ידי מעשה א' בא הכל".

ישוב בדברי הרשב"א, ובבי' דברי הברכ"ש סי' י"ט

אכן כל זה הוא לדברי התוס' דס"ל דבעי' שע"י מעשה אחד בא הכל, אכן בדברי הרשב"א מבו' דלא ס"ל הכי, דהנה עי"ש ברשב"א שהק' על דברי הגמ' דלר"י מי ניחא והרי מתחייב בגדיש קודם שיתחייב בנפשו ונמצא דחיוב מיתה וחיוב ממון לא באים כא'. עוד ע"ש שהעיר על מאי דאוקמי' דלר"ל איירי בהצית בגופו של עבד, דמ"מ אמאי פטור על הגדיש אטו מי שנתחייב בנפשו ואחר כך קרע שיראין של חברו מי לא מיחייב. וע"ש שכ' בבי' דברי ר' יוחנן וז"ל, ואפשר דלר"י דאמר אשו משום חציו, כל שהצית אפי 'בגדיש ועבד כפות סמוך לו שא"א לו לברוח, הו"ל משעת הצתת האש בגדיש רודף ונעשה על הגדיש כרודף ששבר כלים בין של נרדף בין של כל אדם, שהוא פטור משום דמשעת רדיפתו נתחייב בנפשו ואף זה כן. וכבר העירו האחרו' על דבריו, ע' באמר"מ סי' ל' ועוד, דנהי דהוה רודף בשעת הצתת הגדיש אבל מהרגע

---

387 א.ה. הנה ליכא הכרח דהריב"ם ס"ל כדברי ר"ת, אך אם ננקוט דס"ל כר"ת אז יש ליישב קו' הנ"ל דאיך זה שייך לפלו' דר"י ור"ל.

388 א.ה. שאלתי להגרש"מ דיתכן לומר דהא דתוס' הוצרכו לומר דע"י מעשה א' בא הכל, הוא משום דנקטו דלא איירי' בדין רודף, וא"כ אכתי ליכא חיוב מיתה בפועל והוא רק כעין הדין דעקירה צורך הנחה, ומה"ט בעי' שיהא במעשה אחד, אכן להריב"ם דאיכא חיוב מיתה דרודף, אולי לא צריכים לומר שהכל בא ע"י מעשה אחד. והשיב לי, דבאמת הי' יתכן לומר כן, אך א"כ תמוה מהו החילוק בין ר"י לר"ל וכמו שהערנו. והערתי לו, דכיון דלהריב"ם איכא כבר חיוב מיתה צ"ב טובא אמאי בעי' שיהי' הכל במעשה אחד, ולכאו' מוכרחין אנו לומר דס"ל דלדין קלב"מ בתנאי החיוב בעי' שיהי' נעשה הכל ע"י מעשה אחד, דרק בזה שייך לדון "כאילו עשאו אחר", וכדברי הגרע"א בגיטין נג.. והסכים לי. ויש להוסיף עוד, דהנה לפי"ד הריב"ם מאד מסתבר לומר דלר' יוחנן, היכא דלא כלו לו חציו, אין צריכים שיהי' במעשה אחד מכיון דלדידי' אין דין קלב"מ על תנאי החיוב, ורק דהי' מקום לומר דמכיון דאכתי לא חל החיוב ממון והוא כעין הדין דעקירה צורך הנחה, כלפי החיוב ממון י"ל דלזה ג"כ בעי' שיהי' באותו מעשה. [ע' בתרה"כ שהסתפק אם אמרי' הדין דעקירה צורך הנחה לענין החיוב ממון, או דרק לענין החיוב מיתה ומלקות אמרי' הכי. וכבר שמעתי ממו"ר הגרח"ש ליבוביץ שליט"א לדקדק מדברי הרשב"א בסוגין דגם לענין החיוב ממון אמרי' הכי, ע"ש. אך דע דיתכן דהמעשה הבערה לר' יוחנן עדיפא מעקירה צורך הנחה, כיון דזהו גוף המחייב, וכבר כ' הגרע"א דכל הנידון דעקירה צורך הנחה, הוא כשהזיק בשעת ההעברה בד' אמות אך בשעת העקירה או ההנחה אי"צ לדין דעקצה"נ ואכמ"ל בזה].

שאחר הדלקת הגדיש עד ששורף האש את העבד, לא ניתן להצילו בנפשו, ולמה פטור על הגדיש, ואטו מי לא איירי ג"כ כשהגדיש ארוך והעבד עומד בקצה הגדיש השני שיש המשך זמן רב עד שמגיע לעבד.

ועי' בברכ"ש סי' י"ט שכ' בבי' דבריו, דנהי דלא ניתן להצילו בנפשו, אמנם הדין מיתה שהי' לו בשעת עצם ההצתה הי' מחמת אותה רדיפה וואס לאזט זיך איצטער אויס משעת ההצתה עד שעת שריפת העבד, ונמצא דכל המעשה הזה הוה מעשה המחייבו מיתה, ורק דבעלמא סדר החיוב הוא לתת דין מיתה רק אחר שעשה, והכא סדר החיוב הוא שהדין מיתה הוא בתחילת מעשיו, ולכן שייך דין קלב"מ משעת ההצתה עד שעת הריגת העבד, עכ"ד.[389] וכמובן דכל דברי הגרב"ד לא שייכי אלא היכא דהרדיפה משתייכת למעשה ההצתה, אמנם אילו עצם הרדיפה היא זה גופא שנפש העבד הוא מסוכן על ידו, מיד לאחר שהדליק הגדיש כבר בטל התורת רודף, ובע"כ דהבין דהדין רדיפה משתייך למעשה ההצתה, דבמעשה זה כבר מונח הריגת העבד, ובזה שייך לדון דרדיפה זו דהי' לו הדין דניתן להצילו בנפשו בשעת ההצתה, לאזט זיך איצטער אויס. ולפי"ז מובן תליית הגמ' בפלו' דר"י ור"ל, דלר"ל במעשה הצתת הגדיש לא מונח הריגת העבד וא"א לדונו כמעשה רציחה.[390]

בדברי הר"ן דבאשו משום חציו ליכא חיוב מיתה, והק' עליו מסוגין

והנה הר"ן בסנהדרין עז: כתב, דלא מספיק מעשה חציו דאשו משום חציו לחיוב מיתה דשפיכת דמים, וכבר העירו עליו מסוגיא דידן, דלכאו' מבו' דלמ"ד אשו משום חציו איכא חיוב מיתה, כמו שדקדקו כן בתוס' סנהדרין עז., ולכאו' י"ל בדברי חי' הר"ן הנ"ל, דפי' סוגיא דידן, דהדין קלב"מ הוא משום רודף.[391] ואפ"י שגם לר"י ליכא חיוב מיתה, מ"מ יש לחלק בין ר"י לר"ל, די"ל דבכדי שהרדיפה תהא מונחת במעשה אי"צ שיהי' למעשה החומר דחיוב מיתה דרציחה. דהנה אילו נימא דהחילוק בין מיתה לניזקין הוא משום דכל התורת מעשה דאשו משום חציו הוא גזה"כ מסוימת בניזקין שלא נאמרה לדברים אחרים, אז לא הי' שייך לפרש סוגין הכי. אכן מדברי חי' הר"ן שם מבו' דביסודו הי' שייך למילף דין רציחה מניזקין, אך נהי דילפי' דגם לרציחה הוה מעשה, מ"מ א"א למילף דמעשה כזה מספיק לחיוב מיתה דרציחה, מאחר דמצינו דלמעשה דרציחה בעי' טפי ממה דבעי' למעשה דניזקין. ומכיון שיש לה תורת מעשה, ודאי שייך לדון דהריגת העבד מונחת בהצתה, וכיון שכן עצם הרדיפה שפיר משתייכת להצתה. ונ' דלא רק דלא בעי'

---

389 א.ה. הגרש"מ הבין דעיקר יסוד דבריו הוא, דבשעת ההדלקה נכלל במעשה זה עצם התורת רדיפה שלו, ורק דמכיון דהא דדין רודף שלו מונח במעשה זה, הוא משום דבמעשה זה נכלל ה"בכח" של הרציחה, והוא תחילת מעשה הרציחה, דמה שהאש הולכת ושורפת אח"כ הוא רק ה"בפועל" של ה"בכח", וממילא יש על ההדלקה תורת רדיפה. אכן כמדומני ששמעתי ממו"ר הגרח"ש באופ"א, דהכוונה היא, דהיכא דהוא רודף לעשות איזה מעשה רציחה, דייני' שהחיוב מיתה דעכשיו הוא בעבור המעשה רציחה שלאחר זמן, ומשו"ה לאחר זמן אפי' אם כבר א"א להצילו, מ"מ יש לו הדין קלב"מ דרדיפה, דהרי זהו המעשה שנתחייב מיתה עלה מלפני זמן. ועי' בהג"ה בסמוך דהגרי"מ חילק גם לפי בי' הנ"ל בין ר"י לר"ל, דכיון דלר"ל הוה גרמא בעלמא, א"א לדון דחיוב מיתה היום הוא מחמת המעשה הריגה דלאחר זמן, דכיון דהמעשה של אח"כ לאו מעשה דידי' הוא, א"א לדון דמחמת הך "מעשה" חייב מיתה מלפני זמן, והרי הוא כמו גבי מוסר, דנ' בפשיטות דלא שייך לומר דכל הזמן יש לו פטור דקלב"מ. והנה לפי"ז נראה דגם לפני עצם מעשה ההדלקה שייך לדון דחיוב מיתה עכשיו הוא משום המעשה דלאחר זמן.

390 א.ה. הגרש"מ כוון בזה לדברי הגרי"מ בן הגרב"ד זצ"ל שאמר דעפי"ד הגרב"ד מיושבת קו' האחרו' דאיך תלוי זה בפלו' דר"י ור"ל. והערתי להגרש"מ, דאיכא חילוק גדול בין מש"כ בדברי התוס' למש"כ בדברי הרשב"א, דבדברי התוס' צ"ל דלר"ל עצם המעשה הדלקה לא נידון כמעשה רדיפה, אכן בדברי הרשב"א יתכן לומר דגם לר"ל עצם מעשה ההדלקה הוה מעשה רדיפה, כיון דהוה מעשה בידים, והרי קעבר על לאו דלא תרצח בגרמא, ורק דמעשה רדיפה דידי' אינו נמשך כיון דהוה מעשה ממונו ולא מעשה דידי', והסכים לי. (שוב אמר זה בחבורה י"ג.

391 עי' במנ"ח נו-י שכ' לדקדק מדברי הר"מ, דס"ל דליכא חיוב מיתה בשביל אשו משום חציו. והעיר עליו מסוגין, וכ' דיפרש סוגין משום רודף. והעיר, דא"כ מ"ש ר"י ור"ל וכ' שם דלר"ל אולי כיון דהוה גרמא טפי ליכא דין רודף בכלל עכ"ד וליישב דבריו מסו' סוף ברכות במוסר י"ל עפי"ד הראב"ד בתמים דעים מובא בדבר"י כו-ג.

מעשה שמספיק לחיוב נפשות אלא דכל צד מעשה בעולם של הריגת העבד מספיק לזה, ורק למ"ד אשו משום ממונו במעשה זו לא נכלל בכלל הריגת העבד.[392]

[והנה כבר הבאנו דברי התוס' בסנהדרין שדקדקו מסוגין דאיכא חיוב מיתה משום אשו משום חציו, ובפשטות י"ל דס"ל דהדין קלב"מ בסוגין לאו משום רודף הוא, אלא משום שפיכת דמים, דיתכן דאיירי ביכול להצילו בא' מאבריו. אכן יתכן דס"ל דאפי' אם נפרש דהדין קלב"מ הוא משום רודף, מ"מ יש להוכיח כן, די"ל דס"ל דהנידון אם חייב מיתה או לא, תלוי אם התורת מעשה שנתחדשה בדין דאשו משום חציו הוה גזה"כ מיוחדת לענין ניזקין, דדייני' אש כמעשה, וכפשטות דברי הר"מ, או דהוה גילוי בהלכות מעשה, ושייך למילף מינה בעלמא, וס"ל דאי אינה גזה"כ מסויימת בניזקין, איכא למילף מינה דחייב מיתה עלה, והרי מבו' מדברי הר"ן דהפשטות היא, דשייך למילף מיתה מניזקין. ולפי"ז י"ל דשפיר הוכיחו התוס' מסוגין דחייב מיתה, דאי הוא מעשה מחודש בפ' דניזקין, אז לא הי' שום חילוק בין ר"י לר"ל לענין קלב"מ.]

בפלו' רש"י ותוס' במסר לו גווזא כו' והערה בזה על דברי רח"ה

גמ' כב: **ת"ש השולח את הבערה ביד חשו"ק פטור מדיני אדם וחייב בדיני שמים, בשלמא למ"ד אשו משום חציו, חציו דחרש הוא, אלא למ"ד אשו משום ממונו אילו מסר כו', ר"י אמר כו' עד דמסר לי' גווזא כו ע"כ.** ועי' בתד"ה חציו דחרש הן וז"ל, תימה לר"י אי חשיב מסירה לחרש כרוח מצויה, לר 'יוחנן נמי מחייב, ואי לא חשיב כרוח מצויה, א"כ מה קשה לר"ל כו'. ואומר ר"י דלמ"ד אשו משום חציו הוא לא מחייב אלא באש שיכול להזיק ברוח מצויה הרבה וקרוב לודאי היזק כעין חציו, והכא אין במעשה השולח קרוב לודאי היזק, הלכך לא דמי לחציו כו', עכ"ל. ועי' בשטמ"ק דלפי"ז א"ש בפשיטות מה דאמר ר"י דחייב היכא דמסר לי' גווזא סילתא ושרגא, די"ל דכה"ג הוה רוח מצוי' הרבה. אכן עי' ברש"י בד"ה וסילתא כו', שפי' מעליותא דסילתא באופ"א וז"ל, סילתא. עצים קטנים דקים דהאי ודאי פושע הוא, עכ"ל. ולא משמע כלל דכוונתו לומר דהפטור בגחלת הוא משום דחסר בשכיחות, והיכא דמסר לו גווזא שכיח טפי, אלא דמשמע דר"ל דהפשיעה על עצם המסירה מיישב החסרון ד"חציו דחרש הן", וזה צ"ב.

ואשר נראה לומר בזה, דהנה רש"י פי', דעיקר קו' הגמ' מעיקרא הי', דנהי דהוה רוח מצוי', אך זה גופא דהוא חציו דחרש, מפקיע, דא"א לדון שהוא חציו דידי'. וי"ל דזה דחציו דחרש מפקיע חציו דידי', הוא רק בלא מסר לו סילתא כו'. ובי' הדבר הוא, דהנה בכל אש דעלמא, פשיעה דידי' הוא מה שהבעיר אש דעלולה להזיק ע"י רוח וכיו"ב, אך לא מונח בהבערת האש דידי' ובפשיעת אש דידי' מה שהרוח הוא מבעיר ועושה להאש. והיינו דעצם הבערה דידי' הוא מה שהוא עשה אש והניח האש ברוח, אך מה שהרוח עושה אח"כ להאש זה לא מונח במעשה הבערה דידי'. ומכיון דמה שהחשו"ק עושים אינה מונח בעצם מעשה הבערה דידי', אז י"ל דמעשיו וחציו שלהם מפקיע תורת חציו דידי'. ולפי"ז י"ל, דתי' הגמ' דמסר לו גווזא, הוא, דבפשיעת אש דידי' שייך לדון שהוא מה שהבעיר את האש ומסר לחרש היכולת להבעירה עוד יותר. ועל ידי זה מה שהחרש הוא מבעיר על האש נכלל בעצם פשיעת אש דידי', וא"כ על ידי מה שהם חציו דחרש א"א להפקיע מחציו דידיה, דמה שהחרש הוא מבעיר על האש נכלל בעצם מעשה מבעיר האש

---

392 עי' מש"כ למעלה בהג"ה, והוסיף הגרש"מ על דברי, דלפי מש"כ י"ל בדברי הר"ן דלעולם גם לר"י לית לי' שום מעשה רדיפה, והחילוק בין ר"י לר"ל, הוא לענין חיוב ממון, דלר"י כבר איכא המחייב של החיוב ממון ואין צריכים שיהי' הדין קלב"מ במעשה אחד, ולא איכפ"ל מה שרדיפה דידי' אינה משתייכת למעשה, אכן לר"ל דהוה רק תנאי החיוב לא שייך דין קלב"מ אלא במעשה אחד. [שוב אמר זה בחבורה י"ג בישוב דברי הר"מ]

דידי'.[393] [א.ה. וז"ל ספר הישר לר"ת אות תקל"ח מסר לו שלהבת חייב לר' שמעון, דשורו הוא דאזיק ובמקום שלהבת לר' *יוחנן דאית ליה משום חציו גוזא וסילתא ושרגא כי אז הרי חציו הן כחציו של פיקח*, עכ"ל. והן הן הדברים. ודע דצ"ב מש"כ שם לר"ל דחיובו בשלהבת הוא רק על מקום הגחלת].

הערה על דברי רח"ה בהל' שכנים ממה שמודה ר"י במסר לו סילתא כו'

אכן לכאו' כל זה לא שייך אלא אם נימא דהדין אשו משום חציו הוא דין חץ של האש, בזה י"ל דבעלמא הדין חציו דחרש צריך להפקיעו, והפשיעה של מסר לו גווזא כו' גורם שחציו דחרש אינם מפקיעים חץ דידי'. אכן לפי מש"כ ברח"ה בהל' שכנים, דהדין אשו משום חציו הוא חץ פשוט, דאש יש לה כח דחץ, דברי הגמ' צ"ע טובא, דבפשטות איירי' שהחשו"ק הוליכו את האש, וכמש"כ בתוס' רי"ד בדברי רש"י, וכה"ג ודאי לא שיי"ל לרח"ה דהוה חציו ממש, דכל מה שהתורה חי' דבכח אחר מעורב בו הוה ג"כ חציו, הוא משום דלעולם רואין דמה שהלך הוא גם מחמת עצם טבע האש, אמנם היכא דהחשו"ק הוליכו את האש, לענין זה ודאי א"א לדון שהוא חץ דידי'. [ובאמת הי' מקום לפרש עפי"ז דברי רש"י בדף כג. דס"ל דא"א לחייב בעל הגחלת משום הדין דאשו משום חציו, וי"ל עפי"ד רח"ה הנ"ל, אך מדברי רש"י בסוגין דכ' "פושע הוא" מבו' שלא כדבריו, ע' להלן] ולכאו' י"ל דלדברי רח"ה נפרש דאיירי שהחשו"ק במקומם שמו הגווזא וסילתא בתוך השרגא ועי"ז נתגדל האש, אך אפי' אם נדחוק דאיירי בכה"ג, מ"מ יש לדון טובא בזה, די"ל דגם בזה א"א לדון שהוא חציו, דכל הגזה"כ הוא לענין רוח, דרק מתנועע ומקרב את האש, ולא היכא דרוח מביא עצים להאש שמוסיפים על ידה כח לעצם האש, וצ"ע.

ולכאו' י"ל בזה, דהנה בגמ' מסקי' דלמ"ד אשו משום חציו היכא דכלו לו חציו חייב משום ממונו, ויש מקום לדון לפי הו"א בגמ' דר"י לית לי' אשו משום ממונו כל עיקר, מהו הדין באש שכלו לו חציו, האם נקטה הגמ' דבכה"ג פטור לגמרי,[394] וכמו שהק' הגמ' לבסוף, "אי הכי אפי' בגלוי נמי", או דבתחילה נקטה הגמ' דבכה"ג חייב משום חציו, ורק מכיון דאמרי' דהיכא דכלו לו חציו אינו חייב בטמון משום דלאו חציו הוא, פרכי' דאי הכי אפי' בגלוי נמי לא ליחייב. ואם נפרש בדברי הגמ', דלפי הו"א זו חייב משום חציו גם היכא דכלו לו חציו, אז י"ל דמש"כ רח"ה דאש הוא חץ פשוט, תלוי' בשקו"ט דגמ', דלפי ההו"א דאפי' היכא דכלו לו חציו חייב משום חציו ודאי ליכ"ל דהוה חץ פשוט, דהרי בכלו לו חציו בחץ גופי' אינו חייב, והכא חייב, ובע"כ דהוא גזה"כ, וכל דברי רח"ה הם רק לפי מאי דמסקי' דבכה"ג לר' יוחנן חייב משום ממונו. ולפי"ז לא קשה מידי ממאי דאמרי' דמודה ר' יוחנן במסר לי' גווזא סילתא ושרגא, דלפי הו"א דגמ' דהדין חץ הוא מגזה"כ, שפיר י"ל דכה"ג חייב משום חציו, ולמסקנת הגמ' דאש הוא חץ פשוט, י"ל דכה"ג באמת אינו חייב משום חציו אלא משום ממונו. ועי' בברכ"ש סי' י"ז שהביא עיקר הדברים

---

393 א.ה. עי' בחבורה ו' [ובחבורה י"א] שביארנו בשי' רש"י, דכל הדין כח אחר מעורב בו באש הוא רק ברוח דממילא, והנה אין להק' ממסר שלהבת לחשו"ק דחייב לר"ל, דע"ש שביארנו דהיכא דהוא ממונו במקום השני, שייך לחייבו עליו בלי החי' דין דכח אחר מעורב בו. אכן אכתי ילה"ק על זה ממה דר"י מחייבו במסר לו גווזא כו' דהרי לפי הו"א הגמ' ר"י לית לי' הדין דאשו משום ממונו, וא"כ צ"ב דמכיון דלאו רוח דממילא הוא איך מחייבינן אותו. אכן באמת עיקר מש"כ שם, הוא רק למ"ד אשו משום ממונו, דלדידי' הענין דכח אחר מעורב בו הוא ענין קולא בעלמא, אך למ"ד אשו משום חציו לא שייך שום קולא דכח אחר מעורב בו דאם הוא חץ פשיטא דחייב, ורק דיש לדון דאולי מחמת זה לאו חצו הוא, אך הוא נידון אחר לגמרי, וי"ל דכל מש"כ שם הוא רק לענין הקולא דכח אחר מעורב בו באשו משום ממונו, ע' בחבו' ו' בהג"ה שהארכנו בזה. ואפי' למש"כ התוס' בדף ה: להשוות הדין כח אחר מעורב בו למ"ד אשו משום חציו להדין כח אחר מעורב בו למ"ד אשו משום ממונו, מ"מ הסביר הגרש"מ דלפי מש"כ בפנים א"ש, דמכיון דעצם הולכת והדלקת החשו"ק נכלל במעשה מבעיר דידי', נהי די"ל דבעי' לחידוש דכח אחר מעורב בו מ"מ י"ל דכה"ג לא איכפ"ל מה דלא הוה רוח טבעי.

394 א"ה עי' תוס' ר"פ לעיל כב. בד"ה ר' יוחנן שכ' להדיא דלפי ההו"א דר' יוחנן לית לי' משום ממונו, היכא דכלו לו חציו פטור לגמרי, וכן הוא משמעות דברי התוס' שם.

מהגר"ח עצמו, דמש"כ דהוא חץ פשוט הוא רק למסקנת הגמ' אך לפי ההו"א דגמ' דחייב משום חציו אפי' היכא דכלו לו חציו, אינה חץ פשוט.

אכן עי' לקמן כג. דמסקי' דמאן דאית לי' משום חציו, אית לי' נמי משום ממונו, ופרכי' "וכי מאחר דמאן דאית ליה משום חציו אית ליה נמי משום ממונו, מאי בינייהו" וע"ש ברש"י בד"ה וכי מאחר כו' וז"ל, בשלמא עד השתא דשמעינן משום חציו דוקא ולאו משום ממונו כו' איכא בינייהו היכא דאיתיה ממונו וליתיה חציו, כי הך דנפלה גדר דכלו לו חציו, דלמ"ד משום חציו דוקא פטור, אבל השתא דלתרווייהו חייב מאי בינייהו, עכ"ל. הרי להדיא דפי' דלפי הו"א דגמ' דר"י לית לי' אשו משום ממונו, היכא דכלו לו חציו פטור לגמרי. אכן נהי דמרש"י ודאי מבו' כן, אך מדברי הגמ' עצמה ליכא הכרח לזה, דעי' בחי' הראב"ד שפי' קו' הגמ' ד"אי הכי" באופ"א. [א.ה. עי' תוס' ר"פ לעיל כב. בד"ה ר' יוחנן שכ' ג"כ להדיא דלפי ההו"א דר"י לית לי' משום ממונו, היכא דכלו לו חציו פטור לגמרי, וכן הוא משמעות דברי התוס' שם].

עוד יש להעיר על עיקר המהלך הנ"ל, דהרי כ' הגר"ח עצמו בהל' שכנים לדקדק דהתורת חץ שלה אינה מדין גזה"כ, מהא דנקטה הגמ' בדף כב: בפשיטות דלר' יוחנן חייב מיתה עלה, ואילו הוה גזה"כ דהיכא דהוא יצר אש, כל מה שהאש עושה מתייחס אליו, מהיכ"ת לומר דהוה גילוי מילתא בעלמא בהלכות מעשה, והרי כיון דהוא דין מחודש מסתבר לומר דהוא גזה"כ מסויימת לפרשת ניזקין, ע"ש. ולפי"ז ליכ"ל דלהו"א הגמ' לא הוה חץ פשוט דגם בהו"א הגמ' נקטי' דלר' יוחנן חייב מיתה עלה, והק"ל, וצ"ע.[395]

בבי' דברי רש"י ע"פ דברי הראב"ד ובביאור שיטת הראב"ד

והנה איך שנפרש כוונת רש"י, ילה"ע טובא במש"כ הלשון "דהאי ודאי *פושע הוא*", דהרי הנידון דאשו משום חציו הוא נידון אם הוה כחץ בכהת"כ, דכבר כ' התוס' בסנהדרין עז. דשייך לעשות שחיטה ע"י הדין דאשו משום חציו, וא"כ ע"י זה שנותן לו גוווא כו' יש לה דין חץ לכהת"כ והאיך שייך בזה הלשון "ודאי פושע הוא", דאי"ז נידון של פשיעה, והול"ל "דהאי ודאי מבעיר הוא" או "דהאי ודאי חציו הוא".

והנראה בזה עפי"ד הראב"ד לקמן כג.. דע"ש בגמ' דמקשי' על הא דכלב שנטל חררה, "וליחייב נמי בעל הגחלת" וע"ש בראב"ד שבתחילת דבריו נקט, דקו' הגמ' "וליחייב נמי בעל הגחלת" לא הוה לר' יוחנן, דאי לר"י כיון דחצי דכלב הוא איך נחייב בעל גחלת, דא"א לחייבו משום דין ממונו מכיון דהוא חציו דכלב, וא"א לחייב בעל הגחלת משום חציו דידי' כיון דהוא חצי דכלב, וכל קושית הגמ' הוא לר"ל ולענין שאר הגדיש. ושו"כ די"ל דקו' הגמ' הוא גם לר' יוחנן, ונהי דא"א לחייב בעל הגחלת משום ממונו מכיון דהוא חצי דכלב, מ"מ שייך לחייבו משום חציו דבעל הגחלת, דמה שהוא חציו דכלב אינו מבטל התורת חציו דגחלת. ובטעמא דמילתא כתב וז"ל, *דכל אשו בפשיעה חציו* הם, כדכתיב כי תצא אש מעצמה וקרי לי' מבעיר, הילכך שניהם פשעו בגחלת זו וחצי שניהם היא. ומבו' מדבריו דבאמת ס"ל דהי' מן הראוי הי' דע"י מה שהוא חציו דכלב תיבטל תורת חציו דידי', ורק דכיון דיסוד הדין חץ באשו משום חציו הוא משום דכל אשו בפשיעה חציו הם, לא איכפ"ל זה שהוא חציו דכלב, כיון דסו"ס הוא אשו בפשיעה. ודבריו צ"ב, דאיזה נוסח הוא זה דאשו בפשיעה חציו הם, והרי ענין אשו משום חציו הוא ענין חץ ולא ענין פשיעה.

---

395 א.ה. והעירו דיתכן לומר דהגר"ח יפרש דברי הגמ' כפי' התוס' רי"ד, ע"ש שכ' דהכוונה של מסר לו סילתא כו' היא, דהוא עצמו הדליק האש ורק דמסר לה לחשו"ק לשומרה ולא שמרוהו כראוי ע"ש ולפי"ד ל"ק כלום כמובן.

והנראה בבי' דבריו, דס"ל דלעולם הדין חץ באשו משום חציו אי"ז משום דנחשב מעשה דידיה בכה"ת כולה, וכל יסוד דינא הוא דכיון דבמעשה הבערת האש איכא פשיעת מזיק גמורה לגבי ההיזק שנגרם ממעשה דידי', הוי מעשה המספיק לאחריות ניזקין. ואין הכוונה דלענין נזיקין איכא גזה"כ דדיינ"י אותה כמעשה גמור וכמש"כ האחרו' בדברי הר"מ, דלעולם אין יותר תורת מעשה בנזיקין מבכהת"כ, ורק דבנזיקין י"ל דלדין דאדם המזיק לא בעי' שהאדם יזיק החפץ בידים, דעיקר שם אדם המזיק תלוי' במה שעשה מעשה בידיו דמונח בו ההיזק, דכיון דיש כאן פשיעה גמורה של המזיק, הוי זה סיבה להיותו אחראי על ההיזק היוצא ממעשה זה, אע"ג שהוא לא עשה עצם ההיזק בידים.

וכוונת הראב"ד היא, דאילו הי' לזה תורת מעשה דכהת"כ, א"כ מה שהוא חציו דכלב הי' מבטל התורת מעשה דידי', ורק דכיון דאי"ז הבי', אלא דהוא מעשה שמספיק שיהי' לו דין אחריות נזיקין, מה שהוא חציו דכלב אינו מבטל את זה. ועפי"ז נראה לפרש המשך דבריו במש"כ "דכל אשו בפשיעה חציו הם *כדכתיב כי תצא אש מעצמה וקרי לי' מבעיר*, הילכך שניהם פשעו בגחלת זו וחצי שניהם היא", די"ל דבא לומר דמלשון דכי תצא אש משמע דהיציאה הוא מאלי' וכמו שדקדקה הגמ', והוקשה לי' דאי התורה חידשה בדין אשו משום חציו שהוא מעשה בכהת"כ, צ"ב לשון זה שהרי זה גופא חי' התורה, דלא נחשב "כי תצא אש מעצמה", ומבו' דלעולם נחשב כי תצא אש מעצמה, דלאו מעשה הוא בכהת"כ, ורק דמ"מ קרי לי' מבעיר.

ובי' הדבר הוא, דמצינו דלחיובי מזיק יש גדרי חיוב בפנ"ע, דהנה היכא דהעבד לא הי' כפות דהי' לו לברוח, פטור ממיתה ולא הוה אפי' חיי"מ שוגגין בכדי שיהי' פטור מחמת הדין דקלב"מ. והנה נ' בפשיטות דלענין חילול שבת הוי מילתא דפשיטא דנחשב כנוטל נשמתו, ורק דיתכן דיש לו דין אונס או שוגג, וא"כ צ"ב דאמאי לא יהא כאן הפטור דחיי"מ שוגגין. ולכאו' מבו' מזה דבמזיק לא סגי שההיזק נעשה ע"י מעשיו, אלא דבעי' שיהי' לו "פשיעת המזיק" והיינו דנכלל בעיקר מעשיו היזק זה בכדי שיהי' לו דין אחריות ניזקין עלה. ומכיון דעיקר טבע העולם הוא שהעבד הו"ל לברוח שוב חסר בפשיעת המזיק ובהסיבה לחייבו על ההיזק.

הרי מבו' מזה דיתכן שיהא דין מעשה בכהת"כ, ומ"מ אינו חייב עליו משום מזיק ומשום רציחה משום דחסר בפשיעת המזיק. ונראה דלא רק דמעשה בכהת"כ אינו מספיק לחייבו בלי פשיעת המזיק, אלא דהכל תלוי בפשיעת המזיק, והיכא דבמעשיו נכלל פשיעת מזיק גמורה נגד ההיזק, אפי' אם בכתה"כ אי"ז נחשב כתורת מעשה, מ"מ לענין אחריות ניזקין הוי מעשה המספיק, ונראה דזהו בי' דברי הראב"ד באשו משום חציו.[396]

---

396 א.ה. עי' מש"כ בפנים בבי' *שיטת הראב"ד דאשו משום חציו לא הוי מעשה בכהת"כ ורק דלענין ניזקין דהעיקר תלוי' בפשיעת המזיק, נחשב כחץ*. ושמעתי מהגרש"מ ביתר בי', דהנה עיקר דיני חיוב ניזקין אינם מהלכות מעשה, אלא חיוב אחריות המוטל עליו על היזק דחבירו, ומה"ט מצינו בכמה ראשונים דדאין דינא דגרמי מה"ת ונכלל בפרשה דמכה בהמה ישלמנה, והוא דעת הרמב"ן והרשב"א לקמן קיז. וברמב"ן בדינא דגרמי. והנה בכהת"כ לית בה תורת מעשה, והוא גרמא בעלמא. ומבו' מזה דדין דאדם המזיק אינו בדוקא היכא דהוא שבר גוף החפץ, אלא כל היכא דהוא הכשיר והזמין ההיזק, ורק דהיכא דהוא בדרך גרמא בעלמא פטור, והיכא דהוא גרמי חייב. והנה בבי' ענין זה נראה, דאשו משום חציו הוה יותר מגרמי, דאפי' למאן דלא דאין דינא דגרמי, י"ל דאשו משום חציו, הוא דודאי יש לו איזה דרגא של עשיי', דהוה עשיי' קלושה. אלא דאינו נראה דחייב בעבור עצם העשיי' הקלושה אלא בעבור עצם מעשה ההבערה דמונח בה היזק החפץ, מכח זה דהוא ייצר אש שתלך ותזיק באופן שיש לו איזה דרגא של עשיי', דבלא"ה לא הי' שייך לדון דעיקר ההיזק מונח בעשייתו. ומעשה זו הנעשה בידיו דמונח בה ההיזק הוה סיבה גמורה שיהא אחראי על ההיזק, וזהו הכוונה שיש בו פשיעת המזיק.

ומושג זה הוא להיפך לגמרי משיטת התוס' בסנהדרין עז. דס"ל דדין חץ באשו משום חציו הוה כמעשה גמור בכהת"כ ומועיל גם לענין שחיטה, או כדברי הנמוק"י בסוגין דס"ל דהוה מעשה לענין חילול שבת, דלפי הנ"ל כל התורת מעשה דידה הוא רק לענין אחריות ניזקין ודכוותי'.

ולפי הנ"ל יל"פ היטב לשון רש"י "דפושע גמור הוא" די"ל דכוונתו הוא עפ"י הנ"ל דנכלל בהמעשה פשיעת המזיק והוא כדברי הראב"ד. וכן נל"פ עפי"ז דברי התוס' בע"א בד"ה אשו משום חציו שכ', לא שיבעיר בעצמו האש אלא *כל מקום שפשע* ולא שמר גחלתו חציו נינהו, עכ"ל. והנה לפי פשטות הדברים דדין אשו משום חציו הוא מדין מעשה בכהת"כ, צ"ב טובא לשון זה ד"פשע", וכי בסכין לשחיטה ג"כ שייך לשון הנ"ל, ולכאו' יותר הול"ל דכל מקום שעשה דבר שיכול לגרום כו', אכן למש"כ א"ש. ונל"פ עפ"י הנ"ל דברי הרא"ש בסוגין דז"ל, איתמר אשו ר"י אמר משום חציו. ואפילו הדליק האש בתוך שלו ופשע בשמירתו והלך ודלק בתוך של חבירו, חשבי' לי' כאילו ירה חץ בידים והזיק, עכ"ל. ומבו' מדבריו דאיכא חידוש מיוחד באשו משום חציו דחייב אפי' היכא דהדליק בתוך שלו, וצ"ב דכיון דהוה מעשה בכהת"כ ומועיל הדין אשו משום חציו גם בסכין לשחיטה, איזה רבותא הוא זה, אכן לפי"ד הראב"ד מובן היטב, דהי' מקום לומר דא"א לדון "פשיעת מזיק" זו אלא במדליק בתוך של חבירו, אך במשתמש באשו בתוך שלו, א"א לדון על מעשה זה כפשיעת מזיק גמורה.

ואמרתי להגרש"מ דהי' משמע לי מדברי חי' הר"ן בסנהדרין דאין הבי' דחייב עכשיו בעבור עצם המעשה הבערה אלא בעבור עשיי' קלושה זו, די"ל דבניזקין גם על עשיי' קלושה יש לו אחריות ניזקין, ואמר לי דיתכן לומר כן, אלא דיותר נ' על דרך הנ"ל

ועי' מש"כ בחבורה י"ג *בבי' שיטת רש"י בדף כג.* לפידברי הס"א ברש"י דלמסקנת הגמ' א"א לחייבו משום חציו אלא היכא דהוא גם ממונו, ואעתיק כאן מש"כ אצלי כפי מה ששמעתי מהגרש"מ בבי' הענין. דהנה בחבורה י"גשדקדק הגרש"מ מדברי רש"י דבכדי לחייבו משום חציו היכא דהוא ממונו לא בעי' דין ממון המזיק שיהא לו דין אחריות נזיקין, דהרי מבו' דלענין ד' דברים חייב עליו משום חציו, והרי ממון המזיק איתמעט מדין ד' דברים, ובפשטות הוי מיעוט מכל פרשת נזיקין ולא רק לענין דין תשלומין גרידא. ובע"כ דהבי' הוא, דהנה הך סברא שהתורה חייבה בעבור ממונו שהיזק, הוא משום דאחריות ממונו מוטלת עליו, וסברא זו שייכא גם לענין ד' דברים ורק דבפועל לא חייבה התורה עליו. ולפי"ז הסביר בי' הענין, די"ל דבמעשיו לא נכלל שום דרגת העשיי' לענין גוף ההיזק, דלא רואים שהוא שבר עצם הכלי, ולא דייני' הליכת האש עצמה כהליכת חציו, וכל המעשה דחציו הוא רק דהוא עשה בידים מעשה מבעיר לעשות אש של ממונו שיש לו סיבה וסברת אחריות עליו. וי"ל דכה"ג חייבה התורה בעבור עצם המעשה דמבעיר את הבערה דהוא שלח ממונו להזיק, והטילה עליו התורה אחריות גמורה של נזיקין בעבור מעשה זה. דהנה עיקר הדין דנזיקין אינה מהלכות מעשה דידיה, דהרי לכמה ראשונים רואים דדייני' דינא דגרמי מה"ת, ולכה"ת כולה לית בה שום תורת מעשה. ובי' הדבר הוא דבנזיקין המעשה מזיק הוא רק בכדי שאחריות ההיזק תהא מוטלת עליו, והיכא דהוא היזק בידים, אחריות ההיזק מוטל עליו מחמת זה, וזהו דנקרא אדם המזיק. והיכא דממונו הזיק, הוא ג"כ אחראי עלה, והיא פרשה מיוחד של ממון המזיק. וחידשה לן התורה לענין אש, דהיכא דהוא עשה מעשה מבעיר עכ"פ בידים, גם זה נכלל בכלל פרשה דנזקי אדם דאחראי על ההיזק מחמת מעשיו. ונהי דעצם ההיזק לא נכלל בגוף מעשיו בתורת עשיי', אך עכ"פ נכלל בעצם המעשה זה דהוא ייצר ממון זו דהלך והזיק. והנה לפי הנ"ל נמצא דאי"ז ענין צירוף בעלמא, אלא דחיובו הוא רק בעבור עצם מעשיו, שייצר אש זו של ממונו שהלך והזיק.

והנה מדברי היש"ש לא משמע הכי אלא משמע מדבריו דעי"ז דייני' עצם האש כחציו, וכן מבו' מדברי הנחל"ד, וז"ל, וטעמא דמילתא משום *שאינן חציו גמורים* וכמו שאמר ר"ל חציו מכחו קאזיל האי לאו מכחו קאזיל, ולכך היכא דלא הוי ממונו מודה ר' יוחנן דלית בי' משום חציו, רק היכא דהוא ממונו בהא הוא דסבירא לי' לר' יוחנן דמצטרף לזה גם חיוב חציו כו', עכ"ל. ומשמע מדבריו דהוה חץ במקצת, והיינו דאי"ז עשיי' גמורה אלא כעשיי' קלושה, והיכא דהוא ממונו יש לו אחריות ניזקין גם על עשיי' קלושה זו בתורת אדם המזיק. ושמעתי מהגרש"מ דגם מלשון השטמ"ק משמע דהוא ענין צירוף, ודלא כמש"כ בחבורה י"ג, אך כן נראה לו בבי' הענין.

ודע דמש"כ לדקדק מדברי הר"מ פי"ד מנזק"מ ה"י, ע' באבן האזל שם שכבר עמד על זה וז"ל בד"ה ובזה כו', דיסוד החיוב הוא ממונו ורק דהתורה חייבתו כאילו הזיקה בחציו. וז"ל האבי עזרי פי"ד מנזק"מ הט"ו, אי"ז חציו ממש אלא שע"י פשיעתו בההיזק חייבתו התורה כאילו הוא חציו. ועי' מש"כ במקו"א בבי' שי' הר"מ בטמון.

וכעי"ז נ' לדקדק מדברי תוס' ר"פ בתחילת סוגיין, וז"ל, אשו משום חציו כו', יש לתמוה קצת, למה הוצרך לומר טעם באשו יותר משאר נזיקין, וי"ל לפי דלפעמים שאין האש מזיק כי אם ע"י הרוח שמוליכתו ואלולי הרוח לא הי' מזיק, א"כ אינו מעשה האדם כי אם מעשה הרוח, ולכך הוצרך ליתן טעם לר"י משום חציו, דכיון שהדליקו במקום שרוח מצוי' להוליכו, *נמצא שפשע בהדלקתו כמו בחציו שאדם זורק למרחוק*, עכ"ל. וכל דבריו לא שייכי אלא כפי הבנת הראב"ד הנ"ל כמובן.

אכן לפי הנ"ל צ"ב טובא סוגיא דהדליק את הגדיש כו', דבפשטות משמע דלר' יוחנן איכא חיוב מיתה מכח הדין דאשו משום חציו, והרי להנ"ל אין לו תורת מעשה בכהת"כ והוה רק סברא מסויימת לדין אחריות נזיקין. ולכאו' יל"פ דכל דברי הגמ' הם משום רודף. ובבי' תליית הגמ' בפלו' דר"י ור"ל י"ל, דלעולם לכו"ע הוה רודף, ורק דכבר ביארנו בדברי התוס' דלדין דקלב"מ בעי' שהתורת רדיפה תשתייך למעשה, בכדי שיהא שייך לדון דבמעשה אחד בא הכל. ולפי"ז י"ל דלר"י כיון דהוי מעשה שמספק לדון בה תורת פשיעת המזיק לאחריות ניזקין, מספיק ג"כ שהתורת רדיפה יהא שייך להמעשה.

יסוד גדול בדין רוצח, דגם התם לא בעי' תורת מעשה דכהת"כ וסגי בפשיעת מזיק לחודי'

אכן נהי דבדברי הראב"ד יתכן לפרש הכי, אך בדברי רש"י נ' דא"א לפרש כן, דמדבריו מבו' דפי' הגמ' כפשטי' דהדין קלב"מ הוא משום שחייב מיתה משום רוצח, עי' בדבריו בד"ה עבד כו' וז"ל, שההורג עבד נהרג דכתיב נקם ינקם כו'. ולא נ' דכוונתו לומר דמשו"ה יש לו דין רודף, חדא, דמלשונו לא משמע כן, ועוד, דנ' בפשיטות דהרודף אחר העבד להורגו יש לו דין רודף אפי' אם לא הי' חייב מיתה על הריגת העבד. ולפי"ז ילה"ע על מש"כ לפרש בדבריו דבדין אשו משום חציו ליכא תורת מעשה דכהת"כ והוא דין לענין אחריות ניזקין. דהנה זה ברור דגם לענין רציחה בעי' פשיעת המזיק, וכמבו' מהא דהמניח גחלת על לב אדם שהי' לו היכולת לסלקה אין לו תורת רוצח אפי' לענין דין דקלב"מ, אע"פ דלענין שבת ודאי יש לו תורת מעשה דנטילת נשמה. וכבר ביארנו דה"ט דכיון דהרציחה לא הי' מונחת במעשה זה דהי' לו היכולת לסלק הגחלת מעליו, וחסר בפשיעת המזיק שיהא לו דין אחריות וחיוב על מעשה זה. [ועי' לקמן כז. דהי' מקום לומר דמה שהאדון הי' יכול לסלק הוא ג"כ מספיק שיהא חסר בהתורת פשיעת המזיק] אכן נהי דבעי' פשיעת המזיק, אמנם בפשטות גם בעינן שיהא לו תורת מעשה דכהת"כ מחמת עבירת הרציחה, דרציחה הוה ג"כ מעשה עבירה ולא רק ענין אחריות, וכיון דלעבירת הרציחה בעי' מעשה דכהת"כ, פשוט דגם לענין חיוב מיתה בעי' זה, דודאי א"א לחלק ביניהם. ורק לענין ניזקין י"ל דלא בעי' מעשה דכהת"כ ומספיק מה שהוא אחראי על היזק זו. [א.ה. ואם כנים אנו בדברי הרא"ש, גם בדבריו ילה"ע כנ"ל, דע"ש שכ' דחייב מיתה מחמת הדין דאשו משום חציו].

והנה עי' לקמן כז. דהעומד על ראש הגג ונפל ברוח מצוי' חייב בד' דברים, ואין כוונת הגמ' משום חיוב דאש, דע"ש דאם נפל ברוח שאינה מצוי' חייב בנזק ולא בד' דברים כיון דלאו קרוב למזיד. והנה החיוב נזק בנפל ברוח שאינה מצוי' ודאי הוא רק משום אדם המזיק, ומשמע דכן הוא גם לענין הד' דברים, ובאמת אילו היתה כוונת הגמ' הי' לדין אש לא צריכים נפילת האדם, דלזה הי' מספיק הנחת אבן. וכוונת הגמ' הוא דנהי דפשוט דלאו מעשה הוא בכהת"כ, ובשבת לא הי' חייב עלה משום נטילת נשמה (היכא דלא שייך לחייבו משום אשו משום חציו, וכגון דאדם אחר הגביהו והניחו על ראש גגו) אמנם יש לו אחריות נזיקין על מעשה כזה, ונחשב כאדם המזיק מחמת זה גרידא דגופו הזיק. והנה בפשטות כל זה הוא לענין נזיקין ולא לענין רציחה, וכן נקט בחי' רח"ה בהל' יסודי התורה בפשיטות. אכן עי' בתוס' בפ' אלו נערות לג: בד"ה דלמא כו' שהביא סוגיא זו וכתב וז"ל, ומסתברא דאם מת דגולה. והנה מלשון התוס' מבו' דלא הי' ברור לו כ"כ, אכן עי' בתוס' הרא"ש שם שכ' בפשיטות דכה"ג אם מת גולה.

ולכאו' מבו' מזה דהגם דלית לי' תורת מעשה דכהת"כ, מ"מ שייך לחייבו גם בדין רציחה מכח דין אחריות ניזקין.[397] ולפי"ז י"ל דגם באשו משום חציו חייב מדין רוצח מכיון דנכלל במעשה ההדלקה פשיעת המזיק. ונהי דחלוק קצת מסו' דשם, דהתם גופו הרגו והכא לא נהרג מגופו או ממעשיו, אך עכ"פ מבו' מהתם דל"צ הלכות מעשה לחיוב רציחה וסגי בדין אחריות נזיקין וא"כ ודאי יש מקום לומר דגם ע"י הדין דאשו משום חציו שייך לחייבו מיתה.

בבי' דברי חי' הר"ן בסנהדרין עז:

ונראה לדקדק הכי מדברי חי' הר"ן סנהדרין ע"ז ע"ב הידועים, שכ' דבדין דאשו משום חציו ליכא חיוב מיתה. והנה בחי' הר"ן לא כתוב שם דהדין דאשו משום חציו אין מענינו לחייבו מיתה, אלא דהואיל דהדין חץ באשו משום חציו נאמר לענין נזיקין, א"א למילף מזה למיתה, מאחר דמצינו איזה קולות ברציחה, דלחיוב מיתה דרציחה בעי' יותר ממה דבעי' לענין חיוב נזיקין, וע"ש שהביא איזה דוגמאות, וחד מהם הוא מהדין גרמי דבנזק"מ חייב ובמיתה פטור.[398] והנה בכהת"כ, כגון לענין שחיטה, ליכא חילוק בין גרמי וגרמא, וכל החילוק דמצינו בין גרמי לגרמא הוא בענין נזיקין, ומבו' דדין גרמי הוא דין באחריות נזיקין, דהיכא דנתקיים תנאי גרמי הוא אחראי על ההיזק דמעשה. ומהא דדימה דין דאשו משום חציו לדין דגרמי, משמע דגם חיובו באשו משום חציו הוא דין באחריות ניזקין.

ונראה יותר דאין כוונת הר"ן דלכתה"כ יש לאשו משום חציו תורת מעשה, ורק הי' דן אם מספיק לחיוב מיתה דרציחה והעלה דלא מספיק לרציחה, דאילו הוא מעשה בכהת"כ מהיכ"ת לומר דלרציחה בעי' יותר. אלא דנ' דפשיטא לי' דבכהת"כ לית לה תורת מעשה דכל התורת מעשה דידה הוא לענין אחריות נזיקין כיון דבמעשה זה נכלל פשיעת מזיק גמורה לגבי ההיזק, והי' דן אם דרגא זו דפשיעת המזיק מספיקה גם לחייב משום רציחה, ועל זה העלה דלא מספיק דרגא זו לרציחה, דלרציחה בעי' יותר, וחד מהראיות הי' מהדין דגרמי.

הערה על רש"י בד"ה כי תצא מעצמה כו'

גמ' כב: אמר דבא קרא ומתניתא מסייע לי' לר"י, קרא דכתיב כי תצא אש תצא מעצמה ישלם המבעיר את הבערה כו'. ופירש"י וז"ל, תצא מעצמה. משמע וליכא לאוקמי קרא כשהדליק הוא עצמו גדישו של חבירו, אלא בתוך שלו הדליק והאש הלכה מעצמה ואפילו הכי קרי מבעיר את הבערה כאילו הדליקו בעצמו אלמא אשו משום חציו, עכ"ל. ודבריו צ"ב, דנהי דמשמעות הפסוק היא דלא איירי' בהיזק שנעשה

397 א.ה. ויותר מזה מבו' בקו"ש ח"ב סי' כ"ג אות ו', דהפטור דמתעסק הוא משום דנחשב כנעשה מאליו, ומ"מ כ' שם דחייב על רציחה מכיון דסו"ס נהרג על ידו. והנה מש"כ שם דנחשב כ"נעשה מאליו", כוונתו הוא כעין מש"כ בתשו' חמד"ש לענין פטור דאונס וכמו שדימה הקו"ש עצמו בכתובות אות י"ב, וצ"ב א"כ האיך שייך לחייבו משום רציחה, ובע"כ מבו' כמשנ"ת דל"צ דין מעשה ותורת עושה לחייבו על רציחה אלא דסגי בעצם החפצא דנהרג על ידו. והצעתי דברים אלו להגרש"מ, ואמר לי דבפשטות הי' נראה דכל דברי הגמ' בדף כז. אמורים רק היכא ד"גופו הזיק", דהחפצא דהיזק נעשתה ע"י גופו ממש, אכן היכא דהחפצא דהמעשה הי' ממנו הי' נראה לפוטרו, עכ"ד. אכן מדברי הגראב"ו מבו', דאפי' בכה"ג חייב לענין ניזקין ולענין רציחה. ולפי הנ"ל נראה, דמש"כ בתוס' רי"ד קידושין מב: דבהשולח את הבערה ביד פקח, אפי' אם הוה אמרי' יש שליח לדבר עבירה, גם השליח הי' חייב, היינו רק לענין ניזקין דלא צריכים שיהי' לו תורת עושה בכדי לחייבו אלא דסגי במה שמעשה נעשה על ידו.

398 וז"ל, לפיכך אני אומר שאין לדמות נזקי ממון לרוצח לענין חיוב מיתה, משום דרוצח אקיל רחמנא גביה, דלא עשה בו שוגג כמזיד ואונס כרצון, וכיון שכן בעינן שיעשה בפועל ממש וברי היזיקא קודם שיתחייב מיתה, כההיא במאן דכפתיה לחבריה ואשקיל עליה בדקא דמיא, דבכח ראשון חייב בכח שני פטור משום דלא הוי גיריה אלא בכח ראשון, אבל בכח שני אע"ג דבריא היזיקא, כיון דלא עביד מעשה ממש אלא בגרמא, פטור, ואלו דכוותה לענין נזקין אלו הניח חפצי חבירו בקרקע ואשקיל עליה בדקא דמיא ונאבדו אפילו בכח שני משמע דחייב, דכח שני זה ברי הזיקי' והוי דינא דגרמי ממש ולא גרע משורף שטרותיו של חבירו דחייב כו', עכ"ל.

ע"י שהדליק בידים את גדישו של חבירו, אלא שנתפשטה האש מאליה, אך גם ציור זה שייך בהדליק בתוך של חבירו, דנהי דעל אותו שיבולת שהדליק הוי מזיק בידים, אולם על שאר הגדיש דליכא מעשה בידים אמאי קרי' לי' "מבעיר את הבערה" ומה הכריח רש"י לפרש דהפסוק איירי בהדליק בתוך שלו. ואולי יש לדחוק דנקט הך היכ"ת דהדליק בתוך שלו לרבותא, עי' בסוגין שכ' דהיכא דהדליק בתוך שלו הוי חידוש טפי. [ועי' מש"כ לעיל בבי' דבריו].

אכן בפשטות משמע מדברי רש"י כדברי הפנ"י לעיל בדף כב. על תד"ה אשו משום ממונו, שכ' בדעת רש"י דהיכא דהדליק בתוך של חבירו בכוונה להזיקו, הוי מזיק בידים, עכ"ד. ולפי"ז א"ש בפשיטות דברי רש"י הכא, דהיכא דהדליק בתוך של חבירו מן הסתם כוון להזיק, וכה"ג לא הוי קרינן בי' "כי תצא אש" דמשמע מעצמה, אך עיקר דברי הפנ"י מחודשים הם, וצ"ע.

[א.ה. ועי' לקמן סא: בראב"ד ובשטמ"ק בשם רבי' יהונתן שכתבו, דהיכא דהדליק בתוך של חבירו הוי מזיק בידים, ובפשטות משמע להדיא מדבריהם כדברי הפנ"י, ורק דהפנ"י הדגיש זה דעשאה בכוונה להזיקו, והם לא הדגישו את זה, אכן עי' בחי' רא"ל סי' ע"ג שפי' בדברי הראשונים הנ"ל באופ"א, דאין כוונתם שעשה גוף ההיזק בידים אלא דעשיית המזיק הי' בידים. והנה עי' בפנ"י בדף מג: דמבו' מדבריו דכה"ג שהדליק בכוונה חייב מיתה לר"ל, ואיכא דין דקלב"מ. ושמעתי מהגרש"מ דזה לא יתכן אלא כדברי הפנ"י דהכל תלוי' במה שהדליק בכוונה, אך אם ננקוט דהעיקר תלוי' בהדליק בתוך של חבירו, א"א לחייבו מיתה עי"ז, דלענין הריגה לעולם לא נחשב כהדליק בתוך של חבירו].

סימן כ

בדין מועד בנגיחה שלישית

דף כג:–כד:[399]

בבי' שי' רש"י דס"ל דלרבא חייב נז"ש בנגיחה שלישית

דקדוק מדברי תוס' שאנ"ץ דלרש"י אליבא דרבא נעשה מועד בב' נגיחות גם לרשב"ג

בבי' הא דס"ל לר"ש דלחזרה בעי' ג' ימים ולא עבדי' הך ק"ו מריחוק נגיחות לקירוב נגיחות

בדברי תוס' ר"פ דס"ל דענין לייעודי גברא הוא בכדי לעשות הבעלים מועדים לעבור בהתראות

בבי' שי' רש"י דס"ל דלרבא חייב נז"ש בנגיחה שלישית

גמ' כג: מ"ט דר' יהודה כו', רבא אמר, תמול מתמול, חד, שלשום, תרי, ולא ישמרנו, האידנא חייב. ופירש"י ולא ישמרנו האידנא. בנגיחה שלישית חייב עלי' נזק שלם, עכ"ל. ובתד"ה ולא כו' הרבו לתמוה על פירושו, והוכיחו דאינו חייב נזק שלם עד נגיחה רביעית, שוב כ' דרש"י עצמו חזר בו משום דבריש חזקה"ב [כח.] קאמר סתמא דגמ' אי מה שור המועד עד נגיחה ד' לא מיחייב כו', עכ"ד. ועי' בפי' הר"ח ובשטמ"ק בשם תוס' שאנץ, שכתבו עוד להוכיח דלרבא אינו חייב נזק שלם בנגיחה שלישית מהא דאמר רבא עצמו בפ' הבא על יבמתו [סד:] דסתם לן תנא בשור המועד כרשב"ג, ומכיון דרבא בא לפרש משנתינו, בע"כ דגם הוא כוון לומר דאינו נעשה מועד עד פעם שלישית, עכ"ד. ונראה דהא דלא נתקשו התוס' מסוגיא דהתם, הוא משום דלא כוון רש"י לומר דלרבא נעשה מועד כבר בנגיחה השניה, דלעולם לא נעשה מועד עד נגיחה שלישית ורק דמכיון דנעשה מועד בנגיחה זו, כבר חייב עלה נז"ש. וכן איתא להדיא בדברי הרשב"א בסוגין וז"ל, יש מי שפירש דנגיחה שלישית איכא ביניהו כו', ולרבא בנגיחה שלישית נעשה מועד והעדתו וחיובו באין כאחד, ובשלישי משלם נזק שלם, עכ"ל.

וכנראה שהתוס' שאנץ הבין בבי' שיטה זו, דכבר בנגיחה שניה נעשה מועד ומשו"ה חייב בנגיחה שלישית נז"ש, ומשו"ה העיר, דרבא הכא בא לפרש משנתינו והרי הוא עצמו אמר ביבמות דסתם לן תנא דמתני' כרשב"ג.[400] וכן איתא להדיא במאירי, וז"ל באד"ה והלכה כר"י, ויש פוסקין בהעדה שבשלישית חייב וסוברים שזהו דעת רבא בגמ' כו' ומ"מ קשה לפירוש זה שהרי רבא עצמו אמר וסתות ושור המועד כרשב"ג, דאמר לשלישי תנשא לרביעי לא תנשא, אלא עיקר הפירוש כו'. ואף לדעת מפרשים שחולקין הם בין שלישית לרביעית, מ"מ הלכה ברביעית ואם מפני שקשה להם שכל מחלוקת אביי ורבא הלכה כרבא, אין אנו חוששין לכך *שאין עיקר מחלוקת זה שלהם, שהרי נחלקו בה גדולים מהם כמו שאמרו וסתות ושור המועד הלכה כרשב"ג, כמו שכתבנו* וכל שאין עקר המחלוקת שלהם אינו בכלל הדברים הנזכרים על שמם, וכבר העירונו בדבר זה במסכת חולין, עכ"ל. הרי שהבין לשיטה זו דנח' אביי ורבא בפלוגתא דרבי ורשב"ג, ולרבא כבר נעשה מועד בנגיחה השנית. [א.ה. עי' במילואים].

---

[399] חבורה ט"ז

400 א.ה. עי' בתלמיד ר"ת ור"א בד"ה ולא ישמרנו כו' אחרי שהביא הקו' מחזקה"ב הוסיף וז"ל והא ליכא למימר דסוגיא דשמעתא דהתם אליבא דרשב"ג דאמר בשילהי הבא על יבמתו דבתלת זימני הוי חזקה, ורבא דהכא מפרש מילתי' דר"י כרבי דבתרי זימני הוי חזקה, דהא רבא גופי' קאמר במס' יבמות אהך מתני' דסתם לן תנא כרשב"ג עכ"ל

ולכאו׳ ילה״ע על ראשונים הנ״ל דהרי רבא בא לפרש משנתינו, ובמתני׳ איתא דבעי׳ שנגיחה השלישית תהא ביום השלישי, והרי אילו נעשה מועד כבר בנגיחה שנית נחייבי׳ נזק שלם לנגיחה שלישית אפי׳ אם נגח ביום שני. ולכאו׳ צ״ל בדברי הראשונים הנ״ל בשיטת רבא, כעין מש״כ התוס׳ בד״ה ולא כו׳ בשם רבינו עזריאל בשיטת אביי, ומשו״ה אע״ג דבתרי זימני כבר הוחזק נגחן ונעשה למועד, מ״מ אינו חייב נז״ש על נגיחה שלישית ביום השני.[401]

והנה כבר הבאנו דברי הרשב״א דאפי׳ אם נפרש דלרבא חייב נז״ש בנגיחה שלישית, אין הבי׳ דכבר נעשה מועד בנגיחה שניה, אלא דהעדאתו וחיובו באין כא׳. ולכאו׳ יש מקום להעיר על דבריו, דמהיכ״ת לי׳ לרבא לפרש דהוא משום דהעדאתו וחיובו באין כא׳, אולי הוא משום דנעשה כבר מועד בנגיחה השניה. אמנם י״ל דס״ל דאילו כן הי׳ חייב גם בנגיחה השלישית שביום שני, ומהא דאינו חייב אלא אם הנגיחה היתה ביום השלישי, ש״מ דבעי׳ הך נגיחה לעצם העדאתו, ולא ס״ל כסברת רבי׳ עזריאל דודאי אינה סברא מוכרחת.

דקדוק מדברי תוס׳ שאנ״ץ דלרש״י אליבא דרבא נעשה מועד בב׳ נגיחות גם לרשב״ג

עי׳ למעלה שהבאנו דברי תוס׳ שאנ״ץ שהעיר על רש״י מסו׳ דיבמות, דאמר רבא דסתם לן תנא דשור המועד כרשב״ג, וע״ש שתי׳ ״ושמא מחזרה דמתני׳ דייק התם״. והיינו דממה דאי׳ במתני׳ ״מועד כל שהעידו בו שלשה ימים״ ליכא למידק דתנא דמתני׳ ס״ל כרשב״ג, די״ל דלעולם ס״ל כרבי ונעשה מועד בנגיחה שניה ורק דאינו חייב נז״ש עד נגיחה שלישית, אך מהא דבעי׳ לחזרה ג׳ פעמים, דייקינן כרשב״ג דחזקה היא בג׳ פעמים. אמנם אכתי צ״ב דהרי לדברי התוס׳ שאנ״ץ רבא דסוגין בא לפרש מתני׳ אליבא דרבי

401 א.ה. עי׳ בפנים שכתבנו דלדברי המאירי נמצא דכוונת רש״י אליבא דרבא הוא דכבר בפעם שנית נעשה מועד, והערנו על זה דא״כ למ״ל ג׳ ימים, וביארנו דהוא כעין סברת רבי׳ עזריאל המובאת בתוס׳. והנה דבר זה הוא דוחק גדול, דע״ש במאירי שהעלה כדעת התוס׳ דאינו חייב נז״ש עד נגיחה רביעית, וכ׳ דמשמעות דורשין איכא בינייהו ולא הזכיר דברי רבי׳ עזריאל, וא״כ צ״ב דאמאי לא העיר על רש״י ממתני׳, ואיך העלם עין מכל זה.

ויש להעיר עוד על עיקר המהלך הנ״ל מלשון רש״י לקמן כד. בד״ה והן עדות אחת להזמה., *שהרי על ידי שלשתן הוא מועד* הלכך עדות אחת הן לכך כו׳, עכ״ל. הרי להדיא דלא נעשה מועד עד נגיחה שלישית. וכן מבו׳ מלשון רש״י בע״ב בד״ה ולייעדו כו׳ וכן מבו׳ בגמ׳ שם ״אי אמרת לייעודי גברא לימרו הנך קמאי אנן מי הוה ידעי׳ דבתר ג׳ *יומא אתו הני ומייעדי לי׳* כו׳״, הרי דלא נעשה מועד עד נגיחה שלישית. ובאמת כן נ׳ לדקדק ממתני׳, דאי׳ שם, איזהו מועד כל שהעידו בו ג׳ ימים כו׳, ומשמע דלא נעשה מועד עד נגיחה שלישית, וכן צ״ל לפי״ד הרמב״ן ודעימי׳ ביבמות, דסברי דלרבי כבר נעשה מועד בב׳ נגיחות, ולפי״ז צ״ב דמנין דסתם לן תנא בשור המועד כרשב״ג, והרי י״ל דכוונת המשנה היא, דחייב בתשלומי נז״ש בנגיחה שלישית, ובע״כ דמלשון מתני׳ מבו׳ דלא נעשה מועד עד נגיחה שלישית, וכן מבו׳ מדברי הר״ש מדריוש בשטמ״ק, ע״ש. ואשר נ״ל בזה, דודאי אפי׳ למש״כ המאירי דלפי פירש״י נמצא דרבא ס״ל כרבי, מ״מ לא נעשה השור מועד עד נגיחה שלישית, דהכי מבו׳ בקרא מהא דבעי׳ נגיחה שלישית ביום השלישי, ורק דבנגיחה שניה כבר הוחזק לנגחן, אך מגזה״כ בעי׳ ג׳ נגיחות לחלות דין העדאה, ובנגיחה שלישית אמרי׳ דהעדאתו וחיובו באין כא׳. ומה שדבר זה תלוי׳ בפלו׳ דרבי ורשב״ג, הוא משום הוא משום דאליבא דרשב״ג דלא הוחזק נגחן עד נגיחה שלישית, נמצא דפשיעתו בשמירתו לא הי׳ פשיעה גמורה עד נגיחה רביעית, דהרי עדיין לא הוחזק נגחן, ולכן א״א לחייבו נז״ש עד נגיחה רביעית. אכן לרבי דהוחזק נגחן כבר בנגיחה שניה, הוי כבר פשיעה גמורה בנגיחה שלישית, ונהי דלחלות דין מועד בעי׳ ג׳ נגיחות, אך בזה שוב י״ל דחיובו והעדתו באין כא׳., וא״ש היטב מה דמבו׳ במתני׳ דלא נעשה מועד עד נגיחה שלישית אפי׳ אליבא דרבא. [ולפי הנ״ל מיושב כמין חומר מה שיש להעיר על דברי רש״י בסוגין, דאיך שייך לחייבו נז״ש בנגיחה שלישית משום דהעדאתו וחיובו באין כא׳, והרי לא הי׳ פשיעה גמורה, ויותר מזה כ׳ הגרש״ה בדברי רש״י בתחילתו בשינוי, דהיכא דעיקר הפשיעה הי׳ פשיעה של תמות אפי׳ אם גוף ההיזק הוא היזק דשן, א״א לחייבו יותר מח״נ. אכן להנ״ל א״ש היטב כמובן].

אכן לכאו׳ ילה״ע על הנ״ל, דהרי בגמ׳ יבמות אמרי׳ דסתם לן תנא בשור המועד כרשב״ג דאמר דבג׳ פעמים הוי חזקה, והרי להנ״ל נמצא דיתכן דהדין ג׳ נגיחות במתני׳ לא שייך לדין חזקה אלא דהוא דין תורה מגזה״כ הנא׳ בסדר העדאתו, והוא כעין מה שהקשינו למעלה על ביאורו של הגרש״ה בדברי התוס׳.

ומשו"ה ס"ל דכבר בנגיחה שלישית חייב נז"ש, וצ"ב דמסיפא דמתני' דבעי' ג' ימים לחזרה מבו' להדיא כרשב"ג דבעי' ג' פעמים לחזקה.

ונראה דמוכרח מזה, דאין כוונת תוס' שאנ"ץ דלרש"י צ"ל דרבא ס"ל כרבי, אלא דבשור המועד גם רשב"ג מודה לרבי דבב' נגיחות כבר נעשה מועד, דהכי דייקי קראי, דכבר בנגיחה שלישית חייב נזק שלם, והוא היפך משיטת התוס' דס"ל דבשור המועד גם רבי מודה דלא הוחזק נגחן אלא בג' נגיחות. אלא דמ"מ הוקשה לי' דסו"ס איפה סתם לן תנא כרשב"ג. ותי' דכוונת הגמ' דהתם הוא לחזרה, והיינו דכיון דליכא פסוקים בחזרה, משו"ה דינא ככהת"כ דבעי' ג' פעמים. ודע דכל זה הוא בדעת תוס' שאנ"ץ, אך מדברי המאירי מבו' להדיא דלרשב"ג בעי' ג' נגיחות לעצם העדאתו.[402]

ודע דלפי"ד תוס' שאנ"ץ, איכא מקום לומר, דהא דבעי' ג' פעמים לחזרה, היינו בדוקא בכגון ההיא דמתני' דנגח ג' פעמים, דבזה י"ל דמכיון דהוחזק נגחן בג' נגיחות, בעי' ג' ימי חזרה, אך היכא דלא נגח ג"פ, סגי בחזרה דב' פעמים די"ל דדין חזרה אינה מחייב יותר מדין העדאה. אמנם אי"ז מוכרח דיתכן דהיכא דכבר הוחזק לנגחן בעי' חזקה אלימתא לעקור החזקה. [והעיר הרב אליעזר לעוויץ שליט"א דמסתימת לשון דמתני' לקמן לז. משמע דבכ"מ בעי' ג' ימים לחזרה, דאמרי' התם דהיכא דהי' מועד לשבתות לא נעשה תם עד שיחזור בו ג' ימי שבתות ע"כ ומשמע דהיינו בכל אופן].

בבי' הא דס"ל לר"ש דלחזרה בעי' ג' ימים ולא עבדי' הך ק"ו מריחוק נגיחות לקירוב נגיחות

גמ' כד. ר' שמעון אומר מועד כל שהעידו בו ג' פעמים ולא אמרו ג' ימים אלא לחזרה בלבד. עי' בתוס' כג: בד"ה שיהו כו' שכ' דגם ר' מאיר יתכן לומר דבעי' ג' ימים לחזרה. ולכאו' ילה"ע על זה דהרי לעיל מבו' דטעמא דר' מאיר דס"ל דכל שהעידו בו ג' פעמים נעשה מועד הוא משום דיליף זה מק"ו דאם על ריחק נגיחותיו חייב על קירוב נגיחותיו לא כ"ש, וא"כ כמו"כ נימא לענין חזרה. והנה איכא מקום לומר דלחזרה בעי' חזקה אלימתא מאחר דבא לסלק החזקת נגחן, אמנם בע"כ א"א לומר דג' פעמים בג' ימים אלים טפי מג' פעמים ביום א' דא"כ איפרכא ק"ו דר' מאיר.

והנראה בזה דהא דס"ל לר"ש דמועיל ג' ימים ולא ג' פעמים, אי"ז משום אלימות בכח חזקה דג' ימים אלא דאיכא חילוק יסודי בין חזקה על עשיית דבר, לחזקה להעדר עשיי', דהיכא דחזקתה היא לנגוח, עצם הנגיחות דהוא ענין עשיי', מחלקת את הנגיחות לשלשה דברים מיוחדים. אכן היכא דחזקתה הוא על הימנעות מעשיי', בעי' ג' ימים לחלק ביניהם,[403] דבלא"ה לא נחשב כשלשה "אי נגיחות" אלא כחד "אי

---

[402] א.ה. והעיר הרב אליעזר פרידמאן שליט"א דלדברי המאירי באמת צ"ב דכיון דרבא בא לפרש מתני', איך יפרש מה דתני דבעי' ג' ימים לחזרה, ולכאו' מוכרחין לומר דמכיון דהוחזק ע"י ג' נגיחות משו"ה בעי' חזקה דג' פעמים לבטל חזקה זו.

403 א.ה. עי' באבן האזל פ"ו מנזק"מ ה"ז שכבר עמד על קו' הנ"ל, וכ' דבדברי ר"ש י"ל, דהא דס"ל דחייב לג' נגיחותיו ביום א' אי"ז מכח הך ק"ו. אלא שהעיר על דברי התוס' שכ' כן גם בדברי ר' מאיר, וכ' דמכח קו' זו יש מקור גדול לדברי הר"מ דס"ל דלר' מאיר לא חזר לתמות עד שיהא התינוקות ממשמשין בו, ע"ש.

נגיחה" אריכתא. והנה עי' בשטמ"ק כד. בשם תלמידי ר"י וז"ל ריחק נגיחותיו וכולי. האי ק"ו לא שייך גבי חזרה, עכ"ל. וכנראה שכ' כן ליישב קו' הנ"ל.[404] ואולי יש להעמיס מש"כ בדבריו.[405]

בדברי תוס' ר"פ דס"ל דענין לייעודי גברא הוא בכדי לעשות הבעלים מועדים לעבור בהתראות

גמ' כד. איבעיא להו שלשה ימים דקתני ליעודי תורא או לייעודי גברא. עי' בתד"ה אי לייעודי גברא וז"ל לא שיהא מועד לעבור בהתראות, דא"כ לא הי' מתחייב עד נגיחה של חמישית נ"ש, אלא לייעודי שיודיעו בכל פעם שנגח שורו וישמרנו, עכ"ל. אכן עי' בתוס' ר"פ כתב, וז"ל, אבל ליעודי גברא ה"ט משום דבעינן שיהיו הבעלים מועדים לפשוע בשמירתו לאחר התראת עדים ג' פעמים, עכ"ל. וע"ש להלן מש"כ לפרש אמאי לא בעי' ה' נגיחות.[406] ונראה דאפי' לפי דבריו אין הבי' דעיקר חלות דין דמועד הוא לעשות הגברא למועד לעבור על התראות, דודאי עיקר החלות דין העדאה הוא חלות דין בשור, ורק דלא נגמר הדין העדאה בשור עד שהבעלים נעשים מועדים, אמנם היכא דאיכא חלות דין מועד בשור לא בעי' שבעליו יהא מועד, וודאי לא מועיל חזרה מהעדאת הבעלים. ונראה לדקדק כן מסו' לקמן בדף ל"ט דנח' התנאים במכר שור לאחר, אם נפקע החלות דין מועדות, והרי אילו בעי' שיהא הבעלים מועדים, איך שייך לחייב הלוקח בנזק שלם, והרי לאו מועד הוא, ואפי' למ"ד דנפקע הדין מועדות, היינו רק משום דס"ל ד"רשות משנה" ולא מטעם הנ"ל.

---

404 א.ה. וכעי"ז תי' במהדו"ב בדף כג:, והנה בפשטות יל"פ בדבריהם עפ"י מש"כ המג"א בסי' קי"ד ס"ק י"ג בישוב דברי מהר"ם מרוטבורג, דלעולם גם ר"י אית לי' הך ק"ו דריחוק נגיחותיו כו', ורק דס"ל דהיכא דהי' ג' נגיחות ביום א', אי"צ לתלות זה בג' מקרים אלא דהוא מקרה א' של שגעון באותו יום, ע"ש. בכל דבריו. ולפי"ז י"ל דלענין חזרה מודה ר' מאיר דאיכא איזה סיבה ששייך לתלות בה הג' פעמים ביום א', ולא הוה בגדר מקרה לא יתמיד.

405 א.ה . עיין בפנים ועיין בהערה לעיל (ד"ה א.ה. עי' בפנים), ואשר נראה בזה, [ועיקר הסברא שמעתי מהבה"ח ד.מ. עדעלשטיין נ"י], דהנה כבר הוכיח הגרש"מ דאפי' לרבי דס"ל דאיכא חזקה בתרי זימני, מ"מ איכא גם לדידי' חפצא דחזקה דג"פ, דאלים טפי, ואינה כמו ד' פעמים דודאי לא נתפס בעיקר התורת חזקה דהוה חזקה ע"י ד' פעמים. ולפי"ז י"ל דהדין הנא' בסדר העדאה דבעי' ג' נגיחות, אי"ז דין נגיחות בעלמא, אלא דזה גופא דין התורה, דלחלות דין מועד לא סגי במה שיש לו תורת חזקת נגחן אלא דבעי' חזקת נגחן דג"פ. ונהי דאילו מעיקרא הי' מוחזק נגחן באותה דרגא של שור שהוחזק נגחן ע"י ב' נגיחות, דהי' מועד מעיקרא, אך מאחר שמעיקרא הי' לה דין תם, לא נעשה מועד עד שיוחזק לנגחן ע"י ג' נגיחות. ולפי"ז א"ש היטב מאי דאמרי' בגמ' דסתם לן תנא בשור המועד כרשב"ג, דדין ג' נגיחות הוא בשביל שיהי' מוחזק נגחן ע"י ג' נגיחות.

והנה תלמיד ר"ת העיר על דברי רש"י מכח סו' דחזקה"ב, וכ' על זה וז"ל בד"ה ולא ישמרנו כו', והא ליכא למימר דסוגיא דשמעתא דהתם אליבא דרשב"ג דאמר בשילהי הבא על יבמתו דבתלת זימני הוי חזקה, ורבא דהכא מפרש מילתי' דר"י כרבי, דבתרי זימני הוי חזקה, דהא רבא גופי' קאמר במס' יבמות אהך מתני' דסתם לן תנא כרשב"ג, עכ"ל. והיינו, כיון דרבא פי', דמתני' אתיא כרשב"ג איך שיי"ל דרבא פי' מתני' הכא לרבי. אכן להנ"ל י"ל בפשיטות, דהגם דרבא פירש הכא מתני' אליבא דרבי, מ"מ אי"ז סתירה לסוגיא הנ"ל דסו"ס מבו' במתני' דלחלות דין מועד בעי' חזקה של ג"פ שהיא חזקה דרשב"ג. אלא דצ"ב דהמאירי עצמו העיר כעין קו' הנ"ל אך י"ל דס"ל דמשמעות הגמ' שם הוא דמתני' אתיא רק כרשב"ג, והרי להנ"ל נמצא דממתני' אין קושיא על רבי, והכוונה היא רק דלענין שור המועד נתקיימה שיטת רשב"ג וכעין פי' התוס'.

406 וז"ל, י"ל דלעולם מתחייב באותו היזק שהוחזק כבר להיות פושע והיזק רביעי נעשה לאחר שהוחזק פושע בשמירתו שכבר פשע שלש פעמים כשהזיק בפעם זו. עכ"ל.

וא.ה. נ' דכוונתו היא כמש"כ בחתם סופר בב"ב כח: דע"ש בתוס' שכ' כדבריו הכא, דאילו הדין דליעודי גברא הוא לעשותו מועד לעבוד על התראות, לא יתחייב עד נגיחה חמישית, וכ' על זה החת"ס "וצ"ע הא ברביעית משיצא מביתו מבלי שמירה כראוי כבר הוחזק לעבור ג' התראות ושוב כשנגח ליחייב".

סימן כא

כמה הערות על תד"ה השתא כו' דהוה מצי להוכיח הך דאין חצי נזק חלוק לענין פלגנ"ק ממקו"א[407]

הערה על דברי המהרש"א בתד"ה הרי כאן כו'

בתד"ה אלא דקמרמזי רמוזי כו' שחילק בין דיני נפשות לכ"מ

הערה על תוס' דאפי' אם בעי' נגיחה דבני חיוב אכתי משכח"ל היכ"ת דלא באו אלא לייעדו

תוס' כד. ד"ה השתא הוא דקמסהדי בי. תימה לר"י, דמ"מ קנס לא הוי אפי' למ"ד פלג"נ קנסא, דמכי נגח ג' נגיחות יצא מחזקת שימור, ונ' לתרץ דאין חצי נזק חלוק כיון דהוי קנס בחד דוכתא הוי קנס בכל דוכתי כו', עכ"ל. ובבי' קושית התוס' יל"פ, או דהי' לו איזה הכרח דבכל מקום פלג"נ הוא קנסא, או דס"ל דבכה"ג הי' צריך להיות פטור.[408] ולכאו' ילה"ע על דברי התוס', דאמאי לא קשיא להו קו' הנ"ל על רבי, דהרי כ' התוס' לעיל כג: דגם לרבי א"א לחייבו בנז"ש עד נגיחה רביעית, והרי כיון דלרבי כבר הוחזק נגחן בב' נגיחות, נהי דאינו חייב בנגיחה שלישית אלא ח"נ, אולם אמאי הוה קנסא. ונראה דמוכרח מזה מש"כ למעלה בבי' דברי התוס' דשם, דאין כוונת התוס' לומר, דלרבי כבר הוחזק נגחן בב' פעמים ורק דבעי' ג' נגיחות משום חלות דין העדאה.[409] אלא דהכא מודה רבי דלגוף החזקה בעי' ג' פעמים, וכן מבו' להדיא בדברי התוס' יבמות סה. שכ' למילף מזה דלחזקה בכל עניני ממון, מודה רבי דבעי' ג' פעמים. ואפי' לפי"ד התוס' שאנץ דל"ל הך סברא, שהרי כ' דאפי' אם מודה רבי דבעי' ג' נגיחות לדין מועד, לחזרה סגי בשתי פעמים, אמנם מ"מ נראה פשוט דהא דמודה רבי דלדין מועד בעי' ג' נגיחות, הוא משום דבלא"ה לא הוחזק נגחן מגזה"כ, ונהי דלענין כהת"כ, בשני פעמים כבר הוחזק נגחן, אמנם לחלות דין מועדות בעי' חזקה אלימתא של ג' פעמים, וכן מבו' מסו' דיבמות דאמרי' סתם לן תנא בשור המועד כרשב"ג, הרי להדיא דהדין ג' פעמים הוא לעצם הדין חזקה.

אכן אכתי ילה"ע על דברי התוס', דהנה עי' בחבורה י"א? שהבאנו דברי השטמ"ק בדף כב. בשם תלמידי ר' ישראל, שתמה דלמ"ד פלג"נ קנסא משום דבחזקת שימור קיימי, אמאי א"א לחייבי' משום דין תחילתו בפשיעה וסופו באונס, והרי פשע לענין מזיק דשן ורגל, ונהי דברה"ר י"ל דלא מקרי תחילתו בפשיעה וסופו באונס, אך ברשות הניזק נחייבי' מדינא מה"ט, וליהוי ממונא. וכ' שם לתרץ, דכיון דבע"כ צ"ל, דברה"ר קנסא הוא, גם ברשות הניזק אמרי' הכי, ע"ש. ולכאו' ילה"ע, דא"כ הו"ל להתוס' להק' מכל קרן ברשות הניזק, דליהוי ממונא משום דינא דתחילתו בפשיעה וסופו באונס, ולתרץ דאין חצי נזק חלוק, וכעין מש"כ בשטמ"ק. ולכאו' יהא מוכרח מזה כמש"כ בחבורה י"א דלדין דבחזקת שימור קיימי לא מהני זה דתחילתו בפשיעה וסופו באונס, דכיון דהוא מעשה משונה שלא מונח בעצם הטבע של הבהמה, לא מוטל עליו אחריותו כ"כ. אמנם נ' דמתוס' הנ"ל ליכא הכרח דלא ס"ל כדברי השטמ"ק, די"ל דנהי דבקרן ברשות

---

[407] חלק ב' מחבורה טז

408 א.ה. עי' במהר"ם ופנ"י דבסוגיא דלעיל טו: לא מצינו להך מ"ד דין פלג"נ דלאו קנסא אלא בצרורות, והרי לא איפשיט האיבעיא אם לייעודי תורא או לייעודי גברא.

[409] א.ה. וכמש"כ בשיעורי הגרב"ב סי' ז' בשם הגר"ח, וכ"כ בחי' רש"ה לפרש בדברי הטו"א.

הניזק שייך דין דתחילתו בפשיעה וסופו באונס, אמנם כיון דשור זה בחזקת שימור קיימי כבר ידע התוס' דבזה אמרי' דלא פלוג רחמנא בשור זה, וכל קו' התוס' הי' הכא דשור זה כבר לאו בחזקת שימור קיימי.

אכן אכתי ילה"ע על דברי התוס', דהו"ל להקשות ממ"ד לקמן לט: דס"ל "רשות משנה", דמ"מ איך שיי"ל פלג"נ קנסא, והרי לאו בחזקת שימור קיימי. ולכאו' צ"ל, דאה"נ דהו"מ להקשות גם מזה.[410] ודע דאין להק' על התוס' דהו"ל להוכיח כן מכח הדין שצדד לקמן סוף ע"ב דבנגח ג' שוורים של הפקר דלא נעשה מועד, די"ל דכל דברי התוס' דהתם הם אחר דברי התוס' בסוגין, וגם דלא איתברר לי' להתוס' שם דין זה.

הערה על דברי המהרש"א בתד"ה הרי כאן כו'

גמ' כד. ת"ש כו' העידוהו שנים בראשונה ושנים בשני' ושנים בשלישית, הרי כאן ג' עדיות כו'. ובתד"ה הרי כאן שלש עדיות. כ' לענין שלש אחין וא' מן השוק מצטרף עמהן, עכ"ל. ועי' במהרש"א, שכ', דמצינו כה"ג בפ' חזקה"ב בענין עדות חזקה דג"ש, דמועיל כה"ג, וק"ק דלא דמיא, דהתם ניחא דאשתא דמסהדי האי לא מסהדי האי, ולא לאסהודי למחזיק קאתו אלא למערער, לחייבו למחזיק פירות דכל שתא ושתא, אבל הכא דמסיק דמרמזי רמוזי כו', ע"כ לייעודי תורא קאתו, ואמאי יצטרפו עדות של הג' אחין. מיהו הר"ן[411] כתב לפרש גם שם שהמחזיק הביאן לאסהודי, ואפ"ה מצטרפין, ודו"ק, עכ"ל. ומבו' דהבין, דמסברא צ"ל דהך דין דשלש אחין כו' תלוי בכוונת עדותם, וזה תמוה דרק חיוב דכאשר זמם מצינו דתלוי בכוונת עדותם, אולם עיקר דין העדות אינה תלוי' בכוונתם, והרי דבר זה תלוי' בעיקר הדין עדות.

בתד"ה אלא דקמרמזי רמוזי כו' שחילק בין דיני נפשות לכ"מ

התוס' בדף כד: בד"ה אלא דקמרמזי רמוזי כו' ע"ש העיר מסו' דסנהדרין, דאמרי' התם רמיזה לאו מילתא היא. ותי', דהתם איירי ברמיזה גרועה, אי נמי דיני נפשות שאני. והנה בפשטות נל"פ בסוגיא דהתם דאמרי' רמיזה לאו מילתא היא, דר"ל דחסר הוכחה על כוונת הזממה שלהם. אכן צ"ב, דכיון דהוכחה זו מספיק לשווי להו לעדים זוממים ולהוציא ממונם, אמאי לא מספיק גם להורגם. ואולי לפי' זו י"ל, דאין כוונת הגמ' התם לומר דחסר בעצם ההוכחה, אלא כיון דכוונת הזממה הוא חלק מגוף העבירה שמחייבת במיתה, לא סגי בהך ידיעה אלא דבעי' ראי' אלימתא וכשאר דיני נפשות, די"ל דע"י רמיזה לא נחשב אלא שיש כאן ידיעה, אך לא נחשב שיש כאן ראי', ומשו"ה לא מהני אלא לדיני ממונות דסגי בהוכחה גמורה של ידיעה.

הערה על תוס' דאפי' אם בעי' נגיחה דבני חיוב אכתי משכח"ל היכ"ת דלא באו אלא לייעדו

התוס' בדף כד: ד"ה במכירין כו' כתבו בסו"ד, ותימה דלא משני שאין מכירין השור המנוגה, א"נ שנגח שור של הפקר כו'. ואור"י דשמא אין העדאה מועלת אלא בבני חיוב כו', עכ"ל. וצ"ב דאכתי לא העלו ארוכה כל הצורך, דאפי' אי נימא דבעי' נגיחות של חיוב לחלות דין העדאה, אמנם זה נ' ברור דהיכא דהי' נגיחה בבר חיוב, ורק הי' פטור צדדי, כגון קלב"מ,[412] ודאי מספיקה נגיחה זו לחלות דין העדאה, והרי כה"ג ודאי

---

410 א.ה. והערתי להגרש"מ לדברי המאירי בפ"ד, שכ' דטעם דרשות משנה הוא משום דנשתנה מזלו, ולפי"ז א"ש.

411 וצ"ע דאמאי לא הביא דברי התוס' שם שכתב כן.

412 א.ה. ולכאו' י"ל עפי"ד רש"י בב"מ צא. דמהני תפיסה בקלב"מ, אך כ"כ היש"ש המובא בקצוה"ח סי' כ"ח דבחיי"מ מזידין לא מהני תפיסה. אך אי נימא דאיכא חיוב לצי"ש, וכדברי נתה"מ שם שפיר י"ל דבאו בשביל זה, ובאמת עי' באו"ז פ"ד אות ר"ז, דמבו' מדבריו שלא כדברי מהרש"ל הנ"ל, אלא דגם היכא דעבדינן החומרא מועיל תפיסה.. ודע דבעיקר הנחה זו, דשייך פטור דקלב"מ לפטרו מחיוב שמירת ממונו, כבר פלפלו האחרו' בזה, ועי' בחי' הגרע"א לעיל ד. על תד"ה כראוי זה כו', ובחזו"א שם שנקטו בפשיטות, דשייך דין קלב"מ כה"ג, [ועי' באמר"מ]. ואיברא בפשטות מבו' מסוגיא לעיל כב: דשייך דין קלב"מ, דהרי לר"ל פטרי' אותו על היזק הגדיש ע"י דין דקלב"מ, ורק דלדברי התוס' שם דהוא משום דע"י מעשה א' בא הכל ליכא להוכיח מזה מידי, דודאי כה"ג לכו"ע שייך דין דקלב"מ. ושמעתי מהגרש"מ, דנראה לו להוכיח דשייך

ליכ"ל דבאו לחייבו ממון, והדרא קושית התוס' לדוכתי'. וכעי"ז ילה"ע היכא דנגח שורו של מורשיו או של גר, ובשעת עדותם כבר מת הגר או מורישו, דכה"ג ודאי לא חסר בנגיחה של חיוב, ומ"מ ודאי לא באו אלא לייעדו וצ"ע.[413]

דין דקלב"מ אפי' בכה"ג, והוא מסו' דכתובות לד: בהניח להם אביהם פרה שאולה וטבחוה ואכלוה בשבת, דאי' שם דאי נימא דשואל חייב משעת אונסין פטור משום דין דקלב"מ. והעיר הג"ר משה פרידמאן שליט"א, דנ' פשוט דכה"ג לא נחשב שחיוב מיתה וחיוב ממון באו בשביל מעשה אחד, דהחיוב מיתה בא בשביל מעשה הטביחה, והחיוב ממון בא משום מיתת הבהמה ולא משום מעשה שחיטה, ומ"מ אמרי' קלב"מ. ואם אמרי' קלב"מ על פטור אונסין דשואל אפי' בשני מעשים, נראה פשוט דגם בחיוב דשור המזיק אמרי' קלב"מ. והנה ע"ש בשטמ"ק שפירש, דע"י השחיטה נסתלק כל הדין שומר, וחיוב ממון שלו הוא משום דין מזיק. ולפי"ז א"ש. אכן ע"ש שהעיר על עצמו, דא"כ גם למ"ד משעת משיכה נחייבי' משום זה. וכ' לפרש דמחמת זה דחה הר"מ דברי הגמ'. אכן לפי"ד הגמ' בפנינו ליכא לפרש הכי. אכן י"א דלעולם י"ל כדבריו, דע"י השחיטה נסתלק ממנו הדין שומר ורק דלמ"ד דשואל חייב משעת משיכה, י"ל דהחייב באונסין הוא מחמת חיובו שבתחילה, אמנם לא נראה כן, דאם נסתלק החיוב שמירה ודאי נפטר גם א"נ שואל חייב משעת משיכה וכמו שנקט השטמ"ק עצמו.

413 ולכאו' ילה"ע עוד, דמשכחת לה היכא דשמר השור בשמירה מעולה ויצא ונגח, ושאלתי זה להגרש"מ, ואמר לי דכה"ג חסר בנגיחה של חיוב וזה נכלל בקו' ותי' התוס' משור של הפקר.

סימן כב

בסוגיא דמשסה כלבו של חבירו (כד:–כו.[414])

בדברי הגמ' דטעם הפטור בדין המשסה כלב שלו על חבירו *הוא משום דמצי א"ל אנא מאי עבידנא לי'*

א] גמ' כד: אבעיא להו המשסה כלבו של חבירו בחבירו מהו, משסה ודאי פטור, בעל כלב מאי מי אמרי' מצי א"ל אנא מאי עבידנא לי', או"ד אמרינן לי' כיון דידעת בכלבך דמשסי לי' ומשתסי לא אבעי לך לאשהויי' כו', ע"כ. ועי' בתד"ה המשסה כו' וז"ל, לא דמי לשור האצטדין [לקמן לט.] שהאדם נלחם עמו להורגו, עכ"ל. ומבו' מדבריהם, דעיקר הפטור דשור האצטדין נאמר גם לענין חיוב נזיקין, והא דמסתפקי' לומר הכא דבעל הכלב חייב, הוא משום דהכא אין זו עצם המציאות דשור האצטדין, וכעי"ז אי' בנמוק"י בשם הרא"ה באופ"א קצת. וע"ש שהעלה כדברי הרא"ה אך הביא שם מהריטב"א דפטור דשור האיצטדין הוא רק ממיתה, אבל לשלם ניזקין אפשר דחייב, עכ"ד. וכן היא דעת הר"מ והראב"ד בפ"ו מנזק"מ ה"ה.

והנה בגמ' מבואר, דהסברא לפטור את בעל הכלב, היא משום דמצי א"ל אנא מאי עבידנא לי', ובכדי לחייבו בעי' הא דאמרי' לי' כיון דידעת בכלבך דמשסי לי' כו'. והנה לדעת התוס' והרא"ה והנמוק"י דבמשסה אין את עצם המציאות דשור האיצטדין, צריכים לומר, דהך טעם ד"מצי א"ל אנא מאי עבידנא לי'" אינו אותו פטור דשור האיצטדין אלא דהוא סברא בפנ"ע בעיקר אחריות הבעלים בנזיקין, דאינו אחראי על מעשה כלבו אלא לענין מה שהכלב עושה מצד עצמו ולא על מה שעושה מצד זה שהוא משוסה ע"י אחר, וכן היא משמעות לשון הגמ', ד"אנא מאי עבידנא לי'."[415] דודאי אין הכוונה שהאמירה היא מצד חיוב כלבו, אלא שהיא מצד חיוב עצמו, דלא שייך היזק זה לדידי'. וכן משמע מדברי הגמ' דהפטור הכא לא שייך להדין דשור האצטדין, דהרי לא הוזכר בדברי הגמ' הך דין דשור האצטדין, וא"כ קשה טובא לומר דהגמ' סמכה על הך דין.

והנה הגמ' הביאה האיבעיא לענין "המשסה כלבו של חבירו בחבירו". והנה הא דנקטי' "בחבירו" מובן בפשיטות מהמשך הסוגיא, דאמרי' שיסהו הוא בעצמו ודאי פטור, אך יל"ע אמאי נקט האיבעיא במשסה כלבו של חבירו ולא במשסה כלבו של עצמו, ולכאו' מבו' מדברי הגמ' דכל הנידון הוא היכא דמשסה כלבו של חבירו ולא במשסה כלבו של עצמו, והיינו לכאו' משום דכה"ג פשיטא לן דחייב. ונראה דאין הטעם משום דכה"ג חייב על השיסוי, דודאי שיסוי הבעלים הוא גרמא כמו שיסוי של אחר, ורק דכה"ג חייב משום מה שכלבו הזיק, דמה שהכלב היא משוסה על ידו, ודאי נכלל בעיקר הדין אחריות נזיקין, וכן

---

[414] חבורה יז

415 עיין בחבורה י"ח שנתבאר הצד של הגמ' דפטור.

מדוייק מלשון הגמ' דבאה לפטרי' משום "אנא מאי עבידנא לי'" דלשון זה לא שייך לענין מעשה שיסוי של הבעלים עצמם.[416]

בהשגת הראב"ד פ"ב מנזק"מ הי"ט

והנה הר"מ בפ"ב מנזק"מ הי"ט פסק דהמשסה כלבו של חבירו באחר, בעל הכלב חייב בחצי נזק, וע"ש בראב"ד שהשיג, וז"ל, א"א ואם מועד הוא, נזק שלם משלם. וכפשוטו כוונתו להשיג על סתימת דברי הר"מ, דמשמע דבכל גווני חייב רק ח"נ, והרי במועד חייב נז"ש. אכן לכאו' ילה"ע על דברי הראב"ד ממש"כ הוא עצמו בחידושיו בדף כג: דכל הא דאיבעיא לן במשסה כלבו של חבירו, הוא רק במועד, דהרי מה שבאנו לחייבו הוא רק משום טעמא ד"כיון דידעת דמשסי לי' ומשתסי", וטעם זה שייך רק במועד. ואשר לפי"ז צ"ב, דאמאי לא השיג רק מסתימת לשון הר"מ דמשמע דלא משכחת לה חיובא דנז"ש ולא השיג עליו דכל חיובו דבעל הכלב לא משכחת לה אלא במועד, וא"כ בכל גווני חייב נז"ש. ולא נראה לדחוק בכוונת הראב"ד דלזה גופא כוון בהשגתו, דר"ל דכיון דכ' הר"מ עצמו דחייב משום דכיון שהוא יודע שאם שסה את כלבו להזיק נושך כו', נמצא דדין זה שייך רק במועד והרי "אם מועד הוא נזק שלם משלם", דהרי מפשטות לשונו לא משמע כן, וכן מבו' מסו"ד המ"מ דכוונת הראב"ד הוא להשיג על סתימת דברי הר"מ.

ונראה דקושיא זו מעיקרא ליתא, דודאי אין כוונת חי' הראב"ד דבכדי לחייב את בעל הכלב בעי' לחלות דין מועד, באופן שכשיזיק יחייב נז"ש, אלא דר"ל דבעי' שיוחזק להיות נשכן בטבעו, וכל היכא דהוחזק נשכן, אפי' אם א"א לחייבו נז"ש משום שלא הי' לו דין סדר העדאה, חייב בעל הכלב. ומשכחת לה בפשיטות היכא דנשך ג"פ ע"י שיסוי ולא איתקיים הדין לייעודי גברא, דהרי פסק הר"מ ורוב הראשונים דהוא איבעיא דלא איפשיטא וליכא לחייבו נז"ש אלא היכא דאיתקיים גם הדין דלייעודי גברא. ולפי"ז מובנת היטב השגת הראב"ד, דנהי דודאי משכחת לה חיוב דח"נ אך היכא דהוא מועד עם כל דיני מועד, חייב נז"ש.

וביותר נראה, דלא רק דמשכחת לה חיובא דח"נ במשסה כלבו של חבירו, אלא דכל היכא דנעשית מועד לישך בשיסוי ע"י ג' נשיכות בשיסוי, בע"כ איירי' בכה"ג (אם לא דהועד לנשיכה, דודאי כולל גם ציור זה), דהרי לדין דלייעודי גברא בעי' להתרות בי' ד"שורך נגח, תשמרנו", והתראה זו הוא על אותו סוג מעשה, וא"כ היכא דנשך ע"י שיסוי א"א להתרותו, דההתראה היא רק לענין נשיכות ע"י שיסוי, והרי כל עוד דאין לן הידיעה ד"דידעת בי' דמשתסי ואישתסי" אינו צריך לשמרו ממין נשיכות אלו דהרי אין לו דין אחריות נזיקין על נשיכות בצורה זו. ונמצא דא"א להתחיל לקיים הדין דלייעודי גברא אלא אחר שכבר נשך ג' נשיכות ונעשה להוחזק נשכן. ואי"ז דומה לכופר דתמות פטור מן הכופר, ומ"מ איכא דין דלייעודי גברא, דהתם הוה נגיחה של הריגה דשייך עלה דין אחריות ניזקין ורק דתמות פטור מן הכופר. ולפי"ז מובן היטב השגת הראב"ד, דלהלכה דהוה ספק אם לייעודי גברא, נמצא דבכ"מ בתחילה חייב ח"נ משום תמות, ורק כשנעשה מועד חייב נז"ש.

ואשר לפי"ז נמצא דאפי' לדברי חי' הראב"ד הנ"ל דא"א לחייב בעל הכלב אלא במועד, היכא דהדין העדאה נעשה ע"י נשיכות של שיסוי, בכ"מ בתחילה חייב ח"נ, מכיון דמספקא לן אם בעי' לייעודי גברא או לא, ורק אח"כ חייב נז"ש. ולפי"ז לשון השגתו מובן היטב.

---

[416] א.ה. והעירו לדברי הפנ"י בד"ה בגמ' מאי לאו כו' שנקט דספק הגמ' הוא גם בשיסה בו כלבו.

ודע דלפי הנחת הראב"ד, אם ננקוט כדעת התוס', דאינו נעשה מועד אלא היכא דהי' ג' נשיכות של חיוב, הדין סדר העדאה אינו מתחיל אלא מנשיכה רביעית, דשלש נשיכות הראשונות אינם נשיכות של חיוב דאין לו כל הדין אחריות ניזקין עליו מכיון שנשך רק מצד זה שהי' משוסה ע"י אחר. ואין להקשות על זה ממ"ד דתם אינו משלם כופר ואפ"ה נעשה מועד ע"י ג' נגיחות, דהתם הוו נגיחות של חיוב ורק שיש לו פטור תמות, משא"כ הכא דאין לו כל הדין אחריות ניזקין.

בבי' דברי הר"מ והראב"ד בפ"ו ה"ה

אכן מה שיש להעיר על כל זה, הוא מדברי הראב"ד בפ"ו ה"ה, דע"ש בר"מ דלשור האיצטדין ליכא דין מועדות, וז"ל, שוורים שמשחקין בהן ומלמדין אותן שיגיחו זה את זה, אינם מועדים זה לזה, ואפילו המיתו את האדם אינן חייבין מיתה, שנ' כי יגח לא שיגיחוהו, עכ"ל. והנה לשון הר"מ מורה, וכן מבו' להדיא מדברי המ"מ שם, דמה ששור איצטדין לא נעשה מועד, משתייך להך דין דפטור ממיתה. וביאור הדבר הוא, דמבו' בגמ' דהא דפטור ממיתה הוא משום שנידון כאנוס, וכן אי' במכילתא דרשב"י, דהוה דנחשב כמעושה ע"י דבר אחר.[417] ואין הכוונה לדין פטור דאונס, אלא דאין השור חייב מיתה אלא היכא דנגח מצד עצמו ולא מצד מה שהוא אנוס ומעושה ע"י אחרים. ונראה דמה"ט גופא לא נעשה למועד, דעיקר החפצא דמועד הוא מה שהשור נוגח מצד זה שהוא שור נגחן,[418] והכא דנגח מצד שהוא מעושה ע"י אחרים, חסר בעיקר החפצא דמועדות. [ורק שיל"ע אם מה שדייני' אותה כאנוס ומעושה ע"י אחרים, נלמד ממה שהתורה פטרה ממיתה, או דאפי' לולי הך דרשה לא הי' נעשה למועד, דמה שנחשב שהשור לא נגח מצד שהוא שור נגחן, הוא מילתא דפשיטא, וחי' התורה הוא רק דכה"ג אינו חייב מיתה. והנה מסידור דברי הר"מ שהביא הך דין דאינו נעשה מועד לפני שהביא הדין דפטור ממיתה, משמע דאפי' לולי הך דרשה דפטור ממיתה הוה ידעי' דלא הי' נעשה מועד].

והנה ע"ש בראב"ד שהשיג, דאיך שיי"ל דאינם מועדים זל"ז, דהרי כבר פסק למעלה דמשסה כלבו של חבירו בחבירו חייב בעל הכלב. והנה מלשון הר"מ משמע להדיא דרק אין נעשים מועדים זל"ז, אך ודאי חייבין בח"נ, וכ"כ להדיא המ"מ, ואשר לפי"ז יש לתמוה טובא על דברי הראב"ד, דמהיכ"ת ללמוד מדין דמשסה כלבו של חבירו דנעשים מועדים זל"ז והרי י"ל דגם התם אינו חייב אלא ח"נ וכמש"כ הר"מ עצמו שם. וכפשוטו י"ל עפי"ד חי' הראב"ד הנ"ל, דכל הדין דמשסה כלבו של חבירו הוא רק במועד, וא"כ בע"כ דשייך בי' דין מועדות. אכן זה ודאי אינו, דהרי דקדוקו של חי' הראב"ד הוא מלשון הגמ' "כיון דידעת בכלבך דמשסי לי' ומשתסי כו'", ומזה אין ללמוד אלא דבעי' שיוחזק נגחן, ושור האיצטדין ודאי הוחזק לנגחן, ורק דס"ל להר"מ דחסר בהחיוב דמועדות, ונמצא דדברי חי' הראב"ד לא שייכי כלל לדברי הר"מ האלו, וא"כ השגתו צ"ע טובא.

ודע דנראה פשוט דכל דברי חי' הראב"ד בדף כג: דבעי' שיהי' מועד הוא רק במשסה כלבו של חבירו, אכן במשסה כלב שלו נ' בפשיטות דחייב אפי' היכא דלא אייעד, דל"צ להך סברא ד"כיון דידעת בכלבך כו'" אלא דליכא סברא למיפטרי' וכמשנ"ת למעלה.

בדברי הרא"ש בטעמא דמילתא דקיי"ל כ"אם תמצא לומר"

ב] הנה דעת הרי"ף והר"מ ורוב הראשונים היא, דלהלכה קיי"ל דהמשסה כלבו של חבירו בחבירו חייב, והגם דבגמ' לא איפשיטא הך איבעיא, דרך הרי"ף והר"מ והגאונים הוא לפסוק כ"אם תמצא לומר", והרי

---

417 וז"ל בפכ"א אות כ"ח, וכי יגח פרט לשהגיחוהו מיכן אמרו שור האיצטדין פטור לפי שאינו אלא מעשה.

418 והגרש"מ ביאר עוד בחבורה י"ח, דלפ"ז מיושב הסידור של הרמב"ם שקודם פסק הדין דאינם נעשים מועדין זה לזה ורק אח"כ הביא הדין דפטור ממיתה, והיינו דהמציאות דאינו נגחן זהו מסברא ורק משום זה יש גזה"כ דפטור ממיתה וכמו לשון המכילתא.

אמר רבא *'את"ל* המשסה כלבו של חבירו בחבירו חייב". *וז"ל הרא"ש,* הא דקאמר רבא את"ל משסה כלבו של חבירו בחבירו[חייב] חשיב ליה רב אלפס ז"ל מסקנא דהלכתא, דכיון דבעיא דשסהו בעצמו לא שייכא למיבעי אי לאו דאמר המשסה כלבו של חבירו בחבירו חייב משמע דסברת רבא נוטה לומר כן, אלא שלא היה רוצה לומר כן בפירוש [דפשיטא] שלא היה שואל בעיא אחרת אי הוה מסתבר למימר דאף משסה כלבו של חבירו בחבירו פטור כו', עכ"ל. ומבו' מדבריו, דהא דדרך הרי"ף לפסוק כאת"ל הוא משום דאילו לא קיי"ל כהך סברא לא הוה בעיא לן בעיא אחרת. ודבר זה תמוה הוא, דוכי אי"ז דרך החכמים להשאר מסופקים בדין אחד ולשאול עוד שאלה ע"פ צד אחד בספק, הגם דנשארו עם ספק בשאלה הראשונה, ומה יעשה חכם שיש לו שתי שאלות בדרך את"ל. עוד ילה"ע על מש"כ "שלא היה שואל בעיא אחרת אי הוה מסתבר למימר דאף משסה כלבו של חבירו בחבירו פטור", דהגם די"ל דאילו הוה מסתבר למימר דמשסה כלבו כו' פטור לא הי' שואל בעיא אחרת אמנם אכתי י"ל דהדבר הי' בספק גמור אצלו ומבעיא לי' לפי הצד דחייב.

ועי' בר"ן בקידושין ז: שכתב, דאת"ל שאינה מפורשת בגמ' בלשון את"ל, לא הוי פשיטותא, דלא סגי במה שנשאלה ע"ד את"ל אלא בעי' לשון את"ל מפורש בגמ', ע"ש בדבריו בבעיא דבתך וקרקעך בפרוטה. ויש בזה מבוכה גדולה בפוסקים, ע' בכס"מ פ"ב מהל' מתנ"ע הל' י"ג שכ' שם, כמדומה לי דאת"ל פשיטותא הוי דוקא בלשון מפורש של את"ל, ובב"י אבה"ע סי' קכ"ב כ' כן בודאות, דהוי דוקא בלשון מפורש של את"ל, ועי' בפ"ק דקידושין בחבורה י' אות ו' שדקדקנו כן מסו' דב"מ דף ל"ד: לענין הקנאת כפל דמבע"ל שלמו בנים מהו, ואח"כ מבע"ל שלמו בנים לבנים מהו, ובודאי דשאלה השניה הוי בדרך את"ל, דאת"ל בשלמו בנים מקנה להם כפל שלמו בנים לבנים מאי, ומ"מ פסק הר"מ פ"ח מהל' שאלה הל' ה' דתרוייהו הוו ספק וחולקין, הרי להדיא כנ"ל, דכיון דאין לשון את"ל מפורש בגמ' לא הוי פשיטותא. ועי' בשמחת יהושע עמ"ס קידושין שהאריך בכל זה.

והנה לפי"ד הרא"ש הנ"ל ליכא שום מקום לחלק בין היכא דאתמר בלשון את"ל, ובע"כ צ"ל לפי"ד הר"ן ודעימי' דהא דקיי"ל כאת"ל, הוא משום דלשון זה ד"את"ל" מורה דאיפשט לן גוף הבעיא, וזה לא שייך אלא היכא דאתמר להדיא לשון זה.

[ודע דעיקר דברי הר"ן הנ"ל אינם מוסכמים בפי כל, דעל דברי הב"י הנ"ל כתב בב"ח שם שאינו יודע מנ"ל הא, ולמה לא נימא כן בכל שאלה בדרך את"ל. ובפר"ח שם בס"ק ב' וכן בב"ש שם ס"ק ד' דנו בזה והזכירו דברי הר"ן הנ"ל דמבואר כמש"כ הב"י.]

בבי' דברי רבי' אפרים דלא אמרי' כל המשנה ובא אחר ושינה בו בשן

ג] גמ' כד: אמר רבא את"ל המשסה כלבו של חבירו בחבירו חייב, שיסהו הוא בעצמו פטור, מ"ט כל המשנה ובא אחר ושינה בו פטור. והנה עי' בשטמ"ק לעיל כ. וז"ל הק' רבי' אפרים מאי איצט' למעוטי ובער בשדה אחר לפטור ברה"ר, תיפו"ל דכל המשנה ובא אחר ושינה פטור, דהניח פירותיו ברה"ר.[419] וי"ל דלא הוה מצי למעוטי מהא דלא הוה מצי למימר שינה בו, שהרי מועד מתחילתו, ע"כ. ור"ל דבשן לא שייך הפטור דכל המשנה כו', דזה שייך רק לענין "בא אחר ושינה בו" ובשן דאורחי' הוא לא שייך הך דין.

ולכאו' י"ל לפי"ד דגם בקרן מועד לא שייך פטור דכל המשנה כו' מכיון דאורחי' הוא. ולפי"ז נ' לדקדק מדברי הראב"ד דפליג על דברי השטמ"ק הנ"ל, דכבר הבאנו דברי הראב"ד שהשיג על סתימת דברי הר"מ

---

419 והנה מה שהעיר על גוף קרא דובער בשדה אחר, תמוה מאד, דמהיכ"ת דקרא איירי באכלה מתוך הרחבה, אך על מתני' לעיל יט: דאכלה מתוך הרחבה ילה"ע כן.

דהמשסה כלבו של חבירו כו' חייב ח"נ, דהרי אם מועד הוא, חייב נז"ש. ולכאו' מבו' מזה דס"ל דשייך לפרש כל דברי הגמ' גם לענין מועד, דאילו הדין דמשסה כלבו של חבירו על עצמו לא משכחת לה אלא בקרן תם, א"א להשיג כלום על דברי הר"מ, כיון דכל הך חילוק בין משסה כלבו של חבירו על חבירו למשסהו על עצמו, לא שייך אלא בקרן תם, ובע"כ צ"ל דבשיסהו על עצמו פטור גם בקרן מועד.

אכן נ' דאין מזה שום סתירה עם דברי רבי' אפרים, דהנה מה דס"ל דדין דכל המשנה כו' הוא רק "בשינוי", אין זה משום דס"ל דכל הך דין דכל המשנה כו' הוא פטור בקרן תם, דודאי עיקר הדין הוא סברא בחובת אחריות נזיקין, ורק דס"ל דזה גופא תלוי' בשינוי. ובבי' הדבר אולי י"ל, דבדבר שהוא משונה צריכים לדון על כל מקרה ומקרה אמאי אירע ומה הסיבה שגרם לו לקרות, אכן דבר שהוא אורחי' אין דנים כל מקרה ומקרה בפנ"ע מהי הסיבה שגרם לו, ולא איכפ"ל מה דבציור זה אירע ע"י שינוי, דלעולם רואים שנשתייך לגוף טבעו, דנכלל בי' טבע לעשותו. ולפי"ז[420] י"ל דגם בקרן מועד שייך הך סברא דכל המשנה כו', דעדיין נידון אצלה כדבר משונה. והגם דהוחזקה ווסתה לכך, מ"מ נידון כדבר משונה מכיון דאי"ז הטבע של אותו מין ואי"ז דרךברייתן. ובע"כ דיינינן כן, דאילו דייני' כל בהמה ובהמה בפנ"ע ורואין האם טבעה של בהמה זו הוא ליגח, למ"ל כל הדין של סדר העדאה לעשותה למועדת ולא מספיק מה שהוחזקה ליגח, דהרי כיון דהוחזק שור זה לנגחן הוה כדוב וארי דמועדין מתחילתן, כמש"כ הר"מ בפ"א ה"ו, ונהי דבהמה זו גופא לא נולדה עם טבע זה, אך אם עכשיו דייני' על בהמה זו בפנ"ע ורואין שטבעה הוא ליגח, הוה כאילו באמצע חיי' נתהפכה לארי דודאי דינא היא דהוה מועדת. ודע דלפי מש"כ נמצא דבארי ודוב לא שייך הך דין דכל המשנה כו' מכיון שהוחזקו ליגח מתחילת ברייתן.

סימן כג

הערות בסוגיא דדיו מן הדין[421]

בבי' דברי הגמ' "ולא תאמר הכא משום כבודו של משה"

הערה על דברי הרמב"ן ב"ב כ. דס"ל דשייך טומאת שבעה בלי דין הזאת ג' וז'

כו. בקו' השטמ"ק דאיך קס"ד דשו"ר חייבין ח"נ דא"כ למ"ל ההלכתא דצרורות

בבי' דברי הגמ' "ולא תאמר הכא משום כבודו של משה"[422]

ד] גמ' כה. ור"ט ההוא דאפי' בעלמא דרשי' דיו ולא תאמר הכא משום כבודו של משה אבל בעלמא לא, קמ"ל, ע"כ. ומפשטא דלישנא משמע דר"ל, דמשום כבודו של משה אמרי' הך מדה דדיו, אכן דבר זה תמוה הוא, דודאי עיקר מדת התורה דדיו בק"ו לא נשתנתה משום כבודו של משה, ונראה דצריכים לדחוק דר"ל דהו"א דהגם דמצד מדת הק"ו הוה דרשי' י"ד יום, מ"מ מפני כבודו של משה הקיל עלי' שלא תסגר אלא לז'

---

420 וא' העיר דמדברי התוס' לעיל דף יד: ד"ה פרה מבואר כן, שהרי הקשו התוס' ע"ד רש"י דא"א לאוקמי פרה שהזיקה טלית באופן שהזיקה ברה"ר משום דפטור משום כל המשנה, וקשה למה לא תירצו התוס' דמיירי בקרן מועדת, וע"כ מוכח כנ"ל דאפילו בקרן מועדת שייך פטור דכל המשנה.

421 חבורה יז, חלק ב'

422 *בביאור דברי הגמ' ור"ט לית לי' דיו כו'* כי לית לי' דיו היכא דמפריך ק"ו כו' אבל הכא ח"נ כתיב ואתא ק"ו ואייתי ח"נ אחרינא ונעשה נזק שלם, אי דרשת דיו אפריך לי' ק"ו, ע"כ. עי' מש"כ בחבורה ד' אות ב'.

ימים, ורק די"ל דהך שיעור דז' ימים הוא משום דזהו השיעור באבי'. [א' העיר דכן מבו' להדיא בדברי התו"ח].

הערה על מש"כ מהרש"ל דבהיקש לכו"ע דון מינה ואוקי באתרה

ה] גמ' כה: הניחא למ"ד דון מינה ומינה כו', ע"כ. עי' במהרש"ל דאיכא שני גרסאות בדברי רש"י, לפי גי' א' זה קאי על גז"ש דילפי' מת משרץ, ולאידך גי', זה קאי על הא דילפי' שרץ וטמא מת משרץ בהיקש. וע"ש שהעלה כלשון הראשון, דכל הך נידון אם לומר דון מינה ומינה, או דון מינה ואוקי באתריה, הוא רק בגז"ש, אך בהיקש דהוה כמאן דכתיבה בהדיא דמי, ודאי אמרי' דון מינה ואוקי באתריה, עכ"ד. ודבריו תמוהים, דלהדיא אי' בזבחים צא: הך פלו' לענין היקש, ע"ש בגמ' דמקשי' קרבן מנחה לקרבן שמן, ונח' שם בשיעור קרבן שמן, ותלינן זה בפלו' בדון מינה ומינה כו'. וע"ש ברש"י בד"ה בדון מינה ומינה, וז"ל כל דבר שאתה למד מחבירו בג"ש *או בהיקש*, הוי למוד ממנו בכל דבריו, עכ"ל. וכעי"ז ילה"ע עליו מסו' דנדה מג: דמקשי' שכבת זרע לשרץ, והובא שם ג"כ הנידון אם אמרי' דון מינה ומינה כו', וצע"ג.[423]

הערה על דברי הרמב"ן ב"ב כ. דס"ל דשייך טומאת שבעה בלי דין הזאת ג' וז'

ו] גמ' כה: אמר רבא, אמר קרא וכבסתם בגדיכם ביום השביעי, כל טמאות שאתם מטמין במת לא יהו פחותין משבעה כו'. ועי' בחי' הרמב"ן ב"ב כ. ובחידושיו עה"ת פ' חוקת [יט–טז], דהגם דהנוגע בחרב כחלל נעשה לאב הטומאה וטמא לשבעת ימים, אמנם אין צריך הזאה בשלישי ושביעי אלא טובל ביום השביעי, ע"ש. ומבו' מדבריו חי' גדול, דשייך טומאת שבעה במת דאין לה דין הזאה. ולפי"ז ילה"ע על דברי הגמ', דנהי דאיכא למילף מהך קרא דוכבסתם כו' דמפץ טמא טומאת שבעה, אכן מנ"ל דאית לה דין הזאה, הרי מהך קרא ליכא למילף אלא טומאת ז' ולא הזאת מי חטאת. ואין לומר דאה"נ דליכא דין הזאה במפץ, דהרי באמת לא כתיב מפורש דאית לה טומאת ז', אלא דקו' הגמ' הוא מסתימת הדברים דמשמע דדינה כשאר כלים, וא"כ מזה גופא יש ללמוד דיש לה דין הזאה. דזה תמוה וכמשנ"ת, דהרי למ"ד דון מינה ומינה הוה לן לומר דליכא דין הזאה דומיא דשרץ.

ונ"ל בזה עפי"ד רש"י בד"ה וכבסתם בגדיכם, וז"ל, וגזה"כ הוא דלא אמרי' בי' דון מינה ומינה, עכ"ל. ומבו' מדבריו דאין הבי' דלעולם אמרי' דון מינה ומינה וליכא למילף מכח הגז"ש אלא טומאת ערב, ומה דידעי' טומאת ז', הוא מקרא דוכבסתם כו', אלא בי' הדבר הוא, דהך קרא מגלה לן דהכא אמרי' דון מינה ואוקי באתרה.[424] ולפי"ז דברי הרמב"ן א"ש בפשיטות, דמכיון דאוקי באתרה, שפיר ידעי' דדינו הוא להזאת ג' וז'.

אמנם דע דכל זה הוא שלא כדברי תוס' ר"פ בסוגין, דע' בדבריו שהעיר, דלמ"ל האי קרא דוכבסתם דכיון דידעי' מכח הגז"ש דמת לשרץ דמפץ במת יש לו עכ"פ טומאת ערב, א"כ טומאת ז' ליתי בק"ו, דאי אמרי' דיו מיפרך ק"ו. ותי' דאיצט' וכבסתם לרבנן דאית לי' דיו אע"ג דמיפרך ק"ו, אמנם לר"ט לא צריכים הך קרא, עכ"ד. ועי' במהרש"א שכוון לדבריו. והנה לפי מש"כ נמצא דצריכים פסוק דוכבסתם גם לר"ט,

---

423 א.ה. ועי' בתוס' ר"פ ובשטמ"ק שכתבו כעין דברי מהרש"ל ובאופ"א קצת. והעיר הר"ר יוסף דוד עפשטיין שליט"א דבסוגיא דזבחים לא איירי בהיקש רגיל אלא בריבוי, דנתרבה קרבן שמן מתיבת "קרבן" מנחה. ואפי' א"נ דאחר שנתרבה קרבן שמן בתיבת "קרבן" שוב נחשב שאיכא היקש כשאר היקשים, אמנם י"ל דהך כלל של מהרש"ל לא שייך כה"ג, דרק היכא שהוקשו שני פרשיות אהדדי שייך הך כלל ולא בהיקש שע"י ריבוי, ועי' בתוס' ר"פ שבי' טעמא דמילתא דבהיקש ליכא נידון זה, ולדבריו מובן יותרה חילוק הנ"ל.

424 ולפי ביאור זה בדברי רש"י, יש מקום לומר דמיושבת קושי' התוס' בד"ה אמר, שהרי בק"ו אין דון מינה ומוקי באתרא. אמנם עדיין יש מקום לומר דקשה קושי' התוס' באופ"א, דהגזה"כ דוכבסתם יגלה לן דלא אמרי' כאן דיו.

דנהי דאיכא למילף דטמא טומאת שבעה מכח הק"ו דלא אמרי' דיו היכא דמיפרך ק"ו, אכן אכתי לא ידעי' הדין הזאה ג' וז', דלענין זה שפיר שיי"ל דיו, דלא איפרך ק"ו.

ובדרך החריפות הי' מקום לומר, דעפי"ז יש ליישב גם מה שהקשינו למעלה על דברי הרמב"ן, די"ל דכל סוגין קאי כר"ט דלית לי' דיו היכא דמיפרך ק"ו, וא"כ י"ל דטומאת ערב נלמד מכח גז"ש, וטומאת ז' נלמד מקרא דוכבסתם, ושוב שייך למילף הזאת ג' וז' מק"ו, דבזה לא אמרי' דיו, מכיון דאיפרך ק"ו. אכן מפשטא דסוגין לא משמע דהגמ' כוונה לומר כן, ולכן נ' לומר בישוב דברי הרמב"ן כמש"כ לעיל.

כו. בקו' השטמ"ק דאיך קס"ד דשו"ר חייבין ח"נ דא"כ למ"ל ההלכתא דצרורות

ז] גמ' כה: ולא תהא שן ורגל חייבת ברשות הניזק אלא ח"נ מק"ו מקרן כו, ע"כ.' ועי' במהר"ם שהביא קו' העולם דאיך שיי"ל דשן ורגל לא יתחייבו אלא ח"נ, והא מדאיצט' הלכתא גמירא לנזק צרורות שאינה משלמת כי אם ח"נ, מכלל דשן ורגל נזק שלם משלם. וכ' שם, דיש מתרצים דהא דבעי הגמ' למילף ק"ו דשן ורגל אינו משלם ברשות הניזק אלא ח"נ, היינו דוקא קודם דאייעד, אבל לאחר דאייעד לא דלא גרע מקרן דמועד משלם נזק שלם, וא"כ נוכל לומר דהלכתא אתי דצרורות אפי' בפעם שלישית אינו משלם אלא ח"נ, ע"כ. ועי' בשטמ"ק שהביא מתלמידי הר"י שרצו לומר כתי' הנ"ל, אך דחה זה "דאם כן יאמר ההלכתא אין העדאה בצרורות", ולכאו' כוונתו הוא דיהא מוכרח מעצם ההילכתא דאין העדאה לצרורות, וצ"ב דמאי קשה אם הי' מוכרח כן מכח ההלכתא. עוד ע"ש שכ' דלכאו' י"ל דאיצט' ההלכתא היכא דהועד לרגל ולא הועד לצרורות, דאז מצד רגל הי' חייב נז"ש, דכבר אייעד, אך כיון דצרורות הוא אינו חייב אלא ח"נ, אך העיר על זה דלזה אי"צ ההלכתא דצרורות לחייבו ח"נ, דנהי דהועד לרגל, לצרורות לא הועדה.[425]

ונראה לבאר עיקר דבריו, דהנה זה ברור דעיקר ההלכתא דצרורות לא נאמרה לענין העדאה אלא לענין ח"נ, דאפי' אי נימא דכל רגל בעלמא חייב ח"נ, אמנם בדין דצרורות נתחדש סיבה בפנ"ע לדין ח"נ, ורק שהוקשה לי' דאם שו"ר בעלמא ג"כ חייבין ח"נ, איזה נפק"מ איכא בהא דצרורות הוא סיבה בפנ"ע לחייבו בח"נ, ועל זה תי' דנפק"מ הוא היכא דהועד לרגל ולא הועד לצרורות, ור"ל דמכיון דצרורות הוא סיבה בפנ"ע של ח"נ, נהי דיש לו העדאה על המעשה דרגל, אך זה לא מספיק לחייבו נז"ש, דבעי' העדאה על המעשה דצרורות גופי'. אך העיר על זה, דזה לא הוי נפק"מ, דאפי' לולי ההלכתא לא הי' חייב בצרורות אלא ח"נ דמה שנתייעד למעשה דרגל לא יועיל לעשותו למועד לענין מעשה דהתזת צרורות. ועי' להלן בדבריו שכ', דאם נקוט דלסומכוס כח כחו לאו ככחו דמי, דבכח כוחו נאמרה ההלכתא דח"נ צרורות, אז אליבא דסומכוס שפיר י"ל כעין תי' הנ"ל, דהנפק"מ של ההלכתא היא לענין העדאה, דמועד לכוחו לא הוי מועד לכח כוחו, דמצד רגל גרידא מועד לכחו הי' נעשה מועד לכח כחו, דשניהם שוים בהתזה, אך עכשיו דכח כוחו לאו ככוחו דמי, דבזה נאמרה ההלכתא דח"נ צרורות, נמצא דבעי' העדאה על המעשה צרורות דח"נ דזהו כח כחו, עכ"ד.

והנה במה שהעיר על עיקר תירוצו, דאפי' לולי ההלכתא דצרורות מועד לרגל לא הוי מועד להתזה, בפשטות כוונתו היא משום דצרורות במציאות הוה מעשה אחר, והגם דהדין העדאה ברגל לא הוי בתורת סימן וראי' על טבעו, אמנם סו"ס הוה מעשה אחר במציאות, ומשו"ה מועד לרגל למה יהא מועד להתזה, וכעי"ז יתכן לומר דמועד לדרוס על הכלי לא הי' מועד לשליף שעלי'.

---

425 וז"ל, ואין לומר דאיצטריך אם הועד לרגל דצרורות דידיה לא הועדו דזה אינו חידוש ולא צריך הלכתא להכי כי אם הועד לרגל למה יהא מועד להתיז צרורות.

אמנם א"כ ילה"ע על דברי השטמ"ק, דהרי משכחת איזה מעשים דבמציאות הוו חדא מילתא, ומ"מ לא' מהם יש תורת רגל ולהשני תורת צרורות, וא"כ אכתי י"ל כתי' הנ"ל, דכה"ג איצט' לן ההלכתא דצרורות, דבלעדי' הי' מועיל ההעדאה דרגל. והנה עי' לעיל יז: דבעי רבא דרסה על הכלי ולא שברתו ונתגלגל למקום אחר ונשבר, מהו, בתר מעיקרא אזלי' וגופי' הוא, או"ד בתר תבר מנא אזלינא וצרורות נינהו. ודעת הרבה ראשונים דקיי"ל דבתר מעיקרא וגופי' הוה. ויתכן לומר דמעשה זה של דריסה על הכלי הוא במציאות אותו מעשה של צרורות, וא"כ אילו הי' נעשה מועד למעשה כזה של דריסה על הכלי, שפיר הי' מועילה העדאה זו למעשה דהתזת צרורות, וכה"ג היינו צריכים להלכתא. אכן אי"ז דבר מוכרח, דיתכן דהתזת צרורות ודריסה על הכלי, במציאות אינם נחשבים כמעשה אחד.

אכן אכתי משכחת כעי"ז בדרסה על הכלי גופי', וכפי מה שדקדק הריב"ש בסי' תק"ו מדברי הר"מ בפ"ז מחובל ומזיק הי"ב, בענין בתר מעיקרא, דהוא רק היכא דעומד "להשבר מיד בודאי". ודקדק הריב"ש מזה, דהיכא דאיכא איזה אפשרות של הצלה לא אזלי' בתר מעיקרא. וא"כ היכא דדרסה על הכלי ג' פעמים באופן שהי' עומד להשבר מיד, דנחשב כנזק דגופי', לולי ההלכתא דצרורות הי' נעשה מועד גם להיכ"ת שהי' אפשרות של הצלה, דהרי הוא אותו מעשה במציאות, ונמצא דכה"ג הוה איצט' לן ההלכתא דצרורות. אכן עי' בחבורה ב' שהעלנו, דכל הך תנאי ד"מיד בודאי" הוא רק לענין היכא דבא אחר ושברו ולא לענין עיקר הדין דצרורות.

אכן אכתי משכחת לה כעי"ז, דהנה לקמן בדף כו: אמר רבה, דזרק כלי מראש הגג והיו תחתיו כרים או כסתות ובא אחר וסלקן, פטור. ועי' בתוס' לג. בד"ה הוציאו כו' שכ', דהיינו רק היכא דלא הו"ל לסלוקי אדעתי' שיבא אחר ויסלקן, וכגון בהי' שם מונע שהי' עומד ליפול ברוח מצוי' ולבסוף נפל. והנה כה"ג נהי דנחשב כמעשה מזיק ושייך לחייבו, פשיטא דלא שיי"ל בתר מעיקרא כו', מכיון דמעיקרא הי' שם מונע. ולפי"ז משכחת לן בכה"ג שני מעשים שהם במציאות חדא, ולאחד מהן איכא תורת צרורות ולאחד איכא תורת רגל, והיכא שהועד למעשה של דריסה על הכלי באופן שלא הי' שם מונע, ולבסוף דרסה על הכלי באופן שהי' שם מונע שהי' עומד ליפול ברוח מצוי' ונפל, לולי ההלכתא דצרורות הי' מועיל העדאה דרגל לחייבו בנז"ש.

אך יתכן לומר דאין כוונת השטמ"ק דהא דלא מועיל העדאה דרגל לצרורות הוא משום דבמציאות הוה מעשה אחר, אלא מחמת זה עצמו דזהו מעשה דגופו וזהו מעשה דכוחו, דהגם דמסברא כוחו כגופו דמי, אמנם מ"מ יש למעשה דכוחו תורת מעשה בפנ"ע. ולפי"ז מיושב קו' הנ"ל, דנהי דבמציאות הם מעשה אחד, אך מכיון דלא' מהם איכא תורת מעשה דגופו ולא' מהם איכא תורת מעשה דכוחו, זה גופא מחלקם לתרתי לענין העדאה. ומ"מ מובן מש"כ השטמ"ק דלפי"ד סומכוס הי' א"ש, די"ל דנהי דהטעם לומר דכח כוחו לאו ככוחו דמי, הוא משום דלא הוה ממש ככוחו, אמנם סו"ס תרוייהו כוחו הם ולא גופו, וא"כ מצד ההעדאה דרגל שניהם שוים, ושפיר קיימא הנפק"מ הנ"ל. אכן דע דמלשון השטמ"ק לא משמע כמשנ"ת אלא דהטעם דהעדאה לרגל לא מהני לצרורות, הוא משום דבמציאות הוה מעשה אחר, דז"ל, כי אם הועד לרגל למה יהא מועד להתיז צרורות, עכ"ל. ולהלן בסומכוס כתב, דשניהם שוים בהתזה, ולא משמע דרצה לחלק בין כוחו לגופו וא"כ הק"ל, וצ"ע.

פרי חיים על פרק כיצד הרגל

חבורות שאמרתי בעזה"י בכולל תפארת צבי חורף התשס"ו

סימן א'[426]– בגדרי קרן ורגל

א. בגדרי קרן ורגל, ובדין מזיק כי אורחי' וכוונתו להזיק או משונה ואין כוונתו להזיק.

ב. האם שייך להתחייב בפעם הא' מדין קרן מועד, ובגדר דין העדאה

ג. בשיטת התוס' בזה

ד. ביסוד הפטור דשן ורגל ברה"ר, ונפק"מ כשכוונתו להזיק ואורחיה בכך

ה. בהנ"ל לפ"ד חי' מרן רי"ז הלוי בגדר תורת מזיק

ו. הילפותא מקרן מחוברת למ"ד פלגא נזקא קנסא לפ"ד הגרי"ז

ז. סוגיא לקמן נג. דחצי נזק הוא קולא בשור

א. בגדרי קרן ורגל, ובדין מזיק כי אורחי' וכוונתו להזיק או משונה ואין כוונתו להזיק.

תד"ה כיצד הרגל מועדת כו' אמתני' דפ"ק [טו:] קאי ותימה אי אדפתח ליתני כיצד שן ברישא ואי אדסליק כו' ואומר ר"י ודאי אדפתח ביה קאי ושן ורגל כחד חשיבי כו' עכ"ל, וע' בתוס' ר"פ שהוסיף וז"ל, א"נ משום דסיים בפ"ק דנחש מועד לעולם וזהו רגל דאין הנאה להיזקו עכ"ד.

והנה מבו' בפ"ק דקרן ורגל חלוקים בתרתי א] דרגל היזקו מצוי וקרן הוא משונה, ב] ברגל אין כוונתה להזיק ובקרן כוונתה להזיק. ויל"ע כשדומה בחד צד לקרן ובחד צד לרגל, כגון שהוא משונה ואין כוונתה להזיק וכן שהוא אורחי' בכך וכוונתו להזיק מה דינו, ולכאו' מדברי התוס' ר"פ הנ"ל מבואר להדיא דהוא תולדה דרגל, שהרי נחש כוונתו להזיק ואין הנאה להיזקו והוי רגל, ולהלן נבאר בעזה"י עיקר הספק.

וע' בתד"ה דרסה על הכלי כו' וז"ל, אור"י דאיצט' לאשמועינן דסד"א דמשונה הוא כיון דדרסה כ"כ בחוזק שניתז השבר על כלי אחר ושברו ומסתמא להזיק נתכוונה עכ"ל, ולכאו' עיקר תירוצו של התוס' הוא דסד"א דהוי קרן כיון שהוא משונה לדרוס כ"כ בחוזק, וא"כ לכאו' צ"ב למה הוצרך התוס' לסיים "ומסתמא להזיק נתכוונה", ובאמת בתוס' ר"פ ובתלמיד הרשב"א והרא"ש לא הזכירו אלא דסד"א דהוא משונה. והנה אם נקוט דבמשונה לחוד לא סגי לעשותו קרן אלא בעי' גם שיהי' כוונתה להזיק אז הי' א"ש דברי התוס' על נכון, דתרווייהו בעינן ובלא זה לא סד"א שיהא קרן. אכן ע' לעיל טו: בסוגיא דכלבא דאכלא אמרי רברבי דמבו' להדיא דהיכא דהוא משונה אפי' אם אין כוונתה להזיק, הוי קרן ומשלם חצי נזק, וכעי"ז מבו' מכמה דוכתי במכילתין, עי' בתוס' ר"פ יט: בד"ה קרן כו' וא"כ ליכא לפרש כן בכוונת התוס', וע' מש"כ במקו"א בביאור דברי התוס'.

ובדבר שהוא אורחי' בכך וכוונתו להזיק הוכחנו מדברי התוס' ר"פ הנ"ל דהוא תולדה דרגל, וכ"כ להדיא תוס' לעיל טז. בד"ה והנחש וז"ל ואפי' נחש שאין נהנה מנשיכתו וכו' מ"מ כיון דאורחיה בהכי הוי כמו רגל ופטור ברה"ר, ולא הוי כמו קרן בתר דאייעד אף על פי דמתכוין להזיק, מדחשיב ליה גבי אחריני עכ"ל וכ"כ ברא"ש שם סי' כ"א.

אכן ע' בשטמ"ק שם בשם הר"ש שבי' מתני' דהזאב והארי כו' דחיובן הוא משום קרן וז"ל הזאב והארי. נ' דכל הני איירי כשהזיקו בלא אכילה, והוו להו קרן ואייעד דמשלמין נזק שלם בתחילה עכ"ל. וכעי"ז אי' בפסקי הריא"ז שם ה"ד אות א' וז"ל יש מיני חיות שהן מועדין מתחילתן, ואע"פ שכונתן להזיק כנזקי הקרן, אינן דומין לקרן התם אלא

426 חבורה א' חלק א'

לקרן מועד, ואילו הן הזאב כו׳ ואם יש להם בעלים משלמין לעולם נזק שלם בין שהזיקו ברשות הניזק, בין שהזיקו ברה״ר עכ״ל. ומבואר לכאורה דזאב וארי הוו קרן אע״פ שדרכם בכך מפני שכוונתם להזיק, ודלא כהתוס׳ ותוס׳ ר״פ והרא״ש, אלא דמ״מ משלמין נזק שלם כי הם מתחילתן כקרן מועדת.

ולפי שיטה זו א״ש היטב דברי המאירי והנמו״י שפירשו דמאי דאמרי׳ במתני׳ ״כיצד הרגל מועדת לשבר דרך הלוכה״ דהכוונה הוא בלא כוונת היזק, ומשמע דעיקר שם רגל תלוי בזה, כי כשכוונתה להזיק הוי קרן אע״ג דאורחיה בכך.

ב. האם שייך להתחייב בפעם הא׳ מדין קרן מועד, ובגדר דין העדאה

ולמדנו מדברי הר״ש והריא״ז עוד חידוש, שיש אופן של מזיק המתחייב מדין קרן ואעפ״כ הוא מועד מתחילתו, וכעין עיקר שיטה זו, דשייך לחייב גם בפעם הראשון נזק שלם מדין קרן מועד, מבואר כן גם בדברי הר״מ פ״א מנזק״מ ה״ו לפי״ד המ״מ שם, וז״ל הרמב״ם חמשה מיני בהמה מועדין מתחלת ברייתן להזיק ואפילו הן תרבות, לפיכך אם הזיקו או המיתו בנגיחה או בנשיכה ודריסה וכיוצא בהן חייב נזק שלם, ואלו הן הזאב והארי והדוב והנמר והברדלס, וע״ש במ״מ וז״ל ואם עשו מעשה קרן והם חמשה מעשים הנזכרים למעלה [נגיחה נגיפה כו׳] דינן כדין קרן לענין חלוק הרשויות כמבו׳ בסמוך, אלא שהן מועדין מתחלתן עכ״ל, וכ״כ הלח״מ שם ע״פ המ״מ ״ואם עשה מעשה קרן דהיינו מידי דלאו אורחי׳ כתב דחייב ברה״ר אלא שמועדין מתחלתן כלומר משלמין נזק שלם״ הרי שפי׳ בכוונת הרמב״ם דאפי׳ מעשה דלאו אורחי׳ וכוונתו להזיק הוי מועד מתחילתו באותם חמשה מיני בהמה. והוא חידוש יותר גדול מהשיטמ״ק בשם הר״ש והפסקי ריא״ז הנ״ל, דאפי׳ בקרן גמור שהוא משונה וכוונתו להזיק הוי מועד מתחילתו באותם חמשה מיני בהמהה.

אכן ע׳ בחי׳ רמ״ש יט: שהביא דברי הלח״מ וחלק עליהם וכ׳ דכוונת הר״מ הוא דאע״ג דכוונתו להזיק מ״מ כיון דעלולים להזיק שמחיות הטורפות הן ודרכן להזיק, חייב נזק שלם. ולפ״ז לא חייבם הרמב״ם מתחלתם בנזק שלם אלא בכי אורחה, וכשיטת הר״ש והריא״ז הנ״ל, וע׳ בחי׳ רא״ל ס״ז-ב׳ שכנ׳ שגם הוא הבין כן בדעת הר״מ, וכן נקטו האחרונים.

ושמעתי ממו״ר הגרח״ש ליבוביץ (שליט״א) זצ״ל, דבדברי הר״מ ודעימי׳ דשייך לחייבו נזק שלם בפעם הראשון מדין קרן מועד, איכלל בזה חידוש גדול, דהנה ידוע מה שאמר הגרב״ד בשם הגר״ח דמלבד הא דבעי׳ ג׳ נגיחות כדי לעשותו הוחזק נגחן, בעי׳ ג׳ נגיחות מצד גזה״כ וכסדר הכתוב בתורה, ואפי׳ היכא דכבר אורחי׳ בהכי מ״מ בעי׳ ג׳ נגיחות. ואביו הגרי״מ הי׳ אומר שהגר״ח הי׳ מדקדק כן מדברי התוס׳ לקמן כד. ד״ה השתא שהקשה על המבואר שם דלמ״ד לייעודי גברא אי אתו תלתא כיתי סהדי בחד יומא לא מייעד מימר אמר השתא הוא דקמסהדי בי, וז״ל תימה לר״י דמ״מ קנס לא הוי אפי׳ למ״ד פלגא נזקא קנסא, דמכי נגח שלש נגיחות יצא מחזקת שימור, ונראה לתרץ דאין חצי נזק חלוק, כיון דהוי קנס בחד דוכתא הוי קנס בכל דוכתי עכ״ל, ומבואר דכל זמן דלא אייעד גברא הוה תם, וצ״ב דהרי נגח ג׳ פעמים והוה אורחי׳, ובע״כ דמועדות הוא גזה״כ, וכל זמן שלא היו ג׳ נגיחות כסדר האמור בתורה אינו נעשה מועד. וע׳ מש״כ זה בהערות על ב״ק ב., ולכאו׳ צ״ב לפ״ז בשיטת הר״מ ודעימיה, היכי שייך להיות מועד מתחילתו, נהי דאורחיה הוא מ״מ הרי ליכא סדר העדאה האמור בתורה. וצ״ל דרק היכא דחיילא עליה תורת תמות הוא דבעי׳ סדר העדאה מגזה״כ לעשותו למועד, אבל אותם מיני בהמה המועדין מתחילתן לא חיילא עלייהו מעולם תורת תמות, ואיכא בהו תורת העדאה מחודשת של מועדין מתחילתן בלא סדר העדאה.

ג. בשיטת התוס׳ בזה

והגרי״מ ר״ל דתוס׳ חולק על זה וס״ל דלא שייך להתחייב בפעם הראשון מדין קרן מועד, דהנה לעיל ב: סד״א דקרן מחוברת מועדת מתחילתה וע׳ בתוס׳ שם שהעיר דמהיכ״ת זה, אי מקרן תלושה דיי׳ כקרן תלושה, וליכא למילף

משאר אבות דאורחייהו בכך, וע"ש בשטמ"ק וז"ל וריב"א פירש דלא נאמר די' כתלושה דטעמא דתלושה דאינה מועדת עד ג' זימני משום דלאו אורחי' אבל מחוברת כיון דאורחא הוא נחשוב פעם ראשונה כתלושה ג"פ עכ"ל, ומבואר שלהריב"א באורחיה בכך שייך לחייב בפעם ראשונה מדין קרן וכשיטת הר"מ ודעימיה, וע"כ אין כוונתו דהוא אורחי' לגמרי, דא"כ הוה רגל, אלא דהוי בפעם ראשונה אותה דרגא של אורחיה כמו אורחי' דמועד, וחייב ע"ז מדין קרן. ובי' הגרי"מ שכנראה שהתוס' דלא ניחא ליה בתירוצא דהשיטמ"ק חולק על דברי השטמ"ק וס"ל דליכא מושג של מועד מתחילתה בקרן ולא איכפ"ל במאי דהוה אורחי', דלא עדיף מהיכא דנגח ג' שוורים של הפקר דחזינן דאורחיה בכך ואפ"ה אינו חייב נזק שלם עד דאיכא סדר העדאה עכ"ד.

אלא שילה"ע על דברי הגרי"מ מלשון התוס' בדף טז. גבי נחש ולא הוי כמו קרן בתר דאייעד אף על פי דמתכוין להזיק מדחשיב ליה גבי אחריני, דמשמע דהוה ניחא ליה לפרש דנחש חייב מתחילתו כקרן מועד, ורק דהוקשה לי' דממה דכלל ביחד עם ארי וזאב דחייבין משום רגל משמע דדינו שוה לה, ולפ"ד הגרי"מ הרי לא שייך כלל מועד מתחילתו בקרן והיאך ס"ד דתוס' לפרש כן. ורק דאולי י"ל דאה"נ למאי דס"ד דהתוס' דנחש כיון שכוונתו להזיק הוי קרן א"כ מוכחדשייך קרן מועד בפעם הראשון ממתני' דתנן להדיא דנחש מועד לעולם, דהרי מבואר דשייך לחייבו משום קרן בפעם הראשון, אבל התוס' דחה זאת וכ' דליכא לפרש כן במתני' מדחשיב להו בהדי אינך, ומעתה תו יש לומר כפשטות הדברים דלא שייך לחייבו משום קרן מועד בפעם הראשון[427].

ד. ביסוד הפטור דשן ורגל ברה"ר, ונפק"מ כשכוונתו להזיק ואורחיה בכך

ועכ"פ מבו' דנח' הראשונים היכא דכוונתו להזיק ואורחי' בכך אם דינו כקרן מועד או כרגל, ונפק"מ לפוטרה ברה"ר. ושמעתי פעם לדקדק מדברי רש"י בדף יז: כדעת הר"מ הנ"ל דהוי קרן, ממש"כ רש"י בסוד"ה תנא אבות דתולדות דרגל הן דהזיקה מצוי ואין כוונתה להזיק עכ"ל, ומשמע דתרתי בעינן, ולא סגי בהא דהזיקה מצוי לחוד להיות תולדה דרגל, כי בהזיקו מצוי וכוונתו להזיק הוה תולדה דקרן וחייב ברה"ר. וכעי"ז נ' לדקדק מדבריו לעיל ג. בד"ה ומאי שנא שן כו' כל היזק דרך הילוך שלא בכוונה הוי תולדה דרגל דהזיקו מצוי ואין כוונתו להזיק עכ"ל. וילה"ע קצת על זה מלשונו לעיל ב: בד"ה בעיטה.

אכן נ' לדחות הראי' מדברי רש"י הנ"ל, דיתכן דאע"ג דבכוונתו להזיק ואורחיה בכך הוי קרן, מ"מ יהא פטור ברה"ר. דהנה כבר הבאנו דברי התוס' ר"פ במש"כ ליישב קו' התוס' מ"ט פתח בכיצד הרגל, משום דסיים בפ"ק דנחש מועד לעולם וזהו רגל דאין הנאה להיזקו, ולכאו' ילה"ע על התוס' עצמו אמאי לא תי' כן, הרי איהו גופיה ס"ל ג"כ בדף טז. דנחש הוי רגל, וע' בשטמ"ק בזה. ולכאו' י"ל בזה דהנה מצינו שינוי גדול בין דברי הרא"ש ודברי התוס' לעיל טז. בדין נחש, דהרא"ש שם כ' דרגל הוא, אכן תוס' כ' "והוי כמו רגל" וי"ל דאין כוונתו דהוי ממש תולדה דרגל אלא דינו הוא כמו רגל אע"פ שבאמת אינו רגל. ובי' הדבר הוא דע"ש בשטמ"ק שהעיר על התוס' וז"ל וקשה ונימא כמו קרן ויתחייב ברשות הרבים ומה קרן דלאו אורחיה חייב ברשות הרבים נחש דאורחיה לא כל שכן שיתחייב ברשות הרבים כו', ויש לתרץ דאיך עשית הקל וחומר ומה קרן דלאו אורחיה חייב ברשות הרבים וכו' **אדרבה היא הנותנת דמשום דנחש אורחיה ובני אדם יכולין ליזהר ממנו יש לפוטרו ברשות הרבים**, מעתה כיון דנחש פטור ברשות הרבים וכו' אין לו דין קרן כלל **הילכך יש לו דין רגל** וחייב נזק שלם ברשות הניזק וברשות הרבים פטור עכ"ל. ולכאו' כוונתו הוא כעין מש"כ בר"מ במורה נבוכים ח"ג פ"מ דיסוד הפטור בשן ורגל ברה"ר הוא

---

[427] ואולי יש להוכיח דהתוס' ס"ל שא"א להתחייב בפעם ראשונה מדין קרן מועד ממה שפירש שנחש הוי רגל ולא ניחא ליה לפרש מדין קרן, והיינו משום דאי מדין קרן לא היה מועד מתחילתו. אכן שמעתי מהגרש"מ [בחבורה ו'] להעיר דמתוס' ר"פ מבו' שלא כזה, דכבר הבאנו דבריו למעלה שכ' דחייב בנחש מדין רגל, וע' בדבריו להלן יט: בסוגיא דכשכשה באמתה דמבו' להדיא שם דכל היכא דכוונתה להזיק ואורחי' בכך חייב מדין קרן מועד, אלמא דלהר"פ שייך לחייב בפעם ראשונה מדין קרן ואפ"ה פירש דנחש הוי רגל ולא קרן, וע"כ וצריכים לחלק בין נחש לכשכשה באמתה, דנחש כיון דהיזקו מצוי כ"כ דומה להיזק דשאר בהמות דרך הליכתן. ואמנם יש להוכיח דכן הוא שיטת התוס' לקמן מא. ואכמ"ל.

משום פשיעת הניזק שהרי הזיקו מצוי והו"ל להישמר ממנו, וכיון דמחמת האי טעמא הוא אין זה תלוי דווקא בהשם מזיק דשן ורגל, דאפי' קרן נמי פטורה ברה"ר אם הזיקה מצוי, שהרי הניזק הו"ל לשמור עצמו, והן הן דברי התוס' דהוי 'כמו' רגל, דבאמת תולדה דקרן הוא ולא תולדה דרגל אלא דבפועל דיניו כרגל שפטור ברה"ר כיון שהזיקו מצוי וחייב נזק שלם כיון שהוא מועד מתחילתו. ולפי"ז י"ל דגם רש"י יסכים דבאורחי' וכוונתו להזיק פטור ברה"ר כרגל משום דהו"ל להניזק להישמר ממנו אע"ג דבאמת תולדה דקרן הוא ולא תולדה דרגל.

שו"ר בחי' רמ"ש יט: בד"ה אולם ראיתי כו' שכתב ככל דברינו וז"ל "דנראה להבין דברי הרא"ש ותוספות בנחש דאע"ג דאין הנאה כלל לנשיכתו וכונתו להזיק מ"מ פטור ברה"ר, וטעמו מאי, וחכם יבין מעצמו דבהמות אינם עלולים להזיק במידי דלאו הנאה, רק שור א' יצא מן הכלל ואיעד, א"כ בני רה"ר אינם יודעים להשתמר ממנו ועלול להזיק וחייבתו התורה ברה"ר, אבל נחש דכל המין כך דרכו לנזוק בנשיכה הי' להם לבני רה"ר להיזהר, ודוק עכ"ל. אכן ע' במהרש"א ג. שכ' להדיא בדעת התוס' הנ"ל דנחש הוי תולדה דרגל. ונ' דאפי' אם צדקו דברי השטמ"ק דהפטור דנחש ברה"ר הוא רק משום שהזיקו מצוי, מ"מ כיון דיסוד הפטור דרגל ברה"ר הוא מפני שהזיקו מצוי מסתברא לומר שהשם "רגל" לענין פטור רה"ר תלוי בזה שהזיקו מצוי, וכל שהזיקו מצוי אית ליה שם רגל לגבי פטור רה"ר אע"ג דלגבי שאר מילי לאו רגל הוא, וצ"ע.

ה. בהנ"ל לפ"ד חי' מרן רי"ז הלוי בגדר תורת מזיק

ויש לתלות הנידון הנ"ל במזיק שהוא משונה ואין כוונתו להזיק, בדברי מרן רי"ז הלוי הל' נזק"מ, דהנה בפשטות הי' נ' דכיון דמשונה הוא וא"א ללמדו אלא מקרן, לא יהא חמור יותר מקרן וא"א לחייבו יותר מחצי נזק, וכמבואר כן בדף טו: בכלבא דאכלא אימרי רברבי. אכן בחידושי מרן רי"ז הלוי כתב ליישב קו' תוס' ב: בהא דס"ד דקרן מחוברת תהא מועדת מתחילתה אע"ג דלא ילפינן לה אלא מקרן תלושה שאינה מועדת מתחילתה, ותמצית דבריו הם דלפי האמת החיוב מזיק בשן אינו מחמת תורת שן דיש הנאה להזיקה וכן ברגל אין החיוב משום דהזיקה מצוי, אלא דסיבת החיוב בכל נזק"מ הוא משום שדרכו להזיק וממונו ושמירתו עליו, ורק הפטורים הם מגזה"כ כגון פטור שן ורגל ברה"ר וטמון באש ופטור חצי נזק בקרן תם, ורק הפטורים תלויים בעיקר השם מזיק שלהם, דדוקא מה שיש לה תורת שן או רגל יש לה הפטור ברה"ר, ואילו הוה ילפי' מינייהו חיוב תשלומין במזיק אחר שלא הי' שייך להיות נכלל בכלל מזיק דשן ורגל, הי' חייב ברה"ר. וכ' לפי"ז די"ל דלעולם קרן מחוברת לא הוי אורחיה טפי מתלושה ורק דהו"א דהחפצא דקרן הוא קרן תלושה, ורק בי' נאמר מגזה"כ הפטור דחצי נזק, והיינו דבפרשה דקרן נכלל דאפי' מה שהוא משונה יש לו דין מזיק גמור, וממילא אם לית ליה שם קרן דינו לשלם נזק שלם, ושייך למילף מזה לקרן מחוברת, והגם דקרן תלושה אינה מועדת מתחילתה, היינו פטור מסויים בקרן מכח גזה"כ עכ"ד. וע"ש עוד מש"כ בבי' דברי הרי"ף בספק הגמ' דתולדותיהן כיו"ב.

והנה לפי"ד הגרי"ז נמצא דמאי דאמרי' בגמ' ב: גבי נגיפה ונשיכה וכו' שהם תולדות דקרן מאי שנא קרן דכוונתו להזיק וממונך ושמירתו עליך כו', אין זה חומרא בעלמא של קרן דילפינן בהו חיוב תשלומין מקרן משום דאיכא ק"ו ואין פירכא, אלא הוא הגדרה מהי עיקר התכונה של קרן לענין הפטור מגזה"כ על חצי נזק, ורק תולדות כאלו שכוונתם להזיק יש להם שם קרן ונכללו בהגזה"כ של קרן לענין הפטורים. ויש להעיר דלפי"ז תיקשי על הגרי"ז מהסוגיא בדף טו: דכלבא דאכלא אימרי רברבי הוי קרן ומשלם חצי נזק, הלא כשאין כוונתו להזיק אין לו את העיקר שם קרן, ונהי דחיובא מצינן למילף בכל דבר שהוא משונה ואין כוונתו להזיק מקרן [ועוד א' במה הצד], אך איך נילף מקרן את הפטור דחצי נזק כשאין כוונתו להזיק, הלא כשאין כוונתו להזיק אין את עיקר השם קרן, והו"ל להיות כמו קרן מחוברת בההו"א דילפינן בה מקרן רק את החיוב של התורת מזיק ולא את הפטורים דתלו בהשם קרן. ואין נראה לומר דסו' דהכא קאי כר"פ דס"ל פלגא נזקא ממונא וכמ"ש התוס' בשם ר"ת דר"פ ס"ל דקרן אורחי' הוא ואליביה הוא דנקט הגמ' דתכונת קרן הוא "כוונתו להזיק", והא דכלבא דאכל אימרי אזיל כמ"ד פלגא נזקא קנסא

ולדידיה עיקר תכונת קרן תלוי׳ רק במה שהוא משונה, דדוחק הוא לומר כן. והצעתי קושיא זו הצעתי לפני מו״ר הגרח״ש זצ״ל ומו״ר הגרש״מ שליט״א והניחו בצ״ע.

ובפשטות הי׳ נ׳ להוכיח מזה דהגם דבשאר אבות נזיקין צדקו עיקר דברי הגרי״ז, עכ״פ לפי מקצת ראשונים, אך קרן תמה שאני, וכל הדברים הנלמדים מקרן הוו כקרן ואינם מועדים מתחילתם, והוא לפמש״כ מרן הגרב״ד בברכ״ש סי׳ ב׳ דשור תם הוא רק חצי מזיק, דכל אחריות והאיסור היזק המוטל עליו הוא רק לענין חצי נזק. והנה ודאי אין כוונתו לומר דמעיקרא דדינא אינו אלא חצי מזיק, דהרי ר״ש בן מנסיא [ז.] ס״ל דשור תם שהזיק את ההקדש חייב נזק שלם, ומבואר דגם בתם איכא תורת מזיק גמור, וכעי״ז מבו׳ משי׳ ר״ע דשור תם שהזיק אדם חייב נזק שלם. אלא בי׳ הדבר הוא דודאי מעיקרא דדינא יש תורת מזיק גמור גם בתם, ורק דבהדין ״הלכותיהן״ שהפקיעה התורה תם מתשלומי נזק שלם נכלל גם הפקעה מעיקר התורת מזיק שבה. ולפ״ז יש מקום גדול לחלוק בקרן על דברי הגרי״ז ולומר דכיון דאין לה תורת מזיק אלא על חציו ליכא למילף ממנה בדבר שהוא משונה אלא תורת מזיק על חציו, ולכן אין חיוב נזק שלם בכלבא דאכל אימרי, ולא דמי לשאר פטורים שיש להם תורת מזיק גמורה ונכללת בהם סיבה להתחייב בנזק שלם והפטור הוא רק מהחיוב תשלומין.

ז. הילפותא מקרן מחוברת למ״ד פלגא נזקא קנסא לפ״ד הגרי״ז

ובאמת דגם בישוב גוף דברי הגרי״ז צ״ל כעי״ז, דהנה כבר תמהו עליו דאיך שייך למילף תורת מזיק וחיוב תשלומין בקרן מחוברת מקרן תלושה לחייבו נזק שלם למ״ד פלגא נזקא קנסא, הלא לדידיה סתם שוורים בחזקת שימור קיימי, ומעיקר הדין היה צריך להיות פטור לגמרי ורק התורה קנסתו בחציו, וא״כ מהיכ״ת למילף ביה חיוב תשלומין ולחייבו בנזק שלם. ונ׳ בפשיטות כעין הנ״ל, וכן שמעתי מהגרש״מ, דעיקר הנידון בפלג״נ קנסא הוא, אם יש תורת מזיק לקרן תמה מצד הסברא ושורת הדין, לולי חיוב התורה, דלמ״ד בחזקת שימור קיימי מסברא אין לתם תורת מזיק, והיינו דאין שום סיבה שיהיה הבעלים אחראי על היזקה, משא״כ למ״ד פל״נ ממונא, יש מקום מסברא שיהא לתם דין מזיק. וכ״ז מצד הסברא, אך לאחר שגילתה התורה שתם משלם חצי נזק ודאי שגם למ״ד פלג״נ קנסא נכלל בזה שהתורה נתנה לו דין מזיק, והיינו שנכלל בהחיוב קנס דחצי נזק שהבעלים אחראי על הזיקה, ומחמת חיוב זה הי׳ צריך להיות חייב בנזק שלם, ורק דהתורה פטרתו מזה וחייבתו רק בח״נ, וממילא שפיר ס״ד למילף תורת מזיק וחיוב תשלומין בקרן תלושה מקרן מחוברת, כי לאחר שגילתה התורה שתם משלם חצי נזק נכלל בזה שיש לו תורת מזיק ויש לחייבו מחמת זה בנזק שלם, (וכדחזינן לר״ש בן מנסיא דמזיק שור של הקדש באמת חייב נזק שלם שהוא ממונא ולא קנסא, והיינו משום שיש לו את התורת מזיק ואין לו את הפטורים שמחמת השם קרן), וא״ש.

ז. סוגיא לקמן נג. דחצי נזק הוא קולא בשור

ונראה לדקדק כן מהסוגיא דלקמן נג:, ע״ש דכתיב בין בבור ובין בשור ״והמת יהי׳ לו״, ומקרא דשור ילפי׳ דבעלים מטפלין בנבילה, ומקרא דבור ממעטי׳ פסולי המקודשין דאין המת שלו, ומקשי׳ ואיפוך אנא, ומתרצי׳ ״מסתברא פטור גבי בור הואיל ופטר בו את הכלים, אדרבה פטור גבי שור **שכן פטר בו ח״נ**, כולי׳ נזק מיהת לא אשכחן״, ומבואר שחצי נזק הוא קולא בשור, ולכאו׳ צ״ב למ״ד פלגא נזקא קנסא איזה קולא היא זו, ואדרבה שורת הדין הוא שיהי׳ פטור לגמרי, והתורה החמירה עליו לענין ח״נ. ומבו׳ מזה שלאחר שגילתה התורה שתם משלם חצי נזק נכלל בזה שיש לו תורת מזיק, והי׳ מהראוי שיתחייב נז״ש, ורק דהוא מהלכותיהן לפוטרו בח״נ. (ואמרתי ראי׳ זו להגרש״מ ונהנה מאד). אכן יש לדחות דכוונת הגמ׳ הוא דעכ״פ הא מיהת דגם היכא דאיכא פשיעה גמורה חייב ח״נ, וכגון בנגח ג׳ שוורים של הפקר, והוה מוקמינן פטור גבי שור בכה״ג, אכן הוא דוחק, ועוד דנ׳ דאילו בקרן דעלמא לא היתה סיבה לחייבו יותר מח״נ, יתכן דלא הי׳ שייך לומרשבכה״ג בנגח ג׳ של הפקר אינו חייב אלא ח״נ, דהרי דרכו

בכך, ורק לאחר שבקרן דעלמא יש סיבה לחיובו נזק שלם ואפ״ה הקילה עליו התורה שישלם חצי נזק י״ל כן גם בנגח ג׳ של הפקר.

סימן ב׳[428]– בסו׳ דחי׳ בכלל בהמה, בדעת רש״י דלא ניחא ליה לפרש כהתוס׳ דילפינן משבת

א. בטעם דרש"י לא הי׳ ניח"ל לפרש כהתוס׳ דילפי׳ משבת

ב. לכאורה תיקשי גם על התוס׳ מאסו"מ ומעבד ואמה

ג. דברי השיטמ"ק דס"ד דחיה תהא תולדה

ד. חילוק בין הדרשא דחי׳ בכלל בהמה להילפותא משבת

ה.דברי השיטמ"ק שהס"ד לחלק בין חיה לבהמה היא בהפטורים, והאם י"ל כן בדעת רש"י

ו. עוד אופן בדעת רש"י

ז. י"ל שגם לרש"י עיקר הדרשא היא משבת

ח. בדברי השטמ"ק דסד"א דחי׳ חייב גם ברה"ר

ט. ב׳ פטורים בשן ורגל ברה"ר, מסברא דאורחייהו בכך, ומגזה"כ, וביאור לפ"ז בהא דס"ד לחייב שן דחיה ברה"ר

א. בטעם דרש״י לא הי׳ ניח״ל לפרש כהתוס׳ דילפי׳ משבת

גמ׳ תנא שן דחי׳ וקתני שן דבהמה סד״א ושלח את בעירה כתיב בהמה אין חי׳ לא קמ״ל דחי׳ בכלל בהמה. ופירש״י וז״ל דחי׳ בכלל בהמה דכתיב זאת הבהמה אשר תאכלו ומפרש בתרי׳ איל צבי ויחמור עכ״ל, ועי׳ בתוס׳ שחלק עליו וז״ל קמ״ל דחי׳ בכלל בהמה לא מההיא דרשה דבהמה המקשה קאמר הכא דחי׳ בכלל בהמה, דהא הכא אפי׳ עוף נמי הוי בכלל בהמה כדקתני התרנגולת מועדת, אלא ילפי׳ בהמה משבת כו׳ עכ״ל. ובדעת רש״י דלא ניחא לי׳ לפרש כדברי התוס׳ יל״פ בכמה אנפי:

א. עי׳ בשטמ״ק בשם רבי׳ ישעי׳ דהכא דלא כתיב ״בהמה״ אלא ״בעירה״ אינה נכלל בהך דרשה דשור שור משבת,

ב. עי׳ בב״ח סי׳ שפ״ט שכ׳ דלא מצינו הך דרשה דשור שור משבת לענין זה, ומעצמינו אין לדרוש הך גז״ש. (אכן בשיטת רש״י עצמו א״א לפרש הכי, עי׳ בדבריו בבכורות נד:

ג. י״ל דרש״י קשיא ליה לישנא דגמ׳ ״חי׳ בכלל בהמה״, דלהתוס׳ אין זה משום דחיה בכלל בהמה אלא דילפינן גז״ש משבת, ע׳ להלן. אכן אכתי צ״ב קושית התוס׳ דא״כ מנ״ל לרבות עופות.

ב. לכאורה תיקשי גם על התוס׳ מאסו״מ ומעבד ואמה

אכן דע דכיו״ב ילה״ע גם על דברי התוס׳ עצמו, דהרי לעיל ג. ס״ל לרב דאבנו סכינו ומשאו דלא אפקרי׳ חייב עלייהו משום שור, וצ״ב דחי׳ ועופות גופי׳ לא הי׳ חייב עליהם משום שור לולי הך דרשה דשור שור משבת, והרי אסו״מ לא איכללו בהך דרשה, ועי׳ בשטמ״ק בסוגין ובחזו״א לעיל ג. שכבר עמדו בזה. וכעי״ז העיר הגר״א מטעלז [מובא בחי׳ הגרנ״ט] בעבד ואמה דמבו׳ לעיל ד. דשורת הדין הוא שהאדון חייב בהזיקן, ורק מטעם דשמא יקניטנו אינו חייב, וצ״ב דמהיכ״ת לחיובו והרי לא נכלל בהך דרשה דשור שור משבת.

ג. דברי השיטמ״ק דס״ד דחיה תהא תולדה

ועי׳ בשטמ״ק בסוגין שכ׳ לפרש דאין כוונת הגמ׳ דלולי דקמ״ל מתני׳ הך דרשה דחי׳ בכלל בהמה הו״א דחי׳ יהא פטור לגמרי, דודאי אפי׳ לולי מתני׳ הוה ידעי׳ דחייב נז״ש כמו דחייב באסו״מ, דילפי׳ זה במה מצינו מבהמה, אלא

[428] חבורה א׳ חלק ב׳

דאיכא נפק״מ בגדר החיוב, שהדברים הנלמדים במה מצינו אינם אבות אלא תולדות. וכוונת הגמ׳ הוא דהו״א דרק בהמה הוי אב ולא חי׳, והרי במתני׳ מבו׳ דחיה נמי הוה אב מדאקדמי׳ לבהמה דודאי הוא אב, ועל זה אמרי׳ קמ״ל דגם חי׳ הוא אב דחי׳ בכלל בהמה. וכ׳ השטמ״ק ליישב עפי״ז קושית התד״ה סד״א כו׳ דמאי קמ״ל מתני׳ והרי כבר תני לן דחייב על תרנגולת, ולהנ״ל א״ש די״ל דתרנגול הוא תולדה כיון דלא נלמד אלא במה מצינו, ובחיה סד״א רק דהוי תולדה, וקמ״ל מתני׳ דחי׳ הוא אב ומשום דחי׳ בכלל בהמה הוא דכתיב זאת הבהמה אשר תאכלו איל כו׳ עכ״ד. ועי׳ בבית הלוי ח״ג סי׳ מ״ט שכ׳ לפרש כן בדברי רש״י בסוגין, וע״ש שפירש איזה נפ״מ איכא בין אם חייב עלה משום אב או משום תולדה.

ד. חילוק בין הדרשא דחי׳ בכלל בהמה להילפותא משבת

וע״ש בשטמ״ק שכ׳ לפרש בעוד אופן, (ולפ״ז מיושב דעת התוס׳), דלולי הך דרשה דחי׳ בכלל בהמה הו״א דחי׳ פטור לגמרי דהוה דרשי׳ ״בהמה״ דקרא למיעוטא, בהמה אין חי׳ לא, ומשו״ה בעינן למילף משבת דחי׳ בכלל בהמה, ועכשיו דדרשי׳ שור שור משבת דבהמה דקרא לאו דוקא הוא, מהשתא אמרינן כל מילי דמזיק אף אסו״מ הוי תולדה ע״ש. ודבריו צ״ב, נהי דבהמה לאו דווקא, היאך ילפינן מזה אסו״מ שאינו בע״ח כלל, ונראה בביאור דבריו, דחלוק הך מילתא דחי׳ בכלל בהמה מהילפותא משבת, דהך כללא דחי׳ בכלל בהמה היינו דהפירוש של בהמה כולל חי׳, משא״כ דרשה זו דבהמתך בהמתך משבת, בפשטות אין הכוונה דהפירוש של בהמה כולל עוף, אלא דהכוונה הוא לבהמה ורק דילפי׳ את הדינים גם לדבר שאינו בהמה כגון חי׳ ועוף, וכלשון הגמ׳ שם בהילפותא דשור שור משבת ״מה התם חי׳ ועוף כיוצא בהם״, והיינו דאינם נכללים בבהמה אלא שהדין שלהם הוא כיוצא בהם כבהמה, וכן אי׳ להדיא בשטמ״ק בשם הר״ש ובנמו״י, דגם הדרשא דבהמתך בהמתך דהכא הוא דהוי כיו״ב כבהמה, שו״ר בפי׳ ים התלמוד שכ׳ להדיא לחלק כהנ״ל בין כלל זה דחי׳ בכלל בהמה להך דרשה. ולפי״ז י״ל דכוונת התוס׳ הוא דבקרא דזאת הבהמה אשר תאכלו כו׳ לא סגי, דנהי דילפינן מיניה דבהמה לאו דוקא אכתי לא הוה ידעי׳ עופות, אך מאחר דילפי׳ בהמה בהמה משבת ידעינן דבהמה ל״ד ואף דבר שאינו בהמה כלל הוי כבהמה, וממילא שייך לרבות אף אסו״מ דלא אפקרינהו.

ה.דברי השיטמ״ק שהס״ד לחלק בין חיה לבהמה היא בהפטורים, והאם י״ל כן בדעת רש״י

ויש שכתבו ליישב דברי רש״י עפי״ד השטמ״ק בסוגין, ע״ש בשם גליון התוס׳ וז״ל ולר׳ נראה דהא דאמרינן הכא בהמה אין חיה לא לאו אחיובא דשן קאי, דהא תנא ליה חיובא דעופות גבי רגל והוא הדין גבי שן דבעירה לאו דוקא וכיון דממונא הוא פשיטא דמחייב, אבל אכתי לא אשמועינן פטורא ברשות הרבים בחיה ועופות לא ברגל ולא בשן, להכי תנא הכא שן דחיה וקתני במה דברים אמורים ברשות הניזק אבל ברשות הרבים פטורה, דאף לענין פטורא בעירה לאו דוקא ומשן שמעינן ברגל. ע״כ. ולכאו׳ יל״פ עד״ז בדברי רש״י בסוגין.

אכן בילדותי שמעתי מידי״נ הר״ר דוד ארי׳ קאפלאוויץ שליט״א להעיר על מהלך זה וכן על דברי הביה״ל שהס״ד היתה שחיה תתחייב מדין תולדה, ממש״כ רש״י עצמו בד״ה קמ״ל מתני׳ דאשן דחי׳ נמי **מיחייב** עכ״ל, ומבו׳ דההו״א היתה דפטור לגמרי על שן דחי׳, ודלא כהשיטמ״ק והבית הלוי דס״ד דליכא פטור ברה״ר או שתהא תולדה, ולפי״ז הק״ל קו׳ התוס׳.

ו. עוד אופן בדעת רש״י

ופעם ראיתי בברכ״א שכ׳ לפרש בדעת רש״י, דס״ל שגם הא דחיה בכלל בהמה אין הכוונה דחי׳ נכלל בתיבת בהמה, אלא דילפינן שגם חי׳ יש לה הדינים דכתיבי בבהמה, ולפי״ז י״ל דמהך קרא דזאת הבהמה אשר תאכלו וכו׳ ילפי׳ דבהמה לאו דוקא ושוב שייך למילף עופות וכיו״ב במה הצד, וכעין מה שכתבנו למעלה מהשטמ״ק.

ובפשטות נ׳ להוכיח כן ממש״כ למעלה מהשטמ״ק דחידושא דמתני׳ בשן דחיה הוא לפוטרה ברה״ר, ולכאו׳ צ״ב היכי שמעינן מהא דקתני במתני׳ חיה דגם עופות פטורין ברה״ר, אולי רק חי׳ פטור משום דחי׳ בכלל בהמה הוא, ולפי הנ״ל א״ש, דכיון דהוא רק ילפותא דבהמה לאו דווקא ממילא פשיטא דה״ה עוף. אכן יתכן לומר דס״ל להשטמ״ק דזה פשיטא דלא ס״ד לחלק בין חיה לעוף משום דחי׳ בכלל בהמה דהרי גבי שן ורגל לא כתיב בהמה אלא ״בעירה״, וממילא פשיטא דכי היכי דמרבינן בהמה ה״נ עוף, וצ״ע.

ז. י״ל שגם לרש״י עיקר הדרשא היא משבת

אמנם פשוטן של דברים ודאי אינו כן, אלא הדרשה דחי׳ בכלל בהמה היינו שתיבת ״בהמה״ כוללת גם חי׳, ולפי״ז הדרה קושיא לדוכתה קושית התוס׳ על פירש״י מנלן לרבות עופות. ולכן נ״ל בדברי רש״י, דלעולם ס״ל דהא דחייב על תרנגול הוא משום דאתיא בהמתך בהמתך משבת שדינו של עוף שוה לשל בהמה, ורק דס״ל דלשון הגמ׳ ד״חי׳ בכלל בהמה״ לא כוון לזה אלא להסוגיא בחולין דיליף לה מקרא דזאת הבהמה אשר תאכלו וכו׳, והגם דדרשה זו לא מספיק לפרש תרנגול דתנן במתני׳, היינו משום דהשקו״ט הכא הוא בחי׳ ובחי׳ אי״צ יותר מדרשא זו משו״ה נקט לה, וע׳ עוד בסמוך ביתר ביאור.

וכפירוש הזה מבו׳ בדברי תלמיד ר״ת ור״א ע״ש שכתב בסוד״ה התרנגולין ״והא דקאמר בגמ׳ טעמא דחי׳ בכלל בהמה, מפני שזה הטעם רגיל לאומרו בתלמוד, ועיקר טעמא כדאמרי׳ לקמן דגמרי׳ שור שור משבת״ ומבו׳ דהגם דס״ל כהתוס׳ דמשבת הוא דילפינן אך דברי הגמ׳ יתפרשו על דרך רש״י דגבי חיה סגי בהא דחיה בכלל בהמה. וכעי״ז אי׳ בשטמ״ק בשם רבי׳ ישעי׳[429].

[ובדעת התוס׳ יתכן דס״ל דהכוונה הוא דילפי׳ משבת דהכא התיבה ״בהמה״ כוללת גם חי׳ ועוף, אכן ע׳ שטמ״ק שם בשם הר״ש דאע״ג דפי׳ דאינה נכלל בתיבת ״בהמה״, ואדרבה ילפי׳ מהתם דתיבת בהמה הוא לאו דוקא, מ״מ פירש דברי הגמ׳ על דרך התוס׳ וכמש״כ למעלה.]

ח. בדברי השטמ״ק דסד״א דחי׳ חייב גם ברה״ר

כבר הבאנו דברי השטמ״ק שכ׳ דלולי מתני׳ נמי הוה ידעי׳ דחייב על שן ורגל דחי׳, ורק דסד״א דחייב גם ברה״ר. ועי׳ בבית הלוי שהעיר דמהיכ״ת לן לחייב ברגל דחיה ברה״ר טפי מרגל דבהמה, הרי המקור דחייב על היזקן הוא משום דילפי׳ זה במה מצינו מרגל בהמה דקרא, וא״כ איך שייך שיהא חמור יותר ממנה.

ועי׳ בחי׳ מרן רי״ז הלוי בהל׳ נזק״מ שכ׳ לפרש בדבריו, דלפי האמת חיוב הבעלים בשן אינה משום דיש הנאה להזיקה, וכן ברגל אין סיבת חיובו משום דהזיקה מצוי, אלא סיבת החיוב בכל נזק״מ הוא משום שדרכו להזיק וממונו ושמירתו עליו, ורק הפטורים שנאמרו מגזה״כ כגון פטור שן ורגל ברה״ר וטמון באש ופטור חצי נזק בקרן תם, הם תלוי׳ בעיקר השם מזיק שלהם, דדוקא מה שיש לה תורת שן או רגל יש לה הפטור ברה״ר. ולפי״ז י״ל דלולי הך דרשה דחי׳ בכלל בהמה, נהי דהוה ידעי׳ דחייב על היזקן ממה מצינו, אך הו״א דהשם מזיק והלהלכותיהן דשן ורגל הוא רק בשן ורגל ד״בהמה״ ולא בשן ורגל דחיה.

וצ״ב בעיקר דברי הגרי״ז, איזה סברא הוא לומר דהשם מזיק דשן ורגל תלוי׳ במה דהוא ״בהמה״, והרי באש לא אמרי׳ דהשם מזיק דאש תלוי׳ בזה שהוא ״אש״ וכיו״ב בשאר מזיקין, ומ״ש שן ורגל. והוסיף הגרש״מ דבסו׳ לעיל ב: מבו׳ דעיקר השם שן תלוי במה שיש הנאה להזיקה ולא אמרי׳ דבעי׳ בדוקא אותה מעשה דשן, אלא אמרינן זיל בתר טעמא וכל דאיכא הנאה שן ממש היא, וא״כ מה שייך לחלק בין בהמה לחיה. עוד שמעתי מהגרש״מ בשם א׳ להעיר מלשון השטמ״ק, דהנה לפי״ד הגרי״ז נמצא דלפי הו״א זו בעירה דכתיב בקרא הוא דוקא, ורק דילפי׳ חיוב

---

429 וז"ל השיטמ"ק ורבנו ישעיה ז"ל כתב וז"ל סלקא דעתך אמינא ושלח את בעירה בהמה אין חיה לא קמשמע לן. ומכל מקום אכתי לא שמעינן מהכא עופות אלא סמיך אגזרה שוה דלקמן דגמר בהמה בהמה משבת בהמה אין חיה לא.

תשלומין בחי׳ במה הצד מבהמה, אכן מדברי השטמ״ק שבהחיוב דשן ורגל פשיטא דבעירה לאו דוקא ואיצטריך לאשמועינן דאף לענין פטורא בעירה לאו דוקא מבואר דלסברת ההו״א ס״ד שגם בעיקר החיוב ניזקין ״בעירה״ לאו דוקא והוא משל בעלמא, ומשום דזיל בתר טעמא וסו״ס ממונו הזיק, וא״כ ודאי שגם לשן דחי׳ יש שם מזיק של שן, והדרה קושיא לדוכתה היאך ס״ד לחייבה ברה״ר.

ט. ב׳ פטורים בשן ורגל ברה״ר, מסברא דאורחייהו בכך, ומגזה״כ, וביאור לפ״ז בהא דס״ד לחייב שן דחיה ברה״ר

ובצעירותי שמעתי ממו״ר הג״ר דוד ברקין (שליט״א) זצ״ל ומיבלחט״א הג״ר דוד גולדברג שליט״א לפרש בדברי השטמ״ק בע״א, דהנה דעת הרי״ף בריש מכילתין דיסוד הפטור דשן ורגל ברה״ר הוא משום דאורחייהו בכך, ועי׳ ביש״ש בפ״ק סי׳ מ״ז שהעיר על זה מארי ודוב דפטורין ברה״ר, ובהני לא שייך הטעם דאורחייהו בכך, שהרי אין לו רשות להניח לארי ודוב לילך ברה״ד. ועי׳ בחי׳ הגרא״ל סי׳ ס״ו ועוד אחרונים שכתבו בדעת הרי״ף דאין כוונת הרי״ף דזהו כל ענין הפטור דשן ורגל ברה״ר, אלא דיש בזה שניטעמים, א] מצד הסברא ב] מצד גזה״כ, ובארי ודוב ברה״ר פטור מגזה״כ אע״ג דליכא סברא, עי׳ מש״כ בזה בעזה״י בחבורה י״ז. וי״ל דהמקור להך פטור מגזה״כ היכא דלא שייכא הסברא הוא גופא מהא דחי׳ בכלל בהמה ונאמר פטור דשן ורגל ברה״ר לענין שן דחי׳ אף דאין אורחה בכך. ולפי״ז א״ש היטב דברי השטמ״ק, דלולי הך דרשה דחי׳ בכלל בהמה והוה ילפי׳ חי׳ ממה הצד דבהמה לא הוה ידעי׳ דשן דחיה פטור ברה״ר, דסד״א דהפטור דשן ורגל ברה״ר הוא רק משום הסברא דאורחי׳ בכך, וזה לא שייך בחי׳, קמ״ל מתני׳ דחי׳ בכלל בהמה, ונכללת חיה בקרא ד״בהמה״, ובע״כ דהפטור דשן ורגל ברה״ר נאמר מגזה״כ גם בחיה אע״ג דלא שייכא בה הסברא, וכעי״ז כ׳ הנצי״ב לפרש סוגיא דידן.

אמנם צ״ב דבשטמ״ק מבו׳דלההו״א גם שן ועוף חייבין ברה״ר, ולהנ״ל קשיא אמאי לא שייך בעופות הפטור דרה״רמסברא. ויתכן דאין דרך בנ״א להביא עופות ברה״ר שלא יוזקו ע״י אחרים. ואם כנים אנו בזה א״ש היטב מה שהערנו למעלה דאם החידוש דמתני׳בחי׳ הוא לגבי הפטור ברה״ר, צ״ב דנהי דאשמועינן כן לענין חי׳ אך מנ״ל דגם עוף פטור ברה״ר, והרי י״ל דדוקא חי׳ פטור משום דחי׳ בכלל בהמה, ולפי הנ״ל יתכן לומר דכל הס״ד לחייב חיה ברה״ר הוא משום דלא שייך בה הפטור מסברא, ובזה שוה עוף לחיה כי דאין דרכו של אדם להביא עופות לרה״ר, וכיון דאשמועינן מתני׳ שהפטור דרה״ר איתיה גם בחיה אע״ג דלא שייכא בה הסברא ה״ה נמי בעוף.

אכן המעיין בשטמ״ק יראה שאין לשונו סובל פירוש זה, ולכן נראה לפרש בדברי השטמ״ק כמו ששמעתי מהגרש״מ, דסד״א לחלק בגוף המשמעות ד״בהמה״, דלענין חיוב ניזקין לשון ״בהמה״ הוא לאו דוקא, ומשום דחיוב ניזקין סברא הוא ולא מסתבר לומר דחיוב ניזקין הוא דוקא בבהמה, אך לענין הפטור דרה״ר דליכא סברא אלא הוא פטור מגזה״כ, שפיר י״ל שהגזה״כ הוא רק בבהמה, וסד״א ד״בהמה״ הוא דוקא ורק בבהמה נאמר הגזה״כ לפטור ברה״ר ולא בחיה ועוף.

סימן ג׳– בדברי הנמו״י בסוגיא דאשו משום חציו[430]

א. דברי הנמו״י בגדר דין אשו משום חיציו, והאם דבריו תלויים בסוגיא דבתר מעיקרא אזלי׳

כתב הנמו״י [י. מדפי הרי״ף] בסוגיא דאשו משום חציו וז״ל אשו משום חציו. כאילו בידו הבעירו כדאמרן. ואי קשיא לך א״כ היכי שרינן עם חשיכה להדליק את הנרות והדלקתה הולכת ונגמרת בשבת כו׳ ולפי״ז הרי הוא כאילו הבעירה הוא בעצמו בשבת, וכל שכן הוא, דאילו הכא לא נתכוון להבעיר גדיש של חבירו כלל, והכא עיקר כוונתו היא שתדלק ותלך בשבת כו׳ ומעשים בכל יום וכדאמרן. כי נעיין במילתא שפיר לא קשיא לן, שהרי חיובו משום חציו כזורק החץ, שבשעה שיצא החץ מתחת ידו באותה שעה נעשה הכל ולא חשבינן לי׳ מעשה דמכאן ולהבא, דאי חשבינן לי׳ הוה לן למפטרי׳ דאנוס הוא שאין בידו להחזירה, וה״נ אילו מת קודם שהספיק להדליק הגדיש ודאי משתלם ניזק מאחריות נכסים דידי׳, דהא קרי כאן כי תצא אש שלם ישלם, ואמאי מחייב הרי מת ומת לאו בר חיובא הוא, אלא לאו ש״מ דלאו כמאן דאדליק השתא בידים חשבינן לי׳ אלא כמאן דאדליק מעיקרא משעת פשיעה חשבינן לי׳. וכן הדין לענין שבת, דכי אתחיל מערב שבת אתחיל, וכמאן דאגמרי׳ בידים בההוא עידנא דלית בי׳ איסור חשיב עכ״ל. ועי׳ בקצה״ח (סי׳ ש״צ ס״ק א׳) ובתרה״כ (סי׳ שצ״ב ס״ק ב׳) שהבינו דכוונתו הוא לדינו דרבה דאזלי׳ בתר מעיקרא, ומשו״ה נעשה הכל ומתחייב באחריות נכסים משעה שיצא החץ מתחת ידו, וכ׳ להוכיח מזה דהנימוק״י ס״ל דגם בזריקת חץ אזלי׳ בתר מעיקרא, שהרי הדלקת האש היא כזריקת החץ, ודלא כמש״כ התוס׳ בדף יז: לחלק בין זורק חץ לזורק כלי[431].

כמה הערות על דברי קצה״ח בזה

אכן לכאו׳ ילה״ע על דבריהם מדברי הנמו״י ריש פירקין שהביא מהרא״ש כדברי התוס׳ דבזרק חץ ובא אחר ושברו, השני חייב, ומדלא חלק עליו משמע דהכי סבירא לי׳, וא״כ נמצא דדברי הנימוק״י סותרים אהדדי.

עוד צ״ע, דקשה לומר דכוונת הנמו״י להדין דבתר מעיקרא, דהרי לא הזכיר כלל הך סוגיא, עוד שמעתי ממו״ר הגרחש״ל (שליט״א) זצ״ל להעיר, דאם כל דברי הנמו״י מיוסדים על הדין דבתר מעיקרא אזלי׳ איך הסתפק רבא

[430] חבורה ב' חלק א'

[431] ראה בסימן ד' מש"כ לפרש הכרחו של קצה"ח ותרה"כ לפרש דהדין דבתר מעיקרא חל גם לענין הכלי.

לומר דלמא בתר תבר מנא אזלי', הרי אי אזלי' בתר תבר מנא יקשה איך מדליקין נרות עש"ק[432], ועוד דהו"ל לרבא לפשוט ספיקתו מהראיות שכתב הנימוקי יוסף, מהא דחייב בזריקת חץ ולא פטרינן ליה מחמת אונס שאין בידו להחזירה בשעת תבר מנא, ומהא דזורק את החץ ומת משתעבדים נכסיו להניזק, דהרי מדברי הנמו"י מבו' דהוא הילכתא פסוקה ודקדק כן מקרא[433]. ומצאתי שכבר עמדו על זה הגרש"ש (סי' כג) והג"ר ראובן (כתובות סי' יז).

ב. ביאור בדברי הנמו"י דס"ל דלכו"ע אזלי' בתר מעיקרא לענין המעשה מזיק

ולכאו' י"ל, וכן שמעתי ממו"ר הגרחש"ל דס"ל להנמו"י דכל המח' אם אזלי' בתר מעיקרא או בתר תבר מנא הוא רק לענין גוף הכלי אם שייך לדונו כמנא תבירא, אבל לענין המעשה מזיק פשיטא דלכו"ע אזלי' בתר מעיקרא, שו"ר שכ"כ בחי' ר' ראובן (כתובות סי' יז) [אלא שהוא חילק בין דין בתר מעיקרא בהמעשה בין מ"ד בתר מעיקרא אזלי' למ"ד בתר לבסוף אזלי', ודלא כמו שנקט מו"ר דהכל אחת היא, ובענין המעשה לכו"ע אזלי' בתר מעיקרא והוא אותו גדר].

ומיושב לפ"ז הסתירה בנימוקי יוסף, שכיון שבגוף המעשה אזלינן בתר מעיקרא מובן בפשיטות דלא שייך בזה פטור אונס ושייך כבר שעבוד נכסים[434] וכן לא הוי כמדליק בשבת, אבל בהחפץ הניזק לא אזלינן בתר מעיקרא והשוברו חייב. וכן א"ש לפ"ז מה שלא הזכיר הנימוקי יוסף את הסוגיא דבתר מעיקרא אזלינן, דהכא מיירי לענין גוף המעשה ואין זה מענינא של סוגיא זו. וגם ליכא לאוכוחי דאזלינן בתר מעיקרא מהדלקת נר בע"ש ומהא דלא פטרינן זורק חץ מחמת אונס שאין בידו להחזירה בשעת תבר מנא ומהא דהזורק את החץ ומת משתעבדים נכסיו, דמכל הני מוכח דאזלינן בתר מעיקרא בהמעשה, ורבא מיבעיא ליה אי אזלינן בתר מעיקרא בהחפץ.

וכעין מהלך זה ליישב סתירה הנ"ל יוצא מדברי האחיעזר ח"א יט-ו בביאור דברי הנמוקי יוסף, ובאופן אחר, שמדבריו שם משמע דברי הנימוקי יוסף הם כמ"ד בתר מעיקרא אזלינן, אלא דבזריקת חץ אזלינן בתר מעיקרא רק בגוף המעשה ולא כלפי החפץ. ולפ"ז מיושב הסתירה בדברי הנימוקי יוסף מבא אחר ושברו, אבל שאר ההערות לא יתיישבו לפ"ז.

ג. ביאור ע"פ הנ"ל בדברי הרמב"ן דהשני פטור גם למ"ד בתר תבר מנא כי אין להכלי שוויות

ולפי"ד מו"ר הנ"ל יש להוסיף ביאור בדברי הרמב"ן, דהנה דעת הרמב"ן (במלחמות ה' סוף פירקין) דגם למ"ד בתר תבר מנא אזלי' פטור השני, כי הכלי עתיד להישבר ואין לו דמים ושויות. ועי' במשכנ"י סי' ס"ו שנקט בפשיטות שאין לדון את הכלי כהוזל מחמת שבפועל לא ישלמו בנ"א עליו ממון,[435] וסברת הרמב"ן שאין לו דמים הוא משום שדיינינן את הכלי לפי המצב שלו שעומד לישבר, ולפי הבנה זו הקשה המשכנ"י על הרמב"ן מהסוגיא בסנהדרין עח. דמחלקי' בין גוסס בידי אדם לגוסס בידי שמים, דבגוסס בידי שמים לכו"ע ההורגו חייב ובגוסס בידי אדם לרבנן

---

432 והערתי למו"ר די"ל דרבא לשיטתו אזיל, וכפי מש"כ רש"י לקמן מג: דרבא ס"ל דאשו משום ממונו ולא משום חיציו. אכן מלבד דדברי רש"י שם תמוהים הם, דהרי רבא עצמו אמר להלן כב: דקרא ומתניתא מסייע לי' לר' יוחנן וכמו שהעיר בתוס' ר"פ שם, קשה לומר דכל הנידון אם אזלי' בתר תבר מנא הוא רק למ"ד אשו משום ממונו, ובפרט דלדעת הרבה ראשונים (הר"ח והרא"ה מובא בריטב"א והבעה"מ) הוא דלהלכה הוי ספק אם אזלי' בתר מעיקרא או בתר לבסוף, והרמב"ן ס"ל דלהלכה אזלי' בתר לבסוף.

433 עי' בחי' הגרש"ש סי' א' ובחזו"א י"ד-י"א שנקטו דע"כ גם למ"ד אשו משום ממונו נגמר החיוב ונשתעבדו נכסיו בשעה שזרק החץ וכמ"ש הנימוק"י, דהרי הנמו"י דקדק כן מקרא. אלא דלמ"ד אמ"מ יתכן דאין להוכיח מזה דאזלי' בתר מעיקרא, דלמ"ד אשו ממונו הויא אשו כממונו שמתחייב משעה שפשע בשמירתה אף קודם שהתחיל מעשה ההיזק, וכמו שהעלה שם בחי' הגרש"ש דבממון המזיק חיובו הוא משום שפשע בשמירה, וכ' דמה"ט נשתעבדו מנכסיו מעיקרא, ולפ"ז אין זה שייך כלל לבתר מעיקרא או בתר תבר מנא. ודע דהתרה"כ שם נקט דכל דברי הנמו"י הם רק למ"ד אמ"ח ולא למ"ד אמ"מ.

434 עי' להלן דיתכן לומר דמשעה שנגמר המעשה כבר חלו החיובים, אך אי"צ לזה כמובן.

435 והוא כעין מש"כ רש"י בדף ז: דבעייל ונפיק אזוזי ומחמת זה לא ימצא קונה לשדהו במאתיים זוז מ"מ נחשב השדה בשויו האמיתי ר' זוז ואינו נוטל מעשר עני.

פטור דבעי' כל נפש ולריב"ב חייב, והרי בהמציאות ליכא חילוק בין הבריאות של גוסס בידי אדם לגוסס בידי שמים, אלא החילוק הוא שבגוסס בידי שמים דייני' זה כידיעת עתידות בעלמא אבל בגוסס בידי אדם כיון שנעשה מעשה בגוף האדם חל עליו דין גוסס, וקשיא דא"כ זרק כלי מראש הגג נמי הרי לא נעשה בגופו מעשה, וכמו שבגוסס בידי שמים לא דיינינן ע"פ הידיעה שידעי' שסופו למות כי זה נחשב כידיעת העתידות, גם בזרק כלי מראש הגג אם לא אזלי' בתר מעיקרא ולא נעשה בו מעשה לא נדון בו ע"פ העתיד שסופו לישבר דהשתא מיהא שלם הוא. ובברכת שמואל יא-א כתב לבאר דהרמב"ן ס"ל דגם למ"ד בתר תבר מנא אזלי' דייני' שנעשה מעשה בהכלי לענין שחשוב אין לו דמים, ועי' בחי' הגרש"ה סי' ד' מש"כ בזה. ולהנ"ל תתבאר סברא זו בפשיטות, דהרי לכו"ע אזלי' בתר מעיקרא לענין גוף המעשה, ומובן היטב מה דנקט הרמב"ן דנחשב כאילו אין לו דמים גם למ"ד בתר תבר מנא, שהרי גוף המעשה כבר נעשה דהא אזלינן ביה בתר מעיקרא[436].

ולפי"ז יש ליישב מה שהעיר המשכני"י שם דלפי"ד הרמב"ן דרבה ס"ל בתר תבר מנא, בזרק תינוק מראש הגג אמאי פטור השני אליבא דרבנן והרי זה נחשב כנוטל כל נשמתו, וע' בחי' הגרש"ה סי' ד' בזה, ולאור הנ"ל מובן דברי הרמב"ן היטב, דאע"פ שאין מעשה בהתינוק מ"מ מאחר שגוף המעשה נעשה כבר אין לחייב את השני.

ד. הערות על הביאור הנ"ל

אכן קשה קצת לומר כן, כי מדברי גדולי האחרונים לא משמע הכי, דהרי הקצה"ח העמיד את דברי הנימוקי יוסף כמ"ד בתר מעיקרא והוכיח מדבריו דלא מחלקינן בין זורק חץ לזורק כלי, וחזינן שהקצה"ח הבין שאין לחלק בין המעשה היזק לגוף הכלי, וגם למ"ד בתר מעיקרא אזלי' לא שייך למיזל בתר מעיקרא בהמעשה אם לא אמרי' דהכלי הוה כמנא תבירא, וגם הנחל"ד ודעימי' שנקטו בדברי הרא"ש דשייך לחלק ולומר בתר מעיקרא בהמעשה בלי לומר כן לענין גוף הכלי, מ"מ נקטו דכל זה הוא למ"ד בתר מעיקרא.

עוד יש להעיר, דלפי ביאור זה הרי נמצא שכוונת הנמו"י להמושג דבתר מעיקרא אזלי' (אלא דאמרינן כן רק לענין גוף המעשה ולא לענין החפץ), וא"כ צ"ב היכי ניחא ליה בתירוצו, דהנה יסוד קושית הנימוקי יוסף בפשטות הוא משום דס"ל דגדר הדין דכחו כגופו הוא דכוחו הוא כידו אריכתא, וכשזרק חץ ונתן בו כחו, עצם כח החץ הוי כידו, ולאחר זמן כשהזיק החץ הוי כאילו הוא מזיק בידים באותו רגע, וכן בי' בקה"י סי' כ"א ובאבי עזרי פי"ד מנזק"מ הט"ו ובחי' הגרש"ש סי' כ"ג, וא"כ אפי' אם אמרי' בתר מעיקרא אזלינן אכתי תיקשי אמאי אי"ז מעשה חילול שבת, הרי הא דבתר מעיקרא אזלי' היינו דכל מה שהחץ עושה אח"כ הוי כמו שנכלל כבר במעשה הראשון, אבל אין זה מפקיע את הדין כוחו כגופו, ונהי דכבר בהמעשה הדלקה שייך לדון את כל המעשה דאח"כ, מ"מ איך פוקע מכח זה המעשה שבת של אח"כ, וכי ע"י שנכלל הכל במעשה הראשון מכח הדין דבתר מעיקרא לא רואין אח"כ את המעשה הדלקה של כוחו בשבת, ויש לפלפל בזה. שו"ר שכבר עמד האבי עזרי בזה שם, ע"ש שהביא דברי הנמו"י ושוב כתב "וודאי שאין ביאורו משום דבתר מעיקרא אזלי' וכמו שהבין הקצה"ח בסי' ש"צ, דא"כ מה זה ענין לאיסור שבת דמה בכך דבתר מעיקרא אזלי' מ"מ הלא שורף גם בשבת ויתחייב משום הבערה בשבת, ודברי

---

[436] שו"ר ברשימות שיעורים מהגרי"י קלמנוביץ שליט"א סוף עמוד י"ז שכ' לפרש כן בדברי הרמב"ן, אלא שהעיר על זה מהמשך דברי הרמב"ן דהוכיח דרבה ס"ל בתר תבר מנא מהא דהזורק את התינוק פטור ממיתה, וכ' שם וכ"ת אפילו אזלינן בתר מעיקרא לא נחשב כמת, א"כ בכלי ג"כ לא נחשב כשבור ואמאי פטור השני, ובע"כ משום שאין לו דמים, וא"כ ה"ה אפי' אם בתר תבר מנא אין לו דמים. ומבו' דנקט הרמב"ן דאפי' אם למ"ד בתר מעיקרא ליכא כי אם מעשה שבירה ולא חלה בהכלי חלות תורת שבור, ואי נימא הכי בע"כ דלמ"ד בתר תבר מנא גם עצם המעשה שבירה בהכלי לא נגמר, אפ"ה נקט הרמב"ן דלכו"ע אין לו דמים עכ"ד. ויש לפלפל בדבריו, דיתכן דאיכא מדרגות בזה, והוא עפי"ד הגרש"ה שם די"ל דכבר התחיל ההיזק וצ"ע.

הקצה"ח צ"ע"[437], [שוב יצלמ"ח כתבי ברכ"ש עמ"ס שבת, וראיתי שם בסי' כב בהגה"ה מכתי"ק שנראה שכוון להקשות כן על דברי הקצה"ח, "ולענ"ד אפי' אם בתר מעיקרא אזלי' הא עיקר החיוב בתר מעיקרא משום דסופו להיגמר בסוף, וא"כ ע"כ דחשיב בידים מתחילה ועס ואז נוכל לומר בתר מעיקרא אזלי""].

ה. ביאור של הגרש"ש והקה"י דדברי הנמו"י לא שייכי כלל להדין דבתר מעיקרא

וע' בקה"י והגרש"ש שביארו בזה באופן אחר, דדברי הנמו"י לא שייכי כלל לכל המושג דבתר מעיקרא, ותמצית דבריהם הוא, דבקושיתו נקט הנימוקי יוסף דגדר חיוב דאשו משום חיציו וחץ הוא דכחו המונח בהחץ הוי ידא אריכתא דידי', והוי הגברא כחוזר ועושה מעשה בידים בשעת גוף היזק[438], ועל זה תירץ דודאי כל התורת מעשה בידים הוא עצם הזריקה, והמעשה זריקה היום הוא מה שהורג למחר ע"י הכח שנתן בה, ונמצא לפי"ז דכל התורת מעשה נגמרה מיד, ומשו"ה בשבת ליכא איסור מלאכה, וגם לא שייך פטור אונס, דכל התורת מעשה של הגברא הוא מיד, דהמעשה של היום הוא מה שהרג למחר. וכאופן זה נראה גם מדברי האבי עזרי. וע' בקה"י שדימה זה להכה בהכאה שיש בה כדי להמית ונפל למשכב ומת לאחר זמן דחייב מיתה, והרי התם פשיטא דעשיית המעשה הי' בשעת ההכאה, ומבו' דעשיית מעשה היום שמחמתו ימות למחר נחשב נמי רציחה עכשיו[439]. וכן העלה בחי' ר"ש סי' י' ולכך נראה דסברת הנמו"י אינה תלויה כלל אי בתר מעיקרא אזלינן או בתר תבר מנא, אלא הנדון בדבריו הוא בגדר כחו כגופו, דבקושיתו הבין דכחו הוי כידא אריכתא דידיה ומה שהחץ פועל אח"כ מכחו חשיב שהאדם עצמו פועל אח"כ, ולפי"ז נמצא שבשעה שהחץ מזיק יש כאן מעשה אדם, ומה"ט הוקשה לו שיתחייב משום מלאכת שבת, וע"ז מתרץ שאי"ז הגדר בכחו, דלעולם מעשה האדם הוא בשעת זריקת החץ דזה כל העשייה דידיה אלא דכיון שהחץ הולך מכחו ממילא מה שהחץ מזיק אח"כ אי"ז גרמא כיון שהוא מכח מעשה האדם, וממילא חשוב דהמעשה הקודם עושה עכשיו את ההיזק, וזהו מה שהוכיח הנמו"י דאל"כ איך נחייבו על ההיזק והרי הוא אנוס, וגם מהא דכשמת קודם קריעת השיראין נשתעבדו הנכסים, עכ"ל.

[שו"ר בכתבי ברכ"ש עמ"ס שבת שיצלמ"ח (בסי' כב בשולי הגליון מכתי"ק) שפי' כעי"ז בדברי הנמו"י, דשקו"ט במה שחידשה תורה דמעשה שנעשה ע"י כחו הוי מעשה בידים, דבקושיתו נקט דהכח לחוד החשיבה תורה מעשה בידים, ונמצא דסוף המעשה מצד עצמה מיקרי בידים, ועל זה העלה דזה אינו, דהתורה לא חידשה דמה שכחו עושה מיקרי בידים כו' רק ההתחלה שהכין בידים שיעשה נזק או רציחה או זריקה בשבת הכשיר את הכח שיחשב בידים,

---

437 ושמעתי מהגרש"מ דאי"ז קו' מוכרחת, דאם נימא בתר מעיקרא אזלינן וכבר נגמר הכל במעשה הראשון, י"ל דשוב דייני' את ההמשך כאילו נפל ידו ואין לו יד ונעשה הכל מאליו.

438 אכן שמעתי מהגרש"מ דיל"פ על דרך זה בע"א, דאפי' בקושיתו לא נקט דהכח הוה כידו אריכתא דודאי עצם המעשה הוא רק הזזת ידו ולא כוחו שאח"כ, אלא דבקושיתו נקט דנחשב שהזזת ידו עושה ההיזק למחר, והוי עושה וחוזר ועושה, (משא"כ בתירוץ דנקט שההיזק דלמחר נעשה היום ע"י הזזת ידו של היום).

439 ואמנם עיין בברכ"ש יז-ד הבין דגם לפי תירוצו של הנמו"י הוה כעושה וחוזר ועושה, ורק דלענין הדינים כגון בהתחיל בחול ונגמר בשבת בזה אזלי' בתר מעיקרא ונידון כמלאכת חול עכ"ד. ולכאו' כוונתו, דודאי עיקר השקו"ט של הנימוקי יוסף הוא כעין מש"כ בפנים, אלא דמפרש דאפי' למאי דמסיק בהתירוץ דלאו כידו אריכתא דמי היינו לענין דלא דייני' עצם הכח כהמשך מידו אלא דכל המעשה במציאות הוא המעשה זריקת החץ שעושה היום אך מ"מ דייני' שהמעשה של היום הוא מה שפועל ועושה למחר, ונמצא שהמעשה שעושה בשעת זריקה הוא שחוזר ועושה למחר, אך מ"מ הגברא עצמו פעל את המעשה בחול ולכן נידון כמלאכת חול. אכן מהאבי עזרי משמע להדיא דלא הוה עושה וחוזר ועושה כלל, אלא דלמחר שייך לדון דמה שאירע למחר הי' מהמעשה של היום דהמעשה היום עשה דבר זה למחר. ושמעתי ממו"ר הגרחש"ל בשיעור כללי ד' בפ' אלו נערות דגם לתי' הנמו"י הוה כידו אריכתא ורק דמ"מ הוה כמעשה דחול עכ"ד וצ"ע. (כל זה כתבתי הרבה שנים לפני שיצא לאור דברי כתבי הברכ"ש עמ"ס שבת המובא בפנים, ולפי מה שכתוב שם מיושב הכל כמין חומר.)

ויש לדון ע"פ סברות אלו לענין קלב"מ, דהנה בפשטות הא דאמרינן קלב"מ בזורק חץ להרוג אדם וקרע שיראין בהליכתו הוא רק מכח דינא דעקירה צורך הנחה, וע"ש בברכ"ש שנקט דהא דצריכינן להאי דינא דעקירה צורך הנחה הוא רק משום דדייני' החץ כעושה וחוזר ועושה ונמצא דעיקר המחייב הוא מה שעושה למחר, אכן אילו הוה דייני' שהכל נעשה ע"י המעשה דמעיקרא לא הוה צריכינן להך דינא דעקירה צורך הנחה.

נמצא דסוף הזריקה בלא ההתחלה לא מיקרי בידים, רק **ע"י ההתחלה יש דין להכח כאילו עשאו בידים** כו' מ"מ חידש דהסוף לחוד לא מיקרי בידים רק ע"י שהכין מקודם בידים סגי שיהי' דין לכל מה שיעשה ע"י כחו כאילו עשאו בידו, והביא ע"ז ראי' דאם נימא דסוף המעשה מצד עצמה מיקרי בידים איך חייב והרי אנוס הוא, ומוכח דרק ע"י הכנתו מעיקרא סגי שיקרא בידים ובבוא סוף המעשה חייב לי', ומשו"ה כי אדליק בער"ש ודולקת בשבת משום מה נחייבו, דהא סוף ההדלקה בלא ההתחלה לא מקרי בידים, ורק התחלת הדלקה מחייב כאילו גמר הכלב ידים, ומ"מ החיוב תלוי ועוד שהסוף מחייבהו לכו"ע עכ"ד, וכעי"ז ביאר שם בפנים[440].]

ו. שעבוד נכסים ע"י סיבת החיוב אע"ג דליכא חיוב בפועל

אלא דצ"ב לדבריהם, מאחר דגוף המעשה היזק לא נגמר עד לבסוף, מ"ט משתעבדים נכסיו משעת זריקת החץ אפי' מת קודם שנעשה ההיזק, הרי אפי' מעשה מזיק ליכא ואיזה חיוב ושעבוד יש כאן. וביארו האחרו' דאע"ג דליכא מעשה היזק מ"מ כיון דכבר איכא סיבת החיוב שייך בזה שעבוד נכסים. וע' בקה"י שציין לדברי הריטב"א (מובא בקצה"ח סימן ש"מ) בהא דשומר משעת משיכה מחייב, דהכוונה הוא דחייל אז השעבוד נכסים אבל חיוב בפועל לא חייל עד לאחר זמן, וחזינן כנ"ל דאיכא שעבוד נכסים משעת סיבת החיוב אע"ג דליכא חיוב בפועל. ועי' בחי' הגרש"ש (סי' א') שהאריך בזה ונקט דלא חל שום זכות להניזק בהנכסים עד לאחר מיתה כשנעשה ההיזק, אך מכיון דכבר נמצא עכשיו גוף הסיבה המחייבו למחר, י"ל דהנכסים הם ערבים כבר מעכשיו לאותו מעשה היזק לענין החיוב שיחול לאחר זמן, ושוב חל שעבוד וזכות בהנכסים להניזק אחר מיתתו הגם דבאותה שעה הם של היורשים, וגם שייך ענין שעבוד הגוף בגוף המת ע"ש[441].

ז. בדברי הנימוק"י שבאותה שעה נעשה הכל ע"פ הנ"ל, ובדין קלב"מ בזורק חץ, ותמצית הביאורים

ועדיין יש להעיר קצת על המהלך הנ"ל, דלפ"ז הרי נמצא שגם לסברת הנימוקי יוסף בתירוצו לא נכלל המעשה כולו בזריקת החץ, וליכא תורת היזק בהניזק עד שעה שפגע בו החץ, והחילוק בין הקושיא לתירוץ הוא רק בהתורת מעשה, שבקושיא ס"ל שהתורת מעשה לא נגמר מעיקרא אלא הוי כעושה וחוזר ועושה ובתירוץ ס"ל שהתורת מעשה נגמר כשיצא החץ מתחת ידו, וא"כ מהו זה שכתב הנמו"י בתירוצו "שבשעה שיצא החץ מתחת ידו **באותה שעה נעשה הכל** ולא חשבי' ליה מעשה דמכאן ולהבא", דבפשטות משמע שבא לחדש דבמעשה הזריקה נכלל יותר ממה שהי' נוקט עד השתא, הלא גוף התורת היזק אינה נכללת בהמעשה עצמו גם לפי התירוץ. וצריך לדחוק ולומר

---

[440] וז"ל, סבר הנמו"י בתחילה דמעשה הבערתו יש לו דין בידים גם על מה שנעשה אח"כ, אבל בתי' הנמו"י מסיק דרק ע"י שמצטרפת מעשה הבערתו ע"כ חשוב ידים גם מה שנעשה אח"כ, אבל בלא צירוף דמעשה הבערתו לא הוי לן דין בידים כלל, וע"כ אין זה מלאכה בשבת אלא מלאכת חול דהא מעשה ההבערה היתה בער"ש, ואפי' בזורק חץ דהחשוב כעושה וחוזר ועושה מ"מ הסברא הוא ע"י שמצטרף למעשה דמעיקרא אמרי' דהוי כעושה וחוזר ועושה, אבל בלא מעשה לא חשיב בידים כלל עכ"ל.

[441] ע"ש שנקט דמחיים לא חייל שום שעבוד בגוף הנכסים, והעיר דא"כ איך חייל השעבוד לאחר מיתה הרי באותה שעה אין הנכסים שלו, וכ' ליישב לפי דבריו שם שענינו של שעבוד הגוף אינו ענין חיוב של הלוה אלא זכות להמלוה ולהניזק בגופו של הלוה לענין ליטול מנכסיו, וזכות זו שייכא אף לאחר מיתה דליתיה להמזיק. אלא דהעיר דסו"ס לאחר מיתה אין לו נכסים ואיך חל השע"נ, ותי' בהג"ה שם עפ"י הנ"ל, דכיון שהשעבוד של המזיק חל מחיים מחמת הסיבה לחיוב אע"ג דליכא היזק בפועל, משתעבדים גם הנכסים מחיים, כי דין הערבות של הנכסים הוא ע"פ דין חיוב הגוף של הבעלים, והנכסים ערבים להשעבוד הגוף שיחול לאחר זמן, ועע"ש בפנים שכ' ליישב בע"א ע"ש.

ובנוגע לענין זה העיר לי הבחור המצויין ד.מ. עדלשטיין נ"י לדברי הגרע"א במערכה בשומר שמסר לשומר אות י' - י"א על דברי הנמו"י ר"פ הגוזל ומאכיל בשואל שמסר הבהמה לשלוחו ומתה ואינו יודע אם בפשיעה או לא, דכיון דשואל אינו רשאי להשאיל, נהי דלא הוה פשיעה גמורה, ושעבוד נכסים באונסין דשואל הוא רק משעת האונס, מ"מ כבר אישתעבד נכסיו משעה שעשה שלא כהוגן והשאיל, וחייב לשלם מדין איני יודע אם פרעתיך, ולכאו' גם התם לא חל עדיין שום חיוב בפועל אלא רק סיבת החיוב, ואעפ"כ שייך כבר הדין דא"י אם פרעתיך, ובע"כ דחל כבר איזה זכות וצ"ע.

דכוונת הנימוקי יוסף היא רק דבאותה שעה נגמר כל המעשה דידיה, אבל לעולם לא נעשה הכל וליכא היזק וחיוב תשלומין בפועל עד למחר כשהמעשה עושה את ההריגה[442].

והנה בתרה"כ סימן שצ"ב העיר על הנמו"י מהסוגיא בכתובות לא. דאי' שם דהזורק חץ מתחלת ד' לסוף ד' וקרע שיראין של חבירו פטור על השיראין משום קלב"מ, ואף דהחיוב דמים חל בשעה שנקרע וחיוב שבת הוא רק אחרי הנחה מ"מ שייך פטור דקלב"מ דעקירה צורך הנחה ע"כ, והק' התרה"כ דלפי"ד הנמו"י למה לי האי טעמא דעקירה צורך הנחה, תיפו"ל דבתחלת הזריקה באו מיתה והתשלומין כא' ע"ש. אכן לפי"ד הקה"י והגרש"ש לא קשה מידי, דהחיוב מיתה לא חל עד לאחר זמן, דלא נחשב שנעשה הכל עד למחר, ורק דחיובו למחר הוא מחמת המעשה שעשה היום, דע"י המעשה דעכשיו בשעת זריקה הורגו למחר[443].

ויוצא לנו מתוך כ"ז ה' מהלכים בדברי הנמו"י:

א'- הקצה"ח ותרה"כ נקטו שדברי הנימוקי יוסף הם כמ"ד בתר מעיקרא, וס"ל דבזורק חץ אמרי' בתר מעיקרא גם לענין שהכלי עצמו נדון ככלי שבור.

ב'- י"ל דלא אמרי' בתר מעיקרא אלא לענין המעשה ולא לענין הכלי [אחיעזר].

ג' מו"ר הסביר די"ל שדברי הנימוקי יוסף לא שייכי לפלוגתא דבתר מעיקרא או בתר תבר מנא, משום דלכו"ע אזלי' בתר מעיקרא לענין גוף המעשה.

ד'- הקה"י והגרש"ש ביארו דע"י המעשה של היום עשה הרציחה של מחר, והחיוב חל למחר ורק דנגמר המעשה מזיק והסיבה המחייבו. והברכ"ש בצעירותו פי' כעי"ז אלא שהגדיר הדברים דהתורה חידשה דמה שעשה מתחילה בידים נותנת דין לכל מה שיעשה ע"י כחו כאילו עשאו בידו.

ה'- האבי עזרי (מובא בהג"ה) ביאר שהתורה חייבתו על המעשה של עכשיו אם אח"כ הרג או הזיק.

ח. ישוב על ראית הנמו"י מזה דמותר להדליק נרות ערב שבת

והנה לפי"ד הקצה"ח והתרה"כ דסברי דהתוס' שמחלק בין זרק חץ לזרק כלי חולק על הנמו"י צריכים ליישב דעת התוס' מראיותיו של הנמו"י.

---

[442] ועי' באבי עזרי פ"ג מגניבה ה"ב עמ' ל"ו ובפי"ד מנזק"מ הט"ו עמ' כ"ח שנקט ג"כ דלא כוון הנמו"י להדין דבתר מעיקרא אלא כעין המהלך של האחרונים הנ"ל "ולא משום דאזלי' בתר מעיקרא... אלא שאם נגמר ההזיק אח"כ ע"י החץ חיובו בעד זריקת החץ שהרג או הזיק אח"כ", והמעיין היטב בדבריו שם יראה דס"ל דהיכא דנגמר ההיזק אח"כ אזי נתחייב מיתה כבר בשעת הזריקה מחמת עצם הזריקה, דהתורה חייבתו מיתה על הזריקה כל שהרג או הזיק אח"כ, וזהו מש"כ שם בפי"ד מנזק"מ "שמחייבין אותו על תחילת הזריקה וכמו שנעשה אז דמי" עכ"ד. (יתכן לומר דכל מה דנקטו הגרש"ש והקה"י דבשעת זריקה עדיין לא חל החיוב ודלא כהאבי עזרי, הוא רק לדבריהם דאפי' לענין גוף המעשה לא אמרי' בתר מעיקרא, אכן אילו הוה מפרשי' בדברי הנמו"י כמש"כ למעלה, דלענין גוף המעשה אמרי' בתר מעיקרא, ודאי דגם החיוב חל כבר מעיקרא, וצ"ע.)

אלא דדברי האבי עזרי צע"ק דאיך יתכן שיחול כבר עכשיו חיוב דמי היזק אם החפץ לא הוזק, וגם לענין מיתה ע' בתוס' סנהדרין ר' דף עח. שבהכה הכאה שיש בה כדי להמית הקילה עליו תורה שאע"פ שאמדוהו למיתה אין הורגין אותו כל זמן שהוא חי אלא חובשין אותו, אלמא ליכא חיוב מיתה כל זמן שלא מת בפועל.

[443] אכן לפי"ד האבי עזרי המובא בהג"ה למעלה, שבנגמר ההיזק אח"כ מתחייב הוא מיתה כבר בשעת הזריקה לכאו' תישאר קושית התרוה"כ, וע' באבי עזרי הל' גניבה שם שכ' ליישב "שרק בדבר כזה ששייך שנעשה עכשיו ברגע שהוא עושה ובמקום שהוא עושה, שייך לומר שזה נחשב כאילו נעשה הכל ועל זה המעשה מחייבין אותו ולא מחייבין אותו על מה שנעשה אח"כ, וכמו בזורק חץ והרג אדם, אנחנו מחייבין אותו על הזריקה כאילו עכשיו נהרג האדם כו', שהחיוב הוא על מעשה של עכשיו אם אח"כ הרג או הזיק, כאילו שהוא נהרג עכשיו וכאילו שהוזק עכשיו כו', אבל בדבר שלא שייך שנעשה עכשיו וכמו בזורק חץ מתחלת ד' לסוף ד', שצריכים העברה של ד' אמות ולא שייך כאילו נעשה עכשיו עם הזריקה כאן על המקום, שאז אין כאן העברה כו', בזה ודאי שהחיוב בא עליו אח"כ שנח אחרי הד' אמות כו', וזה מלאכת שבת ולא שייך לומר שהוא אנוס אח"כ שא"א להחזיר שזו חיוב של מלאכת שבת כמו בזורה ורוח מסייע, ולכן צריכין להטעם דעקירה צורך הנחה."

והנה בענין עיקר קושיתו מהדלקת נרות עש"ק ידוע מש"כ בקה"י סי' כ"א ליישב עפי"ד הבית מאיר (אה"ע סי' ה ס"ק ד) ותשו' ח"ס דבשבת אינו חייב אלא במלאכה בגופו, דעיקר קפידת התורה הוא על שביתתו ומנוחת גופו כמש"כ למען ינוח, ולא על המלאכה שלא תיעשה, ולכן לא אכפת לן שנעשית מלאכה בשבת מדינא דאשו משום חיציו, דמ"מ גופו של האדם נח בשבת ולא עשה מלאכה. ויסוד זה נאמר בדעת התוס', אבל מדברי הנמו"י הנ"ל מבואר שלא כדבריהם.

ויש להוכיח גם מדברי הנתה"מ דלא כהיסוד הנ"ל, עי' בדבריו בסי' שמ"ח ס"ק ד' שהביא מהתוס' בשבועות (דף ג.) ומהריטב"א (ב"מ דף י:) דלענין שליחות לדבר עבירה יש שליחות לנכרי וכגון לענין עבירת ניקף, והק' דא"כ למ"ל תקנת חכמים לאסור אמירה לעכו"ם, תיפו"ל דאסורה מה"ת משום יש שליחות לעכו"ם בשלד"ע, וע"ש שתי' דבמעשה עבירה עיקר קפידת התורה הוא על מעשה הנעשה ע"י גוף של ישראל, ועבירה שנעשית ע"י גוי לא חשיבא מעשה עבירה כלל, ולכן נהי דנתייחס להישראל מעשה של מלאכה בשבת אין בזה איסור דאורייתא כי הוא מלאכה של עכו"ם דאינה מעשה עבירה[444] עכ"ד. ולדברי הבית מאיר והח"ס מיושב קושיתו בפשיטות כמובן, שכיון שגופו של הישראל נח בשבת לא אכפת לן שנעשית מלאכה ע"י שליחות. ועי' בברכ"ש סי' יז אות ב' ומבואר מדבריו דדברי הנמו"י הנ"ל אינם סותרים יסוד האחרונים הנ"ל, ע"ש היטב [והבאתי דבריו במילואים לסימן ה' משיעורי הגרח"ש].

ט. ישוב על ראית הנמו"י מזה דליכא פטור אונס בזריקת חץ

ועל ראיתו של הנימוקי יוסף מהא דליכא פטור אונס, ע' בתרה"כ סימן שצ"ב שהעיר על ראיה זו "דמה יענה לר"ל דס"ל אשו משום ממונו דאליבי' ודאי לא חייבי' רחמנא אלא אשעת ההיזק[445] **ולא פטרי' לי' לומר דאנוס הוא שאין בידו להחזירו, דבהכי חייבה רחמנא, דכל שנעשה ההיזק ע"י פשיעתו לא מצי מיפטר בהאי טענה**, ומ"מ לא מחייב אלא משעת היזק".

ולכאו' יש לדחות דבריו עפ"י מש"כ בחי' הגרש"ש סי' א' דעיקר החיוב בממון המזיק הוא משום ה"אי שמירה", דלפי"ז ודאי לא שייך פטור אונס. אך נ' דיש מקום לפקפק על דבריו אפי' את"ל דהחיוב בממון המזיק הוא בעבור

---

[444] וז"ל החת"ס בתשו' (או"ח סי' ר"א) וכן לענין העבירה איתא בירושלמי פ"ק [דשבת ה"ה] ששת ימים תעשה מלאכתך וביום השביעי, מכאן שפותקין מים לגינה בערב שבת ומתמלאה והולכת כל השבת וכו', וכן בישול ואפי' וכל מלאכות, שלא הקפיד הקדוש ברוך הוא על מלאכה בשבת אלא על איברי בעלי חיים של ישראל הוא ועבדו ושורו שינוחו אבל המלאכה לא איכפת לי', נמצא האיסור הוא על הגוף ועל כן לא שייך שלוחו כמותו אפילו יש שליח לדבר עבירה, ואילו היתה הקפידה במלאכה, אפילו שע"כ נעשית בגוף מ"מ שייך שליחות כמו הקפידה במאכלות אסורות חלב ובשר בחלב דשייך שליחות אלא שזה נהנה וזה מתחייב לא אמרינן [כקידושין מ"ג ע"א] אבל שלוחו שייך כו'.

וישראל האומר לכהן אכול תרומה, לא שייך לומר שלוחו כמותו כאילו ישראל אוכל כי הקפידה הוא שלא יאכל זר תרומה, וע"כ כהן שאומר לזר אכול תרומה, אי היה שליח לדבר עבירה ואי לאו דלא מצינו זה נהנה וזה מתחייב, היה זה הכהן חייב, דאין הקפידה על אכילת תרומה אלא על אכילת זר תרומה על כן זה הכהן ציוה לזר לאכול לתרומה הוה כאילו הוא זר שאכל תרומה אעפ"י שהוא כהן, וההיפוך ישראל שאמר לכהן אכול תרומה הרי לא שלח לזר לאכול תרומה:

וכן אמר בעול אשתי הרי כאילו הוא בעל ערוה, אבל בעול אשתך, אעפ"י שלהמשלח היא ערוה, מ"מ הרי לא שלחו לבעול ערוה ואין הקפידה על הבעילה אלא על הערוה עכ"ל, ור"ל דהציור המוזכר בקידושין מג. "צא בעול את הערוה" איירי בערוה להשליח, דאילו בערוה להמשלח ולא להשליח לא הוי זה שליחות לדבר עבירה. וזהו דלא כמש"כ בנו"ב אהע"ז סוס"י ע"ה דאם כהן טמא עושה כהן טהור שליח לאכול תרומה ונימא דיש שליח לדבר עבירה על אכילה בטומאה עובר המשלח על איסור אכילה בטומאה. ודע דאין להק' דדברי הח"ס שלא תי' כהנתה"מ סותרים לדבריו גבי צא בעול את הערוה דנקט שם כהנתיבות, די"ל דס"ל דבמלאכת שבת שהוא מעשה איסור בעלמא, אם אך נתייחסה לו המאכה הי' זה נחשב לחילול שבת, שהרי ע"י השליחות נמצא שהישראל עשה מלאכה בשבת. אכן בערוה, אין גדר האיסור שיהי' לו מעשה ביאה עם ערוה פלונית, אלא האיסור הוא מעשה ביאת ערוה, דהוא סוג ביאה דאין לה אישות וכיו"ב, וזה ודאי לא שייך ע"י שליח, כי אצל השליח זו ביאה של אישות.

[445] וכן נקט קצה"ח דלמ"ד אמ"מ לא אזלי' בתר מעיקרא.

עצם ההיזק מחמת שהאדם אחראי על ההיזק שעושה ממונו, דבממון המזיק שפיר י"ל דנהי דע"כ שגם על זה שייך פטור אונס, היינו בדליכא פשיעה כלל, אך היכא דההיזק בא ע"י פשיעתו הקדום ודאי לא שייך בזה פטור אונס, דל"ש לומר מאי הו"ל למיעבד, שהרי פשע בה ולא הו"ל לפשוע, אבל באדם המזיק לא שייך לומר כן, שהרי חיובו הוא בעבור עצם המעשה היזק דידי', ונמצא דכל המחייב הוא אותו מעשה של כחו המונח בהחץ כשהולך ומזיק בשעת ההיזק, וכיון דבאותה שעה אנוס הוא, ודאי פטור. והוא לכאו' חילוק פשוט, ושוב שמעתי כעין זה מהגרש"מ.

ובקה"י כתב לדחות ראית הנימוקי יוסף ע"פ מש"כ הפוסקים דבמכניס עצמו לאונס ליכא פטור אונס, וציין בזה להחלקת מחוקק נ'-ט"ז שהביא מתשובות הרשב"א המיוחסות להרמב"ן סי' רע"ב, ויש לפלפל בזה טובא ע"פ הסברות הנ"ל, דע"ש בתשובת הרמב"ן דאיירי במי שנשבע לחמיו שידור בעירו לה' שנים, אך יש לו רשות בכל שנה לדור ד' חדשים אצל אביו או אמו, ואם שמא יארע שום אונס הגוף יהא רשאי להתעכב עמהם עד עמדם ממטתם, וכ' דאילו מסבב זה אונסין לעצמו כגון שסבב על ידו או שלוחו שיהיו אדוני הארץ מאיימין אותו ומשימין עליו קנס אי"ז אונס אלא רצון, "אני אומר דרך כלל שאונס כשמו ואין הרצון אונס", וי"ל דהתם ודאי כן הוא דהכל תלוי' בדעת בנ"א ולא שייך כלל לנידון דידן שתלוי בעצם המעשה היזק וכיון דאיכא אונס בשעת מעשה ההיזק פטור וכמש"נ. אך מ"מ יתכן דגם הכא כיון דלא שייכא הטענה דמאי הו"ל למיעבד חייב, וצ"ב בכ"ז.

וראיתי באבי עזרי הל' גניבה עמ' ל"ו בד"ה ומה כו' שכ' בישוב קושית התרומת הכרי על הנימוקי יוסף כעין הנ"ל בנ"א, דכל דברי הנמו"י נאמרו לענין חיוב מיתה, דהזורק חץ והורג את הנפש חייב מיתה, ולחיוב מיתה בעי' מעשה אדם ואין לחייבו על פשיעתו, וע"ז שייך שפיר לומר שמה ששורף אח"כ אין כאן מעשה מצדו שהרי אין לו להחזיר ואנוס הוא, ומה שפשע מקודם שעשה האש אין לחייבו עבור הפשיעה מיתה, משא"כ למ"ד אשו משום ממונו שחייב רק על נזקין, מה איכפת לן מה שעכשיו א"א לו להחזיר שהרי בא ע"י פשיעתו מה שזרק החץ ומה שעשה האש, והרי זה כמו שלא שמר שורו ויצא והזיק שא"א לו אח"כ כשיצא להחזיר שלא יזיק ומ"מ חייב בעבור פשיעתו עכ"ד.

[ואולי עיקר יסוד דבריו הוא כמשנ"ת, שהחיוב ברציחה הוא על עצם המעשה היזק וכיון שבאותה שעה אנוס הוא פטור, ומה שכ' האבי עזרי סברא זו רק גבי חיוב מיתה ברוצח ולא גבי כל אדם המזיק הוא משום דלענין ניזקין שייך ג"כ חיוב של אדם שמירת גופו עליו וכמש"כ הגרי"ז לענין אדם מועד לעולם. אכן מלשונו משמע דדבריו מיוסדים על זה דמעשה באונס לא נתייחס אליו, ואולי גם למש"כ לעיל צריכים לזה.]

ולענין מש"כ הנימוקי יוסף לדקדק מזרק חץ ומת דנשתעבדו נכסיו, ע' בתרה"כ שחלק על עיקר דין זה וכ' דערבא ערבא צריך, ומה שדקדק מקרא דכי תצא אש כו' הרי כתיב סיפא דקרא דנאכל גדיש או קמה משמע דכבר נאכל מחיים, ע"ש.

י. הערת הקה"י על יסוד הנמו"י מסוגיא בזבחים בנקטעה ידו של מזה

ע"ע בקה"י שהעיר על הנמו"י מהסוגיא בזבחים טו. דאי' שם דנקטעה ידו של מזה לאחר שהזה הדם לפני שהגיע למזבח פסול, והוא משום דלא נגמרה עבודת הזאה עד שהגיע דם למזבח, והרי אי נימא דכבר נגמרו מעשיו לגמרי משעה שיצא הדם מתחת ידו, ומעשיו של היום הוא מה שזורק לאחר זמן, מאי איכפ"ל אם נפסל הגברא קודם הגעת דם למזבח, ולכאו' משמע דזה דכחו הוה כידו אריכתא, ודחק בזה טובא דאולי הוא גזה"כ דלענין עבודה לא אמרי' כן אלא דכחו נידון כגופו כדדריש לה התם מקרא ע"ש, ונראה דלפי מה שהבאנו לעיל מהברכ"ש בכת"י יש ליישב קושיא זו, דודאי גדר דין כחו הוא שהתורה החשיבה כעושה וחוזר ועושה ולכן עד כמה שנעשה בעל מום לפני גמר המעשה שפיר יש בו פסול דבעל מום, אלא שחידש הנמו"י דסוף המעשה מצד עצמה לא מיקרי בידים רק ע"י שהכין מקודם בידים סגי שיהי' דין לכל מה שיעשה ע"י כחו כאילו עשאו בידו, דרק ע"י שמצטרף למעשה דמעיקרא אמרי' דהוי כעושה וחוזר ועושה, ועל כן אין זה מלאכה בשבת אלא מלאכת חול.

[ובעיקר הסוגיא דשם שמעתי מהגרש"מ דהך דין דנקטעה ידו הוא רק בנקטע ידו דנפסל הגברא ונעשה בעל מום ולא ביושב וכיו"ב דהוא פסול בצורת העבודה. וממילא לא קשיא לי' כ"כ קושית הקה"י מסוגיא דהתם, דסו"ס מעשיו הוא מה שעושה העבודה של היום. ואולי כוונתו הי' על דרך הגרב"ד הנ"ל, וצ"ע.] ע"כ בס"ד גדול.

סימן ד׳[446] בדין בתר מעיקרא אזלי׳ על המעשה מזיק

א. בדברי הנחל"ד שחולק על קצה"ח בהבנת ד׳ הרא"ש, ובטעמא דקצה"ח שלא הי׳ נחית לזה

ב. נידון בדברי הנחל"ד אם נידון דבת"מ בהמעשה ונידון דבת"מ בהכלי הם שני נידונים שתלויים זב"ז או הדין בת"מ בהכלי הוא כתוצאה מבת"מ בהמעשה

ג. בביאור הקצה"ח שלא הי׳ נחית לדברי הנחל"ד

א. בדברי הנחל״ד שחולק על קצה״ח בהבנת ד׳ הרא״ש, ובטעמא דקצה״ח שלא הי׳ נחית לזה

התוס׳ בסוגיין חילק בין זרק כלי לזרק אבן או חץ על הכלי, דבזרק כלי שייך לומר בתר מעיקרא אזלינן והשני שקדם ושברו פטור דמנא תבירא תבר, אבל זרק חץ על הכלי לאו מנא תבירא הוא. ובקצוה״ח סימן ש״צ כתב להוכיח שהרא״ש חולק על התוס׳ וס״ל דגם בזורק חץ אזלינן בתר מעיקרא, ממה שהקשה הרא״ש מ״ש התיזה ברה״ר והזיקה ברה״י דאזלינן בתר תבר מנא וחייב מזרק כלי מראש הגג, ואי ס״ל כהתוס׳ לחלק בין זרק חץ לזרק כלי א״כ מאי קשיא ליה, הא התם התיזה ברה״ר דאינו אלא צרורות והו״ל זורק חץ, אלא ודאי דהרא״ש אינו מחלק בין זורק חץ לזורק כלי עכ״ד. וע׳ בנחל״ד שחולק על הקצוה״ח, ובברכ״ש הביא את דבריו והסכים עמו, וכ׳ דאיכא שני נידונים א] נידון על החפצא דכלי אם נידון כשבור, ב] נידון בגוף המעשה אם נחשב שכבר נעשה או לא, והיינו האם כבר בהמעשה זריקה נחשב שיש כאן מעשה שבירה או דלא נגמרה התורת מעשה מזיק עד לאחר זמן כשנשבר בפועל. ועיקר יסוד הדין דבתר מעיקרא לדון שהכלי הוא שבור כשזרקו מראש הגג הוא משום הכח שנכלל בגוף הכלי שעומד להישבר מחמת הזריקה בלא שום פעולה אחרת, וחשיב מחמת זה החפצא דהכלי עצמו כשבור, וי״ל דאותו סברא שייך גם בזריקת צרור, לענין המעשה היזק בלחוד, דכיון דנכלל בהצרור כח ללכת ולהזיק, שייך לדון דין דבתר מעיקרא בענין המעשה היזק, אבל הכלי עצמו לא הוי כשבור אלא כשזורק את הכלי עצמו ולא כשזורק עליו חץ. ולפי״ז י״ל דודאי הרא״ש יסכים עם דברי התוס׳ דבזורק אבן ובא אחר ושברו פטור, דכיון דלא חל שום כח היזק בהכלי עצמו א״א לדון את הכלי כשבור בתר מעיקרא, משא״כ בהמעשה דזריקת הצרור שפיר שייך לדון בתר מעיקרא, והחיוב דרגל ברה״י והפטור ברה״ר תלוי במעשה ההיזק, ולכן נקט הרא״ש דבזה אזלינן בתר מעיקרא גם בזרק אבן, דבמעשה ההיזק אזלינן בתר מעיקרא גם בזרק אבן עכ״ד.[447]

ב. נידון בדברי הנחל״ד אם נידון דבת״מ בהמעשה ונידון דבת״מ בהכלי הם שני נידונים שתלויים זב״ז או הדין בת״מ בהכלי הוא כתוצאה מבת״מ בהמעשה

והנה מלשון הנחל״ד משמע לי, ע׳ בסור״ד, דס״ל דבאמת הם שני נידונים א] בגוף הכלי האם מחמת הכח המונח בהכלי דמאחר שנזרק סופו לישבר דייני׳ אותו מעכשיו כשבור, דהעומד לישבר כשבור דמי, ב] במעשה ההיזק האם מחמת הכח שיש בהחץ שנזרק על הכלי לגמור את ההיזק, דייני׳ כאילו כבר נגמר המעשה היזק. ורק דשני הדברים תלויים זב״ז. אכן נ׳ די״ל דעיקר הנידון הוא רק בהמעשה מזיק ולא בהכלי עצמו, והיינו שהנידון הוא האם נגמר כבר המעשה מזיק וחשיב כבר בפעולת הזריקה כמעשה גמור של היזק, ורק דאם נעשה המעשה בהכלי עצמו, נידון הכלי כמנא תבירא מחמת המעשה היזק שנעשה בו, אכן בזרק חץ דלא נעשה המעשה היזק בהכלי לא שייך לדון בו

[446] חבורה ב׳ חלק ב׳

[447] ולכאורה אכתי צריך הסבר, צרורות היכי משכחת לה, הלא מעשה ההיזק הי׳ לגמרי ע"י מעשיו, וכיון דבמעשה ההיזק אזלינן בתר מעיקרא ליהוי כמזיק בגופו. וי"ל בזה דכיון דהשבירה בפועל נעשית ע"י כחו ולא ע"י גופו, שהרי לא נשבר הכלי עד שהגיע הצרור להכלי, נמצא דלא שברה בגופו, אלא ע"י מעשה ההיזק שעשתה עכשיו שברה אח"כ בכחו, ועל זה נאמרה ההלמ"מ של צרורות. וכ"כ בשיעורי הגרי"י קלמנוביץ עמ׳ ט"ו בד"ה אמנם.

דין מנא תבירא. והצעתי זאת לפני הגרש"מ ואמר לי דגם הוא העלה כן. שו"ר בחי' רש"ר עמ' צ"ז שכבר הסתפק בזה מעצמו אם הוה שני נידונים שתלויים זב"ז או שדין הכלי הוא תוצאה מדין המעשה, וע"ש שהכריע ג"כ כצד הזה דעיקר הנידון הוא בהמעשה, אך כשנעשה המעשה בהכלי ממילא הוי הכלי ככלי שבור ע"ש.

ג. בביאור הקצה"ח שלא הי' נחית לדברי הנחל"ד

והנה יש לדון בטעמיה דהקצה"ח דלא הי' נחית לסברת הנחל"ד, ובפשטות יתכן דס"ל ג"כ כהנחל"ד דיתכן לחלק כנ"ל, אלא דס"ל דמדברי הרא"ש והנמו"י מיניה וביה מבואר דגם הכלי עצמו נחשב מעיקרא כמנא תבירא אפי' בזרק חץ, דאל"ה לא תיקשי קושית הרא"ש מהתיזה ברה"ר והזיקה ברה"י ולא מידי, וכן אין מקום לשעבוד נכסים משעת זריקת החץ אם הכלי עצמו אינו נחשב כשבור. אכן מלשון הקצה"ח שסיים על דברי הנימוקי יוסף 'ומשמע מזה דגבי חץ נמי הו"ל כאילו אתעבד מעשה' לא משמע דהוכחתו היא מכח זה, וגם מדברי התרה"כ מבו' דס"ל דגם מהוכחת הנמו"י מהא דלא הוי אונס יש להוכיח דס"ל דבזרק חץ אזלי' בתר מעיקרא, והרי התם ליכא שום הכרח אלא לענין זה דהמעשה מזיק כבר נגמר מיד. ולכאורה נראה דס"ל דאין לחלק בין המעשה שבירה להכלי עצמו, ולא שייך לדון דכבר נגמר המעשה שבירה כל עוד דהכלי עצמו אינו שבור.

עוד יתכן לומר בזה ע"פ מה שראיתי בחי' הגרש"ר שם שהסתפק עוד לומר דיסוד הדין דבתר מעיקרא הוא בהכלי ולא בהמעשה, ורק דאם דייני' שהכלי הוא שבור ממילא י"ל דשפיר איכא מעשה מזיק, דהרי עשה מעשה שעשה הכלי לכלי שבור, וזה גופא הוא מעשה מזיק, ואם הקצה"ח ינקוט כן א"ש ג"כ.

נ' דאין להק' דאם כל הדין דבתר מעיקרא בהמעשה הוא מחמת התורת כלי שבור, איך שייך לומר בתר מעיקרא בהדלקת נרות, דנראה דגם בנרות כיון שרואים בעצם הנרות את ההדלקה העתידה, נגמר הכל כבר במעשה ההדלקה. וכשהצעתי כל זה להגרש"מ לא חלק על שום א' מהצדדים, וגם הסכים דלא קשה על צד הג' מהדלקת נר בשבת וכמשנ"ת, אך שאמר ביאור אחר בדברי הקצה"ח, דהקצה"ח ס"ל דמה דלא נעשה מעשה בהכלי הוי סברא דירקט גם לענין המעשה, דכיון דאמרי' דהיכא דלא נעשית מעשה בהכלי לא שייך דין בתר מעיקרא בהכלי, לא שייך גם בהמעשה בתר מעיקרא, ומאותו טעם עצמו, דגם לענין גוף המעשה י"ל דלא שייך לדון דין דבתר מעיקרא לדון שכבר עשה מעשה שבירה להכלי אם עדיין לא נגע בהכלי.

ודע דמלשון התוס' משמע דלא אזלי' בתר מעיקרא בכלל גם לענין גוף המעשה, ורק דמ"מ י"ל דהרא"ש לא פליג על דינו של התוס' וכמש"כ הנחל"ד, אך עכ"פ מבו' מהתוס' כעיקר הבנת קצה"ח שדינו של הכלי ודינו של המעשה תלויים זב"ז, והסברא פשוטה המוזכר בתוס' הוא גם לענין דלא נימא בתר מעיקרא בהמעשה, והוא מכח א' מהשלש סברות המוזכר למעלה, או משום דכל הדין בתר מעיקרא בהמעשה הוא תוצאה מהבתר מעיקרא בהכלי, או דעכ"פ לא שייך לדון בתר מעיקרא בהמעשה אם הכלי לא הוי שבור, או דמה דלא נעש המעשה בהכלי הוי סברא דירקט גם לענין המעשה.

בריך רחמנא דסייען

סימן ה' בענין שינוי לצרורות[448]

א. בביאור לישנא קמא דרש"י בבעיא דרבא אם יש העדאה לצרורות

ב. דקדוק מדברי רש"י דלרבנן דסברי אין העדאה, צרורות בשינוי הוו תולדה דרגל

ג. ביאורי האחרונים לסברת מ"ד יש העדאה לצרורות לפי ל"ק דרש"י

ד. הערה על הנ"ל

א. בביאור לישנא קמא דרש"י בבעיא דרבא אם יש העדאה לצרורות

גמ' יח: בעי רבא, יש העדאה לצרורות או אין העדאה לצרורות, לקרן מדמינן לי', או"ד תולדה דרגל הוא, ע"כ. וברש"י ד"ה אלא כו' הביא ב' לשונות בזה, ובל"ק פי', דספיקא דרבא הוא בצרורות משונים, אך בצרורות כי אורחייהו ודאי ליכא דין העדאה, והטעם לחלק ביניהם הוא, או מטעם שכתב רש"י בסו"ד דמעיקרא הוי אורחי' ואפי' הכי ח"נ משלם, או דכיון דרגל הוא והיא מועדת מתחילתה ואפ"ה ח"נ משלם, לא שייך בי' ענין העדאה, וכמש"כ רש"י בל"ב, או דכל הדין העדאה לא נאמר אלא בקרן.

ועי' בתד"ה במועד כו' שהעירו עליו ג' קושיות, חדא, דמדברי הגמ' משמע, דלפי מאי דאוקמינן פלו' דר"א ורבנן אם יש העדאה לצרורות כו', פשטינן מזה דצרורות משתלמים מגופו, ולדברי רש"י צ"ב, דאם איירי בצרורות משונים, הרי בזה מעולם לא הסתפק רבא דפשיטא דמשלם מגופו אפי' בפעם רביעית, דכיון דצד תמות במקומה עומדת י"ל דמשום זה משלם מגופו, ע"ש. עוד העירו עליו מלשון רבא עצמו "או"ד תולדה דרגל הוא", דמשמע דאיירי' בצרורות כי אורחייהו. עוד העירו עליו, מהא דתלינן פלו' הברייתא אם הידוס הוא מועד, בפלו' דיש העדאה או אין העדאה, דאמרי' דאיירי בהידוס והתיז, והרי לעיל אוקמינן הכי לענין צרורות כי אורחייהו, עכ"ד.

והנה לענין הקושיא השלישית, ע' בתלמיד ר"ת שכתב, דלפי פירש"י צ"ל, דאה"נ עכשיו רצינו לאוקים בהידוס והתיז בשינוי, וע' נחל"ד שהוסיף על זה, דמצינו ענין הידוס גם במשונה, דהרי הגמ' להלן בדף יט. הסתפקה לאוקים מתני' כסומכוס, וצ"ב דבסיפא דמתני' בתרנגול אמרי' דהידוס אינו משלם אלא ח"נ, ובע"כ לפי הך אוקימתא צ"ל, דמתני' איירי בהידוס בשינוי, עכ"ד. אלא דאכתי יקשו עליו שתי הקושיות הראשונות[449]. עוד צ"ע קושיא השני' של התוס'[450].

---

[448] חבורה ג' חלק א'

[449] עי' במילואים א' מש"כ בישוב קושיא הא'.

[450] והנה לענין קו' הא' ע' בתלמיד ר"ת שכתב דלפי פי' זה, דספיקא דרבא הוא בצרורות משונים, צ"ל, דאין כוונת הגמ' דלפי אוקימתא זו דאוקמי' פלו' דר"א ורבנן אם יש העדאה כו', נפשט ספק רבא אם מגופו משלם, אלא כוונת הגמ' היא כהמשך על קושית המקשה, דהקשה דלא שייך לפרש דברי ר"א בצרורות כי אורחי', ומשום צד תמות במקומה עומדת, אלא צריכים לפרש במשונה, ונחלקו אם יש העדאה או אין העדאה, וה"ה דהו"מ לאוקים כמש"כ בתחילה, דנחלקו בפלו' דר"ט ורבנן, אך הי' דוחק להגמ' לאוקים פלוגתתם בפלו' דר"א ור"ט, אלא דשוב מקשי' מזה על רבא דאיבעיא לי' אם יש העדאה כו' ומתרצי' דרבא אוקים פלו' בפלו' דר"ט ורבנן. [ובזה יישב קו' תד"ה אלא כו' כמובן] אכן בדברי רש"י עצמו ליכא לפרש הכי דהרי כ' להדיא דלפי"ז נפשט איבעיא זו.

ע"ע במלא הרועים שכ' לדקדק בדברי רש"י, דר"ל דבג' נגיחות הי' תולדה דקרן, ובפעם רביעית נעשה תולדה דרגל. ולפי"ז לא שייך הענין דצד תמות במקומו עומד, דלא אמרי' הכי אלא באב א', וכגון בקרן דתם ונעשה מועד, עכ"ד. ובפשטות נל"פ דה"ט דנעשה רגל בפעם רביעית, עפי"ד מש"כ בחי' ר' מאיר שמחה לקמן יט: להסתפק בעשה מעשה משונה בלי כוונה להזיק ג' פעמים, כגון חי' דאכלה פת, אם שוב נעשה שן או לא. ועי' ברש"י מח: בחזא ירק ונפל לבור כו', דמבואר דנעשה שן בפעם רביעית. וע"ש בתוס' שפי' בכוונתו, דאי"צ סדר העדאה אלא דע"י ג' פעמים נעשית אורחי'. ולפי"ז דברי רש"י א"ש בפשיטות, דבפעם רביעית נעשה רגל.

ואשר נראה לומר בזה, בהקדם ביאור עיקר הספק בגמ' אם יש העדאה בצרורות או אין העדאה בצרורות, לפי פירוש זה. דהנה להלן יט. בעא מיני' ר' ירמי' מר' זירא, היתה מהלכת ברה"ר והתיזה והזיקה, מהו לקרן מדמינן לי' וחייבת, או"ד תולדה דרגל הוא ופטורה. א"ל מסתברא תולדה דרגל הוא, ע"כ. ולפי הגי' שלפנינו הספק הי' בצרורות כי אורחייהו, אכן בתוס' ר"פ הביא מרש"י דגרס *"ובעטה* והתיזה והזיקה", וכתב, דלפי גירסא זו, בצרורות כי אורחי' פשיטא לן דפטור ברה"ר כרגל, וספק הגמ' הי' רק בצרורות ע"י שינוי. וע' באו"ז שהי' לו גירסא זו וז"ל, בעא מיני' ר"י בר אבא, היתה מהלכת *ובעטה* והתיזה והזיקה, מהו לקרן מדמינן לה, הואיל וביעטה וחייבת ברה"ר חצי נזק. או"ד **כל צרורות תולדה דרגל הוא**, ופטורה ברה"ר, עכ"ל. וכעי"ז איתא להדיא בפירש"י על הרי"ף. ולגירסא זו מבואר, דהגמ' הסתפקה אם כל צרורות, אפי' צרורות משונים, תולדה דרגל הוא, ועל זה השיב לו, דתולדה דרגל הוא. ועי' בסימן ז' שהבאנו דברי הר"מ בפ"ב מנזק"מ ה"ה, דלפי הגר"ח נמצא, דהר"מ פי' דספיקא דרב אשי אם יש שינוי לצרורות כו', הוא בספק הנ"ל, אם צרורות בשינוי הם תולדה דרגל או תולדה דקרן.

ב. דקדוק מדברי רש"י דלרבנן דסברי אין העדאה, צרורות בשינוי הוו תולדה דרגל

והנה ע' ברש"י בד"ה אלא כו' שכתב, ורבי אלעזר סבר כו' ושני ואייעד נפקא מתולדה דרגל ונעשה תולדה דקרן. ומשמע דלרבנן דאין העדאה לצרורות לא נפקא מתולדה דרגל. וכן מבואר להדיא בסוגריים להלן. ולפי"ז בפשטות הי' נראה לפרש דהספק בגמ' היה, האם צרורות דשינוי הם קרן או רגל כעין מה שכ' הר"מ בבי' ספיקא דרב אשי, וכעין מה שפירשו האו"ז ורש"י על הרי"ף בבעי דר' ירמי' להלן. ובאמת עי' בפירש"י על הרי"ף שכתב, בביאור האיבעיא דיש העדאה לצרורות דאיירי בצרורות בשינוי . ולפי"ז א"ש היטב לשון רבא "לקרן מדמינן לה או"ד תולדה דרגל הוא", שהוא כמעט אותו לשון של ר' ירמי' להלן, דביאר בי' האו"ז בכוונתו דהסתפק בספק הנ"ל. ומיושבת הקושיא השני' של התוס' הנ"ל. שו"ר בפירש"י על הרי"ף שפי' ג"כ איבעיא זו דיש העדאה כו' דאיירי בצרורות בשינוי, והספק בגמ' הוא לקרן מדמינן לה כו' או"ד כל צרורות תולדה דרגל כו', עכ"ל. והן הן הדברים.[451]

ולפי"ז יש ליישב גם הקושיא הא' של התוס', והוא עפי"ד האו"ש, שבתחילה נטה לומר, דאם תולדה דרגל הוא, אז הדין הוא דמשלם מן העליי' לפי מאי דקיי"ל דבצרורות כי אורחייהו משלם מן העלי', (עי' מש"כ בזה בסימן ז'בבעי דר' ירמי') ולפי"ז י"ל דשפיר מדקדקין ממ"ד אין העדאה כו' דמשלם מגופו, דכיון

אכן א"כ צ"ב מהי סברת ר"א דס"ל דבפעם רביעית הוה קרן, ודוחק לומר דנח' ר"א ורבנן בשאלה זו גופא דא"כ למ"ל לחלק בהיכ"ת דצרורות ולא פליגי במעשה משונה בעלמא. ושמעתי מהגרש"מ, דבאמת דברי רש"י הכא לא שייכי כלל לדבריו לקמן מח: דרק התם דהוה מעשה משונה בכדי לאכול, אמרי' דע"י ג' פעמים נתגלה דנכלל מעשה זו בעיקר טבע האכילה שלה, אכן הכא דהוה מעשה משונה בעלמא דלא שייך לעיקר טבע האכילה וכיו"ב, אפי' עשתה כן מאה פעמים הוה מעשה משונה ותולדה דקרן, דומה לקרן גופא, דע"י ק' פעמים הוה ג"כ קרן, ולא אמרי' דהוה גילוי דהוה מעשה דאורחי'. ובאמת עי' שם בחי' רמ"ש שהוכיח מגמ' מפורשת לעיל טז: בארי שדרס ואכל, דאפי' בפעם רביעית נחשב מעשה משונה, וביאור הדבר הוא, דהתם אפי' בפעם ד' הוה שגעון בעלמא דאינה צריכה לדרוס בכדי לאכול, דדרכה הוא לטרוף ולאכול.

וע' נחל"ד מש"כ בזה, וע' בשטמ"ק באופ"א קצת דמצד צד תמות במקומה עומדת היה דינו לשלם רביע מגופו ורביע מן העלי'. ועי' מש"כ בזה מהגרש"מ בחבורה ג' להבחורים.

[451] ובאמת תוס' ר"פ הביא זה להלן מרש"י, ונראה, דהוא מהדו"ק של רש"י, דעי' בתלמיד ר"ת שהביא הלישנא בתרא דרש"י בשם רש"י במהדו"ב, וכנראה של"ק דרש"י הוא פירש"י במהדו"ק, ובאמת האו"ז כנראה הי' לו מהדו"ק דרש"י, דע' רש"י להלן בד"ה לקרן כו' שכתב בסוגריים "ומשונה הוא", וע' באו"ז שהביא הך גירסא, וגם גרס בסוגיא להלן "ובעטה והתיזה", וכנ' שהי' לפניו דברי רש"י במהדו"ק. שו"ר בסוף המבוא להרשב"א מכון הר"ק, שהאריך בשני מהדורותיו של רש"י, וכ' דוגמא של רש"י במהדו"ק והוא רש"י בדף יט. שפי' בבעטה והתיזה ונמצא בדבריו על הרי"ף. ועיינתי בדבריו שם, שג"כ פי' כל"ק בתחילת דבריו, וביאר, דנידון השאלה הוא אם כל צרורות רגל הם, ושו"כ בבעי דר' אבא בר ממל, דליכא למימר נפק"מ לענין העדאה, דאיפשט להלן בבעיא דר' ירמי' דצרורות בשינוי הם תולדה דרגל ופטורים ברה"ר, וכמו"כ ודאי לא שייך בהם העדאה. והארכתי בזה בהג"ה במילואים סימן ה' מהגרש"מ, וגם במקו"א בבי' דברי רש"י על הרי"ף

דטעמא דהך מ"ד הוא משום דהוי תולדה דרגל, א"כ בע"כ דברגל גופו משלם מגופו, [וראיתי שכבר קדמתי בפי' זה בשנת תשנ"א] שו"ר שכוונתי בזה לדברי האו"ש שם בד"ה נחזור כו' וברוך ה' שכוונתי לדברי הגאון בעל האו"ש זצוק"ל.

אכן ילה"ע על פירוש זה מדברי רש"י עצמו, דמשמע להדיא מדבריו דכל הראי' דמשלם מגופו הוא מפעם רביעית כשנעשה אורחי', דז"ל, אי בעית לאוקמי' בצרורות כי אורחייהו ולמפשט בעיא דרבא דמגופו משלם, ואייעד ג' זימני בהכי דהדר הו"ל כאורחי' כו', ומדקתני מגופו אלמא צרורות כי אורחי' נמי מגופו כו', עכ"ל. ומשמע דהראי' היא מפעם רביעית דהוי אורחי', אכן להנ"ל כבר איכא לדקדק כן מפעם א'.

ואולי י"ל דזה תלוי' בביאור עיקר ספק הגמ' אם מגופו משלם או מן העלי' משלם, דכבר פלפלו האחרו' בבי' דברי הגמ', ע' מש"כ בסימן ז' בזה, ואם ננקוט כהפנ"י ודעימי' דהספק בגמ' הי' אם הדין דמגופו תלוי' בתשלומי ח"נ או דתלוי' בתשלומי משונה, יתכן דאפי' אם הוא תולדה דרגל, מ"מ דינו לשלם מגופו ממנ"פ, דהתשלומים הן ח"נ וגם דמשונה הוא. אמנם שמעתי מהגרש"מ דאי"ז נכון.[452]

עוד י"ל עפי"ד התוס' לעיל בדף ג: שכתבו, דמשו"ה מסתפק רבא רק במגופו או מעלי', ולא אם פטור ברה"ר, משום דההלכתא באה להקל עליו, וא"כ פשיטא דפטור ברה"ר. ועי' בסימן ז' שביארנו בדבריו, דמכיון דהלכתא להקל באה, לענין רה"ר הוה תולדה דרגל, ולענין מגופו מסתפקי' לומר דהוה תולדה דקרן. וכעי"ז י"ל בדברי רש"י הנ"ל, דבפעם א' וב' כיון דההלכתא להקל באה, לענין הדין דמגופו, ודאי הוה תולדה דקרן.[453] וכעי"ז נל"פ בדברי המאירי שפי' דהספק בגמ' דמעליי' משלם או מגופו משלם, וכן ספק הגמ' אם יש העדאה או אין העדאה, הן, האם צרורות כארוחי' הוה תולדה דרגל או תולדה דקרן. וצ"ב, דהרי פשיטא לי' לרבא לענין רה"ר דהוה תולדה דרגל. ולהנ"ל א"ש, די"ל דדוקא לענין פטור רה"ר פשיטא לי' דהוה תולדה דרגל, דההלכתא להקל עליו באה.

והנה לפי הנ"ל נמצא, דלפירש"י הספק בגמ' הוא, האם צרורות בשינוי הם תולדה דקרן או תולדה דרגל. ולכאורה ילה"ע, דלפי"ז הוה אותו ספק ממש דאיבעיא לי' לר' ירמי' מר' זירא. וראיתי בפירש"י על הרי"ף באיבעיא דר' אבא בר ממל כו', דכתב, דאינו נראה לפרש דנפק"מ לענין יש העדאה לצרורות, דהא אמרי' לקמן דאפי' מחמת ביעוט הם תולדה דרגל, עכ"ד. ולכאורה כוונתו היא, דכיון דפשטינן לקמן בבעי דר' ירמי' דצרורות בשינוי הם תולדה דרגל, א"כ ממילא נפשטה בזה האיבעיא דרבא אם יש העדאה או אין העדאה. הרי להדיא מדבריו דספיקא דר' ירמי' הוי אותו ספק של רבא, וכן יוצא להדיא מדברי המאירי בסוגין.

והעירוני לגריסא א' ברש"י המובאת בספר המפתח מהוצאת פרנקל, עמוד תקצ"א טור ב–ג, דע"ש שהביא שני הלשונות וסיים, "ושתיהן שמעתי והראשון נראה בעיני, דקשיא לי בהאי ל"ב דמעיקרא אורחי' הוא ואפ"ה ח"נ, מה לי חדא זימנא מ"ל תרי זימני, ולישנא ראשון ק"ל **א"כ היינו בעיא דבעי ר' ירמי' לקמן גבי בעטה והתיזה ברה"ר. הרי דבאמת כן יוצא לפי שיטתו דבעיא דרבא ובעיא דר' ירמי' היא אותה איבעיא.**

---

[452] דאילו נפשוט דצרורות כי אורחיהו משתלם מן העליי', והוה אמרי' דצרורות בשינוי אין להם דין ח"נ דקרן תמה אלא צרורות דרגל, דינא הי' להשתלם מעליי', ולא הוה אמרי' דכיון דסו"ס משונה הוא, ודינא הוא בח"נ, משתלם מגופו. דמה שמשונה גורמת דין דמגופו, הוא רק אם נכלל בפרשה דקרן, וכמו שביאר היטב בחי' מרן רי"ז הלוי דכל הלכותיהן של המזיקין תלויים בעיקר שם המזיק, ובכדי שיהי' הלכותיהן של א' מהמזיקין צריך להיות נכלל באותה פרשה, ואילו יתכן דבר שהוא משונה שמאיזה סיבה לא יהי' נכלל בפרשה דקרן דינא הי' לשלם נזק שלם. ועי' מש"כ בזה בחבורות מהגרש"מ בסימן ה' במילואים.

[453] ואף למש"כ למעלה דרש"י לא פי' האיבעיא דמגופו או מעליי' בדרך הנ"ל, אמנם כבר כתבתי למעלה דאי הוה תולדה דקרן פשיטא לן דמשלם מגופו.

וכשהצעתי כל זה להגרש"מ אמר לי דנראה לו דהוא דוחק גדול לומר דהוו אותה איבעיא, ואמר לדחות הראי' מפירש"י על הרי"ף, דנהי דמבואר דאם פטור ברה"ר בע"כ דאין העדאה, אמנם מ"מ י"ל דלא מבו' מזה דלרבא פטור ברה"ר, דיתכן דס"ל דחייב ברה"ר, וכוונת רש"י היא רק לומר, דסו"ס כיון דלהלן מסקי' דהוה תולדה דרגל לענין פטור רה"ר, כ"ש דלא שייך בי' העדאה, ועי' מש"כ בזה בחבורות מהגרש"מ במילואים לסימן ה'. והגרש"מ רצה לפרש דברי רש"י בסוגין באופ"א קצת, דאין כוונתו דהוה תולדה דרגל, דלעולם הוה תולדה דקרן ורק דנלמד גם בפרשה דרגל, ע"ש. אכן מלשון רש"י על הרי"ף משמע דהוה תולדה דרגל, וכן מבו' ממלא הרועים ומהאו"ש, דכוונת רש"י בסוגין הוא דהוה ממש תולדה דרגל.

[אעתיק כאן מש"כ במקו"א בדברי רש"י על הרי"ף. והנה ע' בדברי רש"י על הרי"ף, שפי' כל"ק וז"ל, יש העדאה לצרורות. אם שינה בהם שביעטה והתיזה צרורות על ידי כן, וכן עשתה ג' פעמים, לקרן מדמינן לה לה. הואיל ומשונה הוא, ומשלמת נזק שלם, או"ד כל צרורות תולדה דרגל, דהא כי נמי עבדא מעיקרא כי אורחי' והיזקה מצוי ואפ"ה ח"נ משלמת, לכך זו היא העדאתה ואין לה העדאה אחריתי, עכ"ל. והנה מתחילת דבריו משמע, כמש"כ להלן בבעי דר' ירמי' דאיירי בביעטה והתיזה, והספק הוא האם "לקרן מדמינן לה. הואיל וביעטה וחייב ברה"ר: או"ד כל צרורות תולדה דרגל הם ופטורה ברה"ר". ועל זה השיב לו דמסתברא תולדה דרגל הוא. וע' ברש"י שם לעיל בד"ה אורחי' הוא. שפי' דלפי"ז איפשיטא גם בעיא דרבא דאין העדאה לצרורות, דהא אמרי' לקמן דאפי' מחמת ביעוט הם תולדה דרגל. ובפשטות משמע, דאיבעיא דרבא היא אותה איבעיא, ובאמת הוא אותו לשון ממש "לקרן מדמינן לה [וחייבת,] או"ד תולדה דרגל הוא", ועי' עוד בגי' א' ברש"י המובא בספר המפתח מהוצאת פרנקל, עמוד תקצ"א טור ב–ג, ע"ש שהביא שני הלשונות וסיים "ושתיהן שמעתי והראשון נראה בעיני, דקשיא לי בהאי ל"ב דמעיקרא אורחי' הוא ואפ"ה ח"נ מה לי חדא זימנא מ"ל תרי זימני, ולישנא ראשון ק"ל א"כ היינו בעיא דבעי ר' ירמי' לקמן גבי בעטה והתיזה ברה"ר" הרי דבאמת כן יוצא לפי שיטתו, דבעיא דרבא ובעיא דר' ירמי' היא אותו איבעיא.

אכן בדברי רש"י על הרי"ף לא נראה כן, דא"כ כל המשך דבריו בד"ה לקרן מדמינן לה כו' מחוסרים ביאור כמובן.

עוד ילה"ע, דהנה יל"ע בטעמא דמ"ד יש העדאה כו', דמ"ש מאורחי' דלא נאמר דין העדאה על צרורות, ובפשטות צ"ל, דלמ"ד יש העדאה לא נא' ההלכתא כלל בצרורות דקרן, כמו דמשמע מרש"י בסוגין, ע' מה שהארכנו בזה בסימן ה' מהגרש"מ ובמילואים שם, ולפי"ז צריכים לפרש בלשון רש"י על הרי"ף דר"ל דזה ברור דצרורות הויא הלכתא בדוקא בפרשה דרגל, ורק דיתכן דכל צרורות הם תולדה דרגל, וזה לא משמע כ"כ בדבריו.

והנראה לומר בזה הוא, עפ"י מה דמשמע לי מלשון הרשב"א לעיל ג:, דע"ש בבי' ספיקת רבא אם משלם מגופו, שכתב וז"ל, ורבא מספק"ל כיון דאקיל בי' רחמנא שלא לחייבו אלא ח"נ, אף אנו נאמר שלא חייב בו אלא כח"נ דעלמא דפירש בו שהוא מגופו, עכ"ל. ולא משמע דהספיק בגמ' הוא אם הוה תולדה דקרן, וצ"ב מה שהעיר שם לעיל דמנ"ל להגמ' להק' בפשיטות דלרבא אמאי קרי לה תולדה דרגל כו', דמהיכ"ת דס"ל דהוה תולדה דרגל, אדרבה לכתמצא לומר מגופו משלם, קרינן לי' תולדה דקרן, עכ"ד. וצ"ב, דאמאי נקרא אותה תולדה דקרן מחמת זה, ופשטות צ"ל דס"ל דזה גופא הוא ספק הגמ', וכמו דמבו' בדברי התוס' ג:, ע' בחבורות מהגרש"מ בסימן ה', אכן מדבריו להלן לא משמע הכי. ולכאו' משמע מזה, דכיון דעיקר השם מזיק הוא לענין הלכותיהן, כל היכא דאיכא לאיזה מזיק אותם הלכות יתכן לקרות לה כ"תולדה", וע"ש להלן שכ' בבי' קו' הגמ' שם, דהלכתא גמירי לה דהוה תולדה דרגל "ותלמודא הוא דקא מתמה במאי שייכא לרגל דקרינן הכי, אדרבה טפי שייכא לקרן דאף הוא אינו משלם אלא חצי נזק כקרן תמה. ומשמע דמחמת זה הי' מן הראוי להיות נקרא תולדה דקרן. וצ"ב, דהא דאינו משלם ח"נ הוא מהלמ"מ, ולא משום דהוה בפרשה דקרן, ומשמע מזה, דכיון דיש לה דיני קרן ודומה להלכותיה של קרן, ושייך להיות נקרא קרן.

אלא דדיוק הנ"ל אינה מוכרח, דהנה ע' להלן יט. דמסתפקי' לומר דצרורות כי אורחי' חייב ברה"ר, דלקרן מדמינן לה, ומבו' יסוד גדול בזה, דכיון דהתורה חייבה ח"נ, ולא מצינו חיוב כזה אלא בקרן תמה, א"כ בע"כ דנלמד תשלומין אלו בפרשה זו, והי' מקום לומר דמחמת זה יהי' לה הלכותיה של קרן לענין חיוב רה"ר, ורק דמסקי' דהוה תולדה דרגל. [ובאמת מזה לא מבו' דלא שייך לקרן, דיתכן דהוה תולדה דקרן ורק דיש לה גם כן שם דתולדה דרגל ויש

לה הקולא של רגל. ובאמת עדיין קיים הספק אם יש העדאה או לא. ומתוס' ור"פ משמע, דהנידון הוא ג"כ על דרך זו].

אך עכ"פ כן נ' בדברי הרשב"א, וכן מבו' מדברי הראשו' בשטמ"ק ג: שהעירו, דמאי קשיא לי' אמאי קרי לה תולדה דרגל דילמא משום דאורחי' ודומה לה. ובפשטות משמע, דאין הכוונה דמה"ט נלמד בפרשת רגל אלא דמחמת שדומין זל"ז נקרא תולדה, וביותר מבו' כן ממהר"י כץ שם, שכתב, דאין לומר דקרי לי' תולדה דרגל משום דדמיא, דהא נשיכה דמיא לשן ואעפ"כ לא קרי לי' תולדה דשן, עכ"ד. הרי שהי' דן לומר דמחמת זה דנשיכה דמיא לשן הוה קרי לה תולדה דשן, והרי התם לא נלמד משן שום הלכה.

ונראה דכוונת רש"י היא ג"כ על דרך זו, דספק הגמ' הוא, האם מועילה העדאה בצרורות בשינוי מטעמא שבי' רר"ג או כהגרש"מ, אלא דהספק לומר שלא תהני העדאה הוא, משום דקרן בהעדאה לא עדיפא מהעדאה דרגל דדינו הוא רק בח"נ, ומשו"ה אמרי' או"ד תולדה דרגל הוא, ור"ל דאו"ד בע"כ אין דינו אלא כרגל דלא שייך להיות עדיף מינה. אלא דצב"ק, דלהלן באיבעיא דר' ירמי' צ"ל דהוא ממש תולדה דרגל, דמהיכ"ת פטור רה"ר].

ג. ביאורי האחרונים לסברת מ"ד יש העדאה לצרורות לפי ל"ק דרש"י

והנה כבר דקדקנו מדברי רש"י דלפי הצד דאין העדאה כו' הוא משום דהוי תולדה דרגל, וברגל ליכא דין העדאה, ופירש כן מכח הכרח לשון הגמ' כמובן. וביארנו, דלכאו' י"ל דמ"ד יש העדאה ס"ל, דנהי דדין צרורות נאמר גם בקרן, אך כיון דהוא קרן, שייך בי' דין העדאה. ולכאו' דבר זה צ"ב, דהרי ליכא שום נפק"מ בין הדין ח"נ צרורות בצרורות כאורחי' להדין ח"נ צרורות בצרורות בשינוי, ואם בהדין ח"נ בצרורות כאורחי' לא שייך בי' דין העדאה, גם בהדין ח"נ בצרורות בשינוי אמאי יהא שייך בה דין העדאה, דנהי דעל הדין ח"נ דקרן תמה שייך דין העדאה, אמנם על הדין ח"נ דצרורות לא שייך העדאה.

אכן עיין היטב בלשון רש"י דמבו' מלשונו בסוגריים שם, דודאי אילו נאמרה ההלמ"מ דצרורות דקרן הוי רגל, והספק הוא בזה גופא אם נאמרה ההלמ"מ בענין צרורות דקרן או דכל ההלמ"מ לא נאמרה אלא בצרורות דרגל.

שו"ר בחי' רא"ל סי' ס"ו בד"ה וכן מהבעיא כו', דנתקשה בקושיא הנ"ל, דאם ליכא דין העדאה על צרורות כאורחי', גם בצרורות בשינוי לא יהא שייך דין העדאה, ומכח קושיא זו הוכיח כמש"כ, דבע"כ למ"ד יש העדאה כו' הביאור הוא דלא נאמרה ההילכתא דצרורות בענין קרן, וכעי"ז נקט הגרש"מ ע' בחבורותיו בסימן ה'. ולפי"ז נקט רא"ל דלכאו' צ"ל דזה גופא הוא הספק בגמ', אם נאמרה הלכתא לענין צרורות קרן או דלא נאמרה הלכתא, והק' על זה מלשון הגמ' דאו"ד תולדה דרגל הוא, ועוד הק' מסוגיא דדף ג: דאמרי' תולדותיהן לאו כיו"ב רק לענין תולדה דרגל. [וכבר עמד תוס' הרא"ש שם ב: על קושיא הנ"ל, ע' מש"כ בזה שם בסימן ה']. עוד ע"ש מה שהעיר על זה. ולכן העלה דבין מ"ד יש העדאה ובין מ"ד אין העדאה סברי דההלכתא לא נשנית לענין צרורות בשינוי ורק דמ"ד אין העדאה ס"ל דהדין העדאה שנתנה תורה לקרן תמה אינה יכולה להביאו לחיוב העדאה יותר גדולה מהחיובים של מועד מתחילתו, והוא ילפותא דילפי' דהעדאה דקרן לא תהא חמורה ממועד מתחילתו, וזאת היתה שאלת רבא, וזה מה שאמרו בגמ' או"ד תולדה דרגל הוא, ופרש"י דכיון דמעיקרא כי עבידנן כי אורחי' תולדה דרגל היא, ומ"מ משלמת ח"נ ומשום דכך הם החיובים של מועד מתחילתו דצרורות, א"כ זו היא העדאתה ואין לה העדאה אחרת, וגם ההעדאה דקרן אינה יכולה להביאו רק לח"נ ולא לנ"ש, משום דגם מועד מתחילתו אינו מתחייב ביותר מחצי נזק, עכ"ד. אכן כבר דייקנו למעלה מלשון רש"י, ומלשון רש"י על הרי"ף, דזה הי' פשוט להגמ'

דכל מה דהוא בכלל ההלכתא, הוא תולדה דרגל, ורק דהסתפקה הגמ' בזה גופא, האם צרורות דקרן איכללו בההלכתא אם לאו.

וראיתי בחי' רר"ג סי' א' שלא נקט כן, ע"ש שנקט בפשיטות דנאמרה ההלמ"מ גם בצרורות בשינוי, ושלפי לשון זה מועיל העדאה גם לענין הדין צרורות היכא דהוא צרורות דקרן, ובביאור הדבר כתב, דהא דלא מהני ברגל הוא משום דמעיקר הדין סדר העדאה הוא דצריך לעשותה מאינה אורחי' לאורחי', ואם ילפי' דין העדאה בצרורות מקרן תמה, צריך אותו סדר של מעשה העדאה. ובצרורות כי אורחי' לא שייך דין סדר העדאה, אכן בצרורות בשינוי שפיר שייך בי' סדר התורה של העדאה, ומועיל גם לענין צרורות, עכ"ד. אך דבר זה תמוה הוא דאם נא' דין סדר העדאה בצרורות שיהי' בה דין דצריך לעשותה מאינה אורחי' לאורחי', וכן העיר הגרש"מ. והגרש"מ רצה לומר, דאם ננקוט בדברי רש"י דודאי נאמרה ההלכתא גם בקרן, צ"ל דמכיון דכל אב הוא מזיק בפנ"ע, אז הדין צרורות שיש בקרן נעשה א קרן'דיגע צרורות, ושייך בה דין העדאה. אלא דאכתי אינה מבורר כל הצורך כמובן, דסו"ס הפטור דצרורות לא שייך להשינוי. ולפי""ד יש לדון בביאור הספק בגמ'.

וע"ש בחי' ר"ר שביאר דהספק בגמ' הי' בגדר ההלמ"מ שנאמרה בצרורות, האם גדרו הוא דין תמות, דמכח הלמ"מ קבעה התורה דמזיק ע"י כוחו לאו כמזיק גמור, ומשו"ה חייב ח"נ.[454] או דודאי דייני' אותו כמזיק גמור וכמועד בעלמא, ורק דהוא גזה"כ לפוטרו מח"נ, ונפק"מ לענין אם שייך העדאה או לא. וגם בצרורות כי אורחי', בעיקרון שייך בי' דין העדאה, ורק דחסר בעיקר מעשה דהעדאה ע"ש. עוד ע"ש שכ' לפרש דברי הגמ' באופ"א, דר"ל דרק על דין תמות דהוא מחמת זה דלאו אורחי', בי' שייך דין העדאה, ולא על דין תמות דהוא מחמת זה דהוא כוחו, דסו"ס ליכא חילוק בין פעם ראשונה לפעם רביעית, וגם לפי' זה בעיקרון הי' שייך דין העדאה על צרורות כאורחי'. [ועי' בחי' רש"ר סי' ג' שהאריך בנידון זה אם הוא דין תמות או לא].

והנה לפי"ד צריכים לדחוק טובא בלשון הגמ' "או"ד תולדה דרגל הוא" דר"ל דגם בתולדה דרגל נא' בי' דין צרורות והתם מסתברא דהוה מועד גמור, וצ"ע.

והיוצא מדברינו הוא, דיש לפרש דברי הגמ' בכמה אנפי, והגרא"ל פי' דזה פשיטא להגמ' דלא נאמרה הלכתא דצרורות לענין צרורות בשינוי והספק דגמ' הוא אם אמרי' דע"י סדר העדאה לא שייך שיהי' אלים טפי ממועד מתחילתו. ועוד רצינו לפרש דספק הגמ' הי' בזה גופא, האם נא' הלכתא דצרורות במשונה, ורק דאילו נאמרה ההלכתא ודאי נעשית תולדה דרגל, דעיקר ההלכתא נא' ברגל וכל דבר שנכלל בההלכתא בהכרח הוה תולדה דרגל, ורק דמסתפקי' בזה גופא אם לא נא' בי' ההלכתא ולא הוי תולדה דרגל, או דנאמרה בי' ההלכתא. וראיתי שכ"כ הגרי"ק ברשימות שיעורים. וע' להלן דבפשטות מבואר כן להדיא בדברי רש"י על הרי"ף, דלפי הך צד הוה תולדה דרגל. שוב האריך הגרש"מ בזה בחבורה (בסימן ה'), ונקט דאינה ממש תולדה דרגל ע"ש, ועי' בהג"ה שם ובמילואים שביארנו דיתכן באמת לפרש דהוה תולדה דרגל ממש. [אכן נראה דאכתי בעי' לדברי רר"ג בדברי תלמיד ר"ת שג"כ הביא שני לשונות הללו, ואינו במשמע דהספק בגמ' הוא אם נאמרה ההלמ"מ או לאו]. והגרש"מ אמר, דהי' מקום לפרש דזה פשיטא לן דנא' ההלכתא בצרורות בשינוי ורק דספק הגמ' הוא אם הוה תולדה דרגל או תולדה דקרן, דאילו הוה תולדה דקרן י"ל דשייך בהם דין העדאה מכיון דגוף המזיק הוא מזיק דקרן, ובמזיק דקרן נא' הפרשה דהעדאה. הגרר"ג דעיקר הספק דגמ' הוא בגדר הדין דח"נ צרורות אם הוא דין תמות או דין מועדות. ולפי פי' השני

---

[454] ושמעתי מהגרש"מ, דהצד לומר דהוא ח"נ דתמות, הוא גופא משום דלקרן מדמינן לה, כיון דלא מצינו ענין ח"נ אלא בקרן, והכא נא' דין ח"נ, וא"כ מסתבר למילף דין צרורות שיש לה אותה דין תשלומין דהוא ענין של צד תמות.

של הגרר"ג דזה ודאי דח"נ צרורות הוא דין תמות וספק הגמ' הוא אם שייך העדאה בתמות, דהדין תמות אינו משום זה דלאו אורחי' הוא.

ד. הערה על הנ"ל

והנה ילה"ע על מש"כ בדברי רש"י, ממה שנסתפק רב אשי אם יש שינוי בצרורות לרביע נזק או לא, הרי דמבואר מדבריו, דיתכן דההלמ"מ נאמרה בצרורות דקרן והוי עדיין קרן. והנראה בזה דעי' למעלה שהבאנו דברי הר"מ שפי' ספיקא דרב אשי, דהוא אם צרורות דקרן הוי קרן או רגל, ואי הוי קרן, פשיטא דיש שינוי. וי"ל גם בפירש"י דפשיטא לר"א דאילו הוי קרן דיש שינוי. וי"ל בדברי רב אשי, דלפי הך צד דיש שינוי, אה"נ דההלמ"מ דצרורות נאמרה בקרן ועדיין הוא קרן, ועל זה שפיר מקשי' דמדברי רבא מבואר דאין שינוי כו', ומתרצי' דאת"ל קאמר, והיינו דאת"ל דמשלם חצי נזק, יל"ע בטעמא דמילתא האם הוא משום דהוי תולדה דרגל או משום דהלמ"מ דצרורות לא נאמרה בקרן, וצ"ע, ועי' בחבורות מהגרש"מ שם.

סימן ז

בהשמטת הרי"ף לאבעיות דגמ'

א. ראי' מדברי המאירי דהסתפק לומר דיתכן דההלמ"מ דצרורות לא נאמרה בתולדה דקרן, וישוב נפלא עפי"ז מקו' הגרא"ל סי' ס"ו

הנה מצינו בגמ' יח. דבעי רבא, חצי נזק צרורות, מגופו משלם או מעלייה משלם, מגופו משלם, דלא אשכחן חצי נזק דמשלם מעלייה, או דלמא מעלייה משלם, דלא אשכחן כאורחיה דמשלם מגופיה. ועוד איבעיא דבעי רבא שם יח: אם יש העדאה לצרורות או אין העדאה, ועוד בעי רב אשי בדף יט. יש שנוי לצרורות לרביע נזק, או אין שנוי לצרורות לרביע נזק. וע' ברי"ף בפ"ק שפסק דמשלם מן העלי', אך בסוגין השמיט האיבעיא אם יש העדאה כו' והאיבעיא אם יש שינוי כו'. וע' ברא"ש מש"כ בזה. ונראה בזה עפי"ד המאירי, שפי' דהספק בגמ' אם יש העדאה או אין העדאה ווהספק אם משלם מגופו או מן העלי', הם ספיקות בעיקר דין דצרורות אם הוי כתולדה דקרן או כתולדה דרגל. [ועי' מש"כ בסימן ז' בבעי דר' ירמי', בביאור ספק זה].

וכתב המאירי, דכיון דפשטינן דמשלם מן העלי' ופטור ברה"ר, הוא תולדה דרגל, וא"כ פשוט דאין העדאה, דברגל לא שייך העדאה, עכ"ד.[455] וע' ביש"ש שכתב כעי"ז, אלא שכ' דבזה לא נתיישב אלא הקו' על השמטת הרי"ף לאיבעיא דיש העדאה, אך עדיין לא נתיישב אמאי השמיט האיבעיא דיש שינוי, דהתם איירי' בצרורות בשינוי, דליכא הך איבעיא אם צרורות הם קרן או רגל דפשיטא דהם קרן. ולכן פירש דברי הרי"ף באופ"א.[456] אכן ע' במאירי שכתב, דגם איבעיא זה דיש שינוי או אין שינוי תלוי' בהך איבעיא אם צרורות כאורחי' הם קרן או רגל, ודבר זה צ"ב טובא.

אכן לפי מה שנתבאר בסימן ה'שפיר י"ל דכל מה שהסתפק רב אשי לומר דיש שינוי לצרורות, היא רק אם ההלמ"מ דצרורות נאמרה בקרן, אך אם ההלמ"מ דצרורות לא נאמרה אלא ברגל, פשיטא דאין שינוי כמובן. ועכ"צ"ל דכל מה שנסתפק רב אשי הוא רק על הצד דצרורות כי אורחי' הם תולדה דקרן, דכיון דצרורות הם קרן, י"ל דודאי נכלל בזה דבקרן גופי' נא' ההלכה, אך אם צרורות כי אורחייהו הם תולדה

---

[455] ע"ש בסוד"ה תרנגול כו', כל אותם שאלות כלן סובבות אם הצרורות מתולדת קרן או מתולדת רגל, ומאחר שנתברר שתולדת רגל הן אין לנו בהן לא העדה ולא שינוי. וע' באבהע"ז שכ' ליישב עפי"ז את קושיית הרמב"ן במלחמות כו: וברשב"א ג: על דברי הגמ' שם, דהאיך פשטי' להגמ' דלר"פ משלם מן העלי', הא אולי גם ר"פ מספקא לי' בזה, והא דקאמר דתולדה דרגל הוא, הוא לענין פטור רה"ר, אכן להנ"ל מיושב היטב, די"ל דכיון דספק הגמ' הוא, האם ההלמ"מ הוא דחייב ח"נ מדין תשלומי קרן, א"כ א"א לומר דהוי תולדה דרגל ורק דלא כיו"ב, ע"ש.

[456] וע' בנחל"ד שכ' ליישב קושיא זו עפ"י חשבון, דאם צרורות כאורחי' הוי רגל לשלם מן העלי', אז צ"ב טובא מה דכללה מתני' היתה מבטעת עם הדין דהתיזה צרורות, דהרי התוס' כתבו דטעמה דכללה המשנה משום שדינם שוה, וצ"ב דהרי אין דינם שוה. [וכן העיר הפנ"י על תוס' שם] ובע"כ צ"ל, דלפי אוקימתא זו דמשלם מן העלי', באמת צריכים לפרש מתני' בצרורות בשינוי דג"כ משלם מגופו וחייב ברה"ר, ובע"כ מבואר דאין שינוי לצרורות, ע"ש.

דרגל, אז צ"ל דלא נאמרה ההלמ"מ בצרורות דקרן. ומדוקדק היטב דברי המאירי שכתב, וז"ל, אלא שכל שהם צרורות כדרכם משלמין חצי נזק מתורת **צרורות** מן העלי' ובחצר הנזק, וכל שיש בהם שנוי, משלמין חצי נזק **מדין קרן** מגופו, ואף ברה"ר, עכ"ל. ומשמע דאין בזה דין צרורות כלל. שו"ר שכוונתי לדברי הגר"א חזן [עמוד ס"ד] בבי' דברי המאירי, ע"ש שהסביר הענין היטב.

ועפ"י הנ"ל יש ליישב גם את קושית הגרא"ל בסי' ס"ו על דברי המאירי (המובא בסימן ז אות ב), דהנה מדבריו מבואר, דספק הגמ' ביש העדאה, הוא בצרורות כאורחי', ותוס' כבר הכריחו דודאי איכא ספק גם בצרורות בשינוי, וא"כ כיון דקיי"ל דבכאורחי' אין העדאה, האיך שייך לומר דצרורות בשינוי יש להם העדאה. אכן לפי הנ"ל א"ש, דמה דמבו' בגמ' דגם בצרורות בשינוי יש להסתפק אם יש העדאה, הוא רק לפי צד הגמ' דמגופו משלם וצרורות כאורחי' הוי תולדה דקרן, ממילא גם צרורות דקרן נכללו בההילכתא, אכן לפי מאי דקיי"ל דהוה תולדה דרגל, אין כלל מקום לדון ולומר דלא שייך בהם העדאה. ולפי"ז למאי דבעי' לתלות פלוגתת ר' יהודה ור' אלעזר אם יש העדאה, ומבואר בגמ' דלפי הו"א זו איירי בצרורות בשינוי, כמו שדקדקו התוס', הי' הגמ' יכולה לדחות דמה דס"ל לר"א יש העדאה, הוא רק בצרורות בשינוי, וס"ל דמשלם מגופו, אך עכ"פ הי' נפשטת מזה חדא מאיבעיות דרבא.

ב. דיוק מדברי התוס' ומתלמיד ר"ת דפשיטא לן דצרורות בשינוי הוה תולדה דקרן

ודע דכל מש"כ הוא לולי דברי התוס', אך מקושית התוס' מבואר דהבינו בכוונת רש"י, דס"ל דודאי צרורות דקרן הוי קרן, ורק דמ"מ מסתפקי' אם יש העדאה או לא, וכ"כ בתלמיד ר"ת בביאור הך גירסא, דספיקא דרבא הוא בצרורות משונים, וז"ל בסוד"ה, ועוד קשה כו' יש העדאה או אין העדאה, לקרן מדמינן לה כמו שהקרן בתלתא זימני נזק שלם, הכי נמי צרורות בשינוי, או"ד כי היכי בצרורות דרגל אע"ג דאורחייהו בהכי אין משלמין אלא חצי נזק, הכי נמי צרורות דקרן אפי' כשהועדו לא ישלמו אלא ח"נ, עכ"ל

ג. הערה על מש"כ היש"ש בבי' השמטת הבעיא אם יש העדאה

והנה מדברי הנ"ל יוצא, דלפי"ד הר"מ הספק בגמ' אם יש שינוי או אין שינוי, הוא, האם צרורות בשינוי הם קרן או רגל. ולפי"ד המאירי והיש"ש בדעת הרי"ף, ספק הגמ' אי מגופו משלם ואם יש העדאה, הוא אם צרורות כאורחי' הם כקרן או כרגל. ולכאו' א"א לפרש כן בדברי הר"מ דפי' האיבעיא דיש העדאה על דרך המאירי, דהרי מבואר בגמ' דאיבעיא דרבא הוא באת"ל מאיבעיא דרב אשי, ולפי"ז מן התימא על היש"ש שכתב לפרש בדעת הר"מ שהשמיט איבעיא דיש העדאה עפ"י הנ"ל. אלא דבאמת המעיין ביש"ש יראה שלא הבין בדברי הר"מ בביאור הספק אי יש שינוי, דהסתפק בשאלת יסודית אם הוא תולדה דרגל או דקרן, אלא דהוא ספק אם בעיטה נחשבת כשינוי או כאורחי', ואם הוא כשינוי פשיטא לן דחייב רביע נזק וחייב ברה"ר דודאי הוא קרן, ובודאי נאמרה ההלמ"מ דצרורות בקרן ע"ש.

[וליישב השמטת הר"מ ע' באמר"מ כח-ה שכתב, דס"ל להר"מ דספק הגמ' הוא בצרורות כי אורחי', והנה רש"י הק' דאיך שייך בזה ענין העדאה. ובתוס' כתבו, דכיון דמשלם ח"נ כקרן הוה כקרן, וכ' האמר"מ דדבר זה תלוי' אם פלג"נ קנסא או ממונא, דאילו הוה קנסא הרי בקרן גופי' לא מצינו ענין העדאה אלא בדבר שלא הי' אורחי' בכך, ועי"ז נעשה אורחי' בכך וא"א למילף מזה, אך למ"ד פלג"נ ממונא, כיון דבאמת הוא אורחי' ואפ"ה הוא ח"נ, ומ"מ שייך בי' דין העדאה, יש למילף מזה לצרורות, ולפי"ז למאי דקיי"ל דפלג"נ קנסא כלל ליכא ספק, ע"ש].

ד. בדברי הרא"ש בהרי"ף בענין תפיסה בספיקא דדינא

והרא"ש יישב דברי הרי"ף שהשמיט הך איבעיא, דס"ל משום דליכא נפק"מ, דבלא"ה אין גובין קנסות בבבל, ורק דמהני תפיסה ומכיון דהוה ספק"ד מועילה תפיסה בלא"ה, והרא"ש חלק עליו דלא מהני תפיסה, דהרי קיי"ל תקפו כהן מוציאין אותו מידו, עכ"ד. והנה הרא"ש כתב **דאפשר** היינו טעמא דהרי"ף השמיט בעיא זו, אך להלן נראה דפשיטא לי' הכי, דכתב וז"ל, לדעת רבותי דמהני תפיסה כו'. והנה יל"ע בסברת הרי"ף דמהני תפיסה, ועי' בקונטה"ס ד–ב שהביא, די"א דס"ל כהר"מ דתקפו כהן אין מוציאין כו', אך הוא הכריע שלא כן, אלא דלעולם ס"ל ת"כ מוציאין, ורק דשאני ספיקא דדינא, דיסוד הנידון אם ת"כ מוציאין, הוא אם הדין מוחזקות הוה כהכרעה על הספק, וי"ל דבספק"ד לא שייך דין הכרעה על הספק, וע"ש שהסביר עפי"ז דברי הר"ן בסוגיא שקידושין ה: דנתן הוא ואמרה היא, דדקדק דאזלי' בתר חזקה בספק"ד, מהא דקיי"ל אפי' בספיקא דדינא דתפיסה לא מהני, וביאר קונה"ס, דכוונתו לדקדק דיתכן לדון עם דין הכרעה אפי' בספיקא דדינא, וע"ש שכתב עפי"ד הרא"ש הנ"ל, דהרי"ף אזיל לשיטתו בקידושין שם, דלא ס"ל כהר"ן, ע"ש בר"ן. ורק דהעלה דהגם דמובנת היטב סברת הרי"ף, אך לא מצא לו חבר למי שפסק ת"כ מוציאין ובספיק"ד אין מוציאין, עכ"ד. והנה ע' מאירי בסוגין דפסק דספק"ד תפיסה מהני וכן פסק בספר השלמה ולא עיינתי כעת מהו שיטתם בדין תקפו כהן.

ה. בבי' ספק הגמ' לפי ל"ב דרש"י דספק הגמ' הוא בצרורות כאורחי'

ע' בחי' רר"ג סי' א', דיל"פ ספק הגמ' בשני אופנים, או דהנידון הוא בגדר הדין ח"נ דצרורות, האם הוא ח"נ של מועדות, והיינו דהוא פטור בעלמא על חצי מהנזק, או דנתחדש דהוא ח"נ דתמות. או דאפי' אי נימא דהוה דין תמות, מ"מ יש לדון אם על צד תמות דלא הוה מחמת שינוי אלא מחמת דבר אחר, אם נאמרה בי' דין העדאה. ע"ש בהג"ה. וע"ש במאירי דלפי"ד לכאו' יוצא דספק הגמ' הוא, האם הוי תולדה דקרן או תולדה דרגל.

סימן ז

עוד בסוגיא דצרורות[457]

א. בביאור שיטות הראשונים בסוגיין

ב. בי' דברי המאירי דלהלכה קיי"ל דאין שינוי

ג. ביאור ספיקת רבא אם משלם מגופו או מעליי'

ד. בביאור דברי התוס' דיתכן צרורות הן בין תולדה דרגל ובין תולדה דקרן

ה. בבי' ספק הגמ' אם יש שינוי לצרורות לרביע נזק

ו. בדברי הר"מ בפ"ב ה"ה-ו

ז. ישוב עפי"ד הר"מ על קו' רש"י ותוס' ר"פ לעיל יח:

ח. נידון בדברי הר"מ לפי הצד דאין שינוי האם משלם מן העליי'

ט. בבי' ספיקת ר' ירמי' אם חייב בצרורות ברה"ר

י. בדעת הראשונים שפי' דהאיבעיא דגמ' היא לענין צרורות משונים

יא. בביאור דברי הר"מ בבעיא זו

א. בביאור שיטות הראשונים בסוגיין

הנה בסוגיא דצרורות מצינו ד' איבעיות הנה מצינו בגמ' יח. דבעי רבא, חצי נזק צרורות, מגופו משלם או מעלייה משלם, מגופו משלם, דלא אשכחן חצי נזק דמשלם מעלייה, או דלמא מעלייה משלם, דלא אשכחן כאורחיה דמשלם מגופיה. ועוד איבעיא דבעי רבא שם יח: אם יש העדאה לצרורות או אין העדאה, ועוד בעי רב אשי בדף יט. יש שנוי לצרורות לרביע נזק, או אין שנוי לצרורות לרביע נזק. ובעיא דר' ירמי' בדף יט. אם פטור ברה"ר.

והנה עכ"פ, בעיא דמגופו משלם, ודאי דאיירי בצרורות כי אורחייהו, [ולדעת הר"מ דלמ"ד אין שינוי לצרורות הוה לגמרי כתולדה דרגל, י"ל דגם בצרורות בשינוי משלם מעליי']. ובעי דרב אשי בשינוי לצרורות ודאי איירי בצרורות בשינוי. ורק נחלקו הראשונים בבעיא אי יש העדאה לצרורות, ובאיבעיא דר' ירמי', ולדעת התוס' ורוב הראשונים, האיבעיא דיש העדאה איירי גם בצרורות כי אורחי', ורק יתכן דעיקר האיבעיא היא בצרורות כי אורחי' ורק דתוצאה מזה הוא צרורות בשינוי. ובפשטות מבואר מדברי התוס' בדף יח: דאיבעיא דר' ירמי' איירי בצרורות כאורחי', דמבואר שם מקושיתם דלמ"ל לאוקמי' ר"א כסומכוס לוקמי' כרבנן וכר"ט, וזהו דלא כמש"כ מהרש"א בדבריהם בדף יט., וכבר חלק עליו הפנ"י שם. ולדעת רש"י בל"ק, האיבעיא דהעדאה איירי רק במשונה, ור"פ הביא בשמו, וכן הוא ברש"י על הרי"ף דאיבעיא דר' ירמי' איירי בשינוי, אך לדברי רש"י שלפנינו, האיבעיא איירי בצרורות כאורחי', אלא דלפי הגירסא לפנינו רש"י העלה בדף יח: כל"ב, דבעיא דר' ירמי' איירי בצרורות כאורחי', וכן משמע מדבריו בדף יח: דבשינוי חייב ברה"ר, ממה שהק' דלוקמי' ר"א כרבנן דסומכוס וכר"ט.

והנה יש לדון האם איבעיות הנ"ל תלויים זב"ז, ומדברי הגמ' מבואר רק דהאיבעיא דיש העדאה היא באת"ל דאין שינוי. וגם זה אינה מבורר כל הצורך, דדעת רש"י ותוס' היא, דאי נימא אין שינוי, פשיטא דאין העדאה, אכן באבי עזרי כתב בדעת הר"מ, דלפי הך צד באמת יש שינוי. אכן שאר האיבעיות אינה מבורר בגמ' דיש להם איזה שייכות זל"ז, ואדרבה הרי מצינו להדיא בגמ' דרבא ס"ל דפטור ברה"ר, ומ"מ הסתפק

[457] חבורה ד'

אי מגופו משלם ואם יש העדאה. והגם דספיקא דר׳ ירמי׳ בפטור רה״ר הוא אותו לישנא דרבא, ולדעת הראשו׳ דר׳ ירמי׳ איירי בצרורות כאורחי׳ ונמצא דרבא הסכים לפשיטותו דר׳ זירא, ומ״מ איבעיא לי׳ לענין העדאה, ומבו׳ דאינם תלויים זב״ז, דהגם דודאי הוא תולדה דרגל לענין פטור רה״ר, מ״מ שייך להסתפק אם לקרן מדמינן לה לענין דין העדאה.

ורק לפירש״י, דאיבעיא דיש העדאה איירי בשינוי, יתכן לומר דשני הנידונים תלויים זב״ז, וכן נקט רש״י בכת״י א׳ המובא בר״מ פרנקל, ומשו״ה תמה על הל״ק דהויא אותה איבעיא דר׳ ירמי׳, אך גם לל״ק דרש״י איכא מקום לחלק ביניהם.

עוד מבואר להדיא בגמ׳, דלפי מה שנקטו התוס׳ דכוונת הגמ׳ ר׳ ע״ב היא לפשוט האיבעיא דמגופו משלם, דהאיבעיא אם יש העדאה או אין העדאה שייך עכ״פ למ״ד מגופו משלם. והנה הרא״ש העיר על השמטת הרי״ף לאיבעיא אם יש העדאה או אין העדאה, ומבואר דס״ל דגם למאי דפשטי׳ דמשתלם מן העליי׳, מ״מ י״ל דיש העדאה לצרורות. אכן כבר כתב היש״ש בדברי הרי״ף דס״ל דכיון דקיי״ל דמשלם מן העליי׳ אין מקום להסתפק ולומר דיש העדאה, דהאיבעי אם יש העדאה הוא באת״ל דמגופו משלם.

ב. בי׳ דברי המאירי דלהלכה קיי״ל דאין שינוי

ע״ע במאירי דמשמע דשני האיבעיות חדא הם, האם הוא תולדה דרגל או תולדה דקרן, וכיון דנפשט דהוא תולדה דרגל, ממילא נפשט גם דאין העדאה. וע׳ בדבריו עוד, דס״ל דממילא נפשט גם דאין שינוי לצרורות, דכל הצד לומר יש שינוי, הוא רק אם מגופו משלם והוה תולדה דקרן. ודבריו כבר ביארנו בסימן ו אות א, וכוונתי בזה להגר״א חזן זצ״ל, דכל הנידון לומר דנאמרה ההלכתא דצרורות בקרן, הוא רק אם נימא דצרורות עצמה הוא תולדה דקרן אך לפי מה דקיי״ל דהוא תולדה דרגל, נמצא דלא נאמרה הלכתא דצרורות בקרן, ופשוט דאין שינוי וגם דיש העדאה. עכשיו נבוא בעזה״י להשתדל לפרש כ״א מהאיבעיות (וכבר הארכנו בסימני ה–ו בבי׳ האיבעיא אם יש העדאה לצרורות)

ג. ביאור ספיקת רבא אם משלם מגופו או מעליי׳

גמ׳ בעי רבא חצי נזק צרורות מגופו משלם או מעליי׳ משלם, מגופו משלם דלא אשכחן חצי נזק דמשלם מעליי׳ או״ד מעליי׳ משלם דלא אשכחן כאורחי׳ דמשלם מגופי׳, ע״כ.

והנה בהמשך הסוגיא מצינו כמה שאלות בענין צרורות כי אורחי׳, דיסוד השאלה הוא אם בדין תשלום ח״נ דידה מדמינן לה לקרן, דיעו׳ בע״ב בסוגיא דיש העדאה לצרורות דהסתפק רבא אם מדמינן לה לקרן לענין העדאה, ולדעת רש״י בלישנא בתרא, וכן היא דעת התוס׳, ספק הגמ׳ הוא בצרורות כי אורחייהו. ע״ע להלן בדף יט. דבעי ר׳ ירמי׳ אם צרורות חייבין ברה״ר דאולי לקרן מדמינן לה, ולפי הגי׳ בפנינו ספיקא דידיה הוא בצרורות כי אורחייהו. והנה בבעיא זו, אם מגופו משלם או לא, לא הוזכר בדברי הגמ׳ דיסוד הספק הוא משום דדילמא ״לקרן מדמינן לה״, אלא ״דלא אשכחן ח״נ דמשלם מעליי״, וגם ברש״י לא הוזכר דבר זה. ובפשטות משמע דיסוד הספק אינו אם מדמינן לה לקרן, דזה פשיטא דלא מדמינן לה לקרן, אלא דיסוד הספק הוא בעיקר גדר הדין מגופו דמצינו בשור תם, האם הוא מדיני תמות, והיינו דהוה מהלכותיה של קרן, דשור תם דינו לשלם ח״נ ומגופו. או דאי״ז מהלכותיה של קרן אלא מדיני תשלומי ח״נ, דזה הוא אופן התשלום של תשלומי ח״נ, ושני הקולות באים ביחד. ולפי״ז י״ל דלעולם הוה תולדה דרגל לגמרי, ורק דמ״מ כיון דחייב ח״נ דינו הוא לשלם מגופו.

והנה כבר הוכיחו האחרונים (עי׳ קה״י סי׳ ט״ז ועוד) מדברי התוס׳ בדף ג: דגם ספק זו הוא, האם לקרן מדמינן לה, דע״ש בגמ׳ דמבוא דהגם דאיבעיא לי׳ לרבא אם משלם מגופו או מן העליי׳, אך זה הי׳ פשוט לי׳ דהוה תולדה דרגל לענין זה דפטור ברה״ר. וע״ש בתוס׳ שהעירו דאמאי פשיטא לי׳ טפי מלשלם מן

העליי'. ולכאו' לפי מש"כ למעלה לא מובנת קושית התוס', דהרי י"ל דלעולם ס"ל לרבא דצרורות הן לגמרי תולדה דרגל ומשו"ה פטור ברה"ר, והא דאיבעיא לי' אם משלם מגופו או מעליי' אי"ז משום דדילמא לקרן מדמינן לה, אלא משום דחפצא דתשלומי ח"נ הוא מגופו. וע"כ צ"ל דמבואר מדברי התוס' דס"ל דיסוד הספק אם משלם מגופו הוא אם לקרן מדמינן לה לענין זה, ומשו"ה שפיר הקשו דאמאי פשיטא לי' דתולדה דרגל הוא לענין פטור רה"ר טפי מלשלם מן העליי'.

וכעי"ז הוכיחו מדברי תוס' ר"פ בסוגין, דהנה רש"י העיר, דהאיך שייך לומר דספיקא דרבא אם יש העדאה לצרורות איירי בצרורות כי אורחי', הא כיון דהוי אורחי' מה לי פעם ראשונה מה לי פעם רביעית. וע' בתוס' סוע"א שכתבו וז"ל, לאו פירכא הוא, כיון דדדמיי' רחמנא לקרן בחצי נזק שייכא בי' העדאה. עכ"ל. וגם בתוס' ר"פ כתב כעין דברי התוס', והביא ראי' לדבריו וז"ל, זה לא קשיא מידי, דכיון דגלי רחמנא דמשלם ח"נ **אלמא יש להם תורת קרן**, ושייך בהו העדאה אע"ג דהתם דהתם כי אורחייהו לחייב בהעדאה, **והראי' דלעיל דאמר ח"נ הוא רוצה לדמותם לקרן ומגופו**, עכ"ל. הרי דהמשל וההוכחה דאפשר לומר דלצרורות כי אורחייהו יש תורת קרן, הוא מזה גופא דמסתפקי' לומר דמשלם מגופו. וע' לעיל בדף ג: בתוס' ר"פ שכ' כדברי התוס' שם, וא"ש.

אכן מדברי רש"י בסוגין משמע שפי' הגמ' כפשוטה,[458] דע' בדבריו בד"ה לר' אלעזר כו' דז"ל, אי הוי האי כשאר ח"נ ומגופו, או"ד בתר כאורחי' אזלי' וכל כאורחי' מעליי' הוא. וכעי"ז הוכיח הגרש"מ בסימן ה' מדברי השטמ"ק לעיל ג: בד"ה לרבא דמיבעיא לי', שהביא בשם הגליון דז"ל, וא"ת תפשוט לרבא דח"נ צרורות דמן העליי' משלם, דאי מגופו אם כן תמצא שני צדדים שדומה לקרן, דהיינו ח"נ כקרן ומגופו כקרן, וגם איכא שני צדדים שדומה לרגל, חדא דהוי ממונא ועוד דפטור ברה"ר כו'. וי"ל דלפי הבעיא של רבא ס"ד דמגופו וח"נ הכל צד אחד, דהא בהא תליא, עכ"ל. ולכאו' כוונתו היא, משום דשני הדינים באים מחמת אותה סיבה, דלא אשכחן חפצא דתשלומי ח"נ דמשלם מעליי'.

וע' בפנ"י שפי' דברי הגמ' כפשטן, ומשו"ה העיר דמהא דס"ל לר"ט דמשונה קרן בחצר הניזק נזק שלם הוא דמשלם, מבואר להדיא, דהדין מגופו אינה מדיני תשלומי ח"נ אלא מהלכותיה של קרן תמה, וכעי"ז העיר הקה"י בסי' ט"ז משי' ר"ע [לעיל ד.] דתם שחבל באדם חייב נזק שלם ומגופו. וע' בקה"י שכתב ליישב, דודאי לר"ע ור"ט שיש להם ק"ו או דרשה למילף דשייך דין מגופו בתם שמשלם נזק שלם,[459] מכח דרשא זו גופא, מבואר דהוא מדיני קרן, אכן הספיקות בגמ' הוא לדידן דל"ל שום דרשה והוכחה לומר כן. ע"ע בחי' רא"ל סי' סו בד"ה ונראה דמכל כו' בסוגריים מש"כ ליישב את זה.

אכן שמעתי מהגרש"מ, דנראה לו דקושיא מעיקרא ליתא, דבאמת צריכים להבין הך צד דהוא מדיני תשלומי ח"נ שיהי' משתלם מגופו, דמה הכוונה בזה. דודאי נראה, דאין הכוונה דדין ח"נ מחייב שיהי' מגופו, אלא שאותה סיבה שמחייבת ח"נ מחייבת שיהי' מגופו, ע' מה שהארכנו בזה בחבורה מהגרש"מ סימן ה' ובמילואים שם. ולפי"ז נמצא, דזה פשוט לן דהמחייב בקרן לדין תשלום מגופו הוא זה זה שהוא משונה, והיינו הדין קרן, ורק דמסתפקי' דאולי כל סיבה שמחייב הדין ח"נ מחייבת שיהי' מגופו, וגם בצרורות שיש בהם קולא דח"נ תחייב קולא זו שיהא התשלום מגופו.

---

458 ויתכן דשמעתי דקדוק זה מהגרש"מ

459 וילה"ע על זה מדברי התוס' כה. בד"ה מידי כו' ע"ש.

ולפי הנ״ל יש ליישב קו׳ הפנ״י בפשיטות, דנהי דודאי מבואר מכל הנ״ל, דהדין קרן מחייב שיהי׳ מגופו, אך מ״מ הסתפקה הגמ׳ דכיון דלא מצינו בתורה דין תשלומי ח״נ אלא מגופו, יתכן דאותה סיבה שמחייבת קולא זו דח״נ, מחייבת גם קולא זו דמגופו, והתם בקרן המחייב לקולא זו הוא זה דהוא משונה, ובצרורות המחייב לקולא זו הוא זה שהוא כוחו ולא גופו. וכעין תי׳ הנ״ל שמעתי בילדותי בשם הג״ר שלמה אייזענבערגער שליט״א ר״מ בישיבת טעלז.

ולפי״ד הגרש״מ נפלו לבירא כל דברי הגרא״ל סי׳ ס״ו, דע״ש שהסתפק בעיקר הגדר דח״נ צרורות, אם ההלמ״מ הי׳ רק לסלק חצי הנזק, ואותו חציו שחייב לשלם, הוא מכח הדין דהי׳ מחוייב מעיקרא, או דההלמ״מ הוציאה לגמרי מהדין תשלום דרגל ועשאו למזיק בפנ״ע שחייב בחצי נזק. וכ׳ הגרא״ל להוכיח מדברי רבא שהסתפק לומר דמשלם מגופו, דבע״כ הוה דין מחזיק מחודש, דאת״ל דאותו חצי הוה תשלומי רגל, ורק דהוא מהלכותיה של רגל דמשלם רק חצי, ליכא מקום לומר שישתנה עיקר הדין תשלומין וע״ש שכ׳ לפרש דמשו״ה ידעה הגמ׳ דלר״פ משלם מן העליי׳, דע״ש שדקדק מדבריו כצד הראשון, וא״כ פשוט דמשלם מן העליי׳ ע״ש בכל דבריו. אכן לפי״ד הגרש״מ נראה דליכא מקום לדבריו, די״ל דאותו סיבה שגרמה קולא זו לסלק חצי מהתשלומין, תגרום נמי דהתשלומין הנשארים הן מגופו.

והנה שמעתי מהגרש״מ, דלפי דבריו, ודאי בקרן הדין מגופו, אינו מחמת המציאות דמשונה גרידא, ואילו יהי׳ מציאות דמשונה והוא תולדה דרגל, פשוט דמשלם מעליי׳. [ע״ש במילואים] ושאלתי אותו, דא״כ מאיזה טעם לא מסתפקי׳ שישלם מגופו מחמת זה ד״לקרן מדמינן לה״, כמו דמסתפקי׳ להלן שיהי׳ חיוב רה״ר ודין העדאה מחמת טעם זה דלקרן מדמינן לה. ורציתי לומר בזה, דבאמת תוס׳ ותוס׳ ר״פ לשיטתם אזלי, דפירשו דברי הגמ׳ ביש העדאה ובפטור רה״ר, דאיירי בצרורות כאורחי׳, ונמצא דהגמ׳ הסתפקה גם בצרורות כאורחי׳ דליהוה דומה לקרן, וא״כ באמת צ״ב דאמאי לא יסתפק רבא גם כן לענין תשלום מגופו, ולכן פירשו כן ושלא כפשטות הגמ׳. אכן לדעת רש״י בל״ק דהאיבעיא דיש העדאה וגם בעיא דר׳ ירמי׳ איירי במשונה, ונמצא דלא מצינו דהגמ׳ הסתפקה בצרורות כאורחי׳ לומר דלקרן מדמינן לה, ושפיר יל״פ דברי הגמ׳ כפשוטם. ובאמת כן הי׳ נראה, דמאחר דמסתפקי׳ אפי׳ בצרורות בשינוי שיהי׳ תולדה דרגל, א״כ האיך נסתפק בצרורות דרגל שיהי׳ כקרן.

אכן העיר לי הגרש״מ, דדברי לא א״ש כ״כ בדעת הר״מ דלדבריו לפי הצד דאין שינוי לצרורות, הביאור הוא, דהח״נ אינו מדין תמות בכלל, ומ״מ מסתפקי׳ לומר לענין העדאה דלקרן מדמינן לה, ובפשטות הספק בגמ׳ הוא גם בצרורות כאורחי׳, ועי׳ בסימן ה׳ שם.

ולכן אמר ליישב קושיא הנ״ל באופ״א, די״ל דכיון דכבר נפשט דצרורות תולדה דרגל הן לענין רה״ר, יתכן דמחמת זה נימא דודאי תולדה דרגל הוא לענין תשלום מן העליי׳, וכמו שנקטו התוס׳ בדף ג: מסברא דתלויים זב״ז, ורק דמסתפקי׳ דהגם דאינה תולדה דקרן לענין זה, מ״מ כיון דהוא דין תשלום ח״נ יתכן שאינה משתלם אלא מגופו. והא דאיבעיא לי׳ לרבא אם לקרן מדמינן לה לענין העדאה, י״ל דשאני העדאה דאי״צ למילף מקרן באופן שיהי׳ נכלל בהפרשה של קרן אלא למילף מהתם את עיקר הענין של העדאה, דהיכא דאיכא דין תשלום ח״נ, ע״י העדאה נעשית לחיוב דנזק שלם, ע׳ בסימן ה׳ מהגרש״מ מש״כ בזה באריכות. אכן לכאו׳ מדברי התוס׳ יח. משמע דמאי דמסתפקי׳ בצרורות שיהי׳ שייך העדאה, אי״ז סתם משום דילפי׳ מהתם דכל ח״נ שייך שיהי׳ בי׳ העדאה, דהרי הביאו קו׳ רש״י דאיך שייך העדאה באורחי׳ דמה לי פעם א׳ מה לי פעם ד׳ וכ׳ על זה כתבו, דלאו פירכא הוא, כיון דדמיי׳ רחמנא לקרן בח״נ שייכא בי׳ העדאה. ומשמעות דבריהם, דכיון דבתורה לא מצינו דין ח״נ אלא בקרן, ומההלמ״מ נתחדש לן דין ח״נ גם בצרורות, ע״כ צ״ל, שנכלל בהדין קרן לענין זה, וזה מה שכ׳ בתוס׳ ר״פ להוכיח זה מהדין דמגופו

משתלם. וצ"ל דהגם דכבר פשטינן דהוה תולדה דרגל לענין פטור דרה"ר, אמנם עדיין יתכן דהוה תולדה דקרן לענין הדין דיש העדאה, ע' בסמוך מש"כ בדברי התוס' ג:.

ד. בביאור דברי התוס' דיתכן דצרורות הן בין תולדה דרגל ובין תולדה דקרן

והנה שיטת התוס' בסוגיא דדף ג: היא, דלענין פטור רה"ר ס"ל לרבא דודאי הוא תולדה דרגל, ורק דמסתפקי' לענין הדין מגופו, והיינו דהגם דמסתפקי' לומר דבמה שהתורה קבע דין דח"נ מבואר דנלמד בפרשה דקרן להלכותיה, מ"מ מכיון דההלכתא לקולא באה, הוה תולדה דרגל לענין איזה דינים. ולפי ספיקא דרבא הוה תולדה דרגל לענין רה"ר ולתולדה דקרן לענין מגופו.

וכעין מושג זה מבואר לדעת הראשונים דסברי דבעי דר' ירמי' איירי בצרורות בשינוי, ומ"מ פשטי' דתולדה דרגל הוא לענין פטור רה"ר ואפ"כ איבעיא לן לעיל אם יש שינוי לצרורות לרביע נזק, וע' היטב בדברי רש"י על הרי"ף בבעיא דר' אבא בר ממל, דמבואר, דאפי' לאחר דנפשט דהוא תולדה דרגל לענין פטור רה"ר, מ"מ יתכן הך דין דרביע נזק, ומבואר דעכ"פ יתכן דהדין ח"נ הוא מדין קרן תמה ומ"מ פטור ברה"ר, והיינו דיש להם בין ההלכות של רגל ובין של קרן, והוה כמין אנדרוגינוס. והוא כעין המושג דמצינו לפי דעת היש מן הגדולים בדברי הרא"ש בדף ו. אלא דהתם הוה תולדה דבור, ורק דיש לה גם הלכותיה של רגל אך הכא פשטות הוה תולדה בין של רגל ובין של בור ומשו"ה לכו"ע איכא הקולות דשניהם.

[ובפשטות כן מבואר גם מדברי רש"י בדף יח: גבי ראית הגמ' דמשלם מגופו הוא מפעם רביעית, דעי' היטב ברש"י שם דמבואר מדבריו דלהצד דאין העדאה, הוא משום דילפי' מרגל, ומ"מ מבואר דיתכן דיהי' הקולא דמגופו, והיינו דיהי' לה הקולות של שני האבות. אלא דזה תלוי' בבי' דברי רש"י, דלמש"כ בפירושיו על הרי"ף דלפי הך צד הוא תולדה דרגל, וכן הבין האו"ש פ"ב מנזק"מ ה"ו, דיתכן לדקדק הכי, אכן הגרש"מ לא נקט כן בדברי רש"י, [ע' מש"כ בחבורות מהגרש"מ בסימן ה'], דלענין כל הלכותיהן הוא כקרן ורק דלא נפקא מכלל רגל, ע"ש. ולפי דבריו ליכא למידק מידי, וכן לדברי מלא הרועים שכ' בדברי רש"י דרק בפעם רביעית נעשה רגל, ליכא למידק מידי כמובן].

ה. בבי' ספק הגמ' אם יש שינוי לצרורות לרביע נזק

גמ' יט. בעי רב אשי יש שינוי לצרורות לרביע נזק כו'. ואמרו בראשונים והאחרונים כמה אנפי לפרש ספק זו. דהנה ע' במאירי שכתב דספיקא דרב אשי הוא אם צרורות כאורחייהו הוי תולדה דרגל או תולדה דקרן, וע' למעלה סימן ה' אות ג' שביארנו דזה הי' פשוט להגמ' דאילו ההלמ"מ דצרורות נאמרה גם לענין צרורות בשינוי, ודאי דינו הי' לשלם רביע נזק, ורק דמסתפק בזה גופא אם נא' ההלמ"מ דצרורות לענין צרורות בשינוי. ויסוד הספק הוא בגדר צרורות כאורחי', דאי נימא דהוי תולדה דרגל, אז פשיטא דלא נאמרה הלמ"מ בצרורות דקרן ואין שינוי, אמנם אם הוי תולדה דקרן נמצא דנאמרה הלמ"מ גם בענין קרן, ע' למעלה מש"כ בזה.

וכעין ביאור הנ"ל בנוסח אחר קצת, י"ל לפי"ד רש"י לעיל יח:, דע"ש שהביא י"א דעל צרורות דשן חייב נזק שלם, דלא נאמרה הלמ"מ דצרורות בשן, וי"ל דספק רב אשי הוא בזה גופא אם נאמרה הלמ"מ בצרורות דקרן או לא [וכ"כ בנחל"ד בריש פירקין]. וקו' הגמ' הוא דאת"ל דנאמרה הלמ"מ בצרורות דקרן וחייב רביע נזק, ובמועד משלם ח"נ, אז ודאי אין העדאה לצרורות וכמש"כ הראב"ד דלא מצינו ג' סוגי תשלומין במעשה א', רביע, חצי ונזק שלם, או י"ל כטעם המוזכר בתלמיד הרשב"א והרא"ש, ע"ש. אלא באמת דלפי הצד דנא' צרורות בקרן, צ"ב איזה נפק"מ איכא בין קרן לשן, ולכאו' צ"ל דמש"כ רש"י יח: קאי על הצד

דאין שינוי, דהרי קאי במאי דקבעינן לתלות פלוגתת האמוראים אם יש העדאה לצרורות דקאי לפי האת"ל דאין שינוי לצרורות, ע"ע בחבורות מהגרש"מ בסימן ו' שבי' זה באופ"א.

עוד ע' ברש"י בסוגין דמבואר מדבריו, דודאי שייך עיקר ענין ההלכתא דצרורות בקרן, ורק דמ"מ מסתפקי' דאולי אינו משלם פחות מח"נ, דלא מצינו תם דמשלם פחות מח"נ. וע' בחי' רר"ג סי' א' אות ג' בד"ה אלא דנראה כו', שביאר כוונתו, דספק הגמ' הי' בגדר הך דין דתם משלם ח"נ, האם הדין נאמר דמשלם חצי מאורחי', או דמשלם חצי מכל ההיזק, באופן שיהיו הניזק והמזיק שוין בההפסד, כדכתיב ומכרו את השור החי וחצו את כספו, ואי נימא כצד זה, אז גם בצרורות בשינוי דינו הוא רק בח"נ דהוה כשני סיבות לחייבו בח"נ.

עוד ע' בתוס' ר"פ שהביא מהריב"א, שנקט בפשיטות דדין ח"נ דתם ודאי הוא דין חצי מההיזק, ונקט גם דבצרורות עיקר הדין הוא חצי נזק, והוקשה לי' טובא בבי' ספק הגמ', וכתב, דהגמ' הסתפקה בזה גופא, האם הדין ח"נ בצרורות הוא חצי מההיזק או חצי מהאב שלה (ע"ש דנקט בפשיטות דצרורות דקרן הם קרן, וכן מבו' מדבריו לעיל בדף ג: ממה שהקשה אמאי לא אמרי' תולדותיהן לאו כיו"ב בענין צרורות דקרן). אכן בדברי רש"י ליכא לפרש הכי, דהרי כתב, דלא מצינו תם דמשלם פחות מח"נ. ומשמע דהנידון הוא בדין דח"נ דתם ולא בדין ח"נ דצרורות, ולכן צ"ל בדברי רש"י עפי"ד הגרר"ג.

ע"ע בחי' רר"ג שם, שפירש ספק הגמ' בע"א דהוא בעיקר גדר הדין דצרורות, האם הוא דין מועדות, והיינו דהוא רק פטור על חציו, או דהתורה חידשה בו דין תמות, דאי נימא דהוא דין מועדות, אז י"ל דמכח דין זה בקרן תמה משלם רביע, אכן אי נימא דהוא דין תמות, ומחמת זה דינו לשלם ח"נ, א"כ כיון דאית ביה שני דיני תמות, לא יהי' דינו לרביע הנזק. וע' בחי' רש"ר סי' ג' שג"כ רצה לפרש איזה איבעיות על דרך זו, וביאר דעיקר השם תמות הוא לזה דעיקר הדין מזיק הוא רק לענין חציו וכמש"כ בברכ"ש סי' ב'.[460]

והיוצא, דלהריב"א הנידון הוא אם הצרורות יכול לנכותה לרביע, והספק הוא בגדר דין צרורות. ולפי' הא' של ר' ראובן, הדין תמות הוא מה שמנכהו לרביע והנידון הוא בגדר דין תמות, ולפי הב' הדין תמות הוא מה שמנכה אותה לרביע אך הספק הוא בגדר הדין צרורות.

ז. בדברי הר"מ בפ"ב ה"ה–ו

וע' בר"מ בפ"ב מנזק"מ ה"ה–ו, ובמ"מ שם, דמבו' מדברי הר"מ דהגפק"מ בנידון האם יש שינוי בצרורות או אין שינוי בצרורות הוא לענין אם על צרורות משונים חייב ברה"ר או לא. ובדברי הר"מ נאמרו שני פירושים, דבברכ"ש יט–ב הביא מהגר"ח, דהספק הוא האם צרורות דקרן הוי קרן או רגל, ואילו הוי רגל, נמצא דלא נא' הדין ח"נ דקרן תם אלא הדין ח"נ דצרורות. ועי' מש"כ בבי' הנידון להלן בבעי דר' ירמי'.[461]

אמנם ע' בלח"מ שם ובפרישה בסי' ש"צ וביש"ש, וכן הבין הראב"ד בכוונת הר"מ, דספק הגמ' הי' אם צרורות ע"י בעיטה נחשב כשינוי או כאורחי', וע' באבהע"ז שם שהסביר, דבעיטה בעלמא הוי כוונתו להזיק, ומחמת זה הוה משונה, דאין דרכה לעשות פעולה עם כוונה להזיק, אך בצרורות ודאי אין כוונתה להזיק, וא"כ יש להסתפק אם הבעיטה הוי משונה או כאורחי'. וע"ש שהעיר, דנהי דיתכן לומר דבעיטה בצרורות לא נחשב כשינוי, אך ודאי משכחת לה מציאות אחרת של שינוי בצרורות, וע' באבי עזרי מש"כ בזה.

[460] וע"ש שפירש דזוהי האיבעיא אם משלם מגופו או מן העליי', ופי' עפי"ז דברי היש"ש שכ' בדברי הרי"ף, דלמאי דפשיטא לן דמשלם מן העליי', ליכא נידון אם יש העדאה. והביאור הוא עפ"י הנ"ל, דדין העדאה לא שייך אלא בשם תם ולא במועד, ע"ש.

[461] ועי' באמר"מ שפירש באופ"א קצת, דודאי גם להר"מ עיקר הספק אם יש שינוי הוא על דרך רש"י, ורק דזה ברור דנאמרה הלמ"מ בקרן, ואילו צרורות בקרן הוי ח"נ, א"כ למאי הלכתא נאמרה דין צרורות, ובע"כ דנאמרה לעשותה לרגל.

והנה ע"ש במ"מ שכ' בפשיטות "דאין דרכו בכך", ומשמע מדבריו, דזה פשיטא לן דאין דרכו בכך. וכנראה שפי' דברי הר"מ על דרך הגר"ח. וראיתי שכבר עמד בזה האמר"מ [כח–ו]. וצב"ק דהרי הביא דברי הראב"ד ולא חלק עליו להדיא. ואולי יש לדחוק בכוונתו, דר"ל דזה דאין דרכו בכך כרגל, ורק דמ"מ יתכן דנחשב בדרגת אורחי' כקרן מועדת.

ז. ישוב עפי"ד הר"מ על קו' רש"י ותוס' ר"פ לעיל יח:

והנה לפי"ד הר"מ יש ליישב קו' תוס' ר"פ ורש"י לעיל בדף יח: דרבא אוקים פלוגתת רבנן ור"א בפלו' דר"ט ורבנן, ושניהם ס"ל כסומכוס. והק' בתוס' ר"פ, דאפי' על צרורות בשינוי יש למילף מק"ו מרגל ברשות הניזק ולחייבו נזק שלם ברשות הניזק. וע' בתוס' שכתבו דכיון דעל צרורות דרגל אין משלמין ברשות הנזק אלא ח"נ, א"א למילף צרורות בשינוי לנזק שלם, אך בתוס' ר"פ תמה על זה, דאמאי א"א למילף מרגל גופי' והרי חמור מיני' לענין דחייב ברה"ר חצי נזק, וע"ש מש"כ בזה.

אכן לפי"ד הר"מ מיושב כמין חומר, דמכיון דספיקא דרבא אם יש העדאה או אין העדאה, הוא באת"ל דאין שינוי, והרי אילו אין שינוי בצרורות הרי הוי רגל גמור לענין פטור רה"ר, וא"כ לא שייך הק"ו. ויש להוסיף עוד, דא"כ אכתי איכא למיפשט מינייהו דמשלם מגופו, דהרי כיון דאין שינוי הוי רגל, את"ל דכאורחי' משלם מן העליי', גם בצרורות בשינוי דינו לשלם מן העליי', ושוב שייך למיפשט ספק דרבא, ובזה נתיישב גם הא דבעי' לאוקים רבנן כסומכוס וא"ש היטב. ולתירוץ זה נתעוררתי מכח דברי האמר"מ. שוב אמר הגרש"מ תירוץ הנ"ל בחבורה לאברכים וגם בחבורה להבחורים.

ח. נידון בדברי הר"מ לפי הצד דאין שינוי האם משלם מן העליי'

ועי' באו"ש שנטה לומר, דלפי הצד דצרורות משונים הוי רגל, הדין הוא דמשלם מן העליי' וכמו בצרורות כאורחייהו דמשלמין מן העלי', וע"ש שהביא מהסמ"ע בסי' ש"צ ס"ק ט"ו דמשלם מן העלי'. אכן באמת מזה ליכא להוכיח מידי, דכבר הבאנו דברי הפרישה שהבין בהר"מ דהספק הוא אם הוא משונה או אורחי'. והגרש"מ נקט בפשיטות דגם לפי"ד הגר"ח הדין הוא דמשלם מן העליי', כיון דהוה רגל עם כל הלכותיה, ואפי' אי נימא דהדין מגופו הוא מחמת זה שהוא משונה, אי"ז תלוי' במציאות של "משונה" אלא בהשם מזיק דקרן. וראיתי שגם האמר"מ שם נקט בפשיטות, דלפי הך צד משלם מן העלי', ובאמת כן מבואר להדיא בנמוק"י סוף ז:, וכן נקט הפלפ"ח באות ח', ע"ש היטב.

ט. בבי' ספיקת ר' ירמי' אם חייב בצרורות ברה"ר

גמ' יט. בעי מיני' ר' ירמי' מר' זירא, היתה מהלכת ברה"ר והתיזה והזיקה, מהו, לקרן מדמינן לי' וחייבת, או"ד תולדה דרגל הוא ופטורה. א"ל מסתברא תולדה דרגל הוא, ע"כ. והנה לפי הגירסא שלפנינו, הספק הי' בצרורות כי אורחייהו, וכן פירש"י ורוב הראשונים. ומבואר, דיתכן דצרורות כי אורחי' נלמד בפרשת קרן ויש לה דיני קרן. ובביאור הדבר עי' ברש"י וז"ל, לקרן מדמינן לי' הואיל וחייבת ח"נ כי קרן, או"ד כל צרורות כי אורחייהו תולדה דרגל נינהו ופטור ברה"ר, עכ"ל. וע' להלן בד"ה והזיקה כו' שהוקשה לרש"י דאמאי באמת אין לומדין אותה מקרן, וע"ש מה שפי' בזה. ולכאו' מבואר מזה, דהגם דלפי עיקר תכונת צרורות הרי הוא כמזיק דרגל, אך כיון דמשלם ח"נ כקרן, צריך להיות נלמד מקרן, דכיון דמזיק שמשלם ח"נ נאמר בפרשת קרן, כל מזיק שחייב ח"נ צריך להיות נכלל בפרשה דקרן, ועי' בסימן א' מהגרש"מ סוף אות א' שהארכנו בזה.

[עוד מצינו באחרו' עוד פירושים בטעמא דמילתא לפרש דצרורות כאורחי' דומים לקרן, דע' באבהע"ז פ"ב ה"ו שפי' עפי"ד הר"ח בדף יט. דמבואר דצרורות לאו אורחי' כרגל גמור, ונהי דלולי ההלמ"מ הי' חייב

נזק שלם, אך יתכן דגדר ההלמ"מ דמשלם ח"נ, מיוסדת על מה דהם משונים קצת ומה"ט משלם ח"נ, ורק דממונא הוא, או"ד דההלמ"מ אינה מיוסדת על זה בכלל, אלא דלעולם הוא רגל גמור, ורק דההלמ"מ היא דאינו משלם אלא ח"נ. והנפק"מ היא לענין אם התשלומין הן מגופו, דאי נימא דמשלם ח"נ מטעם קרן, ודאי דינו הוא באופן תשלומין כקרן להשתלם מגופו, ורק דמ"מ יהא פטור ברה"ר כרגל, וגם נפק"מ דאם הוא כקרן יתכן דיש העדאה, ע"ש. וראיתי בדברי אליהו להגר"א חזן זצ"ל עמ' ס"ד, שפירש, דיתכן לומר דהספק הוא אפי' בלי ההלמ"מ, דכיון דלא הוה אורחי' גמור כרגל, אולי הוא בדרגת אורחי' כקרן מועדת, והוי תולדה דקרן, כעין מש"כ המ"מ גבי זאב וארי ודוב, דאפי' במעשה קרן בפעם ראשונה חייב נזק שלם, עכ"ד.[462] עוד הסתפק שם לומר, דאולי לולי ההלמ"מ לא הוה נקטי' דהוא קרן, אך בשטמ"ק יח. מבואר דספק רבא אם מגופו או מעלי', הוא אם ההלמ"מ אמרה מגופו או מעליי', ואי נקטי' דנא' מגופו נמצא דהלמ"מ גופי' חידשה לן דהוה כקרן, ע"ש.

והנה מסוגיא דלעיל ליכא שום הכרח לחידוש הנ"ל, דיתכן דצרורות כאורחי' נלמדו בפרשת קרן ויש להם דיני קרן, דהספק בגמ' אם מגופו משלם או מעליי' משלם יש לפרש באופ"א וכמשנ"ת, וגם כבי הספק בגמ' אם יש העדאה לצרורות, יתכן לומר דאין כוונת הגמ' במאי דאמרי' "לקרן מדמינן לה" דנלמד בפרשת קרן, אלא דילפי' מח"נ דקרן דשייך דין העדאה בנזיקין, היכא דתחילת דינו הוא ח"נ. אכן כבר דייקנו מדברי התוס' לעיל ג: דפירשו, דהספק אי מגופו משלם או מעליי' משלם, הוא ג"כ כעין נידון זו, דמסתפקי' אם נלמד בפרשת קרן ויש לה דיני קרן. ובאמת בתוס' ר"פ בסוף דף יח. מבואר דגם הספק בגמ' לענין העדאה תלוי' בנידון הנ"ל, וכן דייקנו במקו"א מסו"ד התוס' בדף יח.

י. בדעת הראשונים שפי' דהאיבעיא דגמ' היא לענין צרורות משונים

גמ' יט. בעא מיניה ר' ירמיה מר' זירא, היתה מהלכת ברה"ר (ובעטה) והתיזה והזיקה, מהו, לקרן מדמינן ליה וחייבת, או דלמא תולדה דרגל הוא ופטורה. אמר ליה מסתברא, תולדה דרגל הוא. ועי' בתוס' ר"פ שהביא דגירסת רש"י היא "**ובעטה** והתיזה והזיקה" וכתב, דלפי גי' זו בצרורות כי אורחי' פשיטא לן דפטור ברה"ר כרגל, וספיקא דר' ירמיה הוא רק בצרורות ע"י שינוי. וע' באו"ז שג"כ הי' לו גירסא זו, וז"ל, בעא מיני' ר"י בר אבא היתה מהלכת *ובעטה* והתיזה והזיקה מהו לקרן מדמינן לה, הואיל וביעטה, וחייבת ברה"ר חצי נזק, או"ד **כל צרורות תולדה דרגל הוא** ופטורה ברה"ר, עכ"ל. וכעי"ז אי' להדיא בפירש"י על הרי"ף. ולגי' זו מבואר, דר' ירמיה הסתפק אם כל צרורות, אפי' צרורות משונים, תולדה דרגל הן, ועל זה השיב לו ר' זירא דתולדה דרגל הוא.

והנה צ"ב דמאיזה טעם נימא דצרורות בשינוי הם תולדה דרגל, וכבר נאמרו בזה הרבה פי' באחרונים. ובברכ"ש סי' י"ט הביא מהגר"ח דכוחו דשור לאו כגוף השור הוא, והתורה חי' מזיק מחודש דצרורות ונתן לה שם רגל לענין הלכותיו. והגרש"מ [סימן ו'] פי' בזה, דהגם דלולי ההלמ"מ הי' כוחו כגופו לחייבו בנזק שלם, אך בהלכתא דצרורות קבעה התורה מעשה של כוחו לסוג מעשה מזיק בפנ"ע, שדינו הוא לשלם ח"נ, והלכה זו נאמרה בפרשה דרגל, ומשו"ה כל היכא דאיכא מעשה מזיק כזה, בכדי שיהי' נכלל בהלכתא, צריך להיות נלמד בפרשה דרגל, ולכן מעשה צרורות שהוא משונה, הגם דלולי ההלכתא הי' דינה כשאר קרן דעלמא, לשלם במועדות נזק שלם, אך מכיון דהוה מעשה של כוחו, דומה למעשה כוחו דרגל דנאמרה בו ההלכתא, אמרי' דהגם דמצד המעשה משונה הוא קרן, אך מצד המעשה של כוחו הוא רגל. והגרא"ל

---

462 א"ה. כנראה שכוונתו היא לפירושו של הלח"מ שם דכוונתו במש"כ "מעשה קרן" הוא דלאו אורחי', וכמדומני שכוונתו היא, דלאו אורחי' כרגל אלא כקרן מועדת, ולא כפי' חי' רמ"ש יט. דר"ל אע"ג דכוונתו להזיק כקרן.

סי׳ סז כתב בביאור הענין, דכיון דמשונה הוא ואין כוונתו להזיק, לעולם צריך להיות נלמד בין מקרן ובין משן ורגל, ורק דהיכא דהזיק בגופו אמרי׳ דנכלל בהאב דקרן, דכיון דהוא בחזקת שימור וא״א לחייבו יותר מח״נ ולא מצינו גופו שישלם ח״נ אלא קרן, ממילא נכלל בקרן. אכן בצרורות דגם ברגל משלם ח״נ, שפיר ילפי׳ אותה מרגל. ועי״ע ברשימות שיעורים מהגרי״ק שכ׳ באופ״א קצת, דבאמת עיקר ההלכתא נאמרה רק ברגל, והי׳ מן הדין שכוחו דקרן יהי׳ חייב ח״נ כקרן דעלמא, דכוחו כגופו, והוה ילפי׳ זה מאב דקרן, אלא כיון דמצינו ברגל דכוחו לא שוה לגופו, שוב הוה זה פירכא על הילפותא דצרורות דקרן מקרן, ובעי׳ למילף גם מכוחו דרגל דמ״מ חייב בתשלומין, וכיון דבעי׳ למילף מרגל, הוה רגל, ע״ש. אלא דבדברי הר״מ צ״ב, דלדבריו הוה רגל לכל דבריו בין לקולא בין לחמורא דהרי ליכא צד תמות כלל ומה״ט אין שינוי.ובפשטות י״ל דהנידון הי׳ אם נאמרה ההלמ״מ דכל צרורות הם רגל או לא, וכמש״כ ברש״י כתובות מא: דהא דצרורות הם רגל הוא גופא הלמ״מ, וכ״כ ברשב״א לעיל ג:.

יא. בביאור דברי הר״מ בבעיא זו

דהנה הר״מ בפ״ב מנזק״מ ה״ה כתב וז״ל, היתה מהלכת ברה״ר ובעטה והתיזה צרורות והזיקו ברה״ר, פטור, ואם תפש הניזק רביע נזק, אין מוציאין מידו שהדבר ספק הוא שמא שינוי הוא ואינו תולדת רגל, שהרי בעטה, עכ״ל. הרי שהביא ספק זה דר׳ ירמיה, בבעטה והתיזה, אם הוא תולדה דרגל, וכפשוטו גרס כן בדברי הגמ׳, וכן הבין הראב״ד בדבריו. והנה מדברי הר״מ מבואר דלא מהני תפיסה אלא על רביע נזק. וצ״ב דהרי לענין שינוי בצרורות כתב בה״ו דמהני תפיסה לחצי נזק. ומבו׳ מדבריו דס״ל דאם אין שינוי לצרורות, וחייב חצי נזק, פשיטא לן דפטור ברה״ר, וכל הצד לומר דחייב לשלם ברה״ר, הוא רק אם משלם רביע נזק, ולכן כתב דלא מהני תפיסה אלא על רביע נזק. ומבואר דס״ל, דעיקר הנידון אם יש שינוי לצרורות או אין שינוי לצרורות הוא ג״כ אותו נידון, דפשיטא לן דאם צרורות של קרן הם קרן משלם רביע נזק, והנידון הוא, האם צרורות דקרן הם רגל, ומחמת זה אין שינוי בצרורות, וזה רק דאם צרורות דקרן הם רגל, א״כ פטור ברה״ר. באופן דנמצא דהנך שני איבעיות תלויים זב״ז. ולפי״ז יש ליישב קו׳ הראב״ד שם, שהעיר על הר״מ, דלפי גירסתו בגמ׳ הו״ל לפסוק דפטור ברה״ר מטעם ודאי, דהרי ר׳ זירא אמר לי׳ דתולדה דרגל הוא, אכן לפי הנ״ל הוה אותו ספק דר׳ אשי, וכיון דרב אשי לא פשיטא לי׳, גם איבעיא זו הוה ספק.

ועי׳ במ״מ שגם הוא כתב, דהנך שני איבעיות תלויות זב״ז, אלא שיישב קושיית הראב״ד, דהר״מ גרס בגמ׳ כהגירסא שלפנינו דהנידון הוא בצרורות כאורחייהו והוציא דין זה מספיקא דרב אשי ביש שינוי לרביע נזק, דמאיבעיא זו יש נפק״מ גם אם חייב ברה״ר או לא, עכ״ד. ודבריו צ״ב טובא, דהר״מ הביא הך דין בהל׳ ה׳ לפני שהביא עיקר ספיקא דרב אשי ביש שינוי לצרורות, ואולי אם הי׳ רואה גירסא זו לא הי׳ כותב כן וצ״ע. [אכן שוב התבוננתי דהנה לשון הגמ׳ בספיקא דרבא ביש העדאה לצרורות, הוא כמעט אותו לשון בבעיא דר׳ ירמי׳ מר״ז, ובאמת רש״י על הרי״ף פירש דהיא אותה איבעיא, ע״ש היטב. והרי להנ״ל הספק ביש שינוי, הוא אותו ספק דר׳ ירמי׳, וע״כ צ״ל דספק הגמ׳ אם יש העדאה, הוא ספק אחר, דהרי איבעיא זו נאמרה באת״ל דאין שינוי, אכן לדברי המ״מ א״ש].

סימן ח

בסוגיא דכח כוחו (יט.–יט:)

א. בדינא דכח כוחו אליבא דרבנן

ב. בביאור השקו"ט של הרא"ש

ג. בבי' שיטת הראשונים בכח כוחו אליבא דרבנן

ד. בקושית הגר"א ש"צ-י"ג ובבי' דברי הסמ"ע שצ"ב

ה. בבי' סוגיא דמכות בכח כוחו לענין חיוב גלות

א. בדינא דכח כוחו אליבא דרבנן

בעי רב אשי, כח כוחו לסומכוס ככוחו דמי, או לא, מי גמיר הלכה ומוקי לה בכח כוחו, או"ד לא גמיר הלכה כלל, תיקו. והנה רב אשי קבע ספיקו בשיטת סומכוס, ויל"ע מה באמת הדין בכח כוחו אליבא דרבנן. ועי' ברא"ש ובריב"ש בסי' שע"ה שנקטו, דפשיטא דחייב ח"נ כמו בכוחו, וכל מאי דמסתפקי' הוא רק אליבא דסומכוס דדילמא גמיר ההלכה ואוקימנא בכח כוחו. אכן עי' ברא"ש שסיים, דתוס' לא פירשו כן בסוגיא דהכלב שנטל את החררה. וע' בבי' הגר"א סי' שצב–ב שכתב, דכוונתו הוא לדברי התוס' בדף כב. בד"ה דאנחה כו'. דע"ש בגמ', דלר' יוחנן דס"ל אשו ממשום חציו, מתני' דהדליק את הגדיש, איירי בהניחה על הגדיש, וחייב על מקום הגחלת נזק שלם ועל שאר הגדיש ח"נ. והקשו הראשונים, דאמאי לא מוקמי' גם לר"י בדאדיי' אדויי, וחייב על כל הגדיש ח"נ. וע' ברשב"א שם שכתב, דכוונת הגמ' היא, דלר"י שייך לאוקמי' בדאנחה אנוחי, אך לר"ל א"א לפרש הכי אלא בדאדיי' אדויי, עכ"ד. וכעין זה, כתב בתלמיד ר"ת ור"א[463] ובתוס' ר"פ. ומבואר מדבריהם, דאפי' בדאדיי' אדויי חייב על שאר הגדיש ח"נ. אכן ע' בתוס' שם שהוקשה לי' ג"כ בזה, וכתב בד"ה ורבי יוחנן בדאנחה אנוחי כו' וז"ל, לא מצי למימר באדיי' אדויי, ועל כל הגדיש ח"נ, דאי כח כוחו לאו ככוחו דמי, הוי על כל שאר הגדיש פטור, עכ"ל. והנה מפשטא דלישני' משמע דהגמ' גופא הי' מסופק בזה, אם כח כוחו ככוחו דמי או לא, ולכן אוקמי' מתני' בדאנחה אנוחי, כיון דיתכן דכח כוחו לאו ככוחו דמי, וכן נקטו הלח"מ פ"ב מנזק"מ הי"ז ומהדו"ב ומהר"ם שיף בכוונתו.

[ועי' בלח"מ שהעיר על דברי התוס', דאמאי לא הסתפק רב אשי אליבא דרבנן עצמם, וראיתי בחי' ר' משה קזיס שכתב ליישב וז"ל, והא דבעי לסומכוס כדי לדעת אי גמיר סומכוס ח"נ צרורות או לא גמיר לי' כלל. וי"ל בכוונתו, דאילו הוה מספקי' אליבא דרבנן, לא הוה ידעי' דמסתברא לומר דאי כח כוחו לאו ככוחו דמי, סומכוס יגמור ההילכתא לענין זה, ולכן בעי לה אליבא דסומכוס וידעי' ממילא דספק זו קיים גם אליבא דרבנן].

והנה עי' היטב בדברי הרא"ש, ובפשטות משמע מדבריו, דהבין בדעת הרי"ף דלרבנן כח כוחו ודאי לאו ככוחו דמי. וכן נקט במשכנ"י סי' ס"ו בכוונת הרא"ש וז"לף כתב הרא"ש לקמן בדעת הרי"ף ז"ל, דסבר דכח כוחו לרבנן לאו ככוחו דמי, ולא מבעיא לי' לרב אשי רק לסומכוס, עכ"ל. ע"ע בר"מ פ"ב מנזק"מ הי"ז ובכס"מ שם שפי' כוונתו, דהיכא דזרק גחלת על הגדיש, חייב על מקום הגחלת ח"נ ועל שאר הגדיש פטור. וכ' שם הכס"מ וז"ל, ובדברי רבינו מבואר כדברי התוס', שכתבו ור"י בדאנח אנוחי, לא מצי למימר בדאדיי' אדויי. דאי כח כוחו לאו ככוחו דמי, הוי על כל שאר הגדיש פטור, עכ"ל. וכעי"ז כ' מהר"ם

---

[463] וזה לכאו' סותר מש"כ בתלמיד ר"ת ור"א בדף יז. דיתכן דלרבנן כח כוחו לאו ככוחו דמי.

פאדאווה בבי' דברי התוס', ודבריו מובאים בתשו' רדב"ז [עי' בספר הליקוטים לר"מ פרנקל] וע' בלח"מ שהעיר, דכיון דעכ"פ הוי ספק, ולהר"מ תפיסה מועילה בספיקא דדינא, הו"ל להזכיר דהוא רק ספק, עכ"ד. ועי' בחי' רש"ר שכ' לפרש דברי הר"מ, דס"ל דפטור מטעם ודאי, ע"ש בכל דבריו, וכן משמע מביאור הגר"א סי' ש"צ–יג, ע"ש.

הרי לן ג' שיטות בדעת חכמים בכח כוחו, דעת הרא"ש והריב"ש, דודאי כח כוחו ככוחו דמי, וחייב ח"נ. ודעת התוס', דתלוי בספיקא דרב אשי אם לרבנן חייב ח"נ או דפטור לגמרי. ודעת הרי"ף [להבנת המשכנ"י בהרא"ש] והר"מ דפטור לגמרי.

ב. בביאור השקו"ט של הרא"ש

והנה עי' היטב בדברי הרא"ש, דתמצית דבריו היא, דס"ל דלולי דברי רב אשי הוה אמרי' דכח כוחו לאו ככוחו דמי ופטור לכו"ע, דהרי לא מצינו להדיא שיתחייב על כח כוחו אליבא דרבנן, ורק דמדבעיא לרב אשי אליבא דסומכוס, ש"מ דמסברא חיצונה צ"ל דכח כוחו דינו ככוחו, ורק דמסתפקי' אם נאמרה ההלכתא אם לאו, וא"כ לרבנן פשיטא דחייב ח"נ כמו בכוחו, הו"ל להרי"ף להביא איבעיא זו. ורק כתב, דיתכן דהרי"ף לא פירש כן בדברי רב אשי, אלא דמיבעיא ליה אי גמר הלכתא ומוקי לה בכח כוחו ולחייב חצי נזק, אע"ג דמן הדין פטור דכח כוחו לאו כגופו דמי, עכ"ל. ובפשטות י"ל בכוונתו, דר"ל דמסברא ודאי פטור, ורק דמסתפקי' דדילמא גמיר הלכתא לחייבו ח"נ, או"ד פטור לגמרי. והספק בגמ' הוא רק אליבא דסומכוס, דלא ניחא לן לומר דחלק לגמרי על ההלכתא, אכן לרבנן דגמירי להלכתא בכוחו לקולא, ליכא מקום לומר דגמרי גם ההילכתא לענין כח כוחו ולהחמיר עליו. ולפי"ז לכאו' צריכים לפרש דמאי דאמרי' כח כוחו ככוחו דמי, אין הכוונה דדומין לגמרי אלא דחייב כמו שחייב בכוחו, או"ד דפטור לגמרי. והגר"י רוזובסקי כתב, דיתכן דר"ל דחייב בכח כוחו כמו דמחייבי רבנן בכוחו.

ועי' בבי' הגר"א סי' שצ–יג שנראה שהבין כן בדעת הרא"ש, דע"ש ברמ"א שהביא דעת הרא"ש, דחייב על כח כוחו וכתב הרא"ש דמקורו הוא מדלא מיבעיא לי' אלא לסומכוס, משמע דלרבנן ודאי חייב, ואין לומר *דפשיטא לי' דלאו ככוחו הוא*, דאלא משום ההלכה, דהא הלכתא לגרע אתי, כדאמרי' בפ"ק דסוכה לכל התירוצים, רק לחד תי' אליבא דר"ש כו', עכ"ד. וע' במשכנ"י סי' ס"ו שהבין כן בכוונת הרא"ש, דע"ש בא"ד וז"ל, כתב הרא"ש לקמן בדעת הרי"ף ז"ל, דסבר דכח כוחו לרבנן לאו ככוחו דמי ולא מבעיא לי' לרב אשי רק לסומכוס, עכ"ל. ע"ע בנחל"ד שג"כ הבין כן בדעת הרא"ש והעיר עליו, וז"ל, מיהו פשטא דלישנא דתלמודא ודאי משמע כהרא"ש מדלא קאמר או"ד לא גמיר הילכתא כלל ופטור משום דלאו ככוחו דמי, עכ"ל. ובאמת ע' בריב"ש סי' שע"ה בד"ה ומה שתרצת, שהביא שהשואל ר"ל דהא דלא מסתפקי' בגמ' אליבא דרבנן אם כח כוחו ככוחו דמי, הוא משום דלרבנן פשיטא לן דפטור, וכל הספק הוא רק אליבא דסומכוס כדי לקיים ההלכתא, והשיב לו הריב"ש וז"ל, א"כ הכי הו"ל למבעי לסומכוס אי לאו ככוחו ופטור לגמרי כרבנן או חייב מחצה כדי לקיים ההלכה.

אכן באמת פירוש זו נסתר לגמרי מדברי הגמ' עצמה דמקשי', "וכי תימא ראשון ראשון להתזה שני שני להתזה *ושאני לי' לסומכוס בין כוחו לכח* כוחו, אלא הא דבעי רב אשי כו'" הרי דנקטה הגמ' דפשטא דמילתא דסומכוס לא שני ביניהם ואפי' בכח כוחו חייב נזק שלם. ועוד העיר הג"ר יוסף רוזובסקי זצ"ל [מובא באהל ישעיהו], דמקשי' אלא הא דבעי רב אשי כו', תפשוט לי' דלאו ככוחו דמי כו', הרי להדיא דהלשון ד"לאו ככוחו דמי" קאי לפי הצד דחייב רק ח"נ ולא על הצד דחייב נזק שלם.

ולכן נראה בביאור דברי הרא"ש, וכן העלה הגר"י רוזובסקי שם, דכוונתו היא, דיש לפרש דספק הגמ' הוא דאם מסברא כח כוחו ככוחו דמי, אז לא מסתבר לומר דסומכוס גמיר הלכתא לענין כח כוחו, דהרי ליכא חילוק ביניהם, אכן אי מסברא לאו ככוחו דמי, אז י"ל דגמיר הלכתא לאחמורי עלה וחייב ח"נ, ונקטה הגמ' דאם שייך שסומכוס גמיר ההילכתא, ודאי דיותר מסתבר לומר כן. ולפי"ז דברי הרא"ש הן הן כדברי התוס' לקמן כב., וא"ש היטב סו"ד שהביא דברי התוס' הנ"ל.

אלא דילה"ע על זה, דהנה פשטות כוונת הרא"ש היא ליישב עפי"ז את דברי הרי"ף, דאילו פירש הגמ' כן מובן היטב אמאי לא הביא דברי הגמ'. ולכאו' צ"ב דבשלמא אי הוה מפרשי' דמוכרח מהגמ' דלרבנן ודאי פטור, אז י"ל דלא הוצרך להביא זה דמדלא הביא דין צרורות אלא בכוחו ולא בכח כוחו ואז מסתימת הדברים נקטי' דפטור בודאי, אך אי נימא דלפי"ד רב אשי גם לרבנן איכא לאסתפוקי בי', אמאי לא הביא זה להודיענו דהוא ספיקא דדינא, וע"ש מש"כ הגר"י רוזובסקי זצ"ל בזה.

ג. בבי' שיטת הראשונים בכח כוחו אליבא דרבנן

והנה כבר הבאנו למעלה פלו' הראשונים בשיטת רבנן בכח כוחו ועכשיו נבאר בעזה"י סברתם. דהנה דעת הרא"ש מובנת היטב, דס"ל דהלכתא לא בא אלא לגרועי, וא"כ אפי' על הצד דכח כוחו לאו ככוחו דמי וגמיר הלכתא, מסברא הו"א דכח כוחו ככוחו דמי, ומכח זה הוכרח לפרש בדברי הגמ' דמסברא ודאי אמרי' דכח כוחו ככוחו, וכל הספק הוא אם גמיר הלכתא אם לאו. ומיון דמסברא אמרי' כח כוחו ככוחו דמי לרבנן ודאי חייב ח"נ.

ודעת התוס' הוא דספק הגמ' אינו ספק בעלמא אם גמיר הלכתא או לא, אלא הוא ספק בעיקר הדין דכח כוחו, אם הוא ככוחו או לא. דאי נימא דככוחו דמי, אז מסתבר דסוכמוס לא גמיר הלכתא, ואם מסברא לאו ככוחו דמי ופטור, אז מסתבר דסומכוס גמיר הלכתא כדי לקיים ההלכתא [כמבואר בריב"ש שע"ה]. אך לרבנן ודאי פטור, דהם גמרו הלכתא לענין כוחו, להקל עליו ולחייבו רק ח"נ. ולפי ביאור זה נמצא, דתוס' חלקו על דברי הרא"ש וס"ל דשייך הלכתא לחומרא, וכן מבואר מלשון התוס' בדף ג: דבאמת יתכן שהלכתא הוא לגרוע, ורק כתבו' שם, דכיון דלפי האמת מסברא אמרי' דכוחו כגופו, נמצא דההלכה בא להקל עליו, וא"כ מסתבר דלא בא אלא להקל עליו ולא להוסיף עליו שום חומרות.

ע"ע בחי' רש"ר סי' ט"ז שכתב, דיתכן לפרש גם בדברי התוס' דההלכתא בא לגרועי, ורק דבהלכתא נאמרו שני דינים הא', דכוחו לאו כגופו וא"א לחייבו מחמת דין שור המזיק. והב', התורה חידשה דין מזיק מחודש של צרורות. וביאר הנ"ל, דהגמ' ידעה דודאי מסברא לסומכוס חייב על כח כוחו, והגמ' רק הסתפקה אם מסברא ליכא מקום לחלק בין כוחו לכח כוחו, וא"כ לא שייך שגמיר הלכתא לענין כח כוחו ולא לכוחו, או דודאי יתכן לחלק ביניהם, וא"כ י"ל דגמיר הלכתא על זה. ואם יש מקום לחלק ביניהם, א"כ לרבנן פטור. דבמה שהתורה הוציאה כוחו מדין מזיק דרגל, הופקע גם כח כוחו מפרשת רגל. ונהי דהתורה חידשה שם מזיק מחודש של "כוחו", אמנם מהיכ"ת לומר דחייב גם על כח כוחו, דהמזיק המחודש לא נא' אלא בכוחו, ע"ש.

ובדעת הר"מ דס"ל דלרבנן פטור מטעם ודאי, ע' בחי' רש"ר שביאר עפ"י הנ"ל, דהגמ' ידעה דודאי שייך לחלק בין כוחו לכח כוחו, ורק דמסתפקי' אם סומכוס גמיר הלכתא בכח כוחו, אך לרבנן כיון דהתורה הפקיעה כוחו מחיובא דרגל וחידשה מזיק מחודש של "כוחו", כיון דכח כוחו לאו ממש ככוחו זה לא נכלל בהך מזיק מחודש.

אכן יש לבאר דברי הר"מ באופ"א, [ונתעוררתי לבי' זה ממה ששמעתי מהג"ר יוסף בוילין שליט"א בשם הבה"ח א.א. שצקס נ"י בביאור דברי הריטב"א במכות.] והוא, עפי"ד הברכ"ש יט–ב. דע"ש שכתב, דלולי

ההילכתא לא הי' נחשב כגוף השור, ולא הי' שייך לחייבו, ע"ש. והנה לכאו' צ"ב על דבריו משיטת סומכוס, ולכאו' צ"ל כמש"כ המהר"צ חיות דגם סומכוס גמיר הלכתא, ורק דגמיר זה לנזק שלם, וע"ש שיישב עפי"ז דעת הר"מ שכ' דליכא מח' בהלמ"מ. [ע' חי' מרן רי"ז הלוי סוף מס' יומא שכ' ליישב באופ"א] ומדברי מהר"צ חיות הנ"ל באמת מבואר כדברי הגרב"ד[464]. והנה נראה דבביאור ההלכתא, יש הבדל גדול בין סומכוס לרבנן, דהנה בסוף סימן ו' דקדקנו מדברי הגמ', דאפי' אם סומכוס גמיר ההילכתא, אמנם לא הוה אלא כגילוי מילתא דנחשב כגוף השור, וליכא מקום לומר שהוא מזיק מחודש, ואפי' צרורות משונים הוה תולדה דקרן. ולפי"ז י"ל בדברי הגמ', דלכו"ע פטור מסברא בין על כוחו ובין על כח כוחו, ולרבנן י"ל דמכיון דההלמ"מ לא הי' גילוי דכוחו נחשב כגופו, אלא חידשה דנכלל כוחו בהמזיק דגופו לענין ח"נ, והוה מזיק מחודש, א"כ לא נא' חידוש זה אלא בכוחו ולא בכח כוחו. אך לסומכוס דהלמ"מ גלתה לן דזה נחשב ממש כגוף השור, אז מסתפקי' אם איכא מקום חלק בין כוחו לכח כוחו בזה, ולומר דלא גמיר הלכתא כלל או דאיכא מקום לחלק ביניהם והדין כח כוחו לא נכלל בההלכתא דכוחו, וי"ל דגמיר הלכתא לענין ח"נ. ולפירוש זה לא קשה מידי מה שהקשינו למעלה בדברי הרא"ש.

ד. בקושית הגר"א ש"ע-י"ג ובבי' דברי הסמ"ע שצ"ב

וע' בבי' הגר"א בסי' ש"צ-י"ג שכ' לדקדק כדברי הרא"ש מסוגיא מפורשת בדף יח., ע' סוף סימן ב' מהגרש"מ בזה, ולכאורה זו קושיא עצומה בין על דעת התוס' וכל שכן על דעת הר"מ והרי"ף.

והנה נראה דהקושיא על הר"מ היא רק לפי הבנת הגר"א בדבריו, אכן לפי"ד הסמ"ע נמצא דרק בגדיש ס"ל להר"מ דפטור על כח כוחו, אך בצרורות דעלמא חייב גם על כח כוחו וכמו שיתבאר. דהנה בשו"ע סי' ש"צ סעי' ה' הביא דעת הרא"ש בשם י"א, ובסי' שצ"ב פסק כדברי הר"מ הנ"ל, וע' בבי' הגר"א שם שנקט, דמש"כ בסי' שצ"ב לא עולה יפה עם שיטת הרא"ש הנ"ל. אכן ע' בסמ"ע שם שנקט דליכא סתירה, דהכא גרע מכח כוחו, עכ"ד. ושמעתי מהג"ר יוסף בוילין שליט"א, דלכאו' כוונתו היא, משום דאי"ז כוחו ממש אלא דין אשו משום חציו, או מטעם החזו"א דלא שייך דין אשו משום חיצו, אלא שהי' רוח כשסילק ידיו מיניה, [או כמש"כ בלחם אבירים בדף כב. דהוא דבר דממילא]. אלא דאכתי צ"ב, דהכס"מ והב"י ביארו שיטת הר"מ עפי"ד התוס' הנ"ל, הרי להדיא דהוה כשאר כח כוחו. ונהי דהחזו"א כתב כן בדברי התוס' עצמם, אך דבריו תמוהים, דמהתוס' משמע להדיא דהוה ספק. ואולי י"ל בזה דס"ל דמש"כ הכס"מ דהר"מ פי' זה כדברי התוס' דאין כוונתו דהוא חדא שיטה עם שיטת התוס', אלא דבדברי הגמ' שם איכא ב' מהלכים, דדעת הרשב"א ודעימי', דמה דנקטי' בדאנחה אנוחי הוא לרבותא, דלר"י שייך לאוקמי' אפי' כה"ג. ואיכא דעת התוס' דבדוקא נקט הכי, וי"ל דכוונתו היא רק לומר דס"ל כתוס' דבדוקא נקט בדאנחה אנוחי, אך אין כוונתו לומר דס"ל כעיקר שיטת התוס'. ובזה נתיישב קו' הלח"מ, דכיון דהוה ספק, הו"ל להר"מ לכתוב דהוא ספיקא דאוריתא, אכן להנ"ל א"ש בפשיטות דדעת הר"מ דהוא פטור מטעם ודאי, ואין כוונת הכס"מ להשוות דעת הר"מ לגמרי כדעת התוס' וכמשנ"ת. והנה לפי"ז ודאי לא קשה מידי דעת הר"מ. אלא דאכתי עלן ליישב דעת הרי"ף והתוס'.

ה. בבי' סוגיא דמכות בכח כוחו לענין חיוב גלות

ואשר נ"ל בזה, דהנה במתני' מכות ז: תנן, נשמט הברזל מקתו והרג, רבי אומר אינו גולה, וחכמים אומרים: גולה. מן העץ המתבקע, רבי אומר גולה, וחכמים אומרים אינו גולה. ופירש"י מן העץ המתבקע.

[464] אולם שמעתי ממו"ר הגרח"ש זצ"ל דלפי"ד הגר"ח צ"ל דאיכא ב' מח' בין סומכוס ורבנן, אחת בדין צרורות לולי ההלמ"מ, ושנית אם נאמרה הלמ"מ.

יצא קיסם וניתז למרחוק והרג, עכ"ל. ובגמ' שם ח. אמר ר"פ, מאן דשדא פיסא לדיקלא ואתר תמרי ואזול תמרי וקטול, באנו למח' דרבי ורבנן כו', ע"ש כל הסוגיא. והנה הך ציור הוא ציור פשוטי של כח כוחו, ומבואר דנח' בזה רבי ורבנן אם חייב גלות, וקיי"ל כרבנן דפטור מגלות. וא"כ לכאו' ילה"ע מזה על דברי הרא"ש דס"ל דלכו"ע חייב בכח כוחו ח"נ דמסברא אמרינן דכח כוחו ככוחו דמי, וכבר עמד בזה הרש"ש שם.

אכן באמת דבר זה תלוי' בביאור יסוד הפטור לדברי חכמים, דע"ש במאירי שכתב, דהוא משום דהוא קרוב לאונס, וכן משמע מדברי הר"מ בסופ"ו דרוצח, והגם דלאו אונס גמור הוא, אך כל היכא דלאו שוגג גמור פטור מגלות, ע"ש. ומבואר דודאי נחשב כמעשיו, ורק דהוא פטור מסויים בגלות. אכן ע"ש בריטב"א שהביא דוגמא לזה את הסוגיא דסנהדרין עז: בבידקא דמיא, דפטור על הכח השני משום גרמא, והבין הריטב"א דנחשב זה ככח כוחו, ע"ש [ודבריו מובאים בחי' רש"ר סי' ט"ז] הרי להדיא דס"ל דיסוד הפטור הוא משום דלאו מעשה אדם הוא.

ולכאורה אם אפשר לדמות סוגיא דידן לסוגיא דמכות, תלוי בהנך ב' פירושים, דלדברי הריטב"א גם בנזיקין צריך להיות פטור אליבא דרבנן, ובאמת ע' בריטב"א שם שכ' דבפ"ק דב"ק אמרי' דלכו"ע כח כוחו לאו ככוחו דמי, והגי' רש"ר, דצ"ל פ"ב דב"ק, דכוונתו הוא לסוגיא דידן (אלא שהעיר עליו דלא אמרי' הכי לכו"ע) הרי להדיא דלרבנן פטור בכח כוחו. אכן להמאירי הוה פטור מסויים בגלות, אך כיון דהוה מעשיו, ודאי י"ל דלענין נזק"מ חייב, וי"ל דהרא"ש יפרש סוגיא דשם כדברי המאירי.

ונראה לומר בדעת הרי"ף, דס"ל כהריטב"א, ומובן היטב אמאי ס"ל דפטור על כח כוחו, ואדרבה י"ל דמקור דבריו הוא מסוגיא דהתם. ולפי"ז י"ל דכל מה דס"ל להרי"ף דפטור על כח כוחו, הוא רק לשיטת רבנן במכות אכן לרבי דס"ל דחייב גלות בכח כוחו, י"ל דחייב גם בנזיקין. ולפי"ז יש ליישב קושיית הגר"א בפשיטות, ונימא דכוונת הגמ' בדף יח. הוא דאי נימא דברייתא משום בתר מעיקרא הוא, ואז בע"כ אתיא כרבי דס"ל דחייב על כח כוחו.

וכעין הנ"ל י"ל גם בדעת התוס' בדף כב. די"ל דספיקא דרב אשי בכח כוחו היה בביאור שיטת רבנן בסוגיא דמכות, אם כהריטב"א דחסר בהתורת מעשה, וא"כ ה"ה לניזקין, או דהויא סברא מיוחדת בחיוב גלות משום דקרוב לאונס, ולפי"ז י"ל דהסוגיא בדף יח. הי' נחית לפרש ברייתא דשם כרבי, ולדידי' ודאי הוה מעשה גמור וחייב בנזיקין, וא"ש. בעזה"י.

סימן ט׳

בבעיא דכשכשה בזנבה[465]

א. בדברי הראב״ד בבי׳ תי׳ הגמ׳, ובדברי הב״ח והיש״ש והנחל״ד

ב. בענין אם חייב נזק שלם כרגל או דרק פטור ברה״ר

ג. בדברי הרשב״א והרא״ש, ואם מוכרח מדברי הגמ׳ עצם יסודו של הרי״ף

גמ׳ יט: כשכשה בזנבה מהו, א״ל וכי יאחזנה בזנבה וילך כו׳. והנה לדעת רוב הראשונים האיבעיא היתה האם כשכוש יתירה הוא אורחי׳ אם לאו. ולדעת הראב״ד והרשב״א והרא״ש, השיב לו לפטור גם בכשכוש יתירה. אלא דבביאור תירוצו איכא בזה בעיקר ב׳ שיטות בהראשונים. דדעת הראב״ד ודעימי׳ דלעולם לאו אורחי׳ הוא, ורק כיון דכשכוש הרגיל אורחי׳ הוא, פטור גם על זה, ע׳ בסמוך. ודעת הרא״ש דאיפשיט לי׳ דאורחי׳ הוא, ועי׳ ברשב״א דידע דהוא משונה קצת, דיותר אורחי׳ מקרן ופחות אורחי׳ מרגל, ואסתפק לי׳ כגון זה מהו, והשיב לו דזה נחשב כאורחי׳, אלא שהרא״ש כתב דהוה רגל, והרשב״א כתב דכיון דעשתה כן להנאתה, הוה שן.

א. בדברי הראב״ד בבי׳ תי׳ הגמ׳, ובדברי הב״ח והיש״ש והנחל״ד

והנה בחי׳ הראב״ד פי׳ דעיקר הספק הי׳ אם כשכוש יתירה אורחי׳ הוא או לא, והשיב לו דאפי׳ אם לאו אורחי׳, מ״מ פטור, כיון דכשכוש מועט אורחיה הוא מאי הוה ליה למעבד בכשכוש יתירה הילכך ברשות הרבים פטור. והנה הרבה אחרונים כוונו לעיקר מהלך הנ״ל אך כ״א כתב כן מטעמא אחרינא, דע׳ ביש״ש שכתב וז״ל, כל שאין כוונתו להזיק וגם אורחא בכך, אלא שמוסיף קצת מן הראוי והמצוי, כגון כשכוש יתירה, מסתמא הוי כמו רגל ממש, עכ״ל. ולכאו׳ כוונתו כמש״כ בחבורות מהגרש״מ בסימן א׳ בביאור דברי התוס׳ בסוף דף יז., דהיכא דדרסה בחוזק היכא דלא כוון להזיק, ודאי נחשב כרגל, דליכא מעשה בפנ״ע של שינוי, דעיקר המעשה היה הליכה רגילה ורק דהוסיף איזה דבר ועשאו בשינוי, געגאנגין מאדנע איז אויך געגאנגין. אכן אילו היתה כוונתה להזיק, ודאי הי׳ חייב בזה דאז הי׳ נחשב כמעשה מזיק בפנ״ע, וכן מדוייק בלשון הראב״ד, שכתב בתירוץ הגמ׳ וז״ל, ואמר ליה אידך אי הכי קרן וכו׳ הכי השתא קרן לאו אורחה וכו׳ **וכוונתה להזיק** הא אורחה היא, עכ״ל. וצ״ב למה הוסיף זה דכוונתה להזיק, וכמדומני שכוונתו רק לפרש דהכא איירי שלא כוון להזיק, דאילו הי׳ כן, היה חייב, ולא שייך הך סברא דמאי הו״ל למעבד. והנה ע״ש בסימן א׳ שהסתפקנו היכא דלא הי׳ נשבר אלא מחמת הך הוספה, האם גם אז היה נחשב כרגל או לא. והנה מלשון הנחל״ד בסוגין משמע, דאיירי דאפי׳ ע״י כשכוש הרגיל הי׳ נשבר, וא״כ ודאי א״ש, אכן הסמ״ע בסי׳ ש״צ ס״ק ו׳ כתב וז״ל, דאם הזיק מכח כשכוש רב, דאי לא הוה מכשכש אלא כדרך שאר הבהמות לא הוי משתבר הכלי, וכ״כ בפרישה שם ד״ה אבל בכשכוש רב, עכ״ל. ואם גם היש״ש נקט דאיירי כה״ג, נמצא דדבריו תלויים בב׳ הפשטים שכתבנו בסימן א׳, ע״ש. וי״ל דהטעם דהפרישה אוקמי׳ בדוקא כה״ג, דאל״ה לא הי׳ מסתפק לי׳ כלל, דפשוט דנחשב כרגל וכמו שביארנו בחבורה שם.

עוד ע״ש בב״ח בסי׳ ש״צ שכ׳ לפרש וז״ל, אלא בכשכוש יתירה מיבעיא לך ופשיטנא אנא לך דכיון דאינו חייב לאחוז בזנבה ולילך, דהלא יש רשות לכשכש כי אורחי׳, השתא אף אכשכוש יתירה נמי פטור ולא

[465] חבורה ה׳ חלק ב

דמי לקרן דליכא כי אורחא בקרן כלל חייב הוא לשמרה ולנעול דלת בפני' שלא תלך ותזיק בקרן, אבל משום כשכוש אינו חייב לנעלה כיון דאורחא הוא בלא כשכוש יתירה, והיינו דקאמר קרן לאו אורחי', כלומר לאו אורחי' כלל, הא אורחי' היכא דליכא כשכוש יתירה הילכך בכשכוש יתירה נמי פטור, עכ"ל. והיינו כמש"כ הגרב"ד בסי' ב' דחלוק בעיקר יסודו דין הפטור דשן רגל ברה"ר מהפטור דכלים בבור, דכלים בבור הוה פטור תשלומין בעלמא, ולעולם קיים עיקר הדין שמירה והאיסור מזיק, משא"כ בשן ורגל ברה"ר, דהוה פטור מכל הדין ד"ולא ישמרנו" ואינו מזיק בכלל, וכיון דהתורה פטרתו משמירת הזנב לענין כשכוש, נכלל בזה פטור לגמרי משמירה אפי' לענין כשכוש יתירה, דמאי הו"ל למיעבד, ופירוש הזה מדוקדק בדברי הראב"ד.

ב. בענין אם חייב נזק שלם כרגל או דרק פטור ברה"ר

והנה הרא"ש והר"מ והראב"ד פירשו להדיא, דהספק בגמ' הי' בין לענין פטור רה"ר ובין לענין חיוב ח"נ או נזק שלם, ולפי"ז בפשטות צ"ל, דפשיטותו היתה על שני השאלות. ולכאו' צ"ב, דבשלמא לפי"ד הרא"ש י"ל דעיקר פשיטותי' הי' זה גופא דאורחי' הוא, אכן לפי"ד הראב"ד ואחרו' הנ"ל צ"ב, דלכאו' מה שהם כתבו הוא טעם מסויים לפטור רה"ר. והנה למש"כ היש"ש וז"ל כל שאין כוונתו להזיק וגם אורחא בכך אלא שמוסיף קצת מן הראוי והמצוי, כגון כשכוש יתירה, מסתמא הוי כמו רגל ממש, עכ"ל, ומשמע דהוה רגל לגמרי, דעיקר פשיטותי' הוא זה דודאי פטור מכיון דגוף המעשה הוא אורחי', אפי' אם הוסיף איזה הוספת כח להמעשה, מ"מ מידי מעשה דאורחי' לא נפיק. אכן לפי מש"כ הב"ח לכאו' כל הפשיטות הוא רק לענין פטור דרה"ר ולא לענין חיוב דח"נ. [ואין להק' על זה מהא דאמרי' "אין חצי נזק חלוק", די"ל דבאמת אין ח"נ חלוק בקרן ורק דנמצא דיש לקרן זה פטור רה"ר דרגל]. אכן יותר נראה בזה דכיון דמסתבר דנכלל בגוף פטור השמירה דשן ורגל ברה"ר, מסתברא דהוי רגל לכל דברי', דלא מצינו בתורה קרן שיש לה הפטור רה"ר דרגל. וגדר הדבר י"ל עפי"ד היש"ש, והיינו דנהי דמסברא אין הכרח לומר כדברי היש"ש אך מכח הכרח זה, דעל כשכוש יתירה מאי הו"ל למיעבד וודאי פטור ברה"ר, צריכים לומר כדבריו. שוב הצעתי זה לפני הגרש"מ, ואמר לי דגם הוא נקט כן בדעת הראב"ד. [שוב האריך בזה בסימן יג', ע"ש שביאר הענין באופ"א קצת].

ע"ע בנחל"ד שכ' כעין פירוש הראב"ד בדברי הגמ', דמכח זה דכשכוש הרגיל הוא אורחי,' פטרי' אותו ברה"ר גם בכשכוש יתירה, אך כ' דה"ט משום פשיעת הניזק, דמכיון דיכולה להזיק גם בכשכוש הרגיל, הו"ל להניזק לשמור כליו, ואם לא שמרם פטור המזיק. והנה י"ל דהך ענין דפשיעת הניזק אי"ז יסוד הפטור דרה"ר, ורק דמאחר דפטור לענין כשכוש הרגיל שוב נעשה לפשיעת הניזק, ונמצא דאחר שהתורה פטרה שן ורגל ברה"ר, בדרך כלל פטור גם מצד פשיעת הניזק. ודע דמדברי הנחל"ד משמע דהי' נשבר גם ע"י כשכש הרגיל, ובאמת דאילולי כן לכאו' ליכא פשיעת הניזק, אכן כבר הבאנו דברי הסמ"ע בסי' שצ סק"ו שכתב להדיא דאיירי שלא הי' נשבר בלי כשכוש יתירה, וכנראה דס"ל דלולי זה ודאי פשוט, דליכא מה לדון בי', והוא עפ"י מש"כ בסימן א' בבי' התוס'. ודע דלפי"ד הנחל"ד לכאו' כל הפשיטות הוא לענין הפטור דרה"ר ולא לענין חיוב דח"נ או נזק שלם, ורק דיתכן לפרש בדברי הגמ' דהספק מעיקרא לא הי' אלא לענין פטור רה"ר, די"ל דזה ודאי דהוא אורחי' עכ"פ כקרן מועדת, וכל הנידון הוא אם הוה אורחי' כרגל או לא, ועל זה השיב לו דכל הנפק"מ בין קרן מועדת לרגל הוא לענין פטור רה"ר, והרי ממנ"פ פטור משום פשיעת הניזק.

ג. בדברי הרשב"א והרא"ש, ואם מוכרח מדברי הגמ' עצם יסודו של הרי"ף

והנה כבר הבאנו דעת הרשב"א, דיסוד הפטור בכשכוש יתירה, הוא משום דכשכוש יתירה גופי' הוא אורחי'. ולכאו' צ"ב, דא"כ מה זה שהשיב לו "וכי יאחזנה בזנבה וילך כו'" ולא השיב לו דפטור או דהוא אורחי'. וע"ש ברשב"א שכתב בביאור דברי הגמ' וז"ל, נ"ל דהכי פירושו, אם אתה מחייבו על כשכושה, א"א לו אלא שתהא רגל בהמתו כלוי' מן השוק, או שיאחזנה בזנבה, ולא חייבתו התורה בכך כו', עכ"ל. ולכאו' כוונתו היא להביא ראי' דבע"כ דרגא זו נחשב כאורחי', דאל"כ תהא כלוי' מן השוק או שיאחזנה בזנבה דהוא מילתא דלא מסתברא. ולכאו' לפי"ד נמצא, דמבואר להדיא מדברי הגמ' כסברת הרי"ף בביאור פטור דשן ורגל ברה"ר, ע' ברא"ש פ"א סי' א. ולכאו' כן צריך להיות מוכרח לפי דרכו של הרשב"א, דמה שהשיב לו לפטור הוא מחמת זה דכשכוש יתירה גופי' הוא אורחי', דלפי"ז לכאו' צ"ב לשון זה דוכי יאחזנה כו' דהול"ל או דהוא פטור או דהוא אורחי', ובע"כ דהשיב לו טעם הפטור. ורק דלפי"ד הראב"ד ליכא שום הכרח מסוגיא דידן כדברי הרי"ף, דכוונת הגמ' הוא דמכיון דפטור על כשכוש הרגילה, מאי הו"ל למיעבד על כשכוש יתירה, ובע"כ דפטור גם על זה.

אכן לפי"ז ילה"ע טובא על דברי הרא"ש שפירש דברי הגמ' כעין דברי הרשב"א, דהרי לעיל רפ"ק לא הי' ברור לו דברי הרי"ף, וע' בפלפ"ח שם שהוכיח מהרא"ש בע"ז דלדינא פליג על הרי"ף, ולפי"ז צ"ב מה שהשיב לו "וכי יאחזנה בזנבה". אכן המעיין היטב בדברי הרא"ש יראה, דפי' דברי הגמ' באופ"א לגמרי, וז"ל, וא"ל אידך וכי יאחזנה בזנבה וילך, ודאי אורחי' הוא כמו רגל שאין מחוייב לילך אחר בהמתו ולשומרה שלא תזיק דרך הילוכה ברה"ר כו', עכ"ל. וכעי"ז אי' ביש"ש ע' בסמוך כו' וז"ל, פי' כמו שאין מחויב לילך אחר בהמתו ברה"ר ולשומרה שלא תזיק דרך הילוכה, ג"כ אין צריך לילך אחר בהמתו ולאחוז בנבה שלא תזיק, ולכן הוי כרגל.[466] משמע דעיקר התי' הוא רק דהתורה לא חייבה לשמור זנבו, והיינו דכיון דיסוד הפטור דשן ורגל ברה"ר הוא גם פטור מעיקר הדין מזיק, דהיינו מכל הדין דולא ישמרנו, משו"ה אמר לי' בנוסח זה, דזהו האופן איך להדגיש הפטור רה"ר.

[והנה ע' ברא"ש שתמה על הרי"ף דלמ"ל לפרש טעמא דקרא. ושמעתי מהגרש"מ די"ל עפי"ד הגרב"ד הנ"ל, דבא לפרש דהפטור דשן ורגל הוא מעיקר הדין מזיק, דמכיון דיסוד הפטור הוא מחמת זה דהוא אורחי' הוא סברא לפטרו גם מאחריות השמירה ולא רק מאחריות התשלומין]. והצעתי זה לפני הגרש"מ והסכים לי, והוסיף על דברי דלכאו' יש לדקדק כפירוש זו מדברי רש"י בד"ה וכי יאחזנה. בעלה בזנבה וילך *ודאי פטור ברה"ר* עכ"ל ונ' דכוונתו הוא על דרך הנ"ל.

---

466 וכעי"ז מבו' מדבריו להלן סי' כ"ד בענין לקיחה ברה"ר ואכילה ברה"י, וז"ל, אבל אם הלקיחה היתה ברה"ר *דיש לה רשות לילך ולאכול א"כ ראוי לפטור*. וע' בחבורה י"ז שהארכנו אם הפטור שן ורגל הוא גם מהאיסור מזיק.

סימן י

בסוגיא דדליל[467]

א. בביאור הנחל"ד לדברי רש"י אמאי אין לחייבו בעל הדליל משום אש היכא דאדיי' אדויי

ב. בדברי הרשב"א ורבינו יונה ביסוד דין אש ובדברי הרא"ה

ג. בישוב דברי רש"י מקושיית המהר"ם

ד. ביאור שיטת רש"י בסוגין עפ"י יסודו של הפנ"י

ה. בדברי הר"מ והרמ"ה

ו. ביאור שיטת רש"י ודעימי' בסוגין עפי"ד התוס' וספר השלמה

ז. ישוב לראית התוס' ו. מסו' דכלב שנטל חררה דבנתגלגלה ע"י בהמה מחייבי' גם בעל התקלה, וראי' שלא כהבנת הנחל"ד בשי' רש"י

ח. בדברי חי' הראב"ד לקמן כג.

ט. פלוגתת הראשונים לשיטת התוס' באדיי' אדויי איך מחלקי' התשלומין

י. עוד בדברי רש"י והראב"ד

א. בביאור הנחל"ד לדברי רש"י אמאי אין לחייבו בעל הדליל משום אש היכא דאדיי' אדויי

מתני' יז. התרנגולין כו' הי' דליל קשור ברגליו כו' משלם חצי נזק. ובגמ' יט: מוקמי' לה בדאדיי' אדויי .ופירש"י, שזרק התרנגול הדליל ושיבר בזריקתו כלים, דהוו צרורות, ואפילו קשרו אדם נמי לא משלם אלא ח"נ בעל התרנגול, והקושר פטור, שלא נתקל אדם בבורו כו', עכ"ל. ובתד"ה וכי כו' העירו, וקשה לפירושו, דמ"מ ליחייב משום אשו, דהוי כאבנו סכינו ומשאו שהניחן בראש גגו ונפלו ברוח מצוי', והזיקו בהדי דאזלי, דהאי תרנגול הוי כרוח מצוי', מדפריך אי דלא אצנעי' פושע הוא, עכ"ל.

ועי' בנחל"ד שכתב ליישב דעת רש"י, דמזיק דאש הוא רק כגון התם, שהאש בעצמה היא המזיק בלי סיוע דבר אחר, ופעולת הרוח אינו רק לקרב האש אל הדבר הניזק, אבל עיקר ההיזק עושה האש עצמו, ודכוותי' באבנו סכינו ומשאו, האבן עצמה היא המזיקה, מפני שיש לו כובד, וכן הסכין בחידודו והרוח אינו פועל רק לקרבם אל הדבר הניזק, משא"כ בצרורות, דהצרורות עצמן אין בכוחן להזיק כלל בלא כח ההתזה של הבהמה, ואילו הי' הצרור מתקרב אל הכלי בלא כח ההתזה לא הי' מזיקו כלל, ונמצא כי עיקר ההיזק נעשה ע"י כח ההתזה והצרור אינו רק כגרזן ביד החוצב, ולכך לית בי' משום חיוב אשו כלל, ע"ש.

והנה יש לדון במש"כ דהאבן עצמה היא המזיק מפני שיש לו כובד, דהרי גם שם אילו הי' האבן מתקרבת אל הכלי בלא כח הנפילה, לא הי' מזיקה כלל. ולכאו' צ"ל, דבאמת האבן נפלה על גבי דבר הניזק והתם אפי' לולי כח הרוח הי' מזיקה מחמת כובד האבן. ולפי"ז יוצא דאילו הי' אבן כבדה ע"ג קרקע ורוח חזקה התיזה למקום אחר, לא יהי' חייב משום אש, דהתם הנזק הי' רק בצירוף הרוח. אלא דאכתי יל"ע במש"כ בסכין דחידוד הסכין עושה הנזק, והרי אילו יתן סכין ע"ג חפץ בלי סיוע של כח אחר לא הי' מזיקו, ולכאו' צ"ל דכיון דע"י כח כל שהו הסכין חותכת, גם זה נחשב שהסכין עושה גוף ההיזק, וע' בסמוך מש"כ בזה.

---

[467] חבורה ו'

והנה בנחל"ד כתב לדקדק כדברי רש"י, דהיכא דגוף ההיזק נעשה ע"י כח ההתזה, ליכא חיובא דאש, מסוגיא דלעיל יז: בעגלה מושכת בקרון, דמשמע דלולי זה דהוה כגוף הבהמה, לא הי' חייב עלה אלא ח"נ ומשום צרורות, וצ"ב דנחייבי' נזק שלם, ע"כ. ודבריו צ"ב, דלרש"י מי ניחא, והרי קרון יש בו כובד ואמאי אינו חייב משום אש. ולכאו' י"ל בדבריו, דנהי דהיכא דהעגלה משכה הקרון ע"ג איזה חפץ והזיקה ע"י כובד הקרון, באמת יתכן לחייבו משום אש, אך י"ל דאיצט' להך חי' דעגלה מושכת בקרון הוה אש להיכ"ת דלא הלכה על גביו של דבר הניזק, אלא הזיקה מן הצד, דההיזק נעשית בצירוף כח המשיכה וכמש"כ למעלה.

עוד ע"ש בנחל"ד שדקדק כדבריו מסוגיא דדף יט. בדרסה על הכלי ברה"ר ושברתו ונפל השבר על כלי אחר ברשות הניזק, דעל הראשון פטור, דהוה רגל ברה"ר ועל השני חייב ח"נ. וצ"ב דנחייב בעל כלי הראשון על היזק כלי השני משום אש, עכ"ד.

והנה באמת יש לדחות ראיותיו של הנחל"ד בפשיטות, וכמו ששמעתי ממו"ר הגר"ד ברקין זצוק"ל, די"ל דבעי' לחידושא דעגלה מושכת היכא שחרש שוטה וקטן קשרו הקרון להעגלה, דכה"ג א"א לחייב את בעל הקרון משום אש. ע"ע בחזון יחזקאל פ"ב מש"כ בזה. ולענין הקושיא מסוגיא דדף יט. י"ל, דאיירי היכא דבעל הכלי לא פשע במה שהכלי הי' מונח ברה"ר, וא"כ א"א לחייבי' משום אש.

ב. בדברי הרשב"א ורבינו יונה ביסוד דין אש ובדברי הרא"ה

אכן עיקר יסודו של הנחל"ד כבר הוזכר ברבינו יונה וברשב"א בב"ב כו. בסוגיא דרקתא, כמו שהעיר האבן האזל בפ"ב מנזק"מ ה"י, והחזון יחזקאל שם,.דע"ש בגמ' דבי בר מריון בריה דרבין כי הוה נפצי כיתנא הוה אזלא רקתא ומזקא אינשי, אתו לקמיה דרבינא, אמר להו כי אמרינן מודה ר' יוסי בגירי דיליה, הני מילי דקא אזלא מכוחו, הכא זיקא הוא דקא ממטי לה כו'. וע"ש בתד"ה זיקא הוא דקא ממטי לה וז"ל, קשיא לר"י דליחייב משום אש מידי דהוה אאבנו וסכינו ומשאו שהניחן בראש גגו ונפלו ברוח מצויה והזיקו דחייב משום אש, כדאמר בפ"ק דב"ק (דף ו.) והכא דאמטי ליה ברוח מצויה איירי מדפריך עלה מזורה ורוח מסייעו כו', עכ"ל. וברבינו יונה שם כתב, די"ל דשאני אש דעיקר הנזק בא ממנו שהאש היא השורפת, וכן נזק האבן מכח מכת האבן ע"י שהפילתו הרוח, משא"כ ברקתא דעיקר הנזק מכח הרוח שהוא מכה ברקתא על פני עוברי דרך, עכ"ל. וע' ברשב"א שהביא תי' זה בשם רבינו יונה.[468]

אכן נראה דאיכא חילוק גדול בין דברי הנחל"ד לדברי רבי' יונה הנ"ל, דהנה לכאו' ילה"ע טובא על דברי הרשב"א הנ"ל, דכתב התם רק תירוצו של רב"י והרי בסוגין כתב כדברי התוס' דמחייבין בעל הדליל משום אש, ולכאורה סותר את משנתו. ולכאו' צ"ל בזה, דדברי רבינו יונה אמורים רק ברקתא דליכא ברקתא שום כח, וכל כוחו הוא רק עצם הרוח, אך בצרור איכא גם כח הצרור. שו"ר שכעי"ז כ' החזו"א, ע' בדבריו בסי' ב' אות ד' שהביא דברי הרשב"א ברקתא, וכ' על זה ואע"ג דבדליל שנקשר בתרנגול ואדי' אדויי חייב בעל הדליל משום אבנו, התם משתתף גם כובד הדליל בהכאת התרנגול, עכ"ל.[469] ובאמת חילוק זה הוא מוכרח דאל"כ דברי הרשב"א סותרים אהדדי.

ולפי"ז נמצא דבאמת שיטת רש"י בסוגין הוא אחרת משיטת הרשב"א ברקתא, דהרי מבואר, דסברתו שם הויא סברא מיוחדת ברקתא דלא שייכא כלל לדליל, אכן רש"י ס"ל דאפי' בדליל א"א לחייבו משום אש.

---

[468] וז"ל, פי' מורי הרב ז"ל, דשאני התם דממונו דמזיק שהאש היא שמזקת ששורפת, וכן כובד האבן והסכין שמזיקין, והילכך אפי' כח אחר מעורב בו חייב, דממונו הוא דאזיק, אבל הכא הרקתא בעצמה אינה מזקת, אלא שהרוח הוא שמסער אותה ומכה בה על פני העוברים, עכ"ל

[469] ע' מש"כ תוס' ב"ב כו. ליישב תמיהתו, וע' בגידו"ש שכתב דבפשטות יל"פ דבריו עפי"ד הרשב"א, אך העיר מדברי התוס' בסוגין בענין דליל, ע"ש. אכן למש"כ להכריח מדברי הרשב"א עצמו דחלוקין הן רקתא ודליל, תו יש לומר כן גם בדברי התוס' עצמו.

ובאמת כדברי הנחל"ד בשיטת רש"י איתא להדיא בשטמ"ק לקמן ס. בשם הרא"ה, דע"ש בסוגיא דרקתא וז"ל, ומסתבר לי דכי אמרי' אבנו סכינו ומשאו דחייבים לכו"ע בשאין הרוח גורם להם אלא נפילתן, דהשתא אמרי' דכיון דהוא הניחן בראש גגו במקום שראוין ליפול, חשבינן לי' ודאי כאלו נפלו מידו לדעתו, אבל הניחם בראש גגו ונפלו ברוח מצוי' והזיקו מחמת דחיפת הרוח, יותר ממה שהיו מזיקין אלו נפלו מאליהן מידו כו', בזו לא שמענו שיתחייב באותו מותר שהוא מחמת דחיפת הרוח, דאיכא למימר דההוא חשבינן לי' כאלו הרוח בלבד הוא שעושה אותו, ולא דמי לאש כלל, דשאני אש דמעיקרא כך הוא דכח אחר מעורב בו, ואין הרוח ג"כ עושה בו אלא שמוליכו, וכיון דהכי אורחי', חשבינן לי' מעשה הבעלים, אבל כאן מחמת כח הרוח באבן הנזק מתרבה, ואסתלקו לי' מעשה ראשון, עכ"ל. הרי מבואר מדבריו, דכל היכא דאיכא איזה תוספת כח ע"י הרוח לא נחשב כאש, והוא ממש כדברי הנחל"ד.

והנה מדבריו מבואר, דודאי כל היזק שהי' נעשה אלו נפלו מידו לדעתו, נחשב כמזיק דאש, והגם דאילו הי' מניח האבן ע"ג החפץ לא הי' נשבר, ורק מכח הנפילה נשבר, גם זה לא נחשב כאילו החפץ עצמה הזיקו, והיינו דלא חשבי' כח "גראוויטי" ככח צדדי, ובאמת כן צ"ל, דהרי כל זמן שאבן מונחת ע"ג איזה חפץ, מה דשוברת אותה מחמת כובדה, הוא רק ע"י כח של "גראוויטי". ולפי"ז לא קשה מידי מה שהערנו למעלה על דברי הנחל"ד מסכין שנופלת מראש הגג, דהגם דבלי שום כח דחיפה לא הי' חותך, אך היכא דנפלה הוא חותכת בלי שום כח אחר, וזה נחשב כהיזק ע"י עצם הסכין, וכמשנ"ת.

ולפי"ז נמצא דמצינו ג' שיטות בראשונים בענין עיקר מהות דאש, דדעת הרא"ה, וכ"כ הנחל"ד בשיטת רש"י, דמזיק דאש הוא רק היכא דהאש היא גוף המזיק, והרוח רק מוליכה אותה אל דבר הניזק. ושיטת הרשב"א דהיכא דאיכא להחפץ איזה כח עצמי, אז אפי' אם הזיק רק בכח הרוח נחשב כאש, אבל רקתא וכיו"ב לאו אש הוא. ויש הרבה ראשונים דסברי דגם רקתא יש לדון משום אש, וע' בשטמ"ק שם בשם הראב"ד, וכן הוא דעת הרמ"ה ותוס' רי"ד ובעל השלמה שם, דלדעת מרימר שם באמת חייב בתשלומין ברקתא משום אש.

ג. בישוב דברי רש"י מקושיית המהר"ם

והנה לפי מש"כ בדעת רש"י, יש ליישב את קושית המהר"ם על דבריו לעיל ו.. דע"ש בגמ' דשו"ט הצד השוה בהן תאתויי מאי, ורבא אמר לאתויי בור המתגלגל ברגלי אדם וברגלי בהמה, ה"ד אי דאפקרינהו, בין לרב בין לשמואל היינו בור, מאי שנא בור שכן תחילת עשייתו לנזק ושמירתו עליך, הני נמי תחילת עשייתן לנזק ושמירתן עליך, אלא דלא אפקרינהו, לשמואל דאמר כולם מבורו למדנו, היינו בור לעולם דאפקרינהו, ולא דמי לבור, מה לבור שכן מעשיו גרמו לו, תאמר בהני שאין מעשיו גרמו לו כו'. וע"ש בתד"ה לאתויי בור המתגלגל, וז"ל בכל הספרים כתוב אי בהדי דקא אזלי קמזקי כוחו הוא, ופירש הקונטרס דלא גרס ליה, וטעמא משום דאמרינן לקמן בהמניח (דף כז:) אין דרכן של בני אדם להתבונן בדרכים, ובעל התקלה נמי אין לחייבו מטעם אדם המזיק אלא משום דחשיב כרוח מצויה והוי אשו כו', עכ"ל. וע"ש במהר"ם שהעיר, דא"כ אמאי מחק רש"י את הגירסא והרי הו"ל לגרוס אי בהדי דקאזלי אשו הוא. ושמעתי ממו"ר הגר"ד ברקין זצ"ל וכן ראיתי בספר אהל ישעיהו שם בשם הגרש"ר זצ"ל, דלפי"ד נחל"ד הנ"ל י"ל דרש"י לשיטתו אזיל, דס"ל דלא נחשב זה לאש מכיון דבעי' כח המגלגל.

אכן הגם דיתכן לפרש דברי רש"י כדברי הנחל"ד, אך אכתי אי"ז מספיק דהנה עי' בחי' הראב"ד בסוגין שכתב כדברי רש"י, דהיכא דאדיי' אדויי לא מחייבינן את הקושר, ועי' בשטמ"ק בב"ב כו. בסוגיא דרקתא, שהוקשה לי' אמאי אינו חייב משום אש, וכתב, דשי' מרימר הוא דבאמת חייב בניזקין משום אש, הרי

להדיא דל"ל הך סברא דהנחל"ד, וכעי"ז ילה"ע על דברי המאירי דלקמן ס. פלפל בקושיית התוס' אמאי אינו חייב ברקתא משום אש, ומבואר דל"ל הך סברא דהנחל"ד, ומ"מ בסוגין כ' כדברי רש"י.

ד. ביאור שיטת רש"י בסוגין עפ"י יסודו של הפנ"י

ולכאו' י"ל בזה בהקדם דברי הפנ"י לבדף יג. ומובא בברכ"ש סי' ג', דהנה לקמן בדף נג. נחלקו ר' נתן ורבנן בשור שדחף חבירו לבור, דרבנן סברי דבעל הבור פטור, ור' נתן סבר דבעל הבור ג"כ חייב בחצי הנזק, והוסיף ר' נתן דאפי' בשור תם דא"א לחייב בעל השור אלא רביע נזק, אמרי' כי ליכא לאשתלומי מהאי אישתלמי מהאי, ומבואר מדברי הגמ' שם דרבנן חולקין גם בזה. ולכאו' הן שתי מחלוקות נפרדות הא', אם בעל הבור חייב, והב', היכא דאיכא שני שותפים לנזק, וליכא לתבוע מהאי, אם משתלם מהאי. והנה בדעת רבנן פירש"י, דהיכא דהשור הוא מועד, חייב נזק שלם ותם חייב בחצי נזק. והביסוד הפטור דבעל הבור פירש, דהוה כעין הענין דבתר מעיקרא אזלי', דהשור התחיל לעשות ההיזק דעשה הדחיפה לבור, והוה כמו שהבור לא עשה כלום.[470] ולכאו' צריכים להבין, דמהיכ"ת לומר דרבנן חולקים על הדין דכי ליכא לאשתלומי' כו'. ופירש"י דמשור מועד ודאי ליכא ראי', דהרי בעל השור חייב בכל ההיזק, אלא הראי' היא משור תם דבעל השור אינו משלם אלא חצי נזק, ומ"מ לא מחייבי' לבעל הבור בחצי נזק האחר. והק' התוס' בדף יג. דכיון דפטרי' לבעל הבור והוה כאילו בעל הבור לא עשה הנזק איך שייך לחייבי' ע"י כי ליכא לאשתלומי מהאי כו', וע"ש שפי' הסוגיא דשם באופ"א.

וכתב הפנ"י בדף יג. לבאר דברי רש"י, דלא כוון רש"י לדין בתר מעיקרא אזלי', דמיד שדחפה הוה כבר כשבורה, ואח"כ כשנפלה לבור הבור לא עשה כלום. והגרב"ד הביא מהגר"ח דבאמת ליכא לפרש כן, דהרי כל הדין דבתר מעיקרא לא אמרי' אלא כגון דזורק הכלי מראש הגג ובא אחר ושברה. אכן הכא דהענין דבתר מעיקרא אזלי', לענין שכבר נחשב למנא תבירא, חל ע"י הבור גופי', אפי' אם אזלי' בתר מעיקרא, צריך שבעל הבור יתחייב עלה מדין חיוב דבור. ולכן פי' הפנ"י, והרחיב הגרב"ד דבריו, דודאי גם בעל הבור נחשב למזיק, ורק דיש סברא מיוחדת בשותפות דאם באנו לדון מצד השותפות ודאי נחשב שהוא עשה יותר ממנו, כיון דהוא עשה הדחיפה, ומשו"ה הוא חייב יותר מבעל הבור, וכמו דמצינו סברא דע"י שותפות שותף א' פוטר את חבירו [למשל למ"ד דל"ל כי ליכא לאשתלומי מהאי כו'] ולא אמרי' רצה מזה גובה רצה מזה גובה, כמו"כ אמרי' דהיכא דא' מהם הוא עיקר המזיק, הוא פוטר את חבירו. אכן היכא דבעל השור אינו חייב, צריך לחייב את בעל הבור כיון דליכא לאשתלומי מהאי כו', ובע"כ דס"ל דאפי' היכא דליכא לאשתלומי מהאי, לא משתלמי מהאי, עכ"ד.

ה. בדברי הר"מ והרמ"ה

ועיקר יסוד הנ"ל מבואר גם בדברי הר"מ והרמ"ה בסוגיא להלן בדף כג.. דע"ש בגמ' בכלב שנטל את החררה והדליק את הגדיש, דחייב בעל הכלב על הגדיש. ומקשי', וליחייב נמי בעל הגחלת, ומתרצי' כגון ששמר את גחלתו, ע"ש. ומבואר מדברי הגמ' דהיכא דלא פשע בעל הגחלת, אז מחייבינן רק את בעל הכלב אך היכא דפשע בעל הגחלת מחייבינן בעל הגחלת, והנה דעת רש"י ותוס' ורוב הראשונים בסוגיא שם היא, דלענין שאר הגדיש בעל הכלב ובעל הגחלת הם שותפין בנזק, אכן ע' בר"מ פ"ב מנזק"מ ה"יח ובטור סי' שצ"ב בשם הרמ"ה, שפירשו, דעל שאר הגדיש לא מחייבינן אלא בעל הגחלת, ולכאו' דבר זה צ"ב טובא, דאמאי לא מחייבינן גם את בעל הכלב, וע"ש בשטמ"ק שהביא מתוס' שאנ"ץ בשם הר"י, שג"כ

---

[470] וז"ל שם, דאמר לי' בעל הבור אי לאו תורך לא נפל, והאי דחיפה מעשה בידים הואי ולא גרמא.

פירש כן בדברי הגמ', וביאר שם וז"ל, דליחייב בעל הגחלת הכל, הואיל ופשע בתחילת הדבר כו'. וע"ש בתוס' ר"פ שג"כ הביא פירוש זה בדברי הגמ'. וכעי"ז אי' גם בתו"ח שם וז"ל, ונראה דשפיר פירך ולחייב בעל הגחלת וליפטר בעל הכלב לגמרי, משום דבעל הגחלת פשע פשיעה גמורה, דאפי' אם שמר בעל הכלב את כלבו אכתי הו"ל לאסוקי אדעתי' לשמור גחלתו מכלבים של הפקר, דהרבה כלבים של הפקר מצויין, והו"ל כמו תחילתו בפשיעה וסופו באונס כו'. וכ"כ הר"מ ז"ל כו', עכ"ל. והביאור הוא עפ"י הנ"ל, דכיון דבעל הגחלת הוא השותף העיקרי, מחייבינן אותו בכל הניזק.

ולפי"ז י"ל בפירש"י ודעימי' בסוגיין, דהגם דודאי נחשב כאש של בעל הדליל, אך דייני' שהתרנגול הוא עיקר המזיק מאיזה טעם שהוא, ואולי הוא מחמת זה דהתרנגול הוא בע"ח והוה מעשה גמור, משא"כ בדליל דיתכן דלא הוה אלא אשו משום ממונו, ונמצא דליכא שום מעשה של בע"ח, ובודאי דמעשה מזיק דבע"ח אלים טפי. [ע' רש"י להלן כג. שפי' דבעל הגחלת אינו חייב משום חציו אלא משום אשו משום ממונו, ולכאורה ק"ו דכן הוא לענין דליל. ועוד ידוע שיטת הרא"ה המובאת בחי' הגרח"ה דרק באש אמרי' אשו משום חציו ולא באבנו סכינו ומשאו, ואפי' הוה אמרי' אשו משום חציו יתכן דבעל התרנגול נחשב לעיקר המזיק ע' להלן בעזה"י]. אכן אכתי אי"ז מספיק לפרש דברי רש"י בסוגין, דכיון דבעל התרנגול אינו חייב אלא ח"נ אמאי לא מחייבינן לבעל הדליל על אידך חצי מדרבי נתן כו' וכעין סוגיא לקמן יג.

ו. ביאור שיטת רש"י ודעימי' בסוגין עפי"ד התוס' וספר השלמה

ואשר נ"ל בשי' רש"י, דהנה לעיל בדף ו. כתבו התוס', דאדם שדחף בכוונה שור לבורו של חבירו, חייב נזק שלם. וכבר דנו האחרונים בבי' דבריהם, ע' בברכ"ש סי' ג. והנה שמעתי ממו"ר הגרח"ש ליבוביץ זצ"ל, ששמע מרבו כשהי' בישיבה קטנה בביאור דברי התוס', דהיכא דהי' אדם בכוונה דייני' כאילו הבור אינו עושה כלום, ונתן משל לזה, כמו בא' שלקח סכינו של חבירו וחתך בגד חבירו, דודאי נחשב שהאדם עושה כל ההיזק, וכמו"כ הכא היכא שאדם עשה הדחיפה בכוונה, לא נחשב שהבור עשאו איזה דבר אלא שהאדם השתמש עם הבור להזיק עכ"ד.[471]

אמנם הגרב"ד לא הי' נחית לפרש כן בדברי התוס', ושמעתי מהגרח"ש דה"ט , דא"כ למ"ל כוונה ממש, אפי' בפשיעה גרידא הו"ל לפטור בעל הבור דליחשב שהבור לא עשאו כלל אלא הוא השתמש עם הבור להזיק, עכ"ד. וראיתי בחי' הגרש"ש סי' כ"ב שבתחילה רצה לפרש דברי תוס' על דרך הנ"ל, ושו"כ וז"ל, דא"א לומר דחשבינן כאילו כל ההיזק נעשה ע"י האדם והאש הוא רק כלי מזיק בידו, דלענין זה אין חילוק בין שור לאדם ובין בכוונה לשלא בכוונה, עכ"ל, והן הן הדברים.

והנה בתוס' שם הוכיחו מסוגיא דלקמן דף כג. גבי גחלת, דכל הך סברא הוא רק באדם ולא בשור, דבבור המתגלגל ע"י רגלי בהמה, גם בעל התקלה הוא שותף בנזק. וע' בתוס' ר"פ שהעיר על זה, ממה דאיתא התם להדיא בגמ', בור המתגלגל ברגלי אדם **וברגלי בהמה**. וכ' דבע"כ צריכים למחוק "וברגלי בהמה".

אכן ע"ש בבעל השלמה שגרס גם "וברגלי בהמה" וגם גרס בגמ' "אי בהדי דאזלי קמזקי כוחו הוא" דגם בנתגלגל ברגלי בהמה, בעל הבהמה חייב לחודיה, וכ"כ המאירי שם בתחילת דבריו. [ולשיטתו אזיל בסוגיא דדליל, וע"ש בסו"ד ניכר דחסר איזה שורות]. וכן מבו' בפסקי ריא"ז שם אות י"ב, וע"ע בשטמ"ק בשם רבי' ישעי' בזה. והנה בספר השלמה בסוגין כתב כדברי רש"י, דהיכא דאדיי' אדויי, מחייבינן רק את בעל

[471] ושמעתי מהגרש"מ, דנראה לו דסברא זו לא שייכא אלא באש, דהוא ענין מזיק, דבזה י"ל דכל המעשה הוא מעשה אדם ולא מעשה הסכין, אכן בבור דהוא ענין תקלה, לא שייכא סברא זו, ובכדי להסביר דברי התוס' בבור צריכים למש"כ בברכ"ש, דהוא משום דהחסר בהתורת תקלה דבור כה"ג.

התרנגול, וכתב שם וז"ל, נקשר אדם חייב בעל התרנגול כבור המתגלגל ברגלי אדם ורגלי בהמה, דאסיקנא בפ"ק [ו.] אי בהדי דאזלי קא מזקי, כח האדם וכח הבהמה המתגלגלת, ובעל הבור פטור, עכ"ל. והיינו שדקדק מכח סוגיא דהתם דגם בדליל לא מחייבינן אלא את בעל התרנגול. ולכאו' יל"ע בעיקר סברתם דלא מחייבינן אלא בעל הבהמה. וע"ש בברכ"ש שהביא ג' פירושים בסברת התוס', דבאדם בכוונה לא מחייבינן אלא אדם המזיק, דהגרי"ז פי' דהוא משום מעמיד. ועפי"ד דברי הפנ"י הנ"ל, דהאדם הוא עיקר השותף. ומסקנת הגרב"ד דא"א לדון הבור לתקלה לענין מה שצריכים מעשה אדם בכוונה.[472] והנה כל הנך סברות לא שייכי בבהמה כמובן, ואפי' דברי הפנ"י לא שייכי בבהמה, דכיון דבעל הבהמה אינו חייב אלא ח"נ [היכא דהתיזה] אמאי לא מחייבינן בעל התקלה על אידך חצי מדר' נתן.

והנה לכאו' י"ל בבי' דבריהם עפי"ד דברי הנחל"ד הנ"ל, דחיובא דאש הוא רק היכא דהאש הוא גוף המזיק והרוח הוא רק לקרבו אל דבר הניזק. אכן בדברי השלמה לכאורה ליכא למימר הכי, דע' בדבריו בב"ב בסוגיא דרקתא, שפי' אליבא דמרימר דחייב בתשלומין מדין אש, הרי דל"ל הך סברא, וכן במאירי ליכא לפרש הכי, דכבר הוכחנו מדבריו לקמן ס. דל"ל הך סברא דהנחל"ד.

ואשר נ"ל בזה, דס"ל דבין באדם ובין בבהמה היכא דהזיקו ע"י איזה חפץ בגופם או בכוחם, א"א לדון החפץ למזיק, דהבהמה היא המזיק היחידי שהזיק ע"י החפץ, וכמו המשל הנ"ל באדם שלקח סכין של חבירו וחתך בגד, כמשנ"ת למעלה. ולפי"ז א"ש דברי רש"י ודעימי' בסוגין על הנכון, דמשו"ה בדליל א"א לחייב אלא את בעל התרנגול ולא את בעל הדליל. [ולפי"ז צ"ל דגם בתרנגול של הפקר יפטר בעל הדליל, וצ"ע].

[וילה"ע על זה מדברי רש"י בדף יג. דמבואר דבעל הבור הוי ג"כ מזיק, ורק דהשור הוא עיקר המזיק, וכמש"כ הפנ"י בכוונתו. אכן נראה עפ"י מה ששמעתי מהגרש"מ, דכל מש"כ לא שייך אלא לענין מזיק דאש, דדייני' האש למזיק, אכן בבור דהוא רק ענין תקלה, לא שייך בכלל הך סברא דגרזן ביד החוצב].

ע"ע בתלמיד הרשב"א והרא"ש, שהבין בדברי רש"י כעין מש"כ, וז"ל, ודעת רש"י ז"ל היא, דאפי' יש לו לדליל בעלים, כל דאזיק בהדי דקא אזיל, בעל תרנגול חייב ובעל הדליל פטור, דהא מעשה תרנגול הוא דגרמו ההיזק, עכ"ל. ועי' להלן בדף כג. בקושיית הגמ' ולחייב בעל הגחלת, שפי' דקושית הגמ' היא, דליחייב נמי בעל הגחלת וכתב שם בא"ד, ומכאן ראי' דבעל התקלה לא מפטר בפשיעת בעל הבהמה, וכמו שכתבתי למעלה גבי דליל, עכ"ל. והיינו דשיטת רש"י היא, דבעל התקלה מפטר בפשיעת בעל הבהמה, ועל זה העיר מסוגיא זו דגחלת, ועי' להלן מה שכתבנו לחלק בין הך דהתם לההיא דהכא. [שו"ר בשטמ"ק דף כ"ב סוע"א בשם רבי' ישעי' מש"כ בזה, ע"ש היטב].

והעיר לי ידידי הבה"ח ד.מ. עדעלשטיין שליט"א לדברי תוס' רי"ד בסוגין שאזיל בשי' רש"י, וכתב בביאור הדבר, *דכיון דשני עביד מעשה, בטלה גרמתו של ראשון*, והן הן הדברים.

---

[472] ועי' בחי' הגרש"ש בדף ו. ובסי' כ"ב אות ב' וז"ל, אלא נראה דבבור ואש שדין חיובם משום בריאת מזיק בעולם, ולענין היזק זה שנעשה ע"י אדם בכוונה שמסור ביד האדם שלא להזיק, לא חשבינן לענין זה שעשה מזיק בעולם, כיון שחסרה עדיין פעולה ובחירה מצד אדם בר דעת, וחשיב מטעם זה כאילו לא ברא ולא עשה בעל האש מזיק, אבל אם נעשה ע"י שור או ע"י אדם שלא בכוונה, חשבינן כאילו עשה מזיק שיתהוה היזק ממילא בלא פעולה ודעת מחדש, עכ"ל. ומש"כ לדמות אש לבור, הוא לשיטתו דלא חילק ביניהם, ע"ש סי' כ"א אות ד'. אכן הגרב"ד חילק ביניהם, דבבור הוא משום עשיית התקלה אמנם באש איכא דין דמעשה מבעיר והוא עשיי' בההיזק, ובאדם בכוונה חסר בהמעשה מבעיר.

ז. ישוב לראית התוס' ו. מסו' דכלב שנטל חררה דבנתגלגלה ע"י בהמה מחייבי' גם בעל התקלה, וראי' שלא כהבנת הנחל"ד בשי' רש"י

אלא דאכתי יש לעיין בסברת הראשונים הנ"ל, מכח סוגיא לקמן כג. דהנה התוס' הוכיחו שיטתם דליכא לחייב בעל הבהמה לחודי' מסו' לקמן כג. דמקשינן דאי בעל הגחלת ג"כ פשע, ליחייב נמי בעל הגחלת, ולכאו' היא ראי' לחזקה לשיטתם, והנה אי הוה מפרשי' בדברי הראשו' הנ"ל עפי"ד הנחל"ד, הי' א"ש בפשיטות, דהתם בגחלת ודאי יש לחייב בעל הגחלת משום אש כמובן, אכן למשנ"ת באמת צ"ב. ואשר נ"ל בזה בפשיטות, דהסברא הנ"ל, דרק הבהמה נידונית כמזיק ולא עצם החפץ, לא שייכא אלא היכא דהזיקה בגופה או בכוחה במציאות, אך התם דהיזקה ע"י אשו, הגם דאמרי' אשו משום חציו, מ"מ הך סברא לא שייכא. וביאור הדבר הוא עפ"י מש"כ בחי' רש"ר סי' י' סוף אות ג', דאפי' אם אשו משום חציו, בפשטות אי"ז חשוב ממש ככוחו, אלא הוא דין חציו מגזה"כ, ולפי"ז י"ל דכה"ג ודאי דל"ש סברא הנ"ל. ובדברי התוס' שלא הי' נחית לחלק בזה י"ל, דלשיטתו אזיל בסנהדרין עז. דנקט דהוא חציו ממש, ונחשב ככח גברא לענין שחיטה וכדומה, ע"ש בחי' ר"ש ובחי' הגרח"ה הל' שכנים.[473]

אכן אכתי אי"ז מספיק כל הצורך, דהנה בכלב שנטל את הגחלת והדליק את הגדיש איכא שני נידונים הא', לענין שאר הגדיש, והב', לענין מקום הגחלת. ולכאו' מש"כ לחלק בין דליל לגחלת, הוא רק לענין שאר הגדיש אכן לענין מקום הגחלת, צ"ב, דבזה חיובו של הכלב הוא משום גופו [באדנחהא אנוחי], או עכ"פ משום כוחו [בדאדיי' אדויי], והרי כתב הרא"ש וכ"כ בטושו"ע דקושיית הגמ' היא דגם לענין מקום הגחלת, דבעל הגחלת ובעל הכלב הם שותפים, ובזה באמת צ"ע טובא דמאי שנא מדליל.

אכן הגם דמבואר כן מדברי ראשונים הנ"ל, אך העיר לי הגרש"מ, דמדברי רש"י שם מבואר, דכל קושית הגמ' הוא רק לענין שאר הגדיש, אך על מקום הגחלת לא מקשינן כלום, דבזה ודאי רק בעל הכלב חייב בנזק, ואפי' היכא דאדיי' אדויי, ע"ש היטב, (וראיתי שכבר עמד הנצי"ב בסוגין על דברי רש"י דהתם). ולכאו' מדברי רש"י הנ"ל מבואר להדיא שלא כדברי הנחל"ד, דהרי לדבריו היכא דאדיי' אדויי ליכא סיבה שלא נחייב בעל הגחלת, דהתם הגחלת עצמה הוא המזיק, וע"כ מבואר, דס"ל כמשנ"ת דאפי' כה"ג אין לחייב אלא בעל הכלב, דלענין מה שהזיק בגופו או בכוחו ע"י הגחלת נחשב הוא למזיק היחידי.[474]

וע"ע במאירי בדף כא: שג"כ נקט, דכל קושיית הגמ' היא לענין שאר הגדיש ולא לענין מקום הגחלת, דלענין זה פשיטא לן דרק בעל הכלב חייב, וכן מבואר להדיא בחי' הראב"ד דז"ל, לר"ל הוא דמקשי דאמר על שאר גדיש כולי' פטור, והכי מקשי' *וליחייב נמי בעל גחלת אשאר גדיש* דממוני' הוא. ומבואר דעל מקום הגחלת לא מחייבי' אלא את בעל הכלב, הגם דאיירי בדאדיי' אדויי. והראב"ד והמאירי אזלי לשיטתם בסוגין דדליל, דפירשו ג"כ דלא מחייבינן אלא בעל התרנגול. ותוס' והרא"ש שפירשו קו' הגמ' גם לענין מקום הגחלת, הוא לשיטתם בדף ו. ובסוגין, דבדליל סברי דאפי' היכא דבהמה הזיקה ע"י כוחה, מחייבינן גם בעל התקלה.

ח. בדברי חי' הראב"ד לקמן כג.

עוד מצינו שיטה שלישית בענין זה, והיא שיטת הראב"ד, דאפי' היכא דהכלב הזיק ע"י דין אשו משום חציו, מ"מ נחשב הוא למזיק היחידי. דע"ש בסוגיא דדף כג. שנקט בתחילת דבריו, דא"א לחייב את בעל הגחלת משום חציו אלא משום ממונו, ושכן הוא שיטת רש"י אליבא דאמת. וע"ש בחי' הראב"ד וז"ל, נראה

---

[473] ע' מש"כ להלן מהגרש"מ, ולדבריו יתכן דגם רש"י ס"ל כתוס' סנהדרין.

[474] שוב העיר כן הגרש"מ בחבורה י"ג

לי דלר"ל הוא דמקשי, דאמר על שאר גדיש כולי' פטור, והכי מקשי', וליחייב נמי בעל גחלת אשאר גדיש דממוני' הוא, דאי לר' יוחנן כיון דחצי כלב הוא, אמאי ליחייב בעל גחלת כו', עכ"ל. הרי דס"ל דכיון דהוא חציו דכלב וממונו דבעל הגחלת, נחשב הכלב כמזיק היחידי, והוא מטעם שנתבאר.[475]

ונמצא בזה ג' שיטות, דדעת התוס' דרק באדם בכוונה אמרי' הך כללא [ויתכן דהוא מטעם אחר, וכמו שביאר הגרב"ד]. ודעת רש"י והשלמה והמאירי, דגם בהמה אין מחייבינן בעל התקלה אלא בעל הבהמה, אך היכא דההיזק הוא ע"י הדין דאשו משום חציו, מחייבינן גם בעל התקלה. ודעת הראב"ד דגם היכא דהבהמה הזיקה ע"י הדין דאשו משום חציו, מחייבינן רק בעל הכלב. וכבר ביארנו דעיקר הנידון אם גם באשו משום חציו אמרי' הך דין תלוי' בגדר הדין דאשו משום חציו אם הוא חץ רק מגזה"כ או חץ פשוט. [והנה ע' בשטמ"ק כג. בשם הרא"ש, שדקדק מלשון רש"י שם, דלר' יוחנן קושיית הגמ' היא דניחייב בעל הכלב ח"נ על הגדיש, ואידך ח"נ יתחייב בעל הגחלת, וע"ש שחלק עליו וכתב, ונראה לי דאין לו לשלם אלא רביע נזק, דהא אית לי' שותפא ובעל הגחלת משלם ג' רביעים לרבי נתן כו'. ובבי' דברי רש"י נראה בפשיטות, דס"ל דכיון דחציו דכלב הן, הרי הוא עיקר השותף לענין חצי הנזק, ולכן בעל הגחלת א"א לפטרי' כלל, וקושית הגמ' הוא דלר' נתן נחייב בעל הגחלת על אידך החצי, דהוה ממש כשור תם שדחף אדם לבור]. [שוב האריך הגרש"מ בענין זה בחבורה י"ד, ועי' להלן שהבאנו דבריו]

ט. פלוגתת הראשונים לשיטת התוס' באדיי' אדויי איך מחלקי' התשלומין

והנה התוס' כתבו, דאם יש בעלים לדליל ולא אצנעי', שניהם שותפים בנזק. ובמהרש"א הביא דברי הרא"ש שכתב וז"ל, משלם בעל התרנגול רביע דאית ליה שותפות ובעל הדליל ג' חלקים כר' נתן, דאמר כי ליכא לאישתלומי מהאי משתלם מהאי. וכן פסק הטור והרמ"א. ועי' במהר"ם שכתב וז"ל, ונראה הבדליל שיש לו בעלים אין לחלק בין היכי דאזיק בהדי דאזלא או דאדיי' אדויי דבתרווייהו שניהם חייבים, בעל הדליל ובעל התרנגול, וכדמשמע בתוס' כו'. אכן כבר העירו על דבריו דצ"ב, דשפיר איכא חילוק ביניהם, דבהדי דאזלא חייב בעל התרנגול ח"נ ובעל הדליל ח"נ, ואם אדיי' אדויי בעל התרנגול חייב רביע ובעל הדליל חייב ג' רביעי נזק וכמש"כ הרא"ש. אכן ע' באו"ז ובתוס' ר"פ ובשטמ"ק בשם רבי' ישעי', ובתלמיד הרשב"א לעיל בדף ו. בד"ה רבא כו' שכתבו, דבאמת חולקים ההיזק בשוה אפי' באדיי' אדויי. ודבר זה טעמא בעי. ואשר נ"ל בזה, דהנה לעיל ביארנו בסברת רש"י, דס"ל דהתרנגול הוא המזיק היחידי כיון דהוא בעל חי והוה כגרזן ביד החוצב, וי"ל דהגם דתוס' לא ס"ל הכי, אך מודו דהתרנגול הוא עיקר המזיק ומשו"ה מה שיש לו שותף לא פוטרו ולא מידי, והא דבעל הדליל חייב על החלק השני, י"ל דהוא משום דר' נתן. והרא"ש שלא פי' כן, הוא לשיטתו לקמן בדף כג. שפי' דקו' הגמ' הוא גם לענין מקום הגחלת, דהיכא דאדיי' אדויי מתחייב בעל הכלב רביע ובעל הגחלת ג' חלקים.

---

[475] ולכאו' י"ל בבי' דברי הראב"ד, דס"ל דאשו משום חציו הוה כחץ פשוט, וכדעת התוס' בסנהדרין הנ"ל. אלא שילה"ע על זה דבראב"ד סיים וז"ל, וי"ל דאפי' לר' יוחנן מקשי דכל אשו בפשיעה חציו הם כדכתיב כי תצא אש מעצמה וקרי לי' מבעיר, הילכך שניהם פשעו בגחלת זו וחיצי שניהם היא. ולכאורה צ"ב, דאם שייך לחייב את בעל הגחלת מחמת הדין דאשו משום חציו, א"כ אמאי לא מקשי' גם לענין מקום הגחלת דלחייב שניהם מאחר דגם אשו משום חציו הם חציו ממש. ויתכן לומר דבאמת לפי"ז קושית הגמ' היא גם על מקום הגחלת, ומש"כ בתחילת דבריו דקו' הגמ' הוא רק על שאר הגדיש, הוא רק למאי דנקט דבגחלת לא שייך הדין דאשו משום חציו. ועוד יתכן לומר דמכיון דלר"י איירי בדאנחה אנוחי דהוא גופו ממש, לענין זה נחשב בעל הכלב למזיק היחידי.

ועי' לקמן כב. על מתני' דהניח חנווני נרו מבחוץ החנווי חייב, ומקשי' התם דאי הבהמה עמדה ברה"ר צריך הוא להיות בעל הגמל חייב, וע' בתוס' שם שפי' דקו' הגמ' היא דשניהם לחייבו, אכן הפנ"י דקדק מדברי רש"י שם דס"ל דקושיית הגמ' היא, דרק בעל הגמל יתחייב, וכתב הפנ"י דלשיטתם אזלי.

אלא שילה"ע, דיש בזה סתירה בדברי תוס' ר"פ, דבסוגין נקט דחולקין בשוה, ועי' לקמן כג. דפרכי' וליחייב נמי בעל הגחלת כו', ובתוס' ר"פ שם בד"ה דאכלה כו' כתב דלפי מאי דאוקמי' דאכלה בגדיש דבעל החררה א"כ מאי מקשי' וליחייב נמי בעל הגחלת כו' וכתב דקושיית הגמ' הוא דשיפטר בעל הכלב מחלקו של בעל גחלת, שהי' לו לשמור אם הי' הגדיש לאיש אחר כו', עכ"ד. והנה בגמ' מוקמי' דלר"ל דאשו משום ממונו, אינו חייב אלא ח"נ על מקום הגחלת, ולפי"ד התוס' ר"פ לכאו' אין להק' מזה מידי, דזה הוה ממש כמו דליל ובעל הכלב ודאי חייב ח"נ. ולר' יוחנן ליכא להק' על מקום הגחלת מה"ט, וגם דר"פ כ' לעיל כב. פירשה באדיי' אדויי, ובע"כ דקושיית הגמ' שם היא על שאר הגדיש ולענין לפוטרו מרביע כו', וצ"ע.

ולכאו' י"ל, דס"ל דהטעם דבדליל משלם ח"נ, הוא משום דהוי עיקר מזיק, וי"ל דס"ל דבאשו משום חציו אינו עיקר המזיק. אכן ילה"ע על זה מדברי תוס' ר"פ שם בד"ה וליחייב כו' שפי' בגמ' לעיל כב.[476] דהניח חנווני נרו מבחוץ והגמל סכסכה כל הבירה, דהיכא דגם בעל הגמל פשע בה, חייבין ח"נ בשותפות, והסוגיא שם קאי לר"ל דאשו משום ממונו, וצ"ב דהרי בעל הבהמה הוי עיקר המזיק וניחייב בכולו. והנה מכח הקו' מפירושו בסוגיא זו לפירושו בסו' דשם, הי' מקום לומר עפי"ד הדברות משה, ע' בסמוך, דסברתו בדף יט: הוא סברא מיוחדת בצרורות, אך סברתו בדף יט: הוא משום צרורות, אזי קשה טובא דבריו בדף כג. וצ"ע כעת, ושאלתי זה להגרש"מ, והניח בצ"ע.

[שו"ר בדברות משה סי' י' סוף ענף ה' שכ' לפרש המחלוקת באופ"א, דנחלקו בגדר דין ח"נ דצרורות, דרש"י פי' דלעולם כוחו כגופו, ויש לו סיבה גמורה להתחייב בח"נ, והוא מדין פטור תשלומין בעלמא על ח"נ. ולפי"ז י"ל דנהי דיש לו שותף, אמנם חייב לשלם ח"נ דהוה כשני סיבות להיות חייב רק בח"נ, דהנה עי' בגמ' דף נג. דמקשי', דאפי' בשור תם שדחף לבור דניחייב האי פלגא והאי פלגא, ומתרצי', דא"כ יכול לומר לו שותפותאי מאי אהני לך. וי"ל דכל זה הוא בשור תם, דכל הדין מזיק הוא רק לח"נ, ובזה י"ל דכיון שיש לו שותף, זה שיש לו שותף הוא סיבה שדינו לא יהי' אלא לשלם חצי מהדין מזיק שלו. משא"כ הכא דהוה מזיק גמור עם סיבה להיות חייב נז"ש, א"כ מה שהזיק בשותפות הוא רק סיבה להיות נפטר מח"נ, והוה כשני סיבות בעלמא. משא"כ תוס' ס"ל, דהדין ח"נ דצרורות הוא משום דלא הוי ממש כגוף שור, ומעיקר הדין מזיק דינו הוא רק לח"נ, ושפיר שייכא הסברא דשותפתאי מאי אהני לך. ועי' בחזו"א יא-יב הובאו דבריו בחי' רש"ר עמ' צ"ה שתמה על הגמ' נג. דשור מועד שדחף שור לבור, שניהם חולקים בשוה, והק' הנ"ל, הרי אי נימא בתר תבר מנא אזלי', נמצא דהוי צרורות, וא"כ אמאי חולקין בשוה, הוה לן לחייב בעל השור ברביע ובעל הבור בג' רביעי, ומכח קושיא זו הוכיח, דהיכא דהזיק בצרורות בכוונה, הוה קרן גמור, וליכא כל הדין דח"נ צרורות, ע' בחי' רש"ר שבי' דבריו. והנה אם ננקוט כדברי הדברות משה בבי' דברי הראשונים הנ"ל, לא קשה כלום].

[476] קושיא זו העירוני הר"ר נסים רוטנבורג שליט"א

י. עוד בדברי רש"י והראב"ד [ע"ע בחבורה ט"ו בזה]

הנה נתבאר דנחלקו רש"י והראב"ד, האם גם היכא דהתורת מעשה שלו הוא מדין אשו משום חציו, אם מחמת זה א"א לחייב בעל האש משום ממון המזיק. ובביאור פלוגתתם נראה, דנחלקו בעיקר סברת הדברים, דהיכא דאיכא מעשה דבעל חי, א"א לחייב בעל הממון משום אש, דרש"י פי' דהוא משום דחסר בכל התורת מעשה, דהוה כגרזן ביד החוצב, וי"ל דכל זה לא שייך אלא במעשה רגיל של גופו ולא במעשה דאשו משום חציו. ויל"פ זה בתרי אנפי, דהגרש"מ בחבורה י"ב ביאר בדעת הראב"ד ורש"י בגדר הדין דאשו משום חציו, דאין למעשה זה תורת מעשה בכהת"כ, אלא דכל המחייב הוא, דכיון דבמעשה הבערה דידי' נכלל פשיעת גמורה של המזיק, כבר יש סיבה שיהא אחראי על ההיזק מחמת זה שנכלל ההיזק בהמעשה, משו"ה יש לו עליו דין אחריות ניזקין כמו אדם המזיק, ע"ש. ולפי"ז פשוט דלא שייך ענין דגזרן ביד החוצב. אמנם אפי' אי נימא כדברי תוס' בסנהדרין עז. דהוה מעשה בכתה"כ , אמנם הא דיש לו תורת מעשה, אי"ז משום דהתורה חידשה דכיון דנתן האש במקום זה, ועפ"י דרך הטבע תלך למקום אחר, גם ההליכה לאותו מקום נחשבת כמעשיו. אלא הביאור הוא, דהנה החפצא דאש הוא יצירת דבר שעלול לפעול נזק בלי עשיית שום דבר נוסף מצדו, ועיקר הדין דאשו משום חציו הוא, דהיכא דהוא עשה אש, כל מה שהאש פועל מתייחס למעשה של עשיית האש. ומכיון דזה הוא הגדר, א"כ א"א לומר דאחר שנתייחס לו שוב נתבטל כל התורת אש, דהרי כל עיקר התורת מעשה שלו הוא זה גופא דמה שהאש פועלת הוא מתייחס אל מעשה זה, ואיך שייך שעי"ז יתבטל כל התורת עשיית האש.

אכן נראה דהראב"ד ס"ל דהטעם דבעל הממון אינו חייב משום אש, הוא מכח סברא באחריות נזיקין דאינו אחראי על אשו לענין היזק שנעשה ע"י בע"ח, דאדרבה אחריות ההיזק מונחת על הבעלים של הבע"ח שעשה מעשה מזיק בידים. ולפי"ז י"ל דסברא זו שייכא גם באשו משום חציו, דעיקר אחריות הנזיקין הוה כשאר אחריות נזיקין דאדם המזיק או בהמה המזיקה. ונהי דאינו חייב אלא ח"נ, מ"מ פטור על השאר (כמבו' משיטתו בדליל). דסברא זו דהיכא דאיכא בע"ח מטילים את אחריות הנזק עליו, הוא אלים טפי משאר עיקר המזיק וטפלו, ונהי דאינו אחראי אלא לשלם ח"נ, אך הדין ח"נ הוא מחמת אחריות שיש לו על כל ההיזק.

ונראה דרש"י והראב"ד לשיטתייהו אזלי, ומכח זה מוכרחין אנו לפרש בדברי הראב"ד דס"ל דהוה סברא בדין אחריות נזיקין. דהנה לכאורה יש לתמוה טובא על דברי רש"י מהסוגיא בדף כב., דע"ש דמוקמי' לר"ל מתני' דהניח חנוני נרו מבפנים כו' במסכסכת, ופרכי' עליו מהסיפא דהניח חנוני נרו מבחוץ דפטור, ואי במסכסכת אמאי פטור, ומתרצי' בעמדה כו'. ולכאו' צ"ב דנהי דבעל הגמל הוי אנוס, אמנם מכיון דבע"כ נחשב זה כמעשה של הגמל, א"כ תו א"א לחייב את החנוני משום ממונו, דהרי ממונו זה הוה כגרזן ביד החוצב, ולסברא זו ליכא נפק"מ אם בעל הגמל הוא אנוס או לא, דהרי הוה זה סברא בעיקר התורת מעשה שלו. ולכאו' צ"ל, דשאני הכא מפני שעמדה הבהמה, ונהי דנחשב כמעשה הגמל, או משום שעומד ואינו הולך או משום שעומד ואינו נופל, אמנם כלפי האש הרי הוא משמש כעץ בעלמא, שהפשתן הוא על גבו, ולא שייכא הך סברא. [והעירתי להגרש"מ לדברי ספר השלמה שפי' דמכיון דאש יש לה כח מזיק בפנ"ע, לא אמרי' הך סברא בה, ולכאו' כוונתו לסברא זו דגרזן ביד החוצב, וס"ל דבאש לא שייך זה מכיון שבעצם יש לה כח עצמית, ע"ש בלשונו].

אכן כל זה הוא לפירש"י שפי' דעמד הגמל במקומו וסכסך את כל הבירה, אכן הראב"ד פי' שם, שהלכה וסכסכה כל הבירה, ולדבריו לא שייך לומר כנ"ל, אכן להנ"ל א"ש היטב דהראב"ד לשיטתו דס"ל דהוא משום אחריות נזיקין ולא משום דחסר בעיקר התורת מעשה, ואדרבה מדברי הראב"ד מוכח דהוא סברא

דאחריות נזיקין, וא"כ היכא דבעל הגמל היה אנוס, ודאי שייך לחייב את החנוני, דכל הך סברא הוא דהיכא דאיכא א' שאחראי על ההיזק מחמת מעשה בידים של בע"ח, דהוא הוא האחראי על ההיזק.

ובאמת לפי"ד הראב"ד דהוא ענין אחריות נזיקין איכא מקום לומר דלא שייך שום מעליותא בעמדה, דבשלמא לענין הסברא דגרזן ביד החוצב, י"ל דבהתייחסות להאש הוה הגמל כעץ בעלמא, אכן אי הוה סברא באחריות נזיקין, לכאו' עיקר הסברא היא, דהיכא דאיכא שני שותפים וא' מהם הוא בע"ח העושה בידים, הוא הוא עיקר האחראי, ובזה ליכא גריעותא דעמדה. (אך אי"ז מוכרח, דיתכן דהך סברא דאחריות נזיקין הוא משום שגמר ההיזק, והיינו דמצד הנר עצמו לא הי' היזק, והגמל גמר ההיזק, ולפי"ז דייני' הגמל ביחס לנר).

אכן אכתי לא העלנו ארוכה בדברי רש"י, דהרי אחר שהגמ' תירצה דאיירי בשעמדה, מקשי' אי בשעמדה כ"ש דלחייבי' כו'. והנה מפשטות לי'שנא דרש"י משמע, דפי' הגמ' כפשוטה דקושיית הגמ' היא, דנחייב את החנוני בכל הנזק, וכ"כ הפנ"י בדברי רש"י. אמנם לכאו' זה תמוה, דכיון דעמדה ולא שייך הך סברא אמאי נחייבי' בכולו.

ולכאו' י"ל, דס"ל לרש"י דשייכי שני הדינים, גם הסברא דחסר בהתורת מעשה וגם סברא באחריות נזיקין. וי"ל דבשעמדה אכתי שייך סברא דאחריות ניזקין וכמו שביארנו. ולפי"ז יל"פ בדברי רש"י בדף כג. דפי' בדברי ר' יוחנן דקושיית הגמ' דניחייב בעל הכלב בחצי נזק, ואידך חצי נזק ניחייב בעל הגדיש, עכ"ד. ועי' בשטמ"ק שתמה עליו, דכיון שיש לו שותף לא הו"ל לחייבי' אלא רביע, וכ"כ בתוס' ובתוס' ר"פ ובתוס' הרא"ש. ולכאו' י"ל בדברי רש"י, דס"ל דלענין זה שייכא הסברא דאחריות נזיקין, ונהי דהוה רק ענין דאשו משום חציו ולא מעשה בידים ממש, אך כבר ביארנו דרק לענין לדונה כגזרן ביד החוצב איכא חילוק יסודי בין מעשה גמור למעשה דאשו משום חציו, אך לענין אחריות נזיקין ליכא חילוק, וא"ש היטב. ורק דבזה נחלקו רש"י והראב"ד, דהראב"ד ס"ל דהיכא דהוא עיקר האחראי מחמת זה שהוא בע"ח, פטור השני לגמרי, ורש"י ס"ל דחייב השני בח"נ, עכ"ד.

והנה בדף כג. איירי הראב"ד בדין ח"נ דצרורות, אך בדף כב. דימה זה לדליל, ואילו בסוגיא דדליל פירש הראב"ד דהדין ח"נ הוא משום שינוי, ולכאורה מבואר, דגם בזה שייכא הך סברא. והנה ידוע מש"כ בברכ"ש סי' ב' לפרש בדברי הרשב"א, דתם הוא חצי מזיק, ועי' בחבורה ח' שהבאנו נידון בזה אם הדין תשלומין הוא רק לחצי החפץ, או דהוה תשלומין לכל החפץ, דאחריותו הוא לשלם חצי מכל החפץ. ולכאו' מדברי הראב"ד הנ"ל מבואר דאינה תשלומין לחצי החפץ, דא"כ אמאי נפטר אידך, ורק דיתכן דס"ל דהוה מזיק גמור, והוה פטור תשלומין בעלמא, וא"כ ליכא ראי' מזה לדברי הגרב"ד.

והנה דעת הר"מ בפשטות הי' נראה לפרש, דס"ל מהך סברא דגרזן ביד החוצב, דעי' בדבריו בפ"ב הי"ז–י"ח שפסק בכלב שנטל חררה והדליק את הגדיש, דהיכא שפשע בעל הגחלת, חייב בעל הגחלת נזק שלם על שאר הגדיש, אך על מקום הגדיש בעל כלב לחודי' חייב, ואפי' היכא דזרקה על הגדיש ואינו חייב על מקום הגחלת אלא ח"נ, מ"מ בעל הגחלת פטור לגמרי. והנה בפשטות יל"פ בדבריו, דס"ל דלענין שאר הגדיש הוי בעל הגחלת עיקר המזיק, ולענין מקום הגחלת הוי בעל הכלב עיקר המזיק. אמנם הוא קצת דוחק, ויותר הי' נראה לפרש דס"ל דודאי הי' מן הראוי לדון את בעל הגחלת לעיקר המזיק, כיון שהוא התחיל בהיזק, וכמש"כ בתוס' שאנץ כג. בשם הר"י, וכ"כ בתוס' ר"פ בהו"א, אך על מקום הגחלת ליכא שום שותפות, דהגחלת הוא כגרזן ביד החוצב. אכן העיר הגרש"מ, דמפשטות לשון הר"מ גבי גמל בפ"ב הי"ד משמע, דאפי' היכא דלא עמדה במקום א', היכא דבעל הגמל הוא אנוס, החנווני חייב נז"ש, והרי אילו נחשב כגרזן ביד החוצב, צ"ב טובא דמאי איכפ"ל דבעל הגמל הוא אנוס, וכמו שהערנו למעלה בדברי

הראב"ד. ואולי יש לדחוק בדברי הר"מ שם, דאיירי שלא סכסכה בחנות בכלל, ורק הרוח לקחה האש מהפשתן לחנות וא"כ לא שייך הך סברא כמובן, ועי' בחבורה י"ד מש"כ בזה.

אכן באמת בדברי הר"מ נראה, דלא ס"ל הך סברא דגרזן ביד החוצב, דשמעתי מהגר"א פוגל שליט"א להעיר בסתירת דברי השו"ע, דבסי' שצ"ב סעי' א' פסק כדברי הר"מ הנ"ל, וצ"ע, דבסי' תי"א סעי' ד' פסק בבור המתגלגל ברגלי בהמה, דאם הזיק בהדי דקאזלי, חייב בעל הבור ח"נ משום אש, ובעל הבהמה ח"נ משום צרורות, ע"ש, הרי להדיא דל"ל הך סברא דכגרזן ביד החוצב. אלא דאפי' אם ס"ל דהוא סברא באחריות נזיקין, מ"מ צ"ב דמ"ש גחלת מבור המתגלגל בהדי דקאזלי, וע' מש"כ בזה בחבורה ט"ז אות ה' בשם הגר"א פוגל שליט"א ישוב נפלא בזה.

סימן יא בסוגיא דקופצת [כ.][477]

א. בבי' שיטת רש"י בסוגיין

ב. בחילוק לדעת רוב הראשונים בסוגיין דבקופצת חייב נז"ש

ג. דרכו של הרא"ש ודרכו של הרמב"ן בביאור דברי הרי"ף בסוגין,

ד. עוד בדברי הרמב"ן במלחמות הנ"ל

ה. במש"כ הרי"ף אבל עמדה לא "דהיינו אורחה"

ו. בביאור החילוק בין דברי הרמב"ן לדברי הרא"ש

ז. בדברי הנמוק"י בישוב הקושיא מאכלה מתוך החנות

ח. בביאור דברי התוס' בענין מתגלגל

א. בבי' שיטת רש"י בסוגיין

גמ' כ. אמר אילפא בהמה ברה"ר ופשטה צוארה ואכלה מעל גבי חברתה, חייבת, מ"ט גבי חברתה כחצר הניזק דמי כו' כדאמר רבא בקופצת כו', ע"כ. ופירש"י וז"ל, בקופצת ואכלה על צוארה, שאין דרכה בכך, ותולדה דקרן הוא, חייבת חצי נזק קאמר, עכ"ל. ומבואר דשיטתו היא, דהא דקופצת חייבת ברה"ר הוא משום דהוה משונה ותולדה דקרן היא, וכ"כ בבעה"מ ובאו"ז ובתוס' לקמן כא:. ובתלמיד ר"ת ור"א ובר"ש כתבו, דמקורם לפרש הכי, הוא מהמשך דברי הגמ', דמקשי' על ברייתא דר' אושעיא מאי שנא הלכה דאורחי' הוא עמדה נמי אורחי' הוא אמר רבא בקופצת כו', ומשמע דמה"ט לאו אורחי' הוא.

ולפי"ז מימרא דאילפא לא שייכא כלל למימרא דר' אושעיא, דאילפא איירי היכא דאכלה מעל גבי חברתה, וחייב מטעם דגב חבירתה נחשב כרשות הניזק מחמת זה שבהמתו קנוי' לו, והגם דהבהמה עומדת ברה"ר נחשב שהאכילה היתה מרשות הניזק, וחייב. ור' אושעיא איירי אפי' היכא דאכלה ברה"ר עצמו, והא דחייב היינו משום דקפיצה היא מעשה משונה.[478] ועי' בבעה"מ ובמאירי שכתבו כן להדיא, דלרש"י ליכא מחלוקת בין ר"א לאילפא.

והנה הראשונים העירו טובא על דברי רש"י ודעימי', דעי' ברשב"א שהקשה מהא דאמר ר' אושעיא, "עמדה ואכלה חייבת", דמשמע נזק שלם, והוסיף להעיר דסוגיא דלקמן כא: מוקמי' דנח' תנאים במימרא דר' אושעיא ואילפא, ואמרי' שם "משלמת מה שהזיקה", הרי להדיא דהוא נידון אם חייב נזק שלם אם לאו, עכ"ד. אכן ע' ברש"י במתני' שפי' דמתני' דקתני משלמת מה שהזיקה, ר"ל דחייב מדין קרן, ותם חייב ח"נ ומועד משלם נזק שלם, וכבר העירו עליו התוס' בדף כא. מלי' דמתני'. וע' במאירי שכ' ליישב, וז"ל, ויראה לי לדעתם שמה שאמר משלמת מה שהזיקה, פירושו לפי מה שהזיקה, ומ"מ דוקא חצי נזק כדין

---

[477] חבורה ז'

[478] ולפי"ד ליכא שום סיבה לומר דדינו דאילפא הוא רק היכא דהוצרכה לפשוט צוארה ולא היכא דקופתו מופשלת ומשולשלת הרבה והיתה אוכלת משם דרך הילוכה בלא פשיטת צוארה, וזהו דלא כדברי ר"פ בסוגין. אכן לאחר העיון נראה דזה אינו, דע' לקמן כא: דאמרי' דמה שאמר ר' יוסי דחייב משום ד"אין דרכה לאכול אלא להלך", קאי באופן דאילפא, ומבואר דהוא משום דאי"ז כדרך הילוכה.

ודע ששמעתי מהגרש"מ, דמלשון רש"י לקמן כא: בד"ה מאי בינייהו כו' משמע, דחזר בו ממש"כ לעיל, ושס"ל דטעמא דאילפא לאו משום משונה הוא, אלא דהוא כעין טעמו דר' אושעיא, וגם משמע דאילפא ור"א לא נחלקו והיינו לכאו' כפי' הרשב"א, ומאי דנקטי' שם דת"ק חולק על שניהם, י"ל דהוא משום דס"ל דלא שייך ברה"ר שיהא לניזק מקום בפנ"ע.

קרן.[479] ע"ע ברמב"ן שהעיר גם מהירושלמי, דכ' בהדיא בברייתא, דבהיתה קופתו מופשלת מאחוריו דחייב נזק שלם, ועי' בחזו"א ט–ג שתמה על ראיתו, די"ל דהירושלמי אתיא כאילפא.

ועי' בנמוק"י שהביא ריטב"א ורא"ה שהעירו, מהא דאמרי' לעיל יט: דכיון דאורחה למיכל, אורחא נמי לפלוסי, וא"כ ה"נ כיון דאורחא למיכל, אורחא למקפץ, עכ"ד. אכן נראה דקושיא זו תלוי' בשני הפירושים ברש"י שם, אם פסלי' היינו לעסו, דכשלועס הפת לועס הסל עמו, או דר"ל דסדקו לסלא, דנראה דהם פירשו דר"ל דסדקו לסלא, ונמצא דשברה הכלי בכדי להגיע אל הלחם, וכמו"כ הכא י"ל, דקפצה כדי להגיע אל הלחם, אכן לפי פ"ק ל"ק מידי, וא"כ לפי מה שהכריע רש"י כפי' הא' נראה דל"ק מידי.

אכן עי' ברשב"א שהביא מהראב"ד שהעיר על דברי רש"י, דמ"ש מההוא ברחא דאמרי' כיון דאורחי' למיכל ליפתא אורחי' נמי לסרוכי ולמסלק, וכעי"ז העיר בתוס' ר"פ ובעוד ראשונים. ובאמת כבר העיר כן הרשב"א על דברי רש"י לעיל בד"ה ובפתורא,[480] וכעי"ז העיר בתוס' ר"פ לקמן כא. על שי' רש"י במהדו"ק בסוגיא דמחזרת, דחיובו הוא משום דהוה שינוי.

ועי' בנחל"ד בד"ה והרי"ף, שיישב קו' הראב"ד בסוגין, דיש לחלק בין סריכה ובין קפיצה, או דיש לחלק בין ברחא לשארי בהמות, עכ"ד. ולפי"ז נתיישבו גם דברי רש"י לעיל בפתורא ובמחזרת. והנה שמעתי מידידי הג"ר י.ח. גוטסמן שליט"א, דלפי"ז מובן היטב אמאי הכריע רש"י לעיל בהך דפלסי' לסלא, דפלסי' ר"ל לעסו, די"ל דס"ל דרק בעז או בסרכי' אמרי' הכי, ודו"ק.

אכן כל זה מספיק לדברי רש"י, אכן עי' בתוס' לקמן כא: שפי' סוגיא זו ע"ד שפי' רש"י, דקופצת היינו שינוי, ולכאו' בדבריהם ליכא לתרץ כמש"כ, דהרי בדף כא. העירו על שי' רש"י במחזרת, דמ"ש מההוא דברחא, ומבואר דס"ל, דהוה כלל בכל בהמות וגם דהוא לאו דוקא בסרכי.

וראיתי בחי' ר' משה קזיס שעמד בקו' הנ"ל על שי' רש"י בסוגין, וכתב וז"ל, ונ"ל שמה שהקשו על רש"י אינה קושיא כלל, שפשיטא שרש"י יפרש דאיירי בקופצת בגוונא שהוא שינוי, ואין דרך הבהמות בכך, וי"ל שכיון לזה במה שפי' שקפצה ואכלה על צווארה, כי מדרך הבהמות לקחת הפירות ולהורידם לארץ ולאוכלן, ולא לאוכלם על צווארה וכיו"ב כו', בהמה שאכלה פת פתורא, אינו משלם אלא ח"נ, דאע"ג דאורחה בפת, אין מדרכה לאוכלו על השלחן. ובדר' אושעיא יש לפרש, קפצה על הפירות ואכלתן שם כשעמדה עליהן, דבכה"ג הוי שינוי, שדרכה לעמוד על הארץ ולפשוט צווארה ולאוכלן במקומן, או להורידן לארץ אצלה, עכ"ל. ע"ע ביש"ש שכ' ליישב דברי רש"י, דשאני ההיא דברחא דאינה יכולה לאכול בלא קפיצה, אבל כאן מע"ג חברתה או מן הקופה המופשלת יכולה לאכול בלא קפיצה, ולכן אם קפצה ואכלה, חייבת ח"נ כקרן, שאכילה ע"י שינוי הוא.

ב. בחילוק לדעת רוב הראשונים בסוגיין דבקופצת חייב נז"ש

אמנם דעת רוב הראשונים בסוגיין היא, שלא כפירש"י ודעימי', אלא דגם בקופצת חייב נזק שלם, ומצינו בזה שני שיטות, והרשב"א בסוגין ולהלן כא: בסוף הסוגיא סבר, דר"א ואילפא לא נחלקו, אלא דאילפא איירי על גב חבירתה, ובזה אפי' אם אי"צ לקפוץ, הוי רשות הניזק, אך כשאינה ע"ג חבירתה, לא הוה

[479] אכן קושיא זו קשה גם על התוס' כא:, דעי' בדף כ. שהעירו על מש"כ רש"י במתני' דמחזרת היינו קרן מהא דתנן "משלמת מה שהזיקה", ורק דיתכן לדחות דסוגיא דדף כא: כתבה לשון זה משום ההיכ"ת דר"א, וצ"ע.

[480] ועי' ברש"ש שכ' דהך תי' חולק על מימרא דרבא בההוא דברחא, עכ"ד. וראיתי במאירי שהביא זה מי"א, דלהלכה לא קיי"ל כתי' דפתורא, שלא נאמר כן אלא דרך דחק ושנוייא בעלמא, ולדעתם כל שאין משנים באכילה אע"פ שמשנים מצד המקום, אינו שינוי.

רשות הניזק אלא היכא דצריך לקפוץ. וכעי"ז אי' בטור סי' שצ"א בשם הרמ"ה,[481] וכן הוא בתלמיד הרא"ש והרשב"א בשם רבותיו. אלא דנראה דאיכא חילוק ביניהם דמפשטא דלישנא דרמ"ה משמע, דבכל אופן חייב כשאכלה מע"ג חבירתה אפי' אם לא הוצרכה לפשוט צוארה, אכן עי' ברשב"א בדף כא: שכ' להדיא דרק היכא דצריכה לפשוט צוארה נחשב כרשות הניזק, וכן הוא בתלמיד הרא"ש והרשב"א. אמנם דעת תוס' ר"פ, דמאחר דר"א חידש לן דכל היכא דא"א לה להשיג האוכל אלא בקפיצה, כבר נחשב לרשות הניזק, ומ"מ אם יכולה להשיגו בלי קפיצה לא הוה רשות הניזק א"כ גם על גב חבירתה כל שיכולה להשיג בלי קפיצה הוה כשן ברה"ר, ור' אושעיא פליג על מימרא דאילפא.

ג. דרכו של הרא"ש ודרכו של הרמב"ן בביאור דברי הרי"ף בסוגין,

והנה הרי"ף כתב ז"ל, אמר אילפא, בהמה ברה"ר ופשטה צוארה ואכלה מעל גבי חבירתה, חייבת, מ"ט על גבי חברתה כחצר הניזק דמי, והוא דקפצה, אבל עמדה לא, דהיינו אורחה, עכ"ל. וכבר העירו עליו דמדברי הגמ' משמע דאילפא איירי אפי' בדלא קפצה, ואם נימא דס"ל דנחלקו בזה ר"א ואילפא ופסק כר"א, א"כ אמאי הביא מימרא דאילפא. ועי' ברא"ש שכתב, דס"ל להרי"ף דלמסקנת הגמ' גם אילפא איירי דוקא בקופצת, וע"ש שהסביר השקו"ט דגמ', דבתחילה נקטי' דס"ל לאילפא זה לחודי' דהוא ע"ג חברתה הוא סיבה שנחשב לרשות הניזק, [ומשמע דאפי' אם אינה יכולה לפשוט צוארה, וכמש"כ בשלט"ג בדעת הרמ"ה], ומסייעין לי' מהברייתא דהיתה קופתו כו', ודחינן, דברייתא איירי דוקא בקופצת, דדוקא היכא דלא היתה יכולה להגיע אלי' אלא א"כ קופצת, יש להניזק רשות להניח שם פירותיו, ונחשב כ"ובער בשדה אחר", אך היכא דיכולה להגיע לאוכל בלי קפיצה, אין לו רשות להניח שם פירותיו, ולא נחשב כחצר הניזק. וכוונת הגמ' היא, די"ל דגם אילפא איירי כה"ג , ומה דאמר ע"ג חבירתה כחצר הניזק דמי, ר"ל היכא דדנמצא גובה כ"כ שאינה יכולה להגיע אליו אלא א"כ קופצת, ע"ש. והוא פי' חדש ב"על גבי הבהמה כחצר הניזק דמי", דלדעת רוב הראשונים כוונת הגמ' הוא כפשוטו, דמכיון דהוא ממונו הוה כחצר הניזק.

אמנם הרמב"ן פירש דברי הרי"ף באופ"א, דודאי אילפא לא איירי בקופצת, אלא דס"ל להרי"ף דר"א פליג על אילפא וס"ל דאינו חייב אלא א"כ קופצת, והרי"ף פסק כר"א, והא דהביא מימרא דאילפא, ה"ט משום דקיי"ל כאילפא לענין זה דגב חבירתה כחצר הניזק דמי, אך מ"מ אינו חייב אלא א"כ קופצת. ולביאורו צ"ב עיקר פלוגתת אילפא ור"א, וגם צ"ב דלענין מה קיי"ל כאילפא דהוצרך הרי"ף להביא דבריו, ובמה לא קיי"ל כוותי'. עוד ילה"ע על דבריו, דע"ש שכ' בבי' דברי ר"א וז"ל, מיהו אילפא סבר דאע"ג דלא קפצה חייבת, הואיל ופשטה צוארה, והוא הדין לאוכלת מצד הרחבה ממקום גבוה **שאי"ז שן שפטרה תורה,** לפי שאין דרכה לאכול אלא להלך ולאכול דרך הלוכה מאמצע רשות הרבים, ממקום נמוך שאוכלת ממנו בדרך הלוכה. ולשון זה "שאי"ז שן שפטרה תורה", צ"ב, דכיון דאמר אילפא דגב חבירתה כחצר הניזק דמי, פשיטא שאי"ז שן שפטרה תורה, דהרי התורה לא חייבה שן ברה"ר. עוד צ"ב דאם שייך לפרש כן בדברי הרי"ף אמאי נמנע הרא"ש מפירוש זה.

והנראה בביאור דברי הרמב"ן בס"ד, די"ל דאיכא שני נידונים נפרדים, ובמימרא דאילפא נכלל ב' חידושים. חדא חידש אילפא, דגב בהמתו כחצר הניזק דמי, ונראה מכל דבריו דהא דהוי כחצר הניזק אי"ז משום שא"א לאוכלה ממנה בלי פשיטת צוארה וכיו"ב, אלא דמכיון דהבהמה הוי ממונו, ויש לו רשות להביאה לרה"ר שפיר הוי רשות הניזק. אך ס"ל להרמב"ן דאכתי אי"ז מספיק לחייבו, דמכיון דגוף הבהמה עומד

[481] וז"ל, והרמ"ה כתב, דבאכלה מע"ג חברתה או מתוך קופה המופשלת מאחורי', חייבת אפי' בלא קפיצה, וברה"ר אם קפצה משלם כל מה שהזיקה, ובלא קפיצה כל מה שנהנית.

ברה"ר ואיכא מקום לפוטרו. ועי' שם ברמב"ן דבפשטות משמע דאילו הי' במקום נמוך שהי' שייך לאכול מינה בלי שום פשיטת הצואר, לכו"ע הי' פטור, הגם דנחשב כחצר הניזק, דכל כה"ג נכלל בשן שפטרה תורה, דאינו חייב לשומרה מזה, [וכעי"ז כ' בתוס' ר"פ].[482] ורק דחידש לן אילפא דכיון "שאין דרכה לאכול אלא להלך ולאכול דרך הלוכה מאמצע רשות הרבים ממקום נמוך" "אין זה שן שפטרה תורה" והיינו דכה"ג לא מהני מה שעומדת ברה"ר, אלא כיון דהאכילה הוא מחצר הניזק, חייבת.

ובביאור ענין הנ"ל י"ל עפי"ד הגרא"ל מאלין זצ"ל בסי' ס"ה, דע"ש שהביא קושיית הפלפ"ח, שהעיר על דברי הרי"ף בריש מכילתין, דטעם הפטור דשו"ר ברה"ר, הוא משום דאורחי' בכך. והעיר הנ"ל, מהא דאי' בגמ' דחייב על רשות שאינה מיוחדת לשניהם. עוד העיר, דלחד מ"ד רשות המיוחדת לזה ולזה לפירות ואינה מיוחדת לזה ולזה לשוורים, הוה כרה"ר. וצ"ב, דהתם לא שייך טעם דאורחי'. וכ' הגרא"ל לדקדק מזה, דבדין דובער בשדה אחר דילפי' מינה דשו"ר פטורין ברה"ר, נאמרו ב' דינים, הא', דאינו חייב אלא ברשות הניזק. והב', דאיכא פטור מסויים ברה"ר, ורק לענין הדין השני כ' הרי"ף טעמא דמילתא. וכתב הרא"ש דהנפק"מ היא לעץ ארוך כו', והיינו דכל היכא דהבהמה עצמה קיימת ברה"ר, אפי' אם הדבר הניזק הוא ברשות הניזק ונחשב "ובער בשדה אחר", מ"מ פטור, ע"ש. ולפי"ז י"ל בביאור דברי הרמב"ן, דהיכא דהפירות מונחין ע"ג בהמה, ודאי נתקיים התנאי דבעי' שיהא בחצר הניזק, אך מכיון דהבהמה עצמה עומדת ברה"ר, שייך לפוטרה מכח הפטור המיוחד דרה"ר, אלא דלזה בעי' שיהא אורחי' בכך, ומשו"ה כתב, דכל דלאו אורחי' כ"כ אין זה שן שפטרה תורה. ור"ל דפטרה התורה בפטור המסויים דרה"ר. ונתעוררתי לזה ממש"כ הגרא"ל בסי' ס"ח בדברי הרמב"ן הנ"ל, ע"ש.[483] [ועי' בחבורה י"ז בעזה"י מש"כ בבי' המקור להנך שני דינים, ועוד ע"ש מש"כ מהגרש"ר דלעולם דין א' הוא ועפי"ז ג"כ יש ליישב דברי הרמב"ן הנ"ל].

ובביאור סברת ר"א דפליג על זה, כתב הרמב"ן, דודאי הסכים ר"א דגבי חבירתה כחצר הניזק דמי, ורק דס"ל דמ"מ כיון דעומדת הבהמה ברה"ר, כל שאינה קופצת שייך בי' הפטור דשן ברה"ר. ובפשטות י"ל

---

[482] ואין לפרש בדברי הרמב"ן, דס"ל דהא דהוה חצר הניזק הוא משום דא"א לאוכלה בלי פשיטת הצואר, דהנה כתב שם, דקיי"ל דגבי חבירתה כחצר הניזק דמי, ודקדק דלא קיי"ל כאילפא ממחזרת, דאילו מחזרת פטורה, כ"ש דפטור על זה. והנה אילו כל הנידון הוא אם הוה חצר הניזק או לא, א"כ עיקר הק"ו הוא בזה, דאם גבי בהמה דא"א ליקח פירות מע"ג בלי פשיטת צואר, נחשב כחצר הניזק, כ"ש צדי הרחבה דא"א ליקח פירות אלא א"כ מחזרת, דפטורה, אכן מלשונו משמע להדיא דהק"ו אינה מרשות זו לרשות זו, אלא ממעשה זה למעשה זה. וצ"ב, דמה שייך ק"ו לענין זה, דממנ"פ אם הוא חצר הניזק, בכ"מ חייב, ואם לאו חצר הניזק הוא, בכ"מ פטור. ובע"כ צ"ל, דלעולם הוה כחצר הניזק, ורק דמ"מ פטור מכיון דעומדת ברה"ר ואי"ז מעשה משונה כ"כ. אכן העירוני דיתכן לומר דדברי הרמב"ן הם במימרא דר"א, דפטרי' באכלי' מע"ג חבירתה, ומ"מ חייבו במחזרת לרב, אך בשיטת אילפא, יתכן דמה שהוא חצר הניזק הוא רק משום שא"א לאכול בלי פשיטת צואר. אכן אפי' אם הרמב"ן נקט כן, מ"מ בעי' למש"כ, עפי"ד הגרא"ל בדברי ר"א גופי', דס"ל דבאכלה מע"ג חבירתה פטור, וההולכת ע"ג חבירתה חייבת, ובדברי הסמ"ע שהבאנו בסמוך וגם ליישב לשון דרמב"ן ד"אין זה שן שפטרה תורה"

[483] אכן לכאו' יש לשדות בי' נרגא בבי' הנ"ל מדברי ר"פ עצמו, דבסוגין כ' כדברי רמב"ן הנ"ל דבעי' שני תנאים לחיובו, מה דהפירות הם בחצר הניזק ומה דאין אורחי' בכך, והרי לעיל בדף ו. כ' דחייב בעץ ארוך ודלא כדברי הרי"ף הנ"ל. והעיר לי הבה"ח ד.מ עדלשטיין שליט"א דיתכן לפרש בזה דהנה עי' בנחל"ד שכ' לחלק בין עץ ארוך להתיזה ברה"ר והזיקה ברה"י, דבעץ ארוך כל המעשה נעשית ברה"ר, אכן יתכן לומר דדייני' להיפך דגוף המעשה נעשית ברשות הניזק עצמו, ולפי"ז י"ל דהגם דשייך טעם הפטור אך ודאי הוא רק בעי' שיהי' ברה"ר, משא"כ בסוגין די"ל דהבהמה עצמה עומדת ברה"ר ונחשב כאילו המעשה הזיק נעשית ברה"ר, ובפרט למש"כ להלן דבחצר שאינה גמורה י"ל דאין אויר החצר כחצר.

בביאור הדבר, דס"ל דפשטה צוארה עדיין נחשב אורחי' בכך, לענין שיהא נכלל בכלל הפטור המיוחד דרה"ר, ורק קפיצה דמשונה ביותר אינה נכללת בכלל הפטור.[484]

אכן עי' ברמב"ן שפי' דברי ר"א באופ"א, דמה שר"א ס"ל דבעי' קופצת, אי"ז משום דקופצת הוא יותר משונה, ובלי שינוי כזה הי' חייב, וכמו בלי פשיטת הצואר, דלעולם י"ל דאינה יותר משונה, ורק [דעכ"פ בדרגא זו] כל שהבמה עומדת ברה"ר, אינו חייב אע"פ שהאכילה הי' מרשות הניזק, ואינו חייב עד שקופצת על גבי חבירתה, ונמצא דגוף הבהמה ג"כ עומד ברשות הניזק. והמעיין בלשון הרמב"ן יראה דמשמע, דאי"ז תלוי אם הי' שייך לה לאכול בלי קפיצה או לא, וכמש"כ הרא"ש ודעימי', דאפי' היה שייך שתאכל בלי קפיצה, חייבת, דסו"ס עכשיו עומדת בחצר הניזק, וכן הוא דעת הכס"מ בפ"ג מנזק"מ ה"י, והדרישה והנחל"ד תמהו עליו, אכן מדברי הרמב"ן הנ"ל מבואר להדיא כדבריו, וראיתי שכ"כ הגרא"ל סי' ס"ח, בדברי הרמב"ן, [וכ"כ ר' משה קזיס בדברי הנמוק"י].

ונמצא לפי"ז, דאילפא חידש לן שני חידושים, הא', דגב בהמה נחשב חצר הניזק, והב', דבהמה העומדת ברה"ר האוכלת בפשיטת צואר מעל גבי חבירתה, חייבת. ומימרא דר"א דקפצה, לא איירי כלל לענין הנידון מה בעי' לקבוע תורת חצר הניזק, אלא דאיירי היכא דאיכא חצר הניזק, ועל זה חידש דכל שאוכלת בפשיטת צואר חייבת עד שקופצת ונסתלקה מרה"ר לגמרי.

ולפי"ז א"ש דברי הרי"ף על נכון, דהביא מימרא דאילפא לענין זה דגב חבירתה נחשב כחצר הניזק, ורק דס"ל דהגם דהוא חצר הניזק, אינו חייב אלא א"כ קופצת עלה.

ד. עוד בדברי הרמב"ן במלחמות הנ"ל

והנה נתבאר בדברי הרמב"ן, דאין כוונתו לומר דהכל תלוי אם הזיקה במעשה שרגילה לעשות בדרך הילוכה ברה"ר, אלא דחוץ מזה בעי' שיהי' חצר הניזק. אכן שמעתי מהגרש"מ דרצה לפרש בדברי הרמב"ן, דהכל תלוי אם הזיקה במעשה שרגילה לעשות ברה"ר, אך לא ידע איך לפרש דברי הרמב"ן במש"כ דקיי"ל כאילפא לענין הך מילתא. והסביר לי בביאור הענין, דהנה הבאנו דברי הגרא"ל שהוכיח מהקושיא מחצר שאינה של שניהם, דבע"כ צ"ל דאיכא שני דינים להרי"ף, אכן נראה דיש לדחות ולומר דכל הפטור דרה"ר תלוי' במה שהוא אורחי', אך כוונת הרי"ף היא, דמכיון דאורחי' בכך, אז לא שייך שיחול עלה דין שמירת נזיקין, אלא באופן שיהא להניזק רשות למנוע המזיק מלהיות שם, אך אם אינו יכול למונעו מלהיות שם, א"א לחייבו בתשלומין, דאם יש לו רשות להיות שם, הרי בע"כ שיזיק. ובחצר שאינה של שניהם נהי דמצד גזילה אין לו רשות להיות שם, אך מצד הדין מזיק וניזק, אין לניזק שום תביעה עליו, שלא להיות שם, ושוב שייך הפטור דשו"ר ברה"ר. וכיון שכן הוא הבי' בדברי הרי"ף, נמצא דמסתבר מאד כדברי הרמב"ן, דהכל תלוי במה שהפעולה שהזיקה מונחת בעיקר הליכתה ברה"ר, דכיון דאורחי' בכך אין לו תביעה עליו שלא להיות שם, אכן לענין פעולה דלא נכללה בעיקר הוויתה ברה"ר, לענין זה הוה כאילו שיש להניזק תביעה עליו שלא להיות שם. ודע דא' העיר לי לדברי הסמ"ע בסי' ש"צ סק"כ וז"ל, ולדעת הר"מ נראה דה"ה אם היו מונחים הפירות ברה"ר במקום שאפשר ליטלם בלי קפיצה, וקפצה ואכלה, חשוב כחצר הניזק, עכ"ל. ובפשטות משמע דאין כוונתו לומר דהי' מונח על דבר שיש לה איזה גובה, דעי"ז יש

[484] וכעי"ז כ' בתוס' ר"פ באופ"א קצת, דע"ש שכ' כעין דברי הרמב"ן בשיטת אילפא, וכתב שם, דר"א דפליג על זה, הוא משום דס"ל דכל שהבהמה יכולה לאכול בלי קפיצה, אין להבעלים לשומרה מזה, ואפי' אכלה בקפיצה פטור, ורק היכא דא"א לאוכלה אלא א"כ קופצת, חייב הבעלים לשומרה מזה, עכ"ד. וזהו חלוק ממש"כ, דלפי מש"כ בפנים הי' הדין צריך להיות, דכל שקופצת פטורה, דסו"ס לאו אורחי' בכך, אכן דברי תוס' ר"פ א"ש יותר אם זה תלוי עם פשיעת הניזק. [ודע דהי' שייך לפרש פירוש זה בדברי הרי"ף, דמה שהביא מימרא דאילפא, הוא לזה דהוה כחצר הניזק, ורק דס"ל דאפ"ה תלוי במה שא"א ליקח את האוכל אא"כ קופצת, והרי כן הבין הרא"ש בדברי הרי"ף דאיירי כה"ג].

לה תורת רשות הניזק, אלא דהכל תלוי אם אכלה בדרך הילוכה הרגיל ברה"ר וכמשנ"ת, ולא עיינתי שם היטב כעת.

ה. במש"כ הרי"ף אבל עמדה לא "דהיינו אורחה"

אלא דלכאו' יש להעיר על לשון הרי"ף, שכתב "והוא דקפצה אבל עמדה לא *דהיינו אורחה*" וצ"ב, דבשלמא לפי"ד הרא"ש דבריו מובנים היטב, דר"ל דכיון דאורחה משו"ה אין לו רשות להניח פירותיו שם ולאו רשות הניזק הוא, אכן להרמב"ן הוי רשות הניזק בלא"ה, ורק מכיון דגוף הבהמה עומד ברה"ר, א"א לחייבו אלא א"כ קופצת, ואמאי הזכיר זה ד"היינו אורחה". ולכאו' י"ל דרצה לאפוקי דלאו קרן הוא דחייב אפי' ברה"ר, ואין כוונתו דקפצה לאו אורחה, אלא כוונתו היא, דבעי' שגוף הבהמה יעמוד ע"ג חבירתה כיון דהוא אורחי' למיכל מע"ג הוי רגל ולא קרן, וכעי"ז כ' בכס"מ בבי' דברי הרי"ף.[485]

אכן נראה דיתכן לפרש דברי הרי"ף באופ"א, דהנה לכאו' יש להעיר על דברי הרמב"ן הנ"ל, דכתב, דהגם דס"ל לר"א דגב חבירתה כחצר הניזק דמי, כל שעומדת הבהמה ברה"ר, פטור. דע' בסמ"ע בסי' שצא ס"ק ט"ז שהעיר, דמאי שנא מאכלה מתוך החנות דחייבת, אע"ג דפשטות איירי רק בפשטה צוארה לתוך החנות, [וע' להלן מש"כ מהנמוק"י בזה]. וכתב ליישב וז"ל, כיון דלאו אורחה כלל, הוי כאילו עמדה בחנות ואכלה משם. והיינו שחילק בין לאו אורחי' כלל, ללאו אורחי' קצת, דהיכא דלאו אורחי' כלל, אפי' עומדת ברה"ר, מ"מ הוי כאילו עמדה בחנות. ולכאו' דבריו תמוהים, דכיון דס"ל לר"א דכל שעומדת הבהמה ברה"ר אפי' פשטה צוארה ואכלה מחצר הניזק פטורה, מה שייך לחלק בזה דלא שכיח כלל.

ואשר נ"ל בזה, דהנה לשי' הרמב"ן, יל"ע בעיקר פלוגתא דר' אושעיא ואילפא, דכבר ביארנו דיסוד דינא דאילפא, מיוסד על שני הנחות הא', דהיכא דנחשב שהפירות קיימין בחצר הניזק, נחשב כקיום דובער בשדה אחר. והב', דבפשטה צוארה דלאו אורחי' כ"כ, חסר בהפטור המסויים ברה"ר. ויל"ע בהא דר"א פליג עליה, האם הוא משום דס"ל דאפי' היכא דהפירות קיימין בחצר הניזק, מ"מ חסר בהדין דובער בשדה אחר. [ויל"ע בסוגיא דמגלגלת בענין זה, ובדברי הראב"ד שם בפי' השני] , או"ד דודאי הסכים דנחשב "ובער בשדה אחר", ורק דס"ל דסו"ס נכלל בהפטור מסויים דרה"ר, כיון דהוא קצת אורחי'. והנפק"מ היא, היכא דלאו אורחי' כלל. ולפי"ז נראה לפרש דברי הסמ"ע היטב, דס"ל דהא דפליג ר"א, הוא משום דס"ל דפשיטת צואר קצת אורחי', ונכלל בהפטור דשו"ר ברה"ר, אכן באכלה מתוך הנחות דלאו אורחי' כלל, חייבת.

ונראה דעיקר הדבר מבואר להדיא בדברי הרמב"ן, דע"ש שכתב, דגם פלו' רב ושמואל במחזרת הוא כעין הנ"ל, דהא דס"ל לשמואל דפטור במחזרת, אינו משום דס"ל דיותר אורחי' הוא, אלא דס"ל דמכיון דעומדת ברה"ר פטורה, ואינו חייב עד שיסתלקנה מרה"ר לגמרי. וע"ש היטב דמבואר מדבריו, דבאמת מחזרת משונה טפי מפשטה צוארה, ולכן כתב דכל דברי אילפא דפשטה צוארה חייבת לא יתכנו אלא לרב דמחייב במחזרת, אכן לשמואל דס"ל דאפי' מחזרת פטורה, כ"ש בפשטה צוארה.[486] ונמצא דפלו' דרב ושמואל היא אליבא דר"א דס"ל דפשטה צוארה פטורה, ונחלקו מה הדין במחזרת, ע"ש. הרי לן כעין חילוק הנ"ל, דהי'

---

[485] וז"ל, וכך נ"ל דברי הרי"ף שכתב והוא דקפצה, אבל עמדה לא, דהיינו אורחא, דה"ק וה"מ דחייבת, כלומר לשלם כל מה שהזיקה, בדקפצה, אבל לא קפצה, אפילו עמדה לא מיחייבא לשלם מה שהזיקה, מ"מ אינה משונה לשלם תם ח"נ ומועד נ"ש, אלא אורחא הוא וה"ל שן ברה"ר דאינו משלם אלא מה שנהנית, עכ"ל.

[486] ודבריו צ"ע טובא דלהדיא אמרי' בגמ' כא: דכו"ע ס"ל או כרב או כשמואל כו' ובר"א ואילפא נח', ומבו' דיתכן לומר כאילפא דחייב בפשטה צווארה ואעפ"כ שיי"ל כשמואל דפטור במחזרת וזה סותר להדיא דברי הרמב"ן שם. אכן יתכן לומר דמאי דאמרי' שם דכו"ע ס"ל או כרב או כשמואל הוא רק כפי מאי דהגמ' רצה לומר דנח' אם שן ורגל פטורין ברה"ר, אך למאי דמסקי' דנח' באילפא ור"א יתכן דתו ל"ש לומר הכי.

יתכן לומר דפשטה צוארה פטורה, כיון דסו"ס עומדת ברה"ר, אך במחזרת דמשונה טפי חייבת, ולפי"ז שפיר י"ל דבאכלה מתוך החנות דלא שכיח כלל, חייב לכו"ע, דאי"ז נכלל בפטור התורה דשן ברה"ר, דחייב לשומרה מזה, וא"ש הכל. ונמצא לפי"ז דאיכא ג' מדרגות, פשטה צוארה, דבזה נחלקו ר"א ואילפא. ואפי' את"ל כר"א, מ"מ י"ל דחייב במחזרת. ויש מדריגה באכלה מתוך החנות.

ולפי הנ"ל מדוייק היטב מש"כ הרי"ף "ואורחה", דר"ל דכיון דאורחה, פטור בעומדת ברה"ר, אך אילו לאו אורחה הוא, היתה חייבת אע"ג דעומדת ברה"ר, וכההיא דאכלה מתוך פתח החנות.

ו. בביאור החילוק בין דברי הרמב"ן לדברי הרא"ש

והנה ביאורו הנ"ל של הרמב"ן לא שייך אלא לפי דבריו, וכמשנ"ת, אכן הרא"ש פי' סוגיין בדרך אחרת לגמרי, דליכא כי אם נידון א', האם נחשב כחצר הניזק או לא, וכל דנחשב כחצר הניזק, חייב עלה הגם דעומדת ברה"ר. ובתחילה נקטי' דאילפא ס"ל דכל ע"ג חבירתה הוי חצר הניזק, ושוב הובאה מימרא דר"א דס"ל דאין לו רשות להניח חפציו ברה"ר, אלא א"כ לא שייך שתאכלנה בהמה בלי קפיצה, וס"ל להרא"ש דבע"כ פליג על מימרא דאילפא, ולר"א היכא דהוא ע"ג חבירתה, אם שייך ליקח אותו בלי קפיצה, אין לו רשות להניח שם פירותיו, ולאו כחצר הניזק דמי. [ולאילפא עיקר הקביעות היא או עצם הגב דחבירתה, או מה דא"א ליקח אותה בלי פשיטת הצואר].[487] ולפי"ז מובן היטב דלא הי' שייך לפרש בדברי הרי"ף דלעולם ס"ל דנחלקו ר"א ואילפא, דא"כ אמאי הביא מימרא דאילפא דלא קיי"ל כוותיה, דס"ל דכל ע"ג חבירתה כחצר הניזק דמי, ומשו"ה פי' דלפי האמת גם אילפא איירי רק בקופצת, ומה שאמר דע"ג חבירתה כחצר הניזק דמי, ר"ל היכא דא"א ליקח אותה אלא א"כ קופצת.

ובקיצור נמצא, דלהרא"ש, כל הנידון בסוגיא הוא, האם נחשב כחצר הניזק אם לא, וגם בסוגיא דמחזרת פי' הכי, דכל דהוה חצר הניזק, אפי' אם הבהמה עומדת ברשות הרבים, פטורה. אכן הרמב"ן ס"ל דאיכא שני נידונים, ואדרבה עיקר הנידון אינו בעיקר קביעות השם דחצר הניזק, אלא דהיכא דאיכא חצר הניזק באמצע רה"ר, ושייך לאכול מינה בפשיטת צואר, האם זה נכלל בפטור התורה דשן ברה"ר כיון דשייך לאוכלה בלי פשיטת הצואר.[488] [וע' בחי' הראב"ד בבעיא דר' זירא במתגלגל, דכתב שם להדיא, דדינא דשמואל דבמחזרת פטור, שייך אפי' כה"ג דהוה רשות הניזק גמורה, והיינו כדברי הרמב"ן הנ"ל].

ז. בדברי הנמוק"י בישוב הקושיא מאכלה מתוך החנות

והנה כבר הבאנו למעלה קו'שיית הסמ"ע על דברי השו"ע, דמאי שנא אוכלת מע"ג בהמה בפשיטת צוארה מאכלה מתוך החנות, ועי' בנמוק"י שכבר עמד על קושיא זו, וכתב לחלק בין היכא דהוא רשות הניזק גמורה להיכא דאינה רשות הניזק גמורה, דהיכא דהוא רשות הניזק גמורה, אז אפי' אם גוף הבהמה עומדת ברה"ר, מ"מ חייבת, ורק היכא דלאו רשות הניזק גמורה חייב רק בכה"ג, עכ"ד. אכן כפשוטו אין דברי הנמוק"י שייכים להרמב"ן, דהנה ז"ל הנמוק"י, פי' קופצת, היינו שזקפה רגליה ועמדה על הבהמה ואכלה זקופה, והיינו דעמדה ואכלה, אבל אם עמדה מעט כדי לפשוט צוארה, *לא הוי רשות הניזק*, דבכה"ג עמדה נמי אורחא הוא כדאמרן, ופטורה, וטעמא דמילתא, משום דבהמתו לאו ברשות הניזק גמורה הוא, אבל ברשות הניזק גמורה חייב, וכדתנן מתוך החנות משלם מה שהזיקה, עכ"ל. וכפשוטו משמע, דהחילוק בין קופצת ללאו קוצפת, הוא, דבקופצת לאו אורחי' לגמרי הוא, ובלי קופצת אורחי' לגמרי הוא. וכן ראיתי

[487] ואולי הכרחו של הרא"ש דפליגי, הוא מדברי הרי"ף, ורק דאם פליגי, בע"כ דפליגי אם גבי חבירתה הוא חצר הניזק, או אם תלוי' בפשיטת צואר או בקפיצה.

[488] שמעתי מהגרש"מ [בסוף חבורה ח'] לדקדק מדברי רש"י כא. כדברי הרמב"ן, ע"ש על מש"כ הגמ' דבמחזרת כו"ע לא פליגי דחייב, וז"ל בד"ה כ"ע לא פליגי דחייב. דלא הי' לה להחזיר ראשה לצידי רחבה, עכ"ל. וכוונתו מבוארת דר"ל דאי"ז דרך הילוכה הרגיל ברה"ר.

בחי' אנשי שם שהביא ממהר"ם, שהבין כן בדבריו, וכ' שם לפרש, דהחילוק הוא, דכיון דקופצת לאו אורחי' גמור הוא, משו"ה יש לו רשות להניח שם פירותיו, ובלא"ה אין לו רשות להניח שם פירותיו, ע"ש. ולפי דבריו מובן הך מושג דחצר זו אינו של הניזק לגמרי, דהכוונה בזה דהוא דחצר בעלמא שיכול להשתמש בה לענין כל מה שהוא רוצה, אך חצר כזו אין לו רשות להשתמש בה בכל מה שירצה, כיון דהיא ברה"ר, אלא דוקא היכא דבהמה א"א לאכלה מינה בלי קפיצה.

אכן עי' בכס"מ שם, שהבין בדברי הנמוק"י על דרך הרמב"ן, דענין קופצת, הוא משום דהיכא דעומדת ברה"ר פטורה אע"ג דאוכלת מחצר הניזק, דבכדי לחייבו בעי' שיסתלקה מרה"ר, והיכא דקפצה, אפי' היתה יכולה לאכול בלא"ה, חייב מה"ט, ועי"ז כתב, דהיינו רק בחצר הניזק שאינה גמורה, אך בחצר גמורה אפי' עומדת גופה ברה"ר, חייב ככל שו"ר ברשות הניזק. ולכאו' צ"ב, דמלשון הנמוק"י משמע להדיא, דהחילוק בין קפיצה לעמידה, תלוי בזה דקפיצה לאו אורחי' הוא. אכן המעיין היטב בלשון הכס"מ ובב"י, יראה שהשמיט כל הנך תיבות ולא גרס " לא הוי רשות הניזק דבכה"ג עמדה נמי אורחא הוא כדאמרן" [אך ראיתי בחי' ר' משה קזיס שגם הוא הבין דברי הנמוק"י על דרך הנ"ל].

והנה לפי דרכו של הכס"מ, באמת צ"ב החילוק בין חצר הניזק גמורה לחצר שאינה גמורה, ויתכן לומר בזה דהיכא דלאו חצר הניזק גמורה, לא נחשב שאויר החצר כחצר דמי, ובפשטה בהמה צווארה ע"ג חברתה לא נחשב שהכניסה פיה לרשות הניזק, ומשו"ה שייך בי' הפטור דרה"ר, אכן בפתח החנות דהוא רשות הניזק גמורה, שפיר נחשב כאילו הכניסה פיה לתוך החנות, וי"ל דכה"ג חייב גם לר"א, וצ"ע.

[ועי' בחי' רא"ל ס"סח מש"כ בבי' דברי הרמב"ן והנמוק"י, ולא הבנתי דבריו, דלהדיא כ' הרמב"ן דהטעם בקופצת הוא משום שנתסלקה מרה"ר ולא משום דאין דרך הבהמה לעשות כן, וצ"ע].

ח. בביאור דברי התוס' בענין מתגלגל

גמ' כ. בעי ר' זירא, מתגלגל מהו. היכי דמי, כגון דקיימא עמיר ברשות היחיד וקא מתגלגל ואתי מרשות היחיד לרה"ר, מאי. ת"ש, דתני רבי חייא, משוי מקצתו בפנים ומקצתו בחוץ, אכלה בפנים, חייבת, אכלה בחוץ פטורה, מאי לאו מתגלגל ואתי. לא, אימא אכלה על מה שבפנים חייבת, על מה שבחוץ, פטורה. ופירש"י דספיקא דרב זירא הוא בעיקר הדין דובער בשדה אחר, האם אזלי' בתר לקיחה או דאזלי' בתר אכילה. וע' בתוס' שם בד"ה מתגלגל מהו שפי' באופ"א. והנה יש להעיר על דברי התוס' שם שכתב בביאור ראית הגמ' ממשוי מקצתו בפנים כו' וז"ל, ואכלה בחוץ פטורה, תנא אגב רישא, דמילתא דפשיטא היא. ולכאו' ילה"ע, דנימא דאיירי במתגלגל מרה"ר לרה"י ועל זה חידשה לן הברייתא דלא דיינ' אותו כאילו אכלה מרה"י. וראיתי שכבר עמד הנחל"ד בקו' זו בסוגריים שם, וכתב, דליכא למימר דהברייתא איירי רק בנתגלגל מרה"י, דמהיכ"ת לומר כן הרי שפיר י"ל דלצדדין קתני.

ולכאו' נ' דקושיא זו תלוי' בביאור דברי התוס', וע' סוף סימן י' מש"כ בזה בעזה"י, דלפי"ד תוס' ר"פ, דספיקא דרב זירא בענין מתגלגל, הי' רק כדי לדונה כלקיחה מרשות הרבים ולא כאכילה מרה"ר, ורק דבכדי לחייבו, בעי' בין אכילה ובין לקיחה ברשות הניזק. ולפי"ז צ"ל, דהיכא דמתגלגל מרה"ר אין לדון כלל, דנהי דיתכן לדונה כלקיחה מרשות היחיד, אך האכילה הי' ברה"ר, ודברי התוס' א"ש. אכן לפי"ד הרשב"א דעי"ז דנתגלגל בעי ר"ז שיהא נידון כאכילה מרשות הרבים, כמו"כ נימא להיפך דבנתגלגל מרה"ר לרשות היחיד, נחשב כאכילה מרשות היחיד, ואמאי כ' התוס' דמילתא דפשיטא היא. אכן לפי הנ"ל י"ל דכיון דהבהמה עומדת ברה"ר, ודאי פטור כה"ג. וביאור הדבר הוא, דהך נידון אם דייני' דהאכילה והלקיחה הי' מרשות הניזק או מרה"ר הוא רק לענין הדין דובער בשדה אחר, אך הפטור המסויים של רה"ר דהתורה פטרה מחמת זה דאורחי' בכך, זה ודאי תלוי במקום גוף הבהמה, וא"ש היטב.

סימן יב

בסוגיא דנהנה (כ.)

א. אם איכא חיוב דמה שנהנית במעשה משונה דמשלמת ח"נ מדין קרן תמה

ב. המקור לחייב מדין נהנה

ג. בדברי הגרב"ד בענין קלב"מ בחיוב נהנה ומלוה ומשתרשי, והמסתעף מזה.

ד. בבי' החילוק בין נהנה למשתרשי והנפק"מ ביניהו

א. אם איכא חיוב דמה שנהנית במעשה משונה דמשלמת ח״נ מדין קרן תמה

שמעתי ממו״ר הגרח״ש זצ״ל, שהי׳ נוהג [כפי בקשת הגרי״ז] להתפלל בבית הגרי״ז בליל שבת קודש, ושמע פעם איך שבחן הגרי״ז את הג״ר אברהם יהושע הלוי שליט״א [שהי׳ מנהגו לבחון אותו אז] דאיך שייך שקרן תם ישלם יותר מחצי נזק, והתחיל לומר היכ״ת דמשלם נזק שלם, ואמר לו הגרי״ז דודאי איכא כמה היכ״ת דמשלם נזק שלם אך הוא רוצה היכ״ת דשייך לשלם יותר מח״נ ולא נזק שלם. ואמר לו, ״איך וועל דיר אויס זאגין א ביסל דמשכחת לה במה שנהנה״ ורק דצ״ב איך שייך היכ״ת בתם דהרי נהנה הוא אורחי׳, וסיים דמשכחת לה בכלבא דאכלה אימרי בב״ק טו: דכיון דמשונה הוא, אינו חייב אלא חצי נזק. ולכאו׳ מכיון דאיכא חיוב על מה שנהנה ג״כ, משלם מה שנהנה ומה שנהנה מעולם אינו נזק שלם.

אמנם ראיתי בהגרא״ז בהשמטות בספר האחרון שלו [הל׳ עדות כו׳] שכ׳ לדקדק מדברי הרא״ש בכיצד הרגל ס״ג, דס״ל דכה״ג לא הי׳ מחייב לשלם מה שנהנה. דהנה הרא״ש שם כתב, דמה שכלבא דאכלה אימרא רברבי הוא משונה, היינו רק דעצם ההריגה הוא משונה, אמנם מה שאוכל אחר ההריגה זה אינו משונה, וכ׳ שם לדקדק מדברי רש״י להלן בדף כג. דהיכא דתחלת הנזק הוא משונה, נחשב כל הדבר כמשונה, והרא״ש שם חולק עליו וכתב וז״ל, הלכך נראה לי לפרש הא דאמרי׳ לעיל האי כלבא דאכל אימרי ושונרא דאכלה תרנגולי, משונה הוא ולא מגבינן לי׳ בבבל, אפחת שפחתה המיתה קאמר דלא מגבינן בבבל, אבל דמי הנבילה משלם אם אכל בחצר הניזק, ואם ברה״ר מה שנהנה, דאכילה לא הוי שינוי, דדרכם לאכול כל נבילות אפילו של בהמות גדולות, עכ״ל. והעיר ח״א להגרא״ז דמבואר מדבריו, ע״ש היטב, דאילו גוף האכילה הי׳ משונה אז לא הוה מגבינן בבבל לאכילתה ברה״ר דמי מה שנהנה, [ושוב שמעתי מהגרש״מ שכוון לראי׳ זו]. ובי׳ הגרא״ז, די״ל דה״ט, דמכיון דמשונה הוא, לא נחשב כמעשה בהמתו, והרי כ׳ התוס׳ בב״ק קא. בתי׳ א׳, דליכא חיוב נהנה אלא על הנאת גופו או על מעשה בהמתו. דליכא חיוב מה שנהנה כה״ג, דבשינוי אינו משלם מה שנהנה. וביאר הגרא״ז דחסר במעשה בהמתו. ולפי״ז נמצא דבתם לעולם לא שייך חיוב דמה שנהנית. ולכאו׳ לומר דחסר במעשה בהמתו לענין מה שנהנה הוא חידוש קצת.[489]

והגרב״ד הי׳ אומר מהאו״ש פ״ג מנזק״מ שדקדק מדברי הר״מ שם בהי״ד דשן ברשות המזיק פטור לגמרי אפי׳ דמי מה שנהנה ובי׳ האו״ש דנחשב שהניזק הביא ההיזק על עצמו וחסר במעשה בהמתו ועע״ש שכ׳ כעי״ז בציורים

---

[489] ושמעתי מהגרש"מ להעיר על דבריו, דנראה, דאפי' לדעת רש"י ודעימי', דבכלבא דאכלא אימרי רברבי חייב ח"נ גם על האכילה, אין הביאור דהאכילה לאו אורחי' הוא, דודאי אורחי' הוא לגמרי ורק דדין מעשה משונה הוא סוג מעשה בפנ"ע, וכיון דהכל חדא מעשה אריכא, גם על האכילה חל תורת מעשה מזיק דמשונה. וכיון שכן, נראה, דכל הדין דנחשב כמעשה משונה, הוא רק לענין פרשת מזיק, אך לחיוב דנהנה ליכא שום סברא שלא יחשב כמעשה בהמתו מכיון דעצם האכילה אורחי' הוא.

אחרים. וזהו חי' גדול דפשטות הפטור דרשות המזיק לא מצינו אלא לענין דינים של ולא ישמרנו דאין לו חיוב שמירה עלה עכ"ד.

וכשאמרתי כל זה להגרש"מ העיר לי לדברי הרשב"א טו: דמבו' מדבריו כדברי הגרי"ז, ע"ש בגמ' דלמ"ד פלג"נ קנסא לא מגבי' בה בבבל, וכ' הרשב"א וז"ל ולא מגבינן בבבל, מ"מ משלמין בכמה שנהנו כשן ברה"ר דפטור ומשלם מה שנהנית עכ"ל והנה בבבל לא נשנתה גוף הדין תשלומין והוה ככל קרן תם לפני העמדה בדין ומ"מ מבו' מדבריו דחלה חיוב מה שנהנית.

אמנם מאידך גיסא, בפשטות הי' נ' לדקדק מדברי רש"י במתני' יט: כדברי הרא"ש, דאי' שם במשנה האוכלת מצדי הרחבה משלמת מה שהזיקה ופירש"י דלעולם רה"ר הוא אך משונה הוא ולכן בתם משלם ח"נ ובמועד משלם נז"ש. והנה בדרך כלל חיוב דמה שנהנית הוא יותר מח"נ, דהרי למ"ד דמשלם דמי שעורים בזול הרי באוכל שעורים משלם שני שלישית, והיכא דאכל עמיר הרי משלם הרבה יותר מח"נ, ומסתימת לשון רש"י משמע דרק משלם ח"נ. והערתי להגרש"מ לדברי תוס' ר"פ [ותוס' הרא"ש] לקמן כא. שהעיר בא"ד על דברי רש"י הנ"ל וז"ל ועוד דא"כ פעמים מה שנהנית הוי יותר ממה שהזיקה דמה שנהנית הוי שעורים בזול כל זוזא בד' דנקי והיינו ב' שלישי ההיזק ומה שהזיק לא הוי אלא ח"נ, ומיהו מזה י"ל דלעולם משלמת מה שנהנית ואם יעלה ח"נ יותר כגון שלא נהנית כפי שווים משלמת יותר עכ"ל וכנ' שהוקשה לי' דמסתמא דלישנא דמתני' ד"האוכל מאמצע הרחוב משלמת מה שנהנית, מצדי הרחוב משלמת מה שהזיקה" משמע דמצדי הרחוב משלמת יותר והרי לפי"ד רש"י דחיובו הוא מדין קרן ומשלם רק ח"נ א"כ נמצא דהרבה פעמים משלמת פחותה ממה שנהנית, ועל זה כ' "ומיהו מזה י"ל כו'" דודאי היכא דמה שנהנית שוה יותר משלם מה שנהנית, והא דאי' במתני' "משלמת מה שהזיקה" להחמיר עליו בא, היכא דח"נ הוא יותר משיעור מה שנהנית. באופן דהסתפק בנידון זה גופא אם היכא דמשונה משלמת מה שנהנית או לא, והוא פלוגתת הרא"ש והרשב"א, ועי' שם בשטמ"ק בשם רבי ישעי' דהק' זה בתורת קושיא על רש"י וכנ' דס"ל כדעת הרא"ש דכה"ג אינו משלם מה שנהנה. ומאידך גיסא עי' בסמ"ע שצ"א-י"ב בסוגיא דפי פרה, דמבו' להדיא מדבריו דאפי' במעשה משונה איכא חיוב דמה שנהנה, וע"ש בדרישה שפי' כן בדעת הר"מ.

והנה הבאנו דברי הגרא"ז בבי' דברי הרא"ש, אכן שמעתי מהגרש"מ לפרש דבריו באופ"א [ושוב האריך בכל זה בחבורה ט'], דהנה היכא דאכל חפץ וחייב עליו נזק שלם, פשיטא דא"א לחייבו גם בעבור מה שנהנה. ובביאור הדבר נראה, דכיון דעיקר החיוב דנהנה הוא על ההתשמשות באכילת החפץ, דמה שהי' לו אכילת החפץ, הוי הרווחת ממון דידי', א"כ אם כבר שלם על הפסד החפץ אין לו מה לתבוע[490].

ונראה פשוט, דאפי' לפי"ד הרשב"א, דחל גם החיוב דמה שנהנית, לו יצוייר דהי' משלם ח"נ מדין קרן תמה, תו לא הי' יכול לתובעו השיעור היתר של מה שנהנית, וכגון היכא דאכלה מנה ונהנית שבעים ושילם חמשים בתורת ח"נ דקרן תמה, אינו יכול לתבוע שיעור נהנה, דהיינו שלשים וחמש, מחצי השני. ובי' הדבר הוא דהרי כבר שלם לגמרי בעבור ההפסד, דאין הבי' של התשלומין דח"נ, דמשלם בעבור חצי ההפסד ועל חצי ההפסד אינו חייב לשלם, אלא הבי' הוא דדינו הוא לשלם חציו של כל ההפסד, ובכדי לתבוע הח"נ צריך לתבוע כל הפסדו, ורק דבעבור הפסד של מאה הוא יכול לגבות חמשים, ונמצא דכבר תבע כל הפסדו, ותו אין מה לתבוע ולגבות. ואפילו למש"כ בברכ"ש

---

[490] ונראה, דכל זה הוא הכא, דעצם ההנאה היא ע"י כילוי החפץ אך היכא דדר בבית ושוב הלך ושבר הבית בידים, חייב לשלם, בין בעבור ההנאה ובין בעבור ההיזק, דהתם עצם ההנאה אינה כילוי החפץ. ודע דהיכא דעיקר ההנאה הוא כליון החפץ, נראה דאפי' אם הנזק וההנאה נעשו ע"י שני בנ"א, וכגון בתחב לו חבירו לבית הבליעה, אם חבירו ישלם בעבור החיוב מזיק תו א"א לחייבו בעבור חיוב נהנה, ואפי' אם הי' שייך דין מודה מיפטר לחבירו, דכיון דפטר חיובו תו אין מה לתבוע מה שנהנה.

סי׳ ב׳, דהדין ח״נ דקרן תמה אינה פטור תשלומין בעלמא, אלא הוא הפקעה על עיקר הדין דולא ישמרנו לענין חצי, דהוה רק ״א האלבע מזיק״, נראה דאין הכוונה בדרך משל דאי נימא דאיכא איסור מכח הדולא ישמרנו לענין היזק בכל פרוטה שהזיקה, ואם הזיקה מאה פרוטות, בשור תם קעבר רק על חמשים איסורים, דודאי קעבר על מאה איסורים. אלא כוונת הגרב״ד היא, דאחריות דילי׳ הוא לענין חציו, וכאילו שיש לו שותף בההיזק, דעל כל ההיזק הוא אחראי על חציו, ונמצא דהוה גדר של חצי שיעור באיכות האיסור על כל המאה פרוטות.[491]

ובביאור דברי הרא״ש נראה, דס״ל דמחמת זה לא חל החיוב נהנה כל עיקר, דכיון דחל חוב דח״נ בעבור כל ההפסד, תו לא שייך שיחול עליו חיוב דמה שנהנה. והטעם דחל הדין ח״נ ולא החיוב נהנה, הוא משום דח״נ הוא תשלום בעבור עצם הפסד החפץ, וחיוב מה שנהנה הוא תביעה להרווחת הממון, והודאי דחיוב הנזק חל בתחילה, ואמרי׳ דכיון דכבר חל חיוב תשלומין בעבור כל החפץ, תו לא שייך שיחול חיוב בעבור הנאת ממון שהי׳ לו מהחפץ.

והנה לפי הנ״ל לכאו׳ ילה״ע דכל דברי הרשב״א לא שייכי לר״ע דאמר יוחלט השור, דהרי משעה ראשונה כבר אישתלם חובו. אכן באמת זה אינו, דלא מיבעיא לדעת הר״מ דבעי׳ העמדה בדין, אלא אפי׳ לדעת התוס׳ דחל החוב למפרע, אמנם היינו רק היכא דלבסוף העמידו בדין על זה, אך אם לא העמידו בדין לבסוף, לא חל הדין יוחלט מעיקרא. אמנם כל זה הוא למ״ד פלג״נ קנסא, אך למ״ד פלג״נ ממונא, נהי דנראה בדעת הר״מ, דהא דבעי׳ העמדה בדין, אי״ז מחמת הדין העמדה בדין דבעי׳ בקנס, אלא הוא דין העמדה בדין לגמור הדין יוחלט, [ודלא כמש״כ בתרה״כ], אך לתוס׳ כה״ג כבר חל הדין יוחלט משעה ראשונה, ושוב לא שייך שיחול דין מה שנהנית. אך באמת נראה דגם בלא״ה כל דברי הרשב״א הם רק למ״ד פלג״נ קנסא, די״ל דלמ״ד פלג״נ ממונא דכבר חל חוב גמור מיד לשלם ח״נ, ודאי דליכא מקום שיחול עכשיו חיוב מה שנהנית, דרק למ״ד פלג״נ קנסא דלא נגמר החיוב מעכשיו יתכן שיחול עכשיו דין דמה שנהנית, ע״כ שמעתי מהגרש״מ. והערתי לו, דלפי מש״כ בתוס׳ ר״פ לדקדק כן ממתני׳, בע״כ דגם למ״ד פלג״נ ממונא חל חיוב דנהנה, ולפי״ז צ״ל דלרב פפא דס״ל פלג״נ ממונא, מתני׳ דדף כ: אתיא כר׳ ישמעאל ודלא כר״ע.

[שוב הלכתי בשב״ק פ׳ ויגש תשס״ו לביתו של מו״ר הגרח״ש זיע״א ושאלתי לו בבי׳ דברי הגרב״ד, אם מה שאמר דתם הוה חצי מזיק, האם ר״ל כביאורו של הגרש״מ או כפשוטו, דאם עובר לאו דולא ישמרנו על כל פרוטה ופרוטה היכא דשוה ק׳ פרוטות קעבר רק על נ׳ איסורים, ואמר לי דפשוט כצד השני, ואמר לי דהברכ״א פעם שאל לו בבי׳ דברי הגרב״ד, דהוה ספק איסורא מכיון דתם הוה חצי מזיק דסו״ס הרי צריך לשומרה מחמת אותו חצי, ומאי נפק״מ, וענה לו דסו״ס לא קעבר אלא חצי איסור, ושוב שאל הברכ״א את זה להג״ר אלי׳ חזן זצ״ל, והתחיל לחייך דודאי נפק״מ טובא, דנראה בפשיטות דקעבר לאו דלא ישמרנו לענין כל פרוטה ופרוטה והיכא דהזיק ק׳ פרוטות לא קעבר אלא נ׳ איסורים, עכ״ד[492]. ואמר לי הגרח״ש דודאי אפי׳ היכא דשלם כבר ח״נ שייך לתבוע לו דמי מה שנהנית על אידך חצי.

והוסיף עוד, דאפי׳ אי לא הוה נקטי׳ כדברי הגרב״ד, אלא דהוה נקטי׳ דכל הדין דח״נ הוא פטור בתשלומין, ג״כ נראה דהביאור הוא דחייב לשלם בעבור חצי ההיזק, ודלא כהבנת הגרש״מ, ואי שילם ח״נ, ודאי שייך לתבוע לי׳

---

[491] לפי מש"כ במקו"א לדקדק מדברי תוס' ר"פ נג. בסו' דשותפתי מאי אהני לך, דס"ל דדין ח"נ דקרן תמה הוא פטור תשלומין בעלמא, א"ש יותר כמובן.

[492] א"ה ונדפס זה בברכ"א מהדו"ב דף ב: בענין ספק נזקין אות ג' וז"ל, אמנם לא נתבאר בדבריו מה כאן הספק איסורא, הרי גם תם הוא מזיק, והרי בעי שמירה מעולה. ושמעתי מפי הגאון ר' אליהו חזן ז"ל, תלמידו המובהק של מרן הגרב"ד ז"ל, שביאר דבריו, דתם כל עיקר תורת מזיק שלו לגבי חצי נזק, ולגבי החצי שהוא פטור הוה כאילו לא הזיק, דנפטר גם מדיני שמירה לענין זה, משא"כ במועד דעל כל פרוטה שהזיק הרי יש בזה דין מזיק, ולפי"ז מבואר דמבועד יש יותר איסור כשהשאירו בלי שמירה מאשר גבי תם עכ"ל.

אח״כ תביעה דמה שנהנית. ונראה דהיכא דאכל פירות ברשות הניזק בעיקר יסוד דינו חל גם חיוב מזיק וגם חיוב נהנה, דהם שני חיובים נפרדים ורק דתשלומין דידי׳ הוה תשלומין בעבור שניהם, והא דא״א לתבוע שניהם, הוא משום דסו״ס גם דין נהנה הוה כתשלומי הפסד. [והגרש״מ הי׳ מסתפק אם כן הוא הביאור, או דהיכא דשלם על גוף החפץ שוב ליכא מקום לתבוע דמי מה שנהנית, דעיקר חיובו הוא מה שהרויח ממון בקבלת תשמיש זה, ועיקר שיווי דידה הוא גוף שיווי החפץ, ורק דאינו תשלום ישיר על החפץ אלא על ההנאה שהי׳ לו מהחפץ]. וכשהצעתי דבר זה להגרש״מ, שאל אותי דלפי הגרח״ש לכאו׳ הי׳ יכול לתבוע לו חצי נזק, ושוב לתבוע לו על אידך חצי דמי נהנית, ולמשל אם ההיזק הי׳ ק׳, והנהנה הי׳ פ׳, הי׳ יכול לתבוע לו נ׳ ולגבי אידך החצי יכול לתבוע לו מ׳, והרי מדברי תוס׳ ר״פ ותוס׳ הרא״ש משמע להדיא שלא כן, אלא היכא דההנאה היא יותר מח״נ, תובע רק דמי נהנית, ועניתי לו, דהבנתי מהגרח״ש דא״א לקבוע דהתשלומין הוא רק בעבור הח״נ ולא בעבור הנהנית, והוא ממילא תשלומין גם בעבור הדין נהנה, והיינו דהתשלומין של נ׳ הוא תשלומין להח״נ וגם לנ׳ שקלים של דמי הנהנה.

שו״ר בספר אהל ישעיהו לדף יט: מהגר״א פרבשטיין בשם הגרי״ז, שהעיר כנ״ל על דברי הראשונים, דאמאי אינו יכול לתובעו על אידך ח״נ משום נהנה. ותירץ, דהדין תשלומין של ח״נ הוא בעבור כל החפץ וכדברי הגרש״מ, ע״ש היטב . אך יתכן דס״ל דלא הוה חצי מזיק אלא פטור בתשלומין, ובזה מסתבר שהוא כן. וע״ש שהעיר הגר״א פרבשטיין מסוגיא דדף נג. בשור שדחף חבירו לבור דבעל השור משלם רביע ובעל הבור משלם ג׳ רביעים, דכיון דבעל השור משלם רביע נגד כל הח״נ אמאי חייב בעל הבור ח״נ, ותי׳ דהך סברא מועילה רק ביחס להמזיק עצמו. ומהגרש״מ שמעתי דשאני התם דמעיקרא דדינא הוקבע דלתשלום חפץ זה, דנוטל רביע מזה ורביע מזה, דעיקר התביעת ח״נ על ההפסד דח״נ הוא ליקח רביע מזה ורביע מזה. [משא״כ בנהנה, דהחיוב בתשלומי הנזק הוא בעבור עצם חסרון החפץ, משא״כ תביעת נהנה, אינה בעבור עצם חסרון החפץ אלא בעבור הרווחת ממון דידי׳, אלא דכיון דהכא ההרווחה וההנאה הוא עצם כליון החפץ, אם כבר הושלם החסרון אין לו מה לתבוע משום נהנה. ואילו הי׳ תובע דין נהנה תחילה, יתכן דאכתי הי׳ קיים מקום לתביעת ההיזק, ורק דודאי א״א לגבות שתיהן].

והנה כעת נ׳ לדקדק כדברי הגרש״מ, דעי׳ בחבורה ?י״ד-ט״ו מהגרש״מ [והודפס איזה דברים סוף חבורה ו׳?] שהוכחנו בשי׳ הראב״ד בדליל דאדיי׳ אדויי, בעל התרנגול חייב ח״נ ובעל הדליל פטור, דהוא סברא באחריות ניזקין, דהיכא דאיכא א׳ שאחראי למעשה הבע״ח, אין על השני שום דין אחריות נזקין. והנה אילו בעל התרנגול הי׳ נפטר משום אונס, ודאי דהי׳ בעל הדליל חייב, וכמבו׳ בסוגיא דדף כב. בעמדה להטיל מימי׳, דהראב״ד שם דימה הך סוגיא לסוגיא דדליל, ורק דהיכא דיש לו אחריות ניזקין, כל אחריות ההיזק הוטל עליו. ולכאו׳ צ״ב, דהרי אינו אחראי אלא על ח״נ. ובע״כ צ״ל דהדין ח״נ בא מחמת אחריות שיש לו על כל ההיזק. והנה הראב״ד בדף יט: פי׳, דחיוב ח״נ בדליל הוא משום דהוי משונה, ובע״כ דגם ח״נ דקרן הוא משום אחריות שיש לו על כל ההיזק. והסכים הגרש״מ לראי׳ הנ״ל. אכן יתכן דהראב״ד ס״ל דבאמת הוה רק פטור בתשלומין, ודברי הגרב״ד הם מיוסדים על דברי הרשב״א, וע׳ בעזה״י ?בחבורה י״ז בזה.

כל זה כתבתי בשנת תשס״ו, ולאחר כמה שנים שמעתי שיחה בין מו״ר לאברך א׳, ומו״ר אמר לו, דנתי עם מו״ר הגרי״ד בפירות ששווים שש זוזים, ודמי נהנה הוא ארבע זוזים, דהיינו דמכל שלש זוזים נהנה שתים, האם אפשר לחייבו שלש זוזים לחצי הנזק ולחייבו עוד שני זוזים על אידך חצי נזק. והגרי״ד שאל את זה להגרי״ז, והשיב לו במילים אלו ״דער האלבע נזק דאס איז די גאנצע נהנה״. ולא ברור לי מה כוונתו בזה. ויתכן דר״ל דבתשלומין של חצי נזק, שילם ג״כ עבור הנהנה, ואף שכוונתו לשלם לחצי האחר, סו״ס הוא חפץ אחד ותשלום אחד, ואין צריך לכוון בשביל מה התשלומין, ״אויב דאס איז נהנה איז דאס געצאלט״. ואולי ביאור כוונת הגרי״ז, תלוי במש״כ הברכ״ש בסי׳ ב׳ בגדר דין חצי נזק דשור תם, אבל כמדומה לי שאי״צ לזה, ויל״פ בכוונתו על דרך הנ״ל, ע״כ שמעתי.

א״ה לאחר זמן רב מצאתי בעזה״י בברכ״א בב״ק דף כא. (מהדו״ב) שבאמת הבין כן בכוונת הגרי״ז ואעתיק דבריו: בשטמ״ק (דף כא.) ד״ה עוד כתבו בתוספות בפירוש אחר של רש״י ז״ל הקשה דמחזרת חייבת משום קרן וכו׳ וקשה לפירושו וכו׳. ועוד דאם כן טפי הוי מה שנהנית ממה שהזיקה דמה שנהנית הוי דמי שעורים בזול כל זוזא חשבינן ליה בארבעה דנקי ומה שהזיקה לא הוי אלא חצי נזק. מיהו מצינן למימר דמה שנהנית לעולם משלמת ואם חצי נזק יותר משלמת יותר. הרא״ש ותלמיד הר״פ ז״ל, עכ״ל. ושאלתי את פי מרן הגאב״ד דבריסק זצ״ל, הא מצד הסברא לעולם הי׳ ראוי שאם חייב ח״נ מטעם קרן, ישלם גם ח״נ, וגם חצי הנאה דחצי השני שאי״צ לשלם נזק, בזה ישלם הנאה, באופן שתמיד חיוב ח״נ מחייב טפי מחיוב הנאה גרידא דנהי דעבור חצי שמשלם א״צ לשלם גם הנאה, אבל למה לא ישלם תמיד חצי ההנאה נוסף לחצי נזק, בין אם ח״נ יותר מכל הנאה ובין אם זה פחות.

והשיב רבינו ז״ל וכי חצי נזק חלוק בחפץ, הא פשוט בסברא שח״נ הוא התשלום עבור כל החפץ, ושוב דברי השטמ״ק פשוטים שאם דמי הנאה יותר, יש זכות לתבוע דמי הנאה ואם ח״נ יותר, זכותו רק על ח״נ ול״ש שום תשלום נוסף אלא זהו תשלומי החפץ.

ולפי״ז נראה שאם דמי הנאה יותר, לא יוכל לתבוע כשיעור ח״נ מגופו והשאר מבינונית או זיבורית, כקצות (שצא-ב), דהא אם יתבע מגופו זה מכח זכות דמי נזקין על הכל ושוב אין לו זכות כלל לדמי הנאה.

והנה בברכ״ש כתב שדין חצי נזק של תם הוא פטור מעיקר הולא ישמרנו כו׳ דבתם נחשב כאילו לא הזיק אלא חצי, ולכן כל ספק תם ספק מועד הוא גם ספק איסורא כיון דאם הוא תם א״כ נחשב כאילו לא הזיק כלל יותר, וא״כ גם לגבי איסורא ממעט בזה באיסור. ונראה שדברים אלו הם דלא כדברי מרן הגרי״ז ז״ל, וכדמוכח מהשטמ״ק הנ״ל, דאם נימא דע״י תשלומי ח״נ הוה תשלום לכל הנזק, לא שייך לומר דכאילו לא הזיק, ואין שום דין מזיק אלא אינו אלא פטור בתשלומין וכמו דין מגופו. ואם כדברי הגרב״ד ז״ל בביאור דברי הרשב״א וכמשנ״ת שם שנראה שכן צ״ל, א״כ נמצא שיסוד זה הוא מחלוקת בראשונים, דלרשב״א שם תם ל״ה מזיק על יותר מחצי, ולרא״ש ותלמיד רבינו פרץ הוי מזיק על הכל וזהו תשלום הכל עכ״ל.

וכנראה שמו״ר הבין דברי הגרי״ז באופ״א ולפי הבנתו אין הכרח מהרא״ש ותלמיד ר״פ דלא ס״ל דתם הוי חצי מזיק.

ב.– המקור לחייב מדין נהנה

ע׳ בשע״י ג-כה בד״ה ולפי״ז, דכתב וז״ל, דקים להו לחז״ל דכל נהנה מממון חבירו, דחייב לשלם מסברא, או יותר נראה דילפי׳ זה מקרא דאשר חטא מן הקודש ישלם, היינו אף דמזיק הקדש פטור, דלפי״ז כל אוכל הקדש משלם רק בעד הנאתו כו׳, עכ״ל.[493]

והנה ממש״כ דנלמד ממעילה דס״ל דיסוד חיוב מעילה הוא משום דין נהנה, כן נקט הגרא״ז פ״א ממעילה ה״ג, דעי׳ בר״מ שם שפסק, גבי מעילה, דלוקה ומשלם, וכבר תמהו עליו בביאור הדבר. וכ׳ הגרא״ז די״ל דכיון דחיוב מעילה הוא חיוב נהנה, א״כ י״ל דלא שייך דין קלב״מ, לפטור מחיוב דנהנה דאי״ז כחיובי עונשים וכיו״ב. [ע׳ מש״כ בזה ברשימות שיעורי הגרח״ש בפ׳ אלו נערות דף לב.] וכן הוא פשטות הסוגיא, דמבואר דשייך דין דזה נהנה וזה לא חסר בהקדש.[494] אכן ע׳ בברכ״ש שם אות ב׳ שכתב, דחיוב מעילה אינה חיוב נהנה אלא חיוב גזילה, דהתורה חידש

[493] והנה לפי"ז אין הכרח לומר, דיסוד חיוב מעילה הוא חיוב תשלומי נהנה, די"ל דודאי עיקר הדין הוא דין מעילה במה שחלל את הקודש, ורק דכיון דהאופן לחלל הקדש הוא ע"י הוצאת ממון או לקיחת ממון, ואילו לא הי' דין ממון דנהנה, לא הי' שייך שיהא בה דין מעילה. והסכים לי הגרש"מ, וע' בחבורה ????? ח' מהגרש"מ.

[494] עי' בחי' הגרא"ל סי' ס"ט, שפי' דבתחילה נקטה הגמ' דהוה חיוב דנהנה, אך למאי דדחינן דהקדש שלא מדעת כו', לפי"ז נמצא דהחיוב הוה כחיוב דשכירות וחיוב דממוני גבך, ע"ש ובמש"כ בעזה"י ???? בחבורה י', ועפי"ז יישבנו דברי הר"מ הנ"ל דהוה כחיוב פשוט של ממוני גבך דלא שייך בי' דין דקלב"מ.

ענין גזילת תשמישין, והוכיח כן דאפי׳ למאי דס״ד דגמ׳ לדמות גזילה לדין דזה נהנה וזה לא חסר, מ״מ פשיטא לן דחייב מעילה בזה חסר וזה לא נהנה, אף למש״כ בתוס׳ דכה״ג ליכא חיוב נהנה.

ולפי״ז לכאו׳ צ״ב דמהיכן למדנו דין דנהנה, ולכאו׳ צ״ל כמש״כ השע״י בתחילת דבריו דנלמד מסברא, אכן ע״ש בברכ״ש שהביא מהגר״ח, דחיוב נהנה הוא מלוה הכתובה בתורה, וצ״ב דמנ״ל דין זה.

וע״ש בברכ״ש, שכתב דדין נהנה נלמד מפרשה דגזילה, והגם דאינה גזילה ממש, דלא שייך חיוב גזילה אלא על חפץ בעין, אך מ״מ הוא ענף מגזילה, והחיוב ממון נלמד מפרשת גזילה, דבפרשת גזילה מבואר דאינו רשאי צו טשעפין ממון חבירו, ואילו לא הי׳ חל עליו חוב ממון, הי׳ נמצא דעם הלקיחה טשעפיט ער ממונו של חבירו, ולכן בכדי שלא יהי׳ גזלן, חל עליו חוב ממון, ועכשיו דחל עליו חוב ממון, נמצא דבאמת לא עבר על לאו דגזילה.

והנה בקצוה״ח סי׳ שצ״א סק״ב העלה, דליכא חיוב מיטב בנהנה, כיון דאינו מחיובי מזיק, וכיוון בזה לדברי תשו׳ הרשב״א ח״ד סי׳ י״ג. ושמעתי מהגרח״ש, דהגרב״ד אמר דגם לפי דבריו ודאי הוא כן, דרק באב דגזילה נאמר דין מיטב, והכא אי״ז מחיובי גזילה אלא דהחיוב נלמד מפרשת גזילה והוא כענף מגזילה.

ודע דלפי מש״כ המהרי״ט, המובא בקצוה״ח סי׳ רמ״ו סק״ב להשוות דין נהנה לדינא דמשתרשי ליה, ונמצא דחייב על נהנה ממתנ״כ. ולכאו׳ מבואר מזה, דהוה תביעה פשוטה דממוני גבך וכתביעת מלוה, ובע״כ דלא הוה כמלוה הכתובה בתורה, אלא דנלמד מסברא. אכן באמת אי״ז מוכרח, דעי׳ ברשב״א בב״ק קיא: שנקט בתחילת דבריו, דבדין דגזל ולא נתייאשו הבעלים ובא אחר ואכלו, דפטור, אינו פטור אלא מדין מזיק ולא מחיוב נהנה, ושמעתי ממו״ר דהבין בדברי הגרב״ד, דגם לפי הו״א זו החיוב דנהנה הוא מלוה הכתובה בתורה אלא דגדר החיוב הוא כתביעה דממוני גבך.

ג. בדברי הגרב״ד בענין קלב״מ בחיוב נהנה ומלוה ומשתרשי, והמסתעף מזה.

עי׳ בכתובות ל: דלמ״ד דאף בחייבי מיתה ביד״ש אמרי׳ קלב״מ, זר שאכל תרומה פטור מלשלם, דקלב״מ. וע״ש בכל הסוגיא ובדברי רש״י ותוס׳ שם שפירשו, דהסוגיא שם איירי בענין חיוב נהנה. ומבואר מזה דשייך פטור דקלב״מ על חיוב נהנה. ועי׳ בברכ״ש יד-ב שכתב, שאלתי מכבר את פי מו״ר זיע״א, דלכאו׳ הא תביעת מה שההנהו הוא כתביעת חוב מלוה, דתובעו ממוני גבך הוא, דהביאור דין מה שההנהו אינו דין מזיק שתובעו תשלומי החפץ, אלא שתובע תביעת החפץ עצמו שיש עליו ע״י שהוא נהנה מהחפץ ונתרבו אצלו דמים, ותובעו דממוני גבך הוא, וא״כ איך שייך שיפטר ע״י קלב״מ כו׳. והשיב לי דתביעת מה שההנהו הוי ג״כ מלוה הכתובה בתורה, עכ״ד ותוכ״ד הוא, שהגרב״ד נקט דתביעת מלוה דהוי תביעה דממוני גבך, ולא שייך בי׳ דין דקלב״מ, ונקט דגם נהנה הוי כתביעה דממוני גבך. וע״ז השיב לו הגר״ח דנהנה הוי מלוה הכתובה בתורה. וצ״ב עיקר השקו״ט.

והנה מפשטות לשונו משמע, דעיקר הנידון הוא אם הוה מלוה הכתובה בתורה אם לא, וכן נקט מו״ר הגרח״ש שליט״א, והסביר לי דענין קלב״מ שייך רק ברשעיות ובעונשים, וכל מלוה הכתובה בתורה, שהוא חיוב התורה ולא מחמת הסברא, הוי חיוב מחמת המעשה, דנתחייב מחמת המעשה, וכמו בגזילה ומזיק. וחיובים כאלו הם כעין עונש שהתורה חייבה על המעשה, ״עונש דיגע חיובים״, [עי׳ לעיל בתוס׳ ב. שדן לענין תשלומי נזיקין אם עונשים ממון מן הדין, והרי זה פשוט דלו יצוייר נידון בחיוב מלוה או שכירות, לא הי׳ שייך הדין דאין עונשים מן הדין, דאין אלו דיני עונשים וחיובים.] וי״ל דרק על חיובים כאלו שייך דין דקלב״מ, עכ״ד. וראיתי באבן האזל פ״א ממעילה ה״ג שכ׳ לפרש כעי״ז בדברי הר״מ שם, דרק בחיובים שהם כעונשים אמרי׳ קלב״מ, ע״ש שפי׳ כן בדברי המאירי בב״ק ע:, וכתב, דאפי׳ לגי׳ דידן בסוגיא שם, י״ל כעין דברי המאירי ע״ש היטב].

ומדודי הגרי״ס שמעתי לבאר באופ״א קצת, דקלב״מ שייך רק בחיובים שהתורה הטילה עליו, אמנם בחיובים שהוא חייב את עצמו ע״י פסיקה או ע״י תנאים, לא שייך קלב״מ, דיסוד קלב״מ הוא רק שהתורה לא הטילה עליו שני

חיובים, ואפי׳ היכא דאמרי׳ דחייב לצי״ש, א״א לומר דהוה חיוב גמור, ורק ב״ד אינם יכולים להוציא ממנו, דאם ב״ד א״א להוציא הממון מיני׳, בע״כ צ״ל דחסר במקצת בעיקר החיוב, אמנם חיוב שהטיל על עצמו ודאי לא שייך ענין קלב״מ.

והנה כבר העירו על דברי הגרב״ד מסוגיא דב״מ צא. דאתנן אסרה תורה אפי׳ בא על אמו, ופירש״י דחל דין קלב״מ, ורק דמ״מ הוה אתנן, ע״ש בכל דבריו. ומבואר, דאיכא קלב״מ אפי׳ על פסיקות ומקח וממכר דהרי אתנן הוה חיוב שכירות. וכן איתא התם לענין חיוב מזונות, דשור דשייך עלה דין קלב״מ, הרי להדיא שלא כהנ״ל. ודע דהמאירי שם [ובב״ק ע:] הביא מחכמי הצרפתים שביארו דברי הגמ׳ באופ״א, דמאי דאמרי׳ אתנן אסרה תורה אפי׳ בא על אמו, ר״ל דלא שייך גביה הדין דקלב״מ, וז״ל שם, וחכמי הצרפתים פירשוה אף בדיני אדם, ודעתם שלא נאמר אין אדם מת ומשלם, או לוקה ומשלם, אלא בתשלומי נזקים אבל תשלומין הבאים דרך פסק ותנאי, כגון אתנן ושכירות פרה שחסימתה אסורה, ואיסור חסימתה בכלל השכירות, הרי״ז מת ומשלם ולוקה ומשלם,[495] עכ״ל. הרי להדיא כסברא הנ״ל של הגרב״ד. ובאמת ע׳ בקה״י בכתובות סי׳ כ״ח, שהביא דברי קצוה״ח בסי׳ ל״ח סק״א, דבמלוה אמרי׳ קלב״מ, וכתב, דתלוי בפלוגתת המאירי וש״ר. [שוב שמעתי ממו״ר הגרח״ש שהאריך בזה, והעתקתי הדברים ברשימות שיעורי הגרח״ש בסוגיין, ע״ש].

אכן שמעתי מהגרש״מ ביאור אחר בדברי הגרב״ד, דאין עיקר כוונתו לחלק בין מלוה הכתובה בתורה או לא כתובה בתורה, דמה שנקט דבמלוה לא שייך קלב״מ, אי״ז מחמת זה דהוא חיוב מסברא, אלא דיש סברא מיוחדת במלוה דאינו ענין חיוב, אלא ענין דממוני גבך, דהרי המלוה לא נתן המעות להלוה למתנה אלא ע״ד להחזירם לו, ונחשב שעדיין יש לו המעות אצלו בתורת אינו בעין, דנתן המעות אצלו ועדיין הם אצלו, ולכן ל״ש בזה דין קלב״מ, דסו״ס הרי נתן מעותיו אצלו ועדיין הם אצלו. ונהי דמחמת זה חל עליו שעבוד הגוף וחיוב לשלם, אמנם זה רק כתוצאה מהממוני גבך, וכיון דעל הממוני גבך לא שייך קלב״מ, חייב לשלם לו. משא״כ במקח וממכר דהגם דהוא מלוה שאינה כתובה בתורה, אמנם אין לו תביעה של ממוני גבך, דהרי נתן לו החפץ בהקנאה גמורה ורק דפסק עליו לחייבו לשלם, והוה חיוב, ובזה שפיר נאמרה הדין דקלב״מ. והגרב״ד הי׳ דן במהות של החיוב נהנה, האם הוא תביעה של ממוני גבך או דהוא חיוב, והביא שם מהגר״ח דהוא ענין חיוב ולכן שייך דין קלב״מ, עכ״ד.[496]

והנה דברי הגרש״מ הם מיוסדים על ההנחה שהקדים, דיסוד דין ממוני גבך הוא, דעכשיו יש לו ממון אצלו בתור ממון שאינו בעין, ובפרי חיים ע״פ הספינה דקדקנו מהרבה מקומות כדבריו.

---

[495] והנה מדברי חכמי הצרפתים הנ"ל לכאו' יש לדקדק, דליכא חיוב לצי"ש בקלב"מ, דהרי מדבריהם מבואר, דהא דחל עלה דין אתנן, הוא רק משום דלא אמרי' בי' קלב"מ כל עיקר. וראיתי בזכר יצחק סי' י"ב בד"ה הן אמנם דמצינו כו', שדקדק דהר"מ לא הביא הך דין דאתנן אסרה תורה אפי' בא על עמו, ופירש, דס"ל כחכמי הצרפתים, דאין כוונת הגמ' לומר דבקלב"מ איכא חיוב לצי"ש, אלא דדין קלב"מ הוא רק בדין חיובים שחייבה התורה אבל לא במה שהאדם מחייב את עצמו, וע"ש שכתב, דלפי"ז הר"מ ס"ל דלעולם ליכא חיוב לצי"ש היכא דאית בי' פטור דקלב"מ.

[496] ואמרתי זה להגרח"ש, ואמר לי דגם הוא פעם ר"ל כעין זה, והוא אמר זה בנוסח, דמלוה הוה כאילו יש לו בעין אצלו, משא"כ במו"מ הוה התחייבות חדשה מדיני פסיקה. [א"ה. אין כוונתו לדין דממון שאינה בעין אלא באופ"א קצת]. אמנם אינו יודע אם זו כוונת הגרב"ד, דמדבריו משמע דהחילוק הוא מחמת זה דהוא מלוה הכתובה בתורה. ובאמת ראיתי בשיעורי הגרב"ב למס' כתובות דמשמע שם כהגרש"מ.

ועי' בחי' רא"ל סי' ס"ט שהסתפק בגדר החיוב דנהנה, האם הוא תביעה דממוני גבך כמלוה, או דהוה חיוב התורה כעין מזיק וגזילה. ודקדק דהוה חיוב התורה ממה דמבואר בסוגיא דב"מ צט: דאיכא דין דשמין אגב בית סאה בנהנה, עכ"ד. אכן באמת נראה דליכא ראי' מסוגיא דשם דבנהנה איכא הך דין, דבהדיוט איירי' שם בחיוב דגזילה או מזיק [ועי' בחי' מרן רי"ז הלוי במכתבים מה שהביא מהר"מ, דהך דין דשמין אגב בית סאה הוא גם בגזילה]. ומה שהגמ' נקטה דזה שייך גם בהקדש, י"ל כמש"כ במקו"א דחיוב דמעילה הוא בעבור עצם ההשתמשות, והוא או מדין גזילה [כמו שנקט הגרב"ד]. או מדין מזיק על התשמישין, ומחמת זה נקטה הגמ' דשייך דין דשמין אגב בית סאה. ועי' בחבורה ???? י' מש"כ בעזה"י בביאור הסוגיא שם.

אמנם מדודי הגר"י סאוויצקי שליט"א שמעתי, דאין הביאור של "ממוני גבך" **דעכשיו** ממונו אצלו, אלא דהוא סוג ויסוד התביעה, דיסוד התביעה הוא משום דפעם הי' ממונו אצלו, ושנכנס לרשות הלוה ממונו של המלוה ולכן צריך להשיבו. והיינו דיסוד תביעת מלוה הוא, דכיון דנטל ממונו, מחוייב להשיבו לו. ובאמת מדברי הגר"ח המובא בברכ"ש בקידושין סי' ס"ד, לענין יסוד תביעת ריבית, לכאורה מבואר כן, דע"ש שכתב, דיסוד חיוב רבית הוא מחמת דין פסיקה על ההלואה, דפסק על הלואת ד' זוזים ליתן לו ה' זוזים, ושמעתי מהגרש"מ לתמוה עליו, דאיך שייך ענין פסיקה על הלואה, הרי יסוד דין מלוה הוא רק דשואל לו ממונו ועדיין הוא אצלו. ובאמת משמעות דבריו היא, דגם יסוד החיוב של הד' זוזי הם מחמת הפסיקה, הרי להדיא שלא כהבנה הנ"ל, וע' מש"כ בכל זה בפ' הספינה שם..

והנה עי' בברכ"ש ב"ב סי' ז' שהביא ספק אם לענין חיוב הלואה אמרי' קלב"מ וכנראה דמסקנתו בב"ק הי' דודאי לא אמרי' בי' דין דקלב"מ. אכן עי' בקצה"ח לח-א שנקט בפשי' דאפי' בהלואה אמרי' קלב"מ, ע"ש שהק' על הא דאי' בברייתא דהלוה ברבית חייב לשלם קרן, דלפי"ד הרמב"ן [מובא ברע"א] דהלוה לוקה על לא תשיך אמאי לא פטרי' אותו מן הקרן משום קלב"מ, ע"ש.

ולפי"ד הגרש"מ באמת תמוה מאד, דהאיך שייך דין קלב"מ במלוה, אכן נ' דקצוה"ח לשיטתו אזיל, דעי' בדבריו בסי' ס"ו סק"כ שכתב, דכל שטר הלואה הוה שטר קנין על עצם החוב, וככל חייב אני לך מנה בשטר, והגם שכבר איתחייב לו במנה מחמת גוף ההלואה, אמנם חיוב חל על חיוב, וחייב אותו מנה מחמת שני סיבות, עכ"ד. ושמעתי מהגרש"מ להעיר, דהאיך שייך לחייב עצמו באותו מנה ע"י שטר קנין, והרי אותו מנה הוא המנה שהלוהו, וא"א לחייב עצמו אלא במנה אחרינא, עכ"ד. ומדברי הקצוה"ח לכאורה מבואר, שאין הביאור דאותו מנה קיים אצלו בתור ממון שאינו בעין, ומשו"ה שפיר ס"ל דשייך גבי' דין דקלב"מ.

והנה לפי כל הפירושים הנ"ל בדברי הגרב"ד, דהחיוב במשתרשי ליה, הוא ענין של ממוני גבך וכתביעת מלוה, לכאורה פשוט דלא שייך דין דקלב"מ, וכן שמעתי ממו"ר ומהגרש"מ. ולפי הנ"ל יוצא, דלדברי המהרי"ט המובא בקצוה"ח סי' רמו ס"ב, דס"ל דחיוב נהנה ומשתרשי הם חדא מילתא ממש, ומה דמבו' בסוגיא דחולין קלא. לענין משתרשי, קאי גם לענין נהנה, א"כ מבואר מזה, דגם נהנה הוי תביעה דממוני גבך, ואעפ"כ מבואר בסוגיא דכתובות ל: דאמרי' קלב"מ לענין חיוב דנהנה. אלא דבאמת דברי המהרי"ט תמוהים הם מסוגיא דשם וכמו שהעיר בקצוה"ח, דמבואר להדיא שם, דשייך חיוב נהנה באכילה ולא אמרי' הייתי מתענה.

ודע דראיתי בשיעורי הגרש"ר בב"ב ד: שהוכיח מסוגיא דב"ק ע: דגם לענין חיוב דמשתרשי אמרי' קלב"מ, דע"ש בגמ', דהגונב ומכר בשבת פטור, דאמרי' קלב"מ ואוקמי' לי' באומר לו עקוץ תאנה מתאנתי כו', ומקשי' דכיון דאי תבע לי' לדינא לא אמרי' לי' זיל שלים דמחייב בנפשו הוא, הא מכירה נמי לאו מכירה היא, ע"ש. והוא כמו שביארו האחרונים דלקנין כסף בעי' כסף החוזר, והיינו כסף שמחייב דבר כנגדו. והעיר הגרש"ר דמכיון דמשתרשי לי' אותה תאנה, איך פטרי' אותו מלהשיב לו, וצ"ע.[497] [שו"מ בס"ד באו"ש פ"ז מגניבה הי"ג סוד"ה במגיד, שנקט בפשיטות

---

[497] ושמעתי מהגרש"מ ליישב, דודאי אין כוונת הגמ' דאינו חייב להחזיר לו התאנה או דמי התאנה, [ובאמת נל"פ כן בלי קושיא זו דמשתרשי, דהרי דעת הקנאת הכסף הי' רק בכדי ליתן השור ושה כנגדו, ומכיון דלא חל הקנין והפסיקה, נמצא דלא הי' דעת קנין והוה הלואה או פקדון אצלו]. אלא דר"ל דחסר בפסיקת המקח, דהנה ענין פסיקת המקח בנתינת מעות, הוא דומה לפסיקת מקח בעושה מעשה קנין על החפץ, ובעושה מעשה קנין על החפץ הביאור הוא, דקנה החפץ בכדי ליתן כסף תמורתו, ובנתינת מעות הוא נתן לו מעות בכדי ליתן חפץ כנגדו, אלא דכשעושה מעשה קנין על החפץ נגמר המקח וחל חוב גמור, ובנתן מעות מכיון דלא חל הקנין, הגם דביסודו כסף זה מחייב תמורתו, אם ירצה יכול להחזיר לו המעות ולבטל המקח לגמרי, אכן ביסודו הוה אותו דבר ממש. וביאור הדבר הוא, דנתן לו המעות אויף צו באקומען א חפץ, ומחמת זה חלה שיור בעיקר זכיתו בדמים, דיותר מזה לא זכה, אך עיקרו אינה ענין שיור בזכיית המעות, אלא דעצם נתינת המעות הם רק בעבור החפץ. וע"י דין דקלב"מ לא שייך שכסף זה יתחייב תמורתו, כמו במקח וממכר דע"י זכית המקח אינו חייב ליתן כסף תמורתו. וכיון שהכסף אינו מחייב החפץ לתמורתו, לא שייך שיועיל בתור כסף קנין, ונעשה לכסף הלואה או פקדון, ולפי"ז צריכים לדחוק קצת בלישנא דגמ', ע"כ שמעתי.

דליכא פטור דקלב״מ במשתרשי, וכתב שם, דהטובח בשבת דקנאו בשינוי, חייב לשלם דמיו, דהשתא דמשתרשי לי׳ וכמה שוה השתא חייב לשלם לון].

ודע דעל עיקר הנחת הגרב״ד מכח הסוגיא דכתובות, דעל חיוב נהנה אמרי׳ קלב״מ, ע׳ באבן האזל פ״א ממעילה ה״ג שפירש דברי הר״מ שם שלא כן, דע״ש בר״מ שכתב, כל המועל בזדון לוקה ומשלם מה שפגם מן הקדש בראשו. וע״ש בהג״ה מדפוס אמשטרדם [ובר״מ מהדו׳ פרנקל נדפס בס׳ הליקוטים שם] וז״ל, תימה והא אין אדם לוקה ומשלם, ורבינו עצמו פסק בהל׳ תרומות פ״ו ה״ו שהאוכל תרומה בזדון לוקה ואינו משלם, שאין אדם לוקה ומשלם כו׳. וע״ש שהביא מא׳ דלצדדים קתני, דהיכא דהתרו בו לוקה, והיכא דלא התרו בו משלם, דהרי קיי״ל חייבי מלקות שוגגים משלם ואינו לוקה. אכן הגרא״ז אמר לפרש דברי הר״מ, דכיון דחיוב מעילה הוא חיוב מדין נהנה, לא שייך גבי׳ דין קלב״מ, דרק בחיובים כעין עונשים אמרי׳ קלב״מ, ע״ש בכל דבריו. ובאמת הכי אי׳ להדיא במאירי פסחים כט., ע״ש גבי אוכל חמץ של הקדש בפסח שכתב, ומ״מ אם הי׳ מזיד בהקדש אינו מביא קרבן מעילה, *שהרי אין מעילה במזיד אלא שלוקה ומשלם את הקרן, ואע״פ שאין אדם לוקה ומשלם, הקדש שאני,* ***או שמא בכדי*** *מה שנהנה כו׳*, עכ״ל. והנה משמע מדבריו, דבאמת במעילה משלם יותר ממה שנהנה אך הכא עכ״פ ישלם מה שנהנה, דלענין זה לא שייך פטור דקלב״מ. ובאמת דבריהם תמוהים הם מסוגיא הנ״ל דזר שאכל תרומה. ושמעתי ממו״ר הגרח״ש בשם הגרי״מ,[498] לחלק בזה בין מיתה ומלקות, לממון ומלקות, אלא שהעיר דבדברי הגרא״ז לא שייך לומר כן, דמבואר להדיא בדבריו דגם במיתה ומלקות ס״ל הכי, וצ״ע.

ד. בבי׳ החילוק בין נהנה למשתרשי והנפק״מ בינייהו

והנה בשו״ע סי׳ רמ״ו סעי׳ ב׳ הביא הרמ״א מתרה״ד, דהאומר לחבירו אכול עמי, צריך לשלם לו, ולא אמרינן מתנה קא יהיב ליה. ועי׳ בקצוה״ח שם שהביא דהמהרי״ט תמה על זה מסוגיא בחולין קלא., דהמזיק מתנ״כ פטור, או משום דכתיב ״זה״ דרק בעודן קיימים חייב ליתן, או משום דהוה ממון שאין לו תובעין. ופרכי׳ שם מהא דתנאי הרי שאנסו מבית המלך גורנו אם בחובו חייב לעשר, ומתרצי׳, שאני התם משום דקא משתרשי ליה, והיינו משום דנהנה, דאל״כ היו לוקחים פירות אחרים. והקשו התוס׳ שם בד״ה שאני, דא״כ מתנות כהונה שאכלן אמאי פטור, הא משתרשי ליה, ותירצו, דלא דמיא, דאע״ג דאכלן אפשר שהיה מתענה, עכ״ל. ומאי שנא באומר לחבירו אכול דלא מצי למימר הייתי מתענה. ותי׳ המהרי״ט וז״ל, נ״ל דלא דמי, דהתם מזיק מתנות כהונה או שאכלן פטור, משום דממון שאין לו תובעין הוא, ומשום מזיק לא מחייב אלא משום נהנה, וזה לא נהנה, אבל באוכל משל חבירו, משום מזיק מיהא מחייב, עכ״ל. ובקצוה״ח הוכיח, דאין כוונת הרמ״א לחייבו מדין מזיק, דאדרבה משום מזיק א״א לחייבו, דהוה מזיק ברשות, ובע״כ דחיובו הוא משום דין נהנה. ויישב קושית המהרי״ט, דהנה המדקדק בלשון המהרי״ט יראה, דס״ל דמשתרשי ונהנה הם חדא מילתא, אמנם באמת הם שני דברים, דנהנה היינו מה שהי׳ לו תועלת, אכן משתרשי הוא היכא שהרויח ממון, שנשאר אצלו ממון מחמתו. וי״ל, דמה שהי׳ יכול להתענות אינה מפקיע הדין נהנה, דאילו הי׳ מתענה לא הי׳ לו ההנאה ואנו מחייבים אותו בעבור זה גופא דנהנה. והנה בסוגיא דחולין איירי במתנ״כ, דהתם א״א לחייבו משום נהנה כמו שא״א לחייבו משום מזיק, וכל הא דשייך לחייבו הוא רק במשתרשי, ועל זה כ׳ התוס׳ דהאוכל מתנ״כ לא משתרשי, עכ״ד. ואכתי אינו מובן כל הצורך, דמה ההבדל בין משתרשי לנהנה, דאמרי׳ דהגם דהמזיק מתנ״כ פטור או משום זה או משום דהוה ממון שאין לו תובעין, מ״מ במשתרשי חייב, עכ״ד. ועי׳ בנתה״מ שם שכתב שדברי הקצה״ח נכונים הם מאד.

---

498 עי׳ שיעור כללי לכתובות לב.

ועי' בשע"י ג-כה בד"ה ונלענ"ד, שכ' לפרש וז"ל, ונראה דהענין הוא, דכמו שולד פרה הוא קנוי לבעל הפרה מפני שפרתו הולידה את הולד, ובסיבתה יצא לאויר העולם, וכן כל כה"ג, כ"כ אם נשאר ממון שלו תחת רשותו בסבת המתנ"כ, יש חלק לבעלי המתנ"כ בהאי ממון שנשאר תח"י, וכל מי שהי' בעלים על המתנ"כ כשהי' בעין הם בעלים עכשיו על ממונו לפי ערך המתנ"כ, ומזיק מתנ"כ או אכלם פטור משום דליכא בעולם מתנ"כ, ולשלם להכהנים על היזקין או הנאתן אין הדין מחייב, כיון דליכא תובעים, דכל א' יכול לומר לא שלך הי', אבל במשתרשי לי' חשיב דאיכא עכשיו חמתנ"כ בעין, עכ"ד. [וכעי"ז כתב האו"ש פ"ג מנזק"מ הל' ב' בביאור סוגיא דשם, וז"ל, דכיון דהוא היה חייב ליפרע, ונפרע את חובו בממון ששייך לכהן וללוי, ונשארו מעותיו בידו, הוי כמו דאיתנייהו בעינייהו, דהתמורה של המתנות כהונה נשאר תחת ידו הוי כמו דגוף המתנות נשאר תחת ידו, ובאיתנייהו בעינייהו מוציאין מידו בעל כרחו, יעו"ש עכ"ל].

והנה מלשון הגרש"ש והאו"ש משמע, דיש לו ממון בעין, והיינו דהוא שותף בממונו, וכן שמעתי ממו"ר כמה פעמים. אכן מהגרש"מ שמעתי, דנראה לו באופ"א קצת, דודאי אין לו שום זכות בשום ממון בעין, אלא הביאור הוא, דהוא תביעה דממוני גבך כעין חיוב דמלוה, דמכיון דנתעשר על ידי ממון הכהנים, נחשב שממונם שנתן לבית המלך נשתרשה אצלו, וכאילו ממון שלהם נכנס לרשותו והמאתיים דולרים שנתעשר בה הם שלהם,[499] ולכן הם אוחזים ממונם אצלו. ולפי"ז אין הביאור כמש"כ הגרש"ש, דהוה כאילו הפרה שלי הולידה המעות שלך, דלפי הבנתו עיקר תביעתי היא, דהמעות שלך נולדו משלי ולכן יש לי תביעה ע"ז, אכן להנ"ל הבי' הוא דאותם מעות שזה חסר, זה הרויח, ואותם מעות ממש הוא אוחז אצלם בתורת ממון שאינו בעין.

ומדודי הגרי"ס שליט"א שמעתי באופ"א קצת, דהנה הוא לא הבין ענין זה דממון שאינו בעין, והסביר תביעת ממוני גבך, דשורש תביעתו הוא מחמת שממונו נכנס אצל חבירו ויכול לתבוע אותו ממון, דהרי חבירו קבל ממון שלו וצריך להחזירו ולהשיבו. ובמשתרשי הוא ג"כ כעי"ז, דכיון דהמלך רצה ליקח את שלו ולקח של חבירו במקום ממון שלו, הוה כאילו הוא לקח ממון חבירו ונתנו למלך, ומשו"ה הוה תביעה דממוני גבך דקבלת ממון שלי ועכשיו אתה צריך להחזירו, וליכא נפק"מ אם עכשיו הוא בעין אם לא, ודברתי עם מו"ר הגרח"ש שליט"א וגם הוא הבין כעי"ז.

והנה לפי כל המהלכים הנ"ל מובן היטב הטעם דהמזיק מתנ"כ חייב, ולית בי' הגריעותא דממון שאין לו תובעין, דהנה יסוד הך גריעותא הוא כעין מה דאיתא בב"ק קיא: לחד מ"ד, דבגזל ולא נתייאשו הבעלים, ובא אחר ואכל, דאינו גובה אלא מן הראשון, אך א"א לתבוע השני אפי' מדין מזיק, דכיון דאיקליש ממונו ע"י הגזילה, אין לו על ממון זו שום תביעת מזיק. וע"ש בתוס' דאחר יאוש לכו"ע אין לו שום תביעת מזיק. וכמו"כ הוא בממון שאין לו תובעין, דמכיון שאין להם כח התביעה איקליש ממונם ואין לו עלה שום חיובים, אכן כמו דהתם אילו הפרה הגזולה ילדה עוד פרה, לולי דין דקנין שינוי הי' של הנגזל, כמו"כ הכא. ולהגרש"מ ולהגרי"ס שדימו זה למלוה ג"כ מובן היטב.

והנה עי' שם שהוכיח הגרש"ש, דהוה כממון בעין, דהרי לפי הטעם במזיק מתנ"כ פטור משום דכתיב זה, דמשמע דרק בעודן קיימות חייב ליתנן כמש"כ רש"י שם ,"משמע בעודן קיימות חייב ליתנן אבל אינן קיימות לא חייב הכתוב בהם בתשלומין, עכ"ד. אמנם שמעתי מהגרש"מ דגם לפי"ד, י"ל דזה מספיק, שנחשב שעודן קיימת, דאותם ממונות יש לו אצלו.

ועכ"פ לפי"ד קצוה"ח נמצא, דהחיוב דנהנה והחיוב דמשתרשי, הן שני חיובים שונים. והמקור לזה הוא מסוגיא דחולין קלא. הנ"ל. אמנם ע"ש בפירש"י שפי' הסוגיא באופ"א, וע' בקה"י שם סי' ל"ז,[500] שפי' דגם לפי תירוץ

---

[499] דהוא אוחז אותם ר' זוז במקום שנתעשר חבירו על ידו.

[500] ובמשנת ר"א שכנים פ"ג ה"ג סי' ב ובאבי עזרי פ"ו ממעשר.

הגמ׳ שם, אין לכהנים שום תביעת ממון, וכוונת הגמ׳ היא, דהנה איכא חיוב להפריש מעשר לפני שמוכר ולפני שהשתמש עם תבואתו, ומכיון שהם לוקחים אותה לחובו, והוה כמשתמש בה, וחייב הוא להפריש תרו״מ וי״ל דכוונת הגמ׳ הוא דצריך להפריש תרו״מ לפני שנוטלים את התבואה. ולפי״ז ליכא שום מקור להך מושג, ומדברי מהרי״ט מבואר להיפך דגם בנהנה אמרי׳ הכי.

וע״ש בשע״י שכתב עוד נפק״מ בין חיוב משתרשי לחיוב דנהנה, דע׳ בתוס׳ ב״ק קא. שבחד תירוץ כתבו , וכ״כ הרא״ש שם, דליכא חיוב נהנה אלא היכא דההנאה בא לו ע״י מעשה בהמתו או בהנאת גופו אמנם אם ראובן נטל ממונו של שמעון ונתנה לבהמת לוי, לוי אינו חייב לשלם דמי מה שנהנה. ובבי׳ הדבר שמעתי ממו״ר הגרח״ש בשם הגרב״ד, דכוונת התוס׳ היא, דלחיוב נהנה בעי׳ לקיחה ואינו חייב בהנאה דממילא, ורק דבהנאת גופו נחשב כלקיחה. [ע׳ מש״כ בזה בשיעור כללי לכתובות ל:] דהנה כבר הסביר הגר״ח [מובא בברכ״ש ב״ב סי״ז, ב״ק סי״יד], דהחיוב נהנה אינה תביעה של ממוני גבך, אלא הוא מלוה הכתובה בתורה ונלמד מהפרשה של גזילה, ונהי דאינה גזילה ממש, דהרי לא גזל ממון בעין, אמנם אם לא ישלם נמצא אז ער טשעפיט יענעמס געלט, וכדי שלא להיות גזלן מחוייב לשלם. וכיון שכן, י״ל דחיוב זה הוא רק ע״י לקיחה.

ועוד ע״ש בשע״י [וכן הוא באו״ש פ״ג מגזילה] שכ׳ דודאי במשתרשי לא שייך זה דכיון דנמצא אצלו דבר שזכה בו חבירו ע״י דין משתרשי, מה נפק״מ בזה אם נמצא אצלו ע״י מעשיו או לא, וכן מוכח באנס בית המלך גורנו, דהתם לא הי׳ הנאת גופו או מעשה בהמתו, ובע״כ כמשנ״ת. וכ׳ ליישב עפי״ז קו׳ השער משפט בסי׳ רצ״א סק״ד על דברי התוס׳ מסוגיא דב״מ מב: ואכמ״ל. ובאמת עי׳ בש״ך סי׳ שצ״א סק״ב שכ׳ דביורד לא שייך זה, והוא מטעם הנ״ל.

עוד ע״ש בעמ׳ רס״ח בד״ה ונלענ״ד, שכתב, דכל הפטור דזה נהנה וזה לא חסר לא שייך אלא בנהנה ולא במשתרשי, דכיון דממונו גרם הוספת דבר בעולם, הדין נותן שיזכה בעל הממון בדבר הנוסף, כולד פרה שזוכה בו בעל הפרה, וע״ש שכ׳ ליישב בזה דברי התוס׳ בסוגין, דבעמד ניקף חייב לשלם, אף דזה נהנה וזה לא חסר, משום דגלי אדעתי׳ דניח״ל בהוצאה. וע״ש ביש״ש שתמה בבי׳ דבריהם דמ״ש. וכ׳ השע״י די״ל דכיון דגלי אדעתי׳ נמצא דמשתרשי לי׳ הדמים שנשארו אצלו שהי׳ מוציא בהוצאה, ונמצא שממון חבירו גורם לו תופסת דמים וזכה חבירו בנכסיו, ע״ש.[501] [וכעי״ז בי׳ הגרנ״ט בדברי התוס׳].

והנה לפי״ד השע״י פשוט דלא שייך במשתרשי ענין קלב״מ, וכן שמעתי ממו״ר, ושמעתי מהגרש״מ דגם לפי״ד ודאי דלא שייך דין קלב״מ, כעין מה שנקט הגרב״ד לענין מלוה.

ונמצא דאיכא ד׳ חילוקים בין משתרשי לנהנה א] אם איכא חיוב במתנ״כ דהוה ממון שאין לו תובעים. ב] בדין הנאת גופו ומעשה בהמתו. ג] בזה נהנה וזה לא חסר. וד] בדין קלב״מ.

ושמעתי ממו״ר הגרח״ש עוד נפק״מ בזה לענין קטן, דהנה קטן שגזל אינו חייב להחזיר אלא אם הגזילה בעין אבל אם אינו בעין, לא הטילה התורה חיובים עליו, ונראה דלפי מש״כ הגר״ח דחיוב נהנה הוא מלוה הכתובה בתורה, י״ל דקטן שנהנה ודאי פטור, דלא הטילה התורה עליו שום חיובים. אכן לענין יורד ומשתרשי, שפיר י״ל דגם קטן חייב לשלם כישגדיל, וכן הוא בהלואה, דקטן שלוה חייב לשלם כשהגדיל.[502]

---

[501] וע"ש שכ' ליישב קו' היש"ש מהסוגיא בדף כא. בשכר בית מראובן ונמצא של שמעון, דבאמת לא קשה מידי דבשוכר דירה יש לו זכות על זמן ששכר באופן שאין הבעלים יכולים להוציאו במשך זמן שכירותו, ובדר בלי קנין, כל שעה ושעה יכול להוציאו, ומשו"ה יכול לומר דניחא לי' בהוצאה לשכור דירה בקנין, אבל להוציא על שכר דירה שלא בדרך קנין לא גלי אדעתי' דניח"ל בהוצאה, עכ"ד וכ"כ האו"ש.

[502] א"ה. דין זה כתב הר"מ בפכ"ו ממו"ל הל' י', אולם יש הרבה ראשונים שנחלקו בזה, עי' ברא"ש כתובות (יג, ז) ועוד, והשו"ע (סי רל"ה ס"ק ט"ו) הביא פלוגתא גדולה בזה, וע"ש בנו"כ.

סימן יג

בסוגיא דזה נהנה וזה לא חסר (כ.– כא.)

א. בטעם החיוב בזה נהנה וזה חסר למאי דאמרי' דזה נהנה וזה לא חסר פטור

בגמ' כ. א"ל רב חסדא לרמי בר חמא כו', הדר בחצר חבירו שלא מדעתו צריך להעלות לו שכר או אין צריך, היכי דמי, אילימא בחצר דלא קיימא לאגרא וגברא דלא עביד למיגר, זה לא נהנה וזה לא חסר, אלא בחצר דקיימא לאגרא וגברא דעביד למיגר, זה נהנה וזה חסר. לא צריכא בחצר דלא קיימא לאגרא וגברא דעביד למיגר, מאי מצי אמר ליה מאי חסרתיך, או דלמא מצי אמר הא איתהנית, ע"כ. ועי' בפנ"י על תד"ה זה כו' שכתב, דלפי פשוטו יל"פ דהספק בגמ' הוא, האם הא דחייב בזה נהנה וזה חסר, הוא משום דנהנה, או משום דחסרי', והנפק"מ היא בזה נהנה וזה לא חסר.[503]

אכן כתב, דלפי"ד התוס' א"א לפרש הכי, שהרי כתבו דזה לא נהנה וזה חסר ודאי פטור, דא"א לחייבו בעבור החסרון דאינו אלא גרמא בעלמא, ולפי"ז גם בזה נהנה וזה חסר א"א לחייבו אלא בעבור ההנאה ומ"מ מסתפקת הגמ' אם בכדי לחייבו בעבור ההנאה בעי' שיחסרו. וכתב הפנ"י, דלפי מש"כ התוס' להלן בדף כא. לדקדק מדברי הגמ' דאפי' אם בזה נהנה וזה לא חסר, פטור, אפ"ה היכא דחסרו מעט, מגלגלין עליו את הכל, דמזה ג"כ מבואר, דאפי' לפי מאי דמסתפקי' לומר דפטור בזה נהנה וזה לא חסר, בזה נהנה וזה חסר חיובו הוא בעבור ההנאה, עכ"ד.

והנה הרי"ף חולק על התוס', וס"ל דבזה חסר וזה לא נהנה חייב, והנמוק"י הביא דעת הרמ"ה, דס"ל כהרי"ף, ולהלן הביא מהרמ"ה, דבחסרון מועט כשחרוריתא דאשייתא, אין מגלגלין עליו את הכל, ולפי"ז לכאו' יתכן דס"ל, דלהך מ"ד דזה נהנה וזה לא חסר פטור, בזה נהנה וזה חסר חיובו הוא רק בעבור החסרון.

אכן באמת לא יתכן לומר כן, דבמתני' יט: תנן, דהאוכלת מתוך הרחבה חייבת לשלם מה שנהנית, והנה במתני' על עצם החסרון פטור לגמרימתשלומי נזק, דהו"ל שן ברה"ר, וע"כ דכל חיובו בהכרח הוא רק מכח חיוב נהנה, הרי להדיא דחייב מדין נהנה. וראי' זו מובאת בבי' הגר"א בסי' שס"ג ס"ק י"ח, ע"ש שפי' השקו"ט דרמב"ח ורבא לשי' התוס' כעין דברי הפנ"י, דרמב"ח דקדק ממתני' דחייב בזה נהנה וזה לא חסר, דכיון דפטור על החסרון משום שן ברה"ר, ע"כ צ"ל דחיובו הוא משום נהנה, וא"כ גם בזה נהנה וזה לא חסר חייב, ועל זה השיב לו רבא דבזה חסר וזה לא נהנה, אינו חייב על החסרון, ואפ"ה בזה נהנה וזה חסר חייב, אלמא דהיכא דחסרי', חייב בעבור ההנאה,

---

503 שו"ר במשנת ר"א [יא-א] שכ' כעי"ז בנוס"א קצת, די"ל דלכו"ע שייך לחייבי' מחמת זה דחסרי', והספק בגמ' הוא אם שייך לחייבי' גם מדין נהנה.

אפי' אם א"א לחייבו בעבור הנזק, וא"כ ה"ה במתני',[504] עכ"ד. ודע דכפירושו נ' לדקדק מדברי רש"י בד"ה משלמת מה שנהנית. אלמא בתר הנאה אזלי', עכ"ל. ומשמעות דבריו היא דרצה לדקדק דאזלי' בתר הנאה ולא בתר החסרון.[505] [ע"ע להלן מש"כ בדברי רש"י הנ"ל].

והנה מאחר דהוכחנו דבזה נהנה וזה חסר ודאי יש לחייבו בעבור הנאתו, צריכים להבין מאיזה טעם יפטור בזה נהנה וזה לא חסר, וע' בפנ"י שם שכבר עמד על זה.

ב. בדברי המחנ"א ביסוד הפטור דזה נהנה וזה לא חסר

וע' במחנ"א דיני גזילה סי' י' שהביא פלוגתת הראשו' בראובן שהיה לו חצר והיה משכירו, ועתה קודם שהלך ממקומו בקש להשכירה כדרכו, ולא השכירה מחמת שהוצרך ליל לדרכו שעה אחת קודם, ובא שמעון אחר כך ודר בה שנה אחר שנה, ועתה בא ראובן ותובע ממנו השכירות, ושמעון משיב לו דאינו חייב ליתן לו מידי, דהוי כחצר דלא קיימא לאגרא דקי"ל זה נהנה וזה אינו חסר פטור מלהעלות לו שכר. דדעת הראבי"ה היא, דכל דאין הבעלים בעיר שיוכלו להשכירה, אע"פ שאם היו כאן היו משתדלין להשכירה, השתא דליתנהו, פטור, דהוי כחצר דלא קיימא לאגרא דמצי א"ל מאי חסרתיך, וכן פסק הרמ"א בסי' שס"ג סעי' ו.

אבל מהרש"ל ז"ל כתב בשם אור זרוע, דרבים חלקו על זה וכתב הוא ז"ל, דנראה כהחולקין, מאחר שאם היו הבעלים בכאן היו משכירים אותה הוי כבית דקיימא לאגרא, ודייק לה מדקאמר אילימא בבית דקיימא לאגרא ולא קאמר אילימא בבית דעביד למיגר וכו'. ובמחנ"א פירש סברת האו"ז והיש"ש וז"ל, וה"ט משום דכל מידי דעביד להשכירם ולהרויח בהם, אין הבעלים מוחלין למי שנהנה בהם, עכ"ל. והיינו דסברי דיסוד הפטור דזה נהנה וזה לא חסר הוא, דנקטי' דהבעלים מוחלין למי שנהנה באופן דהוא לא חסר, אך ככה"ג אין דרך הבעלים מוחלין. וכ' שם לדקדק כדבריהם, דיסוד הפטור דזה נהנה וזה לא חסר הוא משום מחילה, מדברי התוס' בשמעתין גבי מאי דמשני תלמודא הקדש שלא מדעת כהדיוט מדעת דמי, שפי' התוס' וז"ל, כלומר דדעת שכינה איכא שלא יהנה אדם בלא מעילה. וביאר המחנ"א כוונתם, דכל היכא דהבעלים מיחו, חייב לשלם אפי' בזה נהנה וזה לא חסר, וכן נקט בבי' הגר"א סי' שס"ג ס"ק י"ג בכוונת התוס', וכ"כ בתוס' ר"פ וכן נפסק בטושו"ע.

ולכאו' צ"ב, דמה מהני מחאתו, וכבר עמד הנחל"ד על זה והביא מהגר"ח מוולאזין דאין הלכתא כהטור בזה. וכ' המחנ"א לפרש בכוונת התוס' דס"ל דיסוד הדין דזה נהנה וזה לא חסר הוא משום דאמדי' לי' דמחל לי' ומשו"ה כ' דכל היכא דמיחה ודאי לא מחל לי', עכ"ד.[506] ולפי דבריו מובן היטב הא דבחיסר משהו מגלגלין עליו את הכל, די"ל דאין דרך בנ"א למחול גם על מקצת נזק, ומכיון דלא מחלי' לא מחלי' לגמרי.

---

[504] וצ"ל דמש"כ בכוונת הגמ' בבי' דברי רמב"ח, הוא רק לפיה הו"א דגמ', אך הגמ' מסיקה, דכוונת דיוקו היא משום דס"ל דסתם פירות ברה"ר אפקורי מפקיר להו, ועי' בתוס' ר"פ שכתב, דכוונת הגמ' בתחילה הי' לדקדק מכח זה, דמאחר שלעסי', לא שוה מידי ואפ"ה חייב לשלם דמי הנאה, ועל זה מקשי' דסו"ס שוה פחות מפרוטה ונימא מגלגלין עליו את הכל, ומתרצי' דמכיון דלא שוה כ"כ והוא הניחו ברה"ר ולא החשיבו, לא נחשב כחסר לו כלל, ע"ש. וע"ע בשטמ"ק בשם תוס' הרא"ש, ועכ"פ מבואר מדבריו ג"כ דהגמ' בתחילה ג"כ לא כוונה לזה דאפקרי'.

[505] שו"ר במשנת ר"א שנקט בדעת הרמ"ה, דס"ל דחיובו הוא מחמת החסר, וע"ש באות ג' שכ' ליישב ראי' הנ"ל, דהא דחייב על מה שנהנית הוא מדין מזיק, דהפטור דשן ברה"ר והפטור דאדם המזיק באונס, הם רק לענין החיוב לשלם כשיעור הנזק, אבל לענין תשלומי הנזק כשיעור ההנאה לא נא' הפטור דשן ורגל ברה"ר, וע' מש"כ שם בבי' דברי התוס' קא. דלהכי בעי' מעשה בהמתו, דכל דליכא מעשה בהמתו ליכא חיוב מזיק, ע"ש.

[506] ולכאו' יש להעיר על דבריו, דהנה עי' בתוס' בדף כ. בד"ה זה נהנה וזה חסר הוא. שהעיר, דנהי דקיימא לאגרא, אך הרי יכול לומר לו דאילו א' הי' אגרי' מינך הייתי הולך משם, ותרץ, דכל זמן שרואין את זה עומד בביתו אין מבקשין ממנו להשכיר, עכ"ד. ולכאו' לפי דברי האו"ז אי"צ לזה, דכל היכא דקיימא לאגרא חייב אפי' אם בפועל לא הי' יכול להשכירה, ונתעוררתי לקו' זו מידידי הר' יצחק שלמה גליק שליט"א, ושאלתי זה להגרש"מ, והניח בקושיא. [ואולי י"ל דלישנא דגמ' דזה חסר קשיא לי', עוד י"ל, דהוקשה לי' לתוס', על עיקר המציאות דאין מוחלין לו בחצר דקיימא לאגרא, ולפי תירוצו דמן הסתם יש לו קפידה, שוב י"ל דכן הוא המציאות בכ"מ, וצ"ע].

והנה עי' בנמוק"י בסוף סוגיין שהביא מהרמ"ה שפי' דברי הגמ' באקילקלתא דיתמי, דקאי על יתומים קטנים, וכתב וז"ל, מכאן שמענו דהא דאי"צ להעלות לו שכר בחצר דלא קיימא לאגרא, לאו דוקא בגדול דבר מחילה הוא, אלא אפי' ביתומים דלאו בני מחילה נינהו אמרי' כו', וטעמא משום דזה נהנה וזה אינו חסר אינו תלוי במחילה, דאפי' בגברא קפדנא דידעי' ודאי דלא מחיל, לא היו מעלין לו שכר, וה"ה גבי יתמי דשייך טעמא דזה נהנה וזה אינו חסר, עכ"ל. הרי מבואר דהרמ"ה הי' נחית לפרש כל סוגיות הגמ' דזה נהנה וזה לא חסר דיסוד הפטור הוא משום מחילה, ורק שסתר פי' זו מסוף דברי הגמ'. ובאמת עי' בקצוה"ח סי' שס"ג סק"ח, דמבו' מדבריו דהי' מקום לפרש דברי הגמ' ביתומים גדולים, ורק שהביא מהרמ"ה הנ"ל שפירש בקטנים, ובדברי האו"ז הנ"ל, לפי הבנת המחנ"א, יל"פ דס"ל דסוגיין איירי ביתומים גדולים.

אך ילה"ע על פירוש זה מראית הגמ' ממעילה, דוכי הקדש בר מחילה הוא, אכן יתכן לפרש, דזה גופא הוא תירוץ הגמ', דהקדש שלא מדעת כהדיוט מדעת, ודכפי' התוס' שם, וצ"ל דזה גופא היתה השקו"ט דגמ' שם, ובאמת כבר תמה הנחל"ד לפי השיטות דכל היכא דמיחה הבעלים לא אמרי' דפטור בזה נהנה וזה לא חסר, דא"כ מהי ההו"א דגמ' בהקדש, וצ"ל דזה גופא הי' נכלל בחידוש הגמ', וכעי"ז י"ל לפי הנ"ל, ובאמת מדברי הרמ"ה מבואר, דלא הי' קשה לי' על פירוש זו מהקדש אלא מיתומים קטנים. [ועי' בעליות דרב"י ב"ב ד: בענין הדין דזה נהנה וזה לא חסר דכתב, "איתיהיב אותה הנאה *למחילה*", ואולי יש לדחות דכוונתו הוא להדין דכופין על מדת סדום, דחלה בעיקר הדיני ממונות, ע' להלן].

ג. ביאורו של הפנ"י בטעם הפטור דזה נהנה וזה לא חסר

אמנם עי' בפנ"י שכ' לפרש דברי הגמ' באופ"א, דהא דמסתפקי' לפטרי' בזה נהנה וזה לא חסר, הוא משום דכופין על מדת סדום, עכ"ד. וכדבריו כתבו להדיא התוס' בב"ב יב: וכ"כ הרמב"ן במלחמות באיזהו נשך [לה: בדפי הרי"ף], ובאמת כן נ' לדקדק להדיא מדברי התוס' בסוגין בד"ה הא איתהנית כו', דע"ש שהק' על מ"ד דמעלינן לי' כנכסי דבר מריון, ולא אמרי' כופין על מדת סדום, דאיך רצינו לפטרי' בזה נהנה וזה לא חסר, עכ"ד. ומבואר להדיא דכל סיבת הפטור בסוגיין היא רק משום דכופין על מדת סדום, ומשו"ה הק' דמ"ש התם דלא אמרי' דכופין על מדת סדום, ומ"ש הכא דמסתפקי' לומר דפטור בזה נהנה וזה לא חסר וכופין על מדת סדום, והיא קושיא גדולה על הפנ"י שלא דקדק דבריו מזה.[507]

ולפי"ז גם יל"פ דברי התוס' במה דמועיל מחאתו, די"ל דכל היכא דמיחה בו ולא יצא משם, אי"ז מדת סדום לחייבו לשלם, וק"ק על הנחל"ד שתמה בזה.[508] וכמו"כ מובן מה דס"ל דבחיסר משהו מגלגלין עליו את הכל, די"ל דכל היכא דחיסרו, שוב דרך בנ"א לחייבו בעבור הכל ולא לעשות חשבון בדיוק כמה חיסרו.

ויש להוסיף על מש"כ, דהנה בפשטות רגילין לפרש דענין כפי' על מדת סדום, הוא לענין לחייבו לשלם, דהוה מדת סדום לתבוע כסף בעבור זה, אכן עי' בחי' הגרש"ש יט-ג שהבין הענין באופ"א, דהנה עי' בתוס' בסוגיין שכ' בפשיטות, דא"א לכופו לכתחילה לדור בביתו. אכן בראשונים מבו' ג' דרגות בזה, דעי' במרדכי שהביא מראבי' דיכול לכופו.[509] אכן הביא שם מי"א דהיכא דיש לו היכולת להשכירו ורק דאין דרכו להשכירו, אין כופין אותו, אך

---

[507] עי' בחי' הגר"ח מטעלז מש"כ ליישב ראי' זו ודבריו אינם מובנים.

[508] ע"ע במשנת ר"א, שכ' בביאור דברי התוס' דמועילה מחאה, דהוא משום דס"ל דיסוד הפטור בזה נהנה וזה לא חסר הוא משום דכיון דמדת סדום הוא להקפיד על הנאת חבירו כל דלא חסרי', לכן בסתמא אמרי' דבודאי ניח"ל לבעל החצר שזה ידור בו בחנם, עכ"ד. אכן מקושיית התוס' בע"ב מבואר, דס"ל דהוה מדין כפיי', דאל"כ לא הוה קשי' ולא מידי על מ"ד דשיימינן לי' כנכסי דבר מריון, דהתם איירי דאמר להדיא דמפקיד.

[509] עי' בגלהש"ס לב"ב יב: שציין לדברי הרשב"ם שם בדף צט: דמשמע להדיא דמטעם כופין על מדת סדום שייך לכופו שידור שם לכתחילה, ע"ע בחי' ר' נחום ב"ב אות קע"ג בד"ה אמנם, שדקדק כן גם מדברי הרשב"ם נט., דע"ש בגמ' דר"ל דאיכא מח' אם כופין על מדת סדום, ופי' הרשב"ם דמאן דס"ל אין כופין על מדת סדום ס"ל "אין *מהנה לחבירו* אע"פ שאינו חסר בזה כלום" ומשמע להדיא דמ"ד דכופין על מדת סדום

היכא דאפי׳ אם הי׳ רוצה לא הי׳ יכול להשכירו, אז כופין אותו לכתחילה, ע״ש. ובפשטות כוונתו היא, וכן שמעתי ממו״ר הגר״ד ברקין שליט״א, דהוא סברא בעלמא דבנ״א רוצים שיהי׳ להם הברירה להשכיר ביתם, ואי״ז מדת סדום. ועי׳ ברמ״א בסי׳ שס״ג סעי׳ ו׳ שפסק כי״א הנ״ל, וע״ש בפתחי תשובה שהביא מהבית אפרים שדקדק מדברי הנמוק״י בשם הרא״ה בסוגיין ומשטמ״ק בשם רבי׳ ישעי׳, ומדברי התוס׳ ב״ב יב: דבכל אופן א״א לכופו לכתחילה, עכ״ד. ובאמת כמו״כ יש לדקדק מדברי התוס׳ בסוגיין, דהרי כתבו בענין הסוגיא דב״ב, דיתכן דהתם נחשב ככפי׳ לכתחילה, והרי התם אינו יכול להרויח כסף על זה.

ובביאור דעת הראשונים הנ״ל דסברי דבכל אופן א״א לכופו לכתחילה, כתב הגרש״ש שם, דה״ט, דאם יכפוהו, נוטלים ממנו שליטת ביתו, וע״ז קפדי רוב אינשי, ולא חשיב מדת סדום בדבר שקפדי ביה רוב אינשי, עכ״ד. וכ׳ הגרש״ש דרק כל היכא דהכפיי׳ אינה סתירה לעיקר שליטת הבית, י״ל דשפיר כופין אותו, ולפי״ז היכא דגר בו שלא מדעתו נמצא דכפוהו באופן שלא נעדרה שליטתו דכ״ז שירצה יצא זה מביתו, עכ״ד. ונמצא לפי״ד דעל עיקר ההשתמשות איכא דין כפיי׳ ולא רק לענין לחייבו לשלם, ויתכן דזהו כל הדין כפיי׳. ולפי״ז מובן היטב מה דמועילה מחאתו, דכל היכא דמיחה, נמצא דדירת זה הוה סתירה לשליטת הבית, ותו לא שייך כל הדין דכופין על מדת סדום, וכמו״כ מובן הא דמגלגלין עליו את הכל, דכל היכא דחסרו, דנמצא דעל עיקר הדירה לא הי׳ שייך דין כפיי׳ כמובן. אכן יש להעיר על עיקר פי׳ הנ״ל, דלפי״ז לכאו׳ יוצא, דמותר לכתחילה לדור בחצר חבירו שלא מדעתו, דהרי ככה״ג כופין אותו לכתחילה, אכן עי׳ בבי׳ הגר״א אות ט׳ז שפי׳ בדברי הרא״ש דמאי דאמרי׳ ״ושאי׳ יוכת שער״ הוא בכדי שיהי׳ מותר לו לדור שם לכתחילה, ומבואר דסבר דבלי״ז הי׳ אסור לדור בו לכתחילה, ובע״כ צ״ל לפי״ז דכל הדין כפיי׳ הוא רק לענין לחייבו ממון בעבור תשמיש זה.

ד. קו׳ הגרש״ש והגר״ח מטעלז מראיית הגמ׳ ממעילה

וע״ש בחי׳ הגרש״ש שהעיר על דברי הפנ״י דיסוד הפטור דזה נהנה וזה לא חסר הוא משום כופין על מדת סדום, מהא דקס״ד לומר, דאם פטור בזה נהנה וזה לא חסר, לא יהא שייך דין מעילה בכה״ג דזה נהנה וזה לא חסר, והרי אילו נימא דמעיקר הדין הי׳ צריך להיות חייב, וכל פטורו הוא מצד הדין דכופין על מדת סדום, הרי הקדש לאו בר כפיי׳ הוא.[510] ועוד העיר הגר״ח מטעלז, מהא דמבו׳ בגמ׳ דף כא. דגם הנהנה מן היתומים פטור כל היכא דזה נהנה וזה לא חסר, וע״ש ברשב״א ובנמוק״י בשם הרמ״ה שפי׳ דאיירי ביתומים קטנים, והרי יתומים קטנים לאו בני כפיי׳ נינהו.

ה. ביאור הגר״ח מטעלז בדין כופין על מדת סדום

וע״ש בחי׳ הגר״ח מטעלז שכ׳ ליישב, וארחיב קצת את הדיבור, דהנה כבר הסתפקו האחרו׳ בעיקר הדין דכופין על מדת סדום, האם הוא ענין דכופין אותו עד שיאמר רוצה אני, וכדין כפי׳ על המצוות, או דמחמת זה נשתנה כבר עיקר דיני ממונות. ועי׳ בשיעורי רש״ר ב״ב אות ר״כ שדקדק מדברי התוס׳ יב: דנשתנה עיקר הדיני ממונות, דע״ש שהק׳ על שי׳ רבה דס״ל שם דמצד כופין על מדת סדום נוטל הבר מצרא סמוך לשדה דידיה, דא״כ למ״ל קרא דבכור נוטל אחד מיצרא, תיפו״ל מצד דכופין על מדת סדום, עכ״ד. והרי אילו אמרי׳ דכל הדין כופין על מדת סדום הוא רק לענין זה דכופין אותו עד שיאמר רוצה אני, הרי נפק״מ טובא איכא דאינו יכול ליטול אחד מיצרא בלי רשות

ס"ל דמהני לחבירו אע"פ שאינו חסר בזה כלום. עוד ע"ש שכ' לדקדק כן מדברי רגמ"ה בסוגיא שם, דכ' דהיכי דמי מדת סדום, דאמרי שלי שלי ושלך שלך, ומשמע דמדין כפיי' יש גם להכריחו ליתן לחבירו ממון שלו, עכ"ד. ודע דכל ראיות הנ"ל אינם מכריחים את שיטת הראבי', דשפיר י"ל כדברי המרדכי והרמ"א המובא בסמוך.

[510] ע"ש בחי' הגרש"ש שסתר דברי הפנ"י מחמת קו' זו, ודבריו צ"ע דבהדיא אי' כדברי הפנ"י בתוס' ב"ב יב: וכן מבו' מדברי התוס' בסוגין וצ"ע.

שאר היורשים, ואם ליתא בפנינו אינו יכול ליטול. וע״כ דמבואר מדברי התוס׳ דנשתנה גוף הדיני ממונות של החלוקה, דכל היכא דעיקר הדיני ממונות הוו מדת סדום לא חלו כל עיקר, וע״ש שנקט הגרש״ר דהוא חידוש גדול לומר כן, דמהי״ת לומר דכבר אישתנו הדיני ממונות, אך כן מוכח מדברי התוס׳, עכ״ד.[511]

וכן נראה לדקדק מסוגיין, דאמרי׳ דבזה נהנה וזה לא חסר שייך דין כפי׳ על מדת סדום, והרי אי נימא דכל הדין דכופין על מדת סדום הוא ענין דכופין אותו עד שיאמר רוצה אני, צל״פ דהכא כופין אותו למחול החוב, והרי נ׳ דודאי ליכא שום מדת סדום במה שיגבה חוב שכבר חל, דאין הרגילות לוותר על חוב ממון שיש לו, וכל הדין כפי׳ לא שייך אלא לענין לחייבו בתשלומין בעבור תשמיש זה, וכבר חל בעיקר הדיני ממונות שאינו חייב לשלם בעבור תשמיש זה.[512]

והנה הי׳ מקום לומר דהגם דמחמת זה דכופין על מדת סדום, נשתנה עיקר הדיני ממונות, אך כל זה הוא לענין א׳ שהוא בר כפיי׳, דהיכא דבאמת חל עליו דין כפי׳, כבר כפהו התורה כ״כ, אך בא׳ שאינו בר כפיי׳, זה לא שייך. אכן ודאי יתכן לומר דכיון דכבר נשתנה עיקר הדיני ממונות אי״ז נחשב כבר ככפי׳ בפועל דלא שייכא בקטנים, אלא דגם בקטנים שייך זה דהרי גם בקטנים רצון השי״ת הוא שלא יהי׳ נוהגים כמדת סדום ונשתנה עיקר הדיני ממונות גם אצלם. וכ׳ הגר״ח מטעלז, די״ל דגם בענין הקדש שייכא סברא זו, דהגם דהקדש אינו בר כפיי׳ כלל, אך כבר חל דין בעיקר הדיני ממונות דלא חל שום דין ושום תביעת ממון היכא דעיקר הדין הוא מדת סדום, ולא דייני׳ על כל מקום מקום אם שייך עיקר הדין התם.

אלא דאכתי אי״ז מספיק, דנהי דבעיקר הדיני ממונות דנהנה כיו״ב גם בהקדש פטור היכא דזה נהנה וזה לא חסר, וכגון היכא דהי׳ קנוי להקדש ממון של חולין, אך הכא דאיירי׳ במעילה, דהוא ממון דאית ביה גם דיני איסורים, האיך מועיל הדין דכופין על מדת סדום. אכן י״ל עפ״י מש״כ הגרח״ה בהל׳ מעילה דעיקר איסור מעילה הוה מדיני גזילה, ולפי״ז א״ש[513]. [וכעי״ז כ׳ רש״ר בב״ב שם ליישב קו׳ הנ״ל, וכן ברשימת שיעורים אות ס״ד].

ז. ביאורם של הגרש״ש והגר״ח מטעלז ביסוד הפטור דזה נהנה וזה לא חסר

והנה בחי׳ הגרש״ש שם פירש הפטור דזה נהנה וזה לא חסר, שהוא מכח סברא שלא יתחייב אלא אם חבירו חסר, והיינו שאין תביעה על הנאה רק אם בעל הממון מתחסר. ועי׳ בחי׳ הגר״ח מטעלז שג״כ כתב כעי״ז, דכל היכא דאינו חסר, לא נחשב שההנאה היא ממנו אלא מחפציו, וליכא חיוב נהנה אלא היכא דנהנה מהאדם עצמו, דהרי בכל

---

[511] והנה הי׳ מקום קצת לדחות ראי׳ זו, דהנה בקצוה״ח סי׳ לט סק״א הביא דעת הרמב״ן, דבפריעת בע״ח מצוה נחתינן לנכסיו מדין כפי׳ ומקיימין המ״ע שלו בע״כ כו׳. והראשונים כתבו בלשון זה, דעד שתכפוהו בגופו כפהו בממונו, וכן הובא נידון זה בר״ן פ׳ מי שהי׳ נשוי, וע״ש בקצוה״ח שנקט, דגם במצות צדקה אמרי׳ כן. והנה כמדומני שאיכא נידון בזה אם הוא דוקא בפניו או לא, ואם ננקוט דהוא אפי׳ שלא בפניו, א״כ יתכן לדחוק ראית רש״ר מדברי התוס׳, די״ל דאפי׳ שלא בפניו שייך דין כפי׳ על נכסיו. אכן יתכן להביא הראי׳ באופ״א, דלכאו׳ תיפו״ל דאיכא נפק״מ היכא דאיכא בכור שהוא גדול, ופשוט שהוא קטן, ויש לאב שני שדות אמיצרא דבכור, ועוד שדה אחר, דבפשטות נ׳ דלדינא שייך כבר לחלוק את הירושה בקטנותו, אכן אילו הי׳ רק מדין כפי׳ לא הי׳ שייך לחלק הנכסים עד אחר שיתגדל, מכיון דלא שייך בקטנים דין כפי׳.

[512] וראיתי ברשימות שיעורים להגה״צ רי״ק שליט״א באות ס״ד שכ׳ כעי״ז, וז״ל, דחסר בבעלות לענין תביעת מה שנהנה, ע״ש.

[513] אכן שמעתי מהגרש״מ, דאכתי אינו מיושב כל הצורך, דכבר הארכנו במקו״א בעיקר הגדר דמעילה, דאפי׳ להגרח״ה נ׳ דאין האיסור מאיסורי גזילה אלא איסור מעילה, שמפריע ומחלל גוף הקדושה אלא דהאופן איך לחלל הקדושה הוא רק ע״י מעשה דנהנה. ולפי״ז י״ל דמאחר שבעיקר הדיני ממונות נכלל בה סיבה להיות חייב, נהי דבפועל לא חל חיוב ממון, אך מחמת זה כבר שייך בי׳ דין מעילה. ואפי׳ למש״כ מהגרש״ש דהדין כפיי׳ חלה כבר בגוף ההשתמשות, אך גם התם באמת נכלל סיבה שיהי׳ לו דין למנעו ושיהי׳ חייב בזה בעבור נהנה, ואפי׳ אי הוה אמרי׳ כהראבי׳ דמשום כופין על מדת סדום שייך לכופו לכתחילה עדיין קשה כנ״ל. תו האריך בזה בחבורה ח׳?.

והנה עי׳ בברכ״ש יד-ב מש״כ בבי׳ השקו״ט דהגמ׳ במעילה.

החיובים בתורה כעין מזיק וגניבה הביאור לחיובו הוא, דהזיק האדם, דע״ז שהפסיד והחסירו ממון נמצא דהזיקו וכעי״ז בגזילה, וי״ל דגם בנהנה לית לי׳ דין תביעת נהנה, אלא היכא דפוגע בו, והיינו עי״ז שחסרו.[514]

ודכמדומני ששמעתי מהגר״ד ברקין שליט״א לדקדק מדברי הרמ״א, דלאו מטעם כופין על מדת סדום הוא, דע׳ בדבריו שם שכ׳ דבאופן דזה נהנה וזה לא חסר, אפי׳ אם הוציא את בעה״ב בעל כרחו מן הבית והוא דר בו פטור.[515] והנה התם קשה לומר דשייך בי׳ דין דמדת סדום, ובע״כ דס״ל דאין הפטור מחמת זה, עכ״ד. [וכן באמת משמע לי מלשון הרמ״א שם בהג״ה שלאחר זה, ע״ש היטב בלשונו]. עוד שמעתי מהגרש״מ בשם א׳, לדקדק מדברי רש״י דל״ל הך סברא, דז״ל בד״ה משלמת מה שנהנית. אלמא בתר הנאה אזלי׳, עכ״ל. והנה בשלמא אי הוה אמרי׳ דהנידון הוא אם הנאה גרידא מחייבת, או דלא אזלי׳ בתר הנאה גרידא, דהנאה אינה מחייבת אלא היכא דבא מתוך חסרון בעלים, אז יש לדחוק בלשון רש״י, דר״ל דאלמא דהנאה לחודי׳ מחייבת אפי׳ אם לא בא חסרון של חבירו, אכן אי יסוד הפטור הוא רק משום דכופין על מדת סדום הול״ל אלא ״אלמא אע״פ שלא חסרו חייב״. וע׳ למעלה מש״כ לפרש רש״י באופ״א, שהוא יותר מכוון בלשון רש״י.

ז. ביאור דברי התוס׳ דמהני מחאה לדברי הגר״ח מטעלז והגרש״ש הנ״ל

והנה לפי״ד מובן היטב הענין דבחסרון דשחרוריתא דאשייתא מגלגלין עליו את הכל, דהחסרון זה הגיע אליו ממה שהוא דר בו בבית, נמצא דהשתמשותו של זה הי׳ ממנו, דהרי השתמשות זו פגעה בו. אך לכאו׳ צ״ב, דאמאי מועילה מחאתו, הא סו״ס לא חסרו. וביארו האחרונים, דכמו דהיכא דחסרו ממון נחשב שנהנה ממנו, כמו״כ היכא דחיסר ופגע בו בבעלותו בחפץ, נחשב שהנאתו היתה ממנו, דהרי הנאה והשתמשות זו בא ממה שפגע בבעלותו, וכיון דיש לו רשות מן הדין למנעו מלדור בחצרו, נמצא דעם מעשה דירה שלו הוא פוגע בבעלותו, ושפיר נחשב כמו שנהנה ממנו, וכעי״ז כתב בשערי ישר.

ח. דקדוק מתוס׳ דאפי׳ חסרון מספק הוה חסרון ובי׳ בזה.

והנה כבר הבאנו דברי התוס' שהעירו על מאי דאמרי' דבחצר דקיימא לאגרא הוה זה חסר, דהרי יכול זה שדר בו לומר, אילו הי' כאן מי שרוצה לשכור הבית ממך, הייתי יוצא, ותירצו, דכל זמן שרואים את זה עומד בביתו אין מבקשין ממנו לשכור, עכ"ד. ולכאו' צ"ב, דסו"ס אי"ז ודאי חסרון אלא ספק חסרון. ולכאו' יש לומר דכל דברי התוס' הם לשיטתם דפי' סוגיין משום כופין על מדת סדום, דבזה כבר אינה מדת סדום לחייבו ממון כמובן, וכן שמעתי מהגרד"ב.[516] אכן באמת נ' דדברי התוס' מובנים היטב גם לפי"ד הגר"ח מטעלז, די"ל דמאחר דע"י ההשתמשות זה הוא מונע ממנו האפשרות להשכירה לאחרים, ודאי נחשב שהשתמשות וההנאה בדירתו שם באה ממנו, וכעין מש"כ לעיל לענין מחאתו.

---

[514] וראית במשנת ר"א שכ' כעי"ז בנוסח אחר קצת, וז"ל, ע"י חסרונו חשב שההנאה באה משלו, אבל כל דאין לו חסרון ע"י ההנאה, לא חשיב שהנאה זו באה משלו, ולכן פטור הנהנה מלשלם עבור ההיא הנאה, דלאו הנאה דידי' הוא כו'. דכל שאין חסרון לבעל החצר ע"י ההנאה, הרי לא נהנה הדר מממונו של בעל החצר. וע"ש להלן דלא נחשב שתשמישים אלו דהיינו הפירות, הם של הבעלים. ועפי"ז ביאר אמאי ע"י מקצת חסרון, מגלגלין עליו את הכל, דע"י מקצת חסרון נחשב שנהנה מממונו של בעל הממון בעבור כל הנאתו.

[515] ע"ש ברמ"א שמקורו הוא מהמרדכי, אך המרדכי איירי בזה לא נהנה וזה חסר, וכוונת הרמ"א היא רק לדקדק מדבריו דגם בכה"ג לא נחשב אומר לו צא, דהרי באומר לו צא חייב בכל גווני, אפי' בזה לא נהנה וזה לא חסר, כמש"כ שם הסמ"ע בס"ק י"ד וכן הוא בב"ח, ובאמת כן אי' להדיא ברי"ו ני"ב ח"א [מישרים] בשם רב"י, וכן הוא בתלמיד הרשב"א בשם רב"י בסוף סוגיין. והנה אולי יש לחלוק על ראי' הנ"ל מדברי הרמ"א, דהנה בנחל"ד העיר על דברי הרמ"א הנ"ל, דאין לו אומר צא גדול מזה, והרי מדברי הרמ"א מבו' שלא חלק על מש"כ השו"ע דבאומר צא חייב. וע' בלבוש שפסק להדיא דאומר צא חייב, ומ"מ פסק כדברי הרמ"א הנ"ל. וע' בגליון מהרש"א שם שכ' לפרש דכיון שהוציאו ניחא לי' שידור שם מחמת זה דשאי' יוכת שער, עכ"ד, ואולי מחמת זה כבר שייך דין כופין על מדת סדום דהרי הוא רוצה שידור שם.

[516] ולולי דברי התוס' הי' שייך לומר עפי"ד היש"ש המובא למעלה, דכל היכא דקיימא לאגרא, אפי' אם בפועל לא הי' מפסיד, חייב, אך מתוס' לא משמע כן, ע' בהג"ה למעלה.

סימן יד

ביאור דברי הרי"ף דחייב בזה לא נהנה וזה חסר

א. בדברי הרי"ף דחייב בזה לא נהנה וזה חסר

כתבו התוס' בד"ה זה אין נהנה וזה אין חסר הוא, דאפילו בחצר דקיימא לאגרא וגברא דלא עביד למיגר הו"מ למימר דפטור, כיון שלא נהנה אע"פ שגרם הפסד לחבירו, דאפילו גירשו חבירו מביתו ונעל דלת בפניו, אין זה אלא גרמא בעלמא, עכ"ל. ועי' בתוס' ר"פ שס"ל כתוס', וכתב דהוא דין פשוט. אכן הרי"ף חולק, וז"ל, בחצר דקיימא לאגרא צריך להעלות לו שכר, ואע"ג דלא עביד למיגר, דהא חסרי' ממונא, עכ"ל. וכוותיה פסק הר"מ בפ"ג מגזילה ה"ט, וכן הביא הנמוק"י מהרא"ה שכל הגאונים ז"ל פה אחד אומרים שהוא חייב, וכן דעת רבו ז"ל [הרמב"ן], וכן נפסק בטושו"ע.

והנה עי' ברשב"א, דבתחילת דבריו הבין בדברי הרי"ף, דחולק על עיקר דברי התוס', וס"ל דגם המבטל שדה חבירו חייב לשלם, וכתב להוכיח כדברי התוס' בזה. אכן דעת רוב הראשונים היא, דגם לפי"ד הרי"ף פטור במבטל שדה חבירו, ורק דהיכא דהוא עצמו דר בו חייב לשלם, וכן נפסק בטושו"ע, דמבטל שדה חבירו פטור, ומ"מ אם הוא עצמו דר בו חייב לשלם.

ובשיטת הרי"ף נאמרו הרבה ביאורים, דהנמוק"י כתב לפרש וז"ל, ולא דמי למבטיל כיסו ולהדוקי' לחברי', דהתם גרמא בעלמא הוא, אבל בכאן שדר בה ואכל פירותיו, חייב בודאי. תדע שאילו אכל אדם פירות חבירו חייב אע"פ שלא נהנה כלל כו'. וכן כתב הרמ"ה ז"ל, דכשדר בה חייב מידי דהוה אכל נזקים דעלמא דזה חסר וזה לא נהנה כו', עכ"ל. והנה ממש"כ הנמוק"י "דהתם גרמא בעלמא הוא אבל בכאן חייב, משמע להדיא דהכא חייב מדין מזיק, וגם ממש"כ "שאילו אכל אדם פירות חבירו חייב", משמע דחיובו הוא מדין מזיק, וכן משמע ממש"כ "וכן כתב הרמ"ה כו'". ומשמע דחיובו הוא מאותו הדין, דהרי הרמ"ה כ' להדיא דהוא מדין ניזקין.

ונראה דבבי' דבריו נח' האחרונים, דהנה עי' בחי' הגרש"ש סי' י"ט שכתב, דדירה אי אפשר להזיק רק ע"י דירה דאוכל חסרונו של זה, אבל בנועל חשוב גרמא, וכמזיק ממש לא חשוב, דעדיין לא הי' בעולם שימוש הדירה, ובדר בה הוא מזיק בשעה שהשימוש כבר בעולם, והוה כאוכל ממש, עכ"ל. וכ"כ בחי' רש"ר סי' יח, וז"ל שם, דההשתמשות בדירה הן אלו הפירות, וממילא אם לא דר בה אלא שגירש את חבירו מביתו, הרי"ז כמי שאינו נותן להצמיח פירות, דהוי כמבטל כיסו של חבירו, אבל כשדר בה דהי' שימוש בדירה, הרי יש פירות, אלא שהוא אוכל את הפירות, וע"ז הוא מתחייב מדין מזיק, עכ"ד. ובפשטות כוונתם היא, דחייב מדין מזיק על הפסד של התשמיש שהשתמש בה, דכיון דהתשמישין אצל הבעה"ב הוה ממון, נמצא דאותו תשמיש שהוא השתמש בה הוה ממון אצל בעה"ב, וע"י דירתו הוא הזיקו והפסידו. ומה דזה תלוי בחצר דקיימא לאגרא, י"ל דהנה אילו אמרי' דזה נהנה וזה לא חסר פטור, י"ל דלא נחשב שנהנה ממנו אלא מממונו, ואפי' אי נימא דזה נהנה וזה לא חסר חייב, י"ל דמ"מ לא נחשב שתשמיש זו יש לו שיווי ממון אצל הבעה"ב, ורק דמ"מ מכיון דהי' להשוכר הרווחת ממון מממונו של הבעלים, חייב לשלם, אכן היכא דקיימא לאגרא הרי יש להתשמיש שיווי ממון אצלו, ושפיר נחשב כמזיק עלייהו.

אכן המעיין היטב בדברי חי' רש"ר שם יראה, דלא זו היתה כוונתו, דע"ש שנקט דליכא לחייבו מדין מזיק על התשמיש שהשתמש בה, כיון שנתהווה התשמיש אצלו והוא ייצר אותו, וע"ש בהג"ה למטה[517], אלא דהוא אופן איך לדון אותו למזיק בידים על התשמיש הנפסד, והיינו התשמיש שהי' יכול להשכיר, דהוה כמבטל כיסו של חבירו בידים. [אכן ממה דדימה לאוכל פירות חבירו, לא משמע הכי, דהתם הוי מזיק גמור על אותו פרי שאכל]. וע"ע בחי' רא"ל סי' ס"ט דמשמע שהבין כן.

והנה יש לדון אם דברי הרי"ף שייכי בחצר דלא קיימא לאגרא, ורק דהפסידו ע"י שחרוריתא דאשייתא, וע' בחי' רש"ר וחי' רא"ל ההבינו, דכה"ג לא שייך לחייבו מדין מזיק, דהרי רב אלפס מיירי רק בדירה דקיימא לאגרא, ורק בזה חישב השימוש בדירה כפירות וחייב על שאכל פירותיו של חבירו, משא"כ הכא הרי החצר לא קיימא לאגרא, וא"כ הדיור בה אינו חשוב כפירות. ולפי"ז תמהו על דברי הרשב"א שהעיר על הרי"ף ממתני' דב"מ קיז. דאיירי שם בשחרוריתא דאשייתא.

ועי' בחי' רש"ר שבתחילת דבריו פירש דחיובו הוא מדין נהנה, דהנה הרא"ש כתב בביאור דברי הרי"ף, דהוה כאכלי' חסרונו של זה. ובברכ"ש סי' י"ד פירש כוונתו, דחיובו הוא מדין נהנה, דחייב על הנאת גופו, והרש"ר הבין דגם בכל נהנה דעלמא חיובו הוא על הנאת גופו ולא על עצם החפצא דההרווחה [וכהבנת הגרא"ק והגרש"מ]. ורק דהא דשייך לחייבו על הנאת גופו מתרי סיבות הא', היכא דהי' לו הרווחת ממון, והב', היכא דחסרי', ועפ"י הנ"ל כתב רש"ר לפרש דברי הרשב"א. אך עי"ש שתמה בבי' הדבר, דמה שחסרי' הוא סיבה לחייבו על הנאת גופו. ולכן העלה דהביאור בדברי הרשב"א הוא, דס"ל דחיובו הוא משום גזילת תשמישין, והיינו דנהי דא"א לחייבו מדין מזיק, מכיון דהוא ייצר התשמיש ולא חסרי' התשמיש, אך מ"מ שייך לחייבו מדין גזלן, דסו"ס נטל דבר של חבירו. ומה דבעי' שיהי' חסר, אפי' אילו זה נהנה וזה לא חסר חייב, [דבפשטות דברי הרי"ף דחייב בזה לא נהנה וזה חסר אינם תלוי' בספק הגמ'], י"ל או משום דבלא"ה לא נחשב כממון אצל בעה"ב,[518] והגם דרק חסרי' מעט, י"ל דכיון דנעשה התשמיש לחפצא דממון, כבר שיימינן אותה כשומת השוק. או די"ל דהיינו משום דהיכא דלא חסרי', נחשב שייצר ממון ע"י ממון חבירו, ולעולם לא הי' התשמיש של הבעה"ב אלא דמ"מ חייב מצד דין נהנה, כיון דייצר והרויח ממון ע"י ממונו של בעה"ב, אך היכא דחסרי', נחשב שהתשמיש בא ממנו והי' שלו, והוא נטלו ושייך לחייבו מדין גזלן. וע"ע במשנת ר"א שנקט בפשיטות בבי' דברי הרי"ף, דחיובו הוא מדין גזילת תשמישין, דהגם דקרקע אינה נגזלת אך תשמישיה נגזלין. [ויתכן דהבין כן גם בדברי הנמוק"י הנ"ל] .

ע"ע בחי' רא"ל שבי' באופ"א קצת, דהנה כבר שאל הגרב"ד להגר"ח בביאור הסוגיא דכתובות ל: דשייך דין קלב"מ בחיוב נהנה, והרי לכאורה חיוב נהנה הוא משום תביעת ממוני גבך, והשיב לו דהוה מלוה הכתובה בתורה, ע"ש. וי"ל דכל זה הוא היכא דלא חסרי', דבזה לא נחשב שהממון הי' אצל הבעלים והלך לנהנה, אלא שהדר בה ייצר את הממון אצלו, וחיובו הוא מדין נהנה, כיון דנהנה מבעה"ב, אכן היכא דחסרי', אז נחשב שהתשמיש בא ממנו,

---

[517] וע"ש שהי' נחית לפרש בדברי הרשב"א, דחיובו הוא מדין גזילת תשמישין, וצ"ב, דמכיון דחייב מדין גזילה, ע"כ דיש לתשמישין דין ממון, וא"כ אמאי אינו חייב מדין מזיק, ובע"כ צ"ל כמשנ"ת, דאי"ז נחשב כמעשה מזיק כיון דהוא ייצר התשמישין, ורק דמ"מ ס"ל דשייך לחייבו מדין גזלן.

[518] דאפי' בשחרוריתא דאשייתא י"ל כמו שבי' הגרש"מ, דכיון דע"י תשמיש זה ניזק כותלו, נחשב שהתשמיש בא מכותל חבירו ויש לו תורת ממון. ואפי' לפי"ד קצוה"ח, דפי' דשחרוריתא דאשייתא הוה גרמי, משום שיכול לשכור פועלים ללבנו, י"ל דביאור הך דין אינו דההפסד הוא הפרוטה שהוצרך להוציא לשלם לפועל, דא"כ במים צלולים ליהוי גרמא ולא גרמי, אלא דבאמת עכשיו כבר הפסידו, אלא דההפסד אינה ברור ומוחלט דשייך לתקנו, אכן לענין הך פרוטה דצריך להוציא, באמת נחשב כהפסד, ונמצא דהוה צירוף מפרוטות החפץ עם אותה פרוטה שצריך להוציא מתח"י.

ושייך לחייבו מדין ממוני גבך הפשוטי,[519] ע"ש. והוא כמעט אותו מהלך של רש"ר והגרא"ק, ורק דהם פירשו דחייב על התשמיש מדין גזילה והוא פי' דחייב מדין ממוני גבך.

אכן בבי' הגר"א סי' שס"ג ס"ק י"ח כתב בשי' הרי"ף כדברי הרמ"ה, וז"ל, דבכל ניזקין זה חסר וזה לא נהנה חייב. ומבואר דהבין, דלהרי"ף חיובו הוא מדין מזיק. ומבואר דהבין כן גם בדברי הרא"ש, דע"ש בס"ק י"ט שהביא לשון הרי"ף דחיובו הוא משום שאכל חסרונו, אכן להלן בס"ק כ"א נקט דפשטא דמילתא הוא דלהרי"ף בשחרוריתא דאשייתא מגלגלין עליו את הכל, וכדעת היש חולקין המובא ברמ"א בסעי' ז' ובריי"ו נתיב י"ב [מישרים] ח"א.[520]

ומבואר מזה, דאפי' אם חיובו הוא מדין מזיק, מ"מ שייך הדין דשחרוריתא דאשייתא. ובע"כ צ"ל דהדין מזיק הוא על עצם התשמיש שהשתמש, ולא על התשמיש שהפסידו, דכיון דחסרי' ונחשב שהתשמיש הי' של הבעה"ב ושהוא נטלו ממנו, נהי דליכא לחייבו מדין גזילה, וכמש"כ הגרב"ד דליכא חיוב גזילה על תשמישין אלא על חפצים, [ורק במעילה איכא חיוב גזילה על תשמישין, כן שמעתי מהגרח"ש בבי' דברי הברכ"ש שם], מ"מ חייב לשלם בעבור התשמיש מדין מזיק. והא דאינו חייב אלא א"כ חסרי', י"ל או כמש"כ, דבלא"ה לא דייני' שהי' התשמיש של בעה"ב. והגרש"מ הבין דבלא"ה אין להתשמיש תורת ממון, והיכא דאכל חסרונו של חבירו, כיון דמונח באכילתו חסרונו של חבירו דיש עלה תורת ממון, כבר חל על כל התשמיש דין ממון.[521]

והנה הרשב"א העיר על דברי הרי"ף מסוגיא דב"מ קיז., ועי' בחי' רש"ר שהעלה בכוונתו, דס"ל בדברי הרי"ף כדעת רי"ו, דהיכא דזה לא נהנה וזה חסר מגלגלין עליו את הכל, ומשו"ה תמה עליו ממתני' דשם, ועי' בבי' הגר"א ס"ק כ"א שהוכיח מכח מתני' דשם, דל"ל להרי"ף מגלגלין את הכל.

וליישב דברי רי"ו י"ל חדא מתלת, או די"ל כגי' התוס' בב"מ קיז. המובא בנחל"ד, דבונה את העליי' ודר בעליי'. ובאמת דברי הגר"א מדוקדקים היטב, דהוא רק סתר פירוש זו בדברי הרי"ף, ובאמת עי' בנחל"ד שכ' דבדברי הרי"ף א"א לומר שגרס כהתוס'. אכן בדברי רי"ו שפיר י"ל שגרס כדברי הרמ"ה. או די"ל כמש"כ הגרש"ש, דכיון דיש לו זכות למנוע הבעה"ב מלדור שם, א"א לחייבו מדין מזיק על התשמיש, כיון דלא הי' שייך לו ליקח לעצמו גוף התשמיש. או די"ל כדברי הגרש"מ חבורה ?ז-ח, דכיון דיש לו דין ממון בדירה, ובעה"ב אינו יכול לעכבו מההשתמשות, לכן מהשחרוריתא דאשייתא, א"א לחייבו עלה מדין מזיק, דמכיון דיש לו זכות ודין לקלקלו, האיך יכול לתבעו ממנו קלקולו. דהרי עיקר הדין מזיק מיוסד על זה דיש לאדם זכות שחבירו לא יזיקו, אך הכא דלא רק דאינו יכול לעכבו, אלא דיש לבעל העליי' דין ממון נגדו שאינו יכול לעכבו מלהשתמש בבית, א"א לחייבו מדין מזיק. ורק מדין נהנה, דשם אין תביעת קלקול, מכח זה יכול לחייבו, דסו"ס הי' לו הרווחת ממון מממונו, וגם מספיק השחרוריתא לדין חסר דבעי' בדין זה נהנה וזה לא חסר, עכ"ד.

---

[519] ע"ש דמשמע מדבריו, דאין החילוק אם נחשב כממון או לא, תלוי באם חסר או לאו, דבכל אופן נחשב עצם התשמיש אצל המשתמש בו כממון, אלא דהחילוק הוא, האם נחשב שהי' ממון שלו שהלך לחבירו אם לאו. אכן יתכן לפרש דהחילוק הוא, האם נחשב כממון אצל הבעה"ב, דאם לא נחשב כממון, כבר לא שייכא תביעה דממוני גבך, וצ"ע.

[520] וכן נ' להוכיח מדברי תלמיד הרשב"א בדף כ. שהעלה כדברי הרי"ף, ומשמעות דבריו שם היא, דהוה מחיובי מזיק. וע"ש שהזכיר לשון הנמוק"י דהוה כאוכל פירות דחברי', ועי' להלן בסוף הסוגיא דכתב, והיכא דאיכא שחרוריתא דאשיתא, צ"ע אי מחייב בחצר דלא קיימא לאגרא וגברא דלא עביד למיגר ודאיר בה סתם, ומסתברא שהוא חייב, עכ"ל.

[521] הגרש"מ הבין בדברי הרא"ש, ד"אכילת חסרונו" ר"ל דנחשב שאכל אותו חסרון בידים, וכגון בשחרוריתא דאשייתא, דנחשב שאכל הך ברעקיל מהכותל, ובחצר דקיימא לאגרא, נחשב שאכל אותו תשמיש שהבעה"ב הי' משכיר, והיינו דאותו חסרון מונח בתשמיש, ונהי דאי"ז עצם התשמיש שהשתמש בו עכשיו, אך עכ"פ מונח בה. ורק דבכדי לברר דברי רי"ו, צריכים לומר דכיון שמונח בתשמיש, כבר יש על התשמיש תורת ממון. וכיון שכן, י"ל דאפי' להחולקים על רי"ו, ודאי עיקר החיוב הוא משום דע"י שהחסרון מונח בהתשמיש, חל על התשמיש דין ממון גמור כשיווי החסרון.

והנה בקצוה"ח העיר על הרמ"ה ממתני' דב"מ קיז. ועי' בנחל"ד שכתב ליישב עפ"י גי' תוס' ב"מ הנ"ל, וע"ע בחבורה ח? שבי' הגרש"מ עפ"י הנ"ל, דכיון דיש לו דין ממון שבעל הדירה אינו יכול לעכבו משחרוריתא דאשייתא, א"א לחייבו מדין מזיק עלה, עכ"ד. ובאמת גם לדברי קצוה"ח צריכים לומר דיש לו זכות שא"א לעכבו מהשחרוריתא, דהרי כתב דהוה גרמא בניזקין, וצ"ב דגרמא בניזקין אסור, וא"כ איזה עצה היא זו לדור בדירה למטה, ובע"כ דזה פשוט דליכא איסור מזיק בכה"ג דיש לו זכות נגדו, דא"א למנעו, ורק דס"ל דבדיעבד אם הזיקו חייב לשלם. ודע דמש"כ הגרש"ש בישוב דברי הרי"ף אינו מיישב דברי הרמ"ה כמובן, דכל סברתו הוא לענין עצם התשמיש ולא לענין שחרוריתא דאשייתא.

ב. סיכום דברי האחרונים בשיטת הרי"ף

הבאנו למעלה ד' מהלכים בדברי הרי"ף, הא', דחיובו הוא מדין מזיק, ובזה יש לפרש או דהוה מזיק על גוף התשמיש שהשתמש בדירתו, וכדברי הגר"א. או דעי"ז נחשב למזיק על התשמיש שהפסידו וכהבנת הגרש"ר [וחי' רא"ל]. והב', דעת הגרא"ק ורש"ר בדברי הרשב"א, דחיובו הוא מדין גזילת תשמישין. והג', דעת רא"ל, דחיובו הוא מדין ממוני גבך. והד' דעת הגרב"ד, דחיובו הוא מדין נהנה, ובזה יש לדון אם הכוונה הוא לגוף התשמיש ורק דנקט דאי"ז נכלל בפרשת גזילה או מזיק, ורק דנכלל בפרשת נהנה, דהוה כמלוה הכתובה בתורה הנלמד מפרשת גזילה. או דחיובו הוא להנאת גופו והיינו להתועלת, וגם זה נלמד מפרשת נהנה, ורק דרש"ר נקט דבכל נהנה חיובו הוא על הנאת גופו, וההרווחת ממון הוא רק סיבה לחייבו בעבור הנאת גופו, אך בפשטות אינו כן, וכמו שנקט הגרא"ק.

ומהלכו של הגרא"ק ורש"ר הוא כעין המהלך של רא"ל, דלשניהם חיובו הוא מחמת זה דהתשמיש שהשתמש בו יש לו תורת ממון, ורק דנחלקו אם חיובו הוא מדין גזלן או מתביעת ממוני גבך. וגם להגר"א דחיובו הוא מדין מזיק, הוא רק משום דהתשמיש יש עלה תורת ממון ואת זה הזיק, וגם להגרב"ד יתכן דמש"כ דחייב על הנאת גופו, כוונתו היא לתשמיש.

ובביאור החילוק בין היכא דחסרי' להיכא דלא חסרי', איכא כמה אופנים, הא', דלעולם גם לתשמיש יש תורת ממון גבי הדר בו, והחילוק הוא אם נחשב שהי' ממונו של הבעלים, או דהדר בו ייצר הממון, ורק דאם זה נהנה וזה לא חסר פטור, לא נחשב שנהנה בכלל מבעה"ב, ואם זה נהנה וזה לא חסר חייב, נחשב שנהנה מבעה"ב, אך לעולם תשמיש זה לא הי' של בעה"ב. ובדרך הב' י"ל, דהיכא דלא חסרי', אין לתשמיש תורת ממון אצל הבעלים, ולעולם אצל הדר בו יש לו תורת ממון. והדרך הג', דגם אצל הדר בו לא הי' לו תורת ממון, ורק כיון דבא מחסרונו של זה שהי' לה תורת ממון, עי"ז חל על התשמיש תורת ממון.

ולענין הפלו' אם בנזק מועט אמרי' דמגלגלין עליו את הכל, זה תלוי' בביאור גדר החיוב, דאי נימא דענין חסר הוא רק בכדי שיהא נחשב שהתשמיש הי' אצל הבעה"ב, אז ודאי מגלגלין עליו את הכל, אך אי נימא דהוא בכדי ליתן לה תורת ממון אצל בעה"ב או תורת ממון לגוף התשמיש, י"ל דהתורת ממון הוא רק כפי אותו השיעור, ואי נימא דהוא היכ"ת לבטל כיסו בידים וכיו"ב, ודאי דא"א לחייבו יותר מהחסרון.

ובענין עיקר הנידון אם מגללגלין עליו את הכל לדעת הרי"ף, דעת הטושו"ע דאין מגלגלין עליו את הכל, אך רי"ו הביא מי"א דמגלגלין, והובאה שיטתו ברמ"א, ובאמת כן היא הכרעת דעת תלמיד הרשב"א. ומקושיית הרשב"א משמע, דס"ל בדעת הרי"ף דמגלגלין עליו את הכל, וכמו שפי' רש"ר ורא"ל בדבריו. והגר"א נקט מסברא בדעת הרי"ף דמגלגלין עליו את הכל, אך מכח מתני' דב"מ קיז. הוכיח דס"ל דאין מגלגלגין עליו את הכל. ועי' בנחל"ד שלא הבין בכלל מאיזה טעם נימא בדעת הרי"ף דמגלגלין עליו את הכל.

ג. קו' על שי' הרי"ף משן ברה"ר והניח להם אביהם פרה שאולה דאמאי אינו חייב משום דאכל חסרונו

ושמעתי מהגרש"מ, דלכאו' ילה"ע על דברי הרי"ף דס"ל דחייב היכא דאכל חסרונו. דהנה בכתובות דף לד: אמר רבא, הניח להן אביהן פרה שאולה, משתמשין בה כל ימי שאלתה, מתה,- אין חייבין באונסה. כסבורין של אביהם היא, וטבחוה ואכלוה, משלמין דמי בשר בזול. ולכאורה צ"ב, דאמאי אינו משלם אלא כדמי בשר בזול, והרי יכול לחייבו משום דאכל חסרונו. וכעי"ז ילה"ע ממתני' דידן בפטור דשן ברה"ר.

אלא דזה תלוי' בביאור שיטת הרי"ף, דאי נימא דמה שחסרון בעלים מונח בתשמישו לא מהני אלא ליתן לעצם התשמיש תורת ממון, ושוב חייב עלה מדין מזיק וגזילה, א"כ לא קשה מידי, דבשן ברה"ר א"א לחייבו לא מדין מזיק ולא מדין גזילה, ובהניח להם אביהם פרה שאולה, ג"כ אינו חייב מדין מזיק, משום דהוה אונס גמור, ואינו חייב משום גזילה, משום דכסבור שהוא שלו ולא כוון לעשות לקיחה, וכמש"כ התוס' בקידושין נה. [ושמעתי מהגרח"ש בשם הגרי"ז, שהוכיח מדברי התוס' דבגזילה לא שייך פטור אונס, דאל"כ למ"ל לתוס' לומר דפטור משום דכסבור שהוא שלו, דאפי' אילו סבר שהוא של חבירו ושמותר לו ליקח אותה, מ"מ הי' פטור, וכן דקדק בזכרון שמואל].

אכן למש"כ הגרב"ד דחיובו הוא מדין נהנה לכאו' צ"ב. ולענין הקושיא ממתני' דשן ברה"ר, שמעתי מהגרח"ש, דהי' לו ראי' דכל דברי הרי"ף, ומש"כ הגרב"ד בביאורו, שייכי רק בהנאת גופו, דבזה שייך לדון שנכנס אצלו ממון חבירו, אכן בהנאת ממונו לא שייך הענין דאכלת חסרוני, ורק שלא זכר איך יישב הקו' מהניח להם אביהם פרה שאולה. ושמעתי מהגרש"מ דיש ליישב קו' הנ"ל, עפ"י מה שהסתפק הגרב"ד שם דבדברי הרי"ף יתכן דלא שייך מש"כ התוס' דהיכא דנהנה מתוך החסרון שהי' בתחילה חייב, ולפי"ז י"ל דבשן ברה"ר ובכסבור שהוא שלו, כיון דבשעה שנהנה כבר לעסה ולא שוה מידי, לא שייך לחייבו מחמת זה דאכל חסרונו, כיון דלפני שבלעה עדיין לא נהנה ולא שייך לומר אכלת חסרוני, ובשעת הבליעה כבר לא הי' שוה ולא מידי.

[וכן לדברי הגרא"ל יל"ע טובא, דלכאורה נראה, דלענין תביעה דממוני גבך לא שייך פטור אונס כמובן, ולכאו' צ"ל כתי' הנ"ל].

סימן טו

בדברי הראשונים בהקדש שלא מדעת כהדיוט מדעת דמי

א. בדברי התוס' בהקדש שלא מדעת כהדיוט מדעת דמי

ב. בדעת הטור בהקדש שלא מדעת כהדיוט מדעת דמי

ג. האם דוקא בחצר דקיימא לאגרא מועילה מחאה

ד. ביאור שיטת התוס' דהיכא דמוחה בי' חייב לשלם אפי' בגברא דלא עביד למיגר

ה. בביאור הסוגיא דב"מ צט:

ו. ישוב בדברי הר"מ פדבמעילה לוקה ומשלם

ז. דברי הריטב"א בב"מ צט:

א. בדברי התוס' בהקדש שלא מדעת כהדיוט מדעת דמי

גמ' כ: תנן, נטל אבן או קורה של הקדש הרי זה לא מעל, נתנה לחבירו, הוא מעל וחבירו לא מעל, בנאה לתוך ביתו, הרי זה לא מעל עד שידור תחתיה שוה פרוטה. ואמר שמואל והוא שהניחה על פי ארובה. ויתיב רבי אבהו קמיה דר' יוחנן וקאמר משמיה דשמואל, זאת אומרת הדר בחצר חבירו שלא מדעתו צריך להעלות לו שכר כו', ולא היא כו' כדרבה דאמר רבה הקדש שלא מדעת כהדיוט מדעת דמי, ע"כ. ובתוס' שם ד"ה כהדיוט מדעת דמי כתבו וז"ל, פירש הקונט' דדעת שכינה איכא. וקשה דשלא מדעתו לאו דוקא, אלא אורחיה דמילתא נקט, וה"ה מדעתו.

אלא נראה, כהדיוט מדעת דמי, כלומר דדעת שכינה איכא שלא יהנה אדם בלא מעילה, עכ״ל. ועי' בתוס' ר״פ שם וז״ל, רוצה לומר דהוי כהדיוט שמוחה, דהתם ודאי חייב לשלם, והכא נמי הוי כאלו מוחה הקדש, דהא רחמנא אמר כל מאן דליהני משל הקדש לימעול, עכ״ל. ולפי״ז יוצא דין חדש דהיכא דהדיוט מוחה, חייב לשלם.

אכן עי' במהר״ם שפי' בדברי התוס' בדעת שכינה באופ״א, וז״ל, כלומר דדעת שכינה איכא כו' ר״ל והוי כאלו הוי כדעת הדיוט שהתנה עמו הדר בו ע״מ שיתן לו שכר, עכ״ל. וכעי״ז פי' בגליון מהרש״א לשו״ע סי' שס״ג סעי' ו' [מהדו' פרידמאן]. וכן פי' במאירי וז״ל, כהדיוט שהתנה עמו לדור בחצירו בשכר, עכ״ל. וכעי״ז כתב הרשב״א וז״ל, ה״ק כהדיוט מדעת ומתנה עמו שיעלה לו שכר הוא, שכן אמרה תורה שלא יהני אדם בלא מעילה, וכן פר״ח ז״ל וז״ל, כדרבה דאמר שכירות הקדש שלא מדעת כהדיוט מדעת דמי, עכ״ל. והנה לפי פי' הנ״ל ליכא שום מקור לומר דכל היכא דמוחה הדיוט חייב להעלות לו שכר.

ב. בדעת הטור בהקדש שלא מדעת כהדיוט מדעת דמי

ועי' בטור סי' שס״ג סעי' ו' וז״ל, הדר בחצר חבירו שלא מדעתו, פירוש שרואהו דר בו ולא א״ל כלום, שאם א״ל צא ולא יצא, ודאי חייב ליתן לו כל שכרו, עכ״ל. וכעי״ז אי' בשו״ע שם, הדר בחצר חבירו שלא מדעתו שאמר לו צא ולא יצא, חייב ליתן לו כל שכרו, עכ״ל. וכתבו המפרשים דהמקור לדין זה הוא מסוגיין, דפירשו דמה שאמר כהדיוט מדעת דמי על דרך תוס' ר״פ.

ועי' בבי' הגר״א שם בס״ק י״ג שכ' לפרש כן גם בדברי התוס' בסוגיין ודלא כהבנת מהר״ם, ונראה שדיוקו הוא, דהנה בנחל״ד כתב, דלפי״ד מהר״ם ודעימי' צריכים לפרש בדברי הגמ' ד״כמדעת דמי״ קאי על הדר, ור״ל כאילו הדר נתרצה ליתן את השכר, וכן בהקדש כיון שהתורה חייבתו בתשלומין הוי כאילו קבל עליו מעצמו את התשלומין, ע״ש. וכן מדוייק בלשון מהר״ם. אכן מל' התוס' לא משמע הכי, אלא משמע דה״דעת״ קאי על דעת שכינה, וכדברי תוס' ר״פ.

ועי' בנחל״ד שתמה טובא בדברי הטושו״ע, דמה בכך שמיחו בו הבעלים בפירוש, מ״מ כיון דדסו״ס לא חסר, אמאי יהי' חייב לשלם, ובודאי דגם בזה שייך כופין על מדת סדומץ עוד העיר שם מדברי הגמ' עצמה, דמאי קס״ד דר' אבהו דרצה להוכיח מכאן דזה נהנה וזה לא חסר חייב, אטו לא ידע דאסור למעול בשל הקדש, ומאי חידש לן התרצן בזה. והרי מלשון התרצן לא משמע דחידש לן דהדיוט מדעת חייב, אלא אדרבה זה דנחשב כהדיוט מדעת, ולכן העלה לדינא כדברי הרשב״א בשם הר״ח, אשר עליו כתבו הפוסקים שכל דבריו קבלה, וכתב, שכמדומה לו שכן שמע מהגר״ח מולאזין זצ״ל דלית הלכתא כהטור בזה, עכ״ד.

[אכן דע דהנחל״ד סמך עצמו בפסק ההלכה על דברי הרשב״א בשם הר״ח, אכן הרשב״א לקמן בדף צז. בד״ה אמר ר״פ כתב וז״ל, ואפי' בחצר מסתברא בשתקף ונכנס בעל כרחו של בעלים, חייב להעלות להן שכר, עכ״ל. והנה מש״כ בזה ״מסתברא״ הוא משום דפי' בדברי הגמ' בדף כא. על דרך הר״ח, אך באמת צ״ב, דאי ס״ל דהיכא דמיחה בו חייב לשלם, אמאי לא פי' כן בדברי הגמ'].[522]

והנה בענין מה שהעיר הנחל״ד בסברת הטושו״ע, עי' מש״כ בזה בסימן יג בעזה״י, דבפשטות צ״ל דכה״ג לאו מדת סדום הוא לחייבו לשלם, וביארנו זה ביותר עפי״ד הגרש״ש שם. והמחנ״א נקט דיסוד הפטור דזה נהנה וזה לא חסר הוא משום דמחלי' והתם לא מחלי', והגרש״ש פי' דלפי דבריו דיסוד הפטור דזה נהנה וזה לא חסר הוא משום דלא נחשב כנהנה מן הבעלים, בכה״ג שתקף, כיון דפוגע בגוף בעלותו ושליטתו, ודאי נחשב כנהנה מהבעלים, אכן נראה דצריכים לפרש דברי הראשו' הנ״ל באופ״א וכמשי״ת בעזה״י.

---

[522] ואולי י"ל בזה, דס"ל דבדברי הגמ' דצ"ל דנחשב כשכירות בכדי לפרש אמאי חייב גם בזה לא נהנה וזה חסר, או בזה לא נהנה וזה לא חסר. וי"ל דהוא מטעם דהקדש שלא מדעת כהדיוט מדעת, וזהו בע"כ משום דהוה כחיוב דשכירות, וע"ע בהג"ה להלן.

ג. האם דוקא בחצר דקיימא לאגרא מועילה מחאה

והנה לדעת הראשו' הנ"ל דמהני בי' מחאה, יל"ע מה יהא הדין בגברא דלא עביד למיגר וחצר דלא קיימא לאגרא. והנה לפי מש"כ למעלה, לכאו' א"א לחייבו אפי' לדעת הרי"ף דס"ל דבזה לא נהנה וזה חסר חייב, דהרי התם הביאור הוא משום דאכל חסרונו, אך הכא באמת לא חסר ולא מידי, ורק דאכתי י"ל דהוי מדת סדום, או דלא מחלי' בחיוב נהנה, או דנחשב שההנאה הוא מהבעלים.

ועי' בברכ"ש סי' י"ד סוף אות א', שנקט הכי, ולכן כתב, דאיכא נפק"מ בין הנך שני פשטים אם איכא חיוב מעילה היכא דזה לא נהנה וזה לא חסר, דאילו הוה כפסיקת שכירות, ודאי דמעל, אך אי הוה מחאה בעלמא, לא יתחייב דסו"ס הא לא נהנה.

אכן עי' בב"ח שם ובסמ"ע ס"ק י"ד שכ' להדיא דמש"כ הטושו"ע דבאומר צא חייב, היינו אפי' בגברא דלא עביד למיגר וחצר דלא קיימא לאגרא, וכן משמע מדברי הטושו"ע, וכמו שהעיר הנחל"ד. וכן כתב להדיא רי"ו במישרים נתיב י"ב ח"א בשם רבינו יונה.[523] וכן הובא בתלמיד הרשב"א בסוף הסוגיא בשם רב"י, וזה לכאו' צ"ב.

ולכאו' י"ל בזה, עפי"ד היש"ש בסי' ט"ז, שכתב וז"ל, דכשמוחה בו הוי לגבי' כבית דעביד למיגר. ולכאו' בי' דבריו הוא, דכשאומר צא, נהי דודאי משמע מזה דאפי' אם ירצה לשלם לו שכירות אינו מוכן להניחו לדור שם, אך פירוש דבריו הוא, דצא מביתי ועד כמה שאתה דר שם אתה חייב לשלם לי שכירות. וס"ל להנך ראשונים דהגם דבאמת לא חסר, דאילו הי' יוצא משם לא הי' משכירו לאחר, אך כיון דנחשב כפסק עמו שכירות, הוי לגבי שוכר זה כחצר דקיימא לאגרא. ולכאו' מבואר, דס"ל דענין בית דקיימא לאגרא, הוא דאל"ה לא דייני' שהתשמיש הוא ממון אצל בעה"ב, אך היכא דיש פסיקת שכירות, שפיר רואין דהוי ממון אצלו.[524] ולפי"ז י"ל דהטושו"ע לשיטתם אזלי, דפסקו כדברי הרי"ף דגברא דלא עביד למיגר וחצר דקיימא לאגרא, חייב, ומשו"ה אפי' כה"ג חייב.

ד. ביאור שיטת התוס' דהיכא דמוחה בי' חייב לשלם אפי' בגברא דלא עביד למיגר

אכן באמת קשה לפרש כן בסידור דברי הטור, דהנה הטור הביא הך דין דבאומר צא חייב לשלם, ומשמע מדבריו, דבכל גווני חייב לשלם וכמו שדקדק הנחל"ד. ושוב כתב וז"ל, ופירש ר"י, שאם הדר בו לא היה צריך לשכור, בענין שאינו נהנה, פטור אפילו אם החצר עומד להשכיר. ורי"ף כתב אם עומד החצר להשכיר צריך ליתן לו שכר אפילו אם הדר לא היה צריך לשכור, ולזה הסכים א"א הרא"ש ז"ל. ומשמעות דבריו הוא דמה שאמר מקודם דהאומר צא חייב, קאי אפי' לשיטת הר"י, וזה לכאו' תמוה, דהרי אפי' בחסר גמור ס"ל להר"י דפטור בזה לא נהנה וזה חסר, והיכי שייך לומר דזה עדיף מינה. עוד ילה"ע מדברי הרמ"א, דהנה ע' במרדכי שהביא דעת הר"י הנ"ל, דבגברא דלא עביד למיגר וחצר דקיימא לאגרא פטור מלשלם, ותו כתב, וכן פירש ר"י דאפילו אם תקף חבירו והוציאו בע"כ ודר בו, אי"ז אלא גרמא בעלמא ומשלם כשעת הגזילה, עכ"ל. ועי' ברמ"א שם בסעי' ו' שהביא דברי המרדכי

---

[523] ע"ש שהביא דברי רב"י פעמיים, ומש"כ הוא העתק מפעם השניה, וז"ל, וכתב רב"י כי בכל מקום שאמרנו שפטור להעלות לו שכר, אם מוחה בו בעה"ב שלא ידור בו, ודר בו אחר מחאתו, נותן לו שכר משלם ואפי' בחצר דלא קיימא לאגרא וגברא דלא עביד למיגר, עכ"ל.

[524] וע' בסימן י"ג שהבאנו דהיש"ש שפסק כדברי האו"ז, בראובן שהיה לו חצר והיה משכירו, ועתה קודם שהלך ממקומו בקש להשכירה כדרכו, ולא השכירה מחמת שהוצרך לילך לדרכו שעה אחת קודם, ובא שמעון אחר כך ודר בה אחר שנה, ועתה בא ראובן ותובע ממנו השכירות, ושמעון משיב לו דאינו חייב ליתן לו מידי, דהוי כחצר דלא קיימא לאגרא, דקי"ל זה נהנה וזה אינו חסר פטור מלהעלות לו שכר. דדעת הראבי"ה היא, דכל דאין הבעלים בעיר שיוכלו להשכירה, אע"פ שאם היו כאן היו משתדלין להשכירה, השתא דליתנהו, פטור, דהוי כחצר דלא קיימא לאגרא דמצי א"ל מאי חסרתיך. וכן פסק הרמ"א סעי' ו. אבל מהרש"ל ז"ל כתב משם אור זרוע, דרבים חלקו על זה וכתב הוא ז"ל, דנראה כהחולקין, מאחר שאם היו הבעלים כאן היו משכירים אותה, הוי כבית דקיימא לאגרא, ודייק לה מדקאמר בגמ' אילימא בבית דקיימא לאגרא, ולא קאמר אילימא בבית דעביד למיגר וכו,' עכ"ד. וי"ל דגם התם זהו הביאור, דכיון דבעלמא קיימא לאגרא, הרי זה קובע דאצל הבעלים הוא ממון, דעד כמה שאדם דר בו צריך להעלות לו שכר. והנה הרמ"א שם פסק כראבי', אכן י"ל דאי"ז סתירה כמובן.

הנ״ל, וע׳ בנחל״ד שתמה עליו, דכיון שתקף חבירו והוציאו, אין לך מחאה גדולה מזו, והרי לא השיג הרמ״א על מש״כ השו״ע דהיכא דאמר לו צא חייב ליתן לו שכר, והניח בצע״ג, וכעי״ז העירו על דברי הלבוש, שפסק דאם אמר לו בעה״ב צא, חייב לשלם, וגפ פסק כדברי הרמ״א הנ״ל. ובאמת עי׳ ביש״ש שהביא מדברי מהרי״ח מובא בהג״ה שכתב כדברי הרמ״א, וכתב שם דהוא חולק על הטור שכתב דכל היכא דאמר לו צא חייב להעלות לו שכר. ועי׳ בגליון מהרש״א שם [מהדו׳ פרידמאן] שפירש דברי הרמ״א, דנהי שהוציאו בע״כ, אך כיון שכבר הוציאו ניחא לי׳ שידור שם, [וכמדומני שכתב משום שאי׳ יוכת שער].

ולכאו׳ לפי הנ״ל מובנים היטב דברי הרמ״א, דהנה המקור של הרמ״א הוא מהמרדכי, ולכאורה צ״ב, דהמרדכי איירי שם בזה לא נהנה וזה חסר, וחידש לן דאפי׳ כה״ג פטור, אך הרמ״א הרי פסק דזה לא נהנה וזה חסר חייב, והוא איירי בזה נהנה וזה לא חסר. אכן נראה דדברי הרמ״א הם המשך לדברי השו״ע,[525] דבא לומר דאפי׳ כה״ג לא נחשב כאומר לו צא, וזהו עיקר חידושו. והנה דברי הרמ״א לפי המציין שם, נלקחים מדברי המרדכי ולכאו׳ צ״ב דמהיכ״ת לי׳ מדברי המרדכי דלא נחשב כמחאה, והרי המרדכי קאי לפי השיטה דזה לא נהנה וזה חסר פטור, ולדבריהם אפי׳ אם נחשב כאומר לו צא, מ״מ פטור, וא״כ מהיכ״ת לו דזה לא נחשב כאומר לו צא. ודוחק לומר דבאמת לא הוכיח כן מדברי המרדכי אלא כן נקט מדעת עצמו.[526]

ולכאורה מבואר מזה, דס״ל דאי נימא דמחאה מועילה, גם לדעת התוס׳ דס״ל דבזה לא נהנה וזה חסר פטור, כה״ג שמיחה בו, חייב. וזה לכאו׳ צ״ב, דאפי׳ למש״כ ביש״ש דהוה כקיימא לאגרא, הרי בקיימא לאגרא גופי׳ סברי התוס׳ דפטור, ובאמת מדברי היש״ש נראה לדקדק, דס״ל דלדעת התוס׳ פטור בכה״ג, דע״ש שדקדק מדברי מהרי״ח מובא בהגה״ה, דחולק על דברי הטור שכתב דבאומר צא חייב לשלם, דכתב מהרי״ח, דאפי׳ דר בו בעל כרחו אין צריך להעלות לו שכר, כיון שזה הבית לא עביד למיגר, עכ״ד. ולכאו׳ צ״ב דאמאי לא כ׳ לדקדק כן מדברי המרדכי. ובפשיטות צ״ל, דהוא משום דהמרדכי ס״ל התם דזה לא נהנה וזה חסר פטור, וא״כ ודאי אפי׳ אומר צא פטור, אכן המהרי״ח בפשטות איירי שם אפי׳ בגברא דעביד למיגר וחצר דלא קיימא לאגרא, ומשו״ה שפיר דקדק מדבריו הכי, אכן לפי מש״כ להוכיח מדברי הטור עצמו והרמ״א, לכאורה צ״ב כנ״ל.

ואשר נראה בזה, דס״ל דאפי׳ לדעת התוס׳ דס״ל דזה לא נהנה וזה חסר פטור, היינו טעמא משום דתשמיש זה לא הי׳ נחשב לבעלים לממון, ונהי דחסרי׳ תשמישי הבית שאצלו הוה ממון, אמנם תשמיש של כאו״א הוא דבר בפנ״ע, ונהי דנחשב שהתשמיש שחסר בו הי׳ ממון לבעלים, אך תשמיש זה לא הי׳ ממון אצל הבעלים דמעולם לא קבע עמו שכירות, והוא לא הי׳ מוכן לשלם בעבורה, אך הכא דאמר צא, ולענין תשמיש זה הוה כאילו אמר לו דאם אתה נשאר פה אתה חייב להעלות לי שכירות, י״ל דעי״ז הוא נתן לה תורת ממון, ושפיר יכול לחייבו אפי׳ לדעת התוס׳. ולפי הנ״ל נמצא פירוש אחר בבי׳ הענין דמחאה, דאינה משום דעי״ז לאו מדת סדום הוא, או דאין כאן מחילה, אלא כמש״כ היש״ש דע״י מחאתו הוה כחצר דקיימא לאגרא, או כמו שביארנו דעדיפא טפי מחצר דקיימא לאגרא.[527]

---

525 וז"ל, הדר בחצר חבירו שלא מדעתו שאמר לו צא, ולא יצא, חייב ליתן לו כל שכרו. ואם לא אמר לו צא, אם אותה חצר אינה עשויה לשכר, אינו צריך להעלות לו שכר, וע"ז כתב הרמ"א, אע"פ שהוציא את הבעל הבית בעל כרחו מן הבית והוא דר בו, (מרדכי פרק כיצד הרגל).

526 אכן יתכן דמקורו של הרמ"א אינו מהמרדכי אלא ממהרי"ח מובא בהגה"ה, והוא איירי בפשטות בזה נהנה וזה לא חסר, ע"ש, אך דוחק לומר כן דבדרכי משה הארוך הביא דברי המרדכי, ולכן בפשטות מקורו הוא משם וכמו שנדפס בשו"ע.

527 ואולי יש ליישב עפי"ז קו' הנחל"ד דמאי ס"ד דר' אבהו לדקדק מזה דזה נהנה וזה לא חסר חייב מכיון דודאי קיים הכא מחאה. ולהנ"ל יתכן לומר דהמעליותא דמחאה הוא משום דמפרשי' בדבריו דעד כמה שלא תצא תחייב לי כסף, וקבע תשמיש זה לממון אצלו, וי"ל דקס"ד דבהקדש ודאי לא מפרשי' כן, דנהי דקיים כאן מחאה, ועד כמה שישתמש בה יחייב לשלם אך אין הכוונה דהוה כאילו שהקדש פסק כאן שכירות והוא לא הסכים לה, וא"כ שפיר קס"ד דלא קיים הכא המעליותא דמחאה.

והנה לפי מש״כ בביאור הענין דעי״ז שפסק עמו שכירות החשיבו כממון, י״ל דחיובו חלוק לגמרי מהחיוב הרגיל של נהנה, דבנהנה הרגיל חיובו הוא משום דנתרבה ממונו, אך הכא חיובו הוא משום דעצם התשמיש יש עלה תורת ממון, ויתכן דכה״ג הוה תביעה של ממוני גבך.[528] דהנה עי' בסימן יב שהבאנו דברי הגרב״ד ששאל להגר״ח בביאור הסוגיא כתובות ל: דשייך דין קלב״מ בחיוב נהנה, והרי לכאו' חיוב נהנה הוא משום תביעת ממוני גבך, ומה זה ענין לפטור דקלב״מ, והשיב לו דהוה מלוה הכתובה בתורה. וי״ל דכל זה הוא בנהנה הרגיל, אכן בכה״ג באמת נחשב כתביעה דממוני גבך, מכיון דהבעלים קובע דגם אצלו הוה זה חפצא דממון.

ה. בביאור הסוגיא דב״מ צט:

ונראה להביא ראי' לזה מדברי הגמ' בב״מ צ״ט: דע״ש דאמר שמואל, האי מאן דגזיל חביצא דתמרי מחבירו ואית בה חמשים תמרי, אגב הדדי מזדבנן בחמשים נכי חדא, חדא חדא מזדבנן בחמשים, להדיוט משלם חמשים נכי חדא, להקדש משלם חמשים כו'. מתקיף לה רב ביבי בר אביי, להדיוט אמאי משלם חמשים נכי חדא, נימא ליה אנא חדא חדא הוה מזבנינא להו. אמר רב הונא בריה דרב יהושע שמין בית סאה באותה שדה תנן. למימרא דסבר שמואל דין הדיוט לאו כדין גבוה דמי, והתנן נטל אבן או קורה מהקדש, לא מעל, נתנה לחבירו, הוא מעל וחבירו לא מעל, בנאה בתוך ביתו, לא מעל עד שידור תחתיה בשוה פרוטה. ויתיב רבי אבהו קמיה דרבי יוחנן ויתיב וקאמר משמיה דשמואל, זאת אומרת הדר בחצר חבירו שלא מדעתו צריך להעלות לו שכר, הדר ביה שמואל מההיא, וממאי דמההיא הדר בו כו', דאמר רבא הקדש שלא מדעת כהדיוט מדעת דמי, ע״כ. וכוונת הסוגיא היא, דבתחילה בא להוכיח משמואל דס״ל דדין הקדש ודין הדיוט שוין, ומשו״ה מקשי' דגם בהקדש הול״ל דשמין אגב בית סאה. ועל זה תירץ, דהדר בי' שמואל מההיא כו'. וצ״ב דהרי לא הדר בי' מעיקר היסוד דדין הקדש והדיוט שוין הן, אלא דס״ל דאפ״ה הקדש שלא מדעת כהדיוט מדעת דמי.

ועי' בחי' רא״ל שכתב לפרש בזה, דיש לעיין ביסוד חיובא דנהנה, האם הוא משום תביעה דממוני גבך כמלוה, או דהוה חיוב התורה וכעין חיוב מזיק. והוכיח כצד הב' מסוגיא הנ״ל, דמבואר דבחיוב דנהנה שייך הדין דשמין בית סאה כמו לענין מזיק, והרי אילו הי' תביעה דממוני גבך כמלוה, ודאי לא שייך הך דין כמובן.

ועפי״ז פירש דברי הגמ' שם, די״ל דהגמ' שקו״ט בגדר החיוב מעילה, דהגמ' פריך דאמאי לא אמרי' דשמין אגב בית סאה בהקדש, דהרי חיובא מדין נהנה הוא, דהכי מבו' מדברי שמואל דדקדק מהא דחייב במעילה בזה נהנה וזה לא חסר, דגם בנהנה דעלמא חייב בזה נהנה וזה לא חסר, ועל זה משנינן, דאין חיובא דמעילה משום נהנה, אלא משום תביעה דממוני גבך, דהקדש שלא מדעת כהדיוט מדעת דמי, ומכיון דהוא משום תביעה דממוני גבך, ודאי לא שייך גבי' דין דשמין אגב בית סאה.

וע״ש שעפי״ד הרשב״א שכ' דענין כהדיוט מדעת הוא דהוה כשכירות, כתב שם בחי' רא״ל, דגם שכירות הוא ענין ממוני גבך. [ואי״ז הממוני גבך הפשוט, אלא דעכ״פ לא הוה ענין חיוב מחודש אלא מלוה שאינה כתובה בתורה, וגם גבה ודאי לא שייך הדין דשמין אגב בית סאה, ואכמ״ל]. אך הרי כבר הבאנו דעת הטושו״ע דפירשו דמאי דאמרי' דהקדש כהדיוט מדעת דמי, ר״ל כאילו מחה בו, ולפי דבריהם הדרא קושיא לדוכתה, אכן לפי מש״כ למעלה מובן היטב, דכיון דפסק גבי' ומשוי לי' כממון שייך הענין דממוני גבך הפשוט, דממון שלו, דהיינו ההשתמשות, נכנס אצל חבירו, ושייך בי' תביעה כמלוה, [ובאמת עי״ש בחי' רא״ל שפירש בדברי הרי״ף דחייב בזה לא נהנה וזה חסר, דהוא משום התביעה הפשוטה דממוני גבך, ע״ש מש״כ בזה]. ולכאו' מוכרחים לפרש כן, גם לפי מש״כ התוס' דהוה כאילו מוחה, דהכוונה הוא לגדר חיוב אחר, דהכי מבואר בדברי הגמ' בב״מ שם.

---

[528] עי' מש"כ בבי' שיטת הרי"ף, ויתכן לפרש בדברי התוס' או מטעם דכה"ג נחשב כמזיק על התשמישין או דחיובו הוא משום גזילה או משום ממוני גבך.

ובאמת עי"ש בחי' רא"ל בסוד"ה והנה שכתב, ומשו"ה בהדיוט מדעת, אף שהוא לא רצה לשכור את החצר, אבל כיון שהמשכיר חפץ להשכיר ומבקש ממנו שכר, מתחייב בשביל גוף ההשתמשות משום ממוני גבך, עכ"ד. וכנראה שהבין גם בדברי הרשב"א דאין ר"ל כהדיוט מדעת, דהוה כאילו המועל בהקדש הסכים לשלם שכירות, אלא סגי בזה דנחשב דפסק עלייהו שכר, ובאמת הרשב"א לא כ' דהוה כאילו הדר הכים לשלם.[529]

ז. ישוב בדברי הר"מ פדבמעילה לוקה ומשלם

ולפי הנ"ל לכאו' צריך לצאת, דהיכא דמיחה בו חבירו, לא שייך בי' פטור דקלב"מ לפי"ד הגרב"ד, דהרי הוה חיוב פשוט דממוני גבך. ולפי"ז יש ליישב קושיית האחרונים על דברי הר"מ בפ"א ממעילה ה"ג, מובא בסימן יב, עד"ש שפסק דהמועל בהקדש לוקה ומשלם, וכבר תמהו עליו האחרונים, דהא כללא הוא דאין לוקה ומשלם וכ' הגרא"ז די"ל דכיון דחיוב מעילה הוא חיוב מדין נהנה, י"ל דבנהנה לא שייך דין דקלב"מ, דאי"ז כחיובי עונשים וכיו"ב. ועי' מש"כ בזה מהגרח"ש בכתובות לב. לתמוה עליו מסוגיא דכתובות ל: דאיתא להדיא דגם בנהנה אמרי' קלב"מ, אכן לפי הנ"ל י"ל באופ"א, דכיון דהוה חיוב פשוט דממוני גבך, בזה לא שייך פטור דקלב"מ, וא"ש הכל על הנכון.[530]

ז. דברי הריטב"א בב"מ צט:

אכן דע דכל מש"כ לדקדק מסוגיא דב"מ הנ"ל, הוא לפי ביאורו של הגרא"ל, אכן ראיתי שם בריטב"א שכבר עמד על קושיא הנ"ל, וכתב, דהגמ' באה לדקדק מדקא יליף שמואל מהקדש להדיוט, דס"ל דכל היכא דמחייב בהקדש מחייב בהדיוט. ושוב העיר וז"ל, וק"ל, כיון דלא הדר ביה מההיא אלא משום דהקדש חשיב מדעת, והדיוט הדר בחצר חברו שלא מדעת, מ"מ שמעינן מינה שאילו היו שוין בטעם, שהיו שוין בדין. וי"ל דאנן הכי קאמרינן, דכיון דמחדא מינייהו הוא דהדר, או מהא דהכא, או מההיא דקתני, ואית לן למימר דע"כ הדר ביה מההיא דהתם, משום טעמא דרבה, תו לא דחינן הא דהכא דמחמיר בתקנתו טפי מהדיוט, עכ"ל. ולפי"ז מבואר, דגם לפי האמת שייך עיקר הך דין דשמין בית סאה בהקדש. וע"ש שהביא פירש"י בסוגיא שם בביאור הענין דהקדש שלא מדעת כו', ולדבריו הוא כענין מחאה, וא"ש הא דס"ל דבהקדש שייך הך דין דהקדש שלא מדעת כו'. אך באמת אפי' אם נימא כמשנ"ת לעיל, דענין המחאה הוא לקבוע את התשמיש לגזילה, מ"מ י"ל דליכא תביעה דממוני גבך, אלא דמחמת זה חייב מדין גזילה על התשמישין, וכעין מש"כ הגרא"ק והגרש"ר בבי' דברי הרי"ף בזה לא נהנה וזה חסר. ולפי"ז שפיר שייך הך ענין דשמין בית סאה.

---

[529] ולפי"ז יש ליישב מה שהערנו למעלה על דברי הרשב"א בדף צ"ז, שכתב להדיא, דהנכנס לחצר חבירו בע"כ, מעלה לו שכר, ולפי הנ"ל י"ל דודאי עיקר מקורו הוא מסוגיא דידן, דנחשב כאילו הוא פסק עלייהו שכירות, אך אין הכוונה כאילו הדר הסכים להפסיקת שכירות, אלא דסגי בזה דבעה"ב פסק עמו שכירות. וי"ל דכל היכא דאמר לו צא, נחשב כפסק עלייהו שכירות, וכמשנ"ת. ומש"כ הרשב"א שם "ומסתברא" י"ל, או דמסתברא דאמירת צא נחשב כפסיקת שכירות, דבסוגין ליכא הכרח לזה, דעיקר כוונת הגמ' הוא דבהקדש נחשב שהקדש פסק עלייהו דין תשלום, או די"ל דזה פשיטא לי' מסוגיין, דאמירת צא נחשב כאילו פסק עלייהו שכירות, אך התם לא איירי' כה"ג, אלא בתקף והוציאו, והרי הבאנו למעלה את דעת הרמ"א, דכה"ג לא נחשב כאמירת צא, וי"ל דכוונת הרשב"א היא לאפוקי מדברי הרמ"א הנ"ל, דס"ל דכה"ג לא נחשב כאומר לו צא.

[530] וילה"ע על מש"כ הגרא"ל שם בדברי הרי"ף, דבזה לא נהנה וזה חסר חיובו הוא מדין ממוני גבך, דא"כ בסוגיא דכתובות ל: דהוה זה נהנה וזה חסר אמרי' אמרי' קלב"מ, ורק די"ל עפי"ד התוס' בסוגיין, דבאמת כבר חסרי', ורק כיון דההנאה באה מתוך החסרון שהי' בתחילה, חייב, וי"ל דכה"ג א"א לחייבו משום ממוני גבך.

סימן טז

דף כא:-כב.

בסוגיא דתחילתו בפשיעה וסופו באונס

א. בסוגיא דהכלב והגדי שקפצו מראש הגג ובגדר דין ח"נ דקרן תמה

ב. בביאור דברי תוס' ד"ה דאפיך כו' ובבי' הנידון אם מאב לאב אמרי' תחילתו בפשיעה וסופו באונס

ג. בגדר הדין דתחילתו בפשיעה וסופו באונס

ד. במה שדימתה הגמ' הנידון בנזיקין להנידון בשומרים

ה. בדברי הגרע"א בבי' הנידון בתחילתו בפשיעה וסופו באונס

א. בסוגיא דהכלב והגדי שקפצו מראש הגג ובגדר דין ח"נ דקרן תמה

במתני' כא: הכלב והגדי שקפצו מראש הגג ושברו את הכלים, משלם נזק שלם, מפני שהן מועדין. ובגמ' שם טעמא דקפצו הא נפלו פטור, כו' והרשב"א שם דקדק, דמאי דאמרי' "פטור" ר"ל דפטור לגמרי ואפי' מחצי נזק, מדקתני בשקפצו משלם נזק שלם, ואם איתא דבנפלו חייבין חצי נזק הו"ל למיתני בהדיא משלם חצי נזק. ועוד דהא אוקימנא כמ"ד תחילתו בפשיעה וסופו באונס פטור וכל באונס פטור מכלום, ונפילה אונס היא, עכ"ד. וצ"ב דהו"ל למידק מיני' ובי', דהגמ' רצתה לחייבו ע"י הדין דתחילתו בפשיעה וסופו באונס, והרי אילו הי' חייב ח"נ משום משונה, איך קס"ד לחייבו נ"ש ע"י הדין דתחילתו בפשיעה וסופו באונס, והרי כבר דקדקו התוס' בדף כב . ד"ה דאפיך מיפך ושא"ר מסוגיא דדף כב.דאפיך מיפך, ומעוד מקומות, דהיכא דתחילתו בפשיעה וסופו במשונה אינו חייב נ"ש. וביותר קשה על דברי המאירי, שהעלה כהרשב"א דפטור לגמרי, אך הביא י"א דחייב ח"נ, וזה צ"ע כמשנ"ת.

והנראה לומר בזה, דהנה יל"ע בעיקר יסוד הפטור דקרן תמה מנ"ש, האם הוא משום דבחזקת שימור קיימי, לא שכיח היזקא כ"כ ולאו פשיעה גמורה היא. או"ד דהדין ח"נ אינו מחמת זה דלא שכיח, אלא דכל דבר דאין דרכו לעשות תמיד כמנהג ברייתו, כלשון הר"מ ר' הל' נז"מ, נכלל בדין קרן תמה דאינו משלם אלא ח"נ, ויתכן דאפי' אם הי' נחשב בדרגא של רוח מצוי' בכל התורה כולה אינו משלם אלא ח"נ [ורק דאילו מצוי תמיד, אז י"ל דמחמת זה גופי' לא נחשב כקרן תמה אלא כקרן מועדת].

והנה התוס' לקמן כב. בד"ה דאפיך מיפך כתבו וז"ל, וא"ת למ"ד תחילתו בפשיעה וסופו באונס [חייב] לחייב נ"ש, דתחילתו בפשיעה דאורחיה וסופו באונס דלאו אורחיה. וי"ל דלא אמר משום דתחילתו בפשיעה לגבי רגל לחייב נ"ש לגבי קרן, דאפילו פושע גמור לענין קרן לא חייבתו תורה אלא חצי נזק כו', עכ"ל, ולכאו' כוונתם כעין מה שצדדו לקמן כג: דשור תם שנגח ג' שוורים של הפקר לא נעשה למועד, הרי להדיא כצד הא'.

ועי' בחי' רר"ג סי' ב' אות ב' בד"ה אבל כו' שכ' לפרש דהשקו"ט של התוס' הי' בגדר הדין ח"נ בקרן תמה, דבקושייתם ס"ל דהא דבהיכא דלאו אורחי' אינו חייב אלא ח"נ, אין הטעם אלא משום דהוי בחזקת שימור, א"כ אין כאן פשיעה גמורה, ולפי"ז הקשו דהיכא דתחילתו בפשיעה ע"י אורחי' דהויא פשיעה גמורה, להכי תחייבו בנזק שלם אע"ג שהזיק שלא כאורחי', שאי"ז פשיעה גמורה, דהוי כאונס. וסברת תירוצם דמה שעל קרן תמה אינו חייב אלא ח"נ, מגזה"כ הוא, ואפילו אם היתה פשיעה גמורה, היינו פשיעה דכי אורחי', מ"מ לא יתחייב אלא ח"נ, וע"כ לא יתחייב בזה משום תחילתו בפשיעה, עכ"ד.

אכן אכתי יל״ע, האם יסוד הפטור מח״נ בקרן הוא משום דבכל מעשה משונה חסר בדרגת הפשיעה ורק עכשיו כבר חל דין פטור, ואולי הוא בגדר לא פלוג, דכל היכא דהוא מעשה משונה חייב ח״נ. או״ד דהדין ח״נ בקרן תמה אינה משום דחסר בפשיעה מחמת זה דלא שכיח כ״כ, אלא הדין ח״נ דקרן תמה תלוי בזה לחודי׳ דהוה דבר דאין דרכו לעשות תמיד כמנהג ברייתו, וכלשון הר״מ ר׳ הל׳ נז״מ, די״ל דכיון שאינה נכלל בעיקר הטבע של הבהמה, הוי זה סברא דלא מוטלת על הבעלים כ״כ חובת שמירה.

והנה עי׳ ברא״ש לעיל סי׳ ג׳ שהביא דעת רש״י גבי כלבא דאכל אמרי רברבי, דס״ל דהגם דעיקר השינוי הוא ההריגה ולא האכילה, מ״מ אינו חייב אלא ח״נ על האכילה, וכן היא דעת הפסקי ריא״ז והרשב״א שם, וכן הכריע לדינא היש״ש.

ובביאור הך שיטה עי׳ בחי׳ הגרש״ה סי׳ ג׳ שכתב, דיתכן לפרש דודאי לא ס״ל, דלרש״י נחשב הכל כמעשה משונה אריכתא, אלא כיון דלא הי׳ שייך לאוכלה בלי ההריגה, נמצא דלא הוה פשיעה על האכילה יותר מפשיעת ההריגה, דהויא פשיעה של קרן תמה. ונמצא דהגם דעיקר המעשה הוה מעשה של שן, מ״מ כיון דחסר בפשיעה, א״א לחייבו אלא ח״נ. וע׳ בדברי אליהו להגר״א חזן זצ״ל שעפי״ז פירש דברי הר״מ בתרנגול שהושיט ראשו לתוך כלי זכוכית, ע״ש. ולכאורה מבואר מזה, דבעלמא בקרן תמה, חסר בעיקר הפשיעה, ומחמת זה גופא אין חיובו אלא ח״נ אמנם אי״ז סתירה למש״כ התוס׳ דאפי׳ היכא דהי׳ פשיעה גמורה אינו חייב אלא ח״נ, די״ל דכן הוא דין התורה, דכל מעשה דמחמת עיקר מציאותו הוה מעשה משונה שאין דרכך הבהמה לעשותו תמיד, דינא לשלם ח״נ אפי׳ היכא דלא חסר בפשיעה. ומסתבר לומר דהא דחסר בפשיעה הוא משום זה דהוה מעשה דלא שכיח כ״כ.

ולפי״ז יש ליישב דברי הי״א המובא במאירי על נכון. דהנה לדעת הראשונים דס״ל דנפילה הוה אונס גמור, בע״כ דלא הוה מעשה משונה מחוץ לגדר הטבע של הבהמה, אלא דהוא מעשה דלא שכיח כלל שבעל הבהמה אינו חייב לחשוש לו, שהרי אילו הי׳ משונה ורק דאיכא ג״כ פטור אונס היה פטור לגמרי. ולפי״ז י״ל דגם י״א הנ״ל דסברי דחייב ח״נ אי״ז משום דסברי דהוה מעשה משונה, אלא דלעולם לא הוה מעשה משונה, ורק דס״ל דדרגת השכיחות של נפילה היא כאותה שכיחות של מעשה משונה, וא״כ נהי דהוה רגל, מ״מ אינו חייב אלא ח״נ. ועל זה שפיר קאמרי׳ בגמ׳ דלמ״ד תחילתו בפשיעה וסופו באונס חייב גם כה״ג הי׳ צ״ל דתחילתו בפשיעה וסופו באונס חייב[531].

ובאמת זה מתאים מאד עם דעת הרשב״א, דהנה הרשב״א לא הוכיח דפטור לגמרי על הנפילה מהא דשייך גבה דין דתחילתו בפשיעה וסופו באונס, ומבואר דס״ל דבקרן תמה חסר בפשיעה וכמשנ״ת, והרי ברשב״א בדף טו: מבואר להדיא דבכלבא דאכלא אמרי רברבי כו׳ גם על האכילה חייב ח״נ, וכבר ביארנו מהגרש״ה דהוא משום דנהי דהוה שן ולא קרן אך חסר בהפשיעה. אך אי״ז מוכרח דיתכן דס״ל דהוה מעשה אריכתא של שינוי.

[ועפ״י הנ״ל אולי י״ל, דס״ל להך י״א דבאמת גם בקרן כל הפטור הוא משום דחסר בפשיעה מחמת זה דלא שכיח, ורק דס״ל דמאב לאב לא אמרי׳ תחילתו בפשיעה וסופו באונס חייב, אך ס״ל דנהי דמעשה משונה נכלל באב דקרן, אך כל זה הוא בסוג מעשה של משונה, דעצם המעשה מצד מציאותו הוא משונה, אך מעשה שהוא מעשה רגל, ורק דהוא בדרגת לא שכיחות כקרן, נהי דחייב ח״נ כקרן, אך ליכא עלה תורת קרן. ובאמת לפי״ד הגרש״א בסי׳ שצ״ו סעי׳ א׳ נמצא, דהרשב״א בב״מ לו: שביאר דדין דתחילתו בפשיעה וסופו באונס הוא משום דאוקמי׳ ברשותי׳ לאונסין, לפי״ד לא שייך תירוץ התוס׳ בדף כ״ב הנ״ל, ולפי״ז בע״כ צ״ל כתירוץ המרדכי דכתב בפירקין רמז י״ח דהוא משום דמאב לאב לא אמרי׳ תחילתו בפשיעה וסופו באונס].

אכן שמעתי מהגרש״מ, דנראה לו פשוט דכל מה דקרן תמה משלמת ח״נ, אי״ז משום דחסר בפשיעה מחמת זה דלא שכיח כ״כ, אלא משום דמכח מנהג ברייתה אין דרכה לעשות תמיד. ואפי׳ יצוייר דיש לה השכיחות כרוח מצוי׳, כל

[531] ורק דקצת צ"ע דמהיכ"ת להם לומר דלא הוה אונס גמור.

דאין דרכה לעשות תמיד מכח עיקר ברייתה אינה חייבת אלא ח"נ. ואמר לדקדק כן מתוס' בסוגיין בד"ה אדם כו', דע"ש שנקטו דאילו על קפיצה מלמטה למעלה הי' חייב ח"נ, שומר חנם הי' חייב על היזק כיו"ב, והיינו דנחשב כרוח מצויה. ומבואר מדברי התוס' דיתכן שיהי' לה תורת קרן ואפ"ה יהא בדרגת שכיחות של רוח מצוי'.[532]

ובפשטות היה נראה לדקדק כן מסוגיא לעיל יג: דמשמע שם, דשומר חנם חייב היכא דהשור הוזק ע"י מזיק דקרן, והרי ש"ח אינו חייב אלא על היזק בשכיחות דרוח מצוי', ובע"כ דגם קרן נחשב כדרגת שכיחות של רוח מצוי'. אכן כבר דחו ראי' זו, די"ל דנהי דכלפי כל שור מסויים הוה בדרגה של רוח שאינה מצוי', אך כלפי כל שוורים בעלמא הוי בדרגת שכיחות של רוח מצוי'.

אך אכתי יש לדקדק כן מסוגיא לקמן מ"ה סוע"א, דע"ש דמשמע דש"ח שלא שמר השור ויצא והרג אדם, דהדין הוא דהשור יסקל, הש"ח חייב לשלם דמי השור לבעלים. והרי כיון דהוא תם, נמצא דנגיחה זו הוה כרוח שאינה מצוי', ואמאי חייב לשלם דמי שור לבעלים, ובע"כ דנחשב כפשיעה וכרוח מצוי'. הרי להדיא דגם קרן בעלמא נחשב כרוח מצוי'. ולפי"ז באמת צ"ב דמהיכ"ת לן מקרן לחייבו אפי' ברוח שאינה מצוי', ובע"כ צ"ל, דלא מחלקי' בדרגות השכיחות לענין ממון המזיק, והגם דמקשי' מה לרגל שכן היזקא מצוי, היינו כיון דהוה מעיקר תכונת הבהמה והוה חפצא דמזיק, יש יותר סברא לחייבו, אך מה שהוא פחות שכיח אינה סיבה לפוטרו. ולכאו' מבואר מזה, דבקרן גופי' הא דאינו חייב אלא ח"נ, אי"ז משום חסרון השכיחות אלא כמשנ"ת, ונהי דאילו שכיח טפי ודאי הי' חייב עלה נ"ש כמובן, אך עכ"פ יסוד הדין דח"נ אינו משום חסרון פשיעה מחמת האי שכיחות.

אלא דלפי"ז צ"ב דברי הגרש"ה בשי' רש"י בתחילתו בשינוי, מדברי התוס' לקמן כג., הרי להדיא דבקרן תמה חסר בגוף הפשיעה. ושמעתי מהגרש"מ דאין הכוונה דחסר בפשיעה מחמת זה דלא שכיח כ"כ, אלא דמאותה סיבה דאינו חייב אלא ח"נ מחמת דהוה מעשה משונה, מה"ט גופא אינה פשיעה גמורה. והיינו דכיון דלא נכלל בעיקר טבע הבהמה, יש סברא לומר דלא מוטלת עליו האחריות כ"כ, ומה"ט נמי חסר בגוף הפשיעה, ע"כ שמעתי.

והנה ליישב הראי' מסוגיא דלקמן מה. י"ל עפי"ד הרמב"ן בב"מ צג:, דהנה בגמ' שם [מה.] איתא, דאם שמר שומר חנם שמירה פחותה והרג השור אדם, חייב השומר לשלם כופר, והשור יסקל, דלדין שמירת נזיקין בעי' שמירה מעולה, כשיטת ר' מאיר, והחומר פטור מלשלם לבעלים כיון דלדין שמירה דש"ח סגי בשמירה פחותה. ועי' ברמב"ן בב"מ צג: שהעיר, דכיון דלא שמר כראוי לענין נזיקין, הו"ל לחיוביה משום תחילתו בפשיעה וסופו באונס, וכ"ש הוא, דהא בהך פשיעה גופא אזיק, וע"ש שמכח קושיא זו הוכיח, דכיון דלאו פשיעה ממש היא, דהא עכ"פ עביד שמירה פחותה דשומר חנם, לא מחייבינן ליה משום דלא שמר כראוי לנזיקין, וכ"ש למילי אחריני דאירע בהן אונס, עכ"ד. והיינו כשיטת התוס' בכ"מ, דשומר שכר אינו חייב על תחילתו בגניבה ואבידה וסופו באונס. ובהג' הגרא"ז שם העיר על עיקר קושית הרמב"ן, ועי' באבי עזרי סוף נזיקין עמוד שע"ה באגרת להגרא"ז מש"כ לפרש בדברי הרמב"ן. ועכ"פ לפי"ד הרמב"ן יוצא, דהיכא דלא שמר הש"ח בשמירה פחותה, שפיר שייך לחייבו על היזקא דגופה מכח הדין דתחילתו בפשיעה וסופו באונס, דפשע לענין שמירת נזיקין. ולפי"ז שוב ליכא ראי' דמזיק דקרן הוי בדרגת שכיחות של רוח מצוי' וכמובן. אך אכתי צ"ב, דהתינח למ"ד תחילתו בפשיעה וסופו באונס חייב, אך למ"ד תחילתו

---

[532] והנה נראה פשוט דשייך לחייבו מדין קרן גם בדבר שנחשב כרוח שאינה מצוי', דהרי לא מצינו שינויים שהם פטורים למ"ד פלג"נ קנסא. ומה שדקדק התוס' בסוגיין דמלמטה למעלה פטור לגמרי, ה"ט משום דאילו הי' חייב ח"נ, מהיכ"ת לן לומר דשומר יהא פטור עלה, דהברייתא תצטרך לפרש דהחייב עלה, דהרי מה שאינו חייב אלא ח"נ אינו מכריח לן דהוה בדרגה של רוח שאינה מצוי'. וע' בסמוך שהוכחנו מסוגיא לקמן מה. דקרן גופי' הוי כרוח מצוי', ויש להעיר מזה על תוס' ר"פ בסוגיין דחולק על דברי התוס' הנ"ל, וס"ל דאפי' אם דילגה ממטה למעלה חייב ח"נ מ"מ ש"ח פטור עליו, ומבו' דלא הוי כרוח מצוי', ולכאו' צ"ב, דכיון דיתכן שקרן יהא כרוח מצוי', אמאי הוצ' הברייתא לפרש דהחייב בשומר, והרי מאי דאמרי' דמשונה הוא ואינו חייב אלא ח"נ, אינו מכריח דאיכא פטור שומר. ע"כ שמעתי. שוב האריך הגרש"מ בכל זה בחבורה י"?, ע"ש.

בפשיעה וסופו באונס פטור איך יפרש דברי הברייתא, ובע״כ צ״ל כמשנ״ת, דקרן הוי בדרגת השכיחות של רוח מצוי׳.

אכן ראיתי בחי׳ הגרנ״ט סי׳ קכ״ב שנקט, דקרן לאו רוח מצוי׳ הוא, דיסוד הפטור מח״נ הוא גופי׳ משום ה״אי שכיחות״, והעיר מכח זה על המאירי המובא בשטמ״ק בדף יג. וז״ל, הוזק שור זה של בעלים ביד השומר משור אחרים, אם מצד פשיעתו של השומר, חייב השומר לבעלים בכל הנזק והוא גובה מהמזיק ח״נ אם הוא תם, עכ״ל. וע״ש שכ׳ ליישב דמצינו רוח מצוי׳ גמורה, ורוח שהוא מצוי׳ ואינה מצוי׳, וי״ל דדין של רוח כזו הוא, דשומר בעלמא חייב עלה, אך בשמירת נזיקין איכא חילוק, דנראה דיש שני גדרים בשמירת נזיקין, הא׳, לשמור שורו שהוא מזיק שלא יזיק, והב׳, לשמור שורו שלא ייעשה מזיק. וי״ל דהיכא שצריך שמירה שהמזיק לא יזיק, אז צריך שמירה גם מרוח מצוי׳ ואינה מצוי׳, אך היכא דצריך לשומרו שלא יעשה מזיק, חיובו לשמור הוא רק מהיזק דרוח מצוי׳ ולא מרות מצוי׳ ואינה מצוי׳. והוכיח כן מאש, דעי׳ בתוס׳ סוף נט: שהביא ירושלמי לענין אש, דרוח שהעולם מתנהג שפעמים הוא בא ופעמים אינו בא, אינו חייב עלה. ועי׳ בפנ״י שם, וכן הוא ברשב״א להדיא, דהוא כרוח שאינה מצוי׳. [ועי׳ בתוס׳ ר״פ שם שפירש באופ״א]. והעיר הגרנ״ט דאמאי נחלקו שם בענין אש ולא מצינו פלוגתא זו בכל המזיקין. וביאר שם, דרוח זו הוה בדרגה מצוי׳ ואינה מצוי׳, ובשאר מזיקין חייב עלה בדרגה זו, וכל דברי הירושלמי הם רק באש היכא דאכתי אין עלה שם אש, וכאופן דמתני׳ דדף נט. דקאי דברי הירושלמי עלה, דשם איירי דאחד הביא את האור ואחד הביא את העצים. והוסיף שם די״ל דגם הדין שמירה בקרן תמה הוא שמירה שלא יעשה למזיק, דאכתי אין עלה תורת מזיק עד שעת המעשה מזיק, דנתעורר להזיק עי״ז שיצרא קתקיף לה. ולפי״ז י״ל דמזיק דקרן הוי כרוח מצוי׳ ואינה מצוי׳, ומשו״ה ש״ח חייב היכא דהוזק בקרן, אך מ״מ י״ל דיסוד הפטור דקרן הוא משום דלא שכיח כ״כ.

שו״ר ביש״ש פ׳ הכונס אות ז׳ שכ׳ להדיא לחלק בין פשיעה דקרן לפשיעה דשן ורגל, וכ׳ דהוא משום דלא שכיח נגיחה, והוא כדברי הנ״ל.

ב. בביאור דברי תוס׳ ד״ה דאפיך כו׳ ובבי׳ הנידון אם מאב לאב אמרי׳ תחילתו בפשיעה וסופו באונס

כב. תוד״ה דאפיך מיפך, וא״ת למ״ד תחילתו בפשיעה וסופו באונס [חייב] לחייב נ״ש, דתחילתו בפשיעה דאורחיה, וסופו באונס דלאו אורחיה. וי״ל דלא אמר משום דתחילתו בפשיעה לגבי רגל, לחייב נ״ש לגבי קרן, דאפילו פושע גמור לענין קרן לא חייבתו תורה אלא חצי נזק, דאי לאו הכי ארי שנכנס לחצר הניזק וטרף ואכל לחייב נ״ש דתחילתו בפשיעה לענין דריסה, וכן כל קרן בחצר הניזק תחילתו בפשיעה לענין שן ורגל, עכ״ל. ולעיל הבאנו מש״כ רר״ג בבי׳ דברי התוס׳. ובנחל״ד תמה על עיקר דברי התוס׳, דהאיך יתכן לומר דמה שתחילתו בפשיעה הוא סיבה לחייבו על אונס שהוא פטור גמור, ואינה סיבה לחייבו על מעשה בשינוי, דאפי׳ לולי זה שתחילתו בפשיעה הי׳ חייב ח״נ. ולכן כ׳ לפרש בכוונת התוס׳, דעיקר תירוצו הוא, דמאב לאב לא אמרי׳ תחילתו בפשיעה וסופו באונס, וכן הביא מהיש״ש לפרש כן בדברי התוס׳. ובאמת עי׳ במרדכי ובהגה״א שכתבו כן להדיא ליישב קו׳ התוס׳.[533] אכן בדברי התוס׳ קשה לפרש כן, דא״כ מש״כ ״דאפילו פושע גמור לענין קרן לא חייבתו תורה אלא חצי נזק כו״, אין לזה מובן כלל.

ועי׳ בסמ״ע בסי׳ ש״צ ס״ק ל״ה דכתב להדיא, דאין כוונתם דמאב לאב לא אמרי׳ תחילתו בפשיעה וסופו באונס, אלא דלענין פטור משונה מנ״ש, לא מועיל הדין דתחילתו בפשיעה וסופו באונס. ע״ע בנמוק״י שנקט להדיא, דאמרי׳ תחילתו בפשיעה וסופו באונס אפי׳ מאב לאב, דע״ש שהעיר דכיון דבקרן חייב שמירה מעולה, היכא דשמר שמירה

---

[533] וכן מבו׳ מדברי תוס׳ הרא״ש המובא בשטמ״ק כג. וז״ל, ותי׳ הרא״ש דמאב לאב לא אמרי׳ תחילתו בפשיעה וסופו באונס כדשנינן לעיל.

פחותה לחייב על שן ורגל משום תחילתו בפשיעה וסופו באונס, ע״ש. ולפי״ד הדרא לדוכתה קושיית התוס׳, ובהכרח צ״ל כפשטות משמעות דברי התוס׳, ובאמת עי׳ בתלמיד ר״ת ור״א שכ׳ זה לשני תירוצים נפרדים, הא׳, כמש״כ בתוס׳ לפנינו, והב׳, דמאב לאב לא אמרי׳ תחילתו בפשיעה וסופו באונס.

[ודע דבדברי הנמוק״י איכא מקום עיון גדול, דע״ש בסו״ד דמשמע להדיא, דבכותל רעוע דאפי׳ קפץ סמוך לכותל, חייב, וזה לכאו׳ תמוה דקפיצה סמוך לכותל הוה שינוי, והרי הוא עצמו כ׳ לעיל דחייב ח״נ, וא״כ היכי חייב נ״ש ע״י דין דתחילתו בפשיעה וסופו באונס, וצ״ע. [שוב העיר הגרש״מ בזה בחבו׳ י׳? ע״ש.]

ולכאו׳ צריכים להבין במאי נחלקו הנחל״ד והיש״ש עם התוס׳, האם יתכן לומר דהגם דכיון אם תחילתו בפשיעה זה מחיבו אפי׳ באונס, מ״מ אינו מחיבו במעשה משונה. ובאמת מדברי המרדכי והגה״א שלא תירצו כתוס׳ לכאו׳ מבו׳ דס״ל דבעיקר יסוד דינא הי׳ מועיל דין תחילתו בפשיעה לחיבו נ״ש אפי׳ במעשה משונה. וצ״ב, דלכאו׳ תירוץ התוס׳ מובן מאד, דאפי׳ אם הוא פושע גמור בקרן מ״מ אינו חייב אלא ח״נ. [ורק דיתכן לומר דהנך ראשונים סברי דבקרן היכא דהוי פושע גמור באמת חייב נ״ש וכגון בנגח ג׳ שוורים של הפקר, אך דברי הנחל״ד והיש״ש שלא רצו לפרש כן בדברי התוס׳, לכאו׳ צ״ב טובא], ולהלן נבאר זה בעזה״י.

ועכ״פ מבואר להדיא, דנחלקו הראשונים אם אמרי׳ דין תחילתו בפשיעה וסופו באונס מאב לאב, דמפשטות התוס׳ שלפנינו מבואר, דאמרי׳ תחילתו בפשיעה וסופו באונס מאב לאב, וכן מבואר מדברי הנמוק״י, ודעת המרדכי והגה״א אינה כן, ובאמת מובן היטב סברת המרדכי, דאמאי תועיל הפשיעה של מזיק זה לענין דין מזיק אחר, ולכאו׳ צריכים להבין במאי נחלקו.

והנה מצינו מחלוקת גדולה בין היש״ש לתלמיד ר״ת ור״א, דעי׳ בחי׳ תלמיד ר״ת שבתירוץ זה דמאב לאב לא אמרי׳ תחילתו בפשיעה וסופו באונס, כתב וז״ל, אלא לא שייך למימר הכא תחילתו בפשיעה, דכיון ששינה הוי קרן, ותחילתו בפשיעה הויא רגל, בכה״ג אין תחילתו בפשיעה וסופו באונס חייב, דשן ורגל וקרן כמו ג׳ מזיקים הם, והא פשיטא דאילו פשע באש לא הוי חייב בשור דלא פשע בו כלל, או אם פשע בשור אחד, לא הוי חייב מחמת ההיא פשיעה של שור אחר שלא פשע בו אלא שמרו, עכ״ל, הרי דס״ל דמשור א׳ לשור אחר, ודאי לא אמרי׳ תחילתו בפשיעה וסופו באונס, וכל הנידון הי׳ רק באותה בהמה בקרן שן ורגל.

אכן עי׳ ביש״ש שג״כ פסק דמאב לאב לא אמרי׳ תחילתו בפשיעה וסופו באונס, וע׳ בנחל״ד שהביא דבריו דס״ל דמאי דאמרי׳ בכותל רעוע דהוה פשיעה לענין נפילת ארחי, דאין הכוונה כמש״כ הרשב״א דע״י קפיצת הבהמה ע״ג ראש הכותל יפול, אלא דהוה פשיעה לענין שיפלו מאליהן. ועי׳ ביש״ש שם שהעיר, דהוה תחילתו בפשיעה וסופו באונס מאב לאב, דנפילת הארחי הוה אש.[534] ותירץ, דגם נפילת הבהמה הוה אש. [ואין להקשות דא״כ איך מחייבין אותו בתחילתו בפשיעה לענין קפיצה, וסופו באונס לנפילה, והרי הוה תחילתו בפשיעה וסופו באונס מרגל לאש, די״ל דהוה גם רגל וגם אש, כן שמעתי ממו״ר הגרד״ב שליט״א]. ולכאו׳ צ״ב דסו״ס הוה ממזיק א׳ למזיק אחר, והוה כמו שור לשור, ומבואר מדברי היש״ש והנחל״ד דס״ל דכה״ג אמרי׳ תחילתו בפשיעה וסופו באונס.

אלא דבאמת מצינו מחלוקת הפוכה, דמתלמיד ר״ת מבואר, דמשור לשור פשיטא לן דלא אמרי׳ תחילתו בפשיעה וסופו באונס, וכל חידושו הי׳ מקרן לרגל, אכן היש״ש ונחל״ד נקטו דמאב לאב לא אמרי׳ תחילתו בפשיעה וסופו באונס, אך מ״מ סברי דבזה ודאי אמרי׳ תחילתו בפשיעה וסופו באונס.

אלא דבאמת נראה דאי״ז מחלוקת הפוכה, דהנה שמעתי ממו״ר הגרח״ש ליבוביץ זצ״ל, [בהג״ה לשיעור כללי א׳, דנראה לו דאפי׳ לדעת הנמוק״י והתוס׳ דאמרי׳ תחילתו בפשיעה וסופו באונס מאב לאב, היינו רק לענין קרן רגל ושן, דהנה עי׳ בר״מ פ״א מנזק״מ הל׳ א-ב וז״ל, כל נפש חיה שהיא ברשותו של אדם שהזיקה הבעלים חייבין

[534] ע"ש, דלדעת הרא"ש לעיל ו. הוה בור, ולדעת התוס' הוה אש.

לשלם שהרי ממונם הזיק, שנא׳ כי יגוף שור איש את שור רעהו וכו׳. וכמה משלם, אם הזיקה בדברים שדרכה לעשותם תמיד כמנהג ברייתה כגון בהמה שאכלה תבן או עמיר או שהזיקה ברגלה כדרך הילוכה, חייב לשלם נזק שלם כו׳ עכ״ל. ומסגנון דבריו מבואר דמש״כ בה״ב הוא פירוש למש״כ בה״א, וצ״ב א״כ מה שהביא בה״א קרא ד״כי יגוף שור איש״ דאיירי במזיק דקרן, ועי׳ באבן האזל שם בה״ב שכבר עמד על זה, וכתב, דאחר שגלי לן קרא דחייב על שן ורגל שוב נכללים הם במזיק דשור דכי יגח שור, והם רק פרטים שהתורה חילקה ביניהם, אמנם באמת נידונים כמזיק א׳ ורק דאיכא הלכותיהן משונות בענין הפרטים,[535] עכ״ד. ובאמת דלפי״ז מדוקדק היטב מתני׳ בדף ב. אליבא דרב דס״ל דקרן שן ורגל כולם איכללו בכלל השם ״שור״. ולפי״ז י״ל דכל דברי הנמו״י והתוס׳ הם רק לענין קרן ורגל דנחשבו כמזיק אחד, ולא בשאר מזיקין, ע״כ שמעתי.

וכדברי מו״ר נראה להדיא מדברי תלמיד ר״ת, דנקט בפשיטות דאם פשע באש לא הוי חייב בשור, ורק דכ׳ לחדש דגם מקרן לרגל לא אמרי׳ תחילתו בפשיעה וסופו באונס. ובאמת ע״ש בדבריו וז״ל, דכיון ששינה הוי קרן ותחילתו בפשיעה הויא רגל, בכה״ג אין תחילתו בפשיעה וסופו באונס חייב, דשן ורגל וקרן כמו ג׳ מזיקים הם, והא פשיטא דאילו פשע באש לא הוי חייב בשור דלא פשע בו כלל, עכ״ל והיינו דעיקר חידושו הי׳ זה גופא דשן ורגל וקרן הם כג׳ מזיקין וכאש ושור, ודלא כמש״כ הר״מ. ולפי״ז יתכן דמח׳ הראשונים אינה בעיקר הדין דתחילתו בפשיעה וסופו באונס אלא בדין שן ורגל וקרן, אם נידונים כג׳ מזיקין או כחד מזיק עם הרבה פרטים.

[אך לפי תירוץ זה יל״ע, מה יהא הדין היכא דתחילתו בפשיעה לקרן מועד, וסופו באונס לקרן תם, דלכאו׳ כה״ג הוה לן לומר תחילתו בפשיעה וסופו באונס, והרי לקמן מה: מבואר דמועד לקרן ימין לא הוה מועד לקרן שמאל, וע״ש בפירש״י דמשמע דנקט בפשיטות דאם נגח בקרן שמאל חייב ח״נ, וצ״ב דהרי תחילתו בפשיעה לקרן מועד, ויש לפלפל בזה. ואולי י״ל דודאי נחשב זה כשני אבות נזיקין וכמש״כ הרשב״א בדף ג. בד״ה סו״ס כו׳, ואולי משום זה כ׳ התלמיד ר״ת שם ״ועוד י״ל כו״, ובאמת לא פליג על התירוץ הא׳. אלא דלפי״ד הנחל״ד ושא״ר שתירוצו דמאב לאב לא אמרי׳ הכי, בע״כ צ״ל עפי״ד הרשב״א הנ״ל].

ולפי״ז י״ל דמחלוקת תלמיד ר״ת והיש״ש אינה מחלוקת מן הקצה אלא הקצה, דודאי יותר מסתבר לומר תחילתו בפשיעה וסופו באונס חייב בשני שוורים, מלומר תחילתו בפשיעה וסופו באונס חייב בשני אבות, וכמו שנקט היש״ש, ומה דהי׳ פשוט לתלמיד ר״ת דבשני שוורים לא אמרי׳ תחילתו בפשיעה וסופו באונס, הגם דלא הי׳ פשוט לי׳ כ״כ דמקרן לרגל לא אמרי׳ תחילתו בפשיעה וסופו באונס, הוא משום דהי׳ דן דאולי קרן ושן ורגל הם כאב אחד.

ג. בגדר הדין דתחילתו בפשיעה וסופו באונס

אלא דאכתי צריך לפרש במה נחלקו הראשונים האם הי׳ שייך לחייב על מעשה משונה בנ״ש מדין תחילתו בפשיעה וסופו באונס. ואשר נ״ל בזה, דהנה כבר הבאנו דברי רר״ג שביאר דהשקו״ט של התוס׳ היתה, דהסתפקו בטעמא דעיקר הך מילתא דקרן תמה משלם ח״נ, ע״ש. אכן נל״פ באופ״א, דהנה ידוע מה שהסתפק הגרע״א במערכה בסוגיא דשומר שמסר לשומר באות כ״ט [ולקמן נו. ובכ״מ], בביאור הדין דתחילתו בפשיעה וסופו באונס, האם הוא משום דכה״ג דהיתה תחילתו בפשיעה, מתחייב בעבור האונס, דאונס הבא מחמת פשיעה הוה כולי׳ פשיעה. ובפשטות כוונתו היא כמש״כ בחי׳ רר״ג ב״מ סי׳ כ״א. או״ד דלעולם הוי אונס, ורק דהפשיעה מחייבתו כבר לשלם, ורק דכל זמן שהחפץ הוא בעין א״א לחייבו. [וראיתי באבי עזרי באגרת להגרא״ז משנת תרצ״ב הנדפס בסו״ס נזקין שעה. בד״ה והנה בחי׳, שהעתיק דבריו ״דמשעה שפשע אשתעבדו נכסיו וחייב בתשלומין, או בהשבתו של הפקדון, וע״כ

[535] וז״ל, ונראה דאף דבמתני׳ איכא צריכותא בין שן ורגל, וכן אשכחן בגמ׳ מקרן לשן ורגל פירכא דכונתו להזיק, כ״ז הוא רק דלא הוי מצינו למילף הד מחברי׳, אבל עכשיו דכתיבי כולהו הוי כולהו חד דינא דשור, וכלל שלהם נמשך מוכי יגוף שור רק דחלוקים בפרטים להלכותיהם כו׳, עכ״ל.

חייב אף על אונס דאח"כ"] אך היכא דנאבד החפץ אין מחייבין אותו בעבור האונס אלא בעבור הפשיעה שחייבתו מקודם. וע"ש שכ' לפרש עפי"ז הפלוגתא אם בעי' יבוא האונס מחמת הפשיעה.

והנה בביאור הצד השני כבר העיר הגרר"ג שם, וכעי"ז העיר האבי עזרי שם, דכל זה לא שייך בשמירת נזיקין כמובן, דהתם ליכ"ל דכבר בשעת הפשיעה חייב בתשלומין, דלמי מחוייב כבר לשלם. ועי' מש"כ רר"ג לפרש באופ"א קצת, דאין הביאור דחייב כבר בתשלומין, אלא דכבר חל עליו חיוב להתחייב על כל אונסין, וכעי"ז י"ל בשמירת נזיקין. והגרש"מ פי', דבשמירת נזיקין גדר החיוב דפשיעה הוא, דהוטל עליו חיוב אחריות לענין דהשמירה לא תפטרנו, ודמיון הגמ' הוא אם אמרי' איסתלק הפשיעה או לא, ואכמ"ל בזה.

והנה עי' בגליון מהרש"א להגרש"א בחו"מ סי' רצ"א סעי' ו' [ובסי' שמ"ו סעי' י"ד] שדן מעצמו בעיקר יסוד הפטור דתחילתו בפשיעה וסופו באונס, ודקדק מדברי השטמ"ק בדף לו: בד"ה שיטה, דיסוד האי דינא הוא, דאונס הבא מחמת פשיעה, לא מקרי אונס אלא פשיעה, אך הביא שם מדברי הרשב"א בדף לו: שכתב, דמחמת הפשיעה אוקמי' רחמנא ברשותי' לחייבו באונסין, ועוד כתב שם, דבפשיעה הרגילה אוקמי' רחמנא רק לענין אונסין הבאים מחמת הפשיעה, אך בפשיעה גמורה, כגון בשומר שמסר לשומר, דיכול לומר אין רצוני שיהא פקדוני ביד אחר, אז הו"ל כגנב וגזלן, דקמה לי' הבהמה ברשותי' אפי' לאונסי מיתה.

ועי' עוד בגליון מהרש"א בסי' שצ"ו סעי' א' וסוס"י ש"צ, שכ' דדברי התוס' הנ"ל תלויים בנידון זה, דאילו הוה ענין דאוקמי' ברשותי' לחייבו באונסין, לא יתכן לומר כסברת התוס', ורק אי מפרשי' דיסוד דינא הוא משום דאונס הבא מחמת פשיעה לא מקרי אונס, אז מובן היטב דברי התוס', דבקרן דחייב ח"נ אפי' בפשיעה גמורה לא יועיל מה דנחשב כפשיעה.[536] [והנה מש"כ ענין אוקמי' ברשותי', קשה להבין בשמירת נזיקין, אך יתכן די"ל כעין דבריו, דאי הוה חיוב להתחייב, י"ל דנהי דעל קרן אפי' פשיעה גמורה פטור, היינו משום דפשיעה בקרן אינה סיבה לחייבו, אך פשיעה ברגל הוא סיבה לחייבו לגמרי, ומכיון דכל אבות נזיקין דשור הוה כמזיק א', הפשיעה דרגל מחייבתו לכל היזקות שבאים ע"י פשיעתו. וע' בהערות על הדף מש"כ בזה].

ולפי"ז יל"פ בדברי התוס', דהשקו"ט בגדר החיוב דתחילתו בפשיעה וסופו באונס, דבתחילה נקטו, דהפשיעה מחייבתו, ומשו"ה שפיר הקשו, דגם לענין קרן נימא הכי, ועל זה תירצו, דגדר הדין דתחילתו בפשיעה וסופו באונס הוא, דהוה כולי' פשיעה. והכי מדוקדקים דברי תוס' ר"פ, דע"ש וז"ל, וטעם הדבר דמאן דמחייב, היינו כאלו פושע מתחלה באותו מעשה שעשה לבסוף, דהיינו קרן, עכ"ל. ועי' באו"ש פי"ב מנזק"מ ה"י שהוכיח, דגדר הדין דתחילתו בפשיעה וסופו באונס הוא, דהאונס גופי' יש לה דין פשיעה, ודקדק כן מתירוץ התוס', הרי דג"כ פי' הכי בדברי התוס', עכ"פ בתירוצו.

ועכשיו ניחזי אנן בדברי הנחל"ד בסוגיין איך ס"ל בבי' גדר הדין דתחילתו בפשיעה וסופו באונס, דע"ש שהביא ב' פירושים בגדר הפשיעה בכותל רעוע, דהרשב"א פי' דע"י קפיצת הבהמה בראש הכותל עומדים הארחי והלבני ליפול, באופן דתחילתו בפשיעה הוא להזיק ע"י צרורות. והיש"ש פי' דעומדים הארחי ליפול מאליהן, דלדעת הרא"ש, בסוגיא דכותל ואילן שנפלו, הוה זה מזיק דבור. ועל דברי הרשב"א העיר הנחל"ד, מכח דברי התוס' לקמן כג. ד"ה סתם דלתות חתורות כו', דכתבו שם, דהיכא דהפשיעה היתה לענין היזק בשותפות, א"א לחייבו מכח הדין דתחילתו בפשיעה וסופו באונס אלא ח"נ, דעל סופו באונס אינו יכול להתחייב יותר מהפשיעה. ועל דברי היש"ש העיר הנחל"ד דכיון דבור פטור בכלים, נמצא דלא הוה תחילתו בפשיעה בכלל.

---

536 ועי' בדבריו סוס"י ש"צ שהעיר על מש"כ התוס' וז"ל, וכן כל קרן בחצר הניזק תחילתו בפשיעה לענין שן ורגל , דערבך ערבא צריך, דאולי הא דאינו חייב אלא ח"נ איירי בשמרה שמירה פחותה, וקיי"ל דלענין שן ורגל סגי בשמירה פחותה ואילו לענין קרן בעינן שמירה מעולה, עכ"ד, ודע דלדעת ראב"י לקמן מה: דס"ל דבין תם ובין מועד סגי בשמירה פחותה, לדבריו מובנת היטב ראיית התוס'.

והאחרונים [ע' בקה"י] יישבו קושיית הנחל"ד, די"ל דכל דברי התוס' לקמן כג. הם רק בתחילתו בפשיעה להזיק בשותפות, דהתם הוי רק חצי פשיעה, אכן בצרורות הרי הוי פשיעה גמורה, ורק דיש לו פטור מתשלומי ח"נ, וי"ל דכיון דהוה פשיעה גמורה שפיר מחייבינן לי' ע"י הדין דתחילתו בפשיעה וסופו באונס בנזק שלם[537]. ובמה שהקשה לדברי היש"ש דליכא תחילתו בפשיעה כלל, כיון דבור פטור על הכלים, כתבו ליישב עפי"ד הגרב"ד בסי' ב', דודאי קיים איסור מזיק וחיוב לשלם לצאת ידי שמים, ורק דהוה פטור תשלומין בעלמא, ולפי"ז נמצא דהוה פשיעה גמורה. וא"כ על רגל דליכא פטור דכלים, ודאי חייב נזק שלם, עכ"ד. ונראה דנידון זה תלוי' בעיקר הגדר דתחילתו בפשיעה וסופו באונס, דאם נפרש דדין תחילתו בפשיעה הוא רק בכדי לעשות גם האונס לפשיעה, שפיר מובן תירוץ האחרו', אכן אם נפרש דגדר הדין דתחילתו בפשיעה הוא משום דהפשיעה מחייבתו לענין כל היזק שיצא מכח פשיעתו, או דהפשיעה מסלקת את הפטור דשמירה, הרי י"ל דבצרורות מכיון דפשיעת צרורות אין בה כח לחייבו יותר מח"נ, א"א להטיל עליו חיוב אחריות אלא לענין זה, וכן בענין בור בכלים.

[כמדומני שכן שמעתי מהגרד"ב, דתירוץ הקה"י תלוי' בהנ"ל. אכן לאחר העיון נראה דאי"ז מוכרח, דהרי בצרורות איכא סיבה גמורה לחייבו בנזק שלם, ורק דבפועל חל פטור תשלומין על חציו, א"כ אפי' אם הפשיעה מחייבתו, יתכן דגם בכה"ג הפשיעה תחייבו. שוב הצעתי זה לפני הגרש"מ והסכים לזה, והוסיף די"ל עוד, דבעצם הפשיעה לא רואים שהוא פשיעה של צרורות אלא דהוא פשיעה על ההיזק].

ולפי"ז מבואר דהנחל"ד ס"ל, דגדר הדין דתחילתו בפשיעה וסופו באונס הוא, דהפשיעה מחייבתו, ולפי"ז מובן אמאי לא הבין תירוץ התוס', וכמש"כ הגרש"א, דאילו נפרש גדר הדין דתחילתו בפשיעה וסופו באונס על דרך הרשב"א בב"מ, באמת לא שייך תירוץ התוס'. וי"ל דבזה נחלקו המרדכי והגה"א על התוס', דהם סברי דגדר הדין דתחילתו בפשיעה וסופו באונס הוא על דרך הרשב"א הנ"ל, ומשו"ה סברי דגם במשונה הי' שייך לחייבו מחמת הדין דתחילתו בפשיעה וסופו באונס, אי לאו זה דהוה מאב לאב.

ועכ"פ לפי הנ"ל נמצא, דיל"פ תי' התוס' בשני דרכים, הא', על דרך רר"ג דאפי' בקושיתו ידעו דגדר הדין דתחילתו בפשיעה וסופו באונס הוא, דאונס הבא מחמת פשיעה הוי כולו פשיעה, והשקו"ט היא בגדר הדין ח"נ דקרן תמה. והב', דשקו"ט של התוס' הי' בגדר הדין דתחילתו בפשיעה וסופו באונס.

עוד נראה לפרש דברי התוס' באופ"א, דלעולם י"ל דגם בתירוצם ס"ל דגדר הדין דתחילתו בפשיעה וסופו באונס הוא, דהפשיעה מחייבתו, ורק דס"ל דהפטור דמשונה פוטרו מח"נ אפי' בכה"ג, והוא עפ"י מה ששמעתי ממו"ר הגרח"ש ליבוביץ זצ"ל, בשיעור כללי א'.

דהנה לעיל ב: על מאי דמקשי' התם, דאימא קרא איירי בקרן תלושה, וקרן מחוברת חייב נ"ש אפי' בתם, הקשו התוס' שם וז"ל, וא"ת ומהי תיתי אי מתלושה דייה כתלושה, אי משאר אבות התינח למ"ד (לקמן ד' ה:) קרן עדיפא דכוונתו להזיק ואפילו קרן אתי וכדמפרש ר"ת לקמן, דהיינו למ"ד פלגא נזקא ממונא דאית ליה סתם שוורים לאו בחזקת שימור קיימי אבל למ"ד פלגא נזקא קנסא דאית ליה סתם שוורים בחזקת שימור קיימי לא אתיא קרן מכולהו, כדאמרינן לקמן כי שדית בור בינייהו אתי כולהו לבר מקרן דאיכא למיפרך שכן מועדין מתחילתן פי' דרכן להזיק משא"כ בקרן דבחזקת שימור קיימי, עכ"ל. והגרב"ד אמר מהגר"ח ליישב קו' התוס', דכוונת הגמ' הוא להיכ"ת דתחילתו בפשיעה וסופו באונס, ובי' זה דהנה בתוס' בסוגיין הק' במעשה משונה דנימא תחילתו בפשיעה וסופו

---

[537] ואין לומר בדברי הנחל"ד דס"ל דיסוד דין ח"נ דצרורות הוא משום דיש לו צד תמות והוי כקרן תמה, דכ' הגרב"ד בסי' ב' בשם הגר"ח דהוי חצי מזיק, דהנה עי' בנחל"ד לעיל יז: בד"ה בעי רבא שביאר הסוגיא לקמן מד: דבצרורות ליכא כופר, דהוא משום דלעיל מ. פטרי' שור של שני שותפין מכופר, משום דכופר אמר רחמנא ולא חצי כופר, עכ"ד. וכבר העירו עליו ממש"כ התוס' מ. לפרש הא דבחצי כופר דקרן תמה ליכא חסרון דכופר ולא חצי כופר, משום דזהו כופר שלם דידי'. וביאר הגרש"ר, ע' בחי' סי' ג' סוף אות ב', דרק ח"נ דקרן תמה נחשב ככופר שלם, כיון דהוה רק חצי מזיק, משא"כ בח"נ דצרורות דהוא רק פטור בתשלומין נחשב כחצי כופר, ע"ש.

באונס. ותי׳ מה שתי׳. והגר״ח ביאר כוונת התוס׳, דדין ח״נ דקרן תמה הוה דין פטור, דאפי׳ היכא דהוה פשיעה גמורה וגם דאיכא סיבה גמורה לחייבו נ״ש, מ״מ הדין משונה פוטרו, ומכיון שכן אפי׳ היכא דניתוסף סיבה לחייבו מחמת זה שהיתה תחילתו בפשיעה, מ״מ שייך הפטור דקרן משונה. ולפי״ז י״ל דכל הא דלא שייך דין דתחילתו בפשיעה וסופו באונס לחייב קרן משונה בנזק שלם, הוא רק היכא דנאמר הפטור מח״נ, אכן לפי ההו״א דהגמ׳ דקרא איירי בקרן תלושה, הגם דמעיקר הדין לא הי׳ שייך לחייבו בקרן מחוברת אלא בח״נ, אי״ז מחמת דנאמר דין פטור בקרן מחוברת, אלא דכיון דליכא מקור לחייבו יותר מח״נ א״א לחייבו יותר.

והגר״א מטעלז הק׳ זה בתורת קושיא על התוס׳ שם, די״ל דכוונת הגמ׳ הוא דבקרן מחוברת היכא דתחילתו בפשיעה וסופו באונס חייב נזק שלם. והגרב״ד אמר ליישב דברי התוס׳, דהכא אין כוונתו לומר דהא דלא שייך תחילתו בפשיעה וסופו באונס הוא משום דאיכא פטור על ח״נ, דמה יועיל מה דתחילתו בפשיעה, הא בלא״ה הי׳ צריך להיות חייב והתורה פטרתו. אלא כוונת התוס׳, דתחילתו בפשיעה וסופו באונס לא מהני אלא לסלק את הפטור דאונס, אמנם קרן לענין ח״נ חסר בכל התורת מזיק, דהתורה לא נתנה שם מזיק למזיק משונה אלא על חצי נזק, וחסר בכל הדין דולא ישמרנו לענין ח״נ, כמו שהוכיח בברכ״ש סי׳ ב׳ מדברי הרשב״א בדף ב:. ולפי״ז כוונת התוס׳ היא, דמה יועיל הדין דתחילתו בפשיעה וסופו באונס, והרי אין עלה דין מזיק כלל לענין אותו ח״נ. ואם ננקוט כן ליכא ליישב קו׳ התוס׳ דכוונת הגמ׳ היא לחייבו נ״ש במחוברת היכא דתחילתו בפשיעה וסופו באונס, דכיון דכל הדין מזיק במחוברת ליכא למילף אלא מקרן תלושה, א״כ גם קרן מחוברת לא הוה יותר מחצי מזיק.

והנה מדברי מו״ר הי׳ משמע דס״ל דלעולם כוונת התוס׳ הוא דדין דתחילתו בפשיעה וסופו באונס הוא, דהפשיעה מחייבתו, ורק דמ״מ לא שייך דין דתחילתו בפשיעה וסופו באונס מטעם הנ״ל. אך עי׳ בגנזי הגר״ח בסי׳ ל״ו דמשמע דהבין בכוונת תירוץ התוס׳ בסוגיין, דיסוד הדין דתחילתו בפשיעה וסופו באונס הוא משום דכולי׳ פשיעה הוא, ורק דבקרן תמה נאמרו שני דברים, הא׳, דא״א לחייבו בח״נ משום דחסר בפשיעה. והב׳, דאפי׳ היכא דהוא פשיעה גמורה, מ״מ נא׳ דין פטור דקרן תמה על ח״נ. ועל זה כתבו, דלפי ההו״א דגמ׳, הא דהי׳ חייב ח״נ במחוברת, הוא רק משום דחסר בפשיעה, ולא משום דין פטור, דליכא למילף דין פטור מקרן תלושה כמובן. וי״ל דגם הגרב״ד כוון לזה, ורק דאמר דהא דקרן תמה אינו משלם אלא ח״נ אפי׳ היכא דהוא בפשיעה גמורה, הוא משום דלא הוה אלא חצי מזיק.

ד. במה שדימתה הגמ׳ הנידון בנזיקין להנידון בשומרים

גמ׳ כב. טעמא דקפצו הא נפלו פטור, אלמא קסבר תחלתו בפשיעה וסופו באונס פטור, ע״כ. ופירש״י, אמוראי פליגי בה בפרק המפקיד. והכוונה הוא לסוגיא שם בדף לו: או בדף מב. והנה בסוגיא דהתם לא איירי׳ בשמירת נזיקין אלא בשומר בעלמא, ומבואר דהגמ׳ דימתה שני שמירות אלו אהדדי. אכן עי׳ בחזון יחזקאל בהשמטה לפ״ב, שר״ל דאפי׳ למש״כ הרי״ף בשי׳ אביי, דחייב אפי׳ באונס שלא בא מחמת הפשיעה, כל זה הוא בשומרים, אך בנזיקין ודאי אינו חייב אלא על אונס הבא מחמת הפשיעה, עכ״ד. אמנם לכאורה דבריו נסתרו מדברי תוס׳ נב: [ותוס׳ תלמיד ר״ת שם, וכן מבואר בתוס׳ ר״פ נו.]. דמבואר שם להדיא, דגם לענין זה תלויים זב״ז. ודע דשמעתי מהגרח״ש, דהגרא״ז פי׳ בדברי הר״מ להיפך, דבשומרים אינו חייב אלא באונס הבא מחמת הפשיעה, אכן בנזיקין חייב אפי׳ באונס שלא בא מחמת הפשיעה, ע׳ בדברי הר״מ פ״ד מנזק״מ ה״ו [וה״א].

והנה כל הראשונים פסקו בסוגיין, דהיכא דתחילתו בפשיעה וסופו באונס חייב, אכן ראיתי בראב״ן שכתב, דמפשטות משמעות מתני׳ והברייתא נראה, דלא אמרי׳ תחילתו בפשיעה וסופו באונס, ולכן לענין נזיקין קיי״ל כל״ב דרב יוסף [ב״מ מב.] דתחילתו בפשיעה וסופו באונס פטור, אכן בענין כספים, והיינו בצריפא דאורבני, קיי״ל כל״ק דרב יוסף דקאי שמואל כוותי׳, עכ״ד. הרי שחילק להלכה בין שמירת נזיקין לשומר בעלמא. והנה בפשטות לפ״ד צ״ל, דמאי דאמרי׳ בגמ׳, ״התינח למ״ד תחילתו בפשיעה וסופו באונס חייב כו׳״, אין הכוונה לסוגיא דפ׳ המפקיד הנ״ל, אכן

ממש״כ שם דלענין סוגיין קיי״ל כל״ב דר׳ יוסף, משמע דשני הלשונות דרב יוסף איירי בין בשומר ובין בנזיקין, ורק דאנן קיי״ל כוותי׳ בחדא ולא קיי״ל כוותי׳ באידך, וצ״ע.

ועכ״פ מפשטא דסוגיין מבואר, דמדמינן הדין דתחילתו בפשיעה וסופו באונס בשומרין לנזיקין, ובכדי להבין דמיון הגמ׳ צריכים להבין סברת מ״ד תחילתו בפשיעה וסופו באונס חייב.

ה. בדברי הגרע״א בבי׳ הנידון בתחילתו בפשיעה וסופו באונס

והנה ידוע מש״כ הגרע״א במערכה בסוגיא דשומר שמסר לשומר באות כ״ט להסתפק בעיקר הך מילתא דקיי״ל דתחילתו בפשיעה וסופו באונס חייב, האם חיובו הוא מחמת הפשיעה, ורק דאילו יחזיר לו החפץ יפטר, אך היכא דנאנס וא״א להחזירו, הרי הוא חייב מחמת עצם הפשיעה ולא מחמת האונס, או״ד דהיכא דתחילתו בפשיעה וסופו באונס חייב מחמת האונס גופי׳, דכיון דהאונס בא מכח הפשיעה, נגרר אחר הפשיעה ונחשב ככולו בפשיעה. וכתב לתלות זה בפלוגתא דאביי ורבא, דלפי״ד הרי״ף נחלקו האם בעי׳ שהאונס יהא מחמת הפשיעה. וכתב דעוד נפק״מ מזה היא, היכא דתחילתו בגניבה ואבידה וסופו באונס, דאי הטעם דחייב בתחילתו בפשיעה וסופו באונס הוא משום שהפשיעה מחייבתו, אז י״ל דדוקא פשיעה יכולה לחייבו ולא גניבה ואבידה. אבל אם הוא מטעם דהוי כולו פשיעה, אז גם בגניבה ואבידה אפ״ל דכולו הוא כגניבה ואבידה, ע״ש, ובאמת זה נסתר מדברי התוס׳ שכ׳ בכ״מ דבעי׳ שהאונס יהא מחמת הפשיעה, ואעפ״כ ס״ל דתחילתו בגניבה ואבידב וסופו באבידה פטור.

ובתחילה נשתדל לבאר עיקר הספק שנסתפק הגרע״א, דהנה רגילים לפרש מש״כ, כיון דהאונס בא מכח הפשיעה נגרר אחר הפשיעה והוי כולו בפשיעה דמה שבא מכחו הוי כמו הפשיעה עצמה. דר״ל, דחובת אחריות השומר היא, שהוא אחראי על כל היזק הבא מפשיעה בשמירתו, והרי גם היזק זה בא מחמת הפשיעה בשמירתו. וכן הבין בחי׳ ר׳ ראובן ב״מ סי׳ כ״א. וכמדומני שהכוונה בזה היא, דעיקר ענין הפשיעה הוא ״פשיעה בשמירה״, והיינו דהחיוב בשמירתו הוא לשמור על החפץ מהיזק, ומחמת שכיחות ההיזק באיזה אופני שמירה, נידון כאילו יש חיוב שמירה לשומרה באופן מסויים שבו יהי׳ שמור לגמרי, ואם פשע בחיוב שמירתו, ולא שמרה באופן זה, מוטל עליו אחריות בעבור כל היזק שבא מכח פשיעה זו. ולפי״ז מובן היטב מה שנקט דהיכא דבתחילתו בגניבה ואבידה וסופו בפשיעה חייב.

אך לכאו׳ לא משמע כן מלשונו, דא״כ אין הביאור דהוה כולו פשיעה, אלא דעיקר החיוב הוא להיזק הבא מחמת פשיעה, ולא דחל על עצם ההיזק שם פשיעה. ומלשונו משמע דהפשיעה אינו נידונת רק כפשיעה בחיוב השמירה, והיינו דמכח כל אפשרות ההיזק הוקבע כאופן מסויים איך לשומרה, והוא לא קיים חיוב שמירה דידי׳, אלא דהוה פשיעה בשמירה לענין ההיזק, והיינו בדרך משל, דחייב לשומרה מהיזק דגניבה ומהיזק דשריפה, והיכא דנתנה בצריפא דאורבני הרי פשע בשמירתו לענין היזק דשריפה, אך לענין היזק דגניבה לא פשע בה, אך מכח הדין דתחילתו בפשיעה וסופו באונס נחשב כפושע לענין היזק דגניבה, ומשו״ה חייב עלה. [ועי׳ באו״ש פי״ב מנזק״מ ה״י בד״ה לכן כו׳ שכתב מעצמו, וז״ל, וגדר דתחלתו בפשיעה וסופו באונס הוא לחייבו כאילו הי׳ פושע גם על דבר זה, ואז הי׳ חייב בלא ההבטה אל הדבר שהי׳ לה פושע שלא נתהווה כן].

והנה ע״ש בחי׳ רר״ג שהעיר עליו ממה שמוכרח מכ״מ, דאפי׳ היכא דהוא ספק אם הוא מחמת הפשיעה, מחוייב, ע׳ בתוס׳ ב״מ עח. [ודע דמהרמב״ן במלחמות נב: משמע, דבעי׳ שיהא ודאי מחמת הפשיעה], ואילו כדברי הגרע״א, מכיון דכל החיוב הוא על ההיזק, אלא דחיובו הוא על כל היזק מחמת הפשיעה, מאיזה סיבה נחייבו מספק.

אכן נראה לדקדק מדברי הגרע״א שלא כהבנה הנ״ל, דע׳ בדבריו בב״ק נו. שהביא דברי הש״ך בסי׳ רצ״א ס״ק י״ד, שהביא מהרש״ך דהא דאמרי׳ תחילתו בפשיעה וסופו באונס חייב, היינו רק באונס דשכיח קצת, אבל באונס דלא שכיח כלל לא, והש״ך חלק עליו. והעיר הגרע״א לדברי העיטור אות פ׳ [פקדון], שכתב כדברי מהרש״ך והוכיח כן מסוגיין, דע״ש בעיטור שגרס, דאי נפל נפלי לאבראי, והיינו דבדרך כלל כשנופלת נופלת לאבראי ולא ממש

סמוך לכותל, והוא לא שכיח כלל שיפול סמוך לכותל, ומשו״ה אפי׳ אם נפל, לא אמרי׳ תחילתו בפשיעה וסופו באונס, כיון דלא שכיח כלל. ועפי״ז תירץ קושיית התוס׳ בדף נב: שהקשו בכיסוי הראוי לשוורים ואינו ראוי לגמלים, ושכיחי גמלים, ולבסוף התליע הכיסוי, דאמאי לא אמרי׳ תחילתו בפשיעה וסופו באונס. ותירץ העיטור, דכיון דלא שכיח כלל שיתליע, פטור. והובא כל זה במאירי נב: בשם חכמי פרובינציא.[538] וע״ש בחי׳ הגרע״א שכתב וז״ל, דסברת בעל העיטור היינו רק לפסק הלכה, דקי״ל דתחילתו בפשיעה וסופו באונס בעי שיבוא האונס מחמת הפשיעה, אבל בלא״ה פטור, ועי״כ דאין החיוב דבעת שפשע קם ברשותו כמו שליחות יד, דא״כ בכל מילי לחייב, אע״כ דשורש החיוב כיון דפשע חשבינן דעל הכל פשע, דהו״ל לאסוקי׳ דעתי׳ גם על האונס, ומש״ה באונס דלא שכיח כלל, פטור. אבל לאביי דלא בעי׳ שיבוא האונס מחמת הפשיעה, וע״כ גזה״כ הוא דבעידן פשיעותא קם לי׳ ברשותו לכל דבר, א״כ אף באונס דל״ש כלל כן כו׳, עכ״ל, ובאמת כן הוא לשון העיטור שם [עמוד 140], ״דלא הו״ל לאסוקי אדעתי׳ אונסא דלא שכיח״. והנה אם נפרש דברי הגרע״א עפי״ד הגרר״ג, לכאו׳ אין לדבריו שום מובן.

וא״כ לכאורה מבואר מדבריו, דהכוונה היא, דהיכא דפשע חל עליו דין דחייב לחשוש לכל היזק שיכול לצאת מפשיעתו, ואין לו טענה דלא הו״ל לאסוקי אדעתי׳. ואולי י״ל בנוסח זה, דבפשטות הא דש״ח פטור על גניבה ואבידה, אין זה פטור אונס, אלא דאינו חייב בשמירה לענין זה, וי״ל דע״י שפשע חייב לשמור מכל היזק ששייך לבוא מכח פשיעה זו, ואם לא שמר מאותו היזק הוי פשיעה, ושפיר כ׳ דהוי כולו פשיעה. וראיתי באבי עזרי סוף ספר נזיקין עמוד שע״ה באגרת להגרא״ז, שלא הבין כן בדברי הגרע״א, אך מעצמו כתב כעי״ז בביאור הענין דתחילתו בפשיעה וסופו באונס, אך הוא נקט שם דהא דש״ח פטור באונס אי״ז מחמת שאינו חייב בשמירה מאונסין, אלא דהוא פטור אונס דלא הו״ל לאסוקי׳ אדעתי׳ על היזק זה, אמנם היכא דפשע, תו חייב לחשוש לכל היזקות ולא שייך סברא דלא הו״ל לאסוקי אדעתי׳,. אלא שפירש כן בדברי הרמב״ן, שכתב, דהיכא דתחילתו בגניבה ואבידה לא אמרי׳ הכי, וזהו דלא כמו שנקט הגרע״א, דבתחילתו בגניבה ואבידה לא שייכא סברא זו.

ובביאור הנידון נראה, דהגרע״א נקט דהא דעכשיו הו״ל לאסוקי אדעתי׳, הוא מכח סברא בעלמא, דהאיך שייך לומר דלא הו״ל לאסוקי אדעתי׳ דבמצב זה יארע דבר כזה, והרי לא הי׳ לו שום זכות ורשות לעשות דבר זה, וזה שייך גם בתחילתו בגניבה ואבידה. אכן הרמב״ן ביאר דהוא דין חיובי דהפשיעה גרמה, דמכיון שפשע שוב חייב לחשוש לכל היזקות ולא שייך לומר מאי הו״ל למיעבד.

ולפי״ז אולי יש ליישב גם קושיית רר״ג מהיכא דהי׳ ספק אם בא האונס מחמת הפשיעה, דלפי הנ״ל י״ל דמכיון דיתכן לאונס זה לבוא מחמת הפשיעה, כבר חל עליו דין דצריך לאסוקי אדעתי׳ גם על זה, דהיכא דפשע חייב לחשוש לכל היזקות ששייכי לבוא מחמת הפשיעה.[539]

והנה עי׳ בחי׳ הראב״ד בדף יט: בסוגיא דדליל, שהביא מחלוקת היכא דהתרנגול הי׳ שלו והצניע הדליל, וז״ל שם, אם הדלי לבעל תרנגול ואצנעי׳ לדליו פטור, ואית דאמרי חייב משום דהו״ל תחילתו בפשיעה, דכיון דאורחייהו דתרנגול למעבד הכי, איבעי לי׳ אסוקי אדעתי׳ דאי לא עביד בהאי דלעביד במידי אחריני. ומבואר דיסוד הדין

---

[538] וז"ל, וגדולי פרובינצה תירצו, שלא נאמר תחילתו בפשיעה וסופו באונס חייב, אלא באונס המצוי ושראוי קצת להעלות על לב, ומביאין ראיה ממשנת הכלב והגדי השנויה בפרק כיצד הרגל, במה שאמרו הניחא למאן דאמר תחלתו בפשיעה וכו׳ אלא למאן דאמר חייב מאי איכא למימר. ותירץ, דמקרבי כלים לגבי כותל דכי נפל לבראי נפל אלמא באונס שאינו מצוי פטור.

[539] והנה הבאנו לעיל דברי תוס׳ ר"פ בסוגיין, על הא דאפיך מיפך כו׳ שכתב, "וטעם הדבר דמאן דמחייב היינו כאלו פושע מתחלה באותו מעשה שעשה לבסוף דהיינו קרן". ומבואר להדיא כאותו צד של הגרע"א, אך מבואר דלא כהבנת הגרר"ג אלא כעין מש"כ האו"ש. ע"ע בגליון מהרש"א בסי׳ רצ"א סעי׳ ו׳ שכ׳ לדקדק בדברי השטמ"ק ב"מ לו: בד"ה שיטה, דהטעם דתחילתו בפשיעה וסופו באונס, הוא משום דהוה כולו פשיעה הוא, [וע׳ בלשונו בסי׳ שמ"ו סעי׳ י"ד "אונס שבא מחמת פשיעה לא מקרי אונס"]. וע"ש בשטמ"ק. ומבו׳ מדברי הגרש"א שפי׳ הכי בדברי השטמ"ק דלא כוון לדברי הגרר"ג.

דתחילתו בפשיעה וסופו באונס, דמחמת הפשיעה הו״ל לאסוקי אדעתי׳. ובאמת עי׳ בראב״ד להלן כא: שהביא גירסת העיטור הנ״ל. והנה הראב״ד בסוגיין כתב כדברי הרשב״א, דלעולם חייב על קפיצה סמוך לכותל, ורק דכיון דלאו פשיעה גמורה היא, לא אמרי׳ תחילתו בפשיעה וסופו באונס, עכ״ד, והנה אם ננקוט דגם הראב״ד עצמו ס״ל דיסוד דתחילתו בפשיעה וסופו באונס הוא משום דהו״ל לאסוקי אדעתי׳, ולא פליג בזה על הי״א, אז היה מבואר כדברי האבי עזרי, דהא דהו״ל לאסוקי אדעתי׳, אי״ז מחמת זה לחודי׳ דאין לו רשות להיות שם, כדי לומר דלא הו״ל לאסוקי׳ אדעתי׳ על זה אלא דהוא מחמת שם פשיעה, ועל זה כתב דבעי׳ פשיעה גמורה.

עוד נראה לדקדק מדברי הגרע״א שלא כהבנת הג״ר ראובן, דהנה עי׳ היטב בתוס׳ נב: ועי׳ ביש״ש, שכתב בבי׳ דברי הר״י, דודאי הסכים דאונס התלעה דכיסוי הבור לא בא מחמת הפשיעה, ומה דס״ל דאילו הי׳ פושע לענין השוורים, הי׳ חייב עליהם, הגם דסו״ס האונס לא בא מחמת פשיעה, הוא משום דין ״מיגו״, דפשע לענין אותו מעשה ממש של נפילת השור לבור. וז״ל שם, וקשה לי מ״ש מהא דפרק המפקיד (שם) דלא אמרינן מיגו שפשע לעניין שיצאה לאגם כו׳. וכן פסקו לשם התו׳ (ד״ה אח). וכן הרא״ש (שם סימן ז׳) גופא, דלא אמרינן תחילתו בפשיעה כו׳. היכא שהאונס לא בא מחמת הפשיעה. דלא אמרינן תחילתו בפשיעה כו׳ היכא שהאונס לא בא מחמת הפשיעה. ונ״ל, דלשון מיגו לחוד, ולשון תחילתו בפשיעה כו׳ לחוד. כי מיגו לא אמרינן אלא היכא שהאונס והפשיעה הכל מעניין אחד, ובעניין אחד הוא. כגון הכא, שהפשיעה הוא בשור זה, שלא יכשול ויפול בבור. והאונס הוא בשור זה, שנפל נמי בבור, על כן אמרינן שפיר מיגו. אבל התם, שהפשיעה היא במה שיצאה לאגם, ואיכא למיחש שמא תאבד או תיגנב. והאונס היה במיתה, א״כ אין שייך מיגו כזה, וכל הדומה. אלא מכח תחילתו בפשיעה באת לחיובא האי גברא אף באונס. א״כ היכא דהאונס לא בא בסיבת הפשיעה לא מחייבינן ליה, ומשום הכי מזכיר תלמודא בכה״ג. ומשום הכי כתב נמי הטו״ר (שם) היכא דאי אתו גמלים וארעוה ואח״כ התליע. מחייבינן ליה מכח מיגו. ולא הזכיר מחמת תחילתו בפשיעה כו׳, עכ״ל. והיינו, דדין מיגו הוה דין בפנ״ע, שמה שפשע לענין נפילת שוורים לבור מטיל עליו אחריות דחייב לכל נפילת שור לבור, ומשו״ה חייב אפי׳ אם האונס לא בא מחמת הפשיעה. והדין תחילתו בפשיעה וסופו באונס, הוא משום דהוה כולו פשיעה והוא ענין אחר. [וכמדומני שכן משמע להדיא בגליון מהרש״א בסי׳ ת״י סעי׳ כ״ד, דהם שני דינים].

אכן ע׳ בחי׳ הגרע״א דף נב: סוד״ה אמנם נראה דהדין כו׳, שנקט דכל זה הוא רק למ״ד תחילתו בפשיעה וסופו באונס חייב, דנהי דלדידי׳ בעי׳ שהאונס יבא מחמת הפשיעה אמנם כיון דהאונס הי׳ מעין הפשיעה שתצא ותזיק חייב, עכ״ד. ובאמת כן מבו׳ מדברי התוס׳ שם, שכ׳ בדברי הגמ׳ שם דהפשיעה הי׳ רק לענין גמלים, וכ׳ ״ולפי״ז לא שייך תחילתו בפשיעה וסופו באונס דתחילתו וסופו באונס הוא״, ומשמע דאילו הי׳ פשיעה לענין שוורים הי׳ חייב באמת מדין תחילתו בפשיעה וסופו באונס. וזה תמוה, דהרי לא בא האונס מחמת הפשיעה ואינו חייב אלא מדין מיגו, ובע״כ דהנך שני דינים תלויים זב״ז. אכן לפי״ד הגרע״א, להבנת הגרר״ג, תמוה טובא, דמאי איכפ״ל דהוה מעין הפשיעה, והרי כל הא דס״ל להך מ״ד דחייב בתחילתו בפשיעה וסופו באונס, הוא משום דעיקר אחריות דידי׳ הוא שאחראי להזיקות שאירעו מחמת זה שפשע בשמירתו, ומאי איכפ״ל דהאונס הוי מענין הפשיעה. ובע״כ מבואר, דאי״ז הבנת הגרע״א, אלא דהפשיעה גורמת שגם שיש לאונס שם פשיעה, והיכא דהוא מעין גוף הפשיעה גם זה יכולה הפשיעה לגרום שיהא לה שם פשיעה. ואולי הביאור הוא כמש״כ למעלה, דכמו דמחמת הדין פשיעה חייב לחשוש לכל היזקות שבאים מחמת הפשיעה, כמו״כ חייב לחשוש לכל היזקות מענין הפשיעה, דהוא נידון א׳ אם חיובו הוא מסויים לגוף ועצם הפשיעה או לא, וצ״ע כעת, [ואולי י״ל כמש״כ בתחילה דעי״ז שתחילתו בפשיעה חל שם פשיעה גם על האונס], ועכ״פ מבואר מהנך ראיות דאין כוונת הגרע״א כפשוטו.

[והנה הבאנו למעלה דברי הראב״ד בסוגיא דדליל, וע״ש שפי׳ דהכוונה באדיי׳ אדויי, הוא ששינה בה, ומבואר דמ״מ אמרי׳ תחילתו בפשיעה וסופו באונס לחייבו ח״נ. ולכאו׳ ילה״ע מדבריו בדף כב. דכ׳ דבקפיצה הסמוך לכותל, חייב נ״ש ולא אמרי׳ תחילתו בפשיעה וסופו באונס מכיון דלאו פשיעה גמורה היא, ואיך זה מתאים עם שיטה זו. ויתכן דמה״ט גופי׳ חולק הראב״ד על הך י״א וס״ל דבדליל לא אמרי׳ תחילתו בפשיעה וסופו באונס. והנה לפי מש״כ הגרש״מ בחבורה י׳? בבי׳ דברי הרשב״א, יתכן לומר דהשינוי בדליל באמת שכיח יותר מקפיצה בסמוך, וכמש״כ הראב״ד עצמו דקפיצה בקרוב ״לא שכיח״, ורק דכיון דאין לה שום הגבלת יכולת מקפיצה בקרוב ואינו שינוי מטבע ברייתה, חייב נזק שלם. ולפי״ז י״ל דענין תחילתו בפשיעה וסופו באונס תלוי עד כמה שכיח. אכן יתכן דאי״צ לזה, אלא דכיון דהאונס לבסוף הי׳ על אותו ענין שפשע בו בתחילה, והיינו שהתרנגול יזיק איזה דבר בדליל, י״ל דמחמת זה שייך דין דתחילתו בפשיעה וסופו באונס וכעין מש״כ היש״ש].

סימן יז

הקדמה לסוגיא דאשו משום חציו

אם פלוגתת ר"י ור"ל הוי באש שיש בו כח אחר מעורב בו

כב. איתמר, ר' יוחנן אמר אשו משום חציו, וריש לקיש אמר אשו משום ממונו. והנה מצינו שני סוגי אש, הא', היכא דכח אחר מעורב בו והיינו היכא שיש רוח. והב', היכא דאין כח אחר מעורב בו. ויל"ע לענין איזה סוג אש נחלקו ר"י ור"ל, האם בחדא מינייהו או בתרוייהו. והנה מדברי רש"י נראה לדקדק דר"ל ס"ל אשו משום ממונו שאין הרוח מסייע לאש, דעל מה שאמר ר"ל דה"ט דלא אמרי' אשו משום חציו משום דלאו מכחו קאזיל, פירש"י וז"ל, האי לאו מכחו. דאש מאלי' הולכת ודולקת למרחוק, עכ"ל, ולא הזכיר את זה דהרוח מוליכו, ומשמע דאפילו כשאינו מוליכו אפ"ה נחשב שלאו מכחו קאזיל ומשום ממונו הוא. ובתוס' בע"ב בד"ה רישא כו' מבואר להדיא דס"ל דר"י אמר אשו משום חציו אפי' היכא דהרוח מוליכו, ואי נימא דרש"י ותוס' לא נחלקו בזה, א"כ יהא מבואר דנחלקו ר"י ור"ל הן כשכח אחר מעורב בו והן כשאין כח אחר מעורב בו, וכן הוא פשטות הדברים.

בבי' מש"כ רח"ה דהוי חידוש גדול לומר דמועיל הדין דאשו משום חציו גם לדין כח גברא

והנה עיקר פלוגתת ד"י ור"ל היא לענין חיוב נזיקין, ובגמ' בע"ב מבואר דנחלקו גם לענין חיוב רציחה. ועי' בתוס' סנהדרין עז. שנקטו דלר"י אמרינן אשו משום חציו גם לענין שחיטה, וכגון בנפל סכין מידו. ועי' בחי' רח"ה פי"א משכנים שכ', דבדברי התוס' מבואר חידוש גדול, דהנה הי' מקום לומר דאשו משום חציו מועיל רק לענין שיהא נחשב הוא כ"העושה" של המעשה, אך בחפצא דמעשה ליכא כח גברא, אכן מהא דכ' התוס' דמועיל גם לענין שחיטה, מבואר דעצם החפצא דמעשה הוא מעשה של כח גברא, עכ"ד.

ונל"פ דברי רח"ה ביתר ביאור בעזה"י, דהנה בכל מעשה איכא עצם החפצא של המעשה, ואיכא התורת 'עושה' על מי שעושה המעשה. ועל דרך משל, הנה עי' בנתיה"מ (סי' שמ"ח) שהביא מהריטב"א דלענין שליח לדבר עבירה אמרינן יש שליחות לנכרי, והעיר שם עליו, דא"כ למ"ל תקנ"ח דאמירה לעכו"ם, תיפו"ל דאסורה האמירה מה"ת משום דיש שליחות לעכו"ם ב שליח לדבר עבירה. ועו"ש שתי' דבמעשה עבירה גרידא עיקר קפידת התורה הוא על המעשה הנעשה ע"י גוף ישראל, וכגון באיסור בורר בשבת דקפידת התורה הוא על מעשה בורר שנעשה ע"י גוף ישראל, וא"כ אפילו אי נימא דהיכא שישראל עשה נכרי שליח לעשות מעשה בורר בשבת, מתייחס לו המעשה

בורר של הנכרי, מ"מ אין זו עבירה, דסו"ס מה שנתייחס לו הוא מעשה בורר של עכו"ם דאינו מעשה עבירה[540]. והיכא דתחב לו חבירו בבית הבליעה, העושה של המעשה הוא התוחב, אך החפצא דהאכילה נעשתה בגרונו של התחוב. וכן התוקע איש ואשה ביחד, ה'עושה' של הביאה הוא התוקע אך החפצא דהביאה נעשית ע"י האיש והאשה.

בדברי הברכ"ש דיש שני סוגי מצוות ושני סוגי עבירות

ועי' בברכ"ש קידושין סי' כ' שכ' דאיכא שני סוגי מצות, מצות שבגופו דלא שייך שם שליחות, דהתם בעי' עצם החפצא לעיקר המצוה, וכגון בישיבת סוכה דבעי' החפצא של ישיבתו בסוכה ולא מספיק מה שנתייחס לו מעשה ישיבה, אלא המצוה היא שגופו יהא מיושב בסוכה, ובהנך מצוות לא מהני שליחות. והב', מצות כגון שחיטת קרבן פסח, דבמצוה זו מספיק מה שהמעשה שחיטה מתייחס אליו, ולא בעי' אלא ה"בידים".

וכעין זה מצינו בעבירות, דגם שם יש שני סוגים, הא', עבירות דשייך בהם שליחות למ"ד יש שליח לדבר עבירה, והב', חלבים ועריות דלא מהני בהם שליח לדבר עבירה לכו"ע והוא משום דענין שליחות לא מועיל אלא להתייחס לו גוף המעשה, שיהא נחשב שנעשית "בידים שלו". אך בעריות וחלבים נהי דהוא נחשב העושה של המעשה ע"י דין דשליחות, מ"מ גוף העבירה הוא עצם החפצא של הביאה או האכילה וזה לא נעשה בגופו.

והנה לענין שחיטה אפי' אם הי' שייך לעשות קוף לשליח, מ"מ לא הי' כשר, משום דנהי דהוא הוה ה"עושה" אך הוא רק עושה מעשה קוף, ולחפצא דמעשה שחיטה בעי' כח גברא, ומ"מ מבו' מדברי התוס' דסגי לשחיטה הדין דאשו משום חציו.

והנה ע"ש בגליונות החזו"א [ובחזו"א ב"ק ב-ב] שהעיר על הגר"ח מדברי הרא"ה (המובא בשטמ"ק נו.) שכ' להדיא דגם רציחה בעי כח גברא, וע"ש בחזו"א שכ' להוכיח כדבריו, וא"כ מדברי הגמ' עצמה מבו' דמהני אשו משום חציו גם לדין דכח גברא, דהרי בגמ' מבואר דמהני אשו משום חציו לחייב משום רחיצה, וא"כ בודאי ה"ה דמהני לענין שחיטה, דהרי ע"י חציו נחשב שיש כח גברא, עכ"ד. ועי' בברכ"ש קידושין סי' כ' [ובשיעורי הגרב"ב בסוגין, ובספר אהל ישעיהו בשם הגרב"ד] שהביא מהגר"ח עצמו, דלרציחה בעי' חפצא דכח גברא[541], והעיר הגרב"ד דא"כ איך מועיל שליחות. וביאר בזה דאיכא חילוק יסודי בין הא דלענין עריות וחלב בעי' החפצא, מהא דברציחה בענין החפצא דכח גברא, דבחלבים ועריות עצם העבירה הוא גוף החפצא כמשנ"ת, אך ברציחה עיקר העבירה הוא ה"בידים" ורק דלחפצא דמעשה רציחה בעי' שיהא בה כח גברא, ומכיון דנעשית בכח גברא של השליח, שפיר הוה מעשה רציחה ותו חייב עלה לשמאי הזקן דיש שליח לדבר עבירה.

בי' רח"ה בשיטת הראשו' דס"ל דלא אמרי' אשו משום חציו באבנו סכינו ומשאו כו'

והנה איתא בסוגיא דלעיל ו. מימרא דאביי דאבנו סכינו ומשאו שהניחן בראש גגו ונפלו ברוח מצוי' חייב עלה מדין אש. ועי' בשטמ"ק לקמן נו. שהביא מהרא"ה דדין דאשו משום חציו, לא אמרי' אלא באש ממש ולא באבנו סכינו

---

540 והוא כעין מש"כ בתשו' חת"ס בענין סוגיא דאין שליח לדבר עבירה בקידושין מג:, ד'צא בועל את הערוה איירי בערוה לשליח ולא למשלח, ודלא כדברי הנו"ב (אהע"ז סוס"י ע"ה) שכתב דאם יש שליח לדבר עבירה על אכילה בטומאה, אז אם כהן טמא הי' עושה כהן טהור שליח לאכול תרומה, הי' עובר באיסור אכילה בטומאה, דזה אינו, דמה שנתייחס לו הוא מעשה אכילת השליח שהוא מעשה אכילה בטהרה.

והנה גם החת"ס הקשה כעין קושית הנתה"מ ותירץ באופ"א, וצ"ב דאמאי לא תירץ על דרך הנתיה"מ, כיון דגם הוא ס"ל מיסוד הנ"ל בגדר דין שליחות. וי"ל דס"ל דמלאכת שבת שהוא מעשה איסור בעלמא, אם נייחס לו את מעשה המלאכה, וכגון מעשה בורר, הי' זה נחשב לחילול שבת. אכן בערוה, אין הביאור דיש לו איסור שיהי' לו מעשה ביאה עם ערוה פלונית, אלא האיסור הוא עצם מעשה ביאת ערוה, דהוא סוג ביאה דאין לה אישות וכיו"ב, וזה ודאי לא שייך הכא.

541 ולכאורה זה כוונת הגרח"ה שם במש"כ "וגם עיקר החילוק שכתבנו בין שיהא חשוב עשה המעשה לכח גברא ג"כ אינו מוכרע לדעת הרמב"ם, דנהי דהחילוק נכון בין עשה המעשה לכח גברא, אבל מ"מ י"ל לדעת הרמב"ם דהא מיהא דכל שלא נעשה המעשה מכחו לא מקרי עשה המעשה בידים ופטור בנפשות, וצ"ע בזה".

ומשאו שהניחן בראש גגו. ובחי' הגרח"ה כתב לפרש כן ג"כ בדברי הר"מ. וצ"ב דמאיזה סברא נחלק בין אש רגיל לדין אש דאבנו סכינו ומשאו לענין זה, ומאיפה יצא להם חילוק זה.

ועי' ברא"ה שם מש"כ בזה. ובחי' רח"ה כ' לפרש החילוק באופן אחר, דהנה בפשטות יל"פ בעיקר הך דינא דאשו משום חציו דהוא חץ מחודש מגזה"כ, דהגם דבאמת לאו כחו ולאו חציו הוא, מ"מ התורה החשיבה כחציו. אך י"ל דהוקשה להר"מ בזה, דא"כ מהיכ"ת למילף מנזיקין לדין רציחה, והרי י"ל דלא נתחדש תורת מעשה זה אלא בהלכות נזיקין, ואילו הוה נקטי' דגם רציחה בעי' כח גברא באמת תמוה טובא דמהיכ"ת למילף מנזיקין לרציחה. וכ' רח"ה דהר"מ הוכיח מכח קושיא הנ"ל, דדין אשו משום חציו אינו גזירת הכתוב בעלמא לחייב באש משום חציו, אלא הא דהוי חציו, היינו משום דבאמת הדבר כן, דאשו הויא חציו ממש והולכת מכוחו, דאש הוה דבר המתנודד מעצמה ונחשב כחץ[542]. וע"ש שהעיר דא"כ אמאי אצטריך למילפה מקרא, ותי' דמשום דכח אחר מעורב בה הוי אמרינן דפטור[543].

ודן הגר"ח דאכתי יש להסתפק במה שחידש לן קרא דגם בכח אחר מעורב בו נחשב חציו, האם הוה חץ מגזה"כ או דגלי לן קרא דגם היכא דכח אחר מעורב בו ג"כ הוי ליה כוחו ממש. וכ' הגר"ח דנראה בדברי הר"מ דהגזירת הכתוב דאשו משום חציו הוא דגם זה הוה כחץ ממש.[544] אשר לפי זה י"ל גם בנפשות הך דינא דחייב משום חציו, כיון דהוי כעין גילוי מילתא דגם בכח אחר מעורב בו ג"כ הוי כוחו.

ולפי"ז י"ל דכל זה הוא דוקא באש, דמצד עצם מציאותו הוה כוחו וחציו, משא"כ בכח שני ובאבנו סכינו ומשאו שהניחן בראש גגו ונפלו ברוח מצויה, דפסק כוחו ואין שם כוחו כלל, אז אין בהם חיובא דחציו, ורק משום ממונו לבד הוא דחייב עלייהו, עכ"ד.

נידון אם לפי"ד רח"ה מודה ר"ל בשאין כח אחר מעורב בו דאשו משום חציו

והנה לפי"ד רח"ה הי' מקום גדול לומר, דגם ר"ל לא פליג על ר' יוחנן היכא דליכא כח אחר מעורב בו, דכה"ג הוה כוחו וחציו מסברא, וכל המחלוקת היא רק היכא דכח אחר מעורב בו. ובצעירותי שמעתי ממו"ר הגה"צ ר' דוד ברקין זצ"ל, דנראה דנחלקו בזה רש"י והר"ח, דלעיל הבאנו דברי רש"י דמשמע מדבריו דמה שאמר ר"ל דליכא לחיובו משום חציו משום דלאו מכוחו קאזיל, הוא אפי' באש דלית לה רוח, אכן עי' בפי' הר"ח שכ' וז"ל, דהא אינו הולך מכוחו ומזיק אלא *מכח הרוח*. ומשמע דדוקא בכה"ג פליג ר"ל, אבל היכא דליכא רוח, גם לר"ל הוא משום חציו. ובפשטות בי' הדבר הוא דבכה"ג שהולך בלי כח אחר מעורב בו הוי כחץ מסברא בלי פרשת אש שבתורה, דלפי ריש לקיש האש שבתורה הוא אשו משום ממונו.

אכן נראה דא"א לפרש דר"ל מודה היכא דליכא כח אחר מעורב בו, דא"כ מה מקשה עליו הגמ' מההיא דגמל שהי' טעון פשתן, והא י"ל דאיירי שם בדליכא כח אחר מעורב בו, ובפרט דבתוך החנות מסתברא מאד דליכא רוח. ועל

---

542 ועי' ביד רמ"ה סנהדרין עז: (ד"ה אמר רב פפא) שכתב בציור דומה לאשו משום חציו, וז"ל, לא תקשי לך דאע"ג דלאו כוחו הוא, כיון דמחמת מעשה דידיה קאזלי, ככוחו דמי, דהא גיריה כי קאזלי לאו מחמת כוחו קא אזלי אלא מחמת דשביק ליתרה של קשת ואזלי גירי ממילא ומיחייב עלייהו, הכא נמי לא שנא, עכ"ל. והיינו דענין אשו משום חציו הוא דכמו דכשנותן החץ על הקשת וע"י משיכתו של המיתר מקבל החץ כח, כן הוא ג"כ באש, דאש הוה כחץ עכ"ד. ודבר זה מתאים עם דברי הגרח"ה דהאש אינו כח דידי' אלא הוא ברא ויצר הכח, וזה מה שדימה הרמ"ה אש לחץ וקשת, דגם שם עיקר כח החץ אינו כח דידי' אלא מה שקבל מהקשת.

543 ונראה דעיקר המושג של הגרח"ה מבואר בדברי תלמיד ר"ת ור"א בסוגין, דכתבו בתחילת הסוגיא (בד"ה אשו משום חציו). אשו משום חציו. פירוש אש שחייבה תורה עליו חיוב חיצים יש בו, לאו חיצים גמורים הם, דא"כ לא הוה צריך לכתוב אש, דפשיטא לן דמזיק בחציו חייב כו', עכ"ל. ומבו' דהי' לו צד דהוי חצים ממש, ורק דהעיר דא"כ לא הוה צריך לכתוב אש, ועל זה כ' הגרח"ה דלעולם הוא חץ ממש, ואיצט' קרא מחמת זה דכח אחר מעורב בו.

544 וכן נראה מסברא, דקשה לומר דאיכא שני סוגי אש, דמשמעות הפסוק הוא דהכל חדא.

דרך זה ילה"ע גם מקושית הגמ' מהדליק את הגדיש, ובע"כ צ"ל דבכל גווני סבר ריש לקיש דאשו משום ממונו הוא.

ואשר על כן נראה דלפי הגרח"ה צ"ל, דר"ל פליג על זה גופא וס"ל דאש לא דומה לחץ. ולכאורה יש להעיר על זה, דא"כ אמאי כ' הגרח"ה דהא דאיצט' קרא לר"י הוא היכא דכח אחר מעורב בו, והרי י"ל דבעי' קרא אפי' בליכא כח אחר מעורב בו בכדי לגלות לן שלא נימא כר"ל. וי"ל בפשיטות, דאם מסברא הוה אמרי' דלאו כוחו הוא, לא הוה מפרשי' דהפסוק מחדש לן דאשו משום חציו, ועל דרך זה בי' תוס' בר"פ בשקו"ט דגמ', דפירשו דקושית הגמ' ד"ר"ל מ"ט לא אמר כר' יוחנן", היא, דר"י יליף דינו מקרא וא"כ מ"ט לא אמר ר"ל כר' יוחנן, ועל זה מתרצי' דלא מסתברא לי' לפרש קרא כן מאחר דלא אזיל מכוחו. ובדברי ר"ח י"ל דכוונתו לפרש עיקר הוכחת ר"ל, דהנה פרשת אש בתורה איירי בין ע"י רוח מצוי' ובין בדליכא רוח, והיכא דאיכא רוח ודאי ליכ"ל דהוא משום חציו, וא"כ לא מפרשי' אש דקרא דמשום חציו הוא, ועי' בתוס' ר"פ ובנמוק"י בסוגין בזה. שוב שמעתי מהגרש"מ כדברים הנ"ל, תלי"ת.

הערה על דברי רח"ה מסוגיא לקמן ס.

הנה בשיעורי רש"ר (סי' י' אות ג) העיר על דברי הגרח"ה מכח סוגיא לקמן ס. ובדברי התוס' שם, דלכאו' מבו' שם דאף למאי דקי"ל אשו משום חציו, מ"מ בעינן שיהא לו שם 'מבעיר את הבעירה' בכדי שיהא לו דין חציו, ולהכי, כשמבעיר בסיוע הרוח, שלא הבעיר לבדו, שוב לא מקרי המבעיר את הבעירה ואין לחייבו משום חציו. ובתוס' שם כתבו דגם כששני בנ"א ליבו את הרוח, פטורין, כיון דכל אחד לבדו אינו "מבעיר". והק' הגרש"ר דלדברי הגרח"ה דהוי ממש כוחו א"כ נראה דודאי אי"צ שיהא לו שם מבעיר, והניח בצ"ע.

והעיר לי ידי"נ האברך המופלג הר"ר משה כהן שליט"א דיתכן לפרש בזה, דהנה יל"ע לדברי הגרח"ה דס"ל דגלי לן קרא דגם היכא דכח אחר מערוב בו הוי ככוחו ממש, האם גלי לן קרא דהגם דכח אחר מעורב בו מ"מ לא דייני' עם הרוח ככח בפנ"ע אלא נחשב שהוא השתמש עם הרוח לשלוח החץ, או דילמא דהוי סברא מיוחדת באש, דכיון דמעיקר טבעו דרכו לנדוד, משו"ה דיינינן כאילו הרוח רק סייע שיתנודד ע"י עיקר טבעו. ואם ננקוט כצד השני, ל"ק מסוגיא בדף ס. דנמצא דהוה סברא מיוחדת באש, אבל בליבה וליבתה הרוח לא שייך זה.

כמה קושיות על דברי הגרח"ה

וילה"ע קצת בדברי רח"ה, דהנה כתב הר"מ (פ"ב מנזק"מ הי"ז) בכלב שנטל חררה כו' וז"ל, ואם הי' מגרר את החלה על הגדיש והולך ושורף, משלם על החררה נזק שלם ועל מקום הגחלת חצי נזק ועל שאר הגדיש פטור, עכ"ל. וע"ש בכס"מ ובבי' הגר"א שפירשו דאיירי בשזרקה, וס"ל דכח כוחו לאו ככוחו דמי, וכמש"כ התוס', ע"ש. והנה יש מקום גדול לומר, דכל מש"כ התוס' דנחשב ככח כוחו הוא רק היכא דבעי' לחידוש דין דאשו משום חציו, דחידשה לן התורה דהיכא דהוא יצר האש, כל מה שהאש פועלת מתייחס אליו, ובזה י"ל דהוי ככח כוחו, אכן אילו הוה חץ פשוט (א פושט'ע חץ), בלי חידוש הקרא, מהיכ"ת שנידון זה לכח כוחו, וא"כ לפי"ד הגרח"ה דהוה חץ פשוט, מאיזה טעם יחשב זה לכח כוחו. ודע דקושיא הנ"ל היא רק לפי הביאור של הכס"מ והגר"א, אכן הנחלת דוד פי' דברי הר"מ באופ"א, ולפי דבריו לא קשה כלום.

ע"ע באבי עזרי פי"ד מנזק"מ שתמה על דברי הגרח"ה ממה דס"ל להר"מ דבכל אש פטור על הטמון ואפי' היכא דלא כלו לו חציו, וכבר כתבו היש"ש והנחל"ד לפרש בדבריו דלאו חץ פשוט הוא, אמנם לפי הגרח"ה צע"ג דכיון דהוי א פושט'ע אדם המזיק איך שייך לפוטרו על הטמון, ומכח קושיא זו דחה האבי עזרי דברי הגרח"ה, וצע"ג[545].

עוד שמעתי מהגרש"מ להעיר על הגרח"ה ממש"כ הר"מ (פי"ד מנזק"מ ה"טו) וז"ל, אש שעברה והזיקה את האדם וחבלה בו, הרי המבעיר חייב בנזקיו ובשבתו וברפויו ובצערו ובבשתו כאילו הזיקו בידו, *שאע"פ שאשו ממונו הוא, הרי הוא כמי שהזיק בחציו*, עכ"ל. ומלשונו משמע בעליל דבאמת אש הוה ממונו ולא חציו ורק דהתורה חייבו עליו מגזה"כ כאילו הי' חציו.

והנה בגמ' כג. פריך דלמ"ד אשו משום חציו, טמון באש היכי משכחת לה, והראשונים נתקשו בזה, דאולי הוה גזה"כ. ותי', דלא מצינו חילוקים באדם המזיק, ע"ש. ושמעתי מהגרש"מ דמבו' מכל השקו"ט של הראשונים שנקטו דהוה חץ מחודש ושלא כדברי הגרח"ה, ודנו בזה דאולי נאמר גזה"כ מיוחדת לפטור חץ זה, אך לפי"ד הגרח"ה דהוה א פושט'ע חץ, והוי ממש כזרק חץ ואבן, מכיון דהזורק חץ או אבן חייב על הטמון, ודאי גם באש חייב על הטמון, דא"א לחלק בין חץ של עץ לחץ של ברזל. וליכא למימר דקושית הגמ' היא בהיכ"ת דכח אחר מעורב בה, דכתב הגרח"ה דבעי' גזה"כ לזה, דהרי כ' הגרח"ה דגדר הגזה"כ הוא גילוי מילתא בעלמא[546].

עוד נראה להוכיח שלא כדבריו, ממש"כ בתוס' הרא"ש והראב"ד בכלב שנטל חררה דשייך לחייב בעל הגחלת מכח הדין דאשו משום חציו, והנה התם כיון שהכלב נטל החררה ממקום למקום, בודאי א"א לדון שהוא א פושט'ע כח, דנהי דילפי' מגזה"כ דלא איכפ"ל במה שיש בו כח אחר מעורב בו, היינו רק משום שיכולים לראות שמה שהלך הוא גם מכח האש, אך מה שהכלב הוליך הגחלת הוא כהולכת אבן בעלמא.

ושמעתי מהגרש"מ, דהגם דדברי רח"ה מסתברים מאד, דאם הוא חץ מחודש מהיכ"ת לומר דהוה ענין גילוי מילתא דשייך למילף רציחה ושאר דברים מינה, אבל בדברי הראשונים לא מצינו לו חבר, דהנה דעת התוס' בכ"מ הוא דגם באבנו סכינו ומשאו אמרי' דאשו משום חציו הוא, וכ"כ הנמוק"י (כג.) בשם הרמ"ה. ואפי' הרא"ה שכ' לחלק בין אבנו סכינו ומשאו לאש, כתב כן מטעמא אחרינא ולא מטעם שכתב הגר"ח. ומדברי כל הראשונים הנ"ל שנתקשו בקושית הגמ' דטמון היכי משכחת לה, ג"כ מבו' שלא כדבריו. ועי' מש"כ (בסימן יט מחבורות הגרש"מ) לפרש בדברי רש"י והראב"ד.

בי' דברי החזו"א בדברי הרא"ה דבאבנו סכינו ומשאו לא אמרי' אשו משום חציו

והנה החזו"א בגליונותיו ובספרו כ' לפרש דברי הרא"ה באופן אחר, ובהקדם ביאר הסוגיא לקמן ס., ת"ר ליבה וליבתה הרוח, אם יש בליבויו כדי ללבות, חייב, ואם לאו פטור. ופריך, אמאי ליהוי כזורה ורוח מסייעתו, [כלומר אמאי פטרי' לי' כשאין בליבויו כדי ללבות אלא בסיוע הרוח, והא במלאכת שבת חזינן דגם כשעושה בסייוע הרוח מיקרי עושה המלאכה ואין סיוע הרוח מגרע במעשה דידי', אלא אדרבה מעשה הרוח חשיב נמי למעשה דידי']. וע"ש

---

[545] עי' מש"כ הגר"א (תי"ח-לג) בביאור דברי הר"מ, ושמעתי מהגרש"מ, דכל דבריו לא מתאימים עם דברי הגרח"ה, דלפי הגר"ח דהוי ממש כזרק חץ ואבן לא שייך לחלק בין אש לחץ ואבן.

[546] ולכאורה יש ליישב קושיא זו עפי"ד הגר"ח עצמו, דעי' בברכ"ש (יז-ו) שהביא מהגר"ח, דלפי הו"א דגמ' חייב באשו משום חציו גם בכלו לו חציו, ולפי"ז צ"ל דלהו"א דגמ' ודאי לאו חץ פשוט הוא, ורק למסקנא דלא שייך אשו משום חציו בכלו לו חציו, אז י"ל דהוה חץ פשוט, עכ"ד. ולפי"ז י"ל דהראשונים הקשו כן משום דקאי הם בהו"א הגמ'.

אכן באמת כ"כ התוס' ובתוס' ר"פ לעיל כב. מפורש דלפי הו"א דגמ', פטור לגמרי בכלו לו חציו לר' יוחנן, (וגם הם טרחו לפרש קו' הגמ' דטמון באש היכי משכחת לה), וכן מבו' מדברי רש"י שם בקו' הגמ' שכתב "וכי מאחר דמאן דאית לי' חציו אית לי' ממונו כו'", וגם עיקר דברי הגר"ח הנ"ל תמוהים טובא דהרי כל ראיתו דהוה חץ פשוט, היא מזה דאיכא חיוב מיתה, והרי כבר בהו"א דגמ' נקטי' דחייב מיתה, והרי לפי הנ"ל בהו"א הגמ' נקטינן דלא הוי חץ פשוט וא"כ איך שיי"ל דחייב מיתה, וצ"ע.

בגמ' דאביי ורבא ור' זירא סברי דבאמת הוי כזורה ורוח מסייעתו, והברייתא איירי באוקימתא דלא שייך לדון כן, ע"ש. ומסיק התם ר' אשי, "כי אמרי' זורה ורוח מסייעתו ה"מ לענין שבת דמלאכת מחשבת אסרה תורה, אבל הכא גרמא בעלמא הוא וגרמא בניזקין פטור". וע"ש בתוס' שפירשו, דבנזיקין אינו חייב על עצם הנחת הגחלת דבעי' מעשה מבעיר, ומכיון דלליבוי לא סגי ברוח מצוי', לכן עצם ההנחה לא נחשבת מעשה מבעיר, ואילו מצד שליבה הוא, הרי הוצרך לסיוע הרוח, אלא דמ"מ מקשינן דליהוי כזורה ורוח מסייעו, ע"ש.

ונראה לפרש בדבריהם, דאין כוונת הגמ' להקשות דמזורה ורוח מסייעתו יש לנו ללמוד דאפשר לחייבו באש, אלא כוונת הגמ' היא, דמהתם יש לנו ללמוד דהיכא דמשתמש עם הכח הטבעי של הרוח, הוה הכל מעשה שלו, דנחשב כמו שהשתמש בה למעשה שלו, וא"כ בליבה וליבתה הרוח הוי כל המעשה ליבוי דידיה, וממילא חייב עלה משום אש.

ובפשטות י"ל דאפי' לאביי ורבא דסברי דשייך למילף מדין זורה ורוח מסייעתו בשבת, לכל התורה כולה, זה שייך רק בהיכ"ת דזורה, או בליבה וליבתה הרוח, דמשתמש ביחד עם הכח הטבעי, דאז שייך לדון כן, אך בציור הרגיל של אשו משום חציו, לא שייך לדון כן, דהוא רק הדליק אש ואח"כ לקחה הרוח את האש, ואין למילף משם דגם בזה יש לדון דהשתמש עם כח הטבע לחציו.

ועי' בחזו"א שם שכ', דחידוש התורה דאשו משום חציו הוא, דבכל מקום נידון כזורה ורוח מסייעתו, ד"הולכת הרוח מתיחסת אל האדם, בשביל שהוא מכין את האש ומוסרה ליד הרוח" "ואשו חשיב כמו כוחו כיון דהאדם הוא הממציא לרוח שילך את האש וכזורה ורוח מסיעתו", והיכא דהאש הוליכה בפני עצמה לכאו' צ"ל דגם הולכה זו מתייחסת אליו[547].

וכ' החזו"א, דכל זה הוא באש, אבל באבנו סכינו ומשאו שהניחן בראש גגו, דהתם יש הפסק בין מעשה האדם לכח הרוח, שהרי יש כאן הנחה לזמן מועט וא"כ אין לדון כן, אבל זורה ורקתא מעשה אדם בהכאתו משתתפת עם הרוח ברגע אחת, עכ"ד.

ולפי"ד החזו"א מאד יתכן, דכל הדין דאשו משום חציו לא שייך אלא ברוח טבעי ולא ברוח דבהמה וכיו"ב, ומהגרש"מ שמעתי דיתכן דאפי' לדין אשו משום ממונו הוא כן, דבזה לא נתחדש לן הדין דאשו משום ממונו, וכן דייק מדברי חי' הר"ן סנהדרין עט ע"א.

ועכ"פ יוצא דלפי הגרח"ה הדין דאשו משום חציו הוא מצד עצם מציאות האש, ומה שכח אחר מעורב בו הוא גריעותא, ולהחזו"א עיקר הדין דאשו משום חציו הוא זה גופא דהרוח מתייחס אליו, דבכל מקום נידון כזורה ורוח מסייעתו.

בדברי התוס' סנהדרין עז. ובשיטת מהרש"א שם דלא אמרי' אשו משום חציו היכא דכח אחר מעורב בו

והנה מצינו שיטה מחודשת בתוס' סנהדרין עז. לפי גירסת המהרש"א שם, [וכן הוא בתוס' הרא"ש שם], דלא אמרי' אשו משום חציו אלא היכא דאין רוח מעורב בו, אבל היכא דכח אחר מעורב בו, אינו חייב אלא משום ממונו, עכ"ד. ולפי דבריהם לכאורה צ"ל, דהתוס' חזרו ממה שנקטו בתחילת דבריהם דאבנו סכינו ומשאו שהניחן בראש גגו ונפלו

---

[547] שמעתי מהגרש"מ דלולי החזו"א היה נראה דאין הביאור דהחידוש דאשו משום חציו הוא שהרוח מתייחסת אליו, אלא החידוש הוא, דכל היכא דהוא עושה מציאות ד"אש", כל מה שהאש עושה מתייחס אליו. וכגון בהניח סכין בראש הגג, לדעת התוס' דאמרינן בכה"ג אשו משום חציו, נמצא דע"י מה שהניחו בראש גגו נחשב כעשיית הסכין לאש לשיטתה, דהמכון של "אש" הוא דבר שעליל לפעול בלי שום עשיי' מכח עצמה. וגם הבין באופ"א קצת הענין דזורה ורוח מסייעתו, ועי' מש"כ בזה בסימן יט ענף ג' וד' באריכות. אכן מלשון חי' הר"ן בסנהדרין עז: משמע כדברי החזו"א, דחידוש התורה הוא, דהרוח מתייחסת אליו, והגרש"מ אמר דאולי שייך לדחוק בכוונת חי' הר"ן שם דכוונתו הוא רק דבאבן חסר בהתורת מעשה, וצ"ע.

ברוח מצוי' דחייב משום חציו. [ויל"ע האם חזרו התוס' גם ממה שנקטו שם בענין שחיטה, דהיכא דנפל סכין מתחת ידו ושחטה, שחיטתו כשרה, דהרי ע"ש בתוס' שחזרו מכח זה ממש"כ בסוגיא דסנהדרין בזרקה למעלה ושוב ירד דאי"ז חציו, ולכאורה כמו"כ י"ל בסכין, אלא שצב"ק דתוס' הזכירו כל הסוגיות שחזרו בהם מכח זה, ולא הזכירו הך דשחיטה, וצ"ע כעת].

וראיתי בספר עבודת דוד שם, שהעיר על התוס' מסוגין, דמקשי' על ר' יוחנן דטמון באש היכי משכחת לה כו', והרי בפשיטות משכחת לן באש שאין עמה רוח, וכבר עמד החזו"א בזה. וכעי"ז העיר הנחל"ד כב: על תד"ה חציו כו' שכ' דהדין דאשו משום חציו הוא רק כשאיכא רוח מצוי' טובא וקרוב ההיזק לודאי, כעין חציו, וצ"ב דא"כ מאי מקשי' טמון באש היכי משכחת לה, נימא דמשכחת לה ברוח מצוי' הרגילה, וצ"ע[548].

ביסודו של הגרב"ד בענין מעשה הבערה לר"ל דס"ל אשו משום ממונו ובחילוק בין אש לבור

תד"ה לאו ממונו דבעל כלב הוא. דהוא לא הדליקו ועל אש של כלבו לא חייבתו תורה ואע"ג דלגבי בור אצטריך מיעוט איש בור ולא שור בור כדאמרינן בשור שנגח את הפרה (לקמן דף מח. ושם) תרי איש כתיב, מ"מ פשוט ליה לגמרא משום [איזה] דרשא דפטור על אש בהמתו, דג' אבות נאמרו בשור ולא יותר, עכ"ל. והנה בפשטות יל"פ בכוונת התוס' במש"כ "דג' אבות נאמרו בשור ולא יותר", דר"ל דזו הסיבה דפשיטא לן דאיכא איזה דרשא. אכן, עי' במהר"ם שהעיר על דברי התוס', דאם איכא איזה דרשא מה יענה ר"י להך דרשה. וכ' לפרש, די"ל דכוונת התוס' היא דעצם הדרשה הוא זה גופא דג' אבות נאמרו בשור ולא יותר, והרי לר' יוחנן לא נא' יותר מג', דאש דשור חייב משום רגל. אך הניח בצ"ע, דא"כ למ"ל קרא דאיש בור ולא שור בור תיפו"ל מכח הך דרשה דג' אבות נא' בשור ולא יותר.

והנראה לומר בישוב קו' מהר"ם מבור, דהנה צ"ב טובא כוונת התוס' במש"כ דמהא דג' אבות נא' בשור ולא יותר, מבו' דאינו חייב על אש דכלבו, והרי אילו הי' חייב עלה אמאי הי' נחשב כאב דשור והרי השור הוא רק היכ"ת דחייב עלה מדין אש, וכמו אילו הי' שייך לשור לקנות שור להבעלים, דהי' זה היכ"ת בעלמא שהוא שור שלו ועכשיו חייב עלה מחמת שהוא ממונו.[549]

---

[548] כד הוינא טליא שמעתי מהגר"ח שטיין שליט"א [רה"י דישיבת טעלז] להעיר, דאמאי צריכים לאוקמי' בכה"ג דנפל הכותל ולא מוקמינן לה כגון שבא רוח שאינה מצוי' והדליקה, והי' יכול לשומרה או לכבותה ולא כבתה, דאופן זה דומה לכלו לו חציו, דגם התם בתחילה לא היו חציו, ורק אח"כ פשע בה. ותירץ, דהנה כבר העירו הראשונים דלמסקנת הגמ' דגם ר"י ס"ל דחייב משום ממונו, איך נפרש מה שאמר לעיל דה"ט דלא אמר כר"ל משום דאש לית בי' ממשא, וכתבו דהך טעם לא קאי למסקנא. [א.ה. אכן לפי מש"כ התוס' שם בפי' הא' תמוה טובא לפרש כן, דא"כ אמאי באמת לא ס"ל כר"ל, ע"ש בתוס'].

ותי' הגר"ח שטיין, די"ל דהא דס"ל לר"י דאשו משום ממונו היינו רק היכא שבתחילה היו חציו, דכיון דנעשה בעל האש עי"ז שהם חציו, שוב שייך לחייבו משום זה דהוא ממונו, וכגון באש דכלו לו חציו, דהתם עד שהגיעה האש לכותל היו חציו ושוב שייך לחייבו משום ממונו דנעשה לבעל האש, אכן אי מעיקרא לא היו חציו, לא שייך לחייבו בתורת ממונו. ולכן היכא דבתחילה לא הודלקה האש אלא ע"י רוח שאינה מצוי' נמצא דבתחילה לא הי' חציו ושוב א"א לחייבו משום ממונו, עכ"ד. ואמרתי אז ליישב עפי"ז גם קו' החזו"א והנחל"ד כמובן.

והעירוני דכעי"ז ממש כתוב בשטמ"ק (כג.) בשם הגליון בבי' הס"א ברש"י דלמסקנא לר"י בעי' שיהא בין חציו ובין ממונו, וכ' שם וז"ל, ויש פירושים של רש"י שכתוב בהם למאן דאמר משום חציו אית ליה נמי משום ממונו, משמע דאינו חייב לרבי יוחנן אם לא שיהא חציו וממונו, הילכך קודם שכלו לו חציו שיש בו חציו וממונו, חייב בין על הגלוי ובין על הטמון, ולאחר שכלו חציו חייב על הגלוי ופטור על הטמון. *וקשה כיון דכלו לו חציו למה יתחייב על הגלוי, והרי לרבי יוחנן אינו חייב אם לא שיהיה בו חציו וממונו והכא כבר כלו חציו ולא נשאר אלא משום ממונו. וי"ל כיון שהתחיל על ידי חציו, אף על פי שכלו לו חציו הוה ליה כאלו השלים בחציו וממונו וחייב על הגלוי, וגם לפי זה מסתלק הסלקא דעתיה* דלעיל עכ"ל. ויל"פ בדבריו עפ"י הנ"ל.

[549] שאלתי זה להגרש"מ, והשיב לי דל"ק כ"כ, דהנה מבואר דלולי שהי' מיעוט מיוחד הי' אחראי גם על אש שהדליקה בהמתו, והביאור בזה הוא, דהוה ילפי' זה מהדין ממון המזיק דשור, דאדם אחראי על שורו, וכמו דאחראי למעשה היזק של שורו כמו"כ אחראי על הבור ששורו כרה. וכיון דהא דהוה בעל האש הוא מחמת הדין אחריות שיש לו על השור, י"ל דהוי זה סתירה עם הא "דג' אבות נאמרו בשור".

והנראה מבו' מדברי התוס' כיסוד דברי מרן הגרב"ד בסי' י"ז ס"ק ה', דהנה רגילין לפרש דענין מעשה הבערה דאש הוא סיבה והיכ"ת בעלמא שיהא "בעל האש" ושוב חייב עלה מדין בעל האש, באופן דמעשה הבערת האש דומה לזכית השור. אכן ע"ש שהוכיח מתוס' בע"ב דאי"ז הבי', דע"ש בתוס' שכתבו דלפי ריש לקיש היכא דבשעת מעשה ההבערה הי' חייב מיתה מטעם אחר, פטור על האש מדין קלב"מ. והנה נראה פשוט דאילו הי' חייב מיתה בשעת זכייתו בשור, לא הי' שייך לפטריה מנזקי השור מדין קלב"מ. ואפי' למש"כ הגרע"א להוכיח דגם בתנאי החיוב אמרי' קלב"מ וכאילו עשאו אחר, מ"מ א"א לפטרו, דהרי קנין השור אינה תנאי בעיקר החיוב בתשלומין אלא הוא היכ"ת בעלמא שהיא השור שלו, ושוב חייב עלה מחמת זה דהוא ממונו. ולפי"ז דברי התוס' צ"ב, דמה שייך דין קלב"מ לר"ל על המעשה הבערה. ודקדק הגרב"ד מזה, דמעשה מבעיר דאש אינה היכ"ת בעלמא שיהא "בעל האש" וכקנית שור, אלא הוא תנאי בעיקר חיוב התשלומין, דבכדי לחייבו בעי' מעשה מבעיר.[550]

[ושמעתי ממו"ר הגרחש"ל זצ"ל דלכאו' דברי הגרב"ד לא מתאימים עם דברי התוס' שאנץ המובאים בשטמ"ק ה. דשייך לקנות אש מחברי'. והעיר לי ידי"נ הר"ר משה כהן שליט"א, דיתכן לומר דודאי גם באש שייך חיוב ממון פשוט (א פושט'ע חיוב ממון) בלי תנאי זה דמעשה מבעיר, אלא דהיכא דלאו ממונו הוא ובעי' לחייבו מדין מעשה מבעיר, אז י"ל דהמעשה מבעיר אינו כענין חפירת בור דהוא סיבה ל"אוקמי' רחמנא ברשותו", אלא הוא תנאי בגוף החיוב תשלומין, וכמש"כ להלן, אכן הגרח"ש לא נקט כן, אלא ס"ל דלפי הגרב"ד א"א לחייבו משום אש אלא בשביל המעשה מבעיר.[551] ולאחר כמה שנים שמעתי מהגרח"ש על דרך זה, עי' ברשימות שיעורי הגרח"ש סי' יח].

ולפי"ז יש ליישב דברי התוס', דאילו הי' חייב על אש של שורו, היינו צריכים לחייבו גם מחמת עצם מעשה ההבערה של השור, דאינה היכ"ת בעלמא לזכות באש אלא הוא תנאי בגוף החיוב תשלומין, וצריכים לחייבו מחמת זה שהוא אחראי על מעשה הבערה דשור.

ונראה להוסיף על מש"כ, דהנה שמעתי מהגרח"ש, וכן מבו' מדברי הגרב"ד עצמו שם במש"כ לחלק בין אש לבור, דהא דמעשה מבעיר הוא תנאי בחיוב תשלומין אינו תנאי בעלמא אלא הוא משום דעצם המעשה הבערה נחשב באיזו דרגא כעשיי' בגוף ההיזק, דהכין והזמין גוף ההיזק, והא דחייב באחריות הוא משום שהוא גרם ההיזק ע"י אש דידי'. והיינו דהגם דודאי הוא ענין אחריות דממון, אבל יסוד החיוב אחריות על האש אינו מחמת מה שהאש עושה, אלא משום מה שהוא עושה ע"י האש, דהוה כאילו הוא עושה ההיזק ע"י הדלקתו הקדומה. ובלשון הגרב"ד, לר"ל הוה א ממון/דיגע חץ.[552]

---

[550] שמעתי ממו"ר הגרח"ש שהגרב"ד אמר כן גם בדברי התוס' ס. בד"ה ליבה כו' דהיכא דהמעשה הבערה הי' ע"י הרוח אינו חייב, וכן פי' עפי"ז דברי התוס' שם בד"ה והכא כו' דשנים שהדליקו אש פטורין, הגם דהיכא דשניהם כרו בור חייבין, והבי' הוא כמשנ"ת. וע"ע מש"כ ברשימות מהגרח"ש סימן כב.

[551] עי' מש"כ באריכות בעיקר הבי' דמעשה מבעיר, בהערות בסוגין על תד"ה אשו משום ממונו [לא נדפס כעת].

[552] ע' מש"כ בזה ברשימות מהגרח"ש. וראיתי בברכת יעקב סי' צ' שכ' כעי"ז, וז"ל, משא"כ באש נראה דע"י המעשה מבעיר אית לי' שייכות בעצם ההיזק, וכמו למ"ד דאשו משום חציו הרי ע"י המעשה מבעיר אית לי' שייכות בעצם ההיזק, כמו"כ גם למ"ד אשו משום ממונו אית לי' שייכות בעצם ההיזק, עכ"ל. וע"ש שפי' כן בדברי התוס' ה: במש"כ שם בבי' סוגיא בדף ו. דהוא משום חציו, ובפשטות קאי הך גמ' גם למ"ד אשו משום ממונו, ובע"כ כמשנ"ת, והעיר עוד לדברי החזו"א (ג-א) שכ' כעי"ז בבי' דברי התוס' שם.

עוד ביאר שם [ושמעתי מהגרח"ש ששמע כן מהגרי"מ בשם הגרב"ד] עפי"ז, אמאי לא אמרי' ג' דברים עשאן הכתוב כאילו הן ברשותו כו'. ותי' דלאו חידוש הוא, דרק בבור דענין כריית בור הוא כקניית שור ולא משום שיש לו שייכות בעצם ההיזק, י"ל דבעי' חידוש זה דאוקמי' רחמנא ברשותו, משא"כ באש, דהוא משום שיש לו שייכות בעצם ההיזק וא"כ אי"צ להחידוש דעשאן הכתוב כאילו הן ברשותו. וע"ש ששוב הביא דברי הגרב"ד, ומשמע שם דלפי הבנתו באמת הוא יותר מתנאי החיוב. גם הגרש"מ הי' מסתפק לומר דעפי"ד הגרב"ד יש להבין דהוא יותר מתנאי החיוב, דהוה כחלק מעצם המחייב.

בספיקת הגרב"ד אם כריית בור דומה למעשה הבערה דאש או לקנית שור

והנה ע"ש בברכ"ש שכ' לדון בעיקר הדין דכריית בור, האם הוא דומה למעשה הבערה דאש, או הוא דומה לקנית שור, ונפק"מ לדין קלב"מ. וכתב שם [יז-ז] לדקדק דחפירת בור אינה חלק מגוף המחייב, אלא דעד כמה שהוא עשה תקלה הוא מחוייב בכיסוי ומה שלא כסהו הוא המחייבו בהיזק אכן עצם הכריי' אינה מחייבת על ההיזק אלא דעושה דמה שלא כסה התקלה דידי' מחייבתו. ודקדק כן מסוגיא דלקמן דף נא. דמקשי' שם בור של שני שותפין היכי משכחת לה, אי דשוו שליח תרוייהו ואמרי' לי' זיל כרי לן ואזל כרה להו, אין שליח לדבר עבירה. וע' ברש"י נג. סוד"ה נפל שכתב, "דאין שליח לדבר עבירה *דאסור לקלקל רה"ר*", והק' הגרב"ד דלמ"ל לכתוב משום האיסור תקלה ברה"ר והרי על ההיזק עצמה שייך דין אין שליח לדבר עבירה, וכמו דאי' בקידושין מג. דהשולח אש ביד אחר שייך בי' הדין דאין שליח לדבר עבירה, וא"כ הו"ל לרש"י לכתוב זה גופא דאם שלח שליח לחפור בור הוא כמו שלח שליח להזיק, ובע"כ דמעשה החפירה אינו אפי' תנאי בגוף החיוב, דכריית הבור לא הוה כעשיי' בגוף ההיזק בפרשה דולא ישמרנו,[553] אלא הוא רק תנאי וסיבה שגרם לו שיתחייב אח"כ על זה שלא עשה הכיסוי, והוא כמו קניית שור, משא"כ באש וכמש"כ. [ואעתיק לשונו הזהב של מו"ר הגרח"ש, "בבור ער האט אנגעשטעלט א מזיק ובאש ער האט אנגעשטעלט א היזק"]. וכתב הברכ"ש, דלפי"ז ודאי לא שייך דין קלב"מ על חפירת בור. אכן הגרי"מ הי' אומר שהגר"ח מטעלז נקט, דשייך דין קלב"מ על חפירת הבור ע"כ שמעתי ממו"ר הגרח"ש זצ"ל.[554]

ולפי"ד הגרב"ד מיושבת בפשיטות קושית המהר"ם, די"ל דלעולם עיקר הדרשא היא זה גופא דג' אבות נאמרו בשור ולא יותר, והא דבעינן מיעוט דאיש בור ולא שור בור, הוא משום דלולי הך מיעוט לא הוה נתמעט מהך דרשה דג' אבות נאמרו בשור, דחיובו הי' מדין בור ולא מדין שור, וכמשנ"ת. שוב הצעתי כל זה למו"ר הגרחש"ל שליט"א ומלפני שגמרתי הדבר הוא סיים דזהו הפשט בג' אבות, ובמה דזהו רק באש ולא בבור, ואמר לי דאמר כן פעם בשיעור, ואודה לקל שכוונתי לדברי מו"ר בזה. ולאחר זמן שמעתי תירוץ זה ממו"ר בשיעור.

---

553 שמעתי ממו"ר הגרחש"ל זצ"ל דא"א לאסור מדין גרמא בעלמא, די"ל עפי"ד הרמב"ן שכ' דבבור לא שייך דין גרמי כיון שהניזק הלך אל המזיק, ויתכן דמה"ט לא שייך דין גרמא ג"כ.

והנה ע' במל"מ פ"ב מרוצח שכ' לדקדק מסוגיא נא. דאפי' על איסור דרבנן אמרי' אין שליח לדבר עבירה, דהרי כל האיסור הוא איסור דרבנן של קלקול רה"ר. וע' בקו"ש ב"ב אות ע"ו שכ' להוכיח דליכא איסור דאו' בגרמא, ונתקשה בדברי המל"מ בזה. אכן באמת דברי המל"מ הם רש"י מפורש הנ"ל, ורק דהקושיא היא על רש"י גופי' דאמאי לא פי' משום האיסור מזיק, וע' למעלה מש"כ בזה. ופעם שמעתי מהגרש"מ די"ל בפשיטות דהנה זה פשוט דאינו עובר האיסור מזיק עד שהזיק בפועל, והיכא דחפר בור וכסהו ושוב נתגלה נראה פשוט דכלו לו חציו לענין הדין גרמא בניזקין ומ"מ חייב משום בעל הבור, וא"כ י"ל דהי' קשה לרש"י דמאי מקשי' דאין שליח לדבר עבירה הרי י"ל דאיירינן בכה"ג, והוכיח מכח זה דבע"כ אפי' בכה"ג עובר איסור משום זה דמקלקל רה"ר. עכ"ד.

[ועל עיקר דברי רש"י עי' במנ"ח נג-ו שכתב, דבע"כ דברי רש"י הם לאו בדוקא, דודאי איכא איסור מה"ת לעשות תקלה, והעיר לדברי הר"מ דאיכא ל"ת ועשה לעשות תקלה דאפשר להמית. אך גם לפי דבריו האיסור הוא עשיית התקלה ולא עשיית ההיזק. [ע"ע ביד רמ"ה ב"ב כו. שכ' דודאי איכא איסור לעשות דבר שיכול לגרום היזק לחבירו, או משום לאו דלפני עור כו', או משום ואהבת לרעך כמוך]. וע"ע בנו"ב אהע"ז סוס"י ע"ה שהביא דברי המל"מ הנ"ל ונחלק עליו דודאי איכא איסור דאו' לכרות בור ברה"ר, וכ' שם "ובע"כ צ"ל דאסור מדאו' לכרות בור ואי"ז ענין קלקול רה"ר דעלמא רק דומה למזיק חבירו בידים, דתקלה זו שעושה הוי כמזיק בידים שהתורה חייבתה עליו ולזה כיון רש"י שם"].

554 עי' בחי' הגר"ח מטעלז דמשמע דגם בור לא הוי תנאי החיוב, ועי' מש"כ בסימן יח בבי' הא דשייך גבה דין דקלב"מ.

סימן יח

בסו' דאשו משום חציו ובדין רודף[555]

קו' התוס' והרשב"א איך שייך דין קלב"מ הא חיוב מיתה וחיוב מלקות לאו בעידנא

גמ' כב: ת"ש המדליק את הגדיש והיה גדי כפות לו ועבד סמוך לו ונשרף עמו, חייב, עבד כפות לו וגדי סמוך לו ונשרף עמו, פטור. בשלמא למ"ד אשו משום חציו, משום הכי פטור, אלא למאן דאמר אשו משום ממונו, אמאי פטור, אילו קטל תוריה עבדא הכי נמי דלא מיחייב. אמר לך רבי שמעון בן לקיש, הכא במאי עסקינן, כשהצית בגופו של עבד, דקם ליה בדרבה מיניה, ע"כ. ומבואר דהקושיא היא רק אליבא דריש לקיש, אבל לר"י אתי שפיר. והקשה הרשב"א, אמאי נקטי' דלר"י א"ש והרי מתחייב בגדיש קודם שיתחייב בנפשו, ונמצא דחיוב מיתה וחיוב ממון לאו בעידנא אחת באו. ועוד העיר שם, על מאי דאוקמי' דלר"ל איירי בהצית בגופו של עבד, דמ"מ אמאי פטור על הגדיש אטו מי שנתחייב בנפשו ואחר כך קרע שיראין של חברו מי לא מיחייב, ע"ש. והנה גם בתד"ה והי' בסו"ד העירו כעין הנ"ל על ר"ל, אכן על ר' יוחנן לא העירו ולא מידי וכבר עמדו האחרו' בזה.

ושמעתי ממו"ר הגרחש"ל שליט"א שביאר, דהנה בחי' הגר"ח מטעלז כתב, דס"ל לתוס' דלר' יוחנן ל"ק ולא מידי, דנהי דהחיוב מיתה בפועל לא חל עד שנשרף העבד, אמנם כבר כ' הנמוק"י בגדר החיוב של חץ דכל מה שהחץ עשה לאחר זמן, כבר נכלל במעשיו בתחילה.[556] ולפי"ז נמצא דנהי דלא חל חיוב מיתה בפועל עד ששרף את העבד, ולא חל החיוב בממון בפועל עד שריפת הגדיש, מ"מ כיון דהמעשה דמעיקרא הוא מה שמחייבו במיתה ובתשלומין לאחר זמן, חל בי' דינא דקלב"מ. ובדברי הרשב"א כתבו האחרו' דס"ל דלדין דקלב"מ לא סגי דהמעשה המחייב יהא כאחת, אלא דבעי' החיוב מיתה בפועל והחיוב בתשלומין יחולו כאחד, וכיון דלא חל חיוב מיתה עד הריגת העבד לא שייך בי' דין דקלב"מ.

ולפי"ז נמצא דפלו' התוס' והרשב"א היא פלוגתא יסודית בדין דקלב"מ אם בעי' חיוב בפועל או דסגי עם מעשה המחייב. וע' באריכות בזה בחבו' י"ד בעזה"י.

---

[555] חבורה יג

[556] עי' בחבורה ב' שהארכנו בעזה"י בבי' דברי הנמוק"י, דבי' הגרש"ש והאבי עזרי דאין כוונתו לדין דבתר מעיקרא אזלי', אלא דר"ל דענין כוחו כגופו לאו כמעשה אריכתא דמי, אלא כל התורת מעשה הוא המעשה בתחילה, ובהמעשה זריקה מעיקרא הוא קרע השיראין לאחר זמן.

[וכבר העיר האחיעזר סי' י"ט על דברי התוס' מסו' ערוכה בכתובות לא. בזרק חץ מתחילת ד' עד סוף ד' וקרע שיראין באמצע, דאמרי' קלב"מ דעקירה צורך הנחה ע"ש בכל הסוגיא, ומבו' מהסו' שם דהגם דהחיוב מיתה והחיוב ממון הם מכח מעשה הזריקה, מ"מ בלאו זה דעקירה צורך הנחה לא הי' שייך הדין דקלב"מ, וא"כ מאי שנא הכא, וע"ש ברשב"א שבאמת הקשה קושיתו מכח סו' הנ"ל. וע"ש באחיעזר בסו"ד שפי' בתוס' דגם הוא כוון לפרש דפטור דקלב"מ בסוגין הוא מדין רודף וכתירוצו של הרשב"א, ולפי"ז ליכא פלו' בין תוס' לרשב"א, וכמדומני שכ"כ באמר"מ סי' ל'. ואיכא קצת דיוק לבי' זה, דעי' בתד"ה בגדי מה שהביא מהריב"ם, דברודף לא נחשב כמיתה לזה וממון לזה, ועי' במהר"ם, שכ' דלא כוון ליישב סוגיתינו. אכן עי' בפנ"י שכ' דודאי תי' ריב"ם בזה הקו' מסוגין דגם בסוגין איירי' בקלב"מ מדין רודף, וכ"כ בתוס' בכתובות ובתלמיד הרשב"א בסוגין בשם הריב"ם.ולכאו' צב"ק מסתימת דברי התוס' דהו"ל לפרש דבסוגין איירי' בהיכ"ת דיש לו דין רודף דלא הי' אפשר להצילו כו', ובע"כ דבלא"ה פי' כן בסוגין מכח קו' הנ"ל.

ע"ע בברכ"ש סי' י"ז מש"כ בבי' פלו' התוס' והרשב"א, דנח' בגדר הדין דאשו משום חציו, דהרשב"א ס"ל דהוה כחץ גמור, ונחשב כעושה וחוזר ועושה, אך התוס' ס"ל דהוה מעשה מחודש והכל נכלל במעשה הראשון, ע"ש. ולפי"ד ג"כ ל"ק מידי מסו' דכתובות כמובן, דדוקא בחץ גמור דהוה כעושה וחוזר ועושה בעי' לטעם דעקירה צורך הנחה. וע' בסימן י"ט.

ע"ע בתרה"כ, שצ"ב שר"ל דהכא א"ש להך לישנא דהגבהה שלא לצורך אכילה הוא, דהתם אי"צ הגבהה בכלל, אך הכא צריך לעשות הדלקה, אע"פ שאי"צ להדליק הגדיש קודם, עכ"ד. והנה האחרו' נקטו דקשה על התוס' גם על הך לישנא דאי' התם, דתלוי' אם מצי לאהדורי, אך לכאו' י"ל דעיקר הנידון הוא אם נחשב כמעשה אחד, וכיון דאם לא יעשה שום פעולה לכבות האש, תלך האש ותשרף נחשב כמעשה אחד. אלא דאכתי אי"ז ישוב כל הצורך, דכבר כ' התוס' בכ"מ דר' ירמי' בגיטין נג. חולק על כל הדין דעקירה צורך הנחה, ולדידי' הק"ל.

עוד שמעתי מהגרש"מ לחלק בין רציחה לחיוב שבת, די"ל דברציחה סגי במה שהפועל יוצא, דהיינו מה שחבירו מת, מתייחס אליו, דהוא נחשב העושה על הך פועל יוצא, ומכיון דעל עצם המעשה שהוא בשעת זריקת החץ מתחייב, שפיר שייך דין דקלב"מ. משא"כ בשבת כדי להתחייב בעי' החפצא דמלאכה דהיינו דלא סגי במה שהפועל יוצא של המלאכה מתייחס אליו, אלא דגוף המלאכה הוא מה שעצם העשיי' הוא עשיי' דידי', וי"ל דדוקא התם בעי' לדין דעקירה צורך הנחה. והגם דמצינו ענין עקירה צורך הנחה בנין נסך וכיו"ב, היינו בהיכ"ת דעיקר המעשה הוא לאחר זמן, אך הכא דעיקר המעשה הוא עכשיו, שפיר י"ל קלב"מ אפי' בלי דין דעקירה צורך הנחה, וכעי"ז אמרתי מעצמי. שוב העירוני לדברי האבי עזרי פ"ג מגניבה ה"ב שחילק כעין הנ"ל, אלא שכ' חילוק זה במיוחד לענין מלאכה דהוצאה, ע"ש היטב].

בביאור פלו' התוס' והרשב"א

והנה עי"ש בתוס' שעל קושיתם מר"ל, כ' ליישב, דסו"ס ע"י מעשה אחד בא הכל, עכ"ד. וכבר תמהו האחרו' דאיך שיי"ל דע"י מעשה אחד בא הכל, והרי החיוב במיתה בא מכח המעשה שהצית בגופו של עבדו, והחיוב ממון בא מכח מעשה של האש מדין ממונו שהזיק. ובי' הגרב"ד והאמר"מ והגר"ח מטעלז והדבר"י סי' כו עפי"ד הגרע"א בכתובות לא. דאפי' על תנאי החיוב אמרי' קלב"מ.[557] והיינו דדין דקלב"מ אינו רק לענין דא"א לחייבו על שני

[557] עי' במתני' כתובות כט: אלו נערות שיש להם קנס הבא על אחותו כו', ובגמ' לא. מקשי', והא אינו לוקה ומשלם. וע"ש בפנ"י שהעיר, לפמ"ש התוס' ביבמות נט. בחד תירוצא, דקנס לא מחייב אלא בגמר ביאה, א"כ נימא דהמלקות הן על ההעראה והממון על גמר הביאה. ותי' דגם בגמר

חיובים בב"א, אלא דבמעשה שמחייבו מיתה ומלקות חל פטור בגוף המעשה, וכלפי החיוב בממון נחשב כאילו עשאו אחר. ועי"ש שכ' לדקדק יסוד זה מדברי התוס' בגיטין נג: בענין מנסך. ולפי"ז כתבו ליישב, דהנה הא דבסוגין הוה בעלים על האש, הוא מחמת שהדליק את הגדיש, ונמצא דהדלקת הגדיש הוה תנאי לחיוב, ומכיון דההדלקה הי' בגופו של עבד וחייב מיתה בעבורה, לענין החיוב ממון דגדיש הוה כאילו עשאו אחר ולא נעשה לבעל האש וא"א לחייבו. ומש"כ התוס' "דע"י מעשה א' בא הכל", ר"ל דע"י מעשה הדלקה בא הכל, דעי"ז נעשה לבעל האש ומתחייב בעבורה, עכ"ד.

ועי' בברכ"ש שהוסיף עוד, דאכתי אי"ז מספיק דהנה זה ברור דאם בשעה שקנה שור נתחייב מיתה, א"א לפטרי' מכח הדין דקלב"מ על כל היזקות השור, ובי' הדבר הוא דאיכא שני סוגי תנאים הא', היכא דהוה תנאי בגוף החיוב והב', היכא דהוה היכ"ת בעלמא, וכגון בקניית שור. וכל יסוד הגרע"א לא שייך אלא בתנאי בגוף החיוב, דכלפי החיוב בממון הוה כאילו עשאו אחר, אמנם בקנית שור דהוא היכ"ת בעלמא לזה שיהוה שלו, ושוב חייב עלה מפני שהוא שלו, בזה ודאי לא שייך לדון כאילו עשאו אחר, דסו"ס הרי הוא שלו. והק' הגרב"ד דאף הכא בהבערת האש נימא כן, נהי דאינו בעל הממון אמנם כיון דהא דהוה בעל האש הוא מחמת המעשה הבערה, נמצא דהוא היכ"ת בעלמא לעשותו לבעל האש ודומה לקניית שור. וכ' הגרב"ד להוכיח מדברי התוס' הנ"ל דענין מעשה הבערה באש אינו כקנית שור בעלמא אלא דהוא תנאי בגוף החיוב בתשלומין, ע' מה שכתבנו בזה בחבורה י"ב, ובמה שחילק הגרב"ד בין אש לבור.[558]

והנה עי' בחי' הגר"ח מטעלז שכ' דגם בענין כריית בור שייך דין קלב"מ כמו באש, ועי"ש דמשמע מדבריו, דאי"ז כתנאי בגוף החיוב וכדברי הגרב"ד. [וגם הגרש"ש בסי' כ"ב נקט דשייך קלב"מ על כריית בור, ועפי"ד תוס' הנ"ל]. ונראה לפרש בדבריו, דמ"מ חלוק הוא מקנית שור, דהתם עיקר הזכי' הוא זכית ממון בעלמא וזה ודאי לא מתבטל ע"י דין דקלב"מ, וא"כ ודאי חייב על היזק דידה לאחר זמן, משא"כ הכא כל השם "בעל האש", הוא שם ודין לענין חיובא דאש. עוד יש לחלק דבקנית שור אין רואין לאחר זמן דהא דהוה שלו הוא משום המעשה קנין, אכן הכא מכיון דאי"ז קנין ממון אלא חלות שם "בעל האש" לעולם רואין הא דהוה בעל האש הוא מחמת מעשה הבערה דידי'. ואמרתי הנך חילוקים להגרש"מ והסכים לי, והוסיף, דעוד י"ל דשאני אש דכל הא דנעשה כבעלים עלה מיוסד על זה דהוא אחראי למעשיו, וא"כ שפיר שייך גבי' דין דקלב"מ.

ביאה לא פקע חיוב מלקות. וע"ש בחי' רע"א שתמה, וכ' דאין התחלה להקושיא כלל, דכיון דאם הערה אחר בהכנסת עטרה ובא הוא וגמר ביאתו, תו לא מחייב קנס דהויא בעולה, אלא דבאדם א' שהוא המערה והגומר בזה גזה"כ לחייב על הגמר אחרי שהוא בעצמו עשאה בעולה, וכמ"ש התוס' ביבמות. וכיון שכן א"ש קו' הגמ' דנימא קלב"מ, דכיון דבשעת הערה נתחייב מיתה או מלקות שוב א"א שתהי' הערה זו מביאתו לידי חיוב ממון והוי כלא הערה הוא אלא אחר ושוב א"א לחייבו על הגמר, דכבר היא בעולה, ע"ש.

558 ושמעתי מהגרש"מ, דהא דבכלו חציו לא חסר בדין מעשה ההבערה, הוא משום דבאמת הוא מעשה גמור של מבעיר, ומצד האש עצמה יש לה כח גמור להזיק ורק שיש לו שמירה בפניה, ע"ע בברכ"ש. והנה שמעתי מהגרש"מ [ובאמת הגרב"ד האריך בזה סוס"י י"ז] דיש מקום לומר, דהיכא דמחמת פשיעתו הודלקה האש, שפיר נחשב כמעשה מבעיר, דכמו דאמרי' בבור דהו"ל לסלוקי כמאן דכריי' דמי, כמו"כ אמרי' באש, ולפי"ז ילה"ע דנהי דשייך דין קלב"מ בשעת ההדלקה, אמנם אח"כ אמאי לא נחשב כפושע מדהוה לי' למיגדר וניחייבי' עלה, ובפשטות נ' דדין דקלב"מ אינו יכול לגרום שלא יהיה בעל האש, ולכאו' י"ל דדין פשיעה דהו"ל למיגדר, לא אלים להיות מעשה מבעיר, דרק בבור דחייב לסלק גוף הבור אז אמרי' דהו"ל לסלוקי כמאן דכריי' דמי, אכן באש אינו מחוייב לסלק האש, אלא לעשות שמירה ומה דהו"ל למיגדר לא נחשב למעשה מבעיר. והנה עי' בשטמ"ק ה. בשם תוס' שאנץ שכ' ליישב קו' התוס' שם, דאש לא נחשב כמעשיו גרמו לו "דאם בא האש לרשותו ממילא כגון שהביאו כלב בחררה או הביאו גוי שם והניחו ברשותו והלך לו הגוי או הכלב וזכה בו בעה"ב והלכה האש ברוח מצוי' והזיקה, חייב אעפ"י שלא מעכשיו גרמו לו", והנה בפשטות התם הפשיעה היא, זה דהו"ל לגדורי, ולפי הנ"ל צ"ל דתוס' חולק על זה. ע"כ שמעתי, וכעי"ז כ' ממש הגרב"ד.

[שוב עיינתי בדברי הברכ"ש ובשיעורי הגרב"ב, ומשמע התם דהא דבקניית השור לא שייך קלב"מ הוא משום דעכשיו אין מחייבין אותו בעבור מעשה הקנין אלא בעבור שהוא שלו, וגם בבור כן הוא הבי', דהבי' בענין "אוקמי' רחמנא ברשותיה" הוא, דדייני' כאילו הוא שלו ועכשיו מחייבי' לי' לא מחמת המעשה כריי' אלא מחמת זה שהוא שלו. ולפי"ז כל דבריו מובנים היטב. והנה י"ל בדברי הגר"ח מטעלז, דס"ל דגם בור הוא כמו שהבין הגרח"ש בענין אש, די"ל דס"ל דענין אוקמי' רחמנא ברשותי' הוא לשון בעלמא, אך חיובו הוא מחמת שהוא כרה הבור ועי"ז הכשיר ההיזק. ובי' מש"כ שם דכל דברי התוס' הם רק בהדליק באש שאינה שלו, הוא משום דס"ל דבגחלת שהוא שלו אי"צ לחייבו משום המעשה הבערה אלא מחמת שהאש היא שלו, ולא שייך בזה דין דקלב"מ].

ובדברי הרשב"א שחולק על דברי התוס' יל"ע, האם ס"ל דבתנאי החיוב לא אמרי' קלב"מ ולא אמרי' דהוה כאילו עשאו אחר. או דס"ל דמעשה מבעיר אינו תנאי בעצם החיוב תשלומין, והוה כקנית שור בעלמא, וכמש"כ הגרב"ד בענין כריית בור. והנה עי' ברשב"א כתובות ל"ו שהק' מעצמו את קו' הפנ"י והגרע"א שם ותי' כדברי הפנ"י, ד"כל שעתא ושעתה עביד חיוב מיתה עד גמר ביאה כו"", ומהא דלא כ' כדברי הגרע"א, מבו' דס"ל דבתנאי החיוב לא אמרי' קלב"מ, וא"ש היטב. ותוס' דס"ל דגם בתנאי החיוב אמרי' קלב"מ, אזיל לשיטתו בגיטין נג:, כמו שדקדק הגרע"א מדבריו שם[559].

ועכ"פ נמצא דנח' הרשב"א ותוס' בתרתי חדא, האם לדין קלב"מ בעי' החיוב מיתה בפועל או דסגי עם במעשה המחייב. ועוד נחלקו, האם בתנאי החיוב אמרי' קלב"מ.

בדברי הר"ן בסנהדרין דליכא חיוב מיתה משום הדין דאשו משום חציו

והנה התוס' בסנהדרין עז. בד"ה סוף כו' הוכיחו מסוגין, דלמ"ד אשו משום חציו חייב גם בנפשות, וכ"כ תוס' לקמן נו. בד"ה אילימא, וכן פסק הטור בסימן תי"ח-י"א ומקורו הוא מדברי הרא"ש. והנה התוס' בסנהדרין שם העיר, מהא דאי' שם בע"ב הזורק אבן למעלה וירדה, דפטור ממיתה, דליהוי כאסו"מ שהניחם בראש גגו ונפלו ברוח מצוי'. וכ' שם לדחוק דסוגין שם קאי כמ"ד אשו משום ממונו.

אמנם בחי' הר"ן שם בע"ב הוכיח מכח קו' זו, דהדין דאשו משום חציו הוא רק לענין חיוב נזיקין ולא לענין חיוב מיתה, ומצינו עוד חילוקים בין נזיקין למיתה, דההורג בגרמי פטור ממיתה והמזיק חבירו ע"י גרמא חייב, וברציחה אינו חייב בשוגג כמזיד ובאונס כרצון, עכ"ד. ועיקר סברתו מובנת היטב, דעי' בחי' רח"ה הל' שכנים שהוכיח, דאשו משום חציו אינו מזיק מחודש בפרשה דהמבעיר את הבערה, אלא דהוי רק גילוי מלתא דהוי זה בכלל הפרשה דמכה בהמה ישלמנה, והוי כחץ פשוט, מדחזינן דגם לענין מיתה אמרי' אשו משום חציו, ואי ס"ד דנתחדש כאן בקרא דמבעיר את הבערה תורת מעשה מחודשת, מהיכ"ת למילף מזה למיתה, ע"ש. ובדברי חי' הר"ן הנ"ל י"ל דלעולם הוא מעשה מחודש ולא ילפי' מזה למיתה, דהרי רואין דאיכא איזה חילוקים בין מיתה לנזיקין.[560] עוי"ל בדברי הר"ן

[559] וכעי"ז דקדק הדבר"י שם מדברי רש"י ותוס' מכות טז., דע"ש בגמ' דלחד מ"ד בלאו הניתק לעשה היכא דביטלו בידים, לוקין עליו, ואי' שם דלא שייך להלקותו על ל"ת דלא יוכל לשלחה כל ימי', דהרי א"א לבטל העשה דולו תהי' לאשה בידים אלא אם הורגה, ואז פטרי' אותו ממלקות מכח הדין דקלב"מ. והנה בהך דין דבביטל המ"ע לוקין עלה, נח' הראשו', דדעת רש"י ותוס' הוא דהמלקות הוה לעצם הל"ת, ומה דבעי' שיבטל העשה בידים הוא מתנאי החיוב בעלמא, ומשו"ה א"א להתרותו אלא בשעת עבירת הלאו, אכן דעת הרמב"ן והריטב"א שם, דביטול העשה הוא גמר העבירה וחלק מעצם האיסור ושייך להתרותו אפי' בשעה שביטלה. והנה לרש"י ותוס' דהוה תנאי בחיוב, מבו' להדיא דגם על תנאי החיוב אמרי' קלב"מ, דהרי מבו' שם להדיא דשייך דין קלב"מ גם על זה.

[560] והנה בבי' דברי הר"מ דמחייבו בטמון שמעתי מהגרש"מ, דמלשונו משמע דבאמת לאו חץ הוא, והוא גזה"כ בעלמא דנחשב כחץ לענין פרשת נזיקין, ויתכן דלענין נזיקין הוא מעשה גמור באופן דאילו בשחיטה הי' לו מעשה בדרגא זו הי' מועיל, ורק דסו"ס הוא גזה"כ מחודש בפרשת נזיקין.

הנ"ל דס"ל דלדין רציחה בעינן כח גברא[561], ע' מש"כ בזה בחבורה י"ב, ועי' אשו משום חציו ליכא כח גברא. אכן ממש"כ שם לדמות זה למה דמצינו חילוק לענין שוגג כמזיד, לא משמע דכוון לזה.

ודע דבנמוק"י בסוגין נקט, דגם לענין חילול שבת נאמר הדין דאשו משום חציו, ועי' באבנ"ז או"ח שפ"ח שדקדק מדברי הר"ן הנ"ל דלא ס"ל כהנמוק"י, וכ' דלהלכה קיי"ל כהר"ן דאין הלכה כתלמיד במקום הרב, עכ"ד.[562]

שיטת הר"מ בזה

ועי' במנח"ח מצ' נ'-ו-י' שדקדק מעצמו בשי' הר"מ, דאינו חייב מיתה מכח הדין דאשו משום חציו, דהנה עי' בתוס' בסנהדרין שם שהעירו על דברי הגמ' דהכופת חבירו במקום שסוף חמה לבוא, דפטור בדיני אדם, דאמאי אינו חייב משום אשו משום חציו למאי דמבו' בב"ק נו. דאפי' במקרב אש אצל הדבר אמרי' אשו משום חציו. ותי' דאיירי דלא הזיזו ממקומו. אכן עי' בר"מ פ"ג מרוצח ה"י דמשמע מדבריו דאפי' הזיזו ממקומו והניחו שם פטור. וכ' המנח"ח לדקדק מזה דס"ל דליכא חיוב מיתה משום אשו משום חציו. וכעי"ז כ' בחי' מרן רי"ז הלוי פ"ג מהל' רוצח הי"ב לדקדק מדברי הר"מ שם, שכ' דהזורק אבן למעלה והלכה לצדדין והרגה חייב, כיון שמכוחו היא באה. וצ"ב, דהרי כ' התוס' דהך סוגיא קאי למ"ד אשו משום ממונו אך למ"ד אשו משום חציו, חייב אפי' בלי"ז, דמוכחו היא באה. וצ"ל דס"ל דליכא חיוב מיתה מכח הדין דאשו משום חציו, עכ"ד.

ודע דדברי המנח"ח ומרן רי"ז הלוי הם שלא כדברי רח"ה הל' שכנים, שכ' לפרש בשי' הר"מ בפ"ג מרוצח דס"ל דלא אמרי' אשו משום חציו אלא באש ולא באסו"מ שהניח בראש גגו, דהדין אשו משום חציו הוא חץ פשוט, ובאמת אפי' לולי קרא דאשו משום חציו ידעי' דאש בלי כח אחר מעורב בו, הוא חץ פשוט ורק דבעי' קרא לגלות לן דאפי' אש עם רוח הוה מעשיו, וכל זה שייך רק באש ולא באסו"מ או בזורק אבן למעלה, עכ"ד. ולפי"ד ודאי דלא שייך גם במקרב דבר אצל האש וכגון באופן המנח"ח. אכן דברי רח"ה צ"ב טובא כמבו' להלן. ועי' במנח"ח שם שהעיר על דברי הר"מ הנ"ל מכח סוגיא דידן דלכאו' מבו' להדיא דלמ"ד אשו משום חציו חייב מיתה ברוצח, וכעי"ז ילה"ע על דברי חי' הר"ן הנ"ל.[563]

ובפשטות הי' נראה לומר, וכן אי' בקיצור בדברי המנח"ח שם, דהנה עי' בסוגיא דדף כג. דמקשי' דלמ"ד אשו משום חציו טמון באש היכי משכחת לה, והרי בזורק חץ ליכא פטור טמון, ובאדם המזיק לא מצינו שום פטורים. וע"ש בתי' הגמ', ובפשטות כוונת הגמ' הוא דר"י ס"ל דחייב בין משום חציו ובין משום ממונו, והדין טמון הוא היכא דכלו לו חציו, דאז אינו חייב אלא משום ממונו, ע"ש בפירש"י. אכן עי' בר"מ פי"ד מנזק"מ ה"ט, דמבו' מדבריו דס"ל דפטור על הטמון אפי' היכא דלא כלו לו חציו. וכבר העיר המ"מ עליו שם.

---

[561] וכמש"כ בגליונות חזו"א להל' שכנים, וכן הביא שם מהשטמ"ק נו. בשם הרא"ה. ובאמת כ"כ בברכ"ש קידושין סי' כ' בשם הגר"ח, ע' בחבורה י"ב בעזה"י.

[562] וצב"ק דהרי מדברי התוס' מבו' כדברי הנמוק"י וכמשנ"ת.

[563] ועי' בחי' מרן רי"ז הלוי מש"כ בזה, ודע דילה"ע על דבריו, דבמתני' קתני נמי דפטור על הגדי, וזה ודאי הוא רק משום דקלב"מ. אך י"ל עפי"ד הרשב"ם המובא בתוס' ולפי פי' הרשב"א בדבריו, דמאי דקתני הי' עבד כפות לו, לא איירי שהי' שם גדי ומאי דקתני פטור קאי רק על העבד.

ע"ע באבן האזל פי"ד מנזק"מ ה"י שכ' ליישב דברי הר"מ, דנהי דליכא חיוב מיתה, מ"מ שייך דרשה דתנא דבי חזקי' דדרשי' מה מכה בהמה לא חלקת בין שוגג למיתה ולמכוון ואינו מכוון, אף מכה אדם כו' לא חילקת כו', דכיון דחייב משום מכה בהמה כו', נהי דליכא חיוב מיתה, מ"מ פטור מכח הך דרשה, עכ"ד. והיינו דלעולם נכלל בפרשה דמכה בהמה כו', ורק כיון דחסר בכח גברא אינו חייב מיתה, אך כבר שייך הפטור דקלב"מ. והעירתי להג"ר משה קרלבך שליט"א לדברי הגרא"ז, ואמר לי לדמות דבריו למש"כ רש"י בפ' המניח, דבמלאכה שא"צ לגופה הגם דפטור ממיתה מ"מ שייך פטור דקלב"מ.

ועי' ביש"ש שכ' לפרש בדבריו, דהנה רש"י בדף כב. בתחילת הסוגיא כ', *דקס"ד* דהנפק"מ בין ר"י לר"ל היא, היכא דהדליק בגחלת שאינה שלו. ועי' במהרש"א שתמה, דלא מצינו שהגמ' חזרה מזה. ועי' במהרש"ל כג. שהביא מרש"י שם שסיים בסד"ה לחייבו בד' דברים כו', מפי המורה שמעתי, אבל לשון ראשון נראה לי, עכ"ד. והנה ברש"י שלפנינו לא הובא אלא לשון א', והביא מהרש"ל גי' ברש"י דפי' הגמ' באופ"א, דאין כוונת הגמ' רק לחדש לן דר"י ס"ל דשייך לחייבו גם משום ממונו, אלא דר"י ס"ל דחיוב חציו הוא רק היכא דהוא ממונו. וע"ש ביש"ש היטב.

ועי' בנחל"ד שפירש גי' זו באופ"א קצת, והוא עפי"ד עפי"ד השטמ"ק בשם רבי' ישעי', דכוונת תי' הגמ' הוא, דגם לר"י דס"ל אשו משום חציו אינו חייב אלא על אש שהוא ממונו, ונמצא דאש אינו חץ פשוט אלא דכל התורת חץ נתחדש לן בחיוב דממון המזיק, ומשו"ה שפיר שייך בי' פטור טמון, ורק כיון דהוא חציו חייב בד' דברים, ע"ש. ועי' בבי' הגר"א בסי' תי"ח -ל"ג שג"כ פירש דברי הר"מ כעי"ז. [וע' מש"כ בבי' דבריו בחבורה י"ד בעזה"י].

ונמצא לפי"ז דהגמ' בתחילה נקטה דאשו משום חציו הוא כחץ פשוט, ומשו"ה פרכי' דטמון באש היכי משכחת לה, וע"ז מתרצי' דלאו חץ פשוט הוא. והנה עי' ביש"ש ובנחל"ד שם שנקטו, דמ"מ חייב מיתה עלה. אכן בדברי הר"מ י"ל דמכיון דהגמ' חידשה דהוא דין חץ מחודש בפרשת ממון המזיק, הרי י"ל דא"א למילף מיתה מנזיקין וכעין מש"כ בחי' רח"ה. ועי' במנח"ח שם שדקדק כן מגוף דברי הגמ' דאמרי' "איכא בינייהו לחייבו בד' דברים", ולא קאמרי' דאיכא בינייהו לחייבו מיתה.[564] וכן הוא להדיא בשטמ"ק בשם רבי' ישעי' דלפי"ז גם לר"י צ"ל דאיירי' בהצית בגופו של עבד ע"ש.

[ודע דדברי הר"מ הנ"ל הן סתירה גלוי' לדברי רח"ה הל' שכנים שנקט בדעת הר"מ דהוא חץ פשוט, וכבר עמד האבי עזרי בזה בפ"יד מנזק"מ הט"ו, וע"ש שדחה דברי רח"ה מכח קו' הנ"ל].

ולפי"ז דברי הר"מ והר"ן א"ש היטב, דמש"כ דאינו חייב מיתה מכח הדין דאשו משום חציו, הוא רק למסקנת הגמ' אך לפי מאי דנקטי' בתחילה דהוה חץ פשוט, שפיר חייב מיתה, ומשו"ה נקטי' דלר"י א"ש בפשיטות דאמרי' קלב"מ. אכן עי"ש במנח"ח שהעיר על זה מדברי הר"מ עצמו, דלפי"ז צ"ל דלמאי דמסקי' דליכא חיוב מיתה, גם לר"י מתני' איירי בהצית בגופו של עבד, וצ"ב דמדברי הר"מ מבו' דפטור אפי' בלא הצית בגופו של עבד, וכמו שמבו' בדברי הגמ' דלר"י אי"צ לאוקמי' בהכי. ובאמת עי"ש ביש"ש דכל דיוקו דלפי האמת איכא גם חיוב מיתה, הוא מדברי הר"מ הנ"ל דפסק דפטור אפי' בלא הצית בגופו של עבד. [שוב האריך הגרש"מ בחבורה י"ג בדברי הר"מ ע"ש מש"כ בזה].

בתי' המנ"ח דהר"מ פי' בדברי הגמ' דהדין קלב"מ הוא מחמת הדין רודף, ובבי' החילוק בזה בין ר"י לר"ל

וע"ש במנח"ח שכ' ליישב דברי הר"מ, דאין כוונת הגמ' דלר"י שייך קלב"מ משום חיוב מיתה דרוצח, אלא מחמת זה דבשעת ההדלקה הוי רודף. ובאמת כ"כ הרשב"א בדברי הגמ', וע"ש שהעיר, דכיון דאתחייב בגדיש לפני שהרג העבד, נמצא דהחיוב מיתה לאו בעידנא דהחיוב בממון, ותי' וז"ל, דלר' יוחנן דאמר אשו משום חציו, כל שהצית אפי' בגדיש ועבד כפות סמוך לו שא"א לו לברוח, הוי לי' משעת הצתת האש בגדיש רודף, ונעשה על הגדיש כרודף ששבר כלים בין של נרדף בין של כל אדם שהוא פטור כו', עכ"ל. ועי' באחיעזר סי' י"ט שהעלה ג"כ הכי בדברי התוס'.

אכן עע"ש במנ"ח שהעיר, דא"כ מאי נפק"מ איכא בין ר"י לר"ל, דגם לר"ל ליפטרי' משום רודף, וכעי"ז ילה"ע על דברי הרשב"א. וע"ש שכ' דרק לר' יוחנן חייב מיתה מדין רודף, כיון דלדידי' הוא מעשה בידים, ונהי דאינו חייב

[564] וע"ש בתלמיד ר"ת ור"א שכבר עמד על דקדוק הנ"ל וכ' ליישב דבקטלא לא קמיירי ובעי' למצוא נפק"מ לענין נזיקין.

מיתה על מעשה זה, מ"מ כיון דהוא מעשה בידים נחשב רודף. אכן לר"ל הוה גרמא בעלמא וליכא בזה דין רודף, וע"ש שהעלה וז"ל, ומ"מ דין חדש הוא זה, וצ"ע אם ניתן להצילו בפשו בכה"ג דרוצה להרגו באופן דאין חיוב מיתה עליו לאח"כ, ויבואר אי"ה במקומו [מצוה ת"ר].

והנה כבר העירו האו"ש פ"א מרוצח ה"ח והאחיעזר ח"א סי' י"ט על דברי הרשב"א, דאם איירי' בחיוב רודף, מה נפק"מ איכא בין ר"י לר"ל, ועי' באו"ש שכ' לדון, דאולי כל החיוב מיתה דרודף הוא היכא דהוא רודף לעשות מעשה שחייב עלה מיתה, אך הוכיח ממה שהמוסר על חבירו חייב מיתה מדין רודף, כמבו' בברכות נח. ודף סב., דבע"כ גם ברוצה להרוג חבירו ע"י גרמא מדין רודף חיי"מ, ועי' באחיעזר שם שהביא שכ"כ בתשו' ריב"ש של"ח וכ"כ בגליא מסכת חו"מ סי' ה', דגם ברודף להרוג חבירו ע"י גרמא חייב מיתה. והנה על דברי הגמ' עצמה אין להק' קו' הנ"ל, וכמש"כ האחיעזר שם, די"ל דאיירי' באופן שהי' יכול להצילו בא' מאבריו, אך לפי"ד הרשב"א דאיירי' בכה"ג דחיי"מ מדין רודף, צ"ע דמהה הנפק"מ איכא בין ר"י לר"ל. ובאמת דילה"ע כעי"ז על דברי התוס' בד"ה בגדי בשם הריב"ם, שנקט בפשיטות דסוגיין איירי בהיכ"ת דשייך לחייבו מיתה מדין רודף, ולא הוצכה הגמ' אפי' לפרש כן בפירוש.[565] וע' באו"ש שם שהניח דברי הרשב"א בצע"ג.

ביאורו של האמר"מ בנפק"מ בין ר"י לר"ל, ובגדר חיוב מיתה דרודף

ועי' באמר"מ סי' ל' שכ' בהג"ה שם ליישב, דהנה כבר הסתפקו האחרו' בעיקר גדר חיוב מיתה דרודף, האם הוא משום הצלת הנרדף או דמכיון דהוא רודף אחר חבירו חל עליו חיוב מיתה. וכ' האמר"מ לדקדק דאיכא שני דינים, דמהא דשייך דין רודף בעובר וקטן מבואר, דהחיוב מיתה הוא דין משום הצלת הנדרף, ומהא דמבו' בסו' סנהדרין נ"ז דגם בבן נח שרודף אחר בן נח חבירו שייך דין רודף מבואר דהוה חיוב מיתה, דהרי ליכא דין דהצלת הנרדף בבן נח. ולפי"ז כ' ליישב, די"ל דהא דמבו' דמכח הדין מיתה ברודף אמרי' קלב"מ, זהו רק רק היכא דחל עליו חיוב מיתה, אכן היכא דכל דין מיתה הוא משום הצלת הנרדף, לא שייך דין דקלב"מ. ולפי"ז י"ל דלעולם גם לר"ל אית לי' דין רודף, ורק כיון דהרדיפה היא להרגו דרך גרמא דליכא בה חיוב מיתה אלא דין הצלת הנרדף, לא שייך בזה דין דקלב"מ, עכ"ד. [ולפי"ז מיושבת קו' האחרו' המובאת בדברי יחזקאל כו-ג בסוגיא דב"ק קיז. דמבואר שם, דבמוסר שהזיק ממון וחייב, לא אמרי' קלב"מ, ולפי"ד האמר"מ א"ש בפשיטות כמובן].

אכן עי' בחי' רח"ה הל' רוצח שדקדק דכל דין מיתה ברודף הוא רק משום הצלת הנרדף, מהא דהיכא דיכול להצילו בא' מאבריו אינו רשאי להורגו, וע"ש שכ' ליישב הראי' מבן נח. דהנה בפשטות י"ל דדין הצלת הנרדף הוא דין בעלמא של פיקו"נ, ורק דלולי חי' התורה דרודף הוה אמרי' דאין דוחין נפש מפני נפש, ובדינא דרודף נתחדש דכיון דרודף אחר חבירו, דוחין נפשו מפני נפש הנרדף והורגין אותו מכח הדין דפיקו"נ. אכן י"ל דחוץ מהדין הצלת הנרדף מכח הדין דפיקו"נ, נתחדש בפרשת רודף דין מחודש של הצלת הנרדף ודין זה שייך גם בבן נח, ע"ש. ולפי"ד רח"ה הנ"ל לא יתכן לומר כדברי האמר"מ, וא"כ הק"ל דאיזה חילוק איכא בין ר"י לר"ל. ובאמת עי' באחיעזר סי' יט שכ' בתחילה כדברי האמר"מ הנ"ל וכ' דהוא נגד הסברא הישרה.

ביאורו של האחיעזר והגר"ח מטעלז והאמר"מ

ועי' באחיעזר ואמר"מ סי' ל' ובחי' הגר"ח מטעלז ובדבר"י שכ' לפרש, דהנה עיקר דברי הרשב"א צ"ב, דנהי דבשעת הצתת הגדיש הוה רודף, אבל לאחר הדלקת הגדיש עד שהגיעה האש לשרוף את העבד אין על זה חיוב

---

[565] עי' במהר"ם שם, אכן הפנ"י והרש"ש כתבו להדיא, דכוונת הריב"ם היא ליישב סוגיין, דאיירי' ברודף, וכן הוא להדיא בתוס' כתובות וכ"כ בתלמיד הרשב"א בסוגין בשם הריב"ם. והנה אילו ס"ל דעד השתא לא איירי' בכה"ג שהי' רודף, הו"ל לפרש דבריו בפירוש. ורק אולי י"ל דעד השתא דלא איירי' שהצית בגופו של עבד הי' יכול להתיר העבד ולהצילו, וצ"ע.

מיתה, ולמה פטור על הגדיש, ואטו מי לא איירי ג״כ כשהגדיש ארוך והעבד עומד בקצה הגדיש השני שיש המשך זמן רב עד שמגיעה האש לעבד, ואמאי פטור. וכתבו לפרש, דהנה מקו׳ הרשב״א מבואר, דהגם דהמחייב במיתה דלאחר זמן והמחייב בחיוב ממון דלאחר זמן הוא עצם המעשה הדלקה, מ״מ זה לא מספיק להדין דקלב״מ, דדיינין עם שעת החיוב בפועל, אכן י״ל דכל זה הוא לענין החיוב במיתה, דלפטור המעשה בעי׳ חיוב מיתה בפועל, אמנם היכא דבשעת הדלקה איכא חיוב מיתה בפועל, זה כבר יכול לפטור החיוב ממון היכא דכבר איכא המחייב. דהרי יותר מזה רואים משי׳ הגרע״א ודעימי׳ דעל תנאי החיוב אמרי׳ קלב״מ. ונהי דכבר הוכחנו דדעת הרשב״א היא, דעל תנאי החיוב לא אמרי׳ קלב״מ, היינו רק לענין תנאי החיוב דלזה בעי׳ שיהי׳ נחשב כאילו עשה אחר, אכן ודאי דשייך כבר לפטור את עצם המחייב של החיוב ממון, דהחיוב מיתה פוטר את המעשה, דמכח מעשה זה א״א לחייבו ממון. ולפי״ז א״ש דברי הרשב״א בפשיטות, דהנה מעשה ההדלקה הוא מה שמחייבו ממון לאחר זמן, דהרי הוא שרף הגדיש למחר ע״י המעשה הדלקה של היום, וכיון דבשעת הדלקה הי׳ לו חיוב מיתה דרודף, חל פטור בעצם מעשה ההדלקה דא״א מכוחו לחייבו ממון לאחר זמן. והגם דרגע אחר המעשה הדלקה כבר א״א להמיתו, מ״מ כיון דחל פטור בעצם המעשה הדלקה תו א״א לחייבו לאחר זמן.

והנה כבר כ׳ בקצוה״ח דמש״כ הנמוקי״י דכל מה שאירע לאחר זמן מכח המעשה, נכלל במעשה דמעיקרא, הוא רק למ״ד אשו משום חציו, אך למ״ד אשו משום ממונו ודאי לא דייני׳ כן, אלא דעצם העשיי׳ היא לאחר זמן. ולפי״ז דברי הרשב״א א״ש, דלעולם י״ל דגם לר״ל אית לי׳ תורת רודף בשעת ההדלקה, אך מ״מ שייך לחייבו לאחר זמן מחמת שממונו הזיק. ואע״ג דגם לר״ל יתכן דמעשה הדלקה הוא תנאי בחיוב, אך כבר הוכחנו למעלה דס״ל להרשב״א דבתנאי החיוב לא אמרי׳ קלב״מ.

ולכאו׳ י״ל, דגם הר״מ פי׳ הגמ׳ כעי״ז, דאע״ג דלר״י ג״כ ליכא חיוב מיתה, מ״מ שייך פטור קלב״מ מכח הדין דרודף, משא״כ לר״ל נהי דחל עליו חיוב מיתה דרודף מ״מ כיון דס״ל אשו משום ממונו נמצא דשעת ההדלקה אינה גוף המחייב ורק מעשה האש דלאחר זמן מחייבת, ולא שייך לדידי׳ פטור דקלב״מ.

היכא דחייב משום דין אשו משום חציו האם שייך לחייבו גם מכח דין דאשו משום ממונו

אכן אכתי לא העלנו ארוכה בדעת הר״מ, דהנה ע״ש באחיעזר ובאמר״מ ובדבר״י שהעירו, דנהי דס״ל לר״י אשו משום חציו, וכיון דחל פטור בעצם המעשה הדלקה תו א״א לחייבו משום חציו, אך כיון דס״ל ג״כ דאשו משום ממונו אמאי לא מחייבי׳ אותו אח״כ מחמת ממונו שהזיק כמו דס״ל לר״ל. וע״ש שכתבו דכל דברי הרשב״א אמורים רק לפי ההו״א דגמ׳ דקס״ד דר״י ל״ל משום ממונו דלית בה ממשא, אך למסקנת הגמ׳ דגם לר״י שייך לחייבו משום ממונו, צ״ל דגם אליבי׳ איירי׳ שהצית בגופו של עבד, עכ״ד. אמנם לכאו׳ כל זה יתכן לומר בדברי הרשב״א, אמנם בדברי הר״מ לא יתכן לומר כן, דכבר הבאנו דבריו דס״ל אליבא דאמת דאפי׳ בלא הצית בגופו של עבד אמרי׳ קלב״מ.

והנה כבר שמעתי פעם מפי הגר״ח שטיין שליט״א, וכעי״ז שמעתי מהגרח״ש בשם א׳, דיתכן לומר, דהיכא דקיים הדין דאשו משום חציו א״א לחייבו משום ממונו.[566] והוא כעין סברת תוס׳ לעיל בדף ו. גבי בור המתגלגל ברגלי אדם שהזיק בהדי דקאזלי, דכיון דהמגלגל הוא אדם בכוונה, א״א לחייב אידך משום אש, כיון דהמגלגל הוא עיקר

---

566 וכן משמע להדיא מדברי המאירי בדף כג. בד״ה מי כו׳ שכ׳, דכל שאין חיוב מצד חציו יש בו חיוב מצד ממונו כו׳. ומשמע דהיכא דאיכא חיוב מצד חציו אין בו חיוב משום ממונו. וכעי״ז משמע בסו״ד שם דכ׳, וכל שאין שם חציו חייב משום ממונו. אכן ע״ש להלן בד״ה כבר בארנו כו׳, דמשמע להדיא מתו״ד דאפי׳ היכא דחיובו הוא משום חציו חייב משום ממונו.

המזיק. ולפי"ז י"ל דה"ה בניד"ד א"א לחייבו מכח ממונו מה"ט, והגם דהכא יש לו פטור על החיוב משום חציו, מ"מ אפי' היכא דאמרי' קלב"מ איכא חיוב לצי"ש, ומועילה תפיסה, עכ"ד.

והנה דבר זה תלוי' בעיקר בי' דברי התוס' בדף ו. הנ"ל, דיתכן דכל סברתו היא רק לחייב אדם אחר אמנם א"א לפטור את עצמו מכח סברא זו. אך א"נ דהוא סברא בעיקר דין אחריות נזיקין דלא מסתברא שיהא לו חיוב אחריות על ממונו לענין היזק הצריך מעשה דאדם בידים.

והנה הגר"ח שטיין שליט"א דקדק כן מדברי התוס' בסוגיין, דפי' דסוגיין איירי' בהיכ"ת דאחר שריפת העבד כלו לו חציו. והק', דא"כ איך שייך לפוטרו מדין קלב"מ, ע"ש. וצ"ב דאפי' אם איירי' דלא כלו לו חציו הו"ל להק', דאיך שייך דין דקלב"מ, דנהי דא"א לחייבו מחמת חציו, אך מ"מ נחייבו משום ממונו, דהרי מדברי התוס' מבואר דנקטו דסוגיין קאי כפי מסקנת הגמ' דגם ר"י אית לי' דאשו משום ממונו. ולכאו' צ"ל דס"ל להתוס' כסברא הנ"ל, דהיכא דשייך דין אשו משום חציו לא שייך הדין דאשו משום ממונו, עכ"ד. וכעי"ז דקדק הגרש"מ בסוף חבורה י"א, ע"ש. אמנם יל"ע האם גם בדברי הר"מ שייך לפרש הכי, דהרי הוכחנו דלא הוי ממש כחציו. [שוב אמר הגרש"מ בחבורה י"ג בפשיטות, דנראה לו דא"א לפרש הכי בשיטת הר"מ מכח טעם הנ"ל].

בי' חדש מהדבר"י בדברי הרשב"א דדין רודף דמסור הוא רק מדרבנן, וישוב עפי"ז בדברי הר"מ

ואשר נ"ל בדברי הר"מ באופ"א, דהנה בדברי יחזקאל שם באות ג' פירש דברי הרשב"א, דלעולם י"ל בדבריו דס"ל דע"י גרמא אינו בכלל רודף, משום דדוקא במעשה רציחה המחייבת ניתן להצילו בנפשו ונידון ע"ש סופו, וקטן וטועה בדין שאני, דהתם עצם המעשה מחייב, ורק יש פטור מצד דין אחר, משא"כ בגרמא דליכא מעשה רציחה כלל, והא דמוסר ניתן להצילו בנפשו, ה"ט כמ"ש בספר תמים דעים להראב"ד ז"ל סי' ר"ג, דאינו אלא מצד קנסא ומיגדר מלתא בעלמא, יעו"ש. וכן דקדק מהא דמוסר חייב לשלם מדינא, כמבו' בב"ק קי"ז, ואמאי לא מפטר משום קלב"מ, ולהנ"ל א"ש, דכיון דדין מוסר הוא רק מתורות מיגדר מלתא, לית ביה דין רודף, עכ"ד. ושמעתי מהג"ר משה קרלבך שליט"א לדקדק כדברי הראב"ד מסו' דסוף ב"ק, דשם דנה הגמ' האם מותר ליקח ממונו של המוסר מכח ק"ו, דאם נפשו הותר כ"ש דממונו הותר, ע"ש. והנה ברודף לא מצינו נידון כזה, וצ"ב דמ"ש, אכן להנ"ל א"ש, דדינא דמוסר הוא תקנ"ח בעלמא למיגדר מילתא ומשו"ה מסתפקי' בהכי.[567]

אמנם נראה דבדברי הרשב"א עצמו צריכים לומר כמש"כ למעלה. דהנה להלן כ' ליישב הקו' מר"ל, וכ' שם ליישב וז"ל, דנשרף הגדיש קודם שמת העבד, דכל שעתא ושעתא חשבינן לי' רודף עד שמת העבד. והנה בשעה ראשונה ודאי הי' רודף, ומ"מ אינו נפטר מחיוב הגדיש אלא אם נשרף הגדיש לגמרי קודם שמת העבד, ומבו' מזה דאפי' אם הוה רודף, מ"מ לא שייך דין קלב"מ לר"ל, דלא הוה כאילו עשאו אחר, (ע' מש"כ בתחילת דברינו), וא"כ ליכא שום סיבה לפרש בדבריו דאם לא הצית בגופו של עבד שלא יהי' לו דין רודף לר"ל.

אכן בדברי הר"מ שפיר י"ל כעין חילוק הנ"ל אבל באופ"א קצת, דהנה הדבר"י כ' בדעת הרשב"א, דהא דלר"ל לא הוה רודף, הוא משום דרק במעשה רציחה המחייבת איכא דין רודף, אכן בדברי הר"מ כתבנו דאשו משום חציו אינו מעשה המחייב, אך אכתי יש לחלק כעין מש"כ במנח"ח דסו"ס לר"י הוה מעשה של חץ ולא מעשה של גרמא בעלמא.

---

[567] עי' באמר"מ סי' ל' בהג"ה שדקדק מדין רודף דעובר, דאיכא דין רודף בגרמא דשם לא הוה יותר מגרמא, [והגרש"מ ס"ל דלא הוה אפי' גרמא, אלא דהאשה מתה ע"י עצם מציאותו] וצ"ע בזה. שו"ר בחי' הגרש"ש בסוגיין דר"ל בדברי הרשב"א דלר"ל לאו רודף הוא כלל, וע"ש באות ג' שכ' לחלק בין עובר להך דהכא.

אלא דאכתי צ״ב, דנהי דלר״י שייך דין קלב״מ בשעת הדלקה משום רודף, אמנם כיון דקיי״ל דאשו הוא גם משום ממונו, הרי שייך לחייבו גם ברגע שלאחר זה מכח הדין דאשו משום ממונו, אם ננקוט דהיכא דחייב משום חציו שייך לחייבו גם משום ממונו, (ע׳ למעלה מש״כ בזה). ולכאו׳ י״ל דס״ל להר״מ כדעת התוס׳ דגם בדין דאשו משום ממונו שייך לפוטרו בשעת ההדלקה משום קלב״מ, דס״ל דגם בתנאי החיוב אמרי׳ קלב״מ, ע׳ למעלה מש״כ בדברי התוס׳. ומדברי התוס׳ עצמם נ׳ לדקדק דשייך לחלק בין ר״י לר״ל בדין רודף, דהנה האחיעזר פירש בדברי התוס׳ דס״ל דחיובו בסוגין הוא משום דין רודף. ולכאו׳ צ״ב, דא״כ מאי מקשי׳ על ר״ל והרי מתוס׳ מבו׳ דגם לר״ל שייך פטור דקלב״מ בשעת הבערה, ובע״כ דס״ל דלר״ל לאו רודף הוא. ובאמת מדברי התד״ה בגדי כו׳ משמע, שנקטו בפשיטות דבסוגין שייך דין רודף כו׳, ע״ש בדברי הריב״ם, וא״כ צ״ב דמאי מקשי׳ על ר״ל ובע״כ צ״ל כמשנ״ת.

אכן באמת יותר נראה לפרש דברי הר״מ עפי״ד הגרב״ד בסי׳ י״ז, (ע׳ בשיעור כללי בכתובות ל.), דכבר הבאנו קו׳ האחרו׳ על הרשב״א במש״כ לפרש בר״י דהדין קלב״מ הוא משום רודף, דהרי ברגע אחר שהדליק הגדיש כבר אינו רודף, ובי׳ הגרב״ד, דנהי דרק אלא ברגע הראשון ניתן להורגו, אמנם מה שהורגין אותו ברגע הראשון הוא מחמת זה שהוא הולך לעשות רדיפה שעי״ז יהרג העבד, והיינו דהדין מיתה שיש לו עכשיו הוא מחמת המעשה רדיפה שהוא עומד לעשות, וא״כ נהי דלאחר זמן א״א להורגו, אמנם כבר חל דין מיתה על כל המעשה הרדיפה, דבעלמא החיוב מיתה חל לאחר המעשה, והכא חל החיוב מיתה לפני המעשה. ולכן שייך דין קלב״מ על כל המעשה רדיפה עד שריפת העבד.

ובי׳ הגרי״מ בדברי הרשב״א דכל זה שייך לר״י, אך לר״ל דהוה רדיפה בגרמא, ודאי א״א לדון שיש כאן מעשה רדיפה דמחמתה חל דין מיתה, אלא דמחמת זה גרידא דנפש העבד היא בסכנה, עי״ז חל דין רודף, והואיל וכן א״א לפוטרו משום רודף במשך זמן שריפת הגדיש. ובי׳ הגרי״מ, דלפי״ז כל דברי הרשב״א א״ש גם למאי דמסקי׳ דר״י ס״ל ג״כ אשו משום ממונו, דהרי הדין קלב״מ הוא כל הזמן עד שריפת העבד ע״ש ולפי״ז א״ש היטב דברי הר״מ. ועי׳ בחבורה י״ב שעפי״ד בי׳ הגרש״מ דברי הגרב״ד דברי התוס׳ בסוגין דע״י מעשה א׳ בא הכל, ע״ש.

סימן יט

בסוגיא דאשו משום חציו[568]

ענף א'

האם בדין לדין דאשו משום חציו בעינן מעשה הדלקה בידים

גמ' כג. אמר רבא, קשיא לי' לאביי למ"ד אשו משום חציו כו' שהי' לו לגודרה ולא גדרה כו' ועי' בפירש"י שם. ולכאו' מבואר מזה דהגם דמחמת זה שלא גדרה נחשב כפושע וחייב משום ממונו אך עכ"פ עי"ז לא נעשה לחציו. והנה עי' לעיל כב. בתד"ה אשו שכ', *לא שיבעיר בעצמו האש אלא כל מקום שפשע ולא שמר גחלתו חציו נינהו*, עכ"ל. ועי' בלחם אבירים שהבין בכוונת התוס', דר"ל דאפי' אם לא הדליק האש בכלל אלא שפשע בה גרידא, דחייב. והעיר על זה מסוגיא דידן דמבו' דמשום פשיעה דהו"ל למיגדר לא נעשה לחציו, והניח בצ"ע. ועי' בדרכ"ד וגידו"ש וברכ"א שכתבו לפרש דברי התוס' עפי"ד הרא"ש, וז"ל, איתמר אשו ר"י אמר משום חציו. ואפילו הדליק האש בתוך שלו ופשע בשמירתו והלך ודלק בתוך של חבירו, חשבי' לי' כאילו ירה חץ בידים והזיק, עכ"ל. וכמו"כ י"ל בכוונת התוס', דמש"כ "לא שיבעיר בעצמו כו'" ר"ל לא שיבעיר בעצמו בשדהו של חבירו. אכן מלשון התוס' לא משמע הכי. ועי' במנח"ח מצ' נ"ו אות א' וז"ל, והנה מ"ד אשו משום חציו, כל מקום שפשע ולא שמר גחלתו

568 חבורה יד

אפי' לא הדליק האש בעצמו, חייב משום חציו כו', עכ"ל. והביא המקור לדבריו מתוס' הנ"ל.[569] וע"ש שלא הוקשה לי' על זה מסוגיא בדף כג. וצ"ע טובא דבאותו קטע הביא הדין דכלו לו חציו.

ועי' ביונת אלם סי' י"ז באד"ה ונראה לבאר כו', שג"כ הבין בדברי התוס' כפשטם והוקשה לי' קו' הנ"ל, וכ' דצריך לחלק, דהיכא שע"י פשיעתו נעשה האש הולך ומזיק, דהיינו שעל ידו מונח במקום התורפה זה מקרי חציו, כיון שע"י נעשה עצם המזיק, משא"כ היכא דהאש יכול לילך בלא פשיעתו בעצם האש, רק שביכלתו לגדור בפניו, זה לא מקרי שע"י נעשה עיקר המזיק, ומשו"ה לא מקרי חציו ולא הוי אלא ממונו, עכ"ל. והיינו שחילק, בין היכא דעיקר כח האש נעשה ע"י פשיעתו להיכא דהי' להאש כח בפנ"ע, וכל פשיעתו הי' במה שלא גדרה. וכעי"ז יש לדקדק מדברי הברכ"ש י"ז-ח', ודבריו מובאים להלן, וע"ש שהסתפק אם פשיעה דהו"ל למיגדר ולא גדר מספיקה להדין דמעשה מבעיר, או דבכלו לו חציו בעי' להמעשה מבעיר דתחילה. וכ' שם, האם נאמר דיש כאן פשיעה מחודשת לענין שיתחייב משום ממונו, *אלא דליכא פשיעה כל כך שיתחייב משום חציו*, אבל מ"מ יש כאן פשיעה בשמירה להתחייב משום ממונו כו', עכ"ד. ומבו' דהי' שייך לומר דע"י פשיעה גמורה נחייבי' משום חציו. [וכנראה דכוונתו הוא למש"כ שם בבי' דברי התוס' דלאו חציו ממש הם אלא דהוא חיוב דחציו], ורק דלא משמע כהבנת היונת אלם אלא דתלוי' בדרגת הפשיעה, וצ"ע.

והעיר לי הגר"א פוגל שליט"א, דיש להוכיח כעיקר יסוד הנ"ל, דיתכן דשייך דין אשו משום חציו אפי' היכא דהוא לא הדליק האש, מדברי המהרמ"ש על תד"ה לאו ממונו דבעל הכלב כו', דע"ש שכ' דילפי' מאיזה דרשה דאינו חייב על אש דבהמתו. והק' המהר"ם דא"כ לר"י דמחייב באש דכלבו הך דרשה מאי קעביד לי'. ותי' מהרמ"ש דלולי הך דרשה הו"א דחייב נזק שלם משום אש דהוי כחציו דבעל הכלב כדין אשו, ומשו"ה בעי' קרא למעט דליכא חיוב דנזק שלם ואינו חייב אלא ח"נ כשאר צרורות דעלמא, עכ"ד. עוד העיר לי לדברי הפנ"י בדף כב. בגמל טעון פשתן סוד"ה והנה אחרי זה כו', דכתב, ויותר נראה דכיון שהפשתן של בעל הגמל נעשה גחלת, הדר הוה לי' אשו ממש וחייב משום חציו דאדם גופו, שלא שימר גחלתו ואטו משום שנעשה על ידי הגמל שלו ניקל עליו ליתן לו דין צרורות. [משא"כ בכלב שנטל חררה דאינה אשו אלא אש דכלבו], עכ"ל. והנה דברי הפנ"י צ"ע טובא מגופא דסוגיין כמו שהעיר הנחל"ד, אך עכ"פ הא מיהת מבו' מדבריו דהבין דגם בלי שום מעשה הדלקה יתכן לחייבו משום חציו. אך דע דדבריו צ"ב טובא מסוגיא דדף כג. דהרי משמע מדבריו דעיקר פשיעתו הוא אחר שכבר הודלק הפשתן, והרי זה כבר דומה להפשיעה דהו"ל למיגדר ולא גדרה. [והעיר הגרש"מ דלכאו' כן משמע מלשון הר"מ פי"ד מנזק"מ הט"ו דז"ל, *אש שעברה* והזיקה את האדם וחבלה בו, הרי המבעיר חייב בנזקין ובשבתו כו' כאילו הזיקו בידים. הרי שלא הזכיר שום מעשה הדלקה אלא זה דהי' אש שעברה. אך לא הי' נחית לומר חידוש כזה].

ולכאו' נראה להוכיח כן מדברי הגמ' כג. דהכי איתא התם, כגון שנפלה דליקה לאותו חצר, ונפלה גדר שלא מחמת דליקה, והלכה והדליקה והזיקה בחצר אחרת, דהתם כלו לי' חציו כו', ע"כ. והנה מהלשון "כגון שנפלה לה דליקה", משמע דלא הוא הדליק האש, ומ"מ מבו' דאילולי זה שהי' גדר שנפלה, הי' חייב עלה משום חציו. ובאמת עי' באבן האזל רפי"ד מנזק"מ שדקדק מסוגין במאי דהסתפקו שם באשו משום ממונו אם חייב בלי מעשה הדלקה, ודקדק מסוגין, דחייב, דמשמע דנפלה באונס, ורק דנעשתה האש שלו ע"י שהודלקו עציו, ע"ש. ולא עמד על זה דלכאו' מבו' כן גם לענין חציו. אמנם ראיתי בתלמיד ר"ת שכבר עמד על זה בסוגין, וז"ל, כגון שנפלה דליקה. הך לשון

---

[569] וראיתי באבני נזר או"ח תק"ג שהבין ג"כ כוונת התוס' כפשוטו, וכ' לפרש עפ"י מה שיסד שם ובכ"מ [או"ח שכ"ו], דכל דבר שמחוייב לעשות ולא עשה, הוי כאילו עשה היפוך בידים. והביא כן מדברי הרמב"ן בדינא דגרמי. ובי' בזה מה דאי' לקמן מח. בבור דהו"ל למלויי' ולא מליי' כמאן דכריי' דמי, אף הכא כיון שיש לו לכבות האש שלא יצא ויזיק כאילו הבעיר בעצמו האש.

מגומגם בעיני רבי, דנפלה דליקה משמע מעצמה, א"כ לאו היינו חציו כלל, אלא הכי איבעי לי' למימר כגון שנפלה דליקה על ידי שלא שימר אשו כראוי, ואז הוו להו חציו. ובפירושי ר"ח גרסי' כגון שהצית דליקה, עכ"ל. הרי שנקט בפשיטות דכה"ג לאו חציו הם, אך יפה העיר לי הבה"ח ד.מ. עדעלשטיין נ"י, דיתכן לומר דאי"ז סתירה עם דברי היונת אלם הנ"ל, די"ל דהלשון נפלה דליקה משמע שנפלה עצם האש, ונמצא דכבר הי' לה כח מזיק וכל פשיעתו הוא מה שלא גדר בפניה וזה ודאי תמוה דאיך הוה זה חציו.

ולפי הנ"ל ליכא הכרח למש"כ הגרא"ז שם, דנח' הר"ח והר"מ אם בעי' מעשה הדלקה דידי', דהר"מ העתיק הגמ' כלשונו "כגון שנפלה דליקה" ולפי הנ"ל י"ל דהר"מ איירי לענין חיוב משום ממונו, אכן הר"ח דקאי בסוגיא דידן, ומבו' דלולי זה שנפלה הגדר, הי' חייב משום חציו, ומשו"ה הוצרך לפרש דאיירי דוקא כשהצית האש.

ושמעתי בשם הגרש"מ, דאפי' אי נימא דע"י פשיעה נעשה חציו, מ"מ דברי התוס' בדף כב. צ"ב, דקאי בהו"א דגמ' דר"י לית לי' כלל אשו משום ממונו, ולפי"ז באמת צ"ב דמאיזה סיבה יש לו דין שמירה דנחשב כפשע בה, וצ"ע.

ואולי י"ל, דהך סברא דלית בי' ממשא הוא רק סברא דאין לו אחריות תשלומין, אך י"ל דלעולם יש לו אחריות השמירה, ולכן הוי פושע,[570] וצ"ע.

ואולי י"ל בבי' דברי התוס' באופ"א קצת, דהנה עי' לקמן בדף נט: שהסתפק היכא דלבתה רוח מצוי' את הגחלת, האם חייב משום אש על מה שהניח הגחלת שם, די"ל דרק היכא דאין מחוסר אלא הולכת האש בעלמא ע"י רוח מצוי', אבל כאן כיון דמחוסר ליבוי, אין שם אש עליה ולא קרינא בי' המבעיר את הבערה. וע"ש שהוכיח דחייב אפי' בכה"ג ממאי דאמרי' לעיל בדף ט: דר"ל ס"ל דמסר גחלת לחשו"ק פטור דמעמיא עמיא ואזלא, וצ"ב תיפו"ל דמחוסר ליבוי. אכן עי"ש בתוס' ר"פ, דס"ל דפטור בכה"ג, ושאני גבי חשו"ק דכבר הי' הרוח בעולם, ע"ש. ועי' בתלמיד ר"ת ור"א שהביא שני פשטים בזה, ובפי' השני כ' דפטור בכה"ג, דהגם דבכ"מ באש חייב אע"ג דכח אחר מעורב בו, היינו רק היכא דהוא עשה מזיק, והרוח רק מוליכה את האש, אמנם היכא דהוא לא עשה מזיק וצריכה הרוח ללבות האש ע"מ שתוכל להזיק ואח"כ להוליכה, אין עשיית אש על ידו.

והנה התוס' שם הוכיחו מר"ל דבכה"ג חייב. והנה הגם דראיתם היא מר"ל, אך בפשטות ס"ל דבכה"ג גם לר' יוחנן חייב משום חציו, ולפי"ז י"ל דזה גם כוונת התוס' בסוגיין, דלעולם איירי שהוא הדליק הגחלת, אך כיון דהגחלת צריכה גם ליבוי וגם הולכה, הו"א דבכה"ג אינו חייב משום חציו. ועל זה חי' התוס' דבכה"ג ג"כ חייב. אלא דלפי"ז צ"ל דאיירי שהביא בידיו את הגחלת למקום שרוח מצוי' יכולה להבעירה, דמחמת זה נחשב לחציו, ולא משמע כן כ"כ מלשון התוס' שכ' אלא כל מקום שפשע ולא שמר גחלתו חציו הוא. דהנה מהרגע שנעשה לדרגת גחלת, אם אינה במקום רוח מצוי', כלו לו חציו של מעשה ההבערה שעשה בתחילה, ורק דהיכא דנתנה בידים במקום שתתלבה ע"י רוח מצויה, הוי חציו, אך מל' התוס' לא משמע הכי. אך הא מיהת י"ל דזהו ההיכ"ת של התוס', דאיירי שפשע בה והניחה במקום שמשכחת לה רוח מצויה להבעירה, וי"ל דכה"ג חלוק מסו' דדף כג. כמובן, דהתם הי' לה כבר כח גמור ורק דהי' כותל להפסיק.

---

[570] ואולי תלוי' זה בשני התי' בתד"ה רבי יוחנן כו', דלפי התי' הב' י"ל, דבאמת לפי האמת צ"ע מנ"ל לר' יוחנן דחייב גם משום ממונו. ועי' בדו"ח להגרע"א מכת"י בדף ה. שהעלה, דהוה סברא, דליכ"ל דילפי' מטמון, דא"כ לר' יהודה דס"ל דפטור בטמון באש מהיכ"ת דחייב בכלו לו חציו. ולפי"ז י"ל דלפי ההו"א דגמ' ליכא למילף מסברא דחייב באין בו ממשא, דכיון דאוקי קרא בחציו, מהיכ"ת דחייב בכלו לו חציו משום ממונו. וצ"ל דקו' הגמ' הוא דנילף מסברא, ובזה י"ל דא"א למילף משאר מזיקין דיש להם ממשא, אך מ"מ יש לן למילף עיקר דין אחריות, כמו שפירש"י לפי הצד דתולדותיהן לאו כיוצא בהן.

בבי' סברת התוס' דחייב משום חציו אפי' בלי שום מעשה הדלקה

והנה לפי פשטות לשון התוס', חייב אפי' בלי שום מעשה הדלקה, וזה באמת צ"ב טובא מסברא דאיך שייך לומר בכה"ג דחייב משום חציו. ולכאו' מבו' מזה, דס"ל לתוס' דבדין אשו משום חציו לא נתחדש דהוה ממש חציו, אלא דס"ל דרק חיובו הוא משום חציו, והיינו דחידשה התורה דהיכא דעשה אש או פשע באש הוא אחראי על היזק דאש כאילו הזיק ע"י האש בידים, וכעין מה שפי' הגרא"ז בפי"ד מנזק"מ ה"י ואבי עזרי פי"ד מנזק"מ ה"ט בדעת הר"מ, ע' להלן.

בדברי הברכ"ש בבי' דברי התד"ה והי' גדי כו' ובפלו' התוס' והרשב"א

ונראה דהתוס' אזיל לשיטתו בע"ב, לפי מה שבי' הגרב"ד בסי' י"ז. דהנה עי' בתד"ה והי' גדי שהוקשה לו, לדברי ר"ל איך אמרי' קלב"מ. ולכאו' צ"ב דאמאי לא הוקשה לו גם על דברי ר"י דאיך שייך קלב"מ, והרי החיוב ממון על הגדיש בא לפני החיוב מיתה דהדלקת העבד, וכמו שהעיר הרשב"א. ובפשטות צ"ל, דס"ל דכיון דבין חיוב ממון ובין חיוב מיתה באים מחמת הדלקת האש, שפיר שיי"ל קלב"מ. אמנם העירו תרה"כ בסי' שצ"ב והאחעיזר בסי' י"ט והאמר"מ בסי' ל', שצ"ב מסוגיא דכתובות לא. בזרק חץ מתחילת ד' אמות לסוף ד' אמות וקרע שיראין בהליכתו, דאמרי' קלב"מ דעקירה צורך הנחה, ומבו' דלולי זה דעקירה צורך הנחה, לא הוי אמרי' קלב"מ, והרי לכאו' הדלקת האש הוה כזריקת החץ, דלא עדיף מדין עקירה צורך הנחה, דהרי אכתי ליכא כאן עצם המעשה של הריגה. והרי מבו' בגמ' דלדין דעקירה צורך הנחה בעי' או שיהא באופן דא"א לאהדורי כזרק חץ, או דעקירה צורך הנחה, ולכאו' הכא יש לדון אם איירי באופן שא"א לאהדורי, וגם לכאו' הדלקת הגדיש אינה לצורך מיתת העבד. ועי' בתרה"כ שם שכ', דכיון דבעי ההדלקה לחיוב, נהי דאין צריך לעשות ההדלקה על הגדיש, ושייך לעשותה רק על העבד, אך כיון דסו"ס הוא צריך לעשות מעשה הדלקה, שפיר שייך בי' הדין דעקירה צורך הנחה, עכ"ד.

אמנם מדברי הרשב"א בסוגין מבו' להדיא דלא ס"ל כהך סברא, שהרי כ' שם דהיכא דהצית בגופו של עבד, לא שייך דין עקירה צורך הנחה לענין החיוב ממון דגדיש דלא הוצרך להדליק גוף העבד לצורך שריפת הגדיש.[571] אכן צ"ע בזה, דעי' בתוס' כתובות לא. שהביאו מר"ת עצמו שפי' דר' ירמי' חולק על כל הדין דעקירה צורך הנחה, וקשה לומר דדברי ר"ת בסוגין תלוים הם בפלו' זו. ע"ע באחיעזר ואמר"מ שפירשו בדברי התוס', דר"ל כדברי הרשב"א דחייב מיתה משום רודף. אכן מסתימת דבריו לא משמע כן, וגם שאי"ז מתאים עם דברי המהר"ם בתד"ה בגדי כו' שפי' דהדין קלב"מ בסוגין לאו מדין רודף הוא.

ועי' בברכ"ש סי' י"ז אות ה' שכבר הק' קו' זו להגר"ח, אמאי לא הק' התוס' כדברי הרשב"א, וכ' שם בבי' תי' הגר"ח, ואכתוב כפי מה ששמעתי ממו"ר הגרח"ש ליבוביץ שליט"א בשיעור כללי ד' בפ' אלו נערות, דכל הא דבזרק חץ בעי' לדין דעקירה צורך הנחה, הוא רק משום דבחץ נחשב כעושה וחוזר ועושה, והמחייב להחיוב מיתה הוא בעבור מה שעשה לאחר זמן, ולא בעבור מה שעשה בשעת הזריקה. ונהי דכ' הנמוק"י דבשעת הזריקה כבר נעשה הכל, כוונתו היא רק לענין דנחשב דמה שעושה וחוזר ועושה הוא המעשה חול, אך מכיון דהוה ענין דעושה וחוזר ועושה, י"ל דחיובו הוא בעבור מה שהוא עשה למחר ע"י מעשיו של היום, ולא בעבור מה שעשה היום, וכיון דעיקר המחייב של המיתה הוא בעבור מה שעשה למחר, בעי' לדין דעקירה צורך הנחה.

בדברי הגר"ח בבי' פלו' התוס' והרשב"א

ולפי"ז אמר הגר"ח לפרש פלו' הרשב"א והתוס', דהרשב"א ס"ל דאשו משום חציו הוה כחץ ממש דעושה וחוזר ועושה, וא"כ גם בדין אשו משום חציו הוקשה לי', איך שיי"ל קלב"מ, והרי עיקר המחייב בחיוב מיתה הוא מה

---

[571] א.ה. אולי לשיטתם אזלי בעיקר הדין דעקירה צורך הנחה, ע' בחי' רר"ג בסוגין שהאריך בזה.

שעושה אח"כ. אכן תוס' ס"ל דודאי לא חשיב כחציו ממש אלא דהוא חידוש התורה דהוא אחראי לכל מה שיארע מחמת האש שהדליק כאילו הוא עשאו בידים.[572] ולפי צד זה כל סיבת החיוב הוא עצם מעשה ההדלקה, דהרי אינו נחשב כעושה וחוזר ועושה אלא כל מעשיו הם בהדלקה גופא, ורק דהוא אחראי על כל כל מה שהך אש תזיק כאילו הוא עשה הנזק בידיו. ונמצא דהחיוב על שניהם הוא ממש כא', וכאילו הרציחה ממש הוא בשעת החיוב ממון, עכ"ד. ולפי"ז מבו' ג"כ דשיטת התוס' היא, דהדין דאשו משום חציו אינו ממש כחץ, אלא דחיובו הוא מדין חץ, וא"ש היטב לשיטתם.[573] [והנה עי' בתוס' נו. ובסנהדרין עז. דנקטו דאיכא חיוב מיתה באשו משום חציו, וצ"ל דגם לזה מועיל הדין חיוב דחציו, וכמו שהבינו היש"ש והנחל"ד גם לגירסת הס"א ברש"י במסקנת הגמ', והוא חידוש, ולפי מש"כ הגרש"מ בחבורה י"ב בסופו מובן יותר].

האם למ"ד אשו משום ממונו בעי' מעשה הבערה בידים

גמ' כב. אתמר ר"י אמר אשו משום חציו ור"ל אמר אשו משום ממונו כו'. והנה באבן האזל פי"ג מנזק"מ הי"ט כתב, דבבור מצינו דאיכא שני סיבות שיהא אחראי לבור הא', היכא דהוה ממונו וכגון בבור ברשותו. והב', ע"י שכרהו.[574] ודן שם האם למ"ד אשו משום ממונו ג"כ איכא שני סוגי אש, והנה לפירש"י דאינו חייב אלא היכא דהוא ממונו, יש לדון אם בעי' גם מעשה הבערה, ולדברי התוס' דחייב משום זה שהדליק האש, יל"ע אם איכא ג"כ אחריות על אש מחמת זה גרידא דהוא שלו.

והנה בתוס' לעיל ה: העירו, אמאי לא אמרי' מה לאש שכן מעשיו גרמו לו. ובשטמ"ק ה. בשם תוס' שאנץ תי', דאם בא האש לרשותו ממילא, כגון שהביאו כלב בחררה, או הביאו גוי שם והניחו ברשותו והלך לו הגוי והכלב וזכה בו בעה"ב, והלכה האש ברוח מצוי' והזיקה, חייב אעפ"י שאין מעכשיו גרמו לו. הרי להדיא דס"ל דאי"צ מעשה הבערה. אכן באבן האזל שהביא מהשטמ"ק בדף ו. בשם רבי' ישעי', דלכאו' משמע לא כן, דע"ש שהעיר בסו' דכותל ואילן שנפלו כו', דאמאי לא אמרי' אי בהדי דקאזלי מזקי היינו אש. ותי', דלא דמי לאש, דאש מיד שנעשה הוא נזקק לשמרו ולהעלות בדעתו שיזיק על ידי רוח מצוי', וכן באבנו וסכינו דמדמה לעיל לאש, אבל כותל ואילן ליכא למימר הכי דבשעת נטיעה ובנין לא הי' לו להעלות בדעתו שיפלו לזמן מרובה, עכ"ד. ולכאו' צ"ב, דסו"ס ממונו הוא, ואת"ל דמה שהוא ממונו מספיק לחייבו, וכיון דכשנעשה רעוע עדיין ממונו הוא ופשע בו, אמאי לא חייב משום אש,

---

[572] כן הי' לשונו של הגרח"ש, אכן עי' היטב בדברי ברכ"ש שם דז"ל, הוא דין חיוב על מה שעשה מתחילה מעשה כזו שיכולה לילך ברוח מצוי' כו', עכ"ל. וכמדומני שיש לפרש דהכוונה בזה היא, כעין מה שאמר הגרש"מ [חבו' י"ב] בבי' דברי הראב"ד כג., ע' להלן באופן הד' בבי' ענין דאשו משום חציו, דיסוד דין נזיקין הוא דין אחריות, ואיכא דין אחריות מיוחדת על מעשה אדם, ודין אחריות מיוחדת על מעשה בהמה, והכא הגם דלא האדם הזיק גוף החפץ בידים, אך מחמת זה דעשה מעשה שיכול לילך ברוח מצוי' כו' חייבה אותו התורה באחריות דאדם המזיק. [ולפי"ז מה שאמר ר"ל לאו מכחו קאזלי כו', באמת גם ר"י הסכים לזה ורק דהוא חיוב דחציו, ולמש"כ רש"מ יש ליישב באופ"א]. ומשו"ה מובן מש"כ שם בהו"א הגמ' דחייב גם בכלו לו חציו, כמובן. [אלא דבאמת קצת צ"ע מה שהגרב"ד הביא שם ספיקו של הגר"ח, ולשני הצדדים לכאו' לא הוי כדברי התוס' סנהדרין עז., ע' להלן מש"כ בבי' תוס' סנהדרין שם].

[573] כתבתי דברי הגרב"ד כפי מה ששמעתי מפי מו"ר שליט"א, אכן יתכן לומר דלעולם ס"ל כתוס' סנהדרין עז. ורק בהא מילתא חלוק מחץ פשוט, דחץ דעלמא הוה כעושה וחוזר ועושה, ובאשו משום חציו מכיון דלא הוי חץ מסברא אלא חי' התורה דהיכא דעשה אש כל מה שהאש עושה מתייחס אליו, י"ל דרק דייני' דכל מה שאירע אח"כ הוא ממעשה זו של היום, והיינו מהמעשה דהנחת האש. והצעתי ביאור זה להגרש"מ, ואמר לי דיתכן כדברי, ורק דמסברא איכא מקום לומר להיפך, דאפי' אם בכל חץ דייני' דלא הוה כעושה וחוזר ועושה, באש הוה דייני' כן. אכן בדברי הברכ"ש מבו' דאי"ז הכוונה, ובפרט דהבין שם דלפי הך צד חייב גם בכלו לו חציו.

[574] ויש לדון בדבריו דגם היכא דהבור הוא שלו אמרי' דהוא משום דהו"ל למליי ולא מליי' כמאן דכריי' דמי, ולכאו' מבו' דבעי' כרי', אלא דזה גופא דלא מליי' נחשב ככרי'. אלא דצ"ב דמעיקרא אמאי הו"ל למליי' אם אינו אחראי, והסביר הגרש"מ, די"ל דסגי בזה שהוא בעל הממון להטיל עליו את האחריות על המזיק, אך מחמת זה אינו חייב בתשלומין דמעשה כריי' הוא תנאי בחיוב תשלומין.

ובע"כ צ"ל דכיון דבשעה שבנה הכותל לא הי' עלה תורת מזיק, אינו חייב עלה. והגרא"ז פירש עפי"ז את דברי התוס' והרשב"א שם, שכתבו, דכותל ואילן שנפלו לא דמי לאש, משום דבאש כח אחר מעורב בו. ועי' במהרש"א שם שכנראה הבין בכוונת התוס', דר"ל דמה דכח אחר מעורב בו הוה חומרא, דמחמת זה א"א למילף מינה. וצ"ב דהתוס' כ' לעיל דכח אחר מעורב בו הוא קולא. ובי' הגרא"ז דכוונת התוס' היא, דבאש מיד שהדליק האש כיון דשייך שתזיק ע"י כח אחר מעורב בו הוה מזיק, משא"כ בכותל בשעת הבנין לא הי' לו כח להזיק, ואינו מזיק, ע"ש. אכן העיר על זה מהגמ' בדף כג. גבי נפלה דליקה בחצירו, דמשמע להדיא דהוא לא הדליק האש, ומ"מ חייב, והעיר לדברי פי' ר"ח שגרס וכגון ד"הצית האש" ע"ש.

והנה ידוע מש"כ הגרב"ד לדקדק מדברי התוס' כב: דבעי' מעשה מבעיר גם למ"ד אשו משום ממונו, ועי' בברכ"ש סוס"י י"ז שהסתפק, האם הפשיעה דהו"ל למיגדר הוה פשיעה מספקת לחייב מכח הדין דמעשה מבעיר אם לא. והוכיח מדברי התוס' בסוגין דאי"ז נחשב למעשה מבעיר, ממש"כ דשייך דין קלב"מ דע"י מעשה א' בא הכל. וצ"ב, דנהי דשייך דין קלב"מ על המעשה מבעיר דמעיקרא, אמנם נחייבי' משום הפשיעה דאח"כ, ובע"כ דפשיעה זו לא מספיקה להיות מחייב של מעשה מבעיר, אלא בכ"מ דכלו לו חציו, המעשה מבעיר הוא כבר מתחילה ורק דהי' לו שמירה ע"י הגדר, והיכא דנפלה הגדר והי"ל לגדור ולא גדר, דעי"ז כבר לא מתקיים דין שמירה, לכך חייב. אך כ' שם דנהי דמתוס' מבו' כך, אך בדברי הגמ' עצמה י"ל דהפשיעה דהו"ל למגדר מספיקה לחייב, עכ"ד.[575] ודע דמש"כ בבי' דברי התוס' א"ש היטב עם מש"כ הגרא"ז להוכיח מדבריו בסו' דבור ואילן[576].

ענף ב'

בל"א דרש" המובא במהרש"ל ובשי' רש"י בהדין דאשו משום חציו

גמ' כג. אמר רבא, קשיא לי' לאביי למ"ד אשו משום חציו טמון באש דפטר רחמנא היכי משכחת לה כו', אלא למאן דאית לי' משום חציו אית לי' נמי משום ממונו וכגון שהי' לו לגודרה ולא גדרה כו', ע"כ. וברש"י שלפנינו כ', דכוונת הגמ' הוא לומר דלר"י חייב משום חציו בלא ממונו או משום ממונו בלי חציו, וכל הפטור דטמון הוא רק בחץ שהוא גם ממונו. וכן היא דעת רוב הראשונים. אמנם רש"י בסו"ד כתב, מפי המורה שמעתי אבל לשון ראשון נראה לי. וכוונתו צ"ב דלפנינו ליכא כי אם חד לישנא. ועי' במהרש"ל שהביא רש"י במהדו"א, וכן הובא בכמה נוסחאות בספר המפתח, דהי' לרש"י פי' אחר בסוגין, והוא, דכוונת הגמ' ליישב דלר"י אינו חייב משום חציו אלא היכא דהוא ג"כ ממונו, ועי' בשטמ"ק בשם רבי' ישעי' שג"כ פי' הכי[577], ולפי פי' זו נמצא דעיקר החיוב דאש הוא דין דממונו ורק דחידשה לן התורה דבאש שנכלל בפרשה דממון המזיק, חייבה התורה כאילו הזיקו בידים. ועי' במהרש"ל שם שרש"י הכריע זה לפי' העיקרי, ועי' במהרש"א כב. ובמהר"ם שפי' עפי"ז מש"כ רש"י שם, וקס"ד דאיכא בינייהו

---

[575] ע"ש בברכ"ש וז"ל, ואולם עכ"פ משכחת לה גם אופן כזה שאם יהי' פשיעה מהודשה בשמירה, שיתחייב מחדש משום ממונו, ולא יפטר משום קלב"מ, ולא שייך תירוצו דעל מעשה א' בא הכל כו', עכ"ל. ונראה בבי' דבריו, עפ"י מש"כ לעיל ו-ו מהגר"ח, דמשכחת לה דרגא של רוח מצוי' ואינה מצוי', דלא נחשב כשמירה, אך מ"מ לא הוה פשיעה, וא"כ הי' שייך לפרש בדברי התוס' דאיירי בכה"ג, ומשו"ה לא מספיק זה לדין דמעשה מבעיר, ומ"מ לולי דינא דקלב"מ הוה מחייבינן לי', ורק דמ"מ העיר, דודאי הברייתא לא איירי דוקא בכה"ג, והיכא דאיכא פשיעה, באמת צ"ב דאיך מהני קלב"מ, ובע"כ דפשיעה כזו לא הוה במקום מעשה מבעיר.

[576] עי' מש"כ באריכות בענין זה בהערות על הדף לסוגין בתד"ה אשו משום ממונו.

[577] אלא דמצינו שני פירושים לפי גי' זו, עי' בנחל"ד שפי' דחייב משום ממונו גרידא, ורק דהיכא דהוא גם חציו וגם ממונו, חייב גם משום חציו, אכן עי' בשטמ"ק שם בשם הגליון דבעי' שניהם, חציו וממונו בכדי לחייבו, וע"ש מש"כ בבי' הענין דחייב גם בכלו לו חציו.

כגון שהדליק בגחלת שאינו שלו. ולפי"ז הדין דאשו משום חציו ודאי לא יועיל לשחיטה, וגם דלא יתחייב עליו משום חילול שבת, ודלא כמש"כ בתוס' סנהדרין עז. ובנמוק"י בסוגין.

בשיטת רש"י דמימרא דר' יוחנן דאפי' שלהבת פטור ובדברי הפנ"י ובי' הגר"א בזה

והנה עי' לעיל כב: ת"ש השולח את הבערה כו', ר' יוחנן אמר אפי' שלהבת פטור כו'. ופירש"י דר' יוחנן לטעמי', דאמר אשו משום חציו, והכא חציו דחרש הן, עכ"ל. והיינו דפי', דכיון דהן חציו דחרש א"א לחייבו משום חציו. ועי' בתד"ה חציו כו' שהעיר, דלפי האמת דגם לר' יוחנן חייב משום ממונו, אמאי אינו חייב גם בשלהבת משום דין ממונו. ועי' בפנ"י מש"כ בזה, וכעין זה כ' בתוס' רי"ד, עפי"ד תוס' לעיל ו. דהיכא דאיכא מעשה דאדם בר דעת, א"א לחייב אחר משום דין ממון המזיק. וצ"ל דחשו"ק הגם דלאו בני דעה נינהו, מ"מ שפיר הוו בני כוונה, וכמו שכ' הנחל"ד להוכיח מהא דגדול עע"ג מועיל בהו בגט, עכ"ד. אכן לפי מש"כ לעיל בחבורה ו' בסו' דדליל, לפרש דברי רש"י שם, דגם במעשה בהמה א"א לחייב אחר משום דין אש, וביארנו בדברי רש"י כג. דזה רק במעשה ממש ולא בדין אשו משום חציו דלא הוו חץ ממש, ולפי"ז לא שייך לומר כדברי הפנ"י בדברי רש"י הנ"ל, אם לא שנחלק ונאמר דאיכא שני דינים הא', באדם בר דעת והב' במעשה של בעל חי, ובאשו משום חציו שייך רק דין הא' ולא דין הב', וצ"ע.[578]

[שוב עיינתי בדברי הפנ"י בסוגיא דהתם ולעיל כב. בקו' הגמ' ולחייב חנוני, ובסוגיא דדליל, דבאמת יוצא מדבריו דאיכא שני דינים].

ועי' בבי' הגר"א בסי' ת"ח שכ' בפירש"י הנ"ל, דכל דברי ר' יוחנן דפטור בשלהבת, אמורים רק לפי ההו"א דגמ' דל"ל משום ממונו, אך למסקנא חזר בו וס"ל דחייב גם בשלהבת, עכ"ד.

והנה לפי מש"כ המהרש"ל בבי' דברי רש"י הנ"ל מוכרחין אנו לומר כדברי הגר"א, דלפי"ד נמצא דדין חציו נא' רק היכא דהוא ממונו, וא"כ נמצא דלאו חציו דחשו"ק הם כיון דלאו ממון דידהו הן, ואיך שייך לפטור את בעל האש משום חציו דחרש. ובע"כ דלמסקנא לא ס"ל לר' יוחנן הכי, וחייב גם משום חציו ולא רק משום ממונו, וכפשטות דברי רבינו הגר"א. ולפי"ז נמצא דאפי' לפי"ד הפנ"י הנ"ל, מ"מ למסקנא צריכים לומר דר' יוחנן חזר בו.

ע"ע ברש"י בתחילת סוגין שכתב וז"ל, משום חציו. *חייבו הכתוב* דאיהו קעביד דהוי כזורק חץ. משום ממונו. כשורו ובורו שהזיקו כו'. ומבואר שלענין חציו פי' ד"חייבו הכתוב" ובממונו לא פי' כן. ועפ"י הנ"ל כוונתו מבוארת, דס"ל דכל הדין אשו משום חציו הוא דין חיוב, דהתורה חייבה להיזק דאשו כאילו הוא עשאו בידים, ויתכן דגם לפי ההו"א הוא כן, ורק דלמסקנא כל הך דין תלוי' בהדין ממון המזיק. אכן למ"ד משום ממונו, הרי פירש"י דצריך שיהי' ממונו כשור ובור, וא"כ נמצא דהוה ממש כשורו ובורו.

[שו"ר באהל יהושע סי' כ"ו, שכבר עמד על דקדוק הנ"ל בפירש"י, והנה עי' בשטמ"ק בשם הגליון שכ' לפרש מש"כ רש"י "קס"ד", דלפי ההו"א הגמ', לא נח' אלא באש שאינה שלו, אבל באש שהוא שלו, גם לר' יוחנן אינו חייב אלא משום ממונו, וכעין מש"כ ביש"ש במסקנת הגמ' לפי הס"א. והנה לפי"ז ודאי לאו חץ פשוט אלא רק חיוב כחץ, וא"ש].

וע"ש בתלמיד ר"ת ור"א וז"ל, אשו משום חציו. *פירוש אש שחייבה תורה עליו חיוב חיצים יש בו, לאו חיצים גמורים הם, דא"כ לא הוה צריך לכתוב אש דפשיטא לן דמזיק בחציו חייב*, וכן מוכיח לשון דקאמר משום חיציו, וכן נמי יש לפרש הא דקאמר אשו משום ממונו, כלומר חיוב ממון יש בו, מיהו לאו דוקא היכא דהוי ממונו כגון אש [שלו] דאפי' הדליק באש של הפקר או באש של אחרים כו', עכ"ל. הרי דבא לפרש כנ"ל, דאינו חץ ממש אלא

[578] וביותר צ"ב דהנה בפנ"י לעיל כב. בקו' הגמ' דאי במסכסכת אמאי חייב כו', פי' בדברי רש"י בדליל כמש"כ, וצ"ע.

כחיוב דחץ, ורק דהוא פי' כן גם לענין אשו משום ממונו, כיון דס"ל דלאו ממונו ממש הוא. דהנה עי' בתד"ה אשו משום ממונו כו', כלומר חיוב ממונו יש בו כו', עכ"ל. והרי לענין אשו משום חציו לא פי' כן. אך נ' בפשיטות דב"ממונו" אין עיקר החיוב חיוב ממונו, אלא דמה שהוא ממונו הוא סיבה שהוא אחראי על זה, וגם מעשה הדלקה הוא סיבה שיהי' אחראי לזה, משא"כ בחציו ממש, דעיקר התורת מזיק, הוא אדם המזיק, והתורה חייבה כאילו הזיק בידיו ממש.

בשיטת הר"מ בטמון

והנה בפשטות לפי מסקנת הגמ', משמע דפטור טמון הוא רק היכא דכלו לו חציו, עי' ביש"ש ונחל"ד ובבי' הגר"א בסי' תי"ח-ל"ג, שהעירו על זה מסוגיא פ' הכונס, דמחלקי' בין הדליק בתוך שלו להדליק בתוך של חבירו, ולא מחלקי' בין כלו לו חציו ללא כלו לו חציו, ולא מצינו בשום משנה או ברייתא רמז לזה דהפטור טמון הוא רק היכא דכלו לו חציו. עוד העירו, דמאי פרכי' מאי בינייהו כו', הרי איכא נפק"מ לענין טמון היכא דכלו לו חציו כו'. ועי' בתוס' שכ' דה"ה כו', והעיר הגר"א דכיון דהגמ' איירי בזה הו"ל למינקט זה [ע' במהרמ"ש]. והעירו לדברי הר"מ דמבו' להדיא מדבריו, דאפי' היכא דלא כלו לו חציו איכא פטור טמון, וכנראה דס"ל דלמסקנת הגמ' באמת פטור בטמון בכל גווני ושפיר לא נקטי' נפק"מ זו. וגם א"ש כל המשניות והברייתות. אלא דצ"ב דהיכן ראה זה במסקנת הגמ'. והיש"ש ביאר על דרך רש"י, אלא שכ' בשי' הר"מ, דס"ל דלעולם שייך לחייבו משום חציו היכא דלאו ממונו, ובכה"ג חייב משום טמון, ורק דכוונת הגמ' היא, דהיכא דהוא ממונו עיקר החיוב הוא משום ממונו ולא משום חציו, ורק דלענין ד' דברים חייבה התורה כאילו הוא חציו ובכה"ג פטור על טמון, עכ"ד. ועי' בנחל"ד שהעיר על דבריו, דיציבא בארעא וגיורא בשמי שמיא, דאיך יתכן לומר דהיכא דהוא רק חציו ולא ממונו חמור טפי מהיכא דהוא גם חציו וגם ממונו.

עוד ילה"ע על דבריו, דא"כ מנ"ל דהיכא דהוא ממונו הוה כחציו לענין ד' דברים, הא כיון דעיקר הדין חציו נא' היכא דלאו ממונו [כמש"כ הוא עצמו שם] הוו חיצים גמורים לענין פטור טמון. עוד צ"ב, דהר"מ לא הזכיר בשום מקום היכ"ת דחייב גם על טמון, והרי להנ"ל שפיר יתכן היכ"ת.

ועי' בנחל"ד שפי' בדברי הר"מ עפי"ד רש"י הנ"ל, דס"ל דעיקר החיוב הוא משום ממונו, והיכא דהוא ממונו חייב משום חציו, וכיון שכן, י"ל דבכל אופן שייך פטור טמון, דהרי לחיוב חציו בעי' שיהי' ממון המזיק, ובדין ממון המיזק שייך פטור טמון, ועי' שם שהעיר על דבריו מדברי הר"מ בפ"ב הי"ז בכלב שנטל חררה, דמבו' דבאנח אנוחי חייב על כל הגדיש .וצ"ב, דהרי לאו ממונו הוא. ותי' עפי"ד הר"ח דבהגבהת כלב שייך לחייבו משום ממונו, ודבריו מחודשים הם.[579]

ודע דלפי"ד הנחל"ד אי"צ לומר דבעי' שיהא ממונו ממש, דעיקר הכוונה היא, דבעינן שיהא לו דין ממון המזיק, ולכן לפירש"י דלזה בעי' שיהא ממונו גם הכא בעי' כן, ולדעת התוס' דע"י מעשה הדלקה חייב עליו משום ממונו, וגם להר"מ י"ל דהיכא דהוא הדליק האש יש לו דין בעל האש לענין ממון המזיק וכבר חלה הדין דחציו.

---

[579] ובאמת צ"ע טובא, דאם נעשה ממונו אמאי אינו חייב נזק שלם היכא דאנחה אנוחי, ועי' בנחל"ד דנעשה ממונו של הכלב ולא שלו, ע"ש. אכן בדברי הר"ח מבו' להדיא דהכוונה היא דנעשה ממונו דבעל הכלב, וצ"ע. אלא דבדברי הר"ח עצמו מבואר, דעל שאר הגדיש חייב ח"נ משום דמשונה הוא זה, ולפי"ז א"ש. אכן דברי הר"ח צ"ב, דאם הוא משונה אמאי חייב על מקום הגחלת נז"ש, ובמקו"א כתבתי דלשיטתו אזיל בדף יט.. אכן כל זה הוא למאי דנקט הגמ' שם בתחילה דר"י לית לי' משום ממונא, אך להלכה דאית לי' משום ממונו, אמאי לא מחייבי' אותו מדין ממונו, וצ"ע. [ובחבורה י"ג הניח הגרש"מ בצ"ע על דברי הר"מ הנ"ל].

בבי' החילוק בפטור טמון בין שיטת הר"מ לשיטת רש"י לענין היכא דלא כלו לו חציו

והנה מצינו שינוי גדול בין דברי הר"מ לדברי רש"י, דהנה הר"מ פי' דמאחר דלחיוב דחציו בעי' שיהא ממונו, כבר מיושב קו' הגמ' מטמון, דגם בכה"ג שייך פטור דטמון. אכן עי' במהרש"ל שהביא דברי רש"י הנ"ל, ולא משמע דבכל אופן איכא פטור על טמון ורק היכא דכלו לו חציו איכא פטור דטמון, ועיקר תי' הגמ' הוא דעיקר הדין אש הוא דין ממונו ורק דבמה שהוא ממונו נתחייב משום חציו, ונכלל בזה דס"ל גם אשו משום ממונו וכה"ג דכלו לו חציו פטור משום טמון, [וכן משמע יותר להדיא בשינוי נוסחאות בספר המפתח, ע"ש במהדו' ו' ול'. ודע דנחל"ד נקט דלפי נוסח זו פטור בטמון בכל גווני, אך לא הביא שם דברי החכמת שלמה אלא במש"כ ביש"ש] וצ"ב דבמאי נח' הר"מ ורש"י בזה, ובאמת עי' בחי' רא"ל סי' ע"ג שתמה טובא על דברי הר"מ דנהי דא"א לחייבו משום חציו אלא היכא דהוא ממונו, אך מכיון דהוא ממונו נמצא דשוב יש עלה דין חיוב דחציו, דהתורה החשיב אש דממונו כאילו הוא עצמו הזיקו וחייב מדין אדם המזיק, ובחיוב דחציו לא מצינו שום פטורים, ואיך שייך בזה פטור דטמון.

בגדר פטור טמון באש

וע"ש בחי' רא"ל שפירש, דשאני פטור דטמון מפטור כלים בבור, דפטור כלים בבור הוא רק פטור שנתנה תורה בחיובי הבור אבל אי"ז פטור בעיקר המזיק של בור, דבור הוי מזיק גם על כלים אלא שהתורה פטרתו, אבל פטור טמון אינו רק בחיובים של האש אלא בעיקר המזיק של אש, שעל טמון לא נחשב כלל למזיק, והוא פטור מגזה"כ בעיקר הפשיעה של אש שעושה אותו לבעל המזיק שלא נעשית האש למזיק אלא על גלוי ולא על טמון, והוי פטור בעיקר הפשיעה של אש, והיינו דאינה מזיק כלל לענין טמון. וכיון שעל טמון אינו מזיק דאש בפרשת ממון המזיק, שוב לא הוה חציו כלל, דרק אש שהוא ממונו החשיבה התורה כאילו הוא הזיק בידים, עכ"ד.

ולפי"ז מובן היטב מה שרש"י חלק על הר"מ בזה, דעי' בברכ"ש סי' ב' מה שהביא מהג"ר שמואל לאנדא ז"ל להעיר על דברי רש"י בדף נו. שכ' על הא דאי' שם דחד מההיכ"ת שחייב לצי"ש, הוא בכופף קומתו של חבירו לפני הדליקה, ופי' ר' אשי דהיינו דשווי' טמון באש. ופירש"י וז"ל, א' ששלח דליקה בגדיש ובא חבירו ועשה את הגדיש לטמון, וגרם את הניזק להפסיד ולפטור את המבעיר, דפטור על טמון באש, עכ"ל. והק' הגאון הנ"ל דלמה לי' לרש"י לצייר באופן שאחר עשה טמון, הלא רבותא גדולה הוי לי' לרש"י לנקוט דאפי' אם המבעיר בעצמו יעשה טמון יפטר מדיני אדם וחייב בדיני שמים. וכ' הגרב"ד להוכיח מזה, דס"ל לרש"י דבטמון באש כל הפטור הוא רק מהחיוב תשלומין, אמנם אכתי קיים האיסור מזיק וחיוב תשלומין לצי"ש. ולפי"ז י"ל דרש"י לא הי' יכול לפרש דהמדליק עצמו עשאו טמון, דהרי בגמ' שם אי' דהחיוב לצי"ש הוא מפני שכפוף קומתו לפני תבואתו של חבירו, ואילו הוא עצמו הדליקו תיפו"ל דחייב לצי"ש מחמת עצם הדליקה, עכ"ד.

ולפי"ז הנ"ל מובנים היטב דברי רש"י הנ"ל, דכיון דחל עליו דין ממון המזיק דאש, ויש לו אחריות השמירה וחיוב תשלומין לצי"ש, באש כזה החשיבה התורה כאילו הוא הזיק בידים וממילא, לא שייך עליו שום פטורים. וא"ש פלו' הר"מ ורש"י בסוגין. ופעם העיר לי הבה"ח יהושע דשורעוועל נ"י לדברי השטמ"ק סא. שהביא פלו' בזה אם בטמון באש איכא חיוב לצי"ש אם לאו.[580]

[שוב דברתי עם הגרש"מ בזה ואעתיק מה שאמר לי בזה. הנה הגרש"מ העיר דאכתי אי"ז מספיק ליישב שיטת רש"י, דנהי דלענין טמון יתכן לפרש כן, אך אכתי צ"ב מה שחייב בד' דברים, דבפשטות נ' דיסוד המיעוט דד' דברים

---

[580] אכן יל"ע טובא אם דברי הגרא"ל הם מוכרחים, דבאמת נראה בפשיטות דכיון דלא הוה ממש אדם המזיק ורק דהתורה חייבתו כאדם המזיק, א"כ כיון דבכה"ג ליכא חיוב ממון המזיק, ליכא גם חיוב דאדם המזיק, ואי"ז ענין פטור בדין אדם המזיק, אלא דלענין זה מעולם לא דייני' אותו כאדם המזיק. וכנראה שהגרא"ל הבין בי' הצירוף באופ"א, וצ"ע, שוב הצעתי זה לפני הגרש"מ ואמר לי דפשוט כדברי, דגם בדברי הר"מ הי' מקום לומר דהוה פטור תשלומין בעלמא וכמשנ"ת, אך העיר על זה מהדין דד' דברים, ע' בפנים, ועכ"פ לפי הבנת הגרא"ל א"ש היטב.

אינו רק פטור מתשלומין, אלא דלא נתחדש בממון המזיק עיקר דין נזיקין דד' דברים.[581] וכעי"ז ילה"ע על מש"כ הגרא"ל בבי' דברי הר"מ, דכמו דלענין טמון אמרי' דמכיון דנתמעט מדין ממון המזיק לגמרי, משו"ה א"א לחייבו משום חציו, כמו"כ נימא לענין חיוב דד' דברים.

ובי' הגרש"מ בדברי רש"י, דנ' דאין הבי' דהתורה חידשה דכל מה שהאש עושה הרי הוא כאילו הוא עושה, אלא דהתורה חידשה דעל עצם מעשה הבערה חייב, והיינו דהיכא דהדליק אש שהוא שלו, והלכה האש והזיקה, חייב בעבור עצם המעשה הצתה, ואין חיובו בעבור ההיזק שהאש עושה, אלא בעבור מעשה הבערה דידי', דיש לו דין אחריות נזיקין גמורה מחמת המעשה הבערה מחמת פשיעת המזיק דמונח בי'. וי"ל דלזה לא בעי' אלא עצם החפצא דממון המזיק, ולא שבפועל יהא חיוב אחריות נזיקין עלה, דהנה מה שהתורה הטילה עליו דין נזקי ממונו, הוא מחמת איזה סברא שמוטל עליו אחריות ממונו, וא"כ נהי דבפועל לא חייבתו התורה בהיזק דממונו בד' דברים, מ"מ הוה אותו חפצא דאש דמונח בה איזה סברא שיהא מוטל עליו אחריותו, וכיון שכן, כבר שייך לחייבו בעבור עצם מעשה הבערה. אך היכא דהאש אינה שלו, וההיזק לא משתייך לי' כלל, לא מחייבינן לו בעבור עצם מעשה הבערה. ולפי"ז מובן ג"כ מה דס"ל לרש"י דחייב בטמון באש, דנהי דליכא דין אחריות נזיקין מחמת הדין דהוה ממונו, מ"מ כיון דהדליק אש שהיא ממונו שהלכה והזיקה, חייב בעבור מעשה הבערה דמונח בה פשיעת המזיק.[582]

ובדברי הר"מ הי' נראה דס"ל דאין הבי' כמש"כ הגרא"ל, דעיקר המיעוט דטמון נאמר בהדין ממון המזיק, דקשה לחלק בין זה לד' דברים, אלא דס"ל דחל פטור טמון של התורה על חץ כזה, דהרי הראשונים התקשו בבי' קו' הגמ' דיתכן דהוא גזה"כ ותי' משתי', ובבי' דברי הר"מ י"ל דלפי האמת דאינה חץ פשוט כבר שייך גזה"כ דפטור טמון].

בבי' שיטת הר"מ בגדר דין חציו באש

ע"ע באבן האזל פי"ד מנזק"מ ה"י בד"ה ובזה כו' שכתב, דיסוד החיוב הוא ממונו ורק דהתורה חייבתו כאילו הזיקה בחציו. וכעי"ז כ' באבי עזרי פי"ד מנזק"מ הט"ו דאי"ז חציו ממש אלא שע"י פשיעתו בההיזק חייבתו התורה כאילו הוא חציו. וע"ש באבהא"ז שדקדק כן מדברי הר"מ שם וז"ל, אש שעברה והזיקה את האדם וחבלה בו, הרי המבעיר חייב בנזקיו ובשבתו כו' כאילו הזיקו בידו, שאע"פ שאשו ממונו הוא, הרי הוא כמו שהזיקה בחציו כו', עכ"ל. הרי להדיא דעיקר הדין הוא ממונו ומשו"ה הוקשה לי' דאמאי חייב עלה בד' דברים, ועל זה כ' דאע"פ שהוא ממונו אמנם חייבו הכתוב כאילו הזיקו בידו. ושמעתי מהגרש"מ דמלשון הר"מ משמע, דחידוש התורה הוא דדייני' כל מה שאשו עושה כאילו הוא עושה. אך לא נראה לי' לפרש כן אלא כמו שהוא מבין בשיטת רש"י דהבי' הוא, דמחייבי' לי' בעבור עצם המעשה הבערה, דכיון דהבעיר אש שהיא ממונו שהולכת ומזיקה, חייב משום עצם מעשה מבעיר.

ענף ג'

ד' שיטות בבי' הדין חציו דאש

הנה בעיקר דין אשו משום חציו מצינו ד' שיטות, הא', מש"כ רח"ה בשיטת הר"מ, דהוה כחץ פשוט, ע' בסימן יז מש"כ בזה. וכבר העיר האבי עזרי פי"ד מנזק"מ הט"ו מדברי הר"מ עצמו דס"ל דפטור בטמון אפי' היכא דלא כלו

---

[581] ויש לדון לפי מש"כ בברכ"ש סוס"י ל"ג בענין מיעוט דדמי ולדות, דודאי נחשב השור למזיק עלה, ורק דהוא פטור מכל הדין דולא ישמרנו, וכ' שם דמה"ט אפי' אם הי' חייב על היזקו דעבד ואמה, הי' פטור על דמי ולדות, דלא נתחדש לענין זה הדין דולא ישמרנו, ושמעתי ממו"ר הגרח"ש, שנקט בפשיטות דכן הוא גם בענין ד' דברים, ע' בחבורה ד' מהגרח"ש.

[582] וע"ש בחבורה שהעיר לדברי הראב"ד בסוגין, דלפי הו"א דגמ' לא שייך חיוב דחציו אלא היכא דאיכא דין אחריות נזיקין דממונו. והסביר גם בדבריו כעין הנ"ל, דכה"ג דיש לו על האש אחריות נזיקין דממונו, כה"ג חייב בעבור עצם מעשה הבערה, ע"י מה שהבעיר אש, בזה יש לו עליו אחריות נזיקין. ועי' במילואים מש"כ בזה.

לו חציו. עוד העיר ממה דס"ל להר"מ דהיכא דהדליקה בתוך של חבירו דליכא עיקר פטור דטמון, מ"מ פטור על דברים שאין דרכם להיות מונחים שם, אך אדם המזיק בגופו או בחציו ממש אינו כן, וע"כ שאי"ז חציו ממש אלא מכח פשיעתו מחייבינן לי' כאילו הזיקו בחציו, עכ"ד. וע"ע בחבורה י"ב מה שהערנו עליו.

והשיטה הב', היא דעת התוס' סנהדרין עז. דס"ל דודאי מסברא לאו חץ הוא, אך חידוש התורה הוא, דכל היכא דהוא עושה אש, כל מה שהאש פועלת מתייחס אל הפעולה שלו בעשיית האש, וס"ל לתוס' דמועיל גם לענין שחיטה דבעי' כח גברא. והנפק"מ בין דברי רח"ה לדברי התוס', היא לענין הניח אסו"מ בראש גגו, דהתוס' ס"ל שם דחייב, ורח"ה כ' בדעת הר"מ דפטור, דהתם ודאי לאו כחץ פשוט הוא. וגם נפק"מ במקרב דבר אצל האש, דהתוס' כ' דהוה אשו משום חציו דע"י שקרבה אצל האש הוה כאילו עשה האש, דעשה האש למזיק. ונ' בפשיטות דלפי"ד רח"ה לא שייך לומר כן, והסכים הגרש"מ לזה.

והנה בגדר מעשה זה בי' הגרש"מ, דהתורה חידשה, דהיכא דייצר אש, כל מה שהאש פועלת מתייחס להפעולה של עשיית האש, ובודאי דלא הוה בגדר עושה וחוזר ועושה, אלא דרואין שהתוצאה היא ממעשה זה.[583] ולפי"ז אמר [ע' בחבורה י"ד], דכל הדין דאשו משום חציו לא שייך אלא לענין מה שהאש פועלת, והיכא דהניח אסו"מ על ראש הגג בשבת, ונפלו ברו"מ מרה"י לרה"ר וחתך דבר מחובר, לענין מלאכת תולש שייך דין דאשו משום חציו, דהא מה שסכין שתלש שהוא האש מתייחס אליו, אכן לענין הוצאה מרה"ר לרה"י אי"ז חפצא דאש, דהרי לא הסכין פעל את ההוצאה אלא הרוח, וכאן הרוח הוא האש לענין זה להביא הסכין מלמעלה למטה. ולפי"ז יישב קו' הגרע"א בדף ו. בהניח אסו"מ בראש הגג ונפלו ברוח מצוי' והזיקו לבתר דנייחי, דילפי' ממה הצד לחייבו, ולדעת יש מן הגדולים המובא ברא"ש פטור הך בור על הטמון מכיון דבעי' לילפותא מאש. והק' הגרע"א דלמאי דקיי"ל דאשו משום חציו, למ"ל ילפותא דמה הצד, הא כמו דהוה מעשה שחיטה כמו"כ הוה מעשה אדם דכריית הבור, ופשוט ג"כ דחייב על הטמון. ותי' דאיירי בהיכ"ת דכלו לו חציו, ע"ש. אכן לפי הנ"ל לא קשה מידי, דהרי את זה שהסכין נפל מלמעלה למטה לא הסכין ועל, ורק היכא שהסכין או האבן נפלו מחמת כבדם יחשב ככרה בור בגוף הקרקע, לענין זה באמת שייך הדין דאשו משום חציו וחייב בור הזו על טמון. וכלל הדבר הוא, דכל מה שהוא אש לר"ל הוא אש לר"י, וכמו דלר"ל אין זה חפצא דאש כמו"כ הוא לר' יוחנן.

וכנראה שהגרע"א הבין דגדר התורת מעשה דאשו משום חציו הוא, דהיכא דנתן חפץ באיזה מקום ומכח רוח מצוי' שכיח שילך לאיזה מקום, גם הליכה זו נחשבת למעשיו, [א.ה. והערתי להגרש"מ דכן הוא משמעות לשון חי' הר"ן בסנהדרין עז: והסכים לי] והוא כעין ההו"א בגמ' בדף ס. לילף מזורה ורוח מסייעתו לכהת"כ, דענינה הוא דמכיון דמן הסתם היכא דהוא זרק התבואה באויר הוא הולך בדרך זו, הוה זה כמעשה דידי', עכ"ד. [ועי' בחבורה י"ב שביארנו זה בעזה"י באופ"א קצת, ודקדקנו מהחזו"א דגם הוא הבין על דרך הגרע"א, וז"ל, דהולכת הרוח מתיחסת אל האדם בשביל שהוא מכין את האש ומוסרה ליד הרוח. והיינו דענין אשו משום חציו הוא כעין מה דרצינו למילף מהדין דזורה ורוח מסייעתו].

---

[583] ושאלתי לו מדברי הנמוק"י, שהק' דאיך מדליקין נרות עש"ק, ולכאו' קושיתו מיוסדת על זה דס"ל דהוה כעושה וחוזר ועושה. וגם בתירוצו לא חזר מזה, דהשקו"ט שלו לא הי' בדין אשו משום חציו אלא בדין חץ, ע' חבורה ב'. והשיב לי, דלעולם י"ל דס"ל כמש"כ בפנים ורק שהי' לו נידון כללי בכל מעשה שעשייתו הוא היום, ורק דמה שאירע למחר הוא מכח המעשה דהיום, איך דיינינן מעשה זו, דמצד א' הרי העשיי' היתה אתמול, אך אין לה תורת מעשה אלא מחמת מה שאירע היום. וא"ש יותר אם נימא דגם בחץ ס"ל דלא הוה ענין דעושה וחוזר ועושה ודלא כמו שהבין הגרב"ד.

והדרך הג׳ בדין אשו משום חציו, דהנה דעת הראשונים הנ"ל דבדין אשו משום חציו לא נתחדש דבאמת יש לאש תורת חץ, אלא דחייבה התורה כאילו הזיקו בידים. והנה בפשטות י"ל, דאי"ז שייך להדין ממון המזיק, והוא חי׳ מחודש בפרשה דאדם המזיק דהתורה חי׳ דהיכא דעשה אש, הוא אחראי על הזיקו כאילו הזיק בידים. אכן לפי פירש"י והר"מ בסוגין, נמצא לכאו׳, דעיקר תי׳ הגמ׳ הוא, דעיקר דין אש מיוסד על זה שהוא ממונו, דבדין אחריות דממונו נא׳ דין זה דהוא אחראי על כל ההיזקות כאילו הזיקה בידים. ולפי"ז גדר הדבר הוא, דהתורה חידשה דהליכת האש בכח הרוח הוה כהליכה דידי׳.

והדרך הד׳, היא מהלכו של הגרש"מ בדברי הראב"ד ועוד ראשונים [ע׳ חבורה י"ב], דאין הבי׳ דהתורה חייבה כאילו הזיקו בידים, אלא דכל הדין אדם המזיק בתורה אינה מכח זה שהוא עשה ההיזק בידים, אלא מכח זה שהוא עשה מעשה דנכלל בו היזק, ויש לו פשיעת המזיק לענין ההיזק, דעי"ז אחראי על ההיזק, ע"ש היטב, ובמש"כ שם במילואים. וע׳ להלן.

והנה בדו"ח להגרע"א מכת"י לעיל בדף ה. העיר על סו׳ דשם דבעי׳ פסוק לחייבו בליכחה האש נירו כו׳, וצ"ב, תיפו"ל דאדם מועד לעולם כו׳. וכ׳ שם ליישב, דכיון דאינו ראוי להזיק בדרך זו, לא חייב לשמרה, ואינו כאדם המזיק, עכ"ד. וכעין זה כ׳ החזו"א ב-ב באש שהזיקה ע"י רוח שאינה מצוי׳ דלא שייך לחייבו מדין אדם מועד לעולם, דכה"ג לאו אש הוא כלל. והנה לפי"ד הראשו׳ הנ"ל דכל ענינה הוא חיוב דאדם המזיק, מובן בפשיטות, דהבי׳ הוא כמש"כ האבי עזרי דע"י פשיעתו בההיזק מחייבינן אותו כאילו הזיקו בידים, ונמצא דהיכא דליכא פשיעה, לא נידון כלל כאדם המזיק כמובן. ולפי"ד התוס׳ בסנהדרין ג"כ יתכן לפרש, דכה"ג אי"ז חפצא דאש, דחפצא דאש הוא היכא דעלול לפעול ברוח מצוי׳.

אבל לדברי רח"ה צ"ב טובא, דודאי בכה"ג נ׳ דהוה חציו, וא"כ אמאי לא שייך לומר הדין דאדם מועד לעולם. ולכאו׳ י"ל בזה, דכיון דבשעת זריקת החץ, דהיינו בשעת ההדלקה הי׳ בגדר רוח שאינה מצוי׳ ולא הו"ל לעלות בדעתי׳, שוב חסר בתורת פשיעת המזיק והוה כסו׳ דדף כו. בזרק כלים ושוב סילק כרים וכסתות, שהוא פטור, ובי׳ הגרש"מ דהגם דודאי פעולתו הוא ששברה אמנם מכיון דלא נכלל במעשה הראשון ולא הו"ל לסלקי אדעתי׳, חסר בפשיעת המזיק, והיינו דחסר בהסיבה שיהי׳ אחראי למעשה מזיק זה, עי׳ בחבורה י"ב מהגרש"מ בעזה"י.

ענף ד

ביאורו של הגרש"מ בשי׳ הר"מ

[שוב האריך הגרש"מ בחבורה י"ג בזה, ואעתיק מה שיוצא מדבריו לבאר דברי הר"מ בזה. דהנה הר"מ בפי"ד מנזק"מ לא חילק כלל בין כלו לו חציו ללא כלו לו חציו, ורק בהלכה ד׳ הזכיר דגם בכלו לו חציו חייב. ובפשטות משמע דס"ל דחייב בד׳ דברים גם בכלו לו חציו. והוא משום דס"ל דלפי תי׳ הגמ׳ דמאן דאית לי׳ משום חציו אית לי׳ משום ממונא, הבי׳ הוא, דדין חץ מיוסד על הדין ממון המזיק, לפי"ז גדר הדבר הוא, דהתורה חי׳ דכל מה שהוא אש ויש לו עליו חיובא דאש, גדר חיובו הוא, דהתורה דנה כאילו הוא עצמו עשה ההיזק. ולפי"ז אין מקום לחלק בין כלו לו חציו ללא כלו חציו, דכל מה שיש לנו סיבה לחייבו משום אש, הוא משום דדיינינו דהוי חציו. ולפי"ז א"ש מאי דמשמע מלשונו שם בהט"ו דל"צ שום מעשה הדלקה לדין דאשו משום חציו. ולפי"ז נמצא דמה שלא חילק הר"מ לענין טמון בין כלו חציו ללא כלו לו חציו, הוא משום דס"ל דבאמת ליכא שום הבדל כלל בין כלו חציו ללא כלו לו חציו.

ואם ננקוט כן בדברי הר"מ, הרי יוצא דלא ס"ל דאיכא שני דיני אש, אש של ממונו ואש שהוא חציו, אלא דכל הגדרת דין אש הוא דכל אש שהוא חפצא דממונו, ויש בה סברת התורה דחייבו על ממון המזיק, כל היזק שעשת האש הרי הוא כאילו הוא עשאו. [וזהו אפי' אם לית לי' דין אחריות נזיקין דממונו לענין הך היזק וכגון לענין ד' דברים].

אלא שאמר, דהגם דמלשון הר"מ עצמו, ומעצם דברי הר"מ משמע כן, אך עיקר הדבר דלעולם חייב בד' דברים זר הוא אצלו שיהא כן. עוד העיר על זה, מסו' דדף ו: כשכ' דאיצט' קרא לכל מזיק להלכותיהן, ולא הזכיר דבעי' קרא דאש לדין ד' דברים, ובשלמא אי הוה אמרי' דבכלו לו חציו ליכא חיוב, י"ל דרצה לנקוט הלכה דישנה גם לענין אש דממונו, אך אם ננקוט דחייב בד' דברים בכל גווני אמאי לא נקט כן. אלא דראיה זו יש לדחות, די"ל דרצה למצוא נפק"מ גם אליבא דר"ל. [א.ה. ועי' בדו"ח להגרע"א מכת"י שהעיר, דאמאי לא אמרי' שם דכתב אש לגלוי לן דהוה חציו. ותי' משום ר"ל גם אליבא דריש לקיש] אלא דהעיר מסו' דדף י. בברייתא דתני חומר באש מבשור כו', וצ"ב דאמאי לא תני החומרא לענין ד' דברים, ובע"כ דאיכא אש דלית בה חיוב ד' דברים, ומשו"ה לא נקט נפק"מ זו.

ומשו"ה העלה בשי' הר"מ כמו שאמר בדברי רש"י, דהיכא דהבעיר אש דהוה חפצא דממונו, והלכה והזיקה, ויש בה פשיעת המזיק גמורה, התורה חייבה על מעשה זה מדין אדם המזיק, ונראה דבעי' לזה מעשה הדלקה. [ואפי' אי נימא דס"ל דאי"צ שהוא ידליק האש, הבי' הוא דהתורה חייבו בעבור אותה פשיעה של עשיית האש].

והנה כבר העירו מדברי הר"מ בהל' י', שלא קבע הדין בהצית בגופו של עבד, ובפשטות משמע דס"ל דחייב עלה מיתה. ועי' ביש"ש ובנחל"ד שבאמת הבינו דס"ל דחייב עלה מיתה והוא ק"ו מד' דברים. אך העיר רש"מ, דאינו מבין את זה בכלל, דמכיון דהוה חץ רק בצירוף הדין ממונו, הרי ממון המזיק אינו מחייבו מיתה. ונהי דל"צ החפצא דאחרית נזיקין על הממון בכדי לחייבו משום חציו, כמבו' מד' דברים, אך עכ"פ בעי' שתהי' אותה סברא המחייבת כל הדין דממון המזיק, והיינו מה שהוא אחראי על ממונו, אך הרי ליכא סברא זו בכלל לענין חיוב מיתה, וא"כ לגבי חיוב מיתה הוה כאילו אינה ממונו כלל, ואמאי חייב עלה מיתה. [ובדברי היש"ש י"ל, דכיון שכן תו הוה חצים גמורים, ע"ש בדבריו. אך בדברי הנחל"ד צ"ב, ועצם דברי היש"ש צ"ע טובא, כמו שהעיר הנחל"ד שם].

ולכאו' צ"ל בדברי הר"מ, דדין קלב"מ הוא מדין רודף, אלא דצ"ב, דמה התלי' אם איבא דין קלב"מ במחלוקת ר"י ור"ל, דגם לר"ל לכאו' הוה רודף, ובאמת אם כנים אנו דליכא בכלל כל הדין חציו לענין מיתה, הרי ליכא שום מקום לחלק בין ר"י לר"ל לענין זה, דלענין מיתה ר"י ור"ל שוים הם, וכמו דהיכא דאינה ממונו שוים הם, כמו"כ הוא לענין חיוב מיתה. ולכאו' צריכים לומר דהנפק"מ אינה בחיוב מיתה אלא בממון, דלר"י לענין החיוב ממון, הוה המעשה הבערה כחציו, אך לר"ל אינו כן. ובזה י"ל בתרי אנפי, או דלר"ל דהמעשה הבערה אינה המחייב, לא שייך כל הדין דקלב"מ, ואפי' אם ס"ל דבעי' מעשה מבעיר וכמש"כ הגרב"ד, מ"מ י"ל דס"ל דלא שייך דין קלב"מ על תנאי החיוב. או די"ל, דלעולם ס"ל דאמרי' קלב"מ גם בתנאי החיוב, ורק דס"ל דלדין קלב"מ בתנאי החיוב בעי' מעשה אחד, משא"כ להדין קלב"מ לפטור מחייב גמור, לא צריכים שיהי' בחדא מעשה. ולפי"ז י"ל דהכא הרדיפה לא משתייך להמעשה כלל, [ע' בחבורה י"ד] דלענין מיתה לא הוה מעשה רציחה כלל, וכל הדין דקלב"מ דשייך הכא הוא רק של שני מעשים וזה שייך רק לר"ל ולא לר"י.

אך ילה"ע על זה, דמ"מ נחייבו מכח הדין דאשו משום ממונו, דלפי"ד הר"מ נראה בפשיטות דאפי' היכא דשייך דין אשו משום חציו מ"מ שייך דין דאשו משום ממונו. והנה אילו הוה מפרשי' כמש"כ בתחילה דלהר"מ הוה רק דין א', דכל מה שאשו עושה הוה כאילו הוא עשה, אז י"ל דליכא כי אם דין א' ושייך דין קלב"מ עלה, אך לפי מה שהעלינו דאי"ז הביאור, צ"ע. אך דע דכבר כתבנו דהאחרו' הבינו דגם להר"מ יתכן דחייב עלה מיתה.

בביאור הצירוף של ממונו וחציו, דבעי' להך לישנא ברש"י

עי' בחבורה י"ג שדקדק הגרש"מ מדברי רש"י, דבכדי לחייבו משום חציו היכא דהוא ממונו, לא בעי' דין ממון המזיק שיהא לו דין אחריות נזיקין, דהרי מבו' דלענין ד' דברים חייב עליו משום חציו, והרי ממון המזיק איתמעט מדין ד' דברים, ובפשטות לענין זה הוי מיעוט מכל פרשת נזיקין ולא רק לענין דין תשלומין גרידא. ובע"כ דהבי' הוא, שכל הסברא שהתורה חייבתו בעבור ממונו שהיזק, משום שאחריות ממונו מוטלת עליו, סברא זו שייכא גם לענין ד' דברים, ורק דבפועל לא חייבה התורה עליו.

ולפי"ז הסביר בבי' הענין, די"ל דגבי אש במעשיו לא נכלל שום דרגת עשיי' לענין גוף ההיזק, דלא רואים שהוא שבר עצם הכלי, ולא דייני' הליכת האש עצמה כהליכת חציו, וכל המעשה דחציו הוא רק דהוא עשה בידים מעשה מבעיר לעשות אש של ממונו, ומכח זה יש לו סיבה וסברת אחריות עליו. וי"ל דכה"ג חייבה התורה בעבור עצם המעשה דמבעיר את הבערה דע"י הוא שלח ממונו להזיק, והטילה עליו התורה אחריות גמורה של נזיקין בעבור מעשה זה. דהנה עיקר דין דנזיקין אינה מהלכות מעשה, דהרי רואים לכמה ראשונים דבנזיקין דייני' דינא דגרמי מה"ת, ולכה"ת כולה לית לגרמי כלל תורת מעשה. ובי' הדבר הוא דבנזיקין המעשה מזיק הוא רק בכדי שאחריות ההיזק תהא מוטלת עליו, והיכא דהוא הזיק בידים, אחריות ההיזק מוטל עליו מחמת זה, וזהו דנקרא אדם המזיק. והיכא דממונו הזיק, הוא ג"כ אחראי עלה, והוא פרשה מיוחדת של ממון המזיק. וחידשה לן התורה לענין אש, דהיכא דהוא עשה מעשה מבעיר עכ"פ בידים, גם זה נכלל בכלל פרשה דנזקי אדם דאחראי על ההיזק מחמת מעשיו. ונהי דעצם ההיזק לא נכלל בגוף מעשיו בתורת עשיי', אך עכ"פ נכלל בעצם המעשה זה דהוא ייצר ממון זו דהלך והזיק. והנה לפי הנ"ל נמצא, דאי"ז ענין צירוף בעלמא, אלא דכל חיובו הוא רק בעבור עצם מעשיו, שייצר אש זו של ממונו שהלך והזיק.

והנה מדברי היש"ש לא משמע הכי, אלא משמע שהוי ענין צירוף ורק עי"ז דייני' עצם האש כחציו, וכן מבו' מדברי הנחל"ד, דז"ל, וטעמא דמילתא משום *שאינן חציו גמורים* וכמו שאמר ר"ל חציו מכחו קאזיל האי לאו מכחו קאזיל, ולכך היכא דלא הוי ממונו, מודה ר' יוחנן דלית בי' משום חציו, רק היכא דהוא ממונו, בהא הוא דסבירא לי' לר' יוחנן דמצטרף לזה גם חיוב חציו כו', עכ"ל. ומשמע מדבריו דהוה חץ במקצת, והיינו דאי"ז עשיי' גמורה אלא כעשיי' קלושה, והיכא דהוא ממונו יש לו אחריות נזיקין גם על עשיי' קלושה זו בתורת אדם המזיק. ושמעתי מהגרש"מ דגם מלשון השטמ"ק דהוא ענין צירוף, ודלא כמש"כ בחבורה י"ג, אך כן נראה לו בבי' הענין.

סימן כ

בסוגיא דסתם דלתות חתורות הן כו'[584]

בביאור הטעם דלא מהני שמירת בעל הגחלת לבעל הכלב

בגמ' כג. על החררה משלם כו'. מאן חייב, בעל כלב, וליחייב נמי בעל גחלת, בששימר גחלתו. אי כששימר גחלתו, מאי בעי כלב התם, בשחתר. אמר רב מרי בריה דרב כהנא, זאת אומרת: סתם דלתות חתורות הן אצל כלב. ובתד"ה בששימר גחלתו כו', וא"ת ומה שמירה היא זו, כיון שיכול הכלב ליכנס שם בחתירה דסתם דלתות חתורות הן אצל הכלב. וי"ל כיון דנטר כדנטרי אינשי לא אטרחוהו רבנן טפי, עכ"ל. ולכאו' צ"ב דאם הוא נטר כדנטרי אינשי אמאי לא מועילה שמירה זו גם לבעל הכלב. ואעתיק מה ששמעתי מהגרח"ש בבי' דברי התוס.'[585] שאמר ששמע בשם הגרב"ד בשם הגר"ח שאמר כיסוד הנ"ל, דנטר כדנטרי אינשי הוה ג"כ פטור בשמירת ממונו, דיותר מזה לא חייבה התורה. אך כל זה הוא כשעשה שמירה, ולכן בעל הגחלת שעשה שמירה יש לו הפטור דנטר כדנטרי אינשי, אכן בעל הכלב שלא עשה שמירה כלל, ורק שרוצה לפטור עצמו בפטור אונס, בזה י"ל דלא הוה אונס ואין לו הפטור דנטר כדנטרי אינשי. ולפי"ז היכא דבעל הכלב הי' נועל דלת בפניו באמת הי' פטור.

---

[584] חבורה ט"ו

[585] בסוף שיעור כללי ט'.

בדברי הברכ"ש דשמירת הניזק אינה מועיל למזיק וקושיא עליו מסוגין

אך סיים הגרח"ש, דלא מסתבר שאמר כן מהגר"ח, דהנה בברכ"ש בסי' ו' כ' לדקדק מדברי חי' הראב"ד יד.[586] דהיכא דלא עשה המזיק שום שמירה, לא שייך לפטור עצמו בפטור אונס כו'. ואפי' היכא דהניזק בנה כותל מסביב לשדהו ונפל באמצע הלילה, והלכה בהמתו של המזיק לתוך שדה חבירו והזיקה, חייב לשלם דשמירת חבירו לא הועילה לו.[587]

ולכאו' ילה"ע על דברי הגרב"ד מסוגין, דמדקדקין דסתם דלתות חתורות הן אצל כלב, ולכאו' צ"ב דמדברי התוס' מבו' דלא שמר כלבו כל עיקר, וא"כ אפי' אם סתם דלתות אינם חתורות אצל כלב, מ"מ יש לחייבו מכיון דבעל הכלב לא עשה שום שמירה. ובפשטות הי' נראה ליישב עפ"י מש"כ הגרב"ד עצמו שם, שהעיר מסוגיא דדף כא: דכלב וגדי שנפלו מראש גגו באנו לחייבו מדין תחילתו בפשיעה וסופו באונס, וצ"ב תיפו"ל דלא עשה להם שום שמירה והוה תחילתו וסופו בפשיעה. ובי' הגרב"ד, דהתם במציאות הוה אונס, דטבעם של הבהמות הוא לשמור עצמן שלא יפלו, ומשו"ה אין לו חיוב שמירה לענין זה, דהם שמורים וקיימים. וע"ש שהעיר מסו' דדף נו. בהיה כותל רעוע וחתרה ויצאה, דבאנו לחייבו מדין תחילתו בפשיעה וסופו באונס, והק' הגרב"ד כיון דכותל רעוע הוא ואינו שמור, נחייבו משום דתחילתו וסופו בפשיעה. ותי' דגם הכא י"ל דחתירה הוא אונס במציאות, דאין טבעה של הבהמה לחתור, ובפשטות הוא מחמת חסרון כח עפ"י הרוב, ורק דשייך שפעמים תהי' לה התעוררות שיכולה לעשות כן. ולכאו' י"ל כעי"ז בסוגין דאי סתם דלתות חתורות הן אצל כלב, הוי ממש כסוגיא בדף נו..[588]

אכן אכתי ילה"ע על דברי התוס' בסוגין, שהעירו אמאי לא מוקמי' מתני' בדנפל כותל באמצע הלילה ונודע לבעל הכלב ולא לבעל הגדי. ותי' דהוא מלתא דלא שכיחא, עכ"ד. ולפי"ד הגרב"ד ילה"ע דאפי' אם לא נודע לבעל הכלב, מ"מ צריך להיות חייב מכיון דלא שמרה, והרי הוי ממש אותו ציור שחבירו בנה כותל ונפל באמצע הלילה,.ויש להוסיף בזה דעי' בברכ"ש ו-ג [ע' במילואים] שהעיר על תוס' הנ"ל במש"כ בבי' הסוגיא בע"ב, ולפלא שלא העיר עליו בקו' הנ"ל.

ובאמת עי' בדברי הברכ"ש באות ד', דמבו' מדבריו דס"ל דהכא לא שייכא הך סברא, דחתירה הוה אונס במציאות,[589] עכ"פ בדעת התוס', ומשו"ה כ' דודאי הי' חייב על החררה, כיון דלא שמר הכלב כל עיקר, ע"ש. וצ"ב דמאי שנא

---

[586] ע"ש שדן בשומר שקבל עליו שמירת גופו ולא קבל עליו שמירת נזיקין, ושמר החפץ כהוגן ולבסוף נפרץ הכותל בלילה, וצדד שם, דכיון דלא קבל עליו שמירת נזקיו ולגבי שמירת נזיקין הוי כאחר, הבעלים חייב עלה, ובתחילה ר"ל דהוי תחילתו בפשיעה וסופו באונס, דכיון דהשומר אינו חייב על שמירת נזקיו הוי כאילו הניח הבהמה באמצע הרחוב, אך לבסוף שמרה השומר בשבילו, ורק דנפרץ הכותל באמצע הלילה. ושו"כ דאפשר דהוי כתחילתו וסופו בפשיעה, דשמירת חבירו אין לה דין שמירה לדידי'.

[587] ובבי' הדבר י"ל, דס"ל דכיון דעיקר המחייב בממון המזיק הוא זה שהוא אחראי לממונו שהזיק, א"כ לא שייך פטור אונס, דפטור אונס הוא רק לחייבו על מה שהוא עשה, אך הכא הוא דין אחריות בעלמא על היזק בהמתו, ורק שלזה נתנה התורה פטור שמירה, וכל שלא שמרה, חייב. וכן משמע כעי"ז בדברי אליהו, ע"ש שכ' דלא שייך פטור אונס בנזיקין אלא פטור שמירה. עוד שמעתי מהגרש"מ בבי' הדבר, דבאמת אפי' היכא דעשה שמירה, לא הוי אונס מהפרשה דולנערה לא תעשה דבר, ורק דהוא פטור התורה, ואפי' אדם המזיק דלדעת התוס' פטור באונס גמור, נ' דאי"ז דרגת אונס דולנערה לא תעשה דבר, אלא הוא דין באחריות נזיקין, וה"ה היכא דהי' לא' כותל ונפל באמצע הלילה, הרי אילו הוא הי' קושר שורו לא הי' מזיק, ואינו אונס, ומכיון דהוא לא עשה שמירה, אין לו פטור שמירה.

[588] והעיר לי ר' יוסף עפשטיין שליט"א, דא"כ הו"ל לגמ' ליישב דלא איירי' בחתירה אלא באופן דנפל גודא באמצע הלילה. והנה למש"כ הראב"ד עצמו בפי' הב' בדקדוק הגמ' הי' מהיכא דשניהם בנו כתלים א"ש בפשיטות.

[589] ובבי' הדבר עי' בדברי אליהו סי' ל', ודבריו מובאים להלן. ושמעתי מהגרש"מ דאילו מכח סו' דדף נו. הי' מקום לומר עפי"ד איזה ראשונים התם, דאיירי בחתרה ולא הפילה הכותל, ובזה י"ל דהכותל שפיר הי' שמירה לענין מצב כזה, ורק שהלכה מעצמה החוצה, אכן הכא דלא הי' שמירה כלל, י"ל דלא שייך לדון על מעשה החתירה דהוה כאילו לא עשה שמירה והבהמה היתה יכולה לילך לאיזה מקום בדרך הרגילה ולבסוף חתרה ויצאה, דודאי לא דייני' עם מעשה החתירה, ורק בנפל הכותל דעצם מעשה היזק הי' בשינוי, דייני' בה. עוד העיר לדברי הנמוק"י בסוגין,

דלענין הגחלת לא אמרי׳ כן ושייך לחייבו אפי׳ לולי הסברא דתחילתו בפשיעה וסופו באונס כיון דהוה תחילתו וסופו בפשיעה.

ומפי מו״ר הגרח״ש שמעתי [סוף שיעור כללי ט׳] בבי׳ הדבר, דכיון דהכלב אינו יכול להזיק בהזיק זה בלי הגחלת, וכל היכא דהגחלת היא שמורה, נחשב כאילו אין כאן מזיק, משו״ה מועילה שמירתו של חבירו לענין זה.[590] וכעי״ז אמר הגרש״מ דכל דברי הראב״ד הם רק היכא דיש למזיק כח מעצמו להזיק, אמנם הכא דאינו יכול להזיק היזק זה, אלא עם הגחלת, כיון דהגחלת שמורה, ואינה בהישג ידו, לא נחשב כפשיעה ומועילה שמירתו בשביל הכלב. ונראה דהא דמועיל שמירתו אי״ז משום שיש לו עצמו דין שמירה אלא דאפי׳ לא הי׳ לו דין שמירה, מ״מ הי׳ מועיל שמירתו מטעם הנ״ל, עכ״ד.[591] וכעי״ז כתב בדברי אליהו סי׳ לג דכיון דהם שותפין בהיזק, מועילה שמירתו לחבירו. ולפי״ז אמר הגרח״ש, דלא נראה שהגר״ח אמר כן אלא דהגרב״ד הי׳ אומר מהגר״ח לפרש דברי התוס׳ באופ״א וכמו שנכתב להלן בעזה״י.[592] [ודע דלכאו׳ יש לדקדק מדברי הראב״ד לעיל בדף יט: בסוגיא דדליל, דשמירת חבירו לא מועילה לו אפי׳ בהיכ״ת דהוא שותף בעיקר ההיזק. ע׳ במילואים לחבורה בעזה״י בזה].

בדברי הגרנ״ט דתוס׳ לשי׳ אזיל דס״ל דכדנטרי אינשי מועיל לשמירת נזיקין

והנה עי׳ בנמוק״י שהביא מהרמ״ה, דאעפ״י דסתם דלתות חתורות הן כו׳, מ״מ נחשב זה לשמירה פחותה, אכן התוס׳ לא כתבו כן אלא כ׳ ד״נטרי כדנטרי אינשי״ [אך זה נ׳ פשוט דלא מהני כדנטרי אינשי אלא היכא דסגי בשמירה פחותה]. ועי׳ בחי׳ הגרנ״ט לעיל בדף י. שכ׳, דמפשטא דלישנא דתוס׳ משמע, דס״ל דבכל המזיקין נטירה כדנטרי אינשי מהני, וכ׳ שם דכעי״ז מבו׳ בתוס׳ לקמן בדף נה: בד״ה נפרצה כו׳ שכ׳, דבלילה אפי׳ נודע לו שנפרצה ויצאה הבהמה אין לו לטרוח יותר מדאי, לחזור אחרי׳ באפילה, עכ״ל. והנה התם ודאי לא הוי אונס, ורק דהוה כדנטרי אינשי. וכבר נח׳ הראשו׳ לקמן בדף נח. האם שמירה כדנטרי אינשי מהני בשמירת נזיקין, דדעת הרא״ש והנמוק״י שם בשם הרא״ה היא, דרק בשומר חנם מועיל כיון דחיוב שמירה דידי׳ הוא מחמת שקיבל עליו לשמור, ובזה אמרי׳ דכל ששמר כדנטרי אינשי כבר לא הוה פשיעה ופטור, דיותר מזה לא קיבל ע״ע. אבל חיוב השמירה שיש על המזיק

שכ׳ דאיירי דע״י החתירה פתחה הדלת ונכנס, ובזה י״ל דא״א לדון עם החתירה, דהרי אילו עכשיו תבא בהמה אחרת ודאי דלא הוה אונס א״כ גם בבהמה זה איכא מקום גדול לומר דלא דייני׳ עם החתירה כלל, אלא דנתחיל הכל מעכשיו, ולפי״ז מובן היטב דברי הגרב״ד, ודע דתלמיד ר״ת לא פי׳ כהנמוק״י אלא כתב, משו״ה נקט דלתות, משום דאורחי׳ דכלב לחתור תחת דלתות דזימנין דאין כותל לשם כמו שעושין לאיסקופה, אלא כך הוא קרקע לבדה ונוח לחתרו שם משאר כל הכותל, דכותל הוא בקרקע מקצתו ואינו נוח לחתור תחתיו, עכ״ל.

[590] אעתיק מש״כ התם, ולכאו׳ מבו׳ מזה, דכיון דהכלב אינו מזיק בפנ״ע והמזיק דארף זיך אויסשטעלין מיט די נעמין די גחלת, וכיון דהגחלת היא שמורה, בעל הכלב אינו מזיק כלל. ורק באופן דהניזק עשה שמירה דאיכא מזיק גמור, בזה שייכא סברא הנ״ל, אכן הכא דאינו מזיק דעדיין צריך שהכלב יטול הגחלת, ואם הגחלת היא שמורה, לא נחשב שיש כאן מזיק, ומשו״ה ודאי מועילה שמירתו של חבירו.. והנה הוקשה לי קצת בלשון זה, דעי׳ להלן שהבאנו מהגרב״ד בשם הגר״ח, דהכלב נחשב כמזיק גמור, והעיר לי ידידי ר׳ י.א.מ וולדן שליט״א, די״ל דכל דברי מו״ר הם רק לפי ההו״א בגמ׳ דסתם דלתות לאו חתורות הן, דבזה י״ל דכיון דע״י שמירת חבירו אינו יכול להשיג את הגחלת, וחסר בהתורת מזיק, י״ל דלענין זה שפיר מועילה שמירת חבירו בשבילו. אכן דברי הגר״ח המובאים בסמוך הוא למאי דמסקי׳ דסתם דלתות חתורות הן, וס״ל לתוס׳ דיש לזה השכיחות של רוח מצוי׳, ורק באנו לפוטרו משום דנטר כדנטרי אינשי, בזה י״ל דכיון דיש לזה השכיחות של רוח מצויה, שפיר נחשב כמזיק. ובזה רצה לפרש דברי הברכ״ש שם באות ו׳, דמשמע שיש איזה המשך למש״כ בתחילה, ובי׳ עפ״י הנ״ל, דגם מש״כ לעיל בענין גחלת דמועילה שמירת חבירו לו הוא רק משום דחסר בהתורת מזיק וכמשנ״ת.

[591] ושמעתי מהגרש״מ, דנראה לו דחילוק זו אינו חילוק מרווח כ״כ, ובפשטות הי׳ נ׳ דתוס׳ חולק על דברי הראב״ד הנ״ל, והרי הראב״ד עצמו לא הי׳ ברור לו בזה. אך בדברי הברכ״ש ו-ג, דנקט, דתוס׳ ס״ל כדברי הראב״ד צ״ל כמש״כ.

[592] עי׳ בגנזי הגר״ח סי׳ ל״ו שכ׳ באופ״א קצת בדברי הגמ׳ עצמה, דהנה בפשטות לפי״ד הראב״ד אפי׳ אם א׳ יבא ויגדור גדר מסביב לשדה המזיק, לא מועילה שמירה זו למזיק כל שלא הקנה לו זכות תשמיש בהגדר או מינהו לשליח, וכן שמעתי מהגרש״מ. ועי׳ בגנזי הגר״ח שכ׳ דמעולם לא מועילה שמירה על דבר הניזק אלא על דבר המזיק, ומשו״ה לא מהני שמירת בעל הגחלת לבעל הכלב, עכ״ד. והוא סברא אחרת כמובן. והנה הגם דהגחלת גם היא מזיק, אך סו״ס ליכא שמירה על עצם הכלב.

הוא חיוב התורה שלא תלוי כלל בקבלת שמירה דהתורה מחייבתו לשומרה, שבאמת לא יזיק, ולזה לא סגי נטירה כדנטרי אינשי. אך י״א דהתורה לא חייבה בנזיקין יותר מאופן דרגיל האדם לשמור בהמתו, וכן הוא דעת התוס׳ בב״מ צג.. ודברי תוס׳ בסוגין בפשטות הם לשיטתם בכ״מ, וכן הוא להדיא בחי׳ אנשי השם לקמן בדף נח., ע״ש שהביא דברי הרא״ש וכ׳ לדקדק מדברי התוס׳ בסוגין כדברי הרא״ש הנ״ל.

אכן אכתי צ״ב, דאם מועילה שמירה כדנטרי אינשי בנזיקין, אמאי לא תועיל גם לבעל הכלב. והנה בשטמ״ק הביא מתלמידי הר״י וגליונות בד״ה ולעיקר קו׳ התוס׳ בא״ד וז״ל, אך לפי הנראה הי׳ לו ליפטר לבעל הכלב אם דלתות נעולות, אע״ג דחתורות הן אצל כלב, כיון דנטר כדנטרי אנשי, כי היכי דפטר בעל גחלת, ואיכא למימר דאינו דומה לגחלת, דבשלמא גבי גחלת כיון שסגר הדלת בפני הגחלת דיו, אבל גבי כלב הי׳ צריך שלשלאות, עכ״ל.

ולפי״ז מובנים היטב דברי התוס׳, דהא דבעל הכלב חייב, הוא משום דדרך בעל הכלב הוא לקשרו בשלשלאות, ולא הוי כדנטרי אינשי. אכן דברי השטמ״ק תמוהים הם, כמו שהעיר עליו באבן האזל פ״ב מנזק״מ הי״ז סוף אות ה׳, דבמשנה לקמן עט: מוכח, דהוא רק תקנ״ח שיהי׳ קשור בשלשלת. ובאמת מדברי השטמ״ק מבו׳ דהבין, דלפי״ד התוס׳ בפשטות צ״ל, דהיכא דבעל הכלב נעל דלת בפניו פטור, ולכאו׳ צ״ב, דא״כ אמאי מחייבי׳ לבעל הכלב לאחר דבעל הגחלת נעל הדלת. ולכאו׳ מבו׳ מדבריו, דשמירת בעל הגחלת לא מועילה לבעל הכלב, אלא דצ״ב, דכבר הוכחנו דלענין הגחלת שפיר מועילה שמירת בעל הגחלת לבעל הכלב.

ולכאו׳ צ״ל, דכל מה שהוכחנו לעיל דמועילה שמירת בעל הגחלת לבעל הכלב כיון דהם שותפין בנזק, כל זה הוא רק היכא דעשה שמירה, דבזה י״ל דכיון דהוא שמור, גם לענין בעל הכלב נחשב כשמור כיון דהוא שותפו בהיזק. אכן ענין שמירה כדנטרי אינשי באמת לא הוי שמירה הגונה, ורק דהוא פטור בעלמא על הבעלים דיותר מזה אינו חייב לשמור, ומאי הו״ל למיעבד, וי״ל דזה ודאי אינו מועיל אלא לבעל הגחלת ולא לבעל הכלב, וכעי״ז כ׳ בדברי אליהו שם בפי׳ הא׳.[593]

ביאורו של הגר״ח בדברי התוס׳ המובא בברכ״ש

ע״ע בברכ״ש [ו-ח] שהביא מהגר״ח לפרש בדברי התוס׳, דהנה מצינו ב׳ דיני שמירה בשמירת ממונו. הא׳, גבי ממון שהוא כבר חפצא המזיק, וכגון שור ובור. והב׳, היכא דממונו עדיין לא הוי חפצא המזיק אך יתכן שייעשה לחפצא דמזיק. וכ׳ הגר״ח, דנהי דגם על חפצא דעדיין אינו מזיק, מ״מ איכא דין חיוב נזיקין וחיוב פשיעה, אמנם איכא חילוק גדול ביניהם, דהיכא דהוא כבר חפצא דמזיק הוא אחראי עלה ובעי שמירה לפוטרו. אכן היכא דאכתי אינו חפצא דמזיק, אז אינו חייב עלה אלא היכא דפשע בה, והיינו היכא דשייך ליעשות למזיק ע״י רוח מצוי׳. ונמצא דבחפצא דמזיק בעי׳ שמירה לפוטרו והיכא דעדיין אינה מזיק בעי׳ פשיעה לחייבו. ובי׳ הגר״ח, דהיכא דנטר כדנטרי אינשי, אי״ז לא שמירה ולא פשיעה, ומחמת זה איכא חילוק בין בעל הגחלת לבעל הכלב, דהגחלת עדיין אינה מזיק, דהרי אינה יכולה להזיק במקומה בלי שכח אחר יהא מעורב בה, וכיון דנטר לה כדנטרי אינשי ולא פשע בה, פטור. אכן הכלב הוא כבר חפצא דמזיק וא״א לפוטרו בלי שמירה, ואי״ז נחשב לשמירה.[594]

---

[593] והעיר לי ר׳ י. שיינערמאן שליט״א דאולי יל״פ כן בדברי הגר״ח המובא לעיל.

[594] וע״ש בברכ״ש, דלא ברור מדבריו האם ר״ל דע״י פשיעתו כבר נעשה למזיק ושוב חייב על שלא שמרו, או דאפי׳ אחר פשיעתו לא נעשה למזיק אלא אח״כ כשנטלה הכלב, ורק דחייב שמירה על זה גופא שלא יעשה למזיק, וכמש״כ בגרנ״ט שהובא להלן, דעל כרחך צ״ל דהחיובו הוא כבר עכשיו, דאחר שכבר נעשה למזיק א״א לשומרו. ומלשון הגרא״ז פ״ד ה״ו משמע דעדיין אין עלה תורת מזיק, ומ״מ יש עליו דין אחריות ממונו. וע׳ להלן שהבאנו דברי תוס׳ ר״פ נט: דאינו חייב בעבור גחלת שנתלבתה ברוח מצוי׳, אך אם כבר הי׳ הרוח קיימת חייב עלה, ויתכן דהבי׳ הוא, דהיכא דהרוח כבר בעולם, כבר יש על הגחלת תורת מזיק.

ביאורו של הגרנ״ט בדברי הראב״ד בסוגין, ויסודו בענין רוח מצוי׳ ואינה מצוי׳

ועי׳ בחי׳ הגרנ״ט דלא נחית לפרש כן בדברי התוס׳, דהרי מפשטא דלישנא דתוס׳ משמע דמועיל היכא דנטר כדנטרי אינשי בכל המזיקין ולא רק באש, ובאמת כן היא דעת התוס׳ לקמן בדף נה: ובפרק הפועלים גם לענין שאר מזיקין ודלא כמו שנקט הגר״ח בבי׳ התוס׳ בסוגין, והעירוני לדברי האנשי שם בדף נח. [כד: מדפי הרי״ף] באות ב׳ ממהר״ם, שדקדק מתוס׳ בסוגין כדעת הרא״ש שם, דבכל המזקיין סגי בנטרי כדנטרי אינשי. ומ״מ הגרנ״ט פירש כעי״ז בדברי הראב״ד בסוגין, דע״ש דז״ל, אמר רב מרי כו׳ זאת אומרת כו׳ ולגבי שמור גחלת סגי לי׳ בדלת שיכולה לעמוד ברוח מצוי׳, דהתורה מיעטה בשמירתה דכתב המבעיר את הבערה, עד דעביד כעין מבעיר, אבל לגבי שן דכלב לא סגי לי׳ בהאי שמור, דאי הוה סגי בעל כלב נמי אמאי חייב כו׳, עכ״ל. ולכאו׳ צ״ב דגם בשן ורגל מצינו דהתורה מיעטה בשמירתן, ומאי שנא אש משן ורגל. ובי׳ הגרנ״ט, דמצינו ג׳ סוגי רוחות הא׳, רוח מצוי׳. והב׳, ורוח שאינה מצוי׳. והג׳, רוח מצוי׳ ואינה מצוי׳. וכ׳ שם, דהיכא דהוא כבר חפצא דמזיק ובעי שמירה שלא יזיק, אז בעי׳ רוח שאינה מצוי׳ לפוטרו, אך היכא דעדיין אינו מזיק, ובעי שמירה בכדי שלא יהי׳ למזיק, אז בכל שאינה רוח מצוי׳ סגי. וכ׳ שם דסתם דלתות כו׳ הוי בגדר רוח מצוי׳ ואינה מצוי׳, ע״ש.

וע״ש ובאבן האזל פ״ד מנזק״מ ה״ו שכתבו ליישב עפי״ז מה דאי׳ לעיל בדף י. חומר בשור ובור מאש, דמסרה לחשו״ק חייב בשור ובור, משא״כ באש, דשור ובור דרכו לנתוקי ובאש מעמיא עמיא ואזלא כו׳. וכבר העירו האחרו׳ דאי״ז חומרא בגוף המזיק אלא דבכולם היכא דשמר, פטור, והיכא דלא שמר, חייב, ורק דהמציאות היא, דבמסירת שור ובור הוי פשיעה, ובאש לא הוי פשיעה. וביארו עפ״י הנ״ל דחשו״ק הוי בגדר מצוי׳ ואינה מצוי׳ בכל המזיקים, ורק בגחלת דעדיין אין עלה תורת מזיק אינו חייב אלא היכא דנתלבתה ברוח מצוי׳, ע״ש.

ושמעתי פעם ממו״ר הגרח״ש לפרש כעי״ז בדברי מהר״ם לעיל בדף ו. דע״ש שהבין בדברי רש״י בבור המתגלגל ברה״ר ע״י רגלי אדם, היכא דהזיק בהדי דקאזלי, א״א לחייב את בעל הבור משום אש, כיון דלאו רוח מצוי׳ הוא, ומ״מ שייך לחייבו משום בור בהדי דקאנחי, ולכאו׳ צ״ב דמאי שנא. ובי׳ מו״ר דהמהר״ם לא הזכיר דהוא רוח שאינה מצוי׳, אלא שאינה רוח מצוי׳, והכוונה הוא דהוא מצוי׳ ואינה מצוי׳, וכיון דכבר הוי בור גמור במקומו, ורק דהזיז הבור ממקום א׳ למקום השני, משו״ה חייב עלה אפי׳ ברוח מצוי׳ ואינה מצוי׳, משא״כ לענין מזיק דאש דהגחלת במקומה לאו מזיק היא, אינו חייב עלה אלא ברוח מצוי׳ ממש.

בדעת התוס׳ היכא דבעל הכלב נעל הדלת, ובדברי היש״ש בסוגין

והנה לפי״ד הגר״ח נמצא, דגם היכא דבעל הכלב סגר הדלת, הבעלים עדיין חייבין עלה. ועי׳ ביש״ש שהביא דברי התוס׳ וסיים וז״ל, ומ״מ נ״ל אם שומר כלבו, בסתם דלתות דחתורות הן אצל הכלב חייב בעל הכלב ואינו דומה לבעל הגחלת, וחילוקא רבה אית ביניהם ובין בעל גחלת דלא הי׳ אצלו הכלב. ומבו׳ דהבין תי׳ התוס׳ בלי״ז, וכמש״כ למעלה דהוא משום דשמירת חבירו אינה מועילה לו, עכ״פ היכא דנטר רק כדנטרי אינשי, ורק דכ׳ דבאמת נראה לו דלא מועיל לחברי׳. ויתכן לפרש דבריו עפי״ד הגר״ח הנ״ל, או עפי״ד השטמ״ק.

ועכ״פ עצם דברי התוס׳ יל״פ בכמה אנפי, חדא, דשמירתו לא מהני לחבירו והב׳, דאפי׳ אם מועילה שמירתו, מ״מ היכא דנטר רק כדנטרי אינשי אינו מועיל לחברי׳ .והג׳, לבעל הכלב אי״ז כדנטרי אינשי. [והד׳ ע״פ ביאורו של הגרב״ד בשם הגר״ח. והנפק״מ ביניהם היא, אם בעל כלב ינעול דלת בפני כלבו, דלפי׳ הא׳ והב׳ ודאי יועיל.

בדברי הנמוק״י בשם הרמ״ה בסוגין

ע״ע בנמוק״י בסוגיין, וז״ל, והרמ״ה פי׳, דבעל גחלת דרחמנא פטרי׳ בשמירה פחותה כשמירה דשן ורגל וכדפירשנו במתני׳, עכ״ל. [וילה״ע קצת דאמאי לא כ׳ כדברי התוס׳, מאחר דמצינו דכן היא שיטתו לקמן בדף נח., ע׳ בנמוק״י שם.] והנה משמע מלשונו, דדרגא זו גופא הי׳ מועילה בשן ורגל, וא״כ צ״ב דאמאי לא מועילה לבעל הכלב. ולכאו׳

צ״ל דס״ל דשמירה דבעל הגחלת אינה מועילה לבעל הכלב, ודלא כמו שהוכחנו מקו׳ התוס׳ בסוגין מנפל כותל באמצע הלילה. וצ״ל דראיית הגמ׳ דסתם דלתות חתורות הן כו׳, היא משום דאי לאו חתורות הן ודאי דהי׳ עצם החתירה נחשבת כאונס, ורק אי חתורות הן, נהי דדרגת השכיחות הוי כרוח שאינה מצוי׳, דאל״ה לא הי׳ נחשב גם כשמירה פחותה לגבי בעל הגחלת, מ״מ לא הוי אונס במציאות.

[עוד י״ל, דלעולם ס״ל דמהני שמירת בעל הגחלת לבעל הכלב, והא דחייב על הגדיש, הוא משום דתחילתו בפשיעה וסופו באונס, ולא ס״ל כתי׳ התוס׳ דמחמת זה לא הי׳ חייב אלא רביע נזק, וראיית הגמ׳ דסתם דלתות חתורות הן כו׳ היא, מהחיוב על החררה, דלענין זה לא הי׳ שייך תחילתו בפשיעה וסופו באונס דהוי מניזק לניזק, ע׳ להלן בזה. וכעי״ז כ׳ בדברי אליהו בתחילת דבריו בדברי הראב״ד].

[595]והנה עי׳ בדברי אליהו סי׳ ל״ג דמבואר כמש״כ, דאי לאו דחתורות הן, הי׳ נחשב אונס וכנפילה, אמנם אם חתורות הן, אפי׳ אם דרגת השכיחות הוא כרוח שאינה מצוי׳, מ״מ לא נחשב כאונס. אמנם שמעתי מהגרש״מ דלא נראה לו כן, דלכאו׳ נראה דבי׳ הענין דנפילה וחתירה הם כאונסים, הוא משום דנחשב כשמור לענין זה מחמת זה שמעצם טיבעה של הבהמה, שומרת עצמה, ונכללת שמירתה בפטור ד״ולא ישמרנו״, דבלי״ז לא שייך שום פטור. ולפי״ז צריך להיות הפטור תלוי ג״כ בשכיחות דרוח מצוי׳, ובע״כ דמאיזה טעם שהוא לא דייני׳ שהחתירה הוי אונס, ע׳ מש״כ למעלה בהג״ה. ולפי״ז, יש לדקדק ממש״כ הנמוק״י, דאי סתם דלתות חתורות הן כו׳, לא מהני שמירת בעל הגחלת לבעל הכלב אע״ג דהוה כשכיחות דרוח שאינה מצוי׳, דס״ל דחתירה לא נחשבת כאונס וא״כ צ״ב, דאפי׳ אם סתם דלתות אינם חתורות כו׳ נימא דחייב בעל הכלב משום שלא שמר כלבו.[596] ולכאו׳ י״ל דפי׳ דברי הגמ׳ על דרך רש״י, דאילו סתם דלתות אינם חתורות כו׳ הוי שינוי ולא יתחייב יותר מח״נ על החררה, ובאמת ע״ש בנמוק״י שהעתיק דברי רש״י.

והנה לפי״ז נמצא, דאילו בעל הכלב הי׳ שומר עצמו בדלת כזו, הי׳ מועיל, ורק דבסוגין איירי שלא שמר כלבו, ומכיון דס״ל, דעכ״פ בסוגין דאיירי שחתר ופתח הדלת [כמש״כ בנמוק״י], חתירה לא נחשבת כאונס, וגם דשמירת בעל הגחלת לא מועילה לו, משו״ה חייב.

עוד בי׳ הגרש״מ עפ״י מה שיסד בחבורה י״א, דלענין כל מעשה שאין למזיק שום הגבלת יכולת בעשייתו, לא נחשב כשמור. ולפי״ז י״ל דעיקר השקו״ט בגמ׳ אם סתם דלתות חתורות הן כו׳, הוא בזה גופא האם יש לכלב בדרך כלל היכולת לעשות חתירה, ואי אמרי׳ דסתם דלתות אינם חתורות כו׳, הבי׳ הוא, דיש הגבלה ביכולת הכלב, ומחמת זה נחשב כשמור. ולזה הוכיחה הגמ׳ דסתם דלתות אינם חתורות כו׳, ור״ל דאין לכלבים שום הגבלת יכולת כו׳, ולפי״ז נהי דשכיחות הדבר הוא בדרגא של רוח שאינה מצוי׳, מ״מ לא נחשב כשמור וחייב. וכל זה הוא לגבי הכלב עצמו, דלא נחשב הכלב כשמור מכיון דאין לה שום הגבלת יכולת, אמנם הגחלת ודאי נחשבת כשמורה, כיון דהוה רק בדרגת שכיחות של רוח שאינה מצוי׳ ויש להגחלת הגבלה ביכולת מצד עצמה. ולפי״ז נמצא דאפי׳ אם בעל

---

[595] קטע זה לא אמרנו בחבורה והוא הוספה מהחבורה של הגרש"מ.

[596] הנה הגרש"מ נקט בבי׳ דברי הראב"ד, דבאמת לא שייך פטור אונס דולנערה לא תעשה דבר בשומרים, והרי מצינו שי׳ ר"א לקמן בדף מה: דמועד אין לו שמירה אלא סכין, ושי׳ רש"י הוא דחייב בנזיקין בכל אופן, ושם הרי לא משמע דשייך פטורים בזה. ובי׳ הדבר הוא, דהרי עיקר הדין דממון המזיק הוא ענין אחריות על היזק של ממונו, ומאי איכפ"ל אם הוא אונס. וכל הפטור דשייך הוא פטור שמירה, וגם היכא דהבהמה שומרת עצמה שייך פטור זה ד"ולא ישמרנו" עכ"ד. ועי׳ בגנזי הגר"ח סי׳ ל"ו שנקט דיסוד הפטור בתם מח"נ, משום דסתם שמרים בחזקת שימור קיימי, הוא ג"כ ענין פטור שמירה ד"ולא ישמרנו", ע"ש.

וע׳ למעלה שהבאנו מדברי אליהו שלא נקט כן, ובאמת מדבריו בסי׳ כ"ט משמע להדיא דהוא ענין פטור אונס וע"ע מש"כ בשיעור כללי מהגרח"ש בסו׳ דשור ובור שמסרו להשו"ק, ובמילואים שם. וראיתי בגנזי הגר"ח שנקט בפשיטות דאם סתם דלתות לאו חתורות הן כו׳ שייך הפטור דכהת"כ דאונס רחמנא פטרי׳.

הכלב הי׳ שומר שמירה פחותה כזו, הי׳ חייב, וזה הנפק״מ בין שני הביאורים הנ״ל. וצ״ע טובא בדברי הנמוק״י במתני׳ אם איכא משמעות דלא הי׳ מועיל שמירה כזו לכלב. ועי׳ בחבורה י״ב.

בחידושו של הראב״ד וביסודו של הגרש״מ

[והנה בדברי הראב״ד בדף יד. מבו׳ שני חידושים, הא׳, דאין פטור על כל דבר שיש לו השכיחות דרות שאינה מצוי׳, אלא דבעי׳ תורת שמירה. והב׳, דשמירת חבירו לא מועילה לו. ובאמת לא הי׳ ברור להראב״ד שם דשמירת חבירו לא מועילה לו, ורק כ׳ דאפשר דהוה תחילתו וסופו בפשיעה, ע״ש, וכנ׳ שהגרב״ד נקט דהעיקר הוא כפי׳ הזה.
ועיקר יסודו של הגרש״מ הי׳ לענין היכא דלא עשה שום שמירה, אלא דהי׳ שמור מאליו, ובזה י״ל דלענין כל דבר שאין לה שום הגבלת יכולת, לא נחשב כשמור מאליו, אפי׳ אם לא שכיח כלל שיעשה את הפעולה. וזה לא שייך כלל לחי׳ הב׳ שכתבנו למעלה, דאפי׳ אי נימא דשמירת חבירו מועילה לו, מ״מ היכא דלא עשה שום שמירה כלל, וסומך על שמירת השור עצמו, לענין כל מה שאין לה שום הגבלת יכולת לא נחשב כשמור].

חיוב בשמירת ממונו שלא יעשה למזיק[597]

הנה עיקר הדין דשמירת ממונו המחייב בד׳ אבות נזיקין, מצינו שהוא על ממונו שיש לו כבר דין מזיק, דחיוב אחריות של הבעלים מחייבו לשומרו שלא יזיק. ויש לדון אם איכא חיוב שמירהגם על ממונו שאין לו תורת מזיק, שלא ייעשה למזיק.
ונראה דמצינו בזה כמה מדרגות. דהנה עי׳ בתוס׳ בדף נט: שהסתפקו היכא דרוח מצוי׳ ליבתה הגחלת, האם חייב משום אש על מה שהניח הגחלת שם, די״ל דחייב רק היכא דאין מחוסר אלא הולכת האש בעלמא ע״י רוח מצוי׳, אבל כאן הגחת מחוסרת ליבוי ואין שם אש עליה ולא קרינא בי׳ המבעיר את הבערה. וע״ש שהוכיחו דחייב אפי׳ בכה״ג, ממאי דאמרי׳ לבדף ט: דר״ל ס״ל דבמסר גחלת לחשו״ק פטור דמעמיא עמיא ואזלא. וצ״ב, דגם בלי טעם זה תיפו״ל דמחוסרת ליבוי. אכן עי״ש בתוס׳ ר״פ, דס״ל דפטור בכה״ג ושאני בחשו״ק דכבר הי׳ הרוח בעולם, ע״ש. ועי׳ בתלמיד ר״ת ור״א שהביא שני פירושים בזה, ובפי׳ השני כ׳ דפטור בכה״ג, דהגם דבכ״מ באש חייב אע״ג דכח אחר מעורב בו, היינו רק היכא דהוא עשה מזיק והרוח רק מוליך האש, אמנם היכא דהוא לא עשה מזיק וצריך הרוח ללבות האש לעשותה למזיק ולהוליכה, אי״ז עשיית אש, והא דבכלב שנטל חררה מבו׳ בגמ׳ דיש לבעל הגחלת לשמור גחלתו, היינו משום שהכלב הזיק ע״י עצם הנחת הגחלת בלי ללבותה, במה שהניח הגחלת ע״ג הגדיש, עכ״ד. והנה לפי דעת התוס׳ והרשב״א והר״מ דסברי דחייב אפי׳ כה״ג, מבו׳ להדיא דיש לו חיוב שמירה שלא ייעשה למזיק, ואפי׳ בדברי הראשונים שחלקים עליהם, יתכן דהוא סברא מיוחדת באש ומשום דבעי׳ מעשה מבעיר וכלשון התוס׳, ומבו׳ היטב עפי״ד הברכ״ש יז-ו. [ובדברי ר״פ יתכן לומר דר״ל דכה״ג שנמצא רוח מצוי׳ כבר, יש לה כבר תורת מזיק. ע׳ למעלה בהג״ה מה שהסתפקנו בדברי הגר״ח מובא בברכ״ש].
[אמנם עיין באבן האזל שנחית לומר בדבריהם דליכא דין שמירת ממונו אלא במזיק, כי אין מחייבין את הבעלים אלא אם פשע במזיק, אבל אם אינו מזיק ליכא דין חיוב נזיקין ולא חיוב פשיעה. אך שו״כ דדבר זה תלוי׳ בדברי התוס׳ בדף נט:, דלפי מה שהעלו שם דחייב בגחלת שנתלבה ברו״מ מבו׳ לא כן].
והנה הגרש״מ בחבורה י״א אמר לענין פשתן על גבי גמל, דאין לבעל הגמל דין שמירת נזיקין על פשתנו שלא יעשה לאש, ולא נחשב כלל לפשיעה במה שנתן הרבה פשתן על גמלו, כיון דאין לו דין שמירת נזיקין לענין זה, ושמעתי שכ״כ החזו״א. ויתכן דאפי׳ לתוס׳ הנ״ל בדף נט: הוא ג״כ הכי, דתוס׳ איירי בגחלת וכיו״ב שהי׳ כבר אש,

[597] קטע זה לא אמרנו בשעת החבורה

ורק דמצד עצמה הי׳ מעמיא עמיא ואזלא, בזה י״ל דס״ל דכיון שהי׳ כבר עצם כח המזיק דאש ורק דצריכה להתגדל, בזה איכא דין שמירת ממונו, אך בפשתן עצמו לא הי׳ לה שום כח המזיק, ויתכן דאין לו דין חיוב שמירת ממונו שלא יזיק. שוב שמעתי כן להדיא מהגרש״מ.

ולפי״ז נראה דאיכא בזה כמה מדרגות, הא׳, בפשתן על גבי גמלו דאין לה שום כח להזיק, בזה יתכן לכו״ע דאין לו חיוב שמירת נזיקין. (אכן דע דהפנ״י והנחל״ד בסוגיא דשם לא נקטו כן). והב׳, בגחלת דרו״מ יכולה ללבותה ולהוליכה, בזה נח׳ הראשו׳, ויתכן דכל הנידון הוא רק באש. והג׳, בגחלת דבמקומה אינה יכולה להזיק, ורק דכלב יכול להוליכה לגדיש ולהניחה על גביו ויזיק עם הגחלת עצמה, בזה ג״כ חסר בהתורת מזיק, וכמש״כ הגר״ח והגרנ״ט והגרא״ז, אך כה״ג לכו״ע איכא חיוב שמירת נזיקין, ורק דמ״מ יתכן לומר דפטור ברוח מצוי׳ ואינה מצוי׳, וכמש״כ לעיל. ועי׳ בגרנ״ט שכ׳ דאף שור תם במקומו עדיין אין לו תורת מזיק, ורק ע״י התעוררות שבשעת מעשה נעשה למזיק.

בדברי מהרש״א בענין תחילתו בפשיעה וסופו באונס בשינוי

גמ׳ כג. על החררה משלם כו׳. מאן חייב, בעל כלב, וליחייב נמי בעל גחלת, בששימר גחלתו. אי כששימר גחלתו מאי בעי כלב התם, בשחתר. אמר רב מרי בריה דרב כהנא, זאת אומרת סתם דלתות חתורות הן אצל כלב, ע״כ. ופירש״י וז״ל, זאת אומרת. מדחייב לבעל כלב אחררה נזק שלם, אלמא לאו שינוי הוא זה שחתר את הדלת, עכ״ל. ובתד״ה סתם דלתות כו׳ העירו, דלמא משום דהוי תחילתו בפשיעה וסופו באונס, תחילתו בפשיעה משום פתיחה, וי״ל דא״כ לא מיחייב בחתירה כ״א רביע, כי היכי דהוה מתחייב בפתיחה שהי׳ בעל הגחלת מתחייב מחצה כו׳, עכ״ל. ועי׳ במהרש״א שהעיר על קושית התוס׳, דלפי מש״כ רש״י דעל הצד דסתם דלתות אינם חתורות כו׳, הוי שינוי, מאי קשיא לי׳ הרי כבר כ׳ התוס׳ לעיל כב. דלא אמרי׳ תחילתו בפשיעה וסופו באונס לחייבו נזק שלם למעשה בשינוי. וכ׳ שם דבע״כ צ״ל דתוס׳ פי׳ דברי הגמ׳ באופ״א, דאילו סתם דלתות לאו חתורות הן כו׳ הוי אונס ומשו״ה מועיל הדין דתחילתו בפשיעה וסופו באונס, ועי׳ בחי׳ הגרש״ה שכ׳, דלפי׳ התוס׳ בע״כ צ״ל דלאו שינוי הוא כלל, דאילו הוא שינוי ואונס, לא הי׳ שייך הדין דתחילתו בפשיעה וסופו באונס, עכ״ד. אלא דבאמת צ״ב דאמאי לא הוי שינוי, דלכאו׳ הא דלאו חתורות הן הוא משום דלפי טבעם אינם עושים כן, ויתכן דעפ״י הרוב אין להם היכולת לעשות כן בלי התעוררות מבחוץ.

והנה עי׳ ברא״ש בסי׳ ג׳ שכ׳, דבכלבא דאכלא אמרי רברבי, נ׳ דרק על עצם ההריגה אינו חייב אלא ח״נ, אך על האכילה חייב נז״ש, דאורחי׳ הוא, וכ׳ לדקדק מדברי רש״י בסוגין דחולק עליו, דנהי דעצם החתירה משונה היא, אך האכילה לאו משונה היא, ובע״כ דס״ל דכל היכא דתחילתו בשינוי, אינו חייב אלא ח״נ. [וכן היא דעת הרשב״א לעיל טו:, והראב״ד בסוגין, דס״ל כפירש״י, וכ״כ בפסקי ריא״ז שם ועוד ראשו׳]. וכ׳ שם לפרש, דראית רב מרי הי׳ משום דס״ל דאי סתם דלתות לאו חתורות הן הוי אונס, והי׳ פטור לגמרי. ובפשטות צ״ל, דתוס׳ ס״ל כדעת הרא״ש הנ״ל, ומשו״ה ס״ל דנהי דעצם החתירה ודאי הוי משונה, אך זהו רק לענין עצם החתירה ולא לענין מה שעשה אח״כ.

ועי׳ בחי׳ הגרש״ה שכ׳, דלעולם י״ל דס״ל לתוס׳ כרש״י, דכל היכא דתחילתו בשינוי אינו חייב אלא ח״נ, ומ״מ קושיתו מובנת. דהנה יש לחקור בבי׳ הך דין דתחילתו בשינוי, האם הבי׳ הוא דהכל נידון כמעשה אריכתא, וא״כ גם על מעשה האכילה יש תורת מעשה שינוי. או״ד דעצם האכילה ודאי הוי מעשה דשן כי אורחי׳, ורק כיון דלא הי׳ שייך לאכול אלא אם קדם ועשה מעשה משונה, נמצא דהפשיעה לענין האכילה לא הוי יותר מדרגת פשיעה של שינוי, ומחמת זה אינו חייב לשלם יותר מחצי נזק. [ועי׳ בליקוטי שיעורים למו״ר הגרפ״ש זצ״ל מה שהאריך בנידון הנ״ל]. וכ׳ הגרש״ה דאיכא שני נפק״מ בנידון זה, הא׳, האם חייב על האכילה ברה״ר, דלפי הצד הב׳, לעולם הוי

מעשה דשן ורק דאינו חייב עלה אלא ח"נ. והב', היכא דבעל הכלב ראה שכלבו חתר ויש לו למנוע. והנה עי' ברא"ש שם שמבו' להדיא דהבין בדברי רש"י דס"ל דכיון דהחתירה היא משונה, גוף האכילה נחשב למזיק דקרן, ע"ש דס"ל דלפירש"י חייב ח"נ גם ברה"ר, ומכח זה תמה עליו דאיזה סברא הוא זה דגוף האכילה יהא לה תורת קרן.

וכ' הגרש"ה דיתכן ליישב קו' הרא"ש על רש"י ולומר דלעולם ס"ל דגוף האכילה לאו מזיק דקרן הוא, ורק דא"א לחייבו יותר מהפשיעה של קרן. ולפי"ז כ' דלעולם י"ל דגם לפירש"י שייך להק' קו' התוס' דתחילתו בפשיעה וסופו באונס, דהכא לא שייך תי' התוס' דלעיל כב., דהרי הכא הא דאינו משלם אלא ח"נ הוא רק משום חסרון בפשיעה, וכיון דתחילתו בפשיעה וסופו באונס והוי כפשיעה גמורה, שפיר חייב נזק שלם, עכ"ד. ודע דעיקר סברת הגרש"ה ביישוב שי' רש"י מקו' הרא"ש, כ"כ בדברי אליהו [חזן] בשי' הר"מ בתרנגולין שהיו מחטטין בחבל דלי, ועי' מש"כ בזה בעזה"י בחבורה י"א.

אם הא דקרן תם משלם רק ח"נ הוא משום דחסר בסיבת המחייב או דהוה ענין פטור

והנה כבר דנו בקרן תם דאינו משלם אלא ח"נ משום דבחזקת שימור קיימי, האם באמת יש סיבה שישלם נזק שלם, ורק דאיכא פטור, או דכיון דבחזקת שימור קיימי באמת שורת הדין היא שיהי' פטור לגמרי ורק דהתורה חייבתו בח"נ. ועי' בחבורה א' שהבאנו דברי הגרי"ז שהבין דאיכא סיבה גמורה לחייבו נז"ש, והפטור הוא רק מדיני הלכותיהן דאינו חייב אלא ח"נ, ומשו"ה כ' דהי' שייך למילף קרן מחוברת מקרן תלושה לחייבו בנז"ש, וכן הסביר הגר"ח בדברי התוס' בדף כב. בד"ה דאפיך מיפך כו', ע' בשיעור כללי א', ולכאו' יש לדון האם פירש זו מתאים עם דברי הגרש"ה, ובפשטות נראה דדברי הגרש"ה לא מתאימים עם יסוד זה, דהרי אי איכא סיבה גמורה לחייבו נז"ש ורק דאיכא פטור, א"כ מה יועיל הדין דתחילתו בפשיעה וסופו באונס. ועוד, דא"כ הכא דהוי שן ולא קרן, לחייבו נז"ש, דהרי הא דאינו חייב אלא ח"נ הוא מהלכותיה דקרן.

אכן באמת נראה לדקדק כדברי הגרי"ז מסו' מפורשת לקמן בדף נג:, דע"ש דכתיב בין בבור ובין בשור "והמת יהי' לו", ומהך דשור ילפי' דבעלים מטפלין בנבילה, ומהך דבור ממעטי' פסולי המוקדשין דאין המת שלו. וע"ש דמקשי' ואיפוך אנא, ומתרצי', מסתברא פטור גבי בור הואיל ופטר בו את הכלים, אדרבה פטור גבי שור *שכן פטר בו ח"נ*, כולי' נזק מיהת לא אשכחן, ע"כ. ולכאו' צ"ב דאיזה קולא היא זו, ואדרבה שורת הדין היא שיהי' פטור לגמרי, ורק דמחמירין עליו לחייבו בח"נ, ולכאו' י"ל דכוונת הגמ' היא דמאותה טעם שאינו חייב אלא ח"נ, והיינו משום שבחזקת שימור קיימי, מה"ט גופי' פטור על פסולי המוקדשים. אכן מלשון הגמ' לא משמע הכי, אלא משמע דהוה קולא במה שהתורה פטרתו כעין הקולא דבור דהתורה פטרה על כלים. ומבו' מזה דבפרשה דקרן מבו' דהוה מזיק, ומן הראוי הי' שיתחייב נז"ש ורק דהוא מהלכותיהן לפוטרו בח"נ. (ואמרתי רא' זו להגרש"מ, ונהנה מאד).

אכן אכתי יש לדחות, דכוונת הגמ' היא דעכ"פ הא מיהת דגם היכא דאיכא פשיעה גמורה חייב ח"נ, וכגון בנגח ג' שוורים של הפקר, ובכה"ג מוקמי' קרא הכי, אכן הוא דוחק. ועוד, דנ' דאילו בעלמא לא הי' לתורה סיבה לחייבו יותר מח"נ, יתכן דלא הי' שייך ללמוד בכלל הפרשה דגם בכה"ג אינו חייב אלא ח"נ.

ואשר על כן נ', דאין מדברי הגרש"ה סתירה ליסוד זה, די"ל דודאי גם הכא רואין דיש לו סיבה להיות חייב נז"ש, ורק דחל הפטור על חציו, ומ"מ מועיל לזה דין דתחילתו בפשיעה וסופו באונס, דהא דנאמרה בה פטור על חצי, הוא רק משום דחסר בפשיעה, וע"י תחילתו בפשיעה וסופו באונס לא חסר בפשיעה, ולא נאמר הך פטור. וכל דברי התוס' הם רק בקרן, דהתם כבר חל הפטור מחמת עיקר שם קרן, אפי' היכא דאיכא פשיעה גמורה. ולענין הקושיא השני' דהפטור מח"נ הוא מהלכותיה של קרן, י"ל עפי"ד היש מן הגדולים המובא ברא"ש בפ"ק, דסברי דכל מה

דבעי׳ למילף מאיזה אב יש לו הקולות של אותו האב, וכיון דא״א למילף ח״נ היכא דחסר בפשיעתו אלא מקרן תמה, א״א לחייבו יותר מח״נ, ויתכן דהרא״ש לשיטתו אזיל, שחולק על היש מן הגדולים ומשו״ה ס״ל דחייב נזק שלם.

והנה בעיקר דברי מהרש״א יש לדון טובא, במה שכ׳ דלפי פירש״י לא קשיא כלל קו׳ התוס׳. דהנה לכאו׳ יש להעיר על דברי התוס׳, דמאי קשיא להו דנימא תחילתו בפשיעה וסופו באונס, דנהי דלענין הגחלת הוי פשיעה לאותו ניזק, אמנם לענין חררה הוי מניזק לניזק, ונהי דדעת בעה״מ לקמן נב: היא, דאפי׳ מניזק לניזק אמרי׳ תחילתו בפשיעה וסופו באונס, אמנם דעת התוס׳ בהמשך דבריהם, וכן היא שיטתם לקמן בדף נב:, דמניזק לניזק לא אמרי׳ תחילתו בפשיעה וסופו באונס, וא״כ צ״ב דנימא דראית הגמ׳ דסתם דלתות כו׳ היא מהא דמשלם נז״ש על החררה. וצ״ל דמאיזה טעם שהוא, הי׳ לתוס׳ איזה משמעות דראית הגמ׳ הוא מהגחלת גופי׳, ובאמת מתי׳ התוס׳ מבו׳ להדיא דקושיתם הי׳ רק מגחלת, ע״ש. ולפי״ז יש לתמוה טובא על דברי מהרש״א, דאפי׳ לשיטת רש״י דס״ל דבתחילתו בשינוי כו׳ אינו חייב אלא ח״נ, היינו רק לענין החררה ולא לענין מה ששרפה הגחלת, דכל הא דשייך לדון גבי כלב שחתר כמעשה אריכתא, הוא רק לענין אכילה, מכיון דהחתירה נעשית ע״מ לאכול, וכמש״כ הנחל״ד לעיל יט., אמנם לענין שריפת הגדיש ודאי מעשה אורחי׳ הוא, והגם דלפי״ד הגרש״ה יתכן דגם לענין הגחלת שיי״ל דהוה משונה, אך לפי״ד אין מקום לקו׳ מהרש״א וכמשנ״ת.[598]

והנה לכאו׳ יש לדקדק מדברי רש״י שלא כדברי הגרש״ה, שהרי הדגיש דראית הגמ׳ הוא מהחררה, וצ״ב דאמאי לא פי׳ דראית הגמ׳ הוא גם מהגחלת, ובע״כ דלענין זה לא שייך הדין דתחילתו בשינוי, ונהי דיתכן דהוה אונס, אך לענין זה הי׳ מועיל הדין דתחילתו בפשיעה וסופו באונס. אכן באמת לאו ראי׳ היא, די״ל דהא דלא פי׳ דראית הגמ׳ מהגחלת, הוא משום דהוה בעיא לעיל אם יש שינוי בצרורות אם לאו, ולפי הצד דאין שינוי בצרורות ליכא ראי׳ בכלל.

ומכח זה גם יש להעיר על דברי מהרש״א דמכיון דתוס׳ הי׳ לו איזה הכרח לפרש דברי הגמ׳ לענין הגחלת, א״כ ליכא לפרש דברי ר׳ מרי דהוא משום ״משונה״, דיתכן דאין שינוי בצרורות לרביע נזק ומה״ט משלם ח״נ על הגדיש.

בטעם דלא תי׳ התוס׳ דראית הגמ׳ הוא מחררה דהוה מניזק לניזק

ואולי י״ל בבי׳ דברי המהרש״א, דבאמת דברי התוס׳ טעמא בעו, דאמאי באמת לא פי׳ דראית הגמ׳ היא מהחררה, דהתם לא שיי״ל תחילתו בפשיעה וסופו באונס כיון דהוי מניזק לניזק. ועי׳ בשטמ״ק בשם תלמידי הר״י וגליונות, שבאמת כ׳ כן ליישב קו׳ התוס׳. וע״ש בסו״ד שפירש בדברי התוס׳, דלא הי׳ מצי לדקדק מהחררה, די״ל דמשכחת לה שפיר תחילתו בפשיעה, כגון שהי׳ חלון, והחררה יכול הכלב לאכלה כשיקפוץ מן החלון מלמעלה למטה, דהוי פשיעה, אבל הגדיש אינו יכול לשרוף אם לא שיקפוץ ממטה למעלה, וזהו אונס דבעל הכלב, והוי לי׳ תחילתו בפשיעה וסופו באונס, עכ״ל. עוד ע״ש לעיל בשם תלמידי ר״י שכ׳, וסבירא להו דלא קאי דיוקא דזאת אומרת אחררה, משום דהסוגיא איירי בגדיש, וכדמשני הגמ׳ בשחתר משני אגדיש, עכ״ל.

[598] שוב שמעתי מהגרש"מ בחבו׳ ט"ו, דמצד הסברא נ׳ דלא שייך דין דתחילתו בשינוי לענין הגחלת, וכמשנ"ת, אלא דיש לו קצת משמעות מסו"ד תוס׳ ר"פ, ששייך, ע"ש שכ׳ ליישב קו׳ התוס׳ דתחילתו בפשיעה וסופו באונס וז"ל, ועוד י"ל דאי השבינן לסתם דלתות סתומות אצל כלב, א"כ הו"ל משונה ומשלם מחצה דהוי תולדה דקרן, וא"כ לא אמרי׳ תחילתו בפשיעה וסופו באונס חייב, כיון שאינו באב א׳, דתחלתו בפשיעה הוי בשן שלהנאתו נטל חררה *וגחלת*, וסופו באונס הוי קרן, עכ"ל. וכפשוטו משמע דר"ל דהגחלת הוי ג"כ סופו בקרן, וכנ׳ דבי׳ הדבר הוא, דכיון דע"י מעשה האכילה שרפה את הגדיש, נחשב הכל כמעשה א׳ והרי ס"ל דהגחלת הוי מעשה דשן, ורק דאולי מש"כ "גחלת" הוא לאו בדוקא, וצ"ע.

ישוב עפי"ד היש"ש דהיכא דלא שמרה אמרי' תחילתו בפשיעה וסופו באונס אפי' מניזק לניזק

ולכאו' י"ל עפי"ד היש"ש בפ"ו ה"ז, וז"ל, ונראה דהיכא שלא שמרה, והלכה הבהמה וחתרה. או פרצה כותל של אחרים, חייב. אף שכתבתי בפרק כיצד סימן כ"ג. גבי כלב לפטור, דהוה באונס. מ"מ שאני הכא, משום דהוי תחילתו בפשיעה, שתכנס ותאכל מרשות אחרים, שאינן נעולים. כי אין צריך כל אדם לשמור ולנעול ביתו, שלא יוזק מאחרים. דהא שן ורגל אינו חייב אלא ברה"י. וסופו באונס, שחתרה, והאונס בא מכח הפשיעה. וק"ל כמ"ד תחילתו בפשיעה וסופו באונס חייב. אבל אם פרצה וחתרה כו', עכ"ל. ולכאו' צ"ב דהרי הוי מניזק לניזק, ועי' היטב בדבריו בדף נב: דמבו' להדיא דס"ל דמניזק לניזק לא אמרי' תחילתו בפשיעה וסופו באונס, וא"כ צ"ב דמאי שנא. ועי' בדברי אליהו סי' ל"ג [וביתר בי' בסי' ל'] שפי' דכל דבריו בפ' הכונס נאמרו היכא דלא שמרה כלל, דכה"ג אמרי' תחילתו בפשיעה וסופו באונס אפי' מניזק לניזק, אכן היכא דעשה שמירה לענין ניזק א' ולא לענין ניזק שני, לא אמרי' הכי, ולהלן נבאר זה בעזה"י.[599] ולפי"ז א"ש דברי התוס', דלעולם י"ל דעיקר קושיתם הי' בין לענין חררה ובין לענין גחלת, ותי' דלעולם א"א לדקדק מחררה דסתם דלתות כו', די"ל דהוא משום תחילתו בפשיעה וסופו באונס, ורק דמהגחלת יש לדקדק כן, דאל"ה לא הי' מחוייב אלא רביע.

ובבי' דברי היש"ש נראה כמו דאמר הבה"ח ד.א. 'עדעלשטיין נ"י, וכעי"ז אי' בדברי אליהו סוס"י ל' בד"ה ועוד אפשר כו', דהנה מצינו בשמירת נזיקין שני סוגי פטורים הא', היכא דעשה שמירה. והב', היכא דלא עשה שמירה אך מחמת עיקר המציאות הי' אונס, וכגון לענין נפילה בסוגיא לעיל בדף כא.. וי"ל דהדין דתחילתו בפשיעה וסופו באונס יש חילוק קצת בין שני הפטורים, דהיכא דיש לו פטור מכח שמירה, ע"י הדין דתחילתו בפשיעה בעי' או שיהא מחייב מחודש של פשיעה, או דעכ"פ מכוחו נדון דליתא כאן שמירה. אכן היכא דלית לי' פטור שמירה, והפטור הוא דאיכא מעשה אונס, אז י"ל דהיכא דתחילתו בפשיעה לאו אונס הוא, ולית לי' טענה דלא הו"ל לאסוקי אדעתי'. ולפי"ז י"ל בבי' דברי היש"ש דהא דלא אמרי' תחילתו בפשיעה וסופו באונס מניזק לניזק, היינו היכא דעשה שמירה לענין הניזק השני, בזה אמרי' דמה דהי' תחילתו בפשיעה לענין ניזק, זה אינו יכול לבטל התורת שמירה מניזק השני, אכן היכא דלא עשה שום שמירה וכל פטורו הוא משום דהי' מעשה אונס ולא הו"ל לאסוקי אדעתי', י"ל דכל שהאונס בא מחמת הפשיעה לא שייך טענה כזו, ע"ש.

ביאורו של הגרב"ד ז-ד בישוב קו' השטמ"ק הנ"ל

ע"ע בברכ"ש [ו-ד] שיישב קושיא זו עפ"י מה שדקדק מדברי חי' הראב"ד בדף יד. דהיכא דלא עשה שום שמירה, אלא הניזק בנה גדר, ונפלה הגדר באמצע הלילה, ולא נודע למזיק, חייב המזיק לשלם. דהיכא דלא עשה שום שמירה, לא שייך כלל פטור אונס, דהמזיק אינו יכול לסמוך על שמירת הניזק. [ובבי' דבריו עי' למעלה בהג"ה]. ובי' הגרב"ד, דגם היכא שלא שמר כלבו, אפי' אם הי' חייב על החררה, אפי' אם סתם דלתות אינם חתורות אצל כלב, כיון דלא עשה שום שמירה על כלבו, חייב, וזהו אפי' בלי הדין דתחילתו בפשיעה וסופו באונס, ומשו"ה ס"ל להתוס' דראית הגמ' לא הי' מהתם. אכן כל מש"כ דלא מהני שמירת כלבו, הוא רק לענין ההיזק של החררה אך לענין היזק הגחלת, שפיר מועילה שמירת בעל הגחלת, ומשו"ה שפיר מדקדקין דסתם דלתות חתורות הן אצל כלבו. ובבי' החילוק עי' בדברי אליהו סי' ל"ג שכ', דהוא משום דהם שותפים בהיזק. ועי' לעיל באות א' מש"כ בבי' הדבר. ולפי"ז נמצא דזה הי' פשוט להתוס' דראית הגמ' היא רק מהגחלת ולא מהחררה, דמהחררה ליכא לדקדק כלום.

---

[599] ועיקר יסוד הנ"ל מבואר גם מדברי היש"ש סוס"י כ"ד בסוגיא דפי פרה, שהק', דהוי אונס לענין החשו"ק שהושיט לתוך פיו, ותי', משום דתחילתו בפשיעה לגבי פירות שיכולה לאכול בלא הושטה, וסופו באונס מאב אחד וחייב, עכ"ל. והן הן הדברים.

[והנה ע״ש בברכ״ש שהביא דברי היש״ש הנ״ל, ובדברי אליהו סי׳ ל׳ תמה על דברי הגרב״ד שהביא דברי היש״ש הנ״ל, דהויא סברא אחרת לגמרי ממש״כ הגרב״ד, ואדרבה מדברי היש״ש מבואר, דלענין חתירה אפי׳ בכה״ג נחשב כאונס, ורק דלמ״ד דתחילתו בפשיעה וסופו באונס חייב. עוד העיר עליו, דהגרב״ד עצמו כ׳ שם לעיל בבי׳ הסוגיא דדף נו. דעצם מעשה חתירה הוה מעשה אונס, דע״ש דהיכא דאיכא כותל רעוע וחתרה ויצאה, תלוי הדין בנידון דתחילתו בפשיעה וסופו באונס. והק׳ הגרב״ד, הרי כיון דלא שמר תחילת בפשיעה וסופו בפשיעה, ולכן כ׳ דעצם מעשה חתירה הוה מעשה אונס, דלגבי מעשה זה הוא שמור, ולכאו׳ כמו״כ י״ל הכא, וא״כ מש״כ בבי׳ דברי התוס׳ צ״ע.

וע״ש שכ׳ לפרש, דהתם כל זמן דלא נפל הכותל רואין שיש כאן שמירה, ולכן דייני׳ דמה דיצאה לחוץ ע״י מעשה הוא אונס לגבה, אך בניד״ד דלא שמרה כלל, הוה כאילו לא הי׳ שם כותל ורק צריכה לילך העשרה אמות שחתרה בקרקע ויצאה, דודאי לא נדון את מעשה ההיזק כאונס, ע״ש. וע׳ למעלה בהג״ה מש״כ מהגרש״מ באופ״א. ודע דבדברי השטמ״ק שהק׳ קו׳ זו על התוס׳, אי נימא דס״ל כדעת הראב״ד נצטרך לומר דשאני חתירה, וכל דברי הגרב״ד הם רק לדעת התוס׳, ואולי תלוי׳ בפי׳ הגמ׳ דסתם דלתות חתורות הן, האם ר״ל דהכלב פותח הדלת וכהנמוק״י, או כתלמיד ר״ת דחותר מתחת הדלת, ע׳ לעיל בהג״ה].

ועכ״פ י״ל דמה שלא תי׳ התוס׳ דדקדק רב מרי הי׳ מחררה, הוא משום דס״ל דכיון דלא עשה שמירה כלל הוי תחילתו וסופו בפשיעה, או דנהי דחתירה הוה אונס, אמנם כה״ג אמרי׳ תחילתו בפשיעה וסופו באונס מניזק לניזק. ולפי״ז שפיר מובן דקדוק המהרש״א דלא ס״ל לתוס׳ כרש״י, דאי ס״ד דאכילת חררה הוה מעשה משונה, א״כ הי׳ לי׳ לתוס׳ ליישב קושיתו דראית רב מרי הוא מהא דמשלם נז״ש על אכילת החררה, דאי הוה משונה הרי לא שייך לחייבו נזק שלם לא מחמת דין דתחילתו בפשיעה וסופו באונס ולא מחמת זה שלא שמרה, כמובן. ודע דבדברי התוס׳ נ׳ יותר עפי״ד היש״ש, דלפי״ד נמצא דקושית התוס׳ הי׳ בין מחררה ובין מגחלת, ורק דלפי תירוצו ראית הגמ׳ הוא רק מגחלת, ולפי״ז י״ל דשפיר הוקשה לי׳ למהרש״א על קו׳ התוס׳ דמאי קשיא לי׳ לענין חררה. ולכאו׳ מבו׳ מהתוס׳ דס״ל כדברי הרא״ש, דל״ל הך דין דתחילתו בשינוי.

וע׳ לעיל מה מה שהבאנו מהגרש״ה לדחות קו׳ מהרש״א. אכן לפי״ד הגרב״ד יתכן דלא הי׳ מועיל דברי הגרש״ה, דהרי באמת הוי מניזק לניזק, ורק דכ׳ הגרב״ד דלית כאן שמירה, אך סו״ס לא הוי יותר פשיעה מהיזק דקרן תם, דהרי א״א להתייחס אלי׳ כפשיעה גמורה של חררה אחרת.

ואולי גם לדברי היש״ש ל״ש תי׳ הגרש״ה, דכבר ביארנו למעלה דהא דמועיל תחילתו בפשיעה וסופו באונס מניזק לניזק, הוא רק בכדי לסלק את הפטור דאונס, וי״ל דמ״מ לאו פשיעה גמורה הוא של קרן, ורק דליכא הך טענה דלא הו״ל לאסוקי אדעתי׳, ורק דזה תלוי׳ מה הטעם דבקרן חסר בפשיעתו, דאי הוי משום חסרון בשכיחות אז א״א לומר כמש״כ, אך א״נ דהוא משום דהוה משונה, ע׳ חבורה י״א, אולי לא יהני לזה הדין דתחילתו בפשיעה וסופו באונס מניזק לניזק, ועדיין צריך לי תלמוד.

ראי׳ מחי׳ הראב״ד לביאורו של היש״ש דלא כהגרב״ד

והנה עי׳ בראב״ד שהעיר כעין קו׳ התוס׳, דמהי ראית רב מרי הרי י״ל דלעולם סתם דלתות אינם חתורות, והא דחייב הוא משום תחילתו בפשיעה וסופו באונס. וכ׳ שם ליישב וז״ל, ולמ״ד תחילתו בפשיעה וסופו באונס חייב, האי מכל מקום משונה הוא בחתירתו, וה״נ בעי שלומי, אלא ש״מ סתם דלתות חתורות הן אצלו ואורחי׳ הוא,[600]

[600] ומשמע מלשונו, דלולי הדין דתחילתו בפשיעה וסופו באונס הי׳ פטור לגמרי, והיינו דהוה בין אונס ובין שינוי, ורק דלדין אונס מועיל הדין דתחילתו בפשיעה וסופו באונס. ודקדק הדברי אליהו דבע״כ ס״ל דמאב לאב אמרי׳ תחילתו בפשיעה וסופו באונס, דהרי הוי מרגל לקרן.

עכ״ל. והנה מהא דנקט וח״נ בעי שלומי, מבו׳ דקאי על החררה, דאילו על הגדיש הרי באמת אינו משלם אלא ח״נ. והנה מלשונו ״האי מכל מקום משונה הוא בחתירתו״ משמע דבאמת הוא אונס, ורק כיון דהוא גם משונה, לא מהני הדין דתחילתו בפשיעה וסופו באונס לחייבו יותר מח״נ, והן הן הדברים שכתבתי לפרש דקדוק מהרש״א מתוס׳, מדלא פירש כן בדברי הגמ׳.

אלא דיש מקום להעיר על דברי הראב״ד, דמאי קשיא לי׳, הרי לענין החררה הרי הוי מניזק לניזק, וכ׳ בדברי אליהו סי׳ לג לפרש דבריו עפי״ד היש״ש, דכה״ג שפיר אמרי׳ תחילתו בפשיעה וסופו באונס. אכן לפי״ד הגרב״ד באמת צ״ב, דאם קושיתו הי׳ מהחררה.אמאי הוקשה לי׳ רק למ״ד תחילתו בפשיעה וסופו באונס חייב ולא למ״ד דפטור, [אכן לפי דברי הגרש״מ המובא בסמוך יתכן דלא הוי פשיעה מניזק לניזק, וקאי לפי פירושו הא׳ לעיל בדף יד. וא״ש הכל על הנכון, ע׳ מש״כ בזה בסמוך. *ע״כ בהחבורה.*

ראי׳ מדברי הגהת אשר״י דיש לדקדק מחררה דסתם דלתות כו׳

ודע דמדברי הגרש״מ נתעוררתי, דמדברי הגהות אשר״י פ״ב סי׳ ט׳ מבו׳ כהשטמ״ק ולא כחילוקים הנ״ל, דע״ש דז״ל, ואפילו לקח הכלב גחלת ממקום שמור היטב ולא הוי חתור אצל הכלב מ״מ חייב בעל הכלב *הכל*, דתחלתו בפשיעה שלא שמר כלבו והי׳ יכול ליקח ממקום שאין שמור כ״כ, וסופו באונס וחייב, עכ״ל. והיינו דל״ל מש״כ התוס׳ דע״י דין דתחילתו בפשיעה וסופו באונס לא הי׳ חייב יותר מרביע. אלא דלפי״ז הקדרא לדוכתא קו׳ התוס׳ דמהי ראית הגמ׳ דסתם דלתות חתורות הן כו׳, נימא דהוא משום דתחילתו בפשיעה וסופו באונס וליכ״ל כדברי רש״י דהוא משונה, כמובן. וצ״ל כדברי השטמ״ק הנ״ל, דראית הגמ׳ היא מחררה, דבזה לא הוה אמרי׳ תחילתו בפשיעה וסופו באונס כיון דהוי מניזק לניזק, או דלא ס״ל כהראב״ד בדף יד. או דס״ל דלענין חתירה הוה משומר מאלי׳. ועכ״פ מבואר דס״ל דאפי׳ היכא דלא שמרה, לא אמרי׳ תחילתו בפשיעה וסופו באונס מניזק לניזק. והעיר הגרש״מ דדבריו באמת מדוקדקים הם בופן זה, דבכל דבריו התחיל בחררה ועכשיו לא הזכיר אלא גחלת ע״ש היטב. אכן העיר א׳, דאי״ז דיוק, דלפי האמת דקיי״ל סתם דלתות חתורות כו׳, היכא דנעל א׳ דלתו הרי הוא פטור לגמרי, ובעל הכלב חייב נזק שלם, ושפיר כ׳ דתחילתו בפשיעה לענין נז״ש, וכל דברי התוס׳ הם לפי הס״ד דלא אמרי׳ סתם דלתות חתורות הן כו׳.

ביישוב קו׳ השטמ״ק הנ״ל וביישוב דברי מהרש״א הנ״ל

ושמעתי מהגרש״מ בחבורה ט״ו ליישב קו׳ השטמ״ק באופ״א ובזה א״ש הרבה דברים על נכון.,דהנה הראב״ד לעיל בדף יד. כ׳ בפי׳ הא׳, דהיכא דמסר שורו לשומר שלא קבל עליו שמירת נזקיו אלא שמירת גופו, והשומר שמרה כראוי ולבסוף נפרצה בלילה, חייב הבעלים משום תחילתו בפשיעה וסופו באונס. ולכאו׳ צ״ב, דממנ״פ, אם שמירת השומר נחשב כשמירה אצלו, אמאי הוי תחילתו בפשיעה, ואם לא הוה שמירה הרי הוי תחילתו וסופו בפשיעה וכמש״כ בסו״ד. ואשר נ׳ בבי׳ דבריו, דודאי שמירת האחר מועילה לו שיחשב כשמור, אמנם אכתי השמירה כאן היא שמירה דאין לו לסמוך עליה,, דלא ידוע לו שישמרנה השומר כראוי, והגם דהוא רואה ששומרה עכשיו כראוי, הרי צריך לחשוש דאולי בעוד רגע לא ישמרנה כראוי. ולפי״ז נמצא דבשעת השמירה גופא רואים גם שהי׳ שמור וגם רואין הפשיעה, והיכא דנפרצה בלילה נמצא דסופו באונס, דהרי עיקר פשיעתו הי׳ לענין זה שהשומר לא ישמרנה כראוי, אך באמת שמרה כראוי ורק דנפרצה בלילה, אך מ״מ הוא אונס מחמת הפשיעה, דלא הי׳ לו למסרה להשומר, כן נראה ברור בבי׳ דבריו.

[והנה בנמוק״י כ׳ בשם הריטב״א לבאר סוגין, דהא דהוה שמירה לבעל הגחלת, הוא משום דאי״צ לשמור מכלבים, דבסתמא יש להם בעלים ועליהם לשומרם, עכ״ד. ולכאו׳ לפי״ד הראב״ד הנ״ל צ״ב, דאמאי יכול לסמוך על שמירתם. ושמעתי מהגרש״מ, די״ל דאין כוונתו דסומך על שמירתם ולכן נחשב כשמור אצלו, אלא כיון דלהיזק זה בעי׳ שני

חלקים, ועל בעל הכלב לשמור כלבו, א"כ נמצא דמהזיק הוא בצירוף הכלב, ובכה"ג השמירה מוטלת על בעל הכלב ולא על בעל הגחלת, אפי' יודע שהבעלים אינו שומר את כלבו אי"צ לשמור ממנה, דהחיוב שמירה מוטל על בעל הכלב].

ולפי"ז יל"פ בדברי התוס', דאין כוונתו להק' דתחילתו בפשיעה היא לענין גחלת אחרת שהדלת פתוחה אצלה אלא דהוי תחילתו בפשיעה לענין אותה גחלת עצמה שנטלה הכלב, שהבעלים שמרה כראוי, דהרי בעל כלב אינו יכול לסמוך שבעל הגחלת ישמרנה כראוי, ואף שלבסוף שמרוה כראוי ורק דהכלב חתר ונכנס, כה"ג הוי אונס מחמת הפשיעה, וחייב מדין תחילתו בפשיעה וסופו באונס. וכן מדוייק בלשון התוס' דז"ל בקושיתו, תימה דלמא משום דהוי תחילתו בפשיעה *משום פתיחה*. ומשמע דכוונתו הוא דהוי תחילת בפשיעה לענין אותה דלת, שהיא עכשיו סגורה אלא שתהי' פתוחה, וכן מבו' להדיא מסו"ד דז"ל, אבל הכא פושע הוא בכלב זה לענין זה הגדיש להיות ניזוק *בגחלתו* בפשיעה היכא שלא *שמר גחלתו* כו'. ומשמע להדיא דאיירי באותה גחלת עצמה. ולפי"ז צ"ל דמש"כ התוס' בתירוצם, וי"ל דא"כ לא מיחייב בחתירה כ"א רביע כו' *שהי'* בעל הגחלת *מתחייב מחצה*. והיינו דהגם דבהיכ"ת דאיירי' בי' לא הי' בעל גחלת חייב כלום, דהרי הוא הבעלים, אך בעלמא בכה"ג הי' מתחייב מחצה, וגם דהגמ' הכא נקטה הך דהי' לי' דלתחייב בעל הגחלת מחצה. ואין להק' על פי' הנ"ל ממאי דתוס' הסתפקו אי לדמות זה לסוגיא דדף נב: והתם איירי' מניזק לניזק, דהרי המעיין בל' התוס' יראה, דאין כוונתם לומר דהכא דומה להתם משום שהוו שני גחלות והוה כמו מניזק לניזק, אלא דהוקשה להו דהוה מנעולות לפתוחות, והיינו דהוה כשני מצבים שונים, דמה דהוה תחילתו בפשיעה הוא למצב זה של דלתות פתוחות ומצב האונס הי' במצב אחר.

ולפי"ז נמצא דקו' התוס' הי' גם מחררה דלא הוי מניזק לניזק כמובן, אך לפי תירוצם ראית הגמ' הוא רק מגחלת ולא מחררה, דלענין החררה שפיר י"ל תחילתו בפשיעה וסופו באונס. ולפי"ז יש ליישב כוונת המהרש"א הנ"ל, דהרי קו' התוס' הי' בין מגחלת ובין מחררה, ולענין חררה הוקשה לי' שפיר דכיון דהוי משונה נימא דלא שייך הדין דתחילתו בפשיעה וסופו באונס. ואין להק' על כל מש"כ משטמ"ק שכ' ליישב דראית הגמ' הוא מחררה, די"ל דלא הוקשה לי' קושיא הנ"ל דהוה תחילתו בפשיעה לענין אותה גחלת עצמה אלא דהקשו מגחלת לגחלת.

והנה עי' בתד"ה בשחתר שהעירו דלישני כגון דנפלה גודא בליליא וידע בעל הכלב ובעל הגחלת לא ידע כו'. וכפשוטו משמע מדבריהם דאם גם בעל הכלב לא ידע, הי' גם הוא פטור, ולכאו' צ"ב, דלפי מש"כ נמצא דהוי בעל הכלב פושע משום דלא הי' יכול לסמוך על שמירת חבירו, וא"כ אמאי לא שייך דין דתחילתו בפשיעה וסופו באונס, וי"ל דאה"נ דאין כוונת התוס' דהי' פטור לגמרי, אלא דמכיון דלא הי' חייב אלא מכח הדין דתחילתו בפשיעה וסופו באונס, לא הי' חייב אלא רביע וכמש"כ בתוס' להלן. ובאמת בלא"ה צ"ל כן בדברי התוס', דהרי מבו' מדבריהם להלן, דאפי' היכא שיש לו גודא שייך לחייבו מדין תחילתו בפשיעה וסופו באונס, ורק דלא הי' חייב אלא רביע.

והנה הגרב"ד הבין, דהתוס' הסכימום לסו"ד הראב"ד, דהיכא דלא שמרה כלל, הוה כתחילתו וסופו בפשיעה, ורק דס"ל דשמירת בעל הגחלת מועילה לבעל הכלב, או דעצם חתירה הוה אונס. והנה יתכן דגם בפירוש זה הסכים הראב"ד לפירשו הא', דאפי' היכא דהוא שמרה, מ"מ שייך לדון שיש כאן שמירה ופשיעה, ולפי"ז י"ל ככל מש"כ בדברי התוס', והיינו דלעולם ס"ל לתוס' דהיכא דלא עשה שמירה הוה תחילתו וסופו בפשיעה, ורק דבסוגין א"א לדון כן, או מצד דשמירת בעל הגחלת מועיל לבעל הכלב, או משום דהחתירה הוי אונס, ורק דמ"מ שייך לדון בי' פשיעה ושמירה. [ורק דיש מקום לומר דכלפי אונס זה דחתירה או דשמירה של בעל הגחלת לא שייך לדון עם הך פשיעה, דרק לענין אונס שנארע בשמירת חבירו דלא הי' לו לסמוך עלה, שייך לדון כן, וצ"ע].

האם יכול לסמוך על טבע בהמת חבירו לשמור עצמה

והנה לעיל בסוגיא דדף כא: ביארנו לענין נפילה של בהמה לשדה חבירו, דהגם דהוא לא שמר בהמתו, מ״מ פטור דהבהמה שומרת עצמה מנפילה, והנה לפי׳ הראב״ד בדף יד. שביאר בשני אופנים, הא׳, לפי הפי׳ דשמירת חבירו מועילה לו, אך אינו יכול לסמוך עליה. והב׳, דשמירת חבירו לא מועילה לו. והנה לפי׳ הא׳ מובן היטב החילוק בין שמירה ע״י בן דעת לשמירה מכח טבע הבהמה, די״ל דרק על שמירת בר דעת ובעל בחירה אינו יכול לסמוך. אך לפי׳ הב׳ צ״ב. ובפשטות י״ל, דכיון דהיא בהמה שלו, מועילה שמירת עצמה בשבילו. אמנם נ׳ לדקדק דשמירת הבהמה מועילה גם לחבירו. דהנה אי׳ בגמ׳, דשור פקח שנפל לבור, בעל הבור פטור, דהו״ל לעיוני ומיזל, ועי׳ בתוס׳ בדף נג. בד״ה בעל כו׳ שנקט, דע״י דין תחילתו בפשיעה וסופו באונס שייך לחייב את בעל הבור, ומבו׳ מזה, דס״ל דבאמת הוי הבור תקלה לענין נפילת השור ורק דהבהמה שומרת את עצמה והוי כשמור. ובבי׳ הדבר י״ל, והבנתי זה מתוך פלפול עם הבה״ח ד.מ. עדעלשטיין נ״י, דשורת הדין היא, דא״א לסמוך על שמירת חבירו, והנה היכא דחבירו עשה שמירה, מ״מ כיון הוא בעל דעת ובעל הבחירה, א״א לדון שעצם החפצא שמור, ורק דכל רגע הוא שמור ע״י האדם, ושפיר שייך להוסיף שמירה על שמירתו, אפי׳ בדרגא של שמירה פחותה. אכן בבהמה דאינה בעלת בחירה הרי עצם החפצא שמור וקיים בדרגא זו של שמירה פחותה, וא״א להוסיף שום שמירה עליו בדרגא זו, וא״כ לא יתכן דהתורה תחייבו לעשות עוד שמירה, דאיזה שמירה יכול להוסיף עלה. וכשהצעתי עיקר הראי׳ להגרש״מ אמר לי, דיתכן דניזק עצמו שאני, ושייך שיסמוך על שמירתה, וגם יתכן דמחמת זה דייני׳ שהבור הוא שמור לענין נפילת השור, עכ״ד.

בדברי הראב״ד בדף יט. באצנעי׳ לדליל

ועי׳ לעיל הדף יט: בסוגיא דדליל, דמוקמי׳ מתני׳ באדיי׳ אדויי, ובראב״ד שם כתב בא״ד, ובין באנצנעי׳ בעל דליל דליו בין לא אצנעי׳, ואם הדלי לבעל תרנגול ואיצנעי׳ לדליו פטור, ואית דאמרי חייב משום דהו״ל תחילתו בפשיעה, דכיון דאורחייהו דתרנגל למעבד הכי, איבעי לי׳ אסוקי אדעתי׳ דאי לא עביד בהאי דלעביד במידי אחריני כו׳, עכ״ל. ויל״ע בהיכ״ת דאצנעי׳ בעל דליל לדליו, אמאי חייב בעל התרנגול, דאמאי לא יכול לסמוך על שמירת בעל הדליל, ודוחק לומר דהוא משום דין דתחילתו בפשיעה וסופו באונס, דזה הי׳ פשוט לי׳ דלענין דלילים של כל העולם שפיר נחשב כפושע, וכל ספיקו הי׳ לענין הדליל שלו בעצמו, דמהיכ״ת דימצא עוד חפץ בחצירו.

ולכאו׳ צ״ל עפי״ד לעיל יד. דלא מהני שמירת חבירו בשבילו. והנה לעיל הבאנו דברי הגרב״ד דלא אמרי׳ דלא מהני שמירת חבירו בשבילו היכא דחבירו הוא שותף בגוף ההיזק, אמנם לכאו׳ מדברי הראב״ד הנ״ל מבו׳ לא כן. ודע דכל דקדוק הנ״ל הוא מדברי הראב״ד, אך בדברי הגמ׳ עצמו, אפי׳ לפי׳ התוס׳ דאיירי בדאצנעי׳ חברי׳, י״ל דחיובו הוא מדין תחילתו בפשיעה וסופו באונס, ולמ״ד דתחילתו בפשיעה וסופו באונס פטור, צ״ל דאיירי בדליל של הפקר.

אמנם בדברי הראב״ד יש לדון, דכיון דאיירי בדאצנעי׳, היכא מצא התרנגול את הדליל, וי״ל או דאיירי דנפל גודא, או דאיירי כשחתר וכיו״ב. ואם ננקוט דאיירי בשחתר, הי׳ מוכרח דחתירה כה״ג לא נחשבת כאונס. ובאמת דבר זה מובן היטב, דמאחר דליכא כאן שום שמירה בעבור בעל התרנגול, לא שייך לדונה כאונס, וע׳ מש״כ למעלה בהג״ה מהדברי אליהו בבי׳ דברי הברכ״ש.

בדברי הראב״ד בסוגין

וז״ל הראב״ד, זאת אומרת סתם דלתות נעולות ולגבי שימור גחלת סגי ליה בדלת יכולה לעמוד ברוח מצויה, דהתורה מיעטה בשמירתה דכתיב המבעיר את הבערה עד דעביד כעין מבעיר, אבל לגבי שן דכלב לא סגי ליה בהאי שימור,

דאי הוה סגי ליה בעל כלב נמי אמאי חייב כו׳, ע״ש בכל דבריו. ולבסוף כ׳ ואיכא דמקשי הכא כיון דסתם דלתות חתורות הן אצל הכלב, מעתה גבי גחלת נמי פשיעותא היא, דהא שכיחי כלבים טובא כו׳, ולאו מילתא כו׳ אבל הכא אי שכיחי כלבים אית להו בעלים ומטרו דלא ליזקו, עכ״ל.

ודברי הראב״ד צ״ע טובא, דלכאו׳ מעיקרא היתה קושיתו, דאם סתם דלתות חתורות הן כו׳ איך מועיל שמירה זו לבעל הגחלת. וע״ז תי׳ דהתורה מיעטה בשמירתה, וא״כ מה הקושיא שהק׳ לבסוף דהוה פשיעה לגבי בעל הגחלת. והי׳ מקום לפרש דקושיתו הי׳ על פירושו השני, ע׳ בדברי אליהו שרצה לפרש כן, אך ברשב״א מבו׳ להדיא דהקו׳ הוא גם על פירוש הראשון.

ואולי י״ל בזה, דקושיתו הי׳ דנהי דלגבי כלב א׳ י״ל דהוי שמירה פחותה דאינה שכיח כ״כ דאותו כלב יבא לביתו דרך חתירה, אמנם מכיון דאיכא הרבה כלבים הוו פשיעה, אך א״כ צב״ק ראיתו מסו׳ לקמן בדף נב:

ולכאו׳ י״ל בזה, דהנה הרשב״א העיר על דברי הראב״ד, דכיון דהעלה דשמירתו לא מהני לענין כלבים, ורק דסומך על שמירת בעלי הכלבים, אמאי צריך לנעול הדלת. ועי׳ מש״כ בדברי אליהו סוס״י ל״ג בזה, דהא דיכול לסמוך על שמירת בעלי הכלבים הוא רק משום שעשה שמירה, ורק דהי׳ נידון לומר שיש כאן פשיעה בשמירה. ובפשטות י״ל עפי״ד הריטב״א המובא בנמוק״י דהשמירה הוא מחיות של הפקר, או כמש״כ בתלמיד ר״ת ור״א, דהשמירה הוא מתינוקות. אכן העירו לי דמלשון הראב״ד משמע דהשמירה הוא מרוח מצוי׳, והיינו דיתכן גם לרוח ללבות את הגחלת או להביאה לגדיש, וצ״ע.

ועכ״פ לפי״ז יל״פ בדברי הראב״ד, דמעיקרא לא הי׳ דן מצד שמירת בעל הגחלת מהכלב אלא על שמירה משאר דברים, ועל זה כ׳ לדקדק מלשון הגמ׳ דשמירת דלתות לא מהני לכלבים, והוקשה לי׳ דאמאי מועילה דלת שיכולה לעמוד בשמירה פחותה לבעל הגחלת, ועל זה כ׳ דהתורה מיעטה בשמירתה. שוב הק׳ דסו״ס אמאי אינו חייב בשמירה מהכלבים, ותי׳ דכיון דסתם כלבים יש להם בעלים, וכמש״כ בנמוק״י, הרי יכול לסמוך על שמירתם. [ושמעתי מהגרש״מ דיתכן דרק משום שהתורה מיעטה בשמירתה יתכן לומר כן].

אכן האחרו׳ לא הבינו כן בדברי הראב״ד, ע׳ לעיל שהבאנו דברי הגרנ״ט שהבין בתי׳ הראב״ד בתחילת דבריו, דר״ל דהוי בשכיחות דרוח מצוי׳ ואינה מצוי׳. ולפי״ז צ״ב קושית הראב״ד בסו״ד, והגם שלא הי׳ לו דברי חי׳ הראב״ד, אך הרי קו׳ זו מובאת ברשב״א, וכבר עמד הדברי אליהו בזה, וצ״ע. ע״ע בדברי אליהו שרצה לפרש בתחילת דבריו דהא דלא מהני שמירתו לבעל הכלב, הוא משום זה גופא דשמירתו אינה מועילה לחברי׳. ולפי דבריהם קושיתו בסו״ד תמוהה, כמו שהעיר הוא עצמו שם, אלא אם נאמר כמש״כ בתחילה דקושיתו הי׳ דאיכא כלבים טובא, וצ״ע.

והנה הגרש״מ נקט בחבורה י״ד דמש״כ הראב״ד שם וז״ל, פי׳ אחר לפי שאמרנו ששימר זה את גחלתו ובא הכלב וחתר הדלת כו׳. אין כוונתו ליישב הקו׳ מתחילתו בפשיעה וסופו באונס, אלא לומר פי׳ אחר בסוגיא. דבתחילת דבריו נקט דשמירת בעל הגחלת מועילה לבעל הכלב, וכפי׳ הא׳ בדף יד., ורק דלא מהני שמירת בעל הגחלת לענין כלב גופי׳, וכמו שהעלה בסו״ד, והגמ׳ איירי באופן דבעל הכלב לא שמר כלבו, ורק דאי אמרי׳ דסתם דלתות לאו חתורות כו׳, הי׳ מועילה שמירת בעל הגחלת לבעל הכלב. ובפי׳ הב׳ ס״ל כפי׳ הב׳ לעיל יד. דלא מהני שמירת בעל הגחלת בעבורו, ולפי״ז הוקשה לו דא״כ איך מדקדקין מסוגין דסתם דלתות לאו חתורות כו׳, תיפו״ל דמ״מ חייב משום שלא עשה שום שמירה, ועל זה תי׳ דראית הגמ׳ היא, משום דמתני׳ איירי אפי׳ כשבעל הכלב נעל הדלת, ומ״מ מבו׳ ממתני׳ דלא הועילה הדלת ולא מידי. ולפי״ז הוכיח הגרש״מ מפי׳ השני דס״ל דחתירה לאו אונס הוא, וגם דשמירת בעל הגחלת לא מהני לבעל הכלב.

אכן העירתי לו, דלפי הבנתו, אפי׳ אי נימא דבפי׳ הב׳ חזר בו וס״ל דלא מועילה שמירת בעל הגחלת, מ״מ אמאי הוצרך לפרש דראית הגמ׳ הוא משום דנקטי׳ דמתני׳ איירי באופן דגם בעל הכלב עשה שמירה, והרי כיון דהעלה דאי סתם דלתות לאו חתורות כו׳ הוה משונה, שפיר מדקדקין ממתני׳ דסתם דלתות לאו חתורות הן כו׳ אע״ג דשמירת חבירו אינה מועיל לו, כמובן. ולכאו׳ צ״ל בדברי הראב״ד דרק בא ליישב הקו׳ דאיך מוכיחין דסתם דלתות חתורות הן כו׳ נימא דחייב משום דתחילתו בפשיעה וסופו באונס.

ודע דהדברי אליהו נקט בפי׳ הא׳ של הראב״ד דשמירת חבירו אינה מועילה לו, והוא להיפך מדברי הגרש״מ.

בדברי ברכ״ש על תד״ה בשחתר

עי׳ בברכ״ש סי׳ ו׳ שהעיר על עצמו באות ג׳ מדברי התוס׳ כג. בד״ה בשחתר כו׳, דמבו׳ מדבריו דמאי דאמרי׳ לקמן בדף כג: דלמ״ד דעל הניזק להרחיק את עצמו, חיובא דשן הוא היכא דנפל גודא באמצע הלילה, דאיירי היכא דבעל הכלב ידע דנפל גודא ובעל השדה לא ידע, ע״ש. ומבו׳ מדבריו דאם בעל כלב לא הי׳ יודע הי׳ פטור. וצ״ב, דכיון דלא שמרה כלל הרי הוה זה ממש אותו ציור של הראב״ד. וכ׳ הגרב״ד דלפי הך צד דגמ׳ הניזק צריך לשמור ולא המזיק, וחיובא דמזיק מתחיל רק היכא דנפל גדרו של הניזק ולא ידוע לניזק, ולפי״ז פשיטא לן דלא חל עלה חיוב מזיק, אלא היכא דהוא יודע דנפלה והניזק לא ידע, דמאותה שעה שנודע לו שייך לחייבו בשמירת נזיקין. אמנם להלכה דהמזיק חייב לשומרה, נמצא דמשעה ראשונה החיוב חל על המזיק, וכה״ג י״ל דאין לו לסמוך על שמירת הניזק.[601]

[601] א.ה. עי׳ בתלמיד ר״ת לקמן כג: שכ׳ בפי׳ א׳ דאפי׳ אם לא ידע בעל הכלב חייב, וי״ל דגבי בהמה דידי׳ כי הכא צריך לאיזדהורי שלא תזיק, דעל זה מועד הוי כדאמרן לעיל גבי כלב שנטל חררה אע״ג דחתר את הדלת לא חשבינן לי׳ אונס כיון דהוה לי׳ למיסק אדעתי׳ דיחתרנא כלב, אי נמי דנפיל בליליא וכנס כלבו להתם ויזיק, עכ״ל.

סימן כא

בסו' דפי פרה[602]

ג' פירושים בראשונים על קו' התוס' אמאי לא פשטי' בעיא דפי פרה מהרבה משניות,

בבי' דברי הראב"ד בסוגין

בדין לקחה מרה"ר ואכלה ברשות הניזק

בהא דמבו' מתוס' דאפי' אם פי פרה כחצר המזיק דמי, היכא דתחילתו בפשיעה וסופו באונס חייב נז"ש

בגדר החיוב של המושיט לתוך פי פרה, ובישוב קו' הנחל"ד

בביאור דברי התוס' ע"פ דברי הגר"א

אמאי בשיסה בו את הכלב א"א לחייבו מדין אשו משום ממונו

בגוזל ע"מ לאבד, מה שנוגע לדברי הגה"ה והש"ך

בשי' התוס' אם אמרי' כי ליכא לאשתלומי כו' היכא דל"ל מה לשלם [לא מחבורה]

בחילוק בין שותפות דבעל הכלב ובעל הגחלת לכל שותפות שאר מזיקין ויישוב סתירת פסקי השו"ע

ג' פירושים בראשונים על קו' התוס' אמאי לא פשטי' בעיא דפי פרה מהרבה משניות,

א] גמ' כג: דאיבעיא להו פי פרה כחצר הניזק דמי או כחצר המזיק דמי, ואי אמרת כחצר המזיק דמי, שן דחייב רחמנא היכי משכחת לה. אמר רב מרי בריה דרב כהנא, כגון שנתחככה בכותל להנאתה, וטנפה פירות להנאתה כו'. ועי' היטב לעיל בע"א בתד"ה תפשוט כו', דלפי"ד נמצא דלפי הס"ד דגמ' היכא דהי' הלקיחה מרשות הניזק, חייב אפי' אם האכילה הי' ברשות המזיק. ועי' בראב"ד שכ' ליישב הקו' באופ"א, דודאי אפי' להו"א דגמ' א"א לחייבו בעבור הלקיחה גרידא, והיכא דהי' לקיחה מרשות הניזק ואכילה ברה"ר, פשיטא דפטור, והא דמחייבינן לי' בכל הנך משניות משום שן, הוא היכא דהלקיחה הי' ברשות הניזק והאכילה הי' ג"כ ברשות הניזק, דכה"ג לא שייכא הגריעותא דפי פרה כחצר המזיק דמי, וכל הספק בגמ' הי' בהיכ"ת דהלקיחה הי' מרה"ר והאכילה הי' ברה"י, בזה מסתפקי' אם פי פרה כחצר המזיק דמי או כחצר הניזק דמי.[603]

ובבי' ראיית הגמ' כ' שם לפרש, דמתני' איירי היכא דהגחלת אינה של בעל החררה, והכלב לא נטל את החררה מרשותו של בעל החררה, והיינו דאיירי' היכא דהנטילה הי' מרשותו של אחר והלקיחה הי' ברשות הניזק. וע"ש שכ' דלפי"ז מובן היטב קו' הגמ' לעיל *וליחייב* נמי בעל הגחלת, והעירו התוס' דהרי מוקמי' כשאכלה ברשות בעל החררה, אכן להנ"ל א"ש דבעל הגחלת הי' אדם אחר. ובבי' הגר"א בסי' שצ"א אות ט"ז כ', דהא דתוס' מיאנו ולא פירשו כפירוש זה, אע"ג דלפי דבריהם דברי הגמ' דחוקים הם, י"ל דלשיטתם הוכרחו לפרש כן דמדבריו בסוד"ה תפשוט מבו', דס"ל דבכדי לחייבו בעי' לקיחה ואכילה, וא"כ הוכרח לפרש דאיירי' שהלקיחה הי' מרשות הניזק גופי'.[604]

---

[602] חבורה ט"ז

[603] ואלא דטעמא בעי דאם פי פרה כחצר המזיק דמי, אמאי פשיטא לן דחייב היכא דהלקיחה והאכילה הי' ברשות הניזק, דמ"ש מלקיחה ברשות הניזק ואכילה ברשות המזיק, וע' בסמוך בעזה"י.

[604] ועי' בתוס' ר"פ בד"ה דאכלה בשם רש"י וז"ל, ופירש"י דמיירי שהגחלת לא הויא דבעל חררה אלא החררה של בעה"ב היא, שעשאה בבית האופה ונטלה הכלב מבית האופה, עכ"ל. והוא ברש"י בד"ה ה"ג כתב וז"ל, וקס"ד דהגחלת דחד וחררה וגדיש דחד. וע"ש בב"ח שהחליף הגי', אך כנ' שהי' לר"פ הגי' שלפנינו, ועי' בבי' הגר"א שם אות ט"ז שכ' ג"כ לפרש כן בדברי רש"י הנ"ל, והוסיף שם דאע"ג שכ' רש"י "וקס"ד" דרכו של רש"י לכתוב כן אף דקאי במסקנא כמ"ש רש"י בברכות טו, עכ"ד.

ועכ"פ לפי"ד התוס' יוצא, דהיכא דהלקיחה הי' מרשות הניזק לא מסתפקי' אם פי פרה כחצר המזיק דמי. ולהראב"ד היכא דהלקיחה והאכילה היו ברשות הניזק לא מסתפקי' בזה. אמנם דע דמסתימת משמעות לשון רש"י בד"ה דפי פרתו כו' משמע, דבכל גווני מסתפקי' לן אם חייב אם לאו. ולפי"ז הדרא לדוכתא קו' התוס' מכל הנך משניות.

ודע דכדברי רש"י הנ"ל נ' לדקדק מדברי הר"ח בע"ב, דכתב, דאיפשטא הבעיא דפי פרה ממתני' דקתני על החררה משלם נזק שלם, ש"מ דפי הכלב כחצר הניזק דמי, עכ"ד. והנה לפי"ד התוס' ליכא ראי' ממתני' אלא מסוגיות הגמ', וגם לפי"ד הראב"ד באמת ליכא ראי' ממתני', דהרי כ' הראב"ד שם לעיל דיתכן לפרש מתני' היכא דהלקיחה הי' מרשות הניזק, ע"ש. וכעי"ז ילה"ע על דברי בי' הגר"א בסי' שצ"א אות י"ב, שכ' דלדעת הרמ"ה [והראב"ד] דהספק דגמ' איירי בלקחה מרה"ר, באמת ליכא מקור מסוגין דלא אזלי' בתר לקיחה לחודי', והוקשה לו בדברי הטור והשו"ע שהביאו דברי הרמ"ה, ומ"מ כתבו בפשיטות דלקיחה לחודי' לא מהני. וכ' הגר"א דמ"מ יש להביא מקור לדין זה מקושית הגמ' בע"ב דהק', אלא שן דחייב רחמנא היכי משכח"ל כו', והרי אי אזלי' בתר לקיחה גרידא הרי י"ל דאיירי בכה"ג שהלקיחה הי' מרשות הניזק, ע"ש. ועי' בתוס' שכ' דקו' הגמ' היא משום דס"ל דפשטי' דקרא איירי גם היכא דהביעור הי' ברשות הניזק. וצ"ל דהגר"א לא קאי על דברי התוס'. אמנם גם לדברי הראב"ד צ"ב, דמ"מ הרי י"ל דקרא איירי שהלקיחה והאכילה הי' ברשות הניזק, דכה"ג לכו"ע פי פרה כחצר המזיק דמי. ובע"כ דפי' הגר"א דהספק בגמ' הי' גם היכא דהלקיחה והאכילה הי' ברשות הניזק, ומשום דלא אזלי' בתר לקיחה גרידא, ואי פי פרה כחצר המזיק דמי הוי האכילה ברשות המזיק. ולכאו' דבריו צ"ב, דבע"כ עכ"פ היכא דהלקיחה והאכילה היו ברשות הניזק לא מסתפקא לן וכמו שהוכיחו התוס' מהרבה משניות.

וראיתי דברים מפורשים בזה בספר הישר לר"ת בחלק התשובות סי' כ"ח-כ"ט וז"ל, שאלת הר"ר יוסף בר' משה לרבינו תם. כיצד הרגל (ב"ק דף כ"ג ע"ב ועי"ש ע"א בתוס' ד"ה תפשוט) דאיבעי להו פי פרה וכו', לא ידענא מאי קאמר, דהא בכמה משניות אשכחן דמחייב בשן משום אכילה, דתנן בפרק זה (יט:) שן מועדת לאכול פירות וכו', אכלה מתוך הרחבה משלמת, ולא הוכיח מהני סתמי דמתניתין. תשובת ר"ת. השיב רבינו יעקב זלה"ה עלה, דכלב שנטל את החררה. אמאי קשיא ליה משנה מפורשת, היה לו להקשות מפסוק מפורש, דכתיב ושלח את בעירה ובער. אלא כדשנינן שנתחככה בכותל להנאתה, ואמאי נקט ליה לשון אכילה, משום רישא דמתניתין דקתני כיצד השן מועדת, ולגבי שן שייך למימר אכילה. ולכך אין להביא ראיה מאותן המשניות, אבל הכא גבי חררה קתני ואכל את החררה, והיה לו לומר ונהנה מן החררה, אלא ודאי ש"מ אכילה ממש קאמר. (כלומר מקרא ליכא להקשות משום דהוה משנינן מעיקרא כדמשני שם לבסוף דאיירי שנתחככה בכותל להנאתה. אבל הכי נמי הוה משנינן על מתניתין דשן והאי דנקט לשון אכילה במתניתין, משום רישא), עכ"ל. וצ"ע טובא בלשון המשנה דאכלה מתוך החנות, ובחילוק בין פירות וירקות לכסות וכלים כו', ועכ"פ כ"כ ר"ת.

אכן בדברי רש"י קשה לפרש כן, דעי' בדבריו בע"ב שכתב, נתחככה בכותל דתולדה דשן היא. וצ"ב דלפי הו"א זו ליכא שן של אכילה אלא של נתחככה בכותל, ואיך שיי"ל דהוי תולדה. והעירוני לדברי תשו' הרדב"ז המובא בשטמ"ק שכבר עמד על דברי רש"י בע"א, דמבו' מדבריו שלא כפי' התוס' ושלא כפי' הראב"ד, וגם עמד על דברי רש"י הנ"ל, וע"ש מש"כ באריכות.

בבי' דברי הראב"ד בסוגין[605]

[605] לא אמרתי קטע זה בחבורה

ונראה דבאמת הראב"ד בסוגין כיון לזה דאי"צ לדין דפי פרה כו' היכא דהלקיחה והאכילה הי' ברשות הניזק. דע"ש שפי' דהאיבעיא דפי פרה הי' באופן שלקחה מרה"ר ואכלה ברשות הניזק, וכפשוטו יל"פ בדבריו דס"ל, דודאי סגי באכילה גרידא ורק דמסתפקי' אם יש כאן אכילה אם לאו.[606] ועי' היטב בדבריו דמבו' להדיא, דהיכא דלקחה מרשות הניזק ואכלה ברה"ר, פשיטא דפטור, והיכא דלקחה מרשות הניזק ואכלה ברשות הניזק, פשיטא דחייב. וכל הנידון הוא היכא דלקחה מרה"ר ואכלה ברשות הניזק, מי אמרי' פי פרה כחצר הניזק דמי כו'. ולכאו' צ"ב טובא, דכיון דבע"כ ס"ל דבעי' האכילה ברשות הניזק, א"כ אמאי פשיטא לן דחייב היכא דהלקיחה והאכילה היו ברשות הניזק כיון דמסתפקי' לומר דפי פרה כחצר המזיק דמי.

והנה הי' יתכן לומר עפי"ד הדרישה והסמ"ע המובאים להלן, שכ' לדקדק דתוס' חולק על הרמ"ה, ופירש בטעמו, דלא אמרי' פי פרה כו' אלא היכא דהפרה הי' לעולם ברשות הניזק והפירות היו ג"כ לעולם שם, דכיון דקבועים שם רואים שמשתייכי לחצר והאכילה נחשבת כאכילה בחצר. ולפי"ז י"ל דהרמ"ה ס"ל דאדרבה כה"ג פשיטא לן דאמרי' פי פרה כחצר הניזק, וכל הנידון הוא בלקחה מרה"ר כו'. והוכחתו לזה הוא מכח קושית התוס' מכל הנך משניות כמובן.

עוד י"ל בבי' הדבר, דאפי' לפי הצד דכחצר המזיק דמי, מ"מ אין הכוונה דהוה חצר המזיק גמורה, אלא דודאי רואין שיש סיבה שתהי' חצר המזיק ויש סיבה שתהא חצר הניזק, וא"כ היכא דהלקיחה ותחילת האכילה הי' ברשות הניזק, כבר הוקבע דהאכילה הי' מרשות הניזק, אכן היכא דהלקיחה לא הי' ברשות הניזק, אז לא היינו רואים שהאכילה הי' ברשות הניזק, וצ"ע.

אכן העיר לי הבחור המצויין דוב מאיר עדעלשטיין נ"י, דיל"פ דברי הראב"ד בטוב טעם ודעת, ובהקדם איזה דקדוקים שדקדקתי בדברי הראב"ד, דע"ש בתחילת דבריו בבי' הבעיא דכתב וז"ל, נחשב את פיו כאלו הוא בחצר הניזק מיד. וצ"ב כוונתו בזה. וע"ע שם שכ' בבי' דעת המקשה שהק', דשן דחייבי' רחמנא היכי משכחת לה, דדעת המקשה בלבד הי' שהי' רוצה לדמות כל אכילת פרה לזאת, מפני שכשהיא נוטלת האוכל מחצר הניזק עדיין אינה חייבת, מפני שלא הפסידתו וגם לא נהנית ממנו עד שתלעס אותו, וא"כ הרי הוא כמו שנטלתו ממקום פטור והוליכתו למקום חיוב ואכלתו שם כו', עכ"ל. וצ"ע דאמאי נחשב כאכלתו במקום חיוב, והרי אי פי פרה כחצר המזיק דמי נמצא דבין הלקיחה ובין האכילה היו בחצר המזיק.

עוד ילה"ע בדברי הרשב"א שם, שהביא את דברי הראב"ד שכתב, ואי אמרת פי פרה כחצר המזיק דמי, לימא לי' כלבאי לא מרשותך שקיל כו' ובשעת אכילה מרשותי נטלה ואמאי חייב כו'. וצ"ע, דהרי זה פשוט דלקחה מרשותו, וכל הנידון הוא אם נחשב כאכילה ברשותו אם לאו, ואמאי קבע הנידון לענין האכילה. וכעי"ז ילה"ע בהמשך דבריו במש"כ, אבל אם כרשות ניזק דמי השתא ודאי חייב דהא מרשות ניזק נטלה וברשותו אכלה ובכי הא ליכא לספוקי וליכא למיבעי, והיינו מתני' יט: עכ"ל. וצ"ע טובא דהרי זה ודאי דלא הי' לקיחה, וכל הנידון הי' אם איכא אכילה.

והסביר לי הנ"ל, די"ל בדברי הראב"ד דס"ל דאדרבה זה פשיטא לן דבעי' בין הלקיחה ובין האכילה. אך י"ל דקביעות "האכילה" תלוי' במקום הבהמה והרי הבהמה נמצאת ברשות הניזק, וא"כ ודאי דנחשב שהביעור הוא ברשות הניזק, וכל הנידון דפי פרה הוא לענין הלקיחה,[607] דזה תלוי' במקום הנחת הפירות. ולפי"ז י"ל דהספק בגמ' הוא דכשהפירות הן בפיו, וכל עוד שעדיין הם שם, יש לדון תחילת לעיסתו למעשה לקיחה, (וכעין סברא זו אי'

[606] וראיתי בחזו"א ב-י שהבין בדברי הרשב"א הנ"ל, דהספק בגמ' הי' בזה גופא האם מספיק עם האכילה גרידא או לא, אך מלשון הגמ' לא משמע כן. [ע' בתוס' ר"פ שבאמת בא לאפוקי מפירוש זה].

[607] ועי' בסמ"ע שפי', דהלשון דפי פרה הוא לאו דוקא, דקאי על כל כלי האכילה ועל הכליון. ולהנ"ל אדרבה האכילה ודאי היא בחצר הניזק וכל הנידון הוא בפי הפרה, דהוא מקום שלקחה מינה באכילתה.

בערוך השולחן). אמנם זה תלוי' אם מקום פי הפרה הוא כחצר הניזק אם לא. ולפי"ז א"ש כל דברי הראב"ד והרשב"א על נכון כמובן, והוא כפתור ופרח. ולפי"ז הא דחייבו הראב"ד אי"ז כמש"כ רבינו הגר"א בדעת הרמ"ה, דהוא משום דחיובו הוא על האכילה גרידא, אלא דמשום דזה נחשב כלקיחה ואכילה.

אך ילה"ע מזה מדברי הרשב"א לעיל יט. בסו' דמתגלגל, שפי' על דרך התוס' וכ' שם וז"ל, והא קא מיבעיא לי' כיון שאלו לא נטלתן שם, הי' סופן לנוח ברה"ר, הרי זה כאלו נטלתן ואכלתן ברה"ר, או"ד כיון דהשתא מיהא אכלתן ברשות הניזק, חייבת, עכ"ל. ולכאו' ילה"ע דלמ"ל לומר כאלו נטלתן ואכלתן כו', הרי מספיק עם זה לחודי' דהוה כאילו נטלתן. ולכאו' צ"ל דס"ל דאפי' אם רק האכילה הי' ברשות הניזק חייבת, וכן משמע מסו"ד ממש"כ "כיון דהשתא מיהא אכלתן כו'". אמנם י"ל דכוונתו היא דבהאכילה גופי' נכלל לקיחה ואכילה וכמשנ"ת, וא"כ אפי' אם הוה דייני' שהנטילה הי' מרה"ר, מ"מ הי' שייך לחייבו, דעצם האכילה נחשבת כלקיחה ואכילה. אמנם עי' בבי' הגר"א שם באות כ"ג שכ' לדקדק מדברי הרשב"א הנ"ל דהכל תלוי' באכילה, דהרי כ' בתחילת דבריו "דלעולם בתר אכילה אזלי', וצ"ע. [ודע דמש"כ הרשב"א לדקדק מסו' דדף כג. דלעולם בתר אכילה אזלי' ולא בתר לקיחה, לפי מש"כ שם מהראב"ד ליכא דקדוק זה].

והעירוני די"ל דהא דס"ל להראב"ד דבעי' לקיחה ואכילה אי"ז כשי' התוס', אלא מטעם אחר. דהנה לכאו' יש לתמוה טובא על דברי הראב"ד שכ' דלפי דבריו מובנת היטב קו' הגמ' בע"ב בהשיך בו את הנחש, דהתם בלקיחה לא הי' לו הנאה, ע"ש. ודבריו צ"ע דהרי סו' דשם איירי גבי קרן, ואיך שיי"ל דבעי' לקיחה ואכילה מרשות הניזק, וצריך לפרש בסוגיא בע"ב דפטורו הוא משום תורך ברשותי מאי בעי, ועי' בתו"ח שם באריכות. ולפי"ז י"ל דהא דס"ל להראב"ד דבעי' לקיחה ואכילה, אי"ז משום דבעי' שניהם, אלא הא דבעי' לקיחה הוא משום דבלא"ה יש לו פטור דרשות המיוחדת למזיק, ולא הספקתי לחזור ולעיין בדברי הראב"ד כהוגן. וע"ע היטב בדברי הרשב"א בשם הראב"ד דכנראה שיש איזה שינויים בעיקר בי' הענין.

בדין לקחה מרה"ר ואכלה ברשות הניזק

ב] בסוגיא דפי פרה עי' בתוס' כג. ד"ה תפשוט וע"ש בכל דבריהם. ולפי"ד נמצא דהספק בגמ' אי פי פרה כו' הי' בהיכ"ת דהושיט חשו"ק לתוך פיו כו'. והנה הטור בסי' שצ"א-ז' כתב וז"ל, אין חיוב השן אא"כ אוכלת ברשות הניזק, אבל לקחה בחצרן והוציאה משם ואכלה ברה"ר פטור, אבל לקחה ברה"ר והלכה ואכלה ברשות הניזק, כתב הרמ"ה שחייב כו', עכ"ל. ועי' בדרישה שם וביש"ש פ"ב סי' י"ג, ודבריו מובאים בט"ז שם, שכ' לדקדק מדברי התוס' והרא"ש[608] בסוגין, דלא ס"ל כן, מדקאמר דאיבעיא לן היכא דהושיטה חשו"ק לתוך פיו, ולא פירשה בכה"ג שלקחה מרה"ר ואכלה ברשות הניזק, ובע"כ דכה"ג ודאי פטור, עכ"ד.

ובטעמא דמילתא נח' האחרונים, דהדרישה שם כתב, דכה"ג ודאי אמרי' דפי פרה כחצר המזיק דמי, דרק היכא דהבהמה הי' בחצר הניזק כל הזמן וגם הפירות היו שם כל הזמן, דמקום הפרה והפירות קבועים הם ברשות הניזק, אז יש לדון דהאכילה והכליון היו ברשות הניזק, אך היכא דלקחה הבהמה מרה"ר לרשות הניזק ואכלה שם, פשיטא דאמרי' פי פרה כחצר המזיק דמי. והיש"ש כתב דמאחר שיש לה רשות להלוך שם ולאכול א"כ ראוי לפטור אפי' אם לא אכלה שם אלא ברשות הניזק.

אכן לכאו' ילה"ע טובא על דבריהם דאם מבו' כן להדיא מדברי פסקי הרא"ש, הו"ל להטור להביא שאביו הרא"ש חולק עליו. עוד ילה"ע, דהנה בתלמיד הרשב"א והרא"ש בסוגין כתב וז"ל, והיכא דנטלה פירות ברה"ר ונכנסה ואכלתן בחצר הניזק, אפשר דלא מיחייב, דהא כבר זכתה בהן כו' ומורי הרא"ש נ"ר אומר, דבכי הא נמי חייב, כיון

---

[608] הדרישה הביא הדקדוק מדברי התוס', אך אותו דיוק יש גם בדברי הרא"ש, ועי' ביש"ש שכ' להדיא לדקדק כן מהתוס' ומהרא"ש.

דאכלה בחצר הניזק כו', וכ"כ רמ"ה כו' וכן דעת הראב"ד ז"ל, עכ"ל. ולפי"ד היש"ש והדרישה נמצא דדברי הרא"ש סתרי אהדדי.

ואשר נ"ל בזה, דהנה תוס' פי' דמי שאיבעיא ליה האיבעיא דפי פרה כו', ס"ל דהיכא דהלקיחה הי' מרשות הניזק אפי' אם האכילה הי' ברשות המזיק, חייב, כיון דפשע בהלקיחה מה לנו באכילה כו' ומ"מ אילו פי פרה כחצר הניזק דמי, הי' חייב היכא דהושיט חשו"ק לתוך פיו. ויל"ע האם לפי הו"א זו הכל תלוי' בלקיחה, או דגם הלקיחה וגם האכילה יכולים לחייבו. והנה כפשוטו הכל תלוי בלקיחה, וכפי מה שבי' תלמיד ר"ת בבי' הו"א זו דהלקיחה עצמה מחייבת דז"ל, דהוה מסתבר להו דהא דבעינא בחצר המזיק גבי שן ורגל, ה"ט שכשנתן בעל הפירות פירותיו בחצר המזיק או ברה"ר שזהו מקום שיש רשות לבהמות המזיק ואין לבעל הפירות לשמור פירותיו מהם, דלא איבעי לי' לבעל הפירות להניחם שם כו' ואיהו הוא דאפסיד אנפשי' ואיהו הוא דפשע בהו כו'. אבל כשהניחם ברושתו הרי שמר פירותיו כו'. וע"ש שפי' דלפי"ז ודאי חייב על הלקיחה גרידא דהא בעל הפירות לא פשע אלא בעל הבהמה כו', דבשביל שנטלתם והוליכתם למקום אחר לא פשע בעל הבהמה פחות ולא פשע בעל הפירות יותר כו', עכ"ד. ולפי"ז י"ל דהכל תלוי בלקיחה.

אלא דא"כ ילה"ע, דאיך מחייבינן לי' בהושיט לו חשו"ק, הא ליכא אלא אכילה ולא לקיחה, וי"ל בפשיטות, דהתם הלקיחה הי' בשעה שהתחילה הבהמה ללעוס, ועכ"פ לא הי' הלקיחה מרה"ר לפני האכילה. וכן מבו' בדברי תלמיד ר"ת במש"כ מי חשבינן לפירי כאילו אכתי קיימין בחצר הניזק וכשלועסתן ובלעתם חייבת שבתחילת לעיסתה ותחילת מעשה שעשת כדי לאכול מצאתם בפי' כו', עכ"ל. וכן מוכרחים לומר לפי"ד בי' הגר"א בסי' שצ"א אות י"ב שפי' בדברי התוס', לפי האמת בעי' לקיחה ואכילה, והרי היכא דהושיט לתוך פיו ודאי חייב ובע"כ דעכ"פ לא חסר בהלקיחה. וכ"כ במהדו"ב על דברי התוס', דש"מ דבעי לקיחה ואכילה בחצר הניזק כו' ותפשוט כשנתן אחר לתוך פי' כו' *דכיון דפי' כחצר הניזק מקרי קיחה והאכילה בחד גם אם נתן אחר לתוך פי', ודו"ק עכ"ד.*

ולפי"ז י"ל, דהא דפי' הרא"ש דהנפק"מ דהושיט חשו"ק לתוך פיו כו', היא רק להו"א דגמ' דהכל תלוי בלקיחה, דאז ודאי ליכא למימר דנפק"מ בלקחה מרה"ר ואכלה ברשות הניזק, אכן למאי דמדקדק דתלוי באכילה, יתכן דהכל תלוי באכילה ולא בלקיחה, וכה"ג שפיר חייב.

ולכאו' הוא קושיא גדולה על דברי היש"ש והדרישה, דאמאי לא היו נחתו לזה. אכן נראה דהדרישה לשיטתו אזיל, דע"ש שכ' להדיא דלפי דברי התוס' להו"א דגמ' תלוי או באכילה או בלקיחה, וז"ל והכלל משום דקרא ובער בשדה אחר דממעטינן מיני' רה"ר, יש לו שתי משמעות, האחד תחלת הביעור, דהיינו כשלקחה הפרה הפירות ממקום שהוא שם, שתהא אותה הלקיחה משדה אחר, דהיינו מרשות הניזק, ותו לא איכפ"ל באכילה, דאף אם אוכלת ברשות המזיק חייב, אבל פשטי' דביעור משמעותו דקאי אשן בעת האכילה או הכליון שיהי' ברשות הניזק, וקא מיבעיא לי' אהיכא דאין כאן חיוב על הלקיחה כגון שנתנו בפי הפרה גוי או חשו"ק, אי אכתי יש עליו חיוב מכח שהשן המכליהו הוא ברשות הניזק, וזהו דוקא אם נאמר שפי הפרה כו' מיחשב כחצר הניזק כו', עכ"ל. וכנראה שמה שהכריחו לפרש כן, הי' משום דבקרא כתיב "ובער" ומכיון דהגמ' דנה לחייבו בהושיט לתוך פיו, ע"כ צ"ל דהכוונה של ובער כולל גם אכילה גרידא. ולפי דבריו שפיר הוכיח מדברי התוס' דכה"ג שלקחה מרה"ר ואכלה ברשות הניזק דפטור, דאמאי לא נקטה הגמ' היכ"ת זו, ובע"כ דדין דפי פרה אינו מועיל לזה, וא"כ אפי' למסקנא צריך להיות פטור.

אמנם צ"ב דהרי כבר הוכחנו דהיכא דהושיט תוך פיו כו' בע"כ דנחשב שיש כאן לקיחה ואכילה, דהרי דקדק הגר"א ממסקנת התוס' דבעי' לקיחה ואכילה, ומ"מ ס"ל דבהושיט לתוך פיו חייב. אכן באמת בע"כ צ"ל דהרמ"ה והיש"ש לא נחתו לדקדוק הגר"א, דאל"כ מזה גופא הוה להם להוכיח דלא ס"ל לתוס' כהרמ"ה. וע"י היטב בדברי היש"ש שנקט דלפי האמת לכו"ע הכל תלוי באכילה ולא בלקיחה, ורק דכ' דמ"מ פטרי' אותו היכא דלקחה ברה"ר מטעם

הנזכר למעלה.[609] וכנראה שפי' בדברי התוס' דמש"כ לקיחה ואכילה, ר"ל דאפי' היכא דהי' לו לקיחה מ"מ בעי אכילה. וכן צ"ל לדברי הדרישה שכ' גם בדברי התוס' דהכל תלוי' באכילה, וכן הוא להדיא בב"ח שם דתוס' בסוגין כ' דהכל תלוי באכילה ולא בלקיחה כו', ומשו"ה כ' הרמ"ה דלקחה ברה"ר והלכה ואכלה ברשות הניזק דאזלי' בתר אכילה. ובאמת לפי מסקנת דברי היש"ש, יתכן לפרש בדברי התוס' דמש"כ לקיחה ואכילה, אין הכוונה דבעי' לקיחה בעצם ורק דהיכא דהלקיחה היתה מרה"ר פטור. ולפי"ז ליכא הכרח דפי פרה נחשב כלקיחה.[610]

בהא דמבו' מתוס' דאפי' אם פי פרה כחצר המזיק דמי, היכא דתחילתו בפשיעה וסופו באונס חייב נז"ש

ג] כג. תד"ה תפשוט בא"ד, וקמבעיא ליה כגון אם הושיט פירות בפי פרה חש"ו ועכו"ם דלאו בני תשלומין נינהו, וכגון שהבהמה לא היתה יכולה ליקח אם לא שהושיט לה ואי כחצר הניזק דמי חייב בעל הפרה ואי כחצר המזיק דמי פטור כיון שנתנו אחר לתוך פיה כו'. ועי' בקצוה"ח בסי' שצ"א סק"א שהבין בכוונתם, דהיכא דהיתה יכולה ליקח בלא"ה הי' נחשב כלקיחה. ותמה בבי' הדברים, ולבסוף העיר לדברי השטמ"ק שפי' בכוונת התוס', דאילו היתה יכולה ליקח אם לא שהושיט לה הי' חייב אפי' אם פי פרה כחצר המזיק דמי, משום דין דתחילתו בפשיעה וסופו באונס, וכ"כ להדיא בתוס' ר"פ.

ולכאו' יש לתמוה טובא בזה, דעי' בתוס' לעיל כב. בד"ה דאפיך כו' שכ', דא"א לחייבו בקרן יותר מח"נ מכח הדין דתחילתו בפשיעה וסופו באונס, כיון דאפי' אם פשע פשיעה גמורה לא הי' חייב יותר מח"נ. ולפי"ז לכאו' ילה"ע על דברי התוס' דאיך מועיל הדין דתחילתו בפשיעה וסופו באונס לחייבו בנז"ש, הא יש כאן הפטור דשו"ר ברה"ר, דהרי חסר ב"ובער בשדה אחר", והרי בשן ורגל ברה"ר ודאי פטור אפי' היכא דיש לו פשיעה גמורה. וכן נ' להדיא מדברי הנמוק"י לעיל בדף כא: דלא שייך דין דתחילתו בפשיעה וסופו באונס בשו"ר ברה"ר, דע"ש שהוכיח דהיכא דתחילתו בפשיעה בקרן, לא אמרי' תחילתו בפשיעה וסופו באונס מכיון דלאו פשיעה גמורה היא, וז"ל, דאי לא תימא הכי דרגל דפטרי' רחמנא בשמירה פחותה היכי משכחת לה כיון דלגבי קרן לא הוי שמירה ליהוי כתחילתו בפשיעה וסופו באונס וליחייב, אלא לאו ש"מ כו'. וצ"ב דאמאי הק' ברשות הניזק ובאופן שעשה שמירה פחותה ולא הק' ברה"ר ובאופן שלא עשה שמירה כלל, ובע"כ דלא שייך לחייבו בשו"ר ברה"ר מדין תחילתו בפשיעה וסופו באונס. ובעזה"י מצאתי בחי' רא"ל סי' ע' שכבר עמד על עיקר קו' הנ"ל, ע"ש.

והנה עיקר קו' הנ"ל בנ"א קצת שמעתי ממו"ר הגרח"ש ששמע מהגרי"מ בשם הגרב"ד להעיר על דברי התוס'. דהנה ע' בשיעור כללי א' דהגרב"ד הי' אומר בשם הגר"ח בבי' דברי התוס' בדף כב. דעיקר תירוצו הוא זה דח"נ הוא ענין פטור, ולכן לא מהני מה דתחילתו בפשיעה לחייבו, דהרי בלא"ה יש לו סיבה לחייבו בנז"ש, ורק דיש לו פטור על ח"נ וא"כ מה ניתוסף אם יהא לו גם המחייב של הפשיעה. ומכח זה אמר הגר"ח ליישב קו' התוס' בדף ב:. אמנם הגרב"ד אמר לפרש דברי התוס' באופ"א, דעיקר כוונתם אינה מחמת זה דתמות הוא חלות פטור, אלא דכיון דתם הוי רק חצי מזיק, וחסר בעיקר התורת מזיק שלו לא שייך לחייבו מכח הדין דתחילתו בפשיעה וסופו באונס.[611] והוסיף הגרב"ד, דלפי"ז ה"ה בשן ורגל ברה"ר לא שייך דין דתחילתו בפשיעה וסופו באונס, והעיר מכח דברי

---

[609] וז"ל, כ' הטור בשם הרמ"ה כו' ולא נהירא, אף דמסקינן לקמן (דף כ"ג ע"ב) גבי פי פרה *דלא אזלינן בתר לקיחה. אלא אחר אכילה, אפילו לחומרא.* היינו היכא דהיתה בלקיחה זו צד חיוב. רק דלאו בר תשלומין הוא. אבל הלקיחה ברשות הרבים, דלאו בר חיוב הוא כלל. מאחר שיש לה רשות להלוך שם ולאכול. א"כ ראוי ליפטור. לכן בספק עומד, ואינה חייב בודאי.

[610] ע"ש בדברי הסמ"ע ולא הבנתי מש"כ שם דדינו של הרמ"ה אינה מיוסד על הדין דפי פרה כו'.

[611] והבנתי בכוונתו, דס"ל דהדין דתחילתו בפשיעה וסופו באונס אינו משום דהאונס נעשה כפשיעה, אלא דהפשיעה מחייבת, וכיון שכן, כמו דהפשיעה יכולה לחייבו ולסלק הפטור דאונס, כמו"כ יכולה לסלק הפטור דח"נ תמות. אלא דכוונת התוס' הוא דחסר בעיקר התורת מזיק ולא שייך לחייבו. אך לא הבנתי לפי"ז מש"כ התוס' דאפי' בפשיעה גמורה אינו חייב אלא ח"נ, וע' מש"כ שם בהג"ה.

השטמ"ק הנ"ל. ובי' הגרב"ד, די"ל דלפי הס"ד דתלוי בלקיחה, באמת הי' מסתבר לפרש דגדר הפטור ברה"ר הוא משום דחסר בפשיעה, ומשו"ה הכל תלוי' בלקיחה ולא באכילה. אמנם לאחר דמסקי' דתלוי גם באכילה, אז בע"כ דגזה"כ הוא וכמש"כ התוס' דש"מ דבעו לקיחה ואכילה בחצר הניזק, אע"פ שאין טעם בדבר זה מה צורך באכילה, אלא דגזה"כ הוא. וכיון דהוא גזה"כ, י"ל דהתורה הפקיעה מיני' כל התורת מזיק.

והנראה ביתר ביאור ע"פ מש"כ תלמיד ר"ת בבי' ההו"א דגמ' דתלוי בלקיחה גרידא, דהוה מסתבר להו דהא דבעינא בחצר המזיק גבי שן ורגל, ה"ט שכשנתן בעל הפירות פירותיו בחצר המזיק או ברה"ר שזהו מקום שיש רשות לבהמות המזיק, ואין לבעל הפירות לשמור פירותיו מהם דלא איבעי לי' לבעל הפירות להניחם שם כו', ואיהו הוא דאפסיד אנפשי' ואיהו הוא דפשע בהו כו'. אבל כשהניחם ברשותו הרי שמר פירותיו כו'. וע"ש שפי', דלפי"ז ודאי חייב על הלקיחה גרידא, דהא בעל פירות לא פשע אלא בעל הבהמה כו', דבשביל שנטלתם והוליכתם למקום אחר לא פשע בעל הבהמה פחות ולא פשע בעל הפירות יותר כו', עכ"ד. ובביאור מסקנת הגמ' כתב, אפ"ה גזה"כ היא בלא טעם שלא תתחייב אלא א"כ היתה האכילה בחצר הניזק. ולפי"ז י"ל, דאפי' אי נימא דלפי ההו"א דגמ' ליכא איסור מזיק, אמנם עיקר המעשה מזיק ודאי נכלל בפרשה דשמירת נזיקין, ורק דבפועל חסר בפשיעה ואולי מחמת זה לית לי' אפי' איסור מזיק. ולפי"ז שפיר מועיל דין דתחילתו בפשיעה וסופו באונס. אמנם למסקנא דהוה פטור מגזה"כ ואי"ז מחמת חסרון פשיעה, קבלו חז"ל דהפטור אינו על התשלומין גרידא אלא דהוה פטור של הפקעה מעיקר התורת מזיק, דמעשה מזיק כזה הופקע מפרשת שמירת ממונו, ולא שייך בזה חיוב דתחילתו בפשיעה וסופו באונס.

והנה כל פלפולו של הגרב"ד הי' בענין הפטור דשן ורגל ברה"ר, אך מ"מ יש לתמוה טובא על דברי התוס', דהרי בסוגיין איכא ג"כ פטור דרשות המיוחדת למזיק, ומ"מ מבו' מדברי התוס' דשייך בי' פטור דתחילתו בפשיעה וסופו באונס. ולכאו' לפי מש"כ הגרב"ד בסי' ט"ו מהגר"ח דחסר בכל התורת מעשה מזיק, צ"ב טובא, דאיך שייך דין דתחילתו בפשיעה וסופו באונס. ועי' בחי' רא"ל סי' ע' שכבר עמד בזה וכ' דהטעם דפטור בחצר המזיק הוא משום דחסר בפשיעה, דעל רשות שלו אינו פושע וע"כ אם יש תחילתו בפשיעה וסופו באונס חייב עכ"ד אמנם לכאו' זה תלוי בבי' הדין דתחילתו בפשיעה וסופו באונס, דאם נקוט דע"י הפשיעה נעשה האונס כפשיעה, יתכן דגם הכא שייך דין זה. אמנם אי נימא דהפשיעה מחייבת, כיון דהאונס מצד עצמו אינה פטור בעלמא אלא דחסר בעיקר התורת מעשה מזיק, וכמו שמשמע לי מדברי הגרב"ד הנ"ל, צ"ע טובא איך שייך דין דתחילתו בפשיעה וסופו באונס. וראיתי בתלמיד ר"ת שכ' וז"ל, ואע"ג דאפי' לא נתנה לתוך פי' שמא היתה לוקחת מעצמה ואוכלת, ונמצא שבפשיעת בעל הפרה לבדו מופסדין, שאותו שנתן לתוך פי' לא עשה ולא כלום שבלא"ה היתה אוכלתם, מכל מקום אי פי פרה כחצר המזיק דמי, פטור, דכיון שלא נגעה בהם בעודם ברשות הניזק, מצי אמר פירך ברשותאי מאי בעו.[612] ולכאו' כוונתו היא כמשנ"ת, דלענין סברא זו ד"פירך ברשותי מאי בעי" לא שייך הענין דתחילתו בפשיעה וסופו באונס.

והנה לכאו' משמע מדבריו, דמצד הפטור של שן ורגל ברה"ר, הי' שייך הדין דתחילתו בפשיעה וסופו באונס. וזה צ"ב, דבראיית הגמ' מכלב כתב, דהתם באמת לא שייך הך טעמא דפירא ברשותי מאי בעי, דמאי הו"ל למיעבד לבעל החררה כשנטל כלב חררה בפיו כו', וקו' הגמ' היא משום דסו"ס ליכא קיום דובער בשדה אחר, עכ"ד. וצ"ב, דהרי מבו' מדבריו דלענין זה י"ל דחייב משום תחילתו בפשיעה וסופו באונס. ולפי"ד הגרב"ד א"ש, דלמאי דמדייקינן דלא אזלי' בתר לקיחה גרידא, מבו' דהפטור דשו"ר ברה"ר הוא מכח גזה"כ, ולא משום חסרון פשיעה, וא"כ בי' גופא לא שייך דין דתחילתו בפשיעה וסופו באונס.

---

[612] וע"ש שסיים וז"ל, אם תרצה תפרש כגון שהיו הפירות משומרים היטב אילמלא זה שנתנה לתוך פי' לא היתה יכולה ליגע בהן.

והנה קו' הנ"ל מיוסדת על ההנחה דבהושיט חשו"ק לפיו, חסר בגוף הלקיחה, וכן נקט הגרש"ש בסי' כ"ב, ע"ש. אכן עי' בטור בסי' שצ"א-ז כתב וז"ל, פי פרה כחצר הניזק דמי *ונ"מ אפילו במקום שאין לחייב על הנטילה, כגון שהיו הפירות מונחים במקום שא"א ליטלם* משם, ובא ראובן והושיט פירות של שמעון שבחצר שמעון לפי פרת לוי, חייב לוי אם המושיט חש"ו או שאין לו לשלם. ומשמעות לשונו היא, דבאמת איכא לקיחה ורק דא"א לחייבו בעבור הלקיחה. ולפי"ז שפיר מובן דע"י דחייב ע"י דין דתחילתו בפשיעה וסופו באונס, וכן משמע מלשונו דבמקום שאפשר ליטלם משם שייך לחייבו על הנטילה. וכן הוא משמעות דברי הדרישה שם, דע"ש שכ' דדין דפי פרה היינו דוקא כשגם בתחילת הלקיחה היו הפירות בחצר הניזק, *ואז חייב אף שבלקיחה לא פשעה הבהמה* כו', וצ"ע.

והנה יש מקום להעיר כאן על דברי היש"ש בסוס"י כ"ד וז"ל, וי"א דוקא במושיט חייב בעל הפרה. אבל אם הלעיט אותה ראובן בכח, פטור לוי. דהוה ליה אונס. ולא נהירא, דהא בהושטה ג"כ הוי אונס. דבודאי הבהמה שאין לה דעת לא תוכל לכפות עצמה שלא תאכל, כשמושיטים בפיה. או להקיא המאכל. ומ"מ מחייבינן, משום דתחילתו בפשיעה לגבי פירות. שיכולה לאכול בלא הושטה. וסופו באונס מאב אחד, וחייב. ה"נ בנדון זה, עכ"ל. והנה הגם דהוי מניזק לניזק, אמנם כבר כתבנו בחבורה ט"ו לדקדק מדבריו דס"ל דהיכא דלא עשה שמירה אמרי' תחילתו בפשיעה וסופו באונס אפי' מניזק לניזק. ועכ"פ מבו' מדבריו, דס"ל דאפי' היכא דלא הי' אפשר בלי הושטת החשו"ק בעי' לדין דתחילתו בפשיעה וסופו באונס. וצ"ב, דא"כ אפי' אם פי פרה כחצר המזיק נחייבי' מה"ט, דהרי מבו' מדברי השטמ"ק ותוס' ר"פ דהיכא דהי' אפשר בלא הושטה דידי', הי' חייב, אף אם פי פרה כחצר המזיק דמי מכח הדין דתחילתו בפשיעה וסופו באונס, וצ"ע.[613]

ואולי י"ל דהיש"ש פי' דברי התוס' באופ"א, דז"ל שם, ואיירי דוקא כגון שלא היתה הבהמה יכולה לאכול בלא הושטה. אבל אם היתה יכולה לאכול בלא הושטה. פשיטא דפטור המושיט, דהוה כאילו מנא תבירא תבר, עכ"ל. ומבו' מדבריו דאילו מצד זה דכ' שם דהיכ"ת זו תלוי' בדין דפי פרה כחצר המזיק כו', לא הי' מוכרח לפרשה באופן דלא הי' יכולה לאכול בלי הושטה, ורק מכח זה הוצרך לפרש כן. ואולי הבין כן בכוונת דברי התוס', אך צ"ע דאמאי הוצרכו התוס' לפרש דאיירי בהיכ"ת דהושיט חשו"ק, נימא דאיירי בהושיט פקח, ובאופן דהיתה יכולה לאכול בלא הושטה, וצ"ע.

עוד יתכן לומר, דהנה בחבורה ט"ו הבאנו מדברי אליהו בבי' שי' היש"ש דמניזק לניזק אמרי' תחילתו בפשיעה וסופו באונס היכא דלא שמרה כלל, דהיכא דלא שמרה הוה פטור אונס בעלמא, וע"י זה דתחילתו בפשיעה וסופו באונס לא שייך לומר לא הו"ל לאסוקי אדעתי', ע"ש. ואולי זה לא הי' מועיל לחייבו בשן ורגל ברה"ר מדין דתחילתו בפשיעה וסופו באונס אלא היכא דאיכא פשיעה המחייבת, ע"ש.

בגדר החיוב של המושיט לתוך פי פרה, ובישוב קו' הנחל"ד

ד] כג. תד"ה תפשוט בא"ד, וקמבעיא ליה כגון אם הושיט פירות בפי פרה חש"ו ועכו"ם דלאו בני תשלומין נינהו כו', ועי' בנחל"ד שהבין, דהא דפקח שהושיט חייב לשלם, הוא משום דהוי כזורק לתוך האש, והעיר על זה מהסו' בע"ב בשיסה בו את הכלב והשיך בו את הנחש, דפי' התוס' שהושיט ידו לתוך פיו, דא"כ אמאי אינו חייב בדיני אדם, ע"ש בכל דבריו. ולבסוף מכח קו' זו העלה, דדעת התוס' לחייב המושיט לאו משום דהוי כאילו קליא בנורא, אלא משום דכיון דאגבי' קניא ונעשה שלו ומחוייב בהשבה מעלייתא, משא"כ גבי משסה כמובן, ע"ש. אכן לכאו' ילה"ע עליו מדברי תוס' ר"פ בסוגין שכ' כדברי התוס' דפקח שהושיט פירות בתוך פיו חייב לשלם, וגם כ' דשיסה

בו את הכלב והשיך בו את הנחש איירי שהושיט לתוך פיו, וע"ש שכ' דהא דהאדם חייב הוא משום "שפשע", ומבו' דאין כוונתו לחיוב השבה דגזילה.

ואשר נ"ל בזה, דהנה התוס' הזכירו רק חש"ו ועכו"ם, וע' ברא"ש שהוסיף גם פקח שאין לו מה לשלם. ועי' בפלפ"ח שם שפי', דהוא משום דינא דר' נתן דכי ליכא כו'. ועי' בש"ך בסי' שצ"א ס"ק א' שתמה על זה דהטור בסי' ת"י-ל"ז הביא פלו' בזה, בשנים שהזיקו ואין לא' מה לשלם אם אמרי' דינא דר' נתן כו' דכי ליכא וכו', דאולי לא אמרי' האי דינא אלא היכא דיש לא' פטור, וע"ש שהביא דעת הרמ"ה דגם בכה"ג אמרי' כי ליכא כו', והוא משום דס"ל דכיון דכולא היזקא קעביד כו' באמת חל חיוב נז"ש על כל א', ורק דאיכא סדר בגביי' וא"א לגבות מכ"א אלא חצי, אך היכא דאין לא' מהם מה לשלם גובין כל הנזק מהשני, אך דעת הטור שם, וכן דקדק בבי' הגר"א מתוס' בדף מו: דכה"ג לא אמרי' כי ליכא כו', והוא משום דס"ל דאפי' לר"נ דכולא היזקא קעביד כו', מ"מ כיון דאיכא שותפים בהיזק ששניהם חייבין בו, חיובו של כ"א פוטר את של חבירו. ולפי"ז דברי הרא"ש הנ"ל סותרים את פסקו של הטור. והוסיף עוד לתמוה, דהטור עצמו הביא דברי הרא"ש הנ"ל, וע"ש שכ', אלא נ"ל דשאני הכא כיון שהמושיט לא הזיק כלום, רק שהושיט לפי פרה ואז היה עדיין בעין בשלימותו, וא"כ הפרה עשתה כל ההיזק והמושיט לא ה"ל רק כגזלן דמעידנא דאגבי' ה"ל שולח יד בדבר שאינו שלו דה"ל גזלן, א"כ הו"ל כגוזל ומאכיל דרצה מזה גובה רצה מזה גובה כדלעיל סי' שס"א ס"ה אלא דאם יש לו לשלם כיון דעכ"פ חייב המושיט מטעם מזיק ובעל הפרה לא הזיק בידים שהרי אלו לא הושיט לא אכל', לכך גוב' מהמושיט, עכ"ד. וע"ש בקצוה"ח שהעיר עליו מדברי המרדכי והגהות אשר"י, דמבו' דאיכא ג"כ חיוב דמעמיד, וא"כ נהי דמצד חיוב גזילה לא שייך דינא דר' נתן דכי ליכא כו' דאדרבה אמרי' דרצה מזה גובה כו', אך מכח החיוב דמעמיד הו"ל שניהם שותפים בו, וליפטר חיובו של כ"א את חבירו, ואפי' אם העני הפקח איך גובין מיני' נז"ש, והניח בצ"ע.

ובילדותי שמעתי מהגרד"ב בשם דודי הגרא"מ בלאך זצ"ל ליישב, וכעי"ז אי' בחי' הגרש"ש סי' כ"ב, דהכלל של כי ליכא כו', הוא רק היכא שאיכא ב' כוחות וב' מזיקים שמצטרפין להדדי להיזק, וכמו בשור שדחף חבירו לבור, דאיכא כח השור וכח הבור שעשו הנזק, וכן בשור של הדיוט ושור של פסוה"מ שדחפו לבור, משא"כ הכא דאיכא רק חד מזיק דהיינו השור, ורק דאיכא שני אחראין דהיינו בעל הפרה והמעמיד, ונמצא דאיכא שתי סיבות משני בני אדם דראויים לחייב כ"א מהם בכל הנזק, ולכל א' יש סיבה שלמה לשלם, דאפי' על שור הפקר איכא חיוב דמעמיד, בכה"ג אין זה דין שנים שהזיקו, אלא ראוי לדמות לגזל ובא אחר ואכלו, דכ"א הוא בעל סיבה שלמה לחייבו, ורצה מזה גובה רצה מזה גובה. והנה לדעת התוס' דמעמיד הוא חיוב דשן, פשיטא דשייך ביאור זה, אמנם לדעת הרשב"א, דהכי קיי"ל, דמעמיד הוה משום אדם המזיק, לכאו' הוה ממש כאדם שדחף שור לבור. ובאמת עי' בקצוה"ח שהזכיר בתו"ד דמעמיד חיובו הוא מדין אדם המזיק, ונ' דכוונתו היא מכח הנ"ל. וראיתי בחי' הגרש"ש שכ', דאפי' להרשב"א אין הכוונה לאדם המזיק ממש, אלא דחיוב הוא מדין אשו משום חציו ושניהם הוו כבעלים על המעשה, ע"ש.[614] ומשמע מדבריו דאילו הי' חיובו מדין אדם המזיק הי' ק', ולא הבנתי, דכמו דס"ל דאילו הוה מדין אשו משום חציו ל"ק, כמו"כ י"ל הך סברא אילו הוה חיובו משום אדם המזיק .וצ"ע.

בביאור דברי התוס' ע"פ דברי הגר"א

אכן מצינו פי' שלישי בדברי התוס', דעי' בבי' הגר"א בסי' שצ"א אות י"ד שכ', דאפי' אם הבהמה עצמה היתה יכולה ליטול מ"מ חייב המושיט בלבד, עי' תוס' נג: בד"ה שור כו' ו. ד"ה לאתויי כו', עכ"ל. וכוונתו היא לדברי התוס' שם, שכ' דאדם בכוונה שדחף שור לבור או שזרק דבר לאש, חייב לבדו. והנה בחי' הגרש"ש סי' כ"ב העלה

---

[614] ונסתפקתי אם מפרשים דברי הרשב"א כפשטן אם שייך לומר כדברי הנ"ל.

דכל דברי התוס' הם רק באש ובור, דיסוד חיובם הוא משום זה שעשה מזיק, וי"ל דלענין מעשה מזיק ע"י אדם בכוונה חסר בהתורת מזיק. וגם הברכ"ש בסי' ד' פי' כל דברי התוס' רק לענין בור ואש. אכן מדברי הגר"א מבואר דדברי התוס' שייכים גם במזיק דשן.[615] ובפשטות צ"ל, דהוה סברא באחריות נזיקין, דלענין מעשה היזק ע"י אדם בכוונה, אין לו דין אחריות נזיקין על ממונו.[616] אמנם מהא דאמרי' בי' דין דכי ליכא כו' כמש"כ הגר"א שם באות ט"ו, מבו' דס"ל דכל סברת התוס' הוה רק שהוא עיקר המזיק, ולדעת הרמ"ה דהיכא דלית לי' לשלם אמרי' כי ליכא כו', גם הכא שייך הך דין. ובאמת עי' בברכ"ש שם בסי' ד' שהסתפק לומר בדברי התוס' שם דהוא רק סברא דהוי עיקר המזיק. ודע דאין להק' מסתימת דברי התוס' דמשמע דבעל הבור והאש פטורים בכל גווני, די"ל דאזיל בזה לשיטתו לקמן בדף מו: דלא אמרי' כי ליכא כו' אלא היכא דפטור מעיקר הדין. [ודלא כמש"כ בבי' הגר"א ת"י שם בדעת התוס' כג.] שו"ר שכבר עמד הדברי אליהו סי' ל"ד בכל זה.

והנה כדברי בי' הגר"א מצאתי להדיא בתלמיד הרשב"א, דע"ש בדף נג. אמר רבינא שור ואדם שדחפו לבור, פי' אדם שדחף שלא בכוונה, *דאי בכוונה איהו מיחייב לשלם* הכל כו', עכ"ל. הרי להדיא דשייכא סברא זו גם לענין מזיק דשור, אכן מדברי התוס' מבו' להדיא, דכל קושיתם הי' מבעל הבור ולא מבעל השור, אך יתכן דאיירי שהשור הי' יכול לדוחפו אפי' בלי האדם, ואולי בכה"ג לא דייני' האדם לעיקר המזיק כלפי בעל השור, וצ"ע. ותלמיד הרשב"א לשיטתו אזיל לעיל בדף כג. שכ' בהיכ"ת שפקח נתן פירות לתוך פיה של הבהמה וז"ל, ומיהו אם נתנם לתוך פי' בן דעת, משמע דפטור בעל הבהמה, הא למה זה דומה לדוחף שורו של חברו לבור שכרה חברו. ואפשר שיש לחלק דשאני בהמה דמדעת אכלה, והלכך כיון דאכלה ברשות הניזק חייב לשלם, וכן כתבו בתוס', אלא שהם ז"ל אמרו דלא מיחייב בעל בהמה אלא היכא דליכא לאשיתלומי מהנותן לתוך פי', עכ"ל. ומשמע מדבריו, דאילו הי' שייך לומר הסברא דאדם בכוונה, לא הוה אמרי' כי ליכא לאשתלומי מהאי כו' ודלא כהגר"א, ורק כיון דלא שייכא הך סברא, נהי דהוה הוא עיקר המזיק, מ"מ חייב. ולכאו' י"ל בבי' הדבר, דהסברא דאדם בכוונה אינה סברא של עיקר המזיק וכדברי הגרב"ד עפי"ד הפנ"י בדף יג., אלא דהוה סברא באחריות נזיקין דאינו אחראי על היזק ממונו שנעשה ע"י אדם בכוונה. ולפי"ז לא שייך דינא דר' נתן. אך שוב כ' דהיינו רק במזיק דדומם כאש ובור, דמכיון דהאדם השתמש עם חפץ שלו להזיק, נהי דודאי רואין כאן מעשה בור ואש, מ"מ איכא הך סברא, אך בבהמה דאכלה מדעתה, לא שייכא הך סברא. אכן מ"מ י"ל דהוא עיקר המזיק. ולפי"ז י"ל דמש"כ בדף נג. הוא גם לפי מה שרצה לחלק בין בהמה דמדעת אכלה לאש ובור, ועפי"ד התוס' שהביא שם דמ"מ הוה עיקר המזיק.

והנה מדברי בי' הגר"א משמע דפי' בכוונת התוס', דחיובו בהושיט לתוך פיה, הוא מדין אדם המזיק כו', דליכא לפרש בכוונתו דהוא מדין מעמיד וכדעת הרשב"א דקיי"ל כוותי', דגם מעמיד חיובו הוא מדין אדם המזיק, דכיון דיכולה ליקח בלעדיו, לכאו' אינו מעמיד וכמש"כ הקצוה"ח בפשיטות.[617] ולפי"ז האדם ובעל הבהמה הם שותפים,

---

[615] והנה מעצם דברי התוס' משמע להדיא, דבשור ואדם בכוונה שדחפו שור לבור, בעל הבור פטור והשור חייב. ולכאו' מבו' מזה כדברי הגרב"ד, ועי' בחזו"א שבאמת דן בזה ורצה לדחות המשמעות מדברי התוס'. ואולי י"ל דאיירי' שהשור הי' לו כח מצד עצמו לדחות אותו לבור וא"כ ודאי האדם א"א לפוטרו.

[616] שמעתי מהגרש"מ דנ' דאי"ז תלוי אם חייב בפועל או לא, דאין הבי' דמשום שהאדם חייב הרי הוא פטור, אלא דהוא סברא בעיקר הדין אחריות נזיקין.

[617] אכן ד"ז לא ברור לי כל הצורך האם הוא דבר המוכרח, דהנה לפי"ד הגר"א באמת צ"ע טובא קו' הש"ך, שהטור סותר את עצמו, אכן אם נפרש בדברי הגר"א שהוא משום מעמיד, א"ש, די"ל דס"ל בדעת הטור והרא"ש כדעת התוס' דמעמיד הוא משום שן, ולדבריו לא שייך זה לדינא דר' נתן, ומש"כ דדין השו"ע תלוי במש"כ לקמן בסי' תי-לז הוא רק לדעת השו"ע עצמו, דס"ל דחיוב מעמיד הוא משום אדם המזיק, וכמו שהעלה בב"י דקיי"ל כהרשב"א ולא כתוס'.

ומשתייך לדינא דר׳ נתן דכי ליכא כו׳. ועי׳ בבי׳ הגר״א אות ט׳׳ו שכ׳ דדברי השו״ע שפסק דפקח ואין לו מה לשלם חייב כו׳, קאי כדעת הרמ״ה הנ״ל, ע״ש. אמנם דברי הטור לכאו׳ צ״ע וכמו שהעיר הש״ך, וצ״ע.

וכאן יש מקום עיון בדברי היש״ש, דבפ״ה סי׳ מ׳ פסק דלא כרמ״ה ואם העני לא אמרי׳ כי ליכא כו׳, וא״כ צ״ע ממש״כ בסוגין כהרא״ש דאם אין לפקח מה לשלם מחייבינן לבעל הפרה. וצ״ע דלא משמע מדבריו דפי׳ מדין מעמיד, ע״ש בכל דבריו ובמש״כ בסופו וז״ל, ומ״מ אם יש ביד המושיט לשלם, פשיטא דהוא המזיק, ופטור בעל הבהמה, וצ״ע. ונראה דס״ל דחיוב המושיט הוא מדין חיוב אשו משום חציו, ומשום מקרב דבר אצל האש, דהרי התוס׳ לקמן בדף נו. ובסנהדרין עז. כתבו, דהכופת אדם לפני הארי חייב מיתה מדין מקרב דבר אצל האש, דהארי נידון כארי, וכמו״כ י״ל גם בהושיט לתוך פיו, ועי׳ בחי׳ הגרש״ש סוס״י כ״ב שכ׳ להדיא דהכא שייך לחייבו מדין אשו משום חציו ומכח מקרב דבר אצל האש. ולפי״ז שפיר שייך סברת הגש״ש והגרא״מ בלאך זצ״ל ודברי היש״ש מובנים היטב. ובאמת ע״ש בדבריו בהושיט ידו במקום שהי׳ אוכלה בלעדו דודאי פטור משום דמנא תבירא תבר.[618] ולא נראה דכוונתו הוא לדין דבתר מעיקרא אזלינן דלעיל יז: חדא, דהוי זריקת חץ, ונהי דאותו היזק אירע לבסוף, אך נ׳ דל״ל הך סברא מדהוכיח לעיל יז: מצרורות דלא אמרי׳ בתר מעיקרא בזריקת החץ, וגם דלכאו׳ אכתי ליכא זריקת החץ. אלא נ׳ דכוונתו הוא סברא בעלמא דא״א לחייבו דלא נחשב שעשה מאומה, ומאד מסתבר דגבי אדם המזיק לא שייכא סברא זו, וכמדומני שכן כ׳ החזו״א בזרק טליתו לתוך האש, דאפי׳ אם בלא״ה הי׳ שורף הטלית, שייך לחייבו. ובאמת ע״ש ביש״ש שכ׳ דכן הא הדין בכופף קמתו בפני הדליקה במקום שהדליקה שבלאו הכי הי׳ האש מגיעה, ולפי״ז א״ש היטב. [אמנם שמעתי מהגרש״מ דיתכן דשייך הך סברא גם לענין פטור דאדם המזיק].

והנה בדברי הגר״א קשה לומר דכוונתו לדין אשו משום חציו, דהרי היכא דהאש הי׳ שורפו בלעדו כ׳ היש״ש דבלא״ה פטור, וכן העלה החזו״א, אך יתכן דהגר״א חולק עליהם, וצ״ע.

והיוצא מדברינו, דיתכן לפרש גדר החיוב דמושיט בד׳ אנפי, הא׳, כדברי הש״ך והנחל״ד שפירשו דהוא משום חיוב גזילה. והב׳, כדברי קצוה״ח דאיכא ג״כ חיוב מעמיד אם לא הי׳ יכול לאכול בלי שהושיט לו. והג׳, כפשטות דברי בי׳ הגר״א דמשמע דהוא משום אדם המזיק וכהו״א של הנחל״ד. והד׳, כו שביאר גרש״ש דשייך לחייבו מדין אשו משום חציו מכח מקרב דבר אצל האש, וכן ביארנו בדברי היש״ש.

והנה עי׳ בתוס׳ ר״פ שכ׳ ״פשע בו״, ויתכן דהוא משום אשו משום חציו או משום מעמיד וצ״ע. ע״ע בתלמיד ר״ת ור״א וז״ל, וא״ת וליחייב מי שנתנתם לתוך פי׳, איכ״ל כגון שאינו בפנינו, ואפילו ישנו, שמא יכול לגבות מאיזה שירצה אם פי פרה כחצר הניזק, או משניהם בשותפות, אי נמי כגון דחשו״ק דלאו בני חיובא נינהו נתנו פירות לתוך פי׳. והנה לא משמע שהסתפק אם חיובו הוא משום גזילה או משום מעמיד כו׳, אלא דידע גדר חיובו ורק דהסתפק מה דינו, וכנראה שהבין דהוא או משום מעמיד או משום אשו משום חציו, והסתפק אם דינו הוא דרצה מזה גובה וכו׳ או דשייך דין דר״נ, או דהם שותפים.

והנה כבר הבאנו קו׳ הנחל״ד מהסו׳ בע״ב, והנראה בזה דעיקר החילוק הוא, דהנה בנחל״ד שם כ׳ דמשיסה בו את הכלב אין להק׳, דהוי קרן דלאו אורחי׳ הוא, ולכך אפי׳ תחבו חבירו לתוך פיו של כלב, מ״מ אינו דבר ברור שישכנו, אך אכתי ילה״ק מהשיך בו את הנחש, דנחש אורחי׳ הוא, דמועד לעולם כדתנן במתני׳ טו. ולכאו׳ י״ל בזה, דהנה ביש״ש סי׳ כ״ד כתב וז״ל, בהושטה ג״כ הוי אונס. דבודאי הבהמה שאין לה דעת לא תוכל לכפות עצמה שלא תאכל, כשמושיטים בפיה. או להקיא המאכל, עכ״ל. וי״ל דנחש נהי דהוי מועד מתחילתו, אמנם לית לה הך וודאות מכיון דלית לה הנאה בהזיקו, ובפרט לדעת תוס׳ ר״פ בדף יז. דחיובו דנחש הוא משום קרן מועדת. ולפי״ז י״ל דאם

---

[618] ועי׳ היטב בדברי תוס׳ ר״פ דמבו׳ שם מסידור דבריו דהמושיט חייב אפי׳ בכה״ג.

נפרש דחיובו הוא משום אדם המזיק, י"ל דכה"ג ודאי ליכא לדון כזרק לתוך האש, דהוה כזורק נגד סכין. ואולי י"ל דגם לא אמרי' דהוה מעמיד אלא היכא דברי היזקא. שוב העיר לי ידי"נ ר' משה כהן נ"י לדברי האבן עוזר או"ח שכ"ח שכ' כן להדיא, ע"ש שדן אם מותר להעמיד עלוקה למצוץ דם באדם, וע"ש שדן לאסרו משום מעמיד, דקיי"ל דהוה כמזיק בידים, הרי דנחשב כמעשה האדם. וע"ש שבתו"ד העיר על הך דין דמעמיד חייב משום מזיק בידים מהא דהשיך הנחש וכתב די"ל דשאני התם דאית הנאה בבהמה מאכילתה והוי ברי הזיקא, והן הן הדברים. ולפי"ז יתכן ליישב גם אי נימא דאשו משום חציו, די"ל דנחש נהי דאורחי' כשכיחות דרוח מצוי', אך לדין דאשו משום חציו בעי' רוח המצוי' תמיד וקרוב לודאי.

אכן באמת עי' בתוס' בדף נו. שהעירו אמאי לא מחייבי' לי' במשיך בו את הנחש משום דין דאשו משום חציו, "דודאי הנחש יזיק האדם". ותי' דשאני התם שאין הארס עדיין בעולם. ולפי"ז א"ש בפשיטות. אלא דמדברי התוס' משמע דודאי יזיק האדם והוא דלא כדברי האבן העוזר הנ"ל.

ובאופן אחר נ' ליישב קו' הנחל"ד, די"ל דלעולם גם נחש הוי ברי היזקא, אמנם חיובו בברי היזקא הוא מדינא דגרמי, וי"ל דבנזיקין דנין דינא דגרמי, אך בהשיך בו את הנחש איירי בחיוב מיתה, ובזה אין דנין דינא דגרמי.

אמאי בשיסה בו את הכלב א"א לחייבו מדין אשו משום ממונו[619]

והנה כבר הבאנו דברי התוס' בדף נו. שהעירו אמאי ליכא חיוב מיתה בהשיך בו את הנחש מחמת זה דאשו משום חציו. ותי' דהארס אינו בעולם. ולכאו' ילה"ע בשיסה בו את הכלב דקיי"ל דהמשסה פטור משום דהוה גרמא בעלמא, וצ"ב דאמאי אינו חייב משום חיוב דאש דהרי התם הכלב כבר בעולם. והנה אין להק' דלחייבי' מדין אשו משום חציו, די"ל עפי"ד התוס' לעיל בדף כב: דלחיוב דאשו משום חציו בעי' רוח מצוי' הרבה וקרוב לודאי היזק, אמנם צ"ב דאכתי אמאי א"א לחייבי' משום אשו משום ממונו, דלזה מספיק רוח מצוי' גרידא.

ונראה דהנה עי' בחבורה ו' שהבאנו שי' רש"י ודעימי' בסו' דדליל, דא"א לחייב בעל הדליל משום אש, כיון דההיזק נעשה ע"י מעשה דבע"ח.וביארנו שם דיל"פ זה בתרי אנפי, חדא, דליכא מעשה אש בכלל, דהוה כגרזן ביד החוצב. וב', דהוה סברא באחריות נזיקין, וע' בחבורה י"ד-ט"ו מהגרש"מ בזה. ונראה דשתי הסברות לא שייכי הכא, דבאנו לחייב המשסה משום מקרב דבר אצל האש, דסו"ס החפצא של האש הוא הכלב עצמו, וא"כ א"א לדונו כגרזן ביד החוצב, וגם לא שייך הך סברא דאחריות נזיקין, כיון דגם הכא האש הוא מעשה דבע"ח. והנה לשי' רש"י בדף כב. דלחיוב דאשו משום ממונו בעי' שיהא בעל הממון, הכא לא שייך זה כמובן, והא דחייב בכופף קומתו בפני הדליקה, כבר ביארו האחרו', עי' בחבורה י"א מהגרש"מ בזה, דרש"י לשיטתו אזיל לקמן בדף נו. דחיובו הוא משום אדם המזיק. אכן לדעת התוס' הק"ל.

ולכאו' י"ל בזה, דהנה כבר הבאנו דברי הנחל"ד, דחיובא דבעל הכלב הוא משום קרן, והרי קרן לא שכיחא, וי"ל דהוה בדרגא של רוח שאינה מצוי'. אמנם עי' בחבורה י"א מש"כ בזה, דמבו' בפוסקים דש"ח חייב על היזק דקרן, ולכאו' מבו' מזה דהוה כרוח מצוי'. ולפי"ד הגרנ"ט דקרן הוה כרוח מצוי' ואינה מצוי', וש"ח חייב על זה, אך משום אש א"א לחייבו, ולפי"ז א"ש [ורק דיש לדון הכא אם שייך סברת הגרנ"ט]. אכן לדברי הגרש"מ דהוה מצוי' לגמרי צ"ב. ושמעתי מהבחור המצויין ד.מ. עדעלשטיין נ"י, די"ל בזה עפי"ד הנחל"ד לעיל בדף יט: דעיקר ענין אש הוא היכא דאיכא מזיק גמור והרוח רק מקרב המזיק אצל הניזק. והגם דכבר הוכחנו מהרבה ראשונים שלא כדבריו, אמנם י"ל דעכ"פ כל השם מזיק דאש הוא רק כשכח הרוח מונח כבר בחפץ, וכגון בדליל לאחר שזרקו התרנגול. ולפי"ז י"ל דכל זמן שהכלב לא התחיל לאכול, לא רואין חפצא דמזיק דאש. וי"ל דכל הדין דמקרב דבר אצל האש, הוא

619 מכאן ואילך לא אמרנו בחבורה

רק כשכבר איכא חפצא דאש, וע"י שמקרב אותו נעשה בעל האש או כאילו עשאו האש לחפצא דאש, אכן הכא דאפי' לאחר שהקריב החפץ אליו עדיין אין על הכלב תורת אש עד שעת ההיזק ממש, ולא שייך לחייבו משום מקרב דבר אצל האש כעין מש"כ התוס' בארס הנחש. והא דס"ל לתוס' דבכפתו לפני הארי שייך לחייבו מיתה משום מקרב דבר אצל האש, י"ל שאני התם דקרוב לודאי שהארי יאכלנה, וכה"ג הוה כקרוב לודאי מחמת עיקר טבעו שפיר נידון כמו שכבר האש נמצאת בעולם, עכ"ד.

ומהגרש"מ שמעתי לבאר באופ"א קצת, די"ל דעיקר דברי התוס' דס"ל דשייך לחייבו בכפתו לפני הארי משום מקרב דבר אצל האש, מחודשים הם, דבפשטות בע"ח אינו בכלל חפצא דאש, דעיקר ענינה של האש הוא, דהוה חפצא דמזיק דעלול להזיק בלי שום עשיי', אכן בע"ח הוא פועל בגוף ההיזק. וי"ל דאפי' לדברי התוס' דשייך לדונו כאש, היינו רק בדבר שהוא אורחי' בכך, דאז לא דייני' הבהמה כפועל אלא דכך הוא עיקר טבעו, משא"כ בדבר משונה שהוא חוץ מעיקר גדרי טבעו, ודאי דייני' הבהמה כפועל בהיזק, וא"א לדון הבהמה לאש אלא כשמזיק שבה הזיק. ורק דיתכן דבקרן דעלמא שייך לחייבו משום מקרב דבר כו,' וכל דברי התוס' הם רק בשיסה דבעי' שיסוי, דבלא"ה לא הי' מזיקו, עכ"ד.

בגוזל ע"מ לאבד, מה שנוגע לדברי הגה"ה והש"ך[620]

הנה כבר הבאנו דברי הש"ך שפי' בדברי התוס' דהחיוב של המושיט הוא משום גזלן, וכן מבו' מדברי המרדכי והגה"א שכתבו דאם המושיט הגבי' המאכל, אפי' היא יכולה לאכול בלא הושטה מ"מ המושיט חייב אם הוא בר תשלומין, דקני בהגבהה. ועי' ביש"ש סי' כ"ד שהביא דברי הגה"א והשיג עליו וז"ל, ולא נהירא דהא לא נתכוין לזכות בו ולא שייך דין הגבהה אלא במתכוין לגוזלה ולזכות לעצמו, עכ"ל. ולכאו' דבריו הם כדברי רח"ה דס"ל דא"א לחייב הגונב ע"מ לאבד, אלא היכא דעשה מעשה מזיק שחייב עלה מדין מזיק. ודברי הש"ך הם לשיטתו בסי' שפ"ו שפסק דגוזל ע"מ לאבד חייב, ולכאו' מדברי הגה"א מבו' כדברי הש"ך.

אכן באמת נ' דליכא שום הוכחה כדברי הש"ך, דהנה כבר כ' הש"ך בסי' שפ"ו וכ"כ תרה"כ שם, לדקדק דגוזל ע"מ לאבד חייב משום גזילה מסוגיא דדף צח. בשקל בידי' וזרקה למים צלולים, דהגם דא"א לחייבו משום מזיק, כדאי' התם דהוה גרמא בעלמא, מ"מ חייב משום גזילה. וצ"ל כמש"כ בשיעורי הגר"ח למס' ב"ק שם, דשאני התם דשקלי' בידי' ויש לו מעשה קנין יד, דהנה בעלמא חסר בגוף הנטילה כיון שלא כוון לזכות לעצמו, אכן בקנין יד קונה גם שלא מדעתו, דמצד עצמותו הוי מעשה קנין, וי"ל דשפיר הוי גזילה. ולפי"ז מובנים היטב דברי היש"ש, דס"ל דכל זה הוא בקנין יד, אך הגה"א איירי בקנין הגבהה, ובזה שפיר העיר דאמאי חייב, והרי הוי גוזל ע"מ לאבד ולא קנה. אלא דבאמת כבר נח' בקנין הגבהה אם קונה שלא מדעתו כיד, דלדעת תשו' ח"ס יו"ד סי' שי"ד ונתה"מ סי' ר סק"ט דקונה, ודעת איזה אחרו' דלא קנה, ע' מש"כ בזה בענין קנינים. ולפי"ז י"ל דהיש"ש ס"ל כדעת האחרו' דלא קונה הגבהה ע"מ לאבד, אך ליישב דברי הגר"ח מדברי הגה"א י"ל עפי"ד תשו' ח"ס ונתה"מ הנ"ל דאפי' בהגבהה הוא כן, אי נמי דס"ל דכיון דהושיט ביד הרי קנה גם בקנין יד, ואולי זה תלוי אם כל החפץ הוא בתוך ידו, וצ"ע. [וצ"ע בדברי היש"ש ו-ב בבי' הירושלמי דהוציאוה לסטים, דבפשטות משמע מדבריו דחייבים הם, ורק דליכא קניני גניבה ומשו"ה פטור על שמירת ממונו, וצ"ע] וע"ע מש"כ בעזה"י בפ' המניח חבורה ד' אות א' בענין קנין הגבהה שלא בכוונה.

[620] לא אמרתי קטע זה בחבורה

בשי' התוס' אם אמרי' כי ליכא לאשתלומי כו' היכא דל"ל מה לשלם [לא מחבורה]

ה] כג. תד"ה תפשוט בא"ד, וקמבעיא ליה כגון אם הושיט פירות בפי פרה חש"ו ועכו"ם דלאו בני תשלומין נינהו כו' ומבואר שאוקים התוס' ספק הגמ' בהושיט חשו"ק או עכו"ם כו'. ועי' ברא"ש שהוסיף גם פקח שאין לו מה לשלם. ומה דתוס' בדוקא השמיטו הך ציור נראה, דהנה עי' בפלפ"ח שפי' בדעת הרא"ש, דהא דחייב לשלם הוא משום דינא דר"נ דכי ליכא לאישתלומי מהאי וכו'. והנה עי' בטור בסי' ת"י-ל"ז שהביא מח' בשנים שהזיקו ואין לא' מה לשלם, אם אמרי' בזה כי ליכא כו'. ועי' בחי' רר"ג סי' ד' שפירש דנח' בעיקר הך דינא דר' נתן כו', אם אמרי' דכיון דכולא היזקא קעביד, חל חיוב גמור על כאו"א מהם, ורק משום סדר הגביי' א"א לגבות אלא חציו מכ"א, או דהגם דכ"א יש לו סיבה להיות חייב בכל הנזק, אך חיובו של זה פוטר חיובו של זה, ולכן כ"א אינו חייב אלא חצי.

והנה עי' בש"ך שם שהביא כמה שיטות דסברי דכה"ג לא אמרי' כי ליכא כו', וכ' שם "ועיין בתוס' פ' כיצד הרגל". וכפשוטו י"ל דכוונתו הוא לתוס' הנ"ל שהשמיטו הציור דפקח ואין לו מה לשלם, ומבו' דס"ל דכה"ג לא אמרי' כי ליכא כו', ועי' בבי' הגר"א בסי' ת"י שם שדקדק מתוס' מו: דס"ל כדעת הטור דלא אמרי' בכה"ג כי ליכא.

אכן בבי' הגר"א סי' ת"י ס"ק מ"ח כ' דמתוס' בסוגין מבו' דס"ל כדעת הרמ"ה דאפי' באין לו לשלם אמרי' כי ליכא כו'. ולכאו' כוונתו הוא מהא דכ' תוס' דבעכו"ם אמרי' כי ליכא כו' והרי עכו"ם שהזיק ישראל חייב לשלם, ורק דאינו מסור בידינו לגבות ממנו.[621] ולפי"ז צ"ל, דמה שלא כ' התוס' פקח ואין לו לשלם הוא משום שזה נכלל בעכו"ם, וכ"כ בברכ"א, ובאמת גם בדברי הש"ך נ' דליכא למימר דכוון לדקדוק הנ"ל, דעי' בדבריו בסי' שצ"א סק"א שפי' בדברי התוס' דחיובו של המושיט הוא משום גזילה כו', דלא שייך זה לדינא דר' נתן וכמש"כ הוא עצמו שם. אלא דכוונת הש"ך היא לתד"ה סתם דלתות כו' כמש"כ בחי' רר"ג בהג"ה שם, דכ' התוס' דא"א לחייבו על האונס יותר מעל הפשיעה, וצ"ב דהרי בעבור הפשיעה גופא הי' חייב בכל החצי נזק אילו לא הי' לשותפו מה לשלם, ועכשיו שבעל הגחלת הוא אנוס אמאי אינו חייב לשלם כל הח"נ, ובע"כ דס"ל דבאמת לא חל חיוב גמור על כל א'.

[ולישב דברי הגר"א מדקדוק הנ"ל, נראה דס"ל דאפי' לדעת הרמ"ה מ"מ יתכן לפרש כמו שכ' התוס' בבי' קו' הגמ' וליחייב נמי בעל הגחלת כו', דר"ל דליפטר מחלקו. ולפי"ז יש לומר עפ"י מש"כ בחבורה ט"ו מהגרש"מ בבי' דברי התוס' דסתם דלתות חתורות כו', דהכוונה היא דהוה תחילתו בפשיעה לענין אותה גחלת גופא דאין לו לסמוך על שמירת הבעלים, ע"ש, וי"ל דכה"ג באמת לא הי' חייב יותר מרביע, וצ"ע].

ואלא דקו' הגר"א מעכו"ם צ"ב, ועי' בחי' רר"ג שכ' ליישב עפ"י הסו' דלקמן בדף לח. דיש מן הראשונים שכתבו דעכו"ם איתמעט מקרא דרעהו וכל חיובו הוא מקרא דראה ויתר הגוים, וכ' הגרר"ג לדקדק מדברי התוס' לקמן, דבאמת ליכא חיוב לעכו"ם לשלם, ורק דאיכא דין שיכול ליטול ממונם, ואפי' למ"ד גזל עכו"ם אסור, בכה"ג מותר. או די"ל דהגם דחל חיוב, אמנם הוא קנס בעלמא לעשות תשלום לחפץ, ונמצא דאינו שותפו בעצם חיובי מזיק, ולכן לא שייך לומר דחיובו של זה פוטר של זה. וראיתי בחזו"א ה-יז שפלפל טובא אם חיוב עכו"ם הוא אותו חיוב של ישראל והכריע שהוה חיוב אחר, ע"ש.

---

[621] והוא מושג מחודש דשניהם חייבין על ההיזק, ולא נעשים שותפים אלא הדין הוא דלכתחילה הוא מוטל יותר על א' מהם לפרוע, ורק דלא גובין ממנו. והנה תוס' ר"פ לא הזכיר "עכו"ם" ויתכן דס"ל דמאותה סברא דגובין מהפקח בראשונה, מה"ט כל הדין אחריות נזיקין הוטל עליו. אמנם יתכן דס"ל דשייך בזה סברת התוס' בדף ו. לענין אדם בכוונה. ועי' בחבורה ט"ז מהגרש"מ לבחורים.

והנה אפי׳ אם ננקוט כדברי הגר״א, דעכו״ם הוה כפקח ואין לו מה לשלם, מ״מ יש ליישב שלא יהי׳ כסתירה עם דבריו לקמן מו: והוא עפי״ד הש״ך, דחיובו הוא משום גזלן, או י״ל כדברי קצוה״ח דהוי חיוב מעמיד, ולתוס׳ לשיטתו דמעמיד הוי משום שן נראה דלא שייך זה לדינא דר׳ נתן כו׳ וכמש״כ לעיל. ובאמת עפי״ז יש ליישב הסתירה בדברי הרא״ש, דעי׳ ביש״ש רפ״ו שדן טובא בשי׳ הרא״ש במעמיד, ואם ננקוט דס״ל כדעת התוס׳, א״ש. וגם אם נפרש דחיובו הוא מדין אש א״ש וכמש״כ הגרש״ש, וכל הקושיא היא רק אם ננקוט דחיובו הוא משום אדם המזיק ממש. ודע דבתוס׳ ר״פ לא הוזכר לא עכו״ם ולא פקח ואין לו מה לשלם. ע״ע בחזו״א שר״ל דהגי׳ הנכונה בהרא״ש הוא עכו״ם ורק דמכיון דהי׳ ביחד עם חשו״ק הם שינו זה לפקח ואין לו מה לשלם.

בחילוק בין שותפות דבעל הכלב ובעל הגחלת לכל שותפות שאר מזיקין ויישוב סתירת פסקי השו״ע

והנה על דברי הגר״א יש להעיר טובא דלכאו׳ לעיל מבו׳ מדברי התוס׳ להדיא שלא כדברי הרמ״ה. ושמעתי מהג״ר אהרן פוגל שליט״א לפרש בזה בטוב טעם ודעת. דהנה עי׳ לקמן בחבורה י״ז שביארנו בבי׳ סברת התוס׳, דהיכא דתחילתו בפשיעה להיזק דשותפות, א״א לחייבו על הסופו באונס יותר מזה, דהוא משום דס״ל דהגם דקיי״ל דהאי כולו נזקא קעביד והאי כולה נזקא קעביד, מ״מ אין הכוונה דיש לכ״א סיבה גמורה לחייבו בכל הנזק ורק דחיובו של זה פוטר את זה, אלא דהם שותפים בעיקר הדין אחריות נזיקין, וכן שמעתי מהגרש״מ בבי׳ דברי התוס׳. אכן לא נראה לומר כן, די״ל דבשותפות בעלמא באמת יש לכ״א סיבה גמורה לחייבו בנז״ש ורק דחיובו של זה פוטר את של זה, והיכא דתחילתו היתה בפשיעה לחייבו באופן שותפות, וסופו היה באונס באופן דליכא שותפות, הי׳ חייב לגמרי, וכל דברי התוס׳ הם אך ורק בשותפות זו דכלב ובעל הגחלת. והבי׳ בזה הוא, דהנה עי׳ בתד״ה וליחייב בעל הגחלת כו׳ וז״ל, *וליחייב נמי בעל הגחלת כו׳ פירוש גם בעל הגחלת, ולא שיפטר בעל הכלב לגמרי כו׳.* ומבו׳ דהי׳ לתוס׳ הו״א דליפטר בעל הכלב לגמרי, ועי׳ בתוס׳ ר״פ שפי׳ דהוא משום דבעל הגחלת התחיל בפשיעה. ודע דתוס׳ כ׳ כן רק בתורת הו״א אכן עי׳ בשטמ״ק בשם תוס׳ שאנץ שהביא מהר״י שפי׳ כן לפי האמת, וכן פסק הר״מ, עי׳ בחבורה י״ד מהגרש״מ בזה. וכפשוטו סברת הדברים היא, דהוי זה סברא שיהא הוא נחשב לעיקר המזיק ובעל הכלב נחשב כטפל, והגם דהיכא דבעל הגחלת לא פשע, מחייבינן את בעל הכלב, אך היכא דבעל הגחלת הוא ג״כ פושע, נחשב הוא לעיקר המזיק. והנה עיקר מושג הנ״ל, דאם א׳ הוא עיקר המזיק יהא חייב הוא בנזק שלם, הוא מושג מחודש, אך מצינו כיו״ב בדברי הפנ״י בדף יג. בדברי רש״י שם, עי׳ ברכ״ש סי׳ ד׳, וע׳ מש״כ בזה בחבורה ז׳.

אמנם נראה דכל דברי הראשונים הנ״ל הם רק בנידון זו דכלב וגחלת, ובהקדם סתירה בדברי השו״ע, הנה בשו״ע סי׳ שצ״ב סעי׳ א׳ פסק כדברי הר״מ, דהיכא דפשע בעל הגחלת חייב בעל הגחלת בנזק שלם על שאר הגדיש, אך על מקום הגחלת בעל הכלב לחודי׳ חייב, ואפי׳ באדיי׳ אדויי,[622] דלא חייב בעל הכלב על מקום הגחלת אלא ח״נ, מ״מ בעל הגחלת פטור על אידך חצי, ע״ש. והנה דברי הר״מ והשו״ע הנ״ל הי׳ מקום לפרש בחד מתרי אנפי או דלענין מקום הגחלת הוי הגחלת כגרזן ביד החוצב, ולא רואים שום מעשה אש אלא מעשה כלב. או דהוה סברא באחריות נזיקין, דבעל הכלב הוא עיקר המזיק. אלא דק״ק דכיון דבזרק אינו חייב אלא ח״נ, אמאי א״א לחייב בעל הגחלת על אידך חציו וכמש״כ הפנ״י בדברי רש״י בדף יג. בשור תם שדחף חבירו לבור, דכיון דהשור הוה עיקר המזיק חייב הוא בח״נ, אך אילו אית להו לרבנן כי ליכא לאשתלומי מהאי כו׳ הוה מחייבינן בעל הבור באידך חציו. ולכאו׳ צ״ל דס״ל להר״מ דהיכא דאיכא שני שותפים ובאחד מהם איכא מעשה דבעל חי, הוי זה סברא באחריות נזיקין דכל אחריות נזיקין מוטלת עליו, ואפי׳ אם אינו חייב על ההיזק אלא ח״נ, מ״מ א״א לחייב השני, וצ״ע.

[622] ע״ש בשו״ע שהעתיק דברי הר"מ, ובכס"מ פי׳ שם בדברי הר"מ דאיירי בזרק הגחלת על הגדיש, דעל שאר הגדיש פטור בעל הכלב אפי׳ היכא דבעל הגחלת לא פשע משום דהו"ל כח כוחו.

אכן לכאו׳ דברי השו״ע סתרי אהדדי לדבריו בסי׳ ת״א סעי׳ ד׳ שפסק בבור המתגלגל ברגלי בהמה, דאם הזיק בהדי דקאזלי, חייב בעל הבור ח״נ משום אש, ובעל הבהמה ח״נ משום צרורות, ע״ש. וצ״ב דמאי שנא זה ממקום הגחלת, והרי באמת דעת הראב״ד וספר השלמה והמאירי הוא דבבור המתגלגל ברגלי בהמה בהדי דקאזלי, א״א לחייב בעל הבור משום אש מה״ט, ע׳ בחבורה ו׳.

ואשר נראה לומר בבי׳ דברי השו״ע, דודאי ל״ל הך סברא דגרזן ביד החוצב, וסברתו בסי׳ שצ״ב הויא סברא באחריות נזיקן מחמת זה דהוא עיקר המזיק, אך היא סברא מסויימת לכלב ובעל הגחלת, ובי׳ הדבר הוא, דהנה איכא חילוק גדול בין היזק הדליל והיזק הגחלת, דבדליל עיקר ההיזק נעשה בצירוף כח התרנגול, משא״כ בגחלת דההיזק לא נעשה בכח הכלב אלא מהגחלת עצמה, ונהי דנחשב כרגל דתרנגול אך עיקר מציאות ההיזק נעשה ע״י האש דגחלת כמובן. ולפי״ז י״ל דחלוקה השותפות של בעל הדליל ובעל התרנגול [ובבור המתגלגל ברגלי בהמה בין בעל הבהמה לבעל הבור] משותפות דבעל הכלב ובעל הגחלת, דבציור דגחלת פשיעת בעל הכלב ופשיעת בעל הגחלת היא אותה פשיעה ממש, והוא דפשעו לענין טלטול הגחלת מהבית להגדיש, ושניהם הם שותפים באותה פשיעה, זה ע״י שפשע בכלבו וזה ע״י שפשע בגחלתו. משא״כ בתרנגול ודליל דההיזק נעשה בצירוף כח התרנגול, ופשיעת בעל הדליל הי׳ בזה שהניח הדליל במקום שהתרנגול היה יכול לעשות מעשה מזיק, והיינו וואס ער האט צו געשטעלט דעם דליל להתרנגול שיהא יכול לעשות מעשה מזיק בה, אכן פשיעת בעל התרנגול הי׳ לענין עצם המעשה מזיק גופי׳ שנעשה ע״י התרנגול שלו.

ולפי״ז י״ל דודאי היכא דאיכא מעשה דבעל חי, בעל הבהמה נחשב לעיקר המזיק. אמנם אפי׳ היכא דהוא עיקר המזיק, היכא דאינו חייב אלא ח״נ, שייך לחייב את המזיק הטפל היכא דגם הוא פשע. אכן בכלב וגחלת דשניהם הם שותפים באותה פשיעה ממש, ולענין מקום הגחלת בעל הכלב הוא עיקר המזיק, י״ל דכה״ג כל אחריות נזיקן מוטלת עליו, ואפי׳ היכא דאינו חייב אלא ח״נ, מ״מ בעל הגחלת פטור לגמרי. וכן הוא לענין שאר הגדיש, דבעל הגחלת נחשב לעיקר הפושע, דאפי׳ הי׳ חייב רק ח״נ מ״מ בעל הכלב הי׳ פטור לגמרי.

ולפי״ז י״ל, דאפי׳ לדעת התוס׳ שחולקים על דברי הר״מ הנ״ל וס״ל דבעל הכלב ובעל הגחלת הם שותפים, אמנם חלוקה שותפות זו מבכל מקום שאיכא ב׳ שותפים לנזק, די״ל דהכא כ״א אין לו סיבת חיוב אלא על חצי, דהוה כפושע בחצי. ולפי״ז שפיר מובן מש״כ התוס׳ דהיכא דתחילתו בפשיעה בהיזק דשותפות וסופו באונס, א״א לחייבו יותר מרביע נזק, והבי׳ הוא משום דהכא לא הוה פשיעה גמורה וכמשנ״ת. וגם מובן מש״כ התוס׳ דהיכא דבעל הגדיש הוא בעל הגחלת, בעל הכלב אינו חייב אלא רביע נזק, שבעל הגדיש הוא שותפו, ולכאו׳ צ״ב דמכיון דשותפו אינו חייב האיך נפטר. ע׳ בחבורה י״ז. אכן למשנ״ת א״ש כמובן. ולפי״ז י״ל דבשותפות דכלב וגחלת לא שייך כל דברי הרמ״ה, דמאחר דשניהם הם שותפים באותה פשיעה ממש, ודאי א״א לדון דכ״א חייב בנזק שלם אלא שיש להם אחריות נזיקן משותפת, וחסר בגוף הפשיעה, ודברי הגר״א א״ש היטב ודפח״ח. ע״כ שמעתי.

סימן כב

בדברי הגרב"ד דתם הוי חצי מזיק (כג.–:)[623]

בדברי הגרב"ד דתם הוה חצי מזיק

ישוב עפ"י הנ"ל מקו' הגרע"א דנידוק ממתני' טו: דתולדותיהן כיו"ב

האם קרן תמה הוה כמזיק על חצי החפץ או דהוה חצי שיעור באיכות האיסור

דקדוק מדברי תוס' ר"פ דתם אינו חצי מזיק

בבי' החיוב בשותפים שהזיקו לר' נתן דס"ל דכי ליכא לאשתלומי מהאי כו'

בדברי הגרב"ד דתם הוה חצי מזיק

א] עי' ברשב"א ב: דמבו' מדבריו דהיכא דאיכא ספק תם ספק מועד נידון כספק איסורא. ועי' בברכ"ש סי' ב' שכ' בבי' דבריו, דס"ל דהדין חצי נזק דקרן תמה אינה פטור תשלומין בעלמא, אלא הוא הפקעה על כל הדין דולא ישמרנה לענין חצי נזק. ושמעתי ממו"ר הגרחש"ל שליט"א בשם הגרב"ד שפי' עפי"ז דברי התוס' בדף כב. דלא אמרי' תחילתו בפשיעה וסופו באונס לחייבו בקרן נז"ש דהוא משום דחסר בעיקר השם מזיק על מחצה.

ישוב עפ"י הנ"ל מקו' הגרע"א דנידוק ממתני' טו: דתולדותיהן כיו"ב

והנה עי' בחי' הגרע"א שהעיר על הא דמסתפקי' בדף ב: אם תולדותיהן כיו"ב או לאו, ומבו' מדברי הגמ' דהי' מקום לדון כן גם בקרן, והרי להדיא אי' במתני' טו: חמשה תמין הן וחמשה מועדין הבהמה אינה מועדת לא ליגח ולא ליגוף ולא לשוך ולא לרבוץ כו' הרי להדיא דתולדותיהן הן כיו"ב. והעיר לי אחי החתן המצויין ישראל מאיר נ"י דעפי"ד הגרב"ד יש מקום ליישב קו' הנ"ל, דהנה עי' ברש"י ב: דפי' דהנידון אם תולדותיהן כיו"ב או לא הוא לענין אם חייב בהם בתשלומין, וכבר תמהו הפנ"י והנחל"ד והגרי"ז דאם אינו חייב בתשלומין במאי הוה תולדות. וביארו האחרו', דדין תולדה הוא לענין החיוב שמירה ולענין איסור מזיק. ולפי"ד הגרב"ד נמצא דאפי' אם תולדותיהן לאו כיו"ב, מ"מ איכא חילוק בין תולדה דתם לתולדה דמועד והוא לענין האיסור מזיק, וכמשנ"ת ולפי"ז איכא מקום ליישב קו' הגרע"א.

האם קרן תמה הוה כמזיק על חצי החפץ או דהוה חצי שיעור באיכות האיסור

והנה כבר דנו בעיקר מש"כ הגרב"ד דהוה חצי מזיק, האם הכוונה היא דהוה כאילו התורה הטילה עליו אחריות נזיקין רק על חצי החפץ, ועל חצי החפץ השני אין לו איסור מזיק, או דודאי איכא איסור מזיק על כל החפץ, ורק דהוה חצי שיעור באיכות האיסור. והנפק"מ בזה הוא בגדר החיוב תשלומין, דא"נ דהוה מזיק בחצי החפץ, נמצא דהוה רק תשלומין על חצי החפץ, אכן א"נ דהוה כחצי שיעור איכות האיסור בכל החפץ אז עיקר האחריות נזיקין הוא על כל החפץ, ורק דכל הדין תשלומין שלו הוא לשלם לכל החפץ, חציו, דהוה כאילו יש לו שותף בהיזק. ועי' מש"כ בחבורה י"א מהגרש"מ לפרש מה דמבו' בראשונים כא: דאם שילם בעבור ח"נ תו א"א לתובעו דמי נהנה לאידך חציו דכבר שילם להחפץ ואין מקום לתובעו עוד, וראיתי בספר אהל ישעי' בדף יט: שכ' זה מהגר"א פרבשטיין

[623] חבורה יז חלק א'

בשם הגרי״ז[624]. אכן ממו״ר הגרחש״ל שמעתי, דהוה כמזיק על חצי החפץ ואמר לי דהגר״א חזן כבר אמר להברכ״א דאם איכא ק׳ פרוטות יש לו נ׳ איסורים, וכן שמעתי בשם הגרא״ד וואכטפויגעל שליט״א.

וכעת נראה לי לדקדק כדברי הגרש״מ מדברי הראב״ד, דעי׳ בחבורה י״ד-ט״ו מהגרש״מ [והודפס איזה דברים סוף חבורה ו׳] שהוכחנו בשי׳ הראב״ד, בדליל דבאדיי׳ אדויי בעל התרנגול חייב ח״נ ובעל הדליל פטור דהוא סברא באחריות נזיקין, דהיכא דאיכא א׳ שאחראי למעשה בע״ח, אין על השני שום דין אחריות נזיקין. והנה אילו בעל התרנגול הי׳ נפטר משום אונס, ודאי דהי׳ בעל הדליל חייב, וכמבו׳ בסו׳ דדף כב. בעמדה להטיל מימי׳, דהראב״ד שם דימה הך סוגיא לסו׳ דדליל, ורק דהיכא דיש לו אחריות נזיקין, כל אחריות ההיזק הוטלה עליו. ולכאו׳ צ״ב, דהרי אינו אחראי אלא על ח״נ, וע״כ צ״ל, דהדין ח״נ בא מחמת אחריות שיש לו על כל ההיזק, והנה הראב״ד בדף יט: פי׳ דחיוב ח״נ בדליל הוא משום דהוי משונה, ובע״כ דגם ח״נ דקרן הוא משום אחריות שיש לו על כל ההיזק. והסכים הגרש״מ לראי׳ הנ״ל.

דקדוק מדברי תוס׳ ר״פ דתם אינו חצי מזיק

והנה דברי הגרב״ד הם מיוסדים על דברי הרשב״א, אכן בפשטות הי׳ נ׳ לדקדק מדברי תוס׳ ר״פ לקמן בדף נג. שלא כדבריו, עי׳ לקמן נג. דשור תם שדחף חבירו לבור, ר׳ נתן אומר בעל השור משלם רביע ובעל הבור משלם ג׳ רבעים, דכי ליכא לאשתלומי מהאי כו׳. ומקשי׳ מאי קסבר, אי קסבר האי כולי׳ הזיקא עבד והאי כולי׳ הזיקא עבד, האי משלם פלגא והאי משלם פלגא כו׳ משום דאמר לי׳ בעל השור לבעל הבור שותפותאי מאי אהניא לי, ע״כ.

וע״ש בתוס׳ ר״פ שהק׳ על תי׳ הגמ׳ דשותפתאי מאי אהניא לך כו׳, דודאי שורת הדין דמכח זה הי׳ צריך להיות דכ״א ישלם רק חצי מחיובו, והיינו דבעל הבור ישלם מחצה ובעל השור ישלם רביע, ואידך רביע יחלקו בין שניהם כו׳. ותי׳ וז״ל, דהכי קאמר תמותאי ושותפתאי מאי אהניא לי [וכן הוא גי׳ הרי״ף שם], כלומר אם אשלם מחצה, א״כ מאי אהניא תמותאי בהאי שותפות כו׳, כיון שאלו הייתי מועד לא הייתי משלם אלא מחצה עכשיו שאני תם לא אשלם אלא רביע, דהא גלי קרא דתם לא משלם אלא חצי תשלומין דמועד, אבל בור שדינו נזק שלם ליכא קפידא כמה משלם, עכ״ל. ולכאו׳ לפי״ד הגרב״ד דתם הוא חצי מזיק, א״כ מעולם לא נא׳ דין דתם משלם חצי ממועד, וכל דינו הוא דהוה חצי מזיק וממילא משלם את כל דין מזיק שלו. ולפי״ז צ״ב טובא כוונתו דהכא דכולו היזקא קעביד נמצא דבאמת הוה ג״כ חצי מזיק על כל ההיזק ורק דיש לו שותף ומהיכ״ת לומר דישלם רק חצי מזה, ונהי דיתכן לומר דהדין חצי מזיק הוא חצי תורת מזיק ממועד, אמנם הכא הרי יש לו תורת מזיק גמור. ולכאו׳ מבו׳ מדבריו דעיקר הדין תמות הוא פטור תשלומין, דהגם דהוה מזיק גמור חי׳ התורה דמשלם חצי ממועדות.[625]

---

[624] ורק דיתכן דלא ס״ל דהוה כחצי מזיק, וא״כ מסתברא דכיון דיש לו דין אחריות נזיקין על כל החפץ, דהתשלומין הוה תשלום בעבור כל החפץ.

[625] והנה בסימן הקודם הובא מש״כ הגרב״ד בסי׳ ב׳ לפרש בדברי הרשב״א, דהא דתם משלם ח״נ אינה פטור תשלומין בעלמא, אלא דהוי רק כחצי מזיק, והיינו דאחריות הבעלים אפי׳ לענין עצם החיוב שמירה והאיסור מזיק הוא רק לענין חצי נזק. ולפי״ז יש לתמוה טובא בקו׳ הגמ׳, דהאי משלם פלגא כו׳ והרי לענין חצי כל האחריות הוא על בעל הבור, ולענין אידך חצי יש להם שותפות. ולכאו׳ י״ל בזה דהנה בעיקר הטעם דהאי כולי׳ הזיקא קעביד כו׳, וע״ש בפירש״י דמשמע דכל א׳ הי׳ יכול להזיק בלי חבירו, אכן ע״ש בשטמ״ק בשם הרא״ה שחלק עליו, והובא דבריו בקצוה״ח סי׳ ת״י, דיסוד הדבר הוא משום דכיון דההיזק נעשה ע״י שניהם א״כ מתייחס כל ההיזק לכ״א מהם, ויש לכ״א מהם סיבה להיות חייב נזק שלם. ולפי״ז עיקר הדין דכי ליכא כו׳ הוא זה גופא דכיון דיש לו סיבה להיות חייב בנז״ש ורק דחיובו של חברי׳ פטרי׳ [או דהוה סדר בהגביי׳], כל שחבירו אינו משלם וא״א לפוטרו, חייב ממילא. ולפי״ז יש לדון בשי׳ רבנן דפליגי על ר׳ נתן האם סברי נמי דהאי כולו היזקא קעביד או לא, והנה עי׳ בפנ״י לעיל בדף יג. שפי׳ בדברי רש״י שם, דבעל השור כולו היזקא קעביד דהרי ס״ל לרש״י דאליבא דרבנן חייב נזק שלם. אך אכתי יל״ע לענין בעל הבור ובשותפות דעלמא, ועי׳ בפנ״י ר׳ נג: בד״ה בגמ׳ שור כו׳ שנקט דגם בעל הבור כולו היזקא קעביד, וכן

בבי' החיוב בשותפים שהזיקו לר' נתן דס"ל דכי ליכא לאשתלומי מהאי כו'

אכן נ' לדחות ראי' הנ"ל, דהנה הטורבסי' ת"י-ל"ז הביא שי' הרמ"ה, דהיכא דשנים הזיקו ואין לא' מה לשלם, מחייבין את השני בנז"ש מדין דכי ליכא כו' והטור חלק עליו, וכן דקדק בבי' הגר"א מדברי התוס' בדף מו:, ע' מש"כ בזה בחבורה ט"ז. ועי' בחי' רר"ג סי' ד' שכ' לבאר פלוגתתם, דנח' בעיקר הך דינא דר' נתן כו' האם אמרי' דכיון דכולא היזקא קעביד, חל חיוב גמור על כאו"א, ורק משום סדר הגביי' א"א לגבות יותר מחציו מכ"א, או דהגם דכ"א יש לו סיבה להיות חייב נז"ש אך חיובו של זה פוטר חיובו של זה, וכ"א אינו חייב אלא חצי.

והנה גם לפי"ד הטור בפשטות הי' נ' דיש לכאו"א דין אחריות נזיקין על כל הנזק, ואיכא חיוב שמירה ואיסור מזיק בכולו, והפטור הוא רק בתשלומין, דחיובו של כ"א פוטר את חבירו. אכן שמעתי מהגרש"מ לדקדק מדברי התוס' לא כן, דעי' בתוס' בדף כג. בד"ה סתם דלתות כו' בדין דתחילתו בפשיעה וסופו באונס, דהיכא דהפשיעה הי' לענין היזק בשותפות, א"א לחייבו בעבור האונס יותר מזה. ולכאו' ילה"ע דכיון דס"ל לר' נתן דהאי כולו היזקא קעביד כו' וכל א' מהם יש לו דין אחריות נזיקין על כולו, ורק דיש לו פטור תשלומין, נמצא דהוה פשיעה גמורה עם סיבה גמורה לחייבו בנז"ש, ורק דבפועל חיובו של שותפו פוטרתו, וכיון דעל האונס לבסוף לא הי' לו שותף אמאי לא נחייבי' בנז"ש. ולכאו' מבו' מדברי התוס', דס"ל דאפי' לר' נתן דאמרי' כי ליכא כו' משום דכולו היזקא קעביד, מ"מ אין הכוונה דיש לכ"א מהם דין אחריות נזיקין על כולו אלא דיש להם דין אחריות נזיקין משותפת, דהוו כשותפים בעלמא וכחד גברא, ומה שאמר ר' נתן דהאי כולו היזקא קעביד כו', הכוונה היא, דכיון דמשתייך לכל ההיזק, כבר שייך לחייבו בעבור חלקו על כל ההיזק. ואפי' היכא דיש לו שותף בעיקר דין דאחריות נזיקין ולשותף יש פטור מהתשלומין, מ"מ שייך לחייבו נז"ש מחמת החלק שיש לו בשותפות.

וכעי"ז נ' לדקדק ממש"כ התוס' שם לעיל בד"ה וליחייב כו', דהיכא דהבעלים הי' שותפו בההיזק אינו חייב אלא ח"נ, ולכאו' צ"ב דסו"ס החיוב לא חל על הבעלים בכדי לפוטרו. ובע"כ צ"ל כמשנ"ת דאפי' לר"נ הוו רק שותפים באחריות נזיקין, ורק דבעלמא היכא דשותפו פטור, כל ההיזק מוטל עליו. אמנם הכא דהוא הבעלים הרי אמרי' דמחמת שותפותם כ"א יפסיד חצי, והוא יפסיד עי"ז שלא יקבל מאומה.

ולפי הנ"ל נמצא דבדין דר"נ גופי' אין לכ"א מהם אלא חצי איסור מזיק. ולפי"ז נ' דהיכא ששור תם דחף חבירו לבור, דבעל השור משלם רביע ובעל הבור משלם ג' רביעים, אי"ז רק דין בהתשלומין אלא הכי מתחלק עיקר הדין שותפות שלהם באחריות נזיקין, ולבעל הבור יש לו רק רביע שיעור באיכות האיסור ולבעל השור יש לו ג' רבעים בשיעור איכות האיסור.

בשור ושור פסולי המוקדשים שנגחו כו', דאומר למזיק מזלך גרם כו', עכ"ד. והיינו דכיון דסו"ס הי' לו שותף בהיזק א"א לחייבו יותר מחצי. והנה לפירש"י עיקר הנידון ד"כולו היזקא קעביד" אין פירושו דיש לו סיבה להיות חייב בנזק שלם, אלא דהכוונה הוא דהי' יכול להזיקו בלי חברי'. אמנם אפי' להרא"ה י"ל דהכוונה הוא דהמעשה תתיחס אליו לגמרי, ומצד עשייתו הי' שייך לחייבו בנז"ש ורק דסו"ס יש לו שותף.

ולפי"ז י"ל דקו' הגמ' היא, דאי כולו היזקא קעביד כו', דכיון דיש לכ"א שותף צריך להיות ממש כשיטת רבנן, דאפי' אם שור השני פטור לגמרי מ"מ אינו חייב יותר מח"נ.

אכן אכתי ילה"ע על עיקר קושית תוס' ר"פ, דנהי דבקו' הגמ' נקטי' הכי, אכן מכיון דנתחדש לן דאיכא דין דכי ליכא כו' דמה"ט בעל הבור משלם ג' רבעי נזקא, א"כ מאי קשיא לי' לתוס' ר"פ והרי על ח"נ שהוא המזיק היחידי שייך דין דכי ליכא כו', ועל אידך חצי יחלקו בשוה. ונראה דאפי' אם ננקוט דהוה רק פטור בתשלומין יתכן להעיר כן, דסו"ס על הך ח"נ דחבירו נפטר אמרי' כי ליכא כו' ועל אידך חציו יחלקו בשוה.

אכן אם ננקוט כמש"כ לעיל מהגרש"מ, דאפי' בשור תם הרי הוא אחראי על כל ההיזק ורק דאחריותו אינו מחייבו אלא לשלם ח"נ מכיון דהוה חצי שיעור באיכות. ולפי"ז י"ל דלא שייך לדון דלענין ח"נ הרי הוא אחראי היחידי אלא דעל כל ההיזק יש לו שותף ורק דחלקו הוא קלוש באיכות

ולפי"ז יש לפרש דברי תוס' ר"פ, דעפ"י הנ"ל י"ל דעיקר כוונתו היא, דגזה"כ היא דדרגת מזיק דתם הוא חצי מדרגת מועד, וכיון דשור מועד שדחף חבירו לבור הוי חצי מזיק, תם בע"כ לא הוה אלא רביע מזיק, אכן מלשון תוס' ר"פ לא משמע כן כ"כ, ועדיין צריך לי תלמוד.

סימן כג

ביסוד הפטור דשן ורגל ברה"ר[626]

בדברי רש"י ותוס' בסו' דהני עיזא דשוקא

בדברי הרי"ף דיסוד פטור דשו"ר ברה"ר הוא משום דאורחייהו בכך

הערה על דברי הרי"ף ממשנה לקמן

בדברי רש"י ותוס' בסו' דהני עיזא דשוקא

גמ' כג: מכריז רב יוסף, ואיתימא רבה, דסלקין לעילא ודנחתין לתחתאה, הני עיזי דשוקא דמפסדי, מתרינן במרייהו תרי ותלתא זמנין, אי ציית, ציית, ואי לא, אמרין ליה תיב אמסחתא וקבל זוזך. ופירש"י מתרינן במרייהו. אי מפסדן אפי' ברה"ר, עכ"ל. וראיתי ברשימות שיעורים להגרי"ק שדקדק מדברי תד"ה הנהו כו' שלא ס"ל הכי, וז"ל, דוקא בהנהו דקיימי לשחיטה ואע"ג שישלמו מה שהזיקו לא בעי למיקם בהדייהו לדינא כו' אבל עז לחלבה ורחל לגיזתה *יכול לומר כשיזיק ישלם* כו', עכ"ל. והרי אילו איירי גם בענין היזק ברה"ר, איך יכול לומר דכשיזיק ישלם. ולכאו' מבו' מדבריו דלא איירי ברה"ר אלא ברשות הניזק, עכ"ד. וראיתי במאירי שהביא בסו"ד די"מ דהדין הכרזה הוא אפי' היכא דהזיקו ברה"ר, ומבו' מדבריו דאיכא פלוגתא בזה.

ובבי' פלוגתתם בפשטות הי' נ' ע"פ מה דמבואר בברכ"ש סי' ב' שהסתפק שם בגדר הפטור דשן ורגל ברה"ר אם הוה פטור תשלומין בעלמא, או דהוה הפקעה גם מהדין דולא ישמרנו, וע"ש שהביא רק ראיי' א' דהוה הפקעה גם מהדין דולא ישמרנו, והוא מדברי התוס' בדף כ:. ולפי"ז י"ל דנח' רש"י ותוס' בנידון הנ"ל, ותוס' לשיטתו אזיל דס"ל דליכא איסור מזיק. וע"ש שנקט הגרי"ק דבדברי רש"י הנ"ל צ"ל דס"ל דאיכא איסור מזיק.

והנה בעיקר הנידון אם איכא איסור מזיק בשן ורגל ברה"ר, עי' בחבורה ט"ז שהבאנו דברי היש"ש סי' כ"ד בלקחה מרה"ר ואכלה ברה"י, שכתב, אבל אם הלקיחה היתה ברה"ר *דיש לה רשות לילך ולאכול א"כ ראוי לפטור*. וכעי"ז מפורש בשטמ"ק לעיל כ: בשם תלמיד ר' ישראל על תד"ה איתהנית וז"ל, ולי נראה דהתם במשנה אין שייך למנעו מתחילה, כי לשם *ברה"ר יש רשות לבהמה בהזק שן*, ומשו"ה משלם מה שנהנית, אבל גבי בית דיכול למנעו מתחילה אם איכא חסרון מועט, ישלם הכל.

וכן נ' לדקדק מתוס' להלן בדף לב., דע"ש בגמ' דשני פרות ברה"ר א' מהלכת וא' רבוצה, דר"ל ס"ל דבעטה רבוצה במהלכת פטורה, אך אנן לא ס"ל הכי אלא דאם הלכה כדרכה פטורה ואם בעטה חייבת, *דנהי דאית לך רשות לסגויי עלי*, לבעוטי בי לית לך רשותא. ועי' בתוס' שם בד"ה איבעי כו' שכ' דהא דאית לה רשות לסגווי עלה, הוא משום דהוי רגל ברה"ר. הרי דהיכא דנכלל בדין רגל ברה"ר יש לו רשות לסגויי עלה וליכא אפי' איסור מזיק, שוב שמעתי מהגרש"מ בפ' המניח בחבורה ט' שדקדק כן.

ע"ע בחבורה ה' שהוכחנו כן מדברי הרא"ש לעיל בדף יט:, ע"ש בגמ' כשכשה בזנבה מהו, א"ל אידך וכי יאחזנה בזנבה וילך, ע"כ. ופי' הרא"ש דכוונת הגמ' היא לזה גופא דפטור ברה"ר, וז"ל בא"ד, וא"ל אידך וכי יאחזנה בזנבה וילך ודאי אורחי' הוא כמו רגל שאין מחוייב לילך אחר בהמתו ולשומרה שלא תזיק דרך הילוכה ברה"ר כו', עכ"ל. וכעי"ז אי' ביש"ש שם וז"ל, פי' כמו שאין מחויב לילך אחר בהמתו ברה"ר ולשומרה שלא תזיק דרך הילוכה, ג"כ

---

[626] חבורה יז חלק ב

אין צריך לילך אחר בהמתו ולאחוז בזנבה שלא תזיק, ולכן הוי כרגל. והיינו דהשיב לו, דזה גופא דהתורה לא חייבה לשמור זנבו, והיינו דכיון דיסוד הפטור דשו״ר ברה״ר הוא גם פטור מעיקר הדין מזיק, דהיינו מכל הדין דולא ישמרנו, משו״ה אמר לי׳ בנוסח זה, דזהו האופן איך להדגיש הפטור ברה״ר. וכן מבו׳ מדברי הרשב״א בסוגיא שם דליכא איסור מזיק, דז״ל, וכי יאחזנה בזנבה וילך. נ״ל דה״פ אם אתה מחייבו על כשכושה, אי אפשר לומר אלא שתהא רגל בהמתו כלוי׳ מן השוק או שיאחזנה בזנבה ולא חייבתו התורה בכך.

בדברי הרי״ף דיסוד פטור דשו״ר ברה״ר הוא משום דאורחייהו בכך

ובאמת ממש״כ הרי״ף בבי׳ טעם הפטור דשן ורגל ברה״ר, דהוא משום דאורחייהו בכך, בפשטות נ׳ דהותר לגמרי להביאה לרה״ר מהך טעמא, וכדברי הרשב״א הנ״ל. דלכאו׳ סברת הדברים היא, דכיון דמותר לו להביא בהמתו לרה״ר, ואורחי׳ להזיק ע״י שן ורגל, א״כ על הניזק להרחיק את עצמו. ושמעתי מהגרש״מ [ושוב אמר כן בחבורה ט׳ בפ׳ המניח] דבאמת נ׳ ליישב עפי״ז קו׳ הרא״ש על הרי״ף, דלמ״ל להביא טעמא דקרא. ולהנ״ל א״ש די״ל דבא לומר דליכא שום איסור מזיק בכלל. וי״ל עוד, דהי׳ משמע להרי״ף דליכא איסור כלל בשן ורגל ברה״ר, והוקשה לי׳ דמנ״ל לומר הכי, ועל זה כ׳ דהוא משום דיסוד הפטור הוא כיון דאורחייהו בכך, וע״כ דנכלל בה פטור לגמרי מכל דין מזיק, ונפק״מ דליכא חיוב לשומרה. [אמנם עי׳ בפלפ״ח פ״ב סי׳ י״ג אות א׳, שכ׳ דדברי הרי״ף הם רק טעם לפטור רה״ר ולא לחצר שאינה של שניהם, וא״כ יתכן לחלק ביניהם, אמנם אולי כיון ששניהם נלמדו מפסוק א׳ לא מחלקי׳ ביניהם].

אכן דע דמדברי הרי״ף ליכא הכרח ליסוד הנ״ל, דעי׳ במאירי יט: באד״ה במה דברים כו׳ וז״ל, שהשן והרגל היזקן מצוי עד הרבה, ואם יתחייבו ברה״ר לא הנחת ממון אצל בעל בהמה, עכ״ל. ולפי״ז יתכן דבאמת איכא איסור מזיק. עי׳ לעיל שכתבנו לדקדק מדברי התוס׳, דס״ל דדין התראה המבואר בסוגיין הוא רק ברשות הניזק, עוד ביארנו בדברי רש״י, דס״ל דאיכא איסור מזיק. אכן נראה דשני דברים הנ״ל אינם מוכרחים, דז״ל האו״ז בסוגיין, מכריז רבה כו׳ הנהו עיזא דשוקא כו׳ מתרינן למרייהו כו׳ *אי מפסדי אפילו ברה״ר* כו׳ שחטינן להו הואיל ולשחיטה קיימין, ואע״פ שהיו משלמין מה שהיו מזיקין לא בעו למיקם בהדייהו בדינא, דזמנין דליכא סהדי, *אבל עיזי דעלמא לחלבא, יכולין למימר כשיזיקו אשלם כו׳,* עכ״ל. הרי שהעתיק דברי רש״י ומ״מ כ׳ כתוס׳. ויל״פ דבריו בשני אופנים הא׳, דכוונתו הא דבעיזא דשוקא בכל ענין מתרינן למרייהו כו׳ בין אם הזיקו ברה״ר ובין אם הזיקו ברה״י, אך בעיזא דחלבא היכא דמזיקין ברה״י אין מתרינן לבעלייהו, אך אה״נ אילו מזיקין ברה״י שוחטין אותם. או די״ל דכוונתו הוא כמש״כ בתלמיד הרשב״א והרא״ש דבעיזא דחלבא בכל אופן לא מתרינן לי׳ ואם הזיקו ברה״י חייבין לשלם, וכן מבו׳ בדברי הרא״ש, ורק דמדברי האו״ז והתוס׳ שכתבו ״יכולין למימר כשיזיקו אשלם״ לא משמע הכי, ורק דיתכן דאילו היינו חוששין שיזיקו ברה״י ולא ישלמו, היו מתרינן להו.

ע״ע ברא״ש שכ׳ כדברי רש״י דגם ברה״ר מתרינן לי׳, והנה כבר הבאנו דברי הרא״ש לעיל יט: דכ׳ להדיא דליכא איסור מזיק ברה״ר ואפ״ה ס״ל דגם ברה״ר מתרינן להו. ובבי׳ הדבר י״ל דהרא״ש לשיטתו אזיל דלא משמע דס״ל כהרי״ף דיסוד הפטור ברה״ר הוא משום דאורחי׳ בכך אלא דס״ל דהוה גזה״כ ורק דהתורה פטרתו לגמרי, ויתכן דמ״מ שייך בי׳ תקנ״ח וכמו אילו לא הי׳ התורה מחדשת דין נזקי ממונו, לא הי׳ קשה אם חכמים היו מתקנים תקנה כזו. ואולי י״ל דאפי׳ לדברי הרי״ף שייך תקנה כנ״ל, דהרי עיקר יסוד דברי הרי״ף הוא משום דהוה כגזירה שאין רוב הציבור יכולים לעמוד בה וכמש״כ במלא הרועים, וי״ל דמכיון דעומדין הן לשחיטה ורק דהוא ממתין עד יומא דשוקא, כבר שייך לתקן תקנה בזה.

[627]והנה בעיקר דברי הרי"ף עי' בחי' רא"ל סי' ס"ה שהביא קו' הפלפ"ח על דברי הרי"ף בריש מכילתין דטעם הפטור דשו"ר ברה"ר הוא משום דאורחי' בכך. והעיר הנ"ל מהא דאי' בגמ' דחייב על רשות שאינה מיוחדת לשניהם, עוד העיר, דלחד מ"ד רשות המיוחדת לזה ולזה לפירות ואינה מיוחדת לזה ולזה לשוורים הוה כרה"ר, וצ"ב דהתם לא שייך הטעם דאורחי'. וכ' הגרא"ל לדקדק מזה, דבדין דובער בשדה אחר דילפי' מינה דשו"ר פטורין ברה"ר, נאמרו ב' דינים, הא', דאינו חייב אלא ברשות הניזק והב', דאיכא פטור מסויים ברה"ר, ולענין הדין השני כ' הרי"ף טעמא דמילתא, וכ' הרא"ש דהנפק"מ בזה הוא בעץ ארוך כו', ועי' בחבורה ז' שכתבנו לפרש עפי"ז דברי הרמב"ן במלחמות בסו' דקופצת.

והנה לכאו' עיקר דברי הגרא"ל צ"ב, דמהיכ"ת לומר דמפסוק דובער בשדה אחר איכא פטור מסויים ברה"ר. והנראה בזה עפי"ד הפלפ"ח בסוגין [סי' ט' אות א'] שהביא קושיתו על הרי"ף מחצר שאינה של שניהם, וכ' שם דמשמעות הפסוק דובער בשדה אחר הוא למעט בין רה"ר ובין חצר שאינה של שניהם, ורק דהוקשה להרי"ף דזה ודאי דרה"ר אימעט מהך קרא, אך צ"ב דכפשוטו גדר הגזה"כ הוא דרק היכא דיש להניזק זכות ורשות להניח חפציו, חייב המזיק, וצ"ב דגם ברה"ר יש לו רשות, ועל זה הוצט' לפרש טעם חדש לפטור ברה"ר, אך ודאי דגם חצר שאינה של שניהם אימעט מכח הך קרא, ע"ש. ולפי"ד שפיר י"ל דמפסוק זה נלמד שני דינים גם הפטור כל היכא דאינה שדה אחר, וגם פטור מסויים במזיק ברה"ר משום דאורחי' בכך.

אמנם נראה דודאי הכל דין א' הוא, דהנה כבר העירו האחרו' על דברי הרי"ף הנ"ל ממה שפסקו הרי"ף והר"מ דבחצר המיוחדת לשניהם לשוורים ולא' לפירות חשיב חצר הניזק וחייב, וצ"ב דכיון דמיוחדת לשניהם לשוורים, הוה אורחי' ומ"ש מעץ ארוך דפטור כה"ג כיון דחשיב אורחי'. עוד צ"ב קו' היש"ש על מש"כ הרא"ש דלפי הרי"ף פטור בעץ ארוך, דמ"ש מהתיזה ברה"ר והזיקה ברה"י דחייב.

וראיתי בספר אהל ישעיהו בסוף דף יט. שהביא מהגרש"ר זצ"ל ליישב דברי הרי"ף עפי"ד הר"ח בסוגין, ואכתוב כפי הבנתי. דהנה כפשוטו בסוגין נח' אביי ורב יוסף אם על המזיק להרחיק את עצמו או על הניזק להרחיק את עצמו, ועי' בתוס' שכ' דגם לאביי הוא כן, ודיחוי בעלמא הוא, דהרי בכל המשניות מבו' דחייב בכל אופן על שן ברה"י. אכן עי' בפי' הר"ח שכ' דקיי"ל כאביי בזה דעל הניזק להרחיק את עצמו, ועי' ברא"ש שכ' לפרש דבריו וז"ל, ומודה אביי *דבעיר אם נכנסה לחצר הניזק ואכלה, שחייבת שאין אדם יכול לנעול דלתי ביתו כל היום,* והרועה יש לו לשמור הבהמה כשמוליכה דרך העיר שלא תיכנס לבית ותזיק, אבל כשמתפשטים בשדה אינו יכול לשמור את כולם שלא יכנסו לשדות אחרים, הלכך צריך אדם לגדור שדהו, עכ"ל. ולכאו' צ"ב דמהיכ"ת לומר דעל הניזק להרחיק את עצמו, ונראה בבי' דבריו דס"ל דזהו בי' הגזה"כ דמצינו בשן ורגל, "ובער בשדה אחר פרט לרשות הרבים", די"ל דגדר הגזה"כ הוא דבשן ורגל אמרי' דעל הניזק להרחיק את עצמו, ותו חסר בעיקר המעשה מזיק דאיהו דאפסדי' אנפשי' אם לא הרחיק את עצמו, וס"ל להר"ח דהא דברשות הניזק על המזיק להרחיק את עצמו הוא רק היכא דאל"ה ממעט הבעה"ב מתשמישי', וכגון בעיר דא"א לנעול דלתי ביתו כל היום.

והנה הרי"ף כ' להדיא דקיי"ל כרב יוסף, אך גם מפשטות לשונו משמע דאיכא מח' ונידון בזה, ונראה דגם הרי"ף הסכים דגדר הדין דובער בשדה אחר הוא דנאמר דין מחודש בהיזק דשן ורגל דעל הניזק להרחיק את עצמו, ורק דס"ל דבחצר הניזק ממש ודאי לא מוטל עליו להרחיק את עצמו. ולפי"ז י"ל דהוקשה לי' להרי"ף דמכיון דברה"ר ג"כ יש לו רשות לניזק להניח פירותיו ליהוי כרשות הניזק ממש דלא אמרי' על הניזק להרחיק את עצמו, ובשלמא בחצר שאינה של שניהם, שפיר י"ל דעל הניזק להרחיק אך ברה"ר צ"ב, ועל זה כ' דכיון דאורחי' בכך וקשה

[627] קטע זה לא אמרתי בחבורה.

לשומרה משו"ה אמרי' גם הכא דעל הניזק להרחיק את עצמו, אך ברשות הניזק שיש לו דין בעלות ממון ממש, ודאי דאין לבטלו מעיקר זכות תשמישיו ולא אמרי' דעל הניזק להרחיק את עצמו.

ולפי"ז מובן היטב מה דבחצר של שניהם לשוורים ושל א' מהם לפירות, דחייב, די"ל דנהי דאורחי' בכך אך לא שייך לומר על הניזק להרחיק, דלא הו"ל להניש שם פירותיו, דאינו צריך לבטל השתמשותו בחצר מפני המזיק. ומשו"ה בהתיזה לרה"י חייב אף דהוה אורחי'. משא"כ בעץ ארוך כיון דהפירות מונחים באופן כזה שע"י שהבהמה תלך כדרכה תזיקן, דין הוא דמה דהוי אורחי' עביד דלא חשיב כה"ג ובער בשדה אחר דלא הו"ל לניזק להניחם שם באופן כזה והו"ל כמונחים ברה"ר.

ונמצא לפי"ז דעיקר יסוד הפטור בכ"מ הוא, דבשן ורגל נאמר דין מחודש דעל הניזק להרחיק את עצמו, ואדרבה בעי' סיבה בכדי שלא יהי' יכול לומר לו היה לך להרחיק. ובחצר שאינה של שניהם מובן יותר די"ל דלא הו"ל להניח שם פירותיו, וברה"ר דיש לו זכות ורשות להניח שם פירותיו, הוצרך הרי"ף להך סברא דאורחי'. וכמדומני שגם לפי"ז יל"פ דברי הרמב"ן בסו' דקופצת ולא עיינתי בזה כעת. ודע דמ"מ קשה לי בחצר של שניהם לשוורים ולפירות, אמאי פטור כה"ג, וכי מחמת זה דיש לו ג"כ רשות להניח שם פירותיו שייך סברא דלא הו"ל להניח שם פירותיו, וצ"ע.

הערה על דברי הרי"ף ממשנה לקמן

במשנה כד: שור המזיק ברשות הניזק כיצד, נגח נגף נשך רבץ בעט, ברשות הרבים, משלם חצי נזק, ברשות הניזק רבי טרפון אומר נזק שלם, וחכמים אומרים חצי נזק. אמר להם רבי טרפון ומה במקום שהקל על השן ועל הרגל ברשות הרבים שהוא פטור, החמיר עליהן ברשות הניזק לשלם נזק שלם, מקום שהחמיר על הקרן ברה"ר לשלם חצי נזק, אינו דין שנחמיר עליו ברשות הניזק לשלם נזק שלם. אמרו לו דיו לבא מן הדין להיות כנדון, מה ברה"ר חצי נזק, אף ברשות הניזק חצי נזק כו'. ולכאו' ילה"ע לפי"ד הרי"ף בריש מכילתין שכ' דיסוד הפטור דשן ורגל ברה"ר הוא משום דאורחיהו בכך, א"כ איך ילפי' בק"ו דקרן חייב נז"ש ברשות הניזק, והרי הא דשו"ר פטורין ברה"ר הוא משום דאורחייהו בכך דסברא זה לא שייך לענין קרן.

ולכאו' י"ל בזה עפי"ד הגרא"ל, דשני דינים נאמרו בפטור דשו"ר ברה"ר, ע' בסימן כג מש"כ בזה. ודע דלפמש"כ שם בבי' דברי הרי"ף דהכל הוא ענין א', דבשו"ר אמרי' לניזק "עליך להרחיק, לפי"ז הדר לדוכתא מה שהקשינו על דברי הרי"ף ממתני', דבשלמא בסיפא דמתני' י"ל דהק"ו הוא זה גופא, דקרן חמור יותר דאין לה הך דין דעליו להרחיק, אך ק"ו דרישא צ"ב דאיך שייך לקבוע דרשות הניזק חמור יותר מרה"ר, והרי הא דחייב ברשות הניזק הוא משום דמסברא לא שייך הך טעם דעלך להרחיק,.וגם על ק"ו דסיפא ילה"ע דמה לקרן תם שלא אמרי' עליך להרחיק משום דלא הי' לו לחשוש שיגת, וצ"ע.

סימן כד

בסוגיא דפטור דרשות המיוחדת למזיק[628]

בדברי הגרב"ד בפטור דרשות המיוחדת למזיק

בדברי הרשב"א בחילוק בין מיתה לגלות

ביאור הגר"ח ע"פ דעת הרמב"ם

בדברי הגרב"ד בפטור דרשות המיוחדת למזיק

גמ' כג: ת"ש, השיך בו את הנחש, רבי יהודה מחייב, וחכמים פוטרים. ואמר רב אחא בר יעקב כשתימצי לומר, לדברי ר' יהודה ארס נחש בין שיניו הוא עומד, לפיכך מכיש בסייף ונחש פטור, לדברי חכמים ארס נחש מעצמו מקיא, לפיכך נחש בסקילה ומכיש פטור, ואי אמרת פי פרה כחצר המזיק דמי, לימא ליה מאי בעי ידך בפומא דחיואי. לענין קטלא לא אמרינן. ומנא תימרא, דתניא הנכנס לחצר בעל הבית שלא ברשות, ונגחו שורו של בעל הבית ומת, השור בסקילה, ובעלים פטורים מן הכופר, בעלים פטורין מן הכופר מ"ט, דאמר ליה, ברשותי מאי בעית, שורו נמי לימא ליה, מאי בעית ברשותי, אלא, לענין קטלא לא אמרינן, ע"כ. ומשמע דקו' הגמ' הי' רק מכח הברייתא מיני' ובי', דתני דבעלים פטורים מן הכופר, ומחמת זה מקשי' דאם פטורין מן הכופר בע"כ דה"ט משום דאיכא פטור דרשות המיוחדת למזיק, וא"כ לפטור גם את השור מסקילה. ושמעתי ממו"ר בשם הגרב"ד להעיר, דאמאי צריכים להק' מכח כופר ולא מקשי' בפשיטות דאמאי חייב השור סקילה והרי לעיל בדף ט: אמרי' תורך ברשותי מאי בעי. ובי' הגרב"ד בזה, דהנה בעיקר תי' הגמ' דקטלא לא אמרי', יל"פ כפשוטו, דר"ל דכל הסברא דרשות המיוחדת למזיק לא שייכא לענין פטור הנחש ממיתה, כיון דחיוב מיתה הוא מחיובא דנחש, דהרי קיי"ל דאפי' נחש דהפקר חייב מיתה. ואפי' לר' יהודה דס"ל דאינו חייב מיתה אלא אם יש לו בעלים, מ"מ ודאי החיוב מיתה הוא חיובא דשור ולא משום עונש הבעלים, ורק דאיכא תנאי בעלמא דבעי' שיהי' לה בעלים, וכמש"כ כל זה בתשו' הרשב"א ח"א סי' קי"ד.

בדברי הרשב"א בחילוק בין מיתה לגלות

ובבי' דברי הגמ' י"ל דיסוד הפטור דרשות המיוחדת למזיק הוא פטור שמירה, דלא הטילו עליו חובת שמירה על החפצים שהם ברשותו, ונמצא דכל הך דין הוא ביחס להבעלים. אמנם הגרב"ד בסי' ט"ו הוכיח מדברי הרשב"א כז. שלא הבין כן בבי' תי' הגמ'. דבפ' מי שאחזו [ע:] מבו', דאיכא פטור מגלות אם שחט א' ופרכס ואח"כ מת, ואפי' אם בתחילה אמדוהו למיתה פטור מגלות, דאמרי' שמא קירב את מיתתו, דהי' מפרכס או דהרוח מבלבלתו. והיינו דאיכא דין דבעי' שכל הרציחה תהא על ידי הרוצח, ותוס' כ' דילפי' כן מקרא לענין פטור גלות. אמנם במזיד ודאי חייב מיתה. ובאמת הרשב"א כבר עמד על זה דאמאי במזיד לא אמרי' כן, ועי"ש מש"כ ליישב החילוק, ודימה זה למה דאמרי' בסוגיין דלענין קטלא לא אמרי' פי פרה כחצר המזיק דמי, והיינו דא"א למילף מיתה מגלות, עכ"ד. הרי להדיא דפי' הרשב"א בכוונת תי' הגמ' דקטלא שאני, דאין ר"ל דקטלא דנחש שאני, אלא דשאני חיוב מיתה מחיוב נזיקין. וכעי"ז אי' להדיא בפי' הר"י מלוניל בסוגין וז"ל לענין קטלא לא אמרי'. האי טעמא דמאי בעית ברשותי לא מצי להועיל להציל השור כיון שהוא מועד להרוג נפשות אין לחוס עליו כדי שלא ירבה חללים בארץ, עכ"ל. והיינו דכל היכא דאיכא חיוב מיתה משום דין דובערת הרע מקרבך לא שייך הקולא דרשות המיוחדת למזיק. [ע"ע בתוס'

[628] חבורה יז חלק ג

ר״פ דמבו׳ מהו״א שלו להדיא דלא הבין כדברי הרש״ש]. וכן מבו׳ מדברי הנמו״י בסוגין דלא הבין כדברי הרש״ש וז״ל, לענין קטלא. לענין חיוב מיתה לא פטרינן לי׳ מטעם מאי בעית ברשותי אלא אף כי נכנס שלא ברשות והרגו בעל החצר או שורו קטלינן לי׳ כו׳, עכ״ל. ומבו׳ דעיקר תי׳ הגמ׳ אינה במיוחד לחיוב מיתה דשור.

אלא דבאמת צ״ב, דלכאו׳ מדבריהם מבו׳ דהי׳ שייך הפטור דרשות המיוחדת למזיק גם לענין חיוב סקילה דשור, וזה לכאו׳ תמוה לפי פשטות הדברים דהדין דרשות המיוחדת למזיק הוא פטור שמירה בעלמא. ועי׳ בברכ״ש שכ׳ ליישב, דמבו׳ מהכא דיסוד הפטור אינה פטור שמירה בעלמא על הבעלים, שפטור מלשמור החפצים שמונחים אצלו, אלא דהוה פטור והפקעה בעיקר התורת מזיק שלו, דומיא דשן ורגל ברה״ר, וכיון שכן, י״ל דמועיל גם לענין חיובא דשור, דכיון דיש לשור רשות ודין להיות עומד בחצר זו ולהניזק אין לו דין להיות שם, י״ל דמעשה מזיק זה התורה פטרה מכל הדינים. אכן ביאור זה הוקשה להגרב״ד, דלכאו׳ כל הך פטור שייך רק בחיובי תשלומין אמנם הכא דהוה דין איסור וכעין החיוב דנרבע איך שייך פטורים שהתורה פטרו מתשלומין.

ביאור הגר״ח ע״פ דעת הרמב״ם

וכשהגרב״ד הציע הדבר לפני הגר״ח, אמר לו דיל״פ בדרך זו, דהנה ע׳ לקמן בדף מח. נכנס לחצר בעל הבית שלא ברשות והזיק את בעל הבית או בעל הבית הוזק בו, חייב, ואם הזיקו בעה״ב פטור, אמר ר״פ לא אמרן אלא דלא הוה ידע אבל הוה ידע בי׳ שנכנס, חייב, דאמר לי׳ נהי דאית לך רשות לאפוקי אבל לאזוקי לית לך רשות. ואי׳ שם ג״כ דבשניהם ברשות הזיקו חייב הוזקו פטור, ע״ש. והנה כל הראשונים פירשו דיסוד הפטור בלא ידע לי׳ הוא פטור אונס, ולדעת הרמב״ן דאפי׳ על אונס גמור חייב, כ׳ הנמוק״י, דפטור משום דהוה פשיעת הניזק. אכן המגיד משנה פי׳ בדעת הר״מ, דאין הכוונה של ״לא ידע״ דלא ידע שנכנס, דודאי ידע שנכנס ורק דהזיקו שלא בכוונה פטור, ובי׳ שם, דהדין דאדם מועד לעולם לא נאמר לענין מזיק ברשות דידי׳. והר״מ ס״ל כוונת הגמ׳ לחלק בין הזיקו והוזקו בשניהם ברשות, אינה כדפי׳ שאר הראשנים, אלא הזיקו, ר״ל בכוונה, והוזקו, ר״ל שלא בכוונה הגם דהוה מעשה בידים.

ולכאו׳ דברי הר״מ, צ״ב, דכיון דאדם מועד לעולם, האיך שייך לפטרו כשהזיק בידים בלא כוונה. ובי׳ בזה הגרי״ז, דהדין דאדם מועד לעולם, הוא משום חיוב שמירה שיש לו על עצמו, וכיון דהדין דרשות המיוחדת למזיק הוא פטור משמירה, י״ל דשוב לא שייך גם הך דין דאדם מועד לעולם. אכן הגר״ח לא הי׳ נחית לפרש כן בדברי הר״מ, אלא שפי׳ דהיכא דההיזק הי׳ ברשותו, חסר בגוף המעשה מזיק ונחשב לעולם כ״הוזקו״, דהוה כאילו הניזק גרם ההיזק על עצמו, והוה כעין הפטור דגרמא. ורק היכא דהוא בכוונה אין לו דין של ברשות. ולפי״ז בי׳ הגר״ח דיש להבין מה דאמרי׳ בגמ׳ דשייך פטור דרשות המיוחדת למזיק גם בענין סקילת השור, די״ל דחסר בהשם נוגח ובכל המעשה המזיק. והוסיף הגר״ח דהגם דבאדם בכוונה אין לו הפטור דרשות המזיק, אמנם שור בכ״מ הוה ״אינו מתכוון״ ונמצא דלעולם חסר בהשם נוגח.[629]

ואמר הגרב״ד דלפי״ז יש ליישב מה שהקשינו למעלה דאמאי הוצרכה הגמ׳ להק׳ מכח מה דשייך דין דרשות המיוחדת למזיק בפטור כופר, ולא מקשי׳ ממתני׳ בדף ט:, ובי׳ הגרב״ד, דמכח מתני׳ הי׳ שייך לפרש דיסוד הפטור דרשות המיוחדת למזיק הוא פטור משמירה, וזה לא הי׳ שייך בסקילת השור, ולכן הוצרכה הגמ׳ להק׳ בדוקא מזה דפטור

---

[629] והנה לפי הנ"ל נמצא, דהא דלא שייך הפטור דרשות המיוחדת למזיק ברוצח במזיד, הוא מתרי טעמי, חדא דהוה בכוונה, ולענין זה לא הוה ברשות, והשני דלענין קטלא לא אמרי'. ועי' בנמוק"י דז"ל, לענין קטלא. לענין חיוב מיתה לא פטרינן לי' מטעם מאי בעית ברשותי, אלא אף כי נכנס שלא ברשות *והרגו בעל החצר* או שורו, קטלינן לי' כו', עכ"ל. הרי דלולי תי' הגמ' הי' שייך הדין דרשות המיוחדת למזיק גם לענין קטלא, אלא דצ"ב דבע"כ איירי' שהרגו בכוונה, והרי אפי' לענין נזיקין ליכא פטור דרשות המיוחדת למזיק היכא דהזיקו בכוונה, וצ"ע, ונתעוררתי לדברי הנמוק"י הנ"ל מהגרש"מ.

מכופר, דבזה לא שייך פטור שמירה בעלמא, דהנה החיוב דכופר אינו בעבור שהכשיר הנזק, דלא הוה מחיובי מזיק, אלא דנהרג על רציחת שורו, דהוה דין איסור כעין איסור רציחה. ובאמת בכל פטור שמירה דמצינו בענין נזיקין לא הי' צריך לפוטרו מכופר, ורק דאם עשה שמירה מעולה בזה גופא איכא גזה"כ לפוטרו, דכתיב ולא ישמרנו, אמנם לא שייך לפטרו מכופר מחמת זה, דמסברא אין לו חיוב שמירה. וא"כ י"ל דהגמ' באה להוכיח מכופר, דהטעם דתורך ברשותי מאי בעי הוא סברא שיהא חסר בנגיחת השור, ומשו"ה מקשי' דאם חסר בנגיחת שורו גם לא הי' צריך להיות חיוב דסקילת השור, ועל זה מתרצי' דשאני קטלא וכמשנ"ת. ע"כ שמעתי.

והנה עיקר קו' הגרב"ד אולי י"ל עפי"ד הנמוק"י בסוגין, וז"ל, לענין קטלא לא אמרי' כו', ושמעינן דאפילו היכא דחייב מיתה ותשלומין, תרוייהו בהדי הדדי קא אתו, כי הכא שהסקילה והכופר באין מחמת אדם זה שהמית השור, ושייך למימר בתרוייהו מאי בעית ברשותי, אפ"ה גבי חיוב תשלומין אמרי', גבי חיוב מיתה לא אמרי', עכ"ל. ולפי"ז י"ל דמשו"ה נקטה הגמ' הקושיא באופן זה להגדיל החידוש של הברייתא, דאפי' במקום דאמרי' הך סברא דתורך ברשותי כו' לענין חיוב תשלומין, מ"מ לא אמרי' כן לענין קטלא.

ואולי עפי"ד הגר"ח הנ"ל איכא פתח ליישב דברי תוס' ר"פ המוקשים, דמבו' מדבריו דאילו הוה אמרי' מאי בעי ידך בפומי' דחיוואי, הוה המשיך חייב מיתה. ולכאו' דבריו תמוהים הם, דהא דהמשיך פטור ממיתה הוא משום דאי"ז אלא גרמא בעלמא, וכל הנידון הוא רק לענין חיוב הנחש. ולפי הנ"ל דהדין דרשות המיוחדת למזיק הוא, דנחשב כאילו גרם והביא הנזק על עצמו, וא"כ נהי דגוף הפעולה עשה המזיק, אך הניזק הביא הפעולה על עצמו, וא"כ הכא נחשב שהמשיך הביא הנזק עליו. ומכיון שכן י"ל דשייך לחייבו מיתה, והא דלפי האמת פטור ממיתה, הוא משום דאצל הנחש גופו לא אמרי' ידך ברשותי כו' ונחשב כמו שהנחש עשה ההיזק.

אמנם אי"ז ישוב מספיק, דלכאו' לא ניתוסף בזה שום תורת מעשה, וכל הענין הוא לענין לפטור המזיק, וכן נקט הגרש"מ, וצ"ע. ואולי יש מקום ליישב עפי"ד המג"א בסי' שכ"ח, עי' ברשימות שיעורים מש"כ בדבריו, ואכמ"ל.

סימן כה

בדין העדאה דשור המועד[630]

בבי' שי' התוס' דגם לרבי לא נעשה מועד אלא בג' נגיחות

קו' הנחל"ד על תוס' דמבו' דלרבי סגי בב' נגיחות, וקו' היש"ש על תוס' בנגיחות דבני חיובא

ישוב על קו' הנ"ל עפ"י יסוד של הג"ר פסח שטיין זצ"ל דאיכא חילוק יסודי בין כופר לנזיקין

בבי' שי' התוס' דגם לרבי לא נעשה מועד אלא בג' נגיחות

מתני' כג: איזהו תם ואיזהו מועד, מועד כל שהעידו בו ג' ימים כו', ע"כ. ובתד"ה איזהו מועד כו' כ' וז"ל, אומר ר"י דהא דאמרי' בהבא על יבמתו דסתם לן תנא דשור המועד כרשב"ג דאמר בג' זימנין הוי חזקה, לא משום דתיהוי פלוגתייהו בשור המועד, דמקראי דרשי', עכ"ל. וכן היא שי' התוס' ביבמות שם, דגם רבי מודה בשור המועד. אכן דעת הרמב"ן והרשב"א והריטב"א והנמוק"י שם, דגם לענין שור המועד איכא פלוגתא, ולרבי נעשה מועד בשני נגיחות. וליישב קו' התוס' מכח הפסוקים, עי' בשטמ"ק בסוגין בשם הר"ש מדריוש, ודבריו מובאים במהר"ם, שכ' דלפי רבא דדרשי' תמול מתמול, חד, שלשום תרי ולא ישמרנו כו', י"ל דכבר נעשה מועד אחר נגיחה שני', וקרא ד"ולא ישמרנו" איירי בנגיחה שלישית דחייב נזק שלם, ע"ש.

והנה בבי' שי' התוס' ודעימי' דרבי מודה בשור המועד, מצינו שני דרכים בראשונים. עי' בתוס' ביבמות דף סה. ובראי"ש שם שכתבו, דלענין כל מילי דממונא בעי' ג"פ, וע"ש דאיירי אפי' היכא דלא הוה ענין של להוציא ממון. אכן מפשטות דברי התוס' בסוגין לא משמע שכוונו לזה, וכן מבו' להדיא בתוס' שאנץ המובא בשטמ"ק בסוגין, שכ' דנהי דלרבי בעי' ג' נגיחות לעשותו למועד אמנם לחזרה סגי בב' פעמים. וכן דקדק הגר"ש היימן [סי' ג'] מדברי הטו"א, דעי' לקמן לז. נגח שור חמור וגמל נעשה מועד לכל כו'. וכ' הטו"א, דלרבי היכא דנגח שני חמורים וגמל א' הוה נמי מועד לכל, והנה לפי"ד התוס' ביבמות צ"ב טובא, דהרי לכל חזקה דממון בעי' ג' פעמים, וא"כ גם לקבוע שהוא מועד לכל המינים בעולם ניבעי ג' נגיחות.

והנה כפשוטו יל"פ בדבריהם, דס"ל דהוה גזה"כ לענין חזקת נגחן, דלא הוחזק לנגחן אלא בג' נגיחות, וס"ל לתוס' שאנ"ץ דכל זה הוא לענין עצם ההעדאה ולא לענין החזרה. אכן עי' בשיעורי הגרב"ב [ב"ב סי' ז'] בשם הגר"ח, ובחי' הגרש"ה [סי' ג'] שכ' בבי' שיטת התוס' בסוגין, דכבר דקדקו האחרונים[631] דאפי' היכא דהשור כבר הוחזק לנגחן, מ"מ איכא סדר העדאה מגזה"כ בכדי שיחול עלה חלות תורת קרן מועדת, והיכא דהוחזק נגחן בלי ג' נגיחות לאו מועד הוא, ויותר מזה הסתפקו התוס' לקמן בסוף כד: דבעי' ג' נגיחות בבני חיובא. וכן שמעתי ממו"ר הגרח"ש בשם הגר"ח לדקדק מהדין דלייעודי גברא ובפרט לשי' התוס' בסוגין. וכבר עמד רר"ג סי' ב' בדקדוק הנ"ל. וביארו עפי"ז דברי התוס' בסוגין, די"ל דפלוגתת רבי ורשב"ג היא לענין החזקת נגחן, אמנם עדיין י"ל דמשום סדר העדאה מגזה"כ בעי' ג' נגיחות. וכ' הגרש"ה דזהו הבי' בדברי הטו"א הנ"ל, דע"י ב' נגיחות כבר הוחזק השור לנגחן, ורק דמשום סדר העדאה מגזה"כ בעי' ג' נגיחות, וא"כ גם בב' מינים נעשה הוחזק נגחן לכל המינים, ולהדין ג' נגיחות

---

[630] חבורה יח חלק א'

[631] עי' בחי' רר"ג סי' ב'.

דבעי' לסדר העדאה לא בעי' שיהיו באותו מין, עכ"ד. ודע דאפי' אילו הוה מפרשי' דהוה גזה"כ בעלמא בעיקר הדין דהוחזק נגחן הוה א"ש ג"כ דברי הטו"א הנ"ל כמובן.

קו' הנחל"ד על תוס' דמבו' דלרבי סגי בב' נגיחות, וקו' היש"ש על תוס' בנגיחות דבני חיובא

והנה על עיקר שי' התוס' עי' בנחל"ד בדף כו. שהעיר ממה דאי' שם, איבעיא להו רגל שדרסה על גבי תינוק בחצר הניזק, מהו שתשלם כופר, מי אמרי' מידי דהוה אקרן, קרן כיון דעבד ב' ובג' זמני אורחי' הוא ומשלם כופר, ה"נ לא שנא כו', ע"כ. ולכאו' לשון הגמ' "ב' וג' זימני" צ"ב, דאו דהוה ב' או דהוה ג', ונ' בפשיטות דכוונת הגמ' הוא דלרבי סגי בב' ולרשב"ג בעי' ג', הרי להדיא דלרבי סגי בב' נגיחות.

וכבר הזכרנו דברי התוס' לקמן בדף כד: שצדד לומר דלא נעשה מועד אלא היכא דנגח ג' נגיחות בבני חיוב, וביש"ש סי' כ"ח חלוק עליו, וז"ל, ומדכתב ר"י ושמא, ש"מ דלא ברירה ליה כולי האי. א"כ יש לי מקום להרהר עליו. כדמוכח (לקמן מא.). גבי מועד לאדם בכופר. דמשני שהועד לגוים. ופריך הועד לגוים מועד לישראל, בתמיה. מדלא פריך הא ליכא העדאה כלל אלא בפני חיוב. אלא שמעינן דשפיר הוי מועד היכא דנגח גוים. ואי הדר אתא ונגח בהמה של ישראל משלם נזק שלם. רק ממיתת הגוי לישראל לא הוי מועד. וכן אידך שינויא דטריפה. דפריך ומועד לטריפה הוי מועד לאדם. היינו נמי כדפי', עכ"ל. ובפנ"י שם ג"כ דקדק כנ"ל, דמשמעות הגמ' היא רק דמועד לעכו"ם לא הוי מועד לישראל, וע"ש שכ' לפרש דברי הגמ' דהוא משום דישראל אית לי' מזלא טפי, ועי' בתלמיד ר"ת שהביא מא' שבאמת תמה על דברי הגמ' דמאיזה טעם לא יהי' מועד לישראל, ותי' דאמרי' [שבת קנא:] אין חי' שולטת באדם אלא א"כ נדמה לו כבהמה, שנא' נמשל כבהמות נדמו, וגוים נדמין לבהמה יותר מישראל, ע"כ.

ישוב על קו' הנ"ל עפ"י יסוד של הג"ר פסח שטיין זצ"ל דאיכא חילוק יסודי בין כופר לנזיקין

ועי' בליקוטי שיעורים להגרפ"ש זצ"ל סי' ג', שהביא קו' היש"ש הנ"ל וכ' ליישב דהנה בדף ב: מסקי', דמועד לבהמה לא הוי מועד לאדם, וכן פסק הר"מ בפ"ו מנזק"מ ה"ח. וכבר העירו על דברי הר"מ שם בפ"י ה"ג שפסק לענין כופר דמועד לבהמה הוי מועד לאדם. ובכס"מ שם כ' דדברי הגמ' בדף ב: הן רק במועד להזיק ולא במועד להרוג, וכ"כ המאירי בדף מא. בדעת הר"מ, דע"ש שכ' מגדולי המחברים ויראה מדבריהם שלענין הריגה מועד לזה ומועד לזה אבל לא לענין נזיקין, עכ"ל. ובי' הגרפ"ש בזה, דהנה הר"מ בפ"א מנזק"מ ה"ה פסק דמועד לנגיחה לא הוי מועד לנגיפה, וכן העלה הרשב"א בדף ב: דמועד לאב אינו מועד לתולדה, וכן דקדק בבי' הגר"א בסי' שפ"ט אות י"ב מסוגיא לקמן מה:, והעיר הגרפ"ש על זה ממה שכ' שם לפרש בדברי המכילתא, דלענין כופר מועד לנגיחה הוי מועד לנגיפה. ובי' בזה די"ל דהא דמועד לנגיחה אינה מועד לנגיפה, אי"ז משום דחסר בתורת חזקת נגחן, אלא דחסר בחלות דין העדאה מגזה"כ. וי"ל דבזה איכא חילוק גדול בין כופר לנזיקין, די"ל דכל הא דבעי' חלות דין העדאה מגזה"כ, הוא רק בנזיקין אכן לחיוב כופר לא בעי' אלא שיהי' הוחזק נגחן. ובבי' הדבר שמעתי ממו"ר הגר"ד ברקין שליט"א שאמר לפרש יסוד זה עפי"ד הגרנ"ט שדקדק מסו' דדף מד: דאיכא חילוק יסודי בין חיוב כופר לחיוב נזיקין, ע"ש בגמ' דשור שהרג שלא בכוונה אינו נסקל והבעלים חייבים כופר, ונח' שם בשור שהזיק אדם שלא בכוונה, ושיטת ר"ש הוא דפטור, כמו שפטור מסקילה, ובי' הגמ' שם דס"ל דילפי' חיובא דשור מחיובא דשור, ולא ילפי' דין נזיקין מכופר דהוה חיובא דבעלים. וע"ש ברש"י וז"ל, חיובא דשור. תשלומי נזקיו מחמת השור באין. ובי' הגרנ"ט דכבר דנו האחרו' בעיקר גדר החיוב דממון המזיק, האם הוא משום דאחראי על מעשה היזק דממונו, או דהוא משום שההיזק בא מחמת פשיעתו בחיוב שמירה המוטל עליו. ובי' הגרנ"ט, דמבו' מדברי הגמ' הנ"ל דאיכא חילוק בזה בין חיוב נזיקין לחיוב כופר, דבחיוב נזיקין חיובו הוא משום זה דהוא אחראי על מעשה ממונו, אכן בכופר חיובו הוא משום פשיעתו. ולפי"ז י"ל דבנזיקין דחיובו הוא משום שהוא אחראי על מעשה דממונו, י"ל דלדין מועדות

בעי' חלות שם מועד שיחול על השור, משא"כ בכופר דחיובו הוא משום פשיעתו, א"כ הכל תלוי אם הוחזק נגחן או לא.

ולפי"ז בי' הגרפ"ש את דברי הר"מ הנ"ל שחילק בין כופר לנזיקין לענין מועד לבהמה, דהנה עי' בחי' רר"ג סי' א' ובחי' הגרש"ה שהסתפקו בהך דין דמועד לבהמה דלא הוי מועד לאדם, האם הוה זה דין בתורת הוחזק נגחן, או דודאי דאפי' ע"י נגיחות דבהמה נעשה הוחזק נגחן לבנ"א, ורק דחסר בדין דסדר העדאה מגזה"כ, דכדי למיחל על השור חלות שם מועד, בעי' סדר העדאה. וכ' הגרפ"ש די"ל בדברי הר"מ, דס"ל דודאי הוחזק נגחן, ורק דחסר ב סדר העדאה מגזה"כ. ולפי"ז מובן היטב החילוק בין נזיקין לכופר, דבכופר ליכא דין סדר העדאה מגזה"כ וכמשנ"ת.

ולפי"ז יישב קו' היש"ש בפשיטות, דהסוגיא לקמן בדף מא. איירי בחיוב כופר, ובזה ודאי דנעשה מועד אפי' ע"י נגיחות למי שאינו בר חיובא כיון דגם ע"י נגיחות אלו הוחזק נגחן, ומשו"ה הוצרכה הגמ' לומר דמועד לעכו"ם אינו מועד לישראל, והיינו דלא הוחזק נגחן לישראל כיון דישראל אית לי' מזלא טפי, או דעכו"ם נדמה לבהמה טפי.

ולפי"ז י"ל דהגם דמשמעות הגמ' הוא דמועד לעכו"ם הוי מועד לבהמה, אמנם לדינא לאו מועד הוא, דמשמעות הגמ' הוא רק דהוחזק נגחן לבהמה, אך לדין נזיקין דבהמה באמת לא סגי בזה.

ולפי"ז יישב הגרד"ב שליט"א קו' הנחל"ד הנ"ל, דהרי ביאר הגרש"ה בדברי התוס' דהא דבעי' ג' נגיחות בשור המועד, הוא משום החלות דין מועד מגזה"כ, והרי לפי הנ"ל ליכא כלל הך דינא לענין כופר, ובזה ודאי לרבי סגי בב' נגיחות שיהי' לה דין מועד.

אמנם דע דעיקר בי' דברי הגרש"ה בדברי התוס' צ"ב טובא, דלהדיא אי' בגמ' יבמות סד: דבשור המועד סתם לן תנא כרשב"ג, ומבו' דהדין ג' פעמים בשור המועד הוא מחמת הדין חזקת נגחן, דאל"ה לא סתם לן תנא כרשב"ג, דהא דלהעדאה בעי' ג' פעמים הוא דין אחר לגמרי, ובשלמא אי הוה מפרשי' בדברי התוס' דבשור המועד מודה רבי דילפי' מגזה"כ דלחזקת נגחן בעי' ג' נגיחות הוה א"ש, אך להנ"ל צ"ב טובא, ולהלן נחזור לזה בעזה"י.

סימן כו[632]

בשיטת רש״י בסוגין דרבא ס״ל דחייב נז״ש בנגיחה שלישית

הערות על דברי רש"י הנ"ל דמכיון דעדיין לא הוחזק למועד איך שייך לחייבו נז"ש

ראי' דאפי' למש"כ המאירי בפירש"י, עדיין לא חלה עליו דין מועד עד נגיחה שלישית

בי' בדברי רש"י ותוס' דהגם דהוחזק נגחן בב' פעמים אך מדין סדר העדאה הוא שיוחזק נגחן בחזקה דג"פ

הוכחה דגם בכופר איכא דין דסדר העדאה מגזה"כ

בי' בדברי הר"מ בענין מועד לבהמה לא הוי מועד לאדם דחילק בין מיתה לנזיקין

במתני' כג: איזהו תם ואיזו מועד, מועד, כל שהעידו בו שלשה ימים, ותם משיחזור בו שלשה ימים, דברי ר' יהודה. רבי מאיר אומר מועד, שהעידו בו שלשה פעמים, ותם כל שיהו התינוקות ממשמשין בו ואינו נוגח. ובגמ' שם, מאי טעמא דר' יהודה, אמר אביי, תמול, חד, מתמול, תרי, שלשום תלתא, ולא ישמרנו בעליו, אתאן לנגיחה רביעית. רבא אמר, תמול מתמול, חד, שלשום תרי, ולא ישמרנו, האידנא חייב. וכתב שם רש״י, ולא ישמרנו האידנא, בנגיחה שלישית חייב עליה נזק שלם. ומבואר דלדעת רש״י בסוגין לרבא חייב נז״ש בנגיחה שלישית. ועי' בתוס' שהעירו עליו מסו' בחזקה״ב כח. דאי' שם בסתמא, עד נגיחה רביעית לא מיחייב כו'. ועי' ברשב״א שהוסיף דליכא למימר דסוגיא אתיא כאביי, דלית הלכתא כוותי' לגבי רבא.

ובפשטות י״ל בזה עפי״ד המאירי בסוגין, שכ', דאפי' רש״י מודה דלהלכה אינו חייב נז״ש עד נגיחה רביעית, דלגבי פלו' זה קיי״ל כאביי, והגם דכללא הוא דהלכתא כרבא חוץ מיע״ל קג״ם, שאני הכא דאינה פלותת עצמם, אלא כוונת רש״י היא, דרבא ס״ל כרבי דלחזקה סגי בב' פעמים, ואביי ס״ל כרשב״ג, וקיי״ל בזה כרשב״ג, עכ״ד. ולפי״ז יש לדחוק דסוגיא בב״ב היא אליבא דהלכתא דקיי״ל כרשב״ג וכאביי. ובפשטות לפי״ד המאירי יוצא דלרבא כבר נעשה מועד בב' נגיחות.

והנה בדברי התוס' שלא תי' כן בשי' רש״י, בפשטות צ״ל דאי״ז משום דס״ל דמסתימת לשון הגמ' שם משמע דכו״ע מודו בזה, אלא משום דס״ל דדברי רש״י הם גם אליבא דרשב״ג, דהגם דלא נעשה מועד עד נגיחה שלישית, אך העדאתו וחיובו באין כא', וכמש״כ ברשב״א להדיא בבי' שיטת רש״י. וראיתי בחי' ר' נחום בב״ב כח: שהוכיח שכן היא שי' התוס', מקושיתו מסוגיא בב״ב שם, דהרי הק' ממאי דמסקי' שם דעד נגיחה רביעית לא משלם, ולכאו' צ״ב דהו״ל לדקדק כן מתחילת דברי הגמ' שם דהולכי אושא ילפי חזקת ג״ש משור המועד, והרי בשור המועד גופא נעשית מועד בב' פעמים וא״כ הו״ל למילף דחזקת קרקעות הוא בב' שנים, ובדברי התוס' בסוגין ל״ק כ״כ כמובן אך בדברי התוס' ב״ב שם ודאי ילה״ע כן, דהו״ל להק' על דברי רש״י כבר בתחילת דברי הגמ'. ולכאו' מבו' מזה דהבין דגם לרשב״ג לדעת רש״י לא נעשה מועד עד נגיחה שלישית.

הערות על דברי רש״י הנ״ל דמכיון דעדיין לא הוחזק למועד איך שייך לחייבו נז״ש

והנה אם ננקוט בדעת רש״י דס״ל הכי גם אליבא דרשב״ג, דהעדאתו וחיובו באין כא', לכאו' יצא מזה חידוש גדול, דהגם ששורו הי' בחזקת תם מ״מ חייב על נגיחה שלישית נז״ש.

[632] חבורה יח חלק ב'

והנה עי' בפי' הר"ח לעיל טו. שכ' דלמ"ד פלג"נ קנסא, ליכא חיוב שמירה על שור תם, ולפי"ז מאד תמוה איך שייך לחייבו נז"ש על נגיחה שלישית, והרי לא הי' לו חיוב שמירת נזיקין, וכי שייך חיוב תשלומין בשמירת נזיקין אפי' כה"ג דעדיין לא הי' חל עליו שום חיוב שמירה. וראיתי בחי' הגרנ"פ ב"ב כח: שעמד בזה, וכ' דרש"י לשיטתו אזיל, ודקדק מדבריו לעיל בדף טו. ובכתובות מא. דגם על תם איכא חיוב שמירה.

והנה לכאו' מבו' מדברי רש"י דהחילוק בין ח"נ דתם ונז"ש דמועד אינה תלוי בזה שבתם פשיעתו הי' פשיעה בחיוב שימור דתם, ופשיעתו של זה הי' בחיוב שמירה דמועד, דהרי הכא פשיעתו הי' בחיוב שימור דתם ואפ"ה חייב נזק שלם. והחילוק בין ח"נ לנז"ש תלוי' בעצם המציאות של השור, האם הוי מועד או תם. ולכאו' דבר זה מתאים יותר אם נימא דחיובו הוא משום ממונו המזיק, אך אם חיובו הוא משום פשיעתו בשמירה, דהיינו משום ה"אי שמירה" לכאו' הכל תלוי' בחיוב שמירה, האם הוי חיוב שמירה דתם או דמועד.

אלא דאכתי צ"ב, דסו"ס פשיעתו לא הי' פשיעה גמורה הואיל ועדיין הי' בחזקת שימור, והגע עצמך הרי כ' הגרש"ה בבי' שי' רש"י, דהיכא דתחילתו בשינוי, וכגון בכלבא דאכלא אמרי רברבי, חייב ח"נ גם על השן, מכיון דהפשיעה הי' רק כדרגת פשיעה של קרן תם, ע' חבורה י"א וחבו' ט"ז, הרי להדיא דהיכא דדרגת פשיעתו הי' בדרגתו של קרן תם, אינו חייב אלא ח"נ.

ואולי י"ל בזה עפי"ד הגרש"מ, דאין הכוונה דהחסרון פשיעה הוא משום ה"אי שכיחות" שיזיק, אלא משום דמעשה זה לא נכלל בעצם טבעו של שור זה, ומשו"ה אינו אחראי עלה כ"כ, ולפי"ז י"ל דמכיון דבב"א ע"י נגיחה זו נעשה מועד, נתברר שזהו טבעו ושפיר שייך לחייבו, דשפיר נחשב כפשיעה גמורה, וצ"ע.

אכן אפי' אם נימא הכי, מ"מ לכאו' דבר זה תלוי במה שהסתפק הגרש"ש, האם הג' נגיחות בשור המועד הוו בגדר סימן על טבעו מעיקרא, או דהם בגדר סיבה דהרגל נעשה טבע, ולכאו' אם ננקוט כצד השני, וכמו שנקט הנו"ב או"ח סי' כ"ו, צ"ב טובא דסו"ס הנגיחה השלישית לא באה מכח טבעו הרע, אלא אדרבה ע"י נגיחה זו הושרש טבעו להיות טבע רע. אכן אילו אמרי' דהוי סימן, אז י"ל דנהי דעכשיו הוברר דגם הנגיחות הראשונות היו מחמת טבעו הרע, ורק כיון דעדיין לא נעשה מועד א"א לחייבו, כמו שמבו' בכ"מ דאפי' אם פשע פשיעה גמורה מ"מ אינו חייב אלא ח"נ, ע' בחבורה י"א מש"כ בזה, אכן הכא דעם נגיחה השלישית נעשה מועד, שפיר שייך לחייבו נז"ש.

ובפשטות קושיא זו ילה"ע גם על דברי התוס' שלא העירו על דברי רש"י מכח קו' הנ"ל אלא מכח משמעות הפסוק דבעי' לייעדו לפני שנעשה מועד, אכן ראיתי בתוס' ר"פ שכ' דזה גופא הוא בי' הך דין דבעי' לייעדו לפני נגיחה שלישית, וז"ל בסוד"ה ואין מכירין כו', מכל מקום בעינן שיודיעוהו קודם הנגיחה רביעית, כדכתיב והועד בבעליו ולא ישמרנו, *שמחמת חסרון שמירה הוא נגוח וע"י פשיעתו שידע שהוא נגחן*.

ראי' דאפי' למש"כ המאירי בפירש"י, עדיין לא חלה עליו דין מועד עד נגיחה שלישית

והנה כבר הבאנו דברי המאירי דכל דברי רבא הם רק אליבא דרבי. והנה בפשטות צ"ל דכוונתו לומר דכבר בנגיחה השניה חל עליו דין מועד, ואינו חייב נז"ש עד נגיחה שלישית כעין מה דס"ל לרשב"ג דאינו חייב עד נגיחה רביעית. אכן ילה"ע על זה מלשון רש"י לקמן בדף כד. בד"ה והן עדות אחת להזמה. *שהרי על ידי שלשתן הוא מועד*, הלכך עדות אחת הן לכך כו', עכ"ל. הרי להדיא דלא נעשה מועד עד נגיחה שלישית.[633]

---

[633] וכפשוטו כן יש להוכיח מדברי הגמ' שם, לפי שי' רש"י, דאמרי' התם, דכולם הם ככת אחת להזמה, והרי בתוס' כ', דהגם דאינו חייב נז"ש עד נגיחה רביעית מ"מ כיון שמייעידן אותו וממילא מתחייב נז"ש ברביעית כשהוזמו צרכים לשלם כפי מה שתעלה נגיחה רביעית, עכ"ד. ולכאו' ילה"ע דא"כ גם כת רביעית יחשבו כעדות אחת עמהם, ויחול הדין הזמה גם עליהם, דאין העדים נעשים זוממין עד שיזימו את כולם. ולכאו' צ"ל דעיקר הדין זוממה הוא במה שפעלו על השור חלות דין מועד, דדינו הוא דבנגיחה רביעית חייב נז"ש, וא"כ כיון דלרש"י נעשה מועד בשני נגיחות, רק שני הכיתות צריכים להיות ככת אחת להזמה, אם לא דנימא דרש"י חלק עליו.

וכן מבו׳ מלשון רש״י בע״ב בד״ה ולייעדו כו׳, וכן מבו׳ בגמ׳ שם דאמרי׳ אי אמרת לייעודי גברא לימרו הנך קמאי אנן מי הוה ידעי׳ דבתר ג׳ *יומא* אתו הני *ומייעדי לי׳* כו׳. הרי דלא נעשה מועד עד נגיחה שלישית. ובאמת כן נ׳ לדקדק ממתני׳ דאי׳ שם איזהו מועד כל שהעידו בו ג׳ ימים כו׳ ומשמע דלא נעשה מועד עד נגיחה שלישית. וכן צ״ל לפי״ד הרמב״ן ודעימי׳ ביבמות סד. דסברי דלרבי כבר נעשה מועד בב׳ נגיחות. ולפי״ז צ״ב דמנין דסתם לן תנא בשור המועד כרשב״ג, והרי י״ל דכוונת המשנה הוא דחייב בתשלומין נז״ש בנגיחה שלישית, ובע״כ דמלשון מתני׳ מבו׳ דלא נעשה מועד עד נגיחה שלישית, וכן מבו׳ מדברי הר״ש מדריויש בשטמ״ק, ע״ש.

עוד ילה״ע בזה, דהנה רבא לפרש משנתינו בא, ומבו׳ דס״ל דדינא דמתני׳ אתיא אפי׳ לרבי, והנה במתני׳ מבו׳ דבעי׳ ג׳ נגיחות בג׳ יומי, ולכאו׳ צ״ב, דלרבי מאחר שכבר נעשה מועד בנגיחה שנית למ״ל נגיחה ביום שלישי. ודוחק לומר דהוא כעין מש״כ רבי׳ עזריאל בשי׳ אביי, ומובא בתד״ה ולא כו׳, דהרי המאירי כ׳ בפשיטות לדעת עצמו דמשמעות דורשין איכא בינייהו, ולא הביא דברי רבי׳ עזריאל, וא״כ צ״ב דאמאי לא העיר על רש״י ממתני׳, ואיך העלים עין מכל זה.

ואשר נ״ל בזה, דודאי אפי׳ למש״כ המאירי דלפי פירש״י נמצא דרבא ס״ל כרבי, מ״מ לא נעשה השור מועד עד נגיחה שלישית, דהכי מבו׳ בקרא מהא דבעי׳ נגיחה שלישית ביום שלישי, ורק דבנגיחה שנית כבר הוחזק לנגחן, אך לחלות דין העדאה מגזה״כ בעי׳ ג׳ נגיחות, ובנגיחה שלישית אמרי׳ דהעדאתו וחיובו באין כא׳. ומה שדבר זה תלוי בפלו׳ דרבי ורשב״ג, הוא משום דאליבא דרשב״ג דלא הוחזק נגחן עד נגיחה שלישית, נמצא דפשיעתו בשמירה לא הי׳ פשיעה גמורה עד נגיחה רביעית, ולכן א״א לחייבו נז״ש עד נגיחה רביעית. אכן לרבי דהוחזק נגחן כבר בנגיחה השניה, הוי כבר פשיעה גמורה בנגיחה שלישית, ונהי דלחלות דין מועד בעי׳ ג׳ נגיחות, אך בזה שוב י״ל דחיובו והעדתו באין כא׳. וא״ש היטב אפי׳ אליבא דרבא מה דמבו׳ במתני׳ דלא נעשה מועד עד נגיחה שלישית.[634]

אכן לכאו׳ ילה״ע על הנ״ל, דהרי בגמ׳ יבמות הנ״ל אמרי׳, דסתם לן תנא בשור המועד כרשב״ג דאמר דבג׳ פעמים הוי חזקה, והרי להנ״ל נמצא דיתכן דהדין ג׳ נגיחות במתני׳ לא שייך לדין חזקה אלא דהוא דין תורה מגזה״כ הנא׳ בסדר העדאתו, והוא כעין מה שהקשינו למעלה על ביאורו של הגרש״ה בדברי התוס׳.

בי׳ בדברי רש״י ותוס׳ דהגם דהוחזק נגחן בב׳ פעמים אך מדין סדר העדאה הוא שיוחזק נגחן בחזקה דג״פ

ואשר נראה בזה, ועיקר הסברא שמעתי מהבחור המצויין ד.מ. עדעלשטיין נ״י, דהנה כבר הוכיח הגרש״מ דאפי׳ לרבי דס״ל דאיכא חזקה בתרי זימני, מ״מ איכא גם לדידי׳ חפצא דחזקה דג״פ דאלים טפי, ואינה כמו ד׳ פעמים דודאי לא נתפס בעיקר התורת חזקה דהוה חזקה ע״י ד׳ פעמים. ולפי״ז י״ל, דהדין הנא׳ בסדר העדאה דבעי׳ ג׳ נגיחות אינה דין נגיחות בעלמא, אלא דדין התורה הוא זה גופא דלחלות דין מועד לא סגי במה שיש לו תורת חזקת נגחן, אלא דבעי׳ חזקת נגחן דג״פ. ונהי דאילו מעיקרא הי׳ הוחזק נגחן באותו דרגא של שור שהוחזק נגחן ע״י ב׳ נגיחות, דהי׳ מועד מעיקרא, אך מאחר שמעיקרא הי׳ לו דין תם, לא נעשה מועד עד שיוחזק לנגחן ע״י ג׳ נגיחות. ולפי״ז מובן היטב מאי דאמרי׳ בגמ׳ דסתם לן תנא בשור המועד כרשב״ג, דדין ג׳ נגיחות הוא בשביל שיוחזק נגחן ע״י ג׳ נגיחות.

והנה עי׳ בתלמיד ר״ת שהעיר על דברי רש״י מכח הסו׳ דחזקה״ב, וכ׳ על זה וז״ל בד״ה ולא ישמרנו כו׳, והא ליכא למימר דסוגיא דשמעתא דהתם אליבא דרשב״ג דאמר בשילהי הבא על יבמתו דבתלת זימני הוי חזקה, ורבא דהכא מפרש מילתי׳ דר״י כרבי, דבתרי זימני הוי חזקה, דהא רבא גופי׳ קאמר במס׳ יבמות אהך מתני׳ דסתם לן תנא כרשב״ג, עכ״ל. והיינו דכיון דרבא פי׳ דמתני׳ אתיא כרשב״ג איך שיי״ל דרבא פי׳ מתני׳ דהכא אליבא דרבי. אכן

[634] אמרתי כל מש"כ בבי׳ שיטת רש"י להגרש"מ ונהנה מאד ואמר שהוא דבר חכמה.

להנ״ל י״ל בפשיטות, דהגם דרבא פירש הכא מתני׳ אליבא דרבי, מ״מ אי״ז סתירה לסוגיא הנ״ל, דסו״ס מבו׳ במתני׳ דלחלות דין מועדת בעי׳ חזקה של ג״פ שהוא חזקה דרשב״ג. אלא דאכתי צ״ב, דהמאירי עצמו העיר כעין קו׳ הנ״ל, אך י״ל דס״ל דמשמעות הגמ׳ שם הוא דמתני׳ אתיא רק כרשב״ג, והרי להנ״ל נמצא דממתני׳ איו קושיא על רבי, והכוונה הוא רק דלענין שור המועד נתקיים שיטת רשב״ג וכעין פי׳ התוס׳.

ולפי״ז שפיר יל״פ דברי התוס׳ כמש״כ הגרש״ה, דלרבי כבר הוחזק נגחן בב׳ נגיחות, והא דבעי׳ נגיחה שלישית הוא משום הדין סדר העדאה מגזה״כ, אך בי׳ הגזה״כ הוא זה גופא דבעי׳ שיוחזק בג׳ פעמים, ורק דמ״מ ס״ל להתוס׳ דאינו חייב נז״ש עד נגיחה רביעית, דלא אמרי׳ העדאתו וחיובו באין כא׳, וא״ש היטב.[635]

הוכחה דגם בכופר איכא דין דסדר העדאה מגזה״כ

אכן מש״כ בתחילת דברינו מהגרפ״ש ליישב דברי התוס׳ מקו׳ הנחל״ד והיש״ש, דבכופר ליכא דין סדר העדאה מגזה״כ, דבר זה צ״ב טובא, דהרי גם גבי כופר כתיב הך פסוק דולא ישמרנו והועד בבעליו, ומבו׳ דגם בכופר בעי׳ ג׳ נגיחות, ושייכא בי׳ האי דרשא. ועוד ילה״ע דע׳ בחי׳ הגרר״ג שכ׳ דהמקור להך דין דסדר העדאה מגזה״כ, הוא ממה דכ׳ והועד בבעליו, דילפי׳ מזה דאין השור נעשה מועד עד שיעידו בו בפני בעליו, ומבו׳ דבלי״ז לא חל על השור חלות מועד, והיינו דהוה סדר בעיקר הדין העדאה. עוד העיר לי הר״ר יוסף בוילין שליט״א, דהנה כבר הבאנו למעלה, דרר״ג הוכיח הך דין דסדר העדאה מגזה״כ ממ״ד לייעודי גברא, והרי עי׳ לקמן מא. בענין כופר דתלינן זה בפלו׳ דלייעודי גברא ולייעודי תורא.

ואלא דלפי״ז צ״ב מה שכתבנו למעלה לדקדק מדברי הר״מ במועד לבהמה דהוי מועד לאדם לענין כופר. והנה בשי׳ הר״מ יתכן דליכא ראי׳ מהדין דלייעודי גברא, דעי׳ בדבריו שם, דמבו׳ דס״ל דהא דאוקמי׳ בסו׳ דדף מא. דמכירין את בעל השור ואין מכירין את השור, הכוונה היא דלעולם לא הכירו, והגם דלא ידעי׳ בבירור דאותו שור נגח ג׳ פעמים, מ״מ חייב כופר. ועי׳ בספר השלמה שפי׳ דברי הר״מ כפשטן, ודקדק מדברי הר״מ דלמ״ד לייעודי גברא, אי״צ לייעודי תורא, והכל תלוי בדין לייעודי גברא. והנה מספר השלמה משמע דהבין כן גם בדברי הר״מ בפ״ו לענין נזיקין, אך דבר זה צ״ב טובא, דהרי להלכה היא בעיא דלא איפשיטא אם לייעודי גברא או לייעודי תורא, וא״כ אמאי פסק הר״מ דחייב בכה״ג. ולכאו׳ צריכים לדחוק בדברי הר״מ שם, כמש״כ הגרא״ז דאיירי שכת השלישית העיד דראו נגיחה הא׳ והב׳ וג׳, והי׳ אותו שור ועכשיו לא הכירוהו, ע״ש. אכן בדברי הר״מ בענין כופר יל״פ דבריו כפשוטן, דס״ל דכיון דחיובא דכופר העיקר תלוי בפשיעה, לכן הכל תלוי בהעדאת הבעלים, וצ״ע.

בי׳ בדברי הר״מ בענין מועד לבהמה לא הוי מועד לאדם דחילק בין מיתה לנזיקין

אכן בעיקרן של דברים מדברי הכס״מ והמאירי לא נ׳ כביאורו של הגרפ״ש, שכתבו לחלק בין הריגה לנזיקין, והרי להנ״ל הו״ל לחלק בין כופר לנזיקין ולא בין הריגה לנזיקין, ולכן נ׳ דכוונתם היא כמש״כ בשלטי גיבורים מא. בבי׳

---

[635] ודע דלא כן מבו׳ מדברי שיעורי הגרב"ב שם, דנקט דהדין ג׳ נגיחות בשור המועד הוה גזה"כ בעלמא, ויקשה עליו קו׳ הנ"ל מלשון הגמ׳ ביבמות. עוד העיר הגרש"מ דבמתני׳ מבו׳ דבעי׳ ג׳ ימים, ומסו׳ דחזקה"ב שם מבו׳ דענין ריחוק נגיחות וקירוב נגיחות הוה סברא בעיקר הדין חזקה, וכן מבו׳ מסו׳ דתענית כא:. שוב אמרתי כל זה להגרש"מ, ואמר לי דגם לפי הבנתו כן הוא הבי׳, דגדר הגזה"כ הכא הוא דלחלות דין מועדות בעי׳ חזקה אלימתא של ג"פ, ואה"נ לפי מש"כ רש"י לקמן מח: בד"ה דחזא ירוקה ונפל כו׳, דהיכא דעשה מעשה משונה ג"פ בכדי לאכול, חל עלה דין שן וחייב נז"ש אפי׳ בלי חלות דין העדאה, עי׳ בדברי התוס׳ שם ובחבורה י"ט, וי"ל דלרבי ודאי סגי בזה בב׳ פעמים. אך הוסיף דמ"מ נראה דלא הוקשה לי׳ להתוס׳ דלרבי ליהוי פעם שלישית דין ח"נ ממונא, די"ל דכיון דעיקר דין מועד הוא להוציא מהדין תמות, ור"ל מהדין דבחזקת שימור דתמות קיימא, ונאמר בענין החלות דין דמועד דבעי׳ חזקה אלימתא להוציאה מחזקת שימור קיימי, ונמצא דנא׳ גזה"כ בדין תמות, דכל עוד דליכא חזקה אלימתא הרי הוא בחזקת שימור קיימא. וענין הג"פ הוא רק לענין מעשה משונה דהתם, דאינו בא להפקיע חלות דין תמות ולמיחל עלה דין מועדות, אלא הוא ענין בעלמא בכדי שיהי׳ נחשב כאורחי׳ לענין חיובא דשן, לענין זה לא נכלל בהגזה"כ.

דברי הר"מ, דעיקר הטעם דמועד לבהמה לא הוי מועד לאדם הוא משום דאדם אית לי' מזלא, וסברא זה לא שייכא אלא בנזיקין ולא לענין מיתה.

ודע דמדברי פסקי רי"ד לז: נ' דס"ל להיפך, דהסברא דאדם אית לי' מזלא, שייכא רק לענין מיתה ולא לענין נזיקין, דע"ש שכ' דקיי"ל כר' פפא דמועד לאדם לא הוי מועד לבהמה, והעיר מסו' דדף ב: ותי' וז"ל, אי נמי י"ל דוקא גבי מיתה אמרי' מועד לאדם הוי מועד לבהמה, דקאי במיתה הוא דמיירי, וגבי מיתה הוא דעדיף אדם מבהמה, אבל לנזקין כולן שוין, ומועד לאדם לא הוי מועד לבהמה, עכ"ל. והיינו דבמיתה מועד לאדם הוי מועד לבהמה, אך לגבי נזיקין מועד לאדם לא הוי מועד לבהמה, ובע"כ דחילוק זה הוה חילוק במזלא, דהסברא דאדם אית לי' מזלא שייכא רק במיתה ולא בנזיקין, דהרי שניהם איירי לענין דין נזיקין דשור, והוא להיפך מדברי הר"מ.

סימן כז

בגדר הוחזק נגחן אי הוי סיבה או סימן[636]

בבי' הוחזק נגחן ומה שתלה הגרש"ש בפלו' מהר"ם מרוטנוברג ורבי' פרץ

מתני' **כג:** איזהו תם ואיזהו מועד כו'. עי' בתד"ה איזהו מועד כו' שהביאו סוגיא דיבמות דף סה. דסתם לן תנא דשור המועד כרשב"ג כו', ומבו' מזה דענין ג' נגיחות לעשותו לשור המועד, הוא משום דעי"ז הוחזק נגחן. ועי' בחי' הגרש"ש ב"ק סי' מ' שהסתפק אם הג"פ הוה בגדר סימן או בגדר סיבה, והיינו האם אמרי' דמקצת שוורים תכונתם רעה משעת לידתם ורק דמן הסתם אין צריכים לחשוש לזה, ואפי' נגח ב' נגיחות אמרי' דמקרה הוא, אכן היכא דנגח ג' נגיחות אמרי' דמקרה לא יתמיד, ומחזקי' דהי' שור נגחן מתחילת ברייתו. או"ד דלעולם לא מחזקי' דהי' שור רע מתחילת ברייתו אלא דמחזקינן דנשתנה טבעו ע"י הג' נגיחות גופייהו, דע"י ג' פעולות החיצוניות של נגיחה נעשה נגחן בטבע.

וע"ש שכ' לתלות נידון זה בפלו' מהר"ם מרוטנבורג ורבי' פרץ בענין משיב הרוח ומוריד הגשם, דהנה אי' בירושלמי דלאחר ל' יום א"צ לחזור כשהוא מסופק אם אמר. ונחלקו הראשונים אם אמר צ' פעמים ביום א', האם נימא שהוא מוחזק שלא שכח, והוכיח מהר"ם ענין זה משור המועד דאמר ר' מאיר ריחק נגיחותיו חייב קירב נגיחותיו לא כ"ש, הכא נמי כיון דאחר ל' יום אם הוא מסופק אי"צ לחזור, כ"ש צ' פעמים ביום א'. ורבי' פרץ חלק עליו וכ' דאין הנדון דומיא להראי' דהתם טעמא משום שהוחזק ליגח, ואם הוחזק בג' רחוקות כ"ש בג' קרובות, אבל משיב הרוח כו' תלוי בהרגל לשונו. ובבי' השגת ר"פ עי' בב"י וז"ל, וכתב ה"ר דוד אבודרהם (עמ' קט) שטעמו של ה"ר פרץ משום דשאני גשם שהדבר תלוי בהרגל לשונו, ואע"פ שהרגיל לשונו לומר מתחלת אתה גבור עד משיב הרוח לבדו בלא ברכה ראשונה דמגן, לא הוי חזקת הרגל כשמתחיל להתפלל בסדר ברכת מגן ואח"כ אתה גבור.[637] ורבי' הגדול מהר"י אבוהב ז"ל כתב שטעמו של ה"ר פרץ משום דלא דמי, דהתם שהוא לטבע רע שזה השור [הוא נגחן], הנה כשיעשה הנגיחה בקרוב מורה שהוטבע בו זה בקנין מה שאין כן אילו היה עושה אותו בהרחקה שיש לנו לומר בכל אחד מהם מקרה הוא, אבל כאן הדבר תלוי בהרגל הלשון, והלשון אינו מורגל כל כך כשיעשה דבר אחד בקירוב. והרא"ש נוטה לסברת מהר"ם, ונראה כדבריו שהרי הרגל הלשון אינו אלא מצד הטבע המורגל באדם והרי הוא כמו

---

[636] חבורה יט

[637] וראוי לציין דדברי המהר"ם נמצאים גם בתשב"ץ קטן סי' רכ"ה, וע"ש בהג' רבי' פרץ שכ' להדיא כדברי האבודרהם, ע"ש היטב.

שור נגח, עכ"ל. ובי' הגרש"ש בכוונת מהרי"א דכוונת ר"פ היא להשיג דג' נגיחות דשור המועד הוא רק התגלות טבעו של השור, דג' מקרים לא יתמיד, ובזה דוקא עשינן ק"ו זה, וכתב שם דמסו"ד מהרי"א מבו', דהבין דמהר"ם חולק על זה גופא וס"ל דשור המועד הוא ענין הרגל [וכ"כ בקה"י טהרות סוס"י ס"ו], עכ"ד.

הערה על דברי הגרש"ש מלשון הב"י

ודברי הגרש"ש צ"ע טובא, דמלשון מהרי"א מבו' להדיא דעיקר פלוגתתם אינה בגדר דין שור המועד אלא בענין הרגל הלשון, דז"ל שם בסו"ד, והרא"ש נוטה לסברת מהר"ם, ונ' כדבריו, **שהרי הרגל הלשון אינו אלא מצד הטבע המורגל באדם** והרי הוא כמו שור נגח, עכ"ל. ולפי"ד הגרש"ש נמצא דעיקר פלו' מהר"ם ור"פ אינה בגדר הרגל הלשון אלא בגדר שור המועד, וא"כ הול"ל דנראה כדבריו דשור נגחן הוא ענין הרגל, ולכאו' מבו' מדבריו דפלוגתתם הוא בגדר הדין דהרגל הלשון, אם יש לדמות הרגל הלשון להרגל שור בנגיחה.

ובעזה"י מצאתי בחי' חת"ס ב"ב כח: וז"ל בתו"ד, ואפי' רבי' פרץ לא פליג התם אלא מטעם שכ' הרב"י שם, דלענין מידי דזכירה עדיף דריחוק מקירוב. וכן מבו' להדיא מהג' החכמת שלמה [מהר"ש קלוגר] על השו"ע שם שהבין כן בכוונת רבי' פרץ.

אכן נהי דמבו' מזה דלא מטעם זה נחלק ר"פ עליו, אך כפשוטו אכתי יש לדקדק מדברי מהר"ם גופי' דס"ל דענין שור נגחן הוא ענין הרגל, דאי נימא דג' פעמים דשור המועד הוא ענין סימן בעלמא, מהיכ"ת לן לומר דגם בענין דרגילות אמרי' הך ק"ו.

אכן נ' דראי' זו בלא"ה אינה מוכרחת, דהנה עי' בב"ב כח: דאמרי' הך ק"ו דריחק נגיחותיו כו' לענין חזקת ג"ש, והרי התם אינו ענין השתנות ע"י הרגל, אלא ענין סימן והתגלות, ומ"מ הוזכר ק"ו הנ"ל, וכן נ' להוכיח מגמ' תענית כא., דבמשנה שם בדף יט. תנן, עיר שיש בה דבר מתענה ומתרעת וכל סביבותי' מתענות ולא מתריעות כו'. ובגמ' שם אי' דלעיר שיש בה חמש מאות רגלי ומת א' מהם כל יום ג' ימים, הרי"ז דבר. וע"ש בגמ' דחד מ"ד ס"ל דה"ה אם מתו ג' אנשים ביום א' הוי דבר ומשום ק"ו דר' מאיר דאם על ריחק נגיחותיו חייב על קירוב נגיחותיו לא כ"ש, ע"ש, והרי התם הוא רק ענין סימן בעלמא, ואעפ"כ הוזכר הך ק"ו. ולכאו' מבו' להדיא מדברי הגמ' דהך ק"ו שייך גם היכא דהוא סימן בעלמא ומדמינן זה לשור המועד, וא"כ ממנ"פ מבו' מדברי מהר"ם דהך ק"ו שייך בין לענין שינוי ע"י הרגל הלשון כמשיב הרוח, ובין לענין התגלות הדבר ע"י מקרה דלא יתמיד וחזקת ג"ש וא"כ ליכא להוכיח כלל מדבריו דשור המועד הוא ענין שינוי ע"י הרגל, ומלפני איזה שנים אמרתי דקדוק זה להגרש"מ והסכים לי.

בקו' האחרו' על מהר"ם מרוטנוברג דקיי"ל כר' יהודה דלא דרש הך ק"ו דריחוק נגיחות כו'

עוד נראה להוכיח להדיא מדברי המג"א דהבין בדברי מהר"ם דהוה ענין סימן, דהנה כבר תמהו הדרישה והט"ז והגר"א והשל"ה והמג"א על מה שכתב המהר"ם לייסד דינו על דברי ר' מאיר דריחק נגיחותיו חייב כו', דהרי להלכה לא קיי"ל כר"מ אלא כר"י, ומכח קו' הנ"ל דחו הט"ז והגר"א את דברי המהר"ם, וילה"ע דקושיא זו קשה גם על דברי רבי' פרץ שלא השיג על ראיה זו מכח קושיא הנ"ל.

ובביאור דברי המהר"ם מצינו שני מהלכים בפוסקים, דהנה עי' בנו"ב או"ח סי' כ"ו שכ' דבפשטות יל"פ בסברת ר"י דפליג על ר' מאיר דהוא משום דס"ל דאדרבה יותר נעשה ההרגל בריחוק ממה שנעשה בקירוב ולכך סובר בשור המועד דדוקא ריחק נגיחותיו חייב כו' והא דקאמר ר"י זבה תוכיח, היינו להקשות לר"מ ולהוכיח מזבה איפכא מסברת ר"מ, או שנימא דלר"י אין שום ענין למילף זה מזה, לא בק"ו ולא במה מצינו, שאין ענין למילף חד מחבריה דלפעמים יש ענינים שיותר מתרגל בקירוב ויש ענינים יותר מתרגל בריחוק, וכל אחד הוא נידון לעצמו לפי טבעו ואין למילף חד מחבריה בשום ענין ולכך סובר בשור המועד קרא כדכתיב ואין למילף ק"ו כלל והא דקאמר זבה

תוכיח היינו ג"כ לדברי ר"מ קאמר, ולהנך תרי לישני קשיא קושיית האחרונים שפיר על המהר"ם דהיאך יליף הרגל הקירוב מהרגל הריחוק נגד דעת ר' יהודה.
אכן המג"א שם בסעי' י"ג כ' לפרש, דיל"פ דלעולם ס"ל לר' יהודה ג"כ מהך ק"ו, דהנה כבר תמהו האחרונים על הטור שפסק כמהר"ם, דדריש הך ק"ו, והרי לקמן בסי' תקע"ו פסק לענין דבר בעיר, דרק אם מתו ג' אנשים בג' ימים נחשב כדבר, אבל אם מתו ביום א' לא נחשב כדבר, ומפשטא דסוגיא דתענית כא. משמע דזה תלוי בפלוגתא דר"י ור"מ, הרי דפסק הטושו"ע כר"י דלא דריש הך ק"ו, וכבר עמד הלח"מ פ"ב מתענית ה"ה על קושיא הנ"ל. וכ' המג"א די"ל דבעלמא דריש הק"ו ושאני גבי דבר דאמרי' אותו היום האויר הי' משונה. וי"ל כעי"ז לענין נגיחת שור, דאם נגח כל הנגיחות ביום א', א"א לקבוע השור לחזקת נגחן, די"ל דשגעון הוא דנקט לה באותו יום, אך בעלמא היכא דלא שייך לומר כן, דרשי' הך ק"ו, עכ"ד. וכוונתו היא דהכא שייך לתלות הכל במקרה א', ונהי וי"ל דרק לענין אותו יום הוא מועד אך לשאר ימים לאו מועד הוא. ולכאו' ילה"ע על דבריו דא"כ מה קאמר ר"י זבה תוכיח, הרי גם הוא עצמו אית לי' הך ק"ו ושאני שור מועד ומטעם שנתבאר. ועי' במחצה"ש שכבר עמד על זה, וכ' דגם בזבה יש סברא כמו תונבא, כמבואר בנדה לז: ודימה ר"י סברת זבה בתונבא לסברת נגיחה ביום א', עכ"ד.
והנה לפי"ד המג"א נמצא דודאי גם לפי המהר"ם, לשיטת ר"י לא רק שלא חלה חלות העדאה בג' נגיחות ביום א', אלא אפילו לא הוחזק נגחן. אכן בדרישה שם ובנו"ב או"ח סי' כ"ו [ע' גם במהדו"ת סי' פ"ה] כתבו לפרש באופ"א, דלעולם גם ר"י אית לי' הך ק"ו לענין שור המועד גופי' ורק דס"ל דמכיון דבקרא כתיב ג' ימים, א"א לילף ג' פעמים ביום א' אלא מכח ק"ו, ובזה י"ל דזבה תוכיח דגם התם מסברא הוה דרשי' ק"ו, ואפ"ה ילפי' ממשמעות הפסוק דבעי' ג' ימים בדוקא, אף הכא נמי כן דהגם דודאי איכא סיבה יותר להחזיקה לנגחן ע"י קירוב נגיחות, מ"מ לא חלה עלה חלות שם מועד אלא בג' נגיחות בג' ימים. ועל זה השיב להם ר"מ דהתם דמיעטה קרא בפירוש מפרשי' דבא לגלות לן דטומאת זיבה אינה תלויה בחזקות, דאפי' אם יבא אליהו כו' וכמש"כ התוס'.[638]
והנה מלשון הנו"ב (ראה בהג"ה) משמע קצת, דביאור הגזה"כ הוא, דהגם דאיכא סיבה בקירוב נגיחות להחזיקו יותר לנגחן כמו בעלמא דקירוב הוא יותר סיבה לענין חזקה, אך הכא איכא גזה"כ מיוחדת דאין מחזיקין אותה לנגחן אלא בג' ימים. אכן לכאו' י"ל דבריו באופ"א, ואולי לזה כוון הנו"ב, דהגם דעיקר הדין תמות הוא משום שלא הוחזק ליגח, אך אילו נעשה חזקת נגחן בלי ג' נגיחות לא נעשה מועד, וכמבו' בסוגיא לקמן דף מא. דברודף אחר ג' אנשים להורגן וברחו, לא נעשה מועד הגם דאמדי' דאילולי שברחו הי' הורגם. ויותר מזה הלא כתבו התוס' סוף כד: דנראה לו דבעי' נגיחות של בני חיוב בדוקא. ולפי"ז י"ל דגזה"כ הוא דלחלות דין העדאה בעי' ג' נגיחות בג' ימים הגם דודאי הוחזק נגחן יותר ע"י ג' נגיחות ביום א', וכעי"ז כ' בחי' רר"ג סי' א' בהג"ה 5 מעצמו בבי' דברי המהר"ם,

---

638 עי' בלח"מ פ"ב מתענית ה"ה שהוסיף וז"ל, משום דקרא הזכיר ימים ולא קאמר סתמא העדאה דלישתמע בין בג' ימים בין ביום א' אבל בעלמא דליכא קרא ודאי הסברא כר' מאיר.

וז"ל הנו"ב שם, אמנם יש לפנינו דרך שלישי שגם ר' יהודה מודה לסברת ר"מ דריחוק גרע מקירוב, והק"ו הוא סברא מעליא רק ר"י סובר זבה תוכיח, שגם שם יש ק"ו זה ורחמנא מיעטי', וא"כ חזינן גזירת הכתוב בזבה שאף שרגילה ומוחזקת לראיות יותר בקירוב ראיות אעפ"כ רחמנא טיהרה, ובריחקה ראיותי' טימאה הכתוב משום שעלולה לראיות אף שאינה עלולה כל כך כמו קירבה, ה"נ בשור המועד ג"כ גזירת הכתוב שאינו חייב כי אם בריחק נגיחותיו אף שיותר **מורגל** (א.המלשונו כ"פ משמע דהוי בגדר הרגל שנעשה טבע). ליגח בקירוב, מ"מ לא חייבו הכתוב רק בריחוק מטעם זבה תוכיח וכדרך כל סוגיית ק"ו ויוכיח שבש"ס, דאטו משום דאמרינן יוכיח, מש"ה זה אינו חמור מזה, שהרי אנו רואין שזה חמור מזה ואעפ"כ אנו אומרים פלוני יוכיח שג"כ חמור כזה, ואין הדין כן, ה"נ בזה וכל הש"ס מלא מזה, ולפי זה שר"י מודה לסברת ר"מ דקירב נגיחותיו יותר מועד הוא ליגח, אלא שאין לחייבו שהרי זבה תוכיח, דבר זה שייך בדין שיש בו חיוב או פטור או טמא או טהור שייך לומר, הן אמת שחמור יותר ואעפ"כ התורה לא חייבתו או לא טמאתו. אבל בדבר שאנו מסופקים אם נעשה בו הרגל זה, כגון בספק אמר משיב הרוח בפסח שעד שלשים יום מוקמינן ליה אחזקתיה שאמר כו'.

דהך דין דבעי' ג' ימים הוא משום הדין סדר העדאה מגזה"כ, ולפי"ז צ"ל דגם בנדה הוא כן, דהגם דהוחזקה לראות אך חוץ מזה דבעי' שתוחזק לראות, מגזה"כ בעי' ג' ראיות, ובזה נאמר סדר מיוחד דבעי' שיהיו בג' ימים שונים.

ולכאו' נמצא דאיכא ב' מהלכים בבי' דברי המהר"ם מרוטנבורג, דודאי מבואר מדבריו דגם ר"י ס"ל דהוי ק"ו, ונחלקו המג"א והדרישה האם לענין שור המועד גופי' אית לי' הך ק"ו ורק דחסר בחלות דין העדאה, או דשור המועד שאני ולא הוחזק נגחן וכמושנ"ב. וי"ל דהנפק"מ בזה היא לענין דברי רש"י בדף מח: בד"ה דחזא ירוקא ונפל, דהיכא דבהמה עשתה מעשה משונה ג"פ בכדי לאכול, באופן שלא נתכוון להזיק, בפעם רביעית נעשה לרגל אפי' בלי חלות דין העדאה, עי' בתוס' שם דלרש"י אילו נפל לבור ג' פעמים ולא הי' אדם בתוכו, מ"מ בפעם רביעית כשנפל על האדם חייב מדין שן, כיון דהוחזק שהוא נכלל בעיקר טבעו של השור, ע"ש היטב. ויל"ע היכא דעשתה זה ג"פ ביום א' אליבא דר"י, דלפי"ד המג"א לא תהי' מועדת, ואם ננקוט דרק חסר בהסדר העדאה, בכה"ג הוי מועד דלא בעינן סדר העדאה דאינו קרן אלא רגל. [ואפי' אם נפרש בנו"ב ודרישה כמש"כ למעלה, מ"מ יתכן דהך גזה"כ לא נאמרה אלא היכא דאיכא דין סדר העדאה מגזה"כ, אך היכא דכל הענין הוא ענין מציאותי לקבוע אם מעשה זה אורחי' הוא או לא, ודאי י"ל דהוחזקה נגחן].

ועכ"פ הרי לן להדיא דהמג"א נקט בפשיטות בדעת מהר"ם מרוטנבורג דשור המועד הוה ענין סימן, שהרי כ' דסברת ר"י דבשור המועד לא אמרי' הך ק"ו והוא משום דחיישי' למקרה דשגעון, והנה אילו הי' דין דהרגל נעשה טבע לא שייך כל סברא הנ"ל כמובן.

מה דדימה מהר"ם מרוטנוברג הך ק"ו דריחוק נגיחות כו' מהיכא דהג"פ הוא סימן להיכא דהם סיבה

ואלא דאכתי עלן לפרש, דאי באמת נימא דג"פ הוה ענין סימן, איך יליף מהר"ם מזה לענין הרגל. והנראה בזה בעזה"י דהנה בחזקה דג"פ איכא ג' מדרגות הא', היכא דהוה כשלשה מקרים יחידים דאין לא' שייכות עם חבירו, אלא שלש פעמים נגיחה אחת. והב', היכא דאיכא סוג אחת של שלש נגיחות, והג', היכא דקרובים כ"כ דלא נחשב כשלש אלא כדבר אחד, וכגון בנגיחות דהי' נחשב כחד נגיחה אריכתא. והנה מדברי ר' מאיר מבו' דס"ל דשלש פעמים ביום א' לא נחשב כחד נגיחה אריכתא, ומשו"ה קאמר דאם שלש פעמים בשלש ימים דייני' כסוג וענין א' של שלש פעמים, כ"ש דג' פעמים ביום א' נחשב כסוג א' של שלש, דכה"ג ודאי נחשב יותר לסוג א'.

[ושמעתי פעם מהגרש"מ, דכפשוטו הי' נראה לדקדק כן מדברי הגמ' עצמה, דאמרו לו זבה תוכיח, והנה כפשוטו ראיית זיבה לא שייכה לענין חזקה, דהא דמטמאין אותה לאו משום שמחזיקין אותה ל"רואה", וכמדומני שכן נקטו הרבה אחרו', ולפי"ז צ"ע טובא סוגיא דידן, ולכאו' צ"ל בזה דכוונתם להוכיח, דבע"כ ג' ראיות ביום א' נחשב כראי' אריכתא, דאל"כ הול"ל אם ריחוק ראיות כו' קירוב לא כ"ש, כלומר דקירוב ודאי נחשב כסוג א' של שלש. אכן מדברי התוס' מבו' דס"ל דלר"י ענין זיבה הוה ענין של חזקה, וכמו שדקדק הנו"ב שם מדברי התוס'].

ובבי' דברי המג"א י"ל, דגם ר' יהודה הסכים דנחשב כסוג של שלש, ורק דס"ל דביום א' איכא סיבה טפי לתלות זה במקרה, דנהי דהוה ג' נגיחות, אך המקרה הוה מקרה א', ולא שייך ביה הענין דמקרה לא יתמיד. ולפי"ז גבי משיב הרוח כו' דלא שייך שום תליה במקרה, ושפיר דרשי' הך ק"ו, דבתורת סוג של שלש, יותר משתייכי הך שלש אהדדי, משלש פעמים בג' ימים.

בי' בשטמ"ק ומהדו"ב שכ' דלענין חזרה לא שייך ק"ו דר' מאיר דאם ריחוק כו' קירוב כו'

ועפי"ד המג"א הנ"ל נל"פ דברי השטמ"ק בסוגין, דהנה בגמ' אמרי' דר"ש ס"ל דמועד הוא בג' נגיחות אפי' ביום א', ותמות הוא רק בג' ימים. והנה הא דס"ל דתמות הוא אפי' בג' פעמים ביום א', כפשוטו הוא משום ק"ו דר' מאיר, ולפי"ז צ"ב דגם לענין חזרה נימא הך ק"ו. ועי' באבהע"ז פ"ו מנזק"מ ה"ז שכ' דבפשטות צ"ל דר"ש ל"ל הך ק"ו ויליף ג' פעמים ביום א' מכח מקור אחר. אך העיר על דברי התוס' בע"ב שכ' דגם ר' מאיר ס"ל דבעי' ג' ימים

לחזרה. ועי' בשטמ"ק כד. שכנ' עמד על קו' הנ"ל, וכ' שם ליישב דבחזרה לית לן הך ק"ו, וכעי"ז כ' במהדו"ב על דברי תוס' הנ"ל, ע"ש. ודבריהם צ"ב, דמאי שנא חזרה..ועי' בחבורה ט"ז מהגרש"מ בזה. ונ"ל עפי"ד מג"א הנ"ל, דמבו' מדבריו דבאמת גם ר"י יליף בעלמא הך ק"ו, ושאני הכא דאיכא איזה סיבה לתלות הנגיחות במקרה, וי"ל דר' מאיר ל"ל הך סברא, אך לענין חזרה י"ל דהסכים דאיכא איזה סיבה שבקל יכול לתלות זה במקרה, וצ"ע.

בגוף הנידון האם חזקה דג"פ הוא סיבה או סימן

והנה ב גוף נידון הנ"ל האם חזקת ג"פ היא ענין סיבה או סימן, עי' בנו"ב או"ח סי' כ"ו המובא לעיל, דמבו' להדיא מלשונו לענין שור נגחן דהוה ענין הרגל נעשה טבע, וכמשמעות דברי מהר"י אבוהב, ועי' בקה"י ב"ק סימן כט שכ' לדקדק כן משי' הר"מ התמוהה בנגח חמור שור וגמל לסירוגין. ועי' בחי' ר"נ ב"ב אות ט' שכ' דמכמה דוכתי בב"ק מוכח, שע"י ג' נגיחות נשתנה טבע השור וזהו ענין ההעדאה.

אכן מאידך גיסא ע' בשיעורי רש"ר ב"ב כח: ובקה"י טהרות סיס"ו שהוכיח דהוא ענין סימן מדמיון הגמ' לחזקת ג"ש, דהתם לא שייך לפרש דענין הג"פ הוא משום שע"י כן הורגל בכך ונעשה טבעו לשתוק, דמה זה ענין לזכות את המחזיק, אלא ודאי הוי הוכחה שמכרה לו. וכמו"כ כ' הקה"י שם ובקוה"ע הוספה ב' [עמוד 130] לדקדק מסו' יבמות דף סד-סה בענין מילה דבמל ג"פ ומת או ב"פ לרבי, לא ימול, דהוחזקה שבני' מתים מחמת מילה והתם לא שייך כלל ענין הרגל כיון דכל מקרה נעשה בבן אחר, וה"נ בהא דאמרי' ביבמות סד: אחיות מחזקות, לא שייך כלל וכלל ענין הרגל אלא ענין הוכחה וראי' מתוך הג"פ שטבעם כך. ולכאו' מוכרחים לומר דאפי' אי נימא דשור המועד הוה ענין דהרגל נעשה טבע, מ"מ שייך למילף מזה לעלמא, אלא דגוף הדבר צ"ב דלכאו' הוה כשני ענינים נפרדים.

ודע דנראה עוד, דאפי' אי נימא דשור המועד הוא ענין של שינוי הטבע, מ"מ מבו' דהיינו רק לענין עיקר התורת הוחזק נגחן שלו, אכן לענין הך דין דקיי"ל דנגח שור חמור וגמל נעשה מועד לכל, נראה להוכיח דהוא רק ענין של סימן, עי' בחגיגה ג: תנו רבנן איזהו שוטה היוצא יחידי בלילה והלן בבית הקברות והמקרע את כסותו, איתמר רב הונא אמר עד שיהו כולן בבת אחת כו', וע"ש שפי' דה"ט דבעי' כולם, הלן בבית הקברות אימור כדי שתשרה עליו רוח טומאה הוא דקא עביד, והיוצא יחידי בלילה אימור גנדריפס אחדיה, והמקרע את כסותו אימור בעל מחשבות הוא, כיון דעבדינהו לכולהו הוה להו כמי שנגח שור חמור וגמל ונעשה מועד לכל. והיינו דיותר מסתבר לומר תי' א' על שלשת המעשים המשונים, מלומר שלש תירוצים על שלשתם. ולכאו' מבו' להדיא מדברי הגמ' דנגח שור חמור וגמל דנעשה מועד לכל הוה ענין סימן בעלמא, והכי הוא מסתברא, דאי נימא דמועד למין לא הוחזק נגחן לכל המינים, וכי ע"י נגיחות ג' מינים נשתנה טבעו להיות נגחן לכל מינים בעלמא, ובע"כ דהוה סימן בעלמא.[639] הרי לן דאפי' אי נימא דענין שור נגחן הוא ענין סיבה, מ"מ בשור נגחן גופי' מצינו גם ענין דסימן, ואפ"ה ילפי' זה מזה, אלא דצ"ב הצד השווה שבשניהם. [ולפי הנ"ל מובנים יותר דברי הטו"א שם, (המובאים בחבורה י"ח לפ' כיצד הרגל), דאע"ג דלרבי ג"כ בעי' ג' נגיחות לשור המועד, מ"מ אם נגח ב' שוורים וחמור א', נעשה מועד לכל המינים, והבי' בזה י"ל דהך גזה"כ דשאני שור המועד, נאמרה רק לענין עיקר החזקה דשור המועד, אך ענין חזקה זו הוה חזקה אחרת לגמרי. ובאמת הי' מקום לומר דמאי דאמרי' התם, מודה רבי בווסתות ושור המועד, הוא מטעם הנ"ל, ע' בסמוך דיתכן דגם בווסתות הוא ענין סיבה].

וכבר עמד החזו"א דלאו כל חזקות דמיין אהדדי, עי' בדבריו ביו"ד קא-ז שרצה לפרש בדברי רש"י בנדה ט: ד"ה ה"ג, דבאמת יתכן להיות ג' מקרים, והא דבג"פ נעשית מוחזקת, היינו משום דע"י המקרים גופא נעשה טבעה כך,

---

[639] וקצת צ"ב דאי נימא דהוה סימן, הכוונה בזה היא, דכך הוא עיקר טבעו מעיקרא, אך להנ"ל דגוף הענין דהוחזק נגחן הוא ענין סיבה, נמצא דמטבעו אינו נגחן כל עיקר. אכן י"ל דמונח בטבעו דעד כמה שיהי' נגחן, יהי' נגחן לכל, דאו דדיינין דאין לו מורא משום בהמה, או משום דכוחו גדול הוא.

וזהו ענין החזקות, ומשו"ה חזקה דוסתות הוא רק לענין מכאן ולהבא. וע' בקה"י טהרות סי' ס"ו, ששאל פי מרן החזו"א על ביאורו ברש"י הנ"ל מסו' דיבמות, והשיב לו דלאו בכל חזקות כתב כן, [היינו כבי' הנ"ל ברש"י נדה] אלא בראיות דדמים וכיו"ב, שמצוי להיות מקרים של ראי' גם בלא שהגיע זמנה, ומשו"ה אמרי' בזה דענין חזקת ג"פ לאו משום שלא יתכן שיארע ג"פ מקרים, אלא משום שע"י זה גופא נעשה טבעה כך, עכ"ל. ודבריו צ"ע דסו"ס איך נלמד א' מהשני.

בבי' הך מילתא דשייך לדמות חזקה דג"פ בסיבה ובסימן אהדדי

וראיתי בחי' ר"נ פ' חזקה"ב אות ט' שנקט, דעיקר ענין שור המועד הוא דנתהפך טבעו להיות נגחן, ואפ"ה יש למילף מזה גם להיכא דהוי גדר סימן, ומשום דעיקר ענין החזקה דילפי' משור המועד הוא דמקרה לא יתמיד, ולא תלינן שהי' ג' מקרים נפרדים, אלא דאנו דנין שהי' שורש אחד לכל הנגיחות, והיינו שע"י כולם נעשה לשור נגח, עכ"ד. ולא הבנתי כל הצורך, דבאמת כל הנגיחות היו מקרים ורק דע"י שלש מהם נשתנה הטבע, ואולי נקטי' דהראשונה הי' מקרה ורק עי"ז הורגל קצת וזה גרם לנגיחה הב' [הגם דמן הדין אין חוששין כבר לעוד נגיחה] כו', אך בפשטות זה אינו, אלא דלא דייני' שיש לו רגילות לנגוח עד לאחר נגיחה השלישית, ונמצא דכל הג' נגיחות היו מקרים, וכ"כ להדיא בחזו"א וקה"י שם בבי' דברי רש"י בנדה שם, דענין חזקת ג"פ לאו משום דאמרי' דלא מסתבר שיהא ג"פ מקרים, אלא מהכי אמרי', שאפי' את"ל שהיו הג' פעמים מקרים, מ"מ ע"י המקרים עצמן משתנה לטבע חדש.[640]

ואשר נ' בזה דשמעתי מלפני איזה שנים מהגרש"מ, דאפי' אם ננקוט דהוא בגדר סימן, מ"מ אי"ז בגדר ראיות ובירורים, דע"י יסוד זה דמקרה לא יתמיד יכולים להוכיח על המציאות שהוא שור נגחן, דבכל דיני התורה לא אזלי' בתר אחוזים [פערצענטין] דהרי אם א' יקח טיפת חלב ממאה פרות מותר לשתותו ביחד והרי לפי האחוזים הוא קרוב למאה אחוז דהוא שתה חלב מטריפה ומ"מ זה לא איכפ"ל. ובאמת כ' התוס' בסוגיין, דהגם דלרבי בכל התורה כולה בב' פעמים הוה חזקה, בשור המועד ליכא חזקה עד ג"פ דהכי מבו' בקרא, עכ"ד. והנה מצד האחוזים ליכא מקום לחלק בין שור המועד לשאר דברים ובע"כ דהוא דין תורה. וגדר הדבר הוא דאי"ז מדין בירורים, אלא דכן הוא חזקת הדבר, וכמו דבחזקה דמעיקרא חזקת הדבר הוא כמו שהי' מעיקרא, ובמוחזקות בממון חזקת הממון תלוי' במי שהממון הוא אצלו בצורה דרואין אותו לבעלים, כמו"כ הכא ע"י מה שעשה ג' מעשים של נגיחה הוחזק הדבר ונפסק ששור זה הוא נגחן, וגדר הדין תורה הוא זה גופא דלא תלינן דהי' ג' מקרים, אלא דע"י הנגיחה השלישית מפרשי' דגם שאר הנגיחות הי' מצד טבעו הרע ועכשיו נפסק שהוא שור נגחן, וזהו חזקת הדבר, ובודאי דעיקר ענין החזקה מיוסדת על עצם הסברא דמקרה לא יתמיד, עכ"ד.

ולפי"ז י"ל, דאפי' אי נימא דגדר דין מועד בשור המועד הוא משום דאמרי' דע"י ג' נגיחות נשתנה טבעו, מ"מ עיקר הילפותא משור המועד אינה זה דבג' פעמים משתנה הטבע של הדבר, ובאמת לא מסתבר דכל דבר ודבר שוה בזה, וא"כ נתת דבריך לשיעורין, אלא דהוא ענין חזקה, דחי' לן התורה דהיכא דהי' סוג מעשה ג"פ, משתנה חזקת הדבר ונעשית כהך מעשה. וכגון בשור דמעשה נגיחה הוא לא מעשה שרגיל בו, מ"מ אם נגח ג"פ אמרי' דחזקת הדבר הוא שהוא נגחן, ועכשיו נקטי' דעומד ליגח עוד, ומשו"ה חייב בשמירה יתירה. ורק דעכשיו צריכים לפרש גדר הדבר, ובכל דבר ודבר מפרשי' לפי ענינו, דבשור המועד אמרי' דכיון דסתם שוורים שנולדו אינם נגחנים, מסתבר לפרש דהבי' הוא דע"י ג"פ של נגיחה נשתנה ההרגל, ובחזקת ג"ש ובמילה אמרי' דהוא ראי' והוכחה, ובאמת מצינו דלרבי פעמים חזקה היא בג"פ ופעמים בב"פ, והוא משום שהוא דין תורה בחזקת הדבר.

---

[640] ושאלתי בבי' דבריו להגרש"מ וגם הוא נשאר בצ"ע.

בי׳ מחודש דבשור המועד גופא איתנייהו תרוייהו, בין סימן ובין סיבה

ואולי י״ל עוד בזה דבשור המועד גופי׳ איכא הני שני הדברים, דאולי המציאות היא דאי לאו דהשור נולד עם איזה טבע רע, לא הי׳ משתנה טבעו להיות נגחן גמור ע״י ג׳ נגיחות, ורק די״ל דהך דרגא של רע בטבעו אינה מספיקה לדין הוחזק נגחן דמועד. ולפי״ז י״ל דבאמת קיימי שני הדברים, דהיכא דנגח ג׳ פעמים אמרי׳ דמקרה לא יתמיד, ובע״כ צ״לדהיה נגחן בטבעו, ומה שנוגח הוא מחמת שכן הוא בטבעו, אך באמת אין שום שור נגחן גמור באופן טבעי ובע״כ דהוא סימן דיש לה איזה נטיה לנגוחץ ורק דצ״ב דסו״ס אמאי יש לו תורת נגחן גמור עכשיו, ובע״כ דהוא משום דאמרי׳ דהרגל נעשה טבע, ומחזקי׳ ליה דהי׳ שור נגחן במקצת בטבעו ונשתנה טבעו לגמרי ע״י ג׳ נגיחות הנ״ל. ולפי״ז נמצא, דשפיר שייך למילף מזה בין לענין סימן ובין לענין סיבה. ולפי״ז מיושב גם מה שהערנו בתחילת דברינו על דברי מהר״ם מרוטנבורג דמבו׳ דשייך ק״ו דריחוק וקירוב בין לענין סימן ובין לענין סיבה, ולפי הנ״ל י״ל דבאמת לא שייכי אהדדי, ורק דלמעשה משור נגחן מבו׳ דס״ל דבין לענין סיבה ובין לענין סימן אמרי׳ הך ק״ו, דהרי עיקר החזקת נגחן מיוסד על זה דמקרה לא יתמיד, ובע״כ דס״ל לר׳ מאיר דאמרי׳ הך ק״ו לענין זה. אלא דצ״ב דכיון דבע״כ צריכים אנו לפרש דהרגל נעשה טבע, אילו בג׳ נגיחות הסמוכות זולזו לא הוה אמרי׳ הכי, לא הי׳ שייך לומר הכי, ובע״כ דגם לענין זה שייך הך ק״ו. וגם א״ש מה שהעירנו למעלה בסוגיא דחגיגה ג:, כמובן, וצ״ע.

ולפי״ז הי׳ מקום לומר בדברי המהר״ם, דהא דאנן לא קיי״ל כר״מ, היינו רק לענין סימן אך לענין סיבה קיי״ל כר׳ מאיר, והוא כעין דברי המג״א.

והנה אם נקוט דג׳ פעמים בין לענין וסתות ובין לענין שור המועד הוא ענין סיבה, יש מקום לומר בדברי הגמ׳ ביבמות סה: דאמרי׳ סתם לן תנא כרשב״ג בשור המועד ובווסתות, וי״ל דהוא משום דלענין סיבה אמרי׳ דבעי׳ ג׳ פעמים, אך בראשונים לא הוזכר סברא זו, וצ״ע.

סימן כח

בגדר החילוק בין אדם המזיק לממונו שהזיק[641]

בגדר המיעוט דשור מד' דברים ומדמי וולדות, ובגדר החיוב דעבד ואמה
בגדר המיעוט דעליו ולא על האדם

בגדר המיעוט דשור מד' דברים ומדמי וולדות, ובגדר החיוב דעבד ואמה

גמ' כו. ויהא שור חייב בארבעה דברים מק״ו, ומה אדם שאינו חייב בכופר חייב בארבעה דברים, שור שחייב בכופר אינו דין שיהא חייב בארבעה דברים. אמר קרא: איש בעמיתו, ולא שור בעמיתו, ע״כ. והנה בפרשת נזקי ממון נתחדש בה תרתי, חדא דבהמתו נחשב כמזיק, דלולי חי' דקרא הו״א דכשבהמה הזיקה חפץ לא דייני' הבהמה למזיק אלא דע״י פגישתם אירע הנזק, וכאילו הוזק ממילא, ועוד נתחדש בה חיוב שמירת ממונו וחיוב אחריות של בעל הממון. ויש לחקור בגדר המיעוט דאיש בעמיתו ולא שור בעמיתו, האם יסודו הוא, דלענין דין המזיק דד' דברים לא נתחדש הך חי' דממונו נחשב כמזיק, ונמצא דחסר בכל התורת מזיק. או״ד דכיון דנתחדש בדין ד' דברים דין היזק, וגם נתחדש שבהמה נחשבת כמזיק, וודאי גם לענין הנך ד' דברים נחשבת כמזיק, ורק דהתורה פטרה את הבעלים מדין שמירת ממונו לענין הנך היזקות, ואמרה דהחיוב בשמירת ממונו לא נא' לענין זה. וכעי״ז יש להסתפק בהא דממעטי' [לקמן מב.]שור מדמי וולדות, ממיעוטא דאנשים ולא שוורים.

ונפ״מ בנידון הנ״ל הוא לענין עבד ואמה, דעי' לעיל ד. דמבו', דהי' מן הראוי שהבעלים יהיו חייבין על היזקות דעבד ואמה, והא דפטור הוא משום שמא יקניטנו רבו וילך וידליק גדישו של חבירו כו', ולרוב ראשונים הוא פטור דרבנן בעלמא. ועי' בחי' הגרנ״ט שהביא מהגר״א מטעלז להעיר על הך סוגיא, דמהיכ״ת לחייב האדון על נזק של עבדו, דעי' לקמן יז: ובתוס' שם בד״ה קמ״ל כו' דלולי הילפותא דשור שור משבת לא הוה מרבינן דחייב על היזקות דחי' ועופות, ומכיון דעבד ואמה לא נכללו בילפותא דשור שור משבת, מהיכ״ת לחייב עבד ואמה, ועי' בחזו״א שג״כ עמד בזה.

ושמעתי מהגרש״מ ליישב, דהא דבעי' ילפותא דשור שור משבת הוא רק למילף עיקר הענין דגם שאר בהמות נחשבות כמזיקים, אכן עבד ואמה ודאי דהם מזיקים דעיקר החפצא הוא חפצא דאדם המזיק, ולא צריכים לילפותא דשור שור משבת, אלא זה יכולים למילף מעיקר הפרשה דשמירת ממונו, דהיכא דיש לממונו תורת מזיק הרי הוא מחוייב בשמירתו, וכבר דייקו כביאור הנ״ל מדברי הנמוק״י בדף א:, ע״ש שהעיר על לשון רב, דס״ל דמבעה זו אדם, דאמאי לא קתני במתני' ״אדם״, וז״ל, מבעה זה אדם. ולא תנא אדם, דהו״א אפי' עבדו ושפחתו מחייב, ולפיכך נקט מבעה דהוא לישנא דכתיב גבי בן חורין, דכתיב אם תבעיון בעיו, דגבי ישראל כתיב, עכ״ל. הרי להדיא דמזיק דעבד ואמה הם בכלל אדם המזיק, וה״ט דעיקר החפצא דמזיק הוא חפצא דאדם המזיק, ורק דיסוד סיבת אחריות האדון, אינו כשאר דין אדם המזיק, דאדם שהזיק חייב, משום שהוא עשה מעשה הנזק, ובעבד ואמה הוא חייב משום שיש לו חיוב שמירה על עבדו.

---

641 חבורה כ' חלק א

ויש לחקור בדין עבד ואמה לענין החיוב דד׳ דברים, האם נתמעט מקרא דאיש עמיתו ולא שור בעמיתו, ודבר זה תלוי׳ בנידון הנ״ל, דאם הוא מיעוט בדין דולא ישמרנו דלא נא׳ דין אחריות ממונו לענין הנך היזקות, גם בעבד ואמה הי׳ מן הראוי להיות פטור. אכן אם ננקוט דיסוד המיעוט הוא דלא נתחדש תורת מעשה מזיק בשור לענין הנך דברים א״כ בעבד ואמה ודאי חייב כמובן והי׳ דומה לגניבה. ועי׳ בחי׳ רח״ה שבי׳ בדברי הר״מ דלולי הך טעם דשמא יקניטנו, הי׳ חייב על גניבת עבדו משום הדין מזיק דגניבה. והנה על גניבת בהמתו ודאי דהי׳ פטור, דליכא עלה שם גניבה, וכעי״ז י״ל לענין ד׳ דברים ודמי וולדות.[642]

ושמעתי מהגרש״מ דנראה לו דהוה מיעוט בעיקר החפצא דמזיק, בין לענין ד׳ דברים ובין לענין ולדות. אכן שמעתי מהגרח״ש דהגרב״ד נקט דהוו רק מיעוט לענין החיוב בשמירה, והעיר לדברי הגרב״ד סוס״י ל״ג וז״ל, ונ׳ פשוט דלענין מה שכ׳ מו״ר דבכפל הוי הסברא דגם על מעשה שורו חייב, משום דאין זה חיוב בעלים אלא חיוב מזיק, מ״מ לענין דמי ולדות, אם הזיק עבד ואמה הולדות ודאי דלא יתחייב, משום שורו בעבד ואמה, אפי׳ אם הוא מחויב על נזקיהן, משום דהתורה הא מיעטה מגזה״כ דאנשים ולא שוורים, דהתורה לא חייבה ולדות ע״י חיוב דולא ישמרנו, ודוקא לענין כפל הי׳ מחויב על מעשיהן דעבד ואמה, עכ״ל והנה הגרב״ד כתב כן להדיא לענין דמי ולדות, והגרח״ש נקט בדעת הגרב״ד דגם בד׳ דברים הוא כן.[643]

ונראה לי לדקדק כדברי הגרב״ד לענין היזק דד׳ דברים, דעי׳ לעיל בדף כג. דמסקי׳ דמאן דאית לי׳ משום חציו אית לי׳ נמי משום ממונו. ועי׳ במהרש״ל וביש״ש שהביאו גי׳ ברש״י דפי׳ דברי הגמ׳ דאין כוונת הגמ׳ רק לחדש לן דר״י ס״ל דשייך לחייבו גם משום ממונו, אלא דר״י ס״ל דחיוב חציו הוא רק היכא דהוא ממונו. ע״ש ביש״ש היטב. ועי׳ בנחל״ד שפירש גי׳ זו באופ״א קצת, והוא עפי״ד השטמ״ק בשם רבי׳ ישעי׳, דכוונת תי׳ הגמ׳ הוא דגם לר״י דס״ל אשו משום חציו, אינו חייב אלא על אש שהוא ממונו, ונמצא דאינה חץ פשוט, אלא דכל התורת חץ נתחדש לן בחיוב דממון המזיק, ומשו״ה שפיר שייך בי׳ פטור טמון, ורק דמכיון דהוא חציו חייב בד׳ דברים ע״ש ועי׳ בחבורה י״ג וי״ד מש״כ בזה. והנה בגמ׳ אי׳ להדיא דחייב גם על ד׳ דברים, והנה בשלמא אם נימא דאש נחשב כמזיק לענין הנך ד׳ דברים אז שפיר י״ל דנהי דמצד הדין ממון המזיק, אין לו חיוב שמירה, אך כיון דהתורה חי׳ דהיכא דיש לו אש שהוא ממון המזיק נחשב כחציו, מחמת זה חייב בנזקיו. אכן אי נימא דאין על האש תורת מזיק, האיך שייך לחייבו משום חציו. ושאלתי זה להגרש״מ, ואמר לי דאי״ז דיוק מוכרח, די״ל דסו״ס מצד השכל צריך שיהי׳ נחשב למזיק ורק דהתורה לא חי׳ בה תורת מזיק לענין ד׳ דברים, אך כיון דהיכא דהוא ממונו נחשב גם כחציו, גם לענין ד׳ דברים שייך דין זה. וע׳ להלן דביארנו דאם ננקוט דליכא חיוב ד׳ דברים בעבד ואמה, יש ליישב קושיא עצומה על סוגין שהעיר לי הגרח״י קפלן שליט״א.

בגדר המיעוט דעליו ולא על האדם

דהנה בסוגיין כו. איתא, ויהא אדם חייב בכופר מק״ו, ומה שור שאינו חייב בארבעה דברים חייב בכופר, אדם שחייב בארבעה דברים אינו דין שיהא חייב בכופר. אמר קרא ככל אשר יושת עליו, עליו ולא על אדם, ע״כ. ועי׳ לעיל

---

[642] עי׳ בחי׳ הגרב״ט שכ׳ להדיא דהי׳ חייב על ד׳ דברים, אכן ליכא למידק מיני׳ כלום, דע״ש מש״כ בבי׳ החיוב דעבד ואמה דהוא משום דנוטל חיובו דעבד ואמה, ובי׳ עפי״ז את דברי הר״מ, דגם לענין חיוב דגניבה שייך דבר זה, וא״כ אינה דין הרגיל דשמירת ממונו.

[643] , ואיני ברור אם שמע כן להדיא מהגרי״מ או דס״ל דליכא חילוק בין דמי ולדות לד׳ דברים. אכן מסברא איכא מקום לחלק ביניהם דכבר בי׳ הגרב״ד ביסוד החיוב דדמי ולדות דהתורה חי׳ דהם נחשבו כחלק מגוף האשה ונכלל בחבלה דאשה, ולפי״ז י״ל דמכיון שכן ודאי יש לשור תורת מזיק כמו שיש לו תורת מזיק על גוף האשה. אכן בהיזק דד׳ דברים אולי לא נתחדש תורת מזיק דשור, והעיר לי הבה״ח ד.מ עדעלשטיין לסברא הנ״ל, והסכים הגרש״מ דיתכן לחלק כנ״ל.

בדף ט: דגם בבור ואש ליכא כופר, וכ׳ התוס׳ שם דגם זה נלמד מקרא דעליו, דילפי׳ עליו ולא על האש עליו ולא על הבור. אכן נראה דדבר זה במח׳ הוא שנוי, דעי׳ בתוס׳ שם שבתחילת דבריהם כ׳, דלכאו׳ י״ל דהא דליכא כופר באש ובור, הוא משום דליכא למילף מקרן דמה לקרן שכוונתו להזיק, וכ׳ דבע״כ לא פרכי׳ הכי דא״כ היכי ילפי׳ רגל מקרן, עכ״ד. ותוס׳ בסוגין באמת נתקשו בזה, דאיך ילפי׳ רגל מקרן, אך כן מוכח מדברי הגמ׳. ועי׳ בתוס׳ ר״פ שכ׳ לפרש, דודאי לא מצי יליף מקרן, דאיכא פרכי טובא וספק הגמ׳ גבי רגל הוא משום דמסתפקי׳ ״כשאמרה תורה והועד בבעליו שמשלם כופר בכל מזיק שהוא מועד ואורחי׳ בכך הוא, וא״כ מיירי הפסוק נמי בשן ורגל כמו בקרן מועדת, ומה״ט הוה מחייבי׳ כופר באש ובור לולי מיעוטא דעליו, עכ״ד. אכן בתוס׳ הרא״ש כ׳ בבי׳ דברי הגמ׳ דרגל חייב כופר, דמפרשי׳ דהא דכתיב ״אם כופר יושת עליו״ קאי על כל חיובי דשור, קרן רגל ושן.

והבי׳ בזה הוא עפ״י מש״כ בחבורה י״א אות ב׳ בשם הגרא״ז [פ״א מנזק״מ ה״ב], דאחר שגלי לן קרא דחייב בשן ורגל, שוב נכללים הם במזיק דשור דכי יגח שור, והם רק פרטים שהתורה חילקה ביניהם, אמנם באמת נידונים כמזיק א׳ ורק דהלכותיהן משונות בענין הפרטים, עכ״ד. ובאמת כן מדוקדק היטב במתני׳ דדף ב. אליבא דרב דס״ל דקרן שן ורגל כולם איכללו בכלל השם שור. ולפי״ז באמת אי״צ שום מיעוט לשור ובור, וכל מיעוטא דעליו קאי למעט אדם, ועי׳ בתלמיד ר״ת שכ׳ דהא דפשיטא לי׳ באש דאינו משלם כופר, משום דלא דמי לקרן, וכן נראה בדברי רש״י שלא הזכיר הך מיעוט דעליו ולא על האדם לענין בור ואש. ועי׳ לקמן מג: וז״ל, אבל אש דבכוונה לא משלם כופר. *חדא, דאין כופר באש,*[644] ועוד דקלב״מ, עכ״ל. ועי׳ בפנ״י מש״כ בבי׳ דבריו. אכן להנ״ל מובן בפשיטות, דר״ל דאין כופר באש דלית לן מקור לזה. אלא דצ״ב מש״כ בדף י. דה״ט משום דקלב״מ, אכן כ״כ בקצוה״ח סי׳ ת״י ס״ק ל״ז משום דמים. ולפי״ז יש ליישב מה שהוצרך רש״י שם בדף ט: קרא דחמור ולא אדם לענין בור לפטור אדם מכופר, די״ל דכוונתו הוא להדין דמים. אכן עי׳ ברש״י כח: בד״ה שור ולא אדם כו׳, דקרא מכופר ממעטי׳, עכ״ל. הרי להדיא דס״ל דבעי׳ קרא דשור ולא אדם לענין כופר, וקשה לדחוק בדבריו ולומר דכוונתו הוא לחיוב דמים. ולפי״ז צ״ב טובא דבריו בדף מג: במש״כ דאין כופר באש. ואין לפרש דכוונתו היא להא דממעטי׳ אש מקרא דעליו, חדא דלא משמע הכי, ועוד דא״כ נמעט בור מהך קרא גופי׳, וצריכים לפרש בכוונתו כמש״כ בפנ״י, דר״ל דהיכא דיכול לברוח פטור מחמת זה, והיכא דאינו יכול לברוח פטור משום דקלב״מ.

והנה עי׳ בראשו׳ שהעירו על דברי הגמ׳, דלמ״ל מיעוטא דעליו ולא על האדם, תיפו״ל משום דקלב״מ. ופעם כשהייתי בביתו של הגרש״י בורנטשיין זצ״ל פגשתי את הגרח״י קפלן שליט״א והוא שאל לי מה קושית הראשונים, הרי נפק״מ לענין עבד ואמה כו׳, דלולי קרא דעליו ולא על האדם ודאי הי׳ חייב כופר עליהם ולא שייך פטור דקלב״מ כמובן,[645] ולהכי איצט׳ עליו ולא האדם דממעטי׳ מזה חפצא דאדם המזיק מכופר. ובשלמא לפי״ד הגרנ״ט דהאדון הוא אחראי על חיובו של העבד, ל״ק מידי, אך אם לא נימא כן, לכאו׳ צ״ב, עכ״ד. והנה על מה שהראשונים העירו על דברי הגמ׳ ל״ק מידי, דבגמ׳ משמע דהקושיא הי׳ דליחייב אליבא דאמת בכופר, והרי להלכה קיי״ל דפטור

---

[644] והנה ילה"ע טובא על דברי רש"י, דמאחר שכ' שם דשייך דין קלב"מ, ע"כ צ"ל דהחיוב הוא מדין אדם המזיק, וא"כ מה שייך לומר בזה "אין כופר באש", דהול"ל "אין כופר באדם". וכעי"ז ילה"ע על דברי רש"י בדף י. שכ' על הא דאמרי' שם "חומר בשור מבאש", דהטעם דאש אינו חייב כופר הוא משום קלב"מ, הרי בפשטות הגמ' איירי שם באש שהוא ממונו ולא באש שהוא חציו, דא"כ אי"ז אש אלא אדם המזיק. ושאלתי קושיות אלו להגרש"מ ואמר לי דגם הוא עמד בזה והניח בצ"ע. ואמרתי לו דיל"פ זה עפי"ד היש"ש לעיל כג. שהביא גי' ברש"י דגדר החיוב דחציו הוא משום ממונו, ע' מש"כ בזה שם, וע"ש ביש"ש שכ', דמ"מ חייב מיתה. ולפי"ז א"ש הכל בפשיטות, דאי"ז חץ פשוט אלא דין חץ שנתחדש בפרשה דממון המזיק, ושפיר שיי"ל בזה "אין כופר באש" ו"חומר בשור מבאש", והסכים למש"כ, אלא שאמר דדברי היש"ש מחודשים טפי, דאי נימא דכל הדין חץ הוא משום הדין ממון המזיק, מסתברא דליכא חיוב מיתה, דלא נאמר זה אלא לענין חיוב נזיקין.

[645] וכ' דאפי' למש"כ הרמ"ה בסנהדרין עב. היכא דהחיוב הוא לשני בנ"א, לא שייך דין דקלב"מ. [הגרש"מ].

על עבד ואמה, ועל זה שפיר הק' דתיפו"ל דפטור משום דקלב"מ. אכן מלשון הראשונים משמע דהוקשה להם בבי' המיעוט דעליו ולא על האדם. ועי' בנחל"ד כב: ובנימוקי הגרי"ב על דברי מהרש"א נג: שכתבו להדיא בפירש"י, דלתנא דבי חזקיהו לא צריכי קרא דעליו ולא על האדם, דילפי' פטורו משום דקלב"מ. והנה למש"כ למעלה מהגרב"ד דליכא חיוב דד' דברים בעבד ואמה בפשטות מיושב כמין חומר קושיא הנ"ל, די"ל דלענין עבד ואמה ליכא שום ק"ו לחיובי' כופר, ובלי ק"ו ליכא לחיובי' לדעת רש"י ותוס' הרא"ש, וא"ש היטב[646].

ולכאו' י"ל בזה, דהנה יל"ע בגדר המיעוט מקרא דעליו דאיתמעט אדם מכופר, דהנה איכא חילוק יסודי בין שורש החיוב דאדם המזיק לחיוב דממון המזיק, דבממון המזיק הטעם דהבעלים חייבים, הוא משום שיש לו חיוב שמירה, אכן באדם המזיק חיובו הוא משום שהוא עשה ההיזק. ולפי"ז יל"ע בגדר המיעוט דעליו כו', האם יסוד המיעוט הוא בחפצא דאדם המזיק, דבחפצא דאדם המזיק לא נאמר דין כופר, או דיסוד המיעוט הוא דהיכא דחיובו הוא משום שהוא עשה ההיזק ליכא חיוב דכופר. והנה לדעת התוס' ור"פ דמיעוטא דעליו קאי גם על שור ובור, בהכרח צ"ל דהמיעוט הוא מעיקר החפצא דאדם המזיק, אכן לדעת תוס' הרא"ש ורש"י דהמיעוט קאי רק על אדם, אז יש לדון בגדר המיעוט כנ"ל.

ואם ננקוט דיסוד המיעוט הוא היכא דחייב מחמת מעשה ההיזק שעשה, אז י"ל דלפי האמת חייב מה"ת כופר בעבד ואמה, דלא אימעט מעליו, וכיון דלא אימעטו מעליו שפיר הק' הראשו' דתיפו"ל משום דקלב"מ.

אכן אולי יש לשדות בזה נרגא לפי"ד הגרי"ז, דעי' לקמן דילפי' דאדם מועד לעולם מקרא דפצע תחת פצע, ויש לדון אם הוה גילוי מילתא בעלמא דגם בשוגג חייב על מעשיו שעשה, או דהוה גדר אחר, והנה בפשטת הוה גילוי בעלמא ומובן היטב החילוק בין אדם המזיק לממון המזיק, דבממון המזיק דחיובו הוא משום שיש לו דין שמירה, לכן בשוגג פטור, אכן אדם המזיק דחייב משום שעשה ההיזק, ביה ליכא חילוק בין מזיד לשוגג. אכן שמעתי מהגרח"ש בשם הגרי"ז, וכן נדפס בחי' הגר"ח על הש"ס, דכל חיובו דאדם מועד לעולם הוא משום דאדם שמירת גופו עליו. ובי' עפי"ז דברי הר"מ דאיכא פטור דרשות המיוחדת למזיק גם באדם שהזיק בידים היכא דהזיק בלא כוונה. ובי' הגרי"ז, דחיובא דאדם מועד לעולם, הוא משום דאדם שמירת גופו עליו וברשות המיוחדת למזיק יש לו פטור שמירה. ובילדותי שמעתי מהגר"ד ברקין שליט"א לדקדק כן מדברי המל"מ פכ"א מאישות ה"ט, דע"ש בראב"ד שכ' דאשה ששברה כלים של בעלה פטורה מעיקר הדין מלשלם לבעלה משום דבעליו עמו, דהבעל משעובד לה. והק' המל"מ דודאי באדם המזיק לא שייך הפטור דבעליו עמו. ותי' דאיירי בדוקא שלא בכוונה דחיובו הוא משום פושע, ועי' בהג' רע"א שהביא כן גם מהפני משה. ולכאו' ביאור דבריהם הוא עפ"י הנ"ל, והגם דדבריו צ"ב, דודאי נ' דאילו שורו הי' מזיק פקדון לא הי' לו פטור דבעליו עמו, אמנם לכאו' כן מבו' מדבריו.

ואשר לפי"ז יש לפקפק על מש"כ דגם באדם בלא כוונה יש לו חיוב דאדם שמירת גופו עליו דכה"ג אמאי אימעט מחיוב דכופר למאי דקיי"ל דגם בשור בלא כוונה איכא חיוב דכופר, ונהי די"ל דבאדם המזיק בכוונה חייב גם בעבור עצם המעשה ולא סגי בכפרה זו ולכן ליכא דין כופרה כפרה, אך שלא בכוונה צ"ב. ואולי י"ל דלפי מש"כ תוס' הרא"ש, דבאמת הא דילפי' דעל רגל חייב כופר, הוא מקרא דעליו דלא שייך אצל אדם, א"כ נהי דאדם בכוונה נלמד מק"ו דקרן, אך אדם שלא בכוונה י"ל דא"א ללמוד מק"ו דכופר, ומעולם לא הו"א שיתחייב כופר, אכן מל' רש"י מבו' שלא כן, שכ' דהא דבשוגג לא שייך קו' הגמ' הוא משום דכה"ג חייב גלות, וצ"ע.

[646] אכן יש לפקפק על זה, דנהי דליכא ק"ו, אך אכתי יש ללמוד זה מכח מה מצינו, דאין להקשות מה קרן שכוונתו להזיק דגם בזה כוונתו להזיק, וצ"ע.

והצעתי קו׳ הגרח״ק להגרש״מ, ונהנה מאד מהקושיא, ולאחר איזה זמן אמר לי דאם ננקוט כדברי רש״י דמיעוט דעליו ולא האדם נא׳ רק לענין אדם, אז י״ל דיסוד המיעוט אינו משום חפצא דאדם המזיק, אלא דכך נתחדש בתורה, דהכפרה ברציחה היא רק או מיתה או גלות וליכא שום כפרה אחרת. וכן מבו׳ בדברי רש״י בסוגין בד״ה עליו ולא על האדם כו׳, על נזקי שור משלמין כופר אבל על נזקי אדם אין משלמין כופר *אלא או מיתה או גלות*, עכ״ל. ולכאו׳ הנך תיבות הם שפת יתר, ונ׳ דבא לפרש גדר המיעוט, דברציחה ליכא כי אם מיתה או גלות. ולפי״ז יתכן לומר דכל זה הוא לענין הרוצח גופי׳, אך בעבד ואמה האדון חייב בכופר מק״ו. (ועי׳ בחבורה י״ח מהגרש״מ מה שאמר בזה).

סימן כט

בי' דברי הריב"א דפטור כופר הוא משום קלב"מ[647]

בדברי המהר"ם על דברי תוס' הנ"ל

קושיית הגרע"א ממוציא ש"ר ובקו' האחרו' מעדים זוממין

בגדר החילוק בין דין דאם לא יהי' אסון לכדי רשעתו

בענין אם דברי מהר"ם שייך גם לענין חיוב דמים

ביאור הגרב"ד אמאי לא שייך מש"כ בתוס' דבמילתא דכפרה לא אמרי' קלב"מ

בענין אם בגלות איכא דין דקלב"מ

עי' בתוס' בדף ד. שהביא דברי הריב"א שנקט דהא דאדם פטור מכופר הוא משום קלב"מ, והעיר הר"י עליו דהרי איתמעט מעליו ולא על האדם ולא משום קלב"מ.

ולכאו' י"ל בפשיטות, דהנה עי' ברש"י כו. שפי' דקו' הגמ' ויהא אדם חייב בכופר, איירי במזיד ולא אתרו ביה דאינו חייב מיתה או גלות. ותלמיד ר"ת הבין בכוונתו, דהוקשה לי' דנימא קלב"מ. וכעי"ז כ' בנחל"ד לעיל כב:, ולכן פי' דאיירי במזיד ולא אתרו בו, וסוגין לא אתיא כתנא דבי חזקי' דס"ל דגם בחיי"מ שוגגין אמרי' קלב"מ. וכעי"ז כ' הרשב"א, דסוגין אתיא כרבי ורבנן [סנהדרין עט:] דל"ל תנא דבי חזקי'. ולפי"ז י"ל דלתנא דבי' חזקי' באמת ל"צ קרא דעליו ולא על האדם אלא דמספיק דין דקלב"מ, וכן נ' לדקדק מפשטא דגמ' לקמן פג: דאמרי' שם דמיבעיא לי' קרא דלא תקחו כופר לנפש רוצח דלא תשקול מיני' ממון ותקטלי', ומקשי' האי מכדי רשעתו נפקא. ועי' בתוס' בסוגין שהעירו על דברי הגמ' דתיפו"ל מעליו ולא על האדם, וע"ש מש"כ בזה. אכן לפירש"י יל"פ כפשוטו, דאיירי בחיובא דכופר, ואתיא כתנא דבי חזקי', ולדידי' לא דרשי' קרא דעליו ולא על האדם לענין כופר, דתיפו"ל מדין דקלב"מ, וי"ל דזה גופא הוא המקור לפירש"י. ולפי"ז מובנים היטב דברי הריב"א, דלהלכה דקיי"ל כתנא דבי חזקי' הא דאדם פטור מכופר, הוא באמת מדין קלב"מ ול"צ קרא דעליו ולא על האדם.[648] ועי' בנחל"ד בדף כב: שכן כ' בדברי הריב"א.

ובבי' דברי תוס' שלא ניחא ליה בפי' זה, י"ל דלשיטתו אזיל בכ"מ [סנהדרין עט: כתובות לה.] דס"ל דליכא תנא דחולק על תנא דבי חזקי', וא"כ לא הי' נחית לפרש כל הסוגיא בדף כו. דל"ל תנא דבי חזקי'. אכן בדברי רש"י והריב"א שפיר י"ל כדעת הרשב"א, דרבי ורבנן חלקו עליו והסוגיא אזלא אליבייהו. ועי' רש"י בדף מב. בד"ה אטו אסון שפי' בדברי רבי אדא בר אהבה דל"ל תנא דבי חזקיה. ותוס' תמה עליו והם אזלי לשיטתם. שוב העירוני לדברי הנמוקי הגרי"ב לקמן נג: על דברי מהרש"א שם שכ' ככל מש"כ וברוך אלקינו שכוונתי לדבריו הקדושים.

---

[647] חבורה כ, חלק ב

[648] אכן בפירש"י הי' נ' לומר כדברי היראים רצ"ג, דבעי' קרא דעליו לפטרי' גם מלצאת ידי שמים, אך בדברי הגמ' בדף כו. לא הי' נחית לפרש כן, דמשמעות קו' הגמ' הוא לענין לחייבי' בידי אדם ולא רק בדיני שמים. [ולדברי רש"י דשייך דין קלב"מ בכופר, ע"כ צ"ל דלא הוה כחיוב קרבן, וכדעת הרמב"ן, אלא כדעת הראשו' דהוה חיובא דממונא, עי' בברכ"ש סי' ל'] ובבי' סוגיא דדף פג: י"ל, דקרא דלא תקחו כופר כו' משמע ג"כ בדיני אדם, ומשו"ה שואלין דהך מכדי רשעתו נפקא, וי"ל דזה אתיא כתנא דבי חזקיהו. אך בדברי הריב"א צ"ל דל"ל כלל הך דרשה דעליו ולא על האדם, דאל"כ לא קשה לי' ולא מידי כמובן.

עוד הי' נל"פ בדברי הריב"א בדרך אחרת, דודאי אליבא דהל' אית לן הך דרשה דעליו ולא האדם אלא דס"ל דיסוד הך מיעוטא הוא גופא משום הדין דקלב"מ. ובבי' דבריו י"ל עפי"ד הפנ"י בדף כו., דע"ש שהוקשה לי' לאוקים סוגין אליבא דרש"י שלא אליבא דתנא דבי חזקי', ולכן פי' דבריו גם אליבא דתנא דבי חזקי', ורק דהו"א דמכיון דכופרה כפרה הוא, לא שייך קלב"מ, דבמה יתכפר, קמ"ל קרא דעליו דמ"מ שייך דין דקלב"מ, וע"ש שפי' אמאי הוצרך רש"י לפרש סוגין דוקא במזיד ולא אתרו בי'.[649]

ובדברי התוס' שלא הי' נחית לזה י"ל, דלשיטתו אזיל, דלקמן ט: ס"ל דמיעוטא דעליו ולא על האדם קאי גם לענין שור ואש, והתם ע"כ צ"ל דלאו מדין קלב"מ הוא אלא מיעוטא בעלמא, אכן בדברי הריב"א י"ל כמש"כ למעלה בדברי תוס' הרא"ש ורש"י, דכל המיעוט הוא באדם, וא"כ שפיר י"ל דגדר המיעוט הוא ענין גילוי דשייך הכא ענין קלב"מ.

ע"ע בדברי אליהו שכ' לפרש דברי הריב"א על דרך זה ובאופ"א קצת, עפי"ד היראים מצוה רצ"ג, ע"ש שכ' דהא דאיצט' קרא דעליו ולא על האדם, הוא משום דאפי' היכא דאמרי' קלב"מ, הדין הוא דחייב לצאת י"ש, ומשו"ה איצט' קרא דעליו ולא האדם לומר לן דליכא חיוב לצי"ש. והנה בפשטות נראה, דהא דילפי' מקרא דעליו ולא על האדם דאינו חייב לצי"ש, אי"ז משום דהכא הפטור דקלב"מ אלים טובא, אלא דהכא אינו פטור דקלב"מ, וכן מוכרחים אנו לומר לפי"ד התוס' בדף ט: דמהך קרא גם ילפי' דבור ואש אינם חייבים כופר. אכן ע"ש בווי העמודים [מובא בתופעת ראם] שהעיר, דכיון דמקרא דעליו ולא על האדם ילפי' דאינו חייב לצי"ש, נילף מהכא לכ"מ דליכא חיוב לצי"ש בקלב"מ, עכ"ד. וכנראה שהבין בכוונתו דר"ל דקמ"ל דהכא הפטור דקלב"מ אלים טובא וליכא חיוב לצי"ש, ומשו"ה תמה, דנילף מהכא לעלמא דליכא חיוב לצי"ש. וכ' הגר"א חזן, די"ל בדברי הריב"א דכן פי' עיקר הקרא, דהפסוק בא לגלות לן דהכא פטור גם מלצי"ש. והטעם דהכא שונה מכ"מ, י"ל דכיון דהחיוב במיתה וממון באים מחמת אותו מעשה ממש, י"ל דהפטור אלים טובא, ומשו"ה א"א למילף לעלמא.

בדברי המהר"ם על דברי תוס' הנ"ל

הנה שיטת הר"י היא, דלא נפטר מכופר ע"י דין דקלב"מ, ולא מבורר מתוך דבריו כל הצורך הטעם דלא נפטר. וע"ש בהמשך דבריו שכ' ותנא דבי חזקי' דפוטר אפי' שוגג, היינו ממון שהזיק בשעת חיוב מיתה כו'. ועי' במהר"ם שכ' לדקדק מזה דסברת ר"י היא, דפטור דקלב"מ היינו רק היכא שהזיק ממון בהדי מיתה, אבל לענין אם חייב אדם מיתה וכופר בשביל נפש הנהרג שהימתו כמו שבשור, שהשור הוא בסקילה וגם בעליו חייב כופר, הכל בשביל הנפש שהמית, בזה לא נפטר מטעם קלב"מ, דהכל הוא דין אחד בשביל נפש הנהרג כו', עכ"ל. וכעין סברא זו כ' הגר"ח [בחי' הגר"ח על הש"ס] בדברי התוס' כתובות לב: ד"ה שלא מן השם, שכ' הר"י דמסתברא דעדים שבאו לחייבו א' משום מוציא ש"ר והוזמו, דחייבין מלקות וממון כיון שרצו לחייבו בשניהם. ובי' הגר"ח דהוא משום דנחשב כרשעה אחת. (אמנם עי' בחי' הגרע"א שם שבי' דבריו באופ"א).

---

[649] ע"ש בדבריו, וכפשוטו ר"ל, דכיון דכופר כפרה הוא, א"כ ליכא למילף חיוב כופר לאדם במזיד ואתרו בי' או בשוגג, דהרי יש לו כפרה אחרת דהיינו מיתה או גלות, וא"כ ליכא למילף משור בק"ו דאיכא חיוב כפרה, וכל הא דבעי' למילף דין כופר באדם מק"ו, הוא רק במזיד ולא אתרו בי' דלית לי' כפרה אחרת. אכן ילה"ע על זה מלשון רש"י בדף י. בד"ה מה שא"כ באש [שאינו חייב כופר].. ואם כפות הוא המעביר *חייב מיתה וקלב"מ*, עכ"ל. הרי להדיא דאפי' היכא דחייב מיתה איכא דין כופר, ורק דנפטר משום קלב"מ. אכן י"ל עפי"ד קצוה"ח בסי' ת"י ס"ק ל"ז, דהא דנקט רש"י הך דין דלקב"מ, הוא כדי לפטרי' גם מחיוב דמים, ע"ש. אך אכתי ילה"ע עליו מלשון רש"י בדף מג: וז"ל, אבל אש דבכוונה לא משלם כופר. *חדא, דאין כופר באש*, ועוד, דקלב"מ, עכ"ל. ודוחק לומר דכל דבריו הם רק במזיד ולא אתרו בי'. ואולי י"ל בדברי הפנ"י דודאי אית לן למילף חיובא דכופר גם בכה"ג, ורק דבזה ודאי שייך פטור דקלב"מ ולא שייך הך טעם דבמה יתכפר, וצ"ע.

וכעי"ז בי' האו"ש והאבי עזרי והגרא"ז בדברי הר"מ פ"א ממעילה ה"ג, שכ' וז"ל, כל המועל בזדון לוקה ומשלם מה שפגם מן הקדש בראשו כו'. וע"ש בהג"ה מדפוס אמשטרדם [ובר"מ מהדו' פרנקל נדפס בס' הליקוטים שם] שהעיר, והא אין אדם לוקה ומשלם, ע"ש. ובי' האו"ש עפ"י יסוד הנ"ל, דכל היכא דהמלקות והממון באים על דבר אחד, הוה כרשעה אחת ולוקה ומשלם, והכא בין הממון ובין המלקות באים מחמת המעילה, דגם החיוב בממון הוא מחמת שהוא הקדש, שהרי מצינו דמשלם אף פחות משו"פ [ומל"מ דן כה"ג אם איכא הלאו] הרי דהוה סוג חיוב א', דגם המלקות הן עונש על המעילה. וכעי"ז כ' באבי עזרי במהדורא רביעא, וכ"כ הרש"ש [נדפס בס' הליקוטים שם] וע"ש שדימה זה לדברי התוס' בב"ק ד.

ובעיקר סברת דברי מהר"ם מצינו שני מהלכים באחרו', עי' בהג' ברוך טעם להפנ"י שפי' דהכוונה של משום רשעה אחת אתה מחייבו ואי אתה מחייבו לשני רשעיות, הוא דלחד דבר אתה מחייבו ואי אתה מחייבו לשני דברים, ומכיון דהכא איכא רק מחייב אחד, דמחמת אותו מחייב, איתחייב בין במיתה ובין בממון, לא שייך שא' יפטור את השני, דאין זה סתירה לזה דשניהם באים מאותו סיבה, וכעי"ז מבו' בנחל"ד כב:. אכן ע"ש באבי עזרי שהבין, דהכוונה של "רשעה אחת" הוא עונש אחד, והכא נחשב כעונש אחד, כיון דשניהם באים מחמת נפש הנהרג, וכ"כ בגר"ח על הש"ס בבי' דברי התוס' שם, וכן שמעתי מהגרח"ש בבי' דברי מהר"ם דהוה כחיוב אחד וכמיתה אריכתא. ואכן יעוין בריטב"א מכות יג: דמשמע מדבריו דהכוונה ל"רשעה אחת" הוא "עונש אחד".[650]

קושיית הגרע"א ממוציא ש"ר ובקו' האחרו' מעדים זוממין

והנה עי' בפנ"י שהבין דברי התוס' כעין דברי המהר"ם ובאופ"א קצת, והעיר דבכ"מ בש"ס מבו' שלא כיסוד הנ"ל, ועי' בחי' הגרע"א שג"כ הבין בדברי התוס' כמהר"ם והביא דברי הפנ"י וכ' דכוונתו הוא לדין דמוציא שם רע, דר' מאיר דקדק מהא דהמוציא ש"ר חייב מלקות וממון דאדם לוקה ומשלם, וצ"ב דהרי שניהם באים מחמת הוצאת ש"ר, והניח בצ"ע.[651] וכעי"ז העיר הנחל"ד לעיל כב: מגמ' מכות יג : גבי עדים זוממין ומחבלה, וע"ש מש"כ בזה ובחי' רר"ג סי' ג'.

ונראה דמקושית הגרע"א מבו' כדברי הגרי"ז הנ"ל, דהנה עי' באבי עזרי שם שכ' ליישב קו' זו, דאף התם המלקות הן משום לאו דלא תלך רכיל בעמך והממון הוא משום הוצאת ש"ר. אכן כנ' מהגרע"א דהגם דהחיוב מלקות הוא מלא תלך רכיל כו', אמנם היינו רק שהאזהרה היא משם דהרי רואים שצריכים כל התנאים של מוציא ש"ר לחייבו במלקות. ושמעתי מהגרח"ש ששמע מהגרי"ז [ונדפס בתמורה ג'.] דמה שילפי' מויסרו אותו דמלקין מוציא ש"ר, הוא דין מחודש, שהרי המלקות בכהת"כ נלמד מלאו דחסימה דכתיב סמוך לוהי' אם בן הכות הרשע, אמנם הכא כתיב להדיא ויסרו אותו, והוא מהחיובים של מוציא ש"ר. ובסו' דמכות ד: דייני' למילף דלוקין על לאו שאין בו מעשה ממוציא ש"ר ועדים זוממין, ומקשי' שם מה להצד השוה שבהן שכן קנס, ע"כ. והנה שם לא מיירי לגבי החיוב

---

[650] שו"ר בספר הזכרון להגר"י אברמסקי עמוד קס"ט שהביא מהגר"ח [ויתכן שהוא מכתי"ק ע"ש במבוא], שכ' ליישב קו' הגרע"א על תוס' כתובות לב: כעין מש"כ בחידושיו על הש"ס, וכ' שם וז"ל, ועי' בר"מ ר' הל' גזילה דמבו' שם דהא דחייב להשיב הגזילה, אין זה בכלל ממונא משלם, והיינו משום דלאו רשעה הוא מה שמחזיר את של חבירו, וכן להיפך מצינו דבכפרה לוקה ומשלם, והיינו דאין זה ג"כ רשעה, וכדדרשי' מכות י"ג ברשעה המסורה לב"ד וכפרה אינה מסורה לב"ד, וע"כ אין זה רשעה, ואילו במיתה הא איתא בסנהדרין ע"ב דבדמי קנינהו וקונה אף של אחרים, וע"כ דבמיתה לא משגחינן כלל בדין רשעה, אלא דמיתה מפקעת ממון, וע"כ שפיר יוכל לומר כמש"כ, ומזה נתחדש דבמלקות לא אמרי' הך דינא דבדמי קנינהו, עכ"ל. ומשמע דהכוונה של "רשעה" הוא "חיוב ועונש", ומשו"ה כ' דלהשיב הגזילה או חיוב דכפרה לא נחשב כעונש.

[651] ועי' באו"ש פ"א ממעילה ה"ג שכ' ליישב קו' התוס' בכתו' לב. דרבנן מאי עבדי עם ראיית ר' מאיר, די"ל דהוא מטעם הנ"ל, דמכיון דהמלקות והממון באים מחמת הוצאת ש"ר, דוקא בכה"ג אמרי' אדם לוקה ומשלם, אך דבר זה תמוה הוא וכמו שהעיר באבהא"ז שם, דוכי נח' ר' מאיר ורבנן בפלו' הנ"ל.

ממון דמש״ר, אלא אודות החיוב במלקות, ומבו׳ דחלוק חיוב מלקות דמש״ר מבכל המלקות בכל התורה, דזה נחשב כקנס וחלוק משאר חיובי מלקות דבא על עבירת הלאו, משא״כ במש״ר רואין דבעי׳ כל התנאים של החיוב ממון, דצריך לשכור עדים ולבעול, ומבו׳ דהוא קנס.

וכן נראה לדקדק מדברי הגרע״א בכתובות לב: כדברי הגרי״ז הנ״ל, דע׳ בדבריו על תד״ה שלא השם שכ׳ לפרש הא דכ׳ תוס׳ דעדים שהעידו על א׳ שהוציא ש״ר והוזמו לוקין ומשלמין, הוא רק לר׳ מאיר. וכ׳ לבאר דכיון דלר״מ כל המקור הוא ממוצש״ר והתם המלקות וממון הם מפסוק א׳, ה״ה בעלמא היכא דהם מקרא אחד לוקה ומשלם, עכ״ד. ומבו׳ דנחשב שהמלקות וממון של מוציא ש״ר באים מפסוק א׳.

עוד העירו האבי עזרי פ״א ממעילה ה״יג ועוד אחרו׳, מסוגיא במכות יג: דאי׳ שם, דבכל חייבי מיתות ב״ד אין לוקין משום הלאו משום כדי רשעתו, והרי שם המלקות והמיתה באים לדבר א׳ ומ״מ שייך הדין דכדי רשעתו.[652]

בגדר החילוק בין דין דאם לא יהי׳ אסון לכדי רשעתו

ושמעתי פעם ליישב[653] עפי״ד הגר״ח בכתובות שם, דהנה מסקי׳ בסו׳ דכתובות דפטור דקלב״מ במיתה וממון לא נלמד מכדי רשעתו אלא מאם לא יהי׳ אסון, ובי׳ הגר״ח, דהני שני פטורים חלוקים בעיקר יסוד דינם, דהפטור דכדי רשעתו הוא רק דין דתרתי לא עבדינן לי׳, ולא דהמלקות פוטרות הממון, אלא כיון דתרתי לא עבדי׳ לי׳ והמלקות חמורות יותר, משום זה א״א שיחול חיוב גמור דממון, ומה״ט פעמים משלם ואינו לוקה, אכן במיתה וממון הבי׳ הוא, דהחיוב מיתה פוטר את החיוב ממון. ולפי״ז י״ל דכל דברי מהר״ם הם רק במיתה וממון, דיסוד דינו הוא דהמיתה פוטרת הממון, בזה י״ל דהיכא דהמיתה והממון הם מכח סיבה אחת, א״א שהממון יפטר את המלקות.[654]

אכן מדברי הש״ס אין כ״כ מקור לעיקר יסודו של הגר״ח, דבפשטות קרא דאם לא יהי׳ אסון הוא רק גילוי דגם במיתה וממון שייך פטור דכדי רשעתו, והרי בגמ׳ לקמן פג: ומכות יג: הובאה דרשה דכדי רשעתו לענין מיתה וממון, ואף דהתוס׳ כתובות לז. כבר העירו על סו׳ פג: וכ׳ דטעי התם כדטעי בסו׳ דכתובות מעיקרא, מ״מ אילו הוה גדר אחר לגמרי ק״ק. ועי׳ בריטב״א מכות יג: מש״כ בבי׳ סוגיא דשם. ובאמת עי׳ בהג׳ ברוך טעם על הפנ״י ובנחל״ד ובאבי עזרי דכשביארו דברי מהר״ם הזכירו הדין דכדי רשעתו דהכא לאו רשעה אחת הוא.

ועוד נראה לי להוכיח מסו׳ דב״מ צא. דגדר א׳ הוא, דע״ש בחוסם פי פרה ודש בה, דאמר רבא הא דתניא לוקה ומשלם, הכוונה הוא משום דחייב לצי״ש, דאתנן אסרה תורה ואפי׳ בא על אמו. וע״ש בדברי התוס׳, דמבו׳ דהמקור לחיוב לצי״ש נלמד ממשמעות הקרא דאתנן אסרה תורה ואפי׳ בא על אמו. ולהדיא אי׳ כן ביראים סי׳ רצ״ג, וע״ש שהביא דרשת הספרי, אין לי אלא אתנן זונה כל העריות מנין, ת״ל אתנן מכל מקום, פי׳ אפי׳ במקום דקלב״מ. ולכאו׳ צ״ב, דמהיכ״ת לומר דגם במלקות וממון מחוייב לצי״ש, והרי לולי קרא דאם לא יהי׳ אסון, היינו אומרים דבמיתה וממון לא אמרי׳ כלל הך דין דקלב״מ, ובממון ומלקות הי׳ פטור אפי׳ לצי״ש וא״כ לא הי׳ שייך למידק

---

[652] ושמעתי מהגרה"ש, דאם נפרש בכוונת התוס' דיסוד הפטור הוא משום דנחשב כחיוב אחד, אז י"ל דכל זה שייך רק בענין דכפרה, דכיון דלכפרתו בעי' המיתה והממון, משו"ה נחשב הכל כחיוב ועונש אחד, אמנם בעלמא ודאי הוו כשני חיובים, וגם בדברי התוס' כתובות לב: בענין כאשר זמם שיי"ל מושג הנ"ל, דכיון דשניהם משום כאשר זמם י"ל דהגם דודאי יש עלה תורת חיוב מלקות וחיוב ממון מ"מ כעונש אחד דמי.

[653] כמדומני שכן שמעתי מהגרא"י סורוצקין שליט"א, וכן שמעתי מהגרש"מ בשם הגר"א שווי שליט"א.

[654] ודע דבחי' הגר"ח על הש"ס בכתובות לב: כ' סברא הפוכה, דסברא זו לא שייכא אלא לענין דלא שייך פטור דכדי רשעתו דנחשב כרשעה אחת, אכן אי"ז סברא שלא יהא שייך דין דולא יהי' אסון, דסו"ס המיתה פוטרת את הממון. ועי' באבן האזל פ"א ממעילה ה"ג שכ' ג"כ הכי, והעיר על זה מדברי התוס' בדף ד. וכ' לפרש בכוונת התוס', דהוא משום דבכפרה לא שייך פטור דקלב"מ וכפירושו של הגרש"ש.

כלום מהא דאסרה תורה אתנן ואפי' בא על אמו, ואילו נימא דהחיוב במיתה וממון חלוק לגמרי מהחיוב מלקות וממון מהיכ"ת לדקדק מאתנן למלקות וממון, ובע"כ דהכל גדר א' הוא.[655]

וראיתי בשיעורי רש"ר במכות שדקדק מדברי תשו' הרשב"א ח"ה סי' י"ח כדברי הגר"ח, ע"ש. אמנם הגם דמבו' מדבריו דקרא דאם לא יהי' אסון אינו גילוי בעלמא דהכל נכלל בקרא דכדי רשעתו, אמנם מ"מ י"ל דעיקר גדרי הדין א' הם, ורק דבזה נאמר תנאי דרשעה המסורה לב"ד, ובזה לא נאמרה, וצ"ע בזה. ולליישב קו' הגרע"א ממוצש"ר ומגמ' מכות יג: צ"ל באופ"א.[656]

בענין אם דברי מהר"ם שייך גם לענין חיוב דמים

אך הי' מקום קצת לדקדק כדברי האחרו' הנ"ל מדברי תוס' ר"פ ותוס' הרא"ש, דהנה יל"ע האם סברת המהר"ם שייכא גם לענין חיוב דמים או רק לענין חיוב כופר דהוה כפרה. ועי' בקצוה"ח סי' ת"י סק"ד שהביא דברי התוס' וכ' וז"ל, אבל פטורא דדמים משום קים ליה בדרבה מיניה הוי, דהוי ליה כשאר ממון שהזיק בשעת מיתה, עכ"ל. ולכאו' כוונתו הוא דחיוב מיתה הוא בעבור נפש הנהרג משא"כ חיובא דדמים הוא בעבור דדייני' אותו כחפצא דממון. אכן עי' בתוס' ר"פ בדף ד. ובדף כו. שכתב להדיא דלא נפטר מדמי הנהרג ע"י חיובא דמיתה, דרק בממון אחר בהדי מיתה אמרי' כן, וכן הוא בתוס' הרא"ש כתובות לז. ועי' בתוס' ר"פ מג: שפי' בסוגיא דשם דנפטר מחיוב דמים ע"י דין דקלב"מ, וכ' דמזה נסתר מה שכ' בבי' הדבר דבכופר לא אמרי' קלב"מ, דהרי הך סברא שייכא גם לענין דמים, והרי מש"כ האחרו' בישוב ע"ש. ולכאו' דבריו צ"ב וכמו שהעיר בקצוה"ח, ולכאו' י"ל, דהנה בתוס' הרא"ש כ' וז"ל, וי"ל דלא יהי' אסון, מיירי בממון שעם המיתה כגון דמי הולדות, אבל דמי הנהרג הו"א דמשלם עם המיתה מק"ו דשור, להכי איצט' עליו, עכ"ל. וי"ל בכוונתו, דבדין דלא יהי' אסון אפי' בכה"ג לא אמרי' קלב"מ, דהגם דלא הוה ממש סיבה אחת, והגם דמצינו כה"ג דין דקלב"מ, מ"מ צ"ל דהיינו רק בכדי רשעתו ולא באם לא יהי' אסון.

---

[655] עי' בפנים שכתבו האחרונים לפרש לחלק בין הדין קלב"מ בכדי רשעתו להדין קלב"מ דאם לא יהי' אסון, דהדין כדי רשעתו אינה דין פוטר אלא דין דלא עבדי' לי' תרתי, והדין דואם לא יהי' אסון הוא דין פוטר. ושמעתי מהגרש"מ, דנראה דאין החילוק בין כדי רשעתו לואם לא יהי' אסון אלא בין מיתה למלקות, והיינו דיסוד הדין קלב"מ הנלמד מהנך פסוקים הוא אחד, דלא עבדי' לי' תרתי, ורק דבמיתה וממון מאחר דמיתה אלימא טובא, פוטרת את הממון, משא"כ ממון ומלקות דאין המלקות אלימים כ"כ יור מהממון א"א לפטור אותו, ורק דלא עבדי' בי' תרתי, ומה"ט גופא מצינו בממון ומלקות דפעמים לוקה ואינו משלם ופעמים משלם ואינו לוקה. ונראה דגם במיתה ומלקות הוא גדר פוטר, דהקובע אם חל דין פטור אינו מאיזה קרא נלמד, אלא הסברא קובעת את זה, והרי בבמיתה ומלקות מעולם לא דנה הגמ' אם מלקין אותו או ממיתין אותו, כמו שדנה הגמ' במלקות וממון, והה"ט דפשיטא לן דמיתה חמורה טפי ממלקות, ומה"ט מסתבר שחל דין פוטר. אכן דע דבדברי מהר"ם בפשטות לא יתיישבו בזה, דאי נימא דשייך הך דין דאין לוקה ומשלם, ע"כ צ"ל דנחשב כ"עבדי' בי' תרתי" וכיון שכן, בפשטות צריכה המיתה לפטור את הממון, דדבר זה הוא שגורם פטור הנ"ל, ואולי יש לחלק בזה, וצ"ע.

[656] בישוב הקו' ממוצש"ר עי' בשיעורי רש"ר במכות, שכ' ליישב, די"ל דהממון בא על הנזק שגרם לה, והמלקות הוא משום העוולה שהוציא ש"ר על בתולת ישראל, והויא כעבירה של בין אדם למקום ושוב כ' דאפי' אם בא על עבירת הנזק, אמנם המלקות הם בעבור העבירה והממון אינו בעבור העבירה אלא בעבור עצם ההיזק. שוב שמעתי ממו"ר הגרח"ש שהגרי"מ אמר סברא הא' של הגרש"ר, דמ"מ נחשב כשני דברים שזהו בעבור הוצאת ש"ר וזהו בעבור ההיזק, שהרי הוא נמנה בכ"ד אבות נזיקין, עכ"ד. ובישוב הקו' מעד"ז ומחבלה עי' בחי' רר"ג סי' ג'.

ובישוב סוגיא דמכות יג: עי' מש"כ באבי עזרי. וראיתי באו"ש בפ"א ממעילה בסוד"ה ובזה נתיישב בסוגריים שעמד בזה, וכ' שם, דבאמת הוא פלו' בבלי וירושלמי, והך מ"ד אתיא כהירושלמי. ע"ע בשיעורי רש"ר מכות סו' אות רט"ו שג"כ עמד בזה, והמגי' שם כתב ליישב עפ"י יסוד האחרו' דהמלקות בא למה שעבר על מימרא דרחמנא, וכן נקט רש"ר בכ"מ שם במכות. ובהג"ה למטה הביא המשך חכמה, דעל הפסוק דכדי רשעתו פי' דהא דילפי' במכות יג: הך דין דכדי רשעתו לחייבי מיתות ב"ד שאין לוקין, הוא דרשה מחודשת ולא שייך להדין כדי רשעתו של קלב"מ אלא הוא דרשה בפנ"ע, שליכא דין מלקות כלל בחייי"מ ב"ד, דלא נא' אצלם הדין מלקות. וכעי"ז כ' המאירי שם וקרית ספר פי"ה מסנהדרין למסקנת הגמ' שם, דלאו הניתן לאזהרת מיתת ב"ד דאין לוקין עלה, נלמד מקרא דכדי רשעתו, וזה ודאי הוא דרשה מחודשת, עוד הביא שם שבעל הקה"י בהג' מכת"י למכות יג: ביאר כן ג"כ בדברי הגמ' שם.

אכן נראה לומר באופ"א, והוא דשמעתי מהגרש"מ, דאפי' למ"ד כופרא ממונא אין החיוב ממון כהיזק חפצא דממון, אלא דהוא משום הריגת הנפש, ואפי' אין לה שום שיווי יש לו דין מזיק מחמת זה גופא, ורק דהתשלום להריגת הנפש הוא שיווי המכירה בשוק. ונראה לומר דכן הוא לענין חיובא דדמים, ובאמת עי' בתוס' מב. שלא מצא שום נפק"מ בין חיובא דדמים לחיובא דכופרא ממונא, ורק דיתכן דהגם דהוה דבלומדות הוי גדר אחר, מ"מ ליכא שום נפק"מ. ולפי"ז נמצא דבין חיובא דרציחה ובין חיובא דדמים הוא בשביל הריגת הנפש, והגם דחיוב זה הוא משום עיוות הרציחה, וחיוב זה משום הדין מזיק, מ"מ י"ל דנחשבו הכל כדבר א'.

והצעתי כל זה להגרש"מ, ואמר לי דנראה דנכונים דברי, וכן הוא רצה לדקדק מכבר דחיובא דדמים הוא בשביל רציחת נפש הנהרג, דעי' בתוס' לעיל כב: דאפי' היכא דהעבד והגדי הם דחד, מ"מ נחשב כחיוב מיתה לזה וממון לזה, דחיוב מיתה דעבד הוא בשביל העבד ולא בשביל האדון. ולכאו' ילה"ע דגם בדין דמים דעבד גופי' יחשב כלזה ולזה, ולא משמע כן. ונראה דמוכח מזה דגם החיוב דמים הוא בשביל נפש הנהרג, ולכן י"ל דגם החיוב דמים הוא להעבד עצמו, כיון דהוא בעלים על נפשו, כמו שהחיוב מיתה הוא לו, ורק דהאדון זכה מיני'.

ביאור הגרב"ד אמאי לא שייך מש"כ בתוס' דבמילתא דכפרה לא אמרי' קלב"מ

והנה מכח קו' זו כ' התוס' ר"פ בדף מג: דהא דלעיל לא שייך פטור בקלב"מ לענין דמי הנהרג, היינו דוקא לענין כופר, דכופר כפרה הוא, ואפי' לית לי' נכסי מוטל עליו החיוב, הלכך הו"ל כי הא דאמר בשבת [צד.] שגג על האוכלין והזיד על הכלי דחייב חטאת, ולא אמר דמפטר מן החטאת בקלב"מ כיון דבכפרה איתי', עכ"ל. ועי' בחי' הגרע"א שבאמת תמה על דברי התוס' דאמאי לא קאמר דלא שייך בכופר דין דקלב"מ, כמש"כ בפסחים לא: דבתשלומי תרומה לא שייך דין דקלב"מ מכיון דהוה כפרה, וקו' זו קשה על הריב"א אליבא דאמת. ועי' בחי' הגרש"ש ובאבן האזל פ"א ממעילה ה"ג שאכן כתבו לפרש כן בדברי התוס', ודלא כדברי המהר"ם ואחרונים הנ"ל. ועי' בברכ"ש ל-ד שג"כ עמד על דברי התוס' בקו' הנ"ל, וכ' לפרש דכבר נח' הראשונים בגדר החיובא דכופר, דדעת הרמב"ן בפ' משפטים ובמכות ב: דהוה כעין חיוב דקרבן, ואין ליורשי הנהרג שום תביעת ממון עליו.[657] אכן עי' בתוס' סנהדרין ב. דאיכא דין ב"ד של ג' בכופר ומחמת זה תמהו שם אמאי לא מנה כופר בין הדיני ממונות שצריכים ג' וכ"כ הר"מ להדיא דאיכא דין ב"ד ודין עדות[658] הרי דחשיב כדיני ממונות ולא כהוראת איסור והיתר דעלמא. עוד מצינו בתוס' ב"ק ה. בד"ה למעוטי, דאיכא דין מיטב, דהרי הק' שם אמאי לא מנה כופר בין הכ"ד אבות נזיקין, הרי דהוא דין מזיק, וצ"ב דהרי כתיב דהוא כפרה. ומבו' דהגם דעיקר החפצא דתשלומין הוא חפצא דכופר, אמנם יש להניזק דין תביעת ממון על תביעה זו.[659] והגרב"ד אמר דאיכא מחילה וואס בלייבט אפגעצאלט, אמנם הכא א"א לדונו כאילו משלם לו, דהרי כופר צריך לשלם לו בפועל.

---

[657] וכבר העיר הגרי"מ עליו, מהא דמצינו דין ירושה בכופר, הרי להדיא דהוה חובת ממון, ודוחק לשעבד דברי הרמב"ן לדעת האו"ש והמנח"ח דבאמת אי"ז דין ירושה אלא חיוב ישיר ליורשים. ועי' מש"כ בחי' רש"ר במכות בזה, ועי' מש"כ בהג"ה לשיעור כללי ג' בפ' אלו נערות בזה.

[658] עי' ר"מ פ"ה מסנהדרין הי"ד שכ' דבעי' ב"ד לגובייגא דכופר, ובפ"ה מנז"מ ה"יג כ', בעי' שני עדים כשרים כממונות.

[659] ואעתיק כאן מה ששמעתי מהגרח"ש בזה, דהתורה קבעתו עם חיוב ממון גמור, דזהו צורת החיוב, והיינו דיש בזה דין טענה ותביעה וגמר דין, ולא רק דבר שנוגע רק לבעל השור, והרי מצינו שהגמ' [ב"ק מ.] דנה האם בכופר ממשכנין לי' או לא, וכ' השטמ"ק בשם הרשב"א לדקדק מדברי התוס' בדף מ. [בד"ה חייב], דכל הספק הוא רק אם יורשי הניזק יש להם זכות תפיסה, דכיון דהוא כפרה, אולי זה מפקיע הזכות לתפיסה, אמנם אם לא משלם, ודאי שב"ד יגבו ממנו כשאר נזיקין דעלמא. הרי דהתורה קבעה הדין כופר עם זכות לניזק, דכיון דכתיב "ונתן" נמצא דהתורה הטחלה עליו חיובים. אמנם עיקר התשלום הוא כופר וכתבו התוס' מג. בד"ה מאי לאו, דא"א למחול. והגרב"ד דימה זה למה דאמרי' בגמ' מא: בחצי כופר עפ"י עצמו, דמקשי' מודה בקנס הוא, ומתרצי' כופרא כפרה וזה מפקיע השם קנס מה דיש בהתשלום כפרה, אמנם הוא דין שמחוייב לשלם לחבירו [א.ה. ככל חיוב ממון] והוא צריך לב"ד. הרי דאיכא א סארט כופר וואס שטעלט זיך אויס מיט א חיובדיגע דין מיט א זכות דיגע דין. ורק דלא שייך למחול עליו דהתורה אמרה דהוא צריך כפרה. (והוסיף הגרב"ד דמשו"ה אין כופר משתלם לאחר מיתה, והגם

(ויל"פ זה בכמה אנפי, או דודאי עיקר יסוד החיוב והמחייב הוא ענין כפרה, ורק דהתורה קבעה שיש להנהרג תביעת ממון על חיוב זה. וכעי"ז הבין הגרא"ז בפ"ח מנזק"מ הי"ג. או דעיקר החפצא דתשלומין הוא תשלומי נזיקין, ורק דלתשלום זה גופא יש לו תורת כופר וכמו שהבין הג"ר ראובן גרוזובסקי בסי' ג'. ודע דגם לדברי הגרר"ג כל תביעת הממון הוא רק עד כמה שיהא לו כפרה מתשלום זה, וכמו שמבו' מהא דאינה נגבה לאחר מיתתו משום דאין למתים כפרה. ובי' הדבר הוא, דבאמת הי' מן הראוי שיהי' כאן תשלומי נזק, ורק דהתורה לא הי' קובע חיוב תשלום זה במקום מיתה ורק כיון דתשלום נזק זה הוא ענין כפרה למזיק, קבעה התורה דין תשלומין).

ומבו' מזה דאיכא שני סוגי כופר הא', ע"י קרבן דהוא כעין חיובא דמצוה, דלית לי' להקדש שום תביעת ממון על גוף החיוב בקרבן, והדין שעבוד נכסים דמצינו, נובע מצד חיוב המצוה המוטל על החוטא. ודעת התוס' בכתובות ל: הוא דכעי"ז הוא החיוב של תשלומי תרומה, דאיכא חיוב אקרקפתא דגברא, שחייב להשלים התרומה. ותוס' דקדקו מהא דקיי"ל דחייב גם על תרומת עצמו, וכ' התוס' דהקיום הוא עם עצם ההפרשה ואח"כ יכול הכהן למחול.[660] והב', בכופר ממש, דחל החיוב עם זכויות ממון.

וי"ל דכל מש"כ התוס' בכתובות דלא שייך פטור דקלב"מ בחיוב כפרה, היינו רק היכא דגוף החיוב אינו חובת ממון אלא דהוא ענין כפרה בעלמא, משא"כ בחיובא דכופר, נהי דהוה חפצא דכפרה אמנם מכיון דצורת הכופר הוא עם זכויות ממון, בזה שייך פטור דקלב"מ, וכל דלא חלה זכות ממון לא חל כל הדין דכופר.[661] ומה מאד מדוקדקים דברי תוס' ר"פ, דכשכ' דלא שייך דין קלב"מ, דימה זה לחיובא דקרבן[662], וכנראה שס"ל כדברי הרמב"ן, וצ"ע טובא בשיטת רבי' פרץ בזה.

בענין אם בגלות איכא דין דקלב"מ

הנה יל"ע אם בעונש גלות נא' דין דקלב"מ ולפי מש"כ תלמיד ר"ת והנחל"ד הנ"ל לפרש בדברי רש"י, דהוקשה לו דאמאי לא שייך דין דקלב"מ הרי מבו' להדיא דגם לענין עונש גלות אמרי' קלב"מ. וכן הוא פשטא דסוגיא בכתובות לז:, אלא דיש לדחות סוגיא דכתובות, דהדין קלב"מ שם אינו משום החיוב גלות אלא משום דכיון דהרגו בשוגג, א"כ שייך דין קלב"מ משום חייבי מיתות שוגגין, אך לא משמע כן מלשון רש"י שם. וע"ע במאירי שם שכ' להדיא דשייך דין קלב"מ מכח החיוב גלות, ורק שכ' דמצד עצם הסוגיא הי' שייך לפרש משום חיי"מ שוגגין. וראיתי בשערי שמועות להגרמ"ש בדף ד. שכ' בפשיטות דבגלות ליכא דין קלב"מ, והוכיח מכח זה דאין כוונת רש"י בדף כו. להק' מכח הדין דקלב"מ, ע"ש. אך כבר הבאנו שתלמיד דר"ת והנחל"ד לא הבינו כן, וגם במאירי כתובות הנ"ל מבו' להדיא דשייך דין קלב"מ בגלות. ונידון זה תלוי בגדר חיוב גלות. דהנה עי' ברמב"ן מכות דף ב. שהביא שהוא חיוב כפרה כעין קרבן, ומה"ט קשיא לי' דלמ"ל מיעוטא דעדים זוממים פטורים מגלות, והרי אמרי' שם דאי"צ מיעוט

דהוא חיוב ממון אמנם השעבוד נכסים הוא לשלם כופר ולא ממון בעלמא, והיינו עס מוז אויסהאלטין די גדרי כפרה אויך, דצריך שיהא לו כפרה מזה).

[660] עי' מש"כ בחי' הגר"ח על הש"ס, דהר"ש בתרומות חולק על דברי התוס' הנ"ל וס"ל דגם תשלומי תרומה הוא מענינו דקלב"מ, דגם התם הוא ענין תביעת ממון, ועי' מש"כ מהגרח"ש בזה.

[661] ושמעתי מהגרש"מ, דעפי"ז מובן היטב מה שיש להעיר על דברי התוס' ביבמות סה., ע"ש שכ' דרבי מודה בשור המועד מכח קראי דלא נעשה מועד עד ג' פעמים, ובי' שם, דה"ט, דבכל חיובי ממון בעי' חזקה דג"פ, עכ"ד. ולכאו' ילה"ע על דבריו דכפשוטו רבי מודה גם לענין חיובא דכופר דבעי' ג' פעמים, והרי במכילתא דרשי' דבעי' ג' נגיחות מהפסוקים שכתובים גבי כופר, וצ"ב למ"ד כופרא כפרה דאמאי שייך בזה דין חזקה דממון. אמנם למש"כ הגרב"ד מובן היטב, דכל דלא חל חיוב ממון לא חל כל הדן כופר, ומכיון שכן שפיר בעי' חזקה דממונות למיחל חיובא דכופר.

[662] ויל"ע על דבריו שם, דמשמע דגם בקרבן הי' שייך דין דקלב"מ, והוצרך לדקדק מסוגיא דשבת דבקרבן לא שייך דין דקלב"מ, ובפשטות הוא מילתא דפשיטא דקרבן אינו כלל מענינו דקלב"מ.

למעטו מחיוב כופר למ"ד כופרה כפרה, משום דהני לאו בני כפרה נינהו. והרמב"ן בי', דהכוונה שם היא דחיוב כופר הוא כעין חיוב קרבן דאינו ענין חיוב אלא מצות הבאת קרבן, ע"ש, וכ"ה בגלות. אמנם הרבה אחרונים כתבו לחלוק דאף דסיבת החיוב בגלות הוא משום דהוא צריך כפרה, אבל הוא עונש כעונש דמיתה ומלקות ושפיר בעי' מיעוט למעט דעד"ז לא חייבין בחיוב גלות. ולכאו' הנידון הוא אם חיוב גלות יכול לפטור חיוב ממון מדין קלב"מ.

סימן ל'

בדין מתעסק[663]

בקו' הגרע"א אמאי נקט הגמ' טעם דמלאכת מחשבת ולא טעם דמתעסק

במש"כ הגרע"א שם דמתעסק הוי רק פטור קרבן

בישוב קו' הגרע"א מסוגין

דין מתעסק ברציחה

ג' ביאורים בגדר הפטור דמתעסק, ובבי' הנידון אם שייך דין מתעסק ברציחה

חידושו של הגראב"ו דחייב על רציחה כל שנעשית על ידו

בי' עפ"י הנ"ל בדברי התוס' רי"ד קידושין מב:, דמש"כ שם דאילו ישלד"ע גם השליח הי' חייב הוא רק בנזיקין

עובדא שהגרי"ס שלח אל הגרע"א דמהו הטעם לבדיקת תולעים והרי הוה מתעסק

בקו' הגרע"א על סוגין אמאי נקט הגמ' טעם דמלאכת מחשבת ולא טעם דמתעסק

גמ' כו. אמר רבה היתה אבן מונחת לו בחיקו ולא הכיר בה, ועמד ונפלה, לענין נזקין חייב, לענין ארבעה דברים פטור, לענין שבת מלאכת מחשבת אסרה תורה, לענין גלות פטור, לענין עבד פלוגתא דרשב"ג ורבנן וכו'. ובתשו' הגרע"א סי' ח' הקשה וז"ל, וקשיא לי הא בתוס' בשבת פרק כלל גדול [דף ע"ב] ד"ה נתכוון וכו', ותמצית דבריהם דבנתכוין לחתוך תלוש, היינו שהיה סבור דהוא תלוש והיה מחובר, מקרי נעשה מחשבתו, אלא דפטור מטעם אחר מקרא דאשר חטא בה פרט למתעסק, וזהו בכל איסורים, דאם סבר בהמה זו חולין והיתה קדשים, ושחטה בחוץ דפטור, ואם נתכוין לחתוך מחובר זה וחתך מחובר אחר, בכה"ג בעלמא חייב, דאם נתכוין לשחוט בהמת קדשים זו בחוץ ושחט בהמת קדשים אחרת בחוץ, חייב, אבל בשבת פטור דלא נעשה מחשבתו שלא רצה לחתוך זה, ע"ש, א"כ הכא דהיה האבן בחיקו ולא ידע מזה דחשב דאינו עושה כלל מלאכה, בלא טעמא דמלאכת מחשבת פטור, דלא גרע מקסבר שהוא תלוש ונמצא מחובר. ואף דבאמת ג"כ לא נעשית מחשבתו דהא לא רצה כלל בנפילת האבן, מ"מ הא ל"צ לטעמא דמלאכת מחשבת, דאפילו בעלמא פטור מטעם מתעסק.

וע"ש שכ' ליישב וז"ל, ונ"ל דבר חדש דמה דממעטינן מאשר חטא בה פרט למתעסק, לא דמתעסק לא נעשית העבירה כלל, אלא דמקרי עבירה בשוגג, ואך בשוגג כהאי ממעטינן מאשר חטא בה דפטור מקרבן, אבל מ"מ מקרי שגגת איסור, אבל מה דממעטינן מטעם דמלאכת מחשבת אסרה תורה היכא דליכא מלאכת מחשבת, אינו בכלל מלאכה ולא נעשה העבירה כלל. (ומבו' מדברי הגרע"א דזה לחוד אינו מספיק ליישב קושיתו, דנהי דמטעם מלאכת מחשבת אינה עבירה בכלל אך רבה לא אמר אלא זה שהוא פטור, ומכיון דמתעסק הוי פטור בכהת"כ הו"ל למינקט הך פטור).

[663] חבורה כא

א״כ י״ל דמש״ה נקיט בסוגיין מטעם מלאכת מחשבת, היינו די״ל דמה דאמרינן לענין נזקין חייב לענין שבת פטור, היינו לומר דאם הנפילה מחיקו היתה בשבת, חייב לשלם הנזק ופטור משום שבת, דלא אמרינן ביה קלב״מ כדין חייבי מיתות שוגגין, כיון דלא היתה מלאכת שבת, לא נעשתה כלל מלאכת שבת, אלא דאלו אתרו ביה והיה יודע שהאבן בחיקו, אז היתה נקראת מלאכה, ואם הי׳ מודיעים אותו שהאבן בחיקו ולא אתרו בו, אז היו בכלל חייבי מיתות שוגגין, אבל עתה כיון דלא ידע מהאבן שבחיקו, לא נעשתה המלאכה ולא מקרי ח״מ שוגגין, אבל בלאו טעמא דבעי מלאכת מחשבת אלא מטעם מתעסק דפטור גם בשאר אסורים, היינו גם מחטאת, אבל מ״מ מקרי מלאכה, והוי שגגת מלאכה בלא חיוב חטאת, והיה פטור מלשלם הנזק, דהוי חייבי מיתות שוגגין ודוק, עכ״ל. והיינו דהגמ׳ איירי בהיכ״ת שנפל מחיקו בשבת לרה״ר ושבר כלי, דכה״ג לענין שבת פטור ולענין נזיקין חייב.[664]

והנה עי׳ באפיקי ים ח״ב סוס״י ל״ז ובמנחת ברוך סי׳ ט׳ ובעוד אחרונים שהעירו על דבריו, דמש״כ דהיכא דלאו מלאכת מחשבת היא לא אמרי׳ קלב״מ, דבר זה תלוי׳ בפלו׳ רש״י ותוס׳ לקמן לה., דשיטת רש״י שם, דבמקלקל אמרי׳ קלב״מ ותוס׳ פליג עליו, והנה פטור דמקלקל הוא משום מלאכת מחשבת, וכמש״כ התוס׳ שם ומ״מ ס״ל לרש״י דאמרי׳ קלב״מ.

במש״כ הגרע״א שם דמתעסק הוי רק פטור קרבן

עוד צ״ב דהנה כל תירוצו של הגרע״א מיוסד על זה דס״ל דמתעסק הוי רק פטור בקרבן, וכמש״כ הוא עצמו, אכן דעת המקור חיים רס״י תל״א, מובא בהמשך דברי הגרע״א שם, דמתעסק לאו עבירה היא כלל, וכן שמעתי ממו״ר הגרח״ש לדקדק מדברי הגר״ח מוולאזין, ע׳ בסמוך. וכבר כ׳ הרא״ש בפ״א מגירושין הי״ז ובקו״ש (ח״ב סי׳ כ״ג אות ט״ז) להוכיח כדברי המקו״ח מדברי הכס״מ פ״א מאיסו״ב הי״ב, דע״ש שפי׳ בדברי הר״מ שם דבחיי״ל ושניות איכא איסור במתעסק שכן נהנה, וצריך כפרה. והנה לפי״ד הגרע״א הא דבעי׳ בחלבים ועריות הטעם דשכן נהנה, הוא רק בכדי לחייבו בקרבן, אך בחיי״ל ושניות דבלא״ה ליכא קרבן, אי״צ להך טעם דשכן נהנה, ועי׳ באבי עזרי שם מש״כ בזה. עוד ראיתי מובא בשם ר׳ מיכל שורקין שליט״א לדקדק כן גם מדברי הריטב״א ביומא לד: שכ׳ לדמות הפטור דמתעסק לפטור דאינו מכוון לר״ש, ע״ש שדקדק דדין דלר״ש דאינו מתכוון פטור, הוא ל״ד באיסורי שבת אלא בכהת״כ, מהא דאמרי׳ בחלבים ועריות ״שכן נהנה״, ומבו׳ דבלי״ז הי׳ פטור, עכ״ד. והנה דבריו תמוהים, דאטו כל הדין דמתעסק הוא רק אליבא דר״ש, אמנם הא מיהת מבו׳ מדבריו, דהוא כעין הפטור דאינו מתכוון, והרי דבר שאינו מתכוון מותר גמור לר״ש.

גם מדברי הרא״ש בחולין פ״ב [מובא בביה״ל ח״ג סי׳ כ״ג] נראה לי לדקדק דדין מתעסק אינו פטור קרבן בעלמא, דע״ש שכ׳ דהפיל סכין בלי כוונה להפיל ושחטה, פסול, דחסר בכח גברא. [ועי׳ ברשב״א בתוה״ב בית א׳ סוף שער א׳ דחולק על זה, גם מדברי הטושו״ע מבו׳ שלא כן וכבר עמד התבו״ש ג-ז על דברי הטור דפסק שלא כאביו

---

[664] שו״ר שיעור מהגר"ש אוירבאך זצ"ל (שמסר סוף חורף תשע"ז) שאמר בבי׳ פלו׳ הגרע"א והמקו"ח דפליגי בעיקר גדר מתעסק, דהמקו"ח הבין דהגדר בזה הוא שאין המעשה מתייחס לאדם, דמעשה שהאדם עושה בלא ידיעתו אינו נחשב למעשה שלו, וממילא מבואר מאד דבאיסור כזה שמתקיים בלא מעשה האדם, בזה ליכא כלל הך דינא דמתעסק, דהא בלא"ה לא בעינן לייחס אליו פעולה כל שהיא [ולפי"ז מבואר טפי הא שאמרו דמתעסק בחלבים ועריות חייב שכן נהנה, דמחמת שנהנה מתייחס אליו המעשה], משא"כ הרעק"א הבין, דגדר הפטרו במתעסק הוא דהו"ל שגגה יותר קלה מכל שוגג, דבמקום שאינו עושה המעשה מדעתו הקלה בו התורה טפי, וא"כ דבר זה שייך שפיר גם בכה"ג שעובר האיסור בלא מעשה, ומשו"ה כתב על דברי המקו"ח דהם דחוקים.

ויש לבאר עוד, דמשורש זה נובעת גם פלוגתתם אי יש איסור במתעסק או דליכא איסור כלל, דהמקו"ח הבין דאין שום איסור, ומשו"ה הק' אמאי עובר בב"י, וזה שפיר לשיטתו דמתעסק היינו דאין זה מתייחס להאדם, וא"כ ודאי אין כאן מעשה איסור כלל, ומאידך הגרע"א דס"ל דהוא רק גדר שוגג יותר קל שפיר שייך לומר דאכתי איסורא איכא, ורק דאימעיט לי׳ מקרבן, עכ"ד.

הרא״ש]. והנה לכאו׳ סברת הרא״ש היא משום דין מתעסק, הרי להדיא דמתעסק הוא חסרון בגוף המעשה ולא רק פטור קרבן בעלמא. והערתי בזה להגרש״מ ואמר לי דאולי אין מזה סתירה עם דברי הגרע״א, די״ל דודאי אית בי׳ איזה חסרון במעשה, ורק דעי״ז א״א להפקיע עיקר התורת עבירה, ורק מחמת זה פטור מקרבן, ורק דחסרון זה גורם דחסר בכח גברא בשחיטה, אכן מדברי הגרע״א משמע דהוי פטור קרבן בעלמא, ולכאו׳ מדברי הרא״ש הנ״ל מבו׳ לא כן. ועכ״פ לפי כל השיטות הנ״ל, דמתעסק לא הוי עבירה בכלל, הדרא לדוכתא קו׳ הגרע״א בסוגין.[665]

בישוב קו׳ הגרע״א מסוגין

עי׳ בדעת מרדכי [להגרמ״א רבינוביץ זצ״ל] ח״א סי׳ ה׳ שכ׳ ליישב עפ״י סוגיא דכריתות יט: דאמרי׳ הואיל ומקלקל בחבורה חייב מתעסק בחבורה חייב, וא״כ י״ל דמתעסק בכה״ת אין שום עבירה בידו, ומ״מ מוכרח הש״ס לומר מטעם מלאכת מחשבת, דהא איירי׳ הכא בחבלת אדם כדמסיים בנזק חייב, בד׳ דברים פטור, ובחבלת אדם גם מתעסק חייב בשבת, א״כ שפיר נפק״מ לענין אם היתה החבלה בשבת וכעצתו של הגרע״א, דמטעם מתעסק חייב, ומטעם מלאכת מחשבת פטור, עכ״ד. וראיתי במאירי בסוגין וז״ל, לענין שבת אם העבירה ד׳ אמות ***או עשה חבורה בנפילתה*** פטור מחטאת, עכ״ל.

ע״ע במנחת ברוך סוס״י ט׳ שכ׳ ליישב עפ״י המשך דברי הגמ׳ שם, דאמרי׳ נתכוון לזרוק ב׳ וזרק ד׳ כו׳, והתם ליכא למימר ה״ט דמתעסק דבנתכוין לזרוק ב׳ וזרק ד׳ פליגי בזה אביי ורבא [שבת עג.] אם זה הוה מתעסק ובנתכוון לזרוק ד׳ וזרק ח׳ לד״ה לא הוה מתעסק,[666] וכיון דבהני תרתי א״א לומר טעמא דמתעסק, אלא ה״ט דלא הוה מלאכת מחשבת, משו״ה אמרי׳ שם בכולהו ה״ט דלא הוה מלאכת מחשבת.

עוד י״ל עפ״י מש״כ בברכ״ש כתובות יא-ג בבי׳ דברי התוס׳ סנהדרין, ע״ש דלפי דבריו יוצא דלא שייך ענין מתעסק במלאכת שבת.

דין מתעסק ברציחה

והנה עי׳ בנחל״ד שהעיר מצינו שני פטורים מחיוב גלות, הא׳, במכות ז: דרש״י דנתכוון לזרוק בצד זה וזרק בצד זה, דפטור מבלא צדי׳, והב׳ף בסוגין ילפי׳ דלא הכיר בו פטור מקרא דבשגגה. וע״ש שהוקשה לו דלמ״ל תרי קראי. וכ׳ שם ליישב דיסוד הפטור דנתכוון לצד זה כו׳ הוא משום מתעסק, דהיכא דנתכווין לדבר אחר ועלתה בידו זה שלא בכוונה הוי מתעסק, וזה יש לפוטרו טפי מלא הכיר, ולכך אי לאו דבשגגה יתירא דכתב רחמנא לא הוי גמרינן לא הכיר ממתעסק, משום דמתעסק גרע טפי, עכ״ד. (ומדבריו מבו׳ דס״ל דבלא הכיר בו לא הוי מתעסק, ודלא כמו שנקט הגרע״א ודברי הנחל״ד בזה צ״ב). ולכאו׳ ילה״ע על דבריו דנקט דיסוד הפטור בנתכוון לצד זה והלך בצד זה הוא משום מתעסק, דעי׳ בר״מ פ״ו מרוצח ה״י וז״ל, נתכוון להרוג גוי או בהמה ונמצא ישראל, הרי כל אלו קרובין למזיד ואינן נקלטין, עכ״ל. והנה בכהת״כ אופן זה הוא מתעסק גמור, וא״כ צ״ב דלמ״ל טעם דקרובין למזיד. וכעי״ז ילה״ע ממש״כ הר״מ שם בהל׳ י״ד בנתכוון לצד זה והלך לצד זה דפטורו הוא משום קרוב לאונס, והרי תיפו״ל

---

[665] ובאמת איכא מקום גדול לומר, דאפי׳ לדעת רש״י דהיכא דחסר במלאכת מחשבת אמרי׳ קלב״מ, אמנם במתעסק לא אמרי׳ קלב״מ דחסר בכל התורת מעשה, וזה תלוי׳ בגדר דין מתעסק, ראה להלן בעזה״י.

[666] מה שהזכיר דבנתכוון לזרוק ב׳ וזרק ד׳ נח׳ אביי ורבא, דבריו תמוהים, דעי׳ בתוס׳ בסוגין שכ׳ דהתם הוה מח׳ אחרת, ונראה דבניד״ד לכו״ע הוי מתעסק, אך בנתכוון לזרוק ד׳ וזרק ח׳ נ׳ בפשיטות דלא הוי מתעסק, וכן שמעתי מהגרש״מ. אכן עי׳ במאירי בסוגין בד״ה לדין שכנ׳ חלק על התוס׳ וז״ל, אם נחה במקום שחשב אלא שהי׳ משער את התחום לב׳ אמות והיו שם ד׳, שהיא מלאכה, ושנחה במקום שחשב, זהו שוגג גמור וחייב חטאת, עכ״ל. וכנראה שלא פי׳ דנח׳ אביי ורבא בציור הנ״ל, דא״כ הוה לי׳ לפסוק כרבא דפטור, ובע״כ ס״ל דפלו׳ אביי ורבא היא כאופן דסוגין, וכן מבו׳ בדברי תלמיד ר״ת ור״א בסוגין, דנח׳ עכ״פ גם בציור דסוגין, וז״ל, לענין שבת מלאכת מחשבת אסרה תורה. רבא לטעמי׳ דאמר פרק כלל גדול דנתכוון לזרוק שתים וזרק ד׳ פטור, עכ״ל.

משום מתעסק. ושמעתי ממו״ר הגרח״ש ליבוביץ זצ״ל בשם אביו הגרי״מ להוכיח מזה, דלא שייך פטור דמתעסק בענין גלות, ורק דאיכא שגגה יותר גדולה ושגגה יותר קטנה, אך ענין מתעסק דנסתלק כל המעשה, זה לא שייך לענין רציחה, וכל הפטורים דמצינו הם מענין פטורי אונס וכיו״ב, והעיר מכח זה על דברי הנחל״ד הנ״ל דנקט דשייך פטור דמתעסק לענין רציחה.

ופעם דיבר הגרי״מ עם הגרי״ז בענין שאלה זו, אמאי ליכא דין מתעסק ברציחה, ובי׳ הגרי״מ דיסוד איסור רציחה אינו מעשה הרציחה אלא מה שחבירו נרצח על ידו. וי״ל דכל ענין דמתעסק לא שייך אלא בהנך איסורים שעיקר האיסור הוא עצם המעשה, דהיכא דהוא מתעסק חסר במעשה, אך ברציחה וכיו״ב דעיקר האיסור הוא הפועל יוצא, כה״ג לא שייך ענין דמתעסק. והוסיף הגרי״מ דהגע עצמך הרי מצינו שיטת ר׳ שמעון דהגורר את המטה ועשה חריץ פטור ומותר משום אינו מתכוון, וכי ס״ד דמותר לגרור מיטה ולהרוג את התינוק, ובי׳ הדבר הוא מטעם הנ״ל דיסוד הדין דאינו מכוון מותר הוא רק היכא דעיקר האיסור הוא המעשה דבמתעסק חסר במעשה.[667] והגרי״ז אמר לו דלענין אינו מתכוון ודאי כנים דבריו, אמנם מ״מ י״ל דזה לא מיישב הדין מתעסק. (לשונו הי׳ ״נו אינו מתכוון וועט א וודאי ניט פאסין״).

ואמר לו הגרי״ז דהגר״ח מוואלזין כבר עמד בקו׳ זו בתשו׳, דאמאי ליכא דין מתעסק בגלות. ותי׳ דהרי עיקר הפרשה של גלות בתורה איירי במתעסק, דכתיב ונשל הברזל והכהו. וע״כ צ״ל דבהכי חייבי׳ רחמנא.[668] (ודקדק מו״ר הגרח״ש דמדברי הגר״ח מוולאזין מבו׳, דמתעסק אינה עבירה כלל ולא רק פטור מקרבן, ודלא כהגרע״א), עכ״ד. וזהו דלא כהגרי״מ דאמר דאיכא גדר, דרציחה אינה מענינה של דין דמתעסק. ודע דלפי״ד הגרי״מ יש לדון דלענין חבלה של לא יוסיף פן יוסיף לא יהא ההיתר של מתעסק[669] ע״כ שמעתי.

ודע דמה שהגרי״ז חילק בין הדין דאינו מתכוון להדין מתעסק, דנהי דמסברא לא שייך הפטור דאינו מתכוון ברציחה, מ״מ שייך הפטור דמתעסק, זהו דלא כדברי הריטב״א ביומא לד: דמבו׳ מדבריו דיסוד הפטור דמתעסק הוא משום אינו מכוון, וכן נקט בקו״ש ח״ב סי׳ כ״ג בפשיטות דגדר הדין דמתעסק דומה לגדר הדין דאינו מכוון.

---

[667] אעתיק כאן הלשון שכתוב אצלי ממו״ר בשיעור כללי ב׳ דמסכת מכות, ובי׳ הגרי״מ, דיסוד האיסור רציחה אינו המעשה רציחה אלא מה שחבירו הוא נרצח על ידו, דהוה א בין אדם לחבירו דיגע איסור. ולא הוה ככל איסורים שבתורה דהאיסור הוא הפעולה והמעשה [והכוונה]. ונהי דהכא איכא תנאים של כח גברא וכדומה, אמנם עיקר הסיבה הוא זה שחבירו נרצח הוא על ידך, דהאיסור הוא החפצא זה שחבירו נרצח. ובאיסור כזה לא שייך דין מתעסק דאין עיקר האיסור הפעולה, דרק היכא דהאיסור הוא הפעולה אז שייך דינים אלו, דכה״ג חסר בפעולה ונחשב כאילו נעשה מעצמו. ובאמת לענין רציחה לא מצינו דין של אינו מתכוון, דלא מצינו דלמ״ד דאינו מתכוון מותר מה״ת יהא מותר לגרור מטה ולהרוג את התינוק, והיכא דזרק חץ באינו מתכוון בשבת והרג אדם, לענין שבת שייך הפטור דאינו מתכוון, אמנם לענין רציחה ודאי לא שייך. ובי׳ הדבר הוא כנ״ל, דבאיסור כזה שהעיקר הוא מה שחבירו נרצח ע״י ולא המעשה, כה״ג לא שייך ענין מתעסק. והוא כעין הגדר דמצינו לענין חלבים ועריות דחייב במתעסק משום שכן נהנה. ובי׳ הגר״ח משום דהאיסור הוא החפצא. ונהי דברציחה איכא דין דבעי׳ שיהא בידים, אמנם זהו תנאי בעלמא ולא מצד שזהו עיקר האיסור, דעיקר האיסור אינו הפעולה כדי לומר דחסר בהפעולה, עכ״ד. והנה מלשון מו״ר מבורר להדיא דכוון לדברי הגראב״וו המובא להלן. שוב שאלתי לי׳ בבי׳ החסרון דמתעסק ואמר לי דהמעשה אינה מתייחס אליו וכהנ״ל.

[668] והגרי״ז אמר דתשו׳ זו נמצאת בסוף ח״א בבית הלוי, בתשו׳ ג׳ שם, און ער האט געמישט און געמישט ולא מצאה.

א.ה. ודע דגזה״כ זו אינה רק בענין חיוב גלות אלא דיש בזה עבירת רציחה, דהרי הגלות היא לכפרה כדאי׳ בדף ב:. ואולי י״ל דמה״ט לא מצינו דין דאינו מתכוון, דאפי׳ במתעסק איכא גזה״כ דאסור ברציחה. וכשהצעתי זה להגרש״מ אמר לי דיתכן דכל הגזה״כ היא רק לענין גלות, והיינו די״ל דודאי חסר בעצם העבירה לענין החיוב במיתה, ורק דנתחדש דאכתי יש לה תורת רציחה לענין חיובא דגלות, ורק כיון דנתחדש איזה תורת עבירה, ודאי איכא איסור דאינו מכוון. ואמרתי לו דיתכן דלפי דבריו תהא נפק״מ לענין קלב״מ.

[669] א.ה. איני יודע סיבת הספק שהסתפק מו״ר, דלכאו׳ נ׳ בפשיטות דבחבלה לא שייך דין מתעסק לפי הביאור הנ״ל, ורק דלפי מש״כ למעלה בהג״ה מהגרי״מ דברציחה עיקר האיסור הוא החפצא, יתכן דבחבלה אינו כן. ודע דעי׳ בתוס׳ סנהדרין שכ׳ דשייך ענין דאינו מכוון לענין מכה את אביו, וכבר העיר הקו״ש ח״ב סי׳ כ״ג סוף אות ו׳ בדברי התוס׳ הנ״ל, והניח בצ״ע.

ועכ"פ מבו' נידון גדול אם שייך עיקר הדין דמתעסק לענין רציחה, דהגר"ח מולאזין נקט דשייך פטור מתעסק ברציחה וכן נקט תלמידו הנחל"ד וכן דעת הגרי"ז, וכן מבו' מדברי המאיר לעולם ח"א סוס"י כ"ב בד"ה ומה שרצה כת"ר כו', אכן הגרי"מ נקט דלא שייך דין מתעסק ברציחה, וכן נקט בפשיטות הגרש"מ . ולכאו' צ"ב עיקר נידון הנ"ל.

ג' ביאורים בגדר הפטור דמתעסק, ובבי' הנידון אם שייך דין מתעסק ברציחה

ואשר נ"ל בזה דהנה בפשטות הי' נל"פ עיקר הפטור דמתעסק דהוא כעין מש"כ הגרש"ש [שע"י ש"ג פכ"ה] בבי' הפטור דאינו מתכוון לר"ש, דבלי כוונה ליכא שם פעולת מלאכה כלל על מעשהו, דשם הפעולה נקבע לפי כונת העושה, וכיון דאינו מתכוין למלאכה זו בפעולה זו, אין על הפעולה שם מלאכה, וכגון בגורר כסא וספסל אם אינו מתכוין לעשות חריץ, אי"ז נחשב פעולת עשית חריץ כי אם פעולת גרירת ספסל, וזה שם הפעולה. ולפי"ז בי' דיסוד הדין דפסיק רישא הוא דכיון דודאי כן הוא בהכרח דבפעולה זו דפסיקת הראש עביד הוא מלאכת נטילת נשמה, איכא שם פעולת נטילת נשמה על פעולה זו של פסיק רישא, עכ"ד. ובפשטות נ' דזהו ג"כ הבי' בפטור דמתעסק, וכגון בחשב על מחובר לקרקע שהוא תלוש ונתכוון לחתוך בה דקיי"ל כרבא דהוה מתעסק, בי' הדבר הוא דכה"ג נחשב כפעולה בעלמא של חתיכת התבואה ולא נחשב כמעשה של עוקר דבר מגידולו. ולפי"ז נראה דכל הך דין דמתעסק לא שייך אלא בענין עבירות שיש בהם מעשים.

ובפשטות הי' נראה לפרש עפי"ז דברי המקור חיים רס"י תל"א שהביא דברי המג"א בסי' תל"ד לגבי בל יראה, דכשיש חמץ בבית אף שלא ידע בו, עבירה בשוגג בידו הוא, והעיר עליו דאי לא ידע בי' כלל צריך להיות מתעסק ואינה עבירה כלל.[670] ותי' דהך דין דמתעסק לא הוי אלא בעבירה שיש בה מעשה, עכ"ד. ולפי הנ"ל דבריו מוכרחים הם. אמנם עי' בתשו' רע"א שם שהביא דברי המקו"ח, ולא הי' ניחא לי' בדבריו, וז"ל, ונדחק לחלק בין עבירה שיש בה מעשה לאין בה מעשה. והגרע"א כ' שם ליישב קושיתו עפ"י מה שיסד דודאי עבירה היא, ולכאו' מבו' מזה דהגרע"א הבין עיקר גדר דמתעסק באופ"א.[671] ע"ע להלן בדבריו בשולי המכתב שהעיר על הא דמבו' בהעלם מקדש, דהיכא דסבר שהוא מקום חול ונמצא שהי' מקום קדוש, דחייב קרבן עולה ויורד, דאמאי חייב הא הוי מתעסק כמו סבר שהבמה חולין ושחטה בחוץ כו'. ויסוד קושיא זו הוא לשיטתו דשייך דין מתעסק אפי' בעבירות דלית בהן שום עשיי'. וע"ש שתי' וז"ל, וצ"ל דוקא לענין חטאת קבועה מיעטה הכתוב דאשר חטא בה פרט למתעסק, אבל לענין עולה ויורד ליכא קרא, *ובפרט למ"ש* דמתעסק מקרי שגגת עבירה אלא דלא חייביה רחמנא חטאת, וא"כ י"ל דעולה ויורד חייב, עכ"ל. והנה ממש"כ "ובפרט למ"ש כו'" מבו' דעיקר דבריו הם אפי' אם נימא דמתעסק לאו עבירה הוא כלל, די"ל דרק בעבירות שחייבין עליהן קרבן חטאת איכא הך מיעוט דמתעסק ולאו עבירה היא כלל, ולא בעבירות שחייבין עלייהו קרבן עולה ויורד. ולכאו' אי נימא כמש"כ למעלה, ליכא מקום לחלק בין עבירה זו לזו, ובע"כ דהבין ענין מתעסק בדרך אחרת.[672]

אמנם המעיין בדברי המקו"ח יראה, דגם הוא לא כיוון לזה, דז"ל, ונראה דדוקא בדבר שאסרה התורה לעשות מעשה, בזה אמרי' דלא אסרה התורה לעשות המעשה רק בכוונה, ודבר שאינו מתכוון מותר, אבל כשאסרה התורה דבר

---

[670] וראיתי בברכ"א שהעיר על קושיא זו ממש"כ בתשו' הגרע"א סי' י' בבי' החילוק בין אינו מכוין למתעסק, דכל שהוא יודע דיתכן שיהי' כן, לא הוי מתעסק, והרי הכא יודע דיתכן שיש לו חמץ בביתו.

[671] שו"ר באשר לשלמה למס' יבמות סי' י"ג אות ג' שכבר עמד על זה, וע"ש שכ' דכוונת קושייתו היא, משום דבחמץ עיקר האיסור הוא מה שמשהה ומחזיק החמץ אצלו, ומשו"ה נקט דגם התם שייך פטור דמתעסק, ע"ש.

[672] ודע דכעין דברי הגרע"א אי' להדיא ברש"י פסחים לג. בד"ה תאמר במעילה, דמבו' שם דפטורא דמתעסק ליכא אלא בחייבי חטאות, דכתיב קרא דבה ולא בחייבי אשמות דליכא קרא, ועי' בקו"ש ח"ב סי' כ"ג מש"כ בדבריו.

שאין בו מעשה, כגון הכא שאסרה התורה שלא יהי׳ חמץ בביתו, אפי׳ כשאין מתכוין אסור, עכ״ל. והמבו׳ מדבריו הוא דיסוד היתר דמתעסק הוא, דלא אסרה התורה לעשות המעשה רק בכוונה כו׳ , והוא תנאי באיסור התורה, אך כ׳ שם דזהו רק בעבירה שיש לה מעשה ומשום חומר הענין. ולפי״ז מובן היטב תמיהת הגרע״א, דמהיכ״ת לחלק בין עבירה שיש בה מעשה לאין בה מעשה, ובדברי הגרע״א יתכן לומר דכן הוא הבין ענין מתעסק, ומשו״ה ס״ל דגם בעבירה שאין בה מעשה שייך הך דין, וי״ל דהך דין דלא אסרה התורה לעשות המעשה רק בכוונה, נלמד מקרא ד״בה״, ומכיון דנא׳ לענין עבירה שחייב עלה חטאת, י״ל דדוקא לענין הנך עבירות נאמר.[673]

[שו״ר בקה״י שבת סי׳ ל״ה [ובכתבי קה״י החדשים עמ״ס ב״ק סי׳ כ״ו, שג״כ פי׳ הכי בכוונת המקו״ח, וכ׳ שם בבי׳ הענין ד״שכן נהנה״ שענין כוונה הוא השתתפות הנפש במעשה הגוף, דלא חייבתו תורה אלא כשגם נפשו משתתפת במעשה העבירה כו׳, ובחלבים ועריות שנהנה, נמצא דהגיע העבירה גם לנפשו שהרגיש טעם הדבר, שההנאה הוא ענין רוחני ולכך חייב כאילו כיוון, והיינו דהנאה הוא במקום המעלה דכוונה].

חידושו של הגראב״ו דחייב על רציחה כל שנעשית על ידו

ע״ע באתוו״ד סי׳ כ״ד ובקו״ש ח״ב סי׳ כ״ג שכ׳ לפרש גדר הדין דאינו מתכוון וגדר הדין דמתעסק [וכעי״ז נקט בכתובות אות י״ב], דיסוד הדין הוא דהוה כאילו נעשה מאליו, וכ״כ בברכ״ש כתובות סי׳ ז׳ וסי׳ ט׳, ופי׳ הכי בדברי הגמ׳ שם, דמסתפקי׳ להתיר בעילת מצוה ליל שב״ק דלדם הוא צריך ופתח *ממילא* קא הוי, ומשמע דזה גופא הוא יסוד ההיתר מה דממילא קא הוי. וכ׳ הקו״ש דמ״מ בהנך איסורים דעיקר קפידת התורה הוא הפועל יוצא, גם בכה״ג אסור.

ולכאו׳ ילה״ע על דבריו, דאם נחשב דאין לו תורת ״עושה״ איך יחייבו ברציחה, ובפשטות הי׳ נ״ל עפי״ד ובאופ״א קצת, דודאי מש״כ החמד״ש לבאר דין אונס דהוה כמאן דלא עביד הוא, ענין זה שייך לפטרו גם ברציחה, אך במתעסק לא הוה באותה דרגא אלא דהיכא דהאיסור הוא ״מיין טאן״ אז א״א לחייבו דלא נחשב כעשיי׳ דידי׳, אכן ברציחה דעיקר האיסור הוא הריגת חבירו ולא המעשה רציחה, וכל המעשה רציחה הוא רק בכדי שמיתת חבירו יהא נחשב הריגה דידי׳, בכה״ג חייב. אכן מלשון הקו״ש משמע דנחשב ממש כאילו נעשה מאליו.

ועי׳ בקו״ש כתובות אות י״ב שדימה זה לפטור אונס דהוי כנעשה מאליו. ומשמע דאי״צ שיהי׳ לו שום תורת עושה, אלא דמכיון דהרציחה נעשית על ידו, זהו עיקר קפידת התורה ועובר עלה הגם דלא עשה המעשה. ויש להביא סמוכין לדבריו מתוס׳ בפ׳ אלו נערות בדף לא:, דהנה עי׳ בתוס׳ סנהדרין עז: שכ׳ לענין גילוי עריות, דליכא דין דיהרג ואל יעבור על האשה כיון דהוי בשוא״ת, וכ׳ דגם ברציחה הוא כן, כי מיחייב למסור עצמו ה״מ קודם שיהרג בידים אבל היכא דלא עביד מעשה כגון שמשליכין אותו על התינוק ומתמעך, מסתברא שאין חייב למסור עצמו כו׳. ועי׳ בחי׳ רח״ה בהל׳ יסוד התורה שהביא דברי התוס׳ והעיר עליו וז״ל, צ״ע בדברי התוס׳ דמאי ענין נערה המאוסרה למי שמשליכין אותו על התינוק ונתמעך, דהתם לא הוי רוצח כלל ולא עבר על שפ״ד, דהא לא הוי רק כאבן ועץ ביד הרוצח שמשליך אותו, דמי שמשליך אותו הוא הרוצח כו׳.

וכבר העירו עליו מסוגיא ב״ק כז. בהי׳ עומד על ראש הגג ונפל ברוח מצוי׳ דחייב מדין אדם המזיק, והרי גם התם לא עביד ולא כלום, וע״כ דמבו׳ מהתם דאפי׳ היכא דלא הוי מעשה בכהת״כ מ״מ לענין נזיקין חייב כל שההיזק נעשה ע״י גופו. ולכאו׳ צ״ל בדברי רח״ה דזהו רק בנזיקין, אכן לענין רציחה דהוי ענין של עבירה, אינו חייב אלא

---

[673] ושמעתי פעם מהר״ר משה קרלבך שליט״א שפי׳ בדברי הגרע״א דהבין דענין מתעסק הוא, דנתחדש לן דין בדיני איסור, דהאדם לא צריך לחשוש על מציאות שהוקבע לו שאינה נכונה, דאם הוא סבר שהוא תלוש, אינו מחוייב לחשוש שהוא מחובר, ושוב הוה כעין פטור דאנוס. ובגדר הדין ד"שכן נהנה", י"ל דהיכא דיש לו איזה הרווחה מהעבירה לא שייכא סברא זו, וצ"ע. גם על משמעות דברי המקו"ח ק"ק ענין "שכן נהנה".

במעשה, אכן בתוס' כתובות לא: צידדו לומר דבנפל מן הגג חייב גלות, וכן העלה בתוס' הרא"ש שם בפשיטות, ולכאו' מבו' מזה שלא כדברי רח"ה, אלא דגם ברציחה ל"צ המעשה דכהת"כ אלא דחייב גם כשגופו היזק.[674] ולכאו' מבו' מזה כדברי הקו"ש, דאי"צ תורת מעשה דכהת"כ לחייבו על רציחה, אלא כל שההיזק נעשה ע"י הרי הוא חייב עליו. ונהי דיש לחלק, וכמו ששמעתי מהגרש"מ, דרק בגופו היזק אמרי' הכי, והיינו כשההיזק הוא ע"י חפצא דגופו, דרק כה"ג חייב, אמנם בדברי הקו"ש שפיר י"ל, דכל שנעשה במעשה שהוא על ידו, ג"כ חייב עליו, והאיסור הוא עצם החפצא שהוזק על ידו, דומה למש"כ הגרב"ד בשם הגר"ח בבי' איסור דחלבים ועריות, דהוא עצם החפצא. ואין להקשות על זה, דאיך יתכן לומר דהעבירה היא החפצא ולא העשיי', דהרי כ' הגרב"ד בקידושין שם לפרש דמה"ט לא מהני שליחות בחלבים ועריות, משום דהאיסור הוא החפצא, והרי בקידושין מג. מבואר להדיא דהי' שייך דין שליחות על רציחה. אמנם זה קשה ולא מידי, דהתם גוף החפצא של העבירה הוא הביאה שנעשית בגופו וכן האכילה בגרונו, אך הכא גוף העבירה הוא מיתת חבירו על ידו, וגם ע"י שליחות שייך שיהא כן.[675]

בי' עפ"י הנ"ל בדברי התוס' רי"ד קידושין מב:, דמש"כ שם דאילו ישלד"ע גם השליח הי' חייב הוא רק בנזיקין

והנה בגמ' כו: אי' דבלא הכיר בה כו' דחייב על נזיקין, הרי להדיא דחייב במתעסק על נזיקין, ולדברי הקו"ש והאתוו"ד נמצא מבו' מדברי הגמ' להדיא דגם כשנעשה מאליו חייב על נזיקין. ולפי"ז נראה לפרש דברי תוס' רי"ד בקידושין מב: גבי שליח לדבר עבירה, דע"ש בגמ' דמקשי' על הא דמסקי' דשלוחו של אדם כמותו, אלא מעתה הא דתנן השולח את הבערה כו', ביד פקח הפקח חייב נימא שלוחו של אדם כמותו, ע"כ. וע"ש ברש"י שפי' דקו' הגמ' היא דנחייב את המשלח ולא השליח. אכן בתוס' רי"ד שם כ' דקו' הגמ' היא, דנחייב שניהם, ע"ש. ומרגלא בבי מדרשא דנח' התוס' רי"ד עם רש"י בכל עניני שליח לדבר עבירה, האם שניהם חייבין או רק המשלח חייב, אכן למשנ"ת י"ל בדברי התוס' רי"ד, דודאי הסכים דאין להשליח שום תורת "עושה", דרק המשלח נחשב כ"עושה", ורק לענין נזיקין כ' דשניהם חייבין, מאחר דלחיוב נזיקין אי"צ תורת "עושה" וכל שנעשה ההיזק על ידו מספיק לחייבו. ומדברי רש"י שם לכאו' מבו' שלא כקו"ש, אם לא דנימא דשליחות שאני מכיון דיש להמשלח תורת

---

[674] ושמעתי מהגרש"מ דהי' מקום לומר דכל דברי רח"ה הם רק כשאחר זרקו דנחשב כגרזן ביד החוצב, ואז אין רואין אותו בכלל אפי' בתורת "גופו היזק", והיינו בתורת מעשה של דבר דומם, אכן כשרוח דחפתו הסכים הגר"ח דחייב לענין רציחה. אכן א"כ צ"ב מה שהעלה הגר"ח בכוונת התוס' שם דר"ל דלו יצוייר דהי' עליו תורת רוצח כה"ג לא הוה אמרי' יהרג ואל יעבור ע"ש, וצ"ב דלמ"ל לתוס' להביא ציור בדרך "לו יצויר" ולא נפל היכ"ת דאנסו אותו לעמוד שם בפני הרוח באופן שהרוח יפיל אותו, ובע"כ דגם בכה"ג ס"ל לרח"ה דלא נחשב כרוצח.

והנה בענין עיקר הקו' על הגר"ח עי' בחי' הגרש"ש יבמות סי' ל"ז שכבר עמד בכעי"ז, ע"ש שהביא דברי התוס' וכ' על זה "והנה ברוצח מובן החילוק דהיכא דמפילים אותו על האדם, הוא אינו עושה מעשה כלום דאף דמצינו בעולה לראש הגג ונפל ברו"מ דמקרי עושה מעשה בידים דחייב ד' דברים ובכתובות ד' לג: כתבו דגולה אם נהרג אדם יעו"ש ובע"כ הענין דזה *שגופו עושה אף שהוא אנוס אח"כ מ"מ כיון שנעשה ע"י פשיעתו דמעיקרא לא חשיב אונס* מ"מ זהו דוקא אם גופו עושה בלא כוונה ודעת של אדם אחר אלא ע"י סיוע של הרוח או שאר בע"ח העושים בלא דעת אבל אם נעשה ע"י בן דעת נחשבת כל המעשה על האדם ההוא העושה בכוונה כו' עכ"ל ולא ירדתי לעומק כוונתו, איך הסביר דברי התוס'. אכן הא מיהת משמע מדבריו דס"ל דכיון דעלה על ראש הגג מדעתו, והי' זה בפשיעה, הך מעשה עליי' על הגג נחשב כמעשה אדם המזיק. וכמדומני ששמעתי ממו"ר הגרח"ש בשם הגר"ח לפרש הענין דבנתקל פושע נחשב כאדם המזיק, דהוא משום דפשיעת נפילתו נחשב כהמעשה מזיק.

[675] אמנם ע' בברכ"ש קידושין סי' כ' שכ' להדיא דברציחה האיסור הוא עצם מעשה הרציחה, ומה"ט כ' דאפי' אם ברצונו ישליכו על התינוק ונתמעך ג"כ פטור.

״עושה״.[676] ועכ״פ הרי לן ג׳ גדרים בגדר הדין דאינו מתעסק, הא׳, דהוה פטור במעשה וכמשנ״ת ב׳, כדברי המקו״ת. וג׳, כדברי הקו״ש והאתוו״ד.

ונראה דעיקר הנידון במתעסק ברציחה תלוי בנידון הנ״ל, דאם ננקוט דגדר מתעסק הוא דנחשב כפעולה בלי ״תורת מעשה״, נראה פשוט דלא שייך פטור מתעסק ברוצח, דכיון דהעיקר הוא הפועל יוצא, ודאי אי״צ תורת מעשה רציחה, אלא כל שמעשיו הרגו חייב. ואי נימא כהמקו״ח ג״כ נ׳ בפשטות דברציחה לא שייך דין מתעסק, דודאי כל הנך תנאים הם רק בעבירה שהעיקר הוא המעשה. ואם ננקוט כהאתוו״ד איכא מקום גדול לומר דשייך מתעסק גם ברציחה, וכן נקט הגרש״מ לפי׳ זה. אכן הקו״ש נקט דברציחה לא שייך מתעסק. ובדברי הגרי״ז יתכן לומר דהבין דנהי דדבר שאינו מכוון לא נחשב כאילו נעשה מאליו, אמנם במתעסק דייני׳ דהוה כאילו נעשה מאליו ושייך גם ברציחה.

והנה לעיל הבאנו דברי הרא״ש בחולין פ״ב [מהובא בביה״ל ח״ג סי׳ כ״ג] דהפיל סכין בלי כוונה להפיל, פסול דחסר בכח גברא. [ועי׳ ברשב״א בתוה״ב בית א׳ סוף שער א׳ דחולק על זה, גם מדברי הטושו״ע מבו׳ שלא כדבריו, וכבר עמד התבו״ש ג-ז על דברי הטור דפסק שלא כאביו הרא״ש]. והנה לכאו׳ סברת הרא״ש היא משום דין מתעסק, הרי להדיא דמתעסק הוא חסרון בגוף המעשה. והנה לפי״ד המקו״ח לכאו׳ ליכא שום מקום לדברי הרא״ש. וכעי״ז ילה״ע על דברי הקו״ש, דלכאו׳ בשחיטה באונס ודאי דלא חסר בכח גברא, דרק מפקיע מיני׳ תורת ״עושה״ אך גוף החפצא דהמעשה לא נשתנה, וכן שמעתי מהגרש״מ.[677] אלא שראיתי בקו״ש שם שכ׳ לדקדק כדבריו כדברי הרא״ש שם, וכנראה שהבין דעיקר הדין דכח גברא אינו דין בחפצא של השחיטה אלא זה גופא דרואין שיש גברא שעושה השחיטה, וכן שמעתי מדודי הגרי״ס.

עוד ילה״ע בסתירת דברי הגרע״א ממש״כ הוא עצמו בהג׳ לאו״ח סי׳ תע״ה אות ד׳, היכא דקסבר שהוא חמץ והרי הוא מצה, דלא יי״ח מצה דהוי מתעסק בעלמא, מידי דהוי אשחט בהמה של קדשים וקסבר שהיא של חולין, ולכאו׳ דבריו סתרי אהדדי, ועי׳ עוד במלחמות ה׳ ר״ה כח: שכ׳ דכללא דמילתא דהמתעסק במצות לא יי״ח. שו״ר בקו״ש פסחים אות רט״ו שהעיר כעי״ז על דברי הגרע״א.

ומה שנראה לומר בזה, דהנה באמת ילה״ע על עיקר דברי הגרע״א דאיך שייך ענין ד״שכן נהנה״ והרי בכ״מ הוא עבירה גמורה ורק דהוא פטור מקרבן. ולכאו׳ מבו׳ מזה דבכ״מ הא דפטור מקרבן הוא מחמת איזה חסרון בתורת מעשה, והגם דאכתי עבירה היא, מ״מ מועיל לענין פטור קרבן, והיכא דנהנה לא חסר בהעבירה כלום וחייב. ולפי״ז י״ל דבמצוות לא שייך דין מתעסק, דהרי חסר בהתורת מעשה מצוה, ונהי דנהנה מספיק לעבירה, אמנם למצוה בעי׳ מצוה גמורה, וצ״ע. וכשהעירתי קו׳ הנ״ל למו״ר הגרח״ש, דאיך שייך להגרע״א ענין מתעסק במצות, אמר לי דהג״ר פסח קוקיס תלמידו של הגרב״ד האריך בזה בספרו ברכת פסח, אך אמר לי, דאולי י״ל דיסוד הפטור מקרבן הוא משום חסרון בהמעשה, וכמש״כ. וכן שמעתי פעם מהגרש״מ דיתכן מאד גם להגרע״א יסוד הפטור קרבן הוא משום איזה חסרון בהמעשה.

---

[676] ולכאו׳ כן צ"ל, דהרי בגמ׳ כז. מבו׳ להדיא דבכהת"כ אי"צ תורת מעשה בכדי לחייבו, אלא כל שגופו הזיק, חייב. ורק די"ל כמש"כ בפנים דכל שיש תורת עושה שום אין חייבין אותו מחמת זה דגופו הזיק, ועי׳ למעלה בהג"ה.

[677] והוסיף עוד, דנראה דהא דחסר בכח גברא אי"ז משום זה גרידא דהוה פעולה בלי תורת מעשה, דאי"צ תורת "מעשה" בכדי שיהי׳ לו תורת "כח גברא", ורק דמאותה סיבה ואותו טעם שחסר בהתורת "מעשה", חסר ג"כ בכח גברא, ואילו לא הי׳ עלה תורת פעולה בעלמא, לא הוה שייך לדון עלה דהוה כאילו עס האט געגליטשט.

עובדא שהגרי״ס שלח אל הגרע״א דמהו הטעם לבדיקת תולעים והרי הוה מתעסק

עי׳ בתשו׳ הגרע״א עם ביאור אחיזה לעקב אות ה׳ [מרי״מ שורקין שליט״א] שהביא שם ששמע מהג״ר יהושע בארעק ז״ל ששמע מהג״ר שמואל אוירבך זצ״ל ששמע מהג״ר שמואל יצחק הילמאן מלונדון בעהמ״ח ספרי אור הישר עובדא דלהלן, דעמד הג״ר ישראל סלנטער בקושיא בהל׳ תולעים, דלמה חייבים אנו לבדוק אוכל משום חשש תולעים, הא אפי׳ אי איכא תולעים לא יהא אלא כמתעסק.[678] [והוק׳ היא לפי דברי התוס׳ שבת הנ״ל דאף מתעסק דרק לא יודע מהעבירה בכלל מתעסק הוא. והא דלא מתרצים בפשיטות דזה יהי׳ כמתעסק בחלבים ועריות שחייב שכן נהנה, י״ל דכיון דתולעים מאסים הם [ע׳ עוה״ש יו״ד סי׳ פ״ד סע״ג] אי״ז הנאה, וע״ז מיוסדת הקו׳. וכבר עמדו האחרו׳ בזה]. ושלח הג״ר ישראל זצ״ל קו׳ זו להגרע״א, והתפלא הגרי״ס אז שלא קיבל תשובה ע״ז מהגרע״א. ולאחר שנים פגש הגרי״ס את הגר״ש איגר ושאלו ע״ז למה לא השיבו רבינ.ו וענה לו הגרש״א כי תשו׳ זו׳ סי׳ ח׳ בספר באמת ערך הגרע״א בקבלת שאלת ר׳ ישראל כתשובה לשאלתו, אך לא שלחה אליו, היות ובאותם ימים בעירו של ר׳ ישראל הי׳ המרא דאתרא הגאון המופלא ר׳ הירש סלנטער ז״ל שהי׳ נקרא ר׳ הירש בעל התוס׳ [מחמת חריפותו ובקיאותו הנפלאה בתוספות] והי׳ חושש משום כבודו שלא להשיב על שאלה שבאה מתושב עירו, ועד שלאחר כמה שנים כששוב נשאל אודות ענין זה מהשואל הרב רבי אברהם, העתיק מתשובתו זו [שבאמת היתה ערוכה לר׳ ישראל כנ״ל] להשיב לו.

ואף שבתשובה שלפנינו לא הזכיר רבינו להדיא השאלה לגבי תולעים, אבל בסברתו כאן [דלא כדעת המקו״ח] שמתעסק הוא רק פטור מקרבן אבל שפיר מקרי עבירה [חוץ משבת] מיושבת הקו׳, דלהכי שפיר צריך לבדוק שלא לעבור במתעסק דג״כ עבירה היא, עכ״ד.[679]

והנה משאלת הגרי״ס מבו׳ דל״ל סברת הגר״ח בבי׳ הדין דשכן נהנה, אלא כפשטות התוס׳ בסנהדרין דיסוד פטור מתעסק דמעשה העבירה לא קשור אליו כ״כ, והיכא שנהנה ממנה מחמת זה גופא נחשב שקשור אליו. ודע דנ׳ דהא דהגרע״א לבסוף לא הביא בתשובה הנ״ל הנידון גבי תולעים, הוא משום שלפי״ד הגרב״ד בשם הגר״ח ל״ק מידי כמובן. (אלא דילה״ע על זה מדברי הג׳ הגרע״א לאו״ח סי׳ תע״ה סעי׳ ד׳, דע״ש דס״ל להשו״ע דהגם דקיי״ל מצות צריכות כוונה, מ״מ במצה דהוה מידי דאכילה אי״צ כוונה, שכן נהנה, וע״ש בהג׳ הגרע״א שהביא ספיקת הפמ״ג בפתיחה הכוללת ח״ג אות ה׳ אם אמרי׳ כן בענין מרור כיון דאית בי׳ מרירות, עכ״ד. [ועי׳ בפנ״י בר״ה ובפסחים דנקט בפשיטות דלא אמרי׳ שכן נהנה במרור, אכן בכתוב שם להראב״ד בפסחים [כה. לדפי הרי״ף] ובמאירי ר״ה כח: אי׳ להדיא דגם במרור אמרי׳ שכן נהנה, וכן נקט החק יעקב בסי׳ תע״ה אות י״ח בפשיטות.

---

678 ויל״ע אם קושיא זו מובנת לפי מש״כ בתשו׳ הגרע״א שם סי׳ י׳ דכל היכא דיודע דיתכן שהוא כן ורק דאינו מכוין לה, לא נחשב מתעסק אלא אינו מכוין.

679 וראיתי בספרו של ר׳ מיכל שטרן שליט״א על "גדולי הדורות" שהביא שם שבהיות ר׳ ישראל כבן י״ד רבו הי׳ ר׳ הירש [ר׳ צבי ברוידא], והפציר אותו לשלוח חידו״ת להגרע״א, והגרע״א לא השיב לו, ופעם כשבא א׳ מסלנט אצל הגרע״א, אמר לו שקבל תשובה מעלוי נפלא אך לא השיב לו דהוא חושש דיש לאותו ילד איזה ויכוח עם ר׳ הירש דאל״ה אמאי שלח אליו כו׳.

שו״ר בנדפס שיעור מהגר״ש אויערבאך זצ״ל (שמסר בסוף החורף תשע״ז) ושם לא כתוב שהתשו׳ בסי׳ ח׳ הי׳ נכתב להגרי״ס, אלא דהגרע״א כבר הכין תשובה עבורו, והי׳ כתוב בה עפ״י היסוד הנ״ל דבמתעסק איכא איסורא, ואה״כ נמלך בדעתו מלשלוח, ואמר שהלא בסלנט יש רב זקן וא״כ למה שלח לי האברך הזה, וחשש אולי יש שם מחלוקת כו׳ ולכן נמנע מלשלוח התשובה. והוסיף על זה הגר״ש "ואולם בעיקר השאלה הי׳ נראה דאין כאן דין מתעסק משום שיש כאן הנאה מאכילתו, והלא בגמ׳ אמרו דמתעסק בחלבים ועריות חייב שכן נהנה, ונהי שאין ההנאה מן התולעת גופה, מ״מ מסתברא דהכל אכילה אחת, ונחשב שנהנה בהך איסורא, ומשו״ה אין כאן דין מתעסק. ואולם מרבותינו הגרע״א והגרי״ס מוכח שהבינו דאי״ז נחשב שנהנה, כיון דמן התולעת כשלעצמה אינו נהנה, עכ״ד.

ודע דבקו״ש ח״ב סי׳ כ״ג כ׳ דהמעשה מצד עצמו גם בלי האדם הוא דבר אסור מה שהגיע להאדם הנאה מאכילה אסורה. וכעי״ז אי׳ באתוו״ד שם דעצם האיסור הוא גוף ההנאה.

אכן כבר העירו עליהם מתוס׳ סנהדרין סב: דמפשטות דבריהם מבו׳ להדיא, דכל היכא דנהנה חייב אפי׳ לענין מלאכת שבת, הרי להדיא דהטעם ד״שכן נהנה״ אינו דעצם החפצא דעבירה הוא ההנאה, אלא כל שנהנה חייב אע״פ שהעבירה היא גוף המעשה, ועי׳ למעלה בהג״ה מה שהבאנו מהקה״י לפרש זה. ע״ע בברכ״ש כתובות סי׳ י״ב ס״ק ב׳ שכ׳ מהגר״ח בבי׳ דברי התוס׳ דע״י דין דנהנה ממש ג״כ הוי דין מתכוין וזה שייך גם גבי שבת. וזה מתאים עם דברי הקה״י. עוד י״ל בכוונת דברי הגר״ח, דכמו דע״י כוונתו נחשב שהמעשה משתייך וקשור אליו, כמו״כ ע״י כוונה נחשב שהמעשה קשור אליו. ואמרתי בי׳ זה למו״ר הגרח״ש והסכים לי. שו״ר בתשו׳ רע״א הנדפס במאסף אהל תורה ח״ב ס״ז שכן נקט, דהנה במהדו״ק סי׳ ח׳ כ׳ הגרע״א דבלבישת כלאים דבעי׳ לבישה דאית בה הנאה, שייך ענין דשכן נהנה. ובפשטות יל״פ דבריו עפ״י מש״כ בבית הלוי ח״א סי׳ א׳ אות ה׳ דעצם האיסור הוא הנאה שבאה מלבישה, וכן משמע בלשון הגרע״א שם שכ׳ וז״ל, דכלאים דהאיסור הנאת חימים הוי כמו חלבים ועריות דמתעסק חייב. אכן בר״ן בשבת קיא. מבו׳ להדיא דהאיסור הוא המעשה לבישה, ורק דלא אסרה תורה אלא דרך מלבוש שסתמו להנאה, אבל כל שאין לו הנאה ממנו, אי״ז דרך מלבוש אלא משוי בעלמא, ובתשו׳ במאסף אהל תורה [מובא בגליון בתשו׳ רע״א סי׳ ח׳ דפו״ח] כ׳ להדיא, דגם לדברי הר״ן הנ״ל שייך ענין דשכן נהנה בכלאים.

בריך רחמנא דסייען

תוכן העניינים

25329155R00289

Printed in Great Britain
by Amazon